中国社会科学院创新工程学术出版资助项目

宗教在文化战略中的地位和作用

卢国龙◎主编

中国社会科学出版社

图书在版编目（CIP）数据

宗教在文化战略中的地位和作用／卢国龙主编 . —北京：
中国社会科学出版社，2014.5
ISBN 978 - 7 - 5161 - 4165 - 6

Ⅰ.①宗…　Ⅱ.①卢…　Ⅲ.①宗教文化—研究—中国
Ⅳ.①B929.2

中国版本图书馆 CIP 数据核字（2014）第 073501 号

出 版 人	赵剑英	
责任编辑	黄燕生	
责任校对	邓晓春	
责任印制	戴　宽	

出　　版	中国社会科学出版社	
社　　址	北京鼓楼西大街甲 158 号（邮编 100720）	
网　　址	http://www.csspw.cn	
	中文域名:中国社科网　　010 - 64070619	
发 行 部	010 - 84083685	
门 市 部	010 - 84029450	
经　　销	新华书店及其他书店	

印　　刷	北京君升印刷有限公司	
装　　订	廊坊市广阳区广增装订厂	
版　　次	2014 年 5 月第 1 版	
印　　次	2014 年 5 月第 1 次印刷	

开　　本	710 × 1000　1/16	
印　　张	53.5	
插　　页	2	
字　　数	905 千字	
定　　价	128.00 元	

目　录

第一编

第二编

第三编

第四编

第 一 编

总报告——变革社会中的宗教角色

卢国龙

一　两种质疑、一条出路

　　放在宗教学领域，《宗教在文化战略中的地位和作用》课题大概要算作"另类"。尽管这个课题的研究对象、基本的研究方法、研究人员所应当具备的知识结构等，都属于宗教学领域，但课题着眼于"文化战略"的立意，则显然是非常规的，对于我国目前宗教学学者的研究习惯、宗教学学科的基本格局来说，尤其如此。也正由于"另类"，是化装舞会上的生面孔，所以处处都显得形迹可疑。在课题成果公布之前，可以质疑的不是其内容，而是课题题目本身。于是，学界同行就"宗教在文化战略中的地位和作用"提出两点质疑。

　　其一，关于宗教问题的所谓"文化战略"，是不是一种"虚构的国家权力"？这种质疑的有趣之处，不在于揣测参与讨论"文化战略"话题的学者可能只是抓着鸡毛当令箭，而在于追问国家本身是否有权执掌那么一支关于宗教的文化战略令箭？换言之，国家是否有权对宗教作出合乎其战略利益的引导或安排？

　　其二，作为中国社会科学院的 A 类重大课题，主旨不是宣传无神论、不是透过宗教史的研究揭露宗教的"真相"或"本质"，而是锐意发掘什么宗教的"地位和作用"，这种学术倾向是否意味着为宗教的现实合理性寻找说法，甚至成了宗教的代言人？毋庸讳言，这种质疑的实质，是追问课题承担者的思想立场。

　　上述两种质疑，虽然只有个别学者形诸文字，但在平常的交流中，许多学界同仁都表达过类似的担忧。例如，一方面，将宗教问题提到国家战略的层面来理解，还能否守得住学者的本分，会不会出于论述的需要走向国家主义式的思想文化独断？讨论"宗教在文化战略中的地位和作用"，是否先有一个成形的国家文化战略作为依据或参照？如果事实上没有这样一个成形的东西，那么以战略意识谈论敏感的宗教问题，将如何把握论述的尺度，如何规避由疑似意识操控所引起的紧张？另一方面，研究现实的宗教问题，必然涉及对于宗教的社会定位的理解或看法，既然是对于宗教的社会定位，就不能不根据社会的发展状态和发展的需要，审时度势。"审时"就必须承认科技昌明、理性高扬的时代主旋律，"度势"就必须看清楚科技和理性是社会发展的必然方向，而宗教并不是推动社会朝着这个方向发展的建设性力量，如果研究者不能牢牢把握住这个原则，而是由于专业等缘故对宗教怀有"同情的理解"，就很可能走上信仰主义甚至"世俗神学"的歧途，丧失了应由工作属性、职业身份决定的思想立场。

确实，与课题承担者其实毫无瓜葛，单纯课题本身必然触碰的问题就是尖锐的，由问题思考可能引发的学术环境是严峻的。或许，站在文化战略的视角谈论宗教问题，本身就是一个不言而喻的学术禁忌；也或许，由于宗教与国内外时局的层层纠葛，在我国讨论这个议题的学术环境还远未成熟，而试图高谈阔论文化战略的课题设计，本身就是一次战略冒进，是关于问题的战略意识与关于形势的战略判断相互脱节的表现。

因为课题所要面对的理论和实践问题如此尖锐，所以我们就不得不抱着如临深渊的心态审慎对待，很难做到"战略上藐视敌人"。学界同行将问题以尖锐的形式提出来，只是由于问题本来就很尖锐。这些问题，在课题设计之初和进程之中并非没有意识，事实上，在研究期间所面对的艰难和表现出的思辨的审慎以至自我犹疑，都与这些问题有关，尤其是两种质疑所反映出的思想对立。但是，事情内在的逻辑往往比环境顾虑更能起决定作用。按照文化战略的内在逻辑，问题既如此尖锐，恰好表明从宏观战略的角度研究宗教的必要性和紧迫性。否则，默认宗教立场与国家立场的对立，那么在宗教理解和宗教作为一种社会事务的应对上，势必面临"道术将为天下裂"的局面，信仰主义与科学主义、宗教立场与国家利益、民间的宗教感情与官方的意识形态、右派与左派等二元对立，都可能成为撕裂社会共同体的潜在因素。而对于宗教理解和评估的分裂，将直接成为社会族群分裂、阶层分裂的前兆。

当然，我们只是根据文化战略内在的逻辑要求，直面诸如此类立场对立的问题，探寻一条可能的出路，并不敢自诩能够提供多么高明的见解。苏东坡一生发表过很多策论，围绕"熙丰变法"前后的时事政治，表达过许多卓有见地却未必合乎时宜的政见。回想起来，他的那些政见对于时事几乎未曾产生过任何实际的作用，所以在一封书信中，他深刻地自嘲，说自己年轻时原只是为了科举而读书，考取进士后，又顺应风尚参加号称"直言极谏科"的举制策，于是诵说古今、考论是非，以为自己确实有这方面的长才，可以为时政提供有益的建议，以至孜孜不倦地观察、思考、写作，结果既由此得了个官，也因此招致更多的罪。总结这遭罪的策论生涯，苏东坡觉得很无辜，"此正制科人习气，譬之候鸟时虫，自鸣自已，何足为损益？"[1] 我们的文化战略论述，极言之也就是揣摩时务的策论而已，候鸟时虫的自鸣而已，虽然无可避免地会涉及宗教与政治，但不一定要像晋惠帝之问那样掉进一个政治过度敏感的圈套。《晋书》卷四曾记载这个大可玩味的惠帝之问："帝又尝在华林园，闻虾蟆声，谓左右曰：'此鸣者为官乎？私乎？'"这是晋惠帝痴騃的典型故事之一。他甚至听不出是谁在鸣叫，却竭力表现出政客的政治敏感，要为鸣叫者做出个为官（公）还是为私的意图判断。在保持政治高度敏感的状态下，官（公）与私的对立大概是无所不在、无孔不入、无处不发芽的。但是，对于公与私或官与民，就一定得站在对立的立场上来看吗？就不能站在某种宏观战略的高度探寻二者"对待流行"的结构原理和协调机制吗？

从某种意义上说，宗教信仰涉及私人的个体体验和权力，是私；讲文化战略涉及国家的文化主体特性及格局，是公；这里面的公私之别，似乎泾渭分明。但按照北宋儒者对于公私的一种辩证理解，"君子有天下之私，小人有一身之公"，所谓界限其实是不清楚至少是需要重新审视的。君子谋天下，固然为公，但是，如果谋天下的指导思想只是个人意志和偏见，那么，所谓天下就不再是公，而是经过膨胀的人欲之私。同样，普通百姓自谋一身生存和精神上的满足，固然是私，但这样的私却合乎天地生生之意，所以从道义上说是天底下最本质的公。按照这样的公私辩证观，可以将中国政治史上的许多是非恩怨看得清清楚楚，也同样可以将本课题的问题纠结看得明明白白——将宗教问题推到文化战略的高度来理解，最根本的意义正在于直面信仰之私与国家之公的矛盾，从而探寻根据时代、

---

[1] 《苏东坡全集》第 5 册，珠海出版社 1996 年版，第 1148 页。

新形势不断重建社会共同体的可能途径。尽管本课题在这方面还只是开了个头，还有许多环节有待发掘，有许多议题有待深入，但大方向是明确的。毕竟，以我们所理解的国家意志、理性科学的名义消解宗教及其在民间社会的影响，在道义上有"天下之私"的嫌疑，是不公正的，在现实中已经被历史证明是行不通的。反之，以宗教信仰自由的名义抵制社会共同体的规范，甚至否认现实的社会属性，就未免将个人的宗教体验无限放大了，将特定情景中的个人感受或理解当成神的意志，就违背了宗教本身最基本的敬畏精神，在教义上是没有依据的，在实践中是要走火入魔的。

　　由此看来，我们只有一条道路可以选择，即以人文理性的精神，着眼于宏观的、随着时代变化不断地需要调整甚至重建的社会共同体，正视宗教，理解宗教。

二　一种特性、两重作用

　　作为理解宗教的一种概念化表述，研究者提出过各式各样的宗教定义。这些定义，或者关注对于宗教本质的深刻理解，或者在意对于宗教现象的完整描述，总之，随着研究者所关注的问题、关注问题的方法论角度、实际观察的教派对象等方面的不同，所给出的宗教定义也有微妙或者显著的差异。因为宗教学研究的实际对象，归根结底都是特定地域的具体教派，所以人们有理由怀疑，抽象意义上的所谓"宗教"能否被恰如其分地界定？"宗教"概念的外延能否有一个公认的界限？如果"宗教"概念本身不能，至少是目前还没有被恰如其分地界定，还具有开放的内在规定性，那么，文化战略视野下的"宗教"，外延就应该是开放的，是可以拓展的。尽管我国政策法规中关于"宗教信仰自由"的适法范围，采取的是列举五大宗教的表述方式，但这并不意味着文化战略的思考只能在政策法规所列举的范围之内。随着当代社会的变革和转型，我们对于"宗教"的认识和理解也在不断深化，正如事物发展必然具有弹性空间一样，我们对"宗教"的认识和理解也应该具有弹性空间，概念的内涵可以深化，外延可以拓展。甚至宪法中关于"宗教"适法范围的列举式表述，也未必就不可以调整。只是这样的拓展和调整，理所当然地不能从各教派的自我逻辑出发，更不能从个别人独特而神秘的宗教体验出发，而必须立足于我们的社会，所以我们有必要着眼于社会，开展关于宗教问题的文化战略思考。

"派愈分则道愈晦而教愈迷"——审视教派林立与宗教精神的关系，人们可以作出这样一种断言。从合乎逻辑的角度看，表现宗教精神的教派越多，展示其精神内涵的空间越大、方式越丰富，宗教精神就应该越是明显；但事实上正如人们所发现的，教派林立与宗教精神的呈现是一种反变关系，教派越多，教派意识越是在排他性的驱使下受到强调，宗教精神就越是扑朔迷离。界定"宗教"概念的情形同样如此，外延拓展了，"宗教"的内涵、教派的共性不是更清晰、更明确了，而是更模糊、更加难以确定了。

就本课题而言，给出一个完整的"宗教"定义，应该是全部宗教学学科建设的目标，不是本课题主要或者必须完成的任务。但围绕各教派的基本共性，则不能不抱持一个看法，否则，在宗教定义的模式化与模糊化之间，就容易出现视线游移的随意性，就难以锁定一个基本的研究对象或目标。

关于各宗教教派的基本共性，研究者提出过各种说法。诸如神圣性、超越性、隐喻秩序的功能特性、幻影世界的神学本质，等等。这些说法，大都持之有故，言之成理，从各种角度揭示出宗教不同于其他人类创造物的特征、揭示出各教派共有的特性。而站在文化战略的角度看，各教派最重要的基本共性，不是那些推宕恍惚的抽象概念，尤其不是各派神学家都自诩的神灵意志的展现，而是实实在在的、从内外两个方面都规定某个教派之成其为此教派的社会性。

所谓教派的社会性，简言之就是"随方设教"，可以从两个方面来理解。其一，"方"是包含自然环境、社会结构、风俗民情、伦理规范、制度形态等因素在内的区域社会，"随方"就是以所在的区域社会为对象、为基础、为依据、为前提。这是教派依托其所在的社会，与所在社会相互适应的一面。其二，"设教"是针对区域社会的现实，建构一套包括信仰形态和行为模式在内的教化体系，试图通过观念上潜移默化或者制度上强制安排等途径，对社会现实有所引导、有所改变，而且事实上也由于适应性，确实能够有所引导、有所改变。这是教派超越所在社会，与所在社会产生张力的另一面。合而言之，教派的社会性就是既以所在社会为依托，又将引导或改造所在社会作为教法建构的目标，前者表明所在社会决定了教派外在的文化形式，后者表明所在社会决定了教派内在的精神气质。

　　结合宏观的历史进程来分析，社会性固然是各教派概莫能外的共性，但就其与所在社会的适应和超越的相对关系而言，各教派并不是等齐划一的，而且不是一成不变的。比较而言，原生性宗教和本土宗教的适应性强，超越性则相对较弱；而创生性宗教和外来宗教的适应性弱，但超越性更强。历史性的差异也同样存在，早期的各教派，与其社会的适应性和超越性，大抵构成既焦点集中又两极对称的统一体，超越性虽然是针对社会现状的，但同时又体现在适应社会的精神需求之中，彼岸世界作为一面镜子，与现实社会是相互对应的。而随着社会变革、社会共同体的扩张，以及外来宗教的多元并存等，宗教与所在社会的适应性和超越性，会在不同程度上表现为矛盾体，即一方面要向社会表达关切，以"输诚"的种种方式，自证其在世俗社会存在的合理性；另一方面又在精神上向往彼岸世界的终极归宿，将世俗社会看成罪与恶的苦海，并且根据其教义，对所在社会的现状展开信仰理想化的批判。

　　当然，强调宗教的社会性，也许只是一种"成见"。这种成见可能与文化战略的课题思路有关，与我们所秉持的中国传统的人文理性的基本态度也有关，而与科学主义或宗教神学的"成见"不同。科学主义的无神论，说到底也是一种"成见"，因为按照证据和逻辑的原则，它必然这样，也只能这样看待神和宗教的问题；同样，宗教神学更是一种"成见"，因为根据信仰的原则，它必须预设有神，预设神的绝对性、神圣性。而人文理性的宗教"成见"，无关鬼神的存在及其证据问题，也无关信仰先行的有神预设，而主要来源于历史认知。

　　关于宗教社会性的历史认知，我们在《隆礼以率教、邦国之大务——礼乐社会中的宗教理解》一节中，进行了初步的探讨。我们认为，社会学家 J. M. 英格所说的"社会宗教制度"，在中国古代尤其典型。如英格所说，犹太教和基督教在很早的时候都"不仅仅是教会"，而是一种由宗教形式组织起来的社会制度。类似的制度，在中国古代不仅典型，而且存续的时间很长。"由于中国的宗教是自然自发的，不必像创生性宗教那样改造或重建社会，所以宗教与社会更加浑然一体，弥合无间。……中国之所谓'社会'，本来就是集体性宗教信仰和仪式活动"（见本书第86页）。如按照欧阳修在《新唐书·礼乐志》中的历史描述，夏商周三代以前，"治出于一"，包括政治制度、伦理规范、风俗礼仪、宗教信仰在内的一切社会组织和文化，都包含在"礼乐"之中。这个"礼乐"，实际上也就是一整套"社会宗教制度"，它经历夏商周三代，长达数千年。只是"遭秦变古"之后，"治出于二"，政治与礼乐仪式、宗教信仰相分裂，"社会宗教制度"才有所瓦解。

但是，中国历史上未曾出现基督教教会那样的纯粹宗教组织，却在秦以后出现了凌驾于礼乐社会之上的官僚体制，所以比较而言，如果说在基督教世界里，最终从"社会宗教制度"中逃逸出去的是基督教教会，那么在中国，逃逸者则是官僚体制，而中国社会作为一个以礼乐为标志的信仰共同体，并未发生根本性的改变。由于这种相对的差异，中国宗教或宗教在中国的社会性或社会性要求，可能更浓郁些。

官僚体制逃逸而礼乐社会依然故我的格局，按照欧阳修的看法成型于"遭秦变古"之后。而秦朝之所以"变古"从而形成这么一种格局，在我们看来，一方面是社会经历扩张、多元化发展的必然结果；另一方面则是秦朝失败的思想文化政策所致。

中国社会的多元化历程，大概滥觞于西周分封。因为西周分封是一种急剧扩张式的社会发展，迅速将姬周的"社会宗教制度"拓展到宗周的各诸侯国，随后出现春秋战国那样的地域性社会的多元化，就是历史的必然，而诸子百家之学，简言之即社会多元化在思想文化上的表现。秦朝所统一的，就是这个多元化社会。毋庸置疑，这是中国历史上第一次有翔实文献记载的社会大变局，也是一次前无古人之经验可资借鉴的国家创新经历。其结果，是政治上通过郡县制的制度创新，取得很大的成功，不仅摆脱了多元化进程中的诸侯战争状态，而且奠定了此后国家体制的基础；但思想文化上却未曾表现出同样的创新能力，只是采取与郡县制处于同一思想层面的专任法治，推行焚书坑儒式的一元化政策，不能运用政治的一体化所创造的社会有序空间，激发多元化社会自身所具有的思想文化的创造力，从而将兼综百有的"礼乐"传统与多元化的社会现实结合起来，为多元化社会提供国家体制认同的精神资源，于是在狭隘的法治思想的指导下推行一项阉割性的文化政策，就无可避免地导致全面失败。

从汉初开始，中国的思想家们就围绕秦朝失败的故事展开反思。抱着就事论事的态度，思想家们一致认为，秦朝失败的直接原因是苛刻的政策、强暴的执行方式。而像欧阳修这样的学者看来，不单秦朝，整个中国历史上的朝代更迭、治乱循环，不能真正取得长治久安的成功，根源就在于"治出于二"：官僚体制凌驾于礼乐社会这个信仰共同体之上，其合法性来源就不是礼乐社会共同的信仰以及其中所包含的价值原则，而只是恃军警之力，挟战功之威，从而与礼乐社会处于对峙的结构性矛盾之中，由此也产生官与民、公与私随时随地的对立。

当然，秦以后的中国是否还维持着礼乐社会的基本性质不变，是一个可能引起争议的大历史判断问题。怀疑的理由主要有四。一是魏晋以后儒道释三教并立，以传承三代礼乐为己命的儒家，并未像汉武帝安排的那样长期居于"独尊"的地位；二是从经学时代开始，不仅礼乐制度，而且涉及礼乐的基本仪式，全都是些可以无限争议下去的问题，不像基督教、伊斯兰教那样具有明确的行为模式和教规制度，也没有一个教会组织代表权威的诠释，所谓礼乐，面目不清，特征不明；三是在政府、宗教、礼乐社会的三角关系中，礼乐社会只是单纯的作业对象，自身的身份不清，作用不明；第四也是最重要的一点，经过现代变革，当代中国的学名叫作"社会主义社会"，与"礼乐"了不相干。

围绕这些问题展开从容而且充分的讨论，想必有助于我们对中国社会、历史文化的认识。作为引玉之砖，我们可以简单地谈谈自己的看法。

第一，魏晋以后的中国思想，固然呈现出儒道释三足鼎立的局面，但三家其实是生长在同一块土壤上的一片林子，这块土壤即礼乐社会。佛教传入中国后，经历过沙门敬不敬王者、敬不敬父母的礼仪之争之后，学界所称述的"中国化"，大本大端就是适应中国之礼乐，唐宋以后僧人待人接物的方式，甚至成为礼仪的一种风尚，而佛教层面的因果之说，则可以毫不夸张地称之为礼乐社会中有关良善教育的最通俗也最有效的方式。至于道教，在基本形态上就是中国古代礼乐模式的变体，当代道教甚至成为人们了解中国古代礼乐的一扇窗口。儒家以传承三代礼乐为己任，但基本态度属于"述而不作"，所以礼乐并非儒家所创造，只是以儒家为礼乐社会的主体性立场的代表而已。也唯其三教同样生长在礼乐社会的土地上，所以唐以后才会涌现出"三教一家"的思潮，否则，这种异教融合的事情绝对无法理解。在世界宗教史上，由一门宗教分化出天主教、基督新教、东正教，或者分化出什叶派、逊尼派的例子，所在多有，而异教融合只能发生在中国，其原因，就在于中国有一个比教派更主体性的东西，那就是礼乐社会。

第二，自汉代今古文经学之争肇始，关于三代礼乐就聚讼纷纭。争论的焦点主要有两个，一是纯粹学术层面的，试图通过经典的梳理考证，澄清三代礼乐的本来面目；二是研究三代礼乐的精神实质，从而在师古与用今之间找到一个结合点。总体上说，这两个层面的论争所关注的，都是社会制度的合理性及其模式问题，也正由于问题如此重大，所以争论频繁又激烈，而且通常在当朝大臣之间展开。尽管论争没有一个神学的权威裁判，但是有一种人文理性的精神传统贯穿其中，所以通常都会得出一个"以合一代之宜"的结论，也就是按照时代需要，取用古典礼乐中的某些部分，予以创造性的发挥。这种"礼学"的理论和实践的历史，恰好说明礼乐传统与中国的制度史是息息相关的，是礼乐传统作用于中国社会的最高体现。

第三，政府、宗教、礼乐社会三者的关系，可能是一个需要全面深入研究的大课题，我们在这里只能谈一些粗浅的看法。大致说来，东晋以后宗教在中国长期处于平稳的状态，基础就在于礼乐社会的稳定性。政府的宗教政策，如果立足于礼乐社会的特性和多元需要，就会表现得既在价值观、思想文化上有所倡导，又在合乎礼乐精神的前提下宽容各教派的自然存在。反之，如果宗教政策从帝王个人的好恶出发，宗教政策就会出现很大的波动，既可能像梁武帝那样将自己施舍到佛寺里去，像宋徽宗那样自封为"教主道君皇帝"，也可能发动"三武一宗"之类的"法难"。总之，礼乐社会的价值观倾向和多元状态，是宗教和宗教政策平稳的基础。

第四，毋庸置疑，当代中国正在经历一场旷古未有的大变革。与历史上的"托古改制"不同，这场变革以西方社会的成功模式为目标，所以按照传统的说法是"用夷变夏"。由于变革本身就是参照西方的社会模式，对中国的传统社会进行彻底的改造，不仅重新建立政治经济秩序，建构新的国家体制，而且通过科技、工业化的生产方式等，既深且广地改变着我们的生活方式。环顾百年变革的成就，我们似乎很难再找到传统的礼乐社会的踪影，中国社会的主体特性究竟为何，也因此模糊不清。我们的社会主义，只是用来指称历史阶段性的政治经济制度，它规定着政府的运作模式，与文明史意义的社会主体特性有关联，但不能与社会主体特性画等号，正如资本主义不能取代欧美契约社会、基督教社会的特质一样。如果我们将社会的主体特性理解为一种文明精神，一种关于社会共同体的秩序意识，那么中国社会的主体特性就只能是礼乐文明，中国社会只能是礼乐社会。这样一种文明精神和秩序意识，本质上是开放的，是顺应历史不断发展的，否则我们就很难理解这样一种奇异的文化现象：为什么早在孔子时代就已经崩坏了的礼乐，到现代仍然是推动社会变革的对象？自孔子以后，历代都有思想敏感的知识精英们发表关于"礼崩乐坏"的愤懑议论，显示中国的历朝历代都处在"礼崩乐坏"的过程之中，但礼乐却像是一块会自我生长的"息壤"，永远都崩坏不完，直到当代，20世纪初的社会变革要从"打倒孔家店"开始，"文化大革命"的文化颠覆运动要开展全民"批孔"，"儒教"到今天还是个意识形态上高度敏感、备受防范的话题，所有这些，不刚好反证出礼乐仍然是中国社会的主体特性，中国社会仍然是一个具有自我批判和调整能力的、处于不断发展中的礼乐社会吗？

承上所述，宗教教派的共性在于各自具有其社会性，而具体的社会作为一个生活共同体，都具有自身的主体特性。中国社会的主体特性在于礼乐文明。此所谓礼乐，绝不是某个有关礼仪节文的僵化模式，而是自三代以来中国之能够发展为中国的文明精神和秩序意识，援用《礼记》的说法，"乐统同"，是在承认社会多元化和差异的基础上，构筑和谐的社会共同体；"礼辨异"，是以"礼"亦即文明规范，而非以威权强力作为构筑社会秩序的依据。在这样一个正经历剧烈变革的礼乐社会里，长远地看宗教各教派的处境，将取决于其与礼乐社会及其变革道路的关系，而非取决于政府、政党的态度，甚至也不取决于其与特定政治经济制度的适应问题。

之所以说未来的教派处境不取决于政府、政党的态度，第一，是由于凡是具有现代意识的政党和政府，都必然以理性的精神参政、执政，理性执政的集中体现，就是以社会的意志为意志，而改革开放以来的中国共产党，无疑是以理性精神为主导的；第二，中国共产党固然是信奉无神论的，但除开"文化大革命"之外，中共所推行的宗教政策，处处都表明中国共产党人是开明的无神论者，尊重宗教信仰的自由。而且，也正由于中国共产党人是无神论者，对各教派不偏不倚，所以比世界上许多具有特殊宗教背景的政党，都更能体现出平等对待不同教派的公正。

之所以又说不取决于与特定政治经济制度的适应问题，首先是由于自"土地改革"以后，各教派实际上已经与社会主义制度适应了，如佛教、道教、伊斯兰教的庙产经济等，都在制度层面完成了对于传统的彻底改造。当下各教派的社会运营模式，受到广泛关注的恰恰不是经济制度的适应问题，而是太适应商业化经营了，有损各教派的神圣性。其次，当代中国的政治经济制度，正在经历主动的改革，改革的必然方向，是深化民主、健全法制，推动经济自由而有序地发展，但不会是西方民主体制的简单翻版，而是中国礼乐社会的现代版，民主为乐之和，法制乃礼之序，在这个历史进程中，各教派都不必再抱着"不依王者则法事难立"的心态，而进一步强化各教派的政治依赖，绝不会是各教派在正常状态下的常规道路。就政治而言，如果有意无意地推动宗教政治化，那么宗教就会真的成为一个政治问题。而热议宗教的政治适应问题、沿袭不恰当的行政管理体制、鼓励宗教界人士入"两会"参政议政等，都存在推动宗教政治化的可能。

站在宏观历史的角度看，宗教问题政治化，并不是由某个人或某个单项政策决定的，而是现代中国社会变革的必然。自20世纪初发动社会变革开始，一切与社会有关的问题就都是政治问题，宗教当然也不例外。但经过社会变革和新社会建设，尤其是自改革开放以来，中国社会在适应现代化方面日趋成熟，社会大环境已经具备让宗教非政治化、将宗教问题还原为社会问题的条件，所以现在的问题其实只是个意识问题，即社会的主导力量能否意识到宗教问题可以不是一个政治问题，从容地将宗教交还给社会；各教派能否自觉理解并且充分尊重礼乐社会的文明精神和秩序意识，从而确定自身的社会定位，参与到现代版礼乐社会的建构中，成为其中的一个有机组成部分。这个意识问题解决了，将关注的焦点由政教关系转向宗教与社会的关系，那么，中国传统的、西方现代的许多经验就都可以借鉴，而发挥宗教在社会建设中的积极作用，发掘宗教对于社会和谐与秩序的资源价值，也就不是一句空话。

建构现代版的礼乐社会，可能是讨论宗教作用问题的合适平台。否则，宗教救世的神话既令人难以置信，"阴翊王化"式的政治实用主义又嫌简陋，我们就难以找到一个理解宗教作用问题的角度。而宗教的社会作用或许有正负两面，但无论如何都是客观存在的，是不以个人意志为转移的，这一点不仅有社会学功能学派的充分论证为基础，而且从简单的常理出发也可以得出判断——一个没有用的东西，不可能如此普遍地存在。而就现代版礼乐社会而言，我们认为宗教的作用集中体现在族群意识的"分守"与"泰和"两个方面。"分守"借用《庄子·天道》的含义，指社会主体性的本分和责任；"泰和"借用《周易》之义，是交流互动中扩大精神空间的混融和谐。

　　以具体教派形式存在的宗教，毫无疑问是社会族群区分的一大因素。尽管这个因素是隐性的，不像国家、民族那样边界清晰，但也唯其隐性，可以跨越各种身份和地域的界限，而与信教者个人的生命归属感、价值认同感密切相关，所以也可以说是族群区分中最为内在的意识因素。

　　比较而言，如果说在"社会宗教制度"的古代，社会本身就是一个宗教信仰的共同体，宗教信仰是奠定社会秩序的基础，是连接人与人的情感纽带，那么在国家因民族、地域、阶层而多元化，人类因"全球化"而让各色人等面对面的当代，带着各自传统烙印的宗教教派就是族群区隔的一个标志，甚至是塞缪尔·亨廷顿所谓"文明冲突"的一大根源，作用与古代相反。当今世界，由于宗教原因所引发的地区冲突不胜枚举，以宗教为诱因的群体事件也时有发生，宗教教派已经成为世界和平的一大难题、世界安全的一大隐患。面对这些现象，有人认为宗教是历史遗留到今天的负资产，也就不足为怪。但是，在天下大同的理想实现之前，许多人又都相信，世界和平是要靠实力均衡来维护的，其中包括硬实力和软实力，而宗教，与软实力中的民意基础密切相关。这可能是世界上许多政党、政治团体高度关注宗教及其影响力的直接原因，也是中国国内的宗教受到许多国外势力"关注"的直接原因。面对这样的现实，直面思考宗教的社会作用问题，思考中国宗教与中国礼乐社会主体性的关系问题，也就成为当务之急。

　　作为一个多民族、多种宗教并存的现代国家，中国的宗教景象可算是世界宗教万花筒的一个缩影，中国现行的体制也最符合"政教分离"的原则。因为执政的中国共产党信奉无神论，对教派无偏好，也无须像许多外国政党那样必须考量各派信徒手中的选票，所以教派在中国正如在世界范围内一样，平川万里。这种既无主体又无主导的宗教格局，不正是各教派自由行的天堂吗？中国的宗教怎么反倒成了国外某些人政治指责的一种口实？如果我们暂且撇开指责者背后的政治动机不谈，单就成为"口实"而论，那么一种可能的解释就是，正由于中国没有一个代表社会主体性的宗教，没有一个表达中国社会主体的"分守"，所以各种宗教在中国的传播都首先直接面对政府，而不是面对社会主体的文明规范和秩序意识。于是在纯粹信仰领域，传教者如入无人之境，将宗教信仰自由绝对化，所受到的一切规范和制约，都被解读为宗教信仰自由的权力受到政府干扰，解读为政治问题，而中国政府也只好将相关的个案或事件放到政治层面来处理。

　　要摆脱这种尴尬的处境，就不能不唤醒中国礼乐社会的主体意识，形成社会理解并且规范宗教的宏观大环境，让中国宗教或者在中国的各教派在坚持自己信仰的同时，也兼顾礼乐社会的文明精神和秩序意识，既不禁锢，也不纵恣，从而形成全新的宗教格局，使各教派成为现代版礼乐社会的一部分，成为代表中国"分守"的一种面相。结合各教派在近现代中国历史进程中的表现来看，这种可能性是存在的。

　　有一点似乎可以断言，中国各教派的领袖和教徒，不管归的是哪一宗，信的是哪个教，他们都首先是中国人，并且认同作为一个中国人的身份。对于近代史上国家、民族的苦难，他们的感受至少如同非宗教信徒一样深刻，因为正是国家民族的时代苦难，成为他们中的许多人皈依宗教的普遍原因。这段历史，不仅造就了很多信徒的家国情怀，而且奠定了各教派团体围绕国家认同和担当的发展方向。如太虚大师创立中国佛教会时，曾这样明确表述其心迹："中国的社会政治又受并世列强的牵掣而使然，若佛教徒不能有坚强的严肃的集团出现，直从转移世运、振新国化之大处施功，殆无建设之途径可循。"① 康有为在政治上也许不正确，但他谋立孔教的使命感，却是在列强环伺、国家危亡的时候，挺身而出，"明保种保教之大义"。② 道教的声势相对较弱，不敢自承救国大任，但1912年成立的中华民国道教会，也以"务求国利民福"为宗旨。中国伊斯兰教、天主教、基督教团体，洋溢着同样的家国情怀。1953年成立的中国伊斯兰教协会，确立宗旨为"发扬伊斯兰教优良传统，爱护祖国"。中国天主教爱国会于1957年成立，章程中明确规定"发扬爱国主义精神"。中国基督教三自爱国运动委员会根源于半殖民地时期的反帝爱国运动，1954年该会正式成立时，将宗旨确立为"团结全国基督徒，热爱祖国"，"保卫三自爱国运动的成果"。就各教派团体自身而言，这种家国情怀至今一如既往，20世纪80年代各团体恢复正常工作后，依然保持着上述各家宗旨。但由于历次政治运动的政治化改造，在政治立场不断受到强调、得以凸显的同时，家国情怀反倒被遮蔽了、褪色了。这样的宗教被政治化，是

---

　　① 《建设现代中国佛教谈》，民国二十四年（1935）12月在广州作。转引自黄夏年《关于中国佛教会研究的史料讨论》，南普陀在线网。

　　② 《域多利义学记》，《康有为政论集》，中华书局1998年版，第401页。

一个应该引起高度警觉的方向问题，因为宗教的政治化程度越深，则距离其应有的社会角色越远，越是难以在建构现代版礼乐社会的进程中发挥作用。而现代中国的各教派团体，相对于传统而言是个新生事物，是在抵御外侮中形成的社会自组织，固然有其政治性，但政治性原本只体现为对于家国命运的关注和担当，家国情怀才是基础，如果过度推动其政治化，也就脱离了基础，伤害了自我生长的根本。

总地说来，在近现代国内外环境下新生的中国各教派团体，是中国社会在遭遇外来压力时的集体意识和集体反应，他们本来就是在世界宗教境域里的中国"分守"。只要消除历次政治运动的影响，还原社会自组织的本来面目，就可以成为构筑现代版礼乐社会的基础。而且，随着这些团体的政治褪色、宗教还原，体制外与体制内的宗教团体相分裂、相颉颃的局面也就自然消解。

如果说"分守"是由现实所决定的必然选择，那么"泰和"就是顺应时代潮流的当然理想。近年来，围绕宗教的两大热点议题，是国内讲"和谐"，国际讲"和平"。这股潮流的出现，一方面固然与宗教极端主义对世界和平的骚扰有关，与宗教差异隐含文明冲突的战略忧患也有关，正所谓"解铃还需系铃人"，由宗教制造的问题，还要用宗教的办法去解决；另一方面则取决于在"全球化"的时代，人类需要有一个共同的精神世界，而到目前为止，人类还没有其他更好的方法去构筑这样一个世界，于是宗教自然而然地被推上前台。那么，宗教能够不负众望吗？

从根源上讲，被作为文明冲突最直接表现形式的宗教冲突，其实只是反映现实利益冲突的一面哈哈镜，而且主要发生在石油资源丰富的伊斯兰世界与工业技术发达的基督教世界之间。本来，利益冲突应该用利益的杠杠去调节平衡，宗教并不是一个合适的调解员——因为宗教既不能切实有效地规劝强者，也不能真实有益地宽慰弱者。但两方面原因将宗教推上了冲突的舞台，一是伊斯兰教与基督教同源，历史上曾经长期发生抢夺"圣地"的战争，当双方围绕石油利益再次对垒的时候，从各自行为到相互猜想的方式都会被贴上宗教的标签；二是当利益冲突以族群等社会共同体的形式爆发时，宗教就成了对内最有效的动员手段、对外最有力的表达方式。而利益冲突一旦被宗教哈哈镜放大，就获得了"道不同，不相与为谋"的普遍意义，波及全球。在这种国际大环境影响下，一些政治人物采用宗教冲突的模式来表达现实的利益诉求，也就成为一项很时髦的政治策略。中国的达赖喇嘛问题、"东突"问题，显然就是这么来的。

看起来，这是一个由中世纪"圣战"思维模式所布下的世界迷局，尽管有学者试图寻找涵盖所有宗教教派的"全球伦理"，有"世界宗教和平大会"等组织不断发起宗教教派的交流与对话活动，但收效甚微。只要"圣战"的思维模式仍在全球弥漫，只要宗教仍然是某些政治人物手中的廉价工具，这个世界迷局就破解不了。

中国，还有印度，可能是破解这个迷局的希望，因为它们拥有与"圣战"思维完全不同的文明传统，但前提是，它们是发掘各自传统以铸造现代主体性的成功国家。不成功，那就只是弱者对于世界和平的道德呼吁，没有说服力；只是获得经济成功，没有自身的文明主体性，那可能就只是"圣战"思维模式的模仿者，像日本走过的道路一样，也没有说服力。

坚持自己的道路并且正走向成功，是中国在当今世界所呈现出的状态，世界的经济格局因此而改变。但出于恰当解释"社会主义"的逻辑，我们太需要强调"中国特色"、强调国情特殊性了，所以走向成功的经验并未获得文明示范的普遍意义，在世界文明论坛上，我们只好讲讲过去的事情。我们甚至还需要采用带有阴谋论嫌疑的"韬光养晦"战术，拒绝讨论"中国模式"之类的议题，因为我们不愿意被当作"冷战"格局中一方阵营的新首领，而且事实上我们也确实讨厌那种角色。于是，"话语权""失语"等，成为中国学者最纠结的话题。我们不仅没有话语权去要求世界政治经济新秩序，甚至也没有话语权来解释自己的国家成就。

原因只有一个，我们自己摘下了在世界范围内无不受人尊敬的礼乐社会、礼乐文明的桂冠，顶多也只愿意将它戴在古人的头上。于是，在当今世界中国社会究竟是个什么样的主体性格，别人不清楚，我们自己也不清楚。

如果说我们尚不敢断言，马列主义与中国革命具体实践相结合的社会主义，本质上是对中国传统的礼乐社会的改造，是"旧邦新命"式的自我更新，那么至少我们可以说，社会主义与传统的礼乐社会有一点是相同的，即二者的秩序意识都着眼于社会全体，既不像政教合一国家那样将全部社会秩序都建立在单一教派的教义教规的基础上，也不像资本主义国家那样将社会主要秩序建立在单纯经济的自由运动上。着眼于社会全体来考量秩序的合理依据和模式，是中华文明一以贯之的内在精神，我们对国内的社会秩序如此理解，对国际社会的秩序也同样如此理解。它与"圣战"思维最大的不同，就是与邻为友，而非以邻为壑。唯其如此，各方才可能自然形成利益有差等的共同体，利益才可能获得生生不息的可持续发展，而世界才可能"泰和"。

此所谓"泰和"，在很多人看来也许只是迂阔的一厢情愿。因为历史已经证明，当中国以及印度文明遭遇西方时，曾经沦为半殖民地、殖民地。所以，讲"和"并不能作为一般的原则，强国讲"和"，那是笼络人的姿态；弱国讲"和"，那是谋生存的手段。相对于自身的发展而言，和平是第二义的，是要靠发展去维护的。对于弱国来说，和平永远都是一件奢侈品。

在纯粹历史经验的层面，这种看法显然是对的。面对"圣战"者讲和平，很苍白；面对"圣战"的思维模式已经蔓延全球的局面讲"泰和"，很盲目。中国的礼乐文明要在世界范围内发挥作用，必须以自身的政治、经济，甚至还有军事的实力为基础。另外我们也应该看到，既然世界上无分强国还是弱国都讲和平，那就表明和平依然是全世界的共同愿望，不只是中国为了自身的发展，需要有一个和平的国际环境，状态各不相同的国家也都在道义上有此相同的主张。只不过"和平"的含义可能有微妙的差别，在某些文明体系中，"和平"似乎只是战争的间歇，或者是单方面的安全保障；而在中国的礼乐文明中，"泰和"却是常态化的，既不相对于战争而言，更不是自我单方面的安全壁垒。这是礼乐文明在道义上固有的制高点，我们不能不讲。而且，改革开放以来中国在经济发展和社会建设方面所取得的成就，客观上要求我们说清楚在世界文明大系中的主体性立场和态度，否则，一个强大却性格不明的巨人，很容易被揣测为"威胁"；在主观上也有树立一种道义、一种文明精神的义务，这也就是孔子所说的"如有王者必世而后仁"的含义。

三　面向社会、各展所长

从理论上说，各宗教教派都可以像他们已经表现的那样，宣称自己所信仰的，是宇宙的最高神，是唯一真实的；自己所信守的教义教规，出于最高神的旨意，是唯一合理的。但到目前为止，人类所生活的宇宙只有一个，而由教派所表现出来的神及其教义教规却多种多样，五彩斑斓。这使我们有理由相信，各派之所谓神及其教义教规的唯一性，其实是相对于它所生长的社会而言的。在社会生活相对隔离的古代，各族群创造并且信守各自的"唯一"真神，借以满足精神的至上追求，从而安顿身心，同时也由此维护其社会的团结和有序，都是自然而然的。但在异质社会日渐融合、教派传播成为社会融合之先声的当代，人们就有必要重新审视这些"唯一"，不能任由各种"唯一"为了伸张其"唯一"的地位以导致族群冲突。审视不是鉴定真伪，不能搞要素或者量化的分析，所以科学不能作为审视的合理尺度，否则方枘圆凿，徒增烦恼；审视也不是某个教派内部的"判教"，本着一个教派的自有立场来谈论教派间的是非高下，正如《庄子·齐物论》所剖析的那样，不外乎以彼此为是非而已，思想空间很狭隘；审视只能立足于社会，也就是以正本清源的人文理性方式，将社会属性作为合理尺度，分析各教派在精神上、文化上的特色和发展空间，跳出各自"唯一"的逻辑陷阱，这应该说是一条公允的正道。

因为自诩"唯一"的教派太多，所以在当代中国社会，没有哪个教派是真正"唯一"的。对于寄生在当代中国社会的各教派来说，所当致思的方向，不是如何向中国社会推介、凸显自身的唯一性甚至绝对性，而是相反，探寻其融入中国社会的可能性和可行途径，探寻其相对于中国社会主体性的自我定位。这在中国历史上，本来是很常规的经验，可在当代中国正活跃的各教派，似乎都走上了与历史经验相反的路线，他们要么更多关注与政治的适应，于自身的宗教精神却未免含糊；要么采用极度夸张的方式竭力张扬其个性，甚至借助"叛逆"的言行以博取同情、谋求生存。目睹这样的怪现象，曾有学者断言，当代中国根本就没有真正的宗教，漂浮在市面上的，都是些获得市场许可或竭力争取许可的假冒伪劣产品。这话虽惊世骇俗，却表达了一些学者的真实看法，也从一个侧面透露了当代中国宗教的某种真相。

在中国历史上，宗教是否与社会相适应，从来都不是朝廷所关注的问题。因为这个问题的实际意思，是各教派如何面对中国社会树立自身的精神形象，确立自身的社会定位，从而自谋生路，所以必须自主探寻、自行解决，而各教派实际上也正是这样摸索着中国社会的脉络，逐渐演变出自身的历史的。我们可以就其历史轨迹，略叙梗概。

（一）道教和佛教

产生于中国本土的道教，信仰和仪式的渊源无疑可以追溯到遥远的古代，但作为一个具有教团实体的教派，则形成于东汉，最初是由社会矛盾激变出的政治抵抗组织，太平道发动过"黄巾起义"，五斗米道甚至在巴蜀汉中建立过短暂的宗教王国，推行一套组织严密的"社会宗教制度"。这种政治抵抗是由特殊的历史环境造成的，它可能表现出了道教对于世俗制度批判的一面，但并不是道教信仰和教义的必然结果，所以在有组织的抵抗被瓦解之后，道教不仅保持着与民俗信仰混融一体的存在方式，而且迅速与魏晋南北朝时的士绅阶层相结合，重新确立超越世俗生活的神仙信仰，并且迎合玄学风尚，援引先秦道家的思想理论以开展自身的教义建设。这是道教因应时代发展而发展的一个重要阶段。唐朝是南北方各民族日趋融合、儒释道各种流派交流互动的多元时代，道教在这个时代里发展出"重玄"学派，一方面充分吸收以佛学为主的外来思想，另一方面又坚持"道"为"妙有"、为实有世界之秩序原则的中国哲学立场，抵制佛学的空无思想的影响，以宗教哲学的形态维护中国文化的主体性，成为中国思想史上一段重要的建设性历程。唐宋时期的道教，也曾有过因政治纠缠而兴衰荣辱的经历。唐玄宗、宋徽宗崇尚道教，都曾借用道教制造政治神话，但结果不仅偏离了政治所应有的理性方向，扰乱了正常的政治秩序，同时也干扰了道教的正常发展道路，破坏了道教的清誉。不过，唐宋道教有其自身的发展逻辑，政治斗争所造成的影响，道教与政治合谋所编造的那些政治神话，历史地看只是些过眼烟云，而唐代道教的"重玄"，宋代道教的"内丹"，才是道教发展的主流。"重玄"讲体悟"道"之真实含义的超越和秩序重建，"内丹"讲个人身心的自我安顿和升华，对中国思想史都富有建设性的意义，"内丹"尤其成为唐宋以后道教与士绅阶层互动的永久话题。元以后道教的全真、正一两派，就是继承"重玄"和"内丹"的精神脉络而来的，差别只在于正一派的教规制度更多地延续了汉唐以来的传统，全真派则在教规制度上完成了较为彻底的革新，更适应社会对于道教超脱的精神期待，所以传播的规模更广，对社会文化的影响也更深。

如果说道教与中国社会的适应是天然的，其生存发展的永恒主题，是如何本着道家思想和神仙信仰两大传统，切合时代的需要推陈出新，那么佛教不但有着同样的切合时代的思想主题，还有一个"中国化"，也就是承担异质文明融合的使命。而主动承担这样的使命，正是中国佛教取得巨大成功的历史经验。

围绕佛教的"中国化"，学术界已经取得许多很有价值的成果，我们限于本课题"宏大叙事"的角度，不做具体的介绍和讨论，只勾勒粗线条。在我们看来，佛教的"中国化"包括"象教"和佛学两个层面。在仪式、寺庙建制、传教方式等"象教"层面，佛教的"中国化"并未遇到太大的障碍，虽然佛教的出家制度曾受到伦理质疑，诸如出家是否符合孝道、僧人不从事生产创造却向往西方极乐世界是否背离了对于赖以生存的国家应有的忠诚等，但佛教在精神方面的贡献足以作为伦理损失的补偿。这个精神贡献，不是佛教的教义可以"诱掖人心"、"阴翊王化"，而是在精深的佛学层面，为中华文明的开放精神开创了一个全新的局面。

自先秦以来，中华文明就以"道"作为最高的概念，用来表达华夏文明共同体的秩序原理和秩序原则。我们现在所谈论的"中国哲学史"，核心应该是围绕"道"所展开的诠释史、发现史，是华夏民族关于秩序原理和秩序原则的认识发展史。两汉时，出于整合多元化社会的需要，将渊源于三代的儒家经学作为国家意识形态定于独尊的地位，经学家们则根据整合社会的时代需要，将"道"解释为"三纲五常"，也就是将现实的伦理规范推崇到秩序原则的高度。这一套伦理哲学，对于两汉社会的整合确实发挥了十分重要的历史作用。但社会秩序不是一成不变的，经过整合的社会还要继续发展，秩序原则也就必须根据产生秩序的原理做出相应的调整，这是时代发展对于经学的客观要求。然而，经学谨守"师承""师法"的学术模式，国家意识形态的崇高地位以及今古文经学为争夺地位的派系之争，都不利于经学进行这样的调整。于是一变而为魏晋玄学，引用先秦道家之"道"，对秩序原理展开新的解释。道家推崇自然法则，儒家尊重伦理名教，这就衍生出玄学内部的一对理论矛盾，在自然本无与名教实有之间，相持不下。正是在这样的时代背景下，佛学介入中国思想文化的大讨论，"六家七宗"乃并世而出，围绕名教与自然、有与无相持不下的玄学难题，运用佛学的缘起性空等思辨方法，攻坚折锐，从而得出"道"乃"非有非无"的哲学新论。采用"四句百非"式的否定系词模式来界定"道"，在佛学本身或许只是习惯于遮诠的必然结果，但对于中国哲学来说却是一次大解放，因为它最终指明从秩序原理到秩序原则都不是某个僵化的模式，对于"道"的诠释不能局限在纲常名教或有无辨议的范围之内，不能指实"道"就是什么或必然怎样。这从某种意义上说是回到了先秦儒道两家的基本精神，孔子讲"四毋"，老子讲"可道非常道"，都强调对于"道"不能按照主观意志持必然之论，只能保持尚未尽知的开放态度。但魏晋南北朝的佛学讲得更细致、更透彻，在玄学难题困扰着思想界，而中国社会又遭遇南北离裂的时代，能够让人以开放的精神维持对于秩序原理和秩序原则的信心和意识，否则，在那个"神州陆沉"的时代，人们可能会真的认为"道将乌有"了。

隋唐时的佛教诸宗派，对佛学本义的理解无疑更深化了，对佛学思维方式与中国"道"哲学的差异，也因此产生更细致周密的洞察，他们甚至纠正了晋南北朝时期"六家七宗"对于佛学的一些误解。但就主流而言，隋唐佛学依然像"六家七宗"一样，围绕着中国"道"哲学的基本问题展开，只是角度有所不同，如有些人注意甄辨中国"道"哲学与佛学概念体系的同异，有些人锐意探索认知"道"或"真如"等最高概念的可能性及其方法论体系等，各有建树，都有助于拓展关于秩序原理和秩序原则的理念。尤其值得关注的是禅宗。禅宗截断众流，摆脱佛学语言的束缚，放下佛学的概念思维及其所代表的知识体系的包袱，以活生生的精神生命为主体，以精神感悟的实践方式直面"道"或"真如"，从而将相对如隔山的"道"与"我"在毋固、毋必的精神状态中统一起来，同时也将佛教的"中国化"推向近乎完美的境界。

总地说来，佛教"中国化"的核心，是援用佛教的思想理论资源去面对中国的理论问题，这对中国思想来说固然是一场精神拓展运动，对佛教来说也同样如此，"化"的结果不是佛教消解了，而是更丰富了，所以历史地看，"化"是一个思想文化的建设过程。当然，佛教在中国也做了些很无聊的事情，诸如白马寺僧人薛怀义"发现"《大云经》预言之类。这个预言帮助武则天解决了即位当皇帝的合法性问题，或者说从舆论上解决了这个问题，佛教也因此受到武周皇帝的特殊恩宠，但世外高致的清誉却不免大打折扣。其情形，与道士林灵素受宋徽宗殊宠差不多。一般说来，宗教与政治不大能相得益彰，无论是借助政治所鼓噪出的宗教狂热，还是借助宗教所炮制出的政治神话，都不是正常状态。而保持政治与宗教之间的适当距离，应该是维持双方健康的需要。历史上，许多佛教高僧、玄门羽客都受到帝王将相们的尊重，但他们通常所提供的宗教服务或建议，都表现出以世外眼目看待世俗事务的清醒和超脱，这应该是各教派在中国政治中的"分守"，因为它属于宗教社会性的另一面，即针对所在的社会追求超越，从而校正世俗社会的某些流弊。

流衍到今天，佛教和道教似乎都有些师老而兵疲了。二教固然在努力地适应近现代社会的变革，但这种适应是被动而且片面的，态度妥协的一面很清楚，而精神超越的另一面却有些模糊，既不能把握时代精神的脉动，也难以发掘各自的传统资源以展开新的思想建构，从而提供反思各种社会问题的不同视角。形成这种局面的原因可能是多方面的，历史根源也是深远的。但推说明清以来已然如此，或者说社会环境未能提供思想建构的条件，都不是很正当的理由，因为二教毕竟汇聚了包括经济和精神在内的许多社会资源，这本身就说明二教适应社会的信仰需要，生存的理由或前提是充分的，之所以未能展开思想建构，向社会提供与时代发展相呼应的精神产品，或许也不能责怪二教主观上不够努力，而应该向二教的社会属性上找根源。

从社会属性上讲，自北宋儒学复兴之后，佛道二教就成了精神上、思想文化上的"休闲产业"，它们不是社会秩序意识的唤醒者，既不承担社会秩序的维护责任，也不承担批判责任，与伊斯兰教、天主教、基督教在各自社会中的定位，不可同日而语。大概也正由于这个缘故，二教在中国近现代的社会变革中得以幸存，而承担社会秩序维护与批判双重责任的儒教，则屡受冲击。这是由其社会属性所决定的不同教派的不同命运。在传统社会里，作为精神上"休闲产业"的佛道二教，都一方面表现出虚怀远旷的精神气象，总好像有无限的精神空间，能够化解个人在现实生活中所遭遇的一切紧张，也能够有效解决在改朝换代、社会秩序混乱时的个人身心安顿问题；另一方面又因为满足于"休闲产业"的社会属性，缺乏关于秩序原理和秩序原则的问题意识，不能从现实难安则出世休闲的所以然处"起疑情"，所以在思想文化上处于边缘化的状态，向社会提供的精神产品多为前人之余绪，精神的创造性活力日显贫乏。

经过近现代社会变革，佛道二教的社会属性似乎有所改变。因为儒教风光不再了，佛道教获得全新的时代机遇，可以崭露头角。事实上，二教也确实被现代社会当成了中国传统的代表，被寄予体现传统精神的厚望，不仅在信仰领域，在广义的思想文化领域也同样如此。而且随着儒教从体制内消失，甚至从人们的记忆中日益消退，佛道教作为传统代表的身份和地位也就越来越确定，人们对佛道教的期望也越来越高。但是，传统的意义是相对于现代而言的，它一方面是现代变革的对象，另一方面又是现代秩序合理性的反思者，是现代化道路背后的一面镜子，而佛道教对于中国社会的现代化，显然还未能发挥这样的反思、映鉴的作用。从晋唐时期佛道教在思想理论方面的建树来看，它们并不缺乏反思社会秩序合理性的热情和能力，在当代之所以能为而未尝为，根源依旧在社会属性上。

当代的佛道教，似乎可以描述为这样一种矛盾体，即名义上的传统宗教而实际上经过了深刻的被动改革。之所以称之为"被动"，是因为这种改革由政治运动和政府的宗教政策所推动或引导，不是佛道教自主发起的，甚至不是佛道教自觉意识到的。表面上看起来，因为是被动的改革，所以只发生在教规制度的层面，并未触及信仰和教义的内涵，但实际上，教规制度的改革深刻地改变了其信仰和教义的自我生成机制。最显而易见的例子就是，传统的佛道教是以教阶制度来引导教内的信仰、修行、教育等方方面面宗教生活的，和尚道士由于信仰虔诚、持戒精洁、修行高深等而受人尊敬，现代的佛道教则是由从全国到省市县各级"协会"的层级结构来引导宗教生活的，各级协会的"会长"，对教内是经纪人，对接政府是协调者，双重的身份资源产生特殊的影响力，宗教本身的信仰和修行等，全都居于次要的位置。这是教规制度的改变，也是教内价值观的改变。因为新的层级结构是比附着行政级别而产生的，核心是官本位意识，而不是宗教的信仰和教义，所以对信仰和教义的维护、更新、发展，实际上起不到任何推动作用，只是为党政有关部门的管理，提供了一种技术性的方便而已。

传统的佛道教山头林立，近现代在民族自强的呼声中，二教的集体意识被唤醒，发起组织全国性或准全国性的"佛教会""道教会"，这是佛道教自主的改革；演变为当代佛道教的各级"协会"，则是被动改革的模式。这种模式固然让政府有关部门取得一时方便，但无意间窒息了佛道教信仰和教义的自我生成机制，社会代价实在太高了。长此以往，佛道教难免会泡沫化，即一方面是社会各界对佛道教的期望日高，佛寺道观的建筑日益宏大华丽，另一方面是内在的精神不能自我生成，日益虚化。这种趋势不改变，那么随着"全球化"从经济向文化的深入，中国必将面临有关"宗教格局""宗教生态"的困扰。而扭转这种趋势的办法其实也很简单，保留已经成形的"协会"体制，撤出政府派驻各级"协会"的官员，减少直至取消对各级"协会"的行政干预，那么在宗教自主的状态下，"协会"发展的最大可能是向"教会"转化，从而以信仰和教义为核心，恢复其固有的自我生成能力。

（二）中国伊斯兰教

如同佛教一样，伊斯兰教也由域外传来，在中国生根成长并且随着悠久的历史最终成为一种传统。但伊斯兰教的社会属性，与佛教迥然不同。佛教最初是奉行种姓制度的古代印度社会的超越者、逃逸者，是"出世"的；而伊斯兰教则是阿拉伯游牧部落的整合者，是"入世"的，由穆罕默德缔造的"社会宗教制度"，在一些国家甚至绵延传衍到今天。正由于二者原来的社会属性不同，所以在中国的传播方式和格局也形成极大的差异。佛教以寺庙为中心，与特定的族群关系不大（藏传佛教是个例外），伊斯兰教则主要在中国历史上的游牧、半游牧部落中传播，最终形成现代中国的十个民族信奉伊斯兰教的基本格局。在历史上，这些游牧、半游牧部落生活的中国西北部地区，更早的时候信奉佛教，后来的伊斯兰教之所以能够取代佛教，除了战争带动各种社会因素的此消彼长等原因之外，或许还可以援用制度经济学的观点做出一种解释，即对于游牧、半游牧社会，伊斯兰教是制度成本相对较低、构造社会秩序效率颇高的文化形态，适合游牧、半游牧社会的需要。

对于熟悉儒释道三教的大多数中国民众来说，伊斯兰教是一个奇特的世界，从信仰方式到生活习俗，都有许多异乎寻常之处。而在研究伊斯兰教的学者看来，虽然伊斯兰教极为强调其"教法"的权威性、一致性，强调伊斯兰教法对于穆斯林社会的普遍规范意义，但实际上，当伊斯兰教法向社会推展时，在不同国家的表现是各不相同的，即便同样是伊斯兰教国家，也存在着巨大的差异，土耳其道路与伊朗模式判若两途，伊朗模式与埃及体制也风格迥异，所以至少自近现代以来，伊斯兰教是从属于国家的。在同一个国家，还有地域、民族的差异。这样看来，由伊斯兰教法结合具体社会所形成的伊斯兰文化，像其他的文化一样异彩纷呈，并非铁板一块。中国的伊斯兰文化，是以中国方式所表现出来的伊斯兰文化，既显现出世界景象，也蕴含着中国气质。这个中国气质，以中国穆斯林的现实生活为基础，以中国穆斯林思想家王岱舆、马文炳、刘智等人的不懈探索为主流方向，将伊斯兰教教义与儒家文化两种精神资源结合起来，为中国穆斯林社会培育秩序意识，阐述秩序原理和秩序原则。就其秩序意识而言，中国穆斯林社会与两汉经学时代似乎具有很强的可比较性，两汉讲"礼法"，中国穆斯林社会由经过儒化诠释的伊斯兰教教义奠定其基本秩序，在文化气质上甚至可以说有几分神似。站在这个角度来理解，在文化的、历史的记忆深处，中国的伊斯兰教对于所有的中国人来说都应该是不陌生的。

当然，比较是文化结构和精神气质层面的，并不意味着可以简单地画等号。两汉经学所尊奉的《诗》《书》《易》《礼》等六经，是三代文明的历史累积，与《古兰经》不是一回事；两汉经学代表国家意识形态，而伊斯兰教的清真寺礼拜和经堂教育活跃在民间，二者也不是一回事。但是，六经之所以对两汉社会发挥作用，是经过经学家们重新诠释的，如同《古兰经》对中国穆斯林社会发挥作用经过了刘智等人的重新诠释一样；作为国家意识形态的两汉经学，也并非孤悬在庙堂之上，而是以士族为中坚，成为社会各阶层广泛的文化共识，这与伊斯兰教的经堂教育从民间入手构建文化共识，可谓殊途同归。所以从文化的生成机制和文化气质上看，二者经典不同，但以经典诠释为依据从而凝聚社会、指导日常生活的文化模式大致相同；时代不同，但将神圣化的古典时代作为社会理想目标的思路基本相同；族群不同，但由经典教育和信仰传播所形成的社会阶层结构还是相同，由两汉经学所形成的"门阀""阀阅"，自永嘉之乱后在汉族地区就不复存在了，而回族地区的"门宦"至今仍有其广泛的影响。甚至在思想文化的自我更新上，二者也有异曲同工之妙，以儒家为主体的两汉经学，最终由崇尚道家的魏晋玄学完成其思想文化更新，以复归自然、玄思体悟的方式突破经学由于过度诠释所造成的僵化，突破的力量似乎外在于经学，但魏晋玄学的代表人物王弼等人，学术上都渊源于经学，并非另有一个道家的学术传承，所以关于魏晋玄学究竟属于儒家还是道家，至今仍是一个存在争议的问题；伊斯兰教中也有类似于道家复归的思想方式，即苏非学派，二者都试图借由玄思冥想、神秘的感悟等方式方法去接近最终真理，以摆脱对于经典诠释、对于文字和语言表述的过度依赖。在对待世俗权力的态度上，二者也有吻合之处，即一方面，二者都强调经典、教法的神圣性和权威性，另一方面又极为重视世俗权力所赋予的荣誉，将世俗权力的认可视为教团或信仰活动合理合法的重要依据。

从"文化模式"的方法论角度，或许还可以对二者进行更深入、更具体的比较，从而获得更为有趣的发现。而就本课题而言，简单的比较已经可以得出一个概要式的结论，即以王岱舆、马文炳、刘智等人为先导的中国伊斯兰教，是中国礼乐社会、礼乐文化的一种表现形态。站在中华礼乐文化的发展史本身就是四方蛮夷化土归流的融合史的角度看，这种表现形态与齐鲁文化、荆楚文化、吴越文化等并没有根本性的不同，而且历史上，刘智等人已经开创文化融合的先河，开启了以儒学诠释伊斯兰教、推动中国的穆斯林与中华礼乐社会相融合的进程，所以，尽管由于地域和生产生活方式等原因，使融合的进程相对缓慢，但融合而非冲突、理解而非隔离的历史大方向是清晰可辨的。站在文化战略的角度来看，当代中国伊斯兰教所要面对的主要问题，就是如何沿着刘智等人所开辟的历史方向，建设性地推动文化的理解与融合，使中国伊斯兰教成为现代版中国礼乐社会的一个有机组成部分，这从哲学的层面说，是"理有固然"的事。

"理有固然"是事物发展的内在逻辑，但内在的逻辑不能决定外在的实现途径和时间节点，不能自因自果、自我实现，而必然受到环境条件的制约，所以哲学家们常兴慨叹："势无必至"。就中国伊斯兰教与中华礼乐社会的融合而言，这个"势"是由国际的"文明大磨合"和国内的社会大变革两方面因素决定的。

当今世界的基本格局，恰如其分的描述应该是"文明大磨合"的一个历史时期，既非"文明冲突"的预备阶段，也不是"文明和合"的充分条件。美国学者讲"文明冲突"，或许反映出英美式的战略思维传统，但对于全世界来说，那只是一个操之过急的大战警讯；而中国的某些学者认为当今世界格局必然走向"和合"，则只是战略上的盲目乐观或自我麻痹，世界能否"和合"，不是孔孟老庄说了算的。"磨合"是不同文明体近距离接触的自然状态，距离越近，摩擦也就越急迫。就世界大局而言，摩擦是一个挫其锐、解其纷的过程，"合"作为最终结果或许能够和光同尘，形成新的全球秩序模式，但就形态各异、各据一方的文明体而言，在这个过程中究竟是日益壮大还是日渐磨损甚至最终被磨灭，则不可预知，更无保障。正由于这个缘故，各文明体都有生存和安全方面的危机感。处于相对弱势的中华文明、印度文明、伊斯兰文明如此，处于相对强势的西方文明也同样如此，所以西方文明采取强势的全球干预战略，在不断攫取资源以扩张、壮大自身的同时，不断在世界各地制造各种纷争，用以牵制其他文明的发展，转嫁自身的危机。"东突"等"三种势力"的幕后支持不来源于伊斯兰国家，却来源于美欧或追随美欧的国家，根源就在这里。从根本上说，"东突"等问题只是某些美欧国家文化战略的一部分。这种战略对于中国的政治究竟能否产生牵制作用，恐怕连热衷此道的西方政客自己也一头雾水，他们从中所能获得的政治利益，主要是其国内的政党和部门利益，至于在世界文明版图中的作用，则本·拉登的例子足以表明这种战略是文明磨合时期的损招，损人却未必利己。

但对于中国社会的融合来说，"东突"等确实是外部势力可资利用的一个障碍。这个障碍的真正危害，不在于民族分离主义、宗教极端主义能够蚍蜉撼树地动摇中国的国家体制，分裂中国的统一局面，而在于搅混了中国社会融合的认同意识，干扰了中国社会融合的理性道路，冲击了中国社会融合的历史方向。针对这种战略干扰，我们无疑应该更深入地发掘历史的、文化的资源，以历史理性引导中国社会——包括穆斯林和非穆斯林对于中国伊斯兰教的理解，彰显融合的正当性、分离的非正当性，重新唤醒刘智等人曾经唤醒的社会融合、文化融合意识，扶正以祛邪。

近现代中国社会的变革，不仅从根本上改变了传统的社会结构，而且日益深刻地改变着传统的生产生活方式。这种改变，在一些信奉伊斯兰教的游牧、半游牧民族中可能表现得更加明显。因为改变的大方向，是将城市工商的、农业的、游牧半游牧的生产生活方式一起拉向工商社会，形成社会的一致性，所以对于包括穆斯林在内的社会融合是有利的。而且事实上，在"少数民族"意识不被刻意强调的情形下，社会融合已经成为时代大趋势。这是可以乐观其成的一面。

另外，我们也应该看到，被刻意强调的"少数民族"意识、宗教教派意识，已经成为社会融合中的消极因素；过度强调政治适应性，忽略社会融合这个更根本的基础建设问题，也使融合进程显得不够稳定，政治适应性甚至成为国内外各种政治力量左右利用的话头；尤其是中国社会的文化主体性模糊不清，让中国伊斯兰教在社会融合的问题上无所适从，刘智等人所开辟的融合于中国礼乐社会的道路能否继续走下去，成了一个特殊的时代问题。围绕这些问题，社会各界表达过忧虑，也提出过具有针对性的建议，而站在文化战略的角度看，将中国伊斯兰教定位为中国礼乐文化、礼乐社会的一个组成部分，是解决所有问题的基础。这样的定位，符合中国伊斯兰教由自身历史所陶铸的文化内涵，符合中国伊斯兰教的历史方向，也符合当代中国社会最广大人民的根本利益。

（三）中国天主教和基督教

与伊斯兰教历史同源的天主教、基督教，在信仰和教义上也同样属于一神教。但天主教、基督教挟欧美文明强势之威，将一神教绝对的、唯一的逻辑发挥得更加淋漓尽致，在世界各地曾经引发并将继续引发的文明摩擦与结合，也更频繁而且深刻。

如果单纯从信仰和教义出发，那么，天主教、基督教既不会承认其他宗教教派存在的合理性，也不会承认宗教具有社会性。不承认宗教产生和发展的历史注定它必然带有"随方设教"的局限。尽管教会和神学家往往告诫信徒要与所在的国家或社会和平共处，但这种态度通常被认为是神圣对于世俗的妥协，是普世宗教的特殊宽容，而不被认为是宗教存在于某个社会的必然前提。这种自诩为普世宗教的一神教，在被罗马帝国接受后登上了世俗文化的制高点，而那时的欧洲大部还处在文明蒙昧、混沌的状态，所以在欧洲的传播毫无障碍，对欧洲的精神垄断在中世纪甚至登峰造极。随着产业革命后欧洲文明的快速发展，天主教、基督教在欧美社会似乎凋零了，不再像中世纪那样风光了，但依然是飘荡在欧美世俗文明之上的神圣光环。

大获成功的欧洲经验，似乎能够证明天主教、基督教的普世性，印证其绝对的、唯一的逻辑；而欧洲社会的成功，则反衬出天、基教的优越——尽管在中国它们不愿意被贴上"洋教"的标签，却十分愿意热炒新教伦理与欧美资本主义精神的关系。然而中国，当然还有印度，不是公元前2世纪的欧洲，它们都自成一种文明体系，拥有自己的秩序意识，虽然处于变革中，但整体上依然相信自己的秩序原则以及对于秩序原理的理解，所以天、基教在遭遇中国、印度这样的文明体系时，就会围绕社会定位问题衍生出一个似乎无解的纠结："普世的"天、基教，究竟是一种社会的秩序模式还是"绝对实体"的唯一代言人，甚至是其意志的唯一体现者？是可供选择的文化方式，还是唯一应该受到尊重的精神导师、灵魂拯救者？作为一种策略性的妥协，天、基教可以勉强承认自己是"文化"或者教化方式，而回到其教义的出发点上，则"文化"与否根本就不是"上帝的事情"，是世俗而非宗教所要关注的问题。利玛窦以来天、基教在中国的传教史表明，这个社会定位问题才是"礼仪之争"的核心。

根据在古罗马帝国最终立足的经验，天、基教可以信守这样一个原则，"上帝的事情归上帝，恺撒的事情归恺撒"。根据这个分工原则，宗教可以从世俗社会中划分出精神领地，建构独立王国。但本着中国的人文理性传统来理解，宗教根本就不是上帝在人世间为自己安排的事情，而只是人世间关于上帝的事情。《老子》说，"太上，下知有之；其次，亲而誉之"。太上也就是最高神上帝。关于上帝，人们只是知道它存在而已，无从亲近，更不可狎玩；如果上帝有什么意图或意志让某些人掌握了，从而"亲而誉之"，建立起情感和理智的联系，那就等而次之了，不是最高神，只是人世间的"神学"。而宗教，恰恰是人与上帝之间情感和理智的联系方式，这种方式由人间建立，所以说到底只是"君子以为人事，小人以为鬼神"的"神道设教"之事，不是什么"上帝的事情"。作为人世间之事，创生性宗教还是一部分人根据自身对于人类终极目的的理解而创设的，所以必然带有认知的、环境的局限，它可以被理解为人类寻求"人文化成"的特殊方式，特殊之处表现为最愿意接近上帝的意志和原则，但也仅此而已，不能被赋予更多的神圣意义。按照这样的人文理性的立场来理解，则宗教是一种文化方式而且仅仅是一种文化方式，像其他的文化方式一样，是社会的产物，所以不能既在事实上依附于社会又在精神上凌驾于社会。不尊重所处社会的宗教，充其量也只是某些人神秘意志的膨胀，在文化上没有建设性的价值，更遑论所谓"神圣"了。

　　毋庸置疑，天主教、基督教在中国的社会定位问题，尖锐而且复杂。如果将它们定位为一种文化，那就意味着它们不是最高的精神主宰，也不是最高精神主宰的唯一代言人，而只是一种或然或不然的社会秩序意识和秩序模式，这样的定位是中国社会所能够给予的，但却是天、基教信仰所难以接受的；反之，如果定位为最高的精神主宰或其代言人，是唯一应该受到尊重的精神导师和灵魂拯救者，那就意味着中国社会的固有文化将屈居次要的位置，中国人的秩序意识要重新塑造，以符合天、基教所理解的"绝对实体"的目的和意志，这样的定位合乎天、基教信仰和教义的逻辑，但却是中国社会难以照单全收的。早在利玛窦等人来华传教之初，这种有关社会定位的冲突就被意识到了，只不过利玛窦采取的是小心翼翼的回避策略。例如，他在写回罗马耶稣会的一封信中说，"迄今我不曾把我们神圣信仰的奥迹讲给中国人听"。传教士不宣讲其信仰和教义，却热情介绍西方的科技知识，这里面的苦衷不言而喻。而与利玛窦有过多次接触的李贽，则对其来华的真实意图表示怀疑，"但不知到此何为"，"意其欲以所学易吾周孔之学，则又太愚，恐非是尔"①。李贽大概是他那个时代最有思想勇气的思想家，对于被自己洞察到的事情之所以又觉得难以置信，是因为用天主教取代中国文化传统的想法"太愚"了，太让人不安了，太匪夷所思了，其中所包含的思想文化冲突，甚至连李贽都不愿多想。

　　问题尽管尖锐而且复杂，但就宗教本身来说，依然只是思想文化性质的。只要保持在思想文化层面，就可以成为思想发展的内在推动力，成为思想的摇篮。东西方异质文明交流的历史大势，则可以使问题在必然出现和必须面对的意义上，持续推动思想火花的迸发。然而，历史现实往往很吊诡。晚清时期某些来华的传教士与西方殖民者相勾结，使天、基教在中国的社会定位问题被严重扭曲，演变为敏感的政治问题，即中国社会将天、基教的传播看作西方殖民计划的一部分，以制造"教案"的方式来表达抗争，而挟殖民者之威的传教士则期待着殖民计划的实现，期待难解的社会定位问题在殖民地的天空无形地消散。一直到现在，天、基教在中国作为一个政治问题所受到的海内外关注，依旧远远地高于社会定位问题。这样的本末倒置，不仅扰乱了中国的文化战略视线，而且使宗教领域的中西方交流始终在误区里徘徊。

　　要走出误区，就必须首先面对天、基教在中国的社会定位问题。而随着中国社会主体性的模糊化，这个问题似乎也隐藏起来了，需要重新发现，重新认识。不过，学术界关于天、基教的"普世性"以及"在地化"的讨论，质而言之都是围绕其社会定位问题展开的。

　　如果不考虑论述的语境和针对性，那么关于天、基教"普世性"的种种强调，都可以理解为其教义中本来就有的内涵，是天、基教神学的自我阐述，同时也是其历史所昭示出的思想性格。天、基教关注"终极实体"的教义，命名为"公教"的品格追求，都表明其精神覆盖不在一时一地；天、基教产生于西亚，盛行于欧洲各国，并且随着殖民时代的传播，进而遍布全球每一个角落，表明天、基教不受地域、族群等限制。但是，天、基教由这些方面所表现出来的"普世性"，佛教、道教、伊斯兰教等同样也都具备。以佛教为例，佛教不仅传播到不同的地域和族群，"一阐提"皆有佛性的大乘佛教教义，可能比天、基教的"选民"之说更

――――――――――

①　详参孙尚扬《基督教与明末儒学》，东方出版社 1994 年版，第 123 页。

能体现出"普世性"的品格，然而佛教并不特别强调其"普世性"。在所有的宗教中，天、基教的论述似乎很例外，这里面的缘由，与论述的语境和针对性是分不开的，即天、基教要搭乘西方文明的顺风车，在世界范围内广泛地传播，就需要强调其"普世性"的品格；而在中国的传播要正常化，还需要通过"普世性"这样的正面论述，摘下"洋教"的帽子。历史地看，这顶帽子并不是在排外的情绪作用下人为地戴上去的，而是由于历史上有那么一段恩怨情仇，客观情势形成这样一种印象和认知，所以论述的过程，实际上是一次试图超越历史纠结的思想努力。

从理论逻辑的层面说，所谓"普世性"，要么是共性的，要么就是抽象的。天、基教能否代表人类对于宗教信仰的共性，或许还不能随意就给出一个先验的判断，因为共性是归纳的结果，而归纳各种社会和族群在宗教信仰方面的共性，只能以归纳既有的各种宗教的共性为途径，这在学术上，迄今仍是一个很难圆满攻克的难题。至于天、基教，说到底只是宗教中的一种类型，以一种类型概括所有类型的共性，在逻辑上以偏概全，是无法周延的。但对天、基教进行抽象的理解则大有可能。这样的抽象理解，致力于提炼其宗教精神，剥离由于历史、地域、族群等原因所形成的制度规定性，剥离层积在宗教精神之上的仪式、建筑、塑像等一切文化符号。经过剥离后的天、基教，在精神上、信仰上是纯粹的，可以洗尽铅华，向纯粹的信仰复归。

然而，理论上的理解是一回事，实践上的可行性又是另外一回事。对天、基教的宗教精神进行抽象的理解，严格说来是一种哲学化重塑，这样的思想努力固然可以使其"普世性"获得最大的理论满足，也可以让理解者获得高尚而且纯洁的信仰感受，还可以彻底摘下"洋教"的帽子，从而纾解在中国以及其他社会的社会定位问题，但是，信仰一旦丧失了宗教形态，大多数信徒必然无所适从；而且，剥离宗教的历史文化载体的尝试，实际上也很难确认某个合理的尺度，如《新旧约》，剥离历史上"启示神学"的解读之后，剩下的可能就是一份历史文献，按照"六经皆史"的人文理性思路来研读，那只是带有远古神话背景的西亚社会史资料。可以想象，宗教的神圣性一旦失去其历史文化依托，最后都会露出"皇帝的新衣"，所以纯粹的信仰尽管高尚而且纯洁，不像宗教教派那样让人与人之间产生隔阂，但没有躯壳的灵魂，毕竟只是"游魂"。

与"普世性"论述相对应，中国学者关于天、基教"在地化""本色化"的论述，同样也可以理解为纾解其社会定位问题的一种思想努力。比较而言，如果说"普世性"论述是试图将天、基教还原为纯净的水，那么"在地化"论述则试图让这泓水随物赋形，因应所在的社会，建构适宜的表现形态。所以，两种论述的角度虽然不同，思想展开时甚至会产生分歧，但就致思于天、基教的社会定位问题而言，其实是可以张力互补的。

　　大概由于宗教制度本身的限制，研究天主教的学者很难找到一个合适的角度来讨论其社会定位问题，有关"在地化""本色化"的论述，主要来源于基督教或研究基督教的专业领域。基督教在这方面的探索，对于解决天主教的社会定位问题是否会有所启迪，用作借鉴，值得进一步观察。

　　天主教在中国的社会定位问题，自始至终都未能解决，它在当代中国之所以能够突破清朝"禁教"而殖民者"护教"的历史怪圈，取得正常的、合法的地位，是 20 世纪上半叶反帝爱国运动的成果。这场运动以争取民族解放、民族独立的社会革命为背景，通过神职人员的更迭、西方传教士撤离、中国天主教徒代之而起，实现了中国天主教神职人员的本土化，从而维持天主教在中国的存在。相对于梵蒂冈所执掌的教义传统而言，在中国的天主教实际上经过了变革，尽管这种变革由社会革命带动，而且未经"正名"，但它解决了天主教在中国合法存在的现实问题，其现实意义非同小可。而随着神职人员的本土化，中国的天主教组织也顺理成章地实现了本土化，这本应被看作文明交流的一项成就，但由于社会定位问题依然存在，所以中梵之间的纠结也纾解不开，如何处理中国天主教的组织制度与梵蒂冈的关系，成为一个涉及内政外交的问题。中国社会大抵将天主教理解为一种文化，所以其组织和制度应当服从中国社会整体的组织和制度，而梵蒂冈将教团组织和制度视为宗教神圣性的具体表现和保障，并且力图以其制度模式进入中国社会，于是就出现目前的对峙局面。中国天主教的"地下教会"，则在对峙的夹缝中生存。社会定位问题既然不能解决，那么无论公开的还是地下的教会，处境其实相去不远，都只能在中梵之间选边站，很难获得左右逢源的从容空间。不过，既然意识到这样的问题存在，那么，"梵二会议"的基本精神能否推动天主教在中国的实践中走出一条变化通达的新路，自然就成为一个很引人入胜的猜想。

　　基督教在社会变革中的处境，与天主教大不相同。经历过宗教改革，基督教不仅摆脱教会制度的限制，而且拓展开更广袤的思想空间，围绕基督教"本色化""在地化"的理论探讨，因此成为可能。所谓"在地化"，文本的意思或许可以理解为落地的适应性变化。这个立意新颖的名词，与佛教的"中国化"趣味不同，其中或许寓含了对于基督教主体特性的委婉提示，即一方面，基督教是个人寻求拯救的救赎宗教，有信仰的自律、社会化组织，所以基督教的传播是"在某地"，不是有组织的"某地基督教"，在基督教的普世性之外，只有具体的基督徒个人，没有另一种亚层次的集体模式、以国家或社会为依托的区域基督教；另一方面，基督教的变化又不是随意的，而具有所在地域的规定性，如在中国和在印度的变化，就不能等而视之。

关于基督教"在地化"的探索，或许能够将宗教的社会定位问题引向更深入的思考。例如，所谓"化"，究竟是发生在广义文化的层面，还是在精神主导的层面？前者可以讨论教堂的式样能否借鉴当地的风宜、"圣歌"可否采用弦乐、上帝的形象能不能是个黑人，等等。这个层面的"化"，取决于基督教将在多大程度上融入当地的生活，或者说被当地的生活所接受、所利用。后一个层面的"化"，则涉及社会的秩序意识问题，基督教对于"绝对实体"的信仰，是否可能像佛教的"非有非无"那样启发中国的哲学精神，应该成为一个理论上受到高度关注的焦点。由于"在地化"论述彰显出因地制宜、因应变化的正当性，可以打破宗教神圣不可冒犯而世俗社会的文化权力又不容侵蚀的僵局，所以上述两种变化，在理论都是可能的，它似乎印证了唐末五代《化书》中的一句话，"化家者为家所化，化国者为国所化"，"化"要达到"融"的境界，必须是相向互动的。在开放的精神世界里，这样的"化"可能成为文明建设的一条新途径，如《周易》所说，"穷则变，变则通，通则久"，形成新的文化生成机制，从而生生不息。

（四）中国民间教派

天主教、基督教应该摘下"洋教"的帽子，同样，中国的民间教派也应该洗去"土教"的污垢。这层污垢不仅让民间教派备受文化歧视（指其土里土气、粗鄙不文），而且动辄被定性为"封建迷信"，受到精英意识从政治上、思想文化上的重重打压。直到近年，以各地广泛存在民间教派的事实为基础，由学术界出于历史理性的专业研究开拓思路，社会各界才开始正视民间教派的存在，认真观察其状态，思索其所以然之故；民间教派才走出潜移默运的模式，享受到开明时代的一缕阳光。

民间教派的艰难处境，在近现代社会的变革中异常突出。但造成其处境艰难的最深层原因，却不是社会变革本身，而是由于文化理解问题引起的。因为在传统的社会里，民间教派就不被精英意识所理解，而被视为造神娱神的巫俗"淫祠"活动，是被禁绝、被打压的对象，所以在近现代追求科学、理性的思潮中，民间教派的处境雪上加霜。然而，强大的处境压力，并不能让民间的信仰需要烟消云散，也不能让民间教派真正销声匿迹，只会迫使它转向更隐秘、更诡异的运营和自我保护，从而形成草根精神与精英文化的心理对抗。正是忧患这种无声无形的社会撕裂，有学者本着历史理性的精神，对民间教派展开专业研究，稽考各教派的源流脉络、古今之变，深入剖析其发生发展的所以然之故，从而揭开民间教派的神秘面纱，使之成为现代文明可以正面观察和理解的对象。

民间教派何以长期不能获得精英意识的同情理解？这是一个需要展开历史反思的问题。民间教派植根于民间社会，如实说来是草根精神的社会聚结模式，是民间的信仰结社；而中国的知识精英，绝大多数都出身基层，靠苦读改变社会身份后，也并非人人都需要故作精英状，以掩盖"英雄来历"，何以对民间教派采取集体漠视甚至敌视的态度？这里面的深层根源，仍然要从秩序意识方面探寻。

中国的民间教派千姿百态，是一个由民间社会自主创造、用来表达其生活诉求的精神世界，反映出民间社会的种种特性。而中国的民间社会，是曾经创作五千年文明史画卷的调色板，里面究竟包含了多少种颜色，恐怕谁也分辨不清，所以各种民间教派的品格和形态，也很难概括成某个标准模式。只是从发生学的角度看，它们似乎有一些共同特点，即大多数民间教派都是在社会失序的状态下发生并且发展的，其中包括政治失序、宗教失序、行业失序等类型。

元末明初、明末清初的政治失序，是民间教派产生的高峰期，如元末明初大盛的白莲教、明末清初流传广泛的无为教等。因为政治失序就意味着全面混乱，意味着大规模战争，社会充满恐惧和不安，所以这种背景下产生的民间教派，多宣扬其"末劫"教义，也就是宣称旧世界的道路走到了尽头，新一轮的世界秩序即将诞生，而该教派的创立者，或受神灵启示，或为神灵转世，承担着创建新秩序的使命。

宗教失序的表现，是宗教演变成世俗权力的附庸和帮闲，不再能发挥维护合理的道德秩序的作用。儒生在取得科举功名的同时，丧失了士君子的精神人格，论卑而气弱；佛、道教徒将宗教当成谋身之阶，连依托王者以兴法事的企图都丧失了，其行为所"隐喻"的秩序，是信仰可以作为谋生手段。针对宗教失序而兴起的三一教等，也因此以复兴宗教精神为己任。

由行业失序而产生的民间教派，既包括可以作为其典型的罗祖教等，也可能包括由之滋生出的帮会、秘密会社等地下组织，因为这些组织通常都以共同的信仰为纽带，举行宗教性的仪式，所以与民间教派之间的界限比较模糊，并因此成为学术界一个容易诱发争议的问题。不过，帮会对于秩序的维护，倾向于凭恃暴力，而罗祖教等则是信仰共同体，依赖信仰的力量以维护秩序，实现行业和从业保护。作为漕运工人的宗教，罗祖教的"五部六册"不仅从教义上提出关于合理秩序的设想，而且从教戒教规上对现实秩序做出合理的安排。因为漕运业具有流动性强、成员背景复杂、跨境线路长、社会接触面广、物流的风险高等特点，所以事务性的管理成本必定很高，而建构信仰共同体以安排公共秩序，则具有制度成本较低的优势，可以为陌生人在陌生地区的社会活动，提供安全而且有效的平台。

政治失序、宗教失序、行业失序，造成了民间社会的局部处境。具体的处境最能够说明民间教派发生发展的所以然，说明其现实合理性。然而，这样的合理性很少获得知识精英们的同情理解，古代如此，现代也如此，只是古今的缘由可能有些不一样。

在古代或者说在传统社会里，知识精英们对民间教派的隔膜，除了"敬鬼神而远之"的圣人垂训发挥作用之外，还有一个"绝地天通"的秩序意识在发挥更根本的作用。这个秩序意识在政治层面所表现出来的作用，就是新兴的民间教派通过造神运动来强化教主或创教者的权威，于是不可避免地导致与世俗权威的冲突。作为神灵的代言人甚至干脆就是转世的神灵本尊，教主们可以让各自的信徒获得身心安顿，却让独尊人寰的帝王们寝食难安——如果秩序的最高合理依据是信众自己的神，那么世俗政权的神圣光环将会在信众的心目中变得烟消云散，这也是民间教派历来受到政治高压的真实原因。而对于知识精英们来说，同情民间教派只是一个心照不宣的政治禁忌，不用煞费苦心地思考同情与否、理解与否。

"绝地天通"的秩序意识在社会层面的作用表现，就是民间教派的内部秩序认同，如果不仅仅是理解社会整体秩序的一个起点、一种参照，而是自信独尊的，那就必然带有排他性，不仅排斥本派之外的其他团体，而且也排斥其他的秩序模式，这会阻碍社会的融合。在各种宗教教派的创教之初，这种排他性几乎是不可避免的，否则不能凸显本派宗旨，不能增强内部的凝聚力。尤其是在政治高压下的中国民间教派，排他性其实是隐秘实现自我保护的基本方式。

　　经过近现代社会变革之后，高压的政治环境应不复存在；民间教派经过数百年的与时逶迤，也全然没有了创教之初自信独尊的情绪，各派教主在神学世界里所获得的地位，绝不会高于真主、耶稣、释迦、老君，所以关于民间教派的政治紧张，可以从容纾解；而且，民间教派的制度不像制度化宗教那么严格，反倒具有活泼变化的特性，所以在适应社会变革方面包袱最小。情势既然如此，现代的知识精英们又为什么依然与民间教派相隔膜呢？其中的缘由或许不像古代那么复杂，只是习惯性的文化歧视在发挥作用，导致思想视野有此盲区而已。随着开明精神的复制和生长，随着宗教社会学、宗教人类学视阈的扩散，这种状态已经在改变，同情的理解日益驱散先入为主的歧视，即使是精神上有些洁癖、极端崇尚高雅文化而厌恶巫俗蒙昧的人，也不得不承认，民间教派是中国民间文化欠缺的结果，而非其原因；是文化欠缺的弥补，而非加剧。这种认知在改变的趋势，显然更符合民间精神文化的愿望，也符合社会整体发展的逻辑要求。

（五）儒教

　　探讨关于宗教问题的文化战略，要不要回避儒教问题，也是一件让人颇费思量的事情。从技术上说，回避是可以的，理由也是充分的。

　　因为第一，当代中国从宪法到相关的政策法规，都没有明确儒教的法律地位，这意味着儒教非红非黑，处在法律的灰色地带，或者按照法学界的说法，处在既不合法也不违法的"非非法"状态，这表明儒教甚至不在国家意识的关注范围之内，被剔出文化战略的视野也就无可厚非。

　　第二，如果单纯从近年学界的争论来看，那么可以说，所谓"儒教"，主要是一种概念或者观念的存在，而非事实的存在。将观念的存在作为研究对象，应该是哲学专业的事，而对于文化战略研究来说，就显得有些缺乏现实感。

　　第三，儒教在当代，不仅仅是一个学术问题，而且还是个意识形态问题。作为学术问题，目前的儒教之争基本上还局限于概念的层面，即以"宗教"概念对比儒家的思想内容和历史实践，如何判断其性质。而作为意识形态问题，则隐含着关于中国文化的正闰之辨，在这个意义上，儒教与儒家儒学是有差别的。儒家儒学可以理解为诸子百家的学术流派之一，儒教则被认为是传统的国家意识形态的代名词，清以前与国家的组织和制度、社会的伦常和信仰等紧密联系在一起，而在近现代的社会变革中，则成为变革的主要对象，正是所要"革"的旧邦之"命"。在这个意义上，儒教与我国现行的各种宗教都是不可类比的，儒教问题所围绕的，主要是如何对待中国历史文化的大传统的问题，不是如何处理信仰神仙、上帝之自由的问题，将儒教放在通常意义上的宗教论域里来讨论，就将儒教做小了。

技术上既然有这些说法，那么回避在意识形态领域甚至在学术界都让某些人神经过敏的儒教问题，也就是可以原谅的处世机巧了。然而，站在道义的立场上，儒教问题是本课题所绕不开的。

第一，设若没有儒教，则各种宗教在中国就只是宗教而已，无所谓文化不文化。因为从本质上讲，文化只是世俗社会常规生活的秩序化和模式化，而宗教的目的都在于超越世俗，尤其是超越世俗生活的秩序和模式，所以，宗教或可称之为"超文化"的精神向上一路，称之为"神化"，但不可认为所有宗教都天然就是以文化为目的的。佛教、道教在中国历史上之所以成为一种文化，简言之正是由于儒教存在并且塑造了中国社会崇尚文化的性格，佛教、道教才"随方设教"，先适应，后超越，否则，它们可能是离群索居的隐士群或隐修团，不能成为在中国社会产生巨大影响的一种文化传统。这样的历史表明，要让各种宗教在中国蕴积出与常规生活相适应的文化性格和品质，而不像邹衍那样在神话故事式的演说之外还要"益以迂怪"，则儒教是一种不可或缺的基本因素，发挥基础作用。

第二，既然没有儒教即没有宗教文化，自然也就没有所谓的"宗教文化战略"，勉强在这个题目下做文章，最终成果很可能只是针对宗教现状的管理策略，尤其是控制或者利用宗教的政治策略。那样的成果或许很动人，很能调动情绪，但不会使我们的家国社会变得更祥和。从这个意义上说，儒教是宗教文化战略研究的必要维度，不仅维持对于各宗教教派的社会文化理解，以免落入泛意识形态化的陷阱，而且维持各宗教教派立足于中国社会文化、关注中国社会文化的基本品格，以避免各教派"同乘一条船，各划各的桨"，走上缺乏真实认同而日渐离析的不归路。

　　第三，儒教在意识形态领域的敏感性，从本质上说是由传统与现代的矛盾引起的。因为我们既没有某种理论模式，更没有现实的社会机制对传统与现代的关系做出理性的解释和安排，所以在维护传统还是拥抱现代的立场上，长期陷于对立。表面上看起来，这样的立场对立似乎很劲爆，而实际上，将传统与现代的矛盾政治化、意识形态化，不过暴露了我们思想理论上的贫乏。主张儒教而意图恢复传统的一方，大概都有些书生意气，忧患于西方文明全方位覆盖，中华民族的意志抑郁难申，在世界文明磨合中日侵月削，不张不振；社会生活受现代化催逼，一切以高效率为基准，工具理性一极独大，人文教养纯属附庸；制度思维受西方各种思潮的轮流蛊惑，对中国传统缺乏最基本的尊重，造成制度安排与社会文化的严重脱节；甚至在信仰领域也任由西方宗教肆意扩张其版图，本民族的传统信仰则在被指为专制工具的同时，被彻底剥夺了合法存在的权力。因为现实存在这些弊病，所以主张儒教的人时发不平之鸣，其中的某些言论或许不免偏激，诸如将儒教经典列入党校课程之类，但这些言论，未尝不可以理解为试图将传统纳入国家意识形态，寻求传统与现代的结合。反对儒教的人有各种不同的思路和出发点。爱护儒家儒学的人反对儒教，是不愿意将儒家儒学与宗教混为一谈，认为宗教的信仰是蒙昧的，而儒家的信仰以人文理性为基础，是睿哲文明的，所以不能将儒家降格为儒教。从意识形态出发反对儒教的，大概有两种思路，一种思路接受西方的自由主义思想，以为儒教简直就是封建专制的代名词，是封建统治阶级的工具，重建儒教就意味着封建思想死灰复燃，所以要抵制儒教以捍卫自由；另一种思路则无分男女老少，大抵都保持着衙门老吏式的政治敏感，断定儒教具有取代共产主义意识形态的不轨图谋，所以对儒教要严防死守，甚至在被称为思想库的中国社科院系统内，以"儒教"题目申请立项以开展学术研究都会受到阻挠。这种形似劲爆的意识形态对立，表面上看起来是无法调和的，但就理论实质而言，不外乎在传统与现代关系的问题上，我们的思维流于习惯性的僵化，缺乏创造力，是贫乏的理论所需面对的自我更新的问题，不是一个必须向政治上推诿的意识形态问题。站在文化战略的角度，我们大概有义务说清楚儒教问题的本来意义。

　　从比较宗教学的角度来看，儒教与佛教、基督教等宗教的差别，一方面似乎是显而易见的，另一方面却又是极难概括的。因为儒教如同基督教对于西方社会的作用一样，对中国社会发挥了规范伦理、建构文化认同的实际作用，本身也是一个信仰体系，却没有独立于世俗社会的教团组织等宗教形态，所以从各种要素上，可以比较出一大堆异同来，但要给出一个言简意赅的概括却很难。大约在金元时，有人模仿纬书的体例编过一本《道书援神契》，这本书自身的思想价值也许不高，所以历来不受关注，但其中的一句话却很有意思，说是"儒不可谓之教，天下之常道也"。就这一句话，大概勾勒出了儒教的本来面目。

将儒教与其他各种宗教并列在一起，对比着来谈论社会的教化问题、思想文化问题，不会让人觉得有什么不妥当，唐宋以来中国人习惯性地将儒释道连称、并举，合称"三家"或"三教"，思想的表述显得自然而然。这表明在人们的认知中，儒教与其他的各种宗教均有其共性，是可以"相与为类"的文明形态。但在宗教同类中，儒教却又很"另类"，这主要表现在两个方面。

首先，如前所述，尽管各种宗教都自信是普世的，是最高神灵的意志在人世间的展现，但实际上每种宗教都与其他的宗教不同，所以都是特殊的。这个特殊性在具象层面的体现，就是刻意树立一派教义，勾画一方净土或天堂，组建一支教团，设计一套仪式等，总之是特立一家义理以推行教化。而儒教以生活常态为基础，不是特立的，只是三代以来原生文明的历史结晶。举例来说，儒教固然有一系列繁复的仪式，从祭祀天地"六宗"到日常待人接物，无不详备，但这些仪式是夏商周以来社会礼俗的整理和修订，不是人为设计的，在这个意义上可以说，中国真正的原生性宗教只有儒教，连土生土长的道教、民间教派等，都是人为创立的创生性宗教。又如，儒教以三代天下治平作为理想社会的标志，个人则穷理尽性以至于命，达到成圣成贤的天地境界，其追求超越的文明意志至少像其他宗教一样强烈，但儒教的超越立足于真实的、常规化的生活，是常规生活的升华和延续，不是离异于常规生活的彼岸世界。以常规生活为背景，可以说其他的宗教都是"异常"的，或者按照《庄子》的说法，是"刻意尚行，离世异俗"的，只有儒教是"正常"的。这是儒教之所以为"天下之常道"的第一层意思，所谓"常道"可以理解为正常的主张或思想文化体系。

其次，正因为儒教相对于社会生活而言是正常的，所以体现出宗教的社会共性，相较于其他宗教在精神世界各立一义或各主一方而言，儒教是

"通常"的、"常用"的，不但适用于精神生活的追求，而且适应物质生活的需要；不仅能为社会阶层的、地域局部的精神建构提供适宜的资源，而且为培育社会整体的秩序意识创造基础。如果我们不将这种通常性推阐为普世性，那么至少可以说，儒教在满足公私生活方面，代表了中国宗教的最大公约数，同时也是各种宗教在中国是否适应正常生活的最大参照系。这使我们很容易理解一个有趣的历史现象，为什么所有的宗教在中国都要参照儒教展开自我诠释，寻求世俗社会运用儒教的话语系统来理解其教义。晋唐以降的佛教如此，刘智等人所推动的中国伊斯兰教如此，利玛窦谋求传播的天主教如此，中国本土的道教也未尝不是如此。这是儒教之所以为"天下之常道"的又一层意思，所谓"常道"，还可以理解为通常适应的、大全的，与其他宗教适应特殊地域、特殊生活状态或精神状态等，具有整体与支离的差异。

作为"天下之常道"的儒教，在天下剧烈变革的时代面临全方位的挑战，是合乎逻辑的必然。因为变革不是某项政治经济措施的改变，而是全社会的革故鼎新，所以必然也必须以"世道变了"为前提。而中国传统社会的"世道"，就是作为社会秩序意识之基础的儒教。儒教不变，则中国社会的变革无从推动，这从理论上说，就是儒教能否变革决定了社会政治变革的可能性。但在历史现实的层面，变革又是在西方文明的强势压力下，在华夏民族所面临的严重的生存危机中爆发的，所以，相较于政治变革迫在眉睫的情势而言，儒教变革显得迂缓不急，这决定了儒教变革只能从属于政治的变革，在本质上只是政治变革的延伸，而非政治变革的社会基础。于是，由政治上君主立宪与共和立国的分歧所延伸出来的，是儒教当存抑或当亡的两极对立。主张君主立宪的康有为，谋求"建立孔教"，而主张共和的新文化运动派，号召"打倒孔家店"，儒教的存亡成了政治选择的一道分水岭。

社会变革中儒教与政治的双重变奏，从某种意义上说决定了现代中国的政治方向，也决定了现代中国文化主体性的变化轨迹，其中许多具体的历史细节和历史逻辑，都不是本报告所能展开的，但我们可以站在宗教文化战略的角度，做出一些粗略的历史反思。

如果暂且放下政治上的是非功过不论，那么可以说，康有为在中国近现代历史上，是发动政治和宗教改革的第一人。出于"保种保教"的悲情愿望，康氏在政治上主张学习英伦等国的君主立宪制，将衍圣公或其他的什么人奉为国家的象征，而以宪政模式实施治国；在宗教上则"建立孔教"，按照基督教的基本模式，对儒教进行改革，并以经过改革的"孔教"作为宪政国家的文化主体。就康氏自身的思想逻辑而言，这一套设想未尝不体制具备，而且最接近传统和习俗，便于国民接受。然而在当时以及后来更多人的判断中，"保种"与"保教"是不可兼得的鱼与熊掌的关系，如鲁迅就曾在《新青年》上转述过一种观点，"要我们保存国粹，须得国粹保护得了我们"，并且强调"保存我们，的确是第一义。只要问他有无保存我们的力量，不管他是否国粹"。儒教或者孔教，无疑是国粹中的大本大端，而儒教之不能保种，已经被国家、民族陷于危亡的残酷现实所证实，所以在保种与保教之间，必须做出抉择。大概也正是迫于保种与保教势难两全的残酷现实，所以思想家们很快就"发现"，康氏改革儒教以"建立孔教"的精神复兴计划也是荒谬的，如章太炎《驳建立孔教议》，就断言"孔教本非前世所有"，"总举夏民，不崇一教"，"国民常性，所察在政事日用，所务在工商耕稼。志尽于有生，语绝于无验。人思自尊，而不欲守死事神，以为真宰"，意即中国本来就没有宗教，中国的百姓既不信仰宗教，也不需要宗教，与"举全国而宗事一尊"教皇的西人相比，"其智愚相去远矣"，中国人的文明开化、切实智慧，要高出许多。而康氏等人"猥见耶苏、路德之法，渐入域中，乃欲建树孔教以相抗衡"，只是"徒师其鄙劣"而已，在精神建构的策略上就是下乘的。

章太炎与康有为究竟孰是孰非，在整个 20 世纪似乎都是一件很容易判断的事，而且历史也已经给出了答案，"建立孔教"的计划随着北洋政府的垮台而流产，康有为本人也成为跟不上变革步伐的典型代表。但站在今天的立场上反思历史，却反而不那么容易评判了。就章太炎强调中华文明的实用理性传统，强调儒家的人文理性教化不同于基督教而言，无疑是正确的；就章太炎指陈康氏为抗衡基督教而将儒家改造成孔教断不可行而言，或许也是大有先见之明的；但章太炎纯然本着历史经验来思考，忽略中西文明"磨合"这个重大的时代新环境，由此断定包括孔教在内的基督教式的宗教信仰非中国百姓所需、亦非中国百姓所能接受，就显然看错时势，也看错民情了。事实已经无可争辩地证明，儒教或试图模仿基督教的孔教，固然在强大的政治压力下没有机会验证是否为中国百姓所需、能否被中国百姓所接受，但基督教本身却在中国大行其道，如果说这种局面正是康氏所预见、所忧虑的，是章太炎以为断然不会发生的，那么显然，康氏的预见惊人地准确，而章氏的判断只是一厢情愿。

因应基督教来临的新形势，重新审视儒教，将儒教和基督教置于同一座天平上进行衡量，是在"师夷长技"的背景下推动中国变革的必然议题。无论哪家哪派，只要思考中国变革的宗教信仰问题、社会文化问题，就必然要面对因应基督教的议题，也必然要从宗教信仰的角度对儒教问题展开思考，这是由中西文明"磨合"的时代所决定的，不容选择。但究竟应该如何因应，却没有规定动作，至少在某种思想成为国家主导之前，因应之道还有多种选择的可能性，这也就是思想在纯粹思想阶段的自由。各家各派中，康有为是一个标志，代表了旧文化谋求自我更新的努力，陈独秀也是一个标志，代表了与旧文化决裂后新文化所面临的如何选择的问题。

在《新青年》时期，陈独秀围绕儒教或孔教、基督教问题，与新青年们展开过反反复复的讨论。作为一种思想表述而非学术探讨，陈独秀从不掩饰其厌恶儒教或者孔教的思想情绪，不掩饰其愿做孔教掘墓人的立场。而陈独秀之所以厌恶孔教，第一是康有为等人为"帝制"张目，与袁世凯、张勋之流搅在一起，孔教成为"帝制"的护身符，成为袁、张之流欺世盗名的幌子；第二是孔教与共和立宪制的政治理想相乖逆，所以在宗教信仰领域，宁愿引进基督教以取代孔教。以陈氏之才情，有关这两个方面的议论都未尝不痛快淋漓，但由他所代表的那一代人的思想情绪和思路，却将历史引向了一个攻其一点，不及其余的发展方向，诱发了一个世纪以来"儒消耶长"的宗教格局，而中国文化的主体性究竟着落何方，也因此成为当代中国的一大困扰。所以对于陈氏思路，我们也不得不有所反思。

孔教被帝制势力所利用，是陈氏反复提到的一个问题，如《四答常乃惪》说，"学理而至为他种势力所拥护所利用，此孔教之所以一文不值也。此正袁氏执政以来，吾人所以痛心疾首于孔教而必欲破坏之也"。在自由独立精神的激励下，陈独秀对于现实的洞察，确实有其令后生击节，让懦夫增气的感染力。孔教与帝制的现实联系，对于思想者来说无疑是一种极端的刺激，而孔教既无独立的社会组织和地位，也未能通过社会批判表现出独立的精神，为此痛心疾首的，当然不只陈独秀一人。陈独秀由此断定孔教在现实中只是袁世凯们用来骗人的材料，也显然有其充分的事实依据。但陈氏于是选择对孔教"必欲破坏之"的立场，就未免被情绪左右了思想的逻辑，与他素来好辩善辩而且逻辑严谨的风格不符。就逻辑或者常理而言，我们可以说袁世凯们是很坏的人，用孔教来骗人是一种很坏的行为，但不能由此断定孔教本身就是一个很坏的东西，至少在袁世凯们试图施骗的对象亦即中国百姓看来，孔教必定是个好东西，否则不能用来行骗。这是常理。以陈独秀之敏锐却看不到这个常理，只能说是选择性的盲视，却因此将宗教与社会的适应性问题彻底掩盖起来了。

在《答刘竞夫》中，陈独秀又说，"尊论比计孔耶诸教为益社会之量，鄙意极以为然。教宗之价值，自当以其利益社会之量为正比例。吾之社会，倘必需宗教，余虽非耶教徒，由良心判断之，敢曰推行耶教胜于崇奉孔子多矣。以其利益社会之量，视孔子为广也。事实如此，望迁儒勿惊疑吾言"。要说这里面没有些让人惊疑的地方，是不真实也不诚实的，而真正可惊疑之处，不在于陈独秀按照他自身的思想逻辑得出了这么个结论，而在于自陈独秀以来，在中国高呼自由民主的人，怎么可以在最应该尊重其自由的宗教信仰上"为民做主"？如果人民连信仰都不能自主，都需要知识精英们代为选择，那么民主的基础又如何可能在民众中建立得起来？至于如何对比计量出孔教、耶教"为益社会之量"的大小多寡，则恐怕不是一个数据统计和分析的技术问题，而是一个思想逻辑的问题。一种逻辑认为，西方社会之所以发达，发轫于古希腊的科学理性和民主体制是主因，其文化的开明和创造力，则得益于突破中世纪宗教桎梏的文艺复兴，而经济爆发力的基础在于产业革命，这些都是中国需要认真学习的，但都与基督教没有什么正面的关系；另一种逻辑则认为，中国社会之所以不发达，根源在于窒息创造力的政治制度，政治制度的基础在于儒教或孔教的信仰和伦理，所以要彻底打破儒教或孔教，这也就是陈独秀所说的"吾人最后觉悟之最后觉悟"[①]。正是根据这样的思想逻辑，陈独秀《答佩剑青年》说，"记者非谓孔教一无可取，惟以其根本的伦理道德，适与欧化背道而驰，势难并行不悖。吾人倘以新输入之欧化为是，则不得不以旧有之孔教为非。倘以旧有之孔教为是，则不得不以新入之欧化为非。新旧之间，绝无调和两存之余地，吾人只得任取其一"。一句话，孔教只能被作为欧化的牺牲品，而耶教则是欧化"买一送一"的赠品。

陈独秀式的思想逻辑，实际上支配了一个世纪以来中国宗教格局的演

---

① 详见《独秀文存》卷1《吾人最后之觉悟》，安徽人民出版社1987年版。

变——基督教从清朝百年禁教的低谷，走向当代迅猛发展的高峰；儒教则一落千丈，从国家意识形态的神坛走到了历史文化的被告席上。而当这种思想逻辑被以法律的形式固定下来之后，"儒消耶长"的宗教格局就更加牢不可破。1913年和1923年由北洋政府修订的《天坛草案》《双十宪法》，写有"中华民国人民有尊崇孔子及信仰宗教之自由"的条款，这是儒教或者孔教与其他宗教一样享有信仰合法性的最后一抹余晖。随着北洋政府的垮台，儒教或者孔教也就成为陪葬品，而基督教则成为一支生力军。1919年，全国基督教会推举代表参加欧洲和会，提出信教自由的请愿，据陈独秀的叙述，内容主要包括四条：宗教平等；政教分离；停止国家祭祀或拿公款供一教需用；政府不得敕封僧道爵位并取消衍圣公、张真人的封号。这些请愿，如果仅仅是争取基督教在中国信仰自由的权力，那么可以说是合理而且正义的，但实际内容远不止于此，它不仅借助国际的政治力量干预中国宗教，为后来者开了个先例，而且整体内容是为中国宗教制定一个通盘的新规则，是一根撬动平衡的杠杆，基督教与儒教的消长之势可以由此互易。丝毫不让人奇怪的，是陈独秀为此呼号，讥讽衍圣公和张天师要"同声一哭"；而让人不得不奇怪的，是后来的中国宗教，几乎可以说就是按照这个规则执行的。

导致当代中国宗教格局的形成，当然还有后来的宗教政策、国内国际政治经济环境、各宗教自身的传播手段等方面的因素，但起决定性作用的最初脚本，无疑是追求"欧化"的思路，这无可争辩地表明，当代宗教格局是纯粹人为的，不是自然形成的。在这种思路的编排下，道教可以保留，因为道教的规模很小，可以留下来作为中国传统很荒谬的活证据，而儒教必须消灭，因为儒教规定了中国从社会的基本伦理到最高的政治体制的秩序，以及制定和遵守这些秩序的意识。

在法律制度和社会实体层面，儒教确实被消灭了。就法律制度层面而言，儒教不是宗教，不得享有信仰自由的权力。就社会实体层面而言，传统社会中作为儒教载体的文庙、社稷坛、山川神坛、先贤祠等，都是国家财产，儒教没有一个教团组织去继承、维护其产权，所以随着国家革命，这些载体或被"拆庙兴学"，或被闲置废弃，或由文物和旅游部门看守、开发，其中的儒教传统和文化被刻意回避，至今仍然是一个不能突破的意识形态禁忌。

但观念层面的儒教，仍然存在。它最终没有被康有为改造成创生性的

"孔教"，依旧维持在原生性的"儒教"状态，依旧没有教团组织，没有特定的宗教活动场所，没有特别装帧并用于仪式的经典，甚至也没有排他性的教派意识，但在公私生活方面，却发挥着其他宗教所不可替代的作用。例如，中国以历史文化认同为基础的国家认同，是一个自夏商周以来民族融合的统一国家，这个历史文化认同，以儒教的《尚书》等经典的记载为依据，尽管受到疑古学派的怀疑，在学术上也需要"三代工程"澄清怀疑并予以论证，但对于绝大多数中国的普通百姓来说，三代以来的历史文化共同体，像"炎黄子孙"一样是一种"信仰的真实"，它决定了在人们的观念中什么是"中国"，什么是"中国人"。又如，中国百姓接受分层级的国家管理体制，也是以"《春秋》尊王"等政治伦理为基础的；中国百姓的家庭仁爱、责任和义务，根基于儒家的孝慈伦理，不需仰赖法律的制约。再如，中国百姓之乐于接受社会的有序变革，与《周易》变通观念的长期熏陶分不开，"穷则变，变则通，通则久"，同样是中国百姓秩序意识中的固有内涵，是一种不需要逻辑论证的信仰。

与其他宗教比较而言，儒教是一种淡化宗教组织和形式的信仰。因为宗教信仰的一般现象，是信仰使人认同、使人团结，而宗教使人皈依、使人分裂，所以长远地看，儒教模式应该是所有宗教的发展方向。但在现阶段，儒教则由于究竟是宗教还是思想文化、学术流派的属性不清，所以面临着极其尴尬的处境，而中国社会的文化主体性之所以模糊，根源正在于儒教的尴尬处境。要解决这个问题，我们在思想上必须明确，关于儒教既然有宗教和思想文化之争，那就说明将儒教定性为宗教或定性为思想文化，是两可两不可的，如果我们不将基督教作为唯一的宗教标准模式，而是凸显出中国自身的话语，那就必须强调，这中间并没有某个绝对的衡量尺度，关键只在于我们如何取舍。

如果我们将儒教定性为宗教，那就应该从法律上赋予它信仰以及表达信仰的自由，诸如归还文庙等设施、举行信仰集会或结社、阐释并传播其信仰的权力等。

反之，如果我们将儒教定性为思想文化，那就不能不正视儒教是中国社会思想文化之基础的事实，不能不承认儒教是维系中国文化共同体的大纲，本着执政者对社会负责的原则，政府就有责任将儒教纳入社会发展计划，包括开展儒教传统教育以推动国家、民族、文化的认同等。无论如何，国家、社会的文化主体性不能任其含糊不清，儒教的处境也不应该任其左右尴尬。

四　结语

跨入 21 世纪未久，当熟悉基督教的人们刚刚摆脱千禧年的忧惧，欢庆新千年顺利来临的时候，美国《时代》周刊曾经派驻北京的记者大卫·艾克曼发表《耶稣在北京》一书，调查分析基督教改变中国和中国改变基督教的可能前景，于是，由宗教带来的欢乐气氛，很快就被宗教问题很严肃的现实意识所冲散。该书本身是否带些好莱坞式的哗众取宠，我们不便评论，但它确实表达了一个美国人关于基督教在中国的戏剧化设想，诸如中国出现信仰真空、基督羊征服中国龙、中国的基督徒发展到占总人口的 30% 从而与美国结盟并充任反对激进伊斯兰势力的先锋，等等。这些设想在美国发挥作用的可能性，显然要比在中国大得多。所以，尽管它会影响大洋彼岸的某些人干预中国宗教的动机和方式，但毕竟是在大洋彼岸生成的设想，还是让它留在那里比较适当、比较好。然而，该著所表露的基督教对于社会和政治问题的极度关注、基督徒笃定以其宗教能够改变中国社会政治的自我期许，则不能不引发我们的深入思考。因为与佛教、道教"出世"的精神追求不同，基督教作为一种宗教而非仅仅作为一种信仰，是具有强烈的"入世"意愿的，所以，在当前"儒消耶长"的宗教格局下，谁来应对又将如何应对这种入世的宗教？基督教在中国社会的大舞台上究竟是打算独舞还是参加集体舞？中国社会将会因为基督教的加入发生什么样的改变？对于中国社会来说，这些都是需要重新积累经验才能够弄清楚的问题。

重新积累经验意味着中国闯进了一个陌生的领域，因此抱着审慎的态度、产生不安全感，是很自然的。之所以说陌生，是因为自古以来只有儒教才强调"士以天下为己任"，而儒教的秩序原则，是个人服从集体，这塑造出中国社会整体的结构性平稳。基督教则以个人救赎为根本义，由之生成的秩序意识，是个人主义的，这决定了基督教社会的秩序需要周密的法律系统去制约、去维护，而欧美的两大法系，都别有渊源，不是基督教自备的。这预示着基督教在中国的大规模传播，将会诱发中国社会秩序意识和秩序模式的巨大震动，震动中可以对现实秩序进行调整，但不一定是有序的。关于这方面的前景和隐忧，应该是在强调中国承担国际责任的同时就受到关注的，然而基督教界似乎沉浸在另一种热切的期待中，无暇顾及中国社会震动不震动的问题。这种期待可能与马克斯·韦伯的理论有关，即认为新教伦理能够从反面推动资本主义发展，但更多的人未必当真理解韦伯理论的个中三昧，可能只是出于中国社会谋求快速发展的强烈愿望，其思想逻辑本质上是陈独秀式思想逻辑的延续，也就是将中国社会的滞后归结为儒教，将西方社会的领先归结为基督教。由此产生一些天真烂漫的联想，以为只要发展基督教，中国社会就能像西方社会一样发达，也就不足为奇了。然而，事情的利弊永远都处在同一把双刃剑上，如果说新教推动社会发展是真实的，那么新教推动社会扩张也同样是真实的，所以，新教主导的欧洲社会不仅是现代工业的发源地、资本主义的发源地，它同时还是两次世界大战的发源地，是向美洲大陆大规模殖民的发源地。如果这一切都是真的，那么，在中国走上新教社会曾经走过的扩张道路之后，在火星被证明可以定居之前，又从哪里找到一块新大陆来安顿我们？如果事实上没有那样一块新大陆，没有扩张的空间，那么中国社会除了承担反对激进伊斯兰势力的"国际责任"之外，是不是就应当掉进自残的深渊？

事情本来不应当这样，基督教本来不应当这样被政治化，尤其不应当这样被国际政治化。作为社会良心的守护者和实践者，基督教在中国与佛教、道教、伊斯兰教等，本来没有什么不同。作为一种信仰，基督教有自己的"分守"，即基督教信仰是基督徒个人与上帝之间的事情，与国际政治之类的纠结本没有什么道义上的牵扯。维护这样的"分守"，是基督徒的道义责任，是中国社会的道义责任，当然也就是对中国社会负责的中国政府的责任。

不管站在哪个立场上来看，中国政府承担这种责任的意愿和能力都是毋庸置疑的。从争取民族解放和独立的战争时期，到改革开放有序推动社会的变革，中国共产党及其政府带领中国人民铸造出旷古未有的文明辉煌，充分证明了它对中国社会负责任的意愿和能力，在处理宗教的问题上，当然也没有任何理由例外。只是在理解和运用马克思主义宗教观的基本精神方面，或许还有些功课要做。

按照马克思主义宗教观的基本精神，宗教是社会的产物，这表明宗教的先天属性就是社会性。而社会都是具体存在的，是包含着历史传统、生活方式、秩序意识等丰富内容的生活共同体。审视和处理宗教问题，唯一合理的尺度应该就是所在的社会，而非意识形态预设，这也是政治上审度利弊所应有的理性态度。

社会当然要变革，但变革的目的，是调整秩序以利于发展，而不是让社会变得不可理解、不可捉摸。一个社会之所以可以理解，必然是由其文化主体性决定的，作为变革的成果，社会的文化主体性应该越来越丰富、越来越鲜明，从而为生活共同体的秩序意识奠定基础，唯其如此，社会才可能步入良性的、有序的发展轨道。文化主体性的丰富，则不能断然割离其历史传统，不可能在一朝一夕之间建构起来，这也正是社会文明史的魅力之所在，是人类不采用"老熊掰棒子"方式进行物质和精神生产的智慧。

历史传统最深层的积淀，则是社会共同体的秩序意识，而宗教正是以信仰方式、神圣化方式维护并且传承其秩序意识的体系，这决定了世界各大文明体不管发展程度如何，不管科技成就是否足以上天入地，都必然以理性而且敬畏的态度对待其宗教，也决定了在世界文明"磨合"中，每个文明体都必然要求自己的宗教信仰受到尊重。在这个问题上，没有哪个文明体是可以超然淡定的，中国也不应该例外。

如果说20世纪推动社会变革的阻力和压力，决定了我们对传统的信仰体系采取决裂的态度，有其现实合理性，那么随着中国社会的发展，我们是否还应该将决裂的态度奉为新的宗教戒律，就需要反思，需要重新审视。胡锦涛同志在党的十七届六中全会的讲话中指出，"中国共产党从成立之日起，就既是中华传统文化的忠实继承者和弘扬者，又是中国先进文化的积极倡导者和发展者"。这个包含文明发展史意识在内的理念，是广义的文化发展的精神原则，当然也应该是理解和处理宗教问题的精神原则。

总报告的阶段成果及学术梳理

一 清代宗教文化及其对当代宗教格局的影响

金 泽

宗教既是一种历史现象，也是一种社会文化生活（常态的或形成某种运动），其核心是对超人间或超自然的存在（或力量、或宇宙法则等）的信仰。人们在宗教生活中会产生不同强度和诸多形式的心理体验，会在个人或群体的层面上做出不同程式化的崇拜行为（仪式）。宗教生活不仅具有不同的行为规范和组织制度，而且会在社会历史发展的进程中形成包括神话、神学以及一系列象征、亦包括审美趣味和道德规范在内的累积的文化传统。人们在宗教生活中把握生活（生命）和世界（宇宙）的意义价值，获得身心的转变，并由此引发（或期求）个人、社会或文化的转变。宗教的发展演变是个从无到有、从简单到复杂的历史过程：既有宗教自身的内部因素，亦有其所生存的社会、经济、文化等外部因素；既有无数个人的以宗教体验为基础的宗教创新，也有群体认同、社会制度和文化再生产的建构与淘汰机制；既有观念（或教义）、行为规范、圣时（节）圣地圣徒、仪式等累积而成的传统，也有因时因地因人而出现的变通与调整。这些因素构成宗教演变的动力，它们之间的互动关联十分复杂，使古往今来的宗教千姿百态。在宗教的演化路径方面，我们不能简单地把不同的宗教形态置于一个阶梯式的、新版本覆盖旧版本的上升序列中，而是将不同的宗教形态看作一株生生不息的大树上的有粗有细、有枯有荣的不同枝杈。

文化是人类在长期的历史发展中，共同创造并赖以生存的物质与精神存在的总和。宗教文化既有外在的现象层面（如仪式活动、节庆庙会等），也有内在的精神层面（如信仰、世界观、价值观等）；历史上的宗教文化总是某个社会整体文化的一个组成部分，具体的宗教文化（如佛教文化、伊斯兰教文化）的创造主体虽然是信奉这一宗教的群体，但作为特定社会特定时代的宗教文化，乃是社会各种力量互动的结果。其中，统治阶级所持的价值观与意识形态，统治阶级在谋划社会文化发展时将宗教置于什么地位，以及如何利用和限制不同宗教的不同功能，对该社会或该地区的宗教文化形成怎样的整体格局，各宗教形成怎样的发展走势，影响极大。

清代宗教文化的总体格局，比以前的朝代更为复杂：宗教脉络是多线索的；宗教文化的层面既有正统的，也有在野的；既有上层的，也有民间的；既有本土的，也有外来的；在价值取向上既有相融的，也有相对的。我们对清代宗教文化的分析，虽然可以是微观的个案雕琢，但在此有限的篇幅内只能是以宏观的整体把握为主，从统治集团的宗教文化举措，各宗教自身的发展演变，以及民间文化层面上的宗教文化活动等方面领略其大势。

（一）反客为主：承载"神道设教"的宗教文化观

中国历史上由边地族群入主中原而改朝换代的，清代不是第一个。远的不说，与清代间隔明代的元代政权，也是起于边地的族群，而且也是原先居于北方的族群。因此，不仅清代统治者会重视历史的经验与教训，避免重蹈覆辙；我们也会将其与以往边地族群入主中原的政权对比，并以此作为理解和评价的一个参照。

任何新王朝的建立，都面临着如何在天下大乱中建立社会秩序、进行文化整合、恢复经济、让百姓安居乐业、富民强国的政治考验。对于有着不同于中原文化、在人数上居于少数的边地族群来说，这一考验更为严峻。元代统治者虽有许多建立社会秩序和统一帝国的政治举措与创新，但其将民众按族群分为四个等级诸政策，不仅未推进文化整合的进程，反而加剧社会矛盾与冲突。元代百年而亡，清代却在平定疆域后进入持续百余年的鼎盛（所谓"康乾盛世"），我们不能说两者的文化策略决定成败，但各自文化发展的格局特点却在比较中显露出来。

清代统治集团在文化上是反客为主的，即由文化共同体的边缘走向中心，由被"教化"的对象变成"教化"的操盘手，这是理解其文化政策及各种举措的关键。清王朝虽有可能用强力改变这个古老文化的某些要素（如"留发不留头"），但却不可能在根本上改变其所统治的这个庞大且悠久的传统文化。因此一方面它要迅速掌控这个文化，融入这个文化，变成这个文化的代表和主导；另一方面作为一位远道而来的"客"，虽然现在坐了金銮殿，心里却时时提防这个文化的汪洋大海掀起巨浪把自己颠覆或吞没。① 正因如此，它才显得过于敏感，易于走极端：一方面是制造了骇人的血腥文字狱，实行文化上的高压政策；另一方面是空前绝后的尊天祭祖祀孔，以及编纂《四库全书》和《古今图书集成》等大型文化工程。然而通过这两手，传统的文化虽然依旧延续，甚至比以前的朝代更为张扬，但整个文化氛围却逐渐变得有利于清王朝统治集团的存在与统治了。

这种转换过程及其结果，是通过一系列的制度安排与文化策略实现的，宗教文化乃是其中不可缺少的重要一环。清代统治集团在宗教领域内的政策与行动方略，属于文化的外层，而其内在的根据，则是其所持有的文化观念，尤其是其对宗教的基本认识及其社会文化定位。在清代之前，传统的中国宗教文化已形成以儒为主、儒释道三教互补的基本格局。清代统治集团对三教及其特点的认识与前朝一脉相承，如雍正在《赐帑银重修龙虎山殿宇并增置香田》谕旨中说：

> 域中有三教，曰儒、曰释、曰道。儒教本乎圣人为生民立命，乃治世之大经大法。而释氏之明心见性，道家之炼气凝神亦于吾儒存心养气之旨不悖，且其教皆主与劝人为善，戒人为恶亦有补于治化。道

---

① 人们常说改朝换代是"城头换了大王旗"。政治上的换旗是统治集团的更替，但是政治上的换旗不等于文化上的换旗，这是中国历史和文化传承千年一脉的一大特征：统治集团可能会从李家变为赵家，可是文化的旗帜依旧，只不过举旗的换了另一班人马（中国传统文化中的"华夷"之分，更多的不是按照族群，而是按照文化来划分的）。因此文化并没有在改朝换代中破碎，而是在有所损益中累积为传统。而后来的执政集团，只要把自己变成举旗人，既可以继续用这一文化传统作为整合与统治社会的意识形态，也可以用这一传统为自己的执政提供合法性。清代统治集团在宗教文化的营造中，有意识地延续和主导以往朝代敬天祭祖、尊孔崇德的文化传统和价值导向，但是它又有其不同于以往之处：作为崛起于北方的边地族群，在与中原文化相融合方面虽胜于元代，却始终没有彻底的融合（如八旗制度始终存在，但在民国期间却加速了融合进程）；在西方资本主义经济和政治迅速扩张的同时，清王朝却从鼎盛走向衰落，它没有担当起引领中华民族在政治、经济和文化上主动迎接挑战和转型的重任，而是在帝国主义列强的政治、经济、文化的入侵压力面前节节败退，陷入内外交困。

家所用经箓符章能祈晴祷雨，治病驱邪，其济人利物之功验人所共知，其来久矣。①

在行动上，清王朝早在建都盛京（今沈阳）时，就已经开始尊天祭祖祀孔的礼仪，将自己确立为中国传统宗教文化的承载者。② 但与此同时，清代统治集团并没有放弃本族群的传统宗教信仰（皇族继续保持满族传统的"堂子祭"③）。这种宗教文化上的移花接木，表明清王朝对儒释道三教的基本定位，与以前的朝代一样，基本的着眼点在于使之有助于建立和维护政治秩序、社会秩序和文化秩序。在清代诸帝中，曾对宗教（尤其是佛教）潜心研究过的雍正对此说得较为透彻：

---

① 《清朝续文献通考》，浙江古籍出版社1988年影印本，第8493页。《清朝续文献通考》编撰者刘锦藻在《宗教》篇中指出："古无所谓宗教也，自释氏入中国其道自别为宗，于是六朝后有此说且有儒释道三教之称。儒与二氏比肩拟不于伦，此六朝人之陋也。凡宗教之立必异乎当世之政俗学术而自为一派，入其教乃为其徒，众人不在此列，故有教内教外之界限。佛、道、耶、回皆然，我国尊崇孔圣二千年来已如日月经天，江河行地。释老继兴，耶回后人，其道判然以异"（同上，第8486页）。但在刘锦藻看来，释道虽有异于儒，但"异"不同于"邪"："邪教与异端不同，若古之杨墨，今之佛老，异端也。汉之张角，明之徐鸿儒，邪教也。杨墨言仁义而差者，佛老言心性道德而差者，其学虽误，其心无他，其徒党从无犯上作乱之事。君子有辞而辟之，无取而戮之。若邪教之徒，小则惑人，大则肇乱，古所谓造言乱民之刑，不待教而诛者也"（同上，第8494—8495页）。于本源认为，刘锦藻的这些话反映了清王朝对宗教的整体认知（参见于本源《清王朝的宗教政策》，中国社会科学出版社1999年版，第2页）。关于清代"邪教"与清王朝的相关政策，可参见赫治清《清代"邪教"与清朝政府对策》（载《清史论丛》[2003—2004号]）。他的基本结论是："清代'邪教'始终是一个政治概念，而非宗教概念。它的内涵虽然包含某些宗教因素，其中的一些组织还吸收了许多民间宗教的内容，它的某些主张也在一定程度上体现和迎合了民间信仰和精神需求，但不能据此将清代邪教说成是宗教。"

② 《清朝文献通考》记载，天聪十年，"盛京建圜丘于德盛门外，其制九成，周围一百十丈，南门三东西北门各……太宗（皇太极）率王贝勒以下文武群臣斋戒三日以亲祀南郊，建国号曰大清，改元崇德，是为本朝祀天于郊之始"。（第5651页）从皇太极到光绪的10位皇帝，在位期间祭天亲郊共304次（皇太极2次，顺治15次，康熙83次，雍正23次，乾隆108次，嘉庆24次，道光27次，咸丰6次，同治2，光绪14次）。参见于本源《清王朝的宗教政策》，中国社会科学出版社1999年版，第38页。

③ 于本源指出：清廷祭堂子原只是皇族之祭，后扩展为国家官员及藩王（这里指异族之王），再后扩展至汉族大臣，但很快又改了回去，只皇帝、亲王、贝勒及一品满臣参加。这种变化说明在清帝头脑中，堂子之祭，也即萨满教之祭，是满族的信仰，清廷堂子之祭基本上是皇族之祭，而非国家之祭。（参见于本源《清王朝的宗教政策》，中国社会科学出版社1999年版，第32页）

> 三教之道，原不过劝人为善。夫释道之设，其论虽无益于吏治，其理也无害于民生。至于勉善警恶亦有补于世教，何以互相排压，为无容量之举。但此辈率多下愚，但不可焉。朕则已敬重仙佛之礼不可轻忽。朕向来三教并重，视为一体，每见读书士子多有作践释道者，务理学者尤甚。朕意何必中国欲将此三途去二归一欤？不能之事既与能，不过互相徒增愁怒耳。①

在雍正看来，之所以三教并重，乃是因为它们的功能在于"劝人为善"。他对宗教的价值判断，基本上沿袭了传统儒家的"神道设教"②观点："凡天下中外设教之意，未有不以忠君孝亲，奖善惩恶，戒淫戒杀，明己性，端人品为务者。"这种宗教观的着眼点，不是聚焦于一神还是多神，也不是纠缠于是本土的宗教还是外来的宗教，而是关注宗教的社会文化功能。由此引申出判断一个宗教是"正"是"邪"的标准："凡中国外国所设之教，用之不其而为世道人心之害者，皆异端也。"雍正还以佛教为例进一步阐明这个标准："释氏原以洁净无为为本，以明心见性为功，所以自修自全之道莫善于此。若云必昧君臣之义、父子之亲，弃置伦常，同归寂灭，更有妄谈祸福，扇惑凡庸，借口空门，潜藏奸宄，此则佛教之异端也。"③并告诫地方官员："僧中贤愚不等，其不肖者断不可纵之，陷于法绳方真护法也。"④

然而这只是一种总体的价值判断和制定政策的基本出发点，纵观清代的宗教文化政策，并非整齐划一，而是针对不同的宗教实行不同的宗教政策。之所以如此，是因为在复杂的社会运转中，无论统治集团掌握多么大的权力和社会控制力量，它也不可能完全按照自己的意愿行事。统治集团

---

① 《雍正朝汉文朱批奏折汇编》第 1 册，第 525—526 页。

② 神道设教，语出《周易·观第十二》："观天之道，而四时不忒，圣人以神道设教，而天下服矣。"荀子对神道设教的理解是："圣人明知之，士君子安行之，官人以为守，百姓以成俗，其在君子，以为人道也，其在百姓，以为鬼事也。"（《荀子·礼论》）嘉峪关长城上有一座乾隆十七年（1752）的碑刻曰："圣人以神道设教治天下也，非治天下必本于神道，亦神道为治天下之一端也。"

③ 《雍正起居注》五年四月，胶片 16。关于清代统治集团的宗教观，可参见高翔《康雍乾三帝统治思想研究》，中国人民大学出版社 1995 年版；于本源《清王朝的宗教政策》，中国社会科学出版社 1999 年版。

④ 《宫中档朝奏折》第 25 辑，第 98 页。

有自己的意志和着眼于社会控制的全盘考虑，各个宗教也有自己的社会实力和经济实力，甚至还有国际势力；朝廷及各级官府与宗教群体各有自己的观念和文化诉求，也各有自己的利益所在。结果是在互动、碰撞和博弈中，展现出斑斓的宗教文化景观。

（二）延续与下沉：汉传佛教与道教

明清佛教不仅有下沉之势，而且崇尚的佛教宗派亦有所变。六朝之际，儒释道三家在玄学上互相激励，促使研究义理的佛教宗派趋势强盛。佛教的兴旺带来寺院经济的发展庄园化，经几次"灭佛"的洗练，汉地佛教客观上少了许多累赘，也在精神上"洒脱"了许多，于是禅净之风日盛。净土信仰在宋元之后广泛流行于民间。"念一声阿弥陀佛，即往西方净土"，固然为老百姓大开方便法门（信仰成本较低），但弥勒信仰的内涵与基督教的弥赛亚（救世主）信仰之间的异曲同工之妙，可能是其深受百姓欢迎且广为民间宗教吸纳的更深层原因，这无疑也是引起统治者神经高度紧张的病灶所在。

清廷对于汉地的佛教和道教，利用与控制两手并用[1]，在政策上主要是加强思想控制（雍正撰有《御选语录》和《拣魔辨异录》）、限制僧道和寺庙的数量[2]和教风整肃。至清代，中国佛教之汉地、藏传与南传三大系统、各系之中又有不同派系的格局已经成形。清代人口呈增长趋势，而汉地佛教僧尼人数亦然。据康熙六年（1662）礼部统计，各省官建大寺6073处，小寺6409处，私建大寺8458处，小寺58682处，合计79622处。僧众110792人，尼众8615人，合计118907人（平均下来各寺不足2人）。[3]乾隆初四年（1736—1739），礼部先后发度牒34万张，可见僧尼迅速膨胀。而太虚在《整理僧伽制度论》中估计，清末僧尼人数约为80

---

[1]　这种利用与控制，可以康熙对道教的态度为例。他一方面明确规定巫师、道士跳神驱鬼逐邪以惑民心者处死，其延请跳神逐邪者亦治罪。另一方面，康熙又令正一派第54代天师张继宗为其进香五岳，设醮祈雨治河。参见卿希泰、唐大潮《道教史》，中国社会科学出版社1994年版，第323页。

[2]　康熙六年时，直省敕建大寺庙有6073座，小寺庙6409座，私建大寺庙8458座，小寺庙58682座，僧110292名，道21286名，尼8615名，共计寺庙79622座，僧尼道士140193名。从数字上看，寺庙约8万，而僧尼道士只有14万人，平均每座寺庙不足二人。参见《清朝续文献通考》，浙江古籍出版社1988年影印本，第8487页。

[3]　参见《大清会典》卷十五，《礼部·方伎》。

万人。虽然从寺院数量与僧尼人数可窥见清代佛教发展状况，然而人数多并不一定意味佛教兴盛大矣，即使其与人口总数的比例真的有所增加（因为清代总人口的数量也呈剧增之势），数量也不等于质量。人们普遍的评价是，有清一代佛教式微。清代屈指可数的几位高僧，如汉月法藏（1573—1653）、费隐通容（1593—1661）、木陈道忞（1593—1674）、破山海明（1597—1666）四系，在清初虽很发达，但皆属于前朝遗留。由于朝代更替，有些不满新朝者隐于丛林，使得清朝各级官吏对之多有防范与束缚。特别是法藏一系，由于雍正的直接干预，竟由教义之争演变成政治迫害而陨没。

其实，汉地佛教各个支派在清代的传承，亮点不少。有些寺院的住持讲经弘法，曾名扬一时。如为霖道霈（1615—1702）讲学刻经，为曹洞宗增色不少；见月读体（1602—1679）著有大量律学论著；实贤（1686—1734）对三观十乘之旨、性相之学"无不贯通"。续法（1641—1728）与通理（1707—1782）各有专研，著书立说，曾令华严宗一度现"中兴"气象。总体来说，汉地佛教在清代呈现遍地开花之态，僧尼多守某寺某庙，做些忏经超度的法会，社会服务的层面虽日趋下沉，精神层面的建树却未与僧尼人数成比例增长。乾隆三年（1738）虽有规模宏大的《龙藏》（共724函，1672部，7247卷）问世，却是官修官刻。①

道教对清代宗教文化的贡献，突出表现在三个方面：一是王常月（1594？—1680）在隐居多年后，于顺治十二年（1655）出山，在京师白云观、南京、杭州、湖州、武当山等地传教授戒20余年，制定"三坛大戒"（初真戒、中极戒、天仙戒），"入教者甚众"。王常月的传教说戒讲义由其弟子整理成《龙门心法》（分20讲），特色在于戒行精严，强调持戒须一丝不苟，才能功德圆满并振兴教风。诸弟子在各地纷纷创建道院，开启龙门律宗分支。如黄虚堂开苏州太微律院支派、金筑老人开余杭天柱观支派、陶靖庵开湖州云巢支派、吕云隐开苏州冠山支派，黄赤阳二传弟

---

① 除此之外，朝廷还将一些藏文佛经译成蒙文和汉文，如雍正年间将《甘珠尔》译成蒙文，乾隆十四年（1750）又将《丹珠尔》译成蒙文。"官修官刻"既表明清王朝的意识形态控制和倾向，另一方面也说明佛教内部学养的欠缺与学术建树之冲动的萎靡。直到清末，才有居士杨文会大力重倡教界刻刊佛经。相比之下，道教界却有彭定求在清前期编刻《道藏辑要》。

子许青阳开杭州机神殿支派，一时间门徒弟子遍及南北。全真龙门派自王常月呈重振气象，被后来各地龙门弟子奉为全真教中兴之祖。① 二是在康熙年间，彭定求（1645—1719）选取明《正统道藏》中的200多种道书，编成《道藏辑要》，按28宿字号，分成28集，共200余册。收录道教的重要经典，历代祖师、真人的著作，重要科仪戒律及碑传谱记，成为《道藏》的节本，更利于流行和使用。三是道教信仰与民间信仰的相互渗透更加紧密，② 最典型的是关帝成为官方、道教和民间都特别尊崇的神灵。三国时代的历史人物关羽在明代已经取代姜太公而成为与"文圣"孔子并肩的"武圣"，尊封为大帝或帝君，清代历代皇帝追封，至光绪时封号已长达26字。而在民间，关帝还具有司命禄、佑科举、治病祛灾、巡察冥界等功能。关帝崇拜贯通上下，遍及全国（西藏、内蒙古都有关帝庙），"今且南极岭表，北极塞垣，凡儿童妇女未有不震其威灵者，香火之盛，将与天地同不朽"。③ 仅京城之内就有关帝庙116座，"为京城庙宇之冠"。

道教有祭祀主管冥事的东岳大帝的活动，传说三月二十八为东岳诞辰，届时祭祀、演戏、庙会等十分热闹。《清嘉录》展示了清代苏州东岳崇拜的平日活动、寺庙布局和节日景象："城中玄妙观有东岳帝殿，俗谓神权天下人民死生，帮酬答尤虔。或子为父母病厄而焚疏假年，谓之'借寿'；或病中语言颠倒，令人殿前闹魂，谓之'请喜'。祈恩还愿，终岁络绎，至诞日为尤盛。虽村隅僻壤，多有其庙宇。在娄门外者，龙墩各

---

① 参见牟钟鉴、张践《中国宗教通史》，中国社会科学出版社2007年版，第681页。

② 牟钟鉴、张践在《中国宗教通史》中指出，道教"一方面它不断的造神，把其中许多神传布到社会上，逐渐成为民间信仰中的神，如太上老君、玉皇大帝、吕祖、真武大帝等；另一方面它又不断的从民间信仰中吸收新神，编入其神仙谱系之中，并为之塑像建庙，顶礼膜拜，如龙王、土地、泰山神（碧霞元君）、送子娘娘等"（中国社会科学出版社2007年版，第684页）。另参见拙著《民间信仰的聚散现象初探》，《西北民族研究》2002年夏季卷。

③ （清）赵翼《陔余丛考》卷三十五。据顾禄《清嘉录》记载："〔五月〕十三日为关帝生日，官为致祭于周太保桥之庙。吴城五方杂处，人烟稠密，贸易之盛，甲于天下。他省商贾，各建关帝祠于城西，为主客公议之所，栋宇壮丽，号为会馆。十三日前，已割牲演剧，华灯万盏，拜祷惟谨"。

村人，赛会于庙，张灯演剧，百戏竞陈，游观若狂"。① 在民间的祭祀活动中，往往有若干"香会"成为活动的骨干。如京城的东岳庙会，就有周边地区的许多香会参与其中，我们可以在《北京图书馆藏中国历代石刻拓本汇编》中看到它们的某些踪迹。

> ……若届圣诞朔望之辰，士庶竭诚叩祝者纷纷如云，神京远近，谁不瞻仰？由是众等鸠集诸善，在于西直门里小街口，诚起金牛圣会……
>
> ……而京师四民，老幼瞻仰，退迩欢心。每逢朔望，大而牲帛，小而香烛……尤虑人心久懈，年深则泯，遂集同里之忠厚信心者，共成一会〔东华门外散司圣会〕，攒印积金……
>
> 盘香之会，则弟子三人率众自雍正十三年始接续，以至于今……吾会中男女长幼九十余人，住居各地，同心共意……②

这些香会不同于正式的宗教寺庙，也不是"专业"的宗教人士，而是以信仰为纽带的民间团体，它的动力不是来自国家意识形态的"教化"，也不是来自宗教人士的"点化"，它们是民众自发组织起来参与、维护和延续他们所热爱的文化。民间这种（宗教）文化的自觉与自组织形态，既是塑造"活态"宗教文化的不可忽视的构成因素，也是日益丰富的中国社会结构的各层面与文化结构的各层面之间互动的一支重要的推动力量。

佛教寺院有自己的日常科仪和为信众所做的超度等仪式。而民间的节庆活动则使习以为常的宗教活动，在一年之中间有高潮。"世俗浮屠遂以四月八日为释迦生辰，各寺院建龙华会，香花供养，以小盆从铜佛，浸以香水，复以花亭饶鼓遍行闾里，迎往富家。以小杓浇佛，提唱诵偈，男妇布舍钱财，居人持斋礼忏，名曰'浴佛'。"③ 受佛教信仰的影响，民间还

---

① 顾禄《清嘉录》卷三《东岳生日》。另龚炜《巢林笔谈》卷四十八《岱诞赛会》："三月二十八日，俗称'岱诞'，各乡之神朝于岱庙。庙有数处。石牌、介昆山、常熟间，赛会尤盛。届期水陆毕集，加以鼓枻游拳，飞艎竞渡，玉箫金管，茧逸响于清波；翠袖红妆，流彩葩于涟漪。"

② 关于东岳庙会的文献与研究，可参见赵世瑜《狂欢与日常——明清以来的庙会与民间社会》，生活·读书·新知三联书店2002年版。

③ （清）袁景澜：《吴郡岁华纪丽》卷四《浴佛》。

在佛诞日举行放生活动。"释迦生日，居人持斋礼忏，结众于寺院，为放生会。笼禽鸟，盆鱼虾，筐螺蚌，罗佛前，僧作梵语数千相向，纵羽飞空。蟄者落屋上，移时始去。水之属投大云庵放生池、南园流水居并城河禁网罟筍饵处。至于牛羊鸡豕之属，亦有买放畜养于城西园，并施舍饲养刍料之费给僧领之，竟日乃罢。"① 民间又传观音菩萨是二月十九日出生、九月十九日出家、六月十九日得道。因此在这三个日子都会举行活动："〔二月〕十九日为观音大士诞辰，正阳门月城内观音香火极盛，城外白有庵、观音院、大悲坛、紫竹林，庙宇不下千百，皆诵经聚会。六月十九登莲台，九月十九传妙道，如前行之。有善信嗥大悲咒戒荤酒者，二六九食素三月。"②

　　民间还盛行在七月十五举行盂兰盆会，此俗源于佛祖弟子目连救母的传说，兴于梁武帝时，此后经久不衰。在北方的京城，届时"街巷搭苦高台、鬼王棚座，看演经文，施放焰火，以济孤魂。锦纸扎糊法船，长于七八十尺者，临池焚化。点燃河灯，谓以慈航普渡。如清明仪，舁请都城隍像出巡，祭厉鬼。闻圣祖朝，曾召戒衲木陈玉林居士居万善殿。每岁中元建盂兰道场，自十三日至十五日放河灯，使小内监持荷叶燃烛其中，罗列两岸，以数千计……至今传为盛事。都中小儿亦于是夕执长柄荷叶，燃烛于内，青光荧荧，如磷火然。又以青蒿缚香烬数百，燃为星灯，镂瓜皮，掏莲蓬，俱可为灯，各具一质。结伴呼群，遨游于天街经坛灯月之下，名门灯会，更尽乃归"。③ 而在南方，届时"闾里醵钱结会，集僧众设坛礼忏诵经，拯济孤魂，施瑜珈食，名放焰口。纸糊作鬼王像以临坛，精冥镪钜万，香亭旛盖击鼓鸣锣，有七叶功德，杂以盂兰盆冥器之属，于街头城隅焚化，名曰'盂兰盆会'。或剪纸作莲花灯，浮于水次，为放河灯，名'水旱灯'，谓照幽明之苦"。④

（三）藏传佛教

　　清王朝对藏传佛教的政策，与对待汉地佛教、道教的政策既有一致之

　　① （清）袁景澜：《吴郡岁华纪丽》卷四《放生会》。
　　② （清）潘荣陛：《帝京岁时纪胜·二月·观音会》。
　　③ （清）潘荣陛：《帝京岁时纪胜》。
　　④ （清）袁景澜：《吴郡岁华纪丽》卷七《盂兰盆会》。

处，又有区别。所谓一致处，乃是无论汉地佛教道教，还是藏传佛教，统治者都不是作为信仰者，而是将它们纳入其政治统治和文化策略之中，简言之，是作为教化的工具；所谓又有区别，是藏传佛教流行的地区位于西南和北部边疆地区，而且那里的政治制度有别于大部分地区实行的郡县制。也就是说，清王朝的藏传佛教政策不是孤立的，而是其政治统治和边疆政策的一部分。从这个角度解读清王朝的藏传佛教政策，许多貌似离谱的行动，就有了内在的逻辑。

清王朝在统一疆域、建立比较巩固的统治之后，便开始有步骤地在西北改革伯克制度，打击门宦、和卓（这些改革也激发了一些事变），在西南实行"改土归流"，这都是在政治制度上废止世袭，推进其变（亦统一）为先秦以来不断完善的郡县制走势。但在西藏地区，清王朝却有意扶持一派坐大并逐渐实行政教合一。

藏传佛教在元代已流行于藏蒙诸部族。明代初年，西藏地区的宗教形势是后藏的萨迦派承元代帝师的余势，仍具有相当势力；噶玛噶举，对前藏地区和西康的大部分地区颇有影响；而帕竹地方政权扶植起来的格鲁派异军突起，势力日盛；其他如宁玛派、觉囊派等势力不大。明代中央政府根据这种形势，先后将噶玛噶举黑帽系活佛第五世得银协巴（1384—1415）封为"大宝法王"，将萨迦派僧人昆泽思巴（1349—1425）封为"大乘法王"，将宗喀巴的弟子释迦也失（1352—1435）封为"大慈法王"。除了三大法王之外，明代中央政府还将一些地方势力分封为王，如善赞王、护教王、阐化王、阐教王和辅教王。其中善赞王管辖甘青地区，其余四王皆在今西藏境内。有明一代，藏区佛教各派系虽然明争暗斗，但总体上维系"俾转相化导，以共尊中国"的格局。[1]

据王钟翰考证，清初对当时的内外喀尔喀蒙古地区的喇嘛是有限额的。但到"康熙晚期，蒙古人之信奉藏传佛教殆成为一时风尚，对活佛顶礼膜拜，家家户户几近倾家荡产"。康熙本人曾说："汉、唐以来，士人信从佛教者，往往有之，皆其见识愚昧，中无所主，故为所惑耳。"[2]康熙本人不信佛却尊崇藏传佛教，他曾直言不讳地道出其中奥秘："朕意

---

① 《元史·西域传三》。
② 康熙《御制文二集》卷三十九，第 1 页《唐太宗贬肖踽为商州刺史》条。

以众蒙古俱倾心皈向达赖喇嘛，此虽系假达赖（指七世达赖），而有达赖喇嘛之名，众蒙古皆服之。倘不以朝命往擒，若为策旺喇卜滩（即准噶尔部首领策旺阿拉布坦）迎去，则西域（指新疆天山北路）蒙古皆向策旺喇卜滩矣！"① 雍正六年（1728），清政府从青海、川西、滇西北三路调拨满、蒙、汉共计 10 万以上的军队"驱准保藏"，从此在西藏设立驻藏大臣，实现了对西藏的直接统治。② 而乾隆在内外喀尔喀蒙古设盟旗，改革西藏地方行政制度③之后，曾踌躇满志地说："五十余年以来，蒙古臣仆亲如家人父子，致数万里之卫藏及外扎萨克，边远喀尔喀部落，悉就约束，遵我轨度。"④ 嘉庆则更明确地概括了清代提倡藏传佛教的政治目的："本朝崇礼喇嘛，非如元代之诏敬番僧，盖蒙古最尊奉黄教，兴黄教即所以安众蒙古。列圣相承，用循是道，则皇父（清高宗弘历）六十年来乘时会以安藏辑藩，定永久清平之基，功德无量云。"⑤ 接着又明确点出了"以蒙制藏"的用心所在："我朝开国以来，蒙古隶我臣仆，重以婚姻，联为一体。青海地方蒙古虽非内扎萨克可比，亦不应稍有歧视。雍正年间，于该处设立办事大臣，本为保护蒙古起见，诚以番族（指藏族）杂居蒙古之外，而蒙古实为中国屏藩，是以蒙制番则可，以番制蒙则倒

① 康熙《御制文三集》（光绪五年，1879 年活字本）卷十一，第 3 页。

② 雍正的说法是："我圣祖仁皇帝（玄烨）视尔等（青海王、贝勒、贝子、公、台吉等）如子孙，抚育六十余年。……且念尔等尊崇黄教。是以我朝于达赖喇嘛、班禅额尔德尼备极恩眷，若准噶尔者暗遣贼兵侵犯西地，杀害喇嘛，毁灭供器，实为黄教之罪人"（《世宗圣训》卷三十五，第 25—26 页）。

③ 成崇德在《论清朝的边疆民族政策》中指出：西藏地区，在明代由帕木竹巴第司政权名义上统治了 200 多年，在帕木第司政权存在的同时，还有仁蚌家族、辛霞巴及其他土酋和藏巴汗噶玛政权进行统治，实际上处于分裂状态。清代，从蒙古和硕特部固始汗开始，清政府曾尝试以第巴制度，噶伦制度来解决对西藏的施政，但都未取得成功。1751 年，清朝废除西藏封藏郡王制度，建立地方办事机构噶厦，并且逐步完善，形成了噶厦内四噶伦中三俗一僧的撘毯弦粘制度。

④ 乾隆《御制诗十集·御园暮春清暇即事自注》卷五十一。成崇德在《论清朝的边疆民族政策》中指出：清前期统治者一向对藏传佛教采取恩威兼施的政策：对诚心归向者，清政府不惜花费重赏施以褒奖；对妨害国政者，清政府则绳之以法，严惩不贷。乾隆曾说："朕于黄教素虽爱护，但必于奉教守法之喇嘛等方加以恩遇，若为教中败类，罪在不赦者，即当明正典刑，断不稍为袒护。"

⑤ 《清仁宗睿皇帝实录》（伪满影印本，以下简称《睿录》）卷八十八，第 9 页。

置矣。"①

　　清代统治者出于对蒙藏上层的拉拢，不是像明代那样着意维护藏区原有多样的宗教文化生态，而是推动其形成"一边倒"的格局，并通过设立驻藏大臣和金瓶掣签制度（1792）②举措，实现中央对西藏的直接控制。但藏传佛教的格鲁派也利用中央政权的支持壮大自己的实力，逐渐处于强势。五世达赖用从内地带来的金银在藏区建立了"黄教十三林"，布达拉宫成为西藏的政教中心。格鲁派的强盛造成社会、经济和文化的重心

---

　　①　嘉庆《御制诗初选集·须弥福寿之庙注》（光绪五年，1879 年活字本）卷四，第 13—14 页。王钟翰指出：藏传佛教已长期盛行于内外喀尔喀。当时，在库伦（今乌兰巴托）设有哲布尊丹巴呼图克图，在内蒙古地区又设有章嘉呼图克图，他们与西藏布达拉宫的达赖喇嘛和日喀则的班禅额尔德尼，合称四大活佛。可见，清统治者对蒙、藏在宗教上亦是采取分而治之的办法。结果，蒙古人一家如果有五个或三个男子，就必须有三至一个男子出家当喇嘛。清统治者以这种"宠佛以制其生"、"以佛制蒙"的宗教政策与分隔、限制、利用的民族政策相结合，使蒙古族一蹶不振，人口下降，各部各旗各自为政，不相统属，一切唯清王朝之命是听（参见王钟翰《清代民族宗族政策》，见《清史续考》，华世出版社）。但庄吉发不同意此说，他在《清朝宗教政策的探讨》（《清史论集》（五），文史哲出版社 2000 年版）中指出：蒙古轻信喇嘛，浪费财物，扯布条受戒，都受到皇太极的禁止。康熙皇帝自幼就不迷信喇嘛，当他十岁时，曾有一喇嘛入朝，提起西方佛法，"朕即面关其谬，彼竟语塞，盖朕生来便厌闻此种也"（《康熙起居注册》，中华书局 1984 年版，第 12729 页）。近人每以信奉黄教，是近代蒙古族衰弱的主要原因，认为蒙古族的信奉黄教，又是明清两代有意所导致，图藉黄教的力量，变化蒙古族勇武的气质，实现其愚弱蒙古族的政策。其实，这种说法，实际是汉族本位文化的一种偏见，对黄教的评价，有失于公平，与明清史实，并不相合。近代蒙古的衰弱贫困，其原因是多方面的，并非单纯由于信奉黄教所致（参见李毓树著《蒙事论丛》，台北，永裕印刷厂，第 230 页）。

　　②　金瓶掣签是清王朝为确立藏传佛教大活佛转世规定的抽签法。乾隆五十七年（1792）特颁发两金瓶，一置北京雍和宫，一置拉萨大昭寺，凡在理藩院注册的藏传佛教的蒙、藏大活佛，如章嘉呼图克图、哲布尊丹巴、达赖、班禅等转世时，均须将所寻若干"灵童"的名字写于象牙签上。置金瓶中，由理藩院尚书在雍和宫或由驻藏大臣在大昭寺监督抽签掣定。此后遂成定制。成崇德指出：金瓶掣签转世制度的确立，是清朝政府在管理藏传佛教方面的重大改革。在这项制度确立以前，蒙藏地区四大活佛的转世出现封建农奴主贵族操纵政教大权，其兄弟叔侄姻娅相传袭，几乎与世系封爵无异的景况，既不利于清朝中央政府对蒙藏政教的管理，也易于使地方封建贵族割据势力膨胀发展。清朝政府创立了金奔巴制度，规定：各地呈报的达赖喇嘛、班禅的呼毕勒罕的姓名及出生日期用满、汉、藏三种文字写在牙签之上，放入清政府所颁发的金奔巴瓶之中，在驻藏大臣的监督之下，当众在大昭寺宗喀巴佛像前抽掣拈定真呼毕勒罕（参见成崇德《论清朝的边疆民族政策》）。

偏倾。① 在近代西方世界倡行政教分离的同时，中国的西藏，却在中央政府与地方宗教上层的合作中形成集权化的政教合一。这种政教合一虽然为时不长，但它所造成的宗教政治化和政治宗教化，不仅使藏区原有的宗教文化多样性在此过程中消损，而且扭曲了宗教的本来面目，为这一地区的社会发展留下许多政治后患。

然而，藏区的格鲁派形成政教合一的强势，并不意味着藏区宗教文化就是铁板一块。按照班班多杰的研究，明清至近代，藏区民间的宗教文化呈现出复杂的样态。例如，在青海河湟地区，既有藏化了的汉族（皈依藏传佛教，但保留土葬和祭祖等习俗）、蒙古族（皈依藏传佛教，住白蒙古包，举行那达慕）和土族（皈依藏传佛教，以"五屯艺术"闻名，保留土族语言和服饰），也有汉化有浅有深的卓仓藏族和"家西番"（主要在塔尔寺周边），还有既来源藏族亦来源于回族的"藏回"。除了不同民族间有跨文化的宗教皈依，而且有宗教间的相互吸收，如道教崇拜中融入藏传佛教成分（如二郎神身披哈达，设煨桑炉，由喇嘛管庙），又如雍正年间在循化黄河边敕建的"河源神庙"，原住青衣僧4人，乾隆元年因汉僧"不通番语，土番不能信服"之故，改选格鲁派高僧坚参八些率19名藏族僧人主持庙内事务，由朝廷发给口粮衣单。② 再如甘肃夏河拉卜楞镇的关帝庙内，关帝与甘南地区的大山神阿米念钦共列一殿，并供奉有藏传佛教的唐卡佛像。③ 如果沿着这样路径搜索资料和实证，实例肯定不只这些，也不只这些地区。但这些实例已经说明，在宗教文化的民间层面，各民族在宗教信仰的互融与各宗教间的互渗，是对格鲁派政教合一强势的一

---

① 乾隆二年（1737）时，全藏黄教寺院合计3477所，僧尼31万人，寺属农奴近13万户。至清末光绪八年（1882）黄教大寺庙有千余所，僧尼近50万人。其他派别的（部分甘、青、康藏藏族地区）寺庙2.5万所，僧尼76万人。有人推算当时喇嘛人数接近藏族人口总数的一半。参见牟钟鉴、张践《中国宗教通史》，中国社会科学出版社2000年版，第898—899页；杜继文主编《佛教史》，中国社会科学出版社1991年版，第525页。

② 《循化志》卷六《祠庙》："御书匾额候颁发。钦此。乾隆元年二月，河州详：土墙现在并未损坏，缓俟数年再为估换砖墙，其庙内外应杆树木，今值春融可种之时，将榆柳松柏广为移植至庙内。原住青衣僧四人不通番语，土番不能信服。今另选黄衣僧坚参八些堪应首僧，并徒众一十九名，每岁给首僧口粮八石，徒众每名六石，共一百二十二石……又给首僧每年衣单银四两，徒众每名二两，共六十六两……"（青海人民出版社1981年版，第241—242页）

③ 参见班班多杰《和而不同：青海多民族文化和睦相处经验考察》，《中国社会科学》2007年第6期，第108—123页。

种解构。

（四）伊斯兰教

伊斯兰教自唐代传入中国，随着侨居的商人使节等逐渐在中国扎根繁衍，形成一个有着特殊宗教认同的文化群体。这个新生地的社会经济文化的方方面面，有着许许多多不同于原生地的东西，他们要生存和发展，必然面临着如何适应这个社会，如何与非穆斯林打交道的挑战。随着时间的推移，他们形成了在全国范围内"大分散"，但在特定区域内又是"小聚居"的格局。由于小聚居，信奉伊斯兰教的群体可以保持其传统的信仰、礼仪和生活方式；但是"大分散"的格局又使他们始终生活在一个更大的文化共同体内。在此过程中，作为外来宗教的伊斯兰教，与汉代传入中国的佛教一样，也开始经历其本土化的进程。至明代，随着"回回"民族的逐渐形成，中国伊斯兰教的本土化进入新的阶段。明清之际，这种本土化的进程又有所加速。从外在的形式说，最突出的代表是建于明清的清真寺大多采取了中国寺庙式的建筑格局，而且巧妙地用中国式的楼亭实现"呼拜"的功能。从教义学说的建设来看，明末"回儒"王岱舆①所开辟的汉文译著事业，在清代的张中②、伍遵契③、马注④、刘智⑤、马德新⑥等人的大力推进下取得显著成就。他们在其论著译著中"以儒诠经"，大量引用中国文化中的道、真、一等概念，将伊斯兰教的"真一"与程朱理学的"太极"结合起来，将儒家"格物致知"的修养学说用于伊斯兰教"认主独一"的修道过程，认为回儒"道本同源"，主张穆斯林既要坚守"人道五典"，又要坚守"天道五功"等。"汉文译著的大批出现，打破了伊斯兰教与儒佛道长期隔阂的状态，使它进入中国学术交流渠道之中，一方面推动了伊斯兰教中国化的过程，另一方面，也促使伊斯兰教理

---

① 王岱舆（1570—1660），论著和译著有《正教真诠》、《清真大学》和《希真正答》等，流传颇广。他与后来的马注、刘智和马德新，被称为中国伊斯兰教教义学上的"四大哈里发"。

② 张中（1584—1670），论著和译著有《归真总义》、《四篇要道》等。

③ 伍遵契（1598—1698），论著和译著有《修真蒙引》和《归真要道》等。

④ 马注（1640—1711），论著和译著有《清真指南》、《樗樵》、《经权》等。

⑤ 刘智（1662—1730），论著和译著有《天方性理》、《天方典礼》和《天方至圣实录》等。

⑥ 马德新（1794—1874），论著和译著有《宝命真经"古兰经"直解》、《四典会要》和《大化总归》等30余种。

论超出教内局限，在社会生活的更大范围内起作用。中华民族多样性的文化由此而更加丰富和繁荣。"①

　　伊斯兰教在清代的另一变化是门宦的兴起。伊斯兰教从唐代传入中国到明末，既无教派之争，又无门宦。在信仰与组织活动上属于逊尼派，即遵循传统的伊斯兰教教义教规，在教团组织中实行互不隶属的单一教坊制（以清真寺为中心，由周围的穆斯林居民组成地域性的宗教团体）。教务管理上采取教长或阿訇聘请制和"三掌教"制。② 随着"苏非"（Sufi，伊斯兰教的神秘主义派别，产生于 7 世纪末期）的传入，逊尼派的一统格局被打破。明清之际，一方面是教长的个人财富日益增长，另一方面是苏非在西北地区扎下根来，它所倡导的神秘主义、顺从和克己学说，使教主具有了无上权威。

　　　　这两种情况的结合，便产生了中国的门宦制度……其特点是各门宦教主兼宗教领袖与大地主，形成高门世家、教权世袭，具有种种封建特权，在宗教等级制下实行封建剥削压迫；上有教主、道堂，下有清真寺，组织严密，各清真寺教长由教主委托〔派〕和领导，上下是绝对隶属关系；教徒要绝对服从和崇拜教主认为教主是引导他们进入天堂的人，教主死后在教主坟地建立亭屋，教徒上坟念经，顶礼膜拜。③

西北地区逐渐形成"四大门宦"：①虎非耶，又称"低声派"，有20多个支系（主要有花寺、穆夫提、北庄和胡门）；②嘎的林耶，又称格底林耶，其下分大拱北门宦、香源堂、阿门、七门、韭菜坪等支系；③哲赫林耶，又称"高声派"；④库不林耶，亦称"张门"。门宦虽不同于藏传佛教格鲁派形成的政教合一制度，但其不同于单一教坊制的教主崇拜与世袭制度，使之在强化内部凝聚的同时，也造成其与社会的较大张力，不仅造成中国伊斯兰教内部形成不同的宗教文化风格，而且造成政府与某些教派

---

　　① 牟钟鉴、张践：《中国宗教通史》，中国社会科学出版社 2007 年版，第 708 页。
　　② "三掌教"指伊玛目、海推布和穆安津。伊玛目为教长，可以是本坊人，也可以是外坊人，任期 3 年，全面主持坊内宗教事务；海推布协助教长管理宗教事务；穆安津专司宣礼，按时召唤教徒做礼拜。
　　③ 牟钟鉴、张践：《中国宗教通史》，中国社会科学出版社 2007 年版，第 702 页。

的高度紧张。在四大门宦中，由马明心创立的哲赫林耶是"各门宦中人数最多，传播地区较广，教权较集中巩固，流传时间最长的门宦之一"。①后因其他门宦（如花寺支派）的教徒改宗哲赫林耶而引发教派冲突，清廷官员插手其中，袒护花寺派，使教派仇杀愈演愈烈，最终引发苏四十三起义。②

　　伊斯兰教的本土化进程，大致是在教义与制度两个层面演进。教义层面的"以儒诠经"，不仅使更多的穆斯林可以直接阅读经典，领会教义，而且使回儒之间的交流对话有了"接口"。但是世袭的门宦制度却使教主具有独霸一方的某些特权，在强化教派内部凝聚力的同时，也产生较强的排他性，不仅造成教派间争夺信众和社会资源的冲突，而且也与郡县的流官制度和宗教管理制度相悖，变成引发地区社会冲突（而非化解社会矛盾）的"火药桶"。

　　明清之际伊斯兰教的这些发展变化，亦使清王朝对待伊斯兰教的政策表现出不同于元明的特点。在政治制度上，清王朝是"齐其政不易其宜"，贯彻"遵我轨度"的原则。清初在北疆实行旗治，在南疆则分建八城（喀什噶尔、英吉沙尔、叶尔羌、和阗、阿克苏、乌什、库车、喀喇沙尔），除置办事、领队各大臣之外，基本上实行民治，即采用本地区固有的传统伯克制而略加改革。③清统一南疆后，改革伯克制，废除世袭，削弱其权力，给予一定数量的田地、农奴等。据史载，南疆31城设三、四、五品级不同的阿奇木伯克共有40人。整个南疆自五品以下六七品的

---

　　①　马明心于乾隆四十六年（1781）被杀害，其学生穆宪章任第二代教主，马达天任第三代教主，其子马以德任第四代教主。从此哲赫林耶派"开创了子孙相传，世袭罔替的教权制；马明心所创之宣教的'道堂'，逐渐凌驾于清真寺之上，成为传教的中心；宗教财产也相继集中于掌教家族，亦父传子受，神权与财权相结合；而后又修建拱北，作为教主的墓地，让教徒朝拜。这样，哲赫林耶派就由一个具有苏非派精神和革新特色的伊斯兰教派，演变为一大门宦"。参见牟钟鉴、张践《中国宗教通史》，中国社会科学出版社2007年版，第709页。

　　②　清代政治文化另有专论。在此我们只是提请大家注意，要将民族地区的起义与汉地农民的起义联系起来看。起义从来都不是孤立的，镇压也不是孤立的。我们既不能无视清廷在镇压少数民族（特别是穆斯林）起义时的残酷与血腥，也不能把阶级矛盾夸大为民族矛盾、宗教矛盾，甚至用后者掩盖前者。应当看到，清代汉族民众遭受的镇压同样惨烈。

　　③　伯克原为南疆维吾尔语的职官名，最高职官叫阿奇木伯克，他的助手叫伊什罕伯克，都是世袭。阿奇木伯克统辖各城村大小事务，伊什罕伯克协同阿奇木伯克办理事务。

伯克，多至百数以上。① 在对待伊斯兰教的政策方面，有学者概括为坚持各行其道，不强使伊斯兰教信仰者改宗的政策；② 强调对回民回教"一视同仁"的政策；坚持以儒学思想训导回民，企图使之归于"德化""兴孝勤忠""型仁讲让"；不干预伊斯兰教的传习、抄录、携带经卷等；但在处理教派问题上，却是拉一派打一派（尤其是打击哲赫林耶派）的政策。③

　　但在文化的层面，则是"因其教不易其俗"。各地的伊斯兰教信众，按照自己的生活习惯与信仰过新年等节日。据清椿园《回疆风土记》载："回民过年之前一月，即把斋。凡男女十岁以上，皆黎明后不得饮食，甚至津液不敢下咽，方为善把。日落星全，方恣意饮啖，但不得饮酒近妇人。至次月初一或初二，总望见新月如钩，则开斋过年矣。"在丧葬仪式方面亦有其独特之处："人死之日或次日，即异至郊外瘗之。无棺椁，衣衾唯白布缠尸而已。所属亲戚往吊念经，各以所有，尽力资助，请阿浑人

---

① 《清史稿》卷一一七，第3402—3406页。参见《回疆则例》卷一，第1—22页。新疆建行省后，俱改直隶厅、州，废伯克制，以阿奇木、伊什罕职位较高，仍保留原衔，直至清亡。

② 如康熙曾发指示说："如尔等虽招抚回子，遏止其教，亦能令其皈依佛法，跪拜喇嘛乎？今天下太平之时，惟令各行其道，若强之使合，断不可行"（《圣祖圣训》卷六十，第7页）。

③ 参见于本源《清王朝的宗教政策》，中国社会科学出版社1999年版，第157—178页。17世纪时南疆伊斯兰教分为白山派与黑山派，俗称"白帽回"和"黑帽回"。两派互争统治权。康熙十七年（1678），在四卫拉特之一的准噶尔部援助下，以大小和卓木祖先为首的白山派取得喀什噶尔（今喀什县）、叶尔羌的统治权，成为全新疆伊斯兰教派之冠。伊斯兰教的白山派得到清官方的保护，而黑山派则在禁止之列。清代官方明确规定：如有习念黑经者，查出即行报明审实，分别久暂酌拟发遣枷责，咨部核覆遵办（《回疆则例》卷6，第21页）。清统治者利用白山派实现了它对维吾尔聚居区长达100多年的统治。（参见庄吉发《清史论集》五，文史哲出版社2000年版）钱鹏认为清王朝的伊斯兰教政策前后有所变化：入关后，皇太极与顺治对少数民族地区实行着"恩威并施"、"偏之以恩"的方针。从康熙到乾隆中期，"在其政而不移其俗"思想的指导下，清廷对回族信奉的伊斯兰教既不尊崇也不反对，允许其合法存在，但进行严格的管束。雍正认为，回族"乃其先代留遗，家风土俗"，"非作奸犯科，或世巫民者比"，应"从俗从宜，各安其息"，不得"强其划一"，而要"一视同仁"。同时，康雍朝还褒奖效力朝廷的回族上层，保留边疆地区宗教上层的某些特权，在西北地区推行乡约制度，以防发生违法行为。乾隆中期以后，朝廷与回族为首的穆斯林发生激烈对抗，乾隆便改而采取无情镇压和分化瓦解的政策。在乾隆四十六年到四十九年（1781—1784）镇压两次回民起义中，清王朝采取"残酷镇压，剿抚兼施，禁绝新教，欲灭'教门'，挑拨离间，制造纠纷，'以回制回'，进行分化"，以及革除阿訇、掌教、师父等名目，拆毁新教清真寺等政策，在全国清真寺内供奉上书"皇帝万岁万岁万万岁"的牌位，等等。参见钱鹏《清朝回族立法政策初探》，李兴华《清政府对伊斯兰教（回教）的政策》（《清代中国伊斯兰教论集》，宁夏人民出版社1981年版）。

等念经。凡亲戚之所资助及死者所遗衣物，尽散于众，以邀冥福。以冥福之厚薄，在物散之多寡也。"另据杨经纂《嘉庆万历固原州志》① 所记，清代回民的婚俗是："回民议婚，先请媒妁通姓氏，惟不避同姓。议妥纳茶果耳环，祗告寺神，不立庚帖。更择日送衣料奁物，告以婚期。至期，媒妁至女家接婚，送羊麦清油等物，多不亲迎。其用车轿马驴，视富贫有差。婚之夕，先告上天，必请阿訇念回经，然后合卺。次日，子妇均先盥沐，用水壶自顶至足，以水直盥毕，见翁姑尊长邻右以揖，吃喜筵油香，并分送戚党。"②

（五）基督教

这里所说的基督教包括天主教、东正教和新教等。天主教在明代经利玛窦（Matteo Ricei，1552—1610）等人的努力而在传教和文化上初见成效，清代虽有波折，但无论处于合法地位还是处于"地下"状态，始终在延续和发展中；东正教是随俄国军队占领黑龙江北岸的雅克萨城而进入中国的；③ 而新教的传入则是以英国牧师马礼逊（Robert Morrison，1782—1854）于1807年来华传教为标志。

基督教的不同宗派传入中国的时间虽有先后，但都随着时间的推移而

---

① 杨经纂：《嘉庆万历固原州志》，宁夏人民出版社，1985年再版。

② 傅统先在《中国回教史》中，将清代新疆与内地的穆斯林生活概括为："其有不同于一般汉人之特点。例如回教徒素重洁净，故不与非教徒同居一处。不食豕肉，不饮酒，故不与非教徒共烹调。婚姻须经过宗教仪式，请教长为之证婚而不与异教徒通婚姻。举行丧礼时，凡教徒均须预先沐浴使其心身清洁而为亡者祈祷真主，故多不愿非教徒参与其间。回回历法已为清代所废止而回教徒仍沿用之。每逢回历九月举行斋戒一月，昼间绝食，晚间教中反行热闹。回历元旦富家多宰牲口，分赠亲友，以表庆祝之意。回教徒因便于习诵经典起见，多学习阿拉伯原文，故虽日常用语均为中国语言，而文字则颇多能诵阿拉伯文，其间有少数教师能用阿文写作（但一般内地教徒仍多用中国文字）。宗教教义只对同教讲解而不向非教徒宣传。甚有因厌恶非教徒之不洁净而拒绝其真诚入清真寺者。故回教徒逐渐与一般非教徒之汉人发生隔膜，各不容洽。著者以为回教徒在中国之发展，唐、宋、元以来为回教徒之逐渐'华化'（指内部回教而言），一切生活习惯均已由外族回教徒一变而与一般之汉人无异；但自明、清以来，则已为中国所同化的回教徒之趋于'回化'，抵达方之，已纯粹为一中国人之回教徒，在各种宗教之仪式上，均显然与一般之中国人不同"。参见傅统先《中国回教史》，宁夏人民出版社2000年版，第75页。

③ 康熙二十四年（1685），中国军队在雅克萨战役中俘获的沙俄士兵被带回到北京，在东直门外定居并将那里的关帝庙给他们做祈祷所（俗称"罗刹庙"，又称"北馆"）。康熙五十四年（1715），第一个东正教传教团来到北京。从1715—1850年，俄国共派12届、百余传教士来京传教。

有所发展，在天主教和新教中，不仅有了中国本土的信徒，而且还先后有了本土的神职人员。但是作为文化移入的外来宗教，基督教在中国的传教方式不同于伊斯兰教。清代的穆斯林虽多有起义，但其本土化是在推进之中，而且是以中国穆斯林学者或经师为主体的，他们或外出学习取经、或向来华经师求学，然后译经撰著，在保持宗教信仰的同时与中国本土文化相适应。相比之下，中国的天主教徒在 1700 年时已达 30 万众，但由于教权始终把持在外国人手中，中国教徒行什么礼仪是由外国传教士说了算；而且属于不同利益集团的传教士又有不同的主张，特别是在西方教会的主要支持者随着葡萄牙的式微而易手西班牙和法国之后，多明我会、方济各会和外方传教会的传教士们，变利玛窦（耶稣会士）宽容中国礼仪的传教策略为强硬的抵制姿态，最终引发"礼仪之争"并导致康熙由宽容基督教变成禁教。

　　清王朝对天主教和基督教的政策在不同的时期有不同的着眼点。清初是"容教时期"，皇帝对科技知识的兴趣带动天主教的发展，[①] 但随即遭到鳌拜的打压，除个别人外，大部分外国传教士被遣送广州。至康熙新政，请南怀仁等神父进宫讲授数学、几何、物理、天文、地理等知识，南怀仁还受命在讨伐"三藩"的战争中铸造大小战炮 323 门。[②] 当时虽没有正式解除教禁，但传教活动又一时形成高潮。所谓礼仪之争，是指耶稣会士对中国传统礼俗（祭天、敬孔、祀祖等）采取宽容态度而引起的纷争。教皇于 1704 年发表教书，斥责耶稣会士的不当，并派多罗（Carlo Tommaso Maillard de Tournon）为特使，携带教皇禁约，到中国交涉。康熙四

---

　　① 清初对汤若望和南怀仁等传教士的任用，主要是因其掌握的科技知识（尤其是精确的历法推算），顺治多次到馆舍与汤若望长谈，并称其为"玛法"（满语"师傅"之意）。一时间，环境的宽松使得天主教有较大的发展。明末的 1636 年教徒有 38200 人，1650 年增至 15 万人，1664 年达到 24.8 万人。参见牟钟鉴、张践《中国宗教通史》，中国社会科学出版社 2000 年版，第 940 页。

　　② 庄吉发在《清史论集》五（文史哲出版社 2000 年版）中指出：明清之际，中西海道大通，日益频繁，西方传教士络绎东来，其中多属天主教耶稣会士。他们大都是聪明特达的饱学之士，不求利禄，专意行教。为博取中国官方及士大夫的同情与合作，耶稣会士多以学术为传播福音的媒介。他们博通天文、地理、历法、算学、物理、化学、医学、工艺等，西学遂源源不绝地输入中国。清朝入主中原后，耶稣会士大都为新政权效力。凡有一技之长者，多召入京中，供职于内廷，或助理历政，或纂修历法，或测绘地图，或扈驾巡幸，或进讲西学，或制作工艺，或帮办外交，内廷之中，一时济济多士。

十五年（1706）五月十二日，康熙皇帝晓谕多罗云：

> 近日西洋所来者甚杂。亦有行道者，亦有白人借名为行道者，难以分辨是非。如今尔来之际，若不定一规矩，惟恐后来惹出是非，也觉得教化王处有关系，只得将定例先明白晓谕，命后来之人谨守法度，不能少达方好。以后凡自西洋来者，再不回去的人，许他内地居住。若今年来明年去的人，不可叫他许住。此等人譬如立于大门之前，论人屋内之事，众人何以服之？况且多事。更有做生意、站买卖等人，益不可留住。凡各国各会，皆以敬天主者，何得论彼此，一概同居同住，则永无争竞矣。①

根据庄吉发的研究，同年五月十八、十九两日，康熙又接见多罗，坚决表示西洋人若反对敬孔祀祖，就很难留居中国。同时，又规定所有在中国的西洋人必须领取永居票，始能长期居住中国。规定"凡不回去的西洋人等，写票用内务府印给发。票写西洋某国人，年若干，在某会，来中国若干年，永不复回西洋，已经来京朝觐陛见，为此给票，兼满汉字，将千字文编成号数，挨次存记"②。愿意领取永居票的传教士，由本人自动申请，亲自进京陛见，陈述自己永久留居中国的决心，然后呈递履历，经内务府批准给发永居票，凡不愿领取永居票的西洋人，一律押解广州天主堂居住。

康熙五十八年（1719），教皇再度发布教令，凡不服从1704年教书的传教士，一概处以破门律。同时，任命嘉乐（Carlo Mezzabarba）为特使，出使中国。次年（1720）九月，两广总督杨琳命员外郎李秉忠伴送入京。十一月二十六日，嘉乐抵达琉璃河，员外郎伊都立等接见。嘉乐提出两件事：一件是请求康熙皇帝准许嘉乐管理在中国传教的众西洋人；一件是请求康熙皇帝允准入教中国人俱遵守教皇发来条约内禁止之事。次日，康熙皇帝令伊都立传旨给嘉乐：

---

① 《文献丛编》上册，台联因风出版社1964年版，第168页，康熙与罗马使节关系文书。
② 《清宫廷画家郎世宁年谱——兼在华耶稣会士史事稽年》，《故宫博物院院刊》1988年第2期，第35页。

尔教王所求二事，朕俱俯赐允许，但尔教王条约，与中国道理大相悖戾，尔天主教在中国行不得，务必禁止。教既不行，在中国传教之西洋人，亦属无用，除会技艺之人留用，再年老有病不能回去之人，仍准存留，其余在中国传教之人，尔俱带回西洋去。且尔教王条约，只可禁止尔西洋人，中国人非尔教工所可禁止，其准留之西洋人，着依尔教王条约，自行修道，不许传教，此即准尔教王所求之二事。①

"礼仪之争"已经不是简单的信仰之争，从康熙的一系列相关谕旨中可以看出，在更深的层面上，这是一场事关文化价值观的冲突，事关文化主权的冲突，事关社会结构与社会秩序的冲突。② 所以双方都捍卫自己的权益而不肯让步。争执的结果，是康熙于 1720 年彻底禁教，表示"以后不必西洋人在中国行教，禁止可也，免得多事"③。

由此至道光年间的"闭关"期间，地下传教与各地"教案"此伏彼起，至 1840 年鸦片战争爆发后，清王朝面对列强的枪炮节节败退，政治主权和文化主权逐步丧失，天主教、基督教和东正教则借势大举涌入内地。从清初宽容到禁教、再到 1840 年鸦片战争后基督教各派传教士大举进军中国，在宗教文化上形成了一些不同于以前朝代的特点：

（1）景教在唐代传入中国，但随着武宗灭佛而寂灭；然而在清代，虽有禁教之令，却有"中国教徒组成地下网络，暗中保护外国传教士"，这种宗教文化上的潜流屡禁不止，不仅使宗教信仰的问题具有了太多的政治色彩，而且由于为遭禁的外国传教士提供保护和方便，由此带来的宗教身份（效忠与虔诚）与公民身份（遵守国法）的张力，并没有像当年传入中国的佛教那样，实现由"沙门不敬王者"到"不依国主佛法难立"的转变，反而由于列强的干预变得有恃无恐，这就在文化上和政治上造成

---

① 《文献丛编》上册，台联因风出版社 1964 年版，第 170 页。

② 对于康熙及其朝臣是否知道一百年前日本德川幕府禁止天主教的事情，我们目前还没有见到直接的证据，但在日本发生的从天主教传入，到 50 年间发展为 75 万人，再到最终禁教的过程，其文化、社会和政治等层面的冲突，确实与中国有相似之处，只不过中国没有日本那么激烈罢了。参见赵德宇《日本"南蛮时代"探析》，《世界宗教研究》2008 年第 2 期，第 93—102 页。

③ 《文献丛编》上册，台联因风出版社 1964 年版，第 175 页。参见庄吉发《清史论集》五，文史哲出版社 2000 年版。

深深的隔膜。

（2）清代的基督教鲜有起义（不同于伊斯兰教），但在中后期却有教案屡屡发生。鸦片战争后进入中国的传教士（包括某些本土的基督教徒）在一系列不平等条约的保护下，在政治上和文化上具有了很多特权。中国文化讲究知行合一，对宗教人士的评判亦是如此。如果一个人信了上帝，就自以为上帝，只对信徒讲博爱，却诅咒不信仰者或信异教者下地狱，那么这种偏狭，不仅与中国的"己所不欲，勿施于人"相左，而且会让别人觉得这种宗教狂妄和虚伪。如果一个传教士不辞辛苦地为一方百姓从事生活上和精神上的服务（特别是送医送药等），中国的各族百姓会发自内心地爱戴之；但若嘴上把上帝说得天花乱坠，行动上却是依权仗势、欺人霸产，那么中国的百姓就会自然地排斥之（实际上各国百姓都会这样反应）。朝廷的官员可能会看上边的脸色和风向而对洋人唯唯诺诺，但底层的百姓却不管这一套，逼急了就会揭竿而起。明末发生的南京教案是由上而下的路径，而清代后期频发的诸多教案，则多爆发于民间，这已经不仅仅是宗教信仰上的差异，而更多的是政治和文化的因素在其中发酵。①

（3）并非有传教士的地方都有教案，也并非所有的传教士都是帝国主义列强侵夺中国的帮凶，有些传教士则一身两任。如马礼逊在为东印度公司经营对华鸦片贸易的同时，又把《圣经》译成中文（这是基督教再

---

① 有学者统计，从鸦片战争到义和团运动，由于传教士引发的大小教案多达400余起。其中较重大的有青浦教案（1848）、西林教案（1856）、青岩开州教案（贵阳教案，1861）、南昌教案（1862）、衡阳教案（1862）、酉阳教案（1865）、台湾教案（1867）、扬州教案（1868、1891）、遵义教案（1869）、天津教案（1870）、黔江教案（1873）、延平教案（1874）、营山教案（1875）、邻水、江北厅教案（1876）、建平教案（1876）、济南教案（1881）、呼兰教案（1882）、重庆教案（1882）、大足教案（1886）、武穴教案（1891）、宜昌教案（1891）、麻城教案（1893）、成都教案（1895）、古田教案（1895）、巨野教案（曹州教案，1897）等（参见顾长声《传教士与近代中国》第5章"教案——谁是被告？"，上海人民出版社1981年版，第126—155页）。至于教案原因，曾国藩在同治九年（1870）的奏折中说："惟天主教屡滋事端，……良由法人之天主教但求从教之众多，不问教民之善否，其收入也太滥，故从教者良民甚少，词讼之无理者教民则搞不遵断，赋役之应出者，教民每抗不奉公。……凡教中犯案，教士不问是非，曲庇教民；领事亦不问是非，曲庇教士。遇有民教争斗，平民恒屈，教民恒胜。教民势焰愈横，平民愤郁愈甚。郁极必发，则聚众而群思一逞。以臣所闻，酉阳、贵州教案皆百姓积不能平所致。惟和约记载中国人犯罪由中国官治以中国之法，而一为教民，遂若非中国之民者也"（《筹办夷务始末》同治朝，第七十六卷，第30—42页）。

次传入中国 200 年来的第一部完整的《圣经》译本），并编纂了《英华辞典》。实际上，传教士在华传教的过程，也开启了中西文化交流的大门：他们中的某些人将中国的四书五经介绍到西方，或将中国的历史文化介绍到西方，如《中华帝国全志》《中国丛书》等，对西方汉学的兴起，起了很大的推助作用。

清代是各种社会矛盾交织的时代，也是各种文化矛盾交织的时代。以前的王朝虽然有阶级矛盾，但主流文化却上下贯通；在对外文化交流中（如佛教的传入），虽有向心力和吸引力的作用而造成的文化输入与输出的多寡之别，但主流文化与主流政治却是一以贯之的。然而在清代，社会文化虽以儒释道为主流话语，但不同宗教文化的价值取向之间差异极大（如汉地佛教与藏传佛教在体制上的相异，伊斯兰教内单一教坊制与门宦制度的差异），而且中外文化交流的性质亦不同于唐宋时期。这不是中国文化的价值由包容转向排他，而是文化交流的平等选择权丧失（不对称），基督教的文化移入变成政治强权的一部分。

（六）结语

清代宗教文化发展的前期、中期和后期的社会大环境是不一样的，儒教（指"敬天祭祖尊孔"的正统信仰与仪式）、佛教、道教、伊斯兰教和基督教的发展，展现出丰富多彩的文化内容。但宗教文化并非仅限于寺院庙堂之中，也并非仅限于宗教人士、宗教团体与政府的互动，还有老百姓参与其中的文化生活，① 以及伴随宗教活动和宗教信仰而产生的文化艺术作品（最有代表性的是皇家建造的大型宗教文化建筑群避暑山庄等）。

宗教的发展演变历史告诉我们，尽管创生性宗教的创始人受到各种各样的神圣启示或感召，各种各样的神学家和宗教家为教义的完善

---

① 中国的宗教文化不仅是多样态的，而且是多层面的。一方面，至少自"绝地天通"以来，就有了官民之分、正"淫"之分。某些宗教仪式属于特权，如祭天封禅；某些祭祀则被官府视为"淫祀"，如民间的五通神祭拜，虽屡遭查禁，但屡禁屡生。另一方面，儒释道的宗教活动和信仰，尤其是一些重要的宗教节日或庆典，往往形成以寺庙为中心的民间"社会"活动（如迎神赛会）和以宗教信仰为基础的习俗。民众虽不是"专业"人士，但他们如何将宗教信仰"化"入自己的生活，不仅说明了一种宗教深入人心、融入文化的深度和广度，而且这种"化"境也表明宗教信仰的深层的生命力，因此是考察一个时代宗教文化的不可忽视的一个层面。

与创新作出了贡献，但宗教作为一种社会存在，形成一些社会群体，无论是作为一种意识形态，还是作为一种社会制度，都是出于文化的建构。① 而且这种文化的建构，不仅仅只是宗教精英参与的结果，而且是一代一代的、成千上万的信徒在其实实在在的宗教生活中建构起来的。清代宗教文化是传统文化的延续，也是一种文化的再生产。这种文化的再生产，不是在代际之间做简单的复制，而是有所增益和有所减损的再生产。之所以有所损益，是因为参与文化再生产的人来自不同的社会层面，具有不同的文化诉求。我们在清代宗教文化中，可以看到国家、宗教界和民间三种力量的互动，它们之间有一致的取向，也有不同的价值选择，既有文化再生产的"共建"，也有利益与力量的博弈。

位于国家权力层面的统治集团和文化精英，要教化民众，维护整个社会的政治秩序和文化秩序；又要时刻警惕民间的自发运动对主流意识形态的冲击和消解，因而在宗教与政治之间形成复杂而微妙的互动。特别是在鸦片战争爆发之后，统治集团在列强的步步紧逼面前节节败退，随炮舰而来的基督教变成一种强势文化，这不仅改变了中国政权强、宗教弱的基本关系格局，也使宗教在人们心目中有了另一番形象。

儒教、佛教、道教、伊斯兰教和基督教及其内部各派的宗教人士，虽以弘教为首要，但却不可能真正的"出世"：一方面，他们要顺从或影响

---

① 对"文化建构"的关注，已成为当代文化研究中的一个热点。莫罗加斯（Ewa Morawska）与斯波恩（Willfried Spohn）在《历史社会学中的"文化多元论"：近期的理论方向》中提出两个关键的问题：首先是探寻"文化"是如何被建构的（当然，假设它是以有形的、也即可辨认的方式呈现的）？例如，文化是否被看作与社会相互联系但又明显区别或独立于社会，或者被认为在某种不断进行的过程中同时既被社会所构造而又构造社会？文化被赋予了多强的影响力，这种影响力又如何从概念上被把握的？是从社会结构中派生的，是（相对）自主的/自因从概念上被把握的？是从社会结构中派生的，是（相对）自主的/自因的，还是普遍的和无所不在的？文化是否被认为是嵌入于社会制度和/或社会实践中的形式、习俗、规则（图式）的一种结构，抑或是被看作嵌入于社会行动和社会制度中的主体间的意义、目的和认同？文化更多地（或主要地）被描述或是凝固确定的，还是更多地（或主要地）被描述成是不确定的、弹性的、可争议的？其次要探寻：采用了何种文化分析？（单纯介绍文化资料，甚至对文化的影响力/因果关系进行评论，就像我们在所考察的研究中看到的那样，并不定需要文化分析。）文化现象是被解释项（explanandum）或者说被解释的"对象"，抑或是"能够阐明人类生存的重要方面"（Comaroff and Comaroff, 1992：49）的解释项（explanans）或解释原则本身？参见戴安娜·克兰主编《文化社会学——浮现中的理论视野》，王小章、郑震译，南京大学出版社 2006 年版，第 39 页。

国家权力和意识形态，可是在这种周旋中宗教很可能"异化"并在组织制度上过分政治化，宗教领袖和宗教信徒也可能在政治化的过程中，变得过分追求个人权力（甚至腐化）并企图超越法律和伦理道德的约束（如由此引发的诸多教案）；另一方面，宗教界又要顺应民众的宗教需求，或主动或被动地将民间神灵纳入自己的殿堂，关公为儒释道三教共尊共奉，说明正统宗教与民间信仰不是简单的互斥关联，而是有所妥协并相互从对方中汲取养分的。清代宗教与政治的互动在鸦片战争后，由于国内外矛盾的激化而进入恶性循环：官府的宗教政策越来越失据，宗教也变成政治斗争的旗帜（如西部的回族起义和东部的太平天国运动）。

而民众对宗教文化再生产的参与，既有个体的，也有群体的；既有寺庙内（及其周边）的活动，也有在家的活动；既有神圣的内容，亦有节庆娱乐的内容。在此过程中，宗教与民俗相关联的那部分文化得以延续和发展，民间自发的群体性宗教文化活动及其自组织机制，不仅构成宗教文化生生不息的基础，而且是中国社会基层之文化生活运转中不可缺少的重要因素。

国家意识形态的引导与政治权力的干预，宗教界各教各派的传承与消长，民众的参与，分属于社会结构的不同层面，在清代宗教文化的建构中，是一种互动（而不是孤立）的关联。每一方的发力，既可能得到其他方的共鸣，也可能遭遇其他方或积极或消极的抵抗。清代宗教文化的走向，就其内部关联而言，是互动的结果（而非单面向决定的）；就其外部关联说，还受到清代社会整体发展演变、国内外形势的制约。

二　宗教生态话题背后的现实宗教问题

张新鹰

（一）

中国是有着悠久历史文化传统的文明古国，宗教是这个传统当中重要的组成部分，也是漫长的历史年代中社会意识形态的主要支撑点，只是它并不像基督教在西方中世纪那样"一柱擎天"，而是由儒、佛、道"三足鼎立"，形成一个极为稳定的架构。古代中国不需要独立的神权体制象征性地授予世俗政权合法性，帝王及其权力本身就是冥冥中存在最高神圣意志的证明。儒教以事实上的国家宗教的身份，承担了以"天命"说解释皇权乃至整个权力结构神圣性来源的责任，使貌似世俗之身的帝王、地方官员直到宗族首领，只要获得了那个名分，就自然获得了儒教宗法礼制体系内等级不同的神权，分别得以"代天宣化"、封赏神明和在祖灵崇拜的名义下发号施令。这样的政教制度避免了西方中世纪虽然"神权至上"但因教会和政权两条线交叉运作而产生的矛盾冲突，也就有可能不实行像西方中世纪单一教会介入世俗权力领域所必然出现的排他性宗教政策，而创造出一种以"神道设教，兼容并蓄，以政驭教，以教辅政"的宗教政策为保证的政教关系模式。在这种模式之下，任何宗教只要接受儒教所规定的政治社会伦理原则，都可以取得生存空间，有的还可能享受官方宗教的特殊待遇。随着这些宗教尤其是传统的佛、道两教的加强，儒教的社会核心价值指导地位更得到加强，封建统治的"软实力"也得到加强；同时，这些宗教的存在，又弥补了儒教对于信仰个体而言彼岸指向相对空疏的不足。从这样的角度看待传统中国社会文化环境中的宗教群体，甚至可以说几乎所有的社会成员都被包含在一个"大儒教"的群体之内，大多数佛、道教信仰者实际上是这个群体当中具有双重身份或具有复合信仰的一部分特殊群体，而且如马克斯·韦伯所说，"没有成为在社会学上的具有决定性意义的宗教团体"[①]。就此而言，如同中华民族被称为是"多元一体"一样，中国宗教的传统格局也可以称为是"多元一体"的。西方学者 20 世纪初就根据他们的田野调查对中国宗教做出过类似的评述。历史上伊斯兰教和基督宗教的进入中原，也没有根本改变中国的宗教与社会政治文化的传统关系和中国宗教的传统格局，没有根本改变中国宗教群体的特有存在状态。明清时期伊斯兰教思想家的儒化现象和基督宗教发展举步维艰的史实就是很好的证据。

这种状况伴随着儒教"国家宗教"地位的丧失而宣告结束。资产阶级民主革命摧毁了中国最后一个封建王朝，儒教失去了依附的根基和支持的对象；以"五四"为标志的新文化运动，基于在思想文化领域反帝反封建的目标，不但把儒教，而且把佛教、道教乃至基督教都置于冲击批判的境地，试图为国人找出种种替代宗教的精神食粮。作为对民族民主主义浪潮的反响，佛教出现了"改革"呼声，基督教出现了"自治"要求和

---

① ［德］马克斯·韦伯：《儒教与道教》，洪天富译，江苏人民出版社 1993 年版，第254 页。

本土教派，天主教出现了处境化动作；民国政府也仿效现代主流国家，举起"宗教信仰自由"的宪法旗帜，实行政教分离的原则。此时，历史形成的儒教思想意识权威虽然余威犹存，但与政权联系在一起的特殊政治权威已经风光不再。"一体"遭到消解，"政教分离"成为共识，各个宗教开始获得"独立"的、"民间"的实质地位（当然，此种"独立"地位在一部分宗教团体中由于某些外国势力的存在而具有很大的相对性，这是另外一个问题）；各种宗教群体以前所未有的社团化、个性化、平民化的面貌显示了中国历史上真正的"多元"宗教、"多元"信仰时代的来临。宗教群体在中国社会的这种嬗变，也通过国家针对公民宗教信仰权利和公共宗教事务管理的法律法规逐渐趋于配套而被体现出来。

在这种情况下，中国的宗教生态问题浮上了社会表层，迎来了新的变化契机。

中华人民共和国成立以后，国内的宗教群体整体上经历了有史以来最为深刻的巨变。对宗教界帝国主义、封建主义势力的肃清和全社会马克思主义意识形态主导地位的确立，社会主义革命和建设成就带给中国人民的精神鼓舞，以及 20 世纪 50 年代后期在党内和社会上逐步发展起来的极"左"思潮对于宗教的压抑，所有这些因素的综合作用，使得中国的宗教群体规模在 1949 年后的 20 多年间收缩到了一个非常低的水平。

中国共产党的宗教政策得到重新强调和落实，是在 1978 年中共十一届三中全会拉开拨乱反正、改革开放的序幕之后。国内思想解放运动和社会主义市场经济的建立，国际"冷战"结束和经济全球化的进程，给中国带来了全方位的机遇和震荡。中国的宗教态势伴随着新时期的到来，也进入了一个不同于以往的历史发展新阶段。它的显著标志是：曾经销声匿迹的各种宗教仿佛在一夜之间异军突起，宗教信仰者数量以空前的速度递增，宗教结构和信徒成分发生重要变动，与宗教相关的国际联系和涉外事务日益纷繁复杂，宗教思想和有神观念的公共影响持续扩大，宗教因素在社会政治、经济、文化生活中的地位不断强化。与民国时期相比，与改革开放以前相比，中国的宗教群体正处于赢得各自独立的信仰主体地位以来最良好的社会总环境之下，同时面对着深刻变更的政治意识形态环境，其本身也经历着迅速和多样的变迁。这种状况，其实是我国国情整体上已经并且还在发生的重大变化在宗教领域的反射。

"宗教生态"在这个时候作为社会文化现象被注意，作为与社会宏观管理有关的话题被提出，即使还存在认知上的论争，却正显示了学术界和政策设计部门对于上述重要社会变化的一项共同反应，特别是与被视为西方思想文化载体的基督教在新时期宗教格局中的比重逐渐增大有着密切的关联。

（二）

宗教信仰者群体在我国从"文化大革命"前后的社会边缘区块变成相对重要的社会力量，只经历了改革开放以来短短的 30 年时间。群体规模前所未有的增加，是这种变化的最显著标志，而且，这个群体还在以高于人口自然增长率的速度继续扩大，看不到停滞的迹象。

宗教信仰者群体在这个时期的扩大，当然有其历史根源、认识根源和心理根源方面的原因，但主要原因在于现实的社会根源，而认识根源和心理根源同样是与社会根源密不可分的。从宗教信仰者群体的增长之中，既折射出社会矛盾的突出和社会心理状态的复杂，又反映了一部分社会成员寻求自我纾解这些矛盾的努力。

在社会变革加深、各类矛盾增多的现实当中"获得精神寄托"和"寻求功利目的"，是刺激我国宗教信仰者群体包括基督教群体迅速膨胀的最大原因。即使信教原因主要是希望"获得精神寄托"，或者是由于家庭和别人的影响，也都不能排除信仰者个人对于信教可以实现某些非常具体的现世功利性目标的向往。在期望值不变的情况下，他们通过正常世俗社会的途径实现这些目标的成功率越低，通过宗教途径进行尝试的驱动力就会越强。作为自古以来随机性、实用性多神崇拜极其发达的中国，这是她的宗教文化传统在当前社会经济快速转型的历史过程中，本能地赋予宗教信仰者群体的"本土化"特色。但基督教的发展又得益于特殊的主客观便利条件，这些条件中，基督教的传教特点、活动方式及其与基层民众文化、社交需求的密切结合发挥了很大作用，信仰成本等经济因素和信仰体验等心理因素的作用也都不可忽略；还同长期的"三自"运动大大削弱了外国主流教会的"洋教"模式对中国基层社会基督教社群的思想影响和组织影响有关。从人数来说，基督教信徒的增加以农村人口为主，直接原因主要是农村经济发展的相对落后、社会保障和文化生活的严重短缺，并与农村部分基层政权职能的弱化和异化有关；深层原因主要是一段时间里，民族文化的"水土流失"没有及时地从国家战略和宏观政策上得到重视和抑制。凭借广阔的"市场需求",基督教在农村一些地方不但发挥着原有"草根性信仰"的代偿功能,也在一定程度上发挥着对原有基层社会组织的代偿功能。可以说,人们所认为的宗教生态出现的某些失衡现象,以广大内地农村最为明显。

（三）

　　经过30年的转型,中国大陆的城镇化率已达到50%。城镇化进程与基督教信徒人数增长之间的正相关关系,并不表明信徒人数在城市中的同步增长,近年新增基督教徒的重心还是在向农村人口倾斜。外界有些乐于看到中国"基督化"的人士将此现象称为"农村包围城市"。但其实大量增加的信徒主要是被现代化和城镇化进程暂时推向"边缘化"的农村弱势群体。而且,农村基督教人数的增加,从总体上来说还是人们正常宗教需求的反映,并不必然意味着西方政治文化理念在中国农村的植根。基督教在宗教意识尚未完全脱离民间多神信仰传统制约、信仰目的功利性极强的农民群体中传播,如果说会给中国农村社会带来什么不利因素的话,除了可能强化一部分人的自我封闭心理之外,出现被"土法改造"的"邪教化"倾向应该比成为某种"西化"工具更为现实。换句话说,中国农村基督教发展道路上的主要危害性障碍,不是像某些城市教团那样来自境外势力的"西化"、"分化"图谋和少数政治异议人士的"工具化"操弄,而是来自基本上土生土长的"邪教化"恶变。而如何在对这些农民自身的"基督教信仰"进行"正统化"、"规范化"教育提高的同时,防止其产生"西向"、"西化"的观念,是颇值得关注的。

　　但是,未来中国基督教会的主流不是农村教会,而是城市教会,这将是无法回避的事实。浙江大学陈村富教授在社会调查基础上得出一个认识:"基督教在中国未来的角色"不是农村教徒(尽管现阶段在数量上是最多的),而是同现代社会同步发展的"老板基督徒"、"知识精英基督徒"和年轻一代神职人员等"新兴基督教群体"。[1] 从浙江的情况看,他所说的"新兴基督教群体"对于经济文化发达地区的基督教会起着越来越大的支撑和引领作用。这种情况在全国范围市场经济日益成熟、"市民

---

[1]　陈村富:《转型期的中国基督教——浙江基督教个案研究》,东方出版社2005年版,第119页。

社会"逐步显形的条件下，具有某种示范和先导的意义，并且由于这些群体成员教育程度、经济地位、国际联系、法律意识的不断增强，而愈益呈现出复杂的社会效应乃至政治效应，理应受到更加深入的观察和评估。

（四）

佛教、道教、民间信仰是中国传统文化的重要组成部分。在未来中长期宗教态势的变化中，由于西方以美国为首的强势文化结合市场经济的力量，以政治、军事实力为后盾，对我国文教领域进行持续的政策导向施压和思想舆论影响，佛教、道教、民间信仰如果照目前的社会文化环境维持生机，表面上可能很是红火，但在话语权方面能否占据优势，似乎并不容乐观。因为在中国历史上，佛教、道教、民间信仰都是围绕作为意识形态主流的儒教而发挥着补强、翊助作用。今天，儒教的主流地位已经不复存在，它们失去了同质的依附呼应对象，又尚未找到解决与马克思主义意识形态基本矛盾的最终途径；而由国家权力主导的中国传统文化复建和保护，在各地往往变性为较多地与经济发展动机紧密结合，对于通过宗教信仰所保持的精神传统，则尽量不去正面面对，或仅仅交给学术界去营造"文化清谈"的氛围；至多是谋求在扬弃"封建糟粕"的同时找到一些"人文精华"，以便加以运用——殊不知，传统宗教的实际运用价值有一部分就潜藏于某些被习惯性地视为"糟粕"的东西里，那甚至是其生命力之所在，诚所谓"腐朽与神奇共构"；人为认定"糟粕—精华"的两分法，如果机械地付诸实施，也许不啻于"日凿一窍"，结果可能是"七日而浑沌死"，欲速不达，事与愿违。而且从台湾地区的情况看，有一种认识认为，当生产方式"从农业经济转变为越来越知识密集的高科技工业后，流动的、国际化的、受过良好教育的城市中产阶级不是将他们传统的民间宗教信仰替换为基督教，就是变得什么都不信"[①]；近年台湾宗教社会学的一些学者调查似乎也印证了民间信仰在台湾有所减缩的趋势。处在这样一种经济社会环境与思想文化夹缝中的佛教、道教、民间信仰，不无越来越表现出"表象化"的危机，在商品经济挂帅的时势潮流冲刷下，很难依靠其在中国精神传统中的历史地位，在与西方文化全方位进军中国

---

① ［美］赵文词（Richard Madsen）：《宗教复兴与台湾政治转变》，《基督教学术》（第7辑），上海古籍出版社2009年版，第179—180页。

的博弈当中独擅胜场。这对于宗教生态的良性发展，不能不说是一道严肃的课题，需要认真思考因应之途。

（五）

从泛化的有神信仰的社会弥散程度而言，中国从古到今就不是一个"无神"的国家。如果能把中国民间信仰的信奉者和具有比较浓厚的鬼神观念的人数都统计出来，肯定大大超过现存的"五大宗教"信仰者总数，只是其信仰表现形态与西方所熟悉的犹太—基督宗教乃至伊斯兰教等"一神教"大相径庭而已。中国共产党是在拥有深厚而庞杂的"有神"信仰传统的各民族广大群众中取得了代表资格和执政权力的先进政党，它的党章中对"马克思列宁主义基本原理"的坚持，必然地要求其党员应当树立坚定的无神论世界观，但它并不主张把"无神论"宣布为全社会成员统一的"强制信仰"，而是指出了"宗教走向最终消亡可能比阶级、国家的消亡还要久远"的宗教存在的长期性规律。这种长期性越到后来将越表现为广义有神论即超自然力观念的个性化信仰形式。中国共产党的宗教政策，不是从任何"天赋人权"理论中抽绎出来的，而是首先根据群众观点和群众路线所制定的。从加强与人民群众的血肉联系、巩固和扩大党的执政基础出发，中国共产党新一代领导集体越来越认识到全面贯彻宗教信仰自由政策并且在实践中使之丰富和发展的必要性与重要性，不但在十六届六中全会首次提出要"发挥宗教在促进社会和谐方面的积极作用"，而且有迹象表明，对于引导包括民间信仰在内的非制度化宗教形态或曰广义宗教因素在社会建设、文化建设中发挥积极作用，也正在开始给予前所未有的重视。

（六）

建设中国特色社会主义是一项没有先例可循的艰巨事业，摸索的过程充满矛盾和困扰。宗教信仰者的数量增长和结构变动，从根本上说是我国改革开放以来社会经济基础、生产关系调整变化的反映，是各种社会矛盾、社会缺失在思想意识和社会心理方面的反映，也是经济全球化带来国际强势政治、文化冲击的反映，这是不以人的意志为转移的。我们必须承认这个客观现实，并以此作为相关制度安排的立足点。

从世界范围和我们自己的实践经验来看，正常的宗教感情和信仰表达愿望得到尊重和满足，就能够理顺绝大多数信教群众的思想、心态和与现实社会的关系。所以，我们不必闻宗教而色变，不必因为强调"民族、宗教无小事"而草木皆兵。在中国共产党创造性地坚持中国化的马克思主义、全面贯彻宗教工作基本方针、妥善运用传统政治文化遗产、牢固掌握执政地位的情况下，信教人数的增长，不会对经济社会可持续协调发展产生根本的破坏作用。宗教信徒作为由社会各个阶层、各种身份的成员所组成的群体，主要成分是普通劳动群众，建立富足安宁的小康社会符合他们的现实利益和长远利益。只要执政党代表最广大人民群众包括信教群众根本利益的宗旨不变，坚持引导宗教信仰者确立爱国爱教相统一、"做守法教徒就是做爱国公民"的观念，真诚鼓励他们发挥在促进经济社会发展中的积极作用，因地制宜、因教制宜地为他们提供必要的活动空间，避免对宗教方面特殊的人民内部矛盾包括某些偶发事件反应过当，绝大多数宗教信仰者都会融入或顺应社会主义和谐社会建设的进程。随着时光的推移，宗教将越来越成为社会常态生活的一部分，"日用而不知"。而且，从宗教生态的总体状况而言，佛教、道教、民间信仰人数占信仰者群体大多数的局面，在相当长的时间里也还不会发生彻底的改变。

但是，宗教问题固有的复杂性，又要求我们不能不注意某些宗教因素在个别问题上诱发局部事件和不利影响的可能。当宗教生活中积聚着部分社会成员对现实状况的失落、不满情绪时，随着信仰者人数的增加，宗教对于社会的积极作用和消极作用可以呈现同步上升。不过，就宗教管宗教，是无法达到标本兼治的目的的。马克思主义历来是把宗教还原为一定经济生产方式之上的上层建筑，有什么样的经济基础，就有什么样的上层建筑。所以，必须坚定不移地实行以公有制为主体、多种所有制经济共同发展的基本经济制度和按劳分配为主体、多种分配方式并存的分配制度，坚持公平正义原则，缩小贫富差距，防止两极分化，完善社会保障，逐步达到共同富裕；同时大力发展文化教育事业，普及科学精神，消除愚昧无知，丰富群众文化生活，提高公民道德水准，使越来越多的社会成员自觉凝聚成一个"义""利"并存、"德""财"兼备的命运共同体；再加上宗教信仰自由政策作为一项社会公共政策的全面贯彻落实，某些会造成消极作用的宗教因素才有可能自然而然地发生降解，我国的宗教局面才会真正、持久地趋于平稳和淡化。

（七）

从另一个方面说，面对基督教信教人口的空前增长，片面地归结为抵御渗透不力，简单地动用行政手段打压，或者单纯指望经济发展可以抵消信教热情，都是无济于事的。当前有一种观点，希望用扶持佛教的办法平衡基督教的发展。这种想法注意到了传统宗教资源在历史上的作用，但夸大了佛教独自能起的作用。这条思路忽视了一个基本的事实，即中国历史上能够抵制和改造外来宗教的思想文化武器主要是以儒教为核心的社会伦理教化体系，佛教只是次要的因素（它本身也是一个被改造了的外来宗教），而且要和道教等其他各种宗教信仰形态（包括大量民间信仰、民间宗教）相互配合，在官方"神道设教"方针的指导下，在基层社会形成综合网络，才能略有所为。然而这个综合网络现已消失殆尽。从现实角度而言，如果政府直接越俎代庖，不仅违背了"不能以行政力量发展宗教"的原则，还会造成包括政治、法律问题在内的其他一些问题，而其最好的结果不过是佛教和基督教并驾齐驱，分别在不同的局域和社会成员当中吸收信徒，各滚各的雪球。这也许并不符合操觚者的初衷，遑论还会有更差的结果出现。

只有将促使宗教生态平衡机制的自然形成这项大工程，纳入国家文化战略（包括国民教育）的框架加以通盘规划设计，才有可能从根本上为构建和谐社会铺设一层张力在安全系数之内的"宗教保护膜"（但也不必过高估计其现实作用）。要全面认识包括宗教文化在内的祖国传统文化，承认宗教文化在中华文化成为"中华民族生生不息、团结奋进的不竭动力"当中也具有不可忽视的作用。我们的文化战略必须重视如何使宗教趋利避害，继续发挥这种作用，尽管我们已经不可能重新编织历史上那种综合网络。这是一项宏大的系统工程。这项工程仅靠宗教政策的贯彻执行和宗教部门一家的努力是不够的，甚至是次要的，而必须与科学发展观指导下的全面经济建设、政治建设、文化建设、社会建设相融汇，与社会主义新农村建设相协调，与调整文化、教育、医疗卫生、社会保障方针政策和改善党组织在城乡基层的领导方法、领导作风相结合。应该对此尽快组织跨部门、跨系统的研究、论证，制订计划方案，加快实施步伐，力争在21世纪的几代人时间里，作为这项系统工程的成果之一，在全社会初步建立起有助于维持教态平衡的宗教文化自组织机制，从一个侧面为促进国家长治久安作出贡献。

三　隆礼以率教　邦国之大务

卢国龙

（一）

　　无论是在纯粹学术还是在公共政策的层面，关于宗教的价值评估都是一个敏感的话题，隐含"判教"的内幕，容易诱发群体性的观点分歧。无神论与有神论、科学主义与神秘主义、世俗主义与信仰主义，固然会针锋相对，各自坚持其立场，坚信本身的立场符合或者干脆就代表了真理；甚至在信仰不同宗教的信徒之间，对于宗教的价值内涵，也会更愿意相信或者更容易接受与其宗教特点相呼应的解释。这种观点和立场的分歧，在社会急剧变革而理性力量快速成长的时代，表现得尤其明显，社会作为一个共同体，因此面临着内部张力的膨胀与控制难题。任其膨胀，可能导致"道术将为天下裂"的局面，而信仰分裂、价值观分裂，往往是社会族群分裂的前兆；试图控制，又让人担忧文化独断、权力专制的阴霾将卷土重来，社会意识操纵的梦魇难消难散。事情既然属于两难，正面谈论这个话题也就近乎不智，所以论者罕言。

　　但是，不谈论只能将问题遮蔽起来，并不意味着问题不重要，更不意味着问题已经解决。事实上，在纯粹学术和公共政策的背后，对于宗教的价值评估始终是一只无形的手，发挥着论是非、定取舍的作用。就学术界而言，价值中立依然是学者之间的彼此期待，而未能中立则是普遍存在的现象，只不过学者们通常借助各种旁敲侧击、取材舍料的方式来表达其价值立场而已。在公共政策领域，政府号召积极引导宗教与社会主义社会相适应，而社会则呼吁宗教政策更加开明和开放，这样两种表面上看起来既非对话也不对称的舆论，从思想的内在逻辑看却围绕着同一个价值评估的焦点，号召适应是看到宗教与社会主义的主流价值观存在差距，而呼吁开明者认为宗教有其自身的价值独立性。这些基本事实，至少表明关于宗教的价值评估是一个真实的问题，虽然从技术上可以表现或者表述得更加隐晦些，但在观念上却不可能真正回避。

　　关于宗教的价值评估既然不可回避，我们为什么又刻意采取迂回的方式，不直面面对呢？也许，迂回并不表明我们这个时代特别缺乏理论勇气，而是由于除开意识形态、宗教情感等方面的顾忌之外，我们还有一个如何选择评估角度的难题。这个角度，既要具有"科学性"，否则与科学主义的时代思潮不符，所谓评估，就会被指责为缺乏理性精神、是难称公允的褒贬之论；又须具有与宗教的"适应性"，否则方枘圆凿，评估角度与受评估的对象格格不入，所谓评估也就流于意识形态化的判决。这种悖论式的难题，确实很难超越。因为从追求各自"真理"的角度说，宗教与科学是平行的双轨，没有交叉点，所谓"科学性"和"适应性"是相互矛盾的，势难兼顾。而我们这个时代，注定要求选择一个具有"真理"意义的角度，做出"极高明"的论断。于是，关于宗教的价值评估，只能满足于雾里看花，自慰于理性的暧昧。本文不刻意回避这个问题，并非发现了另一种"极高明"的可能途径，而是退而求其次，走一条"道中庸"的老路，本着人文理性的立场确认宗教与科学在事实上的交叉点，不追求逻辑上的"真理"意义。这个交叉点，泛而言之就是社会生活。正是在指导社会生活方式这个共同目标下，在服务于社会生活这个交集点上，宗教与科学才会狭路相逢，相互审视，否则，宗教与科学完全可能各行其道，自是而不相非，所谓兼顾，也就成为附赘悬疣，成为多余的思想游戏。从这个意义上说，选择社会生活作为评估宗教价值的角度，是从基本事实出发的，可能比各种逻辑性的前提预设都更接近公允。

当然，宗教与社会的关系错综复杂，不从事社会学专业，不能随意涉足；而宗教社会学已经取得的斐然成就，也表明不需要非专业学者提供外围的帮助，本文自无意介入社会学探讨，只是选择社会生活作为宗教价值评估的一个维度、视角，或者说作为一个支点。而且，即便限定在这个维度、视角来看，各种宗教与其社会的关系也不尽相同，不能一概而论，本文只着眼于中国的社会与宗教。

比较而言，中国社会与宗教的关系似乎很特别，在主流宗教与主体社会的关系类型上，既不同于"印度教"与印度社会、犹太教与希伯来社会、伊斯兰教与阿拉伯社会那样的原生关系，也不同于基督教与欧美社会那样的再生关系。在传统社会里，儒教作为主流宗教与中国的社会主体，是典型的原生原配，但经过近现代社会变革，中国已经不存在哪种宗教可以被视为主流宗教，各种宗教都只可被描述为"在中国"，而不能称之为反映社会主体性的"中国宗教"，这种多元而无主体的格局，使中国社会与宗教的关系表现得扑朔迷离。本文立意，就是试图从扑朔迷离中找出一

点头绪，以中国社会的传统与现代变革为基础，探寻与中国社会相适宜的
评估宗教价值的文化参照体系。

（二）

社会学家 J. M. 英格说，"在很早的时代里（如果不是在今天的话），
基督教和犹太教都是社会宗教制度，而不仅仅是教会"①。所谓"社会宗
教制度"，大概可以理解为以共同的宗教信仰和仪式为纽带，构成社会的
组织形态和制度模式。准此理解，那么可以说，同样在很早的时代里，中
国社会如同基督教和犹太教社会一样，也是"社会宗教制度"，而且由于
中国的宗教是自然自发的，不必像创生性宗教那样改造或重建社会②，所
以宗教与社会更加浑然一体，弥合无间。这样的浑然一体，在宗教和社会
的缘起上就表现出来，中国之所谓"社会"，本来就是群体性的宗教信仰
和仪式活动。

"社"的本义是土神，也是举行敬神仪式的活动场所。场所的标志在
历史上有变化，秦以前是坛埠，树以丛木③，后世在民间则有种种变通，
可以是一棵大树，也可以是刻着"土地"字样的石碑，某些地方还受佛
道教影响，建土地庙，塑土地神像。坛埠的典型样式，就是铺着五色土的
社稷坛；社树在古代可能有品种选择，如《论语》载，"哀公问社于宰
我，宰我对曰：'夏后氏以松，殷人以柏，周人以栗，曰使民战栗也'"。
宰我的叙述可信符合史实，但解释是推测性的，曾受到孔子的批评。汉代
的孔安国甚至指责宰我只是妄测，"凡建邦立社，各以其土所宜之木。宰
我不本其意，妄为之说，因周用栗，便云使民战栗也"④。后代的社树，
确实是因地取宜的，如南方多为樟树、榕树，北方多为榆树、槐树等，或
许可以佐证孔安国之说。与土神联系在一起的谷神，称为"稷"。中国古
代的社稷信仰和仪式，反映出农耕文明的感恩意识，这也就是《白虎通

①　［美］J. M. 英格：《宗教的科学研究》，何其敏译，中国社会科学出版社 2009 年版，第
308 页。

②　从发生学的角度，金泽将宗教划分为"原生性宗教"与"创生性宗教"两种类型，详
其著《宗教人类学导论》，宗教文化出版社 2001 年版。

③　尚秉和考证"古以丛木为社"，详其著《历代社会风俗事物考》，中国书店 2001 年版，
第 204 页。

④　（魏）何晏集解、（唐）陆德明音义、（宋）邢昺疏：《论语注疏》卷三注引。

义》所说的："王者所以有社稷何？为天下求福报功。人非土不立，非谷不食。土地广博，不可遍敬也；五谷众多，不可一一而祭也。故封土立社，示有土尊。稷，五谷之长，故封稷而祭之也。"① 又由于社稷信仰和仪式是群体性的，并且与社会的组织结构相对应，大到全国性的"大社"，一方诸侯的"国社"，小到村落、社区的"置社""里社"，层次分明，反映出社会的基本结构，所以在古代汉语中，"社稷"与"社会"是同义语，差别在于"社稷"因信仰因素而含有神圣的意义，故引申为国家主权，称为江山社稷。

关于"社"的历史起源，文献中有不同的记载，但都极久远。最晚的说法，是帝舜时"封土为社，置木为闾，始民知礼也"②。说法更早些的，如《左传》昭公二十九年："共工氏有子曰句龙，为后土。后土为社。"这两种说法，符合古人神化帝王的历史观，但在史实方面很难定其真伪。唐末五代人丘光庭回答"社之始"的问题时说，"始于上古穴居之时。故《礼记》云：'家主中溜，而国主社'者。古人掘地而居，开中取明，雨水溜入，谓之中溜。言土神所在，皆得祭之。在家为中溜，在国为社也。由此而论，社之所始，其来久矣"。在回答"稷之始"的问题时又说，"始有粒食之时也"③。这是说，"社"起源于人结束巢居，开始在某个地方凿穴定居之时，"稷"起源于最初发现谷物粮食之时。合而言之，"社稷"定居且谷食，也就是农耕文明发轫初期，出于农耕文明生产生活方式的需要。这种说法比托称先王更合乎历史理性，因而在情理上也更易于接受。

起源古远的"社稷"信仰和仪式，对于族群组织扩大化的社会，对于社会组织最高体现的政权，究竟具有什么样的价值或意义呢？抑或只是蒙昧初开时的旧习俗？《管子》书中讲到这样一件事，"百盖无筑，千聚无社，谓之陋。一举而取天下，有一事之时也"。唐房玄龄注解说，"言纣人苟且，虽有千聚之夫，不立一社以统之。如此者，为政之陋也。故武王一举取天下而有之，此万代一时之事也"④。在史实层面，商纣王究竟

---

① 《百子全书》本，岳麓书社 1993 年版第 4 册，第 3523 页。
② 《管子·轻重戊》，《二十二子》本，上海古籍出版社 1986 年版，第 191 页。
③ 《兼明书》卷一，《四库全书》子部杂家类。
④ 《管子·侈靡》，《二十二子》本，上海古籍出版社 1986 年版，第 141 页。

因何溃败，或许还有待史学家去考证，但《管子》反思商纣王溃败原因所展现出来的历史理性，却明白无误，不需要考证。按照《管子》的反思，强势的商纣王面对弱势的周武王之所以不堪一击，根本原因就在于不立"社"以凝聚民众，不能以信仰共同体的形式将民众组织成社会，其政权没有社会组织做保障，没有一套"社会宗教制度"将政权与民众连为一体，便只有孤立的王权，没有国家社会的主权，虽有千聚之夫，也只是一盘散沙，所以被有组织的周族一击而溃。从这个意义上说，武王伐纣的胜利，是西周"社会宗教制度"的胜利，西周以"社稷"信仰和宗法制为基础的"社会宗教制度"，将民众组织成一个富有活力的社会有机体，而商纣王"千聚无社"，其成其败，便固有定数。也许正是在这个意义上，孟子说，"闻诛一夫纣矣，未闻弒君也"。一个君王之所以会彻底沦为"一夫"，根本原因就在于"千聚无社"，王权没有信仰共同体和社会组织实体的支撑。

《管子》以"千聚无社"来揭示商纣王失败的原因，从而将"社稷"信仰以及由其推动的社会建构提升到关乎政权存亡的高度，这种由历史反思所表现出来的理性精神，是令人信服的，至少比道德教训式的通常解释更让人信服。通常援用商纣王教训的谏书、警策等，都将亡国原因归结为商纣王个人在道德品质方面的缺陷，诸如穷奢极欲，残暴成性，远忠臣，幸便嬖等，甚至指责是一个叫妲己的漂亮女人惹的祸。这种解释有其针对性，所表达的道德忧患也很真切，但用来解释亡国的原因，终不及《管子》的历史理性那样让人信服。

一个显然支持《管子》理性判断的事实是，西周确实以推动"社会宗教制度"的建设为其政治和文化的最大特色，其中包括"社稷"。例如，周初的封邦建国，就是推动"社会宗教制度"建设的大本大端者。

周初封邦建国的国家模式，有两方面的制度基础，一个是宗法，另一个就是社稷，前者是诸侯宗室与周王室的亲缘纽带，后者传达出诸侯国疆土人民与周朝所代表的天下之间的社会关系。如据《逸周书》载，"诸受命于周，乃建大社于周中。其壝东青土，南赤土，西白土，北骊土，中央釁以黄土。将建诸侯，凿取其方一面之土，苞以黄土，苴以白茅，以为土封，故曰授则土于周室"①。在大社举行的这项仪式活动，固然是封邦建

---

① 《逸周书》卷五《作雒解第四十八》，《四库全书》史部别史类。

国的政治大事，但其仪式的象征意义，却只有放在对于"社稷"的共同信仰中才好理解。正因为有一个共同的"社稷"信仰，所以一块被黄土和茅草包裹着的青土、红土等，才能够赋予诸侯以神圣性和正当性，奔赴东方或南方去建"国社"、建立诸侯国。而诸侯国与黄土所代表的中央之国的社会一体关系，同样隐喻在大社的封土仪式之中。

进而言之，周王朝及诸侯国的都城，也以"社稷"传达其信仰共同体、社会共同体的象征意义。《周礼·春官宗伯》说，"小宗伯之职，掌建国之神位，右社稷，左宗庙"。这种都城建制，一直延续到清代。清故宫的社稷坛居右，在西边，即现在的"劳动人民文化宫"，宗庙居左，在东边，即现在的"中山公园"。这种建制，在传统的信仰体系里有其特殊含义，不是随意的。如唐贾公彦疏释上文时所说，"周人右社稷者，地道尊右，故社稷在右，是尚尊尊之义"①。汉郑玄注《礼记·郊特牲》说，"国中之神，莫贵于社"②。起源于土神信仰的"社"之所以比祭奠祖先的宗庙更"尊"且"贵"，原因不在于对于农耕文明来说土地是重要的资源，而在于"社"是超越氏族的，是信仰共同体、社会联合体的象征。《礼记·祭法》说，"王为群姓立社，曰大社"，"诸侯为百姓立社，曰国社"。正因为"社"所表达的是国民的共同信仰，而宗庙所表达的是宗族内部的血缘情感，所以二者有大与小、公与私之别。对于理性的政治来说，公永远大于私，社会永远大于政府，社稷永远大于王族，这也就是管仲反复告诫齐桓公的，"不为爱亲危其社稷，故曰社稷戚于亲"③，"社稷重于亲戚"④。另一位以理性和睿智著称的古代政治家晏婴，以更生动的故事诠释出社稷之公的含义："晏子侍于景公，朝寒，公曰：请进暖食。晏子对曰：婴非君奉馈之臣也，敢辞。公曰：请进服裘。对曰：婴非君茵席之臣也，敢辞。公曰：然夫子之于寡人，何为者也？对曰：婴，社稷之臣也。公曰：何谓社稷之臣？对曰：夫社稷之臣，能立社稷；别上下之义，使当其理；制百官之序，使得其宜；作为辞令，可分布于四方。"⑤用现代的语言来表述，社稷之臣从事社会建构，包括制定政策和秩序等，

---

①　《周礼注疏》卷十九，《十三经注疏》本上册，中华书局1980年版，第766页。

②　《礼记注疏》卷二十五，《十三经注疏》本下册，中华书局1980年版，第1449页。

③　《管子·四伤百匿》，《二十二子》本，上海古籍出版社1986年版，第98页。

④　《管子·揆度》，《二十二子》本，上海古籍出版社1986年版，第183页。

⑤　吴则虞：《晏子春秋集释》，中华书局1962年版，第321页。

是一种公职，服务于"社稷"，类似现代为国家社会服务的公务员，不是王侯的侍从、家臣。

"社稷"不仅在政治上有公天下的含义，还在信仰上有平等的含义。清初人秦蕙田著《五礼通考》，以五卷的篇幅系统考述"社稷"的历代沿革，并总结说，"自天子下及庶民，被其功德者，均得美报，此土谷之祭所以达乎上下也"①。历史事实也正是这样，庶民与天子都可以表达其对于"社稷"的信仰，都可以参与"社稷"的仪式活动，这与万民都可以信仰天，但只有"天子"才可以祭天的仪式特权，形成鲜明对照。"天子"的祭天特权是宗法制的政治化延伸，既逾越了宗法制巩固血缘亲情的有效范围，更与"社稷"的观念背道而驰。

承上所述，作为中国农耕文明之群体信仰和群体祭祀仪式的"社稷"，渊源古远，是古代中国的信仰共同体和社会共同体的历史滥觞。尤其是在西周社会制度的建构中，作为信仰和仪式的"社稷"，发挥了精神上的向导作用和情感上的纽带作用，促成作为实体社会的"社稷"成型，从而使西周社会之成其为西周社会、西周国家之成其为西周国家，具有"社稷"信仰和仪式的宗教属性。其内涵，则在信仰和仪式的宗教层面，"社稷"体现出人人平等、氏族平等的信仰原则；在实体社会的层面，"社稷"体现出氏族联合、天下为公的社会意识。

（三）

如果历史可以像断代史学那样截断众流，那么按照我们的审美意愿，"社稷"就应该定格在西周。因为那是一幅文化意义近乎完美的景象，由共同信仰所推动的社会建构，从镐京迅速拓展到诸侯国，和谐而有序，华夏作为一个典章制度自成体系的文明国度，于兹奠定。然而，真实的历史是一条奔流不息的河，不会为了观赏"社稷"意义的一次完美呈现而停顿。变化是必然的，而且，由于社会生活除了宗教信仰和仪式之外，还有政治、伦理、法律等许多重要的事情，所以变化的总体趋势就是社会在发展中日益复杂，因而与文化形态相对纯粹的宗教日益分化。于是，自春秋战国以后，"社稷"的修辞含义是多重的，随着具体使用的语境而分别指宗教、社会、领土、政权等。

---

① 《五礼通考》卷四十一《吉礼四十一·社稷》。

按照现代史学的普遍观点，社会变化的总体趋势就是进化。比较而言，从缘起上探寻宗教对于社会的价值，事情要相对简单些，而衡量宗教对于社会进化的价值，则要复杂得多，因为通常说来，宗教是维护社会稳定的秩序系统，在社会变革中充当文化传统的、思想保守的角色，是反思甚至消解社会变革的力量。在社会进化中宗教的价值如何体现，因此成为一个具有形而上学意味的理论难题。马克斯·韦伯的宗教论述触及这个问题，并且开辟了站在基督新教信仰立场上的独特思路，即以伦理适应资本主义的精神特性来评估宗教的价值。这种思路的闪光之处，在于暗示出宗教的价值内涵不是自在自为的，而只能相对于有其制度规定性的具体社会来确定，一如新教之相对于实行资本主义制度的欧洲、美国。但韦伯对欧美资本主义制度的高度关注，也导致将"上帝的法则"简化为资本主义法则的倾向，所以能否被基督徒照单全收，已经处在或然或不然之间了，至于用来评估其他宗教的社会价值是否合适，可能将是一个会持续争论下去的议题。

中国传统学术也有一种评估宗教价值的思路，不过，这种思路是蕴含在关于礼乐文化的载述之中的，既没有关于宗教与社会的专门论述，自然也就没有一套方便掌握的逻辑形式，但它有自身的思想逻辑，即将宗教视为礼乐文化的一个有机组成部分，宗教的价值，就体现在以共同信仰推动礼乐文化的认同、推动社会建设的历史实践之中。这个礼乐文化，以西周的经典范式为基础，因应时代变化而不断发展，是一种与社会生活相适应的文化状态和文化系统，既可以弥散、流衍而为风俗习惯，也可以凝聚、规范而成典章制度。宗教在礼乐文化中的地位，则表现为"吉礼"居五礼之首，是表征礼乐文化"道之大原出于天"的精神前导、信仰原动力。

当然，将西周礼乐推崇为经典范式，是孔子以来儒家的基本立场，而道家、墨家等，别有情怀。墨家尊崇大禹，道家追慕更加邈远的黄帝，而儒家的西周情结只在近古。孔子说，"郁郁乎文哉，吾从周"，可以理解为儒家西周情结的最初表述。因为西周文明昌盛，社会是和谐与有序相统一的。而维护其和谐与秩序的"文"，亦即精神资源和制度保障，便是孔子知之甚详的周礼，所以孔子有这样一种"从周"的选择。相比于道家、墨家以黄帝、大禹高远其精神之由来，孔子的"从周"是以真实的历史文化为依据的，更符合历史理性的精神。毕竟，西周是距离春秋时代最近的成功典范。对于春秋时代来说，要摆脱"礼崩乐坏"的无序状态，最有可能效法的历史参照，就是西周，所以孔子只是"祖述尧舜，宪章文武"，也就是以西周的典章制度为纲领，希望重现西周的和谐与有序，至于尧舜，虽被作为精神源头，却并不奢望复归到更遥远的尧舜时代，如禅让制在孔子时代就是不可奢求的。同样，夏、商两代的礼乐制度也已缅邈不可尽知，若取为参照，也难免"意必固我"，有许多主观随意性掺杂其中。孔子说，"夏礼吾能言之，杞不足征也；殷礼吾能言之，宋不足征也。文献不足故也，足则吾能征之矣。"因为从文献记载到杞、宋两地的现状观察，都不能获得关于夏、商礼乐的完整知识，所以孔子只能据信可知的西周礼乐。而西周礼乐也并非无源之水、无本之木，孔子说，"殷因于夏礼，所损益可知也；周因于殷礼，所损益可知也。其或继周者，虽百世亦可知也"。所谓损益，是根据时代要求，对历史累积的礼乐文化既有所舍弃，也有所继承和发展，而夏商两代的礼乐，就包含在经过发展的西周礼乐之中。这清楚不过地表明，孔子既将周礼视为经典范式，同时也将其视为礼乐发展的最新文明成就。孔子之所谓"吾从周"，不外乎要继承最新的文明成就而已。

然而，孔子"百世可知"的预言，才经过二百余年，就被秦始皇的帝国体制打破了，中国社会的历史进程出现第一次大变局。到二千五百年后的今天，"其或继周者"的主体身份已经没有着落了，甚至连文化主体意识也若存若亡了，中国社会的历史进程出现又一次更大的变局。两次变局相去遥远，但相对于礼乐传统而言，却存在某种历史逻辑的联系。秦朝一变，政治突破了礼乐文化的防御体系，由礼乐之中的一类事项聚变为礼乐社会的主宰者；而现代一变，中国社会的文化性质变得模糊不清，在文化上中国社会究竟是个什么性质的社会？究竟以何种文化作为社会认同和凝聚的基础？疏离于礼乐传统的现代中国社会，比传统社会是更稳健了，还是像缺水的自然生态一样更脆弱了？似乎都成了问题。时代变局在学术思想中同样也有所反映，即一方面，我们的思维能力显然得到锻炼和提高，视野更开阔，思想的表述也更精致而富有逻辑性，但另一方面，我们在思想文化上的主体性却弱化了，思维能力与思想主体性，就像外延与内涵的反变关系一样，此消彼长。于是，关于宗教的理解和价值评估，我们只是向以西方为主的"他者"观摩学习了许多，却不曾向世界贡献一个具有中国思想文化背景的立场、思路和方法，也没有适当的立场、思路和方法来理解和评估发生在当代中国的宗教问题。之所以如此，关键不在于接受思维训练的人已经习惯了主体性的弱化，而在于技能性的思维训练不能帮助我们判断现代中国的社会变革，这种变革究竟是"旧邦新命"式的，还是"旧邦亡命"式的？前者将变革视为传统中国的飞跃式发展，因而也是礼乐文化的一次突变性升华；后者则割断当代与传统的联系，否认礼乐文化是当代中国社会认同和凝聚的历史资源。要排解这种基本判断的分歧，大概就像排解《庄子》所说的"我与若辩"一样，胜负是无效的，第三者仲裁也是无效的，所以不妨从前人反思第一次变局的历史理性中找些借鉴。

欧阳修的《新唐书·礼乐志》绪论①，是反思上述问题的名篇，在相关的古典文献中，时见引用。绪论以秦朝为分水岭，将历史划分为"三代而上"与"三代而下"两个阶段。三代而下的普遍特征，是"治出于二，而礼乐为虚名"，具体表现为政治奔忙于簿书狱讼之间，作为社会文化基础的"礼"，只是礼部等职能部门的特殊事务，供皇帝而下大小官员参与仪式、应对场面时咨询。而通常以礼部代表最高水平的"三礼之学"，成了一项专门的学问、一个内容繁复却与实际生活关系不大的知识体系。至于"三代而上"，则"治出于一，而礼乐达于天下"，举凡国家政体和行政方式、宗教信仰和仪式、社会结构和交往、民间风俗和伦理教养等，"莫不一出于礼"，人人都可以在"礼"所涵盖的社会中"安习而行之"，礼乐文化滋养着宗教、社会和政治等，形成融洽的相互伴生关系。

欧阳修纵向的历史比较，揭开一个宏观的历史面相，"三代而上"的政治混融于社会，政治借助社会所固有的礼乐文化，同时也推动礼乐文化的生长发展，所以政治本身就是社会作为一个信仰共同体、社会共同体的最高体现。"三代而下"的政治凌驾于社会，片面依赖权力机器，不再是社会共同信仰的最高体现，既不能借助礼乐文化的社会资源，更不能培育这样的社会资源，势必从与社会的疏离开始，到与社会的对立而结束。这种政治与宗教、社会关系的结构性变化，是从"遭秦变古"开始的。汉以后政治与社会的疏离，只是秦朝体制的自然延续。秦朝以郡县制取代周代的封建制，就从国家体制上彻底改变了政治与宗教、社会的关系。而秦朝的"任法以为实"，只是将法律作为集权体制的技术支持而已。其结

①　欧阳修：《新唐书》第 2 册，中华书局 1975 年版，第 307 页。

果，就是政治完全依赖权力机器，而社会的生聚教训，不再是政治的当然责任，也不再是政治最根本最可靠的生长资源。

欧阳修批评秦以后政治背离礼乐，符合基本事实，也是历代学者的共识。如《隋书·礼仪志》说，"秦氏以战胜之威，并吞九国，尽收其仪礼，归之咸阳。唯采其尊君抑臣，以为时用"①。君臣关系在五礼中属于"宾礼"②，按宾礼规范所确立的权力和责任，使君臣之间形成相互尊重、和谐共治的关系，而秦始皇只采用各国礼仪中尊君抑臣的部分，就彻底破坏了礼乐所规范的政治结构和权力制衡。又如《后汉书·祭祀志》说："自秦始皇、孝武帝封泰山，本由好仙，信方士之言，造为石检印封之事也。"③ 泰山封禅作为告天成功的大典，象征意义与社稷坛分封诸侯是相同的，诸侯从天子大社的分封中获得治理领土的权力，天子则在泰山封禅中获得上帝所赋予的同样权力，所以开国君主的封禅仪式也是封土为坛墠，而继位的君主只是修理其坛墠。秦皇、汉武屡次登泰山封禅，真实目的却是求仙，就改变了封禅仪式的信仰内涵，丧失了封禅所具有的神圣领土的意义，使之成为个人求仙的礼乐道具。再如宋濂等主编的《元史·礼乐志》说，"古之礼乐，壹本于人君之身心，故其为用，足以植纲常而厚风俗。后世之礼乐，既无其本，唯属执事者从事其间，故仅足以美声闻而侈观听耳"④。这与欧阳修所说的，大致是一个意思，即后世政治采用礼乐，只是一场场政治秀而已。陈寅恪的《隋唐制度渊源略论稿》，于"礼仪"考述特详，篇幅占八个议题的一半，而且"礼仪"的开篇就引述欧阳修之说，认为"自汉以来史官所记礼制止用于郊庙朝廷，皆有司之事，欧阳永叔谓之为空名，诚是也"⑤。

毋庸置疑，自秦朝始作俑的帝王专制，对礼乐制度形成极大的冲击，使帝王专制的绝对权力逾越了礼乐的制约。而从历史的经验来看，一种与共同体信仰、与社会相疏离的政治，不可能是长治久安的、具有生生不息之活力的政治；一个政治与社会相疏离的国家，即便已经成为一个大国，也不可能是一个既和谐又有序的强国。这种制度性的缺陷，根源于礼乐文

---

① 《隋书》第 1 册，中华书局 1973 年版，第 106 页。

② （清）秦蕙田：《五礼通考》卷二二〇至二二四，《四库全书》经部通礼类。

③ 《后汉书》第 11 册，中华书局 1965 年版，第 3205 页。

④ 《元史》第 6 册，中华书局 196 年版，第 1663 页。

⑤ 陈寅恪：《隋唐制度渊源略论稿》，中华书局 1963 年版，第 4 页。

化的虚名化，所以包括欧阳修、陈寅恪在内的历代学者，都为礼乐文化
"常怀千岁忧"。

　　另外，我们也应该看到，尽管专制政体让礼乐文化在政治生活、权力
运作中沦为"虚名"或"空名"，并不意味着礼乐对于中国社会也同样失
去了文化作用和价值地位，而且，即使周礼未能尽行于后世，也并不必然
意味着礼乐文化已名存实亡，这里面既有朝野之分殊，也有古今之异同，
不可不辨。

　　需要辨别的核心问题，是能否像孔子一样以发展的眼光看待礼乐的损
益。如果我们将周礼看作中华礼乐传统的一个特殊阶段，而非看作礼乐文
化的唯一模式；如果我们理性地承认后世礼乐变化的时代合理性，站在宏
观历史的高度掌握后世礼乐对于周礼的沿革，那么，我们就能够在觑破政
治上"礼乐为虚名"的同时，看清礼乐对于中国社会"不可须臾离也"
的文化作用和价值地位。① 这种观点或立场，自孔子发其端绪，而为历代
史志作者反思礼乐沿革之主流。如南朝梁沈约的《宋书·礼志》说，"夫
有国有家者，礼仪之用尚矣。然而历代损益，每有不同，非务相改，随时
之宜故也……由此言之，任己而不师古，秦氏以之致亡；师古而不适用，
王莽所以身灭。然则汉、魏以来，各揉古今之中，以通一代之仪"②。又
如张廷玉主编的《明史·礼志》说，"欧阳氏云：三代以下，治出于二，
而礼乐为虚名。要其用之郊庙朝廷，下至闾里州党者，未尝无可观也。惟
能修明讲贯，以实意行乎其间，则格上下，感鬼神，教化之成即在是矣。
安见后世之礼，必不可上追三代哉？"③ 类似的观点，在二十四史的"郊
祀志"或"礼乐志"中，多有表述。而二十四史的这类记载，都是对前
代礼乐文化的历史总结。通过总结，旧史家们普遍发现，只要不将礼乐文
化局限在某个僵化的模式之中，而是按照师古以用今或"各揉古今之中"
的思路去理解，则礼乐文化不断在变革中延续，是跨越朝代而不绝如缕
的。如果不从仪式方面进行本来就无法进行的雅俗之分、高下之辨，而是
从"以实意行乎其间"的精神实质上，从继承精神传统并且适应各自时

---

　　① （清）盛世佐：《礼记集编》卷首上引《春秋说题辞》曰："礼者所以设容，俯仰以信，
进退以度，礼得则天下咸宜，不可须臾离也。"《四库全书》经部礼类。

　　② （南朝梁）沈约：《宋书》第2册，中华书局1974年版，第327页。

　　③ （清）张廷玉：《明史》第5册，中华书局1974年版，第1223页。

代需要的角度去比较、衡量，则后世的礼乐文化未必就不可直追三代。

　　结合中国的历史实际来看，礼乐文化之所以能够绵延数千年，表现出无比强健的生命力，根源主要在相反相成的两个方面。其一是始终不渝地坚持礼乐文化的主体性，其二是因应时代环境，将礼乐文化建构成开放的体系，这两个方面，形似相反而实相成。

　　坚持礼乐文化主体性的高峰体验，就是让现代人情绪高度紧张的夷夏之辨。不过，古代之所谓"夷夏"，既非现代的民族学概念，更非种族概念，而是一个文化概念，所以古代的夷夏之辨，绝非现代带有排他性的民族主义可以类比。韩愈《原道》说，"孔子之作《春秋》也，诸侯用夷礼则夷之，进于中国则中国之。"① 这是韩愈所说过的影响深远的一句名言。孔子删削《春秋》，历来被认为是以其修辞之微言寓其"尊王攘夷"之大义的，但孔子所尊的"王"，并不是现实中的有名有位者，而是中国之礼乐，是遵循礼乐文化的"王道"，所以将"尊王"与"攘夷"合起来看，实质意义也就是坚持礼乐文化的主体性。能够彰显这一主体性的就是"中国"，反之便之"夷"，礼乐文化主体性是唯一的审视标准，而不在乎是否居有诸侯王公的名位。

　　正因为夷夏之辨的实质意义是坚持礼乐文化的主体性，而非鼓吹民族、种族的排他性，所以在历史实践中，礼乐文化是一个开放的体系，并从精神上推动着中华民族的融合。我们可以从正史中看到这样一些例证。《辽史·礼志》说，"自其上世，缘情制宜，隐然有尚质之风。遥辇胡剌可汗制祭山仪，苏可汗制瑟瑟仪，阻午可汗制柴册、再生仪。其情朴，其用俭，敬天恤灾，施惠本孝，出于悃忱，殆有得于胶瑟聚讼之表者。太古之上，椎轮五礼，何以异兹？"讲到契丹族的神主树木信仰时又说，"神主树木，悬牲告办，班位奠祝，致斝饮福，往往暗合于礼。天理人情，放诸四海而准，信矣"②。从这段叙议中可以看出，中国传统的礼乐文化，至少包括礼义和仪式两个层面，礼义的蕴涵在于符合"天理人情"，"出于悃忱"，是放诸四海而皆准的，有其普遍意义；而仪式则由于地理环境不同、生活方式和风俗习惯不同，存在种种差异。从这个例证来看，坚持礼乐文化的主体性，就是坚持礼义的精神及相应的文明意识；建构开放的

---

① 童第德选注：《韩愈文选》，人民文学出版社 1980 年版，第 218 页。
② （元）脱脱等撰：《辽史》第 3 册，中华书局 1974 年版，第 833、835 页。

礼乐文化体系，就是在仪式等表现形式上有所变通。又如《金史·礼志》说，"金人之入汴也，时宋承平日久，典章礼乐粲然备具。金人既悉收其图籍，载其车辂、法物、仪仗而北。……世宗既兴，复收向所迁宋故礼器以旋，乃命官参校唐、宋故典沿革，开'详定所'以议礼，设'详校所'以审乐，统以宰相通学术者，于一事之宜适、一物之节文，既上闻而始汇次，至明昌初书成，凡四百余卷，名曰《金纂修杂录》。凡事物名数，支分派引，珠贯棋布，井然有序，炳然如丹。……是时，宇内阜安，民物小康，而维持几百年者，实此乎基。呜呼，礼之为国也，信矣夫"①。金朝虽是女真人政权，但沿用的却是唐宋的礼乐制度，从而摒弃以攻掠谋生存的游牧规则，这在旧史家看来也很好，因为它证明了礼乐文化对于建构国家秩序、维持社会安定的基础作用。元代的礼乐，兼顾周礼以来的传统与蒙古旧俗，元世祖至元八年，命刘秉忠、许衡制定朝廷礼仪，用于皇帝即位、诸王外国来朝、群臣朝贺、郊庙祭祀等，而各种宴会则"犹用本俗之礼为多"。明儒宋濂等修撰《元史·礼乐志》时，对这种兼顾型的礼乐有一个梗概性的评价，即一方面，"元之礼乐，揆之于古，固有可议"，也就是与周礼存在差距；但另一方面，元代的礼乐又"规模严广"，"雄伟而宏大"，"足以见一代兴王之象，其在当时，亦云盛矣"②。对前朝故事如此高度评价，至少表明作者能够毫无挂碍地接受礼乐体系的开放，能够毋须做作地欣赏礼乐文化的融合。

通过以上简单的历史叙述，我们或许可以得出这样一些梗概式的印象。第一，申论古礼不行于世，礼乐典章不得真传，并非我们这个时代的特殊表象，而是一个重复了千百年的老话头，宏观历史地看，礼乐文化不断地在"礼崩乐坏"中再生、传衍，古代如此，当代亦如此，成周制礼作乐的盛况虽然未曾再现，但礼乐文化依然存在于中国社会。第二，礼乐文化伴随中国的历史进程而沿革，不绝如缕，围绕礼乐文化的主体意识也如中流砥柱，从某种意义上甚至可以说，正由于有此一种主体意识，才维持着礼乐文化的传续。坚持主体意识的根本意义，可以借用《隋书·礼仪志》一句惊世骇俗的话表达出来，"故败国丧家亡人，必先废其礼"③。

---

① （元）脱脱等撰：《金史》第 3 册，中华书局 1975 年版，第 691 页。
② （明）宋濂等撰：《元史》第 6 册，中华书局 1976 年版，第 1664 页。
③ （唐）魏征等撰：《隋书》第 1 册，中华书局 1973 年版，第 105 页。

所谓"废其礼",当然不是指对礼乐模式进行调整,而是摧毁其礼乐文化的主体性。第三,理解礼乐文化的精神传统,不能只着眼于周礼模式。周礼固然是礼乐文化的经典,但这个经典本身也是在夏商两代礼乐的基础上"损益"而成的,本身就是在继承中发展的产物,体现出因应时代环境而发展的开放性。

(四)

《晋书·礼志》载有西晋人挚虞说过的这样两句话,"夫革命以垂统,帝王之美事也;隆礼以率教,邦国之大务也"①。在现代,帝王是久已灰飞烟灭了,但其他的意义仍然存在。放在现代的语境下来理解,所谓"革命以垂统"云云,也就是改变政权,建立国家模式以谋求长远的、可持续的发展,是革命者、执政者的伟大事业;所谓"隆礼以率教"云云,也就是彰显礼乐文化的主体性,建构符合时代精神的礼乐文化体系,从而统率、协调包括宗教在内的社会教化系统,是国家建设的重大任务。这两句话,意义对举,前一句讲政权革命,后一句讲国家建设,是相互关联的两件经邦济国的大事。在中国历史上,除开政权短暂而且国家陷于分裂的朝代,其他各朝各代都会在天下治平,也就是恢复社会正常秩序之后,推行立法和修礼两项工程。立法的实用价值不言而喻,修礼虽然不能像立法那样由行政机器予以贯彻,但由于具备适应社会传统、习惯的先天优势,所以也并非只是一项美声闻的"形象工程",而有其培养文化主体意识、唤醒社会认同、陶铸社会规范的实际意义。

对于确认宗教在当代中国社会的定位、评估宗教在当代中国社会的价值,从而发挥宗教在当代中国文化中的建设性作用来说,"隆礼以率教"应该是一条可资借鉴的文化战略大思路。

第一,中国当代社会虽然经过急剧的变革,但变革主要是政治体制、社会结构以及对于新体制、新结构认同方面的,而对于中国之成其为中国的文化认同,则离不开传统的礼乐文化之精神资源。只要我们放眼去看待礼乐文化在新时代的变化发展,放弃礼乐文化必然是封建糟粕的文化独断,就不难从家庭、朋友、村社、社区等层层结构中发现这一点。而海外汉学家以"第三只眼"看中国,生活在不同社会体制下的台湾地区、香

①　(唐)房玄龄等撰:《晋书》第 2 册,中华书局 1974 年版,第 581 页。

港地区居民以及海外华人对"中国"的文化认知或认同，也佐证了这一点。

第二，中国当代的政治体制和社会结构变革，对于礼乐文化的建设性发展，其实是千载难逢的时代机遇，而非不可跨越的时代鸿沟。正如前文所考察的，中国作为一个典章制度自成体系的文明国度，建立在"社稷"的基础上，而"社稷"具有信仰共同体、公天下的真实内涵。宋人郑伯谦说："先王无自私之心，安家者所以宁天下也，存我者所以厚苍生也。三代以还，人主始自私矣。"① 人主自私的极端典型，当然就是由秦始皇始作俑的家天下体制。而当代中国实行社会主义制度，从政治体制上可以视为对"遭秦变古"的反正，即由家天下复归于公天下。尽管"社会主义"包含了许多政治经济的时代新内涵，但以社会而非以资本、皇权为根本的内在规定性，也就是以社会为主的"义"，却是应然的。从这个意义上说，"社会主义"是"社稷"在历史长河中的最新发展，而礼乐文化，曾经是维护"社稷"的精神资源，也应该是维护社会主义的精神资源。我们当前所欠缺的，只是明确的礼乐文化的主体意识。

第三，宗教在中国传统社会被作为"敬天事神"的吉礼而居五礼之首，被纳入礼乐文化的体系之中，取决于中国社会的原生特性②。因为中国社会自从诞生以来就是延续的，期间虽有过改朝换代，有过农耕与游牧等不同文明形态和族群的融合，但社会主体从未中断，反而在融合中不断壮大，所以与社会主体相应的文化也一以贯之，表现为礼乐文化统一体系的持续发展。出于宗教移植、再生所导致的教会组织与世俗社会的二元结构，在中国既然没有孳生的缘由，自然也就没有孳生的事实。而宗教在中国由礼乐文化定位，也就是一件理有固然、势所必至的事，不仅外来的宗教必须经历一个"入乡问俗"的了解和适应过程，在礼乐文化的大体系中"寻找"自身的定位；而且中国土生土长的宗教，也同样要明确其礼乐文化定位，只不过这种定位是自然生成并不断调整的。佛教在汉代传入中国，到魏晋时以"六家七宗"的创造性转换成为中国文化的一个有机组成部分，而转换的一个重要标志，就是关于夷夏礼仪的甄辨。甄辨的结

① （宋）郑伯谦：《太平经国书序》，《四库全书》经部礼类。
② 关于中国文化的原生性，可参看邹昌林著《中国礼文化》，社会科学文献出版社2000年版。

果，不是佛教必须屈服于华夏礼仪的压力，放弃其信仰立场，而是明确了佛教适应礼乐社会从而"中国化"的宏观发展方向，至于佛教与礼乐文化始终存在的差异，则被定位为"方外"。"方"即礼乐文化。"方外"虽不在礼乐文化之中，但依然是相对于礼乐文化来定位的。清代，天主教在中国也曾发生礼仪之争，从理论上说，这种争议既有助于中国人根据自己的思想文化经验来理解基督宗教，也有助于基督宗教理解所面对的中国社会主体特性。尽管基督宗教一神论的排他性特质注定要将争议直接引申到文化主体性冲突的层面，即究竟是"主归中华"还是"中华归主"，似乎不可调和，但在中国半殖民地状态下形成的"三自爱国"运动，依然显示出排解基督信仰与中国立场相互冲突的可能性。或许，基督宗教在中国可以不像在世界其他地区那样，要么是基督教国家而宽容其他宗教的存在，要么是非基督教国家而经常面临冲突。而要实现这一中国"特殊性"，前提就是明确意识到基督宗教在中国有一个礼乐文化定位的问题。产生于中国的道教，同样也要经受礼乐文化的审视。举一个极端的例子，如东汉陈国相魏愔，被人告发"共祭天神，希幸非冀，罪至不道"，而魏愔辩称只是"共祭黄老君，求长生福而已，无它冀幸"①。在中国历史上，东汉和明代被认为是礼教最严的两个朝代，所以这个例子显得有些极端。但它也反映出一个事实，即道教信仰被定位在个人长生成仙的层面，因而不与代表社会整体秩序的礼乐文化发生抵牾，而后世道教的发展，本质上就是礼乐文化的一个亚系统。总之，历史证明，各种宗教明确其在礼乐文化中的定位，参与礼乐文化的发展和建构，成为礼乐文化的一个有机组成部分，是在中国立足并取得平稳发展的常规道路。

第四，当前中国的各宗教，确实呈现出"同乘一条船，各划各的桨"的局面。这种局面在"多元一体"的时髦词汇掩盖下，潜伏着很深的隐患。由于各门宗教都坚称自身的信仰就是最高真理，所以宗教与宗教之间没有构成"一体"的可能。征诸历史，各宗教事实上也只有宗派的分化，没有宗派与宗派、教派与教派的凝合。如果所谓"一体"不能像历史经验所昭示的那样，明确并且富有建设性地指向礼乐文化的主体性，而只是以政治所维护的国家统一体为遁词，那么，宗教问题在当前就很难摆脱一个特殊的尴尬处境，即发生在中国的所有宗教问题，最终都会演变成政治

---

① （南朝宋）范晔：《后汉书》第 6 册，中华书局 1965 年版，第 1669 页。

问题，从而极大地增加社会管理成本、增加社会认同和政治体制认同的难度；长远地看，心往各处想、劲往各处使的宗教，将很难像古代的"社稷"那样发挥推动社会认同、凝聚的作用，甚至可能被各种政治企图、政治势力所利用，成为社会分裂的动员力量。

第五，从源头上说，宗教与社会同源，从来都是社会性的，发展到当代依然是社会性的，本着社会建设的利益目标来定位宗教、评估宗教的价值，道理是不证自明的。近年流行的所谓宗教信仰是个人私事云云，揆诸历史和现实，与其说是一种严肃而成熟的理论，不如说是一个愚人节的善意玩笑，充其量，也只在纯粹宗教体验的层面才有效，而且宗教体验一旦予以表述，也同样是社会性的。这方面，埃米尔·迪尔凯姆的研究最可借鉴，如说"我们要寻找的宗教现象的决定性原因，不是存在于普遍的人性之中，而是存在于相关的社会性质之中"[①]。中国的"社会性质"，从宏观历史的角度看也就是礼乐文化，礼乐文化是中国宗教或宗教在中国有其社会规定性的"决定性原因"，则建构礼乐文化以协调在中国的各种宗教，同样也是"决定性原因"。这样的礼乐文化，可能只是由历史所形成的一种中国"成见"，但依然如迪尔凯姆所说，"一个没有成见的社会，就如一个没有反射作用的机体：它将会是一个不能活命的怪物"[②]。

由此看来，明确礼乐文化主体意识，整合古今资源以重建礼乐文化体系，"隆礼以率教"，是站在文化战略高度把握中国当前宗教问题的题中应有之义，是"邦国之大务"。

---

① ［法］埃米尔·迪尔凯姆：《迪尔凯姆论宗教》，周秋良等译，华夏出版社 2000 年版，第 86 页。

② 同上书，第 10 页。

第 二 编

第一章　佛教现代化转型的历史
意义和现实价值

王志远

　　佛教在中国始终被认为是外来宗教，同时也始终被认为可以成为并最终已经成为中国宗教。不认为佛教是中国宗教的议论，大多出现在佛教入华的早期，不外指摘它的源头在印度，而且不合于中国的孝道，等等。认为佛教可以或者已经是中国宗教的议论，从入华之始直到当代，代有传人，振振有词。这不仅由于印度本土佛教已经在 13 世纪之后陷于湮灭状态，而且由于中华民族的文化传统极其善于"变夷为夏"，在吸收外来文化之精华的同时，将其融化于中华传统的主体之中。

　　元代刘谧在《三教平心论》中指出："天下无二道，圣人无两心。盖道者先天地生，亘古今而常存。圣人得道之真以治身，其绪余土苴①以治天下国家，岂不大哉？故圣人或生于中国，或生于西方，或生于东夷西夷，生虽殊方，其得道之真若合符契，未始殊也。"可以说，佛法传入东土并得到弘扬光大，正是由于中华民族是一个崇尚智慧、服膺真理的民族，只要是智慧和真理，无论从何方传来，由何人传来，它都会热情地接受、认真地思索、创造性地给以发展。对于佛儒两家的差异，同样得到圆融的解释："佛以戒定慧为大道之大要。吾儒所谓'惩忿窒欲'，则戒也；'寂然不动'，则定也；'感而遂通天下之故'，则慧也。三者儒释岂不

---

　　① 《庄子》"道之真以治身，其绪余以为国家，其土苴以治天下。"绪余，事物之残余或主体以外所剩余。陆德明释文："司马、李云：绪者，残也，谓残余也。"土苴，"司马云：土苴，如粪草也。李云：土苴，糟粕也，皆不真物也。"

相同?"①

　　中国人常常自豪地宣称中国是佛教的"第二故乡",强调中国佛教区别于印度佛教的特色,表明佛教早已以中国宗教的身份进入中国文化战略的范畴。

　　"文化战略"作为一个概念,具有浓厚的现代色彩,但是并非古代就没有所谓的"文化战略"。以儒教而论,"隆礼以率教,邦国之大务也"。"就是彰显礼乐文化的主体性,建构符合时代精神的礼乐文化体系,从而统率、协调包括宗教在内的社会教化系统,是国家建设的重大任务。"②佛教在中国历史上,就是被如此包容在"社会教化系统"之内的。它始终没有成为社会主流中的占统治地位的政治力量,但是却赢得了几乎占最高统治地位的信仰美称。儒教深刻影响下的古人责无旁贷地要加入治国的主力军,而这些治国者以及被治者的"心",却几乎被公认大多要由佛教来"治"。宋孝宗则明确指出"以佛治心,以道治身,以儒治世"③。

　　从文化战略的角度看,为了国家安全、社会稳定、民族团结、人心和谐,对佛教采取深入理解、积极扶植、善意引导、适度限制和充分利用的方针是完全必要的,甚至应该成为国策的一部分。

一　佛教中国化的历史进程——中国特色

　　佛教是公元前2年即西汉哀帝元寿元年传入中国的。20世纪后半叶的数十年间,对于佛教传入的时间点以及背景,出现诸多论证,最后以"伊存授经"的论断被学术界和佛教界所接受。

　　中国佛教史学之大家,首推汤用彤先生。其名著《汉魏两晋南北朝佛教史》,至今仍为扛鼎之作。吕澂先生评价此书:"受日本人的影响就少,所用资料比较丰富。"关于佛教初传,汤先生认为:

　　　　最初佛教传入中国之记载,其无可疑者,即为大月氏王使伊存授《浮屠经》事。

---

① 《大正新修大藏经》第 52 册 No. 2117 元代刘谧《三教平心论》。
② 参见卢国龙原文《隆礼以率教　邦国之大务》。
③ 《大正新修大藏经》第 52 册 No. 2117 元代刘谧《三教平心论》转引《明道辩》。

……《裴注》与《世说注》所引相同，而年代又均较早，则谓伊存使汉，博士弟子景卢受经，或较为确实也。

……诸书于授经地点人名虽不相同，但受者为中国博士弟子，口授者为大月氏人，则按之当时情形，并无不合。……据此，则伊存授经，更为确切有据之事也。

关于永平求法（公元 67 年）

汉明帝永平年中，遣使往西域求法，是为我国向所公认佛教入中国之始。……然使永平年前未传佛法，则不但哀帝时伊存已授佛经，明帝时楚王英已为桑门伊蒲塞设盛馔，其时已有奉佛者在，且即就此传说本身言之，傅毅已知天竺有佛陀之教，即可证当时朝堂已闻有佛法。……至若佛教之流传，自不始于东汉初叶。

学界、佛教界的另一位大学者，佛学家吕澂先生则认为：

一般采用的，就是见诸记载而事实上也有可能的，乃是西汉哀帝元寿元年（公元前 2 年），大月氏使者伊存口授博士弟子景卢以佛经的材料。认为这就是佛教传入的开始。

就当时（1961 年）所掌握的资料而言，吕先生对大月氏是否信佛尚存疑问：

日人白鸟库吉认为，贵霜王朝前二代是不信佛教的，而大月氏又在贵霜王朝之前，当时是否已有佛教流传，还值得研究……（见《中国佛学源流略讲》1961 年讲述）

吕澂先生的高足，著名佛学学者杜继文先生曾亲自聆听过吕先生的这段论述。他在 1980 年参与任继愈主编的《中国佛教史》一书时，回答了老师的疑问。他认为：

大月氏在公元前 2 世纪移居大夏后很快就接受当地的风俗文化，因此在公元前 1 世纪末盛行佛教并由其来华使者口授佛经，是完全可能的。

因此，在接受国家教委委托编写《佛教史》高校教材时，杜继文写道：

大月氏王使臣伊存口授浮屠经，当为佛教传入汉地之始。……事实上，《后汉书·楚王英传》记，永平八年，佛教在皇家贵族层已有相当的知名度，不必由汉明帝始感梦求法。

　　将"伊存授经"确认为佛教传入中国之始，具有鲜明的时代特征和深远的历史意义。这表明，中国的佛教界和学术界在尊重知识、尊重历史、尊重宗教三方面都显示了文明与文化的进步。历史的真实比皇权的庇护更有力。从教理上讲，这也是"依法不依人"的第一范例。

　　回顾中国佛教二千余年历史的特殊意义，在于中国佛教是来自印度又有别于印度的具有中国特色的佛教，在于印度佛教已于公元 13 世纪湮灭，而中国佛教在中国的沃土之上生存发展了二千余年却仍保持着走向未来的新的生命力。

　　我们对中国佛教二千余年历史的重视和关注无论如何都有理由更高更深。没有国家的繁荣昌盛，佛教则难以弘传广布；而佛教的健康发展，必将有助于社会的安乐祥和，人心的弃恶扬善。经历了二千余年的风风雨雨，佛教与中国传统文化、中国社会及中国民众已融为一体。全世界、全亚洲、全中国，包括中国的台湾、香港及澳门，一切虔诚善良的佛教信众和一切关心中国佛教、热爱中国佛教文化的人们，都正把目光转向北京，看我们如何安排这古老但正在新生的东方宗教的现实地位，如何发挥它的社会作用。

　　佛教的中国化历程可以大略分为如下几个阶段。

（一）译传阶段（前 2—580）

　　从汉哀帝元寿元年（公元前 2 年）到隋文帝开皇元年（581），佛教用了 583 年的岁月度过早期的"译传阶段"，从最初与中国思想和现实的简单生硬结合，转向以追本溯源为目的的大规模翻译与专题研究。而这种追本溯源，非但没有解决一些人所发现的译文不准确的问题，反倒促进了具有更浓厚的中国特色的更成熟的佛教不断成长。

　　印度佛教传入中国，一开始就积极寻找与中国文化的契合点。汉代佛教依附于当时盛行的黄老之学，借助神仙方术的祭祀仪式进入中国人的生活视野；魏晋时期则依托老庄哲学，借助清谈的玄学之风进入中国人的精神领域，当一大批有着极高汉学和佛学学养的中国僧人成长起来的时候，佛教的义理体系和表达形式便发生了重大变化，开始了由印度佛教向中国佛教的蜕变。

在这一阶段里，道安、慧远等高僧既使佛教在中国社会中取得了独立的地位，同时也确立了中国佛教"不依国主则法事难立"的处世立场，深化了佛教与中国文化的关系。

（二）创造阶段（581—998）

中国佛教传播 583 年之际，隋朝建立。经历了北周武帝的灭佛事件之后，佛教在隋代得到恢复和发展。隋朝统治集团与佛教的关系，与南北朝时期相比，日渐成熟，日益富于理性。政治与佛教的关系得到了合理的调整，在尊重佛教的前提下，引导和促进佛教走向与国家繁荣相适应的创造性的发展道路，成为统治者的自觉意识，从而奠定了唐代佛教高素质演变的基础。

其后的 325 年，便是号称鼎盛的隋唐佛教时期，特点是在译传阶段的基础之上，以智颛大师开创天台宗为始，不同的派别都以一定的印度佛教经典作为立宗、判教的依据，创构了自己的理论体系。唐代是佛教传入中国以来思想最为活跃的时代，中国僧人不再拘泥于祖述经论，而是引经据典，大加阐扬。僧人的弘法对象，首先便是帝王。唐代 21 位帝王中，除唐武宗之外，都是奉佛的君主。正是由于佛教在唐代获得了政治宽松得以健康成长的土壤，才能够从容地根据中国文化的特色，创造性地完成开宗判教的任务，使中国佛教进入创造阶段。其中慧能大师予以弘扬光大的禅宗，举世公认最具中国特色。

中国佛教各宗充分发挥了中国人的创造性和协调性，造成后世佛教诸宗祖庭尽在中国的宏大局面，使中国真正成为佛教的"第二故乡"。这一历史时期，可称为"创造阶段"。

（三）融合阶段（999—1898）

中国佛教的第二个千年是以宋真宗亲制《崇释论》宣告开始的。佛教在中国从此走上了与中国文化融为一体的不退转之路。其后宋孝宗明确提出"以佛修心，以道养身，以儒治世"。知识分子也清醒地看到，"儒门淡薄，收拾不住，尽归释氏"。宋王朝在复兴佛教的同时，也加强了对佛教的控制，度牒制度、僧官制度和寺院制度都相对完善，政府对佛教的控制力加强。这些措施客观上也保护了正统宗教的合法权利，防止不法之徒假借佛教名义招摇撞骗。佛教的适度发展，避免了与政府的冲突，这也是宋代之后没有再发生大规模毁佛事件的原因之一。

蒙古贵族建立元朝后，西藏归顺了蒙古，正式划入大元帝国的版图，成为中国不可分割的疆土。藏传佛教通过元朝统治者的提倡而传入内地。

蒙古贵族奉喇嘛教为国教，从元世祖忽必烈起，元朝历代皇帝和后妃都尊喇嘛名僧为帝师，每个皇帝必须经帝师授戒才能登基。元朝设有宣政院，统理全国佛教和西藏地区的行政事务，与中书省、枢密院、御史台并列为国家的四大军政机构，宣政院最高长官就是身为帝师的喇嘛僧。

元朝相继为帝师的西藏喇嘛上师有八思巴、琳沁、达尔玛巴拉实哩、伊珠尔戬等。其中八思巴最为著名。八思巴终其一生，主要活动于蒙藏两族贵族统治者之间，对巩固西藏与中央政权的关系，维护祖国的统一与完整，发挥了极为重要的作用。

另外，元朝又在杭州设立江南释教总统所，任命喇嘛教统理，直接管理江南佛教。由于统治集团的参与和提倡，汉传佛教一方面受到了某些控制，另一方面也因为统治者对佛教的整体崇敬而受到礼遇。元代统治者将佛寺分为禅、讲、律三大类，大量建造寺院。仅上都就有乾元寺、华严寺、庆寿寺、兴教寺等数十座大型寺院，其中喇嘛教系统中最为著名的，则有开元寺和八思巴帝师寺等。因此，元代佛教的规模比宋代又有所扩大，当时境内有寺院四万二千余所，僧尼二十一万一千余人。而汉藏两大语系的佛教在中国广袤的国土上同时传播，则具有深远的历史意义。

明太祖朱元璋少年时曾在凤阳皇觉寺出家，悉知佛门之内的种种弊端，因此制定了较为严格的僧官制度，强化了对汉地佛教事务的管理。但藏传佛教依然受到推崇。许多喇嘛僧被封为西天佛子或法王，因此明朝时来内地的西藏僧人很多。

明代佛寺沿袭元代旧例，分为禅、讲、教三类。明末憨山德清、云栖袾宏、蕅益智旭、紫柏真可四大高僧全力弘法，也在一定程度上促进了佛教的发展。

清世宗雍正皇帝既尊喇嘛僧章嘉为国师，又参拜中国神僧伽陵性音，自号圆明居士。他主张儒道佛三教一致，提倡佛教诸宗一致，禅宗中五家一致。为整顿禅门而鼓吹净土教，雍正大力提倡念佛，这一措施给近代佛教很大影响，使中国佛教不问其宗派如何，都以念佛为基本。此外，《大藏经》在清代的出版达到了高潮，不仅有了汉文《龙藏》，而且还有满文《大藏经》。

宋、元、明、清四朝，直至公元 1898 年，中国佛教始终处于与儒道两家共同维护皇权的"融合阶段"。在清代盛世的空前广大的版图上和空前众多的人口中，佛教的踪影几乎处处可见。在中国佛教史上，宋、元、明、清佛教向社会文化的全面渗透是非常深刻的，佛教宗派使佛教教义中国化，而且佛教徒还利用佛教传说，将佛教菩萨信仰引入世俗的生活，通过创设佛教圣地，把崇佛活动和场所形式化、神秘化。

唐代以后，菩萨信仰在民间广为流行，中国的信徒们从汉译佛典所提到的著名的大菩萨中挑出四位，即文殊、普贤、地藏、观音。把他们从印度引到中国，并分别选了四座景色秀美的名山作为他们居住的场所和示法的道场，这便是：五台山、峨眉山、九华山、普陀山。这四大名山满足了中国近千年来善男信女想要见到菩萨的心愿，来到这些名山，就好像进入了理想的天国，因此，自唐代以后，这四大名山便成了中国人心中的四大佛教圣地。

"家家观世音，户户阿弥陀"，佛教在宋、元、明、清四朝这 900 年间空前广泛地深入地与中国的文化全面结合，特别是借助于诗词、剧作、小说等文学形式和绘画、雕塑、建筑等艺术形式，成为民间风俗习惯以及整个民族心理、思维乃至语言素材构成的重要的有机成分。佛教在向中国民间文化渗透的过程中，深入到了中国百姓的日常生活，佛教自身的吸引力以及佛教仪式的扩展，给中国传统的民俗习惯也增添了不少新的内容，随着佛教与中国文化的进一步融合，佛教民众化和民俗生活佛化的色彩越来越明显，不少与中国百姓生活密切相关的习俗，几乎都受到了佛教的影响。佛教在中国已发展到人们觉察不到而实际上它却客观存在着，所谓"日用而不知"、"大而化之"的地步。

（四）超越阶段（1898—　）

在近代中国社会的巨大变革中，中国佛教经历了一个如何适应从封建社会转向现代社会的根本性变革，成为现代社会思想的有机组成部分。近一百年，恰好是中国佛教向现代社会迈进的一百年，它使中国佛教带有不同于以往任一阶段的新的时代色彩，标志着中国佛教已经进入一个不断超越封建时代的新阶段。"百年沧桑，始于辛亥；千载帝制，一朝崩解；四海之内，天下为公；三界所冀，等无差别。平等社会，以宪法为保障；公民佛教，仰三宝为旗帜。庄严国土，利乐有情，悲智修证，普渡众生，此百年佛教之求索，历代信众之仰止，虽百折而不回，迎逆浪而更进。"①
这个"超越阶段"虽已百年，但前路尚远，需要几代人、十几代人甚至
几十代人坚持不懈的努力奋斗。

光绪二十三年（1897）杨文会于南京设立金陵刻经处，从事佛经刻
印、流通事业。这一举措，可以视为中国佛教近代史的肇始。

金陵刻印社是当时从事佛经搜集刻印工作的重要机构，刻印了许多自
唐末五代以来已经散失的各种重要典籍，促进了佛经的流通，对繁荣清末
民初的佛教事业作出了重要贡献。杨文会于1907年在刻经处设祇园精舍，
招收僧俗学生，培养佛教学者，前来就学者二十余人。宣统二年
（1910），金陵同仁创"佛学研究会"，推举杨文会为会长。杨文会每日讲
经一回，听者踊跃。杨文会的佛教信仰以《大乘起信论》为依据，佐以
《法华经》《华严经》等，最后以净土为归结。他弘扬佛法四十年，以刻
经和讲学交互为用，对中国近代佛教发展和繁荣起了重要推动作用。他不
仅是近代中兴中国佛教的第一人，而且在思想上给了康有为、梁启超、谭
嗣同等一代社会改良者以深远影响。

杨文会作为第一大居士，在中国佛教近代史上功德无量。居士指那些
在家修行的佛教信徒以及佛学参禅的文人学士，是佛教传播发展的重要力
量之一，对促进佛教与中国文化的融合作出了积极的贡献。在宋元时代，
出家僧侣的传法弘佛活动是佛教发展的主流。到明清之际，佛教日渐衰
落，僧侣作为弘佛的主流所发挥的作用减弱了，特别是清代末年，乾隆皇
帝采取了将佛教教团从社会中分离出来的方针，佛教的实权渐渐脱离佛教
教团而转入到在家居士手中，许多居士积极从事搜集整理佛教典籍、研习
佛教义理的实际工作，成为清末佛教发展的主导力量，对佛教的发展发挥
了重要作用，因此佛教史上甚至把近代佛教称为"居士佛教"。

近代许多维新变革的志士，大都是佛学研究者，康有为的《大同
书》、谭嗣同的《仁学》，运用佛学的"平等"观念倡导维新，梁启超更
是运用大乘佛学原理，呼吁"道德革命"。章太炎深入研究佛教义理，认
为革命要用宗教发起信心，增进国民的道德，并用佛教"众生平等"的
观念进一步阐明革命方向，同时提出用"利益众生"为旗帜，将佛教从

---

① 中华佛教宗风论坛：《百年辛亥百年佛教礼赞文》，见《宗风》庚寅秋之卷，宗教文化
出版社 2011 年版。

重在出世转换到重在入世。总之，晚清一代代思想家的崭新意识，赋予传统佛教诸如"平等""慈悲""利益众生"等概念以新的含义，丰富了佛教思想体系，开传统佛教在近代嬗变的先声。

禅宗作为中国化的宗教，是中国佛教史上流传最广的一派。在近代佛教改革中，禅宗得到了很大发展，清末的江南禅门四大丛林即扬州的高旻、镇江的金山、常州的天宁、宁波的天童都相继恢复。禅宗的发展是伴随着近代化转变的，随着这种转变的加深，禅宗又具有了新的面貌。近代著名禅僧很多，敬安、冶开、虚云最具有代表性。

近代佛教在改革发展中，分宗派之野的矛盾分歧是在所难免的，但近代佛教诸宗在复兴和改革的过程，也呈现出相互融摄的趋势，如禅净兼修，宗教并弘，台净、贤净、贤禅的结合融归等。融合诸宗成就最大的，当数近代佛教改革中以温和著称的圆瑛大师。

中国进入近代社会之后，佛教改革已经成为所有关注中国佛教命运的有识之士的共同心声，而真正全面推进中国佛教改革，明确提出改革方法并努力付诸实践的是太虚大师。1913年，他在敬安法师的追悼大会上发表演说，全面说出了自己佛教革命的主张。他提出了三大革命：一是教制革命。要求废除传统的剃度制与弟子住持制，主张创办佛教大学，从学僧中选拔僧才，住持寺院；二是教产革命。要求转换庙产的功能，使寺庙财产为佛教公有，用以兴办佛教教育和社会慈善事业；三是教理革命。提出"如果发愿成佛，先须立志做人"。"人成即佛成，完成在人格。"这些激进的改革主张在当时受到了守旧派的反对，太虚在中华佛教总会会刊《佛教月报》上连续发表文章进行反驳，进行佛教革新的宣传鼓动工作。

太虚的"人间佛教"的理论在1913年提出佛教革命时就已萌芽。1927年，太虚对"人生佛学"进行了较系统的研究，撰写了《佛法救世主义》《自由史观》《建设人间净土论》等文，1928年，他在上海应俭德储蓄会之邀，演讲人生佛学。1933年，他发表了《怎样来建设人间佛教》一文，标志着他的"人间佛教"思想的成熟。

"人间佛教"要求佛教徒应具有相当的人生实践的能力，佛教徒首先是一个公民，公民的义务和责任，是建设国家、保卫国家。只有尽了公民的义务，才能谈得上酬报四恩，福利社会，以佛教的三皈、五戒、十善来要求自己的言行。他认为佛教徒不能把信仰当成职业，赖此谋一身一家之生活。信仰是个人的私事，每个佛教徒必须有一正当的社会职业。因为学佛不但不妨碍正当职业，而且因此得着精神上的安慰，做起事来便有系统而不昏乱。为此他于 1940 年发表了《复兴中国佛教应实践今菩萨行》，说今菩萨行实践者，要养成高尚的道德和品格，精博优良的佛学和科学知识，参加社会各部门工作，如出家的可以参加文化界、教育界、慈善界等工作，在家的则参加政治界、军事界、实业界、金融界、劳动界，使国家社会民众，都得佛之利益。这一设想，突破了两千年来的佛教制度，把和尚、尼姑变成为社会各行列的工作人员，把现实人生作为学佛修炼的基础，要求每个人通过自利利他的事业，即菩萨进而至于成佛。

太虚领导的近代佛教革新，是佛教由传统向近代转型的关键步骤，"人间佛教"的旗帜，标示了佛教未来发展的方向。随着中国社会现代化的发展，"人间佛教"教义正日益发挥其理论和实践方面优越性和前瞻性，发挥了促进现代化的伦理与社会服务功能，显示了中华民族文化执着而旺盛的生命力。

1947 年 3 月 7 日，太虚在圆寂前十日，特在上海玉佛寺召见赵朴初，将所著《人间佛教》交给他，勉励他以后努力护法。20 世纪 50 年代，赵朴初与圆瑛、虚云等发起组织中国佛教协会，后作为著名的政治家、外交家、宗教家、书法家、慈善家，在政界、文艺界、宗教界等领域身兼要职。数十年间，他以大乘入世的精神救国济民，弘扬佛法，以自身的菩萨愿行实践着人间佛教。

佛教与中国文化经过二千年的水乳交融，已经成为一种彻底融入中国文化中的宗教，成为一种与中国文化命运息息相关的宗教，在 21 世纪中，随着东方文化的复兴，中国佛教也将以一种独特的形象展现其强大的文化软实力，树立佛教在社会上的权威，提高佛教对信众的摄受力和感召力，适应中国社会发展的步伐，发挥佛教特有的感召力和凝聚力，服务于中国的社会主义现代化建设事业，促进世界和平与发展。

二　佛教的现代化转型——百年沧桑

（一）1911—1948　传统文化批判浪潮中的幸免者

1911 年，辛亥革命爆发，帝制被推翻。从 1898 年开始的中国佛教现代化转型，在经历短短 14 年的准备之后，就进入了一个新阶段。

这个新阶段的最基本特征，是中国佛教开始了从帝王佛教向公民佛教的现代化转型。此前的佛教，基本的处世法则是"不依国主则法事难立"，面对绝对权威的皇权，印度佛教的"沙门不敬王者论"在中国根本行不通。而辛亥革命不仅将佛教头上的这座大山掀掉，而且促使它将教义中固有的"利乐有情"、"普渡众生"、"自觉觉他"、"平等"、"慈悲"等一系列概念赋予现代化的诠释，从而焕发出不同于其他传统文化的勃勃生机。尽管从偶像崇拜的角度佛教也曾被讥讽和批判为"封建迷信"，但是具体到佛教的教理教义乃至高僧大德，仍然受到推崇和尊重。佛教成为"五四"前后传统文化批判浪潮中的幸免者。

幸免的原因，第一是面对强势的西方文化，亚洲各民族不约而同地感受到巨大的生存压力，要抵制以基督教文化为代表的西方文明，就必须发现和弘扬不仅具有东方特色而且具有与西方文化抗衡力量的传统文化，佛教成为最终的优选。

清朝末年寺院佛教普遍地急剧衰落，这个衰落与当时国家贫困落后有关系，但是作为教义的佛教来讲，恰恰相反，是个上升的势头。这段历史恐怕是中国佛教很重要的一个环节，那就是走向复兴。力争复兴的原因与中国当时所处的一种被侵略的地位有关系。中国是一个半殖民地的国家，西方的文化是强势文化，对我们这样一个民族的压迫是很厉害的，而且当时东方几乎所有的民族都遇到这个问题。西方强势文化对中国，甚至于对印度，包括对日本都是一种压力，所以在东方就出现了一种佛教复兴运动。这个佛教复兴运动大概以斯里兰卡、日本、中国为代表，斯里兰卡代表南传佛教，日本、中国代表北传佛教，联合在一起，作为抵制西方文化的一个手段，特别是抵制基督教文化的手段。这个势头从维新变法以前就开始酝酿。

这是一个大趋势，那么在中国的一个代表人物就是杨文会先生，他来参与这个运动，一直影响到百年以后。为什么杨文会先生这个传承系统提倡印度佛教？与这个时代大背景有关系。他是把东方文化作为一个整体来看待的。但是就中国来讲，儒家的伦理观念，它的政治伦理、家庭伦理处在一种危机的状态，不能够应对西方的强势，包括在政治上、经济上以及文化上的一种优势。所以当时变革之风很强，变革的时候，就要吸收一种文化的力量、思想的力量，其中一种是向西方学习，另外一种就是总结中国的历史，从中国的历史中吸取力量，当时吸收的对象不是儒教，而是佛教。原因大概就是这样。

　　在这个方面，应该特别强调寺院佛教同教义佛教之差别。

　　寺院佛教在发展过程里面，碰到一个很大的问题，就是中国在办新教、新学。搞新学，就是我们现在仍然保持的那种西方的教育体制，几年制的那种。其中有一个困难就是没钱、没老师、没房子，特别是没房子，缺硬件。怎么办呢？大概从张之洞开始提出来，要把祠堂，老百姓的祠堂，把道观，把寺院，没收一部分，拿出来办学。这就是所谓"庙产兴学"，对佛教是一个很大的打击，而当时大概全民是支持这件事情的。佛教在当时的很多人看来是消极的，对现实采取逃避的态度，这不是一般人的误解，因为明清以来的佛教，用太虚大师的话来说，已经是"死人的佛教"。

　　但是，这并非佛教的根本教义和思想主流，与"庙产兴学"的同时，在辛亥革命之前，像宗仰法师①，他就支持孙中山的革命，他当时也很活跃。

　　因此，可以说在教义上的佛教是非常突出的，有许多佛教徒都参加了当时的维新，或者辛亥革命的活动。其中最有名的代表人物，谭嗣同是一个，他的维新思想实际上就是受佛教的影响。接着是梁启超，梁启超提出来中国要建立一个宗教，那就是佛教，主张把它变成中国的国家宗教。辛亥革命那一派里面，领军人物之一章太炎先生，在思想上也主张要搞中国的宗教。他有一篇文章很有名，叫《建立宗教论》，他建立的那个宗教是无神的宗教，就是佛教。同时他还有一篇文章叫《无神论》，就是反对基督教那种一神教。

　　佛教在历史转折过程中，在教义这方面，它关注了中国，参与了戊戌变法，参与了辛亥革命，起到重要的历史作用。随后，涌现出了一大批知识分子研究佛教，一直到目前。就是在辛亥革命这个伟大历史转折的时期

---

　　①　宗仰（1865—1921），清末民初江苏常熟（今常熟市）人，一名"中央"，别号乌目山僧。自幼博览群书，工古诗文辞，旁及释家经典。1884年（光绪十年）出家为僧，后在上海哈同妻罗迦陵处主持讲授佛经。1902年春愤于清廷腐败，萌献身济世之志，联络章太炎、蔡元培等发起"中国教育会"，拟编订教科书，改良教育，挽救国运，次年成立"爱国学社"，收容南洋公学等因反对学校当局压制而退学的学生。6月清政府勾结上海公共租界工部局逮捕章太炎、邹容，宗仰避往日本，访孙中山于横滨；募资捐赠留日学生创办革命刊物《江苏》。1904年（光绪三十年）回上海。专事重刻日本宏教书院佛藏，历多年始成。1909年（宣统元年）又主编《商务日报》，民国成立后，廓然归山，1914年充江天寺首座，1920年任栖霞寺主持，为徒众拥戴之"禅师"。

里面，中国人重新认识了佛教的价值，他们吸收的不是偶像崇拜。章太炎有一句话，就是"依自不依他"，就是依靠自己，不依靠其他的外力，换句话说，我们自己的民族要强盛，要依靠自己，不能依靠外国人，也不能依靠神灵。要依靠中国人，这是他的一个最核心的观念，这就把中国的民族性和主观精神、集体精神，突出来了，鼓动起相当一部分青年人的革命热情。当然，其宗教学说也有很大影响，比如因果报应这方面，就是"老子死了也不怕，二十年后又是一条好汉"，不怕死，成为一种民族精神，不怕牺牲的一种精神，"集体精神"和"不怕牺牲"这两者结合起来以后，就把人心凝聚起来了，而且就有一种大无畏的战斗精神，在当时来讲，中国那么懦弱、那么萎靡，人心那么散，它起了一个鼓舞士气、鼓舞民气的作用。

但是仅仅有热情还不够，因为精神上的支柱，必须转化成物质的力量，你才能够实现你的目标，所以当时大家向往的就是西方的科学。所以它两个是互相交融的，就是向西方学习物质文明，同时发扬中国的精神文明。所谓精神文明，严格地讲不是儒教，而是佛教的那种民族的集体精神。"五四运动"以后，佛教稳定下来了，寺院问题基本上解决了，庙产问题基本上也解决了，当然没完全解决，但是在它的理论上，可以讲站住脚了。

过去好多人认为佛教是迷信，现在发现它是非常有理论体系的、有思想高度的，而且充满了有助于提升民族精神的因素。所以佛教在近代以来的发展是平稳的。在"五四运动"所有的批判里面，儒家的礼教是最普遍的一个靶子，都是针对它的家庭伦理和政治伦理。但是最少受到批评的，或者说简直没见到过批评的就是佛教。任何一个思想家都没有批判佛教的教义的，只是批评过佛教的偶像崇拜的那部分，对这一点的批评，不仅来自教外，也来自教内。

中国佛教，从汉哀帝元寿元年（公元前2年）的"伊存授经"历史事件算起，已经整整2015年。在太虚大师于20世纪20年代提出"人生佛教""人间佛教"之前，大致经历了译传阶段、学派阶段、宗派阶段和融合阶段四大历史进程。这四段历史进程中，佛教与社会政治思想的关系，归根结底就是一句话："不依国主，则法事难立。"佛教自始至终是依附于封建政权，与主流意识相协调、相配合的。这不仅是中国佛教的生存之道，也是中国佛教的发展之道，使其自身成为整个社会的有机的组成部分，与社会共衰亡、同兴盛。

走入近代，这个传统绵延不绝。太虚大师面对的中国社会，是烽烟四起，军阀混战，国家危难，民不聊生。社会精英的历史责任，就是除弊兴利、救亡图存。他指出：

> 今日中国际此内忧外患离乱纷扰之时，国内贤豪之士日夜忧思往来奔走，无非为救护国群，然而乱靡有定也。兹言救护须有藉乎佛教者，岂谓佛教具何强大权力而可定乱弭兵乎，亦唯推查乱源基于人心之无所归宿。①

因此，太虚大师首先抨击明清以降的专一从事经忏的佛教是"死人佛教"，必须棒喝猛醒，转变为活人的佛教，即"人生佛教"。他说：

> 何谓人生？"人生"一词，消极方面为针对向来佛法之流弊，人生亦可说"生人"。向来之佛法，可分为"死的佛教"与"鬼的佛教"。向来学佛法的，以为只要死的时候死得好，同时也要死了之后好，这并非佛法的真义，不过是流布上的一种演变罢了。

太虚大师明确阐释了"人生佛教"之三义：

> 佛法虽普为一切有情类，而以适应现代之文化故，当以"人类"为中心而施设契时机之佛学；佛法虽无间生死存亡，而以适应现代之现实的人生化故；当以"求人类生存发达"为中心而施设契时机之佛学，是为人生佛学之第一义。
>
> 佛法虽亦容无我的个人解脱之小乘佛学，今以适应现代人生之组织的群众化故，当以大悲大智普为群众之大乘法为中心而施设契时机之佛学，是为人生佛学之第二义。
>
> 大乘佛法，虽为令一切有情普皆成佛之究竟圆满法，然大乘法有圆渐、圆顿之别，今以适应重征验、重秩序、重证据之现代科学化故，当以圆渐的大乘法为中心而施设契时机之佛学，是为人生佛学之

---

① 《太虚大师全集》〈佛乘宗要论〉，佛缘网站。

第三义。

故"人生佛学"者，当暂置"天"、"鬼"等于不论。且从"人生"求其完成以至于发达为超人生、超超人生，洗除一切近于"天教"、"鬼教"等迷信；依现代的人生化、群众化、科学化为基，于此基础上建设趋向无上正遍觉之圆渐的大乘佛学。

面对五浊危难的社会现实，他进而提出"人间佛教"①。

人间佛教，是表明并非教人离开人类去做神做鬼，或皆出家到寺院山林里去做和尚的佛教，乃是以佛教的道理来改良社会，使人类进步，把世界改善的佛教：

一　从一般思想中来建设人间佛教

二　从国难救济中来建设人间佛教

今天继续讲明佛教徒在救济国难中，应当如何来建设人间佛教。讲到国难，我们中国在近几年来，真是很可哀痛的！所谓天灾人祸，内忧外患，相继而来，自从日本的侵扰，内匪外寇，交迫尤甚。关于国民救难之中，我昨晚曾讲过，佛教教人报恩的第三项，就是报国家恩。国家能为人民拒外寇而平内匪，现在国家处灾难之中，凡是国民各应尽一分责任能力，共想办法来救济个人所托命的国家，在佛法即所谓报国家恩。

三　从世运转变中来建设人间佛教

今日讲从世运转变中来建设人间佛教。世运转变，即全世界的趋势已有了一种转变。在这种转变之中，不要再跟在人家的后面走，故须趋向最前面，作世界的领导者，因此而建设人间佛教。但人间佛教的意思，已在第一日讲过：人间佛教，并非人离去世界，或做神奇鬼怪非人的事。即因世人的需要而建立人间佛教，为人人可走的坦路，以成为现世界转变中的光明大道，领导世间的人类改善向上进步。

很显然，当时每一个爱国的人都在依照自己的理念提出救国救民的主张，太虚是佛教徒，他的爱国救国主张必然只能是充满佛教理念、闪耀佛

① 太虚：《怎样来建设人间佛教——民国二十二年十月在汉口市商会演讲》。

教色彩的。"人间佛教"要求佛教在实现社会理想的过程中重新塑造自己的形象、发挥自己的作用、成就自己的未来。没有人间就没有佛教,人间是佛教的道场,也是佛教对治改造的对象。佛教面对现代社会的到来,要适应现代化的现实,这是"人间佛教"的基本出发点,而实现"人间佛教"的基本取向,可以用太虚自己提出的"三大革命"来概括:"教理革命"、"教制革命"、"教产革命"①,即思想方式、组织体制和经济基础。"三大革命"一旦实现,中国佛教就不再像封建时代那样依附于世俗政权,而转变为现代社会中具有自身经济实力的、有明确指导思想、有严密组织体系的独立的社会力量,从而达到改造社会、改造世界的目标。

(二) 1949—1978　海峡两岸不同取向的现代化历程

"出师未捷身先死,常使英雄泪满襟",太虚大师未能实现自己的理想,英年早逝。从某种意义上讲,比较全面地实践并成功实现太虚大师"人间佛教"思想的,是中国台湾的星云大师。

台湾的社会环境和历史机遇,给星云大师提供了实践"人间佛教"思想的时空。星云大师明确表示:"'教产革命、教制革命、教理革命',成为我最早心仪的复兴佛教之不二法门。"② 从 20 世纪 60 年代末直至 21 世纪初,接近半个世纪的时间里,星云大师及其徒众可以买下高雄大树乡的一座山,命名为"佛光山",建设他心中的佛国净土,从教理、教制、教产三个方面全方位地创新发展,自成体系、自成一家。在不违犯世间法的前提下,可以说,佛光山是一个充满独特理想色彩的佛教独立王国。

但是,在一片赞美声中仔细思辨之后的结论竟然是:这样的模式,乃

---

① 楼宇烈先生认为:1913 年 2 月,太虚在寄禅和尚追悼大会上,针对当时佛教丛林存在的积弊,首先提出了"教理革命"、"教制革命"、"教产革命"的佛教三革命。所谓"教理革命",其中心是在于革除旧佛教中那些愚弄世人的鬼神迷信,以及厌弃世事的消极主义等,而积极倡导以大乘佛教自利、利他的精神,以五戒十善为人生的基本道德准则,去改善国家社会,增进人类的互助互爱,探究宇宙人生的真相,指导人类的向上发展而更加进步。所谓"教制革命",也就是改革僧伽制度,即通过对僧众生活、组织制度的改革,建立起适应时代的需要、真正能主持佛法的僧团。所谓"教产革命",其主张是反对把寺庙佛教财产变为少数住持的私产,废除按法派继承遗产的制度,而要使佛教财产成为十方僧众所公有,以为供养有德长老,培养青年僧伽,兴办各种佛教事业之用。在这三大革命中,自然以"教制革命"最为根本。因为,只有培养出合格的僧伽,建立起严格的组织制度,"教理革命"和"教产革命"才有可靠的保证。

② 星云:《往事百语》(二),现代出版社 2008 年版,第 46 页。

至于这种模式所体现的"人间佛教"，并不适合中国大陆。无论是改革开放之前的浩劫岁月，还是已经取得改革开放硕果的今天，这种模式恰好加深了我们对"人间佛教"思想的认识，对"人间佛教"在中国大陆总是踯躅不前、语焉不详、无法落实的根本原因有所醒悟。

在20世纪40年代，毛泽东就明确提出了"为人民服务"的鲜明口号，其中"人民"这一概念的范畴，在当年统一战线的思想体系中，几乎包括了除去少数反动分子或四大家族之外的大约全体中国人，而且，中国革命之所以能够取得胜利，从根本上讲，也正是因为团结了如此众多、如此广泛的民众。当然，在这个口号提出时的当年，并非所有人都意识到其中"人民"二字大有文章，更多的人们是把它等同于"人"或所有人，而忽略了"人民"竟然还是有"阶级性"的。于是在20世纪50年代之后，特别是"反右"斗争之后，人们才慢慢明白，此"人民"并非包括共和国的全体守法公民，并非"泛爱众"，而是特指社会的某些阶级或阶层，而另外一些阶级或阶层，则是被排斥其外的，被认为是必然地"自绝"于人民的。到"文化大革命"期间，这种特指所划定的界限登峰造极，对非"人民"的人群，可以不给看病、不给吃饭……甚至连死去都不给"人"的尊严。某些阶级或阶层，几乎就是印度的所谓"贱民"，注定世世代代都要接受歧视、屈辱和卑贱。

简而言之，在"为人民服务"提出之后的大约10年里，由于革命的主要对象是三座大山：帝国主义、封建主义、官僚资本主义，因此，三座大山之外的"人民"是一个广义范畴；而当1957年之后阶级斗争观念逐渐上升成为主导，往日的盟友已经转变为革命的主要对象，"人民"就被改换了内涵，"为人民服务"完全被架空，沦为阶级斗争的工具之一。"为人民服务"的口号本身并没有错，但是不能忘记它曾经背负着太多的历史记忆。所以，尽管中国共产党中央在1978年12月的十一届三中全会上已经果断地停止使用"以阶级斗争为纲"的错误口号，但是当"人道"两个字在改革开放的20世纪80年代初期出现时，仍然使许多人感到莫名惊诧，并随之引发了一系列围绕"人道主义"的大辩论，理论界交锋激烈。其焦点一言以蔽之，仍然是围绕"人"与"阶级"两个理念到底要坚持哪一个。其实，人民政权的取得，"阶级斗争"并非主要的动力，而是由于统一战线"以人为本"得到包括民族资产阶级以及小资产阶级乃至开明地主阶级在内的最广大民众的拥护；而1957年之后直至"文化大革命", 最不得人心之处, 还是不再"以人为本", 人为划分并固化阶级, 挑拨制造各类矛盾, 无休止的斗争使人人自危, 国无宁日。当论战的硝烟散去, 那一段历史渐渐远去的时候, 如今的人们享受着"人道"的温暖阳光, 其中大多数人却并不会意识到还有那么一个从冬到春的节令, 他们心安理得地认为春天原本就应该这样温暖!

从邓小平的"果断地停止使用'以阶级斗争为纲'", 到胡锦涛的"科学发展观", 春天的脚步并没有停下来。从某种意义上讲, 正式提出"以人为本"的理念, 而且是作为中国共产党的施政目标而正式提出, 在当代中国历史进程中, 具有划出一个新时代、新纪元的里程碑意义。立党为公、执政为民、以民为本、以人为本, 这既是中华民族传统文化中精髓的精髓, 也是当代世界汹涌思潮中核心的核心。这里所说的"人", 再也不仅仅局限于某一阶级、某一阶层、某一部分人, 而是全体公民, 是一切人, 甚至于包括那些暂时被剥夺了公民政治权利的自然意义上的人。这个"以人为本", 不仅包括了人类, 还包括了人类赖以生存的环境, 为了人的自身, 就要顾及人的外在时空。用佛教的语汇来表述, "以人为本"中的人, 就是众生, 即一切生命体。尊重生命, 敬畏自然, 这是 21 世纪的最高文明。共和国的旗帜 60 年来第一次为地震中死难的芸芸众生降下半旗致哀, 确实感动了亿万民众。人权观念改变了人类文明的进程, 也改变了中华文明的进程。毫不夸张地说, 中国社会正在迈进有史以来最昌明、最理想、最有人味的新世纪。

佛教徒算不算"人民"? 在"文化大革命"浩劫的岁月里, 无数仅仅因信佛而惨遭迫害的事实已经给出了残酷的回答。而今, 堂堂正正地作为人民一部分的佛教信众, 作为人的佛教信众, 不仅要珍惜这来之不易的做人的权利、做"人民"一分子的权利, 更要契理契机, 回应时代的呼唤、社会的进步, 在一个前所未有的新世纪中, 创造一个前所未有的古老而又年轻的佛教。

从 1949 年到 1978 年的近 30 年里, 中国大陆佛教在教理、教制、教产三个方面并非没有改革, 只是它的改革方向几乎是与太虚大师的主张背道而驰, 建设性甚微, 破坏性极大。

从 1949 年到 1978 年的三十年里, "人间佛教"在中国台湾的社会实践是"三大革命", 在中国大陆的社会实践是继承"三大传统"。

"继承中国佛教优良传统", 据说是 20 世纪 50 年代毛泽东主席亲笔加在创立中国佛教协会的报告上的, 难能可贵, 非同小可。对于刚刚进入人民民主专政下的新中国的佛教，如何领会、如何确认这个"优良传统"，其详情不得而知，但是从保持至今的概念来看，"三大传统"即"农禅并重""学术研究""国际友好交流"似乎是个定论。以今天的眼光来审视这"三大传统"，可以看到鲜明的时代烙印。

"农禅并重"，内在的含义是对僧侣集团进行劳动改造；"学术研究"是为了破除迷信。1950年巨赞法师用北京市佛教同人的名义，上书毛泽东主席，其中"提出'生产化''学术化'两个口号，作为改革佛教一切制度的目标。生产化可以打破旧时各寺院封建的经济组织，学术化则加强佛教徒对于佛教的认识与正信以破除迷信"。①

在《现代佛学》创刊号上，明确指出："僧尼抛弃家室，不蓄钱财而非出卖劳动力，且受人供养，当然不是无产阶级。""住持既是土地所有者的寺庙的代表人，又依靠田租而生活，当然是地主阶级。"②

至于"国际友好交流"，则与当时的国家外交政策密切配合。

很显然，"三大传统"是20世纪50年代的产物，它曾经肩负着当时的政治任务，也确实完成了自己的历史使命。"三大传统"与"三大革命"一样，是中国佛教迄今为止在大陆和台湾地区的"人间佛教"形成两种现状之原因的最佳注脚。

（三）1978—2011　从不自觉到自觉的现代化转型

从1978年到2008年的三十年里，对佛教的大规模破坏基本停止，宗教政策不断落实，但是发展方向仍不明确；虽然在积极建设，但是几乎并没有从理论方面、从现实目的搞清楚为什么建设；而且其目标定位，虽然还是举着"人间佛教"的旗帜，但是，几乎没有人敢于明确指出在现实的中国根本不能再按照"三大革命"的指向前行。形象地说，中国大陆绝不可能容许出现一个个像佛光山那样的"独立王国"。这就是客观现实、客观环境、客观条件。

导致这种客观现实、客观环境、客观条件的一个根本原因，在于产生"人间佛教"思想的历史背景已经发生了根本变化，当年"人间佛教"所憧憬的理想社会，在相当程度上，已经被中国共产党在改革开放的30年

---

① 《现代佛学》1950年第1卷，第1期，第25页。

② 《现代佛学》1950年第1卷，第1期，第29页。

中基本予以实现。中国大陆对社会现实的改革，是在中国共产党领导下，广泛采取民意积极推进的，其中也包括了信仰佛教的民众。背离中国共产党和全国最广大的人民群众而去实现另外一种"社会理想"，几乎没有可能。而这样不可能的事，我们却几乎从来没有从理论角度、逻辑角度去思索、去探讨、去研究，"人间佛教"已经讲了近八十年，世事沧桑，焉能以此不变应彼万变？

我们应该意识到，"人间佛教"理论的历史逻辑推演已经基本结束，中国佛教正在迈向新世纪，面临着客观的不能随意改变的现实环境条件，聆听着"以人为本"的时代最强音，应该如何走下去？中国大陆需要什么样的佛教？我们必须回答。

树起"人本佛教"的旗帜，是对21世纪最好的回应。

"人本佛教"是对"人间佛教"的继承和发展，是"人间佛教"向新世纪的延伸。"人本佛教"延续了"人间佛教"的基本精神，即面向现实社会，承担历史责任，使佛教在为社会进步作出贡献的同时，"续佛慧命"，成就如来家业。

"人本佛教"不是标新立异，而是溯佛教之本意，面社会之现实。当今社会，政治日趋昌明，经济日趋繁荣，生活日趋安定，教理、教制、教产三个方面虽然仍需不断改革，但已不需要轰轰烈烈地"革命"，而且受到各种社会因素的限定和制约，不可能坐等这些"革命"完成之后再来谈佛教如何面对当今的社会。中国佛教目前的当务之急是面对现实，确定自己现阶段的主要历史任务，在履行历史使命的进程中生存和壮大。因此，理所当然的是，中国佛教当下必须与全社会同步，把"以人为本"作为历史新进程的指路标。

"以人为本，四众和合，契理契机，依法弘教"，是对"人本佛教"的全面表述。

"以人为本"不仅是中国大陆佛教的指路标，即便是已经基本实现"人间佛教""三大革命"任务的中国台湾佛教，同样面临着实现任务之后向何处去的问题，同样需要树起"人本佛教"的旗帜。在这一点上，无论是中国大陆还是台湾地区，本是同根生的一个佛教，又站在了同一个起跑线上。如同关于"一个中国"的"九二共识"一样，1992年中国大陆海协会与台湾海基会达成了"各自以口头方式，表述海峡两岸均坚持一个中国原则的共识"①，"三大传统"与"三大革命"是既往的历史阶段海峡两岸对同一个"人间佛教"的不同表述，现在需要逐渐形成一个共同的取向乃至共同的表述。

2010年9月9日首届中华佛教宗风论坛在香港地区举办，论坛在中华宗教文化交流协会和中国佛教协会的共同支持下，由（香港）中华佛教文化院、（香港）凤凰卫视、（大陆）至爱无声公益基金、（台湾）曾子南宗师文化基金会共同主办，显示了两岸三地大中华佛教的同根同源，同时，为了便于海峡两岸各方面接受"人本佛教"，在不改变"人间佛教"名义的前提下，论坛最终成功地在"人间佛教"的旗帜下全部纳入了"人本佛教"的主张。

论坛以"百年辛亥　百年佛教　丕振宗风　继往开来"为主题，进行了深入的探讨。论坛对过去百年佛教进行了总结，对未来百年佛教的发展作出展望，确立佛教要以人为本、四众和合、契理契机、依法弘教，要引领亿万信众净化心灵、觉悟人生、启迪智慧、奉献社会，从而成为"人间佛教"的典范。随着专家学者对议题的深刻讨论，更加清晰地阐明，"人间佛教"的内涵，就是把佛教社会化、现代化、教育化和慈善化，在"四化"的过程中，弘扬优良传统，做到清净庄严、悲智修证、求同存异、辅世教化、弘道人寰。这是论坛所取得的最重要的成果，也是"人本佛教"迈向世间的第一步。

三　佛教在现实生活中的地位与作用——举足轻重

2010年7月26日，《中国宗教的现状与未来——第七届宗教社会科学年会》在中国人民大学召开，美国普度大学中国宗教与社会研究中心的研究者们公布了他们的最新调查数据，认为最近30年来在中国恢复最为迅速的宗教还是佛教，信仰者人数也在人口比例中最大，大约占18%，也就是说认同信仰佛教的人大约有1.85亿。这个数据比较接近实际，当中国只有6亿人口时，中国领导人曾经估算佛教信仰者大约1个亿，如今

---

① "大陆海协会副会长李亚飞上午说，'九二共识'就是1992年海协会与台湾海基会达成的'各自以口头方式，表述海峡两岸均坚持一个中国原则的共识'，这就是'九二共识'。"（《联合晚报》2010年8月11日）

人口达到 13 亿多，信佛的人恢复到 2 亿左右是比较正常的。由于佛教信仰的确认方式不同于西方的"受洗"制度，信众虽多，但是举行"三皈依"仪式的较少，正式皈依的佛教信仰者应该不超过 2000 万人。其余 80% 没有正式皈依。

信众可以归纳为三类：第一是精英阶层，主要由佛教界、学术界、文化界、艺术界、教育界的知识分子构成，人数不会超过数十万，但是他们的信仰基于理性，且与传统文化息息相关，推崇"以佛治心"，推崇佛教为现实社会服务，后发潜力十分强大；第二是实业阶层，主要由企业界的大大小小老总构成，人数有数百万之多，他们的信仰从感性向理性过渡，对佛教的发展在硬件建设方面慷慨解囊、不遗余力，但是也带来社会指责佛教受到金钱腐蚀诟病的负面困扰；第三是草根阶层，主要是城市平民和农村农民，人数超亿万，信仰基本是感性的，带有浓厚的积德向善、祈福避害倾向，人员构成日渐年轻化，是佛教信仰的广泛的社会基础。

因此，在当代中国五大宗教以及民间信仰中，佛教无疑是对中国社会的影响最为普及深远的，而其面向现代的社会转型所承载的时代使命也最艰巨。如果要理解中国佛教，必须清醒地看到其人数之众、历史之久、理论之高、根基之深、阶层之多、使命之艰。

（一）改革开放后的大趋势——落实政策与稳健发展

1952 年 11 月 15 日，经佛教僧俗二界著名人士倡议召开了中国佛教协会发起人会议，通过《中国佛教协会发起书》，筹备成立中国佛教协会。在党和政府的大力支持下，1953 年 5 月 30 日中国佛教协会成立大会暨中国佛教协会第一次全国代表大会在北京广济寺召开，来自汉、藏、蒙、傣、满、苗、撒里维吾尔（裕固族）等 7 个民族的活佛、喇嘛、法师和居士等 120 名代表（应出席代表 144 名）参加了会议，正式成立中国各民族佛教信徒的组织"中国佛教协会"。会议推举名誉会长、会长、副会长和秘书长，并且设立理事和常务理事会，号召全国佛教徒为"庄严国土，利乐有情"作出贡献。然而，1957 年以后中国大陆社会政治发生了一些偏差，在"左"的思想和政策的影响下，佛教和其他宗教一样受到了一些不公正的待遇。到 1966 年"文化大革命"开始之后，佛教受到极大冲击，寺院被关闭，佛像遭破坏，不少僧侣被批斗。1966 年中国佛教协会工作陷于停顿。

1972 年在周恩来总理的关心下，中国佛教协会开始恢复部分工作。1976 年 10 月，"文化大革命"结束，佛教活动逐渐恢复，佛教协会重新开展工作，中国佛教进入一个新的发展时期。1980 年 12 月，中国佛教协会在北京隆重举行了第四届全国代表会议。这次会议修改了部分佛教协会的章程，新章程规定"本会是中国各民族佛教徒的联合组织"，强调佛教的民族性，进一步明确了佛教协会的性质和任务。

1993 年 10 月中国佛教协会召开第六届全国代表会议。赵朴初会长在《中国佛教协会四十年》的报告中全面总结了中国佛教协会在成立后走过的不平凡的路程，提出今后各级佛教协会应当把工作的重心转移到加强佛教自身建设（信仰、道风、教制、人才、组织五方面的建设）和提高僧俗四众的素质上来，以推进中国佛教的健康发展，引导和推动广大佛教徒为建设社会主义的物质文明和精神文明作出新的贡献。会议对《中国佛教协会章程》作了修改，规定："中国佛教协会是全国各民族佛教徒联合的爱国团体和教务组织。"

中国佛教在经受了曲折痛苦的考验之后，终于走上了一条全新发展的道路。据不完全统计，当代中国有佛教寺院 13000 余座，出家僧尼约 20 万人，其中藏语系佛教的喇嘛、尼姑约 12 万人，活佛 1700 余人，寺院 3000 余座；巴利语系佛教的比丘、长老近万人，寺院 1600 座。

经过全国僧众和广大佛教徒的坚忍不拔的努力，中国大陆佛教所取得的重要成果，大致在以下九方面表现出来。

①佛教界人士的政治地位明显提高。

②佛教信徒组织的健全和系统化。

③进行了僧制体制的改革。

④促进了各民族之间的团结。

⑤发展僧伽教育，培养佛教人才。已初步形成了初、中、高全方位的教育体系，成为社会主义国家教育体系的一个组成部分。

⑥寺塔修造逐步得到重视。1976 年"文化大革命"后，修建寺塔的活动重新开始。国家拨出大量专款用于维修和新建寺庙，寺院中有几百所被列为国家重点寺院和文物保护单位。民间兴修寺院也进入一个新的历史阶段。

⑦佛事活动走上正轨。

⑧佛教文化事业得到继承和光大。

⑨加强与各国佛教界的友好来往，为世界和平作贡献。

中国佛教协会第八次全国代表会议 2010 年 2 月 1 日在北京举行，距 2002 年第七次全国代表会议，已有 8 年。第八次全国代表会议的召开，是全国佛教界和相关各界期盼已久的一件大事，对于明确中国佛教的未来走向，引领中国佛教健康发展，团结佛教界人士和广大信众为促进科学发展和社会和谐、为中华民族伟大复兴作出新的贡献，肩负起除弊兴利、继往开来的历史重任，具有重要意义。

第八次全国代表会议值得特别关注的有两点。

①会议审议通过的《中国佛教协会章程》共 7 章 49 条，较从前的章程相比做了很大的修改，具有重要意义，更加规范、更加实用、更具可操作性，对中国佛教协会未来整体作用的发挥，应该起到制度性、机制性的保障作用。

比较突出的是其中第 27 条："本会理事会设藏传佛教工作委员会、南传上座部佛教工作委员会、汉传佛教教务委员会、佛教教育委员会、慈善公益委员会、权益保护委员会、海外交流委员会、文化艺术委员会、居士事务委员会等专门委员会，各专门委员会的职责由会长会议制定。"

与修改前的《章程》第 24 条："本会理事会设佛教教务工作委员会、藏传佛教工作委员会、上座部佛教工作委员会、佛教教育和文化工作委员会、佛教联谊工作委员会等专门委员会"相比较，新《章程》规定设有 9 个专委会，明确了中国佛教协会在中国的佛教事业中应该发挥引领作用的 9 个方面。前三个方面是对传统的三大语系三大传承的分别关照，后六个方面则涉及教育、慈善、权益、外事、文艺、居士，特别是慈善公益、权益保护和居士事务三个委员会的建立，是前所未有的，凸显了对慈善公益、居士事务和佛教自身权益保护加以重视的现代意识。新《章程》严格规定了专门委员会的运行机制，两个月举行一次例会，年初工作提出计划，年末要做工作报告，要接受理事会的监督，等等。

因此，中国佛教协会常务副会长学诚法师认为，目前中国佛教首要解决的问题就是制度建设。他认为：在当今全球背景下的商业社会，佛教界尤其需要结合过去佛教的清规戒律，研究、探索、制定现代佛教制度；同时要加强佛教教职人员的培养，佛教信众的培养以及对居士的关注和管理，只有做好居士这方面的工作才能更好地维护佛教清净庄严的形象，加强广大民众对信念的价值及佛教在社会存在价值的认识。

②会议选举产生了新一届理事会。这个理事会的组织结构特征是三大语系结合、老中青结合，同时兼顾居士和比丘尼的代表性，充分考虑到我国目前佛教发展现状和今后发展潜力，对我国佛教的未来具有重大意义。

本届会长传印长老不仅系出正宗、修为持重、饱学睿智，而且勤勉敬业、谦虚谨慎、平易近人，从事佛教教育数十年，桃李满天下，德高望重。虽然年事已高，但是身体健壮，精力充沛。素来淡泊名利，和尚本色，此次越级当选为会长，众望所归，对中国佛教保持积极稳健的发展，具有十分重要的稳定作用。

注重修持和文化传播及制度建设的常务副会长学诚法师及主持基本建设的秘书长王健，配合传印会长，形成中国佛教协会常务领导的有效核心力量，为今后五年的佛教发展提供了有力支撑。本届理事会的设置副会长达25人之多，盛况空前，用意深远，集思广益，求真务实，削弱了职务的权利感，增强了责任的实效性，是一次成功的尝试。

国家宗教局副局长齐晓飞认为："我经常对人讲，今天的中国社会对佛教的认同度越来越深。这不仅是因为改革开放使中国的社会全面进步，社会资源的整合面以及社会力量的共振面越来越大的缘故；更是因为佛教信仰对中国老百姓的灵性生活越来越有影响力，佛教文化作为中国优秀传统文化的作用越来越积极彰显的缘故。所以我们说，佛教离不开'人间'，而'人间'也需要佛教。佛教能够在和谐社会的构建中发挥独特而积极的作用。"

（二）社会主义民主与法制建设进程中的中国佛教

中国特色社会主义的实现，必然是社会主义民主与法制的建立与完善过程。宗教信仰自由，是民主制度在宗教领域中的体现；而依法管理宗教事务，则是法制建设的重要内容；民主与法制得到完善，才能真正引导宗教与社会主义社会相适应。作为社科工作者，要从"文化大革命"前单纯批判宗教转向研究和发现宗教对社会主义社会的积极意义，从而引导宗教与社会主义社会相适应。研究重点应该是"相适应"的两个方面中我们作为非信仰者的那一面。笔者认为这样强调是必要的，是我们"引导"宗教的前提。同时，也不能忽略作为概念范畴的宗教在得到具有积极因素的肯定性的价值判断之后，作为宗教社团的具体群体或个人特别是领袖人物反倒有可能出现向消极方面的转化。由于往往是一种倾向掩盖着另一种倾向，因此提示关注"加强宗教团体自身建设"这一方面，同样是我们之所以要"引导"宗教的前提。

1. 民主建设与宗教信仰自由

中国佛教在 1998 年隆重热烈地纪念了其 2000 年的"生日"，既表明佛教从进入中国之后不断中国化，直到成为中国传统文化的不可分割的组成部分，使中国成为佛教的第二故乡；同时也提醒我们，中国佛教具备中国传统的许多特色，其中包括精华与糟粕。

仅以民主为例，其实印度佛教或原始佛教或部派佛教是很有朴素的民主作风的，如长老制、推举制，等等。"以戒为师"，就是制度权威高于个人的权威。佛教能分成上座部、大众部，同时保存少数派的不同见解，这本身也是一种民主精神的体现。而且，四众弟子，包括比丘、比丘尼、优婆塞（男居士）、优婆夷（女居士），在佛陀的面前是平等的，因此，也就具有同样的民主权利。例如，依照佛经记载，维摩诘是居士，但是佛陀却要让弟子们其中包括像文殊这样的大菩萨去向他礼敬请教。

但是，中国佛教却有所不同，在漫长的封建社会里，从僧人角度认识到，必须明确"不依国主，则法事难立"，主动承担"巡民教化"的社会责任，成为国家机器的一部分；从国家统治角度出发，于两晋之后开始设立僧官制度，唐朝马祖禅师时代，已有"选官不如选佛"之说。在佛教界内部建立起森严的等级制度，皇帝赐紫授爵，更使某些僧侣贵胜王侯，富越商贾，完全失去佛教对尘世的超越性。无论是"三武一宗"灭佛，还是中国佛教在明清之后的腐败衰落，与这种佛教的政治化和腐败现象不无关联。著名高僧茗山长老在 1998 年语重心长地指出：对于"三武一宗"灭佛，佛教界不要只看到灭佛者的罪恶，而是必须深刻地从佛教界自身加以反省，否则，类似的事件难免不再发生。虽然历史不会简单地重演，但是使世人瞠目结舌的是，本以出世为修行目标的僧侣，却往往成了另一座名利场上的角逐者。封建社会虽然灭亡了，但是封建的官本位思想对一些僧人意识上的侵蚀，对某些僧团制度的影响，百余年来并未得到彻底清算。

1949 年以后，政治运动迭起，在"左"的思潮影响下，中国佛教受到相当的伤害，在这方面，"文化大革命"之后给予了大力纠正。但是，同时也应看到，以赵朴初居士为代表的在家众对中国佛教协会从创立到恢复和发展的介入乃至领导，一直是中国佛教适应新时代新社会的积极推动力量，特别是在废除封建制度对中国佛教的桎梏和清除封建思想对中国佛教四众弟子的毒害等方面，发挥了巨大作用。值得注意的是，从理论上讲，哪些是封建余孽，哪些是优良传统，朴老生前曾有过深入探讨总结的想法，但是由于晚年体衰多病，疲于事务，未能穷究。当下之中国佛教，早已进入"后赵朴初时代"，我们已经没有机会再放心地聆听朴老对中国佛教的指导意见，时代要求我们独立地重新审视中国佛教。从文化研究角度看，封建时代虽然已经过去，但唯一遗留许多封建色彩的活标本，竟存在于中国佛教界，从佛教自身健康发展、适应社会进步角度看，这是每一个关心中国佛教的人不能不深思的。

没有民主，就不可能有真正的信仰自由；保障宗教信仰自由，就要建立和完善民主制度。具体到中国佛教来说，不仅要有教外的民主环境，还要有教内的民主气氛。佛教是四众弟子的佛教，绝不是少数人或某一类人的私利。简而言之，佛教是由僧侣佛教和居士佛教共同构成的，二者不可或缺。

20世纪初叶，由于佛教界内外的诸多原因，佛教僧侣的社会地位急剧衰落，是大批知识界、文化界的精英，从杨文会、欧阳渐直到赵朴初，站在维护民族文化、推崇本土信仰的立场，振聋发聩，为佛教的复兴作出了不可磨灭的贡献，像太虚大师这样的一代宗师年轻时也曾出于居士所创的佛教院校门下。20世纪50年代，中国佛教协会的建立，同样显示了四众弟子，特别是在家众的作用。中佛协不仅仅是出家众的团体，也不意味着只有出家众才能领导在家众。就信仰自由而言，教内民主也是一种保障，四众弟子不平等，就不能团结四众弟子，就失去了佛教的真正权威性。苏州大学潘桂明教授在《中国居士佛教史》一书中指出："在特定的意义上说，全部大乘佛教几乎均以居士佛教为纽带……居士佛教的命运几乎代表了大乘佛教的命运。"

从社会民主、宗教信仰自由的发展趋势看，在世界各国以及中国的台湾、香港地区，几乎没有一处是某一佛教团体或僧团组织占绝对权威地位而可以号令天下的。无论在家众、出家众，既可以联合结社，也可以分别结社，宗教信仰自由的权利得到相互尊重。国家的安全和社会的安定，在各种团体的相互制衡中得到维护。

中国大陆佛教信众实现信仰自由的组织模式，从理论分析角度讲，可以有两种，一种是建立兼容并蓄的宽泛体制，在一个团体的总名义下，发展代表不同地区、不同阶层、不同文化背景、不同身份的各种组织机构，另一种是逐步放开，实现宗教团体的多元多极化。

从形势发展的趋向预料，后一种局面的出现迟早总要发生。出现这种局面的前提有两个，一个是社会主义民主制度逐步完善成为大背景，另一个就是宗教团体的非政治化。所谓非政治化，是相对现在的政治化而言的，现在的协会组织有太强的官僚色彩和政治化倾向，或者说协会之存在主要是为完成政治任务而不是为满足信众的信仰需求。在一个民主与法制健全的社会中，在一个"政教分离"的社会中，这是不正常的现象，也不符合"宗教信仰自由"和"政教分离"的宪法精神。而所谓非政治化，则是还原作为宗教团体的本色，即以满足信众宗教信仰需求为唯一目的。参照一部分欧美学者目前十分推崇的"宗教经济"或"宗教市场"的学术理论，宗教的"神圣光环"虽然仍受到应有的尊重，但是，宗教团体，包括佛教团体，更应该成为满足信众精神需求的服务机构，根据信众的付出，提供相应的满足精神或心灵消费需求的服务。既然是"服务"，就要成为"市场"，就不应该垄断，就要有服务评价和市场竞争，宗教团体的唯一性就要被打破。

对于佛教来说，在现代社会中，僧侣早已不是佛陀的唯一代言人，四众弟子都可以弘道传法，都有权建立以一定理念为信仰核心的组织。这个组织除依法之外，没有必要一定要受到所谓神职权威的超越世俗权力的约束或认可，没有必要一定要从精神上拜倒在某些所谓圣僧的脚下。随着社会民主的逐步完善，这种局面或迟或早是一定会出现的。就像在台湾地区，既有星云、证严，也有耕云、李元松他们具有同样合法的首脑地位，同样受到虔诚信徒的拥戴。对于这种局面，我们必须有充分的思想准备和一定的理论认识。

当然，就目前的国情来看，尽管宗教信仰自由的组织模式已经发生了变化，在社会上大量存在着自发、自由、自在的不称其为"宗教团体"的实质性宗教团体，但是从正统性和官方性讲，还离不开"佛教协会"这唯一的佛教团体。从严格的学理意义上讲，这种"唯一性"是当前历史阶段的特有产物，具有明显的"行政扶植"的因素。然而，佛教协会是否感谢共产党的政府维护了它的唯一性呢？是否能够正确运用这种唯一性呢？答案：难说。因此，强调民主进步、警惕封建回潮、防范垄断独裁、制止排斥异己，就成为保障信仰自由和民主办会的重要内容。四众弟子的平等地位必须予以强调，把个别比丘神化、圣化、政治化，并不利于团结广大信众，而且极有可能刺激个人的野心膨胀，因此也就不利于国家的长治久安。

我们特别要防止个别人利用共产党的威望营造自己的势力体系。这种体系一旦建立，尾大不掉，将成为政府的心腹大患。因为宗教领袖与世俗官员不同，官员可以随时任免，而宗教领袖发展到一定程度，却不是一纸公文能了结的，他涉及千千万万的信众。李洪志与真正的佛教徒有本质的区别，但是他在建立邪教体系的过程中，特别是在充分暴露之前，恰恰借助了中国当今历史阶段中最具权威性的中国共产党所享有的崇高威望。在李洪志立教营私的过程中，为他推波助澜的，不乏党和政府有关部门的许多重要力量。我们在总结教训的时候，千万不要回避这一事实。"法轮功"给我们的启示之一，是从反面告诉我们，一定要有充分的民主和真正的信仰自由。如果在"法轮功"初起之时，就允许其他人有表达不信他那一套的民主和自由，就具备制止他横行霸道的法律法规，"法轮功"或许不至于猖獗到后来的地步。我们要维护精神家园的生态平衡，切记不能人为地过分维护某一方面而压制与其不同甚至对立的另一方面。

例如，佛教协会的领导，目前在中央一级已成定局，但是，一定不要人为地推行同一模式，不要从中央到地方一律都是比丘为尊。时代不同了，一定要切合实际，四众弟子都有资格，要以贤为尊、因地制宜。现在虽然并没有谁制定了什么见诸于文字的某种政策或某些规定，但是，值得注意的是，一种倾向或潮流，将比有文字的政策或规定造成的后果更严重。作为补救措施，一定要尽力发挥居士的积极作用，发挥他们的客观制衡作用。

再如，建立佛学院是培养僧才的重要途径。但是，把"中国佛学院"办成唯一的"黄埔"，并不一定是好事。要防止"门生故吏遍天下"，若干年后所有佛教领袖"无出其右者"，警惕"蒋校长"式的人物出现。要在各地的佛学院中选择三五个重点，如江苏、浙江、福建、广东、云南，同时、同等地加以扶植。要"学出多门"，真正促进僧才的广泛培育和提高，避免"学阀"垄断、僧职垄断。

又如，我们历来对居士林重视不够，特别是对佛教界历史和现状不太熟悉的行政领导，往往认为佛协几乎等同于僧团。其实这种认识是不全面的，前面已经论及，近百年来居士的作用并不亚于僧团。笔者一贯不主张扶植"护法团"，因为"护法团"具有鲜明的效忠附庸性质。僧团再加"护法团"，会使一些僧人冲昏头脑。某些僧人曾经急于加强中佛协僧团的绝对权威，甚至在中央级刊物上公开要求削弱地方党政机关对当地佛协或寺院领导人选的影响。这个危险的信号虽然已经被削掉，但是当时如果任其发展，必将贻害无穷。要有意识地放开手脚，使比丘、比丘尼、优婆塞、优婆夷在平等的信仰自由的前提下，发挥各自优势，百花齐放、百家争鸣，为中国佛教的健康发展作出贡献。除了加强居士林的建设之外，甚至可以考虑在佛教协会的总名义下，建立比丘、比丘尼、优婆塞、优婆夷的分类组织，使佛教协会实质上成为"联合会"，分散过于集中的权力，实现更多的民主内容。

　　与中国共产党领导下的中国特色社会主义社会相适应，为创建迈向小康的和谐社会作出人间佛教应有的贡献，这是时代的要求，也是中国佛教必须遵循的基本原则，而如何才能遵循原则实现要求？笔者作为一名研究中国佛教的学者，建议从盛唐时代中国佛教的蓬勃兴盛中汲取历史经验。笔者认为，中国佛教要得到健康发展，必须弘扬释迦牟尼宣法布道四十年孜孜不倦的精神，摒弃类似僧官制度的官僚化、世俗化倾向，不盲目追求形式上的佛教"大一统"，要立足于本地方，直接从佛教元典中汲取适应时代需要的精华，创立和发展具有不同宗风特点的传教方式，把佛教自身建设的重点放到定慧双修，法门独到，敞开思想，面向民众上去。在中国共产党的正确领导下，在社会主义市场经济高速发展的有力保障下，在宗教信仰自由的宪法条文和相关政策的法律保护下，在继承中国佛教优良传统的前提下，鼓励建设山头，提倡创立宗派，突出地方特色，是中国佛教在 21 世纪再造辉煌的必由之路。

　　2. 法制建设与依法加强管理

　　民主与法制是不可分割的，民主需要法制的保障和约束。宗教信仰自由，不能超越法律。我们学习"三个代表"理论也好，落实"科学发展观"也好，落实"宗教政策四句话"也好，归根结底要做到有法可依，有法必依，必须具备可操作性，不然毕竟流于空谈。

　　宗教信仰自由，其主体是公民个人，也就是说，一个具有公民权利的个人，他可以自由选择信仰的对象和信仰的合法组织形式，承担因这一信仰行为而必须承担的相应的法律责任，在不违法的前提下，信仰谁和如何表达信仰，不受他人的限制和干预。如果这样的表述没有错，中国佛教信众的信仰模式将出现巨大变化。

正如明治维新对于日本佛教的历史意义一样，中国佛教在适应社会主义社会的过程中，必须发生一场根本性的变革，即从对人的崇仰转向对法的崇仰。法律的责任是赋予这种变革以合法性并予以保护。日本佛教在明治维新后，尊重了四众弟子作为公民个人的权利，使日本佛教出现多样性。作为僧团，既存在有家室的僧人，也存在孤身独居的僧人；作为居士，既存在忠诚为僧团护法的施主，也存在苦心孤诣建立独立弘法团体的大思想家。日本佛教的历史经验、发展历程和社会现状，值得中国佛教界、佛学界和政界从不同角度去深入研究和思索，简单地肯定或否定都是不可取的。笔者曾经想到这项研究本身就应该成为一个国家级的课题，希望能早日论证立项。

笔者认为，不论如何研究，从宗教信仰自由的法制保障来说，中国佛教不会永远拘泥于原有模式，这一点是无疑的。如果说"依法加强对宗教事务的管理"，那么，一定不要误解为维护旧模式就是"依法"，这里所讲的"法"，首先应是宪法，没有宗教信仰自由，没有教外教内的民主氛围，中国佛教仅仅维护旧模式是不可能健康发展的。

至于针对宗教的具体法规，除去保障信仰自由的法规之外，最突出的是还要有对宗教团体的符合现代社会生活的具体法规。例如，僧侣是不是一种职业？具备什么资格就可以成为僧侣？具备什么条件才能称为宗教团体？宗教团体对社会承担什么责任和义务？特别是宗教经济，如何既得到扶植也受到监督？

在这方面，"他山之石，可以攻玉"。例如，香港即有规定，在建寺院之前，必须先建"安养院"，即面向社会孤寡的慈善机构。类似的前提条件还很多，保证了宗教团体与社会的关系处于正常的责权平衡状态，即宗教团体越多，对社会回报越大，形成良性的有序有节的发展态势。在现代化的民主与法制的社会里，宗教团体作为非营利性的民间组织，肯定要在社会公益、慈善等方面发挥巨大作用，对于运作过程中的财务收支，也应有相应的法规予以制约。

当前，最值得关注的是宗教经济、寺院经济，高度发展的宗教经济、寺院经济，对宗教团体、佛教僧团既形成动力，也有转化为腐蚀力的危险，许多高僧大德曾为此忧心忡忡。

赵朴初居士在1993年就指出："在对外开放、市场经济的大潮中，拜金主义、享乐主义、极端个人主义腐朽思想的泛起是难以避免的。在这种情况下，佛教界有相当一部分人信仰淡化，戒律松弛；有些人道风败坏，结党营私，追名逐利，奢侈享乐乃至腐化堕落；个别寺院的极少数僧人甚至有违法乱纪、刑事犯罪的行为。这种腐败邪恶的风气严重侵蚀着我们佛教的机体，极大地损害了我们佛教的形象和声誉，如果任其蔓延，势必葬送我们的佛教事业。如何在改革开放、市场经济的形势下，保持佛教的清净庄严和佛教徒的正信正行，从而发挥佛教的优势，庄严国土，利乐有情，这是当今佛教界必须解决的重大课题。"

事实是，这一"重大课题"并未得到应有的重视。而且，仅靠思想自觉还是不够的，必须建立完善的法规约束体制。经济是基础，经济不能得到有效的合理合法的管理，巨额收入，数百万、数千万乃至更大数额的财富集中在没有法律约束的所有权不明确的机构或个人控制之下，腐败邪恶几乎是不可避免的。

中国佛教的资产具有中国特色。在封建社会里，寺院经济的来源基本是两个，一个是皇帝及各级贵族的赏赐、捐赠，另一个是社会各界人士的布施、捐赠。而僧团不蓄私产又成为僧俗共识。因此，"寺产公有"的观念由来已久。名山名寺，几乎都是历代国家与民众共同出资兴建的，而僧团或僧侣个人在兴建过程中发挥了巨大而重要的作用，也不可磨灭。以"文化大革命"之后落实政策为例，国家就拨付了巨额款项，社会各界也为中国佛教的复兴作出了贡献。因此，佛教界有言："佛门一粒米，大如须弥山。此生不修行，披毛戴角还。"僧侣以修行为本色，以弘法为家务，就是他们对社会的回馈。至于当前佛教寺院身处旅游开发和信众捐赠的热潮中所聚拢的社会财富，必须在代表最广大群众的根本利益的相应法律法规监督下使用，任何人无权私自占有或滥加使用。至于今后有可能出现的民间信仰群体，虽然与这种有历史渊源的寺院有所不同，但是，只要从社会聚敛财富者，就一定要向社会负责，这个基本原则不能动摇。

只要经济得到控制，使用受到节制，做到公平、公正、公开，巨大的经济利益诱惑被削减，宗教的过热现象也就自然会改善。

"三个代表"的思想，将先进生产力、先进文化和最广大人民群众的利益这三个要素凸显在我们面前，宗教与社会的相适应，也离不开这三个要素，我们今天重新审视宗教理论，正是从三个代表和科学发展观的高处出发，打破旧观念的束缚，为社会主义的宗教论做一次重新梳理。

如果再强调一下本节的要点，笔者概括如下。

①宗教信仰自由与民主制度是不可分割的，民主，包括教外民主，也包括教内民主，只有保障在民主制度下的各类宗教团体包括其内部宗派的自由发展，才能保障宗教总体健康存在并与日益民主化的社会主义社会相适应。

②宗教团体的所谓自由发展，必须以法律为准绳，法律不仅保障每个公民的宗教信仰权利，而且保障各类宗教团体内部教派的平等权利，使宗教在法律层面、在社会基本权益方面与社会主义社会相适应。

③对宗教团体的依法管理，既要防止侵害宗教团体的权益，又要明确宗教团体对社会的责任和义务。

④中国佛教在未来的发展，特别是在僧才培育的方式上，必须鼓励多元多极，强调地方政府结合本地实际依法管理，防范出现个人野心家以及类似原教旨主义的倾向。

⑤在帮助僧团加强自身建设的同时，鼓励居士团体独立发展，成为中国佛教均衡发展的健康力量。

⑥宗教经济，佛教经济，是我们处理宗教问题、制定宗教法规时要特别予以重视的。一定要从这个根子上抓住关键，制定代表最广大人民群众利益的法律法规。避免宗教经济成为宗教腐败的温床。

四　佛教在文化发展战略中的地位与作用——邦国大务

（一）现代中国是否需要建立具有文化战略意义的"教化体系"？

从中国的现状来看，人口众多，而且文化、修养、素质差距极大。在政治目标一致的前提下，极需要建立一种以共产主义教育为主导的包容多种规劝形式的庞大的多层次的教化体系。应该重新理解中国传统意义的对"教"的解释：神道设教、巡民教化。以期对整个社会的心灵整合起到润滑和调节作用，满足不同阶层、不同取向的各类人的各方面的精神的和心灵的需求。

中国是超过13亿人口的大国，以共产主义思想为立国之本。据中组部2011年7月24日公布的数据，截至2010年底，中国共产党党员总数为 8026.9 万名，占全国人口的 6%。① 按照马克思列宁主义的理论，对于共产党员来说，宗教"决不是私人的事情"。对党员及向往共产主义理想的群众，当然只能以马列主义、毛泽东思想和邓小平同志的"建设中国特色社会主义"的理论去衡量要求，但这部分人群只占总人口的 1/16。至于信教群众，据有关科研机构公布的资料，则在 2 亿以上。也就是说，2 亿多人是应该以宗教信念去引导的。于是，在这 8000 万和 2 亿之间，还有近 11 亿的庞大人群。也就是说，在中国，有一个游离于共产主义信仰和宗教信仰之间的庞大人群客观存在着。这个庞大人群在接受共产主义教育的同时也受到各种传统道德观念、各种宗教信念影响，其中也有很大比例的人们是"什么也不信"或者"只信钱"。宗教之适应和服务于社会主义社会，恰恰要在这个人群中得到体现。

列宁说："就国家而言，革命的无产阶级力求使宗教成为真正的私人事情"。千千万万个人的"私人事情"，会成为一个巨大的社会问题。在中国，对这个社会问题的处理自古以来都不是放任自流，而在目前的阶段，在这种"私人事情"上，更要运用"具有中国特色的社会主义""科学发展观"理论去引导，走出中国自己的路。

中国宗教，其问题的关键不是信的人太多，而是真信的人不多；不是信得矢志不渝，而是信得摇摇摆摆；不是信得明明白白，而是信得稀里糊涂。因此，鼓励弘扬真正的宗教精神，推崇认真执着的信仰态度，普及体现宗教本义的知识，是中国宗教的共同课题。这个问题解决好了，对提高中国人的国民素质会产生深刻影响。

中国是否需要宗教，需要什么样的宗教，讲到这里才挖到了根子。我们常常指责不少中国人目前缺乏社会责任感、缺乏献身精神，缺乏悲悯之心，包括一些宗教信徒在内，都有此通病。因此，中国需要的宗教，是能克服这些弊病的宗教，是能以美好理想引导信众的宗教，是能以善良心灵启迪信众的宗教，是能以清净操守约束信众的宗教。宗教，笔者在这里特指存在于社会主义社会，适应于社会主义制度，服务于社会主义建设的宗教。

如果按照列宁的观点，在宗教和"目前实际解决的真正重要的和根本的经济问题和政治问题"二者之间，吸引群众注意力的应该是后者而

① 2011 年 7 月 5 日《南方都市报》。

不是前者。1982 年以来，党的政策也十分明确："总之，使全体信教和不信教的群众联合起来，把他们的意志和力量集中到建设现代化的社会主义强国这个共同目标上来，这是我们贯彻执行宗教信仰自由政策，处理一切宗教问题的根本出发点和落脚点。"由此看来，信教人数多少不应该成为困扰我们对社会现实中民众精神状态进行衡量的障碍，关键是信的什么教，这些教能不能有助于群众的联合，能不能有助于集中他们的意志和力量，能不能有助于实现建设现代化的社会主义强国。只要有助于这三个方面，信教人数多少都不足为虑。如果违背了这三个方面，即使都不信教又有什么意义？

从中国的现状来看，人口众多，而且文化、修养、素质差距极大。在政治目标一致的前提下，极需要建立一种以共产主义教育为主导的包容多种规劝形式的庞大的多层次的教化体系。应该重新理解中国传统意义的对"教"的解释：神道设教、巡民教化。以期对整个社会的心灵整合起到润滑和调节作用，满足不同阶层、不同取向的各类人的各方面的精神的和心灵的需求。

特别应该指出的是，不应把科学（确切地讲是指科技）与宗教对立起来。在人类历史上，曾有过这种悲剧，但今天不要再重演了。历史的记载表明，宗教曾把科学绑在火刑柱上。那时宗教错了，它干预了它不了解的事物。但这并不意味着，时至今日，科学可以再反过来把宗教绑在火刑柱上。如果这样做，科学也会犯历史的错误，因为它也干预了它并不了解的事物。当然，宗教自身更应清楚，它的所长在精神、在心灵、在道德、在伦理，而不必在自然科学或科技方面求得证实或滥加引证发挥。

事实上，在现实生活中，在同一个人身上，宗教与科学往往是协调存在的，它们所解决的是同一个人的不同层面的需求。科学使一个人增加了知识，增长了才干，增强了本领，但科学并不能使人获得一个真善美的心灵，不能使人感到做人的幸福和荣耀，不能解脱心灵的痛苦和渴望。套用中国的一句迂腐的老话讲，科学是"奇技淫巧"，它要改变物质世界，推动生产力的发展，将人类带入几万年、几千年来都未曾得到过的物质享受中去。而宗教则不同，它要改变主观世界，抑制人类征服自然、破坏自然的无穷欲望，节制财富的消耗，为人类保持相对平静的持久安定的生存。二者孰是孰非？恐怕不能简单就下结论，起码以二者相反而相成才为相宜。

人们在发展科学时，痛恶"伪科学"，因为伪科学以科学的名义骗人害人。当我们完善宗教时，也一定要反对"伪宗教"，即那些以宗教名义骗人害人的邪恶勾当。使经过历史磨难的纯正的宗教发扬光大，革故鼎新，适应和服务于新的社会、新的人群，这要比多冒出无数个大杂烩式的新教和新教主好得多。

在谈"中国需要什么样的宗教"之前，还必须涉及一个命题，即"中国是否需要宗教"，必须申明的是，不管需要与否，宗教是客观存在，而且将在相当长的历史时期里存在下去。据说要到阶级消灭、民族融合之后，才能轮到宗教消亡。那就不知何年何月了。这一点本该毋庸置疑，但为什么仍要提出"是否需要"之问呢？恰恰因为有人不愿正视上述的客观性，似乎中国可有些例外。因此，讲讲"需要"还是必要的，也就是说，宗教不仅是一种客观存在，从社会存在、发展、进步、提高的角度去认识，宗教的存在也应得到更多人的主观理解。如果承认宗教是人创造的，就应该承认人还可以将它改进得完善一些、美好一些。

中国需要什么样的宗教？这个问题如果用另一种表述方式，或许更为明确些，即中国民众是否缺乏一种足以使其保持自律、保持对人生价值稳衡判断、保持始终不渝操守的精神上的心灵上的超越力量。毛泽东就说过：人是要有一点精神的。更确切地讲，与宗教更密切一点的，是人要有心灵，譬如良心、良知、恻隐之心、悲悯之心。失去了这些，照孟子的话说，即"人之所以异于禽兽者几希"！

宗教学学者何光沪曾经讲过："说到底，精神不但是使一个人成其为人的东西，而且是使一个民族成其为人群的东西。"我理解他的观点在于强调精神的重要性，一个民族如果没有一种精神，就连"人群"也算不得，几乎是"兽群"。而我更愿意从正面讲，将这后半句改作："使一个人群成其为民族"。使中华大地上的一群人结合而构成为中华民族的，当然必有其精神的心灵的支柱。

我们正是要去发现和肯定这种精神、这种心灵，以使中华民族能永不崩溃、永葆活力。

而这种精神、这种心灵，它的超越性、终极性、纯粹性……恰恰相当多地体现在宗教中。

我们说需要宗教，正基于这一点精神、这一点心灵。同时，也基于它的超越性、终极性、纯粹性，等等。

完善中国宗教的前提和要点：

完善中国宗教，在本文中明确是指在中国大陆境内的一切合法宗教，很有必要明确各教改革面临的共同前提。

①政治前提。即宗教改革必须以适应和服务于社会主义社会为前提，任何改革措施都不能背离这个前提。

②思想和实践前提。即宗教改革必须以发挥本教中积极向上的因素为主，引导信众以出世精神献身于入世事业，造福于人间。宗教经济是宗教实践的保障，但绝不可以成为宗教实践的目的。

③道德和伦理前提。即宗教改革必须以传统宗教中适应社会发展与进步的合理成分，引导信众发现善良的本心，成就悲悯的事业，协调人际关系，保护人类环境。

④文明和文化前提。即宗教改革必须以人类社会迄今为止所创造的文明为参照物，任何背离现代文明的野蛮、落后、专制、愚昧的成分都不能借改革之名义而复萌。对既往宗教必须从文化的角度予以继承，而对未来宗教也同样必须按文化的标准去发展。

⑤正知和正信前提。即宗教改革必须以经过严肃学术研究和严格宗教体认而确定下的知识为传播的内容，即排除明显臆造的与历史严重不符的传说成分，这种严谨的科学态度事实上已为各教所接受。同时，也不应忽略，宗教毕竟不同于学术，其中必有基于信仰而成立的成分。因此，必须提倡与正知相协调的正信，因正信而确立宗教之正宗。

以上五个前提，对任何一种中国宗教都是适用的，失去这些前提，必然盲目，因而达不到完善的目标。但仅有这些前提还不够，还要结合各教的具体情况，提出改革的要点，才能有可操作性。

（二）佛教在现代中国教化体系中的位置和作用是什么？佛教如何适应这个位置和发挥应有的作用，即加速现代化转型？

中国佛教发展的历史趋向，不可能脱离中国社会，而只能作为社会有机体的一个组成部分为构建和谐社会而同步前进。

和谐社会的一个重要特征，是和而不同。和谐的目标，不是荡平天下，不是整齐划一，不是党同伐异，不是画地为牢。和谐的目标，是求同存异、平等相待、互相尊重、共同发展。因此，在一个构建和谐社会的历史阶段、历史环境中，中国佛教的发展趋向必然是构建和谐的中国佛教，在和谐的基础上推动发展，在发展的前提下创造和谐。我们需要的是和平的发展、开放的发展、合作的发展、和谐的发展。

中国佛教的历史传统，也是和而不同，自古已然。隋唐之前姑且不论，仅隋唐期间涌现的八大宗派，以及其中禅宗一系的"六家七宗"，都展现了中国佛教的活力和风貌。假如只有一个思想、一个宗派、一个体系、一个传承，中国佛教将会是何等枯燥干瘪，或许早已在历史的长河中淹没，重蹈印度佛教的覆辙。中国佛教的兴旺辉煌，恰好在于宽容大度、海纳百川，不闭塞、不保守、不墨守成规、不拘泥成见，在把握基本教理教义的前提下，敢于冲决一切网罗，创造新思想、新体系、新观念、新法门、新作派、新风气，推崇新人物，建设新宗派。清末民初，著名的革新志士，同时也是著名的佛学家、坚定的佛教徒谭嗣同，就在《仁学》一书中把佛教列入最具蓬勃生机的力量之一，对佛教在社会中应起到的作用，寄托了建设新时代的期望。以和为贵，和而不同，和实生物，求同存异，应该是中国佛教的优良传统之一，在创造中国佛教社会形象的历史进程中是不可或缺的。

在历史发展中创造中国佛教的社会形象，是历代先贤之所作为。没有智𫖮大师的判教理论和止观实践，就没有中国佛教八宗的肇始；没有慧能大师的《坛经》和神会禅师的终生弘传，就没有禅宗的百世延续，中国佛教的社会形象是做出来的，不是树出来的。"大树特树"，早已被历史证明不灵，不如止观并重、定慧双修、知行合一、六度圆觉，只有这样，才能真正成为人天师表，教化十方，普度众生。

佛教在中国还有一个特色，就是它不仅仅属于佛教自身，而是属于几乎整个民族，几乎所有民众，尽管中国并不是全民信仰佛教，也不是政府规定信仰佛教，但是，对佛教的关注，绝对不仅仅限于信奉者。佛教的兴衰浮沉，关乎国家安全、民族安全、文化安全、社会安全，因此决不可以掉以轻心，或仅仅视为私事。如果只有佛教自己关注自己，它也就失去了社会存在的价值和意义。在中国，唯一被称为"社会财产"的财产，是佛教的财产。在中国，佛教的信仰是不受教徒登记限制的信仰，佛教的语汇是民族语言中至今俯拾皆是的语汇。佛教及其文化，理所当然的是中华民族文化遗产的一部分，每一个中国人都有关心中国佛教的权利和责任。因此，并不奇怪的是教外人士甚至比教内人士更关心佛教，在家人与出家人一样参禅悟道，这几乎已是司空见惯。中国近代佛教的复兴，即从杨文会肇始；中国佛教协会的建立，离不开一大批与中国共产党肝胆相照、荣辱与共的民主人士的倡导成就；"文化大革命"之后拨乱反正，更仰赖赵朴初居士力挽狂澜，替天行道，落实党的宗教政策，为今天中国佛教的发展铺平了道路，造就了人才。这也可以说是佛陀在世时的优良传统。戒律的出现，其中相当一部分是在民众或大德向佛陀提出意见或建议后才制定的。因此，对于中国佛教的发展而言，不仅需要教内的自觉，也需要教外的建言甚至监督。所谓中国佛教的社会形象，就是佛教在民众中的形象，而不是佛教自己阐释描述的形象，民众亲身感觉到的、亲耳聆听到的、亲眼观察到的、内心深切感受到的形象，才是佛教的真实形象。

中国佛教的社会形象要靠慈悲、风骨、操守、修为、德行、学养、襟怀、风采、气度、性情和著述、教习、布施、功德等所有真实成就去创造，而不是靠地位、职务甚至金钱去攫取，更不能靠政令去维持，也不需要辩论、批驳或解释。"桃李无言，下自成蹊"。"八风吹不动，端坐紫金莲"，才是一座令人"高山仰止、景行行止"的永远的丰碑。

"君子之过也，如日月之食焉。过也，人皆见之；更也，人皆仰之。"检验中国佛教社会形象的唯一标准，是社会发展的认可，是人类历史的认可，是千百万人民群众的认可。

笔者作为一名从事佛学研究三十余年的学者，对中国佛教的社会形象应该是什么样？一个好形象应该如何创造？仅提出以下几点拙见。

①佛教团体的社会形象。佛教团体应以加强自身建设为主，发挥四众弟子的各种优势，发挥团结各界、沟通上下的桥梁作用。佛协不是行政机构，不能建立自上而下层层辖制的垂直领导。中国自古以来没有建立佛教干预政治的制度，实为中国佛教之大幸。"木秀于林，风必摧之"，"三武一宗"灭佛固然不可取，但是，中国佛教恰好从中汲取了历史教训，远离权位之争，为佛教赢得了生存的空间。中国本土的大部分地区自古政教分离，实为国家之幸、民族之幸，也是宗教之幸，免去触及世法而遭灭顶之灾的许多可能性。及至当代，政教分离更成为现代文明的一种标志。各级宗教领袖参加人大、政协，是适应国情民意的需要，参政议政，是公民的责任和义务。但是，绝不能把人大代表、政协委员的身份当作一种官阶来看、来当、来争，同样也决不能把在任何一级佛协的职务身份当作一种官阶来看、来当、来争。离开会场，献出议案，一定要归位，归到僧团的本位上来。僧众和群众，对于佛教界的一些人得"官"忘本现象深恶痛

绝，指斥甚多。这是影响中国佛教形象的第一条。"山有高僧，国有贤相"，中国佛教应该保持冷静观察世道人心的超越地位，成为有助于提升世道净化人心的清凉剂，而不能把中国佛教变成另外一个角逐激烈的名利场。

笔者认为，在各级党和政府领导下，开展佛教团体和寺院的正当合法宗教活动是迄今为止行之有效的。紧紧依靠当地各级党和政府的领导，特色越突出，生命力越旺盛，对地方的贡献就越大，对中国佛教的整体形象而言就是真正的繁荣。涓涓溪流只会为每一处都市乡村增光生色，当它们一同汇入滚滚江河时，神州大地会因此变得更美好。

对于中国佛教的未来，也要运用科学发展观。所谓科学发展观，"第一要义是发展，核心是以人为本，基本要求是全面协调可持续，根本方法是统筹兼顾"。

发展，就要有开放的心态，要承认多极化、多元化、多样化。不能规定只能如何，不能如何；能与不能，要经历实践的考验。据笔者观察，中国自北向南，自东向西，仅就汉传佛教而言，在同一面佛教的旗帜下，已经出现了不同的类型、不同的模式、不同的口号、不同的法门，不同的佛门领袖身边都聚集着不同的信众。诸如生活禅、少林禅的不同弘扬方式，以及中国佛学院、闽南佛学院、普陀山佛学院、柏林寺（河北）佛学院、太姥山佛学院等佛教人才基地的不同研修学风，都是各具特色，各有千秋，不可替代。就目前的国情而言，一些寺院的管理经验确实值得借鉴，但是，各地都需要结合实际，创出适合自己地区的路径，没有必要强行推广。青海在搞"平安寺院"，非常有意义、有价值、有效果，但是，不一定全国都来搞一遍。

中国佛教发展的核心也要以人为本，首先是尊重宪法赋予公民的宗教信仰权利，其次才是行规。行规不能大于国法。行规不能剥夺公民信仰哪一种宗教的权利，也不能强制推行信仰的具体模式。中国佛教，主要指其中的汉传佛教，历来以"素食、独身、僧装"以及聚居寺院为传统特征，但是，随着时代发展、观念变化、公民意识觉醒，这些传统特征正在面临挑战。素食，仅汉传佛教自梁武帝以来坚持；独身，在各系佛教中不乏例外；僧装，常常不得不换成便服；寺院，已经被无数精舍包围。这种严酷的事实，如何应对？其实，"说是佛教，即非佛教，是为佛教"，佛教般若思想早已把道理说透，只是事到临头，人们往往难以接受。从原始佛教至今，佛教已经经历了多少发展变化，哪一段是正？哪一段是邪？孰对孰错？所以，佛祖留下的不是教条，而是"诸行无常、诸法无我、涅槃寂静"的三法印，无违法印的，都可以成为法门。汉传佛教的主体僧团，可以坚持"素食、独身、僧装"以及聚居寺院的传统，严守戒律；但是，以公民个人信仰身份出现的所谓佛教，也会在未来持续增长。这将是不以人们意志为转移的历史趋向之一。天台宗认为："去无明，有差别"，认识差别的必然性，也就解脱了因差别而来的烦恼。至于所谓"大陆僧人娶妻生子"，不能算是诽谤，只能说是"只见树木不见森林"。如果我们具备"清者自清，浊者自浊"的心态，可以任凭别人去骂。况且，民众深恶痛绝的不一定是日本僧人那种公开的建制，而是中国僧众中"当面人，背后鬼"，金屋藏娇的伪君子。这种伪君子遭人唾骂，何须我们来为他辩解？当然，如果从人性的角度看，倒是可以考虑为这类人开辟一种摆脱"伪君子"窘境，既不脱离佛教，又不至于遭人唾骂的合理制度。这将会化不和谐为和谐，也是履行宪法赋予公民的宗教信仰合法权利吧？

总之，要整肃，也要宽容。给希望整肃者以整肃，给期望宽容者以宽容，共同信仰，不同形式，把宗教信仰真正变成公民自己私人的事，基督教在德国由路德做到了，佛教在日本由明治做到了，中国佛教迟早要出现百花齐放的局面，这个时代已经不远了。那时候，中国佛教的社会形象只会更好，更分档次，而不是更差。

②僧侣个人的社会形象。中国佛教的社会形象不是抽象的，除去佛协之外，就是僧人。

笔者认为僧人应该具备"三色"：

第一是本色。僧人要爱国守法，学经讲经，以戒为师，刻苦修行，争当典范。

第二是出色。讲"争当典范"，大约就是这个意思，笔者认为也可以理解为"成佛作祖"，志向愿心都更远大浑厚一些。

第三是特色。笔者在上文中提到：只要紧紧依靠当地各级党和政府的领导，特色越突出，生命力越旺盛，对地方的贡献就越大，对中国佛教的整体形象而言就是真正的繁荣。涓涓溪流只会为每一处都市乡村增光生色，当它们一同汇入滚滚江河时，神州大地会因此变得更美好。

十年前，笔者曾经公开发表文章指出："出家人，他们中的领袖人物应该是政治观点鲜明、宗教立场坚定、文化修养出色、奉献精神彻底的杰出人物。出家人要具备常人所具备的学识本领、学历、学位，还要具备常人所不具备的戒行悟解、法腊法愿。在中国，若有十位海内外知名的大德，百位教化一方的高僧，千位定慧双修的僧众，佛教何愁不兴？而且洋洋13亿人口之中，出现这样一批人物又有什么不好？"

除此之外，既然是讲中国佛教的社会形象，佛教有四众弟子，有关联密切的教外学者，那么信教群众的社会形象、佛教学者的社会形象，就都应该在本文的探讨之内。

③佛教居士的社会形象。中国佛教的社会形象，不仅仅要靠出家众创造，也要靠在家众维护。在家众的数量之大和成分之杂，都是出家众的若干倍数。因此，中国佛教的社会形象在相当程度上，也取决于在家众。

笔者认为佛教信众应该具备"三心"：

第一是诚敬心。信仰是一种力量，是一种软实力。但是如果信而不诚，这种力量就要打折扣。笔者参加过三大语系的各种法会，其中以藏传佛教的法会最庄严，最令人震撼。其中一个最重要的原因，是藏传佛教的信众十分虔诚、十分恭敬，专心致志，毫不散乱。例如，笔者在四川甘孜参加那仓活佛的一次法会，请他摩顶的藏民排起上千米的长队，即便是中途下起暴雨，却不见有人慌乱躲避，依旧秩序井然，鱼贯前行。这种场面，是不能不使人深感信仰之深厚、人心之沉静的。而汉传佛教的法会则最热闹，几乎没有一次不是乱哄哄的，如同赶集。活动的组织能力只是次要方面，最严重的是信众内心的浮躁。比起基督教、伊斯兰教的集会活动，佛教法会的不严肃程度，是许多真切关注佛教的人士都深感惭愧的。这还只是表象，其内在的空虚和迷惘，更与"诚敬"二字相去甚远。诚其内，敬其外，内外不二，都要落在心上。

第二是悲智心。"无缘大慈，同体大悲"，"六度以般若智慧为第一"，作为佛教徒，没有慈悲心就失去以人为本的本色；但是，没有智慧的"慈悲"，也是无端造业的缘由。俗语道"慈悲生祸害，方便成下流"，并非调侃揶揄，而是揭示了现实生活中人们往往看不清或者忽略掉的一种客观事实。例如，深圳的许多佛教徒以放生为善业，一些法师也曾推波助澜，但是，曾几何时，就连深圳水库都无法承受这种无休止、无节制、无规矩的大规模"放生"运动，数十万、上百万的资金在购买、释放鱼鳖蛇鸟，而其中大部分由于不适应环境而死亡，或者对环境造成新的污染破坏。类似的情况在各地都有发生。因此，有智慧必有慈悲且为真慈悲，有慈悲却无智慧拟似真无知。智其内，悲其外，内外不二，也要落在心上。

第三是平常心。真正的佛教徒，应该是把握世间法、出世间法不二法门的智者，在一言一行中体现这种智慧和修持。而且这种体现绝非平时"佛头佛脑"，"言必称佛陀"，一旦处世，却比俗人还俗，比奸商还奸。言行的剥离，是对所谓"佛教徒"形象的最大损害、最强讽刺。笼统估算佛教徒似乎不少，但是真正能够在生活中贯彻佛教义理和精神，能够"看得透、拿得起、行得正、放得下"的真正佛徒却不多，以佛之名行己之私者，比比皆是。因此，学佛不是单纯学理论和口号，更重要的是以理入事，调整心态，以平常心，行平常事，尽平常理，做平常人。平其内，常其外，内外不二，也要落在心上。

④佛教学者的社会形象。上文指出："从中国的现状来看，人口众多，而且文化、修养、素质差距极大。在政治目标一致的前提下，极需要建立一种以共产主义教育为主导的包容多种规劝形式的庞大的多层次的教化体系。应该重新理解中国传统意义的对'教'的解释：神道设教、巡民教化。以期对整个社会的心灵整合起到润滑和调节作用，满足不同阶层、不同取向的各类人的各方面的精神的和心灵的需求。"

这是笔者作为佛教学者的一点思考、一种主张、一份建议。

而建立这种教化体系，没有学者的参与是不可想象的。1952年中国佛教协会发起人会议在北京举行，全国佛教界著名人士虚云、喜饶嘉措、噶喇藏、圆瑛、柳霞·土登塔巴、丹巴日杰、罗桑巴桑、多吉占东、能海、法尊、巨赞、陈铭枢、吕澂、赵朴初、董鲁安、叶恭绰、林宰平、向达、周叔迦、郭朋等20位为发起人，其中9位是学富五车的学者仁人，占到45%的比例。而且，他们以自己的社会形象为中国佛教增添了文化色彩、知识色彩、学术色彩。中国佛教协会的建立，是僧俗两界共同努力的结晶。

佛教学者的社会形象，如果直截了当地说，就是如何在学界层面对民众乃至领导的佛教观加以引导，既不能做一个狂热的原教旨信徒，也不能做一个冷漠的文献学学究，更不能做一个敌意的左派杀手。对佛教简单粗暴地否定诋毁，或文过饰非地阿谀奉承都是不可取的。

佛教与学者的关系，在中国有深厚的历史渊源。其中特别值得瞩目的有三人，一是范缜，二是韩愈，三是王夫之（船山）。笔者之所以特意举出这三位，是因为他们都曾激烈地反对谄佛佞佛，严厉地批评世俗佛教的某些现象，而正因为如此，他们与佛教结下不解之缘。佛教界保留了范缜的著作，佛教界最终与韩愈成为推衣赠袍的挚友，佛教界甚至讲出"不愿成佛，愿见船山"的口号。这不仅表明中国佛教自古以来的宽宏包容，同时更表明中国佛教尊重敢于直抒己见的正直的学者，尊重并需要"诤友"。是否容忍或尊重"诤友"的存在，关乎学者的社会形象，更关乎佛教的社会形象。

因此，笔者认为佛教学者应该具备"三感"。

第一是学术感。学者也要有本色，就是立足学术，客观真实，言之成理，持之有故。极左学者为什么不得人心？其中一个重要原因是他们不具备严格的学术性，缺乏凭信和参考的价值，只是谩骂、恐吓、臆想和断章取义的编造，连一家之言的资格都不配。但是极右也不好，接近原教旨主义或僧侣至上论，貌似卫护佛教，实际把佛教推向极端，脱离社会人群，危及佛教的社会生存。学者应保持中道的立场，基于学术研究而建言，对现实有洞见，对未来有远见。

第二是现实感。学者不能闭门造车，要立足现实，参与实际。正如前人所说，"所有的历史都是当代人的历史"；所有的学术研究都不可能脱离现实，如果脱离现实，也就失去了学术研究的根本意义。"古为今用，洋为中用"，大致如是。中国佛教的现状如何？成就如何？问题如何？症结何在？如何前行？无论是研究佛教的哪个方面，无论是直接的还是间接的，都不能切断与这些问号的联系。"人能弘道"，"文以载道"，对于佛教学者尤其迫切。

第三是责任感。一个佛教学者，不一定非是佛教信徒不可，但是一定要充分认识到佛教对中国社会的价值和意义，要立足国家、民族和民众的根本利益，具有担当责任、仗义执言的襟怀和勇气。没有责任感，就不会有切近现实和真实的真知灼见。笔者在 2005 年就佛教现状撰写论文，曾得到佛教界长老的鼓励，有一句终生难忘的话，就是要敢于讲真话，为了讲真话，可以把一切置之度外。"置之度外"，常常回响在我耳边，使笔者既感到如负重担，又感到举重若轻。

（三）中国佛教在新世纪应该树起"人本佛教"的旗帜

借重关于中国佛教社会形象的 2007 厦门论坛，笔者对中国佛教在新历史时期的发展更深入地进行了思考，征求了四众弟子的意见以及教外人士的意见，大家都认为必须适应时代的进步，从理论方面有所推进。人生佛教、人间佛教，都曾经发挥过重要的历史作用，但是从提出到如今，历经七八十年，这个世界已经是沧海桑田，特别是在构建和谐社会、落实科学发展观的今天，急切需要有新理论、新思想、新主张、新思维，来促进中国佛教与社会主义社会相适应。因此，笔者认为，在未来的历史新阶段中，应该以"人本佛教"作为引导中国佛教的旗帜。"人本佛教"的内涵，集中概括就是：以人为本，四众和合，契理契机，依法弘教。应该深入开掘中国佛教的优良传统，起码必须具备五个方面：清净庄严、悲智修证、和而不同、辅世教化、敦睦邦交。笔者相信，只有新理论、新思想、新主张、新思维，才能产生新动力，推动中国佛教为和谐社会的构建、为经济社会的完善，作出新贡献。

1. "以人为本"是人本佛教的核心

"以人为本"，契合于佛教的本怀。触动释迦牟尼产生出家修道动机的，正是人的生老病死无常痛苦，解脱这些痛苦，成为佛祖修持的目标。释迦牟尼初转法轮，宣讲"苦集灭道"四圣谛，是针对所有人的。佛教的基础理论，包括"五蕴论""十二因缘论""三科论""三学论""缘起论"，无一不以人为主体。尽管要破"我执""法执"，但是"我执""法执"作为被破的对象、作为现象的存在，佛教从来没有忽视。以人为本，奠定了佛教对人世间一切事物的基本认识。马克思主义认为"人是社会关系的总和"，人的自身及环境由社会存在而决定的；佛教则从另一个侧面剖析，人的自身及环境终究是由人自己来决定的。人是业报的制造者、承载体和衍生物，是"正报"的主体和"依报"的因体；人不仅要对自身所造的生生世世负责，还要对自身所处的客观环境负责。以人为本，既是对人的重视，"人身难得"；也是对人提出更高的要求，向往"常乐我净"。

"以人为本"，契合于时代的机缘。释迦牟尼是教主，佛是觉者，自觉觉他，觉行圆满，是一位成功的大修持者、大觉悟者，是一位大写的人。从真谛来看，释迦不同于任何其他宗教的造物神，他不相信世界是谁创造的，他只相信"诸法因缘生，缘尽法还灭"。以人为本与以佛为本，在这一点上是绝对统一的。对于一个科技高度发达的理性的时代，佛教是真正可以做到真心以人为本的宗教。

"以人为本"，契合于佛教的修为。中国佛教以大乘著称于世，普渡众生，其中就包括了对自身的修为要求和对他人的超度责任。"人本佛教"希望每一个人都从内心深处转向追求生命真理，以实修实证来恢复佛教的清净庄严，自度乃至度人。与"人间佛教"着眼于创造人间净土有所不同，"人本佛教"更强调自心净土，强调每个人自身实修实证的群体价值和深远意义。

　　2. "四众和合"是人本佛教的基础

　　四众，传统内涵指比丘、比丘尼、优婆塞、优婆夷。很显然，在21世纪里，这四众仍然是发扬光大佛教的主体，但是仅仅靠这四众还远远不够。历史上佛教不是中国的国教，从未来看也不可能唯佛独尊，但是，佛教作为传统文化儒释道三大支柱之一的地位却是不可动摇的。由于儒教自失去封建帝王的崇信扶植和政权维护之后，屡遭批判亵渎，"礼崩乐坏"，在当代民众心目中重建信仰极其艰难；道教隔世日久，积重难返，百废待举；而佛教在信仰人数和程度方面，都跃居本土首位。尽管中国并不是全民信仰佛教，也不是政府规定信仰佛教，但是，对佛教的关注，绝对不仅仅限于信奉者。因此，确认围绕佛教未来的"新四众"，则对人本佛教如何巩固自身的信仰基础、民众基础、理论基础和政治基础，具有非常重要的意义。

　　人本佛教的四众，包括政界、教界、学界、企业界，大约相应于政治、宗教、文化、经济等在佛教问题上联系比较密切的四大领域。也可以指信仰者、护持者、研究者、当权者，分为四众只是方便，因为四者在外延方面比较模糊，其边缘部分应该是相互交叉的。

　　（1）信仰者，当然是教界，包括比丘、比丘尼、优婆塞、优婆夷，以及没有明确履行皈依仪式的广大信众。按照太虚大师的说法，可以统称为"信僧"①，无论是比丘、比丘尼，还是优婆塞、优婆夷，都应该是佛

---

　　① 《太虚全集》四、信僧：有广狭二义：四人以上曰僧。出家五众同起居、同饮食，以清净戒行而和合之众，曰住持僧。三乘之圣贤众，同修一事，同遵一理，彼此和合，大众清净，曰胜义僧。如金刚经中之四向、四果等，华严经中之十住、十行、十向、十地等，皆圣贤僧之类也。能了解其所以为僧者，证得其如何起因，如何修习，如何得果，以此起信，是为狭义的信僧。僧者，和合众义。凡为众缘和合之所成者，皆谓之僧。四大和合而成此身，四大失调则病，四大分离则死，故和合众之性，乃一切事物之所同具，大至世界，小而微尘，无不以和合众为原则，能遵此和合众之原则，实施于家庭则家齐，推而至于社会、国家、世界，则天下太平矣。以此起信，是为广义的信僧。

教的坚定信仰者。在上座部佛教中，除去佛祖，就是比丘，具有不可超越的地位；而在中国汉地佛教信仰中，就比较复杂。佛与比丘之间，有诸多蓄长发披璎珞的菩萨，还有维摩诘那样的大居士和善知识。从以人为本的立场看，未成佛之前，比丘、比丘尼、优婆塞、优婆夷，都仍旧居于"人"的地位，都应该同样勇猛精进，同样坚定正信。至于是否出家，由个人的因缘决定，无关乎信仰深浅。只有真正的信仰者，才能成为"人本佛教"的支柱。其中比丘、比丘尼的献身精神、持戒功德和法脉主体，必须得到格外的充分尊重。

从人类社会健全民主与法制的趋向、尊重个人信仰权利的趋向看，"依法不依人"的佛教基本原则将得到更深入广泛的运用，尽管日程无法预计，但是未来佛教组织的多样化、多元化、多极化将不可避免。虽然在佛教之外的人们看来，其分虽多，终归一佛，多即一；然而在佛教之内的人们看来，其虽一佛，差异实多，一即多。而且，未来中国佛教出现多样化、多元化、多极化的原因还在于："大一统"的"集权"或全国宗教机构在政府的扶持下成为一种介乎"政府"与基层"信教群众"之间的新的行政权威或"准政府"作用，这一方面"弱化了"政府在管理宗教事务上的直接权威性，形成了某种程度上的上下隔断；另一方面则"强化了"宗教机构在现代社会本不应该再加以保持的"政治"权威，使这些宗教组织在嬗变为"准政府"组织的过程中不断减少其"非政府组织"（NGO）的特色，不能很好地"在教言教"，而变为"在教言政"或事实上的"弃教从政"。其结果是，这些宗教机构会逐渐失去其对广大信众群众的灵性感召力和吸引力，与政府本来为之设定的目标渐行渐远或背道而驰。这样，有宗教需求而不是政治兴趣的群众则可能在这种"变质"的宗教机构之外另行寻求新的宗教组织及其崇拜形式。①

佛教存在于新世纪，不能再像封建时代，基本上是为帝王将相、达官贵人服务。那时虽然也标榜普渡众生，但是"礼有差等"，因此竟引来"是法平等无，有高下"的讥讽之词，并非空穴来风。平民曾是佛教信众的基数，但不是主角。同时，在"礼有差等""官有大小""人有尊卑"等一系列本位观念笼罩下，四众弟子在人格上也是不平等的。为什么人的问题，是一个根本的问题。人本佛教要促进四众和合，就要打破某些传统

---

① 卓新平：《"全球化"的宗教与当代中国》，社会科学文献出版社 2008 年版。

观念，使出家众与在家众和合一气，变高高在上为打成一片，变颐指气使为诲人不倦，变矜持我慢为虚怀若谷。高僧大德几乎都具备常不轻菩萨的品质，在信仰者之间建立新型的互相尊重的人际关系，应该成为人本佛教的基本素养。人本佛教的信仰基础将由此而巩固。

（2）护持者，在经济社会中，主要指企业界，或者说是政治、经济、教育、文化、艺术各个方面的代表人物、成功人士。他们可以是信徒，也可以是对佛教感兴趣但是还不到信仰程度的关心者，甚至包括企望通过佛教达到自身的某种目的而客观上却为佛教推波助澜的人士。

如果以佛教的话语来区分护持者和研究者，护持者着重于财布施，研究者着重于法布施。区分虽略显粗糙，但是基本勾勒出二者身份定位的不同的鲜明特色。

中国共产党十七大报告中的一段话被广泛引用："全面贯彻党的宗教工作基本方针，发挥宗教界人士和信教群众在促进经济社会发展中的积极作用。"这极大地鼓舞了宗教界人士和信教群众为国家、民族、社会、民众做贡献的积极性。大势所趋，经济社会必然会反作用于宗教界，许多护持者就是在促进经济社会发展的过程中参与到护持行动中来的。起码佛教界就是这样。

人本佛教主张大胆开放，接受一切真诚的护持；同时，"不变随缘，随缘不变"，在根本信仰不变的前提下随客观条件而适应，但是这种适应不能以动摇根本信仰作为交换。

由于本文所指的护持者具有大大小小、高高低低、不同层次、不同范围、不同领域的广泛的社会影响，人本佛教的民众基础将由此而巩固。

（3）研究者，主要指学界。此"学"之义，甚为广泛。以研究佛教佛学为职业的，是通常公认的"学者"。然而，在政界、教界、企业界及其他各界中，也不乏研究佛教佛学的高人。研究者大体分为三类，第一类是以信仰为基础、为归宿；第二类是不以信仰为基础、为归宿；第三类是在信与不信之间。第三类是目前多数学者的状态，理由是信其所当信，不信其所不当信；全信缺乏理性，全不信缺乏感性。在信与不信之间，可以保持学者的独立人格，不至于偏激片面；可以保持对信仰者的尊重，不至于开口便错。2008 年湖南佛教协会建立"船山佛教文化研究中心"，以一位曾经抨击佛教不良现象的著名学者之名命名自办的研究中心，这是佛教界的气度胸襟，也表明佛教界需要正直的学者作为净友。研究者、学者的根本职责不是只会唱赞歌，而是敢于发现问题，敢于创新理论。中国佛教的健康发展，离不开教内高僧大德的开明自责，更离不开教外有识之士的善意批评。佛教界不仅需要财布施，更需要法布施，后者比前者具有更重要的价值。人本佛教的理论基础将由此而巩固。

（4）当权者，也可以称为"管理者"，当然，不当权也就没办法管理，因此两个称谓其实是一回事。但是，当权者如何管理，却大有文章。在欧美等西方国家，政府不设立这样一个"管理机构"。设立"国家宗教事务局"，是中国特色。前任局长叶小文曾经就此发表过如下的言论①：

> 谈到管理，我们必须说清楚的是，我们管理的是宗教事务，不是宗教，不是宗教信仰。我第一次去美国，在洛杉矶海关被美国人拦住了："你是中国国家宗教事务局局长？我们美国没有这个单位，你这个单位是假的，你有移民倾向，请你回去。"我跟他说，我们负责的是社会管理和公共服务，比如哪里需要修教堂，涉及公共利益，我们就去协调，去管理，去帮助他们。那个美国人似懂非懂地说，噢，你是做这个事的，OK！

> 我们叫国家宗教事务局，常常被大家简称为国家宗教局，其实，"事务"两个字减不得，因为我们管理的是作为社会公共事务的"宗教事务"。

> 我总结过两个管理宗教事务的定律：我们管理的强度和涉及宗教观念的深度成反比，和涉及公共利益的深度成正比。这里所说的公共利益，指的是国家利益和社会公共利益。

前任局长总结的两个定律十分值得关注。人本佛教把当权者列为四众之一，就是因为在中国不能忽略这个关乎存亡兴衰命运的重要因素。中国对宗教的政策早已明确："积极引导宗教与社会主义社会相适应"，谁代表"社会主义社会"，谁来"引导"，当然是当权者、管理者。人本佛教清醒地认识到：宗教不仅仅是一种意识形态，也是一种社会活动和社会实体，必然会涉及社会公共利益和国家利益，无论哪个国家都会依法予以管理，任何宗教都没有超越宪法和法律的特权。因此，必须积极主动地去适

---

① 《叶小文就宗教与社会主义的难题如何破解答记者问》，南方新闻网2009年1月4日。

应社会主义社会。

同时，应该指出，宗教观念与公共利益不是截然分开、绝对对立的两个范畴。人本佛教主张以人为本的公民基本权利，就是要依法从每个人出发，达到宗教观念与公共利益二者的和谐圆融，实现与社会主义社会的深层次相适应。站在国家的立场，这才是长治久安之道、无为而治之道。

与当权者沟通交流，互尊互信，人本佛教的政治基础将由此而巩固。

3. 契理契机是人本佛教的原则性和灵活性的统一

契理契机，就要坚持佛教基本理论、适应时代发展机缘。

坚持佛教基本理论，是人本佛教的基本原则。佛教基本理论包括什么？除了三科、四谛、五蕴、八正道、十二因缘等一系列基本概念，五乘共法、五戒十善、四无量心、六度四摄、因缘果报、禅净中道等一系列基本范畴，还有三大语系各宗各派的立宗经典。失去这些基本要素，佛教便无从自命为佛教，也无从自命为某宗某派的传人。人本佛教只是突出了一切人在弘法利生的过程中自觉觉他、自度度他的责任和权利，并没有在释迦圣教之外另立经纶。

适应时代发展机缘，是人本佛教的权巧方便。已故著名佛学家吴立民先生指出："作为中国传统文化的组成部分，佛教本身要进一步发展，现在它本身也有很多弊病。佛法贵在当机而要不为机所转。过去是佛教中国化，佛教也化中国。现在佛教要当机，当的什么机呢？多元文化解决人类自身建设之机。佛教如何当这个机？在内要圆融大小显密，对外要圆融世出世法、真俗谛。这样可谓圆融出世以入世、辐射多元而一元。不是说一元就只有佛教这一元，要辐射多元而一元，解决人类自身建设的问题。"①

契机涉及佛教的多元化、多样化、多极化，柏林寺模式、少林寺模式、玉佛寺模式、西园寺模式、大悲寺模式……各种模式的产生，都是由各自的历史文化、地理环境、宗派传承、主持风格、修行方式等诸多因缘成就的，外界的赞美或抨击，都无损其根基，只要因缘依旧，各种模式还会按照自己的规律继续发展下去，或存或亡，要由其内在是否具备发展的动力来决定，要靠新的四众来选择。但是，无论如何发展，只有把以人为

① 北京大学禅学社：《佛教文化的现在与未来——访吴立民先生》，夏鸿刚、聂清整理。

本放在第一位，才是抓住了最大的契机。

4. 依法弘教是人本佛教的社会性与宗教性的统一

依法弘教包含二重含义，第一是依国法，第二是依佛法，这是人本佛教的社会性与宗教性所决定的。

如上所述，"宗教不仅仅是一种意识形态，也是一种社会活动和社会实体，必然会涉及社会公共利益和国家利益，无论哪个国家都会依法予以管理，任何宗教都没有超越宪法和法律的特权。"佛教徒首先是公民，享受依照宪法赋予公民的各项基本权利，同时履行公民的责任和义务。人本佛教主张佛教徒增强公民意识，依法维护自己作为公民的基本权利。如果连作为公民的基本权利都得不到保障，更遑论作为佛教徒的权利？

佛法是没有国界的，但是佛教徒却有自己的祖国。中国佛教历来都有爱国爱教的光荣传统，人本佛教要予以继承。

佛法是佛教徒弘法的唯一依据，没有正见、正思、正语、正业、正命、正勤、正念、正定，就没有正信；没有正信，一切努力只能是南辕北辙。

人本佛教强调国法和佛法的圆融一致，在遵守国法的前提下大力弘扬佛法。

5. 弘扬五大传统是"人本佛教"的社会实践方向

"人本佛教"在社会实践中应该从佛教历史、佛教思想中选取和弘扬什么样的传统以作为走向未来的导向？

其实，中国佛教已然二千年有余，传统是多方面的，哪些能够被认定是优秀的，要看时代的需要。"人本佛教"需要突出佛教自身的建设，"以戒为师"、"依法不依人"；需要"百家争鸣"、"诸宗并举"；需要"发挥宗教界人士和信教群众在促进经济社会发展中的积极作用"；需要走向世界；因此，根据这些需要，可以归纳出新型的"五大传统"：清净庄严、悲智修证、求同存异、辅世教化、传道人寰。

（1）清净庄严。在当今日益商品化的经济社会中，为什么越来越多的人愿意选择佛教？除去更复杂的原因之外，最直接最主要的是人们希望在灼热浮躁的尘世里寻找一片净土，获得心灵中片刻的清凉。因此，佛教本身固有的清净，就成为茫茫黑夜中的烛光。佛教如果不能继承、保持和弘扬这个最基本的传统，就失去了它在人世间存在的起码价值。从超越尘世这一点看来，这似乎是向太虚之前的佛教复归，但是，历史并不会简单地重复，当今天下的时代背景与社会诉求，已经和清末民初的时代背景与社会诉求不可同日而语，这就使"清净"具备了几乎相反的社会价值。

此外，固然在道教或其他宗教中也不乏清净，但是，达到"清净"境界的思想方法和修持手段各有千秋，谁的清净能具备适应时代需要的自家独特的传统、独具的内涵，最终才能满足社会民众的心灵需求，因此并不影响"清净"作为佛教自身固有优良传统的地位。

与"清净"相随相伴的是"庄严"。佛教的庄严，无论是造型艺术还是表现艺术，都是自古闻名于天下。但是近代以来，与其他世界宗教相比，却相形见绌。"君子不重则不威，学则不固"，"庄严"要在"人本佛教"的实践中与人的尊严一同回归到中国佛教信众的生活中去。

清净庄严不仅仅是外在的表象，更是内在的气质。

清净庄严，应该成为人本佛教最鲜明的基本特征。

（2）悲智修证。慈悲、智慧、修为、印证，这是人本佛教不可或缺的四项内功。

从慈悲之心到慈悲之行，都是佛教历来利乐有情的首选；"慈航普渡"，是佛教联系普通大众的血肉纽带。人本佛教在这一点上，要向在世界上传播最广、信仰人数最多的宗教看齐，赈灾济贫、扶危助学、施医舍药、办医药院、安养院、孤儿院、平民学校……借用南普陀寺已故长老妙湛大和尚的一句话："勿忘世上苦人多"。

但是佛教团体不是单纯的社会慈善机构，"无缘大慈，同体大悲"，是佛教善业功德的一部分，也是明心见性，体验无常无我的一部分。佛教主张在六度之中以般若智慧为第一，就要转识成智，把一切作为与般若智慧联系在一起，渐解顿悟，真正踏上成佛之路。

佛教不单纯是佛学，佛教如果失去宗教实践，就混同于一门学问而已。"观非教不正，教非观不传；有教无观则罔，有观无教则殆。"修为，是出家众与在家众的差异所在，也是信徒与非信徒的差异所在。无论佛教出现何等的多元化、多样化、多极化，是否具有高深修为，仍将是衡量教门德行的一个尺度。

印证，具有一定的宗教神秘色彩，如果没有任何神秘色彩，宗教也将不成其为宗教，这个从神秘导致神圣的最高位置，是不能不予以保留的。况且，空口白话，何以为证？禅宗讲"心心相印"，密宗讲"三密相应"，净土宗讲"一心不乱，三洲感应"，既有神秘莫测的悬念，又有心领神会的感觉。印证是个永远说不完的话题，也是永远不可或缺的达到开悟成佛的关键。

悲智修证，应该成为人本佛教最本质的基本内涵。

（3）求同存异。和而不同，是中国佛教的最显著的优良传统之一，如果没有这个传统，中国佛教难以出现八宗并弘的繁荣局面。和而不同，就要求同存异。

和谐社会的一个重要特征，如前所述，是和而不同。和谐的目标，是求同存异、平等相待、互相尊重、共同发展。因此，在一个构建和谐社会的历史阶段、历史环境中，中国佛教的发展趋向必然是构建和谐的中国佛教。

求同者，从宏观角度看，民族兴旺，国家昌盛，经济繁荣，人文发达，必然推动佛教中兴。这是佛教史上屡见不鲜的史实，也是人本佛教主张当今四众应该共同努力的方向。而此中兴之佛教，必非因循守旧之旧佛教，而是革故鼎新的适应现代社会的新佛教。佛教之新，不在于根本教义之新，根本教义是如如不动的，佛教之新，在于传播理念、传播形式要适应时代而变化。其理念应是将传统结合应用于现代。如"庄严国土，利乐有情"，是个老传统，行之于当代，与环保、人权诸种最新的话题也可以密切联系。这种联系不仅表现了佛教理念的前瞻性，而且丰富和充实了传统观念的内涵，便于现代人理解和接受，绝非牵强附会。其形式应是借鉴二三百年以来世界上其他宗教，在社会从传统向现代转型的过程中相应创造的组织方式、传播方式、运作方式，使信众喜闻乐见，觉其新生而非迂腐，觉其先进而非落伍。在现代化的过程中达到化现代的弘法目标。

存异者，从微观角度看，人本佛教主张继承老宗派、创立新宗派。而新宗派的出现，需要一个从不自觉到自觉的过程。虽然没有一个宗派不想兴旺发达，但是如何才能兴旺、发达起来，却需要雄才大略，深谋远虑，特别是把握创立宗派的关键。佛教中兴，除去外部的条件之外，还有赖于佛教四众弟子、僧俗两界的共同努力。这个"共同"，是和而不同的"同"，是存小异求大同的"同"，各家各宗各派异彩纷呈，是不可阻止的，也不应阻止。大量山头宗派的涌现，才是中国佛教繁荣发展的最佳趋向。无论新山头新宗派出现什么特色，只要不是堕入邪道，都应受到鼓励。即便是有分歧、有争辩，也会在相互促进中实现中国佛教的总体发展。①

求同存异，应该成为人本佛教最宽容的处世襟怀。

（4）辅世教化。在政治目标一致的前提下，极需要建立一种以共产主义教育为主导的包容多种规劝形式的庞大的多层次的教化体系。② 人本佛教的一个重要的历史使命，就是以最人性化的方式、最贴近民众特别是青年一代的姿态，通过传播佛教正信，促进社会走向和谐。

在中国佛教历史上值得关注的，除去道安的"不依国主，则法事难立"之外，还有慧远的模式：做"方外之宾"，成"道德之居"③；"协契皇极，大庇生民"。④ 这其实也是西方后来才有的政教相对分离和功用实际互补的模式。相比之下，这种模式或许更适合于当今时代。

辅世教化，应该成为人本佛教最出色的社会功能。

（5）传道人寰。中国佛教的国际交流，不仅要有礼节性的或负有一定政治使命的策略交往，还要有宗教性的或负有长久文化使命的战略交往。人本佛教以人为本，便于各国民众理解接受，具有更强的契合力。

中国台湾、香港佛教团体在海外创建的寺院，已成为当地很大一部分华人的精神中心。佛教的传统影响，具有强烈而持久的凝聚力，对于远离祖国大陆的华人，这一点更为突出。在中国台湾与世界各地华人的联系中，这种凝聚力已起到了明显的纽带作用。

从大陆到海外的华人，大部分都希望找到一块儿寄托怀乡之情的心灵和情感的净土，却很难。从目前中国与各国的关系来看，各种中国的社会团体组织，除商业性质的之外，都不可能在当地永久存在。只有佛教，由于其宗教性质，不受传播和扎根的限制，在绝大多数国家还要受到社会欢迎和法律保护，自然地起到团结华人社会，联系所在国民众的作用。凡是从大陆出来的人，几乎都很自然地心向大陆，总是念念不忘为大陆做点有益的事。从古代来看，鉴真和尚于日本之影响，直到中日恢复邦交时还能

---

① 参见笔者《山头建设是中国佛教再造辉煌的必由之路》。

② 参见笔者《中国宗教改革刍议》发表于 1997 年《世界宗教研究》第 4 期"宗教理论探索"。

③ 慧远《沙门不敬王者论》〈出家第二〉云："出家则是方外之宾，迹绝于物。"（《大正藏》第 52 册第 30 页 b）

④ 《弘明集》卷十二及《高僧传》卷六。

发挥作用。只要祖庭在大陆的宗派，无一不心向中国，这与天主教徒心向罗马、伊斯兰教徒心向麦加是一样的。

因此如果以十几年或几十年甚至更长远的眼光去看，允许中国大陆僧侣居士走向世界各国，支持他们在当地建立寺院，会给中国的未来发展带来难以估量的方便，有利于促进中国与世界各国的经济交往、和平共处。一个世纪以前，为了在中国传教布道征服人心，帝国主义不惜诉诸武力；一个世纪之后，凭借和平的方式，中国的宗教即可走向世界，传播东方文化之种子，这是难得的历史机遇。

以前只讲西方文化向中国渗透，当今应以佛道为媒体，大力加强中国文化向西方的推进。这项工作要做几十年、几百年。①

传道人寰，应该成为人本佛教最远大的弘法抱负。

（四）佛教能否为政治信仰与宗教文化取向的并行不悖提供可能性？

佛教在文化战略中占据什么地位，最根本的是取决于它与执政党的关系、与国家安全的关系、与社会稳定的关系、与民族团结的关系，以及与精神文明建设的关系。

中国社会科学院学部委员、世界宗教研究所研究员卓新平在《"全球化"的宗教与当代中国》②一书中提出了宗教信仰与政治信仰的现实关系问题。他指出：

"尽管我们党的理论刊物和相关政策明文强调共产党员不许信教，然而现实发展已在实质上与之脱节、出现突破。例如，其一，少数宗教领袖入党成为'秘密党员'，这在其生前或死后被以各种方式所披露，已被外界所关注。其二，一些党员干部在退休前后被安排在宗教界任职，其前后任职和身份都是公开的，也都是担任公众性很强、亮相率很高的政界'领导'和教界'领袖'人物，从而容易使人们自然产生党员信教这种关联，造成理论政策与实际实践之间的脱节。其三，在几乎全民信教的少数民族地区，如信仰伊斯兰教的新疆和西北等地区，信仰藏传佛教的藏区，党员干部因不信教而脱离群众，尽管在其工作时被允

---

① 参见笔者《中国大陆僧侣道士在海外弘法布道对促进中外经济往来及文化交流、和平共处具有战略意义》。

② 卓新平：《"全球化"的宗教与当代中国》，社会科学文献出版社2008年版。

许有着'入乡随俗'的便利，但其退休后仍会因不信教而陷入孤立，面临文化传统和风俗习惯上的巨大压力……其四，在汉族为主的城市、乡村，同样有着党员信教的现象，有些党员在退休后还发挥着当地宗教民俗活动中的骨干作用，有些党员在其工作、职业之外亦扮演着相关宗教或自发宗教组织中的关键角色。他们有了明显的宗教信仰，但毫无退党的表示或意愿，其中不少人认为这两种信仰并不矛盾，因为一种关涉彼岸与来世，为身（死）后或终极关切，另一种针对此岸与今世，为生前或现实关切，他们觉得同一人可以保持这两种不同维度，在不同层面追求不同的目标，达到不同的境界。

这些错综复杂的现象实际上已成为公开的秘密，只不过仍是一些人观念上或表述上的'禁区'而已。其实，只要有一个党员无论什么原因而信教的事实被确认，且其仍可以合法地留在党内，上述'禁区'实际上就已被打破。有人会觉得在现实生存、实际操作中对之可以灵活一些、模糊一些 即只做不说，但这却不能回避上述理论难题，找不到理论与实践的有机统一。对此，我们应从列宁等马克思主义经典作家的相关论述中得到启迪，提出客观、辩证、实事求是的相关政策和举措。"

卓新平从理论角度对宗教信仰与政治信仰的不同维度提出见解：

"在大多数情况下，宗教信仰之维是来世的、彼岸的、超越的、终极的，而与共产主义信仰理想的今世性、此岸性、现实性和实践性并不在同一层面，不具有同一维度。这种不同追求层次、不同价值维度的信仰在实际存在中应该可以和平共处、和而不同。在这种意义上，政治信仰应该可以与宗教信仰相区别，在其认识层面上使之相互分开、彼此脱离。对此，我们也必须认识客观真实，尊重现存事实，以发展的眼光重新体认马克思主义经典作家的相关论述，对中国当代党员尤其是基层党员现状做认真的调研和客观、准确的评估，以达致正确的政策调整。因此，两者之间关系上有更为积极的调适、更加主动的作为，或有更为明确的说法及规定，则可以避免各层党员干部在信仰审视上的错觉或失误，消除其在处理相互关系上的混乱及随便，防止其在信仰追求上的流失和嬗变。如果坚持或坚决强调宗教与共产主义信仰及无产阶级政党性质的根本不同，则应该在'工作需要'或'特殊地区'有其明确规定和说明，并为相关党员干部的'退休生活'及其'后顾之忧'作出妥善的安排，有着充满人道主义和同志情谊的关怀。"

卓新平研究员的理论探索，在现阶段中国具有十分重要的现实意义。也就是说，执政党与宗教的关系，在未来若干年中会成为一个越来越突出的问题，也直接涉及宗教在国家文化战略中的地位和作用。

笔者认为，在目前的历史阶段，中共党员不适宜成为任何一种宗教的教徒。首先，现代的宗教大都是按照基督教模式构成的现代社会团体，具备教主、教义、教规、教团、教徒、教堂等各种规范因素，是与政党结构相似而意识形态更强调集中统一的一种组织。因此，身为共产党员，却要参与另外一种严密的组织，除去负有特殊使命之外，肯定不能被允许兼备。其次，与宗教徒交朋友和成为宗教徒，是具有本质差别的，匍匐在神的脚下，往往得不到清醒的认识。最后，加入哪一种宗教比较合适，将成为无法回答的问题。

但是，正像我们已经意识到的，"宗教自由"与"宗教信仰自由"是两个范畴，在现实生活中存在着明显差异，前者是有形的，可以用行政手段控制的；后者是无形的，无法以行政手段加以控制的。我们可以屡次严格下禁令，不允许党员成为教徒①，但是却难以真正控制党员对宗教信仰的取向。

因此，在严格重申党的组织纪律的同时，有必要强调执政党必须把宗教文化作为文化战略中严密注视的对象，注重宗教文化对党员基本倾向的潜在影响。由于党员不同于普通群众，宗教文化的取向要和党的政治宗旨相一致，其倾向性应该是鲜明的毋庸讳言的。

卓新平研究员的书中写道：

"作为社会主义国家的古巴、越南的共产党员亦可以信教这一事实②，也对我们的宗教与无产阶级政党关系形成挑战。"

笔者感觉这虽然是挑战，同时也提供了一种借鉴。特别是越南共产党，"允许其党员保持越南传统宗教信仰但限制其信仰天主教等外来宗教"，这种做法实在是可圈可点。它反映出亚洲民族在精神文明方面的共同利益取向，即维护本民族的文化传统是亚洲政党必须对民众、对民族、

---

①　《一九九一年三月二十日关于妥善解决共产党员信仰宗教问题的通知》，见互联网。

②　古巴共产党于1991年10月第四次代表大会上修改党章，允许符合条件的宗教人士入党，并让其入党后可以继续参加宗教活动，将之视为古共的长期原则；越南共产党亦允许其党员保持越南传统宗教信仰，但限制其信仰天主教等外来宗教。

对国家做出的交代。

中国政府在 2011 年 9 月 6 日发表了《中国的和平发展》白皮书，界定出中国核心利益的范围。白皮书指出，中国的核心利益包括：国家主权，国家安全，领土完整，国家统一，中国宪法确立的国家政治制度和社会大局稳定，经济社会可持续发展的基本保障。

其中，首当其冲的"国家主权，国家安全"，应该包括了民族文化传统、民族宗教信仰、民族精神文明。失去了民族文化传统、民族宗教信仰、民族精神文明，何谈"国家主权，国家安全"？在中国当代的历史阶段，维护民族文化传统、民族宗教信仰、民族精神文明，是一件光明正大的事，应该成为国家文化战略的重要构成，也应该成为处理党员对宗教信仰态度的一项标准。

如果将"为政治信仰与宗教文化取向的并行不悖提供可能性"作为考察的题目，我认为，传统文化中诸如佛教、道教和儒教，除去可以纳入对 11 亿中间群众的教化系统之外，还可以成为提高党内群众素养的精神食粮。对于生活在和平环境中的执政党来说，党员的个人素养具有格外重要的意义。

儒教得到通过是毋庸置疑的，因为它目前更多的是一种思想，一种文化修养，而不是一类组织力量；共产主义之所以能够在中国取得成功，儒教数千年的"大同"社会思想、舍生取义精神和兼济天下的责任抱负，应该说为之奠定了基础。二者的内在联系很值得深入研究，不能只看到所谓"批孔"的一面，还应该看到正直、正派、正义的另一面。道教应该也是中国传统文化中非常具有民族色彩的成分，"治大国如烹小鲜"，教益多多，暂不在本文探讨之范畴。本文的最后论证是要讲清：佛教是否能够为政治信仰与宗教文化取向的并行不悖提供可能性？

笔者在《2010 中国佛教报告》[①] 中曾经写道："佛教经历二千余年，已经融入中华文化的血脉。佛教与民间信仰的融合，也是不争的事实。作为中国人，如果还不能理直气壮地扶植发展自己民族的传统宗教，不能给它一个自然复兴的生态环境，情何以堪？理何以堪？"

元代刘谧早在七百多年前就指出：

---

① 《中国宗教报告蓝皮书（2011 年）》，社会科学文献出版社 2011 年版。

儒教在中国，使纲常以正，人伦以明，礼乐刑政四达不悖，天地万物以位以育。其有功于天下也大矣！故秦皇欲去儒，而儒终不可去。

道教在中国，使人清虚以自守，卑弱以自持，一洗纷纭轇轕之习，而归于静默无为之境。其有裨于世教也至矣！故梁武帝欲除道，而道终不可除。

佛教在中国，使人弃华而就实，背伪而归真，由力行而造于安行，由自利而至于利彼。其为生民之所依归者无以加矣！故三武之君欲灭佛，而佛终不可灭。[①]

就佛教而言，作为执政党成员或具有民族意识的中国人，应该把它纳入自己必须了解和善待的对象之中，因为佛教文化具有下列积极意义。

（1）佛教即便实现了现代化转型，仍然不会成为像基督教那样的严密组织，这是其自身教义决定的，因为它的终极理论中不承认创世主、救世主，"自净其意"才是最高境界，即便出现野心家，他在违背这一终极理论的同时也就失去了作为佛教领袖的资格，因而不会构成对国家权力或社会其他团体的重大威胁。

（2）佛教主张非暴力、主张和平、主张众生平等，特别是主张"业报自作自受"，有利于心态平和、社会稳定、世界和谐，对于执政党以及向往和谐稳定的社会，这种主张具有真切的现实意义，比法律制裁和警力弹压更具有无所不在的化解矛盾的力量。

（3）佛教文化对于提高国民基本素养，杜绝"杀、盗、淫、妄、酒"，消减"贪、嗔、痴、慢、疑"，改善社会风气，调节人际关系，增进民族团结，扩大国际交流都会产生潜移默化的积极作用。

（4）佛教文化在中国具有二千多年的悠久历史，成为传统文化中不可或缺的组成部分，成为许多优良传统的现实载体，浸润佛教文化是传承中国文化自身必不可少的环节。

（5）佛教文化是中国民族文化的一部分，中国是佛教的第二故乡，汉地佛教、藏地佛教的祖庭都在中国，他们的教徒终究要心向中国，对于增强中国的凝聚力、向心力、软实力都具有固本培元的基础作用。因此我

---

① 《大正新修大藏经》第52册，《三教平心论》。

们主张以"文化佛教"为中国社会服务。同时要特别提示的是，警惕有些人以"文化宗教"的宽泛名义给外来敌对势力的渗透打开缺口。"文化佛教"与"文化宗教"是必须加以廓清的两个差距很大的概念，在当下提倡"文化宗教"的人如果不是别有用心，就是头脑糊涂。

总之，从文化战略的角度看，为了国家安全、社会稳定、民族团结、人心和谐，对佛教采取深入理解、积极扶植、善意引导、适度限制和充分利用的方针是完全必要的，甚至应该成为国策的一部分。

第二章 中国南传佛教在文化战略中的地位和作用

郑筱筠

南传上座部佛教经由泰国、缅甸传入我国云南边疆少数民族地区后，又经过长期的发展演变，逐渐形成了一个独具特色的中国南传上座部佛教文化圈。它主要分布在云南的南部、西部和西南部，现在的行政区划属于西双版纳傣族自治州、德宏傣族景颇族自治州、思茅市（普洱市）、临沧市、保山市、红河州这六个市州管辖，信仰南传上座部佛教的民族主要有傣族、布朗族、德昂族、阿昌族、佤族和彝族。其中，傣族、布朗族基本上是全民信仰，大部分德昂族、阿昌族，一部分佤族、彝族信仰上座部佛教。当代中国南传佛教的发展非常快，尤其是近 30 年来，中国南传佛教对自身系统，无论是教义理论系统，还是修行实践系统，都有所发展和突破，因此，本报告拟把握文化主体性和宗教实体量两条线索，总结 30 年来的变化发展轨迹，对中国南传佛教的发展进行前瞻性分析，并总结和反思其 30 年来的发展变化，以期正确认识中国南传佛教在中国文化发展战略中的地位和作用。

一 中国南传佛教文化主体性 30 年发展状况

（一）佛学建设

与汉传佛教和藏传佛教不同，中国南传佛教严格恪守部派佛教的传统，没有过多地在神学理论方面发展自己，同时由于自身传统的局限性以及诸多历史原因，中国南传佛教在神学方面并没有取得很大发展，而是强调禅修实践。但是在近几年来，南传佛教在欧美国家传播迅速，在台湾、香港地区发展快速，大批东南亚国家的南传佛教僧人到台湾地区教授南传内观理论和修行方法，也有中国僧人和感兴趣的人前往东南亚国家禅修中心学习。与此同时，中国南传佛教开始受到人们的普遍关注。在此形势下，中国南传佛教在加强制度建设的同时也开始加强自己的佛学理论建设。

注重禅定修行，并发展完善的禅修理论体系是南传佛教迥异于大乘佛教的特色。20世纪80年代以来，中国南传佛教开始注重发展自己的独特性，强调发扬传统，以西双版纳—思茅地区为例，其南传上座部佛教派别主要以润派为主，因此，在制度层面上的变化就相对来说显得单纯一些。过去在傣历二月份的豪干节，全体比丘以勐为单位的要集中在中心佛寺的空地上搭建茅棚，精进用功，时间十天十夜。上午、初夜、午夜三次坐禅，早晚集体上殿礼佛诵经，正午集体进布萨堂自恣，然后列队出堂，各人左手持贝叶团扇，右手持禅杖，偏袒右肩，赤脚行走，胸前挂钵，结队到村寨乞食，信众们则集中在村边供僧，完全模仿古代僧伽生活方式，这是西双版纳傣族自治州"润派"上座部佛教所特有的。现在的西双版纳橄榄坝的曼听佛寺就一直遵守这一托钵制度和布萨羯磨制度。

近年来，中国南传佛教为了开示佛陀正法，学习佛陀教义，践行佛陀戒定慧三学，亲证佛陀教导，体验禅定、经行、托钵的出家生活，从日常行、持、坐、卧中陶冶、熏习，真正体验僧团和乐清净的生活，以培养对佛法的正见与信心，2009年8月11日在云南省佛教协会南传工作委员会众长老的倡导下，首届西双版纳地区各寺院南传长老比丘止观禅修营安居期在曼听佛塔寺正式开营。本次止观禅修活动得到西双版纳境内各寺院住持长老的积极响应，纷纷欲将本寺的比丘送往曼听佛塔寺止观禅修林，进行止观系列禅法的系统性实修。据曼听佛塔寺都罕听长老介绍："上座部佛教止观禅法是佛陀住世时所传授的系统性极强的修行方法，是每个僧人日常生活所必须的，这样的活动受云南省佛教协会及各寺院长老的委托将长期开展下去，其目的是使佛陀的正法传续国内教区而利益四众。"首届活动的前几期主要由本地区各寺院的主持长老和各寺院的众比丘带领，进行密集型的实修，业处指导教授师为都罕听尊者。在禅修活动中，严格按照佛教教义和戒律进行禅修，其修行生活之严格令整个南传佛教信仰地区所赞叹。这大大加强了中国南传上座部佛教的佛学理论建设，提升了僧团对佛学理论的学习意识。

　　值得关注的是，近几年来南传上座部佛教的传播和发展造成中国佛教信仰空间分布出现变化。首先，很多汉传佛教寺院开始举办南传佛教的止观禅修培训班，其目的在于为了让中国的禅修者有机会深入体验南传上座部佛教传承的止观禅修方法，并系统地学习上座部三藏佛法。例如，江西省佛学院（江西省靖安县宝峰禅寺），分别在 2007 年、2008 年、2009 年举办了南传上座部佛教止观禅修营，特邀担任缅甸帕奥禅林业处导师的玛欣德尊者指导禅修并开示佛法，学员的禅修内容以坐禅和经行为主。由于是面向全国招生，因此，报名学习南传佛教止观禅修课程班（或夏令营）的人很多。另外，在沈阳和广东、福建都有很多汉传佛教寺院，如福建省龙岩市长汀县南禅寺等，都在举办南传佛教禅修班。

　　这些汉传佛教寺院举办南传佛教禅修班的共同特点是，选用的教材基本上都是当代缅甸和泰国有影响的高僧的理论，甚至专门邀请东南亚佛教国家的高僧或者是从中国到这些国家去禅修、并获得一定成就的僧人来授课，如现在缅甸的玛欣德尊者生于中国广东省，俗姓林，2002 年于缅甸帕奥禅林受具足戒后，在戒师帕奥西亚多（Pa-Auk Tawya Sayadaw）的指导下修习止观。2004 年 5 月起，在帕奥西亚多身边帮助华人禅修者做翻译及禅修辅导工作。2006 年 3 月起，任缅甸帕奥禅林业处导师。已出版的译述著作有《大护卫经》《比库巴帝摩卡》《沙马内拉学处》《上座部佛教修学入门》《阿毗达摩讲要（上）》《上座部佛教念诵集》《止观法要》等。由于近年来玛欣德尊者常受邀到中国大陆、台湾、新加坡、马来西亚等地指导止观禅修和讲授"阿毗达摩"，开始具有一定影响力，许多人通过他而了解了南传佛教的佛学理论。因此，在某种程度上助长了南传佛教热。很多人开始对南传佛教感兴趣，东南亚南传上座部佛教禅修理论在汉传佛教传统信仰区域的一定范围内开始受到重视。

　　我们要看到的是，虽然南传佛教的禅修理论通过汉传佛教的平台开始在汉传佛教区域内得到了推广，但这却造成汉传佛教传统信仰区域空间分布在某种程度上出现了变化。

　　其次，由于直接去东南亚国家学习南传佛教的机缘还不太成熟，因此，很多人把目光投向了与东南亚国家接壤的云南——中国唯一的南传佛教传统信仰区域，希望在中国南传佛教中寻找自己的答案。因此，这天然的"地缘"和"人缘"等因素开始让人们把注意力投向中国南传佛教，很多人开始到中国南传佛教区域去禅修，或者短期出家，甚至还有汉传佛教寺院的僧人到西双版纳傣族自治州的寺院去学习。这对上座部佛教理论的执着，导致中国南传佛教传统信仰区域出现了非传统意义上的信众，中国南传佛教传统信仰空间被分割。

（二）出版物

近 30 年来，为了进一步加强自身队伍建设，提高水平，培养高素质的僧才，中国南传佛教界和学术界分别出版了大量的文章和著作，兹分别从两个主体来论述。

1. 中国南传佛教界刊行物

2003 年云南佛教协会创办《彩云法雨》（内部刊物），开始在各期对中国南传佛教的有关情况有了一些介绍，这是中国南传佛教通过云南省佛教协会提供的平台向外宣传的一个窗口，虽然囿于作者群较窄，每一期所发表的南传佛教文章量很少，但这却是中国南传佛教在对外宣传的意识和途径方面的突破，是中国南传佛教开始对非传统南传佛教区域介绍自己的一个平台。

此外，为了加强制度建设和道风建设，提升自己的影响力，中国南传佛教界编辑教材，提高僧众及居士的佛学水平。例如，德宏傣族景颇族自治州佛教协会决定，专门组织佛学水平较高的傣族僧侣编辑了适合云南德宏巴利语佛教的培训教材，这些教材是：《色本帕拉》（佛的历史）、《喊外帕拉》（拜佛诵经）、《巴利农》（巴利语经典）、《台尚底千》（教规戒律）四种教材；在州有关部门的大力协助下，目前已经印刷出书。这在中国南传佛教发展史上是一个极大的进步，其意义在于：第一，改变了师徒授课的方法和经书的传播方法。印刷本的出现是一个很大的进步，它标志着佛教的传播从口耳相传的师徒面对面授课方式进入到强调人的自觉学习进程；第二，极大地改变了过去用手写本经书传教的方法，有助于经书的保存和携带；第三，它不仅适用于巴利语系佛教对僧侣和居士的培训，同时，它还有助于学者等更多对之感兴趣的人来了解巴利语佛教。它的出版使更多的人可以接触到巴利语佛教，同时这也意味着云南德宏佛教开始转变思想观念，不再局限于本区域的自觉传播，而是主动打开大门，让自己走出去，也让人们走进来。

2009 年云南省佛教协会、云南省佛学院中国南传佛教网专门组织翻印了大批南传佛教经典书籍，如玛欣德尊者译《比库巴帝摩卡》、《上座部佛教课诵集》和帕奥尊者编《智慧之光》等。此外由《中国南传佛教网》组织印刷的首批《南传佛教佛陀教育系列丛书》是：第一册，玛欣德尊者编译《上座部佛教修学入门》；第二册，毗耶达西法师编《佛陀的古道》《南传经集》；第三册，《受戒仪规》《分文不取》；第四册，玛欣德比库编著《大护卫经》；第五册，《觉悟之路》《观察缘起》（上、下卷）；第六册，觉音尊者著《清净道论》（上、下卷）；第七册，帕奥禅师《去尘除垢》、帕奥禅师《转正法轮》；第八册，玛欣德尊者编译《沙马内拉学处》。这些书籍虽然最早是出现在"觉悟之路"网、"中国南传佛教网"等网站大量转载，让人们阅读，后来由云南佛学院"中国南传佛教网"以居士或信众捐印的方式刊印为内部流通物。这是20世纪90年代以来，首批介绍东南亚南传佛教方面的书籍，因此，虽然流通范围不广，却有意义。

2. 学术界的出版物

由于中国南传佛教在我国境内只存在于云南省西南部和西部地区，在这些区域内信仰南传佛教的大多为少数民族，如傣族、布朗族、阿昌族、德昂族，部分彝族和佤族等，对于汉族学者来说，这无疑增加了研究的难度，因此，学术界对中国南传佛教的关注不多，学术研究成果也不是非常多。但是，随着增加宗教社会科学研究领域队伍的不断壮大，已经有越来越多的人开始从不同的学科方向去研究南传佛教。目前呈现出来的研究成果主要分以下几个方面。

第一方面，佛教教理、教义、佛教史的研究部分。学术界在这一领域的研究较为薄弱，目前还没有一部中国南传佛教史。邓殿臣的《南传佛教史简编》（中国佛教协会，1991年出版，内部发行）一书中专门有一章来论述傣族地区的南传佛教概况。王海涛的《云南佛教史》也专门对云南南传佛教进行了介绍，从南传佛教的传入、教派、制度、经典、教义、寺塔、佛教与傣族文化、现代佛教几个方面来论述云南南传佛教的发展，但缺乏从历史的角度对佛教的发展进行一个系统的梳理。

第二方面，佛教与民族文化的关系的研究部分。这是目前学术界关注最多的领域，如王松的《傣族佛教与傣族文化》（云南民族出版社1989年版）直接以傣族为研究主体，论述了傣族佛教与傣族文化之间的关系；刘岩的《南传佛教与傣族文化》（云南民族出版社1993年出版）对南传佛教与傣族文化之间的关系进行了详细的描述，其中对于佛教入滇的历史、佛教及教义、佛教徒的宗教生活、佛经文字及经典傣文等方面都有论述。在这本书中，作者大胆地提出傣族先民大迁徙的假说。这一假说一直在被人们论证，越来越多的证据表明刘岩先生在 1991 年就提出的迁徙论是成立的。此外，杨民康《贝叶礼赞——傣族南传佛教节庆仪式音乐研究》（宗教文化出版社 2003 年版）选择傣族音乐为突破口，探讨了傣族佛教节庆仪式音乐的文化传承系统和文化变迁。除了这本著作外，杨民康还发表了几篇佛教仪式音乐的文章，如《中国境内南传上座部佛教课诵仪式音乐研究》等，作品立意新颖，切入点独特，有大量丰富的田野调研经验，故而论述深刻。谭乐山《南传上座部佛教与傣族村社经济》（云南大学出版社 2005 年版）一书虽然非常薄，但却为我们提供了南传佛教对村民个体的经济行为和村社经济整体会有怎样的影响这样一个独特的视角。吴之清的《贝叶上的傣族文明——云南德宏南传上座部佛教社会考察研究》（巴蜀书社 2007 年版）选取云南德宏南传上座部佛教社会为考察对象，研究南传佛教对傣族社会文化的影响。另有大量的论文从多学科的角度，运用历史学、文学、人类学、民俗学等学科理论研究方法对佛教文化进行关注，《傣族〈兰嘎西贺〉故事不同版本原因初探》（《民族艺术研究》2004 年 2 期）、《佛教根本说一切有部与傣族〈召树屯〉之关系》（《佛教文学研究论文集》，复旦大学出版社 2004 年版）、《试论佛教对傣族龙文化的整合作用》（《宗教与民族》第二辑，宗教文化出版社 2003 年版）、《佛教故事与傣族〈召树屯〉故事渊源》（《云南社会科学》2001 年第 2 期）、《贝叶经与〈召树屯〉故事不同版本之关系》（《民间文学研究》2001 年第 3 期）等文章对中国南传佛教与傣族文化的关系进行了深入的探讨和研究。此外，胡琰的《边界与逾越：傣族泼水节仪式的文本性》（中央民族大学，2007 年硕士学位论文）指出泼水节仪式流变的时空性和文本性，郑筱筠的《人类学视域下南传佛教的中国阈限理论分析——以南传佛教管理体系中的安章现象为例》（《思想战线》2010 年第 2 期）则从宗教人类学的角度，运用宗教人类学阈限理论，对南传佛教管理体系中的安章现象进行了研究，指出西方人类学家提出的阈限理论有不足，并对之进行了进一步分析，以期对中国宗教研究领域的阈限理论构建体系补充。此外，还有大量论文集中于南传佛教壁画、建筑艺术、佛教与民族文化的关系等方面。

第三方面，关注南传佛教的研究。刀述仁的《南传上座部佛教在云南》（《法音》1985年第1期），黄夏年的《云南南传上座部佛教研究四十年》（《佛学研究》1992年创刊号）、黄夏年、侯冲的《云南上座部佛教四十年》（《世界宗教研究》1993年第2期）等对于云南南传佛教的研究状况进行概述性回顾；姚珏的《傣族本生经研究——以西双版纳勐龙为中心》（《世界宗教研究》2006年第3期）以西双版纳勐龙地区的本生经传承历史的变化为例进行考察，指出了西双版纳州南传佛教的傣族化、地方化特点。王晓帆的《中国西南边境及相关地区南传上座部佛教塔研究》（上海同济大学，2007年博士学位论文）以佛塔为研究对象，梳理云南南传佛教与东南亚佛教国家的历史流变，从塔的类型演变等角度来论述佛教的发展。陈勉的《试论傣族村社南传上座部佛教的世俗化与发展趋势》（《云南社会科学》2008年理论专辑）指出南传佛教在现代社会的发展及其世俗化特点。周娅的《〈中国贝叶经全集〉九大问题述略》（《思想战线》2007年第6期）指出100卷《贝叶经》在翻译过程中存在的9个问题。郑筱筠的《中国云南南传佛教的民族性特征》（《宗教与民族》第5辑，宗教文化出版社2007年版，第76—85页）、《历史上中国南传上座部佛教的组织制度与社会组织制度之互动》（《世界宗教研究》2007年第4期）、《中国云南南传佛教的民族性特征》（日语）（《日本巴利语佛教研究》第21号，2007年12月）、《历史上中国南传上座部佛教与社会和平》（台湾《宗教哲学》2007年12月（卷42）、《中国南传佛教信仰地区泼水节的区域性特征》（日语）（《日本巴利语佛教文化学》第22号第3—26页，2008年12月）、《中国南传佛教与社会和谐》，（《宗教之和，和之宗教》，社会科学文献出版社2009年版）、《试论南传佛教的生态文明》（《佛教与生态文明》，宗教文化出版社2009年版，第131—140页）、《中国南传佛教的"凡尘使命"——中国南传佛教的慈善事业》（《中国宗教》2009年第6期）、《中国南传佛教管理体系中的安章角色》（《宗风》乙丑·夏之卷，宗教文化出版社2009年版，第262—271页）、《试论中国南传佛教的宗教管理模式》（《宗教与世界》2010年第8期）等文章则对南传佛教研究领域的诸多问题进行了探讨。

从最近十年来的学术界研究成果来看，20世纪80年代的研究成果着重从民族文化的角度来关注佛教与民族文化的关系，而现在随着中国宗教社会科学研究路径的拓宽，很多跨学科、跨领域的研究方法开始进入中国南传佛教的研究领域，相信这样的研究理论和方法将使中国南传佛教的研究呈现出立体多元的特征，为人们进一步认识中国南传佛教提供全方位的视角。

（三）会议及其主题

1990 年 12 月中国佛教协会第一次南传佛教工作会议在西双版纳傣族自治州召开，全国政协副主席、中国佛教协会会长赵朴初主持并考察西双版纳州的民族宗教工作。赵朴老在这次会议上结合云南的实际情况，概况了宗教的五性。这个概况使人们对今后的工作有了一个清晰的脉络。同时肯定了中国南传佛教在与东南亚佛教国家交往过程中的重要作用。

1996 年中国佛教协会第二次南传佛教工作会议在德宏傣族景颇族自治州召开。在这次会议上，大家秉承赵朴老的思路，在不断发展的新形势下，讨论了中国南传佛教如何与社会主义社会相适应、如何发挥积极作用促进社会主义社会的发展等问题。在当时,因有些宗教政策还未深落实，南传佛教面临种种困难，这次会议的召开，稳定了大家的情绪，增强了南传佛教僧侣的信心，加强了中国南传佛教的凝聚力，坚定了大家克服困难的决心。

2005 年 12 月 13 日至 14 日，中国佛教协会第七届理事会南传佛教工作委员会暨第三次南传佛教工作会议，在云南景谷县威江远宾馆隆重举行。会议由中国佛教协会副会长、云南省佛教协会会长、南传佛教工作委员会主任刀述仁居士主持，中国佛教协会副会长、云南省佛教协会副会长、南传佛教工作委员会副主任祜巴龙庄·勐致开幕词，中国佛教协会副会长圣辉法师、中央统战部二局褚有奇处长、国家宗教事务局一司杨伯明副司长分别作了重要讲话，云南省委统战部杨佑均助理巡视员、省宗教事务局郭滇明副局长、思茅市谢伟副书记、景谷县刘新成县长分别代表云南省、思茅市、景谷县党政主管部门讲了话。来自云南省各州市县党政主管部门的领导以及佛教协会和南传佛教寺院的高僧大德一百多人参加了会议。会议的主要任务是：以邓小平理论和三个代表重要思想为指导，贯彻科学发展观，围绕上座部佛教工作的重要性和特殊性，以加强自身建设、健全制度、培养人才、稳定政策、维护权益为主题，共商南传上座部佛教的发展大计。

2006 年 4 月 13—16 日首届世界佛教论坛在浙江杭州和舟山举行，这次佛教论坛的主题是"和谐世界，从心开始"，提出"心净则国土净，心安则天下土安，心平则世界平"。

2009 年是《宗教事务条例》颁布 5 周年，中国佛教协会对 5 年来贯彻《条例》的情况进行全面总结，推广经验，查找不足，促进《条例》的贯彻落实，公布了《汉传佛教教职人员资格认定办法》《藏传佛教教职人员资格认定办法》《南传佛教教职人员资格认定办法》《汉传佛教寺院住持任职退职办法》，这是《宗教事务条例》的配套措施，政策性强，涉及面宽，工作量大。其中 2009 年 5 月 8 日中国佛教协会第七届理事会第四次会议通过《南传佛教教职人员资格认定办法》。这是中国佛教界加强制度建设的一个重要举措。加强制度建设是佛教事业发展的必然要求。

《南传佛教教职人员资格认定办法》具体内容如下。

……

第二条　本办法所称南传佛教教职人员（以下简称教职人员）是指受过比库戒、具有相应职称或荣誉称号的比库（都、法、召章）、帕希提（吴巴赛）、帕萨米、帕祜巴、帕松列、帕松列尚卡拉扎等南传佛教僧侣。

教职人员应当具备以下基本条件：

（一）拥护中国共产党的领导，拥护社会主义制度，爱国爱教，遵守国家的法律、法规、规章和政策，维护民族团结。

（二）坚持独立自主自办的原则，积极引导信教群众与社会主义社会相适应。

（三）热爱佛教事业，信仰纯正，品行良好；受过正规的佛学教育，有一定的佛教学识；遵守教规戒律和佛教协会的规章制度。

（四）身体健康，六根具足。

……

第四条　教职人员除具备本办法第三条规定的基本条件外，按职称或荣誉称号不同还应具备以下条件：

（一）比库（都、法、召章），年龄在 20 岁以上，本人自愿出家并经父母同意；在当地州（设区的市）或县（市、区）中心佛寺培训、考察 1 个月以上，有一定的佛教学识。

（二）帕希提（吴巴赛），受比库（都、法、召章）戒 10 腊以上，年龄在 30 岁以上；戒律严明，具有较高的佛教学识，在信教群众中有一定威信；具有管理寺院和本寺僧团的基本能力。

（三）帕萨米，受比库（都、法、召章）戒 15 腊以上，年龄在 35 岁以上；戒律严明，在云南佛学院接受过培训，有较高的佛教学识；能管理好本寺僧团，能引导信教群众过好宗教生活。

（四）帕祜巴，受比库（都、法、召章）戒 20 腊以上，年龄在 40 岁以上，戒律严明，在云南佛学院受过正规教育，有较高的佛教造诣和较强的教务管理能力。

（五）帕松列、帕松列尚卡拉扎，受比库（都、法、召章）戒 40 腊以上，具有佛学本科或相当于本科以上学历，有深厚的佛教造诣及献身佛教事业的精神，品德高尚，在信教群众中有较高威望。如佛教造诣很深、持戒严谨、信教群众特别需要，戒腊标准可适当放宽。

……

《南传佛教教职人员资格认定办法》的制定使中国南传佛教的管理更加趋于规范化和制度化。

2009 年 3 月 28 日至 4 月 1 日，来自世界佛教汉传、藏传、南传三大语系近 50 个国家的 1700 多位高僧大德、著名佛教学者、政要和社会各界人士出席了"第二届世界佛教"论坛，会议主题是"和谐世界，众缘和合"，两岸佛教界的通力合作，携手共办论坛，既是论坛主题的具体体现，也是两岸关系走向和平发展的生动见证。该届论坛的召开，必将对进一步加强两岸佛教交流、推动两岸关系和平发展、促进祖国统一大业，发挥重要的积极作用。其中来自中国南传佛教界的高僧也出席了这次论坛，与来自世界各地的僧侣都展开了良好的交流和对话，增进了彼此之间的了解和友谊。

（四）仪式活动

每天的课诵情况。临沧市南传佛教在寺僧侣每天按照时间安排，念经书 5 次：黎明时候念《矣早布坦》经；早饭前念《南无》和《米布坦》；下午念《南无弥》；日落后念《大门经》；夜间临睡前念《受戒经》。西双版纳傣族自治州和德宏傣族景颇族自治州以及普洱地区等南传佛教信仰区域的安排基本也一样。

由于各地佛寺的具体环境条件存在差异，致使它们在早课、晚课的活动规模、方式和时间上均存在某些不同之处。例如在规模上，西双版纳州景洪市的瓦八吉佛寺和勐海县的勐混佛寺每次早、晚课诵都保持在70—80人，有一至数名比丘带诵。德宏州喊沙佛寺也有20余人参与。而在德宏州芒市镇的菩提寺，则往往只有较少的几位僧侣每天进行课诵。课诵规模的不同，往往影响到课诵方式存在差别，在时间安排上，规模大者，一般有较固定、统一的起止时间；规模小的，时间安排上也就往往比较自由一些。

2004年1月31日，中国南传佛教举行新中国成立以来首次南传佛教僧侣升阶仪式，来自国家宗教局的领导，中国佛教协会、缅甸佛教界、中国汉传佛教界、藏传佛教界高僧以及来自缅甸边境的数千名群众与西双版纳州各族群众一起庆贺西双版纳州佛教协会会长祜巴龙庄勐从"都"这一级僧阶晋升为"祜巴"一级。这一活动表明中国南传佛教僧阶的晋级活动重新开始恢复。

（五）宗教教育及信徒文化素质

1. 寺院教育

傣族历史上长期生活在浓郁的南传佛教文化氛围之中，受到佛教思想的熏染，极为虔诚地信仰南传佛教。这一信仰文化已经成为他们的文化传统，几乎成为傣族的文化象征符号。傣族地区几乎村村寨寨都有佛寺，人们对宗教的信仰极为虔诚，傣族信仰的南传上座部佛教要求每个男子一生中要出家过一段时间的僧侣生活，学习知识和文化，以解脱人生的烦恼，实践佛教戒律，这样才能成为新人或是受教化的人，才有权利成家立业。不当和尚就要被人看不起，认为他们是不懂伦理道德的野人，被称为"岩令"，会被人歧视。因此，傣族男孩一般在6～10岁就要被送入寺院接受教育。送孩子入寺为僧成为傣族家庭生活中的一件大事，入寺时要举行热烈而隆重的升和尚仪式。这是傣族男子一生中极其荣耀的大事。

20世纪80年代后，由于受传统观念的影响，部分傣族、布朗族男性适龄儿童到佛寺当和尚，未能接受很好的国民基础教育，影响了傣族、布朗族的文化素质。对此，西双版纳州政府采取措施：一是在州里制定的

《西双版纳傣族自治州民族教育条例》中明确规定宗教不能干涉教育，适龄儿童不准当和尚，和尚要到学校接受义务教育的内容；二是成立了宗教与教育协调小组；三是佛寺住持、家长和学校相互配合，保证适龄和尚要到学校读书。例如，景洪市勐龙镇制定了《升和尚的规定》，要求新当和尚的，家长要与镇政府签订合同，保证完成九年义务制教育。勐海县在《关于处理宗教与教育关系的实施意见》中规定"未取得高小毕业证书的男性适龄儿童和少年一律不准入寺当和尚"；四是办好云南佛学院西双版纳分院，到 2000 年底，全州共有和尚学生 2150 人，占适龄和尚的 42.6%。

现在为了妥当地处理这一矛盾，利用学校假期或是节假日到寺院短期出家成为中国南传佛教区域的一个亮点。家长们表示，把孩子送到寺院，只是为了"让孩子更好地学习如何做人"，从这一现象可以看出，南传佛教寺院在群众中的伦理教化功能仍然是根深蒂固的。

2. 僧界人才的培养

创办云南佛学院和各佛教分院，努力培养僧才，提高僧人队伍素质。中国上座部佛教教育体系虽已初具雏形，但各地区发展不平衡，各级佛教教育衔接不够，各州之间教育资源缺乏整合，教育水平参差不齐。同时，缺乏佛教高级佛学研究人才，僧众在佛寺中忙于各种法事，缺少精通巴利文、精研三藏的学者。因此，加强僧才培养是佛教界共同关心的主题。目前我国普及九年制义务教育，就需要协调传统佛寺教育与现代学校教育的关系，这一问题已得到基本解决。目前采取的方式是：儿童首先接受 6 年制小学教育，小学毕业时（约十二三岁）方能剃度出家，成为沙弥。剃度后仍需接受初中阶段义务教育，星期一至星期五白天在学校上文化课，夜晚及星期六日在寺院学习傣文、佛教课诵、沙弥律仪及傣族传统道德伦理。平时保证学校课程，重大佛教节日才可向学校请假。很多村寨的孩子白天在学校学习科学文化知识，晚上又回到寺院学习佛教知识。住持本寺的长老，对到学校读书的和尚生，寺内值日给予减免，一般情况下，如果不是重大的宗教节日就不叫在学校读书和尚生回寺院。初中毕业后既可考入高中继续升学，也可报考云南佛学院版纳分院深造。目前已有多位身披袈裟在普通高中乃至大学就读的学僧，云南省佛协副秘书长康南山就是首位在云南民族大学以南传上座部佛教僧人身份就读和毕业的。目前，西双版纳州在校和尚生 2731 人，占适龄和尚 51.8%，其中大专 9 人，中专 36

人，高中 5 人，初中 1584 人，小学 1095 人。

云南佛学院版纳分院学制三年，与当地一所中专合作办学，语文、数学、英语、物理、化学等基础文化课由中专教师授课，傣语及佛学课由总佛寺法师授课，毕业后同时获云南佛学院版纳分院及该中专毕业证书。毕业学僧无论是继续报考上级佛学院或普通高校，还是还俗就业，均具备相应资格。在学期间，学僧须向中专缴纳一定数额的优惠学费，而总佛寺不仅负担学僧生活开支，佛学课程还完全免费。云南佛学院版纳分院借鉴泰国僧伽教育课程，佛学课本由泰语教材翻译成傣语，分成三级课程：第一学年学习初级戒学（主要是 227 条比丘戒及解释）、经论选读、初级作文及佛本生传；第二学年学习中级戒学（如衣钵作法等）、经论选读（偏重定学）、中级作文及佛弟子传，另授傣族历史文化知识；第三学年学习高级戒学（如羯磨作法等）、经论选读（偏重慧学）、高级论文作法及南传佛教史等，另授宗教法律法规基础知识。

在西双版纳，除云南佛学院版纳分院于 1995 年 5 月正式挂牌成立外（时称西双版纳州上座部佛教学院），1996 年、1998 年及 2004 年，州内勐混佛教学校、勐罕佛教学校和大勐龙佛教学校相继成立。近年来，云南佛学院版纳分院共招生 229 人，毕业 63 人，现有在校学僧 71 人；勐混佛教学校、勐罕佛教学校和大勐龙佛教学校共招生 165 人，毕业 126 人，现有在校学僧 23 人。德宏州上座部佛教佛学院已于 1993 年获得批准，2000 年成立了筹建领导小组，2004 年德宏州发展计划委员会作了立项批复。

学僧从云南佛学院版纳分院毕业后，可报考云南佛学院。云南佛学院由云南省佛教协会主办，1999 年成立于昆明，设有汉传佛教、南传佛教及藏传佛教班，旨在进一步提高文化水平，培养三大语系佛教交流人才。2004 年，南传佛教班共招收 42 位学僧，除继续学习上座部佛学知识及三大语系佛教史等佛教课程外，还由云南民族大学教师讲授汉语文、英语等大学文化课，通过高等教育自学考试者获得大专毕业证书。学僧毕业后可到国内外大学继续深造。

鉴于云南南传、藏传僧侣中汉语文水平偏低的现状，云南省佛学院与云南民族学联合开设"云南佛教年轻僧人汉语文大专班"。其教学内容主要以成人教育汉语言文学专业规定的课程内容为主，佛教基础知识为辅。学员按照佛学院的安排参加佛事活动。成人教育大专课程由云南民族大学民族文化学院组织教学。佛教知识、宗教政策、时事政治和后勤工作由佛学院负责安排。大专班的教学计划是第一学年，学员补习成人高考规定的课程，参加成人高考。成人高考录取者，参加第二至第四学年成人教育汉语言文学大专科专业规定的课程学习。学习期限四年，全日制，第一年为大专预科课程。第二、三、四年为大专课程。

云南上座部佛教还充分利用省外乃至境外佛教教育资源，选派学僧到国内外参学。截至 2005 年，据不完全统计，已选送到福建佛学院 4 人，广东南华佛学院 8 人，上海华林佛学院圆明讲堂 25 人，江西佛学院 33 人，斯里兰卡 4 人，泰国 10 人，缅甸 5 人，丰富了上座部佛教人才的培养方式。除公派留学外，还有不少学僧自费赴泰缅等国学习巴利语、阿毗达磨等高级佛学课程。经过多年刻苦学习，这些学僧取得了可喜的成绩，已有多名学成归国，成为佛教教育和各项佛教事业的骨干力量。

南传佛教的这一举措大大提高了僧人的素质，加强了僧侣队伍的建设，为佛教的发展作出了很大的贡献。

2010 年全国政协常委、中国佛教协会副会长、云南省佛教协会会长刀述仁呼吁中国应成立巴利语系高级佛学院。据《中国民族报》2010 年 3 月 9 日报道，刀述仁在接受记者采访时说："我最大的心愿，是希望能在有生之年看到中国有一座属于南传佛教的佛学院，培养自己的南传佛教人才，促进佛教文化更好地传播与交流。"目前，巴利语高级佛学院已经在云南西双版纳傣族自治州开始筹建。

二 中国南传佛教实体量 30 年发展状况

（一）活动场所的数量及规模

根据 2004—2005 年云南宗教局统计，云南省南传佛教宗教场所有 1671 座[①]，具体分布如下。

1. 西双版纳傣族自治州情况

根据 1955 年云南省边工委对景洪、勐海和勐腊三县 11 勐 230 个村的调查统计，共有 183 座佛寺，佛寺总数占村落总数的 79%，即约 80% 的村落

---

① 杨学政主编：《2004—2005 年云南宗教情势报告》，云南人民出版社 2006 年版，第 6—7 页。

都有自己的佛寺；根据州委统战部和州佛教协会 1992 年调查，全州共有佛塔 68 座；根据 1993 年州佛教协会调查统计，州内布萨堂（傣语"布苏"或"播苏"）共有 63 座。这是专为片区内大佛爷以上职位的僧人按每月的上半月 15 日和下半月的 15 日，即傣语称"楞丙"和"楞拉"两天，前往集会，举行念经、忏悔仪式和共同商议佛教大事的活动场所。除大佛爷以上的僧侣外，任何人，包括本寺院的和尚在内，均不得随便进入。①

1997 年 1 月，西双版纳州开展了宗教活动场所登记工作，州民宗局成立了宗教活动场登记领导小组。在登记工作中，通过下发文件、召开会议、举办培训班、印发宣传材料，得到了广大宗教教职人员的理解和支持。同时，积极和土地、城建等部门协调，密切配合，做好登记工作中土地使用权和房屋产权证的办理工作。据统计，在半年多的登记工作中，全州成立了领导小组 24 个，抽调参与登记人员 419 人，举办培训班 48 期，培训 1457 人次，召开各种会议 1401 次，参与 68445 人次，印发各种宣传材料 7212 份，投入资金 12.68 万元。全体登记工作人员按照登记条件，认真审核，对符合设立宗教活动场所登记条件和举办法人资格条件的宗教活动场所依法进行登记，对不具备宗教活动场所登记条件的，做了暂缓登记的决定，并对其说明原因，提出整改措施和期限。经过认真审核，全州有宗教活动场所 579 所，符合 6 个登记条件并予以登记的有 573 所，暂缓登记的有 6 所。应该说，经过这次审核登记后的西双版纳傣族自治州佛教寺院被有效地纳入到政府的管理体系范围之内，其意义远甚于登记本身。

2000 年至 2001 年初，全州有 551 座佛寺。

2. 德宏傣族景颇族自治州情况

2005 年 1 月至 5 月，德宏州民宗局完成了宗教活动场所年检。全州共有 905 所，宗教活动的场所参加年检，年检合格率为 100%。依法登记的 905 所场所中，南传上座部佛教寺院 602 所，汉传佛教寺院 65 所，基督教堂 228 所，天主教堂 8 所，伊斯兰教清真寺 1 所，道教宫观 1 所。

3. 临沧市

南传佛教是临沧信教群众最多的宗教，分布在耿马、沧源、永德、镇康、双江、临翔、凤庆 7 县（区）所辖 38 个乡镇的 125 个村委会或社区，

---

① 西双版纳傣族自治州民族宗教事务局编：《西双版纳傣族自治州民族宗教志》，云南民族出版社 2006 年版，第 179—181 页。

1个农场。傣族、佤、布朗、德昂、彝等民族信仰。具体是耿马自治县8个乡镇和1个农场：孟定镇、勐简乡、耿马镇、勐永镇、芒洪民族乡、四排山乡、勐撒镇、贺派乡、华侨农场。沧源自治县7个乡镇：勐省镇、勐来乡、班洪乡、班老乡、芒卡镇、勐董镇、勐角民族乡。永德县6个乡镇：永康镇、德党镇、勐板乡、大山乡、班卡乡、崇岗乡。镇康县7个乡镇：南伞镇、凤尾镇、勐堆乡、军赛民族乡、木场乡、忙丙乡、勐捧镇。双江自治县3个乡镇：勐勐镇、勐库镇、沙河乡。临翔区6个乡镇：章驮乡、蚂蚁堆乡、忙畔街道办事处、博尚镇、凤翔街道办事处、圈内乡。凤庆县1个乡镇：营盘镇。

以临沧市沧源佤族自治县为例，2009年南传佛教寺院共有佛寺（活动场所）79所，其中已经登记的有75所，临时登记的有4所。有佤族佛寺52所、傣族佛寺24所、彝族佛寺3所。

（二）信徒数量及分布

南传佛教主要分布在云南的西双版纳、德宏、思茅、临沧和保山，信教的民族有傣族、布朗族、德昂族、阿昌族等族和部分佤族、彝族。根据2004—2005年云南省宗教局统计，信徒人数为93万余人，教职人员1406人[①]。具体分布如下。

西双版纳地区：

由于大家不愿出家，目前，整个中国南传佛教界僧才奇缺，有些地区已经出现有寺无僧现象。据2004年5月西双版纳傣族自治州宗教活动场所年度检查统计，佛教有佛寺577所（暂缓登记4所）、全州100多万人口有信教群众30余万人，占全州总人口的30%，其中约99%的傣族、布朗族人口信仰佛教。有僧人4538人，其中祜巴14人、沙滴10人、比丘（都）696人、沙弥（帕）3818人。与20世纪50年代初期相比，现有佛教僧侣人数明显下降，那时西双版纳地区的佛寺有祜巴以上长老41人，佛爷683人，和尚4300余人。这在当时人口总数仅10多万人（1953年为123090人）的傣族中，有如此之多的佛寺和僧侣，比例应该是相当高的。这一数据对比表明，当代南传佛教地区人们的信仰意识开始淡薄，很

---

① 杨学政主编：《2004—2005年云南宗教情势报告》，云南人民出版社2000年版，第6—7页。

多人都不愿出家为僧。

2000 年至 2001 年初，全州有 551 座佛寺，4771 名和尚，其中适龄和尚 1889 名，已经入学就读的有 1566 名，占 82.9%。近些年来，西双版纳州选送僧侣到国内外学习的人数已达 130 多位。这些毕业的僧侣学生，有的回到村寨担任佛寺住持，有的被推荐到国外继续学习深造。目前，全州有僧侣 4537 人，其中沙弥 1 人、祜巴 13 人、都 706 人、帕 3817 人。

目前，西双版纳傣族自治州信佛教群众 30 余万人，约占全州总人口的 1/3。

德宏傣族景颇族地区：

德宏州信教群众 47.46 万人，其中信仰南传上座部佛教的 37.75 万人，汉传佛教 48802 人，基督教 43919 人，伊斯兰教 2036 人，天主教 1994 人，道教 365 人。全州共有宗教教职人员 578 人，其中南传上座部佛教 231 人，汉传佛教 51 人，基督教 278 人，天主教 16 人，伊斯兰教阿訇 1 人，道教教姑 1 人。全州共有依法登记成立的宗教团体 17 个，其中州级 3 个（佛协 1 个，基督教 2 个），县级 14 个（佛协 5 个、基督教 6 个、天主教 3 个）。担任政治职务上，共有宗教界人士 40 人、43 人（次）被安排为各级人民代表和政协委员，其中省级政协委员 1 人（基督教界）；州级政协委员 11 人（南传上座部佛教界 3 人、汉传佛教界 2 人、基督教界 5 人、天主教界 1 人）；县级人大代表 3 人（南传上座部佛教界 2 人，汉传佛教界 1 人）；县级政协委员 28 人（南传上座部佛教界 11 人，汉传佛教界 5 人、基督教界 11 人、伊斯兰教界 1 人）。

临沧市：

以临沧市沧源佤族自治县为例，2009 年南传佛教寺院共有佛寺（活动场所）79 所，其中已经登记的有 75 所，临时登记的有 4 所。涉及 7 个乡（镇），即班老乡、芒卡镇、班洪乡、勐角民族乡、勐来乡、勐省镇、勐董镇，26 个村（居）委会，145 个自然村，166 个村民小组，信众 2.6 万人，占全县信教群众的 76.5%。有安章（帕嘎）320 人，佛教僧侣 202 人（其中长老 28 人，佛爷 93 人，和尚 81 人）。信教群众中有佤族佛寺 52 所，涉及 3 个乡（镇），即芒卡镇、班洪乡、勐来乡。18 个村委会，116 个自然村，132 个村民小组，信教群众 1.8 万人，佛教僧侣 84 人（其中长老 12 人，佛爷 61 人，和尚 11 人）。傣族佛寺 24 所，涉及 5 个乡（镇），即班洪乡、勐角民族乡、勐来乡、勐省镇、勐董镇。8 个村（居）

委会，26 个自然村，29 个村民小组，信教群众 6956 人（按人口计算），佛教僧侣 112 人（其中长老 14 人，佛爷 32 人，和尚 66 人）。彝族佛寺 3 所，涉及 1 个乡，3 个村委会，5 个自然村，5 个村民小组。信教群众 656 人，佛教僧侣 6 人（其中长老 2 人，和尚 4 人）。

（三）社会服务、公益等事业

1. 注重发扬传统，针对社会各界人士开办禅修中心，着重加强禅修实践活动

注重禅定修行，并发展完善的禅修理论体系是南传佛教迥异于大乘佛教的特色。在禅修活动中，南传佛教僧侣按照佛教教义和戒律进行禅修，其修行生活之严格令整个南传佛教信仰地区所赞叹。

为让国内广大喜爱佛教的人亲身感受佛教的修行传统，云南省佛教协会、西双版纳总佛寺会同西双版纳橄榄坝曼听佛塔寺携手常年举办短期剃度出家及止观禅修活动。例如，笔者在 2009 年 8 月前去调研时，就有来自北京、上海、南京、昆明、成都等地的禅修者在曼听佛寺禅修中心进行禅修。他们对中国南传佛教首开禅修中心，为大家提供良好的禅修环境的善举赞不绝口。

2. 积极适应社会需要，开始以慈善救济事业为己任来弘扬佛教文化

人间佛教的提出已近百年，无论是太虚大师的"人生佛教"，还是印顺法师、赵朴初以及星云大师提出的"人间佛教"，其核心思想都是要建立适应现代社会的佛教理念。在现当代佛教复兴运动中，慈善救济揭示了佛陀重视人间的根本精神，因而也成为当代人间佛教的重要弘法途径之一。历代高僧在慈善事业方面所作贡献殊多，推动了社会救济事业的发展。值得注意的是，在很多人的眼里，人间佛教及其慈悲救济事业似乎只存在于大乘佛教之中，而小乘佛教①只注重个人的宗教实践，追求的是个人的解脱。与大乘佛教自利利他、普度众生、追求成佛果位的思想相比，小乘佛教只强调自利，追求的只是阿罗汉果位。因此，没有发展起普度众生、帮助、救济众生的慈善事业。事实上，这是对当代中国南传佛教认识上的一个误区。中国南传佛教"佛光之家"慈善事业就是当代南传佛教

---

① 小乘佛教是相对于大乘佛教而言，从佛教传播的路线而言，本文所涉及的小乘佛教也可以称为南传佛教。因此，笔者在文中用"南传佛教"一词。

慈悲关怀实践活动，是中国南传佛教自身与时俱进的表现，是时代的需要、社会的需要。[①]

目前，在云南南传佛教信仰区域存在吸毒问题和艾滋病等一些社会问题。云南佛教界本着慈悲精神，积极入世，以大慈大悲的佛教理念来帮助那些迫切需要帮助的特殊人群，积极参与艾滋病慈悲关怀事业。在云南省佛教协会会长刀述仁会长的亲自主持下，佛教界采取了一些措施来着手开展艾滋病慈悲关怀事业：①成立了云南省佛教协会"社会关怀办公室"，具体负责艾滋病临终关怀项目的管理。办公室下设"艾滋病人关怀项目组"，具体负责项目方案的策划、实施；项目参与人员的培训管理；项目总结及宣传等。②积极创造条件，以禁毒宣传、艾滋病患者临终关怀为主要内容，建立健全以广大佛教居士为骨干力量、高僧大德参与指导的慈悲关怀服务组，担负生活价值观宣传、身心调理及临终关怀（助念等）等事宜。③以佛教僧侣、信众为主导，在项目实施点及其他场所开展多种形式的社会宣教，普及艾滋病知识，减少社会歧视，倡导关怀帮助，同时并进行目标社区及目标人群关怀。④以佛教僧侣、信众为主体，通过义捐活动，为目标人群赢得相应的资金支持及社会支持，同时，通过佛教倡议及身体力行，对目标人群及其子女、孤儿进行关怀帮助，使其获得基本生活、医疗等关怀帮助，同时并推动社会团体也积极参与关怀活动，为逐步改善目标人群的贫困状况打下良好的基础。[②]

西双版纳傣族自治州"佛光之家"正是在这样的背景下应运而生的。由于在云南西双版纳州，南传佛教渗透到人民日常生活的方方面面，拥有非同寻常的影响力。2003 年 7 月，一个名为"佛光之家"的项目正式在景洪市启动，由联合国儿童基金会提供经费，云南省艾滋病防治办公室协调，西双版纳州艾滋病防治办公室指导，州民宗局管理，州佛教协会具体组织实施。西双版纳州佛教协会成立艾滋病关怀与帮助场所——"佛光之家"。"佛光之家"项目让南传佛教僧人有组织地参与到禁毒防艾滋病的社会工作中，并且将其视为"凡尘使命"。西双版纳傣族自治州佛教协会会长、西双版纳总佛寺主持祜巴龙庄勐大长老认为，僧人要用佛教的慈悲之心来关怀被艾滋病折磨的人们，营造和谐的社会环境，同时也要用佛

---

① 详参笔者《当代中国南传佛教的"凡尘使命"》，《中国宗教》2009 年第 6 期。

② 资料来源：云南省佛教协会。在此谨致感谢！——作者

教精神来约束人们的行为，预防艾滋病。目前，西双版纳共有大小佛寺 800 余所，信佛教群众 30 余万人，约占全州总人口的 1/3。很多寺院的僧人和信徒都参与到"佛光之家"慈善事业中。"佛光之家"是采取多方合作的组织机构管理模式，首先，由于南传上座部佛教一直保持着原始佛教的纯洁性，严格恪守着僧侣不蓄金银的戒律。对此，各个寺院无论其级别高下都在寺规中作出了严格的规定，任何僧侣无论其僧阶高低，都不得蓄金银。为了有效解决这一问题，在"佛光之家"的组织管理过程中，"佛光之家"项目采取由联合国儿童基金会提供经费，云南省艾滋病防治办公室协调，西双版纳傣族自治州州艾滋病防治办公室指导，州民宗局管理，州佛教协会具体组织实施的共同管理模式，成功地解决了南传佛教对于金银戒律方面的问题。其次，在具体活动过程中，佛教界与政府有关部门分工明确：政府有关工作人员讲解禁毒防艾的各种知识和方法，从不同角度对艾滋病患者及家属，以及周围的群众进行全方位的宣传教育；由各个佛爷出面组织大家，以宗教弃恶从善的观念和教条告诫信教群众，比如不能吸毒、要爱护家庭等，利用僧人的特殊地位和佛教的教义教规，为当地群众特别是青少年，提供有关艾滋病、毒品预防宣传教育的资讯，积极争取科技扶贫项目，开展对艾滋病感染者的咨询和关怀，为他们重新融入社会提供帮助。"佛光之家"的慈善活动得到了社会各界的认同和支持。

2006 年 10 月 27 日和 11 月 6 日，"佛光之家"分别在勐海县和勐腊县设立了分支机构，使其宣传面和影响力得到了进一步扩大，帮助和关怀的对象覆盖面也得到扩大。西双版纳"佛光之家"佛教慈悲关怀实践活动在特殊人群心灵关怀、社会人格培养、构建和谐人际关系、净化社会风气、提升社会伦理道德、抵制社会丑恶现象、实施教育医疗救助、扶贫济困等方面都作出了突出的贡献，与此同时，它在长期的实践过程中，逐渐形成了自己的特色，走出了独特的中国南传佛教慈善事业道路，为社会和谐建设作出了很大贡献。类似于"佛光之家"这样的慈善组织在南传上座部佛教信仰区域绝不是孤立存在的现象。现在德宏州的慈爱园也是这样的南传佛教慈悲关怀基地。2005 年德宏州 17 个宗教团体积极响应党委、政府"在全州全面开展禁毒与防治艾滋病工作"的号召，年内共举办禁防宣传培训大会 10 多场，1000 多人接受了培训和教育。9 月 15 日，全州宗教界在梁河县九保阿昌族乡丙盖村开展了首次捐资助学活动，给"民族团结示范小学"永和小学的贫困学生捐资 7000 元。

此外，临沧市、普洱市等南传佛教信仰区域都已经出现南传佛教慈悲关怀社会、服务社会的慈善活动。例如，临沧市佛教协会会长提卡达希就积极配合云南省艾滋病防护办公室的工作，经常与云南省艾滋病防护办公室组织的医疗队一起到病患者家里送医送药，不但从医疗等物质条件方面改善病患者的治疗水平，更主要的是从心理、精神层面给予病患者帮助。他们的慈善活动产生了很大影响，得到了当地政府和群众的好评。

除了在艾滋病、吸毒等慈善活动有所作为外，中国南传佛教还积极帮助西藏僧侣修行，2007 年中国佛教协会副会长、西双版纳总佛寺住持祜巴龙庄勐法师，云南佛学院副院长、曼听佛塔寺住持都罕听法师，在获悉西藏众多僧侣（藏传佛教）长期闭关修行于高寒山区的情况后，委托在西藏的信教群众了解详细情况，积极发动南传佛教四众，发心捐资捐物，筹集修行者们急需的食品、用品。在社会各界的帮助下，共筹集到 15 万余元的青稞、营养品、茶叶等用品，于春节前夕发往藏区修行地。

另外，近年来中国南传佛教僧侣帮助失学儿童、看望贫困患者、帮助贫困群众、积极捐款援助受灾群众，举办大型祈福法会为灾区群众祈福，西双版纳州佛教界还积极参与生态环境保护宣传活动，举办宗教植物知识培训班 3 期，培训人员 250 人次，带动全州佛教界参与保护恢复佛寺庭院植物和"龙山"林的活动。这样的例子不胜枚举。

当代中国南传佛教这样的弘法利生的宗教慈善实践活动的意义在于：首先，从宗教学研究的理论层面来看，它向人们昭示：中国南传佛教在宗教教理上开始有所调适，对南传佛教理论体系建设有所发展，这充分表明宗教具有自我调适性，当代宗教自身正在逐渐适应社会的发展，根据社会和时代的需要来发展自己。其次，它标志着中国南传佛教在自身理论体系上的一个突破和发展，它标志着南传佛教僧侣开始从追求自我解脱的境界转而为社会服务，为芸芸众生服务，它在向大乘佛教的主张学习。这一举措将成为南传佛教发展史上一个重要的分水岭，它标志着南传佛教更趋于理性思考，不断地完善自己。再次，它表明中国南传佛教不再囿于自身区域性的限制，而是主动走到全球化、一体化的社会中，去主动地寻找自己与外界交流、沟通的发展轨迹。

（四）中国南传佛教的机构组织及管理模式

1993 年 10 月 16 日中国佛教协会第五届理事会召开，会议对《中国佛教协会章程》进行了修改，在组织方面的调整是增设了上座部佛教工作委员会。这意味着中国南传佛教在中国佛教界的重要地位逐渐凸显。

在中国南传佛教信仰区域内，存在着中国佛教协会、西双版纳州傣族自治州佛教协会。

1957 年，西双版纳州傣族自治州率先在傣族地区成立了"中国佛教协会西双版纳分会"。

1963 年 3 月 31 日西双版纳州傣族自治州佛教协会成立大会在景洪召开。出席会议的有傣族、布朗族代表 39 人。州委书记高希峰、州长召存信作了有关国内外形势和当前自治州工作任务及有关宗教政策的报告，听取了州佛协筹委会副主任松溜勐混的筹备工作报告。会议通过了《西双版纳傣族自治州佛教协会章程》，选举产生了西双版纳傣族自治州佛教协会第一届委员会委员 31 人，选举松溜阿嘎牟尼（傣族）为会长，松溜勐混（傣族）、松溜布朗山（布朗族）、桑卡拉扎布朗山（布朗族）、祜巴幺粉（傣族）、祜巴曼章（傣族）为副会长，刀国栋（傣族）、康永良（傣族）为秘书长；随后，陆续成立景洪市佛教协会、勐海县佛教协会、勐腊县佛教协会。

1980 年 8 月 30 日，西双版纳州傣族自治州佛教协会恢复；

1980 年 9 月 16 日，西双版纳州傣族自治州佛教协会第二次会员代表大会在景洪召开，会议选举产生州傣族自治州佛教协会第二届委员会委员 12 人。选举萨米勐海（傣族）为会长，都龙曼费（傣族）、康朗捧（傣族）、康朗扁（傣族）、松溜曼皮（布朗族）为副会长，刀明武（傣族）为秘书长；

1987 年 7 月 18 日，州佛教协会第三次会员代表大会在景洪召开。会议选举产生州佛教协会第三届委员会委员 17 人。选举桑卡拉扎（傣族）为会长，康朗捧（傣族）、康朗扁（傣族）、都元囡（傣族）为副会长，刀兴林（傣族）为秘书长；

1992 年 10 月 21 日，州佛教协会第四次会员代表大会在景洪召开。会议选举产生州佛教协会第三届委员会委员 17 人。选举桑卡拉扎（傣族）为名誉会长，都龙庄（傣族）为会长，玛哈亮（傣族）、都庄（傣族）为副会长，岩温罕（傣族）为秘书长；

1998 年 12 月 21 日至 22 日，州佛教协会第四次会员代表大会在景洪召开。会议选举了 19 名理事。选举都龙庄（傣族）为会长，玛哈亮（傣族）、都罕商（布朗族）为副会长，岩罕温（傣族）为秘书长。会议审议通过了《西双版纳傣族自治州佛教协会第四届理事会工作报告》和《西双版纳傣族自治州佛教协会章程》。州政府副州长杨建明在会上作《爱国爱教、增进团结、增强管理，进一步引导宗教与社会主义社会相适应》的讲话，州民宗局局长刀金安作《认真贯彻三句话，切实依法抓管理》的报告。这次会议标志着西双版纳州佛教活动越来越步入正轨。

1999 年 7 月西双版纳州佛教协会制定了《西双版纳傣族自治州关于南传上座部佛教僧伽管理的有关规定》，从而有力促进了南传上座部佛教僧侣管理的规范化、制度化建设，同时也确保了西双版纳州南传上座部佛教教育的有序、健康与稳定的发展。据统计，从 2000 年至 2001 年初，全州有 551 座佛寺，4771 名和尚，其中适龄和尚 1889 名，已经入学就读的有 1566 名，占 82.9%。近些年来，西双版纳州选送僧侣到国内外学习的人数已达 130 多位。这些毕业的僧侣学生，有的回到村寨担任佛寺住持，有的被推荐到国外继续学习深造。

1997 年 6 月 13 日西双版纳州全州宗教活动场所登记工作结束，予以登记 573 所，有 6 所暂缓登记；7 月 2 日至 4 日景洪市召开第一届佛教协会代表会议，补选都罕为会长，玛哈香为副会长。

德宏傣族景颇族自治州在 1957 年 2 月成立了"中国佛教协会德宏分会"，1963 年改称"德宏傣族景颇族自治州佛教协会"，会址设在芒市菩提寺。历任会长有伍古腊、伍翰地亚、伍并亚·温撒。此外，还成立了瑞丽市佛教协会、潞西市佛教协会、盈江县佛教协会、陇川县佛教协会、梁河县佛教协会。2005 年 7 月 16 日，德宏傣族景颇族自治州瑞丽市佛教培训中心挂牌成立。该中心位于江边广场东北面，占地面积约 8 亩，房屋 5 幢，既是市佛协的办公地点，又是培训基地。全州 17 个宗教团体积极响应党委、政府"在全州全面开展禁毒与防治艾滋病工作"的号召，年内共举办禁防宣传培训大会 10 多场，1000 多人接受了培训和教育。

临沧市在 20 世纪 50 年代，成立了"中国佛教协会临沧地区分会"。

2004 年临沧市佛教协会重新恢复成立，提卡达希（傣族）任会长，同时各个县一级的佛教协会也逐渐成立。

值得注意的是，中国南传佛教在历史发展的长河里，逐渐形成了独具特色的中国南传佛教管理模式。

南传佛教自东南亚传入中国云南境内所面临的最大问题就是如何适应当地政治制度和社会结构，这是中国南传佛教融入社会必须要解决的问题。为此，在其传播发展的历史长河中，它首先以傣族地区封建领主制社会行政组织系统为范本，逐步形成了自己独特的金字塔型的组织管理制度。

1. 佛寺、佛塔管理系统

在长期的发展过程中，为了便于管理佛教事务，更好地适应中国少数民族社会，中国南传佛教以傣族世俗社会等级森严的社会组织制度为摹本，逐步建立了制度严密、等级森严的组织管理制度①，其等级特征之鲜明、制度之严密是中国南传上座部佛教与汉传佛教乃至东南亚南传上座部佛教之最大的不同。

中国南传上座部佛教组织管理系统形成了非常奇特的金字塔型的管理模式。它不是一个简单的金字塔型的管理模式，它是由很多小金字塔型管理模式层层累加，最终组合成一个稳固的大金字塔型模式。所谓金字塔型模式是这样分布的：在金字塔尖是总佛寺，总佛寺下面是中心佛寺，中心佛寺下面是各个村寨佛寺。总佛寺负责管理中心佛寺，中心佛寺又负责管理其下面的各个村寨佛寺，层层管理，分工明确，逐步形成一个稳定而封闭的管理模式。在佛寺的组织管理系统方面，它具有鲜明的等级制度特征。

例如，西双版纳傣式佛寺曾分为四个等级：最高一级为设在召片领所在地——景帕钪，称为拉扎坦大总寺，是统领全西双版纳的总佛寺；第二个等级为：在总佛寺下设的 12 个版纳拉扎坦总寺和 36 个勐总佛寺；第三个等级是由四所以上村寨佛寺组成的中心佛寺——布萨堂佛寺；第四个等级就是最基层一级，即村寨佛寺。如表 2－1 所示：

整个西双版纳地区最大的总佛寺——"洼龙"。"洼龙"总佛寺位

---

① 关于中国南传上座部佛教组织制度与世俗社会组织制度之关系，详参笔者《历史上中国南传上座部佛教与社会组织制度之互动》，《世界宗教研究》2007 年第 4 期。

于原景洪宣慰街，统辖着整个西双版纳的佛寺。"洼龙"总佛寺下面有
"洼扎捧"、"洼专董"两个佛寺，也在宣慰街，成为"洼龙"总佛寺的
左右手，协助总佛寺管理全境内的中心佛寺佛教事务。在"洼扎捧"、
"洼专董"这两个佛寺下面又与封建领主制的行政区划相对应地设有各
个勐的"洼龙"佛寺，设在各个勐的土司府所在地。各个勐的"洼龙"
佛寺相当于每一个勐的总佛寺，其下又以四个村寨佛寺为一个组织单位
设中心佛寺，中心佛寺下面就是各个村寨的佛寺，中心佛寺负责管理村
寨佛寺事务。

表 2 - 1　　　　　　　西双版纳地区金字塔形管理模式示意图

级别	名称		数目	相应的社会 行政级别属地	备注
最高 一级	"洼龙"	"洼扎捧"	1	召片领	"洼龙"总佛寺下面有 "洼扎捧"、"洼专董" 两个佛寺协助管理
		"洼专董"			
第二级	勐级 "洼龙"		36	勐级	
第三级	中心佛寺		若干		以 4 个村寨佛寺为一 个单位
基层	村寨佛寺		若干	村寨	

例如，以西双版纳傣族自治州首府——景洪的佛寺为例。其组织管理
系统分为内外两类。据 20 世纪 50 年代初调查数据显示，属于内部系统的
共有九座，都在原宣慰街及其附近：

第一座佛寺：洼龙总佛寺。是整个西双版纳地区的总佛寺，统辖着整
个西双版纳地区的所有佛寺，也是整个西双版纳地区的地位最高的长老所
在寺院。20 世纪 50 年代时是当时西双版纳地区最高僧阶的祜巴勐所在
佛寺；

第二座佛寺："洼专董"佛寺，位于总佛寺的右边，当祜巴勐因故不
能处理佛教事务时，就由"洼专董"佛寺祜巴代为处理；

第三座佛寺："洼扎捧"佛寺，位于总佛寺的左边，当总佛寺的祜巴
勐因故不能处理佛教事务时，可以在征求"洼专董"佛寺祜巴意见的基
础上，代为处理佛教事务；

第四座佛寺：洼科松佛寺，位于曼沙，在总佛寺的前面，但其地位比"洼专董"佛寺和"洼扎捧"佛寺这两座左右佛寺的地位低，即使总佛寺的祜巴勐因故不能处理佛教事务时，也不能代为处理佛教事务；

第五座佛寺：洼曼勒佛寺，位于总佛寺的后面，地位相比之下稍低，当总佛寺需要商量事情时，不一定参加。

第六座佛寺：洼宰佛寺，位于曼嘎，是属于宣慰使的佛寺，在每年的开门节和关门节时，宣慰使都会来此赕佛（一般情况下，宣慰使赕佛两天，第一天在洼宰佛寺，第二天就到洼龙总佛寺赕佛）；

第七座佛寺：洼功佛寺，位于曼书功，由曼书功寨负责；

第八座佛寺：洼贺纳佛寺，位于曼贺那，由曼贺那寨负责；

第九座佛寺：洼浓凤佛寺，位于曼浓凤，由傣猛和鲁朗道叭两寨共有的佛寺。[①]

从西双版纳地区的景洪佛寺组织管理系统可以看出，中国南传上座部佛教寺院的金字塔型管理模式是模仿傣族社会组织制度建立起来的，具有等级森严、分工明确的特点。

其优点在于：首先，就管理范围来说，各个等级的佛寺权利和职责非常明确，相互之间不存在侵权或是管理混乱问题。一旦明确了各个佛寺的界限和管理范围，该寺院就会以此为依据，坚决不越权。绝不干涉自己管辖范围外的其他佛寺的事务；其次，就管理方式而言，中国南传上座部佛教寺院的金字塔型管理模式采取的是自上而下，层层管理，等级分工明确的管理方式。上一层组织的佛寺负责管理下一层组织的佛寺，下面一层组织的佛寺则服从上一层组织的佛寺管理。这有利于建立行之有效的管理权威，权力相对较集中，不分散，有助于有序地管理佛教事务。

2. 僧团管理模式

就中国南传上座部佛教的组织制度与傣族社会组织制度之关系而言，它们之间逐渐形成了较为密切的互动关系。作为制度化宗教，中国南传上座部佛教具有独立于社会组织制度之外的僧团，长期以来一直恪守原始佛教的纯洁性，严格坚持戒律，并严格执行布萨羯磨制度，辅助以佛寺、佛

---

① 参看王懿之《西双版纳小乘佛教历史考察》，《贝叶文化论》，云南人民出版社 1990 年版，第 416 页。

塔的管理体系来加强对僧团内部的管理。

布萨羯磨，巴利语 Uposatha Kamma 是佛教古老的仪式，是出家众最重要的一种宗教生活。比丘必须每半个月在布萨堂集中，举行比丘集会。中国南传上座部佛教一直恪守印度原始佛教古老的传统，非常重视每个月布萨羯磨仪式。比丘们每个月在傣历每月十五日与二十九日（小月）或三十日（大月）都自觉地集中到"布萨堂"进行布萨羯磨活动。即使外出做活动，也会及时赶回来，集中到"布萨堂"中进行布萨羯磨活动，这已经成为每一位比丘重要的宗教生活内容。比丘们在"布萨日"都要诵《别解脱律仪》等，然后对自己在这半个月里所犯过失进行忏悔。"布萨堂"里所做的忏悔是严格保密的，任何人不准泄露。在"布萨日"的"布萨堂"里参加布萨羯磨的人只能是比丘一级的僧人。一般的小沙弥和俗人都不得参加，妇女更是不能靠近"布萨堂"。事实上，笔者 2007 年在云南临沧地区调研时，就有寨子里的老人说，就是在平时，妇女们也被告知"布萨堂"是不可以靠近的，而在"布萨日"更是严格禁止妇女靠近"布萨堂"。中国南传上座部佛教的僧团从古至今一直都严格地遵守着这一规矩。

值得注意的是，中国南传佛教在组织僧团进行布萨羯磨活动时，其正是按照过佛寺、佛塔金字塔型的管理体制来组织的。并不是所有的佛寺都可以有"布萨堂"的，它是严格按照中国南传佛教组织管理体系的规定来设置的，即只有中心佛寺和总佛寺具备拥有"布萨堂"的资格。"布萨堂"成为了中心佛寺和总佛寺的身份标志。在调研过程中，老百姓告诉笔者，民间衡量一个佛寺是否是中心佛寺，只需要看其寺院里是否设置有"布萨堂"即可。这就意味着中心佛寺下辖的几个村寨佛寺的僧侣们要参加布萨羯磨仪式，就必须集中到自己所在地中心佛寺。

每半个月都定期到中心佛寺集中布萨羯磨这样的制度，这既有利于整顿僧团的纪律，保持南传上座部佛教的纯洁性，同时也有助于强化中心佛寺以及上级佛寺的权威地位。正是通过定期地集中到上级佛寺过布萨羯磨制度这样的宗教生活，强化了中国南传佛教佛寺、佛塔的管理制度，同时也强化了僧团的制度化管理意识。

3. 波章管理系统的建立

由于中国南传佛教规定，僧侣不得直接管理信众，不直接组织佛事活动，不直接处理与佛教相关的社会事务，因此，中国南传佛教需要一支专门负责为其处理佛教的社会事务的队伍，以此来与社会交流、沟通。为此，数目众多的波章及其等级分明、分工明确的波章①管理系统这样的地方社会精英队伍出现了。

波章是世俗社会地方精英，同时也是中国南传佛教社会管理体系的权威，他是中国南传上座部佛教信仰区域内专管佛教事务之人，在中国南传上座部佛教管理体系中发挥着特殊的重要作用，负责在社会管理层面上与世俗社会进行沟通和融合。这是南传佛教管理体系不同于汉传佛教和藏传佛教管理体系之处。值得注意的是，作为世俗社会地方精英，在身份认同上，波章却具有双重性特征，他既是中国南传佛教社会管理体系的权威，同时又是一个世俗社会之人，在世俗社会中不享有任何宗教能赋予的神圣权威。他是由群众推选产生，波章人选的选拔标准非常严格，经过严格的选拔程序，符合选拔标准②后，既得到了僧侣界的认可，也得到了世俗社会的认可，波章方才具有中国南传佛教社会管理体系的权威。在具体的南传佛教的社会事务管理中，他扮演着组织者和管理者的角色，甚至在佛教仪式活动中，承担着仪式主持人的角色。③ 可以说，在严格的推选程序和管理监督机制中，波章以地方社会精英的身份参与到佛教社会事务的管理之中，在佛教管理体系中发挥着重要的作用。

值得注意的是，如此重要的角色在中国南传佛教管理体系中并不是唯一的，波章有很多，大家各司其职，在自己的职权范围内共同参与管理佛教的社会事务，因此也形成了自己独具特色的管理体系——波章管理体系，即与中国南传佛教寺院管理体系相适应，按照寺院管理的金字塔型模式也形成了波章管理体系的四级金字塔型模式：总佛寺波章——勐佛寺波章——中心佛寺波章——村寨佛寺波章，各级波章之间有严格的等级界限，上下级波章具有从属关系，不可逾越权限范围活动。以西双版纳州为例，波章的金字塔型管理模式如表 2 - 2 所示：

---

① 在云南南传佛教信仰区域，对之有不同的称呼，在西双版纳傣族自治州，称为"波章"，在德宏傣族景颇族自治州称为"贺路"，在临沧市称为"安章"。

② 关于安章的选拔标准，详参笔者《中国南传佛教管理体系中的 CEO——试论安章角色的选拔标准》，《宗风》（己丑年夏之卷），宗教文化出版社 2009 年版，第 262 页。

③ 关于波章的情况，详参笔者《人类学视域下南传佛教的中国阈限理论分析——以南传佛教管理体系中的安章现象为例》，《思想战线》2010 年第 2 期。

表 2-2　　　　　　　　西双版纳地区波章金字塔型管理模式示意图

级别	名称		数目 （单位：位）	相应的社会 行政级别属地	备注
最高 一级	"洼龙" 波章	"洼扎捧"波章	1	召片领	"洼龙"总佛寺下面有 "洼扎捧"、"洼专董" 两个佛寺协助管理
		"洼专董"波章			
第二级	勐级"洼龙"波章		36	勐级	
第三级	中心佛寺波章		若干		以4个村寨佛寺为一个 单位
基层	村寨佛寺波章		若干	村寨	

　　波章们作为地方社会精英，具有动员社会资本的能力，这是佛教社会管理系统融入社会管理体制的关键。波章们在组织人数众多、涉及复杂合作的佛事活动时，地方政府是不介入的，因为这是属于佛教范围的神圣活动，作为世俗行政组织的权力是不能逾越到神圣空间里的。因此，所有的活动安排全部由波章代表僧侣界来组织、安排，来与世俗社会协商，或者是利用宗教资本来利用、安排社会资源。波章们的能力，是地方各级村寨组织在无政府介入的情况下，所具备的组织能力的表现。但在组织大型活动，需要跨区域进行时，就需要对基层佛教管理的关键人物——波章进行合理地组织，需要对各级波章所具备的组织能力进行最大化的集中管理、优化组合、有序安排，这正是波章系统适应佛教发展的需要而产生的重要基础。

　　正是由于有了这样等级分明、制度严密的地方社会特殊精英——波章管理体系，各级波章严格遵守规定，按照各自的分工来组织自己权限范围内的佛事活动。

　　这一社会管理系统的优点在于：

　　①在佛教与社会资源进行有效整合的过程中，波章按照自己管理体系的潜规则来组织参与、处理社会事务，将整个中国佛教的社会事务划整为零，划分到相应的各级波章管理层，逐级分工，既避免了波章权力过于集中的现象，又有效地对佛教的社会事务进行了处理，有利地促进了佛教的发展。

　　②波章系统的建立是中国南传佛教利用地方社会精英队伍，有序处理佛教社会事务的成功典范。

　　③此管理模式的建立，成为中国南传佛教有序进入少数民族社会管理

体制的一个桥梁。

4. 中国南传佛教管理模式的运行特点

（1）中国南传佛教高度重视基层宗教的管理，以僧阶制度来管理区域佛教

中国南传佛教不同于汉传佛教和藏传佛教管理体系之处在于它高度重视基层宗教管理。如上所言，在长期的发展过程中，中国南传佛教以傣族世俗社会等级森严的社会组织制度为摹本，逐步建立了自己的制度严密、等级森严的组织管理制度①，在此金字塔型的管理模式中，村寨佛教属于基层佛教，处于此管理模式的最下方，数量众多，共同支撑着金字塔各个层面。因此，村寨佛教的稳定事关金字塔各层面的佛教之稳定，村寨佛教的发展事关整个金字塔层的发展。为此，中国南传佛教非常重视基层宗教的管理，逐渐形成了僧阶制度。

对于基层村寨的僧伽组织而言，除了以戒律等来规范其行为外，中国南传佛教还形成了特殊的僧阶制度，加强对僧团内部的管理。中国南传上座部佛教僧阶制度之严格，等级分类之多，是其他南传上座部佛教国家所未有，而且也是大乘佛教无法相比的。在云南，一般说来，僧阶是按年龄、戒腊、学行来划分的，僧阶只是一种荣誉，并不意味在神圣世界或者在世俗世界享有一种特权。但僧阶地位的高低却是与僧侣的声望和影响成正比的。一般来说，在僧团内部，僧阶低的僧伽都尊重僧阶高的僧伽，都会听他们的话。

例如，在西双版纳傣族地区，按年龄、戒腊、学行来划分僧阶。僧阶大体可分帕（沙弥）、都（比丘）、祜巴（都统长老）、沙密（沙门统长老）、僧伽罗阇（僧王、僧主长老，这一僧阶长期来虚职无人）、帕召祜（阐教长老）、松迪（僧正长老）、松迪阿伽摩尼（大僧正长老）等八级。或在帕之前增帕诺（行童）一级，在都之后增都龙（僧都）一级则为十级。自五级以上晋升十分严格，最后两级在整个西双版纳地区只分别授予傣族和布朗族各一个，成为地区最高宗教领袖。一般说来，做了大佛爷之后，他不仅是寺院里最德高望重、学识渊博的，而且也是整个村寨中地位最高的人。即使是去到本村寨以外的其他地方，也是深受人民尊敬的。在

---

① 关于中国南传上座部佛教组织制度与世俗社会组织制度之关系，详参郑筱筠：《历史上中国南传上座部佛教与社会组织制度之互动》，《世界宗教研究》2007 年第 4 期。

政治地位上，大佛爷可以和土司平等对话，在宗教场合里，土司见了大佛爷之后，还要非常恭敬。

而在云南德宏傣族景颇族自治州和临沧市，僧阶的划分却没有这么多的等级。例如，多列派僧阶只分四级：召尚，相当于润派佛教的帕；召闷或闷召，相当于润派的都或都龙，民间习惯称之为佛爷；召儿，相当于润派的祜巴；召崩儿，相当于高级僧阶的荣誉称号；临沧市的孟定多列派还曾经实行过三等九级僧阶，即一等芽宝、芽金、芽银；二等叶宝、叶金、叶银；三等花宝、花金、花银，但现未流传下来。[①] 摆庄派僧阶也是四级，与多列派相似，但称号不同：嘎比（可以看作是预备和尚）、尚旺（相当于沙弥）、召们（比丘）、召儿（长老），而左抵派只有比丘一级，分为大和尚、小和尚。

对僧侣按年龄、戒腊、学行来划分僧阶，这是对僧侣自身学识修养和品德、修行深浅的一种神圣性认同，它虽然只是一个荣誉，并不意味着任何的特权，但是，对于僧侣来说，进一步的晋升僧阶既是在佛教体系内部对自己精进不懈、勤修佛法的整个修行实践行为的神圣认可，同时也是世俗社会对其本人的神圣权威的一种认可。因为僧伽晋升僧阶并不是由其本人提出来，而是由其所在佛寺所属的村寨或者是某一区域的信众们认为其已经符合晋升的条件，经过慎重考虑后才提出来的，经过相当复杂的程序、最后该僧侣同意，并且经该僧侣所在佛寺的大佛爷同意之后，村寨举行隆重的升和尚仪式，才逐步晋升的。选拔和申请晋升和尚的整个过程是在僧团制度之外进行的，是世俗社会在自己的组织管理机构内部，以自己的管理方式对佛教僧侣的神圣性认可，但是其选拔的结果却必须得到神圣世界的同意。而就中国南传上座部佛教管理体系而言，逐级晋升、等级分明的僧阶制度是对僧才的认可，也是对僧才进行严格管理的一种制度，有助于进一步有序地管理佛教事务。

如果说中国南传佛教的金字塔组织管理制度是与社会行政体制的划分相适应，是从上而下地纵向管理各级佛教组织，那么中国南传佛教的僧阶制度则是横向地对本区域内部的僧团组织内部进行管理。这是中国南传佛教内部的纵向和横向组织管理模式，这一管理模式覆盖了佛教内部所有方

---

① 参见邱宣充《耿马县小乘佛教》，载《云南少数民族社会历史调查资料》（五），云南人民出版社 1985 年版，第 348 页。

面，使中国南传佛教从上到下，由内而外都得到了有效的管理。

（2）将宗教活动纳入到社会管理体系之中

中国南传上座部佛教组织制度的运行管理系统是与傣族地区封建领主制社会行政组织系统紧密配合的，其运行机制的执行却极大地有赖于社会行政组织系统。因此，深入寻求与社会各界社会精英的合作，积极动员社会资本，努力将宗教活动纳入到社会管理体系之中也是中国南传宗教管理体系的一个特点。

中国南传佛教除了设置了地方社会精英——波章管理系统，妥善地处理与佛教相关的社会事务外，在管理具体的宗教事务时，还依赖村寨等各级行政组织体系中的地方社会精英来帮助管理佛教的社会事务，这是中国南传佛教深入到社会基层的管理触角，它更能有效地整合基层群众社会资源，让基层宗教资本真正地转变为可以利用的社会资本，让基层宗教得到有效的管理。

波章在处理佛教的社会事务时，其通过依托各级行政组织机构，以世俗社会组织制度各级行政机构为单位，积极寻求与社会各界社会精英的合作，积极动员社会资本，共同开展宗教活动，努力将宗教活动的管理纳入到社会管理体制之中。

例如，村寨里有各种社会团体，它们是在历史发展进程中出现的没有任何行政级别的社会团体，不从属于任何官方组织，它们是村寨开展各种活动，包括宗教活动的基本组成单位。以临沧市为例，各村寨根据性别和年龄不同，都设置有不同的社会组织团体，"少女们有一个组织，其首领称'卜少头'，每寨一人，由大家选举产生，负责组织全寨少女参与节日活动和劳动等，有关少女的问题亦由她来解决；另外，还有一个'召发引'，由土司委派，是新爷、郎爷①等的妻子，负责指挥全土司的'卜少头'，同时也负责指挥老年妇女，根据土司的意旨，召集妇女布置各种要做的事情，领导妇女做赕，分配妇女替土司做赕时服役的分工等。各村寨的青年男子也有组织，首领称'卜冒头'，也是由大家选举产生，负责组织和领导青年男子参加活动。本寨所有与青年男子有关的事情全由他来负责处理。"② 这样的社会团体一直延续至今，在村寨中各司其职，发挥着

---

① "新爷"、"郎爷"是1949年以前临沧市土司制度中土司身边官员的称谓。

② 云南省编辑组：《临沧地区傣族社会历史调查》，民族出版社1985年版。

各自的管理功能和社会整合功能。因此，在处理佛教社会事务，如组织佛事活动、寺院供养、维修等寺院经济活动时，波章就要代表中国南传佛教，主动与村寨里的老人们、村寨管理者、各个社会团体的领导者们协商，寻求解决问题的办法。如果涉及少女们的活动，就由"卜少头"出面去组织；涉及男性青年的，就由"卜冒头"去组织；以此类推，每一个年龄段都由不同的组织者进行组织，将具体的事务直接划分为每一年龄段不同性别的事务。值得注意的是，获得这些社会精英及团体的支持后，由于涉及佛教事务，波章在无形中就成为了各个社会团体的组织者和领导者，具有某种神圣权威。因此，在参加佛事活动时，各个社会团体的组织者都会统一听从波章们的指挥和安排。

比如，笔者在 2006 年 8 月参加云南临沧市耿马总佛寺念大经仪式时，就明显地感受到安章出色的组织能力和指挥能力。由于这是耿马总佛寺一年一度的念大经活动，所以来的人非常多。此次念大经耿马县总佛寺附近几乎所有的中心佛寺的主要僧侣都要来参加，虽然总佛寺共僧人 20 人（佛爷长老 9 个，和尚 11 个），但是参加活动佛爷和尚共计 123 人。可以想见这次活动是如何的重大。正因为此，前来参加赕佛活动①的群众络绎不绝，但却未出现一丝混乱。

经过与临沧市佛教协会秘书长暨耿马总佛寺的安章安明先生的交谈，我们才得知，早在这次活动前，安明就与耿马总佛寺寺院管理小组的其他安章和老人们一起，召集了下属的几个中心佛寺以及邻近村寨的村寨佛寺的安章们、甚至个村寨的相关管理者几次开会讨论如何组织信众赕佛的问题。会上就信众的组织管理问题、信众以及包括僧侣在内的所有参加念经活动的人的饮食问题作出了安排（按照中国南传上座部佛教活动的习俗，所有来寺院参加佛事活动人都可以在寺院里免费就餐，而所有的饮食全部由负责供养该佛寺的村寨群众平均分担）。经过研究，耿马总佛寺的安章们做出决定，在公历 8 月 9 日念大经的这一天，上午可以来 5 个生产队的人参加活动，下午再来 5 个生产队的人来参加活动，这样就会避免因人员众多而出现拥挤的情况。至于饮食问题，上午由 5 个生产队负责做好送到佛寺，下午再由另外的 5 个生产队的负责送来。大家轮流参加活动，同时

---

① "赕"即布施之意。中国南传佛教地区的信众在参加佛教活动时，都会布施钱财或其他物品给佛寺。

也轮流负担饮食问题。下午 5 点左右全体在佛寺吃饭。饭后 7 点左右开始念经。由于事先就经过了这样的精心安排，所有虽然这是耿马县一年中最隆重的佛事活动，来参加的群众非常多，有的村寨几乎是倾巢而出，全都来赕佛。但是，从秩序的管理上来看，却可以做到秩序井然，有条不紊。大家按照所属区域的组织安排来参加活动，在就餐时也直接到事先规划好的指定地点就餐；从后勤的角度来看，所有的参加者，包括外地来的旅游者或是城里来看热闹的群众，全部人都可以在佛寺中吃到免费的饭菜。

值得注意的是，在这场盛大的佛事活动中，安章们出色的组织、管理能力固然重要，但在具体执行的过程中，如果没有村寨其他社会团体的积极配合，没有其他地方社会精英的积极配合，没有佛教领域（安章）与社会领域（各社会团体）管理层面的资源的全面整合，这样重大的活动显然是不会如此有序的。

其优点在于：中国南传佛教的社会管理过程中，中国南传佛教除了专门设置波章（或安章）这样的地方社会精英来负责管理佛教事务外，在管理具体的宗教事务时，还依赖村寨等各级行政组织体系中的地方社会精英来帮助管理佛教的社会事务，这是中国南传佛教深入到社会基层的管理触角，它更能有效地整合基层群众社会资源。可以说，通过将宗教纳入到社会管理体系中来实现自己的发展，这正是中国南传佛教管理模式的独特之处。

（五）中国南传佛教经济状况

世俗社会对神圣世界的经济支持是宗教发展的强有力的保障。而世俗社会对神圣世界的经济支持逐步形成了寺院经济。从宗教寺院经济的角度而言，同样是依赖于世俗社会的供养，中国南传佛教的寺院经济明显地逊色于汉传佛教和藏传佛教，它没有形成自己独立运行的寺院经济体系，它几乎完全依赖于世俗社会的供养，并因此而形成了独具特色的中国南传佛教寺院供养体制——村社供养为主。自 20 世纪 70 年代以来，它已从村社供养制为主的单一经济模式逐渐转变为多元化的供养模式。

在历史发展过程中，中国南传上座部佛教一直保持着原始佛教的纯洁性，严格恪守着僧侣不蓄金银的戒律。任何僧侣无论其僧阶高低，都不得蓄金银。各个寺院无论其级别高下都对此在寺规中作出了严格的规定。中国南传上座部佛教戒律的这一特点就使得中国南传上座部佛教寺院在发展过程中无法形成强大的寺院经济支柱，不能直接掌握经济大权，或者说缺乏经济的强有力支撑。其所有的经济来源和经济开销必须要依赖世俗社会。因此，中国南传佛教逐渐形成以村社供养制为主的单一寺院经济模式。这主要表现为：首先，寺院僧侣每日的饮食由村社成员轮流供应，其次，所有佛事活动的开支仍然按照原先宗教惯例由各村社平均分担。修建佛寺、佛塔，塑造佛像，村寨集体送小孩入寺当和尚，和尚升佛爷、祜巴等重大宗教活动所产生的费用，都绝非个别家庭可以组织或承担的，也不是个别家庭的事情，而是全村社的共同事务，是村社的集体事业。其所有的宗教开支全部由村社成员共同负担。

自改革开放以来，中国南传佛教寺院经济已从村社供养制为主的单一经济模式逐渐转变为多元化的供养模式，传统村社承担的寺院活动开支仅占寺院收入的一小部分，而来自社会各界的捐赠善款则成为寺院经济的主要支柱。

在中国南传佛教地区，自20世纪80年代以来，来自东南亚国家的善款捐赠首先打破了过去单一的村社供养制的寺院经济传统模式，促进多元化供养模式的寺院经济发展。

改革开放以来，东南亚一些国家政府部门及民间社会团体经常到西双版纳州、德宏州以及临沧市、普洱市等地访问，同时也会有一些捐赠。近几年，仅西双版纳州就接待了包括泰国高僧、泰国施琳通公主、泰国外交部、泰国基督教会副主席孙文德先生，缅甸全国佛协常务理事祜巴相腊，德国基督教代表团，韩国佛教界代表团共21次，近800人。如1996年，以泰国驻昆明总领事朴·因图翁先生为团长的泰王国上议院代表团访问西双版纳州景洪市勐罕镇曼春满佛寺，并捐赠修缮款198888元人民币；1996年11月，受泰王国国王普蓬·阿杜德陛下的委托，泰国外交部新闻司司长苏拉蓬·加亚纳玛率领泰国护送御制袈裟代表团，到西双版纳州，向总佛寺洼坝洁捐赠512200泰铢、11240元人民币和160美元。[①] 2004年11月20日，以泰国外交部部长顾问帕拉查·库纳嘎信为团长的泰王国布施团，向西双版纳总佛寺布施捐赠了泰王国国王御制袈裟，并在总佛寺举行了布施捐赠仪式。除了御制袈裟，泰国外交部部长顾问帕拉查·库纳嘎信还向总佛寺布施捐赠了10000泰铢，泰王国驻昆明总领事馆领事克西·

---

① 参见《西双版纳傣族自治州民族宗教志》，云南民族出版社2006年版，第41—42页。

查派文布施捐赠了 40000 元人民币，转交了驻云南泰国团体捐赠款 13299 元人民币、1200 泰铢。泰王国布施团还向总佛寺三位僧侣布施了三套佛教礼品。① 类似这样的活动还有很多，尤其是近年来随着改革开放的扩大，大量来自国外的捐赠款有效地改善了中国南传佛教寺院经济发展不足的状况。

除了国外的大笔布施善款外，政府对寺院维修的拨款、仪式活动中各级政府部门的祝贺款项和来自全国各地的群众功德捐赠也是寺院经济收入的主要来源。例如，在 2009 年 2 月 20 日，西双版纳总佛寺举行了隆重的"重建西双版纳总佛寺大殿奠基仪式"，云南省佛教协会会长刀述仁、西双版纳州政协主席杨志祥、西双版纳州人大副主任召亚平、西双版纳州政协副主席、西双版纳州佛教协会会长祜巴龙庄勐、西双版纳州民宗局局长岩香宰、德宏州佛教协会、临沧地区佛教协会、思茅市佛教协会会长及州市各相关单位的领导和上千名信众参加了仪式。仪式上，祜巴龙庄勐大长老带领众僧侣为大殿祈福诵经、滴水祈愿，现场信众还为重建大殿捐赠了功德。同年 3 月临沧市临翔区勐准佛塔举行开光庆典。临沧市（区）民族宗教局、市（区）佛协等部门和团体前来祝贺，来自沧源、永德、双江、耿马县的僧侣和信众 1 万 5 千多人参加活动。一般情况下，前来参加活动的人都会有所捐赠的。

一般说来，在举办佛事活动前，负责寺院对外联络的安章、佛爷等人都会拿一对蜡条和米花作为请柬到各个政府部门或企业乃至私人家中去送，邀请他们参加佛事活动。如果出席活动的话，很多单位或个人都会有所表示，捐赠一定款项。值得注意的是，近年来参加南传佛教佛事活动的信众并不仅仅是传统意义上信仰南传佛教的傣族、布朗族、阿昌族、德昂族以及部分佤族、彝族等群众，随着交流的扩大，中国南传佛教佛事活动也吸引着国内外大量的群众前往参加，甚至很多内地企业家也纷纷参加，并慷慨捐赠。因此，与过去传统的村社供养制相比，现在很多南传佛教寺院经济模式已经多元化。

另外，值得关注的是，2007 年西双版纳州南传佛教总佛寺茶厂在西双版纳州成立，这一经济实体的成立表明西双版纳州南传佛教试图在发展自己的内部经济，希望自己在经济方面变成实体，彻底解决经济供养

---

① 　详参《西双版纳报》2004 年 11 月 20 日。

问题。

西双版纳南传佛教总佛寺茶厂在对外宣传方面，是这样介绍自己企业的："西双版纳南传佛教总佛寺茶厂是国内唯一一家以南传佛教文化、普洱禅茶文化及红木文化融为一体的企业。西双版纳总佛寺至今已有1000多年的历史，是西双版纳最早的一座寺庙，也是我国唯一的南传佛教朝圣中心。总佛寺历史悠久，代结圣果，贤哲云集，高僧辈出，至今仍为培养南传佛教法门龙象之圣地。在中国佛教协会副会长、中国南传佛教西双版纳总佛寺祜巴龙庄勐·宛纳西利大长老的关心下，于2007年4月9日在普洱茶的故乡，建立普洱禅茶生产基地——西双版纳南传佛教总佛寺茶厂，将中国南传佛教特有的普洱禅茶推向全国，推向世界。以'护佑心灵，祈福健康，造化人类'为起点，开创普洱禅茶走向民间之先河。"①"除了做茶以外，西双版纳州总佛寺茶厂还选材严格，制作科学严谨，采用花梨木及'瘿木'这一极为稀有的材质，制作雕刻各种红木工艺吉祥品及各类根雕、茶盘、高档禅茶礼品盒等；并有一批技艺超群的雕刻大师，引用先进设备结合传统手工艺，巧妙将现代科技与古典艺术完美演绎，在传统继承中注重发展创新，做到艺无止境，精益求精！总佛寺茶厂出产的每款禅茶都由中国佛教协会副会长、中国南传佛教大长老祜巴龙庄勐·宛纳西利携众僧开光，加持'吉祥如意、长寿安康、明心见性'等祝福。将茶的正气融入佛的感恩之中，将茶的清气融入佛的包容之中，将茶的雅气融入佛的分享之中，将茶的和气融入佛的结缘之中。结茶缘、结善缘、结佛缘、结法缘。用茶的高洁，善的和谐，佛的慈悲、法的智慧，开悟人生，净化心灵。让您在品饮'总佛寺'普洱禅茶的同时，又能充分感悟到浓厚的中国南传佛教文化氛围。'总佛寺'禅茶是您收藏、品饮、馈赠亲朋好友的最佳选择。"②

当然，西双版纳南传佛教总佛寺茶厂的成立和运作得到了西双版纳州总佛寺的支持，但是否完全是由西双版纳州总佛寺自己经营等问题难以考察清楚。只是这一事件本身从某种程度上表明：西双版纳州南传佛教开始

---

① 详见西双版纳州总佛寺茶厂网址介绍，http://www.5586.cn/noshinecompany/ncfjzfscc.html。

② 详见西双版纳州总佛寺茶厂网址介绍，http://www.5586.cn/noshinecompany/ncfjzfscc.html。

思考直接解决自己寺院经济运行的情况，这也不失为一种突破传统"不蓄金银"等戒律系统的限制、突破固有经济供养模式的尝试。其具体运作的方式、经营的情况和社会反响还留待进一步考察。

（六）与海内外的社会联系

由于中国南传佛教信仰区域与东南亚国家同属东南亚南传佛教文化圈，生活于其中的各国人们有着天然的地域、民族血缘及历史文化联系，民间往来不断。20 世纪 80 年代以来，东南亚一些国家政府部门及民间社会团体经常到西双版纳州、德宏州以及临沧市、普洱市等地访问，同时也会有一些捐赠。近几年，仅西双版纳州就接待了包括泰国高僧、泰国施琳通公主、泰国外交部、泰国基督教会副主席孙文德先生，缅甸全国佛协常务理事祜巴相腊，德国基督教代表团，韩国佛教界代表团共 21 次，近800 人。

1999 年 11 月，泰国国王捐赠御制袈裟给德宏傣族景颇族自治州潞西市的奘寺；2005 年 11 月 12 日，由泰国外交部长顾问朴拉查·库纳嘎信为团长的泰国布施团一行，在德宏州副州长龚敬政、州政协副主席管国芳及潞西市有关领导陪同下，来到潞西五云寺，向五云寺主持布施御制袈裟、礼佛用品，并转交了泰国向五云寺的捐款 1 万泰铢；随行的泰国驻昆明总领事克西·查派文向五云寺转交了泰国外交部捐款 4 万元及驻云南的泰国团体捐款。这是泰国国王第二次给潞西市的奘寺布施御制袈裟。

（七）募捐等活动所表现出的社会号召力及其他

目前中国南传佛教在信仰南传佛教的少数民族区域内的影响仍然非常大，但由于其经济社会发达程度不高，经济产业结构单一（大部分收入主要是靠农业，部分是依托橡胶），整个社会经济发展水平不高，因此，尽管中国南传佛教在各种社会活动中都能具有较强的社会号召力，但南传佛教信众自身经济实力有限，因此即使是尽其所能地捐赠，所得到的款项也不高，但社会辐射面广，影响巨大。例如，2010 年 4 月 23日，云南省西双版纳州佛教协会、西双版纳总佛寺为遭受地震的青海省玉树灾区举行祈福回向即捐赠法会。云南省佛教协会会长刀述仁居士，西双版纳傣族自治州佛教协会会长祜巴龙庄大长老，副会长都香法师，景洪市佛教协会副会长玛哈香及云南佛学院西双版纳分院全体教员学僧共 130 人参加法会。

三 中国南传佛教在文化战略中的地位

(一) 中国南传佛教文化成为国家"走出去"战略与"桥头堡"战略平台上重要的文化场域

云南是南亚次大陆经济圈和中国—东盟自由贸易区的交汇点和重合点,如今,这两大区域的崛起,也给云南乃至西南省份实现跨越式发展带来了机遇,有助于西南地区从改革开放的后方,跃升为改革开放的前沿。把云南建成我国向西南开放的重要桥头堡,是党和国家在新时期推进我国陆上开放、提升沿边开放水平的重大战略部署,突出了云南在国家对外开放战略中前沿性、重要性和带动性的作用,给云南加快发展带来了千载难逢的历史机遇。

改革开放 30 年来,我国主要实施面向太平洋的"东向"开放战略,沿海地区已经成为我国对外开放的主体和世界制造业中心之一。而面向亚欧大陆内陆的西部地区,沿边开放程度较低,不仅严重影响了我国西部省区经济社会发展,也极大限制了我国与内陆相邻国家的对外联系,是中国对外开放中的薄弱环节。充分发挥西部地区特别是云南独特的区位优势,加快提升沿边开放进程,是深化从"西向"陆路全面参与经济全球化的关键。它有利于我国全面实施"海陆并进,东西互动"的新型开放战略,为实现共同发展提供了必要的基础和条件。

2009 年 12 月,中共云南省委八届八次全会上,"桥头堡"建设被确定为云南经济社会发展新三大战略目标之一。在世界经济集团化、区域化趋势下,经济走廊的开发已成为世界性潮流。云南地处我国与中南半岛和南亚次大陆结合部,与越南、老挝、缅甸接壤,是我国不绕经马六甲海峡通往南亚、中亚、印度洋,进入欧洲、非洲最为便捷的陆上通道,具有地理位置最优、面临市场最广、与东盟及南亚和中东国家互补性最强、对外连通条件最好等优势。国际大通道建设将大大改善这一区域的交通运输布局状况,从而扩大和深化我国与东南亚国家在政治、经济、文化等方面的交往和合作,发展与东南亚、南亚国家的区域经济合作,促进我国参与国际合作与分工,将成为一条现代丝绸之路。

通过实施"桥头堡"战略，云南将不再是一个传统意义上的贫困边陲，而成为开放的前沿，成为我国对外开放的桥头堡。把云南建设成为我国面向西南开放的"桥头堡"，不仅是新形势下提升云南沿边开放的质量和水平的需要，也是贯彻执行"大国是关键，周边是首要，发展中国家是基础"和"睦邻、安邻、富邻"的外交方针的必然要求。从云南与周边国家的经贸关系看，制约经贸发展的主要因素不是缺少资源、产业乃至经济的互补性，而是具有地缘优势的邻国缅甸、越南、老挝等国经济欠发达，现实购买力有限。因此，推进"桥头堡"建设的重点之一就是加快推进我国与周边国家的多层次、宽领域的区域合作，实现可持续的双边或多边贸易与经济发展。从这个意义上看，没有持续的国际区域合作与开发，云南的对外开放就很难走出低水平"陷阱"，"桥头堡"的前沿、引领和聚集功能就难以得到充分发挥。

值得注意的是，在推进"桥头堡"建设的过程中，我们不容忽视一个事实：跨境民族文化及宗教交流将会随着全球化的发展潮流而日益密切，巧用文化"软实力"将可以全方位提升云南宗教的战略资源，凸显云南战略地位。

在未来，跨境民族文化及宗教交流将会随着全球化的发展潮流而日益密切。云南天然的地理资源优势、云南境内外宗教的分布使得云南处于特殊地位，云南的宗教形成鲜明的国际性特点，这可成为我国在东南亚各国造成影响的文化战略资源和社会资源。云南有着众多的少数民族与东南亚国家跨境而居，各个民族与境外同一民族有着天然的血脉和文化资源的联系，云南省与毗邻国的边界长达 4060 公里，其中中缅边界 1997 公里，中老边界 500 公里，中越边界 710 公里。云南省有 117 个县和县级市，其中有 27 个县市分别与缅甸、老挝和越南直接接壤，并邻近泰国。在长达4060 公里的国境线两侧分别居住着壮族、傣族、苗族、瑶族、彝族、景颇族、布依族、哈尼族、傈僳族、拉祜族、阿昌族、独龙族、怒族、佤族、布朗族、德昂族等 16 个跨界民族。在这些跨界而居的民族中，有跨居中、越、老、缅 4 国的苗族、瑶族、哈尼族、拉祜族；跨居中、越、老 3 国的有傣族、彝族；跨居中、越两国的有壮族、布依族；跨居中、老两国的有布朗族；跨居中、缅两国的有傈僳族、景颇族、阿昌族、怒族、独龙族、佤族、德昂族。这些跨界民族分别跨居在云南省文山壮族苗族自治州、红河哈尼族彝族自治州、西双版纳傣族自治州、怒江傈僳族自治州、

德宏傣族景颇族自治州、保山市、普洱市、临沧市 8 个州市与缅甸北部的
掸邦、克钦两个邦接壤，与越南西北部的河江、老街、莱州、山罗、宣
光、安沛、永富 7 个省接壤，与老挝北部的丰沙里、南塔、波乔、乌多姆
塞、琅勃拉邦、华潘、川圹、沙耶武里 8 个省接壤的国境线两侧。民族的
同一性是云南与周边国家共同的民族现象，这种复杂的交错跨居的民族分
布构成了中国西南边疆特有的地缘政治和跨境民族问题。① 跨境民族的分
布格局使云南宗教具有明显的国际性特征。在未来，跨境民族文化及宗教
交流将会随着全球化的发展潮流而日益密切，因此应该利用云南宗教的国
际性特点，有助于凸显我国在东南亚各国的影响，扩大我国在东南亚地区
的文化战略资源。

　　其次，云南民族文化和宗教文化有着丰富的社会资源、文化资源，但
目前，大众文化的竞争力还远远没有和经济成长的速度相适应，因此如何
使之最大限度地得到合理运用的问题一直困扰着人们，最近美国学者约瑟
夫·奈在"软实力"理论的基础上又提出了有关"巧实力"的运用理论，
启发我们要注意将"硬实力"和"软实力"相互巧妙地整合起来加以发
挥，我们需要把捍卫基本价值的坚定性和适应时代和潮流的灵活性相结
合，把对于自身文化的自信和对于世界和自身的清醒的自觉相结合，把高
端的精神价值和大众文化相结合。而宗教作为一种精神力量和文化资源，
会成为相关民族或国家"软实力"的重要构成部分，因此，凸显文化软
实力，巧妙运用"巧实力"，将可以全方位提升云南宗教的战略资源，凸
显云南的社会、文化战略地位，面向东南亚，实施"走出去"战略。利
用社会战略资源和文化战略资源，面向东南亚，实施"走出去"发展战
略，进行文化产品输出，提升国家的文化软实力。

　　在加强我国在东南亚国家社会战略资源和文化战略资源的同时，我们
还应该积极配合云南省以及国家的战略发展，通过国际性大通道，实施
"走出去"战略，将文化产品输出去，有效提升国家的文化软实力。

　　经济全球化使得各国文化相互渗透和融合，文化产业已是国际贸易的
一个重要组成部分。2009 年 9 月 26 日《文化产业振兴规划》出台标志着
文化产业已经成为国家层面的发展战略。因此，我们要健全对外文化交流
机制，积极实施"走出去"战略，大力开拓文化产品国际市场，积极响

---

① 赵廷光、刘达成：《云南跨境民族研究》，云南民族出版社 1998 年版，第 14 页。

应中央号召，制定有关政策，完善激励机制，重点扶持大型国有文化企业及有较强创新能力和竞争实力的文化事业单位，做大做强一批对外交流的文化品牌，积极参与国际文化市场竞争，努力扩大文化产品出口份额。坚持以我为主、于我有利，扩大与管理规范、技术先进、对我友好的国外知名文化集团的合作。进一步推动广播影视节目对外交流和境外落地。同时，要不断深化对文化地位和作用，文化发展方向、文化发展动力、文化发展思路、文化发展格局、文化发展目的的认识，坚决冲破一切妨碍发展的思想观念、坚决改变一切束缚发展的做法和规定，坚决革除一切影响发展的体制弊端，做到思想上不断有新解放，理论上不断有新发现，实践上不断有新创造。

（二）新时期新阶段中国南传佛教发展存在的问题

中国南传佛教格局不是一成不变的，它会随着时代的发展、社会的变迁出现变化，当代中国南传佛教正逐渐向理性化、社会化方向发展。20世纪50年代以来，尤其是在当前转型时期，中国南传佛教与过去相比，出现了一些变化，这些现象无一不在表明当代中国南传佛教正主动调整自身结构，积极适应社会发展和时代需要，正逐渐走向理性化、社会化的发展。但值得注意的是，当代中国南传佛教在发展的过程中还存在以下一些问题，需要我们进一步加以关注。

1. 寺院教育存在的问题

随着社会的不断发展进步，信教群众的自身素质不断提高，另一个新的问题凸显出来，那就是西双版纳地区的僧侣文化素质偏低，而寺院僧人年龄结构比例不合理。全州虽然有4500多名僧人，但年龄在30岁以上的佛爷只有几十人，而且其中受过正规佛教教育的还不足一半，加之，寺院住持年龄较轻、文化素质偏低等原因致使信教群众开始"推崇"境外僧侣。因此，有些边境沿线的村寨擅自请境外的僧侣到寺院当住持，或出现个别僧侣未经批准私自到境外学习的现象等。

可以说，妥善处理好这些问题是发展西双版纳州各项事业的重要保障条件之一。20世纪50年代初，党和政府在当地兴办学校，大力发展少数民族教育事业，但学校与佛寺之间出现了矛盾。在整个20世纪50年代，州内学校教育稳步恢复和发展，但佛寺教育仍维持其原状。1978年后，党的宗教政策和民族政策得到进一步贯彻落实，佛寺教育逐步恢复。为此，州内各级政府和有关部门认真总结经验，充分调动社会各方面的力量，使得佛寺教育严重冲击学校教育局势得到了扭转。宗教工作部门同当地教育主管部门通过调查研究，采用"收进来，办进去"的办法逐渐使学校教育与佛寺教育的矛盾得到缓解，并通过"宗教不得干预教育"的广泛宣传教育，佛寺与学校的关系不断得到协调，使少数民族教育得以有序健康发展。"收进来"指在国家开办的学校放宽条件招收佛爷或和尚入学；"办进去"指教育行政部门根据宗教界人士的建议和要求，将在佛寺的和尚编成班级，派出教师到佛寺进行教学，即举办"和尚班"。

应该说在现代社会，寺院的教育功能发生了变化，其灌输佛教文化和民族文化知识的功能逐渐为学习教育所取代，但是由于在一定时期内，由于学校教育教授的内容大多是科学技术知识，较少涉及在传统的南传佛教寺院里传播的各少数民族文化的内容，因此长此以往，各少数民族传统文化的传播和保护载体问题将会日益突出。例如，现在德宏州突出的有寺无僧现象或者请外籍僧侣来中国寺院主持佛教活动的现象正是这一文化传播断裂带的一个表现。

2. 政府各级部门对中国南传佛教双线管理模式的认识不足

中国南传佛教管理体系与汉传佛教、藏传佛教管理体系的最大不同在于其实行双线并行运作的管理模式，即佛教界内部自身的管理模式和波章管理模式同时存在、共同管理的模式。正是由于这一模式运行有效，使得它对于世俗社会的影响不是去通过控制性地介入和管理，而是以富有地方特征的建设性介入方式去影响世俗社会。这是中国南传佛教管理体系的一大特色，也是其至今仍然在宗教生活与社会生活产生很大影响的原因。但目前政府在长期的宗教事务管理过程中，对中国南传佛教管理体系的特殊性一直没有引起足够重视，因此，仍然采取一刀切的管理办法，与其他宗教一起同等管理，尤其是只进行佛教界的管理，忽略了波章①系统的管理模式。长此以往，不仅会让政府的工作难以获得实效，而且也会让云南南传佛教的发展缓慢。

---

① 在云南南传佛教信仰区域，对之有不同的称呼，在西双版纳傣族自治州，称为"波章"；在德宏傣族景颇族自治州称为"贺路"；在临沧市称为"安章"。

　　3. 佛教派别之间的趋同性导致中国南传佛教开始逐渐失去"活文物"价值

　　历史学家汤因比曾说，"上座部佛教在历史中是一种文化的化石。"这是指南传佛教保持了原始佛教传统的纯洁性，因而在历史发展过程中具有重要的历史文化价值。如果从南传上座部佛教内部系统而言，中国南传佛教却在整个南传佛教文化圈中具有独特的"活文物"价值，它记录了19世纪以来，中国南传佛教不同于东南亚各国南传佛教的发展轨迹和历史，其中各个佛教派别的发展更具有档案资料的重要价值。但是目前中国南传上座部佛教派别之间的差异性减小，甚至出现趋同性现象，各个派别的佛教传统个性缺失，未出现同中求异，"各美其美"的现象，开始失去"活文物"价值。

　　综观中国南传上座部佛教派别，主要有润派、摆庄、多列、左抵四个主要派别，分别分布在中国南传上座部佛教圈的不同区域。西双版纳地区的佛教派别较为简单，主要以润派佛教为主；德宏地区的佛教派别与西双版纳地区相比，较为复杂，也较多，有润派、摆庄派、多列派和左抵派；在临沧地区主要以润派、摆庄派、多列派为主。这些派别主要表现在戒律方面有不同，在教理、教义方面的区别并不大。

　　中国南传佛教秉承东南亚南传佛教传统，但派别林立，传播渠道不同，至今流传于西双版纳地区的南传上座部佛教主要是从泰国清迈经过缅甸的景栋传入的；至今流传于德宏地区的南传上座部佛教有从西双版纳传入的，也有直接从缅甸传入的；临沧地区南传上座部佛教有从西双版纳传入的，也有直接从缅甸传入的、也有从德宏地区传入的。由于传入的途径和历史时段的不同，每一佛教派别都有自己鲜明的特色。

　　值得注意的是，由于这些佛教派别分布于云南，在某种程度上具有该派别在19世纪以后的"活文物"形态，具有一定的史料价值。盖东南亚各国在19世纪以来，受到西方列国的殖民统治和文化侵略，佛教的发展不同程度地受到了影响，有些佛教派别为了适应生存条件，不得不对自身进行调整和改变，因此，具有了鲜明的时代特征。而同期的中国云南并未受到西方国家的殖民统治，这些佛教派别忠实地记录着佛教传统，并使之得以保存和传承，此外，中国南传佛教在长期的发展过程中，也形成了自己独具特色的本土化特征，发展至今，表现出与当今东南亚佛教派别的不同。因此，中国南传佛教派别在整个南传佛教文化圈的历史发展坐标中具有重要的史料价值,是"活"的文物,他与东南亚南传佛教一起共同构成南传佛教文化圈不可缺少的组成部分。

20 世纪 50 年代以后,中国南传佛教各个派别随着相互之间交往的频繁,增进了相互的了解和友谊,不再出现信教群众因戒律之差异而出现纠纷的事件,各个派别能和谐共处,有的佛教派别开始调整自己的不足,甚至对有些戒律进行改革。但目前,由于种种原因,佛教各个派别开始趋同,甚至开始改信某一佛教派别。而地区有关部门出于好管理的角度,也鼓励派别之间的融合。长此以往,具有鲜明地域性特征的中国南传佛教派别就将逐渐丧失其作为历史"活文物"的价值,其在南传佛教发展史上的重要地位将淡化。因此,如何维护佛教派别的有序发展,共建"和而不同,各美其美"的多元和谐的文化生态是摆在我们面前的一个重要任务。

4. 中国南传佛教与商业化发展的"合法性危机"问题

以文化的发展来推动地区经济的发展,以经济的发展来带动文化的进步,这是时代的需要,但如何在发展中保护文化,在保护中发展文化,这是摆在当前的紧要问题,处理不好将会引发各种危机,尤其是中国南传佛教发展过程中的商业化"合法性危机"。在转型时期,中国南传佛教面临发展与"被商业化"的问题,如何妥善地借助社会改革的浪潮来发展自己,规避"被商业化"的可能,成为佛教的两难问题,也是事关佛教发展前景的重要问题,与此同时,在被商业化的过程中,主体的合法性危机问题和发展内容的合法性危机问题,也出现了,这一危机将会在中国南传佛教与现代社会经济发展的冲突和融合过程中越演越烈。

(1) 主体的合法性危机问题

云南省多年来一直致力于建设民族文化大省、旅游文化大省,文化产业在云南取得了卓有成效的发展。各地普遍提出发展文化产业,促进旅游事业发展,"文化搭台,经济唱戏"的旅游文化产业模式使得中国南传佛教文化成为当地政府招商引资的招牌之一,在这一发展思路的引导下,佛教在传统社会中的政治作用基本丧失,甚至转而为当地文化旅游事业的发展服务,甚至有可能"被商业化",由此出现主体的合法性危机问题。

在当代经济浪潮中,在发展旅游文化产业的思想指导下,佛教界作为主体的地位被逐渐淡化,政府有关部门、旅游景点乃至企业成为希望借助佛教而获得发展的主体。例如,目前,一些佛教节庆活动开始逐渐成为旅游文化的主要内容，它们与南传佛教的关系都非常密切。于是打造这些节日开始被旅游部门以及其他政府部门作为发展旅游业的重要内容。在云南民族村，一年一度的泼水节是傣族、布朗族等民族的传统节日。"经过十多年的精心打造，现已成为云南民族村景区响亮的一个民族节庆品牌。鉴于此，今年泼水节的总体活动框架不变，大胆尝试，组织人气、制造悬念、营造欢乐；水上实景展演为新突破点。为此，云南民族村将举办傣族、布朗族泼水节，德昂族浇花节，以活动来展示文化、打造高质量、高水平的民族节庆文化旅游精品，促进景区的旅游发展。"① 很显然，这些与南传佛教关系较为密切的节庆活动开始脱离了佛教文化背景，被旅游部门作为旅游文化产业的商品兜售给游客。传统的少数民族节日活动中，必不可少的宗教主体被淡出，而旅游部门则成了重要的主体。在旅游文化产业得到发展的同时，佛教的发展也未与之成正比。2008 年上半年，西双版纳州接待国内外旅游者 279.6 万人次，同比增长 72%；实现旅游总收入 16.67 亿元，同比增长 72.2%。勐泐大佛寺项目的建成，将为弘扬传统傣族文化、开发傣乡旅游资源、提升西双版纳州的对外知名度发挥重要的品牌效应。旅游收入的增加却并未与南传佛教的发展成正比。因此，究竟旅游文化产业是发展的主体，还是佛教本身是主体，即所谓的"文化搭台，经济唱戏"现象，政府相关部门如何采取切实可行的措施，认真区分佛教发展与旅游文化产业发展的主体身份，这将是政府有关部门面临的两难问题，否则，长此以往将引发主体的合法性危机。

（2）发展内容合法性的危机问题

目前企业投资，利用佛教文化为品牌来发展旅游逐渐成为中国南传佛教信仰区域的经济现象。由于商业利益所趋，企业在投资佛教文化产业的同时，一定要求要有丰厚的回报。这是企业投资的前提。因此，佛教被包装为一种文化产业乃至成为一种"文化商品"，由此带来了一系列的发展内容合法性危机问题。

在西双版纳地区早已开始出现这一具有时代感的变化。泼水节开始成为政府有关部门招商引资，大力发展旅游产业的契机。从 2003 年开始，在泼水节活动中，政府有关部门在安排节日活动时，新增加了"民族文

---

① 详参笔者《中国南传佛教节庆活动到文化习俗的变迁》（内部报告），中央民族大学"985"工程"云南宗教经验研究"课题之子报告（2008 年 3 月）。

化大游演"。2004 年"国际美食节"、水幕电影、歌星演唱会等新增加的活动，伴随着"傣历 1366 年新年节暨 2004'中国·西双版纳国际泼水节"的到来，让具有深厚民族传统文化的景洪城沸腾了！上万名各族群众与中外来宾相聚在澜沧江畔，共同庆祝这一盛大的节日。从这一年开始，西双版纳地区每年都以泼水节为发展契机，积极发展经济。例如，2007 年 4 月西双版纳州邮政局借助州政府宣传泼水节的机会，开发成功"刀美兰舞蹈艺术 50 年"个性化邮折 1000 本。2007 年 4 月 10 日，首届中国普洱茶战略联盟论坛峰会——百年贡茶回故乡迎接仪式在景洪举行。而为了更好地吸引游客，西双版纳地区特意准备的泼水活动诵经仪式直接就在景洪工人文化宫广场举行了。在临沧市耿马县和德宏州，泼水节与旅游旺季紧紧地联系在一起，借泼水节打造民族文化品牌，靠佛教活动来吸引外地游客，以宗教文化活动为经济搭台、招商引资，成为当地旅游部门乃至政府部门主要的工作，地方政府开始借助佛教文化为经济发展搭建平台。

值得注意的是，除了佛教节庆活动外，发展更多的佛教产业也开始被纳入到当地旅游文化产业的规划范围之内，由此引发了规划内容的合法性危机问题。例如，在西双版纳州，勐泐大佛寺项目的实施引起了人们的广泛关注，一时"西双版纳傣族自治州 3.5 亿元打造南传佛教文化中心"成为大家谈论的话题，建好后的勐泐大佛寺成为景洪市一道亮丽的风景线，其恢宏的寺院建筑和精美的佛教文化艺术美轮美奂，精心安排的活动内容吸引着众人前往。目前由于管理权限和经济等方面的原因，围绕着勐泐大佛寺，投资方和佛教界之间，乃至投资方与群众之间开始产生了一系列的问题，而政府有关部门在各方矛盾紧张的时候，要花很多时间协调多方关系。

此外，在发展的内容方面，其内容的合法性危机也逐渐出现。为了新型的文化产业项目，依托佛教的平台，改变一些中国南传佛教固有的传统做法。例如，西双版纳州勐泐大佛寺占地 400 亩，总建筑面积 2.1 万平方米，规划轮廓与自然原地貌巧妙结合，呈坐佛形状，为国内所独有，是按 5A 级景区标准建设的，按照项目建设目标，它"将成为佛教文化、民族优秀传统文化的展示区和研究南传佛教的文化交流中心，为东南亚傣民族的又一寻根访源地。"在其竣工之际，由云南省佛教协会、西双版纳州佛教协会邀请 108 位来自汉传佛教、藏传佛教和南传佛教的高僧参加了开光典礼，108 位高僧乘坐 108 辆刚刚下线的新轿车缓缓到达现场，近万名中外宾客和信众参加了盛典。在勐泐大佛寺内，任何人，包括前来游玩的非南传佛教信徒们，都可以亲自种下一棵或多棵佛教圣树——菩提树，可以请南传佛教高僧在旁边念经祝福；此外，在勐泐大佛寺还有捐赠供奉小金佛等许多非中国南传佛教固有传统的活动以吸引游客捐献功德。由于勐泐大佛寺在规划设计之初就是以佛教文化、民族优秀传统文化的展示区和研究南传佛教的文化交流中心、东南亚傣泰民族的寻根访源地为目标，因此，它的发展规划并不是纯粹的佛教事业，而是希冀依托于佛教文化来发展的文化项目。显然，其发展内容与佛教的发展期望、当地信教群众的期待是有出入的，其内容的合法性危机也逐渐出现，甚至可能引发冲突。因为中国南传佛教具有鲜明的群众性特点，信仰不仅仅是个人的事情，而是集体的共同事情，因此，如果处理不当，甚至有可能引起群发性事件。类似的问题，在中国南传佛教信仰区域的其他地区也开始出现。因此，政府如何正确发展文化产业，如何处理好各方面的关系是规避潜在危机的前提。

值得注意的是，如果说勐泐大佛寺的建立是当地政府希望通过本地区特有的南传佛教文化来吸引社会各界，试图进行"二次创业"的重大举措的话，那么西双版纳州南传佛教总佛寺茶厂的成立无疑是南传佛教界内部试图彻底突破自身系统的限制，寻求发展动力的一个举措，其意义在于彻底突破传统固有的寺院经济供养模式，通过创办实体经济来建立自己的经济体系。这一尝试带来了一系列的微妙变化。在不发达的宗教信仰区域出现外来非传统模式的供养关系，这将成为寺院经济结构发生变化的推手，乃至会成为导致寺院与社会各界固有资源结构不稳定的推动力。

5. 在传统的中国南传佛教信仰中心地区，流动穆斯林和外籍穆斯林的管理问题

近年来随着经济的发展，国际交往的密切，旅游业迅猛发展，流动人口增加，外来穆斯林，尤其是缅甸籍穆斯林增多，为伊斯兰教的管理带来一定困难。

伊斯兰教在西双版纳州的传播具有典型的移民特征，即它是随着移民的迁徙而出现的，基本保留本民族原住地的文化传统。在调研过程中，笔者得知，景洪市内的回族大部分都是从外地来的回族，他们多为城镇人口、机关干部、生意人（主要以做钢材和饭店生意为主），但现在由于改

革开放以来，西双版纳州大力发展旅游事业，对内搞活经济，对外开放部分口岸进行边贸活动，因此，流动穆斯林的人数增加很快，有的是来旅游的，有的是来这里做生意的。为此，西双版纳州伊斯兰教面临很多新的问题，这主要表现在活动场所和管理等方面。

（1）变与不变的矛盾

这里所谓的不变是指活动场所空间的固定不变，所谓的变是指日益增多的穆斯林人口。在市场经济得到迅速发展的景洪，旅游业也呈现出欣欣向荣的景象，在这样的背景下，变与不变之间的张力增大，出现了矛盾。

前来西双版纳州的流动穆斯林主要是以旅游和做生意为主，西双版纳州的观光点主要集中于景洪市，同时景洪市是州政府所在地，各方面的设施和条件较好，因而是他们选择住宿和做生意的最佳地点，这就造成流动穆斯林主要集中于景洪市的现象。同时其宗教信仰规定，每个穆斯林一天要做好"五功"，在星期五"主麻日"这天还必须集中到清真寺进行集体礼拜。景洪市清真寺的存在，妥善地解决了游客们既可以外出旅游，同时还可保持自己宗教朝拜活动的需要，因此，对于外来的穆斯林来说，景洪市清真寺就成为了他们星期五"主麻日"这天必须要去的地方。而目前景洪市的清真寺是在1984年由州政府拨款6万元，市政府拨款2万元建盖而成的砖混结构的清真寺，可容纳300余人。其活动空间远远不能满足当地穆斯林和外地穆斯林的需要，活动场所空间成为不变量，日益增多的穆斯林人口却是变量，变与不变之间张力增大，如果解决不好，就会出现矛盾。

（2）外国籍穆斯林，尤其是缅甸籍穆斯林的管理问题

外国籍穆斯林主要来自印度、巴基斯坦和缅甸，在调研过程中，笔者得知，他们来到景洪的历史也就十四五年，大约是在1993年左右来到景洪市的，主要从事珠宝生意。原来只有几家，但现在人数约为三四百余人，最近几年主要以缅甸籍穆斯林为主，已经开始形成一个大的外国籍穆斯林集体。他们不会讲傣族语言，但会讲基本的汉语，会讲阿拉伯语，他们的顾客不是当地傣族等少数民族，而是外地来景洪旅游的游客，尤其是汉族游客。随着西双版纳州旅游文化产业的蓬勃发展，交通运输工具的便利，外地游客到此旅游的人数日益增多，对于珠宝类奢侈品的需求量也日益增多。而在经营珠宝行业方面，当地群众比不过缅甸籍穆斯林，因此，目前在景洪市经营珠宝的大多是缅甸籍穆斯林。由于珠宝生意的交易金额

较大，很多缅甸籍穆斯林都具有较强的经济实力，与当地百姓相比，可谓是富商，在缅甸都有一定的影响。

在平时，这些穆斯林都会积极参与景洪市慈善活动。例如，在2008年汶川大地震中，西双版纳州伊斯兰教协会动员捐款，缅甸籍穆斯林马上就积极行动，捐出55880元；此外，当缅甸受到风灾袭击时，他们也积极捐款回国，参与救灾活动。目前，由于缅甸籍穆斯林越来越多地集中于景洪市，在经济实力日益强大的同时，其需要一个礼拜活动场所的愿望也日益强烈。他们曾经自己直接租房子进行礼拜活动，并且请来了自己的缅甸籍阿訇。后来西双版纳州伊斯兰教协会主动积极与之协商，将之纳入到伊斯兰教协会的管理之中，现在这些缅甸籍穆斯林都会来景洪市清真寺参加礼拜活动。例如，笔者在2009年8月去调研时，就看到缅甸籍穆斯林请来的阿訇就在景洪市清真寺礼拜。虽然缅甸籍穆斯林同意纳入到州伊斯兰教协会的管理体系之中，但他们自己也在内部推举了几个人管理，在遇到事情时，就由这几位管理小组成员直接与西双版纳州伊斯兰教协会协商处理。目前，西双版纳州伊斯兰教协会已经出面帮助他们处理了很多事情。

值得注意的是，虽然缅甸籍穆斯林的宗教活动已经被纳入到西双版纳州伊斯兰教协会的管理之中，但由于他们对我国的法律、法规以及相关的政策还不太熟悉，因此急需对之进行相关知识的普及。另外，由于语言不通，无法流利地与当地群众沟通，这就使缅甸籍穆斯林逐渐抱团，以小集体的内敛力和凝聚力来应对异域文化环境。目前他们与西双版纳地区建立最佳联系的桥梁就是宗教信仰，因此，如何通过西双版纳州伊斯兰教协会进行有效的管理，帮助其有效处理各种社会关系，是当前各级政府部门应该注意的问题。

6. 基督教在城市发展迅速的问题

目前基督教在原来南传佛教信仰的中心地带发展迅速，基督教信徒人数呈现持续上升趋势。以西双版纳傣族自治州为例，20世纪50年代，整个西双版纳州的基督教徒只有300人，但到2000年底，全州基督徒有4000余人，教堂21座，聚会点56处。到2009年8月笔者去调研时，景洪市基督教两会成员告诉笔者，景洪现在已经有9个基督教教堂，信徒8000余人，包括傣族、汉族、哈尼族、基诺族、彝族、瑶族、苗族等十多个民族的信徒，在景洪市也有很多汉族开始信仰基督教。与此同时，一些新问题开始出现。例如，汉族信仰者增多，一些文化程度较高的傣族开始改信基督教，原来信仰本民族原始宗教的山区群众开始转信基督教，如瑶族；私设聚会点普遍，更为严重的问题是渗透问题。

（1）基督教信仰人数增长快的问题

就信徒人数而言，西双版纳州基督教信徒人数增长较快，与南传佛教信徒人数的增长形成鲜明对比，在 20 世纪 50 年代，南传佛教的信众约 10 万余人，到 21 世纪，南传佛教信徒人数约 30 万余人，在近 60 年的时间里增加了 3 倍；而基督教徒在 20 世纪 50 年代约 300 余人，2000 年约 4000 余人，到 21 世纪达 8000 余人（此为教会统计数据，官方数据为 7000 余人），在近 60 年的时间里，在以南传佛教为主要宗教信仰的区域内增加了 20~30 倍。其增长人数与南传佛教信徒的比例是 30:3，其增长速度大约是南传佛教的 10 倍，尤其是近十年来得到飞速发展。

就信徒的民族成分而言，傣族、哈尼族、彝族等群众占了近 1/3 多，剩下的多为汉族，其中很多傣族基督教信徒文化程度较高的，原先信仰南传佛教，现改信基督教。由于这些人在当地年轻人中也有一定的影响，因此，他们的改信也带动了一部分南传佛教徒改信基督教。此外，原来信仰本民族原始宗教的山区群众开始转信基督教，如瑶族本信仰自己本民族的固有宗教，但近年来也有开始改信的现象。

（2）国外各种势力的渗透问题

由于西双版纳州与老挝、缅甸接壤，国境线长 966.29 公里，有边境乡镇 17 个、村委会 61 个，自然村 258 个，居住着傣族、哈尼族、布朗族、拉祜族、瑶族、彝族、佤族和克木人等，人口 28 万余人，这些跨境民族与境外的民族有这天然的血缘联系，彼此之间的往来甚密，这就为境外各国的敌对势力对我国实施渗透提供了便利。境外的宗教渗透活动主要表现在以下四方面。

第一，对西双版纳州边境沿线山区的哈尼族、瑶族、苗族实施"撒种计划"。他们把基督教的《圣经》《赞美诗》及宗教思想、伦理道德、教义教规等翻译成少数民族语言文字，并制作成光盘、磁带、报刊、书籍、画册等方式，对西双版纳州边境沿线山区的少数民族群众进行宗教渗透。这是以美国为首的西方资本主义国家，利用民族宗教分化和渗透我国所采取的一种手段，其目的就是利用民族和宗教来分裂我国。从 1997 年以来，西双版纳州每年都会在边境沿线山区的少数民族居住的村寨中，发现有宣传基督教的光盘、磁带、报刊、书籍、画册等。近年来，甚至曾经发现几吨的《圣经》放在景洪江边的大桥上。泰国基督教会经常利用与景洪市曼允教堂的"母子关系",派人来进行活动,以景洪市曼允教堂为中心向全州辐射,扩大泰国教会的影响。

第二,驻西双版纳州的一些非政府组织,利用他们在西双版纳州居住的合法身份,在境内贫困山区以扶贫帮困、保护环境为名,在少数民族群众和小学生中传播基督教的思想、文化、伦理道德和教规教义,动员山区少数民族群众加入基督教组织。在这些非政府组织扶贫帮困的少数民族村寨中,基督教发展快,信仰基督教的人数出现逐年上升的趋势,但目前对非政府组织的管理没有法规依据,管理手段不强,难度较大。

第三,一些外国旅游者以到西双版纳州旅游观光为名,未经宗教管理部门同意,擅自到基层宗教场所暗中对西双版纳州一些基督教群众进行传教,严重破坏了西双版纳州宗教的正常秩序。如2006年10月,一名澳大利亚籍的旅游者,以到西双版纳州旅游为名,在曼允村一家私人开办的旅社内举办基督教《圣经》知识培训班,对西双版纳州基督教信徒及不明真相的信教群众进行传教,被我州宗教事务管理部门和公安机关当场制止。

第四,境外宗教组织在西双版纳州接壤的缅甸东部第四特区边境288公里沿线,于20世纪90年代先后修建盖了三所正规的基督教天主教教堂和多个活动点,对边境沿线的山区少数民族进行宗教渗透,宣称:"如果边境沿线的山区少数民族加入基督教,就出资金帮助建学校、拉电线、安装自来水、建水泥路等"。同时,还在边境沿线的主要口岸新建很多的佛塔,吸引西双版纳州境内的信教群众到境外朝圣拜塔,其目的就是要利用各种手段拉拢和腐蚀边境地区少数民族群众。

(三) 对策及发展战略

在现代社会多元发展的今天,中国南传佛教的多样性要求我们在制定相关政策和对策时,不能再一刀切地与其他宗教同等对待。

1. 少数民族空间分布格局的变化将对宗教发展产生影响

转型时期少数民族空间分布格局已经开始发生变化,人员的流动以及大量非传统居住民的涌入使得传统意义上的少数民族分布格局开始被切割,其分布格局发生变化,这将对宗教发展产生潜在的影响。

20世纪初,人类学家对以云南省为主的西部省份作了长期的社会调查，在此基础上，认为"大杂居、小聚居"是中国少数民族空间格局的基本特征。时至今日已近70余年，有专家基于1990年和2000年两次人口调查数据，以县域统计区为研究地域单元，运用定量的、空间的分析方法研究了云南省少数民族人口的空间现状格局及其历史演变，总结出1990年至2000年各民族在省域范围内的空间格局及其演化特征的规律，发现：全省少数民族人口主要集中在云南西部一些经济相对落后的地区，在空间上呈连续性分布，且集聚程度与人口数量呈反比，在1990年至2000年的十年间，大部分少数民族均由自己原来的集聚区向外扩散。这表明在全球化宏观大背景、地方工业化进程的中微观环境交互影响下，出现了少数民族从以往的内部高度集聚到现今逐渐与主体社会相融合的转变①。这些转型期的变化迫使我们对各民族的协调发展及少数民族区域自治问题、少数民族宗教的发展问题重新进行审视。

例如，在调研过程中，笔者发现近年来在传统的中国南传佛教信仰中心地区，其他宗教发展迅速，开始改变着传统的宗教信仰格局。虽然中国南传佛教仍然是主要的宗教信仰，但伊斯兰教和基督教开始逐渐成为有社会影响的宗教。以西双版纳傣族自治州为例，其居民民族空间格局早已开始出现变化，汉族、回族等民族的迁移进入极大地改变着傣族自治区域内的民族比例数量。伊斯兰教主要是随着回族的迁入而传入西双版纳州的。西双版纳州的回族主体大多是明清时期进入西双版纳的大理回族商人和当地少数民族联姻落籍的回族后裔；其次是清代大理杜文秀起义失败后，从大理逃避战乱而迁入西双版纳的回族后裔；有沿着普洱茶运输路线，从北方来到南方，甚至将普洱茶远销至中东的回族商人，他们到西双版纳后，与当地老百姓通婚，但一般情况下是只许嫁入，不得嫁出。嫁入的人必须改信伊斯兰教；此外，20世纪50年代以后，前来支援边疆建设的内地干部、工人中也有回族。20世纪90年代后，开始有印度、巴基斯坦和缅甸籍穆斯林进入景洪市从事珠宝行业的生意。因此，目前西双版纳州的穆斯林人数也比20世纪50年代以前增加了很多。

自20世纪90年代以后，外国籍穆斯林开始来到西双版纳傣族自治州，外籍穆斯林在这里主要经营珠宝行业，远远较西双版纳州本地的穆斯

---

① 吴启焰：《云南省少数民族空间分布特征及其变化研究》，http://www.lwbao.com，2010年2月15日。

林富裕，且因其语言不通，难以与本地傣族群众沟通，因此，对于为了经济利益的驱使而生活在异国他乡的缅甸籍穆斯林来说，清真寺永远是自己的家，无论自己到了哪里，都能在清真寺里找到回家的感觉。平时或许是分散的个体，但一到清真寺就成为一个有强烈凝聚力的穆斯林整体。清真寺成为他们在异域的一个避风港，而通过在清真寺的活动，处理好与当地伊斯兰教协会教职人员的关系，通过共同的信仰，加强与当地穆斯林的联系，成为他们的生存技巧。于是在这里，宗教信仰成为他们与当地穆斯林联系的重要纽带，严格执行伊斯兰教的种种规定成为他们提高在当地穆斯林心目中的权威的重要途径。因此，目前西双版纳州伊斯兰教协会的作用是非常重要的，它成为外籍穆斯林了解异域社会的桥梁。

在西双版纳州，除了伊斯兰教发展迅速外，基督教的发展也是非常快的。近代以来，基督教在云南少数民族地区得到传播，西双版纳州的基督教徒主要分布在景洪市和勐腊县，其中景洪市属于长老会，勐腊县属于神召会、安息日会。1893 年美国驻泰国基督教会的长老会，派传教士到西双版纳地区考察，1917 年 10 月 15 日，传教士到景洪开设传播点。当时仅有几个村寨的群众信仰基督教。先后有英国、法国、美国等国的西方传教士到勐海、景洪、勐腊县等地传教，发展了一批宗教骨干和信徒。到 20 世纪 80 年代以来，基督教有所发展，分布在城镇和农场，点多面广，活动分散。进入 21 世纪以来，基督教的传播发展迅速，到 2009 年，全州都有基督教的传播。2009 年 8 月，笔者去调研时，景洪市基督教两会成员告诉笔者，景洪现在已经有 9 个基督教教堂，包括傣族、汉族、哈尼族、基诺族、彝族、瑶族、苗族等 10 多种民族的信徒。仅在星期天一天之内有三次面向不同民族的礼拜活动。现在西双版纳州伊斯兰教和基督教开始逐渐与南传上座部佛教一起成为西双版纳州宗教空间分布格局的重要成员。这样的情况在其他地市州也存在。总之，原先的云南传统宗教格局开始逐渐被打散，新的宗教格局随着民族人口的流动、宗教的传播而渐渐形成。

此外，民族的迁移并不是单向的，而是双向的。除了外来民族人口进入原住民地区外，现在越来越多的少数民族也开始向外迁移，随着云南很多地市州与省外发达地区的劳务合作以及经济交往活动的增加，很多原居住地的少数民族离开自己的村寨，到外地去工作，有些人就留在了当地居住。这些因素都改变着少数民族空间分布的格局，这对传统意义上的以民族分布来进行宗教传播的宗教发展格局将产生很大影响，甚至会出现一系列的反应。

2. 云南宗教自身群体的组织性格及其社会影响力将会通过宗教对社会建设的参与程度而日益凸显

云南省有关部门结合云南实际情况，正确认识宗教的社会影响力，鼓励宗教积极发挥社会功能，探索云南宗教在新时期新阶段的发展模式。近几年来，云南省有关部门结合云南实际，开始探索通过发挥宗教在社会中的作用来进行禁毒和防治艾滋病。目前，在云南存在吸毒问题和艾滋病等一些社会问题，迫切需要宗教参与帮助解决。因此，云南省各宗教团体纷纷行动，发挥自己的社会影响力，举办各种活动，宣传禁毒、防治艾滋病。例如，云南佛教界本着慈悲精神，积极入世，以大慈大悲的佛教理念来帮助那些迫切需要帮助的特殊人群，积极参与艾滋病慈悲关怀事业。在云南省佛教协会会长刀述仁的亲自主持下，佛教界采取了一些措施，配合政府部门来着手开展艾滋病慈悲关怀事业，例如西双版纳州的"佛光之家"项目就是非常著名的社会慈善活动。在"佛光之家"的组织管理过程中，"佛光之家"项目采取由联合国儿童基金会提供经费，云南省艾滋病防治办公室协调，西双版纳州艾滋病防治办公室指导，州民宗局管理，州佛教协会具体组织实施的共同管理模式，成功地解决了南传佛教对于金银戒律方面的问题。其次，在具体活动过程中，佛教界与政府有关部门分工明确：由各个佛爷出面组织大家，以宗教弃恶从善的观念和教条告诫信教群众，比如不能吸毒、要爱护家庭等，利用僧人的特殊地位和佛教的教义教规，为当地群众特别是青少年，提供有关艾滋病、毒品预防宣传教育的资讯，开展对艾滋病感染者的咨询和关怀，积极争取用高科技项目帮助病患者脱贫，为他们重新融入社会提供帮助；而政府有关工作人员则同时讲解禁毒防艾的各种知识和方法，从不同角度对艾滋病患者及家属，以及周围的群众进行全方位的宣传教育。这一慈善活动取得了良好的效果，复吸率降低。当代中国南传佛教积极投身社会救助，从事慈善事业，产生良好的社会反响，社会各界对此都有很高的评价，进一步扩大了中国南传佛教在当代社会发展进程中的影响。同时，当代云南南传佛教的慈善实践活动在向人们昭示：宗教具有自我调适性，当代宗教自身正在逐渐适应社会的发展，根据社会和时代的需要来发展自己①。

---

① 详参笔者《当代中国南传佛教的"凡尘使命"》，《中国宗教》2009 年第 6 期。

　　云南的其他宗教也在努力调适自己，适应社会的发展，寻找自己的准确定位，积极开展各种社会慈善事业。目前云南各个宗教的社会慈善事业已不再仅仅局限于禁毒、防治艾滋病活动，而是渐渐扩大到社会建设的各个领域，如积极参加抗震救灾，救助贫困人群、组织迎接奥运、庆祝中华人民共和国成立60周年的活动等，在社会上产生了很大反响。同时，云南宗教开始尝试探索以现代科学手段来进行社会慈善事业，以期宗教慈善事业能进入一个长期有效的良性循环，而不是一味地投入资金。随着这些活动的进一步开展，宗教的社会正功能将日益凸显，各个宗教自身群体的组织性格及其社会影响力将会通过宗教对社会建设的参与程度而日益凸显。

　　3. 加强对中国南传佛教管理系统的了解，积极发挥波章的世俗—宗教权威，切实可行地加强中国南传佛教的双线运行的管理，避免群发性事件出现的可能

　　中国南传佛教管理体系实行双线并行管理，对内，有佛教界内部自身严格的组织管理体系负责管理佛教界内部事务；对外，则有波章类型的管理体系负责佛教界内部与外部的联系。两者并行不悖，正是由于这双线运行的管理模式，中国南传佛教信仰能够在经历社会制度转型、经济制度转型之后，仍然继续得到发展的主要原因。

　　我们应该加强对中国南传佛教管理系统的了解，积极发挥波章的世俗—宗教权威。波章在处理佛教事务时，负责对外联系和管理佛教经济事务、管理信徒，但在佛事活动中，我们可以看到参与佛教事务管理的波章（或安章）并不是只有一位，而是有很多，他们之间却从未发生过管理上的争执，究其原因，在于波章（或安章、贺路）管理系统的有效运行。波章一方面参与佛教事务的管理，另一方面，其内部也以世俗社会组织制度为范本，形成了严格的各级管理秩序，即总佛寺的波章管理勐级波章，勐级的波章又管理中心佛寺的波章，中心佛寺的波章又负责管理村寨佛寺的波章，甚至由于历史上各个村寨之间的地位也有不同，村寨佛寺的波章之间也有上下级的管理关系。正是由于波章各上下级之间分工明确，各司其职，因此在各级波章的协调和管理下，在佛寺活动中，各位波章负责处理自己职责范围内的事务，信徒秩序井然，活动有序，不会出现混乱。

　　目前，在20世纪50年代以前的社会统治秩序已经不复存在的情况下，波章的世俗—宗教权威在整个村寨中的重要作用得到凸显。随着时代

的发展，这一管理系统一直延续至今，并没有因为社会制度的转变而消失，虽然20世纪50年代以后，其原先所依赖的社会组织制度已经不存在，但宗教领域内与之相对应的两个管理体系并没有消失，相反，在某些领域还承担其道德舆论的权威和社会秩序的管理权威。尤其是波章类型的管理系统仍然是中国南传佛教信仰地区的重要管理体系，在云南德宏地区尤为明显。笔者于2009年8月到德宏调研时，就深深地感受到这一管理系统的影响力。当时德宏的喊沙佛寺正在举行"庆祝新中国成立60周年"的佛事活动，虽然这是由德宏州佛教协会、瑞丽市佛教协会组织的佛事活动，但在组织信徒来参加等具体事务中，却可以感受到贺路有效的管理能力。在佛寺大殿，虽然来参加活动的群众大约有两三千人，但秩序井然，所有信教群众均着白衣礼佛，坐于大殿内，在每一行的前面都有一个小牌子，上面写着各个村寨的名字，村民们就按照牌子，找到自己所在的位置就坐。此外，由于信教群众较多，无法保证每一位信教群众都有机会来参加活动，因此，各个村寨首先要由贺路组织，选拔代表参加，并由佛寺的佛爷或贺路统一发代表证，在代表证上还有每位代表的照片，代表们把代表证别于衣服上，一目了然，不会发生哄抢座位的现象。另外，由于大殿空间有限，能够到大殿内参加活动的名额也有限，此次活动在干栏式建筑的大殿下面、在平时居士来寺院居住的奘房等处，也坐满了信教群众，但由于各级贺路之间有效地进行协调和组织，因此，虽然参加活动的人数众多，但大家却秩序井然，安静认真地参加活动。

我们可以说，正是由于有了波章这样的管理系统，中国南传佛教与世俗社会得到了很好的交流和融合，并因此而形成了鲜明的世俗性特点。也正是由于中国南传佛教管理体系这样的双线运行，中国南传佛教信教群众之间非常团结，能和睦相处，虔心信佛，其信仰已经从个体信仰上升为集体信仰，具有鲜明的集体性特征。

值得注意的是，目前中国社会处于社会转型时期，在这一特殊的历史时期难免会发生很多问题。例如，2008年可以说是中国群发性事件发生较多的一年，甚至在中国南传佛教信仰区域内的普洱市孟连地区也曾发生群发性事件，甚至有可能形成国际性事件。虽然这是由于经济利益关系诱发的冲突，但它却值得人们反思。因此，在社会转型、经济发展的过程中，各级政府部门应该充分保证少数民族群众的经济利益，充分发挥中国南传佛教的管理功能去组织、管理信教群众，合理利用中国南传佛教的世俗性特点来减少群发性事件的发生。

4. 在全球化背景下，应鼓励各宗派保持自我特色，求同存异，各美其美，美美与共，更新自己的不足，对自己有一准确定位，充分提升自己的"活文物"价值和"历史文化的化石"价值

随着全球化的不断深入，不同国家和文化背景的人们交往频繁，全球化一方面超越了不同国家、民族、宗教和文化之间的界限，促进了世界各国人民相互了解，促进了不同民族文化的相遇和碰撞，加强了各大宗教之间的相互联系和了解；另一方面，作为对全球化的反应，人们的文化意识和文明差异的意识明显加深，促使各个民族开始更加重视自己在悠久历史中形成的民族传统文化，在追求民族文化个性的过程中更加注重保护优秀的文化遗产，促进了各个宗教在其特定的民族、地域文化和历史背景下，彰显自我特色。

从南传上座部佛教内部系统而言，中国南传佛教却在整个南传佛教文化圈中具有独特的"活文物"价值。它记录了 19 世纪以来，中国南传佛教不同于东南亚各国南传佛教的发展轨迹和历史，其中各个佛教派别的发展更具有档案资料的重要价值。应鼓励各宗教、各宗派各自的发展，这正如一个美丽的花园必须仰仗有不同的花、草、树木才会形成亮丽的风景，单一物种难以称得上是一个美丽的花园。笔者认为，各个佛教派别完全的同一性将会泯灭中国南传佛教自身发展的创造性动力。正是由于目前中国南传佛教与东南亚南传佛教之间已经有了不同的发展道路，因此，中国南传佛教承担了"活文物"价值和历史文化化石的价值，这才是中国南传佛教的优势所在，一味地趋同，只会导致中国南传佛教丧失这一优势。在全球化背景下，应鼓励各宗派保持自我特色，求同存异，各美其美，美美与共，更新自己的不足之处，在全球化思潮中，寻求自己的准确定位，充分提升自身的"活文物"价值和历史文化化石的价值，这才会有利于佛教将来的发展。

5. 政府各级部门应积极探索思路，更新观念，在发展文化产业的同时，探索建立适应文化产业发展的"市场伦理"，积极规避中国南传佛教商业化发展乃至云南省文化产业发展的"合法性危机"

（1）积极发展新型文化产业的发展是大势所趋，云南早已形成"文化产业的云南现象"

文化产业的发展在国内外都是必然的趋势，经济全球化使得各国文化

相互渗透和融合，文化产业已是国际贸易的一个重要组成部分。2009年9月26日《文化产业振兴规划》出台标志着文化产业已经成为国家层面的发展战略。

云南的文化产业发展在国内外产生了很大影响，被国内理论界称为"云南现象"。云南是最早提出建设文化大省的省份之一。云南文化产业发展迅速，占到GDP的5%以上，已接近支柱产业的份额。

很多领导人都对云南的文化产业发展给予过指导和鼓励，胡锦涛总书记在云南考察期间对云南省开发民族文化资源发展文化产业工作给予肯定，并指出"在这方面潜力还很大，特别是和旅游业发展结合起来的话，经济效益、社会效益会更加明显"。多年来云南的文化产业一直在云南省委、省政府以及各地市州委、政府部门的推动下，发展迅速，从"丽江模式"到大型原生态歌舞《云南映象》，从法国的"云南文化经济周"，到2006年4天西部文化产业博览会签订文化产业开发项目资金157个亿……文化与经济的联姻，正在打造着日益被世人关注的"云南现象""云南模式"，异军突起的背后，恢宏稳健的云南气魄蕴含其中。云南抓住"云南映象"并将此名片推向全国，推向世界，进而形成云南文化品牌，进而又形成民族文化产业的文化品牌族群。云南以"原生态"为特色的文化源源不断地走向全国乃至世界，以影视为载体的"好大一对羊"、"婼玛的十七岁"、"花腰新娘"至"云南电影"十部曲；以云南"原生态"音乐创作为代表的李怀秀兄妹等，将具有浓厚民族文化特色的云南文化，全方位向世界展示。这些所带来的轰动和经久不衰的文化影响，印证了"民族文化是世界的文化"。以云南原创文化艺术为主要特色的"原生态"文化品牌的树立，则实现了云南文化新的突破。

近年来，在省委、省政府的重视和支持下，云南省文化产业走出了一条旅游产业和文化产业互动发展的新路子。文化与旅游结合，产生了一大批龙头文化企业，并带动演艺会展、文化娱乐、茶文化、珠宝玉石、影视等相关产业共同发展，逐渐形成云南文化产业的系列群；文化与旅游结合，促进了旅游业的"转型升级"。云南现在已成为全球最具吸引力的旅游目的地之一，游客每年以500万人次增长。2008年，云南省旅游业总收入首次登上了650亿元的新台阶。2009年上半年，全省旅游业继续实现了海外、国内两大市场的双增长。

云南文化产业的发展，在"十五"期间就形成了发展文化产业的基本模式，"政府引导，项目带动，企业运作和全社会参与"。项目带动是文化产业发展的一个创新，由于项目的带动，同时促进了政府和企业的积极性。一个经过精心培育的项目就是一个民族文化的品牌。无论是政府还是企业都应抓紧文化项目的培养，使之形成规模效应、品牌效应和市场效应。从而形成持久的文化产业及文化支柱产业。

（2）文化产业发展过程中的"市场伦理"缺席是导致"合法性危机"的一个主要原因

综观云南少数民族地区文化产业的发展状况，目前我们只是过多地强调将文化作为一种资源导入市场经济的运行模式之中，强调市场经济的发展，却忽略了文化产业内部应该建立适应云南少数民族地区实际的"市场伦理"。

如果仔细地对主体的合法性危机现象和发展内容合法性危机现象作一深入地分析，不难发现，在"合法性危机"的后面，隐藏着一个文化产业发展过程中重要的"市场伦理"缺席的现象，即云南少数民族地区文化产业的市场经济缺乏相应的"市场伦理"制约。市场经济运行的动因是追求主体利益最大化。市场经济的这一功能与云南少数民族社会固有的强调团结协作、平等互助的传统伦理道德有出入的。

宗教在历史传播的过程中，往往以信仰的形式负载着一个民族或一个群体的伦理道德和价值追求。宗教不仅可以为个人生活提供意义，而且为社会提供价值导向和行为规范的社会资本。英国古典经济学家亚当·斯密认为，个人利益是人们从事经济活动的出发点，而从利己出发从事经济活动的人就是"经济人"。这种"经济人"不是那种自私自利、损人利己的无道德的人，而是他们的自私自利的行为将会促进社会的最大利益。"经济人"的行为动机是由人的本性决定的，完全受人的利己之心所驱使。而人们追求自身利益的实现所采取的行为则由经济秩序和原则所决定。各"经济人"的商品生产是为了满足他人或社会的需要，是通过市场交换而进行的生产。市场交易能使各方都能获利或者是在不损害另一方的同时，使一方获利。在这里，在市场交易的过程中，人们所遵循的就是市场经济内在的"市场伦理"。就文化产业的市场经济模式而言，目前云南少数民族地区，尤其是南传佛教信仰区域内的文化产业的发展却忽略了"市场伦理"的建构，特别是忽略了适应云南少数民族地区实际的"市场伦理"，忽略了宗教的伦理与社会资本之关系，这必将导致"合法性危机"。

（3）探索建立适应文化产业发展的"市场伦理"，积极规避中国南传佛教商业化发展乃至云南省文化产业发展的"合法性危机"

云南文化产业的发展给我们最大的启示就是从项目入手，利用云南丰富的民族文化资源，形成一个个文化品牌项目，招商引资，以项目带动，切实为云南的文化产业发展带来资金上的保障。

首先，我们必须要意识到，在发展文化产业的同时，也存在"合法性危机"问题，只有认真面对这一问题，才可能在将来的文化产业发展中真正走出具有云南经验的"云南模式"。

如何在发展文化产业的同时，来应对在云南南传佛教信仰区域，兼顾佛教特点，积极规避中国南传佛教商业化发展的"合法性危机"？这一问题是目前和今后中国南传佛教信仰区域内必须要正视的问题。笔者认为，要解决发展主体的"合法性危机"问题，政府相关部门必须在设计项目之初对于发展主体有一明晰的认识和分工，明确各方的职责和范围，并以此开展项目，对目前"文化搭台，经济唱戏"的情况有一准确判断，认真处理好公平与效率的关系，竞争与合作机制的把握，对文化产业的运行机制有一独特视角的理论建构和实践操作指导，以此积极规避中国南传佛教商业化发展的"合法性危机"，真正地进一步发展云南文化产业。

其次，探索适应文化产业发展的"市场伦理"，积极规避中国南传佛教商业化发展乃至云南省文化产业发展过程中存在的"合法性危机"。

市场经济中所蕴含的伦理规范十分丰富，如果使之内化为人的精神品格和行为标准，就能有效地调节市场经济中人与人之间的关系，规范人们的行为，就能保障市场经济健康有序的发展。当前，我国正处于社会转型时期，在云南少数民族地区发展文化产业是大势所趋，考虑到文化产业是经济活动中特殊的领域，我们应该研究少数民族社会的实际情况，研究宗教伦理与社会资本之关系，建立不同于其他地区的文化产业的"市场伦理"，使之适应云南少数民族社会的实际，在发展文化产业的同时，积极规避"合法性危机"。

6. 在传统的中国南传佛教信仰中心地区，依托当地伊斯兰教协会，加强对流动穆斯林和外籍穆斯林的管理问题

自改革开放三十多年来，穆斯林的流动成为一个普遍现象，他们不仅向东南沿海发达城市流动，而且也向本省、本地区的各个城市流动，其中西北的陕西、甘肃、宁夏、青海、新疆五省区，大量生活在农村的回族穆

斯林，向西安、兰州、银川、西宁、乌鲁木齐等城市流动。但在西双版纳州的外籍穆斯林与国内穆斯林的流动特点完全不同。在西双版纳傣族自治州，外籍穆斯林远远较西双版纳州本地的穆斯林富裕，因其语言不通，难以与本地傣族群众沟通。在调研过程中，笔者发现他们只能简单地靠汉语与当地人沟通，而事实上他们的汉语也仅限于基本的生意用语和日常生活对话，虽然他们中的一些人会说阿拉伯语，但能通过阿拉伯语相互对话的，但仅限于西双版纳州伊斯兰教协会的教职人员和外籍穆斯林请来的缅甸籍阿訇（该阿訇还不会说汉语）。对于为了经济利益的驱使而生活在异国他乡的缅甸籍穆斯林来说，清真寺永远是自己的家，无论自己到了哪里，都能在清真寺里找到回家的感觉。平时或许是分散的个体，但一到清真寺就成为一个有强烈凝聚力的穆斯林整体。清真寺成为他们在异域的一个避风港，而通过在清真寺的活动，处理好与当地伊斯兰教协会教职人员的关系，通过共同的信仰，加强与当地穆斯林的联系，成为他们的生存技巧。于是在这里，宗教信仰成为他们与当地穆斯林联系的重要纽带，严格执行伊斯兰教的种种规定成为他们提高在当地穆斯林心目中的权威的重要途径，因此目前西双版纳州伊斯兰教协会的作用是非常重要的，它成为外籍穆斯林了解异域社会的桥梁。故为了进一步加强对缅甸籍穆斯林的管理，必须依托西双版纳州伊斯兰教协会。为此，加强西双版纳州伊斯兰教协会的队伍建设和场所建设，加强西双版纳州伊斯兰教协会人员爱国爱教的教育，加强对其进行我国相关政策以及相关宗教知识的培训应该成为当前的重点。

7. 建立"反渗透文化墙"，加强中国南传佛教信仰地区乃至在云南边境沿线"反渗透"能力

在我国扩大改革开放和"西部大开发"发展战略中，随着云南"建设东南亚国际大通道"发展进程的不断深入，境外宗教渗透对社会稳定乃至国家安全的威胁日益突出，成为我国在未来相当时期发展过程中潜在的隐患。因此，在中国南传佛教信仰区域内乃至在云南边境沿线建立"反渗透文化墙"，这是在新时期新阶段提升"反渗透"能力的关键。所谓"反渗透文化墙"，指的是在云南边境沿线一带，采取一系列措施，增强我国边境沿线的跨境民族群众的国家认同感、政治认同感和民族认同感和文化认同感，搭建起一道隐形的坚固的"反渗透文化墙"。

综观国外各种势力来我国进行渗透的特点，主要体现为各种宗教势力进行宗教渗透活动的背景复杂、意图明确、活动方式多样化、渗透层次化①等，因此我们必须采取措施，防止从境外对我边疆少数民族地区的渗透活动。这需要从两方面来切入，对内，需要采取一系列措施，有针对性地选择一系列边疆地区，解决边境国门教堂和寺院的发展困境，打造中国宗教品牌，建设"反渗透文化墙"，真正以相关的政府管理部门、宗教团体、信教群众三方面为主体，认真夯实我方的社会基础，增强边境沿线的跨境民族群众的国家认同感、政治认同感和民族认同感和文化认同感。这是搭建"反渗透文化墙"的基石。

另外，政府部门与社会各界群众积极配合，通过各种社会慈善事业和文化产业的发展，在加强各宗教自身权威建设的同时，积极加强社会主义新农村建设，引导少数民族群众走上正确的物质文明建设、精神文明建设、社会建设、文化建设道路，搭建起坚固的"反渗透文化墙"。

8. 凸显文化软实力，面向东南亚，实施"走出去"战略

（1）利用中国南传佛教的集体性特点，以及云南宗教的集体性特点，加强我国实施东南亚发展战略的社会战略资源。

中国南传佛教具有鲜明的世俗性特点，这是其不同于汉传佛教之处。其产生的根源在于在漫长的发展过程中，中国南传佛教与社会统治阶级关系密切，其信仰系统是以傣族社会组织制度为范本建立自己的组织管理体系，并形成了鲜明的等级性特征，同时，中国南传佛教佛事活动也形成了独特的集体性特征，即宗教活动是以集体为单位来开展的②。

综观傣族社会的历史发展形态可以看到，早在原始的家族公社和农村公社形成的傣族原始集体主义伦理道德观念一直贯彻于历史发展的长河。它成为傣族社会固有的伦理道德体系的重要组成部分，并成为傣族社会固有的伦理道德接受南传佛教伦理道德的基础和前提③，并作为集体意识的重要组成部分沉淀于社会之中，规范着人们的社会行为。这一集体平均主义意识反映在世俗活动方面，表现为以社会群体为单位进行活动，个人服

---

①　张桥贵主编：《云南跨境民族宗教社会问题研究》，中国社会科学出版社 2008 年版，第 70 页。

②　关于中国南传上座部佛教组织制度与世俗社会组织制度之关系，详参笔者《历史上中国南传上座部佛教与社会组织制度之互动》，《世界宗教研究》2007 年第 4 期，第 42 页。

③　详参笔者《南传佛教与云南傣族社会伦理道德》，《中国民族报》2005 年 12 月 26 日。

从于集体；在宗教活动方面，同样如此，由波章（或安章、贺路）等管理系统按照世俗社会组织的结构来组织集体活动，宗教活动不是个人的事情，而是集体的事情。故中国南传佛教形成了鲜明的世俗性特征，宗教在世俗社会领域中具有绝对的权威。因此，可以利用宗教的权威在世俗社会中的社会资源来减少群发性事件的发生，打好群众基础、社会基础、国际基础，增强文化软实力，这既是夯实我国在东南亚国家发展的社会基础，同时也是在增强我国在东南亚国家发展的社会战略资源。

（2）利用云南宗教的国际性特点来凸显我国在东南亚各国的影响，扩大我国在东南亚地区的文化战略资源。

云南天然的地理资源优势、境内外宗教的分布使得云南处于特殊地位。云南的宗教形成了鲜明的国际性特点，这可以成为我国在东南亚各国造成影响的文化战略资源。

云南有着众多的少数民族与东南亚国家跨境而居，各个民族与境外同一民族有着天然的血脉和文化资源的联系，因此，跨境民族宗教具有国际性特征；与此同时，就云南境内宗教情况而言，云南本身就是一个宗教博物馆，是进行宗教研究的"富矿"，宗教文化资源丰富，汉传佛教、南传佛教、藏传佛教三大语系佛教派别共存的现象在国内是唯一的，另外，基督教、天主教、道教以及伊斯兰教在云南也是影响较大的宗教。此外，云南省与缅甸、老挝、越南三个国家接壤，并且与泰国等国毗邻。宗教在东南亚国家中具有重要地位，该地区宗教形态十分丰富，除了各民族特有的原始宗教外，还有穆斯林约 1.7 亿人，天主教徒 5000 万，基督教徒 400 万[①]。佛教在东南亚地区的教徒总数约为 1.6 亿人，其中，南传上座部佛教徒约有 1.1 亿人，大乘佛教徒约有 0.5 亿人。南传佛教集中在中南半岛地区，仅在被称为"南传上座部佛教文化圈"的缅甸、泰国、柬埔寨和老挝四国就有教徒约 1.09 亿人；大乘佛教主要集中在越南，约有 4000 万人，其余散居在马来西亚、新加坡和印度尼西亚等国，因此，整个东南亚国家的信徒人数总计约为 4 亿人。

其中，与云南接壤或毗邻的四个国家中，缅甸、泰国、老挝是传统的佛教国家，天主教、基督教不仅在越南是重要的宗教之一，而且在缅甸北

---

① 马开能：《浅析云南宗教及宗教问题的民族性和国际性》，载《全国宗教工作务虚会论文选集》，2003 年 2 月。

部也有很大的影响。境内外的宗教分布使云南处于国际性宗教的包围圈之内。因此应该利用云南宗教的国际性特点，凸显我国在东南亚各国的影响，扩大我国在东南亚地区的文化战略资源。

（3）利用社会战略资源和文化战略资源，面向东南亚，实施"走出去"发展战略，进行文化产品输出，提升国家的文化软实力。

在加强我国在东南亚国家社会战略资源和文化战略资源的同时，我们还应该积极配合云南省以及国家的战略发展，通过国际性大通道，实施"走出去"战略，将文化产品输出去，有效提升国家的文化软实力。

经济全球化使得各国文化相互渗透和融合，文化产业已是国际贸易的一个重要组成部分。2009 年 9 月 26 日《文化产业振兴规划》出台标志着文化产业已经成为国家层面的发展战略。因此，我们要健全对外文化交流机制，积极实施"走出去"战略，大力开拓文化产品国际市场，积极响应中央号召，制定有关政策，完善激励机制，重点扶持大型国有文化企业及有较强创新能力和竞争实力的文化事业单位，做大做强一批对外交流的文化品牌，积极参与国际文化市场竞争，努力扩大文化产品出口份额。坚持以我为主、于我有利，扩大与管理规范、技术先进、对我友好的国外知名文化集团的合作。进一步推动广播影视节目对外交流和境外落地。同时，要不断深化对文化地位和作用，文化发展方向、文化发展动力、文化发展思路、文化发展格局、文化发展目的的认识，坚决冲破一切妨碍发展的思想观念、坚决改变一切束缚发展的做法和规定，坚决各处一切影响发展的体制弊端，做到思想上不断有新解放，理论上不断有新发现，实践上不断有新创造。

9. 宗教网络传播的"双刃剑"效应将使云南宗教发展呈现出复杂化局面，但同时也带来了中国南传佛教发展的机遇，为南传佛教实施"走出去"的文化战略提供了重要契机

城市促进了宗教的发展壮大，而宗教也对城市的发展，注入了不可或缺的精神内涵，提升了城市的文化品位。两者之间的彼此互动，宗教带动了城市本身文化特色的形成，城市也推动了宗教中心区域的建立。但在发展过程中，却出现了网络宗教传播的"双刃剑"效应。

一方面，互联网、手机等新媒体开始作为宗教传播的一种媒介，使得宗教传播的流动性将增大、影响力将增强，辐射面将增加，这将使云南宗教发展呈现出复杂化局面。

　　多年来在云南一些边疆贫困地区，广播成为基督教传播的一种媒体①，而现在云南省数据多媒体通信事业的飞速发展使云南大部分地区再次成为"直过区"，实现着"观念的跨越"和信息文化的革命性跨越。发达的互联网和手机等新媒体在云南广大地区的使用推动了宗教的传播。宗教通过网络进行传播开始成为云南宗教传播运动的一个新特点。

　　随着网络开始被运用于宗教传播之中，有学者认为"如果说全球化助推了宗教的跨国流动，那么互联网则造成自宗教改革时期以来媒体与宗教的第二次具有重大意义的结合，故网络宗教所带来的变革甚至有'第二次宗教改革'之称。"② 网络"世界性"与宗教"普世性"的契合，使网络宗教具有比以往任何传教方式更有力的穿越疆域国界的能力，在当代宗教传教运动中都已显示出巨大的潜力。徐以骅教授在讨论当前国际传教运动的发展趋势时，指出："事实上由于互联网的发展，至少在虚拟空间上任何地方性宗教都有可能成为具有全球性的宗教。目前，网络宗教作为新型传教方式还只是传统宗教活动的一种重要补充，尚不能完全取代实体型传教组织的作用，但其无论作为新型传教主体（电脑空间中的宗教，religion in cyberspace）还是作为传统传教组织的新型工具（电脑空间上的宗教，religion on cyberspace）在当代传教运动中都已显示出巨大的潜力。"③ 笔者认为网络宗教的穿透力在云南也开始表现出其巨大的潜力，网络传教运动对云南宗教的影响是不容忽视的，它将使云南宗教出现较复杂的局面。

　　挑战的同时也意味着机遇，正是凭借网络这一发达的信息交流平台，中国南传佛教越来越为大家所熟悉，网络巨大的信息平台和交流平台开始成为中国南传佛教文化新型的传播方式。

　　南传佛教信仰区域文化的魅力吸引着人们，很多旅行社为了吸引客户，把大量的图片和简介都上传到网上，很多内地游客到云南南传佛教信仰区域去旅游后，也把自己照的照片和旅游心得上传到网络，让更多的人了解云南。这大大拓宽了中国南传佛教文化的宣传主体范围，在某种程度

　　① 详参笔者《云南省 NJ 州 FG 县基督教调研报告》（内部报告），2008 年 12 月。
　　② 徐以骅：《当代国际传教运动研究的"四个跨越"》，《世界宗教文化》2010 年第 1 期。
　　③ 关于网络宗教及其网络宗教对传教运动和国际关系的影响，可参见徐以骅主编《宗教与美国社会——网络时代的宗教》（第 3 辑），时事出版社 2005 年版。

上促进了中国南传佛教文化在内地的传播速度。

　　另一方面，2009年云南省佛教协会、云南省佛学院中国南传佛教网专门组织翻印了大批南传佛教经典书籍，如首批《南传佛教佛陀教育系列丛书》等书籍最早是出现在"觉悟之路"网站上，然后"中国南传佛教网"等网站大量转载，让人们阅读，这是20世纪90年代以来，首批介绍东南亚南传佛教方面的书籍。应该说网络资源成为了人们了解中国南传佛教的主要场域。它为南传佛教的非传统信仰区域的人们了解南传佛教提供了一个交流的平台，同时也扩大了南传佛教的影响。

　　与此同时，网络也开始成为中国南传佛教发布信息的现代化科技交流平台。例如，现在云南西双版纳州曼听佛塔寺正在举办的中国南传佛教禅修中心正是依靠网络来发布信息、招收学员；而中国南传佛教网、中国"佛光之家"网站等也经常公布中国南传佛教的活动信息等，这是中国南传佛教开始有意识地借助现代化手段来宣传自己、与世界对话的表现。

　　值得注意的是，与内地相比，中国南传佛教发展区域内宗教的网络传播情况还处于较弱的态势，首先，中国南传佛教网站数量较少，缺乏有力的技术支持，缺乏人才，自我防护能力差，容易受到黑客的攻击，同时在内容上更新速度慢，缺乏高素质的策划和作者群，难以提供高水平的文章，因此，可以说中国南传佛教网络尚处于起步阶段。

　　另外，中国南传佛教在网络开发方面还有很大的欠缺。中国南传佛教的主要信仰群体为少数民族，虽然目前在经济尚不发达的村寨地区还没有电脑等上网的条件，但现在没有，并不意味着将来没有条件上网；现在的村民不能上网并不意味着他们在校读书的孩子们不能上网，而现在中国南传佛教的网络开发明显不足。其次，其网络语言基本是汉语，还没有专门针对少数民族的语种，更没有针对东南亚国家的语种（如泰语、缅语）的网络，虽然已经开发出傣族语言等少数民族文字的软件，但其使用范围较小，多用于报纸、古籍整理方面，还没有上升到文化发展的战略高度来进行网络设计，其网络体系发育程度低，还无法与泰国等国家的网络文化相比，难以通过网络去宣传自己，难以从网络文化上走出去。因此，建立健全完善的多语种网络传播机制，逐渐培育起发达的中国南传佛教网络文化也是应该予以考虑的问题。

第三章　当代中国道教

汪桂平

1949 年 10 月 1 日，中华人民共和国宣告成立，从此中国历史进入一个崭新的时代。在中国共产党的领导下，中国的政治制度、经济制度都发生了翻天覆地的变化。作为中华民族的古老道教，也跟随着时代的洪流，进行了诸多的改变，显示出全新的气象。在新中国成立后的数十年中，道教的发展与中国社会的曲折发展息息相关，与中华民族的前途命运紧密联系在一起。从 1949 年到 1966 年间，中国道教积极参与社会主义改造与建设，尽管出现过一些波折，但是道教的基本运转还是正常的。1966 年至 1976 年的"文化大革命"期间，道教受到灾难性冲击，道教宫观、经典、文物遭到严重破坏，道教界人士被打成"牛鬼蛇神"，多数被迫离庙还俗，道教协会停止工作。"文化大革命"结束后，特别是党的十一届三中全会以来，随着党和国家宗教政策的逐步落实，道教又走上了正常的发展轨道。

从 1978 年至 2008 年，中国的改革开放已经走过了三十年，三十年来在正确的方针政策指导下，中国在政治、经济、文化等各个领域都取得了举世瞩目的成就，实现了经济腾飞，人民生活水平大幅度提高，而古老的道教在政治安定、国家昌盛的环境下，亦走上了恢复发展繁荣之路。30年来，中国道教无论是宫观道徒的数量、道协组织的建设、经济实力的提升，还是道教教务的开展、道教文化的弘扬、对外交流的促进等方面，都获得了巨大的发展。如果说在新中国成立后的前 30 年（1949—1978）中，是道教适应新时代与遭遇挫折的 30 年，那么改革开放以来的 30 年（1978—2008），则是中国道教劫后重生、发展昌盛的 30 年，是近代以来道教历史上遇到的最好的发展时机，是道教发展的黄金时代。早在 1998

年，国家宗教事务局局长叶小文就指出："改革开放的 20 年，是中国一个半世纪以来发展最好最快的时期，也是中国的宗教信仰自由政策贯彻得最好的时期，即中国宗教的黄金时期。"[①] 那么，时至今日，改革开放已经 30 年，中国的宗教政策一直保持稳定，中国宗教的黄金时期还在延续。

总结改革开放 30 年来中国道教的发展历程，可以大致划分为三个阶段，第一个阶段是落实政策、恢复教务的 10 年，第二个阶段是探索前进、稳步发展的 10 年，第三个阶段是与时俱进、蒸蒸日上的 10 年。

一　落实政策、恢复教务（1978—1988）

1976 年 10 月 14 日，中共中央公布了粉碎"四人帮"的好消息。1977 年 8 月，中国共产党第十一次全国代表大会宣告历时十年的"文化大革命"已经结束，今后的工作重心由阶级斗争转为四个现代化建设。1978 年 12 月，中共中央十一届三中全会召开，这是新中国成立以来中共历史上具有深远意义的伟大转折，邓小平作了题为《解放思想，实事求是，团结一致向前看》的重要讲话，为克服多年来"左"的指导思想，按正确方向建设有中国特色的社会主义奠定了思想基础。这是一次全局性拨乱反正和开创新局面的重要会议，是新中国命运的伟大转折，从此中国社会进入了解放思想、改革开放和社会主义现代化建设的新时期。

中共十一届三中全会以后，从中央到地方人民政府都遵循实事求是、有错必纠的原则平反冤假错案，同时调整各方面的社会关系，调动一切积极因素。1979 年 3 月 18 日，中央批准全国统战、民族、宗教工作部门摘掉"执行投降主义、修正主义路线"的帽子，恢复各级党和国家的宗教工作机构，复查平反宗教界的冤假错案，对 1958 年被错误打成右派的中国道教协会岳崇岱会长平反昭雪，恢复名誉。[②] 1979 年 10 月 14 日，中共中央批转《新的历史时期统一战线的方针任务》，其中第八项方针任务是"全面贯彻宗教信仰自由政策"。1981 年 12 月 26 日，国务院批转宗教事务局制定的《关于汉族地区佛教道教寺观管理试行办法》，指出全国应开

---

① 叶小文：《把中国宗教的真实情况告诉美国人民》，宗教文化出版社 1999 年版，第 76 页。

② 何虎生：《中国共产党的宗教政策研究》，宗教文化出版社 2004 年版，第 173 页。

放相应数量的道观，宗教名山要多开放一些；应在政府领导下同道教协会协商后开放或确定道观，任何个人不得擅自开放或私建道观；道观实行民主管理，道士和信徒在道场进行正当的宗教活动受法律保护；道观可接受信徒给予的香金和布施，但不得摊派；道观的各种收入归道观集体所有，用于解决道士生活、道观维修和观内日常开支，等等。这个管理办法的出台，对于道教后来的发展起到了重要的指导作用。

1982年3月，中共中央书记处发布了题为《关于我国社会主义时期宗教问题的基本观点和基本政策》的重要文件，认为宗教问题将在一定范围内长期存在，指出："那种认为随着社会主义的建立和经济文化的一定程度的发展，宗教就会很快消亡的想法，是不现实的。那种认为依靠行政命令或其他强制手段，可以一举消灭宗教的想法和做法，更是背离马克思主义关于宗教问题的基本观点的，是完全错误和非常有害的。"同时指出："在新的历史时期，党和政府对宗教工作的基本任务，就是要坚定地贯彻执行宗教信仰自由的政策，巩固和扩大各民族宗教界的爱国政治联盟，加强对他们的爱国主义和社会主义教育，调动他们的积极因素，为建设现代化的社会主义强国，为完成祖国统一大业，为反对霸权主义、维护世界和平而共同奋斗。"这一重要文件明确了党的宗教政策，对于政府的宗教工作起了积极的指导作用。在此文件发布前后，在国务院宗教事务局和各级政府有关部门的大力支持下，宗教政策逐步得到认真的贯彻落实，五大传统宗教的组织教务活动得到恢复，各地寺庙宫观陆续修复开放。

那么，道教在这历史性的转折时期，也获得了新的传承发展的机遇。从1978年到1988年，是道教恢复性发展的十年，中国道教协会及各级道协组织在协助政府落实宗教信仰自由政策、平反冤假错案、开放著名宫观、帮助宫观恢复教务、开展学术研究、培养道教人才等方面，取得了一定的成果，使道教基本恢复到"文化大革命"以前的景况。

（一）落实宗教政策、收回宗教场所

十一届三中全会之后，各级政府认真学习政策文件，逐步贯彻宗教信仰自由政策。宗教界人士也迫切希望能够尽快落实政策，收回宫观，恢复宗教活动。1979年9月，中国道教协会恢复机构，重新开始工作活动；道协恢复后就积极筹备召开第三次全国代表会议。

1980年5月7—13日，中国道教协会第三次全国代表会议在北京召

开，出席会议代表 52 人。会议总结了第二届代表会议以来的工作，讨论和确定了今后的工作任务，修订了章程，选举了新的领导机构。大会选举黎遇航为中国道教协会会长，王教化、陈理实为副会长，王伟业为秘书长。会议期间，中央统战部张执一副部长和国务院宗教局肖贤法局长分别作了《关于当前形势任务和统一战线政策》及《关于宗教政策》的讲话，重申了党和政府的宗教信仰自由政策，在一定程度上消除了代表们心中的疑虑。这是继 1961 年道协第二次全国代表会议之后，时隔近 20 年再次召开的道教历史上一次重要的会议，是一次标志着摆脱了灾难、道教走上正常发展轨道的会议。这次会议确定今后的工作重点是开展道教研究和培养人才，这是延续中国道协第二次代表会议制定的方针路线，尚没有涉及广大道教徒当时最为关心的平反冤假错案和收回道教活动场所的问题。

中国道协第三届代表会议的召开，给全国各地的道士们以极大的鼓舞，他们奔走相告，喜庆重见天日，随之强烈要求落实宗教政策，迫切希望收回被占用的道教宫观，恢复正常的宗教活动，并平反冤假错案。于是，中国道教协会的工作重点就自然地转移到落实政策上来。1981 年 10 月 6—11 日，中国道协召开了三届二次常务理事会，着重讨论关于收回道教活动场所的问题，会上大家一致希望能够收回部分宫观作为道教活动场所。当时的国务院宗教事务局乔连升局长也莅会讲话，回答了代表们的问题，他表示政府要"落实党的宗教政策，合理解决信教群众的宗教活动场所问题"，"凡是作为宗教活动场所开放的寺庙宫观，应在政府宗教事务部门行政领导下，由僧道自己管理"。乔局长要求道教界向政府提出一个需要恢复开放的宫观名单。三届二次常务理事会后，中国道协即着手研究和起草《拟作为道教活动场所的全国重点宫观名单》，1982 年 10 月 21—27 日，中国道协召开三届理事会第二次全体会议，讨论通过了将 21 处宫观报请国务院宗教事务局作为首批开放的全国重点宫观名单，同时希望各地方也拟定地方性质的重点宫观，作为道教活动场所开放。1983 年国务院 60 号文件《关于确定汉族地区佛道教全国重点寺观的报告》颁布，正式批准了 21 处宫观为全国重点宫观名单。此后，中国道协又多次召开常务理事会议，并与地方政府反复协商，以解决这些宫观被占用而难于收回的问题，直到 1984 年，21 处全国重点宫观基本收归道教管理。这21 处全国重点宫观是：泰山碧霞祠、崂山太清宫、茅山道院、杭州抱朴道院、龙虎山天师府、武当山紫霄宫、武当山太岳太和宫、武昌长春观、罗浮山冲虚古观、青城山常道观、青城山祖师殿、成都青羊宫、终南山楼观台、西安八仙宫、华山玉泉道院、华山九天宫、华山镇岳宫、千山无量观、沈阳太清宫、嵩山中岳庙、北京白云观。

在政府有关部门的支持和各级道协的帮助下，多数宫观都得到不同程度的修缮维护，得以修复殿宇、重塑神像、重绘彩画等，并陆续开放。当时维修款项的主要来源是政府的拨款和补偿款，以及国内外信徒的资助。如北京白云观从 1980 年开始，就由政府拨款进行维修，在中国道协和白云观道众的努力下，重塑了部分神像，恢复了西路殿堂的宗教格局，并进行庭院绿化和排水管道的修复等，历经三年，恢复了宫观建置、殿堂陈设和古建筑的风貌，于 1984 年 3 月 17 日起，作为宗教活动场所重新开放。1984 年又收回了白云观东院及房屋 50 间的产权。修复后的北京白云观清静幽雅，连续多年被评为北京市"文明单位""绿化先进单位"等。

在收回宫观的同时，中国道协所做的另一项重要工作就是协助政府尽快给道教界人士平反冤假错案。1982 年 10 月中国道协召开的三届二次理事会上就讨论了道教界存在的冤假错案问题，要求政府进一步复查甄别，平反落实，恢复名誉。在各级道协的呼吁和政府有关部门的认真贯彻下，全国道教界爱国人士的冤假错案都得到了平反，对于已经含冤去世的道长，给他们恢复名誉，平反昭雪，而健在的道长们在平反后大多回到宫观，过着清静修持的生活，有的成为宫观负责人，有的还被推选为当地的人民代表或政协委员。如曾被错划为"右派"的傅圆天、闵智亭道长在平反后都担任了中国道协领导职务。

先后恢复活动的沈阳、武汉、成都、上海、杭州等地方道协组织亦积极协助地方政府落实宗教政策，收回被占用的著名宫观，平反道士们的冤假错案。如辽宁省道教协会于 1979 年 9 月恢复工作后，在协助政府贯彻宗教信仰自由政策、办好教务等方面做了很多工作，到 1983 年的四年间，协助政府为千山、沈阳、盖县、庄河、本溪等地的 25 名道士平反了在文化大革命中的冤假错案，对被赶出宫观、遣送下乡的 22 名道士落实了政策。同时，修复了沈阳太清宫的老君殿、玉皇殿、关帝殿等殿堂，重塑了神像，千山无量观的古建筑亦已全部修复。① 武汉市道教协会于 1981 年恢复工作后，在收回的长春观内逐步开展工作，成绩显著，维修殿堂，塑

———————

①　参见《道协会刊》第 13 期，1984 年 2 月。

制神像，分期收回被外单位占用的殿堂，根据财力逐步维修。经过几年的精心修缮，主要殿堂已焕然一新，于 1984 年 9 月 26 日作为宗教活动场所对外开放。上海市道协筹委会恢复工作后，1982 年收回浦东钦赐仰殿庙产并进行修葺，次年对外开放，1984 年又修复开放上海白云观等庙宇。陕西省道教界在改革开放的数年间，在国家拨款有限的情况下，利用有限的香资布施，依靠道友及善信们的力量，陆续修复了全省几十座道教宫观，如西安八仙宫、汉中天台山道观、龙门洞、楼观台、华山道院等。

总之，随着宗教信仰自由政策的进一步贯彻落实，全国各地宫观开放的数量不断增多，到 1986 年，全国已收回和开放著名宫观一百多处。到 1988 年年底，全国开放道教宫观二百多处。

（二）恢复传统教制，开展正常的宗教活动

旧时的道教宫观按照庙产归属的不同大致可分为两类，一类是庙产私有的子孙庙，另一类是庙产国有的十方常住（十方丛林）。两类庙宇的管理制度有所不同，子孙庙由于庙产私有，规模较小，师父为一庙之主，徒众听从师父的，所以没有成文的管理制度。而属十方常住体制的宫观，多是著名的大宫观，云集十方道众，在管理上有一套规范化的制度。丛林制道观的管理制度主要包括组织制度和清规戒律制度。在组织结构上，方丈为十方丛林之最高领导者，亦称"住持"，是道众的精神领袖和仪范表率。方丈而下有监院，俗称"当家"，负责宫观的一切实际事务，监院由全体道众推选。监院以下有"三都五主十八头"等执事，负责具体事务，三都即都管、都讲、都厨，五主即经主、殿主、堂主、化主、静主，十八头即门头、庄头、堂头、库头等。总之，十方丛林设有很多执事，执事人员各司其职，宫观管理井井有条。另外，十方丛林尚有严格的清规戒律，作为教职人员修道持身的行为规范。

新中国成立初期，全国实行社会主义改造，宗教内也实行民主改革，宫观成立了"民主管理委员会"（或民主管理小组），选举有才能的道士参与宫观管理，凡宫观人事、财务、宗教活动等方面的大事，概由委员会议定，委员会受道众监督，定期改选。清规戒律中与社会主义法律道德相抵触的内容也自动废止。但总的来说，传统的宫观规制尚在沿用。只是后来受到政治运动的冲击，特别是"文化大革命"期间，道教宫观被占用、被拆除，道教活动全部停止，道教的宫观规制自然也遭彻底破坏。中共十

一届三中全会以后，全面落实宗教信仰自由政策，道教界陆续收回了部分宫观，也在逐渐恢复旧有的宫观管理体制和传统的宗教活动。如中国道协在恢复机构和活动后的第一件大事就是修缮全真祖庭北京白云观，恢复白云观的教制教务。在政府有关部门的支持和帮助下，整个修缮工程、殿堂布置、庭院绿化等，历时三年完成，于 1984 年 3 月 17 日起作为宗教活动场所重新开放。与此同时，白云观亦在逐步恢复旧有的管理体制和宗教活动，陆续从全国各地请来老道长及优秀青年道士 30 余位常住白云观，并由常住道众按传统仪范推选八大执事，又成立了"白云观管理组"，拟定了管理办法，恢复了日常早晚功课和道教重大节日的宗教活动，如三清尊神、玉皇、丘祖的诞日及九皇会，都举行了隆重的宗教醮仪。1985 年 9 月 25 日（农历八月十五日），元辰殿内的六十甲子神像重塑落成，并举行了隆重的开光道场。1987 年春节，首次举办民俗迎春会。总之，作为全真祖庭和中国道教协会所在地的北京白云观的恢复具有代表意义，其产权的收回、殿堂的修缮、宗教活动的开展、宗教职务的恢复，都反映了国家宗教政策的不断落实和道教恢复发展的一般情况。从殿堂规制来说，在改革开放的头十年，白云观已经基本恢复到"文化大革命"前的景况。

北京白云观之外，地方著名宫观也在陆续恢复传统仪范和宗教活动，如 1986 年 1 月广东罗浮山冲虚古观举行圣座崇升典礼，1988 年 12 月四川青城山天师洞举行了 36 位道徒的冠巾仪式，1988 年 10 月和 12 月上海钦赐仰殿、白云观分别举行了隆重的拜师仪式，等等。这些仪式活动的举行，反映了各地道教界对于恢复传统仪范所作的努力。

（三）成立各级道协、加强组织建设

中国各级道教协会是道教界自己的组织，是团结和联系全国道教徒、联络和指导各宫观活动、协调政府与道教徒之间的关系、协助政府进行宗教管理工作的重要社会团体。而在新中国成立前，虽然也成立了许多形式的道教组织，如中央道教总会、中华道教总会、中国道教会和一些地方性的道教组织，但由于当时的各级政府不能真正支持这些组织开展工作，有时甚至限制和压制他们的宗教活动，因此这些道教组织常常是昙花一现，并没有发挥真正的作用。只有在新中国成立后，以中国道教协会为代表的道教教团组织才逐步建立并完善起来，成为中国道教发展的重要组织力量。

　　新中国成立初期，道教界积极筹划建立全国性道教组织。1956 年 11 月 26 日，由岳崇岱、汪月清、易心莹、孟明慧等 23 位道教界知名人士发起，在北京召开筹备会，拟定了《中国道教协会发起书》，组成了"中国道教协会筹备委员会"。经过数个月的筹备，1957 年 4 月 8 日在北京举行了道教界第一次全国代表会议，来自 20 多个省市自治区的 92 名代表出席了会议，会上讨论通过了《中国道教协会章程》，确定道教协会的性质是爱国宗教团体，活动宗旨是："联系和团结全国道教徒，继承和发扬道教的优良传统，在人民政府领导下，爱护祖国，积极参加国家的社会主义建设和保卫世界和平运动，协助政府贯彻宗教信仰自由政策。"会议选举产生了第一届理事会，理事 61 人，常务理事 17 人，选举岳崇岱为会长。1957 年 5 月 20 日，中华人民共和国内务部正式批准中国道教协会成立登记，发给社宗 002 号社会团体登记证。从此，中国道教协会作为合法的社会团体，代表全国道教界开展道教教务工作。中国道教协会的成立，是道教自产生以来成立的第一个真正现代意义上的包括道教各派的全国性的道教教团组织，具有划时代的意义，从此结束了道教一盘散沙的历史，并引领全国的道教界在共同的发展方针下团结进步、合力弘扬道教文化。可以说，中国道教协会能够在新中国成立，是在新中国成立后国家统一、政府支持的历史机缘下才有可能实现的，而道协的成立对于以后新中国道教的发展将会发挥着不可估量的功能与作用。正如赵朴初先生在庆祝中国道教协会成立三十周年茶话会上的讲话中所指出的："中国道教协会的成立，是近两千年中国道教史上最重要的转折。它赋予古老的道教以新的生机与活力，使之在新的历史条件下焕发出绚丽的青春。"

　　新中国成立初期，在信徒和宫观集中的地方亦成立有一些地方道协，如 1956 年成立湖北均县武当山道教协会，1957 年成立上海市道教协会筹备委员会，1959 年成立武汉市道教协会等。但在"文化大革命"中，道协组织全部停止了活动。改革开放以来，1979 年中国道教协会率先恢复了活动，同年，辽宁省道教协会恢复工作，沈阳市道教协会成立，四川灌县青城山道教协会成立。随着宗教政策的逐渐落实，道教界人士进一步要求恢复或成立地方道协组织，以便更好地联系和团结教徒，搞好地区教务，同时也便于有组织地向政府反映意见和依法维护道教界的权益。在中国道协和地方政府有关部门的支持下，先后有武汉、兰州、成都、杭州、上海、鞍山、武当山、齐云山、茅山、甘肃、湖南、陕西、河南等省市或地区的道教协会相继成立，据统计，到 1988 年，恢复和成立的地方道协组织约有 60 余个，其中省级道教协会 7 个，地市县级道协 60 多个①。这些地方道协主要分布在道观保存较多、道士人数集中的云南、四川、甘肃、陕西、浙江等省。

地方道协的相继恢复和成立，对于推动地方道教的恢复性发展起到了重要作用。地方道协在协助地方政府落实宗教政策、维护道教界合法权益、举办和指导教务、培养道教人才、开展对外友好往来等方面，都发挥了积极的作用。

改革开放以来地方道教组织的纷纷建立，反映了我国宗教信仰自由政策的真正落实，也说明了道教界在宽松的环境下有爱教弘教的热情和团结进步的追求。各级道教组织作为爱国爱教的宗教团体，亦成为党和政府与道教界人士沟通的桥梁。

（四）开展学术研究，弘扬道教文化

中国道教协会自成立伊始，就注重开展道教学术研究，培养道教人才，弘扬道教文化。早在 1957 年，中国道协筹委会主任岳崇岱在其所作的《关于道协筹备工作的报告》中就提到："我们道教界走上了一个新的坦途，我们有了整顿教务、研究义道、发扬道教优良传统的良好条件。另一方面，我们道教在文化学术方面，有着祖国先哲们遗留下来的丰富的文献，我们也有着养身祛病、益寿延年等方面的修养方法。这些都逐渐为人们所重视和接受，这也促使我们道教徒要组织起来，为整顿教务、研究义道、发扬道教优良传统而积极工作。"并规划中国道教协会成立后的四项工作，其中一项就是"设立专门研究道教教理、学术的机构，使我们道教的教理与学术，得以弘扬，在学术上放出光辉"②。因此，中国道教协会自成立以后，就将开展学术研究作为主要工作之一。从 1957 年中国道协成立至 1961 年召开第二次全国代表会议期间，道协在学术研究方面作出了多项成绩，一是道教史料的搜集和摘录，二是编写了《道教识略》

---

① 参见张继禹：《道协四届二次理事会工作报告》，《中国道教》1989 年第 2 期。
② 岳崇岱：《关于道协筹备工作的报告》，见国家宗教事务局政策法规司编：《中国宗教团体资料》第 1 辑，第 141—142 页。

一稿，三是为中华书局审阅了有关道教方面的书稿，等等①。在 1961 年的中国道协第二次全国代表会议上，确定了中国道协今后的工作方向，即以开展道教学术研究工作和培养道教知识分子为中心任务。会后根据会议的精神，制定了《中国道教协会研究工作及培养道教知识分子计划大纲》，大纲中规划了一些研究项目如编写《中国道教史》《道藏分类书目》等，制订了培养道教知识分子的计划如设立"道教徒进修班"等。此后，中国道协贯彻《计划大纲》，基本完成了这些决议和计划。一是设立了道教研究室，聘请了研究人员，着手搜集整理道教历史资料，研究道教历史，完成了《道教史资料选编》、《中国道教史提纲》及部分初稿等。二是出版了不定期刊物《道协会刊》，至"文化大革命"爆发前，共出版四期，刊载本会研究人员撰写的文稿约 30 万字。三是开办了道教徒进修班，培养了继承道教知识和管理宫观的人才②。

"文化大革命"结束后，中国道协于 1979 年恢复工作，继续重视道教学术研究，如恢复工作后即制定了研究工作三年规划，并恢复了《道协会刊》的编辑工作。1980 年 5 月中国道协召开了第三次全国代表会议，会上修改的《中国道教协会章程》规定道协的宗旨之一是"推动和开展道教研究工作"。王伟业秘书长作的《工作报告》中提出道协今后工作的六条建议，其中第三条即是"进一步开展道教研究工作，办好《道协会刊》"。因此，改革开放以来，中国道协仍然以开展学术研究、弘扬道教文化为工作重点，恢复了道教研究室，取得了一系列研究成果。到 1986 年中国道协第四次全国代表大会召开时，以李养正为首的道协研究室在文献整理、道史研究、经书研究、道教知识普及等方面，取得了显著成绩。如整理发表了陈撄宁先生的遗著，修订了《中国道教史提纲》，编辑了《道教史资料选编》，编写了《道教史纲要》，撰写了《道教知识讲座》《道教基本知识》等讲义稿，撰写了经书研究的专论 13 篇，其他学术文稿译稿 10 余篇，编辑出版了画册《白云观》，等等③。

另外，中国道协继续编辑出版《道协会刊》，到 1986 年又出版有 16

---

① 参见陈撄宁：《中国道教协会第一届理事会工作报告》，见国家宗教事务局政策法规司编：《中国宗教团体资料》第 1 辑，第 152—153 页。

② 参见王伟业：《第二届理事会工作报告》，《道协会刊》第 5 期，1980 年 7 月。

③ 参见黎遇航：《中国道教协会第三届理事会工作报告》，《中国道教》1987 年第 1 期。

期（从第 5 期到 20 期），刊载文稿 80 万字，报道了重要会务活动及地方道协与名山宫观的近况，介绍了国际道教研究动态，发表了一些道教研究者的文章，对道教学术研究作出了一定贡献。《道协会刊》在道教界、道教研究者和宗教工作者中都有良好的反应。[1] 1987 年，《道协会刊》改版更名为《中国道教》，由原来的不定期内部刊物改为正式出版的季刊，向国内外公开发行，从而成为弘扬道教文化的重要窗口。《道协会刊》创刊于 1962 年，当时的创刊宗旨是为了更好地开展道教的学术研究工作，作为反映协会研究成果的内部发行的学术性刊物。1987 年改版更名为《中国道教》以后，其编辑方针为：宣传党和国家的宗教政策，帮助道教徒提高爱国主义和社会主义觉悟，积极参加祖国建设，开展道教研究，发扬道教优良传统，增进国际间道教界的友好往来，维护世界和平。从此，《中国道教》作为道教徒自己的刊物，除了继续刊载学术性文章资料外，又增加有时事内容，如报道会务活动和国际间友好往来情况、表彰先进人物、交流工作和学习经验等。总之，无论是《道协会刊》还是《中国道教》，都是道教徒自己的刊物，是道教界展示学术研究成果，弘扬道教传统文化，连接沟通国内外道教界、学术界的重要平台。

　　除中国道协发行的《中国道教》之外，地方道协也陆续出版了一些刊物，介绍道教知识，报道道教活动，发表研究文章，弘扬道教文化，成为道教界对外宣传的重要窗口。如上海道教协会于 1988 年创办《上海道教》季刊，为上海市道教协会的会刊，作为上海市内部刊物发行，其宗旨是："在爱国爱教的基础上，以研究和探索中国道教文化、继承和发扬道教优良传统为中心，致力于沟通道教界和学术界的联系，增进道谊，交流教务，办成具有学术性、文献性、艺术性、健身性和导游性的综合性刊物。"[2] 另外，陕西省道教协会于 1987 年也创办会刊《三秦道教》，作为不定期内部刊物发行。其第 1 期发表《启事》说："《三秦道教》是我会为适应国际道教研究热潮，继承祖国科学文化遗产，发扬道教重学术、爱科学的优良传统而创办的综合性学术刊物。"《发刊词》中谈及该刊宗旨是：①发掘道教文化科学遗产，以道教的哲学、物理、化学、医学、气功、养生学为主体，吸收西方科学营养，进行中西融合，古今贯通，丰富

① 参见黎遇航：《中国道教协会第三届理事会工作报告》，《中国道教》1987 年第 1 期。
② 《创刊辞》，《上海道教》第 1 期，1988 年 12 月。

和发展道教学术；②介绍道教历史、文物、经典、宫观、人物；③宣传党的宗教政策，报道教内为四化作贡献的先进事迹。总之，地方道教协会创办的杂志刊物，尽管不多，但已经向社会敞开了窗口，成为道教界展示自己、与社会交流的重要平台。而且这些杂志的出版发行，对于探讨和研究道教学术、挖掘道教文化遗产、报道地方道教活动、宣传党的宗教政策等方面都发挥了一定的作用。

在学术研究和弘扬道教文化方面，除了中国道协研究室的显著成绩和几份道教期刊的出版发行外，各级道协和宫观还利用各种途经，与社会各界合作，以发掘整理道教文化遗产，弘扬道教优秀文化。此间与有关部门合作，录制了多部影视音像片和道乐磁带。例如，1987 年中国道协研究室与中央电视台对外部合作拍摄了电视片《白云观和它的道士们》；1988 年中国道协和中央新闻电影纪录制片厂合作，拍摄了纪录影片《中国道教》；1988 年成都市道协与电影界合作，拍摄了电视纪录片《道教在成都》；1986 年上海市道协与中国唱片厂联合录制了《中国道教音乐磁带》；1986 年上海市道协与上海音乐学院联合录制了《中国道教斋醮·上海卷》中的"净坛科仪"、"进表科仪"录像片；1987 年武当山道协配合采访组，完成了武当道乐的搜集整理工作，出版了《中国武当山道教音乐》一书及同步录音带，制作了《太和仙乐巧复鸣》录像片等。[①] 总之，道教影视片和道教音乐磁带的制作发行，虽然多为社会上影视、文化部门发起，但道教界也积极配合，主动参与，客观上也为弘扬道教文化作出了贡献。1988 年 8 月，北京白云观成立"道教音乐团"，这是白云观道众为继承和发扬道教音乐而成立的自己的乐团，并到北京音乐厅举行演出，反映了道教界已经开始有意识地主动向社会展示古老的道教音乐文化了。

（五）兴办道教学校，培养道教人才

在开展道教学术研究工作的同时，中国道协也关注培养道教人才的问题。早在 1961 年，中国道教协会第二任会长陈撄宁先生就提出了《培养道教知识分子计划》，并主持创办了道教历史上的第一所学校——道教徒进修班。1962 年 9 月，道教徒进修班在北京白云观正式开学。陈撄宁会长在开学典礼上阐述了开办进修班的目的、教学方法、教学内容及开办的

---

①　参见李养正：《当代中国道教》，中国社会科学出版社 1993 年版，第 150—151 页。

意义等。他认为，开办进修班的目的，一是培养道教专门学术人才，从事道教学术方面的研究工作；二是培养道教一般知识分子，从事道教名山、宫观管理和教务工作。而培养出一批具有一定政治觉悟和道学水平的道教知识分子，对于开展道教学术研究工作、传承道教传统文化，尤其具有重要的意义。① 道教徒进修班打破了传统的师徒相授、口口相传的教学方式，改变为学校集体招生、集体教学、集体管理的新型教学模式，为道教界培养了一批人才。后来，培训班因"文化大革命"而中断。

文化大革命结束后，1980 年的中国道协第三次代表会议又提出了培养道教人才的工作任务，1981 年制订了《道教知识专修班计划》，1982年开始进行筹备工作，在国务院宗教事务局的领导和帮助下，第一期道教知识专修班于 1982 年 11 月 1 日开学，1983 年 5 月结业。这期学员 24 人，学习了道教基础知识（包括教理教义、道派、人物、经书、宗教活动、修炼方术、仪范、神名、名山宫观和新中国道教等十个专题），并与白云观道众一同过宗教生活和接待参访者。经过 6 个月学习，学员对道教历史、教义、教规等有了初步的了解，对管理宫观日常事务有了一些实际知识，对党和政府的宗教信仰自由政策也有了比较全面的了解。学员结业后，绝大部分已回到原推荐地方，从事道教工作。据了解，有的学员回到地方后受到重视，已成为地方道协和宫观的骨干。② 在第一期专修班成功举办之后，中国道协于 1983 年 10 月召开的三届五次常务会议上讨论了《道教知识专修班工作总结》，认为第一期专修班办得成功，"各地又在陆续开放一批宫观，为适应当前需要，一致主张继续举办道教知识专修班，并提出有条件的地方（如青城山、武汉、沈阳）也可开办短期训练班"③。因此，中国道协继续举办道教知识专修班，到 1988 年止，共举办了 5 期专修班（其中第 5 期为坤道班），培养了青年道徒 206 人，其中乾道 151人，坤道 55 人。这些学员经过专修班学习，无论文化素质、思想素质、宗教知识都有较大提高。他们回观后，在管理宫观、主持教务、外事接待、经办社会公益事业和服务事业以及协助政府贯彻宗教政策等方面，都

---

① 参见陈撄宁：《在道教徒进修班开学典礼上的讲话》，《道协会刊》第 2 期，1963 年 3月。

② 参见《会讯·第一期道教知识专修班结业》，《道协会刊》第 13 期，1984 年 2 月。

③ 参见《会讯·道协召开三届五次常务理事会议》，《道协会刊》第 13 期，1984 年 2 月。

发挥了积极作用，成为道教界的骨干。据 1997 年中国道教学院对 21 座全国重点宫观和 10 个省（市）道协组织的统计，毕业学员担任重点宫观"当家"和省市道协领导成员的约占一半左右，有的还当选为当地人大代表和政协委员。①

中国道协在办专修班的同时，于 1987 年又举办了道教进修班，目的是为中国道协的研究工作和教学工作培养人才，并为计划开办的中国道教学院准备师资，该班招收学员 10 人，均从第一、二、三期"道教知识专修班"毕业的学员中择优录取而来，学制二年，这批学员于 1989 年毕业后都进入道协研究室和中国道教学院工作。

在中国道协的带动和影响下，1984 年以来，地方道协也开始纷纷设立各种培训班，进行培养道教人才的工作。1986 年 3 月，上海市道协开办了道学（预科）班。学员 30 人，来自江苏、浙江和上海郊区，大多出生道士世家，具有初中以上文化水平，年龄在 20 岁左右。学制 3 年，前两年侧重课堂教学，设有文化课和专业课，第三年转到殿堂实习，参加斋醮和宫观管理工作。教学方法采用集体传授为主，个别传授为辅，学用结合。在普及的基础上，又进行有选择的重点培养，在首届道学班毕业前夕，举行了一次拜师仪式，重点培养了四名高功小法师。这批学员于 1989 年顺利毕业，大都到上海市各宫观工作，成为宫观内的职业道士。而上海市道协道学班的成功举办，"既部分解决了上海道教后继乏人的局面，又为上海今天如何培养新型道教徒摸索了一套行之有效的经验"②。另外，成都市道协自 1984 年成立以来，均在每年年底举办道教徒学习班，学制 1 个月，每期培训青年道士 20 人，主要学习宗教政策、法律常识、时事、精神文明建设等。1988 年成都道协又于青城山天师洞开办了另一处道教学校，即道教知识进修班，学制半年，学习宫观管理、养生术、道教知识等。茅山道协于 1987 年 8 月举办了第一期"道教知识培训班"，招收学员 15 人，学习道教知识和茅山道派的斋醮仪式，学制一年。1988 年以后，改办为茅山道院经忏学习班，学制每期 5 个月，学员 20 名，以学习道教经忏为主。陕西省道协除了举办道教知识专修班之外，还举办有宫观主持培训班、经韵培训班、道家养生术培训班等多种培训学校，以培

① 参见《中国道教学院的诞生和发展》，《中国道教》1998 年第 1 期。
② 上海市道协：《弘道传法，后继有人》，《中国道教》1989 年第 4 期。

养不同类型的道教人才。总之，地方道协举办的这些培训班几年来共培养
道教人员数百名，提高了他们的文化素质和业务水平，为地方道教培养了
一批急需人才，对于推动地方道教的正常发展，对于继承道教文化遗产，
对于恢复道教教务活动，都发挥了非常积极的作用。

　　到 1988 年，中国道教协会和地方道协举办的培训班有十多个，见表
3－1。

表 3－1　　　　　　　　道教培训班一览表（1982—1988）

时间	名称	举办单位	学习内容	学员情况
1982 年 11 月至 1983 年 5 月	第一期道教知识专修班	中国道协	教理教义、道派、人物、经书、宗教活动、修炼方术、仪范、神名、名山宫观和新中国道教等十个专题	学员 24 人
1984 年 7 月至 1985 年 1 月	第二期道教知识专修班	中国道协		学员 40 人
1986 年 3 月至 12 月	第三期道教知识专修班	中国道协	中国道教史，教理教义、道教仪范、经书、道派与人物、神名、修炼方术、名山宫观、新中国道教、经韵等	学员 40 人，年龄在 18 岁至 35 岁之间，70% 具有高中文化程度
1987 年 3 月 5 日至 1989 年	道教进修班	中国道协	中国道教史、道教主要经典、道藏源流、老庄哲学、养生学、丹术和科仪、古代汉语、中国通史、中国哲学史等	共有学员 10 名，均为第一、二、三期"道教知识专修班"毕业的学员中择优录取而来的
1987 年 4 月至 1988 年 3 月	第四期道教知识专修班	中国道协		学员 47 人，平均年龄 24 岁，绝大部分具有初高中文化程度
1988 年 6 月至 12 月	第五期道教知识专修班坤道班	中国道协		学员 62 人，平均年龄 26 岁，均为初、高中文化程度。最终毕业学员 55 名

续表

时间	名称	举办单位	学习内容	学员情况
1986 年 3 月至 1989 年 7 月	上海道学班	上海道协	语文、历史、书法、英语、时事政策，教义、仪范、唱赞、经忏、道乐等。既有课堂教学，亦有殿堂斋醮道场等宗教活动能力的培养	30 人，来自江苏、浙江和上海郊区，大多出生道士世家，具有初中以上文化水平，年龄在 20 岁左右。最终毕业 24 人
1984 年开始，每年 12 月	道教徒学习班	成都道协	宗教政策、法律常识、时事、精神文明建设等课程。学制 1 个月	每期 20 人。1986 年为 15 人
1988 年 7 月	道教知识进修班	成都道协	学制半年。宫观管理、道教功法、养生术、教理教义、道教史等	
1986 年 12 月	道教音乐短训班	武汉道协和武当山道协	学习乐器演奏技巧，乐理、乐谱等。与武汉音乐学院合作。学制 3 个月	分期分批培训
1987 年 11 月 6 日	道教经韵学习班	陕西省道协	道教经韵、道教经典及道教知识。每期 3 个月	学员 40 余人，由各地宫观选送
1988 年 8 月	陕西道教知识专修班	陕西省道协	时事政治、道教史、道教经典、教理教义、修炼方术、文史知识、仪范。学制半年	学员 30 多人，来自全省 15 个市、县
1988 年 9 月 16 日至 10 月 5 日	陕西省道教宫观主持培训班	陕西省道协	学习宗教政策，交流经验	学员是全省各处宫观的负责人
1988 年 9 月 10 日至 30 日	陕西楼观台道家养生术学习班	陕西省道协	主要由任会长、全国著名气功大师王力平讲授辅导，每天上午讲授功理，下午坐功。学习班收到了良好的效果，受到各界人士的好评，在省内外引起了强烈的反响	学员 300 余人。其中全省境内的道友占一百余人，其余二百多名学员都是来自全国十六个省市的各界道教功法爱好者

时间	名称	举办单位	学习内容	学员情况
1987 年 8 月	茅山道教知识培训班	茅山道协	学习道教知识和茅山道派的斋醮仪范，时间定为一年	学员 15 名，年龄在 18 岁至 20 周岁，初中以上文化
1988 年以后	茅山道院经忏学习班	茅山道协	以经忏为主，附设时事政治、宗教知识、劳动、武当拳术。学制每期 5 个月	学员 20 名

　　道教素来重视经诰传授，其教学方式历来为师徒授受，口口相传。而新中国成立后由于社会制度的变革和政治运动的冲击，宫观道士大部分时间用来参加生产劳动，少有时间学习经典仪范，所以到 20 世纪 60 年代，道教信徒减少，道教人才缺乏的情况十分显著，故而中国道协第二任会长陈撄宁先生在 1961 年提出了《培养道教知识分子计划》，并主持创办了道教历史上的第一所学校——道教徒学习班。学习班打破了传统的教学方式，而变为学校集体招生、集体教学、集体管理的新的教育模式，在教学方式上跟上了时代的步伐。学校是独立的机构而不附属于某一宫观，学校是常设的而不是临时的。这种初创的道教学校因"文化大革命"而中辍。随着党的十一届三中全会的召开，经过拨乱反正、落实宗教政策，从 1982 年开始，从中国道协到各地方道协都不断有道教学校兴起，名目繁多。从人员看，有乾道班，也有坤道班。从教学重心看，有道教知识专修班、丹功班、醮仪班、经韵班、音乐班、宫观管理班等。从时间看，有短则 20 天，有长达 3 年者。这些名目不同的道教培训班，都属于道教界自办的培训学校，其教学方式都采用课堂集体教学，其教学内容侧重于道教教理教义、经典、规戒、科仪及道功修炼等，其教学目的是培养出一批爱国爱教的、有文化、有道教学识、有坚定信念的道教徒，培养道教界自己的人才，使道教后继有人。事实证明，道教界通过自办的学校，使青年道士在文化素质、思想素质、宗教修养水平上有很大提高。而教学效果也证明，实行有领导、有计划、有目的课堂培养教育方法，具有优越性，扩大了教育面，提高了教学质量。这种新型的教学方式是道教在新的时代背景下积极适应社会、推行教育革新的一种尝试，反映了道教培养人才制度的变化。

（六）开展宫观自养、努力服务社会

历史上中国道教经济的基本来源有农业生产、房租、地租、法事经忏收入、信众捐助等。民国时期的情况也大致如此，如陈撄宁先生所说："往昔各大城市及人口繁密的乡村，总有道观（大庙）、道院（小庙）、或俗家道士（无庙）杂居其间，可以说，某处有医生，某处就有道士，医生为病人服务，道士为亡人服务；凡是带有服务性的行为，在社会上都承认它是一种职业，因此，道士也就职业化了。道教本旨并非专为度亡而设，后来道士所以变成职业，不能不说是社会心理的反映；群众既然相信超度这件事于亡者有利，道士也乐于接受群众的邀请，以便解决自己生活问题。其他非职业化的道士大概都是靠香会、施主、庙产为主；游方道士也有借医（卖草药）卜星相以博暂时糊口之资的，但是极少数。"[1] 就是说，新中国成立前的道士大都职业化，通过度亡、经忏等道教服务以作为主要的经济来源，亦有靠香会、庙产、施舍、医卜星相等维持生计的。那么，在新中国成立之前，除了像北京白云观等规模较大的宫观拥有大量土地和房产可以收取地租、房租作为主要的收入来源外，大多数宫观主要靠度亡法事、香会、抽签算命等活动以获得基本生活来源。

新中国成立初期，政府实行土地改革和社会主义改造运动，废除封建土地制，规定征收"庙宇、寺院、教堂"的土地为国有，并加以适当分配，每个道士可分得一份土地，进行自耕自种。同时，在城市中实行房产改革，原先宫观出租的房屋，归入地方房管部门统一管理，但仍按规定付给宫观一定的租金，不过较之以前自营出租收入相对减少。另外，随着新社会新风尚的推行，进庙的香客在逐渐减少，宫观的宗教收入也相应减少。这样，原来维系宫观经济的条件已不复存在，宫观道士的生活来源就发生了根本性的变化，而逐步走向以劳动生产为主的自养之路。各宫观因地制宜，发展多种经济，如农林种植、采药医疗、手工业、旅游服务等行业，以实现劳动自养。如北京白云观的道众利用分得的三十亩土地，种植蔬菜和水果；崂山的道众从事医疗服务；千山的道众开饭店、卖茶水和种田等。总之，土地改革使得宫观经济发生了重大变化，道士们由过去的坐食租金、宗教服务而转向躬耕力作、劳动自养，反映了社会主义经济制度

---

[1]　陈撄宁：《分析道教界今昔不同的情况》，《道协会刊》第 1 期，1962 年 8 月。

对于宫观经济的影响。

　　改革开放以来，经过拨乱反正和落实宗教政策，道教界逐步收回了一些宫观，招收了一些道士，那么宫观的维修、管理、道士的生活都需要经费，这些经费从何而来？宫观经济问题成为当时宫观管理的一个重要问题。为此，1981年国务院批转了国家宗教事务局制定的《关于汉族地区佛教道教寺观管理试行办法》，其中指出：政府鼓励和扶助寺观按照现行经济政策经营手工业和其他服务事业，有条件拨给土地、山林的地区可经营农业、林业。寺观应努力创造条件，逐步做到自食其力，以寺养寺。①那么，根据国家的政策文件精神，各道协、各宫观在20世纪80年代多从自身实际出发，开办工厂、林厂、药厂等，从事农业、手工业、医疗业、服务业等，逐步实现了宫观自养。到1986年9月，中国道协召开第四次全国代表会议时，各地代表座谈交流宫观自养的经验，大家对于参加四化建设、实现宫观自养充满信心和干劲，认为一个爱国爱教的道教徒应与全国人民一起，为四化建设作贡献。同时认为："积极参加四化建设，从事社会服务事业，实现宫观自养，不仅利国利民，也给宫观和道众带来了一定的经济利益，对于改善宫观管理条件，改善道众的生活，逐步修复殿堂，美化宫观的环境以及培养一批有生产技术、有经营管理知识的人才，使道教徒成为自食其力的劳动者，都有重要意义。"②会上，大家普遍认为实现宫观自养就是为祖国的四化建设作贡献，是道教徒积极参与社会主义现代化建设的表现。因此，黎遇航会长总结了各宫观开展自养活动的情况后，指出："道教徒积极参与生产劳动和服务性经营活动，既是参加四化建设的实际行动，也是逐步实现宫观自养的正确而广阔的途径，也是符合我们道教济世利人的教义的。"③因此，在20世纪80年代全国人民投身四化建设的经济浪潮下，道教徒参加生产劳动不仅是解决宫观经济问题的重要途径，也是道教界为四化建设作贡献的重要表现。那么，当时道教界参与生产劳动、实现宫观自养的途径主要有：①开办企业、工厂。有些宫观按照各自的特点，创办生产服务企业。收入主要用于宫观的维修和道

---

　　①　参见罗广武：《1949—1999新中国宗教工作大事概览》，华文出版社2001年版，第295页。

　　②　《发扬爱国爱教精神，积极为四化做贡献》，《中国道教》1987年第1期。

　　③　黎遇航：《中国道教协会第三届理事会工作报告》，《中国道教》1987年第1期。

众的生活福利开支。如湖南长沙县河图观是当时唯一的坤道观，有坤道
22 人，根据坤道的特点，多年来一直坚持劳保手套的生产，每年生产 4
万双劳保手套，年纯收入达 8000 元。1986 年，又利用政府拨款 2 万元，
并从兄弟宫观借款 1 万元，筹办起了长沙县南方光学眼镜厂。全体道教徒
的生活费用，得到初步解决。又如四川省灌县青城山是著名的游览胜地，
全山道观由道众自己管理，道众有 84 人，主要利用本山资源经营酒厂、
茶厂和为游人、香客服务的食堂、招待所等。青城山生产的茅梨酒（又
称道家洞天乳酒）、贡茶、泡菜和白果炖鸡被誉为青城四绝。乳酒、贡
茶、泡菜、白果炖鸡以及门票等其他收入，全山年总收入可达 50 多万元。
除道众生活费、护林费和其他各项杂务开支外，多用于维修庙宇和山路，
不但减轻了国家负担，而且造福于社会，受到社会各界的赞扬。②发展农
业，种粮种菜。有些宫观因地制宜，以从事农业生产为主，实现了自养，
有了节余，还支援了其他道观的道友。如西安市八仙宫现有道众 26 人，
耕种农田 20 亩，每年收获小麦约 4000 斤，加上房租、门票等收入共约 3
万多元，一年的日常开支可以自给。而陕西楼观台的道众历来有从事农业
生产的好传统，他们从牛场收回了 50 亩土地、8 亩竹园，道友们积极生
产粮食，一年收获小麦 1 万斤，玉米 8000 斤。另外，还和其他单位合资
联营办了餐厅、茶座、商店等，年总收入 8 万余元。在收入有余的情况
下，还资助了东楼小学一些钱，受到了党和政府的表彰。另外，陕西龙门
洞的十多位道友以农业生产为主，耕种了 12 亩土地，不仅生活能自给、
同时自筹资金修复了一些殿堂，塑了神像，修了山路、桥梁，还积极支援
了省内其他道观。③从事旅游服务业。有些宫观利用地处名山胜地或大城
市城区的有利条件，发展为香客游人的服务业。江苏茅山是历史上有名的
道教圣地，茅山道院从 1981 年开始逐步恢复了正常的宗教活动，同时也
开始发展各项社会服务事业，几年来开办了为香客、游人服务的商店、食
堂、招待所、茶水和照相部，另有泥人厂和豆腐坊等。道院的各项经济收
入 1982 年为 8400 元，1984 年增为 86000 元，1985 年收入达 10 万多元，
并利用这些收入维修了部分殿堂，修了山路，购置了发电设备，提高了道
友们的生活费等。河南中岳庙地处登封县境，每年可接待游人、香客 150
万人次，因此兴办了中岳庙服务部，经营陶瓷、书籍和食品等；还耕种了
6 亩土地，从事农业生产。庙里有道众 35 人，职工 45 人，全年经济收入
约 14 万元，道众的日常生活费用已基本自给。四川成都青羊宫自修复以

来，每年自营香烛店、门票、茶馆等收入达 5 万元左右，也基本实现日常生活自给。① 而北京白云观因地处首都，游客较多，开办了服务社、招待所等，旅社和服务部 1987 年的纯收入可达 20 多万元。从 1986 年 10 月 1日起，由每周开放两天改为六天，并与西城区文化文物局合作，举办了1987 年民俗迎春会，增加了白云观的经济收入。到 1988 年，白云观也基本实现自养。② 总之，随着改革开放的深入和宗教政策的逐步落实，古老的道教在宫观经济方面也跟上了时代的步伐，走上了自养之路。

　　不过，也应当看到，宫观自养只是当时宫观经济的一个重要方面，也是适应时代潮流而兴起的一个名词。在 20 世纪 80 年代，中国道教宫观经济的来源应该包括三个方面：一是政府拨款和补偿款，二是信众捐助，三是宫观自养。从政府拨款方面来说，主要是针对一些重点宫观或著名宫观，或列入重点文物保护单位的道观等。另外，因历史原因而归还宫观的房租、存款等补偿款，也是此间道观经济的重要来源之一。例如，北京白云观从 1980 年开始，就由政府拨款进行维修，历时三载，恢复了宫观建置、殿堂陈设和古建筑的风貌。沈阳太清宫从 1980 年以来，政府共资助160 余万元，修复了三层院落四座神殿，房舍 70 余间，历时 8 年始告竣工，于 1989 年 9 月 4 日举行了关帝殿、灵官殿开光大典，以示功德圆满。陕西西安八仙宫利用国家拨款 15 万元，加上自己筹款，翻修了 7 座殿堂和 137 间庙房，塑像 22 尊。陕西楼观台道众在国家拨款 13 万元的基础上，加上自筹资金，整修了所有庙宇和殿堂，新修了救苦殿及左右厢房等。又如广东罗浮山冲虚观是全国重点宫观、广东省重点文物保护单位，1985 年进行修缮时，得到人民政府以及香港地区道教联合会、圆玄学院的赞助。在信众捐助、香火布施方面，则是所有道观经济的重要组成部分，尤其是中小道观的主要经济来源，如陕西龙门洞及其下院药王洞和景福山三座宫观，在国家未拨分文的情况下，自 1982 年起，依靠十几名道友及善男信女的力量，利用十多万元的香火布施收入，修复了 52 间庙宇，维修了 100 多间庙房，塑神像 130 多尊，修石拱桥一座，石阶盘道近百米。

　　当然，随着政府和各级道协的提倡，宫观道士参与生产劳动、发展多

---

①　参见《发扬爱国爱教精神，积极为四化做贡献》，《中国道教》1987 年第 1 期。
②　参见《中国道协四届二次常务理事会工作汇报》，《中国道教》1987 年第 4 期。

种经济以进行宫观自养，越来越成为宫观经济的主体。宫观自养经济既包括门票、庙会收入，也包括从事农业、手工业、服务业等所取得的劳动收入。其实，宫观自养还应包括宗教收入，即道士为信众提供宗教服务的收入，但是 20 世纪 80 年代道教刚刚恢复，宫观管理尚不规范，也有很多禁忌，教职人员缺乏，所以宗教活动的举行并不经常，这方面的收入到 90 年代逐渐显现出来。

对于 20 世纪 80 年代的道教徒来说，他们参与生产劳动，实现宫观自养，不给国家增加负担，就是回报社会、积极参加社会主义建设的表现。随着各宫观自养能力的提高，他们还省吃俭用，捐资助学，医疗济世，从事公益事业，努力回报社会。1986 年中国道协在第四次全国代表大会上就对各宫观兴办社会服务和公益事业给予了热情的鼓励和支持，并倡导道教界积极参与社会服务和公益事业，发扬道教济世利人的优良传统。中国道协还通过《中国道教》杂志，刊登介绍那些热心公益事业、为社会主义建设作出突出贡献的道观和个人。尽管这个时期道教的经济实力很弱，但也涌现出不少感人的事迹，展示了新时代道教徒的良好形象。1985 年泰山碧霞祠收归道教界管理后，他们努力实现自养，以庙为家，省吃俭用，省下的钱除了用于整修庙宇外，还关注资助当地的中小学教育，1987 年泰安市政府号召社会捐资助学，以解决适龄儿童上学难的问题，碧霞祠道众率先捐助 1 万元，受到社会的赞誉。① 而浙江省乐清县道士陈安占一贯拾金不昧，助人为乐，修路造桥，广积善缘，从 1981 年至 1988 年捐出近千元帮助本地修路造桥，受到当地群众的一致赞扬。② 甘肃省天水市花石岩道观的范高德道长于 1983 年回庙后，就拿出自己多年的积蓄，栽树种果，绿化荒山，开办道观药房，并用自己从道所学的针灸、按摩等特长为人治病施药，受到有关部门的表扬和广大群众、信徒的称赞。③ 总之，无论是碧霞祠道众的捐资助学，还是陈安占、范高德道长的修路造桥、治病施药，都反映了当代道教徒虽然生活清贫，但是保持了中国道教济世利人的优良传统，弘扬了中国道教齐同慈爱的慈善精神。

---

① 参见《泰山道人，捐资办学》，《中国道教》1987 年第 4 期。
② 参见《拾金不昧的好道士陈安占》，《中国道教》1988 年第 4 期。
③ 参见《以庙为家，一心为道的范高德道长》，《中国道教》1990 年第 1 期。

二　积极探索、稳步发展（1988—1998）

在改革开放的头十年，中国道教的发展以落实政策、恢复教务为主。经过十年的恢复性发展，道教已经基本恢复元气，并在宫观自养和人才培养上取得重要进展，为道教的进一步发展奠定了基础。到 1988 年，全国开放宫观达 200 余处，成立各级道协组织 60 多个，住观道士数千人。此后，进入中国改革开放的第二个十年（1988—1998），十年间中国社会经济快速发展，中国道教也勇于探索、稳步前进、走积极与社会主义社会相适应的道路，道教活动步入正常化的发展轨道。十年间，中国道教在宫观管理、大型教务活动的开展、道教院校的建立、学术会议的召开、社会公益活动的参与、对外文化交流等方面，都表现出了新气象、新面貌。十年间，中国道教步入恢复发展的活跃时期，据统计，到 1997 年我国大陆地区的道教职业人员已近 3 万人，开放的宫观道院已近 1800 座，县级以上道协组织已有 133 个。[①]

（一）顺应时代潮流，探索宫观管理的新模式

新中国成立初期，进行土地改革和社会主义改造，废除了宫观封建经济，革除各种封建迷信，宫观内部也进行民主改革，成立了民主管理委员会，自动废止了一些不合时代的规戒制度。1957 年成立了中国道教协会，是中国历史上第一个具有现代意义的全国性的道教团体组织，同时亦成立有一些地方道协，道教协会对各宫观之间有指导、监督的关系。但是总体来说，新中国成立初期由于政治体制的巨变，各宫观忙于参加社会主义改造和生产劳动，对于地方道协的建设，进展缓慢，而对于宫观内部的管理，亦没有建立一套适应时代的新体制。"文化大革命"期间，道观遭毁，道士还俗，道协停止工作，更谈不上宫观管理制度的建设。

改革开放以来，中国道协恢复工作，地方道协亦相继恢复或建立，随着宗教政策的进一步落实，全国各地开放的道教宫观逐渐增多，那么，如何加强宫观管理，维护宫观秩序，保护文物古迹，使之与当前的经济发展、社会制度相适应，就提上了议事日程。在 20 世纪 80 年代末至 90 年

---

① 李养正：《当代道教》，东方出版社 2000 年版，第 197 页。

代初，中国道协和各级地方道协都在积极探索宫观管理的新模式，最终建立了以中国道协《关于道教宫观管理办法》为核心的规章制度，并在全国得以推广和实行。

早在 1986 年 9 月召开的中国道协第四届全国代表大会上，黎遇航会长的《工作报告》提到今后工作的几点意见，其中第一条就是要做好对宫观的管理工作。他说："如何管理好这些宫观，已成为道教界面临的新任务。"为此，中国道协在 1987 年 6 月召开了四届二次常务理事会，专门讨论制定宫观管理试行办法，交流各地宫观的管理情况和经验，于 6 月 19 日通过并公布了中国道教协会《关于道教宫观管理试行办法》。《试行办法》的制定和公布，说明道教界对宫观管理问题的高度重视和积极探索。

中国道协公布的《宫观管理试行办法》是在国务院宗教事务局 1981 年制定的《关于汉族地区佛教道教寺观管理试行办法》的基础上，结合道教的特点和发展现状而制订的。在《宫观管理试行办法》中，明确规定宫观的行政领导是各级人民政府，宫观的内部管理体制是民主管理，如第三条规定："宫观必须在人民政府宗教事务部门的行政领导之下，由道众自主管理，并接受道教协会的指导。"第四条规定："宫观应设立相应的管理组织，实行民主管理。民主管理组织成员，要在充分民主协商的基础上，由道众选举产生。"在试行办法中，对于宫观民主管理的职责，对于宫观内宗教职称的设立，对于道众的管理和教育，对于宗教活动的管理，对于宫观财务、治安、消防、文物保护等方面，都制定了专门的条款，多数条款下还细化为若干条目。中国道协制定的试行办法既有对传统的继承，也有新形势下的改革，如在宗教活动的管理上，一方面认为"道众和信徒在宫观内进行的烧香、拜神、上殿、诵经、讲经说道、过道教节日、做道场等正常宗教活动应受法律保护"。另一方面也指出"宫观内不得搞跳神、赶鬼、看相算命、测字卜卦、看风水、求签卖符和扶乩等封建迷信活动。对于假借道教名义制造谣言、蛊惑人心、扰乱社会治安和骗人诈财、危害人民身心健康者，要坚决抵制，并及时向政府有关部门报告。"① 说明道教既有对传统的烧香、拜神、诵经、上殿、过道教节日等活动的继承，又有对跳神赶鬼等封建迷信活动的剔除和改革。另在财务制

---

① 《关于道教宫观管理试行办法》，《中国道教》1987 年第 4 期。

度、治安消防、文物保护等方面，则更多的是以国家各部门的现行规章制度为参照，说明道教界能够主动地与社会主义国家的法律制度、时代风尚相调适，建立道教宫观的现代管理新模式。

《试行办法》发布后，各地方道协及宫观都非常重视，并组织道众认真学习，积极执行。北京白云观在《试行办法》下发之前，就开始试行新的管理体制。在中国道协的指导下，白云观经过全体道众的民主选举，推选 25 岁的青年经师黄信阳任白云观监院，并成立了白云观管理委员会（设管委成员 9 人）。管委会下设行政执事、客堂执事、总务执事、经堂执事、殿主执事等。管委会成员分工合作，集体讨论决定，重大问题还要召开全体道友会议讨论决定，真正做到民主管理。另外，根据《道教宫观管理试行办法》，白云观管委会除组织道众进行认真学习外，还制定了白云观的具体规章制度。如《白云观开放接待规定》《执事职责》《考核奖惩试行办法》《关于道众生活待遇方面的规定》《关于留宿规定》《值夜制度和值班任务》及其他宗教活动的规定等。在《开放接待规定》中规定：凡参加开放接待人员，在开放时间内，不得擅离职守，负责管好殿内一切文物，不得损坏、丢失。在《执事职责》中，各执事在监院领导下的具体职责，都作了明确的规定。如行政执事，负责行政管理和处理日常行政事务；客堂执事负责接待来客，参加日常开放导游；总务执事负责办好斋堂，管好伙食，安排道众生活等。在《考核奖惩试行办法》中，规定每月考核评议一次。通过考核评奖，提高道众责任心和事业感，提高工作质量，遵纪守法，遵守道规的自觉性。① 这些具体的规章制度的建立，反映了道教及白云观在新的历史时期积极探索当代宫观管理的新模式，这种管理既要体现道教的特点，发扬道教固有的优良传统，又要结合时代的进步，剔除不合时宜的陈规陋习，与宪法和精神文明相协调，与社会主义社会相适应。

陕西省道协根据本省的情况，参照中国道教协会制订的试行办法，制订和颁布了更为详尽的《陕西省道教协会关于道教宫观管理试行办法》，比中国道协的《试行办法》更为详细，并且体现了陕西地方道教的特点。如中国道协的《试行办法》规定："宫观可根据实际情况，通过民主协

---

① 参见《有章可循气象一新——北京白云观贯彻执行中国道教协会〈关于道教宫观管理试行办法〉的情况》，《中国道教》1988 年第 1 期。

商，设立相应的宗教职称，在管理组织的领导下，组织实施各项庙务活动。"陕西道协的《试行办法》则具体化为："凡有条件的宫观，可根据实际情况，通过民主协商，逐步恢复传统的宗教职称，在管理组织的领导下，组织开展各项宗教活动。根据我省情况，可设立方丈、监院、督管、巡照等职。"① 并规定了各种职称的职责：方丈主管全观大事，主掌本观的宗教活动；监院主管本观行政事务，监督本观日常工作；督管负责接待参观访问的宾客，登记来往道众户籍；巡照负责生产建设，安排道众生活等。

另外，四川、湖北等地道协和宫观在中国道协《试行办法》公布之后，也做了大量的工作，组织学习和贯彻试行，并相应制定了各个具体的管理办法，收到良好效果。"成都市道协、武汉市道协、青城山道协等单位，结合贯彻中国道教协会四届二次常务理事会议精神，组织全体理事学习管理办法。武汉市道协还组织副秘书长以上领导进行专题讨论。青羊宫、天师洞、上清宫、建福宫、长春观等宫观，组织全体道众逐条逐句学习管理办法。"② 通过学习和试行，有的宫观改选和充实了执事班子，推选爱国爱教而又有管理能力的中青年道友担任执事，焕发了宫观生气；有的地方道协还根据《办法》制定了符合本地区情况的地方实行细则，特别是四川成都市道协、青城山道协等制定了收徒弟办法，强调必须宫观集体收徒，但又要明确师徒关系，对于当代道教的收徒制度有借鉴意义。

《道教宫观管理试行办法》的公布和试行，对于整顿道教组织，对于保障宗教活动的正常进行，对于道教宫观的进一步良性发展，对于宫观管理和宫观自养，都有着积极的意义，为道教在 20 世纪 90 年代的稳定发展奠定了基础。试行一段时间以后，1992 年 3 月中国道教协会第五届全国代表大会上正式公布了修订后的《中国道教协会关于道教宫观管理办法》，成为各宫观进行宫观管理的基本政策依据。那么，1992 年公布的《管理办法》基本上沿用 1987 年的《试行办法》，除了个别细节有所增删外，整体框架和条目都保持不变。

中国道教协会《关于道教宫观管理办法》的正式公布，标志着新时

---

① 《陕西省道教协会关于道教宫观管理试行办法》，《中国道教》1988 年第 2 期。

② 《四川、湖北等地部分宫观试行"宫观管理试行办法"情况良好》，《中国道教》1988年第 3 期。

期道教宫观管理的基本范式和制度的确立，是道教界积极探索与勇于改革的成果。此后，各级地方道协组织和宫观基本上都参照中国道协的《宫观管理办法》而制定了具体的实施办法，尽管有些因地制宜的补充与删减，但总体框架和原则都没有离开中国道协公布的办法。

中国道教管理体制中另一个突出的问题是关于散居无庙的正一派道士的管理，为此，中国道协也做了大量的调查研究。在 1992 年 3 月召开的中国道协第五届全国代表会议上，制定并公布了《中国道教协会关于道教散居正一派道士管理试行办法》，全文共 12 条，对散居的正一派道士的定义是"大多散居城、镇和乡村，有家室，不常住宫观"。主要规定了散居正一派道士必须爱国守法、皈依道经师三宝、能从事正一派日常仪典等；必须经考查审核后才能取得中国道协发放的道士证；可在宗教活动场所内进行诵经、香供、斋醮等仪式，但必须禁止扶乩、跳神、算命、看相、抽签、赶鬼、看风水等封建迷信活动；可参加当地道教管理组织，尚未成立道教管理组织的地方，经县以上（含县）人民政府宗教事务部门批准，可成立道教管理组织等。这一《试行办法》受到政府的重视，不久国务院宗教局及时批转到各省、市、自治区，得到各级政府宗教事务部门的重视，甘肃、湖南、浙江、上海、安徽、江苏、湖北等省、市政府宗教事务部门积极帮助当地道教组织做好散居正一派道士的管理工作，开展调查研究，建立道教组织，恢复宗教活动场所或建立活动点。各地方道协亦在《试行办法》的指导下，在调查研究的基础上，经过考核、审查、备案、认可，进行了登记发证工作，效果良好。如浙江省瑞安市道协从 1992 年到 1995 年先后举办了三期正一派散居道士管理培训班，参加学员 250 多人，根据中国道协《关于道教散居正一派道士管理试行办法》，对他们实行登记发证制度，规定散居正一道士外出赶经忏，必须携带三证，即身份证、道士证和会员证，使宗教活动走上正规化和法制化。① 而甘肃省张掖市道协根据正一派道士居住分散的特点，把全市 23 个乡的 190 名道士按地区划分为 11 个片，每片设片长一人，负责全片的宗教活动和学习。每片又设若干坛，由一个坛主负责。平常分散活动，每月月底各片道士集中在城内道德观进行活动和学习，道协对各片活动经常进行检查指

---

① 参见钱顺青《瑞安市道协加强对道教宫观和散居正一派道士的管理》，《中国道教》1995 年第 3 期。

导。这样，从市道协到各片，再到各坛，形成了一个有层次的管理系统网络，使正一派的活动纳入法律政策和道教仪规的范围以内，一改过去长期无组织和无人管理各行其是的状态，各坛道士对统一管理也表示欢迎。

总之，无论是中国道教协会关于《道教宫观管理办法》的推行，还是《关于道教散居正一道士管理试行办法》的制定，都是道教界对于内部管理体制的探索与创新。而《管理办法》的出台，意味着道教活动与宫观管理纳入法制的范围，走上正常的发展轨道。正如李养正先生所说："使宫观管理既有利宗教活动的正常进行，也有利于维护社会的稳定，即增进了教职人员的公民意识，也增进了依法处理宗教活动的认识。这是十分有利于道教能在法律保障的基础上正常传承发展的条件。"①

（二）举行传戒授箓仪典，促进道教活动正常化

新中国成立初期，由于土地改革和社会主义改造运动，全体道众都要参加生产劳动和政治学习，相对来说宗教活动减少，一些较大的宗教活动如传戒授箓、大型斋醮等都不再举行，只进行一些日常功课、诵经修炼等活动，后来由于频繁的政治运动和"文化大革命"的冲击，道教活动全部停止。

改革开放以来，全面落实宗教政策，中国道协恢复活动，地方道协相继成立，道教宫观陆续开放，道教正常的宗教活动也在逐渐恢复。但在改革开放初期，道教界最迫切的任务是落实宗教政策、收回道教宫观，而对于道教教务活动的开展，还只限于日常功课、神诞法会、开光庆典等小型的法事活动。随着宗教政策的进一步落实，收回的道教宫观日益增多，道士人数也有回升，道教界强烈希望开展一些大型的宗教活动，以恢复传统仪典，促进道教活动正常化。为此，中国道教协会在 1986 年 9 月召开的第四届全国代表大会上修订了《中国道教协会章程》，并将"促使宗教活动正常化"写入章程，成为中国道协今后的主要任务之一。而"宗教活动正常化"的前提是要确认哪些是正常的宗教活动，哪些是不合法的封建迷信活动。1987 年中国道协制定了《关于道教宫观管理试行办法》，对宗教活动的管理进行了明确规定，对正常的宗教活动和迷信活动进行了划分。指出道众和信徒在宫观内进行的烧香、拜神、上殿、诵经、讲经说

---

① 李养正：《当代道教》，东方出版社 2000 年版，第 117 页。

道、过道教节日、做道场等正常的宗教活动应受法律保护。而跳神、赶鬼、看相算命、测字卜卦、看风水、求签卖符和扶乩等封建迷信活动不得在宫观内举行。这样明确划分之后，就为道观内举行斋醮道场等宗教活动提供了合法性。于是，全国各地宫观内正常的宗教活动就逐渐开展起来，其中最值得注意的是全真道传戒、正一派授箓和罗天大醮等大型宗教活动的举办。

所谓"传戒"，就是在道教十方丛林宫观中由德高望重的一代宗师、律师、著名方丈向来自全国各地的全真派道士传授"三坛大戒"（《初真戒》《中极戒》《天仙戒》）。"戒律"是以天神的名义规定的道士行为准则。道教认为，"戒"如同载人之舟楫，出家修道者，志在超生死，但是道有真传，法有秘授，都只传授给有德之善人。而"戒"就能帮助修道者达到性善的境界，修道不受戒，就得不到道法要诀的真传，且名不得入"登真箓"。因此出家道士要受戒并持戒。

道教授受戒律，源远流长。全真道传授戒法，自元代丘长春真人订立传戒授受仪范，已有700多年的历史。清代王常月方丈公开传授"三坛大戒"，广度弟子，弘扬律宗，使全真之道风大振。此后全国著名丛林多次开坛传戒，道统传承不辍。但自1947年四川二仙庵传戒以来，由于战乱等各种原因，全真传戒中断已40余年。改革开放以来，随着宗教信仰自由政策的落实，道教界呼吁恢复传戒仪典，以继承传统，肃穆道仪，庄严宫观，振兴道风。1988年11月，中国道教协会第四届二次理事会议作出了恢复全真道传戒的决议，成立了传戒仪典筹备小组。1989年4月又在四川青城山召开第二次传戒仪典筹备会议，起草了全真道传戒规定和传戒议事日程。

经过认真筹备，1989年11月12日至12月2日，在道教全真派祖庭北京白云观举行了隆重的传戒受戒仪典。这次开坛传戒，是新中国成立后首次传戒，是道教宗教活动中的一件大事。由全国各地名山宫观举荐来京受戒的全真派道士共计75名，其中乾道约占60%，坤道占40%，年龄最高者75岁，最小者21岁，80%为中青年道士。这次传戒律师是受过天仙大戒的北京白云观第22代方丈王理仙。协助传戒的八大师为：证盟大师许至有、监戒大师江诚霖、保举大师黄宗阳、演礼大师张信益、纠仪大师李宗智、提科大师阎宗隆、登箓大师曹理义、引请大师陈宗耀。在这些大师的协助下，传戒活动得以如法如仪地进行。在20天的传戒盛典中，进行了迎师礼、演礼、考偈、审戒、诵皇经、礼斗忏，讨论戒条、传授衣钵、发戒牒、普表谢神、做铁罐施食道场，讲授了《太上感应篇》《邱祖垂训文》《道德经》道教知识等。这次传戒，时间虽短，仪式依然隆重、庄严，受戒道众学到了不少知识，加深了信仰，明白了守戒律己的重要性。此次传戒意义重大，因为当时能担任传戒大师的老道长，全国只剩有7人，而实际能参加的只有4人，年皆80以上高龄，如果没有这次传戒，道教全真派的这一传统将会中断。所以，这次传戒是对全真道统的及时继承，具有深远的意义。而且，这次传戒把百日大戒压缩到20天，也是前所未有的，是一次成功的实验。传戒期间，国家宗教事务局局长任务之亲临祝贺并发表重要讲话，指出："正常的宗教活动，政府是尊重和保护的，但由于几十年都没有开坛传戒，这次传戒，是带试验性的。以后，具备了传戒条件的宫观，还可以开坛传戒。"①

正是有了白云观首次恢复传戒的宝贵经验，加上政府对传戒活动的正确认识，全真道传戒活动在6年后再次举行。1994年8月中国道教协会在四川省青城山天师洞召开了全国重点宫观关于举行再次传戒的座谈会。与会者一致认为：1989年北京白云观第一次传戒，为全真派继承传统、端正道风起了积极的作用，但至今已近6年，第一次传戒中的方丈王理仙律师和八大师中的三位大师都相继羽化飞升，如不再开戒坛，道教全真派的法裔传承又将出现新的断代现象，所以，组织第二次传戒活动迫在眉睫。

由中国道教协会举办的全真派新中国成立以来第二次传戒活动，于1995年11月1—21日在青城山举行。这次临坛受戒的全真道士546人，居士166人，传戒规模比上一次更大，他们中年龄最大的121岁，最小的21岁。此次传戒的方丈大律师是全真律坛嗣天仙正宗第23代傅宗天大律师，其余大师有：证盟大师谢宗信，保举大师吴理冲，监戒大师曹祥贞，登箓大师江至霖、韩壬泉，演礼大师田诚启，纠仪大师周至清，引请大师黄至安，提科大师吴元真，总理大师黄信阳。受戒弟子朝真礼圣，庄严肃穆，听师讲道，学习了重要经典、教理教义、道德修养、宗教政策及宫观管理等。传戒法会历21天圆满成功，戒坛审核，发给戒子"净戒牒"，以及《初真戒》《中极戒》《天仙大戒》《守戒必持》等经书律文。

---

① 陈雄群：《北京白云观解放后首次开坛传戒》，《中国道教》1990年第2期。

道教传戒是全真派的隆重仪典，也是务道之士精进修持、修真入道的重要阶梯，历来为道门所珍重。中国道教协会及时恢复了全真道传戒传统，组织了传戒活动，满足了广大道教徒信仰修行的愿望，对于继承传统、端正道风、引导道教徒的修行、促进道教活动的正常化都有着积极的作用。

中国道教协会在恢复全真派传戒活动的同时，也在酝酿恢复正一派的授箓仪典。授箓是道教正一派传统的传度仪式，也是向道侣宣扬各类自律规戒的一种制度，是道教正一派传统仪规中的一项大事。法箓是正一道士修真的凭信和和行法的依据，也是其法位等级的标志。道士临坛接受道坛法师传授法箓，称为箓生，箓生在法坛中皈依道、经、师三宝，接受九戒，发十二宏愿，宣誓奉守戒律，是为授箓。通过授箓，不仅使正一道士取得职券牒文，有了修道行法的凭证，也是重申教戒规仪，规范正一道士行为的活动。自元代龙虎山张天师统领三山符箓后，一般由天师府的历代天师主持授箓科仪。临坛箓生受箓后，即按正一道传统的法派、辈分取法名。龙虎山张天师派授箓，不仅授予箓生职牒、符箓，而且还发给法印、天蓬尺、玉笏、拷鬼棒、令牌、令旗等法器。江西贵溪天师府在 1946 年曾举办授箓活动，此后遂中断。20 世纪 80 年代中期，台湾地区及东南亚一些国家的道教信徒，不断来大陆朝拜祖庭，寻根问祖，亦多次要求在正一道的发源地龙虎山恢复道教传统的授箓传度科仪。大陆各地的正一道士，为了更好地加强自身的建设，也均希望按道教传统恢复授箓这一传统仪范。1989 年中国道协在杭州召开正一派散居道士座谈会时，就提出恢复正一派传度授箓仪典的建议。1990 年 11 月，江西贵溪县上清镇嗣汉天师府举行以祖天师法像开光盛典为中心内容的龙虎山道教文化周活动，全面恢复并展示了天师道丰富多彩的斋醮仪式，为天师府授箓活动的恢复提供了重要条件。1991 年 7 月，中国道协和龙虎山、上海、苏州、杭州、茅山等地道协在上海召开研究会，正式作出了恢复正一派授箓制度的决定，并成立了法务指导小组。基于海外道教徒的迫切要求，决定首先为海外道教徒授箓。1991 年 8 月，法务指导小组在广州召开了新加坡、中国台湾地区等地的主要正一宫观负责人会议，具体讨论恢复授箓的准备工作。

1991 年 10 月 3—9 日，道教在正一派祖庭龙虎山嗣汉天师府为台湾地区和海外正一派道教徒举行了新中国成立以来第一次授箓传度醮仪。由新加坡、马来西亚、中国台湾等地宫观举荐来受箓的弟子共 36 名，其中乾道 35 名，坤道 1 名，年龄最大者 68 岁，最小者 27 岁。这次授箓传度的三师是传度师汪少林道长、保举师张金涛道长、监度师张继禹道长。在短短 7 天时间里进行了启师、洒净、讲经、说戒、颁发职帖法器等道场活动，中间穿插了请水开坛、安龙奠土、申文发奏、宿启进表等道场，又学习了《道德经》《玉皇忏》等经典，整个授箓传度活动举办得如法如仪，庄严隆重。为海外道教徒箓，是道教界一件喜事，也是道教史上的第一次。

此后，中国道协继续为恢复正一派的授箓传统而努力。1994 年 4 月，中国道协在上海召开了"正一派授箓座谈会"，正式成立了以中国道协副会长陈莲笙道长为组长、副秘书长张继禹道长为副组长，教务处主任袁志鸿道长为秘书的授箓领导小组，开始筹备授箓传度有关事项。会上讨论修改了《正一派道士授箓规定》（征求意见稿）。陈莲笙副会长就授箓的传统、目的和要求作了重要讲话。提出要通过授箓，恢复和健全道教正一派的教戒规仪制度，引导正一派道士勤进修持，肃穆道仪，端正道风，加强自身建设，服务社会主义两个文明建设。与会代表也一致认为，恢复道教正一派传统仪典，有利于加强对散居正一道士管理；有利于健全正一派教戒规仪制度、振兴道风；有利于教育和提高道教徒的宗教素质。正一派道士授箓，是道教全国性的重大教务活动，应统一由中国道协领导，并由选定的正一派重点宫观组织实施。1994 年 10 月，中国道协第五届二次理事会通过了《关于道教正一派道士授箓规定》，为全国正一派道士授箓传度提供了重要的指导性文件。此后，中国道协根据"上海会议"精神，做了大量的准备工作，并于 1995 年 5 月在茅山再次召开"正一派授箓座谈会"，正式确定这次授箓传度的具体方案。8 月中旬，在青城山召开的中国道协常务理事会上作出决议，定于 1995 年下元节在龙虎山天师府开坛授箓。

1995 年 12 月 5—7 日，中国道教正一派首次国内授箓传度法会在道教正一派祖庭江西龙虎山天师府内隆重举行。前来参加这次授箓传度的箓生有 197 名，既有年仅 20 多岁的青年道长，又有年近八旬的老道长。按照传统仪规，本次法会聘请江西龙虎山道协副会长何灿然为传度师、上海市道协会长陈莲笙为监度师、江苏茅山周念孝为保举师，同时又聘请中国道协副秘书长张继禹为护箓大师、江西龙虎山天师府住持张金涛为护法大师、江苏苏州市道协薛桂元为护经大师、上海浦东钦赐仰殿凌晋明为护坛大师、浙江洞头县道协会长施书宝为护戒大师、湖南湘潭市道协董淑和为护道大师。三天的盛大法会，经过了启师、拜斗、传度、斋供、上表、送圣等，功德圆满。箓生们听取了道长们的讲经讲道说戒，领取了《正一职牒》和《道教正一派授箓传度经教集》。通过这次授箓传度，恢复和健全了道教正一派的教戒规范制度，满足了国内道众的信仰需求。同时培养了道教人才，提高了箓生的宗教素养和道德素养，也是端正道风、促进道教正一派健康发展的良好开端。

总之，经过改革开放十多年的发展，中国道教活动逐渐走向正常化，因之有传戒、授箓等大型教务活动的开展。从 1988 到 1998 年的十年间，中国道教协会组织举行了两次规模盛大的传戒法会，以多次影响广泛的授箓仪典（多次授度海外道徒，一次授度国内道徒），反映了中国道教在此十年间的积极探索与稳步发展，反映了道教界对恢复传统仪典、延续道统的渴望与努力。同时，道教界在恢复传统仪典时，也融入了一些创新精神，如酌量缩短了法事日程、适当改革了传统规范，传戒授箓期间增加了政策法规学习，创例给海外正一派道徒传度授箓等，都反映了道教界在继承传统基础上的积极创新。

在此期间，除了传戒、授箓等大型教务活动外，道教界尚举办了一次规模巨大、影响深远的罗天大醮法会。罗天大醮是道教斋醮科仪中最隆重的大型宗教活动之一，近代以来少有举办。1993 年 9 月 17—26 日，海峡两岸名山宫观及香港地区的著名宫观，在北京白云观内联合举办了祈祷世界和平与护国佑民的"罗天大醮"盛典，祈求祖国昌盛，人民幸福，风调雨顺，国泰民安。这次法会规模之大、坛场之多，为实属道教历史罕见。这次法会以北京白云观、香港青松观、台北指南宫为主坛，上海白云观、苏州玄妙观、杭州抱朴道院、武当紫霄宫、青城山道观、西安八仙宫，广州三元宫及美、加、澳三国青松观等著名宫观的经乐团共同参加。大醮供奉 1200 座神位，设有法雨天花坛、全真演教宗坛、救苦坛、祝福坛、度人坛、吉祥坛、报恩坛、朝真坛、顺星坛、都坛、青玄坛共 11 个坛场，道友们虔诚礼拜、日夜诵经、祈祷世界和平、国泰民安，表达了海内外道教界的虔诚信仰和善愿。最后，大醮的功德收入 100 万元人民币，不扣除任何开支，全部捐献给了希望工程。此次罗天大醮活动的顺利举行和圆满结束，充分体现了国家宗教信仰自由政策的真正落实，影响深远，意义重大。通过此次盛典，互相交流，互相学习，不仅恢复了传统的道教斋醮科仪，而且增进了大陆和海外道教徒的联系与友情。同时，把法会的全部收入 100 万元捐献给希望工程，表达了玄门弟子捐资助学、热爱中华之赤忱。

如果说传戒、授箓、罗天大醮等大型教务活动的开展是道教活动恢复正常化的标志，那么各个宫观日常的、小型的宗教活动频繁举行，则是道教活动正常化的基石。在此十年间，全国各地修复开放的道教宫观增加了上千座，这些宫观的建筑、神像都基本恢复，甚至比以前的规模更大，而宗教活动的举行也基本正常化，甚至一些规模较大的宗教活动还频繁举行，显示了道教在新时期下的活力与影响。

（三）成立中国道教学院，建立培养人才的长效机制

改革开放以来，中国道教一直注重培养道教人才，并且开办了各种类型的培训班，通过集体教学的方式培养了一批道教界急需的人才。但是，这些培训班大多是临时的、短期的，在体制、设施、教学计划等各方面都不完善，并没有建立起一套培养人才的长期规划，缺乏从道教整体来规划教育体制的统一性、教育工作的长期性、教学内容的系统性，这与道教亟须培养合格人才的严峻形势是不大相称的。那么，建立正规的道教院校就提上了议事日程。

在 1988 年 11 月中国道协召开的四届二次理事会议上，张继禹道长作了工作报告，在谈到今后道协的工作，首先提出"培养道教事业继承人是当务之急"，指出"我们道教面临的严重问题是后继乏人，老一辈年事已高，很难承担繁重教务活动和研究任务，青年一代道学修养水平还不高，颇不适应开展道教事业的需要。道教当前最需要的是道教学术研究人才和宫观管理人才"。报告中希望宫观建立学习制度，使学习制度化、经常化，地方道协要开办各种类型的地方性道教知识培训班，开展师父带徒弟，为培养道教继承人开方便之门。会上提出并一致通过了中国道协将筹建"中国道教学院"的决议，并鼓励地方道协组织和宫观根据实际情况开设各种形式的道教徒学习班。

经过充分准备，1990 年 5 月 5 日，中国道教史上第一所全国性的高等道教学院——中国道教学院，在北京宣告成立，并举行了隆重的开学典礼。它的宗旨是："在中国共产党和人民政府领导下，坚持爱国爱教的原

则，根据国家宪法和道教教理教义进行教学。"目的和任务是："培养爱国爱教的，具有较高道教知识和修养，并有志为道教事业服务的青年道学徒，继承和发扬道教优良传统，弘扬道教文化。"学院设专修班和进修班，学制各两年。专修班学员经地方道协组织推荐，考试合格，择优录取，主要是培养宫观管理人才。进修班学员主要从专修班和各地道教学校毕业的学员中招收，全面考核，选拔录取，主要培养道教的教学、研究人才。学院设有宗教课、政治课和文化课，宗教课占 70%，政治、文化课占 30%。宗教课主要有道教简史、教理教义、斋醮科仪、戒律、经韵、神仙系统、经典、修养方法、宫观管理等；文化课主要有语文、历史、地理、书法、英语、财会等；政治课主要是进行爱国主义和社会主义教育和学习时事政策、宗教政策、法律知识等。在学院成立暨首届学员开学典礼上，全国政协副主席赵朴初、中央统战部副部长张声作、国家宗教事务局局长任务之等莅临讲话。赵朴初在讲话中高度评价了道教学院成立的意义，他说："中国道教学院的创立，是中国宗教史上一件大事，也是中国文化史上一件大事。"①

中国道教学院自 1990 年成立后，到 1997 年，先后举办了三届专修班（其中一届为坤道班），一届进修班，共有 131 人入院学习，其中 118 人圆满毕业，获得毕业证书。此外，根据教务和宫观管理需要还举办了一期半年制高功班和两期短期道教宫观（地方道协）负责人读书班，共有 81 人参加学习，并获得结业证书。这些学员毕业、结业后，除有一部分留在中国道教协会和中国道教学院工作外，大多都回到自己原推荐宫观，成为宫观管理的骨干力量。他们中间现在有的被推选为地方道协的会长，有的成为宫观的当家，有的做了高功、法师等。总之，已成为当代道教界的生力军。② 所以说，中国道教学院已成为培养道教中高级人才的主要基地。

在中国道教学院的引导和带动下，各地道协开展道教人才培养的热情空前高涨，相继成立了各级道教学校和各种培训班。如在 80 年代就成功举办过培训班、具有良好基础的上海道协、青城山道协等，相继成立了上海道学院、青城山道教学校，建立了系统的、长期的培养人才的机制。

---

① 《全国政协副主席赵朴初在中国道教学院开学典礼上的讲话》，《中国道教》1990 年第 3 期。

② 参见《中国道教学院的诞生和发展》，《中国道教》1998 年第 1 期。

1993 年，原上海道学班改制为上海道学院，不久，经国家宗教事务局批准，上海道学院成为具有大专水平的全国性道教院校，专职培养道教正一派人才。上海道学院于 1992 年和 1995 年各招收一届道学班学员，学制三年，加上 1989 年毕业的第一届学员，到 1998 年，共培养道教人才 70 余人，全部分配在上海市各道教宫观和市区县的各级道教协会工作，成为上海道教界的新秀，其政治水平和专业水平已基本能够满足上海道教目前管理和发展工作的需要，适应了时代和社会的要求。而青城山道教学校于1991 年 10 月成立，学制两年，目的是培养一批拥护党的领导、坚持走社会主义道路、有道教学识的优秀人才，学员以青城山道徒为主，也招收四川省各地的正式道教徒，首届招收学员 40 人，于 1991 年 10 月 14 日正式开学。

另外，茅山道协、陕西道协、武汉道协等虽没有成立道教学院，但他们定期举办培训班，也形成了培养人才的长期机制。如茅山道协的经忏学习班主要学习茅山道教科仪，学制 5 个月，在举办过三期之后，于 1990年 9 月又举办了第四期经忏学习班，此后又多次举办，为茅山道教培养了一批人才。而陕西省道协自 1988 年开始，每年举办道教知识培训班，开设道教历史、经典、教理教义、养生、仪范等课程，为全省各宫观的道教徒进行培训，到 1995 年，该培训班已经举办了 8 期。武汉市道协于 1991年 6 月举办青年道徒培训班，到 1994 年已经举办 5 期，讲授道教知识、时事政治、宗教政策等，培养了青年道徒的业务能力和政策水平。

除此之外，全国各地的其他道协组织和宫观也纷纷举办有各种类型的培训班，为当地道教进行人才培养。如苏州道协于 1989 年开办青年信徒知识培训班，于 1991 年开办苏州道教音乐培训班，学制均为一年，培养了苏州青年道徒的音乐水平和斋醮水平。又如甘肃省道协于 1991 年至1993 年连续三年举办三期道士培训班，学期一个月，学习道教知识和宗教政策等。而河南南阳市道协自 1989 年至今，连续举办了 16 期培训班，两批二年制的函授班，经韵班 2 期，知识班 6 期，宫观管理班 3 期，宗教政策与法制班 3 期，道教养生功法班 2 期。通过各项办班，培养道教徒398 人，信士 23621 人，居士 618 人、使全市道教徒在思想品德、遵纪守法，道教科仪等方面，都有了明显的提高。① 另外，河南省道协、甘肃省

---

① 参见《开拓前进的南阳市道教协会》，《中国道教》1997 年第 1 期。

道协、西安市道协举办了多期经韵培训班，广东省道协、河北省道协、云南腾冲县道协、福建宁德地区道协等举办了道教知识培训班，而宁夏回族自治区宗教局和宁夏道教界还举办了道教管理学习班。

　　总之，据不完全统计，十年间各地道协组织曾开办各类培训班近百场次，培训道教人才千余人，通过办班，对道教徒进行政策法规、道教常识、科仪音乐的培训，提高了道教徒的思想文化素质、宫观管理水平和斋醮业务能力。20 世纪 90 年代，中国道教的人才培养基本形成了高、中、初三个层次的教育体系，以中国道协举办的中国道教学院作为高等学府，培养从事教务、教育、研究等方面的较高层次的人才；地方道协组织和著名宫观因地制宜，开办中级或初级学校，并选择优秀毕业生输送入中国道教学院深造；同时各宫观也都建立了日常的培训和学习制度。这样形成了中国道教学院正规教学、地方道协培训班的短期培训和各地宫观自行组织的日常学习三级培养道教人才的全新教育体系，三级体系互相衔接、互相配合，共同致力于提高新时期道教徒的文化素质和业务水平。

（四）成立道教研究机构，深化道教学术研究

　　中国道教协会自 1957 年成立以来，一直重视道教学术文化的研究，成立了道协研究室。到 20 世纪 80 年代，道教研究室在文献整理、道史研究、经书研究、道教知识普及等方面，取得了显著成绩，如编辑了《道教史资料选编》，编写了《道教史纲要》，撰写了《道教知识讲座》、《道教基本知识》等讲义稿等，同时，中国道协还编辑出版了道教自己的刊物《道协会刊》（1987 年改版更名为《中国道教》），地方道协亦编印有《上海道教》《三秦道教》等内部刊物，这些刊物成为宣传道教文化的重要窗口。

　　到 20 世纪 90 年代，道教界的学术研究进一步深化，部分道协相继成立了道教文化研究机构，举办了多次道教文化研讨会，从多方面多角度探讨道教文化。一些学者还走出国门，参加世界性的学术会议。

　　1989 年 9 月，由中国道协主办的道教“道教文化研讨会”在北京召开，参加会议的主要是各地道教界的学者，也邀请了一些教外研究道教文化的学者，共 35 人。会上报告了道协研究室已经取得的成绩，并提出了未来设想，建议成立道教文化研究所。中国道协根据道教界学者和教外研究者的要求，为促进道教文化的研究和整理，加强学术交流，报请国务院

宗教事务局批准，成立了"道教文化研究所"。这是中国道教界举办的第一次道教文化研讨会，受到与会学者的高度评价，而道教文化研究所的成立，自然地成为全国道教界的学术文化研究中心，在当代道教文化学术史上具有重要意义。

道教文化研究所成立后，积极推动道教学术文化研究，取得了重要成果。如组织教内外学者编写了《道教文化丛书》十种，从宗教史、哲学、医药学、冶炼学、文学、音乐、美术等各个角度阐述道教文化中的优良传统，这十种著作为：李养正《道教识略》、朱越利《道教要经概论》、李养正《道教与诸子百家》、刘国梁《道教与周易》、孟乃昌《道教与中国冶炼学》、孟乃昌《道教与中国医药学》、刘守华《道教与民间文学》、李远国《道教与养生学》、王宜峨《道教美术史话》、周振锡《道教音乐》。从 1992 年到 1993 年陆续由北京燕山出版社出版发行。另外，在道教文化研究所的组织下，由闵智亭、李养正主编的《道教大辞典》也于 1994 年正式出版，这是道教界人士自己编写的一部专业性较强的工具书。

1990 年 6 月，中国道协道教文化研究所与中国音乐研究院合作，在北京白云观联合举办了道教音乐研讨会。北京、千山、恒山、武当山、苏州等道观的道乐团及部分音乐工作者约五十余人参加了研讨会，会上宣读论文十余篇。

与此同时，部分地方道协也相继成立了道教文化研究机构，他们在中国道协和地方道教的指导、支持和推动下，并与教外的学者联合，举办了多场次学术会议，推动并深化了道教学术文化的研究与交流。其间成立的研究机构和举办的学术会议有：

1990 年，泉州市道教文化研究会成立。

1988 年，武汉地区高校的道教学者与武汉市道教界联合，成立了湖北省道教学术研究会。1990 年，在襄阳隆中举行一次全国性的学术研讨会，来自日本和海内外的道教学者 70 多人与会。

1992 年，武当山成立"武当山道教中医药研究会"。

1992 年，武当山道教协会主办了以弘扬武当文化为主题的国际学术研讨会。来自北京、上海、四川、武汉等地 20 余名专家学者出席会议，收到 20 余篇学术论文，以研究武当的历史、武术、法事音乐和玄天上帝信仰为主。此次学术会议具有开创性，代表了中国道教文化研究向纵深方向发展。

　　1992 年，由西安市道教协会、西安市八仙宫、中国道教协会道教文化研究所共同主办的"西安中国道教文化研讨会"举行。出席会议的有国内及法国、日本等地的学者及高道 55 人，从不同角度探讨了道教文化精髓、道教与中国传统文化的关系。

　　1993 年 10 月，中国道协在北京白云观东西陈列室举办墨道人孙明瑞画展，展出作品 109 幅。墨道人为西安八仙宫的老道长，以画梅形成自己独特的风格。

　　1993 年，由湖北省武当山道教协会、中国道教协会道教文化研究所联合举办的"中国武当山道教文化学术研讨会"在武当山镇召开。来自教内外、意大利、韩国、日本等的专家学者约 50 人参加会议，论文涉及道教历史、经典、宗派、养生、艺术和武当道教等方面。

　　1994 年 7 月，天台山道教文化研究会成立。台州和天台县热心道教文化事业的有识之士，成立了天台山道教文化研究会。

　　1994 年 9 月 5 日，福州市道教文化研究会召开了首届道教文化学术研讨会。省、市各界专家、学者和有关部门领导、道教界代表等 150 多人参加了会议。会议收到学术论文 20 余篇。

　　1994 年 10 月，由龙虎山道教协会、江西省社会科学院、台湾中华道教总会联合举办的"龙虎山道教文化学术研讨会"召开。国内 13 个省市，以及法国、英国、美国和台湾地区的专家、学者共 55 人与会。收到学术论文 31 篇，内容绝大部分和天师道密切相关。

　　1995 年，中国道教代表团参加了"世界宗教与环境保护首脑会议"，会上张继禹道长发表了题为《发扬道教精神，保护生态环境》的演讲，得到热心世界环保事业的著名人士的赞扬。中国道教协会代表道教独立地参加这样一个世界性的宗教领袖大会，还是有史以来的第一次，向世界展示了优秀的道教传统文化魅力，增加了中国道教徒对世界宗教与社会情况的了解和认识，加强了中国道教徒与国际社会的交往。会后，张继禹道长接受世界宗教与环境保护联盟秘书长彭马田教授的委托，主持撰写并出版了《道法自然与环境保护》一书，全面系统地阐述了道教注重生命与环保的理念。该书的出版，标志着道教界学者在研究观念方面的新取向，即从过去沉浸于道教义理和史料整理的研究状态，转向于关注现实，挖掘道教的现代价值，积极推动道教与社会主义社会相适应。

　　1996 年 8 月，由北京大学哲学系与香港地区道教学院联合主办的

"道家文化国际学术研讨会"在京举行。来自中国大陆、香港、台湾地区及日本、韩国、新加坡、马来西亚、澳大利亚、欧洲和美国、加拿大等地区与国家的 150 多位学者参加了会议并提交了学术论文。这是近年来道家文化研究史上的一次盛会，对于推动道家文化的研究有着重要的意义。中国道协闵智亭副会长、张继禹副秘书长及李养正研究员、王宜峨副研究员参加了会议并提交了学术论文。

1996 年 8 月，金坛市茅山道教文化研究中心成立。中心计划收集、整理、撰写、编辑、出版有关研究茅山道教文化与旅游宣传性的书刊，举办各种茅山道教文化研究性的学术活动。

1997 年，宝鸡市道教文化研究会成立。

1998 年 2 月 18 日，中国道教代表出席在伦敦召开的"世界（宗教）信仰与发展"会议，这次会议是世界银行与世界宗教就发展问题进行的重要的首次对话会议，来自世界各国的九大宗教代表和世界银行的有关官员出席了会议。张继禹副秘书长代表中国道教就"道教对发展和经济生活的理解和启示"发表了论文。

总之，从 1988 年到 1998 年的十年间，道教界的学术文化研究进一步深化与发展。主要表现出以下特点：一是从研究队伍的不断壮大。早期只有中国道协一个研究室，几名研究人员，现在各地道协已经成立了多个研究会或研究中心，拥有数十名研究人员。二是研究内容的不断拓展，早期研究主要着眼于道教历史、文献整理、编写普及性读物等方面，现在扩展到道教的方方面面，诸如医药养生、冶炼化学、音乐美术、环境保护等，而在地方道协成立的研究机构和开展的学术会议中，更关注地方道教的研究与开发，从而推动了道教研究向纵深化、地方化、细致化方向发展。三是研究视野和影响的不断扩大。道教界学者应邀参加了一些大型的国际学术会议，开阔了视野，开始关注现实问题，挖掘道教文化的现代价值。

（五）实现经济自养，积极参与社会公益活动

在 20 世纪 80 年代，中国道教宫观经济的来源主要包括三个方面：一是政府拨款和补偿款，二是信众捐助，三是宫观自养。进入 90 年代以后，随着中国经济的飞速发展，中国道教在宫观经济领域也不断拓展，加之信众的回升，道教宫观的自养事业进一步推进，大多数宫观基本实现了自养自立。与此同时，道教界在稍有余力的情况下，积极投身于社会公益活

动，发扬着道教济世利人的优良传统。

从 1988 年到 1998 年的十年间，道教的各项事业稳步发展，道观数量、道士人数不断增多，道观的经济实力也不断增强。因此，这期间各宫观实现自养的途径主要还是利用各自所处的地理位置及人员条件，发展农林业、旅游服务业、宗教服务业等，并且所办企业的规模不断扩大，收入也不断增多。例如，青城山道协利用该地区旅游兴旺、各宫观坤道人数较多的特点，因地制宜，发展各类旅游服务业，如开办小卖部、餐馆等，通过为游客服务创造经济效益。1992 年，全山 116 名道士开办道家餐馆 5 个、茶园 8 个、小卖部 8 个、摄影组 5 个、旅社床位 700 余张，另外办有道家乳酒厂、茶厂、饮料厂等。1985 年以来收入达 650 万元，创利润 273.6 万元（包括门票分成），向国家缴纳税金 8.7 万元。随着收入增多，不仅道众实现丰衣足食，而且为宫观建设打下一定的经济基础。①

山东泰山碧霞祠自 1985 年开放以来，就把兴办自养项目列入议事日程，根据自己的特点，先后办起了综合服务部、照像部、素食小吃及防寒大衣出租等服务项目。既方便了游人、香客，又为道观增加了收入，改变了过去单一搞宗教活动的状况，使道观多层次地参与社会主义物质文明建设。

武当山道协亦是根据当地旅游事业蓬勃发展的需要，发展多种旅游服务业，他们先后在太和宫、紫霄宫、乌鸦岭等处设斋饭馆、宾馆、饭店、商店等 237 间，477 平方米，兴办了各种服务网点和公益事业。1992 年，正式成立了"武当山玄宇有限公司"，开办的业务有：商业、饮食服务业、武术培训、加工业等，拥有固定资产达 200 余万元，年创收 30 余万元。同时种植蔬菜、果树、青茶、药材等，自制延寿酒、跌打损伤药膏，恢复了流传七百多年的中药"八宝紫金锭""九仙丹""太和散"等，年产量达数万包。第三产业的兴起，不仅方便了游人香客，而且也为道协增加了收入，基本实现了"以庙养庙"。②

而苏州道协白手起家，于 1984 年借款 200 元办起了小卖部，1987—1988 年两年内综合经营部门市部发展到 5 个，工作人员 17 名，年创利 15 万元。1991 年一个服务部（门市部）年创利 8 万元，为协会自养奠定了

---

① 参见叶丽华《在改革开放中前进的青城山道教协会》，《中国道教》1992 年第 3 期。

② 参见杨泽善《前进中的武当山道协》，《中国道教》1993 年第 2 期。

基础。除此以外，房金全年 15 万元，斋醮收入 36 万元，功德收入 12 万元，废烛回收等 2 万多元。道众生活费、补贴费都有所提高。全体道众都能过上正常的宗教生活和开展正常的宗教活动。①

道教宫观除了利用优越的地理位置发展旅游服务业外，其他自养产业也大都与道教自身的特点有关，如道教历史上积累了丰富的医药养生药方，成都青羊宫就利用这些单方，成立了全国第一家"道教养生饮馔食品公司"。而北京白云观将原旅社餐厅改装成北京道家养生斋，以满足广大群众对道家养生饮食的需要。湖北武当山恢复了流传七百多年的中药"八宝紫金锭""九仙丹""太和散"等。

在 20 世纪 90 年代，随着政府和各级道协的提倡，宫观道士通过各种途径实现宫观自养，已成为道教宫观经济的主体。而道教实现自养的途径，除了经营农业、手工业，开办各项企业、服务业外，开展正常的宗教活动以取得宗教收入亦成为各个宫观重要的经济来源，甚至成为大多数宫观经济的主体。在 1994 年《国务院宗教事务局关于〈宗教活动场所管理条例〉若干条款的解释》中也明确指出"宗教活动场所的收入"包括该场所的门票收入、宗教收入以及从事生产、经营、服务等活动的收入。同时，国家有关部门也对各宗教经济自养实行优惠的免税政策，对于宗教场所举办的文化、宗教活动的售票收入免收营业税，这样的政策也有利于提高各宫观的自养能力。

那么，宗教收入主要包括为信众举行斋醮道场的收入及信众捐献的功德收入。在全国恢复开放的上千座道教宫观中，除了一些基础好、位置优越的著名宫观能发展多种经营取得较好收益外，大多数宫观尽管也经营一些小卖部之类的服务业，但要实现以庙养庙，主要还是靠斋醮和功德收入。苏州玄妙观就是一个典型代表。玄妙观每年斋醮道场不下数百场次，1991 年的斋醮收入是 36 万元，功德收入 12 万元，废烛回收等 2 万多元，这些都可以算作宗教活动的收入，合计 50 万元，而其开办小卖部的创收当年约 40 万元。玄妙观地处苏州市中心，是著名的旅游景点，所以小卖部的效益比较好，另外，小卖部效益的好坏，与玄妙观宗教活动的多少也有直接关系。因此，玄妙观的宗教活动收入应该是宫观经济的主体。

---

① 参见师敏绪《苏州市道教协会宫观管理和自养情况》，《中国道教》1992 年第 4 期。

可以说，在 20 世纪 80 年代，道教宫观实现自养的途径主要是组织道士参与生产劳动，发展各种经济，而到了 90 年代，随着道教活动的正常化，宗教收入越来越成为宫观经济的主体。

另外，在有些道教宫观的修复和建设过程中，因工程巨大，资金缺口较多，这时政府专款资助和港台地区的道教界资助也是一个重要的经济来源。例如，安徽齐云山太素宫一期修复工程自 1994 年 9 月开工，1997 年 9 月完成。太素宫修复过程中，省政府先后拨专款 120 万元，香港地区青松观侯宝垣道长捐赠 15 万元，香港谭兆慈善基金会捐款 100 万元，使太素宫修葺一新①。又如，香港青松观为帮助内地道教贫困道观维修殿宇道房，于 1994 年慷慨捐款 209 万元，受益道观 66 处。1995 年再次捐款 291 万元，受益道观为 85 处，这两次捐款共计人民币 500 万元，得到资助的地方共 150 多处，使这些道观不同程度地得到维修。②

随着宫观自养的开展，道教的经济能力逐渐增强，不仅解决了教职人员的生活问题，而且节余资金用于维修殿宇，美化环境，进行宫观基础建设，取得较好的效果。与此同时，很多宫观和道长们在稍有余力的情况下，积极从事社会公益事业，回报社会，广积功德，在修桥补路、治病送药、支援灾区、捐资助学等方面，作出了显著成绩，体现了道教济世利人的优良传统和新时代道教徒良好的精神风范。

1993 年，中国道教协会专门召开了"道教界爱国爱教先进集体和先进个人表彰大会"，共评选出先进集体 53 个，先进个人 159 名，以表彰道教界在宫观管理、文物保护、植树造林、服务社会等方面所作出的突出贡献。其中在社会公益慈善事业方面的先进事迹大致可归纳为以下几个方面。

1. 采药治病

陕西周至县楼观台、杭州市抱朴道院等宫观为群众施医施药，深受群众欢迎，慕名而来的患者络绎不绝。江西萍乡市郊区纯阳观坤道们为小儿看病，精益求精，远近闻名。陕西安康市道协王宗清道长，住在欢喜岭东药王殿道观，每年给群众看病达数万人次，50 年如一日，被群众颂为"妙手回春""当代神医"。河南省道协副会长刘诚山道长，自 1976 年出

---

① 参见《齐云山举行玄天太素宫主殿落成庆典》，《中国道教》1998 年第 1 期。

② 参见《香港青松观向内地诸山道院捐款》，《中国道教》1996 年第 3 期。

家以来，为群众看病不要钱，还拿出自己的钱给困难病人买药，被誉为"济世利人的好道士"，多次被评为社会主义两个文明建设先进分子。千山五龙宫王全林道长劝善救人事迹广为流传，自 1986 年以来，劝导、抢救绝命自杀者 8 人。

2. 修桥铺路

四川青城山自 1984 年以来，铺设游山石梯路 3.5 公里，修建凉亭 13 座，新建桥梁 2 座。湖北武当山金顶原来只有一条上山石阶路，为了保证香客游人的安全，武当山道协另修了上金顶石阶路一条，上下单行，保证了群众安全。浙江乐清县集云观的冯诚芳道长个人捐款 1.8 万元，修好了一条通往白石镇的水泥路。乐清县杨八洞纯阳观山路崎岖难行，孙崇善道长为了方便游人，把自己办后事的 3 万元钱拿出来，修好 3000 米长的山路。

3. 救灾助学

1991 年我国南方发生特大洪涝灾害，广大道教徒和宫观都积极行动，根据自己的力量，纷纷捐款、捐物，支持灾区。中国道协、白云观和个人共捐款 17314 元，广州市道协捐款 1 万元，三元宫捐款 2 万元，纯阳观捐款 1 万元，个人捐款 3000 元，上海道协、上海白云观、苏州道协、西安道协等组织和宫观都纷纷捐款救灾。而道长们心系灾区、倾力捐献的情形更是让人感动。如中国道协一位老道长把自己一个月的生活费全部奉献，支援灾区。江西铅山县葛仙山地处贫困山区，道士们把仅有的 1000 元存款拿出来。云南临沧县住有 60 岁至 90 岁的 30 位老坤道，她们把省吃俭用节余下的 377 元钱全部拿出来。浙江乐清县一位 82 岁高龄的老道长臧宗霞，把 4000 元积蓄全部捐给灾区人民。

山东泰山碧霞祠、陕西佳县白云山白云观、湖北武当山道协、浙江温州市道协等，每年都支援地方办学，每次资助几万元至十几万元。广州市三元宫 1992 年 10 月同香港蓬瀛仙馆联合举办了三天法会，筹得善款 40 多万元全部捐给了广州市教育基金会。[①]

总之，这些先进事迹反映了道教界在新的历史时期，能够根据自身的条件和特点，积极参与社会公益慈善服务，体现了道教济世利人、服务社

---

① 参见傅元天《发扬道教优良传统，为社会主义建设事业作贡献》，《中国道教》1993 年第 3 期。

会的优良传统。此后，道教界在自身发展的同时，仍不忘服务社会，利益人群，继续从事社会公益慈善事业，并作出了令人瞩目的成绩，其中最突出的表现是在希望工程的捐助上。

中国道教界积极响应政府资助"希望工程"的号召，通过各种途径，动员一切力量，捐助希望工程，资助贫困地区的教育事业。从 1988 年到 1998 年，全国道教界（包括港台道教界）通过举办法会、动员捐款、节省开支等各种手段，累计向希望工程捐款上千万元，有力地支持了贫困地区的教育事业，帮助失学儿童重返校园。

1993 年 9 月 17—26 日，由北京白云观、香港青松观、台北指南宫联合发起，海峡两岸三地著名宫观的高道大德共同主持，在北京白云观举行了隆重的祈祷世界和平与护国佑民的"罗天大醮"盛典。最后将法会的功德收入 100 万元全部捐献给了希望工程。1994 年，中国道协在全体工作人员中积极开展向贫困地区失学儿童送温暖、献爱心的活动，中国道协捐款 2 万元、白云观捐款 1 万元，工作人员和白云观道友个人捐款 5000 多元。

1994 年 5 月，在浙江省瑞安市道教协会会长应维贤先生的极力倡导下，全市道教界道友及诸善信，慨慷解囊，总共聚集功德收入 2 万元人民币，向"希望工程"捐款，帮助本市贫困山区面临失学的儿童重返校园。1995 年，浙江瑞安市道教界又向希望工程捐资 28 万元。

从 1990 年起，武当山道协每年都为"希望工程"捐资，帮助贫困山区的失学少年重返校园，为武当山地区的教育发展倾心尽力，受到社会各界高度赞扬。

1994 年，温州市道协为"希望工程"捐资 14.9 万元，以泰顺县、瑞安市山区、三溪等地为重点，解决了 800 多名适龄儿童入学难的问题。

1995 年，河南内乡县灵山祖师宫道观，向大桥乡政府捐款 5000 元，资助当地教育事业，改善办学条件和教师待遇。

1995 年，西安市八仙宫向希望工程捐款 1 万元，以支持贫困老区的蓝田县玉川中学。

1997 年，福州道教裴仙宫捐资 1.5 万元，为罗源县西兰民族乡中学添置床位。

自 1993 年起，香港信善玄宫先后在广东、广西、湖南、云南、四川、河北等省市先后捐建中小学校等 30 多所，资金累计 1000 多万元。1998

年 5 月，信善玄宫又捐助张家口及石家庄六所小学，共投入资金 78 万元。

　　总之，道教界捐资助学，蔚然成风，为贫困地区的教育事业贡献了一份力量，体现了道教的大慈大爱、奉献社会的优良传统。

　　值得一提的是，道教界推行的慈善事业既是对优良传统的继承，又在新时代下有所创新，如温州道协基金会的建立，就体现了新的发展趋向。1991 年 2 月，温州市道协在陈崇杰会长的提议下，正式成立了"为社会公益事业服务基金会"，由各道教活动点捐助资金，每月自动投入，不计数额多少，长期积累，由小成大，做到专款专用。基金会成立后，发挥了前所未有的作用。其最大的优越性是逐月积累，由少到多，专款专用，应急速度快。如 1991 年南方数省遭到特大洪涝灾害，市道协在接到救灾的通知当天，就汇出救灾款 1.5 万元，几天后又汇出 5000 元。这么快的速度，以前是没有过的。基金会还对 70 岁以上的年老体弱、失去劳力的道士，每月补助生活费，使他们安度晚年。总之，基金会的设立，有力地推动了温州市道协公益事业的发展，使道协的公益活动能够长期稳定地开展下去。在温州市道协的带动下，市属各区、县道协亦相继成立基金会，使温州地区的道教公益事业表现突出，仅 1994 年就在救助灾区、捐资助教、修桥补路、扶贫帮困上共捐款 64 万多元，体现了道教在公益活动中的凝聚力和号召力。

（六）积极开展对外友好交往，加强与港澳台地区的联谊工作

　　新中国成立初期，由于国内外复杂的政治形势，我国的对外交流主要来自于社会主义国家，北京白云观等名山宫观主要接待了苏联、捷克、缅甸、荷兰等少量的参观团。内地道教与港澳台地区道教的联系也基本隔绝。

　　改革开放之初，随着我国对外政策的开放，国际道教团体和道教学术组织希望与我国的道教团体和学术界建立联系，海外游客也希望到中国的名山宫观参访游览。我国政府多次发表声明，欢迎台湾同胞回祖国大陆探亲访友，参观游览，保证来去自由。因此，在 1980 年召开的中国道协第三次全国代表大会上，王伟业所作的第二届理事会工作报告中，就提出"今后道协应当通过可能的途径，争取与台湾、港澳道教界联系，欢迎他们回来访问名山宫观，朝拜祖庭，参加重大的道教节日活动；欢迎他们回来寻师访友，交流养生修持的心得和道教研究的见解；增进相互了解，共

叙同胞同道之间的情谊，为发展爱国的统一战线，促进台湾归回祖国，实现祖国统一大业服务"。① 这样，开展对外友好往来就成为中国道协今后的一个重要工作。同时，中国道协发表了《致台湾省道教界书》，欢迎台湾道教界及道教学者来大陆朝拜祖庭，寻访仙迹，切磋教义，交流心传，同增道谊。并在第三届理事会中为台湾道友保留了理事名额二名。② 1984年，北京白云观作为道教活动场所，向国内外信众及游人开放，开始接待港澳台的香客和游客，地方著名宫观相继效法，中国道教界的对外交流逐渐开展起来。到1986年，中国道教界热情接待了大量来自港澳地区及各国的参访者。据统计，北京白云观从1984年3月重新开放，到1986年8月，接待国内外参访者已有20万人次，其中港澳香客有千余人次，外宾近七千人次。在接待的知名人士中，有英国的李约瑟博士、韩素音女士，法国的成之凡女士，美国前国务卿基辛格博士，"世宗和"前秘书长杰克及现任秘书长泰勒，日本著名学者福永光司、泽田瑞穗等。香港方面有全国政协常委安子介先生，紫阙玄观观主禤世聪先生。

中国道教协会与港澳地区道教界正式交往开始于1985年，当年8月，香港紫阙玄观等处道士及信徒35人组团访问北京白云观，并参加"中元地官圣诞道场"，这是香港道教界首次组团访问中国道协和白云观。此后，内地与香港道教界的交往增多。1986年1月，中国道协会长黎遇航亲临主持了广东罗浮山冲虚古观的圣座崇升典礼，香港道教联合会副主席吴耀东、圆玄学院副主席赵镇东等著名道教人士带领经师班及信众，与内地道教界一起上香诵经，做法会三天，这是内地与香港道教徒首次在一起举行较大规模的宗教活动。双方进行了友好交谈，中国道教协会同香港道教联合会正式建立了联系。同年7月，中国道协邀请香港紫阙玄观的六位道长来白云观参访。这是中国道协首次主动邀请香港道教界来访。1986年10月，应中国道教协会的正式邀请，以吴耀东为团长、赵镇东为副团长的香港道教联合会代表团一行10人到北京白云观，同中国道教协会黎遇航会长等进行了友好会谈，交流经验。全国政协副主席赵朴初、国务院宗教事务局局长任务之等宴请了代表团一行。在这段时间内，内地道教界与香港道教界的联谊活动虽然不多，但是已经跨出了有积极意义的一步。

---

① 王伟业：《第二届理事会工作报告》，《道协会刊》1980年第5期。

② 参见《致台湾省道教界书》，《道协会刊》1980年第5期。

1986 年 9 月，中国道协召开第四次全国代表大会，会上修改了《中国道教协会章程》，新章程列出的任务之一是"加强同港、澳、台道教界人士的联系，开展国际友好往来"，这是首次将对外友好往来的内容列入道协的章程中，后来的历届中国道协章程，都将上述内容作为本会的任务之一。同时，各地道协和各宫观，也都将上述内容作为本会、本观的重要工作之一。这样，从 1986 年之后，中国道教界与港、澳、台地区及各国道教界的联系显著增多，中国道教的对外交流活动也出现了较快的发展，到 1992 年，据不完全统计，中国道协、地方道协和宫观共接待来自五大洲的 20 多个国家和地区的团组 140 余个，达 29000 余人。有香港道教联合会参访团、香港圆玄学院参访团、香港紫阙玄观参访团、香港信善玄宫参访团、香港竹林仙馆参访团、香港蓬瀛仙馆参访团、新加坡道教总会参访团及美国中孚道观凯蒂博士、法国成道协会成之凡女士、美国夏威夷太玄道观张怡香女士、美国加州紫根阁阁长谢满根、原台湾天师府秘书长龚群等。还接待了来自世界各国的政府首脑、知名人士。如德国总理科尔、奥地利前总统、瑞典王国武装力量总司令古斯诺夫松上将、我国香港知名人士安子介等。

1987 年 5 月，应香港道教信善紫阙玄观的邀请，以刘之维为团长的"北京白云观道教参访团"对香港道教宫观进行参访，这是中国道教界首次应邀出境参加道教交流活动。随后，中国道协、《中国道教》杂志社、茅山道院、苏州玄妙观、广州三元宫、上海道协、杭州道协等先后应邀组团到香港参访。1988 年 6 月，中国道协应加拿大多伦多蓬莱阁道观邀请，选派闵智亭、谢宗信两道长前去讲授道教哲学和道教气功健身法，取得圆满成功，这次是中国道教史上第一次道徒飞越太平洋到加拿大讲课。

中国道教界同台湾地区道教界的交往，开始于 1988 年。1988 年，台中大甲镇澜宫在台湾当局相关政策尚未开放的情况下，组团绕道日本赴大陆湄洲妈祖祖庙进香，揭开了两岸宗教交流新的一页。1988 年 4 月，台湾省台南县孚佑宫副董事长龙金珽一行 6 人到西安八仙宫参访朝拜，从八仙宫请回一尊吕祖神像，受到台湾各地赶来的 5 万余名道教信徒朝拜和欢迎。8 月 2 日，台湾省台中市慈圣宫进香团一行 26 人，抵达江西省贵溪天师府进香谒祖，并将两尊天师像请回了台湾。1989 年 8 月 8 日，台湾中华道教总会一行 15 人访问了中国道教协会，并表示了加强双方相互联系的良好愿望。同年 8 月 19 日，台湾高雄文化院和桃园明圣道院 26 人联合组成观光团，访问了重庆市南岸老君洞，表达了愿与大陆道教界加强联系的愿望，表示："道教的根在大陆，我们能到大陆追根寻源，观察大陆道教现状，是我们多年的愿望，以后还要来朝拜。"此后，台湾各道教团体和庙观纷纷组团来访。江西龙虎山天师府作为正一派祖庭，在20世纪90年代初的两年，就接待前来寻根谒祖的台湾道教参访团达数十个。湖北武当山作为玄天上帝祖庭，仅1989年就有30多个台湾道教团体共600余人前来朝拜。1990年，台湾寺庙整编委员会组团近70人与北京白云观在京举行了海峡两岸道教科仪交流。

20世纪90年代以后，随着改革开放的不断深入，中国经济快速发展，中国道教界与台、港、澳地区和外国道教界、宗教界之间的友好往来更加频繁。中国道教界从开始的接待来访、受邀出访，到积极主动地邀请来访和组团出访。

从1992年到1998年，仅中国道协接待的港澳台地区和外国道教界来访团就达142个，3000多人次。中国道教界先后与近30个国家和地区的道教组织、道教信徒和道教学者建立了友好联系，开创了对外友好交往的新局面。在对外友好交往中，中国道协始终把同港、台地区道教界的交往作为重点。内地、香港、台湾的道教同根同源，在坚持互相尊重、互不干涉、互不隶属的原则基础上，中国道协、地方道协等主动联系、主动邀请、热情接待。先后邀请了香港紫阙玄观、香港道教联合会、香港圆玄学院、香港蓬瀛仙馆、香港青松观、香港竹林仙馆、香港云泉仙馆、台湾中华道教会、台湾高雄文化院、台北指南宫、台北文化三清宫、台湾三清总庙、台湾高雄道德院等来内地参访。1993年，北京白云观、香港青松观、台北指南宫在京联合举行祈祷世界和平、护国佑民罗天大醮。内地及港、台、美、加、澳的多个道教宫观参加诵经，约500多人参加了活动。内地和港台道教界同场诵经，互相观摩，互相学习，促进了相互间的友谊。

中国道教协会也多次应邀赴港、台地区参访交流。6年间，中国道协先后组团出访16次，239人次。1993年12月，武当山道教协会应台湾宜兰头城外澳接天宫的邀请，首次代表大陆道教组团赴台参访，开启了两岸道教的双向交流。1994年，应台北文化三清宫和高雄文化院邀请，中国道教协会组成40余人的道教文化交流团首次赴台参访，参加了海峡两岸道教文化座谈会，参访了台湾地区的著名宫观，受到台湾道教界的热烈欢迎，促进了两岸道教文化的交流。1997年，福建湄洲妈祖庙组织"妈祖金身巡游台湾"，在台湾岛内引起极大的轰动。1997 年 7 月，中国道协应邀组团赴港参加了香港道教界举办的庆祝香港回归祖国祈福大法会，使内地与香港道友共享了香港回归祖国的喜庆与欢乐。此外，武当山道协、上海道协、龙虎山道协、茅山道协、西安道协、和苏州道协等地方道协组织，也多次组团赴台湾、香港等地参访。除了宫观团体组团的集体互访之外，个人参访者更多，每年皆逾万人。港、台道教信众来大陆参访，寻根拜祖，加强了了解，增进了道谊。

中国道教界还积极主动地开展同世界各国道教界之间的交往，先后邀请有美国中孚道院、美国太玄道观、法国成道协会、新加坡道教总会等组团来访。并先后应加拿大多伦多蓬莱阁、新加坡道教总会、国际宗教与环境保护联盟等组织邀请，出国参观访问，参加国际会议，进行文化交流。

1992 年，应新加坡道教总会邀请，白云观经乐团一行 16 人前往新加坡参加为期五天的"护国祈安大清醮暨超度大法会"，这是大陆道教界经乐团第一次出国参加大型法会，受到新加坡信众的称赞，弘扬了道教文化。此后，中国道协多次组团出访新加坡，派高功去传授道仪，进行宗教交流活动，1995 年中国道协甚至派遣了 86 人组成的赴新加坡道教文化交流团，规模空前，与新加坡道教总会联合主办了"九五道教文化月"活动，此行宣传了中国文化，促进了两国道教界之间的道谊。

加拿大多伦多蓬莱阁道观是一所以华人为主的道观，1988 年谢宗信、闵智亭两位道长应邀前去讲学，受到欢迎。1995 年中国道协又组织经乐团，应邀参加了该阁的新观落成及道教文化日活动。当身穿五彩法衣的中国道士，伴着优雅的道教音乐在多伦多、蒙特利尔诵经时，在当地引起了轰动。

1995 年，应国际宗教与环境保护联盟的邀请，中国道协派员出席了该组织在日本和英国召开的"宗教与环境保护"会议，并发表了《道教关于环境保护的宣言》，被国际宗教与环境保护联盟接纳为成员。1996年，中国道协与该组织合作对中国道教名山华山和青城山的环境保护情况进行了调查。1998 年，世界宗教与环境保护联盟来泰山考察，双方就泰山道教与环境保护问题进行了深入的交流。

另外，中国道教界还与菲律宾中国道教总会、韩国道教学会、美国道教学院及马来西亚、日本等国的道教组织和道教学者都保持着较为密切的联系。道教作为中国土生土长的宗教，已受到越来越多各国人们的喜爱和重视。

总之，中国道教界的对外友好交往自 20 世纪 80 年代开始起步，到 90 年代已取得显著成绩，并经历了由不自觉到有组织、有计划，积极主动开展的过程。对外友好交往的积极开展，不仅宣传了道教，加强了道教文化的交流，增进了相互了解和友谊，也宣传了我国改革开放后的大好形势，宣传了宗教信仰自由政策，为促进祖国统一，增强中华民族的凝聚力，维护世界和平作出了应有的贡献。

三　与时俱进、蒸蒸日上（1998—2008）

20 世纪 90 年代，中国道教在国家政通人和、社会安定、经济繁荣的历史背景下，获得了极好的发展机遇，无论是道教活动场所，还是教职人员的数量，都有了较大程度的恢复和发展。进入 21 世纪，随着我国改革开放的深入，中国道教也与时俱进，积极与社会发展、社会进步相适应，在自身建设和对外活动中完成了一系列跨世纪的宏伟工程，表现出恢弘博大的气象，如大型道书《中华道藏》的出版发行，国际道德经论坛的成功举办，各地道教文化节的多彩推出，道教生态林的倡议和建设，抗震救灾的快速反应等，这些大型活动的成功举行，显示出古老的道教正在新世纪焕发出强盛的活力，表现出一种初步繁荣的景象。

从 1998 年到 2008 年的 10 年，中国道教在前 20 年稳定发展的基础上，继续加强自身建设，完善各项教规教制，加强人才培养，推进文化建设，举办大型宗教活动，推广慈善公益事业，加强对外友好交流，使得道教的发展向制度化、法制化、国际化迈进，并呈现出一派欣欣向荣的景象。

（一）建立健全各项规章制度，加强道风建设和组织建设

1. 健全宫观管理制度，加强道教事务管理

改革开放 20 年来，中国内地道教经过恢复和发展，已经形成一定的规模，据中国道教协会调查统计，截至 1996 年，我国大陆地区已有 1722 座规模不等的宫观庙院，其中 992 座业已向县以上政府登记；住观道士

7135 人，另有散居在社会上的道士近 20000 人。成立有各级道协组织 133 个。① 那么，这样的恢复发展速度还是比较快的，相对于 10 年前的 200 座宫观、60 个道协组织来说，应该是获得了快速的发展。但是这种快速的发展对于宫观管理提出了挑战，因为发展较快导致成员复杂，素质较低，甚至有些宫观道风不正，违法乱纪，败坏道教声誉。因此，如何加强管理，建立健全各项规章制度，就成为中国道教界在新时期面临的新任务。

早在 1987 年，中国道协针对落实政策后收回的宫观如何管理的问题，就探索性的制订了《关于道教宫观管理试行办法》，并在全国试行推广。1992 年，中国道教协会第五届全国代表大会上正式公布了修订后的《中国道教协会关于道教宫观管理办法》，同时制定并公布了《中国道教协会关于道教散居正一派道士管理试行办法》，修改通过了《中国道教协会章程》，这些文件为地方道教组织做好宫观管理工作和散居正一派道士的管理工作落实了政策，明确了办法，使得地方道教的宫观管理和散居正一派道士的管理逐步走上正规。

1998 年，随着宫观数量和道教教职人员的快速增长，在社会主义市场经济条件下道教界又面临一些新的情况和问题，即拜金主义、道风不正、规戒松懈、管理混乱等问题。1998 年 8 月 20 日，国家宗教事务局叶小文局长在中国道协第六届全国代表大会上的讲话就有针对性地指出了道教界目前存在的问题，他说："那种认为'现在搞市场经济了，只要能挣来钱，一切都可以不要'的想法，不仅违背了道教的信仰准则，也与政府有关管理法规相违背。道士不能变成唯利是图者，宫观也不能变成商场。道教界要通过践履持戒，纯正信仰，使教职人员真正成为有'道'之士。"又说："目前少数道教徒信仰淡化、戒律松弛、衣冠不整、道不像道。有的追名逐利、见利忘义，为贪图钱财大搞看相算命一类的迷信活动，败坏道教名声。有的拉帮结派，乱传戒、乱收徒、乱授箓。有的竟然置国家法律与道教教义教规于不顾，违法乱纪。因此，道协、宫观有必要从建立健全各项规章制度、严格管理入手，抓一抓道风建设。"② 那么，

---

① 李养正：《当代道教》，东方出版社 2000 年版，第 185 页。

② 叶小文：《在中国道教协会第六届全国代表会议上的讲话》，《中国道教》1998 年第 4 期。

针对部分宫观组织不健全，规章制度不完善，规约不严，道风不正等问题，中国道协在第六届全国代表大会的《工作报告》中也指出了这些不良倾向，并对中国道协今后的工作提出了建议，其中确立的重要方向就是加强自身建设和管理，指出要提高道教徒的素养，树立良好道风，推动当代道教事业健康发展，重点要强调学修结合和对传统规戒仪范进行梳理，结合实际，制订一套实际可行的规戒仪范，建立良好的道教风范。同时要加强宫观管理，完善宫观管理委员会组织及财务、人事、学习等各项制度。在中国道协第六届全国代表大会上，还深入讨论并修订通过了《中国道教协会章程》《关于道教宫观管理办法》《道教散居正一派道士管理暂行办法》。那么，修改后的两个管理办法，是在 1992 年颁布的办法基础上进行的修订完善，更加符合现行道教的实际状况，成为此后道教界进行自我管理的基本指导。修订后的宫观管理办法基本延续以前的条文，要求各道观设立民主管理组织，对道众进行管理和教育，在宗教活动、财务、治安消防、文物保护等方面都制订了具体的条文。其中有两项新增的条文体现了时代特点，即第七条的第九款"宫观根据实际条件应为常住道众的生活、医疗、养老等提供保障"，第十一条环境保护"宫观要遵照国家《环境保护法》《森林法》《野生动物保护法》，保护好名山宫观的自然环境"。[①] 这两条条文的增加，反映了道教界与时俱进的努力，说明他们开始关注道教徒的社会保障和环境保护等社会热点问题，并写进管理办法，这样使得现行的宫观管理能够跟得上时代的步伐。

此后，中国道协组织人员先后赴地方调查了解两个"办法"的落实情况，而地方各级道协也在中国道协的指导下，因地制宜地制定了本地区的具体管理办法，多数宫观在地方道协的指导下，建立健全了本宫观的组织机构与各项规章制度，宫观管理与宗教活动进一步规范化，从而使道教管理逐渐走上制度化的发展轨道。例如，苏州市道教各宫观都在道教协会的指导下，按照协会章程及《宫观管理办法》，建立健全了《学习制度》《财务审批制度》《医疗费报销制度》《消防卫生制度》《档案管理制度》《外事接待制度》《教职员工岗位制度》《清园制度》等一系列管理制度。另外，苏州市道协还与时俱进，不断探索，结合本市的实际情况，建立健

---

① 《中国道教协会关于道教宫观管理办法》（1998 年 8 月 24 日第六届代表会议修改通过），《中国道教》1998 年第 4 期。

全了《老年道长退养制度》《道职工社保、医保实施细则》等一系列积极适应当代社会的规章制度。①

　　在东南沿海地区，由于道教发展较快，道协组织成立较早，他们对于区域道教管理有整合的要求，因此举办了多次论坛，探讨区域道教的发展战略与宫观管理。2007 年 11 月 10—12 日，江苏省道协主办，上海市道协、浙江省道协协办的长三角地区道教论坛在苏州召开。与会者有江苏、浙江、上海、江西、山东、福建等省市的专家和道长。会议重点讨论了宫观管理和戒律建设问题，通过了《长三角地区道教清规榜》和《长三角地区道教宫观管理共识》，成立了长三角地区道教论坛组委会。这是地方道教建设上的一件大事，表明道教界对加强道教组织建设和宫观管理的决心。② 2008 年 11 月，又举办第二届"长三角地区道教论坛"，论坛目的在于探讨和解决区域道教存在的问题，促进长三角地区道教的整体发展。论坛还围绕"现代道教宫观管理与戒律建设"的主题展开了广泛而深入的研讨。③ 长三角地区道教论坛的举办，对于整合该地区道教的整体发展，对于促进宫观管理制度的建设，有着深远的意义。

　　2004 年 11 月，国务院发布了《宗教事务条例》，这是我国宗教界的一件大事，标志着我国宗教方面的法制建设取得重要进展。为了贯彻落实《宗教事务条例》的有关规定，按照国家宗教事务局发布的《宗教教职人员备案办法》和《宗教活动场所主要教职任职备案办法》的有关要求，中国道教协会制定了《道教教职人员认定办法》和《道教宫观方丈住持任职离职办法》，经 2007 年 9 月七届二次理事会审议通过。两个《办法》经国家宗教事务局备案后，于 2008 年 3 月 4 日公布实施。这两个《办法》的拟定和公布，反映了中国道教协会认真贯彻落实国家有关法律规定，在道教事务管理上不拘泥于传统，具有与时俱进的态度和能力。这两个办法的制订，进一步完善了各项规章制度，使得现行的宫观事务管理有法可依，有章可循。

　　其中，《关于道教宫观方丈、住持任职退职的试行办法》的制订，是对传统的丛林规制进行的恢复，并在新时代下有所变通和创新，《试行办

---

①　参见熊建伟：《与时俱进促适应，开拓创新求发展》，《江苏道教》2008 年第 4 期。

②　《中国道教》2007 年第 6 期。

③　同上。

法》比较详细地规定了方丈、住持应具备的条件，应担当的职责，以及宫观礼请方丈、住持的程序与条件等，这些条款既是对传统的继承，又有不少创新的内容。全真派方丈、正一派住持作为道教宫观执事的最高教职，对他们的任职条件进行规定，对于纯正道风、树立楷模、完善教制有着非常重要的意义。

而《道教教职人员认定办法》详细规定了道教教职人员应具备的条件、认定的程序、申报备案、定期核验、违规停职等条款。道教教职人员是指已冠巾的全真派道士和已传度的正一派道士。规定道教教职人员应该爱国爱教，拥护社会主义制度，遵纪守法，而且必须年满 18 周岁，入道两年以上，受过冠巾或传度，熟悉道教主要威仪和经典，遵守道教规戒，品德良好等。道教教职人员由各级道教协会进行审核认定，报人民政府宗教事务部门备案，然后颁发道教教职人员证书。对于不守规戒、道风不正的教职人员进行暂停教职人员资格的惩处。这些规定和办法的出台，对于规范道教教务管理，维护道教教职人员合法权益，端正道风，提高教职人员的素质，都有着积极的作用。

2. 完善传戒、授箓制度，加强教规教制建设

全真派传戒和正一派授箓是道教徒增进修持、提高道德素质、端正道风的宗教仪典，是提高道教徒宗教素养的一项重要措施，也是培养道教人才，满足道众信仰需求的重要途径。中国道教协会曾于 1989 年和 1995 年举行过两次全真派传戒仪典，1991 年和 1995 年分别对海外和内地道教正一派道士恢复举办了授箓传度法会，同时制订了《关于正一派道士授箓的规定》和《关于全真派道士传戒的规定》等文件。为了进一步加强与完善教制建设，培养道教人才，端正道风，中国道协继续推进传戒、授箓活动。

2002 年 8 月 22 日至 9 月 11 日，中国道教协会和辽宁省千山五龙宫举办了新中国成立以来全真派第三次传戒法会，来自全国各名山宫观的道士近 200 人入坛受大戒，同时受方便戒的弟子也有 200 人左右。传戒活动的成功举办，对于继承全真仪轨，严持教规，纯正道风，都有着积极的影响。

在国内成功举办过三次传戒活动之后，中国道协又跨出国门，远赴马来西亚进行传戒。应马来西亚沙捞越州美里市莲花山三清观的邀请，中国道教协会组织传戒团，于 2005 年 5 月 24 日至 6 月 3 日在马来西亚协助美

里莲花山三清观隆重举行了乙酉全真传戒（方便戒）大法会。我国庐山仙人洞道院监院叶至明道长升座为三清观方丈，并担任马来西亚乙酉全真玄都律坛大律师，开坛传授初真戒，整个传戒（方便戒）活动如法如仪。通过戒坛传统的考偈，玄都律坛向 39 位合格戒子颁发了戒牒。这次传戒活动是中国道教界首次在国外成功举办的传戒法会，宣传了中国的道教文化，弘扬了传统道仪，影响深远。

道教正一派的授箓活动是正一派弘扬道法、延续道统的重要科仪活动，是正一道士由凡入圣的阶梯，亦是规范、约束正一派道士举止的一个重要途径。中国道协自 20 世纪 90 年代恢复授箓传度活动以来，对于恢复和健全道教正一派的规戒制度，促进正一派道士的管理，起到了积极作用。为了进一步完善正一派的规戒制度，端正道风，加强管理，2001 年 8 月中国道协召开正一派道士授箓工作座谈会，研究讨论正一派道士的管理和授箓工作，并在 2001 年 12 月的中国道协六届二次理事会上通过了《关于对国外正一派道士授箓的试行办法》，修订了《关于正一派道士授箓的规定》等，使得正一派道士的授箓工作进一步规范化和制度化，对于正一派的教制建设、道风建设、道教活动的正常开展都有着重要意义。与此同时，在中国道教协会的指导和帮助下，江西龙虎山天师府举办了多次传度授箓活动，既有对国内正一道士的授箓（升箓）仪典，也有对海外正一派道士的授箓活动。尤其是海外正一派道士回龙虎山天府府接受传度授箓的活动更是频繁举行，形成一年一度的对海外正一派弟子授箓的定制。

龙虎山天师府自 1991 年首次恢复对海外正一派弟子授箓活动以来，以后每年"下元节"期间都举行海外弟子授箓醮仪，到 2008 年已经连续在龙虎山嗣汉天师府举办了 18 次。特别是 2001 年 12 月中国道协修改通过的《关于对国外正一派道士授箓的试行办法》推出以来，对于规范海外正一派道士的授箓活动，完善教制，提高道士素养，起到了积极的作用。试行办法明确规定了海外正一派道士申请受箓的条件、受箓的程序、受箓的时间等条款，规定国外正一派道士授箓活动在每年下元节（农历十月十五）举行，时间一般为三天，授箓人数不超过 200 名。此后，龙虎山天师府每年下元节为海外正一派弟子举行授箓传度仪典，形成一种规范化、常态化的活动，每年前来接受传度的海外弟子有数十人到一百多人不等。如 2007 年 11 月 24 日下元节，天师府为来自港澳台地区和新加坡、马来西亚、加拿大、美国的弟子共 184 人举行了授箓仪典；2008 年 11 月

11 日下元节，天师府为海外 198 名箓生举行了授箓活动。就是说，龙虎
山天师府每年为海外弟子的授箓仪典作为道教正一派的一项重要教务活
动，已经逐渐完善，形成一种定制，这是道教正一派在教制建设上的一项
重要成果。

与此同时，中国道协对于内地正一派道士的授箓活动亦在规范化推
进，修订了《关于正一派道士授箓的规定》，并于 2006 年至 2008 年连续
举行了三次内地正一派道士的授箓仪典。2006 年 12 月 20—22 日，由中
国道教协会主办，嗣汉天师府承办的中国道教正一派（内地）授（升）
箓活动在江西龙虎山嗣汉天师府举行。这次活动是继 1995 年恢复内地正
一派道士授箓以来的第二次授箓活动，而升箓则是近百年来的第一次。参
加这次授（升）箓的箓生共有 35 人，都于 1995 年授过三五都功经箓，
并升授正一盟威经箓。授箓活动期间，还举办了"授箓与道风建设"座
谈会。座谈会上，众箓生发言踊跃，就如何弘扬道教、加强自身建设、纯
正道风和服务社会、服务人群、为构建社会主义和谐社会作贡献等建言献
策。2007 年 12 月 21—24 日，中国道教协会在龙虎山天师府举办了新中
国成立以来内地正一道第三次授箓活动，来自全国 22 个省、自治区、直
辖市的 294 名箓生参加了授箓活动。是日，天师府授箓院工程竣工并首次
交付使用，同时举行了授箓院匾额以及天师殿匾额的挂匾仪式。2008 年
12 月 19—23 日，中国道教协会在天师府举办了内地正一道的第四次授箓
活动，来自 17 个省、直辖市、自治区的 132 名箓生参加了授箓活动。

总之，无论是对海外正一派道士授箓活动的每年举办，还是内地正一
道授箓活动的隆重举行，都反映了道教正一派在教制建设上的恢复、完善
与发展，也反映了海内外道教界对于正一派祖庭龙虎山天师府正统地位的
认可。

在逐步完善全真派传戒和正一派授箓等教务活动的同时，各级道协还
积极开展其他教务活动，恢复传统仪范，健全教规教制，整顿道风，加强
管理，培养道教人才，提高道士素养。如上海城隍庙的住持升座仪式、收
徒仪式，江西南昌西山的净明传度法会等的举行，都是道教进行教制建设
的重要举措。

2000 年 11 月 14 日，上海城隍庙隆重举行迎请陈莲笙道长为城隍庙
住持的升座仪式。正一派宫观住持执事制度，是道教正一派的一种传统制
度。此次上海城隍庙住持执事制度的恢复，是当代道教界的一件大事，是

党的宗教政策贯彻落实的生动体现，也是道教在加强教制建设方面迈出的重要一步。

上海市道教协会在培养人才上既利用现代化的教学方式，又继承传统的师徒授受方式，2004 年 11 月 27 日，上海道协在城隍庙隆重举行了陈莲笙道长收徒仪式，共有 50 余名已从道三年、能遵守规戒的宫观常住青年道士参加了拜师仪式。这种收徒仪式的举行，有利于提高青年道徒的宗教素养，端正道风。

2005 年 10 月在西山万寿宫、南昌万寿宫隆重举行了海峡两岸净明道归宗传度祈福大法会，传度师给 50 多名净明弟子授"清""静"字辈"度牒"，以为凭证。净明道作为道教的一个重要流派，历史悠久，影响深远，在历史上以南昌西山为中心，历代净明宗师设坛传教，弘扬道法，至宋时西山道士刘玉宣扬净明教法，传度黄元吉等 500 弟子，逐渐形成了以西山万寿宫为祖坛的"净明宗坛"，黄元吉度徐慧、陈天和等弟子，徐慧度赵宜真、钟彦文等弟子，赵宜真度刘渊然等弟子。但自明洪武年间刘渊然之后，净明道传度不明，至今已中断了 600 多年。这次举行的海峡两岸净明道归宗传度祈福大法会，是净明道发展史上的一件大事，也是道教界的一次重要的教务活动，对发扬道教传统文化，促进道教信仰建设、道风建设，加强华人的民族文化凝聚力，促进祖国统一大业，意义深远。

3. 成立各级道协组织，完善道教组织建设

中国各级道教协会是道教界自己的组织，是维护道教徒合法权益的组织，是政府与道教徒之间的桥梁，是协助政府进行宗教管理工作的重要社会团体。自改革开放以来，以中国道教协会为代表的道教教团组织逐渐恢复、建立并完善，成为中国道教发展的重要组织力量。而各级道协组织的建立也与中国道教的发展同步，随着改革开放的深入，道教发展的加速，各级道协组织也纷纷成立，并呈现出一种快速发展的态势。

据统计，1996 年中国内地有 1722 座规模不等的宫观庙院，住观道士 7135 人，另有散居在社会上的道士近 20000 人。成立有各级道协组织 133 个。[①] 到 2004 年 6 月，据中国道教协会对全国 26 个省（直辖市、自治区）的调查统计，全国成立有县级以上道教协会组织 284 个以上，其中包括全国性道教组织"中国道教协会"1 个，省级道教协会 22 个，地市

---

① 李养正：《当代道教》，东方出版社 2000 年版，第 185 页。

级道教协会 70 余个，县（区、县级市）级道教协会 191 个以上，登记开放道教活动场所 4558 处以上，住观乾坤道士 26000 余人，已注册的散居正一派道士有 4 万余人。① 到 2007 年，据初步统计，全国登记开放的宫观场所已有 5000 多座，全国住观道士近 3 万人，已登记散居正一派道士 5 万余人（未登记的散居正一派道士人数更多），全国成立有各级道教组织 300 多个，其中省级道教组织 23 个。②

根据以上统计资料可以看出，从 1997 年到 2007 年的 10 年间，无论道观、道士的数量，还是道教协会的成立，都在快速发展，登记开放的宫观从 1700 多座发展到 5000 多座，住观道士的人数从 7000 多人发展到 3 万人，各级道教协会也从 133 个发展到 300 多个，总体来说都是差不多增加了两倍。

十年间，道教协会组织的成立表现出两大特点，一是省级道教协会基本建立起来，此间成立有福建、青海、浙江、江西、重庆、黑龙江、云南、宁夏、北京、海南、山西、贵州等省级道教协会，其中原先基础薄弱的青海、贵州、黑龙江等省也在有关部门的支持下，成立了各级道协组织。二是县级以下的区级道协组织纷纷成立，如泉州市泉港区道协、苏州吴中区道协、无锡市惠山区道协、西安市长安区道协、宝鸡市金台区道协等，都在近几年正式成立。总之，从省级到区级等各级道协组织的大量成立，反映了道教管理的组织层次更加多元化和细致化。

那么，各级道教组织的纷纷成立，是在道教快速发展的形势下建立的。各级道教组织成立后，对于维护道教界的合法权益，团结广大信教群众，开展正常的宗教活动，加强制度化管理和道风建设，都发挥了积极的作用。

（二）启建大型文化工程，推进道教学术文化建设

中国道教协会自成立以来，一直重视道教学术研究，弘扬优秀传统文化，成立了中国道协研究室，1989 年又成立道教文化研究所，编写了《道教文化丛书》《道教大辞典》等众多学术著作。地方道协和宫观也成

---

① 参见袁志鸿：《凝眸云水》，香港中华儿女出版社 2007 年版，第 21 页。

② 参见中国道教协会教务部：《中国道教协会五十年教务工作总结》，《中国道教》2007 年第 6 期。

立了多个研究机构，举办学术会议，推动了道教学术文化的深入研究。中国道协还创办了《道协会刊》杂志，1987 年改版更名为《中国道教》季刊，在宣传宗教政策、刊载学术文章、介绍道教文化等方面发挥了重要影响。1999 年在办刊宗旨不变的前提下，《中国道教》又由季刊改为双月刊，栏目由原来的政策学习、道协动态、宫观管理、友好往来、道教论坛、教学园地、丛林风范、洞天胜境、诗词书画等，新增了特载、工作交流、道教人物、修真养性、宫观文化等内容。《中国道教》的编辑出版，在传播道教文化、反映道教动态、指导道教工作等方面发挥了重要作用。而且，《中国道教》杂志的境外客户在全国中文社科刊物中排名第四，被有关单位评为"中文核心期刊"，反映了道教文化在海外的广泛影响。在中国道教协会的带动下，各地道教组织也非常重视文化宣传工作，先后编辑出版有《上海道教》《三秦道教》《福建道教》《广东道教》等地方道教杂志以及《茅山道讯》（《茅山道院》）《浙江道教》《湖北道教》《山东道协会讯》《武当道教》《河北道教》等刊物，这些刊物内容丰富，通俗易懂，深受道教界的欢迎。一些地方道协组织还编发不定期的道教通讯，介绍当地道教历史人物与名山宫观，传播道教信息。中国道教协会及各级道教组织还编撰出版了大量的经书和著作，培养和锻炼了一批年轻的道教学术研究人才。除此之外，近十年来，中国道教协会、各级道教组织和宫观还通过启建大型文化工程、举办专题系列学术研讨会、组织丰富多彩的道教文化节、开展玄门讲经等活动，探讨道教义理，宣传道教文化，并对道教经典教义进行现代阐释，从而有力地推进了道教文化建设。

在此期间，中国道教界完成了一些大型的文化工程，如整理编纂了《中华道藏》，开展了大型道祖老子诞辰纪念活动，成功举办了国际道教经论坛，隆重举行了两届中国（成都）道教文化节等，这些轰轰烈烈的大型活动，激活了道教文化研究的热情，有力地宣传了道教思想，提升了道教的社会形象，从而使得道教的学术研究和文化建设呈现出一派生机盎然的景象。

1. 《中华道藏》的编纂出版，是一项跨世纪的文化工程

从 1997 年开始，中国道教协会道教文化研究所与中国社会科学院世界宗教所道家道教中心、华夏出版社共同发起对《道藏》进行整理和点校，新《道藏》被命名为《中华道藏》。《中华道藏》以明《道藏》为底本，对原《道藏》所收各种道书作校补、标点、重新分类，并补充一批

原《道藏》未收的重要道经，使之成为一部新的道教经典丛书。《中华道藏》的编纂，是继明代《道藏》之后，首次对道教经书进行系统规范的整理重修，被学术界和道教界视为当代中国文化史上和道教史上的大事，被列入"十五"国家重点图书出版规划项目。到 2003 年，历时七年的《中华道藏》工程开始陆续出版发行。作为一项跨世纪的文化工程，《中华道藏》的编纂出版，是当代道教界、学术界联合整理道教经典的重大成果，为广大读者和研究者阅读使用《道藏》提供了极大的便利，为道教文化进一步走向世界提供了一个重要契机。中国历代有盛世修文的传统，这一宏伟工程的完成，也标志着中国正处于昌盛时期，当代道教正处于极好的发展时期。

2. "国际道德经论坛"的隆重举办，是道教面向世界、宣教弘道的成功活动

道教自立教以来，一直尊奉老子为道祖，以老子所著《道德经》为基本经典。弘扬道祖思想，服务当代社会，一直是道教界积极推行的活动。2003 年的老子诞辰纪念活动和 2007 年的国际道德经论坛就是道教界两次成功的实践。

2003 年 3 月 17—20 日，中国道教协会在北京发起和主办大型"道祖老子诞辰纪念活动"，活动包括举行老子诞辰纪念法会、老子诞辰纪念庆典大会、道教书画展、道教音乐会演等多项内容。参加活动的有来自全国各地道教界代表、港澳台地区道教界代表，以及新加坡、马来西亚、韩国、泰国的道教界朋友。这次活动也是新中国成立以来中国道教界举办的规模较大的一次宗教活动，在国内外引起极好的反响。活动展示了道教界在新时代团结、进步、适应现代社会、与时俱进的精神和风貌，增进了海内外道教界的情谊，加强了道教界与社会各界的交流，对于弘扬道教优良传统，加强道教自身建设，促进道教健康发展，有着十分重要的意义。

2007 年 4 月 22—27 日，中国道教协会与中华宗教文化交流协会共同在西安和香港举办了以"和谐世界，以道相通"为主题的"国际道德经论坛"。来自 17 个国家和地区的道教界人士和其他宗教界人士、专家学者、工商界人士、文化名人等共 350 余位代表出席了论坛，另有 200 多位嘉宾观礼。此次论坛受到国家领导的高度重视，全国政协主席贾庆林发来贺信，全国人大常委会副委员长许嘉璐，全国政协副主席刘延东、董建华等先后到会并致辞。论坛还受到国际社会的关注。联合国秘书长潘基文、

法国前总统德斯坦、英国菲利普亲王等给论坛发来贺信。论坛举行了形式多样的活动，既有万人齐诵《道德经》的吉尼斯世界纪录，又有100多位代表的主题发言，还有《道德经》版本文物展，道教音乐会的演出等活动。

论坛的成功举办，既彰显了《道德经》的现代价值，启发人们从传统文化中探寻适合当代需要的思想智慧；也彰显了道教的文化内涵，引导道教徒回归经典，阐扬教义，提升素养；更有助于加强道教自身建设，推动道教文化的研究和弘扬，为促进社会和谐作贡献。

3. 举办系列学术研讨会，进行道教思想的现代阐释

在世纪之交，世界各种文化和宗教都在进行着承继传统、面向当代的讨论，希望能够与时俱进，与社会发展相适应，在当今的社会生活中发挥其应有的积极作用。道教作为历史悠久、传统深厚的本土宗教，面对21世纪的到来，对于如何挖掘传统精髓、服务当代社会，亦在进行思考和探索。为此，他们举办了一系列学术研讨会，进行了多种主题的探讨，这种讨论既对传统教理教义进行深入探讨与现代阐释，又为当代道教教义思想的构建与发展提供了思路。

1998年，中国道教协会道教文化研究所与江西省道协和庐山仙人洞联合举办了道教文化与当代社会生活学术研讨会。2000年，道教文化研究所与庐山仙人洞再次联合举办了道教文化与当代文明学术研讨会。这两次会议就中国道教如何更好地与社会主义社会相适应的问题进行了探讨，在第二次会议上，张继禹道长作了"践行生活道教，德臻人间仙境"的主题发言，大会就张道长提出的"生活道教"这个话题展开了讨论。所谓"生活道教"，指的是在生活中修道，在修道中生活，将道教信仰落实于生活，运用道教的智慧解决生活中存在的各种困惑。这个理念的提出，反映了道教界强烈的现实关怀和创新意识，以及为适应现代社会发展而进行的一些理论探索。

从2002年到2008年，中国道教协会连续举办了四届"道教思想与中国社会发展进步"研讨会，从不同的角度，分不同的专题，探讨新时期道教思想与当代社会如何适应的问题，并对道教教义作出符合社会进步要求的阐释。

2002年11月，中国道教协会道教文化研究所、上海道教协会联合主办的首届"道教思想与中国社会发展进步"研讨会在上海召开，有关领

导、专家学者、住持道长等近百人参加了会议。本次研讨会的举行是对江泽民主席所提出的"支持宗教界人士对宗教教义作出符合社会进步要求的阐释"的响应，研讨会对于道教教义在新时期下的建构和发展得到了一些共识，诸如教义思想建构的中心、途径以及与当代社会结合的接点问题进行了深入而广泛的讨论。

2003 年 11 月，"道教思想与中国社会发展进步研讨会"第二次会议在福建泉州召开。有关部门领导以及学术界、道教界共计 200 余人出席了本次会议，其中道教界约 60 人。本次会议讨论的主题是"道与神仙"。

2004 年 11 月，由中国道教协会道教文化研究所、湖南省道教协会、中南大学应用伦理学研究中心和中南大学宗教研究所联合举办的"道教思想与现代社会发展进步"第三次研讨会在著名道教圣地南岳衡山隆重召开。一百余位专家学者、宫观负责人参加了会议。大家就"道教伦理的基本精神""道教伦理思想的现实意义""道教伦理与儒家伦理的关系""道家道教的生态伦理思想"等问题进行了深入的讨论。在这次会议上，道教界学者的论文发表数量占到论文总数的 1/3。这表明道教界的学术研究力量正在逐步得到加强，道教界有越来越多的人关注道教教义思想的现代传扬问题。

2008 年 11 月，第四次"道教思想与中国社会发展进步"研讨会在江西南昌隆重举行。此次活动由中国道教协会主办，江西省道教协会协办，南昌万寿宫和西山万寿宫承办。政府部门有关领导以及来自境内外的 500 余位道教界人士、专家学者出席了此次活动。研讨会主题是"道教与经济社会发展"。分议题包括：生生不息与财富创造、法道而行与财富分配消费、顺其自然与保持社会活力、修身致和与促进社会和谐稳定、万寿宫与江西经济社会活动。本次研讨会是在十七大有关精神的号召下举行的，既表达了道教界对中央有关精神的回应，也抓住了当代道教思想文化的生长点，这是多年来中国道教教理教义研讨的深入，对于建构当代道教教义思想有重大的推进。这次研讨会是在国际金融危机发生的条件下举办的，在对古老道教思想的回顾中，我们不难看到其中有治疗现代病的良药。

总之，中国道协以"道教思想与中国社会发展进步"为主题的系列研讨会已连续七年，四次开会，对于弘扬道教文化，加强道教界的思想建设和文化建设，努力服务社会，积极引导道教与社会主义社会相适应，起到了积极的推动作用，具有很强的现实意义。

　　此外，地方道协、宫观等也与学术界合作，频繁举办多种形式的学术研讨会，探讨新时期道教的发展与走向，探讨道教与当代社会的关系。1999 年武夷山道文化研究中心等单位举办了国际性的"武夷山道文化研讨会"，主题是道教金丹派南宗思想文化研究。2001 年，茅山道院与中国道协道教文化研究所联合主办了"茅山中国道教文化研讨会"，主题是 21 世纪道教展望。2002 年，四川省道协等举办了"中国道家与生态文化学术研讨会"，同年，"中国道教净明道文化研讨会"在江西南昌召开。2003 年，国际黄大仙文化研讨会暨黄大仙祭祀大典在浙江金华举行，长沙道文化研究中心成立暨道文化与现代社会研讨会在长沙召开。2005 年，海峡两岸武当文化论坛在武当山举行，天台山暨浙江区域道教国际学术研讨会在天台山召开，老君道教生态文化与可持续发展研讨会在成都举行，全真道与齐鲁文化国际学术研讨会在山东文登召开。2006 年，"葛洪与中国道教文化学术研讨会"在江苏省句容市召开，首届"崂山论道"学术研讨会在青岛崂山召开，"邱处机道家思想与和谐社会研讨会"在山东栖霞市举办。2007 年，"海峡两岸玄天上帝信仰与和谐社会建设学术研讨会"在湖北省武当山举行。2008 年，"全真道与老庄学国际学术研讨会"在武汉召开，"王屋山道学文化研讨会"在河南省济源市召开，"齐鲁文化与昆嵛山道教国际学术研讨会"在山东牟平召开，第二届长三角地区道教论坛在杭州召开，《上海道教》创刊 20 周年庆典暨道教文化建设研讨会在上海召开，"道教与养生研讨会"在广州举办。总之，道教界频繁举行的这些学术研讨会，既有国际性的，也有全国性的、地区性的，其主旨大多集中于探讨道教在 21 世纪的发展和作用，有些研讨会提出了合乎时代潮流的名词概念，如道教与生态文化、道教与可持续发展、道教与和谐社会等，反映了道教界与时俱进，弘扬传统文化，服务当代社会的思考与探索。

　　4. 道教文化节隆重举行，多方位展示道教风貌

　　2004 年 6 月 5—10 日，由中国道教协会、四川省道教协会、成都市道教协会联合举办的"中国（成都）道教文化节"在四川省成都市青城山隆重开幕。来自中国香港、澳门、台湾地区与美国、加拿大、马来西亚、新加坡等 11 个国家的道教界人士和道教学者约 500 余人出席了开幕式。此次道教文化节的主题是：自然、生命、和谐、发展。其主旨是诠释道教文化之精髓，展示道教热爱生命、尊重自然发展规律、提倡和平、和

谐发展的文化内涵。文化节的主会场在青城山，分会场有都江堰二王庙、大邑鹤鸣山、新津老君山和成都青羊宫等。文化节的主要活动有道教学术研讨会、祈祷世界和平大法会、结幡法会、道教武术表演、道教音乐表演、道教茶艺表演和道教文物书画展等多项活动。文化节内容丰富，多方位展示了道教优秀文化，受到广泛好评。

2006 年 8 月 24—29 日，由中国道教协会、四川省道教协会、成都市道教协会共同主办的第二届中国（成都）道教文化节在成都市隆重举行。这次活动的主要内容包括开幕式暨大型文艺演出《太极神韵》、道教文化国际论坛、道教文化系列讲座、第六届道教音乐会演、"中华道教慈善行·帮困助学"捐赠仪式、闭幕式暨万人太极拳表演等。来自我国内地、香港、澳门、台湾地区和新加坡、马来西亚、韩国、日本、美国、法国、挪威等国家的道教界人士、专家学者和社会各界知名人士近 1000 人参加了本届道教文化节。此次道教文化节的主会场设在成都青羊宫，分会场设在都江堰青城山、大邑鹤鸣山、新津老君山和彭州阳平观。青羊宫连续几天演出的"太极神韵"，青城山天师洞举办的"仙山对奕"、"青城论剑"、道家养生膳食会、神仙茶会，鹤鸣山道观举办的"道源寻根"万人签名活动、道家文化主题表演、道源庙会、道教法器和文物展，老君山举办的太极拳、太极剑及茶艺表演，阳平观举办的品尝道家养生茶活动等，都吸引了众多的群众。每一个会场都举行了"中华道教慈善行·帮困助学"捐赠活动，以实际行动体现了道教的济世度人思想。第二届"中国（成都）道教文化节"以"自然、生命、和谐、发展"为主题，在巩固首届中国（成都）道教文化节的成果的基础上，继续挖掘、整合成都道教文化资源，构建道教文化展示平台，初步形成道教文化展示体系，进一步丰富了成都市历史文化名城内涵，对于打造成都新的城市品牌，扩大成都的知名度，推进成都市文化旅游产业的发展，都起到了积极作用。

这两届中国道教文化节在四川成都隆重举行，规模宏伟，内容丰富，活动众多，是全方位展示道教文化的综合盛会，反映了当代道教文化初步繁荣的景象。

在道教圣地龙虎山，自 1990 年江西省人民政府批准鹰潭市举办首届龙虎山道教文化旅游节以来，到 2007 年已经举办了十届，每一届道教文化旅游节都得到鹰潭市委、市政府高度重视，通过举办旅游交流、文化研讨、经贸洽谈、文艺演出等活动，促进了鹰潭市的旅游、商贸等产业的发展，而其中所拥有的道教文化内涵，则是旅游节的品牌标志。龙虎山道教文化旅游节经过历届的经验积累，已经越办越红火，规模越来越大，内容越来越丰富，成为带动鹰潭市经济的重要活动，亦是展示龙虎山道教文化的重要平台。如 2002 年举办的第八届龙虎山道教文化旅游节，5 万游客云集龙虎山参与盛会，招商引资额达 16 亿多元。2005 年，中国（鹰潭）道教文化节暨第九届龙虎山道教文化旅游节同时举行，这是由中国道教协会、江西省道教协会、鹰潭市道教协会主办，江西省有关部门和鹰潭市联合举办的一次盛会，各地领导和来自海内外的嘉宾 1200 多人参加了开幕式。此次道教文化节和道教文化旅游节，主题为"相约道都山水间"，举行了包括天师府建府 900 周年庆典暨港澳台及内地道众祈福大法会、首届海峡两岸道教文化论坛、道教文物展和诗词联国际大赛等系列活动。2007 年 11 月，由江西省人民政府、省旅游局、省民族宗教事务局、省台办联合主办，中国旅游协会、中国道教协会协办的中国鹰潭第十届龙虎山道教文化旅游节隆重举行，出席开幕式的海内外嘉宾达 3000 余人。主要有欢迎宴会、开幕式暨文艺晚会、第二届海峡两岸（鹰潭龙虎山）道教文化论坛、中国道教名山旅游合作大会暨旅游合作高峰论坛、天师府"祈祷社会和谐平安"祈福大法会和海外道徒授箓仪式、游览道都仙境龙虎山等六大活动。本届旅游节突出"以道相通、和谐发展"的主题，对于宣扬龙虎山祖庭道教文化，对于进一步整合中国道教名山旅游资源，整合海峡两岸道教文化资源，促进旅游和谐发展，都发挥了重要作用。

总之，无论是中国（成都）道教文化节，还是龙虎山道教文化旅游节，每年或每隔数年举行一次，已经成为一个地区的文化品牌，提升了该地区的知名度，展示了其旅游资源和文化资源，促进了经贸交流，拉动了地区经济的发展。而对于道教界来说，文化节是展示自我的一个重要的平台体系，通过对道教文化的全方位展示，弘扬了传统文化，展现了时代风采，获得了社会肯定，从而积极引导道教与社会主义社会相适应。同时，规模宏大、内容丰富的道教文化综合盛会的频繁举行，也反映了近年来道教文化初步显露出一种繁荣的景象。

除了这些大型的道教文化节之外，地区性的或专题性的文化节也在各地频繁举行，成为道教界展示自我的一项重要仪典活动。如 2008 年 9 月在广州纯阳观举办了以"道德人生、和谐社会"为主题的"第一届广州道教文化节暨纯阳观复观二十周年庆典"活动。此次广州道教文化节由广州市道教协会主办，广州纯阳观承办，是新中国成立以来广州规模最大的道教文化活动。来自港澳及内地的嘉宾共 500 多人参加了开幕式。主要活动有广州道教梅社书画院挂牌仪式，纯阳观文昌殿落成剪彩及开光法会，广州道教 30 年历程展和纯阳观二十年变化图片展、书画展、道教音乐和道教武术汇演，祈祷世界和平与放生法会，为海珠区"双低保"贫困家庭派发米油等。这次文化节活动对于展示广州道教文化的地位和影响，促进社会和谐，开展道教文化交流，都有着积极的意义。

总之，各地大大小小道教文化节、旅游节的频繁举行，既反映了当代道教文化的复兴景象，又反映了当代道教积极参与和谐社会建设、主动展示自我的态度和实践。

（三）加强道教院校建设，拓展道教人才的培养途径

1. 加强道教院校建设，建立健全培养人才的创新体系

1990 年，中国道教学院在北京成立，成为中国道教史上第一所全国性的高等道教学院，中国道教学院由中国道教协会主办，自成立之初，就制订了《章程》和有关班级的培养方案，确定了中国道教学院办学宗旨是："在政府的领导下，坚持爱国爱教原则，根据国家宪法、法律和政策及道教教理教义进行教学。"办学目的和任务是"培养热爱祖国，拥护中国共产党的领导，坚持走社会主义道路，维护祖国统一和民族团结，有较高道教学识和品德修养、联系信教群众、有志为道教事业服务的中、高级青年道教人才，并负责各地道教组织骨干力量的轮训和进修，继承和发扬道教优良传统，弘扬道教优秀文化"[①]。中国道教学院成立后，不断加强自身建设，在专业设计和教学体制上不断创新，从最初只设有专修班和进修班两种班型，后来增设有宫观管理专业、斋醮科仪专业、道教经义专业，还开展研究生教育和留学生教育。同时，制定了《中国道教学院宫观管理专业培养方案》《中国道教学院学籍管理办法及各项规章制度》，等，说明中国道教学院的人才培养体制正在逐渐完善和进一步制度化、规范化、合理化。

2003 年，中国道教学院开办了宫观管理专业大专班，学制两年。2005 年又在北京和南岳开办了第二届宫观管理乾道班和首届宫观管理坤

---

① 参见《中国道教学院章程》（1990 年制定，2002 年修订）。

道班，为道教培养了宫观管理方面的专业人才 100 多人。开办宫观管理大专班，分专业教学，以培养专业人才，这在全国宗教院校中尚属首次，同时也说明了中国道教学院在规范化、制度化和现代化的道路上，迈出了新的步伐。

1998 年 6 月，中国道教学院上海进修班开学，这是经过国家宗教事务局的批准，中国道教学院授权，由上海市道协举办的培养上海道教高级人才的专科学校，全班 22 名学员都是来自原上海道学院毕业的一、二、三届的毕业生，经考试合格后择优录取。学制三年，学习期满经考试合格后，由中国道教学院发给大专学历的毕业文凭。2001 年 11 月，这批学员全部毕业，成为上海首批获得大专学历的道士。中国道教学院开办上海进修班的办学方式，为地方道协加快人才培养探索了一条切实可行的路子。2005 年，中国道教学院又与湖南道协合作，在南岳大庙开办了首届坤道宫观管理大专班，招收了来自全国 16 个省市 32 座道教宫观的 52 名坤道。据不完全统计，全国现有坤道约占住观道众总人数的一半，因此，举办坤道班非常必要，意义重大。中国道教协会对此十分重视，在北京不具备举办坤道班的条件下，特委托湖南道协在南岳衡山举办。那么，中国道教学院与地方道协合作办学的创新模式成为道教界培养人才的一条新路。

中国道教学院的另一项创新体制是研究生班的设立。2003 年 9 月，中国道教学院首届研究生班开学，这在中国道教教育史上是第一次，从而开创了中国道教教育的高学历人才培养体系。2006 年，首届研究生班的四名学员毕业。2008 年，中国道教学院第二届研究生班开学，共录取学员 13 人，分别来自广东、福建、江苏、山东、重庆、青海、湖北、北京、陕西等省市。中国道教学院研究生班的设立，表明道教在人才培养结构体系上的进一步完善。

总之，中国道教学院在世纪之交，勇于探索，不断建立与完善培养人才的创新体系。从 1998 年到 2008 年的十年间，中国道教学院共开设了两期进修班（其中 1 期为上海进修班），三期宫观管理大专班（其中 1 期为南岳坤道班），两期研究生班，通过集中授课的现代教学方式，为道教界培养大专以上学历的高级人才 200 余人。

十年间，道教学院在硬件建设上也获得了重大进展，这主要表现为中国道教学院院址问题得到了解决，上海道教学院校舍的落成和武当山道教学院的批准成立与建成招生。中国道教学院于 1990 年成立以来，一直在白云观内办公，2004 年 8 月，中国道教学院校舍和中国道教协会会所的工程立项得到批复，2008 年 11 月举行了奠基典礼，预计 2010 年年底竣工。新建的道教学院校舍与中国道教协会会所将位于北京白云观东西两侧，占地约 1 公顷，总建筑面积 15443 平方米。不久的将来，崭新的中国道教学院建成后，将会极大地改善学院的办学条件，为道教界的人才培养谱写新的篇章。

另外，地方道教学院也在政府的支持下，陆续建成漂亮的校舍。如 2005 年，上海道教学院建成建筑面积 2300 余平方米的校舍。上海道教学院面向华东三省一市招生，实行与社会高校联合办学的方式，文化课程方面由华东师范大学相关教授讲师担任，乐器演奏方面由上海市音乐学院的优秀教师指导，教内的科仪经忏等由资深的道长传授。

2008 年，武当山道教学院成立并开始招生。武当山道教学院是国家宗教局于 2008 年批准成立的三年制大专院校。整个学院占地近 40 亩，25 万多平方米，为仿古宫观式校园，有校舍 130 多间，配备有多媒体电教室，装备有中央空调，建有图书馆、科仪堂和静室丹房，学员寝室为公寓式宿舍等，这是一个环境清幽，现代与传统相结合的新型学校，为学员们学习和清修提供了较好的条件。武当山道教学院首届大专班于 2008 年 9 月开学，招有道教学员 42 人，来自全国 14 个省。武当山道教学院的建立，成为道教界培养中高级人才的又一个重要基地。

2. 通过与高校联合办学，培养开放型道教人才

道教界除了利用自己开办的道教院校、各类培训班进行人才培养外，还走向高校，或与高校及科研院所合作，举办道教专业的研究生进修班，系统学习现代宗教学的理论与知识，体现了当代道教界不拘泥于传统的宗教教育，追求知识化和现代化的历史自觉。

1998 年，成都市道教协会与四川联合大学宗教研究所联合举办了"首期成都市道教文化研修班"，学员为本市各宫观当家、执事，共 70 多人。学制 2—3 年，教学方式以自学为主，教师定期授课、答疑，布置、检查作业。开设课程有中国历史、古代汉语、道教史、道经选读等。这是道教界与高校界较早进行合作的一次人才培养。

2001 年，中国道教协会的部分人员参加了中央民族大学哲学与宗教学系的"宗教学研究生进修班"的学习。

2004 年，中国人民大学举办了第一期宗教学道教方向的高级研究生

班，有 20 多位来自全国各地名山宫观的道长参加了学习。学校为该班开设的课程有道教概论、道教史、道教名著选读、道教哲学、道教文化与当代社会、道教文学、西方哲学、中国哲学、基督教哲学、儒佛道三教关系史、宗教学理论、宗教社会学等，为道长们系统地提供当代宗教学教育。在此后中国人民大学开设的宗教学道教研究生班中，不少道长们来此学习进修，接受了现代宗教学教育。2008 年 12 月 18 日，中国人民大学还与武当山道教协会合作，在武当山道教学院设立了首个宗教学实践基地，并开办中国人民大学宗教学道教研究生班，学制两年，有 30 多位武当道人参加了学习。这种道教界与高校界联合举办的研习班，不仅有效整合了双方资源，促进道教理论研究，提高武当山道教学院办学水平，而且推动了武当山道教人才的培养与传承。

随着高校宗教学学科建设的发展，以及道教界经济实力的提高，这种高校与道协组织联合办学的模式得以推广，在 21 世纪初俨然成为一股潮流，并有渐行扩大之趋势。2006 年 4 月，北京市道协与中央民族大学哲学与宗教学系联合举办的"首届宗教学研究生课程班"开学，到 2007 年 7 月，经过近两年的学习，27 名学员顺利结业。他们当中的多名中青年道士，通过接受教育和锻炼，现已成为北京道教界宫观管理的骨干力量。2007 年 10 月，北京市道协与中央民族大学哲学与宗教学系联合举办的"第二届宗教学研究生课程班"又开学了，这届进修班共有 36 名学员，分别来自北京、台湾、江苏等 12 个省市区，包括汉、藏、朝鲜族等多个民族。这届学员于 2009 年 7 月结业后，第三届进修班于当年 12 月如期开学，招收了来自全国各地的学员 23 名。北京市道协与中央民族大学的联合办学效果良好，已经形成一种定制，为道教界培养了一批高水平的人才。

2007 年 9 月至 2009 年 9 月，为了进一步提高茅山道院教职人员的整体文化素质，江苏句容市道协与南京大学哲学系宗教学系联合举办为期两年的"江苏省道教中青年骨干研究生课程进修班"，句容市道协、茅山道院、江苏省内地方道协共 30 名学员参加了进修。根据南京大学哲学系的要求，参加此次进修班的学员必须有大专及大专以上文凭，必修课程有科学社会主义理论与实践、宗教学原理、道教概论、佛教与中国文化、道教与中国文化、儒佛道三教关系、道家道教哲学、伦理学与宗教伦理、宗教与科学、六朝道教与科学管理、中国宗教现状与政策等。选修课有：领导科学与决策研究、周易与决策管理、周易与人居环境、西方宗教与哲学、犹太教与伊斯兰教、基础英语等。学员完成全部课程的学习，经考核及格由南大哲学系颁发结业证书。

此外，内地道教界还组织学员到香港中文大学进行短期研修。为提高内地道教界的文化及管理水平，加强交流，从 2006 到 2008 年，香港中文大学道教文化研究中心与道教蓬瀛仙馆联合举办了三届"道教文化及管理暑假研修班"。每年有来自内地的宫观道长及道学院的学生等 20 余人前往学习。学习的内容有：现代管理学、文物管理与展示、口语传道及表达技巧、宗教学理论、香港道教的发展、当代道教研究、香港道堂科仪、文化资源管理等。① 内地道长们通过三周的学习和考察，了解了宗教学的理论前沿，学习了香港地区宫观的现代管理模式，提升了文化素养和管理水平，受益匪浅。

总之，中国道教界与高校界的联合办学，是当代道教适应新形势、适应现代化的举措。通过联合办学，对于整合双方优质资源，进行理论与实践的结合，加强道教界与学术界的对话，提升当代道士的知识水平和开放形象，提高道教界的办学水平，都有着非常重大的意义。

3. 推广玄门讲经活动，提高道士文化素养

为了弘扬道教优秀文化，恢复道教学经、讲经的良好传统，推动道教界对教义思想作出符合社会进步和时代要求的阐释，充分展示道教文化的精髓，进一步发挥道教在构建和谐社会和促进经济社会发展中的积极作用，中国道教协会倡议举办玄门讲经活动。2008 年 10 月 11—13 日，以"大道之行"为主题的 2008 中国崂山论道暨首届玄门讲经活动在青岛崂山太清宫隆重举办。此次活动由中华宗教文化交流协会指导，中国道教协会主办，中国宗教杂志社和山东省道教协会协办，青岛崂山论道组委会承办。从全国各地选拔推荐来的 16 位中青年道长在讲经堂分别围绕《道德经》、《清静经》、《度人经》、《太上感应篇》、《道门十规》和《龙门心法》谈了自己的体悟。他们都从各自学经体道的角度，抒发了自己对道经的理解感悟，并很好地结合时代特征、现实社会需要加以阐述，给人一股清风，予人以深思，使当代道教讲经活动有了一个良好的开端，这次活动对继承和弘扬道教讲经传统作出了有益的尝试，并展示了当代青年道教

---

① 《中国道教》2008 年第 4 期。

徒良好的修养和精神风貌。

道教讲经活动历史悠久。这次崂山的讲经活动，是恢复道教讲经传统，并在现代条件下加以发扬光大的一个好的开始。这次讲经活动，是中国道教协会成立以来的第一次，其意义深远重大。对于在新时期加强道风建设、提高道教界的自身修养、发挥道教教义的积极因素、更好地服务社会，将起到重要的促进作用。

（四）大力开展慈善公益事业，树立当代道教的良好形象

改革开放以来，中国道教在努力实现宫观自养的同时，积极参与慈善公益事业，并取得了令人瞩目的成绩。经过改革开放二十年的发展，中国经济实现腾飞，中国道教不仅实现了自养，而且经济实力大为提高。具有了一定的经济基础后，中国道教的慈善公益之路越走越宽，不仅继续大力从事修桥补路、捐资办学、救灾赈灾、扶贫济困等社会公益慈善事业，而且利用道教传统的和谐理念和实践智慧，积极推行绿化荒地、建设生态道观的宣传与实践，树立了当代道教良好的社会形象。

从 1998 年到 2008 年的十年中，中国道教大力推进慈善公益事业，并且表现出时代特点和道教特色：一是组织全国道教界开展大型抗灾救灾活动，表现出一定的社会号召力。二是扶危济困、捐资助学活动的进一步深化。三是倡建道教生态林，参与生态环保。

1. 组织大型救灾赈灾活动，显示出一定的社会号召力

洪灾、雪灾、旱灾、震灾，等等，这些威胁人类的重大自然灾害，常有发生，给当地群众带来巨大的灾难。面对突如其来的灾情，中国道教一直秉持着齐同慈爱、济世度人的优良传统，快速反应，救灾救人，捐款捐物，奉献爱心。临近 21 世纪，中国道教经过改革开放 20 年的发展，已经具备了一定的经济基础，在新的历史时期，道教界更是积极投身于救灾赈灾的慈善活动，并在活动中表现出强大的组织能力、快速反应能力和奉献精神，展示了当代道教全新的精神风貌。

1998 年夏天，长江、松花江、嫩江流域发生了历史罕见的特大洪灾，全国数亿人受灾。8 月 12 日，当国家宗教事务局召开通报灾区情况联系会后，中国道协立即召开专题会议，布置具体赈灾措施。随之，中国道教协会向灾区捐款 10 万元，北京白云观捐款 15 万元，协会工作人员和白云观道众亦纷纷捐款 28380 多元，首日即向灾区捐 278380 元。

随后，中国道协又与全国各名山大观和道协组织电话联系，沟通思想，推动全国道教界投入到抗洪救灾的活动中，各地道协组织、宫观和道教界人士纷纷捐款捐物，支援灾区人民，数日内捐款 124 万余元。1998年 8 月 20—24 日，中国道教协会第六届全国代表会议在北京召开，大会主席团又利用这次机会，专门举办了一场"全国道教界，爱心献灾区"的赈灾募捐活动，得到与会全体代表的积极响应，共捐款人民币410 多万元。此后，北京白云观在 9 月 5 日道教传统节日"中元节"时，再次举行抗洪赈灾义捐道场活动，又将法会道场的门票和捐赈功德全部收入计人民币 10 万元捐献灾区。在这次抗洪救灾活动中，中国道协倡议和推动的"全国道教界，爱心献灾区"活动，总计捐献灾区 560余万元人民币。① 这次全国道教界救灾献爱心活动的开展，体现了道教界抗洪救灾的快速组织能力，体现了道教界捐款赈灾的最大努力，也体现了道教慈善爱民的优良传统。

2004 年 12 月 26 日，印度洋发生地震、海啸灾难，给东南亚、南亚和非洲部分国家造成了巨大的人员伤亡和财产损失。中国道教协会于2005 年 1 月 1 日向各省（自治区、直辖市）道教协会发出通知，号召道教界要发扬"齐同慈爱、济世度人"的道教精神，各地道教重点宫观于 1月 3 日 12 时，同时为印度洋地震、海啸灾难举行"中国道教消灾解厄祈福大法会"。并要求各地道协组织和宫观，积极参加当地政府举行的为海啸受灾国献爱心活动。各地道教协会和重点宫观积极响应中国道协的号召。北京白云观举行了"消灾解厄祈福大法会"，祈愿海啸灾厄消解，亡者早日超度，生者健康安宁，福生无量。同时，中国道教协会和白云观及道职员工纷纷解囊，共捐款 21.5 万元。上海、江西、陕西、四川、福建、辽宁、浙江、湖北、江苏、山东、甘肃、湖南、河北等省级道教协会及各地区市、县道协和名山宫观纷纷举行了"消灾解厄祈福法会"，并组织募捐活动，几天来，中国道教界为海啸受灾国募得近 100 万元善款。② 中国道教界通过举办法会活动和捐款救灾，将爱心传递到海外国家，充分体现

---

①　参见《全国道教界爱心献灾区——记中国道协推动全国道教界抗洪赈灾的活动》，《中国道教》1998 年第 4 期。

②　参见李兆彩《齐同慈爱 济世度人——中国道教界为海啸受灾国举行祈祷法会并捐款赈灾》，《中国道教》2005 年第 1 期。

了道教"齐同慈爱、济世度人"的传统精神，体现了道教界在救灾活动中的齐心协力与快速反应能力。

2008 年 1 月以来，我国南方地区出现大范围的严重雪灾。社会各界纷纷为灾区捐款捐物，奉献爱心。道教界积极发扬爱国爱教、扶危救困的优良传统，迅速加入到奉献爱心、传递真情的行列中。2 月 1 日，中国道教协会向全国各地道教组织和宫观发出紧急通知，号召道教界向灾区人民提供援助。当天在北京就募集到善款 50 万元。各地道教组织、宫观接到紧急通知后，立即行动起来，踊跃为灾区捐款。短短几天内，道教界募捐的救灾善款已达 150 万元，并在国家宗教局的组织下，于农历大年初一（2 月 7 日）及时将善款送达了贵州省民政部门，以帮助受灾最严重的贵州灾民。

2008 年 5 月 12 日，四川汶川发生 8.0 级特大地震，死亡人数达 8 万以上，这是新中国成立以来发生的破坏性最强、涉及范围最广、救灾难度最大的一次地震。全国人民每日关注灾情，用各种方式支援灾区。中国道教界也迅速反应，积极参与抗震救灾，踊跃捐款捐物，奉献大慈大爱，并启建法坛，为地震灾区举行消灾解厄法会，虔诚祈祷灾消福生。道教界的救灾活动大致分为四种类型。第一，灾区道教界的救灾活动。灾情发生后，灾区道教界既是受灾者，也是救灾的重要力量。他们一方面展开自身的救灾工作，如四川省道教协会和成都市道教协会领导第一时间赶到受灾一线，组织抢救人员和物资，撤离到安全地带，看望慰问受伤人员。其后又及时将生活急需物品送到受灾的宫观，稳定受灾宫观道众的思想情绪。另一方面，灾区的道友们除努力自救外，还不忘拿出道观仅有的口粮去救助附近的受困游客和受灾群众，并为他们施医施药，救死扶伤。如绵阳市道协在玉皇观建立临时避灾场所，收留安置了部分北川县受灾群众。第二，各地道观和协会组织举办的祈福消灾法会。道教界举办法会，以自己特有的方式，祈祷逝者得度、生者平安，以表达对灾区人民的支持和关爱，安定人心。在中国道教协会的倡议下，内地道教界于 5 月 15 日，以重点宫观为主，举行法会，祈祷灾区被困人员尽快脱险获救，祈祷天清日朗，使救援工作得以顺利进行，祈祷遇难同胞早得超生。中国道协任法融会长在楼观台道观亲临法坛，率领合观道众虔诵法音，诚愿祈祷。中国道协本部在北京白云观举行了"祈愿地震灾区消灾解厄法会"，协会全体教职人员和白云观道众在老律堂共同为灾区祈祷。上海市道协组织各道观的道长在松江区东岳庙内举行法会，南岳道教界在南岳大庙圣帝殿举行法会、崂山太清宫、泰山碧霞祠、武汉长春观、西安八仙宫、华山玉泉院、龙虎山天师府等各地道观也都纷纷举办祈祷法会。亲赴地震灾区举办法会，祈祷灾区灾消福生，是海内外许多道教徒的一大心愿。5月31日，来自两岸四地的数百名道教界人士，亲赴地震灾区的四川大邑县鹤鸣山道源圣城，隆重举行"中国道教界为汶川地震灾区祈福追荐赈灾大法会"，虔诚为灾区同胞祈祷。第三，道教界组织的募捐活动。地震发生的第二天，5月13日上午，中国道协驻会领导召开紧急会议，研究抗震救灾工作，向全国各级道教协会和各地重点宫观发出紧急通知，号召各地道教界向地震灾区捐款，奉献爱心。当天，中国道教协会和北京白云观就将第一笔捐款30万元送到中国红十字会总会。各级道教组织和宫观积极响应，浙江省道教界迅速捐款429万元，福建省道教界捐款319万元，广东省道教界捐款156万元，陕西省道教界捐款110万元。宁夏道教协会在宫观收入十分紧张的情况下，全凭道教界个人捐款，共计2万余元。截止到5月30日，内地道教界已向灾区捐款1531万元。港澳台地区道教界也心系地震灾区，踊跃向灾区捐款。截止到5月30日，香港道教界共捐款750万元港币，澳门道教界共捐款46万元澳币，台湾道教界共捐款2200多万元新台币。而在5月31日举办的"中国道教界为汶川地震灾区祈福追荐赈灾大法会"结束后举行的募捐活动中，两岸四地的道教界人士和慈善大德又捐款近1000万元，捐献药品及物资价值400多万元。[①] 第四，道教组织或个人直接前往灾区的救灾活动。西安明圣宫、城隍庙组织了8名志愿者，购置了十卡车面包、方便面、矿泉水等物资，于5月18日从西安启程，星夜兼程，奔赴北川，将救灾物资送到了灾民手中[②]。

　　2008年是中国改革开放30周年，道教界在抗震救灾中的杰出表现，体现了改革开放30年来中国道教发展的成就，这不仅表现在道教界经济实力的增强，而且表现在道教界对救灾赈灾的快速反应及组织救灾的广泛号召力。全国道教界以各种方式参与的抗震救灾工作，践行了道教齐同慈

---

　　① 参见《祈祷灾消福生，奉献大慈大爱》，《中国道教》2008年第3期。

　　② 参见抱一道人《西安明圣宫、城隍庙组织志愿者赴北川灾区救援纪实》，《中国道教》2008年第3期。

爱、济世利人的教义宗旨，表现了道教的大慈大爱和对社会国家的责任。

上述所举，均为中国道教协会组织全国道教界以应对重大灾情所进行的救灾赈灾活动，而地方道协或宫观针对地区性灾难所进行的救灾赈灾活动，更是不胜枚举，已经成为各地道教界经常性的举措，反映了道教界热心慈善公益事业的一贯作风。

总之，道教界在大灾大难面前所展现出来的组织能力和社会号召力，反映了当代道教的慈善公益事业有了一定的经济基础、社会基础和组织保证，这是中国道教自改革开放以来大力推进慈善公益事业所产生的累积效应，并且推动着道教的慈善事业进一步向前发展。

2. 扶贫济困、捐资助学活动的进一步深化

20 世纪 90 年代，中国道教在解决自养的同时，积极参与社会公益事业，根据自身的特点，进行扶贫济困、捐资助学、修桥补路、植树造林、义诊送药等活动，受到较好的社会反响。进入 21 世纪后，道教界继续发扬优良传统，发挥自身优势，积极响应政府提出的送温暖献爱心活动，扶贫济困；继续支持希望工程，助建希望小学；继续从事修桥补路等活动，利益人群。总之，道教在新时期已经将扶贫帮困等慈善公益事业作为一种长期坚持的工作来做，有些道观还设立了慈善基金，用于每年的慈善活动，这样使得道教的慈善公益事业实现了经常化、制度化和长期化。

扶困济弱，帮助弱势群体，是中国道教提倡的基本教义，也是道教界一直践行的慈善事业。随着道教的发展，这类慈善事业逐渐走向经常化和制度化。例如，温州市道协成立扶贫委员会，上海城隍庙的社区扶贫帮困项目、一些道观设立的慈善基金等，都集中体现了当代道教在扶贫济困等慈善公益活动上的进一步深化。

温州市道教协会长期开展扶贫帮困活动，专门成立了扶贫委员会，筹集资金，扶贫帮困。2001 年 12 月 25 日至 2002 年 1 月 17 日，温州市道协扶贫委员会筹集了 15 万多元慰问金，200 床棉被、被套，50 箱食用油，对泰顺县、文成县、瑞安市平阳县、乐清市永嘉县、瓯海区、鹿城区、洞头县等 10 个县（市区）13 个乡（镇）近 200 户贫困家庭，进行了送温暖、献爱心的扶贫慰问活动，得到社会各界的高度赞誉。仅在 2001 年一年，温州道教界就为温州市慈善总会，各县（市、区）慈善会，以及情系西部献爱心活动，贫困地区结对扶贫活动等公益事业方面，共捐资人民

币 277.77 万元，受到各级政府的表彰，产生了良好的社会影响。① 2003
年，温州市道协还响应浙江省政府提出的扶真贫、真扶贫，支持"三农"
扶贫工作的精神，到文成等县的九个自然村，开展"三农"专项扶贫工
作。扶植蔬菜种植基地 750 亩，水果药材种植基地 410 亩、茶叶种植基地
270 亩和 7 户养殖专业户，投入扶贫资金 15 万元。通过发展农业生产，
帮助农民达到脱贫致富奔小康的目的，取得了良好的社会效果。这些活动
进一步提高了温州道教的社会影响力，受到了各界的好评。②

　　多年来，温州市道协一直把扶贫帮困作为道协常行的工作，作为宫
观、道士回报社会的具体行动。在 2007 年 12 月召开的先进表彰会议上，
市宗教局授予本市 15 个道协组织和宫观为先进单位，20 名道士为先进个
人。2007 年，温州市道协捐献扶贫款 340 万元，为建设新农村募捐 82.5
万元，体现了温州道教界奉献社会、利益人群的时代精神。③

　　上海城隍庙是上海地区著名的道教宫观，自 1995 年恢复开放以来，
热心参与自己所属社区的"帮困扶贫"项目，热心支持祖国的教育事业，
积极参与社会各项慈善事业，在社会公众心目中树立了良好的形象。上海
城隍庙地处老城厢，老城厢居民中有三多：一是孤寡老人多，二是低收入
者多，三是残疾人员。上海城隍庙主动与当地居委会联系，要求共同参
与社区的社会救助工作。对于社区中的残疾人和低收入者，上海城隍庙对
他们进行补助。对于社区中的孤寡老人，上海城隍庙常年领养两名老人，
负责解决他们生活碰到的困难，定时给予经济补助，让他们安度晚年。每
年重阳节，上海城隍庙将附近的孤寡老人请到庙里来，请他们吃碗素面，
祝福他们健康长寿。逢年过节，上海城隍庙还对周围居民中的老人和困难
居民进行慰问和补助。上海城隍庙的社区扶贫帮困活动持续多年，形成习
惯，受到社会广泛赞誉，多次被授予"上海市助养特困老人先进单位"
"黄浦区敬老十佳先进集体"等称号。④ 2006 年 10 月 25 日，时值上海城

---

① 参见《温州道教界扶贫解困，奉献爱心，受到社会各界赞誉》，《中国道教》2002 年第 2
期。

② 参见《扶贫图发展，扶真贫奔小康》，《中国道教》2003 年第 2 期。

③ 参见李高升《温州市道协召开 2006—2007 年度先进表彰会议》，《中国道教》2008 年第
1 期。

④ 参见鲲鹏《济世度人，实践大同——记上海城隍庙热心参与社会慈善事业》，《中国道
教》2003 年第 2 期。

隍庙二期工程竣工及老住持陈莲笙道长的 90 岁诞辰，成立了"上海城隍庙陈莲笙慈善基金"，倡导效力国家，回报社会，广行仁爱，利益众生。在成立庆典上，上海城隍庙陈莲笙慈善基金向上海市慈善基金会黄浦区分会捐赠 200 万元。慈善基金的成立，说明上海城隍庙的慈善事业进一步制度化、常态化。① 由于陈莲笙道长对慈善事业的卓越贡献，被评为"上海市第三届慈善之星"。2008 年 10 月，陈莲笙道长羽化后，其子女继承他济世度人的遗志，继续热心慈善事业，将他患病期间和羽化以后海内外弟子、亲朋好友和社会各界送的拜师礼金、慰问金等共计人民币 11 万余元、港币 10 万余元，悉数捐赠给"上海城隍庙陈莲笙慈善基金"。②

随着道教慈善事业的深化，道教界设立慈善基金以推广慈善事业的方式得到越来越多道观的认同，如 2006 年 4 月 30 日，青岛市慈善总会崂山太清宫慈善基金启动仪式在太清宫举行，并现场募集善款 5.15 万余元。③而江苏茅山道院于 2002 年 3 月就设立了茅山道院慈善基金，每年拿出 30 万元用于扶贫帮困、资助教育和地方建设等，从而建立了慈善救助的长期机制。到 2008 年，茅山道院利用这笔基金帮助了很多贫困家庭、弱势群体及受灾群众。

随着道教慈善事业的开展，有效地提升了当代道教的社会形象，而随着社会形象的提升，道教界筹集善款的能力大大增强，这样又促进了道教慈善事业的进一步拓展。例如，任法融会长在甘肃倡建的饮水工程、北京市道协的书画拍卖助残活动等，都体现了道教的社会影响力和对扶贫济困等慈善活动的深化。

甘肃省天水市是中国道教协会会长任法融的故乡。2002 年，当他得知家乡人民因气候变化导致饮水困难时，深表同情，于是四处奔波筹集资金。任会长作为全国政协委员、民宗委副主任、中国宗教和平委员会副主席，他利用自己的社会影响，多方筹措了 250 万元资金，于 2003 年修建了天水北道区饮水工程，使家乡十个村庄近万人用上了干净的自来水。④此后，他继续推进天乡市的饮水工程建设。2006 年，他又发起修建天水

---

① 参见李兰《上海城隍庙举行二期工程竣工神像开光暨上海城隍庙陈莲笙慈善基金成立庆典活动》，《中国道教》2006 年第 6 期。

② 参见《中国道教协会顾问陈莲笙道长羽化升仙》，《中国道教》2008 年第 6 期。

③ 参见《崂山太清宫正式启动慈善基金》，《中国道教》2006 年第 3 期。

④ 参见《心皈道教，情系故乡》，《中国道教》2005 年第 2 期。

市麦积区琥珀乡慈善人饮解困工程，计划总投资 346 万元，分三期建设完工，一期上水工程由任法融会长捐资 180 万元，后两期工程资金由市、区两级政府解决。这一工程的建成，将彻底解决琥珀乡 11 个行政村 23 个自然村近 3 万人、4 万多牲畜的饮水困难，对于改善当地群众的生产、生活条件，推动社会主义新农村建设具有积极的推动作用。① 2007 年，任会长又捐资 170 万元，用于天水市秦州区凤凰水厂的扩建，建成了中梁上水工程，此举彻底解决了中梁马周等六村 955 户 4170 人的饮水困难。② 总之，任法融会长利用个人的影响和道教界的力量，多年来情系桑梓，多次慷慨捐款，造福家乡人民，反映了道教回报社会、济世利民的优良传统。

2007 年 12 月 31 日，由中国道教协会主办、北京市道教协会承办的首届中国道家书画慈善拍卖在北京隆重举行。此次拍卖会是为了帮助北京市大兴区礼贤镇儿童福利院的 483 名孤残儿童筹建康复中心募集捐款。在社会各界的大力支持下，共为福利院筹得善款 130 万元。③ 这次慈善拍卖活动的成功举办，反映了道教界推广慈善事业的努力与深化，并在举办慈善活动中表现出一定的社会号召力。

当代道教慈善事业的推进，不仅表现在对扶贫济困活动的拓展与深化，还表现在对希望工程持续不断的关注与支持。道教界对希望工程的支持，既表现为道长个人对贫困学校或贫困学生的资助，也表现为道协组织或宫观开展的捐资助学活动、援建希望小学等。

在道长个人的捐资助学方面，重庆老君洞的周至清道长、兰州白云观的何理成道长等人的事迹都很感人。重庆老君洞的周至清道长积极参加重庆市的赈灾和希望工程等捐赠活动，1998 年，他去荣昌县清流镇视察，发现该镇民族中学条件十分简陋，立即捐赠 5500 元，10 月间，他得知南岸区弹子石玄坛庙街段一贫困学生左天寿，父母均无职业，而且都身患重病，生活十分困难，无法上学。周道长捐助 5000 元，解决该生的读书及生活问题。平时，凡见到有困难者，他都解囊相助，被人们誉为"济世

---

① 参见《任法融会长捐资修建的琥珀乡人饮解困一二期工程竣工》，《中国道教》2007 年第 1 期。

② 参见杨万亮《任法融会长捐建的甘肃天水市中梁上水工程举行竣工揭碑仪式》，《中国道教》2007 年第 5 期。

③ 参见石竹《北京市道协向儿童福利院捐赠 130 万元善款》，《中国道教》2008 年第 2 期。

救人的活神仙"。① 在兰州市白云观出家的道士何理成，曾两次为家乡希望工程捐款共 7000 元。1993 年他将以前下煤矿挣的 2000 元捐给榆中县矿湾小学，以改善教学设置。1999 年他再次把节衣缩食积蓄下的 5000 元捐助给家乡的小学，用作维修校室。② 2004 年，满城县白堡村小学生有 4 人因家庭困难等原因不能上学，道教徒史理广、崔理芝、许理宏一起向他们伸出了援助之手，表示尽最大努力帮其完成学业。随后，史理广道长又向贫困山区中学捐赠了价值 1620 元的爱国主义教育图书。③

　　道长个人的力量虽然有限，但体现了新时期道士回报社会、关心教育的良好形象。而道协组织或宫观常常利用组织的力量，倡导道教界或信众关心公益事业，资助希望工程，取得了良好效果。有的宫观还形成制度，每年都支援贫困地区的教育，形成一种长期助学的固定模式，使得道教界的助学工程常态化、制度化。

　　从 1999 年开始，上海城隍庙每年资助上海市原南市区 10 名家庭困难的学生交纳学费。2000 年 1 月 7 日，上海城隍庙再次出资 10 万元，向原南市区求知中学、求是中学等五所学校共计 200 名家庭困难的学生捐赠了学费。历年来得到城隍庙捐助的学生，分布于各个年龄层次，有的在读小学，也有的已经考上大学，而这些学生的家庭，或者父母卧病在床，或者父母双双下岗，因此家庭经济拮据，难以支付学费。上海城隍庙根据实际情况，对他们进行补助，帮助他们度过暂时的困难，完成了学业。上海城隍庙不仅关心本地区的教育事业，而且援助边远地区的教育。2001 年，上海城隍庙与上海市道教协会一起捐资 20 万元，在广西壮族自治区援建了一所希望小学。

　　道教界还积极地牵线搭桥，引来资金援建希望小学，捐助贫困地区的教育事业。如湖南长沙的陶公庙通过牵线搭桥，多方呼吁，得到香港信善玄宫和紫静闵苑道长的响应，分别捐助 20 万元和 15 万元，帮助年久失修的长沙县双江乡的石板学校和金井镇的横山小学建成了崭新的希望小学。④

　　① 参见周道荣《周道长心怀悲悯关心社会》，《中国道教》2000 年第 6 期。

　　② 参见袁宗善《道士何理成积极捐资助学》，《中国道教》1999 年第 6 期。

　　③ 参见《满城县道教徒资助贫困学生》，《中国道教》2004 年第 6 期。

　　④ 参见《陶公庙为社会所作的贡献》，《中国道教》2000 年第 6 期。

2000 年，经中国道协闵智亭会长的牵线搭桥，香港信善玄宫第二批资助内地希望工程资金 50 万元在陕西立项，最终确定在临潼县仁宗乡和户县成道宫村分别修建"希望学校"各一所。①

2004 年，中国道教协会任法融副会长通过多方筹措资金 20 万元，为甘肃甘谷县西坪乡燕珍村小学重修了濒危校舍。同年，任道长又筹资 20 万元，新修了甘肃省天水市吴庄小学的校舍，同时为 20 名贫困生捐赠了 4000 元的助学金，陕西道教界的员信升、陈法永、邹通玄、贾慧法、任兴之等道长亦为吴庄小学的 10 名贫困生资助学费 3000 元（《中国道教》2005 年 2 期）。

2005 年，任法融会长又捐资 20 万元，为正宁县周家乡燕家小学修建教学楼，建筑面积 860 多平方米，校舍 30 间。在 2007 年举行的教学楼落成庆典上，任道长再次捐资 3 万元配制桌椅。八仙宫、楼观台、明圣宫、华山、省道协、金仙观捐资 2 万多元为燕家小学配置教学设备等。②

2006 年 4 月，由茅山道院牵头，联合香港道教一湾圣坛，向湖北省宜昌市长阳土家族自治县龙舟坪镇石牌小学捐资助学。香港道教一湾圣坛捐助 40 万元人民币，为石牌小学建造一幢 520 平方米的教学楼；同时扶助 38 名少数民族贫困学生；并设立"石牌小学香港一湾圣坛郑锦忠助学基金"，今后每年为该校 38 名贫困学生捐助助学金 2 万元（每人每年 500 元）。茅山道院捐助 3 万元购买教学设备、贫困学生书包文具和体育活动器材。从 2001 年到 2006 年，茅山道院和香港道教一湾圣坛开展合作，连续多年捐资引资助学，先后为江苏句容茅山中心小学、袁巷中心小学，青海西宁城北双苏中心小学、湖南新晃林冲中心小学、西安长安区子午镇南村小学、湖北宜昌市长阳土家族自治县龙舟坪镇石牌小学捐建了 6 栋教学楼，捐助贫困学生 228 名（其中少数民族贫困学生 78 名），共计捐助人民币 233 万元。茅山道院和香港道教一湾圣坛的善行善举，得到了教内外、社会各界的广泛赞誉和充分肯定。③ 此后，茅山道院与香港一湾圣坛继续合作，每年都为一所学校捐建一座教学楼。2007 年，茅山道院与香

---

① 参见《闵智亭会长引进港资 50 万元资助希望工程》，《中国道教》2001 年第 2 期。

② 参见贾慧法《任法融会长捐资援建的希望小学举行落成典礼》，《中国道教》2007 年第 5 期。

③ 参见《茅山道院、香港道教一湾圣坛捐资湖北建贫困小学》，《中国道教》2006 年第 4 期。

港一湾圣坛共同为陕西咸阳市新兴里寨小学捐资 35 万元建造教学楼一栋。2008 年，茅山道院与香港一湾圣坛又共同为江苏徐州丰县宋楼镇天师小学捐资 35 万元建教学楼一栋。① 此外，2006 年 3 月，茅山道院又牵线中华慈善总会，共捐资 34 万元为葛村中心小学建造教学楼一栋。②

道教界随着经济力量的提升，捐资助学活动也进一步深化。2007 年 9 月，浙江乐清市道协举行捐资仪式，拟用三年的时间向乐清市大荆镇中心小学捐资 200 万元兴建综合楼，以改善该山区小学的办学条件。乐清市道协的善举受到社会各界的赞誉，也反映了乐清道教界在乐清市社会经济发展和各项公益事业中发挥的积极作用。③

总之，无论是扶贫济困的常态化，还是捐资助学的长期坚持，都反映了当代道教在开展慈善公益事业上的不断进取，体现了道教济世利人的优良传统，展示了当代道教良好的社会形象，促进了道教与社会主义社会相适应，推动了和谐社会的构建与发展。

3. 倡建道教生态林，建设生态道观

当代道教对于慈善公益事业的推进，不仅表现于抗灾救灾、扶贫济困、捐资助学等传统项目，而且表现于道教生态林、生态道观等创新型项目。道教界不断挖掘传统教义，跟随时代脚步，关注时下热点，积极参与生态环境保护活动，不断拓展与创新道教的公益事业，受到国内外的广泛好评。

当今世界，人们日益认识到保护生态环境的重要性，宗教信徒在生态环境保护运动中是一支不可忽视的重要力量。面对西方兴起的生态环境保护运动，道教界较早地作出了反应。1995 年，中国道教协会应“世界自然保护基金会”的邀请，派团出席了在日本和英国召开的“世界宗教与环境保护”会议。会上中国道教代表发布了《中国道教关于生态环境保护的宣言》，向世界庄严承诺，积极发扬道教自然无为等教义，发挥教化人心的作用，促进维护人类生态环境的事业，与世界人民一道共同承担维护自然和谐的神圣使命。宣言提出了今后的工作和计划：第一，“在今后

① 参见何春生《改革开放三十年茅山道教》，《江苏道教》2009 年第 2 期。
② 参见何春生《改革开放三十年茅山道教》，《江苏道教》2009 年第 2 期。
③ 参见《乐清市道教界捐资 200 万元为大荆中心小学兴建综合楼》，《中国道教》2008 年第 1 期。

的宣教事务中，用道教维护自然界和谐的思想启迪世人，广泛宣扬贵生与生态环境的密切关系，提高社会各界对维护生态环境重要性的认识，遏制人们对大自然过分攫取给人类生态环境带来的破坏，保护我们赖以生存的地球，使之更适于人类生存"。第二，"继续发扬道教植树造林、维护生态环境的传统，以宫观为组织，积极开展植树造林、美化环境的工作，把宫观建成真正的神仙福地"。第三，"有计划地在一些道教名山开展维护生态环境的系统工程，力争在下个世纪初取得更大成就"。

进入 21 世纪，道教界在生态环境保护方面进行不断的探索，开展了一些维护生态环境的系统工程，产生了较好的社会效益，引起国内外的关注。如中国道教协会倡导建立的甘肃民勤县"中国道教生态林建设基地"、生态道观活动的组织与道教生态论坛的召开，等等。

甘肃省民勤县位于甘肃省西北部，东西北三面被腾格里和巴丹吉林两大沙漠包围，是全国乃至全世界最干旱、荒漠化危害最严重的地区之一，历来是我国防沙治沙的重点县。从 1996 年开始，民勤县道教协会在柳苍德道长的带领下，贷款 26 万元，陆续在苏武山植树造林 160 亩。2003年，中国道教协会响应国家号召，倡议全国道教界在民勤县苏武山建立"中国道教生态林建设基地"，以实际行动支援西部开发建设，治理荒沙，绿化祖国，造福后代。这一创举得到了海内外的积极响应，截至 2006 年年底，捐款已达 263 万，在中国道协和地方道协、宫观的协同努力下，目前该工程进展顺利，已初步完成防风林带的麦草压沙、荒坡平整、种植沙生植物梭梭草、沙棘等，以及生态林基础配套设备的建设等。"道教生态林"的建成达到了一定的防沙治沙的效果，受到中央领导及当地政府的好评，在地方和国内外反响很好，示范作用很大。

道教生态林工程是我国宗教筹资进行生态建设的一个典范，是当代道教参与环境保护等社会公益事业的一项创举，反映了当代道教的创新精神。与此同时，道教界还倡导创建生态道观活动，召开道教生态论坛，进一步推进环境保护运动，展示道教的现代形象。

自 2004 年以来，道教界就在西北地区发起创建生态道观活动，以宫观为基地，对周边社区进行生态环保宣传，初见成效，并得到了世界宗教与环境保护基金会的支持。2006 年、2007 年，曾召开两次"道教生态保护教育工作间"（中国道教宫观生态保护论坛前身），全国的宫观道长们聚集一起，讨论道教与环境保护问题，通过了《秦岭宣言》，提出营建环境友好型道教宫观的奋斗目标，并制定了一些具体任务，如大力宣传文明敬香，联合定点制作环保香、蜡；将宫观的土地使用和管理纳入区域生态保护规划之中等。在前两次道教生态保护教育工作间取得成果的基础上，2008 年 10 月底，第三次中国道教宫观生态保护论坛在江苏句容市举行，来自联合国、英国、丹麦、荷兰的代表，全国各地道观道长，有关社会科学专家学者 120 多人参加论坛。这次论坛取得了很多重要的成效，标志着生态道观活动进入一个新的阶段。首先，中国道教宫观生态活动为联合国所关注，进入其全球生态保护体系的视野之中。联合国开发计划署常务主任、联合国气候变化小组主席科耶文博士出席论坛并发表演讲，认为 60 岁的联合国要向 2000 岁的道教学习生态智慧，充分肯定了道教生态思想与实践在解决全球生态危机中的特殊作用。其次，发表茅山宣言，承诺加强教职人员的培训，增进环保意识，倡导教内俭朴节约的生活方式，积极参与社会环保事业，加强与新闻媒体和国际社会的合作，以建设生态道观为己任，将其纳入全社会环保计划之中，等等。确立"人间仙境，生态道观"为这项活动的长远目标。确定修改后的生态道观定义为：以道教"道尊德贵"教义为依据，尊老子为生态保护神，合理使用土地、水源、植被等资源，绿化和美化道观内外的景观，合理配置保护水源和治理污染的措施，建立健全生态保护和宣传教育的规章制度；大幅度提升住观道众的生态环保意识；最大限度地采用节能技术和材料；形成与周边自然环境和社区人群相协调的良性生态圈。总之，"生态道观"项目得到联合国开发计划署的关注，也得到世界宗教与环境保护基金会的支持。第三次论坛使得营建生态道观的活动走向更为广阔的空间，为宗教参与环境保护探索出一条路径。

总之，道教在 21 世纪初所推行的生态环保的理论与实践，反映了当代道教在推进慈善公益事业上的创新精神，也反映了中国道教与时俱进、努力与社会发展相适应所作的一些探索，更反映了当代道教参与社会主义和谐社会建设所发挥的独特作用。

（五）深化开展对外友好交流，建立良好国际形象

中国道教界的对外友好交往自 20 世纪 80 年代开始起步，到 90 年代已取得显著成绩，先后与近 30 个国家和地区的道教组织、道教信徒和道教学者建立了友好联系，开创了对外友好交往的新局面。在此期间，中国

道教界的对外友好交往，主要以港澳台地区为重点。通过与港澳台地区道教界的频繁往来，增进了道谊与感情，发挥了道教文化的精神纽带作用，为促进祖国统一、维护世界和平作出了应有的贡献。

到 20 世纪 90 年代末，随着香港、澳门地区的回归祖国，与台湾地区关系的缓和，内地道教界与港澳台道教界的交往更加频繁，无论是宫观组织还是信徒个人，都建立了一种经常性的联系与互访。内地道教界与海外道教界在举办大型宗教活动时相互支持，相互协助，或者共同举办，是这个时期道教文化交流的特点之一。

此间中国道教对外交流的另一大特点是，即中国道教界不断拓展与世界其他国家的友好交往，积极参与国际宗教事务，并在世界宗教舞台上发表自己的主张，展示了当代道教的国际形象。

1. 中外道教界相互支持，合力举办大型宗教活动

早在 1993 年，北京白云观、香港青松观、台北指南宫在北京联合举行了祈祷世界和平、护国佑民罗天大醮，这次活动有内地及港台地区、还有美、加、澳的多个道教宫观参加诵经，这是内地道教界和港台道教界联合举办的一次大型宗教活动，通过同场诵经，互相观摩，互相学习，促进了道教科仪的交流与恢复。此后，内地道教界与海外道教界的交往日益频繁，除了一般性的互访交流之外，中外道教界在举办大型宗教活动时的互相支持是这个阶段进行道教文化交流的主旋律。这种大型的宗教活动既包括内地举行的罗天大醮、老子纪念法会、吕祖纪念法会、中国道教文化节、国际道德经论坛等活动，也包括香港、澳门、台湾地区和新加坡、马来西亚等国家举办的道教文化节、宫观开光、传戒法会、通天大醮等活动。

2001 年 5 月 21 日至 5 月 30 日，中国道教协会、山西省道教协会（筹）、山西介休市道教协会共同启建的"罗天大醮"法会，在绵山各道观举行，来自全国各名山道观以及香港、台湾、澳门地区和新加坡、韩国等国家的经团及代表 300 多人参加了法会活动。这是继 1993 年之后的又一次罗天大醮法会，旨在祈祷新世纪"世界和平、国家昌盛、祖国统一、人民幸福"。海外道教界不仅给予这次法会以大力支持，而且选派经团和代表前来参与，设立经坛，进行道教法事科仪的交流，增进了彼此之间的友谊。

2003 年 3 月 17—20 日，中国道教协会在北京发起和主办大型"道祖

老子诞辰纪念"活动，活动包括举行老子诞辰纪念法会、老子诞辰纪念庆典大会、道教书画展、道教音乐汇演等多项内容，这是中国道教界举办的规模较大的一次宗教活动。参加活动的有来自全国各地道教界代表、港澳台地区以及新加坡和马来西亚的道教界朋友。活动中海外道教书画展展示了道教丰富多彩的文化内涵，增进了全球华人道教徒之间的文化交流和联谊。在同时举办的第三届道教音乐汇演中，海外道乐团如香港蓬瀛仙馆道乐团、台湾高雄文化院国乐团、新加坡韭菜芭城隍庙道乐团、新加坡大士伯宫《道德经》唱诵团也参加了演出，反映了内地道教界与海外道教界的相互支持与交流。

2004 年 5 月 26—28 日，由中国道教协会发起，江西庐山仙人洞道院承办的海峡两岸三地纪念吕祖诞辰 1206 年法会活动，在江西庐山举行。主要活动有吕祖诞辰纪念大会、祈祷世界和平法会、吕祖文化研讨会和道教文化书画笔会等，来自大陆、台湾、香港、澳门地区及马来西亚、泰国等国家的嘉宾 600 余人参加了这次活动，这是一次规格较高、规模较大、内容较为丰富的纪念吕祖法会活动。这次法会不仅得到了香港圆玄学院、香港蓬瀛仙馆等单位的赞助，而且得到了众多海外单位的协助支持，如台湾中华纯阳祖师协会、台北指南宫、香港圆玄学院、香港青松观、香港蓬瀛仙馆、香港飞雁洞佛道社、马来西亚美里省莲花山三清殿、泰国澹淳院等，反映了中外道教界的情谊。

在 2004 年和 2006 年，由中国道教协会、四川省道教协会、成都市道教协会联合举办了两届"中国（成都）道教文化节"，这两届文化节内容丰富、规模巨大，多方位展示了道教文化。香港、澳门、台湾地区与马来西亚、新加坡、韩国、日本、美国、加拿大、法国、挪威等十多个国家的道教界人士前来参加了文化节活动，反映了海外道教界对内地道教界举办大型宗教活动的积极参与和热情支持。

此外，2005 年 8 月在江苏茅山举行的纪念中国人民抗日战争暨世界反法西斯战争胜利 60 周年祈祷世界和平法会，亦是海峡两岸与港澳道教界共同参加。2005 年 10 月在江西南昌举行的海峡两岸净明道归宗传度祈福大法会，参与者亦有港澳台、新加坡、马来西亚等国家和地区的道教界人士。2005 年 10 月，天师府隆重举行道教正一派祖庭龙虎山天师府建府九百周年庆典活动，亦有港、澳、台地区及美国、新加坡、马来西亚、泰国、韩国、印尼等国家的道教界人士前来。2006 年在山西芮城县举办的海峡两岸三地纪念吕祖诞辰 1208 周年系列活动，2007 年在河南鹿邑举行的纪念老子诞辰 2578 周年系列活动，2007 年在西安和香港举办的国际道德经论坛等，所有这些大型宗教活动的举办，都有海外道教界的大力支持与积极参与。

中外道教界开展广泛合作，每年在不同地方举办大型道教音乐汇演，是这段时期道教文化交流的一大亮点。2001 年 11 月，由香港蓬瀛仙馆等单位发起并举办了首届道教音乐汇演，这次汇演有北京白云观道教经乐团、新加坡韭菜芭城隍庙道乐团、台湾高雄文化院、河北省道协经乐团、香港道乐团五个演出团体。把具有不同地方特色的道教音乐会聚一起，进行道乐文化的展示与交流，弘扬了道教文化，推动了道教的健康发展。此后，自 2002 年至 2008 年，中外道教界每年又在不同的地方举办道教音乐汇演，共举办了八届。如 2002 年在台湾，2003 年在北京，2004 年在新加坡，2005 年在广州，2006 年在成都，2008 年在南昌等，每届汇演都有来自大陆、香港、台湾、新加坡的道乐团参加的精彩演出，通过多年来的合作交流，道教音乐汇演越办越好，已经成为中外道教界展示道教音乐文化的一个平台、一个品牌。通过这个平台，有力地推动了道教文化在世界的传播和影响，增进了世界华人之间的了解和友谊。

随着中国内地道教的恢复和发展，内地道教界在传统仪范、音乐、经典等方面所拥有的深厚底蕴和正统地位越来越凸显出来，海外道教界不仅不断地回祖国寻根谒祖，迎请神像，而且主动邀请内地道教界前往弘道讲法、展示科仪。内地道教界也不断拓展对外交流的渠道，应邀出访，协助和支持海外道教的宗教活动。自 1998 年到 2008 年的十年间，内地道教界出访活动频繁，既有中国道教协会组织的团体出访，也有地方道协和宫观组织的文化交流，尤其是对海外道教举办的大型宗教活动给予了大力支持。如新加坡的道教节、马来西亚的传戒法会，都得到了中国道教协会的大力支持。而香港、澳门、台湾地区的大型宗教活动，常常与内地道教界联合举办，同台演出，体现了同根同源的两岸四地道教徒之间的深厚友谊。

新加坡道教从 1996 年起，将每年农历二月十五（老子诞辰日）定为道教节，以弘扬道教传统文化。中国道教界对于每年的新加坡道教节都给予充分支持，应邀派出代表团和经忏团前往参加法会和音乐演奏会等。如 1999 年，以中国道协副会长张继禹为团长、苏州道协经忏团为成员的中国道教代表团一行 21 人，应邀参加了新加坡道教协会第四届道教节。张继禹副会长作了《天师道发展更新的四个重要阶段》和《道教济世利人学说的理想价值》两场专题演讲。苏州道协经忏团和香港蓬瀛仙馆的经忏团受邀主持了 5 天的法会，苏州道协经忏团每天现场还举行了道教音乐演奏会。除了参加道教节活动之外，中国道教界还多次帮助新加坡道观主持法事活动。如茅山乾元观坤道经乐团自 1999 年至 2006 年六次应邀赴新加坡进行参访交流，并在新加坡三清宫主持"黄箓法会"，以其虔诚落力、整齐严谨的道风，给新加坡信众留下了深刻印象。

中国道教界对马来西亚的出访交流也非常频繁，2005 年还在马来西亚举行了首次中国道教海外传戒法会。应马来西亚沙捞越州美里市莲花山三清观的邀请，中国道教协会组织传戒团，于 2005 年 5 月 24 日至 6 月 3 日在马来西亚协助美里莲花山三清观隆重举行了乙酉全真传戒（方便戒）大法会。同时举行了"祈祷世界和平法会""道教文化国际研讨会""道教文化书画笔会""马来西亚首届道教音乐晚会"等。这是中国道教首次在海外举办的传戒法会，通过传戒，有力地支持了马来西亚道教的发展，弘扬了道教文化，增进了全球华人的团结与友谊。

2001 年 3 月，香港成功举办了首届道教节，在沙田大会堂连续三天举行以"顺天乐道——道教的生命观"为主题的道教文化展览。展览期间，还进行了太极拳表演、英文《道德经》朗诵、道乐团演奏等。中国道教协会黄信阳副会长、孙同昌副秘书长等三人应邀参加。此后，中国道教协会的领导每年都出席并支持香港道教节活动。"香港道教节"由香港道教联合会主办，目的是使香港人正确认识道教的教理教义，进而尊崇道教，是每年一度香港道教界的盛事。

2005 年 1 月，澳门道教协会主办庆祝澳门回归五周年祈福典礼、道教仙韵颂太平等系列活动，来自澳门、香港、内地、台湾等地区的代表近 2000 人参加了系列庆祝活动。来自内地的山西绵山道乐团，苏州市道协道乐团，武当山武术团等进行了音乐和武术表演。另外，自 2003 年开始，澳门每年举办道教文化周活动，内容包括祈福法会、道教养生武术表演、道教音乐欣赏、道教文化资料展、道教常识问答、道教专题讲座等，中国道教协会以及大陆的其他道教团体均应邀前往，进行法事活动或音乐武术表演，体现了内地道教界对澳门道教界的友好支持与合作交流。

近十年来，台湾地区道教界在举办大型活动时均得到了内地道教界的大力支持。2002 年 6 月，台北指南宫与香港蓬瀛仙馆在台北联合主办"护国祈安通天大醮"活动，应台北指南宫主任委员高忠信先生的邀请，以中国道教协会副会长张继禹为团长的"中国道教协会赴台道教文化交流团"一行 19 人赴台参加了交流活动，白云观经乐团还参加了其间举办的第二届道教音乐汇演。2005 年在台湾举办的海峡两岸道教音乐会，更是在中国道教协会和内地道教界的大力支持下成功举办。2005 年 7 月 17 至 8 月 4 日，经中国道教协会和台湾中华道教会的协商和认真筹备，以"蓬莱仙韵颂太平"为主题的海峡两岸道教音乐会在台湾举行。在中国道教协会的组织下，大陆道教音乐赴台演出团由江苏苏州姑苏仙乐团、江西龙虎山天师府道乐团、湖北武当山道教武术音乐团、四川青城山道乐团和成都青羊宫道乐团等 5 个道乐团共 96 人组成。参演团体除大陆的 5 个道乐团外，还有台北草山乐坊、台北市道教会科仪团、台北松山慈惠堂国乐团和台南市道教会科仪团。这次海峡两岸道教音乐会在台湾共举行了三场演出，取得了圆满成功。通过道教音乐这个平台，在两岸之间搭起了情感沟通和心灵沟通的桥梁，对于两岸宗教团结、民族文化认同与传承，发挥了积极的作用。

2. 积极参与国际宗教对话，维护世界和平

道教作为中国的本土宗教，随着中国的改革开放和道教本身的发展壮大，越来越多地参与国际宗教间的对话和合作，在国际宗教舞台上发挥着自己的作用。自 1998 年至 2008 年间，中国道教多次参加"世宗和"、"亚宗和"大会，多次参加"世界和传统宗教领袖大会"，并在大会上发表自己的主张，得到国际社会的广泛好评。

世界宗教和平大会（简称"世宗和"）是由日本宗教联盟和美国基督教界人士共同发起，于 1970 年 10 月在日本京都成立的国际多边宗教和平组织，有 40 多个成员国，代表中有佛教、基督教、天主教、耆那教、犹太教、伊斯兰教、神道教、锡克教、袄教等十余种宗教的信徒。其宗旨是促进各国宗教间的对话和合作；争取国内社会的和谐和国际合作；主张裁军和禁止核武器；最终建立"更新更美的典型社会"——"世界共同体"。"世宗和"自 1970 年成立以来，已召开过多次大会。1979 年 8 月，以中国佛教协会会长赵朴初为团长的 10 人宗教代表团首次参加"世宗和"第三届大会，受到大会普遍重视和欢迎。此后，中国宗教代表团参加了 1984 年、1989 年、1994 年的"世宗和"第四届、五届、六届大会。

在第六届大会上，赵朴初当选为大会名誉会长之一，丁光训当选为大会主席之一。但在这些国际大会上，尚没有中国道教代表的声音。1999 年 11月，在约旦首都安曼召开了世界宗教和平委员会第七届大会。中国道教协会副会长丁常云道长，受中国道协派遣，随中国宗教和平委员会代表团应邀参加了本次大会。2006 年 8 月，世界宗教和平会议第八届大会在日本京都召开，来自 100 多个国家和地区的 2000 多人参加了这次会议。中国道教协会会长任法融道长，副会长黄至安道长、丁常云道长等作为道教界代表应邀参加了此次盛会。本次会议的主题是"抵制暴力，共享安全"。与会者围绕"化解矛盾""构建和平""促进可持续发展"三个专题，进行了大会发言及分组讨论，任法融会长以"天下事，和为贵"为题，在"构建和平"组作了重要发言，他向与会者介绍了道教教理、教义中涉及"抵制暴力、共享和平"的思想，介绍了我国走和平发展道路和致力构建和谐社会的理念，呼吁各宗教共同努力，使和谐世界的思想变成美好现实。"世宗和"会议作为各国和各民族维护其利益、扩大其影响、树立其形象的重要国际讲坛，得到了联合国及各国宗教和平组织和宗教和平人士的重视和支持。中国代表团此次参会取得了新的突破，进一步增强了我国宗教界在国际宗教领域的话语权。通过包括道教界人士在内的全体代表的共同努力，代表团圆满完成了"做中国宗教界的和平使者，做中国人民的和平使者"的任务。

亚洲宗教和平会议（简称"亚宗和"）是"世宗和"的区域性组织，成立于 1976 年。其宗旨是激发和提升亚洲宗教界人士追求和平、公正及人格尊严的意识，促进亚洲和太平洋地区共同致力于维护和平。中国宗教界代表团曾参加了 1981 年、1986 年、1990 年分别召开了"亚宗和"二、三、四次会议。1996 年 10 月，在泰国首都曼谷召开第五次"亚宗和"会议，由中国天主教、基督教、佛教、道教、伊斯兰教的 9 位代表组成的中国宗教界和平委员会代表团，参加了这次会议。会上，由于"亚宗和"个别领导人以起草程修正案为由，不顾亚洲各国所公认的以及联合国有关决议所规定的一个中国的原则，拟将台湾地区接纳为正式成员，并在"亚宗和"内制造"两个中国"和"一中一台"的既成事实。为此，中国宗教界和平委员会代表团于 1996 年 10 月 17 日发表郑重声明：在此情况下，中国宗教界和平委员会代表团不得不自即日起退出本次会议，并建议中国宗教界和平委员会中止与"亚宗和"的联系活动，直至他们真心诚意且切实地做到维护"一个中国"的原则,以维护中国的主权、领土完整和统一。

2002 年 6 月 24—28 日,亚洲宗教和平委员会第六届大会在印度尼西亚的日惹召开。共有 16 个成员国的 14 种宗教的 300 名代表参加。中国宗教界和平委员会(以下简称"中宗和")组成以中国道教协会会长闵智亭道长为团长、五大教共同参加的代表团出席了会议。会议期间,"亚宗和"的领导人多次在公开场合提到,能够邀请到中国代表团出席是本届大会最大的成就,没有中国参加的"亚宗和"是不完整的。大会开幕当天,闵智亭会长在大会上以《尊道贵德以促进自然与社会的可持续发展》为题做了基调发言,他呼吁各种宗教的信仰者一起行动起来,为促进人类的和谐与世界的可持续发展作出努力和贡献。最后,大会修订了亚洲和平委员会章程,选出了新的主席、秘书长和委员会成员,并通过了大会宣言。通过选举,闵智亭道长当选为五主席之一。"中宗和"积极参与到"亚宗和"活动中,必将更好地发挥我宗教团体在国际非政府组织中的作用,拓展我对外宣传空间,增进与国际宗教界的了解与友谊。

2008 年 10 月 17—21 日,以"构建亚洲和平"为主题的亚洲宗教和平会议第七届大会在菲律宾首都马尼拉召开。共有来自亚洲 34 个国家和地区的 370 多名代表参加了会议。中国宗教界和平委员会派出 28 人的代表团出席大会,中国道教协会会长任法融和副会长黄信阳、黄至安参加了会议。任法融还当选为新一届"亚宗和"管理委员会和执行委员会成员。

总之,在新的时期,中国道教界代表积极参与了多届"世宗和"大会与"亚宗和"大会,并在大会上阐述道教关于和平与发展的主张,任法融会长还当选为亚宗和的五主席之一,这些都表明中国道教在国际宗教对话中已经拥有相当的话语权,并建立了良好的国际形象,将会在国际宗教事务中发挥越来越重要的作用。

在其他的重要国际宗教会议中,如世界宗教与精神领袖世界和平千年大会、世界与传统宗教领袖代表大会等,中国道教也都积极派代表参加,并在会上发表了道教热爱和平的主张,展示了道教的国际形象。

2000 年 8 月 28—31 日,世界宗教与精神领袖世界和平千年大会在美国纽约联合国总部大会厅召开,这是一次在世纪之交召开的盛会,又值联合国成立 55 周年,意义重大,主题是"号召对话,发扬宗教领袖在转化冲突中的作用,朝向宽恕与和解,结束贫穷的肆虐和环境恶化",来自世界七大洲的一千多位各宗教的领袖出席了大会，盛况空前。中国五大宗教七位负责人组成中国宗教领袖代表团参加了大会。中国道教协会会长闵智亭道长作为中国道教界领袖出席了会议，并代表道教在开幕式上致祈祷词，祈祷："世界和平，永无战争；人类和睦，情同家人；国家统一，社会安宁；民族亲善，各教共容；国泰民安，风调雨顺；五谷丰登，时和岁稔；十方善信，福寿康宁；吉星照临，灾障不侵。"道出了中国道教界、中国宗教界和全世界爱好和平人民的共同心声。一位来自非洲的天主教人士表示，大会三十余位宗教代表的祈祷中中国道教的祷辞给他留下的印象最深刻。闵道长还在发言中阐述了中国道教关于尊重生命、保护环境、消除战争的主张，受到了全世界爱好和平人民的赞同和欢迎。这是中国五大宗教领袖第一次联合组团出访，也是道教界代表第一次出现在联合国大会上，并在庄重的开幕式上进行了道教祈祷，向世界宣讲了道教关于人类进步和世界和平的主张，得到了世界各国宗教界和人民的认同与赞誉。通过出访，道教进一步走向了世界。

世界与传统宗教大会是由哈萨克斯坦总统纳扎尔巴耶夫发起、由哈政府筹办的国际性会议，旨在推动世界各宗教教派进行对话、和谐共存，并促使宗教领袖在国际安全方面发挥积极作用。该会议每3年举行一次，并得到了国际上的认可，它是促进全球和平与和谐的有效对话平台。

首届世界与传统宗教领袖代表大会于2003年9月在哈萨克斯坦首都阿斯塔纳举行，会议旨在推动世界主要宗教在诚实、宽容、谦恭和彼此尊重的基础上开展对话。中国组成了五大宗教代表团出席会议，中国道教协会副会长张继禹道长在会上作了"和谐、和平：人类的共同追求"的演讲，认为不同的民族、不同的宗教和文化之间是完全能够和睦相处的。大会通过了各宗教共同宣言，要求反对暴力和恐怖主义、反对宗教极端主义，促进不同宗教和文明间展开对话，保持宗教之间的和谐，维护世界的稳定与和平。2006年9月第二届世界与传统宗教领袖代表大会在阿斯塔纳召开，来自20多个国家的43个宗教代表团的200余名代表参加了会议，中国亦派出了高规格的宗教代表团。此次大会主题是"宗教、社会和国际安全"。中国道教协会丁常云副会长作了题为"慈爱和同，携手共建和谐世界"的演讲。大会最后通过了共同宣言，要求放弃分歧、仇恨，以尊重和宽容的态度承认文化、宗教和文明多元化的基本事实；号召国际和地区组织，以及世界各国政府积极推进文明对话的进程；努力建立一个更加公平的世界，巩固国际法和国际正义的作用。

在对外开放逐渐扩大、全球化进程日益加深的新形势下，世界宗教之间的联系与影响也与日俱增，中国道教作为中国的本土宗教，勇于走出国门，积极参与国际宗教对话，在世界宗教舞台上发表自己的观点，从而树立了良好的国际形象。中国道教在进一步走向开放和面向世界，中国道教在推动宗教对话、维护世界和平方面必将发挥其应有的重要作用。

四　关于道教发展现状与趋势的几点分析

纵观改革开放三十年来中国道教的发展历程，可以说道教的发展与中国社会的发展同步，与中国改革开放的发展同步。三十年来，在改革开放的大好形势下，中国道教获得了极好的发展机遇，形成了稳步发展的局面，取得了巨大的发展成就。中国道教不仅恢复了传统教制、仪范规戒，而且在新的时代背景下有诸多的变革与创新，如在协会组织的建设、道教学院的创设、公益事业的参与、对外交流的促进等方面，都表现出新气象与新面貌。

不过，如果把道教放到中国五大宗教的整体格局中去观察，会发现当前中国道教的发展状况与特点是：一方面道教遇到了最好的历史时期，获得了快速发展；另一方面道教与其他宗教相比，力量相对弱小。因此，道教需要加强管理，创新教制，阐扬教义，抓住历史机遇，紧跟时代步伐，提升文化素质，整合信仰资源，积极参与和谐社会建设，力争在21世纪发挥其应有的功能与作用。

（一）关于道教发展机遇的分析

改革开放以来，中国政府全面贯彻宗教信仰自由的方针政策，中国的五大宗教都进入了快速恢复和发展时期。在20世纪的社会变革中遭受严重挫折的中国道教，更是迎来了近百年来最好的发展机遇。

关于当代道教的发展机遇问题，现在的道门领袖对此有深刻的认识，并在多次讲话中强调"道教正处于最好的历史时期"这样的观点。早在1988年11月，张继禹道长在作《道协四届二次理事会工作报告》时，就指出当前"道教界正处于最好的历史时期，道教事业已呈现蒸蒸日上的趋势"。① 此后，历届道教领袖又多次强调这种认识，1992 年傅元天道长在作《中国道教协会第四届理事会工作报告》时，再次提出"道教事业进入了历史上最好时期之一"②。2005 年，张继禹道长在回顾中国道教协会五十周年的成就时，再次强调"抚今追昔，我们深感道教遇上了最好的历史时期"③。不仅道教界自己具有这样的认识，而且国家宗教事务管理部门的领导也提出同样的观点。1998 年国家宗教事务局局长叶小文指出："改革开放的 20 年，是中国一个半世纪以来发展最好最快的时期，也是中国的宗教信仰自由政策贯彻得最好的时期，即中国宗教的黄金时期。"④ 就是说，认为当代道教处于近百年来最好的发展时机，这样的观点是政教界的共识。

那么，为什么说当代道教遇到了历史上最好的发展时机呢？这一方面是因为近百年来中国道教一直处于衰落状态，并在"文化大革命"中遭受沉重打击。另一方面是改革开放以来中国道教处于国内外良好的环境中，获得了快速发展的机遇。

道教作为中华民族的传统宗教，迄今已有两千多年的历史。作为中国传统文化的三大支柱之一，它对中国古代社会的政治制度、学术思想、文学艺术、医药科技及民间习俗等方面，都曾发生过重要影响。但是，中国传统的儒释道三教发展到晚清时期，都面临着衰落的命运，道教的衰落尤为突出。王卡先生分析近代道教衰落的原因，认为："近代以来，道教又面临着来自西方的普世性宗教和世俗文化（尤其是左翼文化理念）的巨大挑战。这些强势的外来的排他性独神信仰或无神论意识形态，极大地压缩了道教的生存空间。近代中国的西方化知识精英，视中国传统的道教与民间信仰为'野蛮宗教'。他们主张'脱巫去魅'的现代性价值取向，导致道教徒的宗教信念弱化，精神萎靡不振。现代主流媒体中常见的批判'封建迷信'的话语，导致道教在中国普通民众中的影响力大为降低。外

① 张继禹：《两年来的工作回顾——道协四届二次理事会工作报告》，《中国道教》1989 年第 2 期。

② 傅元天：《中国道教协会第四届理事会工作报告》，《中国道教》1992 年第 3 期。

③ 张继禹：《爱国爱教，团结进步，坚持走与社会主义社会相适应的道路》，《中国道教》2007 年第 5 期。

④ 叶小文：《把中国宗教的真实情况告诉美国人民》，宗教文化出版社 1999 年版，第 76 页。

在的不利机遇，以及道教自身面对'现代性挑战'的回应不力，是其在中国近现代历史上衰落的主要原因。"①

这种观念为多数学者所认可，有的学者甚至认为外来宗教概念的移入和反复实践，直接导致了本土宗教的衰落，并为外来宗教的传播开启了方便之门。"近代中国在构建欧美化的'民族—国家'过程中，曾经快速地接受了外来的'宗教'概念及内涵、外延界定，主要以外来的制度性宗教为'正宗'、'正统'、'正信'，给予宗教表达及结社自由。与此同时，广泛地使用'封建'、'迷信'、'邪教'等意识形态话语，来界定本土的国家祀典、民俗信仰、民间教派部分，并予以限制、废除、取缔，名正言顺地不给予'宗教自由'。而一些本来合乎'信仰自由'政策规定的本土'制度性宗教'或民族宗教，如道教，或民俗性佛教，也难免受到'封建迷信'的株连。这种西化概念的成功移入及相应的反复性实践，严重地破坏了传统宗教生态系统的平衡，造成了本土宗教资源快速地'水土流失'或枯绝，并在客观上为那些带有异质文化背景的宗教的传播开启了方便之门。"

20 世纪上半叶是道教在历史上最为衰落的时期。辛亥革命的爆发，结束了千年封建帝制，同时西方文化思潮在国内激荡，科学与民主成为时代的标志，中国的传统文化均遭受沉重打击，道教的命运尤为多厄。以陈独秀为代表的新文化运动者直接视道教为迷信落后而必须革除的东西，有的地方还通过议案，明令取消道教。1928 年南京国民政府颁布了《神祠存废标准》，明确规定必须废除的道教神祠有日、月、火、五岳、四渎、龙王、城隍、文昌、财神、送子娘娘、瘟神、狐仙等，这些神祠被时人认为是迷信淫祠，必须废除。但实际上，道教的宫观历来都是神灵众多，诸神共处，所以很多道教宫观受到严重冲击。此后，国民政府及各地政权又多次以破除迷信神权为名，打击宗教，首当其冲受到巨大打击的就是道教。整个 20 世纪上半叶，由于战争不断，内忧外患，道教与其他宗教一样，都遭受严重损失。所以说，20 世纪上半叶是道教最为衰落的时期，道教的社会影响力甚微，道教成为中国传统文化末流和余孽的象征，道士形象惨淡，萎靡不振。陈撄宁先生在回忆新中国

---

① 王卡、陈文龙：《道教发展的新气象和新机遇》，《中国宗教报告（2009）》，社会科学文献出版社 2009 年版，第 56 页。

成立前的道教时，就说道："据我亲眼所见，全国道教徒在社会上没有出路，在政治上没有地位，处处受到人家歧视，若要还俗就业，恐不免被群众所讥笑，而实际也无业可就；若仍旧困守本行，又苦于这件事太无意味，反落得一个靠迷信吃饭之名，以致光阴虚度、郁闷终身者不在少数，因此道教中就埋没了一些有用的人才。"[①]

1949年新中国成立时，道教仍然背负着沉重的"迷信落后"的包袱，不能积极适应社会发展的要求。新中国成立前夕召开的中国人民政治协商会议第一届全体会议，有八人组成的宗教界人士代表团参加，其中缺乏道教界的代表。政协会议通过的《共同纲领》出台后，对于其中明确承认和保护宗教信仰自由权的条款，基督教、佛教、天主教和伊斯兰教都纷纷表示拥护和支持，但是没有道教界的声音。不过，道教仍被定为国家承认的五大合法宗教之一，这为其后来的存在和发展保留了一线生机。1957年成立的中国道教协会，是道教界主动改变消极形象、自觉适应社会发展要求的重要举措。从1949年到1966年，全国道教徒都在顺应时代要求，积极投身于社会主义改造和建设，道教的发展也出现了一些新气象。如道教徒在政治思想、精神面貌上都有了新生的感觉，道教宫观管理体制走向民主，道教宫观经济走向自养自立，成立了全国性的道教组织等。但是，随后"文化大革命"的爆发，不仅给中国社会带来了巨大灾难，也给道教带来了灭顶之灾。"文化大革命"期间，道协停止工作，道教宫观、经典、文物遭到严重破坏，道教界人士被打成"牛鬼蛇神"，多数被迫离观还俗，很多信仰坚定的道教徒遭到迫害，形成大量冤假错案。到"文化大革命"结束时，全国几乎没有一座保存完好的宫观，留住宫观的道教徒也寥寥无几。正如李养正先生所说："到十年浩劫中，在全国可以说已经没有一座保持教制的、实际的道教宫观了。道士既无可诵之经书，更无可作醮仪之道坛，念的、敲的、穿的、戴的、捧的、拜的、烧的……一切宗教活动之必需品，均化为乌有。有些无处可去的年老体弱的道士，蜷缩于破房残舍的角落，也是日夜心惊肉跳，苟延残喘，他们的生活，由不忍离去的中青年道士去艰苦地谋取，或种地，或砍柴，或作工，或乞讨，维持生计。晨钟暮鼓寂灭了，步虚之声寂灭了。这些清修者不仅遭受生计上

---

① 陈撄宁：《分析道教界今昔不同的情况》，《道协会刊》1962年第1期。

的煎迫，更难以隐忍的是心灵上的痛苦。道教界沉暗了，道教沉没了。"①

1976 年"文化大革命"结束后，中国政府进行全局性的拨乱反正，中共十一届三中全会的召开，标志着中国进入了解放思想、改革开放和社会主义现代化建设的新时期。从此，中国政府纠正了长期以来"左"的指导思想，全面落实宗教信仰自由政策，传统文化重新受到重视。而中国道教在经过了近百年的衰落与劫难之后，终于在改革开放的春风下获得了重生，并迎来了近百年来最好的发展机遇。道教的发展机遇主要表现在以下方面：

第一，宽松的政策环境为道教的恢复发展提供了前提和保障。改革开放以来，中国政府纠正了长期以来"左"的指导思想，重新检讨了关于宗教问题的基本认识，制定了新时期宗教工作的基本政策，中共中央书记处发布了题为"关于我国社会主义时期宗教问题的基本观点和基本政策"的重要文件，认为宗教问题将在一定范围内长期存在，而在新的历史时期，党和政府对宗教工作的基本任务，就是要坚定地贯彻执行宗教信仰自由的政策。此间政府还相继出台了一系列的政策文件，全面否定了"文化大革命"对宗教工作的破坏，平反冤假错案等。这些重要文件明确了党的宗教政策，对于各地的宗教工作起了积极的指导作用。在正确的方针指导下，各级政府有关部门全面落实宗教政策，各地的宗教活动逐渐得到恢复。道教作为政府承认的五大合法宗教之一，也得到了政策的保护和扶持。随着改革开放的深入和宗教信仰自由政策的不断落实，道教在宽松的政策环境下，在各级有关部门的大力支持下，获得了巨大的发展空间，实现了稳定而快速的增长。

在道教协会的组织建设方面，基本上健全了覆盖全国的道协网络。早在 1979 年，中国道协恢复工作，1980 年，中国道协召开了第三届全国代表大会，道教工作开始全面恢复。此后，在地方政府有关部门的支持下，各级地方道协相继成立。到 2007 年，全国已成立各级道协三百余个，除新疆、西藏、内蒙古及少数省份外，全国已建立起 23 个省级道教协会，而市县区级道协组织更是遍布各省。各级道协组织的建立，有效地维护了道教界的权益，大力地推动了道教的宫观建设、组织管理和人才培养等。

---

① 李养正：《当代中国道教》，中国社会科学出版社 1993 年版，第 16 页。

在道教宫观的恢复建设方面，得到了政府的有效扶持，实现了快速增长。1983 年国务院正式批准了 21 处宫观为全国重点宫观名单，在各级部门的协调下，这些宫观陆续归还道教界。同时，许多被占用的著名宫观，也经各级政府落实政策，收归道教界管理。到 20 世纪 80 年代末，道教界收回的宫观有 200 多座。随着改革开放的深入和宗教政策的落实，道教界收回、恢复、重建的宗教活动场所逐年增多，到 2008 年，全国共开放有大大小小的道教宫观近 5000 座。这些道教活动场所的修复和开放，都得到了政府有关部门的支持，有些著名的宫观场所，政府还多次拨款进行维修，如北京白云观自 1980 年开始，就由政府拨款进行维修，历时三年修葺一新，1984 年对外开放。到 1999 年，白云观进行再次修缮，政府又提供了资金支持。其他的一些著名宫观，如西安八仙宫、沈阳太清宫、青城山天师洞等，都由政府拨款进行了修复。据 1991 年 10 月国务院新闻办公室发布的《中国的人权状况》白皮书介绍，"文化大革命"中遭到破坏的宗教设施得到了普遍恢复和修缮，截至 1989 年年底，经各级政府正式批准恢复开放的寺观庙堂达 4 万余处。国家对一切宗教活动的房屋及占用土地免税，对于需要维修而又缺乏资金的寺观庙堂给予补助。据不完全统计，1980 年以来，从中央财政拨给寺观庙堂的维修补助费就达 1.4 亿元以上。① 另据有关数据介绍，"从 20 世纪 80 年代开始，中国政府向宗教界提供寺观教堂维修款每年 300 万—500 万，从 1997 年开始提高到每年约 1000 万，从 2006 年开始，提高到每年 1500 万"②。总之，道教宫观与其他宗教场所等，在恢复和修建过程中，都得到了政府的政策支持和财政资助。

在道教人才的培养、道教院校的建设方面，亦得到了政府的大力扶持。1980 年中共中央统战部同意国务院宗教事务局党组《关于恢复宗教院校的意见》，指出："'文化大革命'中各宗教院校均已停办。根据中央文件的有关精神，拟在今年内恢复中国伊斯兰教经学院、中国佛学院、中国基督教南京金陵协和神学院和筹办中国天主教神学院，道教可考虑设一研究班，有计划地培养一些政治上爱国、又有一定宗教知识的神职人员和

---

① 国务院新闻办公室：《中国的人权状况》，中央文献出版社 1991 年版，第 42 页。

② 光明日报：《1997 年宗教白皮书发表以来我国宗教发展情况》，载《光明日报》2009 年9 月 5 日。

研究人员。"① 正是有了这样的政策，中国道教协会在 1981 年制订了《道教知识专修班计划》，1982 年 11 月第一期道教知识专修班开学，从而恢复并发展了道教的人才培养工作。此后，道教界陆续举办了五期道教知识专修班和一期进修班，在此基础上，经过多年的努力，并在政府和有关部门的支持下，于 1990 年成立了中国道教史上第一所全国性的道教学院——中国道教学院。中国道教学院自成立以来，不断得到政府有关部门的关心和支持，既在课程设置、师资安排上提供指导和帮助，又在办公场所、教育经费上给予大力支持。自 2003 年起，政府对佛教、道教、伊斯兰教、天主教、基督教五大教的 7 个全国性宗教团体办公会所和 6 所宗教院校校舍建设给予支持并提供优惠政策，在 11 个建设项目中，国家资助经费超过 7 亿元人民币，全国性宗教团体的办公条件和宗教院校的办学条件得到了明显改善。在这项大工程中，中国道教协会和中国道教学院亦在资助之中。中国道教协会和中国道教学院自成立以来，一直在白云观内办公，2004 年 8 月，准备在北京白云观东西两侧建立中国道教协会会所及中国道教学院校舍的工程立项得到批复，经过前期各项准备工作，这项工程于 2008 年 11 月 20 日举行了奠基仪式，预定 2010 年底竣工。这两项建设工程得到了政府近 1 亿元的资金资助，占地约 1 公顷，总建筑面积15443 平方米，建成后将极大地改善中国道教协会的办公条件和中国道教学院的办学条件。与此同时，在地方有关部门的支持下，各地道协或宫观亦成立了多种形式的培训班，培养了大批道教人才。另外，上海道学院、青城山道教学院和武当山道教学院亦先后成立，这些学校作为宗教局批准成立的三年制大专院校，将为道教界培养更多高学历的人才。

在大型道教学术活动的开展方面，更是得到各级政府有关部门的大力支持与协助。例如，2007 年 4 月，中国道教协会与中华宗教文化交流协会共同在西安和香港举办的"国际道德经论坛"，就得到了陕西省政府和香港特区政府的大力支持。来自海内外的学术界、道教界、工商界人士有上千人参与，产生了较大社会影响。此次论坛受到国家领导的高度重视，全国政协主席贾庆林发来贺信，全国人大常委会副委员长许嘉璐，全国政协副主席刘延东、董建华等先后到会并致辞。多年来，江西龙虎山举办了

---

① 罗广武：《新中国宗教工作大事概览（1949—1999）》，华文出版社 2001 年版，第 285页。

十届道教文化节，四川成都也举办了两届中国道教文化节，广东、江苏、河南、山东、浙江、山西、陕西、甘肃等省市，都举办过大大小小的与道教相关的文化节、仪式法会、学术论坛等活动，这些活动的开展都得到了当地政府的支持和协助。对有些大型活动政府不仅出面组织，提供场所、资金、交通工具与安全保障，而且帮助联络媒体宣传、工商界赞助等。可以说，如果没有政府及相关管理部门的参与和支持，许多活动的开展是不可能的。

第二，中国经济的腾飞为道教的发展提供了坚实的经济基础。改革开放以来，随着国家将工作重点转移到经济建设上来，随着商品生产的发展和社会主义市场经济体制的建立，中国经济实现了腾飞。改革开放所创造的巨大的物质财富，既促进了中国社会走向繁荣昌盛，也为中国道教的复兴提供了强大的经济后盾。早在20世纪80年代，道教宫观就根据市场经济的需要，开办小卖部、旅舍、饭店等服务业，经营农业、林业、手工业等活动，提高收入，逐步实现宫观自养，并利用自养收入翻修殿堂、重塑神像等，从而加快了道教宫观恢复的步伐。到20世纪90年代，随着改革开放的深入和中国经济的发展，道教宫观的经济力量也进一步增强，不仅恢复了更多的活动场所，而且有能力建造一些大型的宫观建筑群。如福建九竹山九仙宫自筹资金1000多万元，修缮了宫、殿、楼、坊、亭、阁等建筑，以及道房、图书室、招待所等配套设施，使得九仙宫的庙貌焕然一新。而湖南南岳道教界更是集中了社会巨大的经济资源，投资3000万元，不仅修复扩建了山顶的祖师殿、半山亭的玄都观，而且从废墟荒草中重建了三元宫、纯阳宫、寿宁宫等八大宫观，形成了南岳大庙从山上到山麓的道教建筑网群。进入21世纪，道教的发展速度更快，不仅修复了大量的宫观建筑，建设了多个道教学院校舍，而且组织了数十次国内国际的学术会议，举办了多届大型道教文化节，这些活动的开展，都需要雄厚的资金支持。也正是在当代中国改革开放、经济繁荣的背景下，道教才能够筹得资金，完成这些大型活动和工程建设。可以说，中国道教的发展是与社会经济的发展同步的，随着国家进一步走向繁荣富强，中国道教事业将会更加蒸蒸日上。

第三，宗教学术研究和传统文化的复兴提升了道教的文化地位，改善了道教的社会形象。在改革开放之初的20世纪80年代，针对学术界关于"宗教"与"鸦片"的论争，一些学者开始从"文化""文明"的角度来看待宗教，从而形成将宗教视为"文化"并对之展开"文化研究"的学术思潮，在当时社会舆论大多仍对宗教持否定、消极看法的氛围中，"宗教是文化"命题的提出具有打破僵局、使宗教认知柳暗花明的历史意义。这种宗教文化论的旨归在于突破限于意识形态层面的宗教认识，从社会学层面的宗教分析上再往前深入，用宗教理解来为人类文化画龙点睛，并厘清宗教与人类文化的关系、宗教文化的内涵与外延。① 那么，学术界对于道教的研究和认知，亦同样淡化其宗教性，而突出其文化性，这期间出版了诸如《道教与传统文化》《道教与科学》《道教与中国冶炼学》《道教与中国医药学》《道教与民间文学》等著作，从各个方面阐述道教文化中的优良传统。通过对道教优秀文化的研究与弘扬，逐渐消除了人们视道教为封建迷信的长期误解和片面认识，提升了道教的社会形象。20 世纪 90年代以来，随着改革开放的发展，随着对外交往的不断扩大和我国综合国力的不断提升，"中国崛起"已成为世人的共识，然而除了强大的物质基础外，中华民族的复兴尚需要包括传统文化在内的"软实力"的匹配，中国本土文化复兴已经成为中国人普遍的心理诉求和基本共识。早在1993 年，美国著名学者亨廷顿在《文明的冲突》一书中就提出：有些国家走向现代化过程中，初期往往是以"西方化"促进现代化，后期则往往是用已取得的现代化成就促进"非西方化"和本土文化的复兴，其动力就是这些国家因国力强大而导致的民族自尊心和自信心的增强，进而导致自身历史文化传统的回归。他认为最典型、最成功的例子就是日本，而中国则已经开始走向了本土文化复兴的道路。时至今日，中国已经出现了复兴传统文化的热潮，主要表现在方兴未艾的读经热、国学热、孔子热、祭祀热、传统节日热、传统礼仪热等现象和话题。道教作为传统文化的重要组成部分，亦受到一定程度的关注和热捧，各种媒体对于道教正面的报道和宣传也日益增多，有关道教的研究论著、普及读物大量出版，电视台还制作和演播了一些宣传道教文化的电视节目，这些都有效地提升了道教的文化地位。而道教界也积极响应这种传统文化复兴的浪潮，开始积极主动地宣传自己的传统教义和文化，举办了难以计数的大大小小的文化节、讲经会、学术论坛、研讨会、各种法会等，在这些活动中道士们比以往更

---

①　参见卓新平《宗教学术研究对宗教理解的贡献》，载卓新平主编《宗教比较与对话》第5 辑，宗教文化出版社 2004 年版，第 7—8 页。

敢于宣传和展示自身信仰的特质，并表现出一定的自信心和自豪感，从而使道教界的精神面貌发生了明显变化，表现出更加积极、自信、活跃的特点，也多多少少改变了近代以来道士在人们心目中萎靡怠惰的负面形象。

总之，改革开放30年来，相对宽松的政策环境，快速发展的中国经济，传统文化的复兴与研究，为当代中国道教的发展提供了百年难得的好机遇。在这样的机遇面前，中国道教也确实在规范管理、创新体制、人才培养、对外交流等方面不断努力，道教在开放宫观、道协组织和道士人数的恢复与发展方面，取得了巨大的成就。

（二）关于道教发展规模与趋势的分析

内地道教经过"文化大革命"的浩劫之后，几乎从零起步，经过30年的发展，道教基本恢复发展到新中国初期的规模。但是，也应该看到，从发展规模来说，在中国现行的五大宗教中，道教是最弱的。这不仅表现在道教与其他宗教相比，显得比较弱小，也表现在道教自身与清末民国时期相比，未恢复到当时的水平。

根据有关统计或估计资料，道教在近百年间的规模变迁情况见表3－2。

表3－2　　　　　　　　　　中国道教近百年间的变迁

时间	开放宫观	道协组织	道士人数	资料来源
清光绪年间			8万	陈撄宁：《分析道教界今昔不同的情况》
新中国成立前	1万		5万	赤耐主编：《当代中国的宗教工作》（上）
1966年	637		住观5000人，散居数万	李养正：《当代中国道教》
1978年				
1988年	200	60		张继禹：《道协四届二次理事会工作报告》
1997年	1722	133	住观7135人，散居2万	李养正：《当代道教》
2007年	5000	300	住观道士3万，散居5万	中国道教协会教务部：《中国道教协会五十年教务工作总结》

　　根据表 3 - 2 可以看出，从 1978 年到 2008 年，中国道教是在恢复、发展、再发展的道路上稳步前进。从"文化大革命"结束后的零起步，经过 10 年的恢复，到 1988 年有了初步的基础，开放宫观达 200 座，建立道协组织 60 多个。又经过 10 年的发展，到 1998 年获得了直线式上升，开放宫观近 1800 座，建立道协组织 133 个，道士近 3 万人。再经过 10 年的发展，到 2008 年，规模又扩大了一倍多，开放宫观达5000 所，建立道协组织 300 多处，住观道士达 3 万人，已登记散居道士达 5 万余人（未登记散居道士人数更多）。从 30 年的发展趋势来看，道教一直保持着良好的稳步的发展势头，而且这种趋势还在延续。

　　不过，也应当看到，道教在 30 年来尽管取得了巨大的发展成就，但与清末民国时期相比，还远远没有恢复到当时的水平。比如说现在的开放宫观约有 5 千座，而新中国成立前约有上万座，清末更多。又如现在的住观道士约 3 万人，新中国成立前约为 5 万人，清末时约 8 万人。就是说，无论是宫观的数量，还是住观道士的人数，都不及新中国成立前的一半。如果以北京市为例，这种情况就更为突出。据《华北宗教年鉴》统计，新中国成立前北京市约有道观 114 座，道士 445 人，而2008 年，北京市恢复开放的道观只有 7 座，住观道士不足 100 人。可见，北京市恢复开放的宫观从数量上来说，不及新中国成立前的 1/10。当然，由于各地发展状况的不均衡，有的地方道教发展较快，有可能远远大于这个比例。

　　如果把道教与中国现行的五大宗教进行比较，也可以发现道教是其中最为弱小的一支，尽管道教近十年来发展较快，但由于基础薄弱，总体实力还是相对弱小。而对比于新中国成立前夕的各大宗教状况，则可以观察中国宗教在 60 年来的盛衰消长，以及现行内地宗教生态的失衡情况。

　　下面根据有关资料及官方统计数据，简要介绍中国五大宗教在新中国成立前夕、1997 年和 2008 年三个时间点的基本状况，包括寺观教堂、教职人员、信徒的数量及变迁情况等。

　　据不完整的资料，新中国成立前夕我国各宗教信教人数、宗教活动场所等简况如下：汉族地区佛教寺庙约 4 万座，僧尼约 50 万人，烧香拜佛的善男信女难以计数。少数民族信仰佛教的约 460 万人。道教宫观数字不详，道教徒也难以计数。信仰伊斯兰教的 10 个少数民族，人口 800 多万。天主教有大小教区 140 多个，教堂 15000 余座，教徒约 300 万人。基督教有大小教派 70 余个，教堂 2 万余座，教徒约 70 万人。[①]

根据国家宗教事务局官方网站公布的数据，1997 年中国有各种宗教信徒一亿多人，宗教活动场所 8.5 万余处，宗教教职人员约 30 万人，宗教团体 3000 多个，宗教院校 74 所。其中佛教有寺院 1.3 万余座，出家僧尼约 20 万人，其中藏语系佛教的喇嘛、尼姑约 12 万人，活佛 1700 余人，寺院 3000 余座；巴利语系佛教的比丘、长老近万人，寺院 1600 余座。道教有宫观 1500 余座，乾道、坤道 2.5 万余人。伊斯兰教穆斯林约 1800 万，有清真寺 3 万余座，伊玛目、阿訇 4 万余人。天主教教徒约 400 万人，教职人员约 4000 人，教堂、会所 4600 余座。基督教（新教）徒约 1000 万人，教牧传道人员 1.8 万余人，教堂 1.2 万余座，简易活动场所（聚会点）2.5 万余处[②]。

经过 10 年的发展，到 2008 年，据不完全统计[③]，中国现有各种宗教信徒 1 亿多人，信教人数呈平稳增长态势。宗教活动场所共约 13 万处，比 1997 年增长约 5 万所。宗教教职人员约 36 万人，比 1997 年增长 6 万人，宗教团体 5500 多个，宗教院校 110 余所。其中，佛教寺院现有 2 万余座，出家僧尼约 20 万人。道教宫观现有近 3000 座，增长了近一倍，现有乾道、坤道 5 万余人[④]。伊斯兰教清真寺现有 3.5 万座。天主教现有教徒 530 万，教堂、会所 6000 余座，教职人员约 5000 人。基督教徒约 1600 万人，基督教教牧人员现有 3.7 万余人，基督教教堂、聚会点现有 5.5 万余处，比 1997 年增长了 1.8 万处。那么，将上述数据做成表 3 - 3，可以更直观地看出各大宗教的现状和变动情况。

---

① 参见罗竹风主编《中国社会主义时期的宗教问题》，上海社会科学院出版社 1987 年版，第 34 页。

② 以上数据来源于国家宗教事务局网站刊载的《中国的宗教信仰自由状况》（国务院新闻办公室，1997 年 10 月 16 日），网址：http://www.sara.gov.cn/GB/zgzj/default.htm。

③ 以下数据主要来源于光明日报：《1997 年宗教白皮书发表以来我国宗教发展情况》，载《光明日报》2009 年 9 月 5 日。

④ 这里有关道教宫观、道士的数据，主要根据《光明日报》的文章，与前文引用的中国道教协会的数据不太一致，可能双方统计的标准与路径不同。因为要将五大宗教进行对比，需要一个相对统一的标准，所以这里还是以《光明日报》公布的数据为依据。

表 3 - 3　　　　　　　　　中国宗教信仰状况统计表

类别	年代	1949 年	1997 年	2008 年	2008 年比 1949 年增加量	增长百分比
佛教	寺院	4 万	1.3 万	2 万	- 2 万	- 50%
佛教	出家僧尼	50 万	20 万	20 万	- 30 万	
道教	宫观	1 万	1500	3000	- 7000	- 70%
道教	道士	5 万	2.5	5 万		
伊斯兰教	清真寺		3 万	3.5 万		
伊斯兰教	阿訇		4 万	4 万		
伊斯兰教	信众	800 万	1800 万			
天主教	教堂、聚会点	1.5 万	4600	6000		
天主教	教牧人员		4000	5000		
天主教	教徒	300 万	400 万	530 万	+ 230 万	
基督教	教堂、聚会点	2 万	3.7 万	5.5 万	+ 3.5 万	+ 275%
基督教	教牧人员		1.8 万	3.7 万		
基督教	教徒	70 万	1000 万	1600 万	+ 1530 万	+ 2300%

　　根据表 3 - 3，可以得到如下印象：第一，改革开放以来，基督教发展最快，堂点增长了近 3 倍，教徒增长了 23 倍。而传统的佛、道教恢复发展相对缓慢，都没有恢复到新中国成立前的水平，尤其是道教的活动场所比新中国成立前减少了 70%。第二，改革开放以来，与国内其他各大宗教相比，道教属于最为弱小的一支。这主要表现在道教开放宫观的数量是最少的，与之相应的经济基础、信众力量也是较为弱小的。当然，其他指标如道士的人数，相比于其他宗教的教职人员来说，并不是最少，这一点值得讨论。因为根据官方的统计数据，是将住观道士和散居正一派道士合在一起统计的，而散居正一派道士大多是散居城、镇和乡村，有家室，不常住宫观，他们一般都有自己的职业，平时务工，有需要时才临时组织起来做法事活动，这部分散居正一派道士与其他宗教的专职教职人员相比，可比性不强。因此，如果将居住宫观的道士数量拿来比较，或许更能说明问题。按照中国道教协会的调查统计，1997年住观道士是 7135 人，2008 年达到 3 万人。那么，与其他宗教相比，道教的住观道士数量确实超过了天主教的教牧人员，但还没有超过基督

教。道教的住观道士不多而散居正一派道士数量庞大，这种情况说明中国道教有深厚的历史积淀和传承，也说明目前道教的宫观力量和传教能力还是相对弱小。第三，从1997年到2008年的10年间，道教的活动场所和道士人数增速最快，都是增长了一倍，远超于其他宗教。不过，也应当看到，由于道教基础薄弱，基数较少，尽管增速最快，但增长量并不是最多。如10年间道教宫观增加1500座，增长100%，而佛教寺庙增加7000座，增长50%，基督教堂点增加1.8万座，增速才49%，伊斯兰教清真寺增加5000座，增长率为17%。因此，尽管道教的增长率最快，但增加量还是最少。这种情况一方面反映了道教在近年来确实出现了快速发展的势头，但另一方面也反映了道教一直以来较为弱小的局面并没有改观。

综上所述，在全国现行的五大宗教中，道教的力量最为弱小。尽管道教在近10年来获得了快速发展，发展速度甚至超过其他宗教，但由于道教基础弱，起点低，故在活动场所、教职人员的数量上，仍然处于相对较弱的局面。道教在学院建设、经济实力、文化宣传及社会影响等方面，与其他宗教相比，也还存在一定的差距。

上述统计与分析，主要依据一些全国性的宏观数据得出的结论。如果落实到每个县市乡镇，其具体情形又有所不同。笔者曾于2009年9月到辽宁省PLD市进行社会调研，得到一些当地各大宗教的统计数据，这些数据向我们昭示了当地宗教发展的不同状况。

PLD市现有四大宗教，即基督教、佛教、道教和伊斯兰教，经宗教局登记的正式活动场所39个，教职人员130人，信徒45000余人。其中基督教势力最大，现有正式堂点28个，信徒4万人；其次是佛教，现有佛寺5所，信徒3000人；再次是伊斯兰教，现有清真寺4所，信徒1000人；最后是道教，现有道观2所，信徒1000人。另外，在合法登记的正式场所之外，尚有一些临时场所，或是有宗教活动、但未取得合法资质的散庙，如基督教有临时活动点12个，佛道教有活动但无登记证的寺庙10多处。以下是不同年份PLD市的各宗教统计情况表（见表3-4），尽管有些数字不一定特别准确，但也大致反映了历史上各宗教的变动情况。

表 3 - 4 　　　　　　　　　　PLD 市历年宗教统计表①

类别	年代	1949 年	1955 年	1985 年	2009 年
佛教	寺院	35	10	2	5
	出家僧尼	170	29	14	30
	信徒				3000
道教	宫观	70	1	0	2
	道士	74	1	0	10
	信徒				1000
伊斯兰教	清真寺	3	3	3	4
	阿訇	3	3	2	3
	信徒	1000	1300	800	1000
基督教	堂点	3	1	1	40
	教牧人员	10	3		70
	信徒	900	85	230	40000

　　通过对以上不同时期宗教统计的分析，我们可以看到 PLD 市宗教生态发展的一些轨迹。新中国成立前，境内宗教以传统的佛道教为主，佛道二教历史悠久，影响广泛，拥有 100 多座大大小小的庙宇，信徒数量众多，和尚道士等教职人员的数量也远远超过基督教和伊斯兰教。基督教作为外来宗教于 1908 年始传入 PLD 市，传播区域主要限于传教士活动的几个乡镇，堂点和信徒数量数十年来缓慢增长，到新中国成立前夕，基督教堂点也不过三四个，信徒不超过 1000 人。而伊斯兰教作为回族人民信奉的宗教，其范围和影响主要局限于回民集中居住的几个地方，清真寺和信徒数量几十年来变化不大。新中国成立后到 1978 年的近 30 年间，由于政治运动的影响，各个宗教都受到冲击，发展停滞，活动停止。1978 年到 2008 年的 30 年间，各大宗教恢复活动，但发展速度却各不相同。与新中国成立前相比，伊斯兰教基本恢复到原有的状态，而佛道二教恢复缓慢，无论是庙观数量，还是教职人员、信徒的人数，都与原来的规模相距甚

① 有关数据来源于当地地方志及笔者所作调查。有些空格未填，表示没有找到相应的数据资料。另外，有些数据不一定特别精确，特别是佛道教的信徒数量，只是一个估计数。

远。特别是道教的恢复尤其缓慢，现在只有 2 座开放宫观，不到新中国成立前的 1/30，道士大约 10 人，也只有新中国成立前的 1/7。唯有基督教发展迅速，规模大增，其堂点和信徒数量都达到新中国成立前的几十倍，而成为现 PLD 市的第一大教。可以说，在 PLD 市现有的宗教格局中，以基督教势力最大，堂点和信徒数最多，道教的力量最弱，活动场所最少。那么，这种宗教格局的形成，应该说是在 20 世纪 80 年代以后才开始出现的，反映了地方宗教在发展过程中出现的严重不平衡现象。

那么，通过对 PLD 市的宗教调查，可以看出该市与全国的状况类似，即在现有的各大宗教中，道教的力量最弱。但有一点不同，就是 PLD 市的道教发展增速缓慢，与全国道教在近年来的快速增长存在较大差距。从发展趋势来说，该市的基督教仍在快速发展，而传统的道教、佛教发展迟滞，两者的差距越来越大，而且这种状况在短时间内难以改变。

如果说 PLD 市只是笔者调查的一个个案的话，那么其他学者对不同地区的相关调查，或可提供一定的佐证。2008 年，华中科技大学中国乡村治理研究中心组织人员对全国 10 省 20 村的有关西方宗教在农村传播状况进行了深入调研。该项调研旨在厘清当前西方宗教在中国农村的发展现状及其与中国本土宗教势力的消长状况。该报告认为"以基督教为主体的西方宗教在经过近 30 年的发展后，已经完全取代传统宗教和民间信仰形式，成为我国农村主导性的宗教并且具有唯一的合法性"。"当前我国农村整体的宗教生态无论从信众数量，还是从发展速度和趋势来看，西方宗教都保持着一枝独秀的局面；佛、道教信仰的空间虽较改革前有所复兴，但总体状况是逐渐萎缩；民间传统的信仰形式在细枝末节上似乎有'复兴'迹象，但无法在体系上重构，呈急剧衰败之势。"[①]

这份报告是在对全国 10 省 20 村的调查基础上得出的结论，具有一定的普遍性和说服力。其结论与笔者在 PLD 市的调查结果也基本相符，反映了在当前农村地区的宗教结构中，呈现基督教一枝独大、佛道教萎缩不振的普遍现象。

总之，无论是全国性的统计数据，还是各地乡村的深入调研，都可以

---

① 《基督教在中国农村的快速传播及其对宗教管理的重大挑战——基于基督教 10 省 20 村传播状况的调研报告》，孙冶方经济科学基金会，2009 年。

看出道教在目前中国的宗教结构中处于相对弱势的地位。道教虽然遇上了较好的发展时机，但是西方主流思想的影响远没有消退，道教自身元气的恢复还需要时间，所以道教还要继续努力，不断创新。进入 21 世纪，道教所面临的机遇仍在，道教的发展仍将延续，而道教文化的发展对于当今社会亦将发挥重要的功能与作用。

（三）关于道教在 21 世纪的功能与作用分析

在世纪之交，国内外很多机构和个人都预言，21 世纪将是中国人的世纪，有的从经济层面认为中国经济实力的上升将成为影响世界经济的主导力量，有的则从文化层面认为以中国文化为核心的东方文化将在 21 世纪逐渐超越西方文化而成为世界性的主导文化。

作为中国传统文化重要组成部分的道教文化，在 21 世纪到来之际，亦在不断复兴和走向世界，并将在中国和世界舞台上扮演更加重要的角色，发挥其独特的功能与作用。学者们对于道教在 21 世纪的角色功能曾进行过多方位的探讨，如四川大学的李刚教授在《新生态、新问题、新挑战下道教文化的角色功能》一文中就总结道教文化将扮演发挥的九大功能：①通过伦理建设以稳定社会的功能；②促进海峡两岸和平统一，增强台湾同胞对中国的认同感，加强海外华人对中国文化的认同感；③反战止杀，更反对任何形式的恐怖主义，维护世界和平；④增进中国文化与世界文化的交流贯通；⑤启迪化导人生，调节信仰者的情感心理，净化他们的灵魂；⑥道教那种尊重自然、人与自然和谐发展的生态智慧将为 21 世纪的环境保护工程出谋划策；⑦推进 21 世纪中国旅游经济的繁荣，发展福利慈善事业；⑧对 21 世纪科学尤其是生命科学加以启迪和善导；⑨整合民族信仰和民间宗教。李刚教授进而指出："经过创新的道教文化，一定会在 21 世纪为维护世界和平，促进人类的进步，促进中国的繁荣富强和国泰民安发挥更大的作用。这是面对新生态、新问题、新挑战的中国道教的使命！"[①] 李刚教授从道教伦理、哲学、科学思想层面以及道教在对外交流、发展旅游、公益慈善等方面，多角度阐述了道教在 21 世纪的功能与作用，并对道教的发展充满期待。

---

① 金泽、邱永辉主编：《中国宗教报告（2008）》，社会科学文献出版社 2008 年版，第 107 页。

　　中国社会科学院的王卡研究员在《道教发展的新气象与新机遇》一文中则从当代中国宗教生态平衡的角度，指出了道教存续发展的意义，突出了道教作为中国本土宗教在平衡外来宗教方面所拥有的独特功能。王先生指出，道教作为完全植根于中国本土文化的传统宗教，在历史上就曾发挥过两个重要作用："第一，道教是外来佛教在中国实现本土化的重要接引和转化力量，老庄思想和道教的方术、仪式，在佛教中国化的过程中发挥了比儒教还大的作用。第二，道教在历史上一直是平衡佛教的重要力量。道教在中国传统的三大教中势力最弱，无论寺庙或信众数，大约只相当于汉传佛教的 1/7 或更少。但中国历史上的统治者，尤其是汉族王朝的皇帝，一直是道教的主要扶植者。他们这样做可能有个人偏好或特殊原因，但是认识到保持宗教信仰大体平衡对维持政治安定的重要性，恐怕也是制定政策的着眼点。历史上有过多次灭佛或沙汰僧徒的事件，但针对道教的几乎没有。事实上，扶本化外，扶弱汰强，一直就是中国官方保持宗教信仰平衡的政策。"① 有鉴于此，王教授进一步指出，"在中国历史上，儒教和道教都曾经起到平衡中国文化和外来文化关系，促使外来宗教本土化，并巩固中国传统价值观的作用。所谓'中体西用'、'用夏变夷'的观点，在今天还是值得思考的。道教作为迄今仍以华人为主要信众的宗教，在现代社会中仍有重要价值"②。

　　王卡教授认为道教的发展有利于中国宗教的生态平衡，有利于政治稳定和社会和谐，这是当代道教所承担的一项重要社会功能。王教授提出这样的观念，是基于对本土文化的认识，并针对当前中国宗教生态失衡问题提出的理性思考。有的学者通过实地调研，比较分析，也得出近乎相同的结论，如段琦教授在《宗教生态失衡对基督教发展的影响——以江西余干县的宗教调查为例》一文中，通过对江西余干县不同地区的田野调查，得出"传统宗教力量保持得较好的地区，也就是宗教生态较为平衡的地区，基督教的发展一般比较缓慢，反之，基督教则会迅速发展"的结论③，从实证上说明了传统的佛道教及民间信仰在保持宗教生态平衡方面

---

　　①　金泽、邱永辉主编：《中国宗教报告（2009）》，社会科学文献出版社 2009 年版，第 58 页。

　　②　同上书，第 59 页。

　　③　《中国民族报》第 905 期第 6 版，2010 年 1 月 19 日。

所拥有的强大功能。

其实，有关中国宗教生态平衡的问题一直是近年来学术界关注和讨论的热点，所谓"宗教生态"，是指社会中各种宗教的存在状况，它与自然界的生态有类似之处。在正常情况下，各类宗教形态应该是互相制约而达到一个平衡状态，即各类宗教各得其所，都有它们的市场，满足不同人群的需要。但如果人为地不适当干预，就会破坏它们的平衡，造成有些宗教发展极其迅速，有些则萎缩了。改革开放以来，中国部分地区宗教发展出现了严重的生态失衡，主要表现就是基督教一枝独大、传统宗教萎缩不振。前文曾列表比较了中国现行五大宗教的发展现状，发现与新中国成立前夕相比，各大宗教的发展出现了此消彼长的不平衡现象。其中基督教发展最快，信徒增长了 23 倍，堂点增长了近 3 倍，伊斯兰教平稳增长，而传统的佛道二教却恢复发展缓慢，宫观寺庙及教职人员的数量都不及新中国成立前的 1/2。在某些地方，宗教发展的严重不平衡也引发了一些政治与社会问题，引起政府与学术界的关注。近年来，一些研究机构通过开展对全国各地有关各大宗教的抽样调查、实地考察，发现宗教生态失衡的现象在全国广泛存在，在某些特定地区和特定时段，基督教经历了急剧增长的过程，呈现出当地宗教生态严重失衡的状态。学者们对于这种宗教生态失衡状况非常担忧，并提出了恢复和重建我国的宗教生态平衡的观点。

2006 年，牟钟鉴先生撰文大力提倡"宗教文化生态的中国模式"，"要恢复和发展中国模式的宗教生态，必须在新的历史条件下全面复兴中华民族的优秀文化，包括各种健康的宗教文化，使之各得其所"①。呼吁恢复和发展中国模式的宗教文化生态，建立宗教文化生态学，成为该年度中国宗教学十大观点之一。金泽先生也指出，在中国社会的未来发展中，我们不仅要关注像"五大宗教"等制度化宗教间的生态平衡，还要关注诸如民间信仰（如关帝崇拜、妈祖崇拜、祖先崇拜等）等非制度化宗教与制度化宗教间的生态平衡。② 而段琦和陈进国先生在对江西 YG 县两个

---

① 牟钟鉴：《宗教文化生态的中国模式》，《中国民族报》第 536 期第 6 版，2006 年 5 月 16 日。

② 金泽：《全面研究宗教在文化发展战略中的地位与作用》，《当代中国民族宗教问题研究（第 2 辑）》，甘肃民族出版社 2007 年版，第 119 页。

乡镇的基督教现状进行考察时发现，当地宗教生态表现出"空间性失衡"和"时间性失衡"并存的特征。所谓空间性失衡，系指各种宗教信仰形态在地理分布上的失衡现象。一则，基督新教与传统宗教信仰形态之间，在区域空间分布上是不平衡的。二则，各乡镇的宗教信仰形态比例的失衡，体现了当地信仰发展中的"常态化"与"非常态化"两种倾向的此消彼长。所谓时间性失衡，是指各种宗教信仰形态在阶段性发展中的失衡现象。① 总之，学者们都非常关注中国宗教生态的失衡问题，并提出传统宗教的复兴是保持中国宗教生态平衡的有效手段。

关于中国很多地方出现宗教生态失衡的原因，学者们也进行了多方面的分析，认为其中一个重要原因，是中国的传统宗教被作为"封建迷信"遭受长期打压，为基督教的传播提供了空间。香港建道神学院院长梁家麟曾经尖锐地指出："基督教得以在文革以后的农村蓬勃增长，其中一个重要原因，是中共自立国以来，一直不遗余力地铲除民间宗教，将基督教在基层社会的农村中传播之最大障碍除去，为其提供了广阔的发展空间。从这个角度看，中共的宗教政策是协助基督教发展的一大助力。"② 在学者座谈会上，许多专家也认为，近年来基督教的快速传播的最主要的原因之一，是中国的传统宗教被作为"封建迷信"遭受打压，宗教的生态平衡被破坏，所以基督教如入无人之境。每次讲扫除"封建迷信"，必然是中国传统的宗教倒霉；每次讲落实宗教政策，必然是基督教等获利。这样的运动循环往复，本土宗教与外来宗教此消彼长，基督教呈几何增长的速度就是必然的。③ 段琦、陈进国在分析江西YG县宗教失衡的原因时，认为"这种失衡的根源，一则是执政党和主流意识形态从维护社会稳定立场出发宣示'反封建迷信'，形成第一重挤压；二则是基督教从自身教义出发反对'迷信'，反对偶像崇拜，形成第二重挤压。④

---

① 段琦、陈进国：《江西省 YG 县宗教文化生态调查——以基督教为中心》，未刊稿，2008年。

② 梁家麟：《改革开放以来的中国农村教会》，香港建道神学院，1999 年。

③ 参见邱永辉：《"中国基督教研究的再研究"报告》，金泽、邱永辉主编《中国宗教报告（2009）》，社会科学文献出版社 2009 年版，第 227 页。

④ 段琦、陈进国：《江西省 YG 县宗教文化生态调查——以基督教为中心》，未刊稿，2008年。

　　基于这样的分析，很多学者提出要解决当前的宗教生态失衡，就要全面恢复中华民族的优秀文化，包括健康的宗教文化，以建立中国模式的宗教生态。同时，不仅要关注像"五大宗教"等制度化宗教间的生态平衡，还要关注诸如民间信仰等非制度化宗教与制度化宗教间的生态平衡，有的学者甚至提出政府应适当地开放部分民间信仰或民间宗教的市场准入机制，通过市场公平竞争，以达成中国的宗教生态平衡。

　　但是，有鉴于中国目前的政治体制和宗教政策，宗教市场的开放不是短期内可以达到的目标。因此，在现行许可的五大宗教范围内，道教是否可以利用其与民间信仰"千丝万缕"的联系，发挥其"兼收并蓄、杂而多端"的传统，整合并提升中国各地的民间信仰，使民间信仰亦摆脱"封建迷信"的包袱，从而走进政策允许下的合法化范围。这或许是当代道教发展壮大并担当凝聚中华传统信仰力量的历史使命，这或许是道教在当今的宗教生态平衡中发挥更大潜能的有效途径。

　　无论如何，在中国式的宗教生态建设中，道教都是一支不可忽视的重要力量。在21世纪的传统文化复兴、和谐社会建设、宗教生态平衡、对外文化交流、维护世界和平等方面，道教都将发挥其独特的功能与作用。

第 三 编

第四章　中国天主教三十年宗教的实体发展与文化主体性建设

刘国鹏

　　自元代孟高维诺在中国建立景教教会以来，天主教传入中国已有近千年的历史，但是，其从一个具有"洋教"色彩的外来宗教转变为一个走本地化道路的宗教，却不过区区八九十年的光阴。[①] 若是从新中国成立之初天主教界的反帝爱国运动和"三自革新运动"来考察中国天主教的本地化成果，那么，中国天主教会实现真正的"自治自传自养"、走上完全自主的发展道路，其时间显然还要更为短促。

　　相比"文化大革命"及其以前的"左"倾错误路线对包括天主教在内的宗教团体和活动的长期打击和摧残，改革开放以来的 30 年，则是中国天主教不断复苏和日渐迈入正常化发展道路的时期。

　　一方面，拜改革开放政策之赐，中国共产党及其领导下的中国政府围绕落实"宗教信仰自由政策"制定了一系列的具体政策条文和法规，以期引导天主教与社会主义社会相适应，并不遗余力地将其纳入国家在经济发展和构建和谐社会等方面的一体化发展规划之中，从而完善和深化了对天主教从政策引导向法制化管理的逐步转变。这一宗教信仰自由政策的逐步落实具体表现在：

　　首先，中共中央统战部在 1978—1979 年召开了一系列针对宗教主管部门的工作会议，试图从内部统一声音，落实中国共产党既定的"宗教信仰自由政策"，解决政府执法部门的合法性问题。

---

　　① 李桂玲：《大陆的天主教与现代化》，载《宗教》1996 年第 1、2 期。

1978 年 7 月，中共中央统战部召开了有部分省、自治区和直辖市统战部负责人参加的座谈会，提出要"恢复当的宗教信仰自由政策"。[①] 同年 12 月，中共中央统战部在北京召开了第八次全国宗教工作座谈会，此次会议乃 1962 年第七次全国宗教工作会议以来，党的领导部门所召开的第一次重要的宗教工作会议。会议再次提出要"全面正确地贯彻执行党的宗教政策"。1979 年，中央批准了中共中央统战部《建议为全国统战、民族、宗教工作部门摘掉"执行投降主义路线"帽子的请示报告》，从此，党和国家的宗教工作宣告全面恢复。[②]

其次，有关宗教信仰自由政策的指导性原则的逐渐确立和宗教信仰自由政策的逐步落实。1982 年中共中央"19 号文件"的出台，标志着全国宗教工作指导思想上的拨乱反正；而 1993 年 11 月 7 日江泽民同志在全国统战工作会议上针对宗教工作的三条重要指示："一是全面、正确地贯彻执行党的宗教政策，二是依法加强对宗教事务的管理，三是积极引导宗教与社会主义社会相适应"，则可谓我国宗教政策和宗教工作的重要指导性原则的最终确立。

最后，政府部门逐步颁布管理宗教事务的具体行政法规，使我国的宗教事务管理日益迈上依法管理的道路。由国务院直接颁布的管理宗教事务的行政法规先后有两次，分别是 1994 年 1 月 31 日颁布实施的《宗教活动场所管理条例》和《中华人民共和国境内外国人宗教活动管理规定》，以及 2004 年 7 月 7 日颁布的《宗教事务条例》。《宗教事务条例》的出台和实施，直接取代了 1994 年所颁布的《宗教活动场所管理条例》。截至目前，《宗教事务条例》是我国有关宗教事务管理方面比较系统、详尽的第一部综合性行政法规。该《条例》共分 7 章 48 条，其中系统地囊括了有关宗教管理部分的权限、职责以及宗教团体的相关权利和义务。与上述两项由国务院所颁布的行政法规相呼应的，则是由国家宗教事务局及其相关部门所颁布的一系列行政规章。此外，各省级政府部门也颁布了一系列地方性法规和政府规章。上述从国务院到地方行政部门所颁布实施的行政法规和行政规章无疑为日后迈入宗教立法道路打下了坚实的基础，并为宗教

---

① 转引自何光沪编《宗教与当代中国社会》，中国人民大学出版社 2006 年版，第 355 页。

② 中国天主教爱国会、中国天主教主教团编：《中国天主教独立自主自办教会教育教材》（试用本），宗教文化出版社 2002 年版，第 157 页。

管理的法制化提供了有益和有效的尝试,① 避免了以往人为管理所带来的随意化、不可持续性和规则误判。

与上述宗教信仰自由政策的逐步落实和深化相呼应的,则是中国天主教教务活动的恢复和积极重建。

首先,各级党和政府先后下达一系列文件,落实教产,拨款维修遭到破坏的教堂,恢复天主教正常的信仰活动,为"文化大革命"中受到不公正待遇的天主教神职人员和普通信徒平反昭雪、恢复名誉。

其次,建立健全中国天主教会的各项制度建设,如中国天主教爱国会、中国天主教教务会员会和中国天主教主教团的恢复、建立及其调整。

再次,对全国各教区的划分及管理、选圣主教和晋升神父方面进行了详细的规定。

然而,创办一系列全国性和地方性修院和修女院,为司铎和修女的培育创造了坚实的条件。印刷出版了数量众多的《圣经》、圣书和报纸杂志,为福传和提升信徒素质提供了充分有益的平台。

最后,天主教会还在民主办教、与社会主义社会相适应、抵制境外宗教渗透、参与社会服务及公益事业方面进行了一系列有益的尝试。

可以说,经过30年来教务活动的恢复和重建,中国天主教会在教产落实、教堂重建、修院建设、司铎培育、福传事业、提升信徒素质、开展与普世天主教会的交往与对话、积极参与公益社会服务等方面取得了相当大的进展。因此,相比中国天主教在其他历史阶段的存在和发展,有学者以为,当今教会的发展无疑处在一个千载难逢的"黄金时期"②。据报道,截至目前,中国天主教共有97个教区,全国有信徒近600万,教堂6300余座;每年约有10万人领洗入教;③ 改革开放以来共出版圣经300多万册,其他教会书籍1200多万册。④ 教务和牧灵福传事业

①　卓新平:《"全球化"的宗教与当代中国》,社会科学文献出版社2008年版,第169—173页。

②　参见卓新平:《基督教与中国文化的相遇、求同与存异》,香港中文大学崇基学院,2007年,第168页。

③　参见马英林主教《同心同德谱写中国天主教爱国爱教事业新篇章——在中国天主教第八届代表会议上的工作报告》,载《中国天主教》2011年第1期,第6页。

④　参见《中国天主教》编辑部:《中国天主教图集》。该《图集》为内部发行,因此无刊号,亦无出版日期和页码。

取得了较大发展。

尽管如此，从天主教会的内部建设和与普世教会的关系来看，依然存在着种种的问题、挑战和障碍，比如其在福传事业上的推进相比基督新教的颟顸和迟钝，神学建设上的乏善可陈，对社会的参与还相对被动和消极，教会管理方面所存在的"官方教会"与"地下教会"之间权力斗争和合一的困境。① 但是，瑕不掩瑜，以上种种问题，相信会随着中国改革开放政策的持续推进、政治环境的日益宽松、现代化进程的日益深化而逐步得到解决或出现某种程度和方式的转机。

下面，笔者拟从宗教实体建设和文化主体性的塑造两个方面，多视角、多层次地聚焦中国天主教自改革开放以来所产生的变化、取得的成绩及其背后凝结的问题和困境。

一 天主教宗教活动场所数量及规模

（一）宗教活动场所的恢复与建设

改革开放以来，天主教教务活动的恢复和开展始自 1978 年中国天主教爱国会的重新恢复工作。一些在 50 年代负责爱国会工作的人士先后回到了北京，协助政府为"文化大革命"中受迫害的广大神职人员和平信徒平反冤假错案。同时还着手搜集"文化大革命"中被大量毁坏、流失的弥撒经本、祭衣等宗教用品，以便为恢复宗教活动做准备。同年，经党和国家领导人的批准，位于北京市委党校校园内的利玛窦等西方传教士的墓地也得到了修复。②

事实上，早在"文化大革命"期间，出于外交工作的特殊需要，周恩来总理就顶住"四人帮"的压力，于 1973 年破例在北京宣武门南堂恢复了宗教活动，以便为在京的外国使节提供专项宗教服务。当时，那里是全国唯一一所可以举行弥撒活动的宗教场所。③

继 1980 年 5 月中国天主教爱国会第三届代表会议和中国天主教第一

---

① http：//www. chinacatholic. org/XindeNews. asp？ Id = 13715.
② 参见何光沪编《宗教与当代中国社会》，中国人民大学出版社 2006 年版，第 356 页。
③ 中国天主教爱国会、中国天主教主教团：《中国天主教独立自主自办教会教育教材》（试用本），宗教文化出版社 2002 年版，第 160 页。

届代表会议召开之后，全国各省、直辖市、自治区先后恢复和建立了天主教爱国会和教务委员会这两大群众团体，神职人员陆续返回各自的岗位，许多地方的教产开始归还教会，教堂得以重新开放或拨款修缮，各地信徒终于可以借此集会、祈祷、望弥撒，过正常的宗教生活了。

1980 年 7 月 16 日，国务院同意了国务院宗教事务局、国家基本建设委员会、外交部、财政部和国家城市建设总局合拟的《关于落实宗教团体房产政策等问题的报告》，报告要求"将宗教团体房屋的产权全部退还给宗教团体，无法退还的应折价付款"，而在"文化大革命期间被占用的教堂、寺庙、道观及其附属房屋，属于对内对外工作需要继续开放者，应退还各教使用，如宗教团体不许收回自用者，由占用单位或个人自占有之日起付给租金，房屋被改建或拆建者，应折价付款"。① 根据该报告的精神，各级人民政府宗教部门在敦促占用单位退还"文化大革命"中被占用或改作他用的教堂或附属房屋方面做了大量的协调和实施工作。

1980 年圣母升天瞻礼，北京南堂和上海的徐家汇天主教堂首批恢复了正常活动，各自举行了隆重的弥撒和庆祝活动。同年，天津西开天主教堂于圣诞节前修复开放，沈阳、济南、武汉、成都等大城市的教堂也恢复了宗教生活，并举行了隆重的圣诞庆祝活动。

1989 年 2 月 17 日，中共中央和国务院发表了《〈关于在新形势下加强天主教工作的报告〉的通知》（"三号文件"）。《通知》的第二点"继续抓紧落实政策，帮助天主教会解决自养问题"特别提到了天主教房地产退还及落实工作进展缓慢给教会自养带来的现实困境，并将此提高到"会影响党和政府同天主教界人士的关系，天主教爱国团体也难以团结广大教徒群众贯彻独立自主自办教会的方针"的高度。并极力敦促各地政府、各军队系统和人民团体"应对被占用教堂及教会房产（包括教堂、修院及其附属的房屋使用的土地）情况进行一次认真的清理。凡是按照党中央、国务院有关政策规定处理了的，不再重新处理；尚未落实的，应尽快落实"，以便"积极帮助天主教会拓宽自养的路子"，并"最终实现天主教完全自养"。

可以说，到 1990 年代初，经过十多年的努力，在各级政府的直接敦

① 中国天主教爱国会、中国天主教主教团编：《中国天主教独立自主自办教会教育教材》（试用本），宗教文化出版社 2002 年版，第 160 页。

促和帮助下，中国天主教会的房产大多得到退还和修复，天主教活动在中国完全恢复正常。为了满足不断增长的信徒宗教生活需要，在各级政府的直接支持和帮助下，全国各地教会或扩建，或自筹资金新建了教堂。据统计，从 1980 年代到新千年伊始，为了宗教房产政策的落实，全国各地各级党政部门先后拨款数十亿元，用于维修、重建包括天主教宗教活动场所在内的各大宗教团体的宫观寺庙，以及为占用宗教活动场所的企事业单位和个人搬迁新址。上述拨款和资助，有力地保障了天主教活动场所的正常使用。①

事实上，由于天主教会自养能力的局限，中国各级政府针对天主教会恢复和新建宗教活动场所的支持和扶植工作从来就没有中断过。例如，作为广州市天主教重要活动场所的石室教堂，自 1979 年 10 月 2 日重新开放以来，在其长达数十年的修复和建设中，各级政府向来不乏支持和资助。1984 年，国务院宗教事务局拨款 10 万元，维修该堂瓦面，重新装上避雷针，修复花岗岩大十字架，并对教堂内外全面清洗及修葺。1986 年，政府拨款 5 万元，维修石室全部钢窗，把所有窗户换上国产彩色玻璃。1990 年，广州市政府拨款 3 万元，维修石室广场地面和教堂前的五级石阶。同年 12 月 24 日修复大时钟钟芯和南、西、北三向钟面。1992 年，广州市政府再度拨款 3 万元修葺教堂内的四根大石柱。2004 年 7 月 18 日，石室教堂全面维修工程正式动工，维修费用除天主教自筹资金 300 万元外，其他大部分由广州市财政拨款支持。②

截止到 2000 年，全国新建或修复开放的教堂及祈祷场所达 5600 余所，平均每一天都有一座新建或修复的教堂开放；③ 到 2004 年，全国新建或修复开放的教堂及祈祷场所则更突破 6000 余所，④ 而到了 2008 年，这一数字又有了新的变化，即 6300 余座。⑤ 可以说，截至目前，全国教

---

① 中国天主教爱国会、中国天主教主教团编：《中国天主教独立自主自办教会教育教材》（试用本），宗教文化出版社 2002 年版，第 160—161 页。

② 余庆斌：《广州石室教堂》，载《中国宗教》2004 年第 12 期。

③ 中国天主教爱国会、中国天主教主教团编：《中国天主教独立自主自办教会教育教材》（试用本），宗教文化出版社 2002 年版，第 162 页。

④ 何光沪编：《宗教与当代中国社会》，中国人民大学出版社 2006 年版，第 360 页。

⑤ 参见马英林主教《同心同德谱写中国天主教爱国爱教事业新篇章——在中国天主教第八届代表会议上的工作报告》，载《中国天主教》2011 年第 1 期，第 6 页。

堂和祈祷场所的数量已基本满足了广大天主教信教人士过正常宗教生活的需要。

(二) 全国教区的划分与现状

1946 年 4 月 11 日教宗庇护十二世应田耕莘枢机主教之请在中国建立圣统制，将全国教会分为 20 个省省，其中，主教区 79 个，监牧区 38 个，共计 137 个教区。每教省设立一总主教，即南京、北平、绥远、沈阳、济南、太原、西安、兰州、安庆、开封、重庆、汉口、长沙、南昌、杭州、福州、广州、南宁、贵阳和昆明。20 个总主教当中，有 3 位为中国籍，他们分别是北平总主教田耕莘枢机、南京总主教于斌、南昌总主教周济世。此外，尚有 18 名中国籍人士担任主教职务，7 人担任监牧，共计 28 位。①

到了 1949 年，根据当年出版的《中国天主教年鉴》，全国天主教增加为 139 个教区，由 139 位主教（14 位中国籍或同等地位，110 多位外籍）加以管理；依然是 20 位总主教，其中 3 位中国籍，17 位外籍。②

此后，台湾地区于 1952 年 8 月 7 日建立圣统制，为中国第 21 个教省。自此，中国天主教会共被划分为 21 个总主教区。澳门直接隶属圣座，不在中国圣统制之内。

改革开放之后，经过近半个世纪的情况变化，鉴于某些教区与国家新的行政区划不相一致，有的教区牧灵状况也发生了重大变化。为了便于管理和适应新的发展形势，1986 年 11 月，中国天主教主教团和教务委员会通过了《关于教区调整的规定》。内中提到："为了便于教区的管理和牧灵工作的需要，凡教区辖区与市、区一级行政区划不同时，可根据实际需要，由（省、市、自治区）教务委员会，会同省、市、自治区内有关教区共同协商进行调整。"从那时起，中国天主教主教团根据所在省、直辖市、自治区教务委员会和有关教区的意见，陆续对一些教区进行了调整。③ 调整后全国教区的数目由原来的 137 个，合并为 97 个。④

---

① 参见教宗庇护十二世《成立中国教会圣统制诏书》，转引自罗渔、吴雁编著《大陆中国天主教四十年大事记（1945—1986）》，台湾辅仁大学出版社 1986 年版，第 2 页。

② 同上。

③ 晏可佳：《中国天主教》，五洲传播出版社 2004 年版，第 111 页。

④ 参见中国天主教爱国会、中国天主教主教团编《中国天主教独立自主自办教会教育教材》（试用本），宗教文化出版社 2002 年版，第 229 页。

事实上，早在《关于教区调整的规定》出台之前，中国的教区重组就已拉开了帷幕，比如 1981 年 9 月，辽宁省天主教第一次代表会议决定将沈阳、营口、抚顺、热河四教区合并，组建天主教辽宁教区，徐振江任主教。[①] 而且，作为一个动态的发展过程，从改革开放之初到 2000 年以后，这一趋势就从未停止过。

有时候，一个教区的合并、调整和更名是出于牧灵的需要，如 1999 年湖南省原有 9 个教区被合并为长沙一个教区。同年 12 月，贵州省将贵阳、安龙和石阡 3 个教区合并为一个贵州教区。[②] 2000 年，湖北将 11 个教区调整为 5 个教区，将原汉口总主教区、武昌和汉阳教区合并为现在的武汉教区，牧灵范围涉及武汉 13 区及孝感地区。[③] 安徽教区原来划分为三个教区和一个监牧：蚌埠教区、芜湖教区、安庆教区、屯溪监牧区，但是，由于安徽省整体教职人员整体短缺，2001 年 7 月 3 日，经中国天主教主教团的批准，上述三个教区和一个监牧区合并为一个教区，即安徽教区。[④]

有的时候则是随着所在地区行政区划的变化而进行调整，比如梅州教区在解放前被称为嘉应教区，1981 年随着政府行政区划的调整被更名为天主教梅县教区。后来梅县升级为梅州市，该教区也就相应地改为天主教梅州教区。[⑤]

事实上，不仅如此，天主教的教区划分和调整也将会随着中国社会的变化而出现新的变化，以深圳为例。在解放后的 40 年当中，深圳长期出于天主教的福传视野之外，导致当地信徒流失严重，天主教信仰几乎面临消亡的可悲局面。深圳特区成立后，大批的信徒从全国各地来此寻求发展。于是，从 1993 年开始，天主教"一会一团"先后从 3 个省市抽调 10 位神父前往深圳进行福传和建立教会的工作。截至 2010 年，深圳已有神父 6 位；修女 8 位；教堂 9 座，信徒 32000 余人。[⑥] 其中有些教会还努力

---

① 郭树民神父：《辽宁教区张化良主教祝圣大典侧记》，载《中国天主教》1988 年第 3 期，第 16—18 页。

② 河北信德社：《中国天主教手册 2010》，河北信德社，2010 年，第 348 页。

③ 同上书，第 278 页。

④ 同上书，第 206 页。

⑤ 同上书，第 301 页。

⑥ 《七年来的深圳天主教爱国会》，载《中国天主教》1996 年第 6 期。

发展具有国际视野，能举行多语弥撒的新式教会，如坐落于深圳福田区农林路、占地面积 3994.80 平方米的圣安多尼教堂。[①] 按照深圳教会目前的发展态势，我们很难预料，再过 10 年之后，未来不会单独划分出一个深圳教区。

　　为了比较 1946 年建立圣统制时期划分的教区和截至 2004 年经中国天主教"一会一团"审核批准后划分的教区二者之间在名称、合并与裁撤状况、地理位置和数量等方面的差异，笔者特意制定了如表 4-1 所示，以便清晰比对。

表 4-1　　中国天主教 1946 年和 2004 年教区划分对比一览表[②]

省、直辖市、自治区	中国天主教"一会一团"划分的教区	罗马圣座 1946 年划分的教区
北京市	北京教区	北京教区
天津市	天津	天津
河北省	石家庄教区	正定教区
	邢台教区	顺德
		赵县
		永年
	邯郸	大名
	衡水	景县
	沧州	献县
	保定	保定
		安国
		易县
	唐山	永平
	承德	热河
	张家口	宣化
		西湾子

---

① 参见天主教深圳圣安多尼堂官方网站：http：//www.szrcc.com/about.php。
② 沙百里：《中国天主教指南 2004》，新加坡中华公教联络社，2004 年，第 23—28 页。

续表

省、直辖市、自治区	中国天主教"一会一团"划分的教区	罗马圣座1946年划分的教区
辽宁省	沈阳教区	奉天
		营口
		抚顺
		（热河）
吉林省	吉林教区	吉林
		四平
		延吉
黑龙江省	哈尔滨教区	哈尔滨
		齐齐哈尔
		佳木斯
山西省	太原	太原
	榆次	晋中教区
	汾阳	吕梁教区
	长治	潞安教区
	洪洞	洪洞教区
	运城	绛州教区
	朔州	雁北教区
	大同	大同教区
内蒙古自治区	呼和浩特教区	绥远教区
	乌盟教区	集宁教区
	昭盟教区	赤峰教区
		林东教区
	巴盟教区	宁夏教区
宁夏回族自治区	宁夏教区	宁夏教区
陕西省	西安教区	西安教区
	周至教区	周至教区
	凤翔教区	凤翔教区
	汉中教区	汉中教区
	安康教区	兴安教区
	三原教区	三原教区

续表

省、直辖市、自治区	中国天主教"一会一团"划分的教区	罗马圣座1946年划分的教区
陕西省	渭南教区	同州教区
	陕北教区	延安教区
甘肃省	兰州教区	兰州教区
	平凉教区	平凉教区
	秦州教区	天水教区
青海省	——	西宁教区
新疆维吾尔自治区	乌鲁木齐教区	新疆教区
重庆市	重庆教区	重庆教区
	万县教区	重庆教区
四川省	成都教区	成都教区
	南充教区	顺庆教区
	宜宾教区	叙府教区
	乐山教区	嘉定教区
	康定教区	雅州教区
		打箭炉教区
	西昌教区	宁远教区
云南省	云南教区	昆明教区
		大理教区
		昭通教区
西藏自治区	——	——
贵州省	贵州教区	贵阳教区
		安龙教区
		石阡教区
广西壮族自治区	南宁教区	南宁教区
		北海教区
	梧州教区	梧州教区
		桂林教区
海南省	海南教区	——

省、直辖市、自治区	中国天主教"一会一团"划分的教区	罗马圣座 1946 年划分的教区
广东省	广州教区	广州教区
	韶州教区	韶州教区
	梅县教区	嘉应教区
	汕头教区	汕头教区
	江门教区	江门教区
	湛江教区	（北海教区）
香港特别行政区	香港教区	香港教区
澳门特别行政区	澳门教区	澳门教区
安徽省	安徽教区	安庆教区
		芜湖教区
		屯溪教区
		蚌埠教区
江西省	南昌教区	南昌教区
		余江教区
		南城教区
		赣州教区
		吉安教区
湖南省	湖南教区	长沙教区
		湘潭教区
		宝庆教区
		常德教区
		澧州教区
		沅陵教区
		岳州教区
		衡阳教区
		永州教区
湖北省	汉口教区	汉口教区
		武昌教区
		圻州教区
		随县教区

续表

省、直辖市、自治区	中国天主教"一会一团"划分的教区	罗马圣座 1946 年划分的教区
湖北省	蒲圻教区	汉阳教区
		蒲圻教区
	宜昌教区	宜昌教区
	沙市教区	沙市教区
		施南教区
	襄樊教区	老河口教区
		襄阳教区
河南省	郑州教区	郑州教区
	开封教区	开封教区
	商丘教区	归德教区
	洛阳教区	洛阳教区
	驻马店教区	驻马店教区
		南阳教区
	新乡教区	信阳教区
	安阳教区	新乡教区
	——	（卫辉教区）
上海市	上海教区	上海教区
江苏省	南京教区	南京教区
		扬州教区
	苏州教区	——
	海门教区	海门教区
	徐州教区	徐州教区
山东省	济南教区	济南教区
	周村教区	周村教区
	潍坊教区	益都教区
	青岛教区	青岛教区
	烟台教区	烟台教区
		威海教区
	兖州教区	兖州教区
	菏泽教区	曹州教区

续表

省、直辖市、自治区	中国天主教"一会一团"划分的教区	罗马圣座 1946 年划分的教区
山东省	聊城教区	阳谷教区
		临清教区
	临沂教区	沂州教区
浙江省	杭州教区	杭州教区
	宁波教区	宁波教区
	台州教区	（林海）台州教区
	温州教区	永嘉教区
		（丽水）处州教区
福建省	福州教区	福州教区
	闽北教区	建瓯教区
		邵武教区
	闽东教区	福宁教区
	厦门教区	厦门教区
		（长汀）汀州教区
台湾省	台北教区	台北教区
	新竹教区	新竹教区
	台中教区	台中教区
	嘉义教区	嘉义教区
	台南教区	台南教区
	高雄教区	高雄教区
	花莲教区	花莲教区

　　为了进一步促进教区管理的制度化和规范化，2003 年 3 月 22 日，中国天主教爱国会常务委员会和主教团联席会议审议通过了《中国天主教教区管理制度》，其中第一章第 1—5 条详细规定了教区的定义、范围以及成立新的教区和重新划分教区时须遵循的程序。该《制度》的出台无疑为天主教福传事业打下了牢固的基础，并确保中国教会沿着正确的道路健康发展。

　　表 4-2 为普世天主教会《天主教法典》和中国天主教"一会一团"颁布的《中国天主教教区管理制度》有关教区的规定对比表，从中我们可以看出二者的差异和《中国天主教教区管理制度》的"立法"来源。

表 4 - 2　　《天主教法典》与《中国天主教教区管理制度》
有关教区的规定对比表

《天主教法典》①	《中国天主教教区管理制度》②
368 条　地区教会系由之并在其内存在的统一而唯一的天主教会。其中首要者为教区，与此类似者有自治监督区、自治会院区、宗座代牧区及宗座监牧区，以及固定建立的宗座署理区。	第一条　教区是天主子民的一部分，托付给主教在司铎们的协助下所牧养，借着福音与圣体在圣神内结合，组成地区教会。因此，至一、至圣、至公传自宗徒的基督教会，的确在地区教会内临在而运作。
369 条　教区乃天主子民之一部分，托付给主教在司铎们协助之下所牧养；他们依附自己的牧人，借着福音及圣体在圣神内结合，组成地区教会；因此至一、至圣、至公，传自宗徒的基督教会，的确在地区教会内临在而运作。	第二条　教区应划出固定的地区界限，其中包括在该区居住的所有领洗信徒。
370 条　自治监督区或自治会院区，是天主子民的一部分，是在一地区内成立，因特殊环境而托给某一监督或院长管理，他有如教区主教，以该区的本有牧人之身份治理之。	第三条　每个教区应划分为若干不同的堂区。为教区牧灵工作的需要，邻近的几个堂区可组成总铎区。
371 条—1 项　宗座代牧区或宗教监牧区，是天主子民的一部分，因特殊环境而未成立为教区，委托宗教代牧或宗教监牧牧养，并以教宗名义治理之。 371 条—2 项　宗座署理区是天主子民的一部分，因为特殊而非常重大之理由，未经教宗成立为教区，而将牧养之事托给宗座署理照管，并以教宗名义治理之。	第四条　成立新的教区或重新划分教区，须按中国天主教主教团有关规定的程序和办法进行，并报中国天主教爱国会、中国天主教主教团（以下简称"一会一团"）主席联席会议审议。

① 参见 1983 年普世教会所颁布的《天主教法典》（拉丁文—中文版），第 179—181 页。

② 参见中国天主教爱国会和中国天主教团的官方网站：http://www. catholicchurchinchina. org/index. php/zcfg/444 - jiaoqu-guanlizhidu。

续表

《天主教法典》	《中国天主教教区管理制度》
372 条—1 项　为使一部分天主子民成立为教区或地区教会，通常应划出固定的地区，其中包括在该区内居住的所有信徒。 372 条—2 项　不过当教会最高权力，聆听有关主教团意见后，如认定为某地区有利益，可在该地区因信徒礼仪或其他类似理由，成立不同的个别教会。	第五条　教区应在省、自治区、直辖市人民政府民政事务部门登记。
373 条　只有教会最高权力能成立个别教会；当其合法成立后，即依法享有法人之身份。	
374 条—1 项　任何一个教区或其他个别教会，应划分为不同部分或堂区 374 条—2 项　为借共同的行动推行牧灵工作，可联合几个邻近的堂区成为特别的组合，如总铎区即是。	

从上表不难看出，二者的差异和共同点主要表现在如下几个方面。

其一，《天主教法典》中有关教区的规定内涵和范围远为广泛，其内容不但涉及正式成立的教区，还包括自治监督区、自治会院区、宗座代牧区及宗座监牧区，以及固定建立的宗座署理区。

其二，《中国天主教教区管理制度》的第一至第三条，分别来自《天主教法典》中的第 369 条、第 372 条—1 项、374 条—1 项和 374 条—2 项。可见，其制定教会内部规章制度的立法依据源自《天主教法典》。

其三，二者所不同的是，《天主教法典》认为，划分、成立教区的权限来自普世教会的最高权力即教宗，（参见第 372 条—2 项、第 373 条），而《中国天主教教区管理制度》则认为，成立新教区或重新划分教区的审批权来自中国天主教主教团，[①] 并应报中国天主教爱国会、中国天主教主教团主席联席会议审议（第四条），而且，教区一经成立或重新划分，

---

①　根据 1989 年 3 月中国天主教主教团在北京开会学习"三号文件"的结果，主教团被认为是管理教区的主要责任者。参见任延黎、王美秀：《中梵关系研究》（内部报告），中国社会科学院世界宗教研究所，1998 年，第 82 页。

还应在省、自治区、直辖市人民政府民政事务部门登记（第五条）。这两条规定是《天主教法典》所没有的，这一点与1958年以后，中国天主教会割断了与罗马教廷之间的联系，走"独立自主、自办教会"的道路有关，也是中国天主教会作为一地方教会相对于普世天主教会的特色和二者的分歧所在。

不过，由于中国天主教会与普世天主教会之间长达半个世纪的非正常关系，因此，从1958年起，中国天主教会便为日后"公开教会"和"地下教会"的分裂埋下了隐患，到了20世纪80年代末期，"地下教会"的活动和分裂便基本公开化了。[①] 后者尊奉罗马普世教会，其对教区的划分和理解始终依照1946年教宗庇护十二世在华建立圣统制时期的划分标准，因此，旧的教区划分并未成为历史。而"公开教会"则接受中国共产党的领导，按照上述《关于教区调整的规定》和《中国天主教教区管理制度》重新划分教区。

但是，这样一来，就导致了一种不可避免的混乱状况，即一个地区往往并存有几个教区："公开教会"坚持1986年之后重新划分的教区管辖范围，而"地下教会"则依然遵循1946年教区划分的管辖范围。一个地区几个教区的并存或重叠必然会出现一个地区数个主教这种荒诞的状况，也势必给中国天主教会内部的合一共融造成了直接障碍。而这一问题的最终解决，或许只有期待中梵关系正常化之后，因为，教区划分问题，显然是从属于主教祝圣合法化这一更为关键的问题。

二　天主教神职人员与信徒数量及分布状况

根据1949年出版的《中国天主教年鉴》的统计，当时，全国天主教共分为139个教区，由139位主教（14位中国籍或同等地位，125位外籍）加以管理；其中，总主教为20位（3位中国籍，17位外籍）。普通神职人员的情况如下：5788位神父（2698位中国籍，3090位外籍）；1107位修士（632位中国籍，475位外籍）；7463位修女（5112位中国

---

① 何光沪编：《宗教与当代中国社会》，中国人民大学出版社2006年版，第393—394页。

籍，2351 位外籍）；信徒约有 3274740 人。①

1949—1955 年，罗马教廷先后任命了 18 位中国神职担任主教，如此一来，截至 1955 年，中国天主教的教区总数虽然保持在 139 个，但却只有最多 30 名中国籍主教。鉴于当时在华外籍神职人员纷纷撤离大陆或被驱逐出境，所以中国天主教的大多数教区就不可避免地出现了主教空缺的局面。

鉴于这种情况，1957 年 12 月 16 日，在成都教区爱国会举行的会议上，李熙亭神父被选为主教，此乃国内自选主教的先声。1958 年 3 月 18、19 日，汉口和武昌两教区分别选举董光清、袁文华神父为主教候选人，并于同年 3 月 24、26 日发电报承报罗马教廷，请求批准上述两位候选人，但得到的答复却是"祝圣者及受祝圣者双方均受到极端保留于圣座的自动开除教籍之罚"。罗马教廷的反应迫使中国天主教会走上了独立自主、自办教会和自选自圣主教的道路。同年，中国天主教会先后选举了 24 位主教，并分 12 次进行祝圣。1959 年至 1963 年，又先后选出主教 27 人，分 14 此祝圣。这样，从 1958 年到 1963 年，"文化大革命"前的自选自圣主教人数共达到 51 位，客观上保证了中国天主教牧灵生活和教区秩序的正常化。

改革开放之后，随着 1980 年 5 月中国天主教第一届代表会议的闭幕，中国主教团顺利产生，这标志着我国天主教会在组织结构方面的一个历史性进步。② 成立后的中国主教团共由 33 位各教区主教组成，这当中，除 4 位主教邓及洲、王学明、段荫明和韩廷弼为教宗庇护十二世亲自任命外，其余皆为 1958—1964 年自选自圣的主教（傅铁山除外）。当时，全国范围内尚有数位主教收监在牢，未能参加主教团，他们是：上海的龚品梅主教、保定的范学淹主教和广州的邓以明主教等。③

从 1980 年中国主教团的成立，到 1986 年 11 月中国天主教爱国会第四届代表会议和中国天主教第二届代表会议召开时，中国天主教再次自选自圣 20 位主教，使得改革开放之后的天主教会在教区管理和信仰生活上

---

① 参见教宗庇护十二世《成立中国教会圣统制诏书》，转引自罗渔、吴雁编著《大陆中国天主教四十年大事记（1945—1986）》，台湾辅仁大学出版社 1986 年版，第 2 页。

② 任延黎、王美秀：《中梵关系研究》（内部报告），中国社会科学院世界宗教所，1998 年，第 79 页。

③ 同上书，第 78 页。

日渐走上正常轨道。

　　随着改革开放 30 年来中国天主教会的平稳发展，截至 2009 年年底，根据河北信德文化研究所的最新统计资料显示，中国天主教内地教会共有神职人员（主教、神父、执事）3397 位，其中，3268 位神父分布在百余个教区。全国 10 所大修院共有 628 位大修生。106 个女修会有 5451 位发愿修女。30 所备修院有小修生 630 位。男修会会士约有 350 多位。全国有 5967 座教堂或祈祷所。据不完全统计，全国有天主教信徒共计约 5714853 人。[①]

　　如果我们将 1949 年和 2009 年前后半个世纪有关中国天主教会福传事业的统计数字进行对比的话，不难看出，今天，中国天主教会在神职人员和信徒的数量上，除男修会会士略逊于 1949 年的数字之外，其他如中国司铎、修女、信徒数量方面，均大大超过以前。

　　不过，对于中国天主教神职人员和信徒的数量统计，海内外和教会内外均有不同的说法，比如长期关注大陆天主教会发展的香港圣神研究中心就在 2005 年 10 月按照"官方教会"和"地下教会"的区别发表中国天主教会的神职人员与信徒数量进行了"更为全面"的统计，其详细情况见表 4－3。[②]

表 4－3　　香港圣神研究中心对中国天主教会教务的统计（截至 2005 年 10 月）

教会职务	人数	官方教会人数	地下教会人数
主教	103	64	39
神父	2900	1800	1100
修女	4800	3600	1200
修生	1440	640	800
见习修女	1200	600	600
教友	1200000		

　　从表 4－3 可以看出，除信徒总人数与河北信德社截至 2009 年年底的

---

　　①　参见《信德报·2010 年春节特刊》，2010 年第 5 期第 3 版。

　　②　统计数字截至 2005 年 10 月，资料来源：《鼎》2005 年冬季号，第 25 卷，总第 139 号，香港圣神研究中心。

统计数字有较大出入外，其余有关神父、修女、修生、见习修女的人数统计与后者的统计比较吻合，如果我们充分考虑到 2005—2009 年中国天主教在福传事业方面的现实发展的话。不过，有关主教的总人数，因河北信德社的统计数字中没有单独提供，因此无从得知。

为了对中国天主教现有各教区的牧灵福传工作有一大致了解，笔者特意将全国 97 个教区按主教及其晋牧时间、教堂与祈祷场所数量，以及神职人员与信徒的数量三组数据来横向考察中国天主教在牧灵福传方面的现状与成效，此处提供的数据为截至 2010 年的最新数据（见表 4 - 4）。

表 4 - 4　　中国天主教现有各教区牧灵状况一览表（截至 2010 年）

省、直辖市、自治区	教区名称	主教	主教晋牧时间	教堂、祈祷场所数量	教区牧灵状况（神职人员、信徒数量）
北京市	北京教区	李山	2007 年	17 座	60 名神父；50 位修女信徒 10 万名
天津市	天津	李思德	1982 年	教堂 35 座；公所 42 所	神父 35 位；修生 4 位；修女 41 人；信徒 10 万名
河北省	石家庄教区	—	—	教堂 57 座	神父 33 位；修生 34 位；
	邢台教区	王景明神父（教区署理）		教堂 156 座	神父 126 位；信徒 10 万名
	邯郸	杨祥太	1999 年	271 座	神父 67 位；大修生 46 位；小修生 95 位；修女 246 位；信徒 13.5 万名
	衡水	封新卯	2004 年	92 座	38 位神父、70 位修女、50 位大修生、90 位备修生；2.5 万名信徒
	沧州	李连贵	2000 年	150 座	神父 114 位；大修生 46 位；备修生 40 位；修女 259 位；信徒 8.5 万名
	保定	安树新	1993 年	33 座	神父 21 位；修女 58 位；信徒 7000 名
	唐山	刘景和；方建平（助理主教）	1981 年；2000 年	86 座	神父 41 位；修生 6 位；修女 40 位；信徒 4.5 万名

续表

省、直辖市、自治区	教区名称	主教	主教晋牧时间	教堂、祈祷场所数量	教区牧灵状况（神职人员、信徒数量）
河北省	承德	郭金才	2010 年	16 座	神父 7 位；修生 3 名；修女 12 名；信徒 2 万名
	张家口	—	—	117 座	神父 31 名；修生 9 名；修女 39 名；信徒 10 万
辽宁省	沈阳教区	裴军民	2008 年	堂点 125 个，其中教堂和聚会点各半	神父 84 人；修女 180 人；信徒 10 万 ~ 11 万人①
吉林省	吉林教区	—	—	47 座教堂	神父 25 位；修女 36 位；信徒 8 万名②
黑龙江省	哈尔滨教区	—③	—		神父 35 位；信徒 8 万
山西省	太原	李建唐；孟宁友（助理主教）	1994 年；2010 年	90 座	神父 61 位；大小修生 10 余位；修女 28 位；信徒 8 万名
	榆次	王荗	1999 年		神父 27 位；修生 29 位；修女 16 位；信徒 2 万名
	汾阳	霍成	1991 年	57 座	神父 35 位；修生 12 名；修女 27 位；信徒 18500 名
	长治	李维道靳道远主教	1992 年；2000 年	60 余座	神父 48 位；修生 5 位；修女 60 位；信徒 4 万名
	洪洞	—	—	40 余座	神父 38 位；修生 10 名；信徒 1 万名

---

① 数字来源：刘国鹏《天主教辽宁教区调研报告》。

② 沙百里：《中国天主教指南 2004》，新加坡中华公教联络社，2004 年，第 204—205 页。

③ 现黑龙江地区仅有一名不被中国政府承认的"地下主教"魏景仪。

续表

省、直辖市、自治区	教区名称	主教	主教晋牧时间	教堂、祈祷场所数量	教区牧灵状况（神职人员、信徒数量）
山西省	运城	武俊维①	2010 年	40 座	神父 28 位；修生 6 名；修女 38 位；信徒 1.3 万名
	朔州	马存国	2004 年	不详	10 位神父；5 位修生；信徒 1 万名
	大同	—	—	18 座教堂；106 处小型活动场所	信徒 8000 余名
内蒙古自治区	呼和浩特教区	孟青录	2010 年	24 座	神父 22 位；修女 16 位；信徒 6 万名
	集宁教区	刘世功	1995 年	22 座	神父 28 位；信徒 10 万名
	包头教区	—	—	13 座教堂；活动场所 5 除	神父 9 位；修女 11 位；信徒 3 万名
	巴盟教区	杜江	2004 年	堂口 23 处；弥撒点 10 处	神父 21 位；修女 27 人；信徒 4 万名
	赤峰教区	—②	—	30 座	神父 23 位；毕业大修士 3 位；在读大修生 3 位；备修生 2 位；信徒 7 万名③
宁夏回族自治区	宁夏教区	刘景山主教；李晶助理主教	1993 年；2007 年	16 处教堂和祈祷点④	神父 12 位；修士 1 位；修生 5 位；修女 27 人；信徒 9000 名

① 参见《于波会见天主教运城教区新任主教》，《运城日报》2010 年 9 月 24 日，河北信德社所编《天主教手册 2010》上误将"吴俊维"写作"吴俊雅"。河北信德社所编《天主教手册 2010》，河北信德社，2010 年，第 118 页。

② 教区现由咨议会和教区长曹海神父管理。参见赤峰教区网站中有关教区历史的介绍：http：//www. cftzj. com/news/News_ View. asp？NewsID = 6645。

③ 参见赤峰教区网站中有关教区历史的介绍：http：//www. cftzj. com/news/News _ View1. asp？thelmid = 300。

④ 资料来源：http：//blog. sina. com. cn/s/blog_ 0d4644cc0100hz8v. html。

续表

省、直辖市、自治区	教区名称	主教	主教晋牧时间	教堂、祈祷场所数量	教区牧灵状况（神职人员、信徒数量）
陕西省	西安教区	党明彦	2005 年	55 座	神父 52 位，修女 70 余位；信徒 2 万多名
	周至教区	吴钦敬①	2006 年	160 座教堂和祈祷所	神父 57 位；修生 10 名；修女 90 多名；信徒 7 万名
	凤翔教区	李镜峰	1983 年	教堂 41 座；祈祷所 13 处	神父 59 位；修女 60 余人；信徒 2 万名
	汉中教区	余润深	1986 年	42 处堂所	神父 33 位；修士 3 位；信徒 2 万名
	安康教区	叶荣华	2000 年	4 座	神父 9 位；修女 6 位，教友近 1 万人②
	三原教区	宗怀德；韩英进助理主教	1985 年；2010 年	40 多座教堂；祈祷所 12 处	神父 35 位；修女 80 多位；信徒 4 万名
	渭南教区	同长平	2002 年	42 座	神父 29 位；修生 22 人；修女 40 余人；信徒 1.3 万多名
	延安教区	童辉主教杨晓亭助理主教	1994 年；2010 年	70 多座	神父 20 位；修士 8 名；修女 31 人；信徒 6 万名
甘肃省	兰州教区	—③	—	30 座	神父 37 位；修女 121 位；信徒 4 万名
	平凉教区	韩纪德	1999 年	12 座	神父 14 位；信徒 6000 名
	天水教区	—	—	27 座	神父 12 位；修女 23 位；信徒 2 万余名
青海省	西宁教区	—	—	5 处堂点	神父 4 位；修女 16 位；信徒 3100 名

---

① 地下主教，尚未得到中国政府的承认。
② 木海：《安康教区举行主教府落成典礼》，《中国天主教》2009 年第 4 期，第 35 页。
③ 据说目前有一地下主教韩志海，尚未得到中国政府的承认。

续表

省、直辖市、自治区	教区名称	主教	主教晋牧时间	教堂、祈祷场所数量	教区牧灵状况（神职人员、信徒数量）
新疆维吾尔自治区	乌鲁木齐教区	—	—	19 处堂点	神父 20 位；信徒 1500 名
重庆市	重庆教区	—	—	54 座	神父 16 位；修女 7 位；信徒 22 万名
	万县教区	何泽清	2008 年	教堂 16 座；祈祷点 17 处	神父 11 位；修士 4 位；修女 16 位；信徒 6 万名
四川省	成都教区	—	—	教堂 58 座；活动点 2 处	神父 19 位；修生 10 位；永愿修女 6 位、暂愿修女 6 位；信徒 11 万名
	南充教区	—	—	教堂 45 座；活动点 27 个	神父 10 位；修士 5 位；修女 11 位；信徒 8 万名
	宜宾教区	陈适中	1985 年	16 座	神父 8 位；修女 10 位；信徒 30150 名
	乐山教区	雷世银	2011	44 座	神父 15 位；修女 11 位；信徒 6 万
	西昌教区	—	—	教堂 11 座；活动点 6 处	神父 9 位；修生 4 位、小修生 6 位；修女 21 位；信徒 3 万名
云南省	昆明教区	马英林	2006 年	26 座	神父 11 位；修女 10 多位；信徒 4 万名
	大理教区	—	—	30 多处堂点	神父 3 位；信徒 8 万名
	昭通教区	—	—	6 座	神父 4 位；信徒 2 万名
西藏自治区	—	—	—	15 处堂点	神父 1 位；560 名
贵州省	贵州教区	王充一主教；肖泽江助理主教	1988 年；2007 年	71 座教堂	神父 20 人；修女 25 人；信徒 9.5 万名

续表

省、直辖市、自治区		教区名称	主教	主教晋牧时间	教堂、祈祷场所数量	教区牧灵状况（神职人员、信徒数量）
广西壮族自治区		南宁教区	谭燕全	2003 年	34 座	神父 9 位；修生 9 位；修女 39 位；信徒 3 万名①
		梧州教区	—	—	24 座	神父 3 位；修女 22 位；信徒 2 万名
海南省		海南教区	—	—	5 座	神父 1 位；信徒 4000 名
广东省		广州教区	甘俊邱	2006 年	29 座；活动点 7 处	神父 14 位；修生 5 位；修女 35 位；信徒 4.2 万名
		梅州教区	廖宏清	2003 年	45 座	神父 8 位；修女 16 位；信徒 41000 名
		汕头教区	黄炳章主教	2011 年	150 处堂所	神父 21 位；修士 5 位；修女 30 位；信徒 13 万名
		江门教区	梁建森②	2011 年	36 座	神父 8 位；修女 28 位；初学修女 1 位；信徒 1 万多名
		湛江教区	苏永大	2004 年	16 座	神父 4 位；修生 4 位；修女 14 位；信徒 3.9 万名
安徽省		安徽教区	刘新红	2006 年	28 座	神父 19 人；修女 42 人；实习修女 2 人；信徒 6 万名
江西省		江西教区	吴仕珍③ 李稣光④	1987 年；2010 年	教区所辖堂区（口）、会所 64 处	神父 44 位、修士 4 位、修女 25 位、信徒约 10 万名⑤

---

① 沙百里：《中国天主教指南 2004》，新加坡中华公教联络社，2004 年，第 388—389 页。

② 木海：《江门教区举行梁建森主教祝圣仪式》，引自《中国天主教》2011 年第 2 期，第 47 页。

③ 江西省天主教教委会：《江西教区举行吴仕珍主教就职仪式》，载《中国天主教》1991 年第 5 期，第 36 页。

④ 参见相关报道《江西教区助理主教祝圣典礼在南昌隆重举行》，载《中国天主教》2010 年第 6 期，第 33 页；及《江西教区李稣光助理主教就任正权主教》，载《中国天主教》2011 年第 2 期，第 44 页。

⑤ 《江西教区助理主教祝圣典礼在南昌隆重举行》，载《中国天主教》2010 年第 6 期，第 33 页。

续表

省、直辖市、自治区	教区名称	主教	主教晋牧时间	教堂、祈祷场所数量	教区牧灵状况（神职人员、信徒数量）
湖南省	长沙教区	—	—	54 处	神父 11 位；修士两位；修女 6 位；信徒 47400 名
湖北省	武汉教区	—	—	15 座	25 位公开神父；40 为"地下教会"；信徒 2 万名①
	蒲圻教区	涂世华	1959 年	19 座堂所	神父 10 位；修女 4 位；信徒 1 万名
	宜昌教区	—	—	14 座	神父 21 位；修生两位；修女 12 人；信徒 3 万名
	荆州教区	—	—	18 座	神父 15 位；信徒 1.4 万名
	襄樊教区	—	—	12 座	神父 15 位；修士两位；修女 30 余人；信徒 2 万名
河南省	郑州教区	—	—	20 座堂所	神父 5 位；
	开封教区	—	—	6 座	神父 8 位；修女 10 多位；信徒 3 万名
	商丘教区	—	—	29 座	神父 10 位；修生 4 位；修女 20 名；信徒 2 万名
	洛阳教区	—	—	1 座	神父 1 名；修女 3 名；信徒 3000 名
	驻马店教区	—	—	24 座	神父 18 位；大修生 16 位；小修生 10 位；修女 35 位；信徒 6 万名
	濮阳教区	—	—	20 余座	神父 11 位；修生 1 位；修女 4 位；信徒 1.5 万名
	南阳教区	朱宝玉②靳禄岗助理主教	1995 年；1993 年	逾百所堂点	神父 17 位；修女 90 位；信徒 2 万名

---

① 此处采纳了网上资料：http：//blog. sina. com. cn/s/blog_ 0d4644cc01017tw0. html。

② 南阳教区朱宝玉主教，曾于 1995 年接受秘密祝圣，获得教宗批准；2001 年 6 月 30 日公开就职，成为政府承认的牧者。2010 年，教宗本笃十六世接纳了朱主教的退休呈词。参见南阳教区网站相关内容：http：//www. nycatholic. org/index. php/Article/view/aid/18。

续表

省、直辖市、自治区	教区名称	主教	主教晋牧时间	教堂、祈祷场所数量	教区牧灵状况（神职人员、信徒数量）
河南省	新乡教区	—	—	13 座堂点	神父 6 名；修女 8 位；信徒 1 万名
	安阳教区	张怀信	1981 年	8 座	神父 29 位；修女 110 位；信徒 4 万名①
	信阳教区	—	—	3 座	神父两位；信徒 2000 名
上海市	上海教区	金鲁贤主教 邢文之辅理主教	1985 年；2005 年	110 座	神父 70 位；修女 80 位；女修生 30 位；信徒 14 万②
江苏省	南京教区	陆新平	2000 年③	30 多个堂点	17 位神父；10 位在读修生；22 位修女；信徒 8 万名
	苏州教区	徐宏根	2006 年	12 座教堂；19 处活动点	20 位神父；信徒 6 万名④
	海门教区	沈斌	2010 年	21 座	9 位神父；16 位修女；信徒 30000 名
	徐州教区	钱余荣主教 王仁雷助理主教	1959 年；2006 年	7 座	神父 7 位；修女 18 位；信徒 2 万名⑤
山东省	济南教区	郭传真 张宪旺⑥	1988 年；2004 年	80 座	神父 29 人；信徒 5 万名
	周村教区	马学圣；杨永强（助理主教）	1997 年；2010 年	10 座	神父 18 位；在读修生 5 位；修女 3 位；信徒 3.5 万名

---

① 沙百里：《中国天主教指南 2004》，新加坡中华公教联络社，2004 年，第 536 页。

② 参见沙百里《中国天主教指南 2004》，新加坡中华公教联络社，2004 年，第 548—549 页。

③ 参见香港《文汇报》2006 年 5 月 18 日的相关报道：http://paper.wenweipo.com/2006/05/18/CH0605180004.htm。

④ 沙百里：《中国天主教指南 2004》，新加坡中华公教联络社，2004 年，第 582—583 页。

⑤ 参见沙百里《中国天主教指南 2004》，新加坡中华公教联络社，2004 年，第 590—591 页。

⑥ 参见报道《济南教区张宪旺神父荣晋牧职》，《信德报》第 213 期。

续表

省、直辖市、自治区	教区名称	主教	主教晋牧时间	教堂、祈祷场所数量	教区牧灵状况（神职人员、信徒数量）
山东省	潍坊教区	—	—	34 处堂所	神父 6 位；大小修生 5 位；修女 8 位；出入会修女 2 位；信徒 1 万名
	青岛教区	李明述	1994 年	16 座	11 位神父
	烟台教区				4 位神父
	兖州教区	吕培森①	2011 年	15 座	神父 10 位；1 位执事；修女 38 位；信徒 1 万多名②
	菏泽教区	—③	—	3 座	神父 4 位；1 位执事；8 位修女；信徒 1 万多名④
	聊城教区	赵凤昌主教	2000 年		神父 6 位；修生 5 位；发愿修女 36 位；初学修女 7 位；信徒 1 万名
	临沂教区	房兴耀	1997 年	81 座教堂；朝圣地两处	神父 7 位；修生 7 位；修女 14 位；信徒 5 万名
浙江省	杭州教区	曹湘德	2000 年	10 座	21 位神父；修生 20 位；修女 30 位；信徒 20.7 万名⑤
	宁波教区	胡贤德	2000 年	88 处堂点	神父 24 位；修女 26 位；信徒 2.5 万名
	台州教区	徐吉伟	2010 年	25 处堂点	神父 5 位；修女 9 位；修生 5 人；信徒 4000 名

---

① 木海：《兖州教区吕培森神父晋牧典礼》，《中国天主教》2011 年第 3 期。

② 资料来源：http://paulhanyz.blog.163.com/blog/static/59174125201142164836859/。

③ 自 2004 年该教区主教王殿铎去世后，该教区主教空缺，参见《山东菏泽教区王殿铎主教安息主怀》，引自信德网：http://chinacatholic.org/XindeNews.asp? Id = 2301。

④ 资料来源：http://www.chinacath.org/news/china/2010 - 11 - 30/9638.html。

⑤ 沙百里：《中国天主教指南 2004》，新加坡中华公教联络社，2004 年，第 629—630 页。

续表

省、直辖市、自治区	教区名称	主教	主教晋牧时间	教堂、祈祷场所数量	教区牧灵状况（神职人员、信徒数量）
浙江省	温州教区	—①	—	188 座②	神父 26 位；修生 13 位；修女 32 位；信徒 12 万名③
福建省	福州教区	—	—	83 座堂所	神父 27 人；修女 41 人，信徒 20 万名
	闽北教区	—	—	17 座④	神父 5 位；修士 3 位；修女 6 位；信徒 1 万名
	闽东教区	詹思禄	2000 年	100 座	神父 65 位；修女 90 位；信徒 7.6 万名
	厦门教区	蔡炳瑞	2010 年	—	神父 10 位；修女 16 位；信徒 1 万名

从表 4-4 对信徒牧养的统计来看，除了天主教传统大省河北省（150 万信徒）之外，全国其他天主教徒比较集中的省份还有浙江省（36 万）、四川省（31 万）、内蒙古自治区（30 万）、福建省（29.6 万）、重庆（28 万）、广东省（26 万）、陕西省（25 万）、山西省（20 万）、河南省（20 万）、江苏省（19 万）、山东省（18.5 万）。而全国天主教徒分布比较稀少的地区则集中在新疆、西藏、海南、青海、宁夏、广西、甘肃、湖南等地。

而从主教选圣、出缺的情况来看，表 4-4 也为我们提供了一条清晰的线索，从 2000 年以后到今天，中国天主教会先后祝圣了 45 位年轻主教（含助理主教和辅理主教），其中，从 2004 年中国天主教第七届代表会议到 2010 年中国天主教第八届代表会议，中国天主教"一会一团"更是先

---

① 林锡黎 1992 年被罗马教廷秘密任命为温州教区主教，但未得到中国政府的承认。参见沙百里：《中国天主教指南 2004》，新加坡中华公教联络社，2004 年，第 643 页。
② 见沙百里《中国天主教指南 2004》，新加坡中华公教联络社，2004 年，第 640 页。
③ 其中地下神父 18 位；修女 52 位。参见河北信德社《中国天主教手册 2010》，河北信德社，2010 年，第 194 页。
④ 沙百里：《中国天主教指南 2004》，新加坡中华公教联络社，2004 年，第 653 页。

后审批并选举和祝圣了 25 位主教，其中助理主教 10 位，辅理主教 1 位。①

2000 年以后中国天主教大批量地自选自生主教，恰恰反映出目前中国天主教主教普遍年届老迈，青黄不接的现实状况。据有关方面的资料统计，截至 2007 年，主教当中 70 人年逾 80 岁，10 人年逾 90 岁，有 46 个教区没有主教。② 截至 2009 年，则有 49 个教区主教出缺；全国仅有 50 多位主教，其中 55 岁以下的主教仅有 24 位，一些八九十岁的老主教依然坚守岗位。③ 主教的缺乏，无疑给教会的牧灵和福传工作带来了巨大的压力和不利影响，并使得中国天主教自选自圣事业受到严峻的考验。笔者根据自己的观察和统计，对 2000 年以后去世主教（含"公开教会"和"地下教会"）的名单进行了归纳和整理，以期从一个层面帮助人们理解近十年来中国天主教因主教选圣青黄不接而导致的严重困境（见表 4-5）。

表 4-5　　　　　2000 年以后部分已故主教名单

编号	主教	生卒年	晋牧日期	主教职位	祝圣方式	所属教区
1	段荫明	1909—2001 年	1949	正权主教	罗马教廷祝圣	万县教区
2	徐之玄	1916—2008 年	1989 年	助理主教	自选自圣	万州教区
3	蒙子文	1903—2007 年	1984 年	主教	罗马教廷秘密祝圣	南宁教区
4	姜明远	1931—2008 年	2008 年	主教	自选自圣	赵县教区
5	陈锡禄	1928—2008 年	1999 年	主教	自选自圣	衡水教区
6	范文兴	1921—2006 年	1981 年	主教	自选自圣	衡水教区
7	林秉良	1913—2001 年	1990 年	主教	自选自圣	广州教区
8	张鸣谦	1917—2005 年	1959 年	主教	自选自圣	宜昌教区
9	韩鼎祥	1937—2007 年	1989 年	主教	自选自圣	永年教区
10	梁希圣	1923—2007 年	1989 年	主教	罗马教廷秘密祝圣	开封教区
11	韩道一	—2000 年		主教	自选自圣	开封教区
12	赵振东	1920—2007 年	1999 年	主教	自选自圣	宣化教区

① 马英林：《同心同德谱写中国天主教爱国爱教事业新篇章——在中国天主教第八届代表会议上的工作报告》，载《中国天主教》2011 年第 1 期，第 6 页。

② 参见《教廷中国会议二十专家协助圣座制定长远方向》，载《公教报》2007 年 2 月 18 日第 19 版。

③ 参见王美秀《中国天主教观察》。

续表

编号	主教	生卒年	晋牧日期	主教职位	祝圣方式	所属教区
13	蔡秀峰	1917—2007 年	1993 年	主教	自选自圣	梧州教区
14	董光清	1917—2007 年	1958 年	主教	自选自圣	武汉教区
15	傅铁山	1931—2007 年	1979 年	主教	自选自圣	北京教区
16	刘元仁	1923—2005 年	1958 年	主教	自选自圣	南京教区
17	李磐石	1911—2007 年	1981 年	主教	自选自圣	江门教区
18	李宏业	1920—2011 年	1987 年	主教	罗马教廷秘密祝圣	洛阳教区
19	吕守旺	1966—2011 年	2007 年	主教	自选自圣	宜昌教区
20	赵凤梧	1920—2005 年	1984 年	主教	自选自圣	兖州教区
21	林锡黎	1917—2009 年	1992 年	主教	自选自圣	温州教区
22	杨树道	1919—2011 年	1987 年	主教	罗马教廷秘密祝圣	福州教区
23	石鸿臣	1928—2005 年	1992 年	主教	自选自圣	天津教区
24	王宠林	1921—2010 年	1983 年	主教	自选自圣	邢台教区
25	金沛献	1924—2008 年	1989 年	主教	自选自圣	辽宁教区
26	蒋陶然	1926—2010 年	1989 年	主教	自选自圣	石家庄教区
27	余成惕	1919—2009 年	1981 年	主教	自选自圣	汉中教区
28	郝进礼	1916—2011 年	1984 年	主教	罗马教廷秘密祝圣	西湾子—崇礼教区
29	陈柏庐	1913—2009 年	1986 年	主教	自选自圣	永年/邯郸教区
30	李笃安	1927—2006 年	1987 年	主教	自选自圣	西安教区
31	赵子平	1912—2008 年	1988 年	主教	自选自圣	济南教区
32	朱问渔	—2006 年	1990 年	主教	自选自圣	赤峰教区
33	罗笃熹	1919—2009 年	1993 年	主教	自选自圣	乐山教区
34	袁文宰	—2007 年	1985 年	主教	罗马教廷秘密祝圣	海门教区
35	张增普	1917—2005 年	1986 年	主教	自选自圣	闽东教区
36	郭文治	1918—2006 年	1989 年	主教	罗马教廷秘密祝圣	齐齐哈尔教区
37	史景贤	1921—2009 年	1991 年	主教	自选自圣	商丘教区
38	张文彬	—2002 年	1981 年	主教	自选自圣	渭南教区
39	裴尚德	1918—2001 年	1989 年	主教	罗马教廷秘密祝圣	北京教区
40	刘和德	1910—2001 年	1950 年	辅理主教	罗马教廷命	汉口教区
41	龚品梅	1901—2000 年	1949 年	主教	罗马教廷任命	上海教区

三　天主教社会服务和公益事业

（一）中国天主教会社会服务事业的起步与发展

参与社会，服务他人，开办慈善事业向来被作为天主教面对世俗世界的传统。早在 4 世纪中叶，在当时的埃及就形成了名为"服务中心"（Diaconia）的天主教社会服务性机构。这些机构的行动首先从隐修院开始，并在 6 世纪发展为具有完全法律地位的社会服务组织。这一传统日后在施行拉丁礼仪的教会和希腊礼仪的教会中均获得了长足的紧张。据悉，截至 2006 年年底，天主教会在全球开办的社会公益及慈善机构已达 83522 所，遍及五大洲，其服务类型包括医院、门诊、麻风病院、老人院、智障残疾人士中心、孤儿院、儿童乐园、婚姻资询和其他机构。[①]

新中国成立前，根据 1947 年中国天主教会所做的统计，当时教会开办的各类社会服务与慈善公益事业取得了长足的进展，其中创办大学 3 所，中学 156 所，小学 2009 所，医院 216 间，诊所 847 间，育婴院 272 所，[②] 产生了良好的社会影响。

改革开放之后，随着各宗教活动场所的恢复和重建，某些地方教区的社会服务和实践也随之同步展开。[③] 各基层教会开展社会服务工作的途径主要是通过陆续恢复和开办诊所、养老院、残婴院、艾滋病关爱机构和基金会等慈善公益性服务机构来实施。

据不完全统计，截止到 2007 年 5 月，中国天主教各基层教会在全国各地开办了 345 个公益实体组织（不包括麻风病院），其中包括 212 个诊所或医院、68 家养老院、35 所幼儿园、4 所学校、13 家残婴院、8 家慧灵智障人士康复机构和 5 个防治艾滋病的关爱机构。[④]

---

① 转引自张克祥：《天主教组织在构建和谐社会中角色的思考》，载北京天主教与文化研究所编：《天主教研究论辑》第 5 辑，宗教文化出版社 2008 年版，第 364—365 页。

② 参见罗渔、吴雁编著《大陆中国天主教四十年大事记（1945—1986）》，台湾辅仁大学出版社 1986 年版，第 6 页。

③ 石衡潭、王潇楠、赵健敏、邓绍曦：《改革开放以来天主教北京教区社会服务与实践》，引自卓新平、萨耶尔主编《基督宗教与当代社会国际学术研讨会文集》，宗教文化出版社 2003 年版，第 285 页。

④ 张士江：《从进德公益展望有信仰背景的公益事业的发展》，引自信德文化研究所《信德学刊4——中国宗教公益事业的回顾与展望》，2008 年，第 3 页。

而截止到 2009 年年底，根据河北信德社的统计资料，中国天主教各基层教会开办的慈善公益文化组织增加至 422 个。其中包括 1 所中学、2 所培训学校、3 家出版社、3 个研究机构、220 个诊所、11 座医院、81 家养老院、44 所幼儿园、22 家残婴院或康复中心、35 个区域性或教区性的社会服务机构。与此同时，80 多位修女服务于 20 多个由政府开办的麻风病康复机构。①

改革开放以来，为了对中国天主教会在参与社会、开办慈善公益事业所开展的活动和取得的发展有一个全面的认识，笔者将从中国天主教公益事业的出发点及其理念、发展阶段、类型与特点等三个方面来进行一番多向度的立体观察和分析。

1. 中国天主教公益事业的出发点及其理念

首先，中国天主教公益事业是天主教倡导爱德的实践和体现。

在《圣经·新约》当中，"天主是爱"被作为对天主的最基本的断言，这一伟大的爱在耶稣基督被钉十字架为人类赎罪而赢得后者与天主的再度和解这一行动上可谓体现得淋漓尽致。正因为爱是天主的本质，因此，按照天主教信仰教义，天主关心每一个人，也希望每一个人因信仰和追随他而获得永恒的生命，其中，"爱天主"和"爱人如己"就是天主赐给人类的两条最大的诫命。

在梵二大公会议颁布的《教会传教工作法令》中，特别提到"置身于人群中的基督徒，要怀有爱德"，"要努力，并且要与他人合作，在经济及社会问题上寻求合理的解决"。这些合理的解决包括关注专门教育青年儿童的各类学校，帮助发展中国家提高人权，创造更人道德环境，这些都被认为是最有价值的服务。此外，基督徒还有和各种"反抗饥饿、文盲、疾病，通力建设更完美的生活环境、巩固世界和平的那些民族，并肩奋斗"。②

可见，天主教在对基督徒爱德的理解上，不仅仅要求人们宣讲爱德，还要努力践行爱德，与一切可以合作的机构、个人在社会服务与慈善公益事业方面通力合作。

---

① 参见《信德报·2010 年春节特刊》，2010 年第 5 期第 3 版。

② 《梵蒂冈第二届大公会议文献》，台湾地区主教团秘书处出版，2006 年第 9 版，第 518 页。

其次，施行公益是教会参与天主救世计划和圣化世界的必要组成部分。

天主教的个人和机构在从事社会服务和慈善公益事业时，其出发点除了体现爱德之外，还在于"以超性精神所行的善事"，是传播福音和圣化人的传教工作的必要的组成部分。① 教会和平信徒希望通过对贫穷者（精神和物质）和不幸者的帮助来达到祈求天主圣神开启其心智，最终认识天主，皈依天主的目的，② 无论其在从事该事业和行为时，是否将传福音作为一种附加条件。

2. 中国天主教公益事业发展阶段

中国天主教公益事业的发展可以大致分为两个阶段，从 80 年代初到 1994 年为恢复和草创期；从 1994 年到今天为发展期。

这一划分的依据在于，1994 年 1 月 31 日，国务院颁布了两个管理宗教事务的重要行政法规：《宗教活动场所管理条例》和《中华人民共和国境内外国人宗教活动管理规定》。作为我国关于宗教事务管理上比较系统、详尽的第一部综合性行政法规，《宗教活动场所管理条例》的颁布标志着我国进入了依法管理宗教事务的新阶段。因此，以此为分水岭可以发现，1994 年，中国天主教会所开展的公益事业存在着规模较小、力度不大、参与人数有限、形式较为单一、组织管理方面制度化色彩较弱，尚未建立一批服务机构和实体，对社会的整体影响比较有限。

1994 年之后，随着《宗教活动场所管理条例》的颁布实施，国家宗教事务管理部门开始对包括天主教在内的各大宗教开始采取依法管理的工作模式，同时也为中国天主教会开展公益事业迈向制度化、组织化和体系化创造了条件。尤其是 1998 年"中国天主教经济开发和社会服务委员会"的成立，标志着中国天主教在开展慈善社会公益事业方面有了一个全国性的指导和协调机构。2004 年，中国天主教经济开发和社会服务委员会更名为中国天主教社会服务委员会。2005 年 7 月 14 日，中国天主教社会服务委员会向全国各基层教会发出了《关于广泛开展社会服务活动

---

① 《梵蒂冈第二届大公会议文献》，台湾地区主教团秘书处出版，2006 年第 9 版，第 461—462 页。

② 康志杰：《见证信仰　活出信仰——当代中国天主教公益事业卫生事业的现状集体特点分析》，信德文化研究所：《信德学刊 4——中国宗教公益事业的回顾与展望》，2008 年，第 278—279 页。

的倡议书》，号召"有条件的省（市、区）'两会'和教区，考虑建立专门的社会服务机构，负责组织协调本地区的社会服务活动，将各种活动逐步有序，把各种资源整合好、利用好，并主动争取政府及社会各界的支持帮助，力所能及地兴办一些公益事业……"。①

中国天主教社会服务委员会成立虽没有起到有效发挥整合和协调全国天主教社会服务工作的作用，但它的成立和迄今为止的工作，显示出政府有关部门和中国天主教"一会一团"对天主教社会服务工作的重视，也为各基层教会在开展社会公益事业方面提供了一个可供交流和协作的全国性平台和广阔空间。

除了作为全国性协调机构的中国天主教社会服务委员会之外，全国各基层教会还逐渐成立了18个教区性的社会服务组织机构，如1997年成立的北方进德天主教社会服务中心；2002年成立的西安教区社会服务中心等；2004年成立的辽宁省天主教社会服务中心——盛京仁爱等。上述机构已突破以往天主教开展慈善公益事业的模式，正日渐向高度组织化和机构化的宗教NGO方向发展。

3. 中国天主教公益服务事业的类型

目前，中国天主教会在政策范围内所从事开办的各类社会服务与慈善公益事业按工作内容可分为如下四个类型。

（1）社会服务型：

医药卫生：乡村诊所、门诊部、专科医院、艾滋病预防、临终关怀等。

教育培训：幼稚园、专科学校、各种培训、中英文师资、资助教育专案等。

房地产业：出租原教会房地产、开办招待所、宾馆、学生食堂、学生宿舍等。

（2）文化艺术型：

文化出版：研究所、出版社、音像中心、工艺室等。

新闻媒体：教会内部的期刊、报纸杂志社、互联网等。

---

① 转引自张士江：《从进德公益展望有信仰背景的公益事业的发展》，引自信德文化研究所：《信德学刊4——中国宗教公益事业的回顾与展望》，2008年，第6页。

（3）慈善服务型：

残婴院、麻风病院、孤寡老人院、养老院、收养所、妇女庇护所等。

（4）募捐机构型：

各类基金会、社会服务机构、包括农村水利、粮食、果树、绿化、环保和社区专案、紧急援助等。[①]

在以上四类社会服务工作中，慈善公益事业按其方式和渠道可细分为以下 8 类。[②]

（1）社会紧急救助：主要表现为寻求社会援助的失学少年儿童和危重病人；

（2）关怀弱势群体：表现为接济穷人，关爱老人、病人、饥民，帮助特困户，助残扶贫等；表现出当代中国天主教会以博爱的胸襟关注人性尊严和维护社会弱势群体的责任感；

（3）扶贫办学：针对贫苦地区无力完成学业的少年儿童和某些基层教学单位，予以资助；

（4）参与赈灾救灾：此为中国天主教社会关怀的重要内容，由于中国是个自然灾害频发的国家，因此，教会几乎都会举办和参与全国或地区性的赈灾救灾活动；

（5）关心救助儿童：主要内容为收养弃婴，创办儿童收容中心，孤儿院等；

（6）艾滋病与麻风病防治：除关心帮助病患者外，教会还组织了防治艾滋病培训班等活动；

（7）创办医院诊所：经常开诊义诊等活动，为社区群众服务；

（8）社会自愿服务：在国家重大节庆期间，或为某些由政府主导的大型公益活动提供志愿者服务。

（二）宗教 NGO

改革开放以来，在中国社会公益事业快速发展的同时，一些有着信

---

① 参见张士江：《反省当前中国天主教会的使命》，南怀仁文化协会：《中国教会的今天与明天》，台北：光启文化社 2006 年版，第 219 页。

② 康志杰：《宗教能够促进和谐——以当代中国天主教为例证》，载《天主教研究论辑》第 4 辑，宗教文化出版社 2007 年版，第 404 页。

仰背景的非营利的公益事业组织也日渐脱颖而出，为中国社会平衡而健康的发展作出了积极贡献，成为构建和谐社会的一支不可或缺的重要力量。①

虽说宗教通过社会公益事业切入社会有各种各样的可能性，也存在着各种各样的问题，但是，许多有识之士认为：公益事业是宗教切入社会的最好的途径之一。② 也有学者认为，宗教公益事业是构建和谐社会的有益方式。③ 事实上，随着社会需求的日益突出和慈善事业方面的落后状况，宗教社会服务无疑有着相当广阔的前景，在此意义上，宗教类 NGO 作为近年来宗教在提供社会服务方面的崭新模式，其发挥的作用和影响越来越引起人们的重视。

前面提到，中国天主教各基层教会目前已成立了 17 个教区性的社会服务组织机构，它们分别是：西安教区、北京教区、辽宁教区、衡水教区、邯郸教区、重庆教区、万州教区、南宁教区、昆明教区、上海教区、汕头教区、兰州教区、吉林教区、临沂教区、太原教区、忻州教区和长治教区。这其中，河北省的"进德公益"事业服务中心、辽宁省天主教社会服务中心和西安教区社会服务中心为 3 个工作和服务特色比较突出的社会公益机构。

1. "进德公益"

全名："河北进德公益事业服务中心"，系河北省天主教爱国会、教务委员会所创办。其前身为 1997 年 5 月于石家庄成立的"北方进德天主教服务中心"。1998 年 8 月获得政府批准，为中国大陆首家天主教 NGO/NPO。2006 年 4 月 11 日，"北方进德天主教社会服中心"在河北省民政厅注册更名为"河北进德公益事业服务中心"，简称"进德公益"。④

2011 年 5 月 31 日，河北省民政厅正式为进德公益签发了"河北进德公益基金会"注册证书及机构代码证。经过多年努力，"进德公益"基金会终于注册成功。这既标志着"进德公益"踏上了一个新台阶，也标志

① 张士江：《从进德公益展望有信仰背景的公益事业的发展》，见张士江、魏德东主编：《中国宗教公益事业的回顾与展望》，宗教文化出版社 2008 年版，第 2 页。

② 李向平：《公益事业是宗教切入社会的最好途径之一》，载《中国宗教》2007 年第 8 期。

③ 陈红星：《宗教公益事业是构建和谐社会的有益方式》，载《中国宗教》2007 年第 8 期。

④ 张士江：《进德公益的实践与启示》，载《中国宗教》2007 年第 8 期，第 41 页。

着有着天主教会背景的社会公益机构深度参与社会、广泛开展国际交流成为可能。从 2011 年 8 月 1 日起，进德公益基金会的新名称、新公章和新账号同时启用，并继续保持其信仰身份、背景和特征。

"进德公益"成立的宗旨是：笃行仁爱，践行信仰；发扬教会服务社会的优良传统，加强与地方教会、社会各界、海外民间机构的积极合作，分享资源，造福人群，推动社会的均衡发展。

其目标是：促进社会平衡与持续发展；加强与海内外民间机构的友好往来；为广大信友和教会团体提供服务社会人群的机会；加强教会与社会之间的彼此了解与合作。

"进德公益"有一套专业性分工明确的组织架构，包括六大部门，分别是："个人及家庭紧急援助部"、"防艾办"、"社会发展部"、"助学金部"、"筹资宣传部"、"安老服务部"等。

截至目前，"进德公益"开展的公益慈善项目包括如下几项。

（1）紧急人道主义援助：包括个人紧急援助和赈灾活动；

（2）社会发展项目：涵摄水利、农业、环保、建校、残婴、弱智与幼儿教育、医疗卫生等项目并开办慈善商店；

（3）教育培训：能力建设、团体培训、资助学术研讨会、与大学以及社科机构的合作；

（4）助学金：按捐款人意向分别为贫穷的大中小优秀学生及男女修道生提供学费补助；

（5）北方进德"防艾办"：举办防治艾滋病培训班、关怀艾滋病患者；

（6）反拐卖儿童；

（7）安老服务：支持老人院项目、提供安老服务和家政培训；

（8）为教会经营的各类社会服务性项目提供资助服务。

"进德公益"注册基金会成功之后，其较之以前的最大区别在于"在中国社会获得了一个合法的专业从事公益慈善事业的基金会身份，属于无须办理纳税的单位，也可以为捐款者开出由国家财政部门统一印制的正规捐赠收据"。①

注册后的"进德公益"性质属于民间"非公募基金会"，除不能在社

---

① 参见"天亚社"记者对"进德公益"相关负责人的采访，见天亚社中文网。

会与公共场合公开募捐外，其运作与要求基本上与"公募基金会"类似。目前该基金会可以接受来自海内外的捐款，特别是来自国内许多地方的天主教友和部分非教友，以及其他合作伙伴的捐款。为机构的发展和天主教会在社会服务领域的交流提供了广阔的国际、国内平台。

"进德公益"注册基金会的成功，标志着其专业化、规范化和透明化的管理与运作模式得到了政府部门和社会各界的认可，也为其他有着天主教信仰背景的社会服务机构迈向政策认可、社会认同开辟了建设性的道路。

2. 辽宁省天主教社会服务中心

"辽宁省天主教社会服务中心"，又称"盛京仁爱"，英文缩写：CSSC，是专门开展社会服务和慈善公益事业的教会组织，2004 年 4 月于沈阳正式成立。该"中心"以"实践爱德、见证信仰、服务社会、缔造希望"为宗旨，积极发挥自身优势，开拓多种渠道服务社会，尤其关注社会弱势群体。现该"中心"共有专职员工 10 名，专家顾问 9 名，义工若干名，并与欧美多家 NGO 建立了伙伴关系。

辽宁省天主教社会服务中心由张克祥神父创办，成员包括教区主教、神父、修女、大学教授、企业老总、高级知识分子，服务对象涵盖众多领域，既有信徒，亦有教外人士。

天主教社会服务中心开展的服务领域主要包括：①心理咨询；②家庭探访；③资助组活动；④生产自救活动；⑤工作技能培训；⑥面向大众进行艾滋病知识和反歧视宣传教育；⑦义诊及健康讲座；⑧医疗支持和转介服务等。

关注艾滋病感染者向来是"中心"的主要工作之一。该"中心"一方面与沈阳市疾病控制中心保持专业和业务上的协作，另一方面也依托省宗教局的积极协调，从而在社会—政府—教会三者之间建立起可持续发展的，具有深度信任的协作关系。从沈阳市疾控中心为其转介的 8 名感染者开始，目前"中心"累积的服务案例已达 2000 多个。

在 2008 年汶川大地震之后，该"中心"先后向灾区派遣了 36 名志愿者，其中既有神职人员，亦有平信徒。此外，"中心"还为灾区送去了棉衣、棉被、食品、药品等救援物资。

"中心"成立之初，即坚持 NGO 的专业化发展方向。虽然具有宗教背景，但在社会服务活动中，始终坚持淡化信仰色彩，不以传教为附加条件，也不区分服务对象的信仰背景。开展社会服务工作不仅仅是该组织践行爱德这一信仰的内在诉求，也是天主教会发挥自身优势、服务社会的价值路径。[1]

3. 西安教区天主教社会服务中心

"西安教区天主教社会服务中心"是一个立足陕西农村、服务社会弱势群体的基层教会机构。20 世纪 80 年代，随着社会服务项目的增多，前西安教区李笃安主教委任教区秘书长陈瑞雪神父为主任，于 2002 年 7 月正式成立社会服务中心。其愿景是：在基督爱的感召下，尊重每一个生命，丰盛每一颗心灵。

该服务中心的使命在于"秉承天主教服务社会的传统，以谦和仁爱的心服务穷人，合理改善贫困人群的生存、生活条件，提高其自身发展能力，以促进中国西部社会和谐发展。"

截至目前，该服务中心提供的公益服务事业共包括如下方式和内容。

（1）支持和协助社会弱势群体的团体和组织（残障、孤儿、艾滋病、麻风病、养老院）；

（2）帮助改善贫困人群的基本生存、生活条件，提升其自身发展能力（引水、修路、通电、医疗诊所、小额信贷、无公害农业、迷你图书室）；

（3）贫困助学（中小学生、大学生、女性）。

作为一种宗教参与社会服务的富有活力的新模式，天主教 NGO 的相关活动和操作方式可以说一方面继承了宗教组织的理念和资源，另一方面又采用了 NGO 的管理和运作模式，从而使得其在提供社会服务时，能够有效地结合上述两个方面的优势，以较低的成本提供优质的服务，这一模式无疑正日益成为中国慈善公益事业的重要组成部分，同时也提供了一种天主教与社会主义社会相适应、促进和谐社会建设的积极而崭新的方式。[2]

---

① 张克祥：《心存感恩 服务社会——记辽宁省天主教社会服务中心》，载《中国天主教》2011 年第 2 期，第 21—22 页。

② 邓国胜：《宗教类 NGO：宗教服务社会的新模式》，收入张士江、魏德东主编：《中国宗教公益事业的回顾与展望》，宗教文化出版社 2008 年版，第 123 页。

（三）中国天主教社会服务与慈善公益事业存在的问题

不可否认，自改革开放以来，中国天主教各基层教会在努力恢复宗教建设、落实教产、培养神职人员、出版印刷教会圣典书刊的同时，力所能及地、逐步开展了大量具有社会公益和慈善性质的服务工作，既为社会提供了积极的援助，为促进社会和谐贡献了力量，也会践行天主教荣主益人的信仰理念提供了具体的途径，并树立了良好的社会形象。但是，也应当看到，相比普世天主教会在社会服务和慈善公益领域的成熟理念和先进服务模式，中国天主教无疑从理论到实践皆存在着巨大的差距，下面笔者将从如下几个方面逐一加以分析。

第一，中国天主教会的社会理论探索严重滞后。社会理论研究处于不应有的边缘化状态，社会理论研究无法为天主教社会服务实践提供基础性的、超前和具有先导性的理论指导，与积极引导宗教与社会主义社会相适应的宏观社会环境极不协调，也不利于建构和谐社会的长期目标。①

第二，发展不平衡，社会服务机构处于初级发展阶段。截至 2009 年，虽说天主教各类社会、文化服务组织已达 422 个，但是，这一数字与近 600 万信徒总数相比却极不协调；此外，18 个公益事业机构也与全国上百个教区的数量相差悬殊。根据调查统计，全国大多数教区迄今为止尚未成立社会服务中心或办公机构，有些教区甚至没有成立公益实体机构，其对社会和弱势群体提供的服务和支持就不能不受到巨大限制。

第三，政策化境影响具有信仰背景的公益事业的发展。这一影响体现在如下三个方面：①政教关系的影响：由于中国目前的宗教事务管理还处在由行政法规型向依法管理型转变的过程中，因此，各地政府对政教关系的处理某种程度上还存在较强的人为因素。在那些政教关系正常或良好的地区，基层教会开展社会公益事业的空间较为宽裕，相反则比较狭窄。②天主教服务公益实体机构注册、营业难问题：在基层教会开办的各类社会服务和慈善公益机构中，一般而言，诊所和养老院等机构比较容易注册，而残婴院则比较困难，截至 2005 年，全国 13 家教会开办的残婴院只有 3 家获得了注册。此外，18 家天主教背景的 NGO 目前也只有"进德公益"

---

① 刘继同：《天主教社会理论体系特征与社会服务实践模式理论研究》，载《天主教研究论辑》第 3 辑，宗教文化出版社 2006 年版，第 361 页。

获得了正式注册。③国家相关法规不完善，导致很多优惠政策难以享受和落实：在"进德公益"注册基金会成功之前，全国所有的天主教背景的社会服务机构皆无法为社会团体和个人的慈善捐款开具免税发票，导致社会上很多企业、团体和个人无法与天主教背景的社会服务机构开展合作。据统计，截至 2006 年 6 月，全国只有 22 家基金会或公益组织有权享受社会捐款全额免税的优惠，这一政策的限制，势必严重制约和影响包括天主教在内的有信仰背景的非政府组织的正常发展。

第四，社会认同度不高、接纳有限。由于"文化大革命"之前长期"左"的错误路线的影响，国内大多数人士无疑对宗教还存在着较强的偏见，有的甚至将其与"封建迷信""鸦片"等而视之，这就严重地阻碍了人们正确理解、接纳和最终认同有信仰背景的公益组织。①

四　天主教团体、组织及各级教育机构

（一）中国天主教代表会议制度

中国天主教代表会议制度是在中国教会坚持走独立自主自办教会道路上，经过反复实践，不断改进并完善起来的中国天主教会的基本组织形式。1957 年 8 月 2 日通过的《中国天主教爱国会章程》第三条规定："本会最高机构为中国天主教代表会议，其职权为制定和修改本会章程；听取和审查委员会的工作报告，推选委员会委员，组成本会委员会。"第四条规定："本会委员会，在中国天主教友代表会议闭会期间，负责执行代表会议的决议，推进会务。"

1980 年，根据中国天主教的教务工作的需要，在第三届中国天主教爱国会代表会议之后召开第一届中国天主教代表会议，会上成立了中国天主教主教团和中国天主教教务委员会，具体负责研究中国教会的教务问题和指导全国教务工作。按照会后通过的《中国天主教教务委员会章程》第三条的规定：中国天主教代表会议是中国教会推进教务工作的最高执行机构，每五年召开一次。其职权为：制定和修改教务委员会章程；听取和

---

①　上述对天主教社会公益事业存在问题的分析得益于张士江神父的相关文章。参见张士江：《从进德公益展望有信仰背景的公益事业的发展》，引自张士江、魏德东主编：《中国宗教公益事业的回顾与展望》，宗教文化出版社 2008 年版，第 9—11 页。

审查委员会的工作报告；选举产生教务委员会，建立中国天主教主教团。

20世纪90年代，中国天主教根据教务工作日益开展的需要，进行了机构改革。鉴于中国天主教代表会议和中国天主教爱国会代表会议和代表基本相同，为了便于代表们出席，两个会议经常采取合并召开的办法，由此决定将两个代表会议合并，统称为"中国天主教代表会议"，以1957年"中国天主教教友代表会议"为第一届会议，以此排列。至1998年，中国天主教共召开了六届代表会议。

1998年1月17—21日第六届代表会议所通过的《中国天主教爱国会章程》明确规定："本会的最高权力机构为中国天主教代表会议。"而《中国天主教主教团章程》第五条也规定："本团向中国天主教代表会议负责。"

中国天主教代表会议的职权为：根据民主集中制的原则，制定和修改中国天主教爱国会和中国天主教团章程，听取和审议"一会一团"的工作报告，审议和通过有关重要决议和决定，选举"一会一团"主席、副主席、秘书长和常务委员。代表会议每五年召开一次，爱国会和主教团都应对代表会议负责。[1]

而在2010年12月7—9日召开的中国天主教第八届全国代表会议上，与会代表分别修订并通过了《中国天主教爱国会章程》和《中国天主教主教团章程》。其中，修订后的《中国天主教爱国会章程》第三章第八条规定：本会最高权力机构为中国天主教代表会议；而修订后的《中国天主教主教团章程》的第三章第九条也规定，"在社团组织上向中国天主教代表会议负责"；第三章第十二条则对中国天主教代表会议的召开作出了具体规定："全国代表会议由本团常务委员会与爱国会常务委员会共同决定召开，每五年召开一次。"[2]

（二）中国天主教全国性组织

"文化大革命"以前，中国天主教爱国会是我国天主教唯一的全国性

---

① 中国天主教爱国会、中国天主教主教团编：《中国天主教独立自主自办教会教育教材》（试用本），宗教文化出版社2002年版，第221—222页。

② 上述有关全国代表会议的规定参见最新修订的《中国天主教爱国会章程》和《中国天主教主教团章程》，载《中国天主教》2011年第2期，第7、11页。

组织，中国天主教爱国会代表会议共举行过两届。改革开放以来，中国天主教会全国性的团体先后成立过三个：一是中国天主教爱国会（成立于1957年）；二是中国天主教教务委员会（成立于1980年）；三是中国天主教主教团（成立于1980年）。其中，中国天主教教务委员会于1992年第五届中国天主教全国代表会议上被调整为中国天主教主教团的下属机构，自此，经过几次机构调整，中国天主教的全国性组织便只有中国天主教爱国会和中国天主教主教团两个，简称中国天主教"一会一团"。①

1. 中国天主教爱国会

中国天主教爱国会成立于1957年7月于北京召开的中国天主教代表会议，其最初的名称为"中国天主教友爱国会"。其目的在于贯彻中国共产党提出的"三自革新"宗教政策，即中国天主教必须在积极参与"反对外国帝国主义"这一革命斗争的国家政策领导下，实现教会行政自治、财政自养、传教自传的三个原则。

中国天主教爱国会不是教会，它是中国神长教友在政治上体现爱国的群众性组织。中国天主教爱国会的性质和任务，从中国天主教爱国会成立之日起，就早已明确。1957年7月末至8月初召开的第一次中国天主教教友代表会议成立中国天主教友爱国会（后改名为中国天主教爱国会）时，通过的《中国天主教友爱国会章程》第二条就明确规定："本会为中国天主教神长教友组成的爱国爱教的群众团体。其宗旨为：团结全国神长教友，发扬爱国主义精神，积极参加祖国社会主义建设和各项爱国运动，保卫世界和平，并协助政府贯彻宗教信仰自由政策。"

1998年中国天主教第六次代表会议修订通过的《中国天主教爱国会章程》第二条仍然规定：中国天主教爱国会"为中国天主教神长教友组成的爱国爱教的群众团体。其宗旨为：拥护中国共产党的领导，高举爱国爱教旗帜，团结全国神长教友维护宪法尊严，维护人民利益，维护民族团结，维护国家统一，贯彻独立自主自办教会原则"。

改革开放之后，中国天主教爱国会经历过两次重大改组：

首先，1980年5月22—30日，中国天主教爱国会第三届代表会议和中国天主教第一届代表会议在北京举行，这是"文化大革命"后中国天主教的第一次盛会。全国26个省、直辖市、自治区的198位主教、神父、

① 乐峰、文庸：《基督教知识问答》，宗教文化出版社2009年修订版，第245—246页。

修女和信徒代表参加了中国天主教爱国会第三届代表会议。会议选举宗怀德主教为中国天主教爱国会主席，通过了《中国天主教爱国会章程》。该章程规定："中国天主教神长教友组成的爱国爱教的群众团体。其宗旨为：团结全国神长教友，在中国共产党和人民政府的领导下，发扬爱国主义精神，遵守国家政策法令，积极参加祖国社会主义现代化建设，促进与国际天主教人士的友好往来，反对帝国主义、霸权主义，保卫世界和平，并协助政府贯彻宗教信仰自由政策。"①

鉴于中国天主教爱国会是神长教友组成的爱国爱教的群众团体，而非教会教务的管理机构，因此无法名正言顺地履行制定和执行教会法规、监督和开展教务活动、开展神学教育、改革教会礼仪等方面的职能。因此，1980 年 5 月下旬，中国天主教爱国会代表会议甫一结束，中国天主教第一届代表会议就随之召开。参加会议的共有主教、神父、修生、修女和教友代表共计 207 人。经过与会代表的协商和讨论，会议决定成立中国天主教教务委员会和中国天主教主教团，并一致选举上海主教张家树担任教务委员会主任和主教团团长。这样，1980 年，中国天主教就由原来的仅有一个全国性机构，一分而为三个全国性机构，即所谓的"两会一团"：中国天主教爱国会、中国天主教教务委员会和中国天主教主教团。

其次，1998 年中国天主教第六届全国代表会议对中国天主教爱国会和中国天主教主教团进行了机构调整和新的人事安排，选举产生了新一届爱国会的领导班子，新领导班子的特色是：爱国会主席和主教团两个职务不再由同一人兼任，而是分别由两位人士担任。② 其中，傅铁山主教担任中国天主教爱国会主席，而刘元仁主教则担任中国天主教主教团团长。这一惯例在第七届爱国会和第八届爱国会人事任命上获得了延续。

2010 年 12 月 7—9 日在北京召开的中国天主教第八届全国代表会议之后，房兴耀主教当选为新一届中国天主教爱国会主席。副主席为郭金才主教、马英林主教、孟青禄主教、沈斌主教、黄炳章神父、雷世银神父、岳福生神父、吴琳修女、刘元龙教友、舒南武教友，秘书长由刘元龙教友担任。

① 参加国务院宗教事务局政策法规司编：《中国宗教团体资料》第一辑，第 382—383 页。
② 任延黎主编：《中国天主教基础知识》，宗教文化出版社 2005 年版，第 310 页。

2. 中国天主教主教团

中国天主教主教团成立于 1980 年，为全国性的教务机构。根据天主教的信仰和传统，主教团是教务性的教会组织。中国天主教主教团向中国天主教全国代表大会负责。

中国天主教主教团的基本职能是：研究教会"当信当行"的教义教规；审批教区主教的选圣和教区划分与调整；设计牧灵职务，制订牧灵规章、牧灵工作；团结全国神长教友，遵守国家宪法、法律、法规与政策；培养各种圣职和献身生活人员；对外代表中国天主教会进行活动。

1980 年 5 月 31—6 月 2 日，中国天主教爱国会第三届代表会议及中国天主教第一届全国代表会议相继在京举行。此次会议决定成立中国天主教主教团，这标志着我国天主教会在组织机构方面的一个重要变化，甚至是"一个历史性的进步"。① 也就是说，中国的天主教会也和世界其他国家的天主教会一样有了自己的主教团，而且，主教团在全国的教务工作中处于领导地位。这些历史性的变化，不仅显示出我国宗教政策的灵活性、开放性和富有建设性，而且使得中国天主教会作为世界各国天主教会之间的平等一员，在教会结构上日趋完善。②

但是，如此重要的一个全国性机构，在成立之初却没有自己的组织章程，只是在《中国天主教教会委员会章程》的第七条简略地提到中国主教团的任务——"研究、阐明当信当行的教义教规"，以及交流传教经验和与其他国家的天主教团体开展友好交流活动。这势必在很大程度上削弱中国天主教主教团的地位和重要性，也使得其权威性大打折扣，从而很难明确履行自己的职责。

中国天主教主教团对外代表中国天主教。此次会议选举张家树主教为中国天主教主教团第一任团长，副团长为王学明主教（呼和浩特）、杨高坚主教（常德）、宗怀德主教（济南）、董光清主教（汉口）、涂世华主教（汉阳）和傅铁山主教（北京）。主教团秘书长由杨高坚主教兼任。③ 中国主教团由全国各教区主教组成，共计 33 名成员。④

---

① 任延黎、王美秀：《中梵关系研究》第 79 页，内部资料。
② 任延黎、王美秀：《中梵关系研究》第 77 页，内部资料。
③ 任延黎主编：《中国天主教基础知识》，宗教文化出版社 2005 年版，第 307 页。
④ 参见国务院宗教事务局政策法规司编：《中国宗教团体资料》第一辑录，第 403 页。

1986 年 11 月 18 日至 29 日召开的第二届中国天主教代表会议对《中国天主教教务委员会章程》进行了修改，其中增加了助理主教也是主教团成员的内容。自此，主教团成员增加至 52 人。

1988 年 3 月 25 日，中国天主教主教团团长张家树主教逝世。同年 4 月 10 日，中国天主教爱国会、教务委员会和主教团负责人在北京召开会议，决定由宗怀德主教任教务委员会主任和主教团团长。

1992 年召开的第五届中国天主教代表会议制订并通过了《中国天主教主教团章程》，按照章程规定，中国天主教主教团成为中国天主教会的全国性教务领导机构，对外代表中国天主教会，教务委员会被调整为主教团的附属机构，与修院教育委员会、礼仪委员会、神学研究中心、经济委员会和海外联谊委员会并列。此外，《章程》还规定，主教团成员由全国各教区的正权主教、助理（辅理）主教和顾问主教组成。《章程》中还正式承认教宗的首席权和并号召为教宗祈祷。[①]

1997 年 6 月 27 日，宗怀德主教在北京逝世。1998 年中国天主教第六届全国代表会议之后，南京教区刘元仁主教当选为中国天主教主教团主席。主教团副主席为傅铁山、刘景和、李笃安；常委由刘元仁、傅铁山、刘景和、李笃安、金沛献、蒋陶然、房兴耀 8 位主教组成；马英林神父当选为主教团秘书长。

2010 年 12 月 7—9 日在北京召开的中国天主教第八届全国代表会议之后，昆明教区主教马英林当选为新一届中国天主教主教团主席。主教团副主席为房兴耀、詹思禄、方建平、李山、裴军民、杨晓亭；郭金才主教当选为主教团秘书长。

2010 年 12 月 10 日，中国天主教"一会一团"召开了八届一次常委联席会、负责人联席会及委员联席会议，其中，负责人联席会表决通过了中国天主教主教团副秘书长的成员名单：王仁雷主教、甘俊邱主教、朱立戈神父、刘新红主教、陈书杰神父、杨宇神父和何泽清主教。[②] 鉴于从 2004 年到 2010 年间中国在经济、文化和社会建设等方面所产生的快速变化，加之第七届代表会议以来，中国天主教会所取得的长足进展，以及教会在牧灵福传事业上所面临的新形势和新问题，天主教第八届全国代表会

①　任延黎主编：《中国天主教基础知识》，宗教文化出版社 2005 年版，第 308 页。
②　资料来源：http://www.chinacath.org/news/china/2010-12-07/9725.html。

议重新修订并通过了《中国天主教主教团章程》。新的《章程》对中国天主教主教团的任务范围中增加了"本团在信仰及福传事业上，依据主耶稣基督对宗徒们的派遣和圣神赋予宗徒们的权利，履行牧职使命，在当信当行的教义教规上，与宗徒之长伯多禄的继承人保持共融；在社团组织上向中国天主教代表会议负责"的内容。这就使得主教团与代表会议的关系更加清晰，权力来源更加明确，同时表明中国天主教与普世教会在信仰上是保持一致的。[①]

3. 中国天主教教务委员会

曾经一度成为中国天主教全国性教务机构，由中国天主教代表会议选举产生。

1980 年在北京召开的中国天主教第一届代表会议决定同时成立中国天主教教务委员会和中国天主教主教团，并制订了《中国天主教教务委员会章程》。按照《章程》规定，中国天主教教务委员会为全国性教务机构，其最高机构为中国天主教代表会议，其宗旨是：以《圣经》为依据，继承发扬教会的传统精神，引导神长教友，恪守诫命，坚持独立自主和民主管理的原则，商讨并决定重大教务问题，办好中国天主教会。

第一届中国天主教教务委员会主任为张家树主教。会址设于北京。

从此，中国天主教有了两个全国性组织和主教团，即通常所谓"两会一团"。

1986 年第二届中国天主教全国代表会议上，与会代表修订了《中国天主教教务委员会章程》，新章程增加了助理主教也是主教团成员的内容，规定主教团由各教区正权主教和助理主教组成。会议再次选举张家树主教为中国天主教教务委员会主任。

1992 年第五届中国天主教全国代表会议通过了《关于调整"中国天主教三机构"的决议》，决定将中国天主教教务委员会调整为中国天主教主教团的下属机构，与修院教育委员会、礼仪委员会、神学研究中心、经济委员会和海外联谊委员会并列。从此，中国天主教的全国性机构成为爱国会和主教团，即"一会一团"。

---

① 詹思禄：《关于〈中国天主教爱国会章程〉和〈中国天主教主教团章程〉修改的说明》，载《中国天主教》2011 年第 2 期，第 6 页。

（三）宗教教育机构

1949 年之前，天主教会所开办的宗教教育机构包括有各类学校和专门性的修院，其中大学三所，分别是震旦大学及其附属震旦女子文理学院、天主教工商学院（津沽大学）、辅仁大学。① 此外尚有 156 所中学和 2009 所小学。② 除施行公共教育的私立教会学校之外，中国天主教会还开办有大修院 924 所，小修院 2705 所，约有 200 名中国神职在国内外接受高等教育。③

1949 年新中国成立后，在外国对中国实行经济封锁的情况下，这些学校先后失去了国外的经济支持，无法继续维持。当时的中华人民共和国政务院文教委员会接管了教会所有向社会开放的教会学校，成为公办院校的一部分，与教会完全脱离了关系。天主教会所办的大小修院，终因教会内帝国主义分子对中国新政权所持对立态度和外国传教士的离去而相继停办。

1962 年，中国天主教爱国会第二次代表会议上，代表们曾建议建立一所完全由中国神职人员管理的全国性修院，并作出了筹建中国天主教神哲学院的决议，成立了神哲学院的董事会。后因"左"的思想干扰以及发生了"文化大革命"，这一决议在筹建过程中不幸夭折。

20 世纪 80 年代初，随着各地天主教堂陆续归还教会，各地教会都面临着原有中国教会神职人员队伍的老化和神职人员数量紧缺的问题，因此，年轻神职人员的培养工作再一次提到了中国教会的面前。

1980 年中国天主教爱国会第三次代表会议暨中国天主教第一届代表会议再次通过了《关于筹办中国天主教神哲学院的决议》。《决议》规定："为了宣扬耶稣基督福音，继承宗徒传教事业，适应中国圣教会的需要，培养传教司铎和神、哲学专业人才，会议决定开办中国天主教神哲学院，并责成中国天主教教务委员会筹办"。

中国天主教第一届代表会议召开以后，各地教会普遍认为：一所全

---

① 顾裕禄：《中国天主教述评》，上海社会科学院出版社 2005 年版，第 114—115 页。

② 《中国天主教年鉴》1949 年版，转引自罗渔、吴雁编著：《大陆中国天主教四十年大事记（1945—1986）》，第 6 页。

③ 沙百里著、耿昇、郑德弟译：《中国基督徒史》，中国社会科学出版社 1998 年版，第 304 页。

国性修院已不能满足中国教会当前对年轻司铎的需求。于是决定可由一个省（自治区、直辖市）或几个省（自治区、直辖市）联合开办一些修院。

中共十一届三中全会以后，党中央、国务院对培养年轻宗教教职人员的工作十分重视。1980 年中央决定恢复宗教院校；中共中央［1982］19 号文件指出："有计划地培养和教育年轻一代的爱国宗教职业人员，对我国宗教组织的将来面貌具有决定的意义。我们不仅应当继续争取、团结和教育一切现有的宗教界人士，而且应当帮助各种宗教组织办好宗教院校，培养好新的宗教职业人员。"①

在党政宗教部门和天主教会各级爱国会组织的支持与具体协助下，从 1982—1989 年，北京天主教神学学院、中国天主教神哲学院、上海佘山修院、沈阳神学院、西安神哲学院等一批全国和地方联办的地方修院纷纷开办起来了。

此后，中共中央［1991］6 号文件和 1996 年 7 月，国务院宗教事务局发出的《关于加强和改进宗教院校工作的意见》，均对由国宗教团体开办宗教院校表示支持，并指出了宗教院校应该发展的正确方向。

进入新的千年，尤其是中共十六大以来，以胡锦涛为总书记的中共中央，对宗教院校建设十分重视，国家更是投放巨额资金，全面改善全国宗教院校的办学条件。天主教神职培育机构开始进入一个新的发展阶段。

来自中国天主教爱国会的数字显示，中国天主教神职人员队伍在数量上一直面临着缺口。与新中国成立初期的 1100 多位神父相比，截至 2006 年，中国现有神父 1800 多个。在中国的全部 97 个天主教教区中，有 42 个教区没有主教，29 个教区主教年龄在 85 岁以上，40 岁左右的主教 16 个，50～60 岁之间的只有 1 个。因此，神学院的设立和创办无疑解决了神职人员青黄不接的问题。中国天主教要有所发展，就必须造就大批人才，提高神职人员的整体素质。②

根据中国天主教主教团修院教育委员会的统计，截至 2000 年 7 月，

① 中共中央文献研究室综合研究组，国务院宗教事务局政策法规司编：《新时期宗教工作文献选编》，宗教文化出版社 1995 年版，第 65—66 页。

② 资料来源：http://www.rmzxb.com.cn/zxtz/mzzj/t20061122_ 108017. htm。

在全国范围内各地已开办大小修院 36 所，其中大修院（神哲学院）12
所，包括全国性修院 1 所，即中国天主教神哲学院；地方联合举办的修院
5 所：上海佘山修院、沈阳神哲学院、中南神哲学院、四川省神哲学院、
西安神哲学院；由省（自治区、直辖市）教会举办的修院 6 所：河北省
天主教神哲学院、北京市天主教神哲学院、山东济南圣神修院、吉林省神
哲学院、内蒙古神哲学院和山西省神哲学院。[①] 此外，全国各教区共建立
了近 100 所修女会，其中，发愿修女 6000 多人。

截至 2000 年，全国各类大修院在读修生共有 1900 余名，已毕业修生
中祝圣神父的 1500 余人。到了 2004 年，这一人数跃升至 2000 人，[②] 而到
了 2007 年，在校修生人数却陡然下降到 1200 多名；[③] 2010 年，在校修生
的人数略有回升，达到了 1300 多名；[④] 在这些年轻神父中，有的已被选
圣为主教，成为教区的主要领导人。此外，还先后有 300 多名年轻神父、
修生、修女被选派到美国和欧洲等 10 多个国家攻读神学学位，其中有
100 多位业已取得神学硕士或博士学位，回国后在修院和教区中担任重要
职务。

下面将逐一对全国范围内的 12 所大修院（神哲学院）从历史、招
生、课程、培训和体制建设等方面进行简单介绍。

1. 中国天主教神哲学院

在全国各大修院中，中国天主教神哲学院是唯一一所由中国天主教主
教团直接管理的全国性天主教修院，为中国天主教神职人员培训的最高学
府和神学研究中心。该院 1983 年 9 月建成开学，学制六年，面向全中国
招生，第一任院长为涂世华主教，第二任院长为宗怀德主教，现任院长为
刘元仁主教。该修院曾多次搬迁，校舍最初与中国天主教爱国会同在一栋
大楼；1990 年底迁至北京海淀区三环北路厂洼街新校舍；1996 年 12 月 3

① 中国天主教爱国会、中国天主教主教团编：《中国天主教独立自主自办教会教育教材》
（试用本），宗教文化出版社 2002 年版，第 174—175 页。

② 参见傅铁山主教在第七届代表会议上的工作报告——《爱国爱教，与时俱进，推进福
传，服务社会》，转引自陈建明杨舜涛：《盛世开盛会，做光又做盐——中国天主教第七届代表
会议胜利闭幕》，载《中国天主教》2004 年第 4 期。

③ 刘柏年：《中国天主教爱国会 50 年的成就与经验》，载《中国宗教》2007 年第 8 期，第
8 页。

④ 马英林：《同心同德谱写中国天主教爱国爱教事业新篇章——在中国天主教第八届全国
代表会议上的工作报告》，载《中国天主教》2011 年第 1 期，第 6 页。

日，位于北京大兴区黄村的修院新址举行工程奠基仪式。2000 年 3 月，中国天主教神哲学院师生员工迁入目前所在的新址。2006 年 9 月 28 日，中国天主教神哲学院历经多年建设，终于宣告正式落成，总占地面积 72 亩，建筑面积达 19000 平方米。中国天主教神哲学院已先后建成包括教学楼、学术报告厅、图书馆、小圣堂和宿舍在内的 10 座建筑，共有 24 位中、外籍教授在校内任教，是亚洲天主教界设施最为现代化的、教学水平最高的学府之一。

中国天主教神哲学院不仅担负着培养中国天主教会较高级人才的任务，而且也是中国天主教会神学研究的主要基地。自开办以来，中国天主教神哲学院共毕业了 8 届修生，有 200 余名修生已晋升神父。

作为全国规模最大的天主教修院，中国天主教神哲学院被认为是"中国天主教的心脏"、中国天主教"一会一团"在神学方面的"参谋部"以及中国天主教神学思想创新的基地。

自 1983 年至今，中国天主教神哲学院已先后招收了 10 届共计 419 位学员，培养司铎 240 多位。目前有 60 多位修生在读。自 2003 年至今，中国天主教神哲学院已举办了 3 届司铎进修班，学员都是已圣神父 5 年以上的神职人员，主要进行礼仪、牧灵、灵修、论理、（教会）法律及文献等方面的培训。

据悉，在中国天主教神哲学院建设过程中，中国政府总共投资了7400 多万用于学院建设。美国华盛顿教区麦卡里克枢机主教评价说，中国天主教在人才培养方面有长远计划，令人赞叹。中国天主教在培养神职人员方面的积极努力，被国外同行评价为具有"先知性的"的举措。

2. 上海佘山修院

由上海、江苏、浙江、安徽三省一市天主教会联合举办，于 1982 年10 月 11 日正式开学，首批招收了 34 名修生入学。学制为六年，第一任院长为上海教区金鲁贤主教。后来，山东、福建和江西三省教会也参加了该修院的董事会，成为华东地区六省一市教会联合举办的修院。1985 年，佘山修院进行了扩建。扩建后的修院位于上海市郊淀山湖风景区，占地1.33 公顷，建筑总面积近 5000 平方米。

截止到 2000 年，佘山修院先后共培养了 200 余位年轻神父，就读的修生有五个班级，116 位修生。并在上海市郊的青浦泰来桥和江苏省的苏州市设有两所分院。①

佘山修院董事会每年召开一次，各教区董事聚集一堂，就修院的培育工作、教学质量、师资队伍建设等事项进行讨论和总结，并负责对日后的修院工作作出指示和调整。

佘山修院培育团神父共有 8 人。修生共有 114 位，共分 7 个年级。修生在修院生活以灵修和学习为主。修院还办有院刊《葡萄园》，为半年刊。修院中修生团体除学生会外，还成立有圣母会，该会以祈祷和服务为宗旨，带动整个修院的灵修气氛。修院图书馆成立于 1986 年，1998 年 3 月被命名为"爱德图书馆"。现该图书馆已成为目前国内天主教修院当中规模最大的图书馆，共有藏书 7.5 万册。

截至 2007 年，佘山修院共招生 621 名，其中毕业生 310 人，晋铎人数 294 名，114 人在校就读；184 人先后退学或被劝退。②

3. 沈阳神哲学院

由东北三省联办的地方性宗教院校。

1982 年中央的 19 号文件发布后，在辽宁省宗教局的领导和帮助下，辽宁省联合黑龙江、吉林两省，于 1983 年 3 月创办了沈阳天主教神学院。第一任院长为赵佑民主教，副院长为杜世才神父。

沈阳天主教神学院的办校宗旨是：以梵二文献《司铎之培养法令》的精神及《天主教法典》的相关要求为基础，结合中国地方教会实际情况，以培养热爱祖国、热爱教会，具有较高神哲学造诣，品学兼优的圣职人员；其目标是：塑造修生以福传使命为己任，终生宣扬基督、追随基督、献身基督。

自 1983 年到 2009 年，沈阳神学院共毕业修生 244 人，已祝圣神父人数为 196 人。自 2005 年起，沈阳神学院开始招收修女进修班，其中，2005 年招收 19 人，2007 年招收 19 人，2009 年招收 18 人。

目前，沈阳神学院共有在校修生 68 人，分为 4 个班。此外还设有修女进修班，招生人数 19 人。学员分别来自辽宁、黑龙江、内蒙古赤峰，

---

① 中国天主教爱国会、中国天主教主教团编：《中国天主教独立自主自办教会教育教材》（试用本），宗教文化出版社 2002 年版，第 174 页。

② 中国天主教爱国会、中国天主教主教团编：《圣神光照中国教会——中国天主教爱国会成立五十年来的辉煌足迹》，宗教文化出版社 2008 年版，第 400—405 页。

河北沧州、衡水、邢台、邯郸，天津，山西太原、长治、榆次，山东等十多个教区。

在师资建设方面，从 1997 年起，有多位留学人员归国，充实了神学院的教师队伍，并使该院教学水准有了明显提高。神学院现有专职教师12 人，主要负责专业课教学。此外，学院还聘请海内外知名的专家学者、教授前来讲授个别学科及专题讲座。神学院于 2001 年取得了聘请外籍教师的资格证。同时，每学期聘请约 10 名专业教师担任文化课的教学任务，这些教师来自东北大学、辽宁大学、沈阳大学等大专院校，为具有教授、副教授等职称的资深专职教师。

课程设置方面，神学院施行 6 年学制，其中哲学 2 年，神学 4 年。课程分为专业课（宗教课）、必修课（文化课）和选修课三类。专业课实施系统化的神哲学教育。神学方面主要分为：圣经学、信理神学、伦理神学、灵修神学、礼仪神学、牧灵神学、教父学、教会史等部分。哲学方面主要分为：士林哲学、西方哲学史、中国哲学、中国哲学史、现代哲学等部分。文化课按整体教学计划的 30% 的比例设置，其中包括：中国文学（古代汉语、现代汉语、古典文学、现代文学、大学语文等）、写作等、外国文学、外语（英语）、历史学（中国通史、世界通史）、法学、心理学、社会学和管理学等诸多学科。

神学院的管理制度。沈阳神学院在管理上实行董事会和院长负责制的管理制度。董事会负责聘请院长及处理学院重大的问题。如董事会审查教学计划，听取学院的工作报告和负责筹措办学经费等。现在的董事会由辽宁和黑龙江两教区共 11 人组成，其中辽宁 7 人，黑龙江 4 人。现任董事长由裴军民主教担任。

在期刊、杂志出版方面，沈阳神学院自 1999 年起创办有院刊——《勘破》，出版周期为每学期 1 期，至今已出版 10 期。1993 年，沈阳神学院曾出版有建院十年纪念刊物 1 本。自 2006 年起，沈阳神学院还创办了《圣言报》。①

4. 中南神哲学院

为中国中南地区的河南省、湖南省、湖北省、广东省、广西壮族自治

---

① 有关沈阳神哲学院的部分数据来自董洪昌神父提供的《走过二十五年——沈阳天主教神哲学院简介》一文。

区和海南省 6 省区天主教会联合举办的修院，1983 年 10 月 18 日开办，院址设在武汉市原天主教两湖总修院内，院长为董光清主教。

截至 1995 年，已招收修生 12 届，约 300 余人，其中 100 余人晋升了神父。至 2008 年，共有 428 人在该院学习，毕业晋铎 170 人。截至 2010 年，毕业生中共 200 多人晋铎。现有 50 多位修生。

学院学制 6 年，即哲学 2 年、神学 4 年。曾有 400 多人到学院学习，

修院设有教学楼、修生宿舍楼、职工生活楼，三栋共约 6000 平方米，有圣堂、图书馆、电脑室、医务室、理发室，外宾室等。

师资方面，现有专职教师 18 位，组成培育团。

在修院管理方面，董事会为学院最高决策机构，由六省（区）教长、"两会"秘书长组成，每年召开会议一次，决定学院的重大的事情，如：选举院长、决定招生事项、筹备办学经费等。该院因师资所限，原则上每两年招生一次。

学院的行政管理以院务委员会为领导核心，下设教务处和办公室。院务委员会原则上每二周召开一次，由院长主持，商讨或布置学院有关事项，或检查、落实具体工作。①

5. 四川天主教神哲学院

为西南三省一市联合开办的西南地区天主教神哲学院，由云南、贵州、重庆两省一市天主教"两会"委托四川省天主教"两会"具体管理。修院董事会根据圣教会有关培养司铎的规定和我国宗教院校办学方针办院，其宗旨是：培养热爱社会主义祖国，接受党和政府领导，热爱圣教会，具有较高的神哲学造诣，善度超性生活，立志终身献身教会，宣扬基督的福音，服务人群，坚持独立自主办教会原则的、具有较高综合素质的新一代神职人员。

四川神哲学院 1984 年 3 月开办于成都教区主教座堂，位于四川省成都市平安桥街 29 号。1996 年，修院迁往成都市郊的郫县，与此同时修院学制由原来的 5 年改为 6 年（第 1、2 年为哲学年，第 3 年至第 6 年为神学年）。共开设灵修、要理、哲学、旧约、新约、信理神学、伦理神学、礼仪、拉丁语、教会史、要理讲授、讲道学、牧灵神学、天主教法典、政治、语文历史、地理、英语、体育、书法、教育学、心理学、公共关系、

---

① 资料来源：http://wxy8184.blog.163.com/blog/static/795134732008101610424993/。

美学概论、基督教与中国文化、现代科技概论、儒释道简介、伊斯兰教简介、当代罗马天主教等 32 个学科。

　　四川修院施行院长负责制，院长和副院长主持日常工作。下设教务处、总务处。前者负责教学课程设置、聘请教师、评审教学质量、圣召培训、灵修指导、道德素质教育等；后者负责行政事务、外事接待、社交联络和后勤保障等工作。①

　　截至 2010 年，四川神哲学院已毕业 6 届修生，祝圣司铎 80 多位，该校现有修生 47 人。②

　　6. 西安神哲学院

　　陕西省西安教区自 1981 年 12 月便开始修院的修士培育工作。1982年，起先在"文化大革命"中被政府占用的西安市糖房街北堂被国务院宗教局落实为陕西天主教神哲学院院址，但落实的土地面积仅有 2 亩。

　　1985 年，陕西天主教神哲学院正式宣告成立。1991 年，神哲学院迁至西安市五星街南堂。1995 年，复迁至城外西南鱼化寨老烟庄村西，新修院占地面积 28.95 亩，建筑面积 8000 多平方米。

　　陕西天主教神哲学院为西北五省区：陕西、内蒙古、青海、宁夏、新疆五省（自治区）联合举办的神哲学院。自神哲学院开办以来，西北五省（自治区）各级政府和各个教区均非常注重该修院在师资力量、教学管理、课程设置等方面的建设，并给予了大力支持和帮助。

　　截至 2008 年，陕西天主教神哲学院培育团成员共有 19 位，其中博士 5 位，硕士 5 位。毕业修生共计 16 届，其中晋铎的有 271 位，并成为各自教区牧灵福传事业中的中坚力量。神哲学院现有修生 105 位，共设哲学、神学 5 个班级，现任院长为余希峰神父。

　　1995 年 9 月，应各方面的要求，神哲学院特别成立了修女培训班。起初，限于有限的师资力量，培训期定为一年。随着师资力量的逐渐增强，2003 年，修女培训的期限被延长至两年。截至 2008 年，陕西天主教神哲学院共培训了 12 期修女，共计 490 人，现接受培训的修女人数为 79

---

　　①　中国天主教爱国会、中国天主教主教团编：《圣神光照中国教会——中国天主教爱国会成立五十年来的辉煌足迹》，宗教文化出版社 2008 年版，第 406—407 页。

　　②　河北信德社：《中国天主教手册 2010》，2010 年 5 月，第 2 页。

人（大班 49 人，小班 48 人）。[①]

7. 北京天主教神哲学院

由北京教区主办的地方性宗教院校。北京天主教神哲学院是改革开放之后国内最早恢复开办的神学院。北京天主教神哲学院于 1981 年创办，最初院址设于市郊西北旺，院长为王基志神父。第一批招收修生共计 6 名，学习内容包括：语文、拉丁文、英语、神哲学和圣经等。

北堂归还给北京教区之后，北京天主教神哲学院于 1989 年 9 月迁入北堂。[②] 三年后，即 1992 年 9 月，北京天主教神哲学院又迁到朝阳区平房正街 87 号。1999 年，北京市政府出资 1500 万元，并于海淀区东升乡征地 15 亩，修建了一座总面积达 6700 平方米，集学习、培训和住宿于一体的大型现代化修院。2001 年 9 月，新修院竣工并投入使用。

现在面向山西、内蒙古、天津等地招生。学制为四至六年，院长为北京教区傅铁山主教。

30 年来，北京修院共招生 180 余人，毕业后祝圣神父的有 100 余人，其中有 50 多为神父服务于首都北京教区，另外 50 多位服务于其他教区。北京修院一直以来依照圣教会本地化的精神，给修生在人格陶成、个人灵修、信仰和文化知识以及牧民实习上严格的训练及耐心的培育，使得他们能更好地融入社会，服务自己本地的教会。

修院现有修生 22 名，分两个年级：哲学一年级，18 位；神学三年级，4 位。[③]

8. 河北省天主教神哲学院

河北省天主教神哲学院成立于 1984 年，系省内 10 个教区联合主办。学院原位于石家庄教区北堂（新华区北大街 54 号），1989 年春迁至学府路 3 号（原属天主教本笃会神乐院），占地 80 余亩。1984—1999 年为四年制（以神学为主），1999 年 9 月改为六年制（哲学两年、神学四年）。学院自 2002 年 9 月实行初试制度，即在哲学毕业后做一年的圣召反省。截止到 2006 年 7 月，共培养修生 470 人，其中晋铎人数约 370 余位。学

---

① 材料来源：中国天主教爱国会、中国天主教主教团编：《圣神光照中国教会——中国天主教爱国会成立五十年来的辉煌足迹》，宗教文化出版社 2008 年版，第 430 页。

② 顾裕禄：《中国天主教述评》，上海社会科学院出版社 2005 年版，第 228—229 页。

③ 参见北京教区网站：http://www.tianguangbao.org/tangqu/xiudaoyuan.htm。

院现有修生 151 人，本院讲师和客座讲师 20 余人。河北省天主教神哲学院持守基督化和全人培育的教育原则，按照耶稣基督乃导师、司祭和牧者的标准，将修生培养成为德智体等全面发展的牧人，使之懂得自己在人前代表基督，"不是来受服侍，而是来服侍人，并交出自己的性命，为大众作赎价"（谷 10：45）。

教学设施：综合楼：采纳中西结合的建筑风格，集教学、办公和住宿于一体，并配有教堂、祈祷室、图书馆、多媒体阶梯教室、电脑室、语音室、网络室、会议室等。

运动设施：环行跑道、足球场、篮球场、排球场、羽毛球场、健身房、乒乓球室、蜻蜓湖、圣母山。①

9. 山东济南圣神修院

由山东省天主教教务委员会主办的一所省级大修院。其前身为山东省天主教圣神小修院，学制两年。1982 年修院开始筹备，1984 年 1 月 1 日正式成立。起初，学院设立于山东省济南市将军庙街 25 号济南教区主教府内。1986 年正式更名为山东省天主教圣神修院，学制 6 年。面向全省各教区招生。1996 年 7 月，修院迁入洪家楼原天主教若翰小修院。新整修的修院占地 6.5 亩，建筑面积 2964 平方米。1997 年 9 月起，修院增加两年预科班，学制改为 8 年。修院两年招生一届，截至 2004 年，已招生 9 届。截至 2010 年，修院共有 80 多位修生晋铎，现在有 10 位修生就读。

修院除了自己进行培养之外，还选派部分修生前往佘山修院和全国神哲学院进修深造，其中，截至 2004 年，送往佘山修院的修生共计 21 名，送往全国神哲学院的共计 20 人。②

10. 吉林省天主教神哲学院

成立于 1987 年 11 月 10 日。最初共招收修生 15 名，首任院长为吕隐声神父。

1990 年 7 月，神学院由长春教会迁至吉林圣母山。最初的校舍为 400 平方米的平房；1994 年，在德国某传教机构的资助和社会各界的大力支持下，又增建了一栋 1600 平方米的综合性楼房。如今，修院在师资和办

---

① 参见河北神哲学院网站：http：//www.hbcseminary.org/website/ch/About.asp。
② 王勇训：《不平凡的二十年——献给山东省圣神修院建院 20 周年》，载《中国天主教》2004 年第 2 期。

学设备方面已日趋完善。修院还主办有院刊——《晨曦》。

学院学制 6 年，为吉林省培养神职人员，另外有河北两教区在该校培养修士。吉林省天主教神哲学院自建院以来共招生 200 余人，毕业 8 届，计 55 人，已晋铎 49 人，现有 19 位修生。[①]

11. 内蒙古天主教神哲学院

其前身为绥远省归绥市（即现今的呼和浩特市）天主教神哲学院。1935 年内蒙古教省（属比利时圣母圣心会负责）所属各教区，因山西大同神哲学院容纳不了众多的修道生，故在归绥市另建哲学院。1946 年，大同修院在国内革命战争中被毁后，大同修院便迁往归绥市，神哲学院重新合并在一起。该修院先后培养出许多中国籍神父，如今内蒙 5 教区还健在的老神长，基本就读于该修院。1960 年修院停办。

十一届三中全会后，宗教信仰自由政策得到贯彻落实，经过多方面的努力，1985 年 3 月经内蒙古自治区人民政府的批准，成立了学制 4 年的"内蒙古天主教神哲学进修班"，校址设在呼和浩特教区主教府内。

1990 年，内蒙古天主教神哲学进修班正式更名为"内蒙古天主教神哲学院"。学制也改为 6 年，王学明主教任院长，李英神父任常务副院长，王希贤神父任教务长，并增加一位年轻神父（孟青录）为教员。至此内蒙古天主教神哲学院的教学和管理工作开始迈向规范化。2001 年起学制由 6 年增加为 9 年。

经过 18 年辛勤的耕耘，内蒙古天主教神哲学院取得了令人欣慰的成绩。至今招收修生九届共 224 人，已毕业 119 人，晋铎 90 多位（包括转入其他修院的），除三位留院任教外，其余全都奔赴在内蒙古五教区的传教第一线。

学院现有修生 33 名（三届学生），专职教师 6 人，外聘教师 5 人，义务教师 3 人。内蒙古天主教神哲学院图书室自 1985 年建院以来，便多方面收集资料和图书。目前，图书室约有图书万余册，有力地保证了师生的借阅需求。[②]

---

① 中国天主教爱国会、中国天主教主教团编：《圣神光照中国教会——中国天主教爱国会成立五十年来的辉煌足迹》，宗教文化出版社 2008 年版，第 413—414 页。

② 部分内容参照中国天主教爱国会、中国天主教主教团编：《圣神光照中国教会——中国天主教爱国会成立五十年来的辉煌足迹》，宗教文化出版社 2008 年版，第 425—426 页。

12. 山西省神哲学院

于 1985 年创办，学制 6 年，为山西 8 教区培养神职人员，已毕业 6 届，培养出 160 位神父。现有修生 74 位。

山西修院 2000 年由原址圪寮沟迁至原孟高维诺总修院内，[①] 占地 62.4 亩，建筑面积 7018.71 平方米，设有学生宿舍区、老师办公区、教学区、饮食区、娱乐活动区、客房区六个区，并在此基础上配备了相应的硬件设施。修院有图书近万册，师资方面，除自身的教会师资外，还从山西大学、太原理工大学等高校聘请专门的大学老师前来任教。

办院宗旨：修院致力于在圣召辨别、人格陶成、灵性生命、圣学与人文知识等方面培育修生，使之效法基督的博爱精神，成为合格的牧人，为福传事业奉献终身。

学制及课程设置：修院根据《司铎培育法令》，制订了 6 年的培育计划：哲学两年，神学四年。课程方面，修院设有宗教专业课和文化专业课以及选修课；专业课按照普世教会的标准，并参照国外修道院教学科目的安排而设置，进行系统的教会神哲学教育。神学课程包括圣经学、信理神学、伦理神学和牧灵神学四个部分。此外，大学的文化课程所占比例为整体课程的 30%。[②]

五　天主教会的经济状况

（一）天主教会的经济来源

就神学教义层面而言，天主教有其独特的经济观。在天主教的信仰中，Economy 被特别用来指天主的救赎安排或计划，即天主对自己家庭，也就是世界的管理。为了治理世界，天主必须进入并经由这个世界，与世界发生关联，就此而言，耶稣基督的"道成肉身"无疑是天主与世界关系的最高表达。在神圣的 Economy 中，特别是在耶稣基督内，人类历史得以与天主之爱联系起来。因此，如果没有这一 Economy，人的历史就永

---

① 河北信德社：《中国天主教手册 2010》，2010 年 5 月，第 2 页。

② 中国天主教爱国会、中国天主教主教团编：《圣神光照中国教会——中国天主教爱国会成立五十年来的辉煌足迹》，宗教文化出版社 2008 年版，第 419—420 页。

远无法与天主的慈爱发生关联，天主的超验性也永远不为人所及。[1]

自 19 世纪末以来的历代教宗均对如何建构社会生活和经济生活发布了大量通谕，有其完整的理论，这些通谕中体现的理论被普世天主教会作为指导神职人员和信徒面对现代社会，尤其是面对现代经济生活的指导性原则。

天主教会的经济来源决定了其在政治上的归属和向心力，而教会的经济实力也会影响教会的活动能力、社会影响和社会地位。1949 年之前，天主教在经济上主要依靠各外国传教团体和罗马教廷，而教会建造的房地产也成为天主教的主要收入来源。1949 年之后，由于国家政治体制的变化，教会的经费来源便陷入困境，当时。党和政府为了解决教会的经济困难，在百废待兴、资金紧缺的情况下曾拨款修理有一定影响力的宗教活动场所，并从政治层面制定了教会自养的政策，这样一来，教会的经费来源便有了保证。[2] 但是，随着"大跃进"、"四清"和"文化大革命"等政治运动的愈演愈烈，中国天主教会受到了不公平的待遇，信仰受到限制，教产没收充公，教堂非改即拆，面目全非，给中国天主教会的发展带来了毁灭性打击。

改革开放之后，中国天主教会坚持独立自主自办的发展道路，在恢复教产的同时，还力所能及地兴办了各种事业，逐步解决了自养问题，并开始面向社会提供各类具有公益性质的服务。

截至目前，各基层教会在解决和维持自养方面，一般而言，有如下几个渠道。

1. 教产清理与落实

改革开放以后，随着党的宗教信仰自由政策的落实，教产的归还和落实逐步得到解决，有的地方甚至还补还给教会"文化大革命"中所欠的房产租金。[3]

坚持落实宗教教产有利于中国教会的健康有序发展，有利于宗教教职

---

[1] 谭立铸：《经济的人于人的经济——从〈在真理中的爱德〉通谕看天主教的经济观》，引自卓新平、许志伟编：《基督宗教研究》第十三辑，宗教文化出版社 2010 年版，第 15 页。

[2] 张化：《当代上海宗教特点、发展趋势及问题》，载《当代宗教研究》1995 年第 2 期，第 11—12 页。

[3] 刘志敏：《山西天主教会的自养渠道及其作用》，载《中国宗教》1996 年第 2 期，第 26 页。

人员和宗教团体的自养和自力，也有利于中国教会以健康心态与普世教会进行交流和互动，有利于宗教和社会主义社会相适应，有利于创建和谐社会，更有利于提高中国在国际社会和世界事务中的诚信与尊严。

鉴于各地情况不一，因此在处理教产归还问题上进度差异较大，其中，山西、江苏等省在此方面的进度较快，截至 1996 年，山西省应落实的教会房地产 94.5% 已得到落实；[①] 而江苏省 90% 的教产也已得到落实。[②] 截至 1998 年，四川省天主教会全省范围内共计 50 万平方米房产已基本上得到清理，拆除和损坏的教会房产已折价赔偿。[③]

有些地区的教产落实和归还工作则极不顺利，直至今日依然进度缓慢，不仅给基层天主教会正常的宗教生活造成极大的障碍，也给当地的政教关系、教会与周围社会的关系带来了不利影响。例如，陕西陇县天主教会，原有教产三个院子、房屋 50 余间、占地面积 4000 平方米需要落实和归还，截至 2009 年，除其中一个院子被部分改造、拆除、维修归还外，其余基本都还在被占用。对此情况，当地省人大、政协、市委、市政府领导曾亲往视察、督办，县委、县政府每年每次会议研究落实方案，时至今日还仅只落实在文件中，使党的宗教政策无法得到正确的贯彻和执行。[④]

无论如何，在改革开放初期，由于归还后的教堂和房产亟需资金维修，各项宗教活动也需要大量的资金支持，因此这一阶段不仅是教会新生的开始，也是教会艰苦奋斗的开始。在此情况下，落实后的教产房屋除部分用于教务活动外，余下的出租，成为各基层天主教会自养经费的基本来源。

2. 信徒奉献和社会捐款

20 世纪 90 年代以前，中国人均收入低下，生活水平普遍不高，信徒的奉献相对教会的自养生存差距巨大，在此情况下，教会的物质条件能够

---

① 刘志敏：《山西天主教会的自养渠道及其作用》，载《中国宗教》1996 年第 2 期，第 26 页。

② 何光沪主编：《宗教与当代中国社会》，中国人民大学出版社 2006 年版，第 366 页。

③ 黄孝勋：《四川省天主教召开自养经验交流会举办财会人员培训班》，载《中国天主教》1998 年第 6 期。

④ 参见中国人民政治协商会议陕西省委员会办公厅相关文件：http://www.sxzx.gov.cn/0/1/2/16/1315.htm。

维持正常的宗教活动已实属不易，更谈不上积极适应社会的发展需要。①

但是，随着中国经济改革的持续深化，普通老百姓收入的持续提高，很多天主教徒的生活水平也随之改善。如江苏无锡市教的裕旺村共有渔民56 户，其中天主教家庭就占 54 户，属于名副其实的"天主教村"。1978年时该村人均年收入 520 元，1994 年该村各类收入总数达 100 万元，劳动力人均收入 8500 元，极大地改善了生活状况。

信徒生活的改善，势必直接影响到教会的收入，比如平时的弥撒献金和临终膏油等圣事所付给神父的奉献金就会相应地提高。除了信徒整体的奉献在不断提高之外，许多从事开矿办厂而富裕起来的个体天主教徒给教会的额外奉献和捐献有时也高达几十万甚至上百万元。尤其在一些发达富裕的沿海地区，教会的自养能力往往随着信徒收入的显著提高而增强。如苏州市杨家桥天主堂 20 世纪 90 年代中期年收入已达 20 万元；浙江平阳县的钱库教堂 1996 年耗资 200 多万盖起了新堂，其中一半经费来自 1000名信徒每人平均捐献 1000 元。②

3. 自主创收

各基层教会在利用多余房产加以出租并收取租金解决部分自养负担而外，还开办各种创收活动，也达到提高自养能力、改善教会宗教活动条件的目的。目前，中国天主教各基层教会的创收方式包括如下几项。

（1）开办医院、诊所、幼儿园、托儿所、教友安息所、灵修中心等各类慈善公益事业，在服务社会、关怀他人的同时也相应地增加教会收入；

（2）创办各类文化、语言补习班。利用留学归来的神职人员外语能力突出的优势，举办各类文化班和语言班；

（3）以自办、联办和帮办等形式创办经济实体，为教会维持宗教活动广开收入来源。例如，河北省涿鹿县东小庄乡双树村，是个有 1352 户，4638 口人的大村。其中天主教信徒 275 户，1132 口人，是该县信仰天主教人数最多的一个村。为了解决该村教会应酬多、开支大的问题和压力，该村教管会在各级政府的支持下，自 1987 年起利用政府退还给教会的房屋，相继办起了绣花厂、眼科诊所等自养企业，并取得了一定的经济效益

---

① 何光沪主编：《宗教与当代中国社会》，中国人民大学出版社 2006 年版，第 366 页。
② 同上书，第 367 页。

和社会效益。这样，不仅给教会的自养提供了经费，减轻了信教群众的负担；而且也安排了部分农村剩余劳力，增加了群众的收入；同时也为附近群众提供了方便；①

（4）在宗教活动场所内经销宗教用品、宗教艺术品和宗教出版物；

（5）为非信徒举办婚礼等。

4. 各级政府的支持与扶植

由于各基层教会收入来源有限，因此在一些大的工程项目上，往往需要政府的支持与扶植，比如维修一些年代久远，具有一定历史和文物价值的大型教堂、主教座堂和主教府，筹建、搬迁、扩建修院等。

如 2001 年新落成的北京天主教神哲学院，北京市政府就曾对解决天主教神哲学院的固定院址问题给予了大力支持，并最终推动落实了在海淀区的教会房产，先后拨款 1300 万元，作为工程建设资金。

此外，经有关部门批准，于 2005 年 5 月开始建设的天主教广西教区主教府，占地面积 800 平方米，建筑面积 3886 平方米，七层，总投资 720 多万元。该建设工程先后得到了自治区、南宁市政府的大力帮助，共下拨资金 240 万元。广西教区主教府为广西天主教"两会一区"、主教办公所在地，是广西天主教的重要活动场所，政府在建设资金上的扶植与支持充分体现出各级政府全面贯彻党的宗教工作基本方针，正确执行党的宗教信仰自由政策的决心和力度。②

甚至连西藏唯一的天主教堂——盐井堂，在其恢复重建的过程中，也得到了当地各级政府的大力支持和资金帮助。盐井天主教堂在"文化大革命"初期被盐井民办小学占用。从 1986 年开始，各级政府先后拨款 9.5 万元，教民自己集资 7000 元，在原有的墙基上重新修筑而成。③

5. 国外捐助

随着我国改革开放的深入、中国天主教会与普世天主教会交流的日益频繁，接纳国外慈善、专项或自愿捐款势必成为一种常态。但是，按照国家有关规定，这一捐赠只有是不附带条件的，宗教团体和组织才可以接

---

① 贾明文：《涿鹿县双树村教会是怎样走自养道路的》，载《中国天主教》1990 年第 4 期，第 45—46 页。

② http://news.qq.com/a/20080502/000884.htm。

③ 资料来源：http://www.chinatibetnews.com/wenhua/2008-07/14/content_127111_3.htm。

受，并须按有关规定报批。

例如，20世纪90年代中期，山西省吕梁教区引进外资24万美元建起一座现代化医院；运城郊区新绛县教会则接受了比利时捐赠的一批先进医疗设备，提高了医疗水平，增强了社会服务能力。

而国内著名的天主教NGO"进德公益"，除接纳国内个人捐助款项外，也得到了国外，尤其是国际天主教慈善组织"明爱网络联盟"等团体的大力援助与支持，据统计，2008年汶川大地震后，"进德公益"共收到国外捐款728万元，占获捐现金总数的82.22%。[1]

（二）市场经济处境下的天主教会

众所周知，中国的改革开放是以经济建设为中心的，那么在这一市场经济成为时代潮流的环境和背景下，中国天主教如此处理信仰活动和经济活动的关系，教会及其信徒从事经济活动将对其宗教活动和信仰生活造成何种影响，以及党和各级政府如何协调宗教工作与经济建设的权重，将会成为市场经济时代天主教会不可避免的问题和挑战。

下面笔者将从农村教会、企业家天主教群体、非营利性机构和市场经济与宗教的张力四个方面分析市场经济条件下天主教会自身的调适和变化及其相关问题。

1. 社会转型时期的"天主教村"

1949年之前，与基督教会有所不同的是，天主教会将自己的传教重点一直放在广大的乡村社会。1949年之后，这一情况未尝有所变化。农村依然是天主教徒集中的地区和中心所在。扎根于农村的天主教会和前现代时期的中国社会的结合往往显得过于紧密，其最突出的表现便是存在于农村地区出现的许多"天主教村"，即天主教依靠家族和宗族的力量建立起一种具有排他性的信仰城堡或孤岛，对内，信徒们自我认同强烈，自成一体，强调不与教外人通婚，对外，则存在着某种张力，甚至紧张关系。就全国来看，这类所谓的"天主教村"数量不菲，今天，尽管外部社会环境发生了巨大变化，但是，这类具有超稳定结构的信徒村仍然保持着传

---

① 转引自王美秀：《中国天主教观察》，收入金泽、邱永辉主编：《宗教蓝皮书——中国宗教报告（2009）》，社会科学文献出版社2009年版，第101页。

统的内圈式生活，并以各自的方式适应着新的社会环境。①

美国著名宗教社会学家赵文词（Richard Madson）认为，这一过于紧密的结合，导致天主教会往往没有多少资源，可以为以市场为驱动的经济和政治改革作出积极贡献。

这一否定性判断主要来自于其对天主教会自身问题的批评。这些问题包括：排他性的特殊恩宠论和对教阶制的特殊依赖。前者很难使天主教家庭信任当地信仰群体之外的人士；后者则容易陷入教阶制高层所发动的派系斗争以及在中梵争执之间很难保持客观中立的态度。

赵文词根据自己在 20 世纪 90 年代数次在中国北方农村所做的田野调查对中国天主教会是否能够顺利融入中国的经济改革和现代化建设当中持否定态度。他说："如果农村地区的天主教会继续保持目前的面貌迈入未来，那么可以设想，中国的现代化进程将会停滞，也不会从国家和传统社会方面，给一个能够发展出公民社会的市场以足够的自治。至少在中国的一些重要地区，农村的天主教会像意大利南部的天主教会一样，反映并且培养出那种垂直的、狭隘的、家族式的关系。罗伯特·普特南认为这种关系是消极的社会资本，它阻碍了经济发展和民主改革。"

赵文词的结论虽然有些过于悲观，由于其对中国农村社会天主教发展历史及其存在形态的深刻洞察，其结论自有其值得反思的价值。

不过，同时期其他学者对某些农村地区"天主教村"的田野调查，似乎得出了和赵文词相反的结论。

以上海松江县佘山镇江秋村为例。该村是全县闻名的天主教徒聚居村，截至 1996 年，全村 1002 人当中天主教徒就占了 80%。改革开放以来，江秋村同周围其他村子相比，其最大的不同，即在于其宗教与经济皆获得了快速发展。从信教人数的增长比例来看，1988 年，天主教徒占全村总人口的 60%，而到了 1996 年，这一比例则高达 80%，7 年间增长20% 多。从经济发展来看，江秋村在全镇 27 个村中多年来始终位列前茅，而且，江秋村还是松江县两个文明建设的先进典型，从 1981—1996 年连续 15 年荣获上海市、农委、县、镇四级授予的先进党支部，计划生育先

---

① 何光沪主编：《宗教与当代中国社会》，中国人民大学出版社 2006 年版，第 368 页。

进、武装工作先进等各种锦旗、奖状计51面（块）。①

另一组针对上海松江县佘山镇张朴村的田野调查也显示，宗教与经济可以保持同步快速发展。20世纪80年代以前，张朴村90%以上的人口为天主教徒，到了90年代中期，信教人口比例虽有所下降，仍占到全村1300多村民中的70%以上。1979年以前，张朴村的集体经济一直不景气。党的十一届三中全会以后，仅十余年时间，张朴村的经济产值明显上升，在佘山镇各村中居中上水平，1994年全村利润达60万元，已拥有两家中外合资企业，三家村办企业。

调查人员发现，张朴村经济上台阶，是同神职人员在宗教活动中的积极引导和广大信徒的积极响应、摆正经济和信仰的位置分不开的。②

如果说以上两个例子均出现于南方沿海的上海，带有某种地域的特殊性的话，那么，调查人员在河北文安县辛庄村的调查结果则证明以上的例子绝非特例。

辛庄村接受天主教已有70多年，是周围20多个村天主教徒进行宗教活动的中心。该村206户，1000多口人，家家有人信奉天主教，是个教徒聚居村。改革开放之后，在党的富民政策的指引下，1986年，该村率先在教会院内种了一亩多葡萄，在本地神父和县科技部门的积极支持下，1987年，以13名骨干信徒为主成立了葡萄种植技术研究协会。1988年，全村中葡萄达400亩，年总收入达20多万元，每户平均收入1000元以上。除了依靠科学致富之外，该村在重视教育，正确处理少年儿童进堂念经问题、配合村委会执行计划生育工作、移风易俗，促进社会风气好转方面，均有不俗的表现。③

2. 天主教信仰背景的企业家群体

改革开放30年来，随着经济活动的日益普遍化，经济观念无疑深刻地影响着人们的思维方式、价值判断和生活方式。在此情况下，有着天主教信仰背景的企业家群体会如何处理宗教信仰与市场经济的关系，则成为

---

① 邢孟禧：《宗教与经济同步发展的典型村——江秋村天主教情况调查》，载《宗教》1996年第1—2期，第111—115页。

② 姚蓓琴：《从松江县宗教现状看宗教在农村精神文明建设中的作用》，载《当代宗教研究》1995年第2期，第6页。

③ 刘广玉、经跃民：《辛庄村教会在两个文明建设中发挥积极作用》，载《宗教》1989年第2期，第37—38页。

一个很有意思的问题。

有学者通过近一年时间（2006 年 9 月至 2007 年 7 月）对石家庄、河间、西安、兴平、周至、武功、扶风、贵阳、北京等地 45 个企业家个人的调查发现，大部分有着天主教信仰背景的企业家，不完全将信仰视为个人的"私务"，而是在其经济活动中不同程度地将其转变成企业的生存理念和生存基础。其具体表现在如下几个方面。

第一，企业家会将自己的信仰融入企业管理之中；

第二，企业家选择将宗教节日作为企业的节日，如圣诞节等大的瞻礼日；

第三，对招工对象的信仰背景有所侧重；

第四，企业管理中会将机遇向有共同信仰背景的人士倾斜；

第五，与客户交往以宗教伦理为基础；

第六，乐于参与宗教活动。

对有天主教信仰背景的企业家群体的调查结果证明，宗教信仰有利于企业家在经济活动交往中"信任"观的建立，并在一定程度上推动了市场经济活动走向正常和有序。[①]

3. 教会非营利机构的信仰本位

教会非盈利机构，顾名思义，其性质建立在非营利行经营活动之上、由教会开办的公益事业。其目的是通过非营利的经营和服务为社会进行第三次财富分配，从而填补因第一次（市场）和第二次（政府）社会财富分配而留下的一些空白。由于第三次分配是人们通过爱心奉献，自觉自愿的一种捐赠，因此，此类非营利机构具有改善社会、平衡社会和稳定社会的特殊功能功能和作用。[②]

此处以天津市望海楼教堂北洋医院为例，考察其在经营活动中符合处理经济收益和信仰身份之间的关系。

天津市望海楼教堂北洋医院，全称为"天津河北北洋医院"（以下简称"北洋医院"），由天津市天主教会主办，在天津市民政局注册登记时，

---

① 高师宁、杨凤岗：《宗教信仰与市场经济》，引自卓新平、许志伟主编《基督宗教研究》第十二辑，宗教文化出版社 2009 年版，第 311—314 页。

② 张士江：《从进德公益展望有信仰背景的公益事业的发展》，收入张士江、魏德东主编：《中国宗教公益事业的回顾与展望》，宗教文化出版社 2008 年版，第 1 页。

其性质为"非营利性的一级综合医院",该院同时还是天津市城镇职工医疗保险定点医院。其位置紧邻著名的望海楼教堂。

北洋医院规模不大,全部医疗卫生活动局限在一栋 3 层小楼里。医院虽小,但技术力量雄厚,主治大夫大多为在全市乃至全国享有名望、医术高明、医德高尚的专家,这些专家大多是来医院义诊,经常熬夜为病患做手术而不取分文。此外,还有 7 位天主教仁爱会修女在此护理病人,她们将照顾病患作为自己进行福传的最好的行动。

北洋医院的手术费较之其他医院便宜许多,一例胃癌手术总共才需要花费 9000 多元。收费为何会如此低廉呢?北洋医院副院长王修女告诉调查人员,大医院用 3000 元一个的"吻合器"来缝伤口,她们则用针线一针一针地缝。而且,北洋医院不会让病患因为没钱而得不到救治,哪怕是自己掏钱,医院主办方也不会眼睁睁地看着患者失去生命,为此,医院的医生和护士经常为缺钱的病患捐款。在院长办公室里,李院长向调查人员出示了一张纸,上面写着:"愈显主荣,上爱天主,下爱世人,医疗传道。"李院长自称,作为一家非营利机构,他们不宣传,不做广告,而是用心笃行上帝的教导——爱人如爱己。

虽然医院开业仅一年多(2005 年),墙壁上却挂满了锦旗,副院长王修女说,每一面锦旗后面都有一个动人的故事。她自称院方绝对不收患者的红包,哪怕是推托不掉的请客吃饭,也建议病人把预计的支出捐出来,给那些需要帮助的人。①

通过调查人员对北洋医院医护人员和管理人员的调查走访可以发现,该营利机构在处理天主教信仰与社会关系方面,的确是以福传——"以上帝的名义传播爱"为本位而非以营利和追求经济收益为重心。

4. 市场经济环境下宗教功能的"误用"

社会变迁是宗教与社会关系变迁的根本动因。改革开放以来,中国社会发生了天翻地覆的变化,这为人们客观评价天主教与社会关系提供了社会基础。但是,由于社会变迁本身的复杂性,天主教与社会的关系也变得更加复杂与扑朔迷离。

改革开放以后,在中国的经济建设从计划经济体制型的过程中,宗教

---

① 周文通、谢佩宏:《一个学生的中国京津天主教调查》,http://blog.sina.com.cn/s/blog_58f8e6ed0100fvk5.html。

也面临着如何为经济建设服务的问题。但是，如果不能恰当地处理宗教与经济建设的关系，那么则很容易导致一种误区，这种误区表现在：一是某些个体和商业团体利用"宗教热"赚钱；二是宗教团体涉足商业活动，如某些宗教活动场所被利用来从事投资开发，某些宗教教职人员兼职经商等。[①] 上述误区中，与天主教更为相关的则是后一种危险。近年来，某些地区的一些天主教会团体为增加收入，开办各种经济实体。此类教会参与经济活动的探索，如果离开自养这一目的，则势必会使宗教信仰活动与经济活动产生一定的冲突，也不利于教会事业的发展，并且会在客观上对社会主义建设造成一定的不利影响。

六　当代天主教神学建设和对信仰的诠释与理解

天主教神学为罗马天主教官方教义神学体系与传统和当代诸学派的统称。传统的罗马天主教教义神学是一个精密而庞杂的系统。此系统主要从早期公会议决议、教宗谕令、神学家的独创体系以及中世纪和宗教改革时期的历次公会议决议产生。这些教义是教会信仰权威的标志，为"教宗无误"的权威所保障。其内容包含基督教教义的一切方面。较能体现传统天主教神学区别于新教神学的带有天主教独特性的观点主要有：《圣经》和《圣传》并为信仰和道德权威的观点；对教宗首席权的强调和"教宗无误"信条的遵奉；玛利亚作为"天主之母"无染原罪的教义；炼狱观念；七圣事说等。

传统的天主教神学以托马斯·阿奎那的理论作为其哲学神学的基本框架。一般来说，天主教官方神学具有一定的稳定性，但这绝非说明它是一成不变的。早期的文告和决议可能被后期的文件所取代，这反映天主教官方神学也有一个发展的渐进过程。与此同时，天主教内的改革派传统也一直与官方体系并存。历史上出现的"高卢主义"、"詹森主义"、"自由天主教主义"以及"现代主义"皆属这一传统的反映。

1962 年召开的"梵蒂冈第二届公会议"标志着天主教寻求自身改革以适应现代社会的新时期的到来。这一事件遂成为传统天主教神学与当代

---

① 宗尧：《开放的经济形势与欠开放的宗教现状》，载《当代宗教研究》1994 年第 1 期，第 15—16 页。

天主教神学之间的分水岭。"梵二"神学所体现出的革新与转变主要体现在如下七个方面。

（1）与《圣经》的结合更加紧密；

（2）趋向于神学和牧灵实践、现实处境相结合；

（3）关注人、主体性及其经验；

（4）注重救恩历史的幅度；

（5）注意神学的整体性；

（6）关注合一运动与世界交谈的幅度；

（7）注重本地文化处境，主张神学多元化倾向。[1]

1. 历史上中国天主教神学建构的努力

综观天主教在我国的发展历程，可以说曾经有过三次本土神学探讨的高潮，分别是明末清初、民国时期和 20 世纪 50—70 年代的台湾天主教会。

首先，第一波的神学探讨发生在以利玛窦等人为代表的传教士和以徐光启、杨庭筠、李之藻等为代表的中国本土教徒之间，二者在神学思想上追求的是与社会和文化相融合，人与人之间，人与自然之间和谐共处的理念。利玛窦等传教士在这方面的探索获得了一定成功。[2] 而利玛窦所著的《天主实义》，则可算作中国天主教最早的神学文本。[3]

无独有偶，新儒家的代表人物之一张君劢也曾就思想史的角度，将徐光启和利玛窦所宣扬的"天学"纳入代表晚明学者文人的五种代表性思想之一，它们分别是顾炎武提倡的经学、黄宗羲和李颙所代表的对阳明学的改良、第一个信奉天主教及西方科学的徐光启、回归朱子学的朱舜水以及希望恢复张载学说的王夫之。

张君劢认为，其中，徐光启在作为"道"的天主教和作为"学"的西方科学之间发现了一种和谐一致的关系，而这一关系的体现即是利玛

---

① 刘德宠：《回归与重建——梵二精神和中国教会的更新与复兴》，浙江省天主教教务委员会，2009 年，第 105—107 页。

② 周太良：《神学之是与不是》，载《中国天主教》2009 年第 2 期。

③ 周太良：《利玛窦〈天主实义〉及其对中国天主教本地化神学发展之影响——为纪念利玛窦逝世 400 周年而作》，载《中国天主教》2010 年第 3 期，第 8—14 页。

窦，张君劢将此视为徐光启信奉天主教的心理因素的正确解释。①

可惜，由利玛窦和徐光启等人所开创的神学本土化的尝试因为康乾禁教而归于没落。

其次，民国时期本土化神学建构的努力。

民国时期某些知名神职人员和平信徒从天主教教义和中国传统文化相互阐释的角度进行了非常独特而新颖的"本地化"神学努力。如马相伯的思想有机地结合了天主教、科学精神、社会关怀和严格的法律精神及道德原则；陆征祥对天主教隐修传统和拉丁文传统的推崇、对儒家孝道观与天主教的基本教义结合，并将儒家的本性孝道，发展为耶稣的超性孝道；吴经熊试图从儒家、佛教和道家思想汇聚而成的华夏精神中看到基督教的光芒，并借助其独特的灵修神学达到融贯东西的超性努力。

最后，20 世纪 50—70 年代中国台湾天主教会建构本土化神学的努力。

在 20 世纪 50—70 年代的台湾，参与中国神学探讨的既有神学家、哲学家亦有从事牧灵工作的神父。经过长达 20 多年的神学探讨，台湾涌现出一批具有创见性的神学学者。其中具有代表性的为田良、谷寒松、温保禄、赵宾实和成世光等人。

田良构想以"孝"为本，系统地构思中国神学；奥籍耶稣会士谷寒松神父预见到中国人将会在对天主的内在万物性上对大公神学作出贡献，而"道"作为中国传统思想中的重要概念，亦可成为承载和阐释天主教基本真理的范畴性话语；德籍道明会神学教授温保禄神父提出了大公神学东方化的 7 点建议；成世光主教对伦理神学情有独钟，主张以中国传统注重修养的伦理为经，以教会注重法律的伦理学为纬，相互交织，创造出适合中国情况的本地化伦理神学；赵宾实则强调以中国古圣先贤的言论来印证各种神学问题，使中国人明白天主教教会的教义与神修也是适合中国的文化，从而创造出一种"学术、教义与神修混合而成的神学"。②

2. 当代中国天主教本土神学的建构尝试

新中国成立以后，中国天主教会在福传事业上形成了一些较有价值的

---

① 张君劢：《新儒家思想史》，第 22 章为《明清交替与徐光启》，参见刘梦溪主编：《中国现代学术经典·张君劢篇》，河北教育出版社 1996 年版，第 391—403 页。

② 参见张春申等著：《教会本位化之探讨》，天主教上海教区光启社，2003 年，第 4—25 页。

神学经验。随着"梵二"大公会议对地方教会自治和本地化神学的重视和鼓吹，某些海外人士遂将中国天主教会所主张的"独立自主自办教会"的教会学和神学经验称为"处境神学的活样板"①。

从中国天主教"一会一团"的角度来看，中国天主教会在过去的近30年当中，将如何建构中国教会自身的神学思想体系放在了非常重要的位置上，并为此举办了一系列相关神学研讨会，出版专门的神学研究刊物加以积极推动。

1986年11月，中国天主教第四届全国代表会议上提出了"努力创造条件，提供资料，组织力量，不断研究，探讨近代神学思想发展情况，经过整理编撰，逐步形成符合我国具体情况的神哲学思想"的要求。这是改革开放后，中国天主教在正式会议中第一次强调要进行神哲学思想的研究。② 会后，中国天主教主教团成立了神学研究小组，并于1987年召开了中国天主教第一次神学研讨会。1992年中国天主教第五届代表会议之后，主教团原来的神学研究小组更名为神学研究中心，由涂世华主教担任研究中心主任。

进入90年代之后，神学研究中心就中国教会独立自主自办方针、中国教会的自身建设、计划生育问题、民主办教等题目召开了多次神学研讨会，并在多元社会条件下对天主教的救赎观、教会观等进行了一系列神学探讨。

从1996年起，中国天主教神学研究中心开始不定期编辑出版《神学研究》内部通讯，至今已总共出版了21期，内容涉及神学译文、神学探讨、福传与文化、民主办教、自选自圣主教等内容。这对一些有条件从事神学研究的地区进行神学研究起到了一定推动作用。

中国天主教第七次代表会议之后，中国天主教神学研究中心更名为"中国天主教神学研究委员会"，成为中国天主教"一会一团"七个委员会之一。"一会一团"下设研究室，负责日常研究工作，同时也与秘书处等部门合作共同为"一会一团"起草有关文件。③

---

① 何光沪主编：《宗教与当代中国社会》，中国人民大学出版社2008年版，第361页。

② 同上书，第360页。

③ 周太良：《中国天主教神学思想建设回顾与前瞻——兼论圣保宗教宗徒福传思想及其对中国教会的启示》，未刊稿。

从各基层教会和个体神学工作者的角度而言，当代中国天主教神学建构也涌现出一些可喜的成果。

（1）金鲁贤阐释天主论的传统视角

上海教区主教金鲁贤在天主论（上帝观）的性别上有其自己独到的见解。欧美神学家在天主的性别上——男性还是女性——的问题上向来颇有争议，而金鲁贤主教却依据中国的传统思想中的"太极""阴阳"观念，轻松地解决了这一争论，他认为：

> 我们中国以阴阳解说一切，阴在前，阳在后，对天主应用"他"还是"她"，我说兼有阴阳，我们中国在阴阳之上有太极，天主有慈父之心，也有慈母之心，说天主爱人，可以说她既是父又是母。①

金鲁贤主教以此将上帝的性别视为既有"阴"亦有"阳"，既是"他"，也是"她"，一身兼有二性，二性高度综合圆融无碍，可以说极为巧妙地解决了从欧美神学家从西方固有思辨传统中理解天主论的短视和不足。

（2）圣神论

肖恩惠博士在其博士论文——《人的精神与神圣精神》中，试图结合教义神学和奥秘神学，从圣神出发观察天主教、东正教和中国儒、道学说中对于人的成圣思想的异同。论文的展开和推进展示了一种系统性的分析和对比研究。肖博士分别选取了代表天主教的神学家龚加尔、代表东正教的厄多莫夫（Evdokimov，1901—1970）和代表中国传统思想的儒、道学说，试图寻找基督宗教信息和中国文化之间的相同点和不同点，论文最后指出，圣德乃是人类对话的坚实基础。②

（3）从"处境神学"到"和谐神学"

中国天主教在独立自主自办教会的地方教会实践中，形成了一些具有现代特色的神学思想。前面提到，香港的陈剑光博士将此中国教会所形成的独特的"教会学"称为"处境神学的活样板"。

处境神学的特征，在于要求神学应体现具体文化处境和时代精神。这

---

① 金鲁贤：《回忆录——绝处逢生》（上卷），天主教上海教区，2009年，第266页。

② 参见该书序言部分。肖恩惠：《人的精神与神圣精神》，宗教文化出版社2010年版。

一神学主要形成于第三世界国家。因为大多数第三世界国家及其教会都具有相同或相似的处境，曾为西方殖民主义的侵略对象，教会和神学带有西方模式和色彩。因此一些神学家要求教会应根据自身所处的环境和文化，建立适合当地环境的神学。陈剑光博士认为："中国教会的实践经验，正是对这一神学发展的贡献。"

不过，中国天主教会有人士以为，与其把中国天主教会发展出的独特经验称为"处境神学"，还不如称为"和谐神学"更为恰当。他说，"上世纪五十年代初期，中国社会面临着巨大变化。共产党取得了执政的权力，这一政权赢得了广大人民群众的拥护。可那时候，梵蒂冈当局却做出了错误选择，与新生的人民政权相对抗。在此紧要关头，一批有远见卓识的神长教友，毅然选择了拥护共产党领导，与广大人民群众同呼吸共命运。通过成立爱国组织，中国天主教选择了在政治、经济和教会事务方面走独立自主自办教会的道路，在当信和当行的教义教规上服从教宗。这一抉择体现了中国天主教具有识别时代征兆（Sights of The Time）和适应新的挑战和新环境的能力。其核心就是要把中国天主教建立在尊重我国文化，拥护人民政权，与广大人民群众同呼吸共命运的和谐关系上。我们把这一神学称为'和谐神学'（Harmony Theology）未尝不可！"①

周太良认为，中国的"和谐神学"，其内涵应包括采用今日中国人的思想，发扬光大天主的启示，同时以启示的内涵创造新的中国神学。这一神学包含爱国主义、独立自主自办、民主办教和与社会主义社会相适应、与社会各界和谐相处等内容。在爱国主义方面：对于中国天主教徒来说，爱国是公民应尽的职责，爱教是教友应尽的本分，两者是一致的。这一精神符合圣保禄宗徒的教导。

中国天主教坚持独立自主自办教会，最易受到海外教会责难的是"独立"（independent）二字。他们指责中国教会的"独立"，就是脱离罗马天主教会。

对此，周太良认为这是混淆了"独立"在政治和神学领域的不同使用环境。从政治角度而言，独立自主自办是中华人民共和国宪法对所有宗教的规定，是在中国的所有宗教都必须遵循的原则。就神学层面而言，中

---

① 周太良：《中国天主教神学思想建设回顾与前瞻——兼论圣保禄宗教宗徒福传思想及其对中国教会的启示》，未刊稿。

国天主教独立自主自办教会是指在政治、经济和教会事务方面而言，并不是在教义教规上另搞一套，这实际上就保证了中国天主教在信仰上的大公性和普世性。①

当然，周太良的"和谐神学"上承利玛窦适应中国文化的努力，下接中国政府推行"和谐社会"建设的施政纲领，但是，"和谐神学"如何淡化其流于表面的政策性解读，而努力挖掘中国文化当中与基督教真理相契合的深层资源将是其不得不面对的问题和挑战。

3. 上海神学小组

1996 年 2 月 3 日，在徐汇大堂原更衣室楼上，上海教区教友神学研讨小组宣告成立。最初该小组仅有 14 位教友，以后逐年吸收一些新成员，人数遂增加至 30 多位。该小组每月一次集体学习，每次 3 个小时。

在过去的 15 年当中，上海神学小组系统地学习和研究了《圣经》和一大批教会神学著作。最初 5 年，小组集体学习了《圣经》并通读了"梵二"会议的全部 16 个文献；随后 3 年，学习探讨《天主教教理》，接着阅读《光启神学丛书》，业已学习过的有：《圣事、礼仪与灵修生活》《教会论》《基督论》《圣母论》《圣洗圣事、坚振圣事》，并计划用 3 年时间学完七件圣事。

15 年来，上海神学小组曾先后邀请朱梅芬修女、钟金星神父、高超朋神父、李虎神父、萧潇老师为其授课，并请光启社社长陈瑞奇神父担任小组指导司铎，不定期为小组成员讲解《圣经》。

该小组除采取集体学习，轮流发言，相互分享的研讨方式之外，还定期撰写相关神学文章或心得，并陆续发表在《神学研究》《中国天主教》《圣爱》等全国性和地方性的教会刊物上。②

上海神学小组 15 年的集体学习和研讨给平信徒参与中国天主教会的神学建设提供了可资借鉴的宝贵经验。

统观改革开放以来中国天主教会从全国性组织机构到基层教会个体的神学建构努力，不难发现，中国天主教虽然在教会实践中形成了一些具有

① 周太良：《中国天主教神学思想建设回顾与前瞻——兼论圣保宗教宗徒福传思想及其对中国教会的启示》，未刊稿。

② 参见上海神学小组：《上海神学小组的十五年》，载《神学研究》（内部刊物），2011 年第 1 期，第 64—66 页。

现代和地方特色的神学思想，但还缺乏具体的归纳和系统的梳理，更缺少专门论述中国天主教神学思想的专著。可以说，当代中国天主教会本地化神学的建构之路才刚刚起步，其所要完成的沟通中西方、连接启示和文化的工作既开阔又浩茫。

七　天主教文字出版事业

自天主教进入中国之日起，其在文字出版事业方面就未曾懈怠。早在元朝时期，孟高维诺总主教就将部分新约和圣咏翻译为蒙古语并在宗教礼仪活动和福传中加以运用。

明末清初的西方传教士，更是以其著述、翻译和书信在东西文化之间建起了相互认知的渠道，既向中国人大规模地介绍了西方的天主教、哲学、数学、天文、水利、几何、机械、农业、军事和植物学等领域的知识与文化成就，也将中国的古典著作翻译到西方，甚至间接地引起了近代西方的启蒙运动。

截至 1920 年，天主教在中国曾建有 13 家印书馆，办有多语种教会期刊 15 种，其中，法文 9 种、中文 3 种、葡萄牙文 1 种、拉丁文 1 种、英文 1 种。到了 1949 年，在华天主教兴办的报纸杂志增至 30 余种，印刷所增至 16 家，工作所为 40 个左右。①

1949 年之后，中国天主教的面貌发生了很大的变化，成为完全由中国神职人员和信徒兴办的、走独立自主自办的宗教事业。从 50 年代初到"文化大革命"之前，中国天主教创办的教会刊物主要有以下几种。

1951 年春由天津天主教革新运动促进会创办的《广扬》；

1952 年由湖南天主教长沙教区革新筹委会创办的半月刊《新声》，1955 年更名为《导光》，出版周期改为每月一次；

1951 年由上海市抗美援朝天主教支会创办的《信鸽》报，1964 年改为《信鸽》刊物。②

改革开放之后，中国天主教会从全国性到地方逐渐建立起了自己的编辑出版机构，组织印刷了大量的《圣经》与圣书，出版了数量丰富

---

① 参见卓新平、张西平编《本色之探》，中国广播电视出版社 1999 年版，第 221 页。

② 何光沪主编：《宗教与当代中国社会》，中国人民大学出版社 2008 年版，第 360 页。

的报纸杂志，在借助文字出版进行福传方面，取得了显著成绩。1980
年之后，中国天主教会建立了自己的出版机构，出版发行《中国天主
教》双月刊。上海、北京、保定等教区也都先后成立了自己的出版机
构。上述机构在文字出版方面的兴趣和成绩主要体现在如下几个方面：
《圣经》出版和发行、公开出版物、杂志报纸，以及开办网站等虚拟媒
体进行福传。

（一）重要的文字出版机构

1. 上海光启社

天主教上海教区光启社（简称"光启社"）的前身是耶稣会上海省会
创办的汉学研究所，主要出版在华耶稣会士在汉学、神学及传教史上的研
究成果。40 年代末，随着大批传教士离华，该社一切工作完全停顿。

改革开放之后，上海教区重建"光启社"，成立了中国天主教会第
一家学术研究和出版机构。光启社的使命主要包括：①出版教会书籍，
用文字形式进行福传，满足广大神长教友的灵性需要；②筹备和举行研
讨交流活动，促进教会本地化进程，帮助当代人更好地认知天主的
美善。

光启社在上海教区主教的支持和海内外人士的帮助下，为传扬基督福
音和中国天主教会的复兴起到了不可低估的作用。成立之初，除出版一些
常用经本外，光启社花费了大量精力组织翻译、编辑、出版杂志《海外
天主教动态资料》和《天主教研究资料汇编》，尽力把普世教会在过去
三、四十年中的变化和教会的最新动态介绍给中国信徒和学术界，帮助介
绍"梵二"大公会议的改革精神。其后，又以单行本、全集、注释本、
袖珍本等多种形式出版了由金鲁贤主教根据新耶路撒冷版本翻译的《新
约》，满足了部分信徒阅读《圣经》的要求。

在香港天主教会的帮助下，光启社率先出版了中文简体版的《主日
弥撒经本》、《平日弥撒经本》和专供修道人士使用的《每日颂祷》《每
日礼赞》，并赠送给全国各地的主教、神父和修女，推动了全国礼仪改革
的进程。

此外，光启社还按照学术丛书与普及读物兼顾的原则出版书籍。共出
版了数套神学丛书，其中包括翻译出版了美国著名神学家麦百恩（Rich-
ard P. McBrien）神父的《天主教》、法国著名神学家贝尔纳·塞斯布埃

（Bernard Sesboüé）神父的《信》，还出版了华语教会中最具权威性的、由谷寒松神父主编的《神学词典》和《基督宗教——外语汉语神学词语汇编》，改善了中国天主教会中神学书籍的现状。此外，最近20年来，光启社还出版了圣经导读、灵修牧养、伦理心理、圣事礼仪、故事传记、家庭教育等约五百种有关教理教义和灵修的专著。

除了重视出版宣传事业之外，光启社多次举办学术研讨会，如为促进教会本地化而举行的"徐光启学术研讨会"，为纪念方济各·沙勿略诞生500周年而举行的"福传研讨会"，为上海开教400周年所举办的研讨会等。

光启社历任社长为：金鲁贤、姚景星、陈瑞奇；历任主编为：沈保义、马达钦、白建清、田愿想。

2. 信德文化研究所

信德文化研究所隶属于河北省天主教教务委员会，于2002年9月1日正式成立。

该研究所的成立可追溯至1999年"北方进德"邀请留学归国神职人员举办的"做时代青年司铎研习会"，其间拟出版《信德回顾》专集。而在信德创办10周年（1991—2001）之际，为回应中国社会、教会和学术界的发展需要，信德文化研究所便应运而生，其目的是在有关部门和河北天主教教务委员会的领导下，邀请教内外的专家学者，从事宗教文化思想研究以及相关学术研讨会和建立资料库，并不定期出版学术刊物。

该研究所成立的宗旨在于从教会和社会两个层面对基督教会及其思想文化进行客观实际的研究，探讨和推动宗教与社会相适应，为社会主义精神文明建设作贡献，为中国教会、神学和礼仪的本地化探讨出路。

截至目前，信德文化研究主要开展的工作包括如下四个方面。

（1）广泛收集各种学术资料信息，与各宗教团体、学术机构加强交流，首先建立和充实"信德图书资料室"。

（2）设立"学术奖学金和研究基金"，资助国内学者的专题研究，为大学或大学以上学者提供奖学金，与专家学者进行专题合作研究。

（3）组织专家学者，有计划、有系统地从教会与社会相结合的角度进行学术研讨会，打破目前国内从社会层面开展研究的单一局面，从教会自身角度的出发进行反省和研究，以弥补学术界在此方面的不足，并与学术界密切合作，共同发展，服务社会。

（4）出版不定期学术刊物、论文集，并与社会出版机构和学者合作，编辑翻译出版神学、圣经、神修教材、工具书及教会思想文化名著，协助国内学术界整理、出版一些历史资料。

组织架构方面，该研究所设理事会以及名誉理事长、顾问若干人；设所长一人，副所长若干人。①

3. 北京天主教与文化研究所暨上智编译馆

北京天主教与文化研究所隶属于北京教区，经批准于 2002 年 8 月 3 日正式成立。

北京天主教与文化研究所与上智编译馆属于两个机构，一套班子，均由赵建敏司铎担任领导。

该研究所成立的目的在于推动基督信仰与中国文化的对话和交流，并借此对促进更加人性化的世界有所贡献。其宗旨在于强化基督信仰，尊重所有民族文化的传统与完整，探索追求真理与确知，推动宗教间对话，以开放的态度接纳天命的上智安排，拥抱整个世界和人类。其开展的文化学术活动主要包括如下几个领域：

①开展天主教神学和文化方面的学术研究；

②促进教会内学者与教会外学者的沟通与对话；

③为培养并发挥天主教内神职和教友学者提供学术平台；

④开展与国外基督宗教的学术文化交流；

⑤编辑并出版天主教学术研究资料。

截至目前，该研究所的研究成果包括如下几个方面。

（1）学术会议

研究所于 2002 年 12 月 2—5 日召开了第一次学术会议。题目为"当代天主教与文化"学术研讨会。邀请了教内外 35 位学者参加会议。

2003 年 11 月 12—14 日主办了以"当代天主教与伦理道德"为题的第二次学术研讨会。共有教内外 35 位学者参加了会议。

2005 年 12 月 5—7 日研究所举办了第三次学术会议。题目为"天主教社会理论与现代社会"学术研讨会。有教内外 45 位学者参加。

截至 2010 年，该研究所共举办了 7 次学术研讨会，有效地促进了学

① 参见信德网的相关介绍：http://xinde.org/fics/hb/jj.htm。

术界和教会界在学术研究领域的沟通与交流。

（2）天主教基本神学理论辅导班

研究所组织举办过为时一年的"天主教神学理论辅导班"。此课程每周六上课，专门为大学毕业者或大学二年级以上的学生了解天主教神学理论提供辅导。

第一期辅导班于 2003 年 10 月 11 日开课，共有 20 位学员参加。第二期辅导班于 2004 年 10 月 16 日开课。此后，每年一期。2006 年 10 月 14日第四期正式开课，有 30 位学员注册。至今已有 70 多位学员参加，有40 多位获得结业证书。

（3）编辑出版《天主教研究论辑》

2004 年 10 月，研究所主办的《天主教研究论辑》首辑由宗教文化出版社正式出版。此论辑是 1949 年后公开出版的第一本有关天主教研究的学术性刊物。《论辑》第二辑于 2005 年 10 月出版，第三辑于 2006 年 10月出版。2007 年 9 月，第四辑出版。研究所召开的学术研讨会部分会议论文及研究员研究成果在每年的《论辑》上公开发表。

（4）特别研究项目

目前，研究所正在进行两项特别研究项目：第一，1949 年之前中国天主教出版书目；第二，天主教社会理论与中国现代社会的关系。

（5）设立上智奖学金项目

为促进天主教研究工作，研究所于 2007 年 1 月 6 日设立上智奖学金项目，用以鼓励大学和宗教研究所从事天主教研究的研究生、学者和教师。

上智编译馆隶属于天主教北京教区，1946 年 9 月由首位中国籍枢机田耕莘主教创立于北平。时复旦大学教授、史地学系主任方豪司铎担任馆长。1946 年 9 月 19 日举行落成典礼。初创时工作人员仅 8 人。

编译馆创立之初衷，在于通过编译书籍的方式，既宣传普及天主教信仰知识，同时还希望通过出版与天主教有关之书籍文章，将编译馆提升为国内、国际富有独立性和创见性的文化机构。[1]

上智编译馆虽然存在了不到两年的时间，但是却先后出版了 20 余种书籍和《上智编译馆馆刊》3 卷 13 册，其中不乏名家很有价值之著作，

---

① 参见《上智编译馆馆刊》第一卷，第 88 页。

时至今日仍然被研究天主教历史的学者参考引用。[①] 其中著名的如《马相伯先生文集》《宇宙观与人生观》《公教与文化》《合校本大西西泰利玛窦行迹》《天主教浅说》《天主教与科学》等一批书籍，并出版《上智编译馆馆刊》数期。

　　1997 年 12 月 8 日，经各方有识之士的努力，上智编译馆获准在北京教区内部恢复成立。由赵建敏司铎担任馆长。时过境迁，社会及教会都有了很大的发展与进步。但创馆之初的宗旨并未显得落后过时。"梵二"会议以后，天主教会的神学思想也有了长足的发展。但中国的天主教会并未能够在神学思想上跟上普世教会的步伐，仍然在很大程度上留恋、滞留于于"梵二"之前的思想观念之中。因此，复建后的上智编译馆将按照"梵二"会议后的神学思想，致力于为教内外人士编译相关天主教书籍，以高质量、高品位的图书向各界人士提供一个介绍、认识天主教文化知识的平台。同时，上智编译馆也致力于将基督宗教的福音与中国五千年的悠久文化相结合，从而能够在中国文化中不断成长壮大。[②]

　　截至 2007 年，上智编译馆共编译出版了 20 余种图书，计 10 万册，内容涉及灵修类、祈祷默想类、传统中国楹联类、伦理类、圣经类、科学与宗教类等诸多方面。[③]

（二）《圣经》翻译与出版

　　1949 年之前，在华天主教的《圣经》翻译要比新教远为滞后。1907年上海教区曾出版有李问渔司铎翻译的《新经释义》。1914 年萧静山神父以北方白话风格译就《新经全集》，并于 1922 年在献县出版，该版本 20世纪 50 年代曾在台湾再版。1949 年上海商务印书馆出版了马相伯于 1937年翻译的《救世福音》。同年，由吴经熊译述、罗光集注的《新经全集》也得以出版。

　　改革开放之后，中国的《圣经》出版获得了长足的进展。1980 年 11月，中国天主教"两会一团"驻会负责人办公会议决定印刷出版原献县

---

　　① 赵健敏：《"一棵树的栽培，可由它所结的果实看出"》，载《中国民族报》2007 年 8 月21 日第 7 版。

　　② 参见"上智编译馆"官网上的相关介绍：http：//www. shangzhi. org/？ url = sapientia。

　　③ 王辉、程濛：《上智编译馆神学与科学在此结合》，载《中国民族报》2007 年 8 月 21 日第 7 版。

版《新经全集》。1981 年 8 月 15 日，中国天主教教务委员会印刷《新经全集》4 万册，之后陆续三次出版、印行 24 万册，共计印刷 28 万册。对于当时刚刚经历过十年动乱，圣书缺乏年代的广大神长教友来说，《新经全集》的出版无疑满足了他们过宗教生活的迫切需要。

1990 年 4 月 15 日耶稣升天瞻礼，中国天主教教务委员会将思高版《古经》印刷 5 万册。虽然新旧约是两个版本，但毕竟中国天主教拥有了一套暂时拼合的新、旧约《圣经》，并为当时的修院教学和地方教会的牧灵福传解了燃眉之急。这是自天主教传入中国以来，首次在中国内地发行天主教《圣经》全译本。①

1992 年中国天主教教务委员会在北京新华印刷厂印刷了首批 5 万册繁体字、竖排的思高版《圣经》。1994 年和 1996 年该版本又在北京再版各 5 万册，总计 15 万册。除印刷出版思高本《圣经》外，截至 1995 年，中国天主教会还出版有《古经》《新经》《四福音》《古经大略》《新经大略》等书籍 50 多万册；出版各种经本和用书 100 万册。②

从 1998 年开始，联合圣经公会与中国天主教"一会一团"合作，平均每年大约免费提供 10 万本圣经纸张，资助中国天主教会印刷圣经。截止到 2006 年年底，南京爱德印刷有限公司已承印思高版新旧约《圣经》全书 59 万册。近年来，中国天主教教务委员会还印行了各种开本的思高版圣经，如 64 开袖珍本《新约》（十万册）、32 开本《新约》（十万册），印刷总量达到 170·多万册。

1998 年《牧灵圣经》在香港问世。2000 年简体、横排版的《牧灵圣经》由中国天主教教务委员会付梓。目前《牧灵圣经》在内地共印刷 45 万册，其中袖珍 64 开本达 5 万册。《牧灵圣经》由于以简体字横排版方式印行，其译文浅显易懂，颇受内地一些读者的欢迎。但其中的一些译文错误也不同程度地困扰着一些神职人员和信徒。

除了中国天主教"一会一团"在出版印刷《圣经》方面所作的努力之外，上海教区金鲁贤主教等人也积极翻译了耶路撒冷圣经译本（The New Jerusalem Bible）的《新约》部分。为中国天主教会的《圣经》翻译

---

① 参见刘柏年：《反省中国天主教会的过去及未来》，见《鼎》1995 年 4 月总第 86 期，第 40 页。

② 同上。

与出版作出了积极的贡献。

1983 年上海教区金鲁贤主教着手翻译耶路撒冷圣经译本（The New Jerusalem Bible）的《新约》部分。上海光启社的卢树馨老师参与协助翻译和校对工作。经过三年的艰辛翻译，1986 年，海教区出版了《新经》中的"四福音书"。之后陆续出版了《宗徒大事录》、《宗徒大事录》注释本、《保禄书信》、《给全体教友的信与启示录》等单印本。1994 年《新约全集》合订本及其注释本分别在沪付梓。

耶路撒冷圣经译本是由耶路撒冷圣经学院出版的圣经译本。近年来，该学院从希伯来文、阿拉美文及希腊文等不同文种对圣经原文作了大量科学的考证和勘误工作，被公认是当代最佳的圣经译本。为保证新约全书翻译的准确性，从 1995 年开始，金鲁贤主教再次全身心地投入了译本的修订和翻译工作中。历经多次修订和反复润色之后，耶路撒冷译本新经得到进一步提高和完善。2004 年重译修订后的《新约全集》注释本正式出版。从 1986 年到 2004 年，上海教区共出版印刷《新约》各类经书计598900 册。[①]

（三）报纸杂志出版物

众所周知，福传乃基督徒的使命，因此，天主教会创办的各类传媒不言而喻也承担着这样的责任。早在"梵二"会议通过的《大众传播工具法令》中就对天主教的出版事业进行了准确的定位："首先应当赞助健全的刊物。要使读者沐化于基督精神之中，必须提倡并发展确实公教化的出版事业，即直接由教会当局或由教友等主持并发行的刊物，其目的在于形成、巩固并推动符合自然律及公教教义与诫命的舆论，传播有关教会生活的事理，并加以正确解释。要教友们明白阅读与传播公教刊物之必要，使其能站在教友的立场上判断事实之真相。"[②] 具体到中国天主教会，改革开放的最初 10 年，是中国教会全面复苏的时期，也是地方教会传媒出版事业的起步阶段。其中，1981 年《中国天主教》的创刊和 1984 年上海教

---

① 以上有关改革开放以后《圣经》的翻译与出版情况，参见张士江：《当代中国教会的圣经推广与福传》，载《鼎》2007 年春季号。

② 《梵蒂冈第二届大公会议文献》，台湾地区主教团秘书处，2006 年 8 月第 9 版，第 613 页。

区光启社的成立，标志着中国天主教出版事业的正式恢复。

此后，随着中国天主教会的快速发展，现代印刷出版技术的跃升和互联网等虚拟媒体的日新月异，一些地方教会的出版机构陆续成立，一些全国性和教区性报刊分别创刊，各类教会网站纷纷开通，中国天主教会的传媒出版事业得到了丰富和加强，并使得其文字福传工作进入一个全新的阶段。①

下面我们将分别从全国及各教区出版发行的纸本媒体来聚焦天主教会的文字福传事业的规模、数量及其影响。

1. 中国天主教"一会一团"主办的报纸杂志

《中国天主教》

由中国天主教"一会一团"主办的全国性爱国爱教的综合性刊物。其宗旨为：对天主教神长教友进行爱国主义教育，协助政府宣传贯彻宗教信仰自由政策，奉行独立自主自办教会的方针，加强教会自身建设，主动与社会主义社会相适应，推进福传牧灵事业，团结全国广大神长教友以"爱主爱人"的精神，为构建社会主义和谐社会贡献力量。

《中国天主教》杂志于 1964 年创刊，原名《信鸽》，后因故停刊；1980 年复刊并改名为《中国天主教》，初为不定期出版；1994 年起改为双月刊。1997 年，《中国天主教》杂志被中国期刊协会评为社科类核心期刊；从 2001 开始，《中国天主教》由原来的小 16 开改为大 16 开，增加了 4 个页码的彩色插图，使《中国天主教》杂志从装帧到内容均有了质的飞跃。

《神学研究》

为中国天主教"一会一团"下属中国天主教神学研究中心编辑出版的神学研究刊物，1996 年创刊，至今已出 27 期。初为不定期刊物，自 2011 年起改为半年刊。内容涉及神学译文、神学探讨、福传与文化、民主办教、自选自圣主教等、

该刊物面向全国的天主教神长教友，内部发行。《神学研究》的目标是：在中国天主教会内推动神学研究，依据教会的福音精神和信仰传统，

---

① 张士江：《信德的过去、现在和将来——兼谈地方教会传媒与文字福传》，收入河北信德社、信德文化研究所主编：《信德 15 周年庆典暨"基督信仰与现代传媒"学术研讨会专刊（1991—2006）》，第 90 页。

扎根中国教会的历史经验，放眼普世教会的思想潮流，探讨教会在中国社会文化中的积极作用，回应教会在牧灵福传中的问题，努力推进教会的本地化进程。刊物内容包括天主教的神学、哲学、历史、法律、文化艺术等。

2. 各基层教区创办的报纸杂志

《天光》报

由天主教北京教区和北京市天主教"两会"主办。半月刊，共八版。1996 年 4 月创办，最初名为《北京天主教快报》，1996 年 6 月其更名为《天光》。每月 1 期，每期 8 版，16 开。1997—1999 年，改为 4 版，8 开。2000 年起，再改为 8 版，8 开。1997 年 10 月以前，每期印数 1500 份；1997 年 10 月以后，每期印数增加至 3500 份。截至 2001 年 9 月，《天光》报累计印数 197000 份。

《天光》目前开设有"教情通报""奉献生活""人物传记""信仰生活""信仰刊授""基督文化""堂区园地"等栏目。《天光》立足北京，面向全国，沟通各地天主教会。该报自创办以来，以提高教友的信仰素质、宣传福音、沟通教内信息和展示教会形象为宗旨。[①]《天光》报注重舆论导向的把握，更注重时效性、可读性，以求更加贴近神长教友的信仰生活。

《信德报》

由河北信德社创办。其前身为河北省天主教教务委员会的《会讯》。1991 年创刊，初期为 16 开 4 版的小报，不定期出版。发行方式为免费赠阅。发行范围仅限于河北省及全国部分大中城市。其办报方针是：让信德报成为"了解中国教会的窗口，丰富信仰生活的园地。"

1993 年起，版面增加一倍；1997 年报纸扩大为 16 开 16 版；1998 年改为半月报；2000 年，改为部分版面彩色印刷；2004 年实现全彩印刷；2006 年增为旬报。发行量初期为 5000 份，截至 2007 年，已突破 51000 份；至 2010 年，《信德报》的发行量更超过 6 万份。据《信德报》统计，其订阅读者遍及全国所有的省、自治区、直辖市的堂区，读者人数逾百

---

① 石衡潭、王潇楠、赵健敏、邓绍曦：《改革开放以来天主教北京教区社会服务于实践》，引自卓新平、萨耶尔主编：《基督宗教与当代社会国际学术研讨会文集》，宗教文化出版社 2003 年版，第 294 页。

万。《信德报》目前已成为国内最有影响力的天主教会报刊，为中国教会的文字福传事业作出了应有的贡献。①

《信德学刊》

河北信德文化研究所编辑出版的不定期刊物（1—4）。自 2001 年至 2010 年，共出版《信德学刊》5 期。

《信德学刊》的创刊目的，在于为改革开放以来的中国天主教会提供一块学术探讨园地，为教会内外学者搭起一个对话、交流和分享的平台，并希望为中国教会的本地化起到一定的推动作用。②

《中国天主教手册》

由河北信德社编辑出版的反映中国天主教会现状的年鉴性手册。2000 年开始收集和编辑《中国天主教手册》试行本；2002 年出版了《中国天主教手册》的"征求意见本"；2003 年、2005 年再版了《中国天主教手册》"实行本"。③ 至 2010 年，共出版了 7 版。

《天主教研究论辑》

由北京教区天主教与文化研究所主办，宗教文化出版社出版，自 2004 年 10 月创刊以来，截至 2010 年已出版 7 辑。

《论辑》为天主教界目前唯一公开出版发行的、专门针对天主教研究而展开的学术理论性刊物。

《天主教研究资料汇编》

由上海光启社主办，32 开季刊。创办至今已有 27 年的历史。《汇编》致力于把天主教会内最新、最正统的思想介绍给读者。随着全球一体化步伐的加快，身处中国大陆的天主教会面临着与普世教会越来越相似的问题。为此，《汇编》特别关注全球各地的天主教徒，在各自文化背景中对当代问题以及自身信仰的反思，以及普世教会如何在面对当今社会的挑战的同时，将福音传播到世界的各个角落。

《日用神粮》

由上海光启社主办，双月刊 32 开本。该杂志致力于对于每日的弥撒

---

① 参见张士江：《信德的过去、现在和将来——兼谈地方教会传媒与文字福传》，收入河北信德社、信德文化研究所主编：《信德 15 周年庆典暨"基督信仰与现代传媒"学术研讨会专刊（1991—2006）》，第 93—94 页。

② 参见《信德学刊》创刊辞：http://xinde.org/fics/xdhg/a2.htm。

③ 参见河北信德社：《中国天主教手册 2010》序言，河北信德社，2010 年。

读经进行默想。

《日用神粮》的写作成员有主教、司铎、修士、修女及平信徒，他们从神学、灵修、祈祷等各个方面诠释圣言。他们对当日福音的理解和深入的默想，有助于阅读者反省信仰生命和提升灵修。《日用神粮》的内容还包括每月的教宗祈祷意向；每日奉献祷文；晨祷及晚祷。

该杂志面向读者为平信徒、司铎、主教及度奉献生活者。

《海外天主教动态资料》

由上海光启社出版，半月刊小 16 开本。《动态》杂志的特点是"广"：资料来源广；涉及领域广；读者群广。从创刊至今广泛收集海外各地教会资料；宗座各部及委员会的文献；教宗各地出访的最新情况及在各地的讲话等。作为一个让国内教友了解海外天主教教会的窗口，《动态》适合教友、神父及教外人士阅读，从中可以定期了解普世教会的新闻动态。此外，为了适应时代的发展，《动态》也致力于在天主教知识方面从事普及工作。

《忠仆》

由上海光启社出版。月刊，32 开。《忠仆》主要面向神职人员，使之通过阅读并从中获得有助于牧灵工作的益处。《忠仆》杂志刊登内容计有各类宗座文献、教宗通信、主教牧函、司铎牧灵、灵修生活反省、教会法典及各修会著名文典译著等，有助于神职人员反省司铎生活、引导牧灵指南、提升神修经验。该刊为教区内部的参考资料，现只对全国各教区中心、朝圣地及有较大牧灵需要的堂区投放。

《圣爱》

由上海光启社出版。月刊，小 16 开。《圣爱》月刊在其创始之初，旨在推动上海教区内部的沟通与共融。但随着光启社主办的其他教会刊物的加入，也为了每个刊物的内容更加明确和专业，《圣爱》将自己的目光投向中国大陆教会内负责信仰和灵修培育的神父、修女及教友。

《宗徒》

由上海光启社出版。周报，8 开。《宗徒》为每周发行的教区通讯小报，属上海本教区刊物。其篇幅短小、发行及时、传阅方便等特点，深受广大教友喜爱。其中结合每周主日福音的反省及每周小故事等，都是特色板块。更有更新及时的教区资讯及光启社最新书目简介。使上海教区的教友及外教区人士借着《宗徒》这个媒介，在灵性生命成长的同时，也能透过这个窗口，及时了解上海教区的动态发展状况。

《圣神之光》

1999 年由天津教区创办，发行方式为免费赠阅。现主编为张良神父。

《益世》月刊

2007 年 12 月创办于天津教区。月刊。该刊继承了 1915 年 10 月由雷鸣远神父所创《益世报》之风格。秉承以人文为主题，以社会为背景，以信仰为方法，以文字为途径，引导社会，服务人群，使人们的生活回归真善美的宗旨。[①] 现主编为杨小斌神父。

《圣心蓓蕾报》

由天主教吉林教区吉林市耶稣圣心堂主办，2003 年创办，并于短期内迅速成长为全国教区发行量仅次于《信德报》的第二大报刊，2007 年因故停办。主编先后为于海涛和白春龙神父。

《公教文摘》

由内蒙赤峰教区出版。自 2001 年基督普世君王节创刊，初期定名为《牧笛》，后更名为《公教文摘》。

每年出版 14～18 期，开本为 16 开 4 版。其宗旨为：回应"新世界、新福传"的号召；提供教友的信仰素质；培养能回应教会牧首训导的正统信仰观，丰富教友的信仰生活。

《教友生活》

由山西潞安（长治）教区主办。1992 年圣诞节创刊，为一份仅限教区内流通的内部资料。

《真光报》

由天主教山西长治教区，张和申神父创办。得到教区各神长和教友的大力支持，实时报道教区新闻和国内外天主教动态。让广大教友能及时准确地了解天主教的各方面信息和咨询。

《光和盐》

由重庆教区创办，为重庆教区天主教"两会"会刊。1999 年创刊，初期为手工装订、黑白复印、不定期出版的纯文字媒体，且仅限于重庆教区内部流通。后日渐发展为彩色套印，具有丰富文字和图片内容，面向全国教会发行的季刊。

---

① http://www.chinacath.org/news/china/2010 - 06 - 30/7349.html.

其宗旨为：谨遵耶稣基督"你们要成为地上的盐，世上的光"的教诲，弘扬教会"上爱天主，下爱世人"的精神，以言以行，传播福音，见证信仰。

《芥菜籽》

由浙江宁波教区主办。

《指南针》

由广西教区主办。2003 年 7 月创办，每月一期。该报目前发行量不大，仅设立 4 个版面：教会新闻版、教理研讨版、见证言论版和综合趣味版。①

（四）虚拟媒体

最近 10 多年来，随着互联网技术的发展和普及，以宣传普及信仰知识、交流心得、传播宗教资讯为目的的各天主教专门网站发展得异常迅速，网络福传业已成为天主教进行福传和与教会内外进行互动交流的最新途径。

自 2000 年之后，中国天主教会所开办的各类网站开始呈现蓬勃发展的势头，据统计，截至 2010 年，中国天主教会已开办有各类网站上百家，其中活跃的有 60 多家，② 主要以教区、修院和部分文化机构的门户网站为主，如北京教区的"天光网"、信德社主办的"信德网"站、真命工作室主办的"天主教"网站、佳音工作室主办的"天主教在线"网站等。各网站内容丰富，具有知识性、时事性、福传性、普及性、慈善性和互助互动性等特点，除了教会新闻外，还包括《圣经》、神学、教理教义、教会文献、影音资料、论坛等，大大促进了福传的广度和深度，以及信徒之间的互动交流。

除此之外，还有一些信仰者个体依赖个人博客、微博等这些最新的虚拟交往方式，进行福传和普及信仰知识。

网络的开放性和匿名性为所有感兴趣的人提供了接触和交流的便利，

---

① 黄义英：《寒暑三年，心系福传》，引自河北信德社、信德文化研究所主编：《信德 15 周年庆典暨"基督信仰与现代传媒"学术研讨会专刊（1991—2006）》，第 111 页。

② 林纯慧：《教会媒体与福传》，引自河北信德社、信德文化研究所主编：《信德 15 周年庆典暨"基督信仰与现代传媒"学术研讨会专刊（1991—2006）》，第 57 页。

为一些教徒及时大胆地就身边发生的事情，尤其是个人操守、恋爱、婚姻、家庭、教义教规、科学与理性、基层教会内部纷争等方面的疑惑，提出问题并迅速获得相应的帮助大开方便之门。这种网上答疑解惑的福传方式得到许多青年人的青睐。①

尽管网络福传存在着巨大的优势，但是，截至目前，中国天主教利用虚拟媒介进行福传和交流的效果却仍然存在着很多问题。这主要表现在如下几个方面。

首先，各天主教网站内容和栏目的雷同现象比较突出，大多缺少自己的特色，吸引力有限。

其次，很多网站不够贴合自身教区或机构的宗教建设和信仰生活做文章，内容更新比较滞后和缓慢。

最后，一般而言，大多数网站，尤其是一些技术和编辑力量比较薄弱的教区网站，其对自身教区、堂区的历史、机构建设和服务内容的介绍缺乏系统性和逻辑性，点击率较低，公众参与度不够。

八　重要的天主教会议回顾

如前所述，中国天主教全国代表会议制度是天主教在中国走上独立自主自办教会道路的重要成果和巨大特色之一，因而也是普世天主教会内的一大创举和特例。② 自 1957 年召开第一届全国代表会议以来，截至 2010年，总共已召开八届。上述八届会议对于当代中国天主教走独立自主自办道路可谓影响甚巨，中国天主教会事关制度建设、牧灵福传、司铎培育、教会改革、神职祝圣、政教关系，以及与普世教会的交流等宗教活动和信仰生活的方方面面，皆赖历届全国代表会议而得以逐步完善和清晰。可以说，不了解上述八届全国代表会议，则很难历史性地了解当代中国天主教的成长与变迁。下面，笔者将按时间顺序逐一介绍历届全国天主教代表会议的召开经过、相关信息和重大决定，以便读者对以往各届会议有一系

---

① 参见王美秀《中国天主教观察》，收入金泽、邱永辉编《宗教蓝皮书——中国宗教报告（2009）》，社会科学文献出版社 2009 年版，第 99 页。

② 王美秀：《2010 年中国天主教观察与分析》，收入金泽、邱永辉编《宗教蓝皮书——中国宗教报告（2011）》，社会科学文献出版社 2011 年版，第 115 页。

统、完整和深入的了解。

1992 年，中国天主教根据教务工作的需要，进行了机构改革。鉴于中国天主教代表会议和中国天主教爱国会议的代表基本相同，为了便于代表们出席，两个会议经常采取合并召开的办法，由此决定将两个代表会议合并，统称为"中国天主教代表会议"，以 1957 年"中国天主教友代表会议"为第一届会议，依次排列（见表4－6）。①

表4－6　　　　　中国天主教历届全国代表会议相关资讯一览表②

会议名称	会议时间	会议代表及人数	爱国会主席	主教团主席
中国天主教教友爱国会第一届代表会议	1957 年 7 月 15 日至 8 月 2 日	237 名	皮漱石总主教	—
中国天主教爱国会第二届代表会议	1962 年 1 月 5 日至 19 日	256 名	皮漱石总主教	—
中国天主教爱国会第三届代表会议暨中国天主教第一届全国代表会议	1980 年 5 月 22 日至 30 日；5 月 31 日至 6 月 2 日	198 名；207 名	宗怀德主教	张家树主教
中国天主教爱国会第四届代表会议暨第二届中国天主教全国代表会议	1986 年 11 月 18 日至 27 日；1986 年 11 月 18 日至 29 日	273 名；278 名	宗怀德主教	张家树主教
中国天主教第五届全国代表会议	1992 年 9 月 15 日至 19 日	272 名	宗怀德主教	宗怀德主教
中国天主教第六届全国代表会议	1998 年 1 月 17 日至 21 日	253 名	傅铁山主教	刘元仁主教

---

①　中国天主教爱国会、中国天主教主教团编：《中国天主教独立自主自办教会教育教材》，宗教文化出版社 2002 年版，第 221—222 页。

②　参见任延黎《中国天主教基础知识》，宗教文化出版社 2005 年版，第 304—310 页；陈建明、杨舜涛：《盛世开盛会、做光又做盐——中国天主教第七届代表会议胜利闭幕》，载《中国天主教》2004 年第 7 期；《承前启后，继往开来——中国天主教第八届代表会议在京隆重召开》，载《中国天主教》2010 年第 6 期。

续表

会议名称	会议时间	会议代表及人数	爱国会主席	主教团主席
中国天主教第七届代表会议	2004 年 7 月 7 日至 9 日	262 名	傅铁山主教	刘元仁主教
中国天主教第八届代表会议	2010 年 12 月 7 日至 9 日	341 名	房兴耀主教	马英林主教

（一）中国天主教第一届代表会议

中国天主教第一届代表会议实为 1957 年 7 月 15 日至 8 月 2 日在京举行的"中国天主教友爱国会第一届代表会议"，此次出席会议的代表共241 人（因病因事请假 4 人），代表着全国 300 多万天主教徒。会上成立了"中国天主教友爱国会"，通过了《中国天主教友爱国会章程》及进一步开展反帝爱国运动的决议，强调中国天主教会必须实行独立自主，彻底割断同梵蒂冈教廷在政治上和经济上的联系，反对梵蒂冈教廷利用宗教干涉我国内政、侵犯我国主权的活动。

第一届委员会主席为沈阳教区总主教皮漱石主教。皮漱石主教为辽阳人，圣名依纳爵。生于 1897 年，病逝于 1978 年。1910 年入奉天教区小修道院，1921 年进神学院，1928 年晋铎，在小修院任教 14 年，1942 年调大连市任本堂神父。曾任沈阳教区大修道院文科教授、小修道院预修院代理院长。1946 年任沈阳教区主教、东北教区总主教。

副主席为上海教友杨士达、李伯渔主教、李维光主教、王文成主教、赵振声主教、董文隆主教、李德培主教、曹道生教友。

秘书长为李君武副主教。副秘书长为：易宣化主教、杨高坚代主教、汤履道（教友）[①]。

（二）中国天主教第二届代表会议

中国天主教第二届代表会议于 1962 年 1 月 5—19 日在京举行，当时正处于三年自然时期。出席会议的代表共 256 人，会议听取了上届主席皮

[①]　中国天主教爱国会、中国天主教主教团编：《圣神光照中国教会——中国天主教爱国会成立五十年来的辉煌足迹》，宗教文化出版社 2008 年版，第 80 页。

漱石总主教作的《中国天教爱国会四年来的工作及今后任务》的报告，通过了"中国天主教爱国会第二届代表会议"决议。确定了天主教爱国会的任务是：接受中国共产党的领导，坚决摆脱罗马教廷的控制，彻底实现独立自主办教会的任务。

此次会议的亮点是：号召坚决摆脱罗马教廷的控制，彻底实现独立自主自办教会的任务；呼吁开展编写中国天主教史纲的研究工作；要求协助各教区集中力量办好一所神学院。①

会议修改了《中国天主教爱国会章程》，选举产生了第二届委员会，皮漱石总主教再次当选为主席。

副主席为：杨士达教友、李伯渔主教、李维光主教、赵振声主教、董文隆主教、李德培主教、曹道生教友、张家树主教、李君武副主教、王良佐神父。

秘书长为汤履道（教友）。副秘书长为：易宣化代主教、杨高坚代主教、庞世宏神父。

（三）中国天主教第三届代表会议

中国天主教第三届代表会议于 1980 年 5 月 22 日至 6 月 2 日在北京举行，此次会议由 5 月 22—30 日"中国天主教爱国会第三届代表会议"和 5 月 31 日至 6 月 2 日召开的"中国天主教第一届代表会议"组成，这是"文化大革命"后中国天主教的第一次盛会。其中，全国 26 个省、市、自治区的 198 位主教、神父、修女和信徒代表参加了中国天主教爱国会第三届代表会议。

会议选举宗怀德主教为中国天主教爱国会主席，通过了《中国天主教爱国会章程》。该章程规定："中国天主教神长教友组成的爱国爱教的群众团体。其宗旨为：团结全国神长教友，在中国共产党和人民政府的领导下，发扬爱国主义精神，遵守国家政策法令，积极参加祖国社会主义现代化建设，促进与国际天主教人士的友好往来，反对帝国主义、霸权主义，保卫世界和平，并协助政府贯彻宗教信仰自由政策。"②

---

① 中国天主教爱国会、中国天主教主教团编：《圣神光照中国教会——中国天主教爱国会成立五十年来的辉煌足迹》，宗教文化出版社 2008 年版，第 91 页。

② 参加国务院宗教事务局政策法规司编《中国宗教团体资料》第一辑录，第 382—383 页。

　　大会强烈批判了"四人帮"对宗教的迫害，热烈拥护党的十一届三中全会的召开。会议修订了《中国天主教爱国会章程》，成立中国主教团。通过了《告全国天主教神长教友书》和《告台湾天主教神长教友书》，确定今后的主要任务是：团结神长教友积极参加社会主义现代化建设，坚持独立自主、自办教会的方针，反对任何外来势力干涉和控制我国教会，协助人民政府贯彻宗教信仰自由政策，对神长教友进行爱国守法教育。

　　经民主选举，爱国会第三届委员会主席为宗怀德主教。宗主教 1917 年出生于山东某世代天主教家庭。1930 年开始学习神学，1943 年成晋铎，并开始传教工作。1949 年担任周村教区代理主教，1963 年担任济南教区兼周村教区主教。

　　副主席为：张家树主教、李德培主教、曹道生教友、杨高坚主教、涂世华主教、傅铁山主教、王良佐神甫、汤履道教友。

　　秘书长为汤履道教友。

　　此次中国天主教爱国会第三届委员会未设副秘书长职位。

　　紧随中国天主教爱国会第三届会议召开的中国天主教第一届全国代表会议于 5 月 31 日至 6 月 2 日在京举行。共有 207 位代表出席了此次会议。会议决定同时成了中国天主教主教团与教务委员会，并制订了《中国天主教教务委员会章程》，但未制订中国天主教主教团的相关章程。

　　按照《中国天主教教务委员会章程》的规定，中国天主教教务委员会为全国性机构，其最高机构是中国天主教代表会议。在代表会议闭会期间，教务委员会负责执行代表会议的决议，有权商讨和决定重大教务问题。中国天主教主教团对中国天主教代表会议和会议闭会期间的中国天主教教务委员会负责。其使命是"研究、阐明当信当行的教义教规"，以及"交流传教经验"和"与其他国家的教会发展友好关系"。主教团由全国各教区的正权主教组成，共计 33 名成员。[①]

　　此次代表会议选举上海教区张家树主教担任教务委员会主任和主教团团长。

　　副团长为王学明主教（呼和浩特）、杨高坚主教（常德）、宗怀德主教（济南）、董光清主教（汉口）、涂世华主教（汉阳）和傅铁山主教

------

　　① 参见国务院宗教事务局政策法规司编：《中国宗教团体资料》第一辑录，第 403 页。

（北京）。

主教团秘书长由杨高坚主教兼任。①

（四）中国天主教第四届代表会议

中国天主教第四届代表会议为 1986 年 11 月 18 日起分别在京举行的中国天主教爱国会第四届代表会议和中国天主教第二届代表会议，并于 29 日闭幕。来自全国 28 个省、直辖市、自治区（除西藏、台湾外）的 278 名代表，其中有主教 37 名，神父 105 名，修女 11 名，修士 2 名，修生 6 名及教友 117 名出席了这两个代表会议。他们带着爱国爱教的强烈愿望共聚一堂，商讨全国和各地爱国会、教务委员会的有关重大事宜。中国天主教爱国会主席宗怀德主教和中国天主教教务委员会主任张家树主教分别主持了两个会议。

会议分别审议了"两会"上届委员会的工作报告，并确定了今后的任务；修订了《中国天主教爱国会章程》和《中国天主教教务委员会章程》；选举产生了中国天主教爱国会第四届委员会和中国天主教教务委员会第二届委员会。宗怀德主教当选为爱国会主席（兼任中国天主教主教团团长），张家树、李德培、杨高坚、涂世华、傅铁山、王良佐、汤履道、董光清、蔡体远当选为副主席，朱世昌当选为秘书长；张家树主教当选为教务委员会主任，杨高坚、王学明、宗怀德、李德培、傅铁山、常守彝、段荫明、涂世华、林泉、郭忠、陆薇读、刘景和、郁成才、刘柏年当选为副主任。杨高坚兼任秘书长。②

同期举行的第二届中国天主教代表会议对《中国天主教教务委员会章程》进行了修改，其中增加了助理主教也是主教团成员的内容。自此，主教团成员增加至 52 人。

（五）中国天主教第五届代表会议

中国天主教第五届代表会议 1992 年 9 月 15—19 日在北京举行。来自全国 30 个省、直辖市、自治区的 272 位代表出席了会议，其中，主教

---

① 任延黎主编：《中国天主教基础知识》，宗教文化出版社 2005 年版，第 307 页。

② 史畅：《中国天主教爱国会第四届代表会议、中国天主教第二届代表会议在京隆重举行》，载《中国天主教》1986 年第 9 期。

68 位。

会议号召全国天主教信教群众，继续高举爱国主义旗帜、坚定不移地执行独立自主自办教会的方针，进一步发扬爱国爱教的光荣传统，为把我国建设成为社会主义现代化国家，为祖国的统一和世界的和平作出更大贡献。

会议通过了《关于调整"中国天主教三机构"的决议》，新制订《中国天主教主教团章程》，修改了《中国天主教爱国会章程》。中国天主教全国性组织机构经过调整后，原有的三个全国性机构被削减为两个："中国天主教主教团"和"中国天主教爱国会"。其中，中国天主教主教团成为全国性教务领导机构，对外代表中国天主教会，教务委员会成为主教团的下属机构，与修院教育委员会、礼仪委员会、神学研究中心、经济委员会和海外联谊委员会并列。主教团由全国各教区正权主教、助理（辅理）主教、顾问主教组成。

宗怀德主教当选为中国天主教主教团主席和中国天主教爱国会主席。金鲁贤主教、涂世华主教、郁成才主教、董光清主教、刘景和主教、刘柏年教友①、王良佐神父、朱世昌教友、李笃安主教、俞嘉第教友当选为爱国会副主席。朱世昌兼任爱国会秘书长。

金鲁贤主教、傅铁山主教、蔡体远主教当选为主教团副主席。宗怀德主教、金鲁贤主教、傅铁山主教、蔡体远主教、涂世华主教、郁成才主教、董光清主教、李笃安主教、蒋陶然主教、郭印宫主教、金沛献主教当选为主教团常委，傅铁山主教兼任主教团秘书长。②

（六）中国天主教第六届代表会议

1998 年 1 月 17—20 日，中国天主教第六届代表会议在京召开，高举爱国爱教的旗帜，迎接新世纪的到来。国家宗教事务局长叶小文同志在开幕式上讲话，傅铁山主教作了题为《爱国爱教，坚定信德，努力办好教会迎接新世纪的到来》的报告。参加会议的正式代表 281 人，其中主教

---

① 刘柏年，1934 年 5 月生，贵州修文人，1952 年后历任山东省青岛市天主教爱国会副主任兼秘书长，1979 年至 1992 年任中国天主教爱国会副秘书长，1992 年至 2002 年任中国天主教爱国会副主席兼秘书长、山东省天主教爱国会主任。2002 年 2 月起兼任山东省政协副主席。2010 年中国天主教第八届全国代表会议上当选为中国天主教"一会一团"名誉主席。

② 任延黎主编：《中国天主教基础知识》，宗教文化出版社 2005 年版，第 308—309 页。

70 位，神父 107 位，修女 23 位，教友 81 位。他们来自 31 个省、直辖市、自治区。

傅铁山主教向大会作了题为《爱国爱教，坚定信德，努力办好教会迎接新世纪的到来》的工作报告。报告分为三个部分：①过去五年的工作；②历史经验的回顾与总结；③今后的方向和任务。

会议审议通过了"一会一团"第五届常委会工作报告，并选举产生了新一届中国天主教"一会一团"领导机构，会议推举德高望重的金鲁贤主教、董光清主教、郁成才主教为中国天主教爱国会、中国天主教主教团名誉主席。选举傅铁山为中国天主教爱国会主席、南京教区主教刘元仁为中国主教团主席，并修改了《中国天主教爱国会章程》和《中国天主教主教团章程》。

其中，爱国会副主席为金鲁贤主教、涂世华主教、郁成才主教、董光清主教、刘景和主教、刘柏年教友、王良佐神甫、朱世昌教友、李笃安主教、俞嘉第教友。①

主教团副主席为：傅铁山主教、刘景和主教、李笃安主教；由马英林担任主教团秘书长。

此次会议所完成的机构和人事安排最大的特色是：主教团主席和爱国会主席不再由一人身兼，而是该由两位人士分别担任，此举有利于分清两个机构的职能。

（七）中国天主教第七届代表会议

中国天主教第七届代表会议于 2004 年 7 月 7—9 日在北京召开。这也是新千年的第一届大会，受到党和政府的高度重视。来自全国 31 个省、直辖市、自治区的 262 名神长教友出席了此次盛会。会议审议通过了中国天主教爱国会、中国天主教主教团第六届常委会所作的工作报告以及重新修订的《中国天主教爱国会章程》《中国天主教主教团章程》，再次选举傅铁山主教为中国天主教爱国会主席、刘元仁主教为中国天主教主教团主席。

其中爱国会副主席为刘元仁主教、刘柏年教友、俞嘉第教友、吕国存教友、马英林主教、周肖吾教友、刘德申教友、詹思禄主教、方建平主

---

① 中国天主教第六届代表会议在京举行，载《中国宗教》1998 年第 2 期。

教、雷世银神父。刘元龙当选为爱国会秘书长。

刘元仁再次当选为主教团主席，傅铁山、李笃安、霍成、金沛献、蒋陶然、房兴耀为主教团副主席，马英林兼主教团秘书长。最后与会代表一致通过了《中国天主教第七届代表会议决议》。会议聘请金鲁贤主教、董光清主教、郁成才主教、涂世华主教、刘景和主教为顾问。①

会后，中共中央政治局常委、全国政协主席贾庆林在人民大会堂会见了出席中国天主教第七届全国代表会议的全体代表。

2005 年 4 月 20 日，刘元仁主教逝世蒙召，由傅铁山主教代理主教团主席。2007 年 4 月 20 日，傅铁山主教逝世。于是，昆明主教马英林以主教团秘书长的身份代管主教团，此外，他还兼任中国天主教爱国会的副主席，而由担任爱国会副主席的刘柏年教友代管爱国会。

（八）中国天主教第八届代表会议

2010 年 12 月 7 日至 12 月 9 日中国天主教召开了第八届代表会议，这是中国天主教历史上一次承前启后的重要会议。来自全国 31 个省、直辖市、自治区的 341 位代表参加了此次会议。其中主教 64 位，神父 162 位，修女 24 位，教友 91 位。

会议听取和审议了马英林主教代表上届"一会一团"所作的《同心同德谱写中国天主教爱国爱教事业新篇章》的工作报告；审议并通过了《中国天主教爱国会》、《中国天主教主教团》章程修正案；选举产生了中国天主教"一会一团"新一届领导成员。

会议期间，中央统战部朱维群常务副部长亲自出席会议并接见了全体代表，国家宗教事务局王作安局长作了重要讲话，全体与会代表深受激励与鼓舞。会议认为，中国天主教"一会一团"深入贯彻上届代表会议的工作任务与目标，重视政治学习，正确发挥宗教团体与政府间的桥梁纽带作用，为构建社会主义和谐社会积极贡献；加强教会自身建设，积极推进牧灵福传事业，注重人才的培育；大力促进民主办教，建设具有中国特色的神学思想；带领和指导各地教会开展社会服务，加强对外交流、宣传、管理等方面，做了大量卓有成效的工作。工作报告以求真务实的精神对过

---

① 建明、舜涛、岳阳：《中国天主教第七届代表会议在京举行、贾庆林会见全体代表并发表重要讲话》，载《中国宗教》2004 年第 7 期。

去六年的工作进行了客观分析和总结，并提出切实可行的未来工作任务，鼓舞人心，立意深远。会议表决通过了此项报告，并提出了对未来工作的一些有益建议与思考。

会议强调，高举爱国爱教旗帜，坚持独立自主自办原则，是中国天主教持续健康发展的根本保证；加强教会自身建设，坚持民主办教原则，是推进教会福传事业的重要保障；发挥自身优势，服务社会，是践行信仰的重要使命；加强神学思想建设，重视人才培养，是建设本地化教会的当务之急；推进自选自圣主教工作，是中国教会生存和发展的必由之路。

313 位实到代表，通过举手选举的方式，分别选举出房兴耀主教为新一届中国天主教爱国会主席，马英林主教、雷世银神父、刘元龙教友、郭金才主教、黄炳章神父、沈斌主教、舒南武教友、岳福生神父、孟青录主教、吴琳修女为爱国会副主席，刘元龙教友兼任爱国会秘书长。

马英林主教为新一届中国天主教主教团主席，房兴耀主教、詹思禄主教、方建平主教、李山主教、裴军民主教、杨晓亭主教为副主席，郭金才主教任主教团秘书长。刘柏年教友、金鲁贤主教被聘为中国天主教第八届"一会一团"名誉主席；涂世华主教、刘景和主教、俞嘉弟教友、吕国存教友、周肖吾教友、刘德申教友、李明述主教、余润深主教被聘为中国天主教第八届"一会一团"顾问。[①]

第八届天主教"一会一团"领导班子体现出新的特点，首先是平均年龄 46.9 岁，比上一届降低了近 18 岁；其次，他们年富力强，经验丰富，工作扎实，是一支政治可靠、学识渊博、品德超群的领导集体。

（九）其他重要的全国性会议

1. 中国天主教主教团与爱国会联席会议

2003 年 3 月 21—22 日，"中国天主教主教团与爱国会联席会议"在北京举行。[②] 此次会议共有 64 人出席，其中包括 40 位主教，以及 24 为主

---

① 《承前启后，继往开来——中国天主教第八届代表会议在京隆重召开》，载《中国天主教》2010 年第 6 期。

② 明石：《加强建设，促进管理，推进福传：中国天主教爱国会常委会、中国天主教主教团联席会议举行》，载《中国天主教》2003 年第 3 期。

教团与爱国会的常委。会议通过了三个重要文件：《中国天主教爱国会、中国天主教主教团主席联席会议制度》、《中国天主教爱国会工作条例》，以及《中国天主教教区管理制度》。这些文件据说早在 8 年前，就已提上议事日程，供各地的主教考虑。①

其中，《中国天主教爱国会、中国天主教主教团主席联席会议制度》文件共两页，包括 10 项条文。《中国天主教爱国会工作条例》共 5 页，包括 7 章 35 项条文，而《中国天主教教区管理制度》的内容最长，共包括 83 项条例。

三份文件的主旨在于神职人员与爱国会人员保持更为紧密的工作关系，并呼吁神职人员领导人与爱国会领导人在全国或地方层面举行定期会议，共同商讨重要的教会事务。过去，主教、司铎和修女等神职人员主要负责教会事务，而爱国会则负责处理教会同政府的交往，双方分工不同，工作也各有其重点。但是，"联席会议"召开之后，双方的责任界线却变得较为模糊，两个组织的代表要以民主办教的名义开会，一起决定教会事务。文件将民主办教归纳为"集体领导、民主管理、相互协商、共同决策"。

教会重要事务由主教团与爱国会的领导人共同商讨决定，其中主要的内容包括：

（1）选圣主教问题。《联席会议》文件指出，联系会议的工作职能是商讨、决定中国天主教会有关重大事宜，包括："研究、深意各教区选圣主教和教区调整的有关事宜"。

（2）民主办教，使平信徒对教会管理的介入变得合法化。

（3）神职人员的牧民事务成为基本关注点。

此次联席会议的特点和意义在于极大地推进了中国天主教会的制度建设。上述一个《条例》和两个《制度》详细规定了爱国会的日常工作事务、教区管理的具体制度细则以及联席会议的制度化及其讨论的内容。这些制度的制定是根据我国国情，中国教会现实结合教会的传统和"梵二"会议精神，经过多年的研讨和试点所取得的共识。条例和制度的制订和通过，有利于中国教会在新世纪更好地开展牧灵福传和继续推

---

① 沙百里著，林瑞琪译：《中国天主教会将其职责法规化》，载《鼎》2003 年秋季号，第23 卷，总第 130 期，香港圣神研究中心。

进民主办教。

爱国会副主席刘柏年指出：制度的制定是为更好地开展福传事业，加强教会事务管理，使管理制度化、规范化、科学化，保证中国教会健康发展，三个制度是指管理方面，不是指当信当行的教义和教规。[①]

2. 中国天主教爱国会50周年纪念活动

2007年8月24—25日，中国天主教爱国会先后在北京中工大厦和人民大会堂陕西厅举行了50周年纪念活动，参加纪念活动的有来自全国31个省、直辖市、自治区的神长教友代表约200多人，其中主教37位。

24日下午2点30分，在国一招会议室举行了预备大会，首先由国家宗教事务局叶小文局长作了重要讲话。叶小文局长在讲话时说，纪念中国天主教爱国会成立50周年，具有重要的现实意义，是中国天主教界的一件大事。隆重纪念中国天主教爱国会成立五十周年，并以此为契机，坚定坚持独立自主自办教会和自选自圣主教原则的决心和信心，进一步明确中国天主教未来的发展方向，具有重要意义。50年来，中国天主教爱国会在以皮漱石、张家树、宗怀德、傅铁山、刘元仁等老一辈爱国宗教领袖的带领下，坚持独立自主自办教会和民主办教原则，实践信仰，努力工作，发展福传，服务社会，中国天主教各项事业取得了令世人称赞的成就。思想建设、组织建设、制度建设、人才培养、牧灵福传事业、宣传出版事业、对外交往、自养事业、服务社会奉献爱心及其他各项事业健康稳步发展。特别是改革开放以来，中国天主教爱国会和中国天主教主教团密切合作，协助党和政府贯彻宗教信仰自由政策，大力培养中青年爱国神职人员，积极推进民主办教，努力促进天主教与社会主义社会相适应，赢得了整个社会的普遍尊重和理解。

50年来，中国天主教爱国会协助教会选圣主教170多位、培养中青年神父1800多位，其中改革开放以来就协助教会培养祝圣的神父就有1200多位，培养修女3000多位，教徒人数也由解放初期的不到200万，发展到现在的500多万。文革结束后，各地爱国会协助教会开放大小圣堂近7000座，开办了大小修院30所，其中大修院就有12所，另外爱国会还协助教会建立起70多个的修女会院，修女达3000多位。还先后选派了

---

① 明石：《加强建设，促进管理，推进福传，中国天主教爱国会常委会、中国天主教主教团联席会议举行》，载《中国天主教》2003年第3期，第30页。

200 多位神父、修生、修女到欧美和亚洲的多个国家攻读神学，有很多已取得博士、硕士学位并回国工作。中国天主教爱国会应邀派出几十个团组，共 1000 多人次，先后访问 20 多个国家和地区，与各国天主教会进行友好沟通和牧灵交流。如果没有中国天主教爱国会，就不可能有中国天主教今日欣欣向荣的局面。爱国会的这些历史功绩将永远载入中国天主教会的史册。

对于爱国会的未来发展命运，叶小文局长在讲话中指出，作为中国天主教神长教友爱国的一面旗帜绝不能倒，必须继续高举下去。无论未来中梵关系如何变化，中国政府都会始终坚定不移地支持中国天主教会坚持独立自主自办教会原则，中国政府都将一如既往地支持天主教爱国会继续发挥爱国会团结、凝聚广大神长教友的积极作用。这就否定了将来中梵建交后爱国会会被迫取消的传言。

而对于中国天主教爱国会的未来建设和自身定位，叶小文局长强调必须坚持如下五点。

第一，要在做好开展爱国爱教、独立自主自办教会的教育引导工作的基础上，充分发挥作为确保中国天主教坚持正确政治方向的组织保障作用。

第二，要协助教务组织和主教、神父等做好教务管理和牧灵福传工作，在中国天主教会内不断增强凝聚力、向心力。

第三，要在培养教育爱国神职人员接班人方面发挥主导作用，大力培养政治上靠得住、宗教上有学识、品德上能服众的爱国神职人员，确保中国天主教爱国爱教、独立自主自办教会事业后继有人。

第四，要推进中国天主教会积极开展社会公益事业和社会服务事业，使全社会更加理解和尊重中国天主教。

第五，要在维护中国天主教会合法权益方面发挥积极作用，特别是在当前城市开发改造过程中涉及天主教教产问题时，要加强与各方面的沟通协调，维护天主教界合法利益。[①]

当日下午 5 点 30 分，在宣武门教堂举行了由中国天主教主教团副主席、辽宁教区金沛献主教主礼的庆祝中国天主教爱国会成立 50 周年圣体

---

① 木海：《好风正是扬帆时——中国天主教爱国会成立五十周年庆祝大会侧记》，载《中国天主教》2007 年第 5 期，第 16—17 页。

降福，与会的全体神长教友共同参礼，大家为中国教会祈祷，为中国天主教爱国会50年来，在圣神的引领下推动中国教会在牧灵福传事业上取得的业绩而谢恩，祈愿中国教会的明天更美好，祈愿中国天主教爱国会继续为中国教会的发展作出新的贡献。

25日上午9时，在人民大会堂举行了隆重的庆祝会，500多位神长教友及有关部门的领导出席了会议。中共中央政治局常委、全国政协主席贾庆林出席大会并在会前亲切接见了中国天主教"一会一团"负责人。

中共中央政治局委员、国务院副总理回良玉代表党中央、国务院在大会上讲话。中国天主教爱国会副主席兼主教团秘书长、昆明教区马英林主教主持了会议，并在回良玉副总理作了重要讲话后，作了回应讲话。

下午3点整，代表们在中工大厦分8个小组进行了热烈讨论，大家就领导的讲话、爱国会今后的工作任务等发表自己的看法。

下午4点整，全体代表参加了闭幕式。会议由中国天主教主教团副主席、辽宁教区金沛献主教主持。中国天主教爱国会副主席刘柏年教友在闭幕式上作了题为"爱国爱教、广传福音，为构建社会主义和谐社会作贡献"的重要讲话。

马英林主教作了总结讲话。马英林主教要求各基层教会根据各自教会具体情况，以各种形式举行丰富多彩的庆祝纪念活动，借此机会对广大神长教友进行一次爱国爱教的再教育、独立自主自办和民主办教的再教育，团结凝聚大家的力量和意志，共同致力于中国教会在新世纪新形势下的新使命上来。

最后，会议在悠扬、庄严的《圣母经》的歌声中圆满结束。①

3. "自选自圣主教"50周年纪念座谈会

2008年12月19日，来自中国各地的45名主教和大约200名神父修女修生及教友代表，齐聚北京人民大会堂，出席"自选自圣主教"50周年纪念座谈会。全国政协副主席、中共中央统战部部长杜青林出席会议并作重要讲话。

中共中央统战部常务副部长朱维群，全国政协民宗委主任田聪明，国家宗教事务局局长叶小文、副局长王作安以及五大宗教团体负责人出席了座谈会。会议由中国天主教爱国会副主席刘柏年主持。

---

① 同上书，第18—19页。

杜青林在讲话中指出，1958 年中国天主教为了解决主教严重空缺问题，排除境外势力对我内政的干涉，开始实行自选自圣主教。中国天主教共自选自圣了 170 多位主教，他们成为高举爱国爱教旗帜，坚持走独立自主自办教会道路的中坚力量，为中国天主教的健康发展作出了重要贡献。

中国天主教爱国会副主席、主教团秘书长、昆明教区主教马英林代表中国天主教界发言。他深切缅怀了皮漱石、张家树、宗怀德、傅铁山等为中国天主教爱国爱教和独立自主自办教会事业作出杰出贡献的老一辈主教，系统回顾了中国天主教自选自圣主教的历史，充分肯定了中国天主教 50 年来坚持独立自主自办原则所取得的成就，提出了新时期新阶段中国天主教会的发展任务。

本次座谈会在总结回顾中国天主教 50 年来自选自圣主教历程的基础上，对当前和今后一个时期中国教会肩负的使命和任务进行了充分思考与讨论。与会代表一致认为，独立自主自办教会是中国天主教适应中国国情办教的必由之路，自选自圣主教是独立自主自办教会的一种具体表现形式。在新的历史时期，中国天主教应继续高举爱国爱教旗帜，坚持独立自主自办教会的方针，不断加强教会自身建设，积极与社会主义社会相适应，为构建和谐社会作贡献。①

4. 中国"一会一团"八届一次常委、负责人、委员联会席议

（1）2008 年 12 月 10 日上午 8 时 30 分，"一会一团"八届一次常委联系会议召开，中国天主教爱国会主席房兴耀主持了会议。会议审议并通过了中国天主教主席团主席马英林主教就"一会一团"所设立的工作委员会作了变更说明，因着中国教会牧灵福传工作的需要，七届代表会议所设立的 6 个工作委员会，变更为 9 个委员会，即牧灵与福传委员会、圣职委员会、圣召培育委员会、平信徒委员会、神学研究委员会、礼仪与圣乐艺术委员会、海外交流委员会、宣传出版委员会、公益慈善与社会服务委员会；审议通过了神职人员任职办法。

（2）2008 年 12 月 10 日上午 9 时 30 分，举行了八届一次负责人联席会议。国家宗教事务局蒋坚永副局长、中央统战部二局赵学义局长、国家宗教事务局二司马宇虹司长出席了会议。出席会议的还有：中国天主教

---

① 朱宇杰：《总结历史经验　开创美好未来——纪念中国天主教自选自圣主教 50 周年座谈会在京召开》，载《中国宗教》2009 年第 1 期。

"一会一团"名誉主席刘柏年，顾问刘景和主教、周肖吾教友、吕国存教友、刘德申教友、李明述主教、余润深主教。会议由中国天主教爱国会主席房兴耀主教主持，会议通过了三项议程：①刘元龙副主席所作的中国天主教爱国会副秘书长候选人建议名单的说明；②中国天主教爱国会副主席郭金才主教所作的中国天主教主教团副秘书长候选人建议名单的说明；③中国天主教主教团主席马英林主教所作的"一会一团"9个专门委员会建议名单的说明。

（3）2008年12月10上午10时20分，召开了八届一次"一会一团"委员会联席会议。中国天主教主教团主席马英林主教主持会议，会议听取了由中国天主教爱国会副主席雷世银神父所作的"一会一团"副秘书长的人选决定：王怀茂教友、石洪喜教友、李稣光助理主教、周小雄教友、周永智教友、林国贞教友、施雪琴教友、常同希神父为中国天主教爱国会副秘书长；王仁雷主教、甘俊邱主教、朱立戈神父、刘新红主教、陈书杰神父、杨宇神父、何泽清主教为中国天主教主教团副秘书长。会议听取了詹思禄主教所作的"一会一团"9个专门委员会主任、副主任的人选决定。①

九　天主教礼仪改革

（一）普世天主教会的礼仪改革

天主教是一个重视礼仪的宗教。教会本身即是一个崇拜天主的、以敬礼为中心的信仰团体。

对于礼仪在教会生活中的重要性及其本质的认识，圣奥斯定和当今的教宗本笃十六世均有过精辟的见解。圣奥斯定说：与现实生活性比较，礼仪不与要求和需要相连接，而是与恩宠和奉献的自由相交织。

作为当今著名的神学家，教宗本笃十六世对礼仪的看法则侧重于天主对天堂的许诺：礼仪是在我们内唤醒我们那犹如孩子般的真正存在；也唤醒我们注意一个伟大的许诺……礼仪成为希望的有形可见之方式，是将来真正生活的预尝，它为我们准备真正的生活——在内的生活、在与天主的

---

① 《承前启后，继往开来——中国天主教第八届代表会议在京隆重召开》，载《中国天主教》2010年第6期，第8—11页。

直接碰触以及彼此真正的相互开放中的生活。这样，礼仪也会印记于日常生活……将天堂预先实现在地上。①

由此可见，礼仪是教会庆祝基督徒得救的神圣奥迹。礼仪是一种团体性的纪念活动，是基督徒服从主的命令，对其言说和教导，以及其所承受的痛苦的纪念，是纪念天主借着耶稣基督为世人所做的一切，也就是教会来实现基督作为永恒司祭向天主的祭献行为。②

"梵二"大公会议之前的礼仪或圣事神学，深受特利腾大公会议的影响，由于此次大公会议是在反基督新教的气氛下召开的，因此，有教会人士认为，其对礼仪圣事神学的反省不算完整。

特利腾大公会议所确定的礼仪圣事神学的特点是：

（1）过分重视圣事的象征性（圣事行为本身产生恩宠），而忽略人的主动参与，并以形而上学来解释圣事，使圣事变得更为抽象；

（2）由于深受中世纪社会文化、政治等因素的影响，使得教会礼仪变得宫廷化、礼节化、烦琐化、神职化，注重礼仪的外在形式而忽略了礼仪的神圣内涵。

基于此前礼仪圣事的保守性和过于注重外在形式的弊病，"梵二"大公会议提出了礼仪神学的革新和对礼仪本身的牧灵性的强调。③ 这一改革集中表现在大公会议所通过的《礼仪宪章》。

《礼仪宪章》是于1963年12月4日经梵二大会会议颁布实施，是有关礼仪改革的指导性牧民文件；它不但是"梵二"大公会议颁布的第一个文件，也是对教会信仰生活影响较大的文件之一。《礼仪宪章》除《绪言》外，共分七章：第一章、整顿及发扬礼仪的总则；第二章、论至圣圣体奥迹；第三章、论其他圣事及圣仪；第四章、论神圣日课；第五章、论礼仪年度；第六章、论圣乐；第七章、论宗教艺术与敬礼用具。此外，《宪章》还附录有《梵蒂冈第二次大会会议对修改日历的声明》。

《礼仪宪章》对天主教的礼仪生活产生了深刻影响，其中最明显的变

---

① 约瑟夫·拉辛格：《礼仪之精神导论》，河北信德社，2010年，第4页。
② 同上书，第160页。
③ 刘德宠：《回归与重建——梵二精神和中国教会的更新与复兴》，浙江省天主教教务委员会，2009年，第176—177页。

化，其一是重新界定了礼仪神学，其二是对礼仪牧灵性的强调。前者奠定了礼仪革新的基础，后者则指出了革新的方向。

首先，从礼仪神学的革新来看，新的礼仪神学注重了礼仪的内涵，注重了礼仪中天人之间关系的层次，尤为强调基督在礼仪中的临在，突出了天主在礼仪中的救恩行为。概括而言，其革新体现在如下三个方面：

（1）礼仪是天主救恩的具体体现；

（2）礼仪是基督在当下实行其司祭之职；

（3）对礼仪在教会生活中的充分而恰当的肯定：礼仪是教会行动所趋向的顶峰，也是教会一切力量的源泉。[①]

其次，从对礼仪牧灵性的强调来看，更新后的天主教礼仪具有如下五个突出特点。

（1）改用地方语言举行礼仪是礼仪革新的最大特点。"梵二"大公会议以后，教会为了使普通信徒能够清初理解礼仪内容，听懂天主圣言，并主动参与礼仪，规定可以采纳本地语言举行礼仪，从而结束了在礼仪中只能使用拉丁语的历史，教会礼仪进入了一个全新的阶段。

（2）经文和礼仪程序简单明了，所表达的意义明确，容易为现代人所领悟和参与。更新后的新礼仪去掉了旧礼仪中的繁文缛节，同时也充实和丰富了经文内容，使整个经文和礼仪更为清晰鲜明。

（3）重视和加强了礼仪中的《圣经》诵读。"梵二"大公会议恢复了《圣经》在教会生活以及在信德和祈祷中应有的地位，在礼仪中大幅度增加了《圣经》诵读的比重。除弥撒外，在每一件圣事及其他礼仪当中也都适当添加了《圣经》诵读的部分。

（4）新礼仪体现出一定的灵活性，可以按照每个地方教会的牧灵需要以及当地的文化习俗作出相应的适应和调整。也就是说，各地方的礼仪可以有不同的特色。"梵二"大公会议恢复了礼仪的多元化，认为只要不涉及信仰及全体公益，教会在礼仪上无意严格要求整体一致。

（5）新礼仪非常强调信众的参与以及礼仪的团体精神。新礼仪的安排很重视信众的参与，在礼仪中安排了许多由信众担任的职务和角色，并要求礼仪中的每一个服务人员既分工又合作，彼此服务，充分表达出礼仪

---

① 刘德宠：《回归与重建——梵二精神和中国教会的更新与复兴》，浙江省天主教教务委员会，2009 年，第 177—179 页。

的团体性。此外，在弥撒礼仪中也采用共祭的形式。①

（二）中国天主教会的礼仪改革

根绝"梵二"会议在礼仪改革方面的精神，西方国家于20世纪70年代基本上完成了礼仪更新工作，举行弥撒时均使用当地民族语言，如英语、法语、德语、意大利语、西班牙语等。中国的香港、台湾等地也相继在70年代完成礼仪革新工作，神父在做弥撒时也均采纳中文。相对于普世天主教会在"梵二"大公会议之后在礼仪方面所体现出的新精神和新变革，中国天主教会在推行新礼仪方面无疑起步较晚，但其态势却是朝着这一方向不断前进、不断完善。中国教会为了适应时代的需要，于20世纪80年代后期开始积极稳妥地推进中国教会的礼仪改革。

1986年，中国天主教教务委员会向中国天主教代表会议提出建议，建议认为："为了符合我国的国情，适应新的形势，在礼仪方面确有值得研究和改革的必要。但这种研究和改革需要做大量的工作，需要有组织、有领导、有步骤、郑重其事地进行，在全国教务委员会和主教团未作出统一改革以前，还应按照我国现行的拉丁礼仪举行，不能各行其是。各地教务委员会应严格执行主教团关于施行圣事条例的规定，坚决反对那些违反规定的活动。"会议通过了这一建议。于是，中国天主教主教团一方面与教务委员会一起发表了《关于重申神职人员行使圣事权的决定的补充规定》，《规定》强调指出："目前，必须遵守我国教会传统的礼仪和规定，未经中国天主教主教团和中国天主教教务委员会的批准，任何人不得擅自改变和简化。"另一方面，中国天主教主教团授权上海教区作为礼仪改革的试点，先行一步，从1989年开始举行中文弥撒礼仪。同时派出两名神父到菲律宾接受礼仪培训。

1992年，中国天主教主教团成立了专门的礼仪委员会，由广东汕头教区蔡体远主教任主任，在主教团的领导下具体负责编订全国统一的弥撒书和七件圣事礼节本、圣歌本以及祈祷手册等，协同教务委员会一起制定礼仪改革准则，探讨适合中国国情民俗的本地礼仪，指导和督察各地礼仪改革工作。并于同年5月在中国神哲学院举办了由来自全国的两位主教和

---

① 姚顺：《礼仪更新后天主教礼仪的几个突出特点》，载《中国天主教》1994年第4期。

36 位神父参加的礼仪更新培训班，由主教团从香港请来的两位神父作指导。之后，各地也都举行了类似的培训，从使中国教会的礼仪改革得以稳步推进。①

1993 年起，中国天主教会在主教团的领导下，开始在各教区积极稳妥地推行中文弥撒和礼仪改革工作。1993 年 5 月 16 日，由宗怀德主教主持，来自全国各地的 11 位主教在济南洪家楼天主教堂举行了第一台主教共祭中文弥撒，此举标志着中国天主教礼仪制度的改革迈出了第一步。②

截至 20 世纪 90 年代末，全国大中城市和广大村镇教堂普遍举行中文弥撒，只有少数地方，为了照顾一些喜欢传统拉丁礼仪的老年教徒的需要，还不时举行拉丁弥撒。在弥撒仪式前期，都安排信徒甚至是女信徒面对教友朗读《圣经》经文。弥撒仪式中的许多圣歌也都采用中文进行唱诵。

天主教会礼仪改革及更新工作的推广和深入，有助于青年信徒理解宗教仪式，增加了参加宗教生活的兴趣，同时也可以减少由于对拉丁文弥撒的不理解而产生的信仰上的盲目性和对神职人员的盲从。

下面我们仅就弥撒和祭礼两项礼仪为例来具体考察中国天主教会在礼仪方面的革新效果。

1. 弥撒

弥撒，为拉丁文 Missa 的音译，意为"祭礼"，亦称感恩祭，乃天主教祭献天主的重大公共礼仪，也是天主教会最重要、举行次数最为频繁的教会礼仪，可谓天主教礼仪生活的主体与中心和礼仪活动的最高峰。弥撒的中心是成"圣体"，即将象征耶稣"肉体"和"圣血"的薄面饼和葡萄酒，在弥撒祭献中经过神职人员的祝圣，使之真正成为耶稣基督的"圣体"和"圣血"，所以，天主教又把弥撒祭献称为"圣体圣事"。③

从形式上看，弥撒可分为大弥撒和小弥撒两种。大弥撒往往显得非常

---

① 晏可佳：《改革开放以来的中国天主教》，收入《中国天主教》，五洲传播出版社 2007 年版。

② 张桂霞：《天主教礼仪制度的改革》，载《山东年鉴·宗教》（1993 卷），山东年鉴社 1993 年版，第 609 页。

③ 周太梁：《天主教弥撒礼仪》，载《世界宗教文化》2002 年第 2 期，第 31 页。

隆重、庄严、神圣，更能激发信徒们的参与热情，主要是在大瞻礼和重大教务活动中举行。

从"意向"上来说，弥撒则分为感恩弥撒、谢主弥撒、追思弥撒、开堂弥撒、复堂弥撒、祝圣主弥撒、祝圣修女弥撒等。不管是何种弥撒，基本过程并无差异。[①]

弥撒在礼仪革新上的变化，除采纳本地语言——中文作为礼仪用语之外，其革新内容还表现在如下几个方面。

（1）神父举行弥撒时面向教徒，而在改革之前则是面朝祭台，背对教徒，增加了教徒在弥撒中的参与性。

（2）由教徒宣读《圣经》，读信友祷词，唱本地语言的圣歌。

（3）领受"圣体"的形式：改革后，教徒们在"领圣体"时，排队站在祭台前，双手手指合并，呈十字形重叠，左手手心朝上，右手重叠于左手之下，神父将圣体放在教徒前伸的手心里，而后由教徒自己将"圣体"放入口中。而改革前的礼仪则规定，教徒在领受"圣体"时，通常是跪在祭台前专设的跪凳上，恭敬地张开嘴，由神父将圣体送入教徒口中。

（4）与和谐社会建设理念相一致的《弥撒经书》和祈祷文。如新编的《弥撒经书》在内容上增添了关注社会进步，体现爱国主义情怀等积极向上的内容。此外，教会在主日弥撒中还根据社会发展的实际情况，及时补充具有一定社会关怀的新的祈祷词，如为下岗工人、为受灾民众祈祷、为世界和平祈祷等。

下文为国庆弥撒祷文，从中不难感受到广大天主教信众的爱国情怀和建立公正和谐社会的心愿：

领：主，求你使我国的发展计划，能满足人民的需要。我们同声祈祷（下文略）。

合：求主俯听我们（信友合祷下略）。

领：求你使我国政府，善用他们的权力，为人民谋求福利。

求你使我国人民，共同努力，以建立一个公平正义、真理和谐的社会。

① 杨舜涛：《天主教的弥撒》，载《中国民族报》，2002年6月14日第2版。

求你使我国青年，明了自己的责任，不忘为国家服务。

求你使我们像一家的兄弟姐妹，相亲相爱，度和谐生活……①

（5）革新后的礼仪对弥撒外送圣体也进行了详细而具体规定，如弥撒外送圣体的时间、送圣体的职员身份、弥撒外送圣体的地方，以及送圣体人送圣体时应守的规则等。②

2. 丧葬礼和祭礼

天主教徒的丧葬礼随各地情况差异而有所变化，因为葬礼是天主教礼仪当中很特殊的一个礼仪，其原因有二：首先，丧葬礼并非单纯隶属天主教会的一个礼仪，其次，丧葬礼与亡者的家庭以及社会关系紧密相连。

从历史上看，16世纪天主教再次传入中国之后，以利玛窦为首的耶稣会士们所使用的罗马礼仪在中国教会中并未流行开来，反倒是道明会士们结合中国本地风俗所作出的适应性礼仪成为天主教丧葬礼的主流形式。

当今中国教会也相应地沿用昔日道明会士所采纳的原则：在尽量保留外在的形式的同时，赋予丧葬礼新的内容。如灵幡由装饰好的十字架代替，供案可以摆，但不涉及神灵，灵牌也可以供，但不写牌位等。这一丧葬礼的安排意在提倡跟中国丧葬文化中的善良风俗相结合，并使之成为一个福传和展示天主教内涵的好机会。

天主教徒死后，首先需要通知的是神父，亡者的子女的应向神父求弥撒，神父要及时地给亡者做弥撒，与此同时，当地教会的负责人会组织教友们去亡者家里给亡者诵经祈祷。给亡者所盖的，有教会内专门做好的殓盖、殓衣，但并非绝对不可替换，只要适合亡者即可。另外，天主教会也准许火葬。③

与丧葬礼紧密相关的是祭礼，即对中国古圣先贤和已故祖先的祭拜礼仪。天主教会对祖先的态度历来是极为尊敬的，并且有专门的礼仪用以纪

---

① 转引自康志杰《宗教能够促进和谐——以当代中国天主教为例证》，载《天主教研究论辑》，第4辑，宗教文化出版社2007年版，第406页。

② 参见褚汉雨《革新后的礼仪对弥撒外送圣体的规定》，载《中国天主教》2005年第4期，第25页。

③ 资料来源：http://dayi.chinacath.org/detail.asp? id=6199。

念他们。但是，当天主教会进入中华文化以后，由于文化与认知上的差异，在"祭祖"一事上，却有过一段相当漫长、曲折的磨合过程。① 众所周知的"礼仪之争"，继 1939 年 12 月 8 日教宗庇护十二世发布通谕才告完全终止，前后持续长达 300 年。至此，中国天主教徒才得以重新合乎教义地尊孔祭祖。

"梵二"大公会议之后，随着教会"本地化"的推进，中国天主教会在祭礼方面，也结合中国文化传统进行了相当大的革新和转变。

一般而言，天主教徒举行祭礼时，一方面要遵守教会的规矩；另一方面在对待追思习俗时，要把握一个原则，即对待祖先、父母所举行的一切仪式，都仅用于表达对先人的哀悼，缅怀祖先的恩德，效法先人的德表，不拘采取什么形式，一切具有迷信色彩的活动都不应当去顺从，一切不违反信仰的习俗也都可以去实行。②

在 2007 年 12 月中国政府正式宣布将清明节定为法定假日之前，中国天主教徒在祭奠自己的祖先或亲友时，选择的祭日在各基层教区往往有着不同的规定或习惯。绝大部分信徒均遵从教会传统，于 11 月 2 日追思已亡日前往墓地为亲友扫墓。作为天主教的炼灵月，每年的 11 月，也是天主教信徒集中悼念亡者的时间。

而继中国政府正式宣布将清明节定为法定假日之后，这一现象发生了一定的改观，越来越多的天主教徒选择在清明节——这一中国传统节日为亡者祈祷。但是，也有的教区仍然沿袭以往的惯例，而非将清明节置于优先的祭礼地位。

如南京教区无锡堂区就有在复活节前夕的圣周六扫墓祭祀、追念亡者的传统，有些教友甚至称这一天为"天主教清明节"，但是，该堂区在清明节被宣布为国家法定假日之后，也响应号召，在当天早上举行了一台追思弥撒，为亡者祈祷。不过，由于有在圣周六扫墓祭祀、追念亡者的传统，清明节当天前往天主教墓地上坟的信徒人数并不多。

四川南充教区在清明节成为法定假日前，每年信徒自发前往扫墓的人

---

① 钱铃珠：《天上人间——天主教会看"祭祖"及相关问题》，资料来源：http://blog.sina.com.cn/s/blog_59bc114c0100ctpx.html。

② 褚汉雨：《教友如何对待本国的丧葬和祭礼习俗》，载《中国天主教》1994 年第 3 期，第 37 页。

数约有 300 人，而在此之后，人数则增加到 400 人以上，可见，随着国家力量的引导，信徒在宗教礼仪如祭礼方面，也会产生一定的变通和调整。①

与大陆天主教会比较开明的、渐进式祭礼改革相比，港台在制度化和本地化进程方面无疑走得更远。如台湾天主教会根据"梵二"礼仪改革的新精神，于 1972 年在台北主教座堂，举行敬天祭祖的仪式，这一行动遂成为天主教会祭祖的标杆式举动。此后，天主教会普遍在春节、清明等民俗节日，于各地天主堂举行祭祖的礼仪。与此同时，天主教会台湾主教团于 1974 年还编订了《祭祖礼规》，指出四项祭祖的宗旨。

（1）重申天主诫命"孝敬父母"的基本精神，激发教友孝亲之情，以增进孝爱天主之德。

（2）澄清国人对天主教会"信天主而忘祖宗"的误会，并使教外人士对教会有正确之认识。

（3）复兴中华文化，崇尚孝道与慎终追远的美德，使福音和传统文化结合。

（4）为规正教友"祭祖"的正常发展，破除迷信色彩。

而在香港，1995 年的诸圣节（11 月 1 日），正好是阴历九月初九重阳节。重阳节在香港是扫墓、祭祖的日子，因此，香港天主教会为此特别作了一套在当天纪念诸圣和祖先的礼仪经文，是很好的祭祖礼仪本地化的例子。②

无论如何，中国天主教会对祭祖在原则上宽容接纳，实践中灵活对待的做法，缓和了与中国传统习俗及周围人群在这一问题上的关系，有利于天主教在文化传统层面上与中国传统习俗的融合，也有利于天主教徒与其他信仰的人们之间的交往与和谐。③

---

① 参见《公教报》，2008 年 4 月 27 日第 21 版。

② 以上例子参见钱铃珠：《天上人间——天主教会看"祭祖"及相关问题》，资料来源：http: //blog. sina. com. cn/s/blog_ 59bc114c0100ctpx. html。

③ 王美秀：《天主教对中国祭祖的认识——过去与现在》，载《世界宗教文化》2010 年第 5 期，第 57 页。

十　宗教教育及信徒文化素质

在"梵二"会议通过的《天主教教育宣言》中，教会对教育问题给予了充分的肯定："不拘属于何以种族、环境或年龄，人人既皆享有人的尊严，则人人皆在接受教育上有其不可剥夺的权利。"因此，在中国天主教会内部的某些有识之士看来，改革开放之后，尤其是随着中国的经济发展形态从农业经济、工业经济向知识经济转型，整个社会发展处于知识爆炸时代的高速发展时期，中国天主教会不应该作为落后、愚昧、迷信、保守的形象代言人，而应是一个具有丰富知识涵养的信仰团体，以便充分适应时代转型和挑战，更好地参与、融入和服务社会。①

（一）神职人员的宗教教育

神职人员作为"耶稣基督的使臣，天主福音的司祭"，意味着他们是天主的同工，协助天主从事基督救世的事业，因此，他们的生命和事奉，事关教会的发展和兴衰，关系不可谓不重大。而作为基层教会和堂区的带领人，神职人员的言行事奉势必直接影响到普通信徒，影响到每一位与其接触的人士，影响到教会今日及未来的发展，因此，神职人员的宗教教育应该享有比平信徒更优先的地位。②

从当前中国神职人员的现实处境和状况来看，神职人员在牧灵福传和宗教教育方面面临着如下两大困境。

（1）神职人员的断层：文化大革命及其之前的一系列政治运动，给中国天主教神职界的培养造成了巨大的断层，使得神职界面临着青黄不接的严峻现实，许多教区缺少主教，老一代神职人员相继离世，新一代神职人员的成长和培育尚难以填补教区的发展和牧灵需要。

（2）神职人员的培育和再培育问题：由于神职人员的新老断层及其他原因，80年代以来不断恢复的修院培育系统直至今日仍不够健全，神

---

① 赵健敏：《文化转型中中国天主教的融入》，收入卓新平、南侨伯：《基督宗教社会学说及社会责任国际学术研讨会文集》，宗教文化出版社2009年版，第125—126页。

② 王艳：《加强神职人员的宗教教育，推进中国天主教的发展》，载《中国天主教》2007年第6期。

职人员亟须的再培育及灵性支持无以为继，神职人员在牧灵福传方面容易陷入孤军奋战的境地。①

为了有效地解决如上两大困境和挑战，中国的神职人员就必须在神学造诣和文化修养方面获得完善的培育和再培育，也就是教宗本笃十六世在致中国神职人员的牧函中提到的："为了天主教在中国的将来，一方面，要确保对圣召的特别关注；另一方面，亦要在修院及修会里对人性、神修、神哲学、牧灵各方面施以更扎实的培育。"②

1. 圣职的培育与再培育

修院作为教会的心脏和神职人员的摇篮，是圣职的培育和陶成的主要场所和方式。自20世纪80年代初以来，中国天主教会在恢复和重建圣堂的同时，花费了大量的人力物力从事青年神职人员的培育工作，正如笔者在该报告上篇有关宗教教育机构中提到的那样，全国共建成36所大小修院，初步形成了较完备的修院教育系统，经过10多年的培育和发展，截至20世纪90年代末，国内很多教区已基本解决了"温饱问题"，有效地缓解了圣职队伍的青黄不接问题。③

与此同时，为了在司铎培育方面有效学习与借鉴国外的神学思想与办教经验，弥补本身发展的不足，中国天主教在修院教育方面还采取了"走出去，请进来"的方式，一方面每年派遣一些较优秀的年轻神职人员或修生到国外及香港等地区学习。截至1998年，全国各修院先后派出的青年神父、修生、修女、及教徒到美国、英国、法国、德国、意大利、比利时、菲律宾、韩国以及中国的香港学习的共有100余名，部分神职人员或修生已学成归来，成为各地教会的骨干力量或各神哲学院的骨干教师。另一方面，各地修院不定期地邀请一些海外神学家或教授前来中国各个修院从事短期授课，或举行专题讲座，近20年来，全国各修院先后邀请了来自美国、比利时、韩国、法国、加拿大以及中国香港和台湾的教授、神学家前来讲学。1994年选派了中国7所大修院的15位负责管理修院的年轻神父远赴比利时和法国修院学习管理工作，1996年更选派10名修院任

---

① 刘德宠：《回归与重建——梵二精神和中国教会的更新与复兴》，浙江省天主教教务委员会，2009年，第349页。

② 本笃十六世：《致中国教会牧函》第14号。

③ 参见张士江《第三个千年黎明中国青年司铎面临的挑战》，载《信德学刊》（第1期），第44页。

课神父前往韩国三所修院进行交流。

除了圣职的培育，还有圣职的再培育工作。再培育是一种综合性的培育，涉及全人的成长、教会与社会各个方面的知识与修养，同时也应是一种终身的持续培育。圣职的再培育涉及身体与灵修的休息和再提高，同时也包括教区主教对圣职的关怀、培育、支持和鼓励。①

为了全面提高神职人员和教会工作人员的神学、灵修、道德、文化和工作能力的素质，20 世纪 90 年代以来，中国教会经常举办神职人员灵修培训班、神职人员牧灵培训班、爱国主义思想读书班、修院院长出国交流读书班、初学导师进修班、修院神师培训班以及有关神职人员避静、灵修辅导和礼仪等讲座，有效地满足了圣职的再培育需要。

进入 21 世纪以来，尤其是从 2004 年到 2010 年之间，中国天主教会先后举办过 4 次教区管理研讨会，邀请国内外牧灵和灵修神学家前来研讨、交流经验，共有 72 位神职人员参加了研讨会，其中主教占 36 位。此外，中国天主教会还先后 5 次组织司铎代表团前往法国普拉多修会进行灵修培育和交流，并前往法国露德圣母朝圣地、司铎主保圣维亚纳的堂区以及圣女小德勒撒的家乡进行朝圣交流。并两次组织神父代表团到德国本笃会进行灵修培育并体验修会生活。组织了 11 个教区的神父访问韩国教会，进行牧灵研讨和交流。为了进一步提高国内神职人员的灵修素质并相应教宗司铎年牧函的号召，中国天主教"一会一团"还邀请了法国普拉多修会的灵修专家分别为内蒙古、湖南、四川、重庆、安徽、江苏、山东、浙江、云南、宁夏、贵州、江西、天津、河北等省、直辖市、自治区的神父举行了僻静神功。②

2. 修女的培育

修女向来是天主教福传事业中一支不可或缺的重要力量。据统计，截至 2009 年年底，全国共有修女逾 5000 多位，远超过圣职人员的数量，因此，如何让这支庞大的队伍真正成为福传事业的生力军，如何从整体上规划修女在教会使命中的角色和力量，重视其特殊角色，发挥其各异的神

---

① 刘德宠：《回归与重建——梵二精神和中国教会的更新与复兴》，浙江省天主教教务委员会，2009 年，第 358—359 页。

② 马英林：《同心同德谱写中国天主教爱国爱教事业新篇章——在中国天主教第八届全国代表会议上的工作报告》，载《中国天主教》2011 年第 1 期，第 6—7 页。

恩，将是中国天主教会的一件大事。

根据一位常年从事修女培育工作的台湾修女的观察，中国大陆天主教会在修女培育方面注重如下几个方面。

（1）入会前的基础教育：出于修女人性发展的需要，在入会之前，修女应接受普通的公民基础教育，并将之作为日后度修道团体生活不可或缺的一环。

（2）信仰基础与人格成长：对于初学修女，应重视其在身、心、灵人格上的健康成长。

（3）信仰与灵修方面的本土化：由于历史原因，中国天主教会的管理模式，修会的行政机构，信徒的信仰体验、感受、表达模式等都还带有"梵二"之前浓厚的西方教会的味道和色彩，因此，如何响应"梵二"以来建立地方教会、实现信仰本土化的号召，势必是全体天主子民都应参与的改革工程，也是修女会在培育当中不能忽略的内容。

（4）对修会归属感的培养：中国大陆修女会的重建与恢复已逾30年，时至今日，各修女会在硬件设施和修女人数方面均达到了客观的程度，但是，修女对于本会基于"家庭"意义上的归属感尚比较缺乏，而这也势必影响修会团体的健康成长。

（5）培养高度的领袖兴趣与爱好：修女作为修道人应在自身的人格和灵性成长方面不断激发兴趣，才能真正成为属神之人。

（6）修女的各个培育阶段。一般而言，修女的培育包括如下几个阶段：入初学前期、初学期（2年）、暂愿期（3—9年）、持续培育期（终身愿）、专业培育与人文素养。[①]

从如上6个方面来看，修女的培育可谓是一种全人的培育，既要陶冶心性，使信仰内在化，滋养灵性，也要探究知识，培养实践能力和合作涵养，如此才能一个合格的修道人，才能在福传和服务他人方面真正体现出基督的喜讯传播者的角色。

从全国教会的情况来看，从2004年至2010年，中国天主教"一会一团"先后开办了6期修女会长培训班，每期3个月，共有111位修女会长参加了培训。连续4年培训了48位灵修陪伴初学导师，充实了各地修女

---

① 李纯娟：《漫谈中国天主教修女的培育》，收入南怀仁协会编：《中国教会的今天与明天》，2006年，第415—443页。

会的灵修师资力量。连续 5 年组织修女初学导师和牧灵修女近 100 人前往香港公教教研中心进行学习和交流。共组织 8 位修女会长前往法国露德、泰泽等地进行朝圣和交流。先后为 300 多位修女进行为期一个月的永愿前的避静和灵修辅导。先后安排多位神父到 34 个修女会带领僻静，对各修女会的自身建设起到了重要的推动作用。

此外，由中国天主教"一会一团"自筹资金新建的 7000 多平方米的修女培训大楼也已于 2009 年于北京大兴竣工并启用，4 年制的修女神学培训班正在筹备当中。与此相较，河北、山东、山西、陕西、四川、辽宁等各基层教会也相继举办了多种形式的修女培训班，其中有 4 年神学班、2 年教理学习班，也有为期一个月的短期培训班，如上举措均极大地提高了修女的神学知识和灵修素养。①

改革开放以来，中国天主教会在神职人员的教育和培养方面所取得的成绩是不可否认的。但与此同时，目前教会的宗教教育还存在着相当多的问题与不足，如各神学院和修院的教育体制、机制、师资、经费等方面都还存在着相当大的困难。仔细说来，这些问题主要集中在如下几个方面。

（1）院校体制上：我国教育法规定国家实行教育与宗教相分离，因此，宗教教育不被纳入国民教育系统，宗教院校的学历不被社会承认，而仅在各宗教团体内部受认可，其学生身份不被社会承认，很多属于学生的优惠他们无法同等享受。从宗教院校毕业后，其进一步的深造学习和在社会上的流通均受到相当大的限制。

（2）教学大纲和教材方面：由于宗教院校课程专业性强，各宗教院校独立性强，因此，全国天主教会所属宗教院校至今尚没有统一的教学大纲和教材，各校自定的教学大纲有些方面与时代脱节，课程设置单一、陈旧，甚至根本没有完整的课程设置。学校开设的课程集中于宗教专业，当代社会中必须掌握的计算机、外语、管理等课程或没有设置，或课时太少，人文社会科学方面的课程也开设的较少。同时教学手段和方法也十分陈旧，普遍缺乏现代电化教学手段，有些甚至还停留于单纯的讲经方式。

（3）师资队伍建设方面：各修院比较缺乏能够胜任教学工作的合格教师。其教师来源大部分为本校毕业生留任，年龄较轻，教龄偏短，师资

---

① 马英林：《同心同德谱写中国天主教爱国爱教事业新篇章——在中国天主教第八届全国代表会议上的工作报告》，载《中国天主教》2011 年第 1 期，第 6—7 页。

虽有虔诚的信仰和很强的事业心，但学历较低，进修机会少，知识面窄，教学质量存在严重不足。

（4）在资金和投入方面：各修院的办学资金主要来源于教会的投入和学费收入，经费普遍紧张。例如，上海佘山修院应由派出学生的教区支培养费，但由于大部分学生来自贫困地区，当地教区经济条件都不太好，所付经费很少甚至不付，学校所需经费转而由上海教区负担。一些天主教修女院也是由所在教区拨款，教师和学生每月津贴均很低，基本维持最低的生活标准。①

面对如上问题，为了确保新时代天主教神职人员培育工作能够赶上时代要求，与社会主义社会相适应，那么中国天主教会就应在如何充分利用现有的修院教育资源的同时，提升各修院的师资队伍建设，提高修院师资队伍的报酬，增加资金投入，改善办学条件，增加学校的藏书量，增加订阅报纸杂志，增加文体活动器材，使各修院在电化教学方面逐步赶上或达到一般大学水平等方面进行持续的投入和努力，充分借助和利用政府、社会、学术界的力量和资源，提升神职人员的培育水平。

（二）平信徒的宗教教育

在天主教会的福传事业中，神职人员与平信徒的关系犹如领头羊和羊群的关系，由于"梵二"会议后将整个教会的福传事业定义为全体天主子民的事业，因此，作为天主子民主体的平信徒，无疑也是教会福传事业的主体。

受此影响，作为普世教会一员的中国天主教会，无疑也越来越重视平信徒在福传事业中重要角色，尤其是神职人员和圣召的短缺，数量上也难以满足广大平信徒在牧灵上的需要，因此，如何在教会福传和牧灵事务上强调平信徒的参与，发挥平信徒的作用，则关系到教会建设和福传事业的成败关键。

要充分发挥平信徒的福传作用，则需要在如下几点有关平信徒的作用和培育方面进行努力：教会运作模式的更新；平信徒骨干的培养；平信徒福传意识的培育。

---

① 朱新阳：《发展中的上海宗教教育》，载《上海教育科研》2005 年第 5 期。

1. 教会运作模式的更新

"梵二"会议之后，普世天主教会呼吁建立新型的教会，即将制度型的教会模式转变为制度与神恩兼顾平衡的教会模式；由神职人员发号施令的模式，转变为天主子民人人参与的互动型模式；由威权型的模式，转变为服务共融型的模式。

而中国教会的模式，还处于由"梵二"之前向"梵二"之后转变的过程当中，有些教区在很大程度上仍然延续着"梵二"之前过于强调教会神职人员威权的、等级制的教会结构和制度建设，而只有顺利完成教会的新型的制度建设，才能够为平信徒在教会内发挥作用、释放能力提供恰当的平台和足够的空间，也就是说，神职人员要有意识、有步骤地放权给平信徒，不仅仅给他们参与读经、辅祭、教唱等协助性工作，更重要的是给他们自发的使徒工作的权利。[①]

2. 平信徒骨干的培养

平信徒骨干的培养事关一个教区或堂区工作的重点。亚洲主教会议对于平信徒骨干培养的建议是："在教区或国家层次建立平信徒培育中心，以培训平信徒善尽传道的使命。"[②]

目前，中国天主教会尚无一个全国范围内的平信徒培育中心，但是，许多教区已开始重视平信徒骨干的培养工作，这一工作牵涉到如下几个层面：

（1）须以圣经造就训练领袖，让圣经成为训练计划、课程的主干；

（2）须让受培训者立即投身实践，培训要短期务实，培训和实践并重；

（3）重视圣神傅油和能力的传递，圣神傅油并非来自课堂的教导，而是来自祈祷和灵性生命的传递；

（4）遵循"梵二"精神，以新的教会发展模式培育平信徒骨干。

3. 平信徒福传意识的培育

平信徒福传意识的觉醒，是中国天主教会福传事业兴起的关键性因素，为了实现这一目标，平信徒就不能仅限于在主日进堂望弥撒、守四

[①]　参见《天主教法典》第216条。

[②]　转引自刘德宠：《回归与重建——梵二精神和中国教会的更新与复兴》，浙江省天主教教务委员会，2009年，第367页。

规，而是要主动承担其天主子民的福传使命，委身于基督，重视思想观念的更新和属灵生命的培育，从而自发地投身福传工作。①

由于全国各教区在平信徒的培育工作方面差异性较大，因此，各教区的发展也呈现出截然不同的面貌，不过，随着对"梵二"会议精神领域的逐步深入，中国天主教会近年来已越来越重视平信徒的培育和福传工作，从 2004 年至 2010 年，全国共有 93 个教区举办过灵修培育，受培育人数多达 4700 多人次，180 余人参加了传道员培训班，近 2 万人参加了要理学习班，2200 多人次参加了各种夏令营活动，近 5000 名堂区会长参加了培训，1 万多人参加了礼仪培训班，举办慕道班 616 期，共计 10 万多人参加了个各种福传培训班和学习，全国平均每年有 10 万人领受洗礼，② 从而使天主教的福传工作呈现日益欣欣向荣的景象。

十一　中国天主教会的内外关系

（一）中国天主教会与"地下教会"的关系

"地下教会"亦被中国政府称为"天主教地下势力"，在 1989 年中办发"三号文件"——《〈关于在新形势下加强天主教工作的报告〉的通知》中，"天主教地下势力"是这样被定义的："天主教地下势力主要是指由罗马教廷秘密委任的主教和由这些主教晋升的神父及受其操纵的骨干分子。他们中的多数人是出于宗教上对教皇的信仰，不赞成中国天主教独立自办教会；至于利用宗教问题同党和政府对抗，制造事端，煽动闹事的，只是极少数。"③

1. "地下教会"的起源

"地下教会"源于 20 世纪 50 年代，其出发点乃在于不同意中国天主教会所开展的反帝爱国运动和独立自办教会的发展方针，"文化大革命"期间处于蛰伏状态，80 年代开始浮出水面，至 80 年代末呈公开化之势，并对中国政府的宗教信仰自由政策、天主教会独立自办的方针和加入爱国

---

① 有关平信徒的培育模式参见刘德宠：《回归与重建——梵二精神和中国教会的更新与复兴》，浙江省天主教教务委员会，2009 年，第 36—371 页。

② 马英林：《同心同德谱写中国天主教爱国爱教事业新篇章——在中国天主教第八届全国代表会议上的工作报告》，载《中国天主教》2011 年第 1 期，第 6 页。

③ 资料来源：http://www.zxtlaw.com/indexb/indexb53.htm。

会的神职人员与平信徒动辄攻击和排斥。

"地下教会"的存在和发展肇因于国内外多种复杂因素，可概述如下：

（1）1978年罗马教廷万民福音传播部颁布了《教廷的教务权力放宽——传信部将以下权力及特权颁给居留在中国大陆之神父和教友》文件，将教务权力和特权放宽，给中国大陆的神职人员和信徒有关教会法典所规定的有效举行圣事的若干豁免权，即他们可以不严格按照教会法典的相关规定举行圣事活动。该文件为"地下教会"的存在提供了教会法方面的依据。①

（2）1980年，罗马教廷又继续授予中国个别主教先选圣、后报批主教的特权，此举鼓励和刺激了"地下教会"活动的组织化和公开化，为"地下教会"的存在提供了权力来源。

（3）1988年，时万民福音部部长若瑟·董高（Josef Tomko）发出针对中国教会的所谓"八点指示"，其中公开要求普世教会"避免与隶属爱国会的主教和圣职人员，有任何'圣事上的相通'"。文件也提到"爱国会自1958年起在中国进行的主教祝圣行为，该被视为严重的非法之举，因为缺乏来自教宗的必要委任命"。② 该文件为"地下教会"与坚持独立自主自办方针的中国天主教会的公开决裂提供了牧灵依据。

（4）十一届三中全会以后，随着党的宗教信仰自由政策的逐步落实，许多政治犯以到释放，其中包括在20世纪50年代被捕的部分神职人员和信徒。与此同时，中国政府也给其有限的活动空间，这便为"地下教会"在现实社会上的存在提供了现实条件。

（5）由于中国天主教会内部存在个别在"文化大革命"期间被迫结婚的神职人员主持教会日常工作的现象，为"地下教会"的存在提供了攻击的口实。

2. "地下教会"的公开分裂活动

"地下教会"的公开分裂活动表现在如下几个方面：

第一，公开发表分裂中国天主教会的声明和指示，这些声明和指示成

---

① 参见任延黎、王美秀：《中梵关系研究》（内部报告），中国社会科学院世界宗教研究所，1988年4月，第104—105页。

② 陈方中、江国雄：《中梵外交关系史》，台湾商务印书馆2003年版，第417—420页。

为日后"地下教会"的指导性方针。据统计，上述声明和指示主要包括如下 3 个文献。

（1）在"地下教会"当中享有崇高声望的原保定教区主教范学淹于 1988 年初向某位司铎口授针对中国天主教爱国会的《十三条》意见，后经人按顺序加以整理，并公开予以发表，遂成"地下教会"开展教务活动的《十三条》指示。① 该文献内容主要为范学淹主教对爱国会看法的总结，以及对中国天主教会独立自主自办方针的批评，指出任何教会如果脱离教宗，不与普世教会共融就不是圣教会了，并号召信徒们不要参加爱国会主教神父所举行的圣事。

（2）由范学淹主教秘密祝圣的另一主教发表的《我对爱国会的看法》。该文列举了中国天主教爱国会神职人员的 22 条"罪证"。②

（3）甘肃平凉教区马骥主教发表的《我的声明》。1988 年 8 月 14 日，平凉教区马骥主教发表《我的声明》，宣布退出中国天主教爱国会，并攻击当时教会的三大组织（爱国会、教务委员会和主教团）。《声明》中指控上述三个组织领导人犯有"五大罪状"，并以之作为其退出爱国会的理由：①破坏独身的清规；②否定教宗首席权；③不能担当政教双方的桥梁；④思想作风跟不上政府的开放政策而仍滞留于五十年代的极"左"思潮中；⑤处理教会的财产时屡有贪污现象。③

第二，"地下教会"成立地下"中国大陆主教团"，从组织建设上与中国天主教"一会一团"进行公开对抗。

1989 年，"地下教会"部分人士与梵蒂冈驻香港代办毕纳清主教觉得有必要成立一个组织，一方面与中国天主教主教团抗衡，另一方面便于凝聚"地下教会"的力量，从而公开向普世教会发表见解和寻求支持。

1989 年 11 月 21 日，14 位"地下教会"的主教、神父和执事于陕西省高陵县张二册村召开秘密集会。因该地在 1949 年之前隶属三原教区，因此，此次集会亦被发起人称为"三原会议"。与会者讨论了 1989 年中共中央颁布的"三号文件"，并宣布成立"天主教中国大陆主教团"。据

---

① 资料来源：http：//www. xiaodelan. com/BookInfo. asp？ID＝2797。

② 转引自任延黎、王美秀《中梵关系研究》（内部报告），中国社会科学院世界宗教研究所，1988 年 4 月，第 115—116 页。

③ 参见梁洁芬《中共与梵蒂冈关系》，台湾辅仁大学出版社 1995 年版，第 442 页。

称，"地下教会"成立的"主教团"与中国天主教主教团的区别在于：前者完全接受教宗的领导，维持其与整个天主教会的彻底共融。此次会议选举龚品梅、邓以明为"地下教会"主教团名誉团长，范学淹为团长。河北易县教区主教刘冠东为执行主席，刘书和为秘书长。1993 年，刘冠东、苏志民和 13 位地下神父秘密开会，增选地下神父魏景仪为"天主教中国大陆主教团"秘书长。[①]

第三，"地下教会"秘密祝圣地下主教及神父，争夺教区牧灵神权，控制教会活动场所，与中国天主教会展开公开争夺信教群众的斗争，对社会安定构成严重威胁和不利影响。

据海外统计，截至 1989 年年底，"地下教会"秘密祝圣的主教至少已有 50 人。[②] 1989 年中办发"三号文件"也提到"地下教会"对中国天主教会的分裂及其影响："教皇已委任地下主教二十五人，由这些主教晋升的神甫有二百多人，分布在十七个省市。在河北、福建、陕西和浙江的温州、甘肃的天水等地已形成有组织地下势力，成为同我对抗的一股政治力量，是一个严重影响社会安定的因素。"[③]

而到了 2005 年，根据香港权威杂志《鼎》的统计，中国大陆"地下教会"共有主教 39 名；神父 1100 名；修女 1200 名，修院 10 座；修生 800 名，见习修女 20 名；在院修女 600 名。[④] 可见，随着时间的推移，"地下教会"的神职队伍日渐壮大，已俨然成为与合法的中国天主教会分庭抗礼，存在中华人民共和国之内，又不遵守中国相关法律及政策的"独立王国"和"宗教飞地"。

第四，"地下教会"利用丧葬、朝圣、庆典、举行瞻礼的机会，组织大型非法集会，制造"教难"气氛，传布"教难"言论，影射政府，鼓励爱国教会力量，拉拢蒙蔽普通信徒。例如，在 1995 年 5 月的"圣母月"朝圣活动中，保定教区的地下教会势力就在东闾组织大型朝圣活动 7

---

① 其中主教 9 位，神父 4 位，执事 1 位。参见任延黎、王美秀：《中梵关系研究》（内部报告），中国社会科学院世界宗教研究所，1988 年 4 月，第 118 页。

② 参见邓守成《进入 90 年代的教会》，收入魏扬波、邓守成主编：《天主教会在当代中国》，第 33 页。

③ 转引自梁洁芬：《中共与梵蒂冈关系》，台湾辅仁大学出版社 1995 年版，第 543 页。

④ Gerolamo Fazzini e Angelo S. Lazzarotto（a cura di），Cattolici in Cina，Una storia di fedelta'，le sfide del futuro，San Paolo，2008，pp. 205 – 206.

次，参加人数每次多达 3000~5000 人，最多时达 8000 人。

第五，"地下教会"与国外普世教会广泛联络，大力制造国际影响，以便争取合法地位和更大的活动空间，并公开在境外发表"牧函"和文件，在一定程度上损害了国家改革开放、宗教信仰自由的积极政策及正面形象。①

3. 中国天主教会与"地下教会"的艰难共融

自 20 世纪 80 年代以来，"地下教会"虽然给中国天主教会的健康发展，给党和政府的宗教信仰自由政策以及和谐社会建设带来了极大的冲击，但是，出于对中国天主教会健康发展的考量和对中梵关系的长远考虑，罗马教廷对于中国"地下教会"的发展并非抱以完全鼓励和放任的态度。进入 90 年代以后，罗马教廷由此前的积极支持"地下教会"开始转为积极鼓励"地下教会"与中国合法的天主教会的合一共融。

第一，罗马教廷对某些地下主教滥用梵蒂冈的指示和教会法典在特别情况下给予的祝圣主教特权不满，对秘密祝圣的神父的素质和能力感到担忧，对"地下教会"的整体状态存有疑虑。因此，1990 年，罗马教廷对"地下教会"选圣主教给予了新的指示。

（1）一个教区已有一位（"地下"）主教，无论这位主教是在坐监狱或遭软禁，都不可以再选圣另外一位（"地下"）主教。

（2）一个教区已有一位（"地上"）主教，在选圣另外一位（"地上"）主教之前，必须先同这位"地上"主教沟通；如果这位"地上"主教答应与教廷共融，就不能再另选一位选圣另外一位（"地下"）主教。

罗马教廷的上述指示，显然是要避免因"地下教会"在主教祝圣问题上的不当之举和过火行为而给教区教务活动带来的震荡和干扰，同时也鼓励"地下教会"主教同"地上教会"主教展开对话与沟通，并最终达致共融。②

第二，针对范学淹主教的《十三条》指示，马尼拉天主教真理电台亦曾提出批评和修正，并通过广播向外界传达了上述态度，提醒中国天主

① 参见任延黎、王美秀：《中梵关系研究》（内部报告），中国社会科学院世界宗教研究所，1988 年 4 月，第 119—120 页。

② 参见任延黎、王美秀《中梵关系研究》（内部报告），中国社会科学院世界宗教研究所，1988 年 4 月，第 141 页。

教徒可以参与"地上教会"的弥撒，以救灵为先。

第三，进入 90 年代以后，前教宗若望·保禄二世在多次讲话、文告、牧函中，鼓励"地下教会"主教同"地上教会"修和共融。

1991 年，教宗若望·保禄二世在对述职的台湾地区主教团的讲话中，公开提出："教会的合一，包括在中国大陆上信众团体之间的合一，是上主无限慈爱的果实……"。

1994 年 9 月 25 日，在台北辅仁大学为纪念来华传教士孟高维诺抵达中国 700 周年所举行的弥撒中，由时万民福传部部长董高枢机宣读了教宗若望·保禄二世的牧函——《我盼望能早日与你们会面》。在牧函中，教宗提到："我知道中国各地有许多热心的信友团体正在蓬勃地成长……我切愿能在他们中间促进忠信、谅解与修和，并且促使他们达致共融；借着圣神的德能，这份共融是我们在基督内合二为一。"

1995 年 1 月，教宗若望·保禄二世在访问马尼拉时，曾发表致中国天主教信徒的简短文告，内中提到："你们的见证若以爱德的言语和行为表达出来，将更具说服力……首先在你们之间相爱，同时为你们中国同胞而去爱，就是在基督信友团体内表现谅解、尊重、宽容、原谅与修和……"

1996 年 12 月 3 日，教宗若望·保禄二世为纪念前宗教庇护十一世在罗马祝圣中国主教 70 周年、纪念天主教圣统制在中国建立 50 周年，特意发表了针对中国教会的讲话，内中一再鼓励"地下教会"同"地上教会"的合一共融："我相信，从你们那里传来的消息也叫我相信，那常住在教会中的圣神，继续在中国天主教徒中间分施他的恩宠，鼓励他们打开心扉去希望，去照着福音的最高教训去爱……"以及"我像宗徒保禄一样，邀请你们大家一起建立至一、至圣、至公、从宗徒传下来的教会"。①

第四，虽然教宗若望·保禄二世在 90 年代的多次讲话中强调"地下教会"同"地上教会"的合一共融，但是，由于罗马教廷当局并没有否定 1988 年万民福传部所颁布的"八点指示"，因此，截至 2007 年 6 月 30 日教宗本笃十六世致中国神职人员与信徒的牧函发表之前，依然有一些地下教会神父宣称信徒参与"公开教会"的弥撒是犯大罪，会下地狱，而

---

① 上述有关教宗若望·保禄二世的讲话内容，转引自任延黎、王美秀：《中梵关系研究》（内部报告），中国社会科学院世界宗教研究所，1988 年 4 月，第 357—371 页。

且继续对中国政府的宗教政策进行攻击。他们判断的依据的就是上述"八点指示",正因为如此,只有少数地下信徒积极响应教宗若望·保禄二世不断作出的修和呼吁。

甚至到了 2007 年 3 月,一位被拘禁 11 年,到 2006 年才获释的地下主教,还向中国教会观察家韩德力神父质疑说:他响应教宗若望·保禄的呼吁与政府对话是否犯了错误?由于他容许教友参与"公开教会"的弥撒,大部分神父都引用"八点指示"来反对他,造成教区内部激辩,神父们因而分裂为两派。这位地下主教因为反对党和政府坚持独立自主自办教会的宗教政策而被监禁 11 年,现在却被自己祝圣的地下神父指控对罗马教廷"不忠"。① 其遭遇不可谓不具有戏剧性。

针对"地下教会"同"地上教会"数十年来一直难以缓解的紧张关系和有关争执,唯有教宗本人有足够的权威来缓解和澄清各方的质疑,因此,2007 年 6 月 30 日教宗本笃十六世特意发表了《致中华人民共和国内天主教主教、司铎、度奉献生活者、教友》的牧函,内中强调了天主教教会学的一些基本原则,旨在对一些最重要的问题给出指导,并希望这些原则能够帮助中国天主教会团体解决各种问题。

其中,牧函专门就"地下教会"同"地上教会"的修和共融给出了明确无误的指示:

教会内部之紧张现象及分裂:宽恕与和好

……即使在新世纪,许多事情对教会的未来亦将是必须的,但若缺乏了兄弟情谊(agape),一切都是毫无意义的,就像圣保禄宗徒在他的"爱德颂"内所言:我若有先知之恩、讲天使的话,又有移山的信德,而缺乏爱德,一切为我都"毫无益处"(参格前 13,2)。爱德真正是教会的"心"。

以上有关普世教会本质所论述的一切,为在中国的教会有其特殊的意义。因为,不论是其本身内部或同社会的关系,都面临着一些要克服的困难——紧张现象、抱怨、分裂。

有关此事,去年论及初期教会时我曾说过,"使徒的团体不但自

---

① 韩德力:《大陆教会期待教宗的牧函》,天亚社网站:http://76.75.216.139/? p = 69020。

始已认识天主圣神的喜乐，真理和爱德的恩宠，且也体味过，尤其在有关信德真理冲突时，共融遭遇撕裂。正如爱的共融起初已存在并将一直存在（参阅一若1，1各节），可惜分裂也从起初就侵入了。因此，我们不该对今日的分裂感到诧异……在世界的变故及教会的弱点中常存在着失落信德的危险，如此也会破坏友情和爱德。为此，谁相信爱的教会并愿在它内生活，该清楚地认识到有此危险的存在"。

教会的历史告诉我们，真正的共融必经痛苦挣扎的修和才能达成。事实上，要以被钉死而又复活了的耶稣之名忘记过去、宽恕曾加害我们者、忘掉所受委屈、在爱德中实践和好，这或要求我们屈尊就卑、放弃个人由艰难困苦的磨炼中得来的见解，使中国教会的教友和牧者之间共融的联系能展显出来，并使之成长，是必须而又急迫的。

有关此议题，可敬的先教宗曾多次发出了迫切的邀请，呼吁你们要宽恕与和好。在两千年圣年开始前，他曾寄发你们一份文告，我要取其中的一段话来提醒你们："于此准备庆祝大禧年之际，请你们不要忘记圣经和教会的一个传统规定，它要求人们在圣年里宽免彼此的债务，弥补不正义行为对别人所造成的损失，并与邻人修和"。天使所报"为万民所准备的大喜乐"——天父的慈爱，在基督内完成的救恩——你们也有份。你们自己怎样乐意接受这喜讯，同样也要通过你们的生活，将它传给你们周围的男男女女。我热切期望，你们依从来自圣神内的启发，宽恕彼此的怨嫌，彼此接近，互相接纳，打破藩篱，超越能使你们分离的一切。你们不要忘记耶稣在最后晚餐所说的话："如果你们之间彼此相亲相爱，世人因此就可认出你们是我的门徒。"（若14，35）我听说，你们愿意以你们彼此之间以及与伯多禄继任人之间的合一，作为庆祝大禧年的最贵重礼物，我高兴极了，因为这样的决定，肯定是天主圣神的果实，是祂在引导教会，走上那并不容易走的修和与合一的道路。

我们大家都知道此路途不可能一天完成，然而你们可以放心，整个教会将不懈地为使你们达到此目的而祈祷。

……①

---

① 资料来源：http://smtservant.blog.sohu.com/54472728.html。

鉴于在《牧函》的结尾，教宗本笃十六世宣布撤销过去和最近一段时间内，圣座授予中国教会的一切牧灵职权和指示，并呼吁中国天主教徒们一旦需要，可直接向圣座求助。因此，上述针对中国天主教会内部"地上""地下"之争的指示当为最权威和有效的指导原则。

不过，考虑到天主教会自身的特点和梵蒂冈作为政教合一国家的特殊性，要想从根本上解决中国天主教会内"地上""地下"之争，则不仅要诉诸于宗教信仰的正统性、权威性考量，也要寻求政治的正当性及宗教的合法性问题，而后者显然要仰赖于中梵关系的实质性突破。只有中梵之间基于互信建立正式的外交关系，那么中国天主教会的内部分裂、主教任命权之争、对教宗首席权的界定与认同、困扰中国天主教会"合法"与"独立自主"的焦虑、中国教会与普世天主教会的合理关系等才有可能得到妥善解决，反之亦然。

（二）中国天主教会与普世天主教会的关系

普世天主教会特指天主教会的普世性而言，因天主教自称"公教"，该词源于希腊语 Catholie，即"普世""大公"之意，故有此称。从宗教信仰和教会组织形式来看，天主教以梵蒂冈为普世天主教会的中心，以圣座（Santa Sede）为最高的领导机构，以教宗为伯多禄的继承人和普世教会的首领，后者同时也是梵蒂冈国家的元首。

在"梵二"大公会议通过的《教会宪章》中，有对普世天主教会的明确表达："这就是基督内的唯一教会，我们在信经内所承认的唯一、至圣、至公，从宗徒传下来的教会，我们的救主在其复活后交由伯多禄治理的教会，也就是托给伯多禄和其他宗徒传扬与管理的教会……这一个在今世按社团方式而组织的教会，在天主公教内实现，那就是由伯多禄的继承人，及与此继承人共融的主教们所管理的教会。"[①]

从《教会宪章》对普世天主教会的描述可知，凡承认《尼西亚信经》所规定的唯一、至圣、至公，从宗徒传下来的教会与此继承人共融的主教们所管理的教会，皆是普世天主教会的一员，他们分布在全世界不同国家和地区，被称为各地方教会。中国天主教会，顾名思义，无疑是普世天主教会的一员。例如，作为中国天主教全国性教务领导机构的中国天主教主

---

① 《梵蒂冈第二节大公会议文献》，台湾地区主教团秘书处，2006 年第 9 版，第 12 页。

教团，在 1992 年第五届天主教代表会议上首次通过的《中国天主教主教团章程》中就明确规定，"本团的宗旨为：以圣经为依据，本着至一、至圣、至公，从宗徒传下来的圣而公教会的传统精神，研究、阐述当信当行的教义教规……"。而在 2010 年最新一届天主教代表会议上所修订通过的《中国天主教主教团章程》，更加明确和细化了中国天主教作为普世天主教一员的角色和定位。《章程》第三条提到的主教团宗旨规定："以圣经和圣传为依据，本着至一、至圣、至公，从宗徒传下来的圣而公教会的传统和梵二大公会议精神，维护信德宝库，借圣神赐予的恩宠，宣传福音，广扬圣教；在政治、经济和教会事务上坚持独立自主自办原则，维护国家主权和教会事务上自主权，与社会主义社会相适应……"《章程》第九条更提及中国天主教会与普世天主教会元首——教宗的关系："在当信当行的教义教规上，与宗徒之长伯多禄的继承人保持共融。"① 可见，20 世纪 50 年代以来，无论是梵蒂冈对中国天主教会的责难，还是中国天主教"地下教会"对中国天主教的攻击，均是站不住脚的。

中国天主教会与普世天主教会的关系既包括与普世天主教会的宗教、政治、外交中心——梵蒂冈的关系，也包括与各个国家和地区的地方天主教会的关系，以及海外华人天主教会如港、澳、台天主教会的关系。但是，要想恰当了解和描述改革开放以来中国天主教会与普世天主教会的关系，则不能不以中国和梵蒂冈的关系为主体，因为中国天主教会素来坚持我国政府宗教信仰自由政策保护和支持下的独立自主自办原则，与普世天主教会内的各地方教会相比有其绝无仅有的特殊性；而梵蒂冈则是普世天主教会的宗教中心，中国天主教会在普世天主教会内所体现出的特殊性源于中梵之间未建立正常外交关系，因此无法就双方分歧巨大的政教关系，以及中国天主教会与普世天主教会的正常关系达成一致意见或相互协调。

自改革开放以来，中梵关系大致经过 1980—1987 年的"破冰期"、1988—2005 年对抗下两次短暂的"蜜月之旅"，以及 2005 年至今教宗本笃十六世时期中梵关系的新变化三个阶段。回顾过去 30 年来中梵关系的种种变化和发展，可以说，双方既有斗争，也有对话与交流，甚至一度出现过"建交"的可贵机遇。但无论如何，在中国坚持宗教信仰自由政策的前提下，一个日益全球化的时代势必推动中梵双方向着不断理解、尊敬

---

① 参见《中国天主教主教团章程》，引自《中国天主教》2011 年第 2 期，第 10—11 页。

和对话的方向发展，并在未来某个可能的时间点最终找到建立合理、合法
解决中国天主教会与普世天主教会、中国天主教与中国政府关系的恰当机
制和道路。

1. 1980—1987 年的"破冰期"：接触与试探

1980 年 3 月，时法国主教团团长艾切卡雷枢机（Card. Ethegaray）和
奥地利天主教主教团团长高宁枢机（Card. Koenig）分别应中法友好协会
和奥中友好协会之邀访华，两位枢机虽然在罗马教廷均担任高级职务，但
是，此次访华却是以私人名义进行，但是，这一探访背后的意义却耐人寻
味，况且是 1949 年以来首次有罗马教廷的高级神职访问大陆，其投石问
路之举显而易见。[①]

在华期间，艾切卡雷枢机与当时的北京主教傅铁山互相交换了礼物，
但没有到北京教区的主教座堂——南堂献祭，也拒绝会见由中国天主教爱
国会自选自圣的上海主教张家树。与此同时，艾切卡雷枢机还与近 200 名
全国政协委员进行了交谈，并跟负责宗教事务的相关政府领导进行了接
触，但是，其探望下狱在囚的前上海主教龚品梅的请求没有得到中国政府
的允准。

此次访华，可谓中梵断交之后的破冰之旅，其象征意义大于实际成
果，积极因素胜过消极因素。

1987 年 11 月 11 日，马尼拉总主教海梅辛枢机应中国对外友好协会
的邀请第二次访问中国，并受到中共总书记赵紫阳、全国人大副委员长楚
图南、国务院宗教事务局局长任务之的接见。中国政府对海外天主教枢机
主教的高规格接待，迄今为止绝无仅有。赵紫阳在会见海梅辛时表示，可
以探索中梵建交的方法。海梅辛枢机显然对建交一事充满希望并抱以积极
态度，而当时的外交部发言人则宣称：如果梵方想要切实改善与中国的关
系，就必须断绝同台湾的所谓外交关系，并不得干涉中国内政。[②]

1988 年之前，普世天主教会前来中国访问的高级神职和著名宗教人
士还包括，1985 年访华的著名修女德勒撒嬷嬷、1985 年和 1986 年先后两

---

① 参见梁洁芬：《中共与梵蒂冈关系》，台湾辅仁大学出版社 1995 年版，第 290—291 页。

② Giancarlo Politi, I Rapporti Tra Pechino e Vaticano, Da Giovanni Paolo II a Bendetto
XVI, in Gerolamo Fazzini e Angelo S. Lazzarotto（a cura di），Cattolici in Cina, Una storia di
fedelta' le sfide del future, San Paolo, 2008, p. 163。

次访问内地的香港主教胡振中、1985 年访问内地的澳门主教高秉常、1986 年访华的美国纽约总主教奥康纳枢机等。与此同时，中国天主教会的某些神职人员也走出国门，与普世天主教会展开有限交流，如 1986 年上海助理主教金鲁贤和梵蒂冈电台中国实务专家、耶稣会总会长的中国传教工作代表苏乐康（I. Zuloaga）于香港就教宗首席权问题交换了意见；同年，金鲁贤助理主教还访问了西德，并与西德主教团团长赫夫纳枢机（Hoffner）、慕尼黑总主教魏特枢机（Wetter）以及东柏林的总主教梅斯纳枢机（Meisner）进行了会晤。[①]

这一时期，中梵双方除了互派高级神职和知名人士互访之外，还展开了有限的初步谈判。据悉，早在 1987 年 11 月海梅辛枢机会晤赵紫阳总书记之前，中梵双方已在私下进行过非正式的接触和秘密谈判，而在此会晤之后，双方即同意进行更加公开的谈判，此举表示，中国方面经过审慎的考虑之后，愿意以公开交流的形式与罗马教廷合力解决中国天主教问题。[②]

2. 1988—2005 年：对抗下的两次短暂"蜜月之旅"

1988—1989 年是中梵之间的多事之秋。有三大事件直接导致了中梵双方的紧张关系，并使得处于启动期的对话和谈判重新陷入低谷。

首先，如前所述，1988 年梵蒂冈万民福传部部长董高枢机签发了著名的《八点指示》，要求大陆天主教友避免与隶属爱国会的主教和圣职人员，有任何"圣事上的相通"。此举直接刺激了中国天主教"地下教会"的迅速成长，并给坚持独立自主自办方针的中国天主教会带来强大的冲击和牧灵尴尬。

其次，1989 年年底"天主教中国大陆主教团"的成立，使得"地下教会"与"地上教会"在组织形态上遂成"分庭抗礼"之势，并再度加剧了国内天主教会的内部分裂和动荡状态，也给中国的宗教政策带来直接的负面影响。

最后，1989 年"天安门事件"以后，西方国家采取了孤立中国的政策，中梵之间的谈判也因梵蒂冈方面主动提出而告暂停，普世天主教会和

---

① 参见任延黎、王美秀《中梵关系研究》（内部报告），中国社会科学院世界宗教研究所，1988 年 4 月，第 151—160 页。

② 梁洁芬：《中共与梵蒂冈关系》，辅仁大学出版社（台湾）1995 年版，第 387 页。

海外华人教会来访中国的活动也随之陷入停顿。

上述三大事件使得中梵双方乍暖还寒的"初恋期"重新陷入冰冻期，直到 1992 年才重新出现了转机。是年 6 月，傅铁山主教出席在巴黎举行的联合国"国际开发论坛"时，与教廷"正义与和平委员会"主席艾切卡雷枢机进行了私下会晤，后者提出，罗马教廷可以和中国政府重新开展正式对话。

1993 年，罗马教廷方面率先伸出橄榄枝，形势重新变得对中梵双方有利起来，双方似乎迎来了 80 年代以来的第二个高潮。同年 1 月，教宗若望·保禄二世利用向各国驻教廷外交使团发表演讲之际，表达了希望中国、越南、以色列等几个国家派遣驻圣座外交代表的呼吁。一个月之后，中国政府方面也传来积极的回应，一些非官方的地下主教正在请求或等待政府方面的认可。① 同年夏天，意大利"天下一家"协会主席乔万里教授（Agostino Giovagnoli）访华，与中国有关方面领导人进行了会晤，期间转达了教宗若望·保禄二世的口信：梵蒂冈已做好和台湾断交的准备，只要能与中国政府达成协议，梵蒂冈愿意立即和中国建立外交关系。② 迅速升温的中梵关系为双方再次启动谈判提供了可能。1993 年 8 月，梵蒂冈发言人瓦勒斯（Joaquin Navarro-Valls）坦陈，中梵双方在 8 月 20 日进行了"非正式接触"。12 月 9 日，中国外交部发言人吴建民也在例行记者招待会上对中梵双方是否开始谈判的消息不置可否。③

同年 9 月，教廷"正义与和平委员会"及"基督徒合一委员会"主席艾切卡雷枢机，也应国家体委主任伍绍祖个人的邀请，以法中友协成员的名义再次访华。这是 1989 年之后教廷高层神职首次访问中国。与此同时，罗马教廷万民福传部部长董高枢机前往台湾辅仁大学参加孟高维诺来华 700 周年纪念活动，期间表达了教宗对中国人民和中国天主教会的问候

① Giancarlo Politi, I Rapporti Tra Pechino e Vaticano, Da Giovanni Paolo II a Bendetto XVI, in Gerolamo Fazzini e Angelo S. Lazzarotto (a cura di), Cattolici in Cina, Una storia di fedelta' le sfide del future, San Paolo, 2008, p. 171.

② 参见任延黎、王美秀《中梵关系研究》（内部报告），中国社会科学院世界宗教研究所，1988 年 4 月，第 161 页。

③ Giancarlo Politi, I Rapporti Tra Pechino e Vaticano, Da Giovanni Paolo II a Bendetto XVI, in Gerolamo Fazzini e Angelo S. Lazzarotto (a cura di), Cattolici in Cina, Una storia di fedelta' le sfide del future, San Paolo, 2008, pp. 171 - 172.

和降福。

1994 年 11 月 3 日，世界宗教与和平会议第六届大会在梵蒂冈举行，教宗若望·保禄二世亲自出席开幕式，并致欢迎词，中国天主教爱国会副主席刘柏年、中国基督教协会主席丁光训以及中国佛教协会会长赵朴初参加了大会。

1995 年至 1996 年 1 月，中梵交往更行频繁，大有实现突破性发展之希望。1995 年 1 月，中国天主教会派遣代表前往马尼拉参加第十届世界青年日活动，但是，在此次活动上，中国代表与教宗共祭和觐见的要求没有得到满足。而在中国天主教会唯一的全国性刊物——《中国天主教》的 1995 年第一期上，破天荒地首次在封底刊登了教宗若望·保禄二世的照片。与此同时，中国天主教爱国会副主席刘柏年公开表示，希望中梵建交。而上海主教金鲁贤则更大胆地预言：中梵建交不过数月之间。同年 9 月，第四届世界妇女大会在北京召开，罗马教廷派遣庞大的代表团出席。同月底，在香港发行的英文报纸《南华早报》转载某驻京外国大使的话说，梵蒂冈与北京开始直接对话，希望达成一项协议，以便为两国建立外交关系铺平道路。1995 年中梵之间的高调交谈和跃跃欲试的建交姿态可以称为改革开放以来漫长对抗期的第一次小小的"蜜月之旅"。

但是，就在双方为即将实现的"建交"开始莫名兴奋的时候，形式突然间开始变得急转直下。1996 年 1 月 13 日，教宗若望·保禄二世在接见 161 位教廷使节时指责中国、越南不尊重宗教自由。面对这样的批评之声，中国政府很快就还以颜色，中国外交部发言人对于 1 月 15 日梵蒂冈中国教会事务负责人切利总主教经停北京前往朝鲜访问一事，称"中方并未邀请梵蒂冈人士会谈"。1996 年 6 月 2 日，教宗若望·保禄二世更册封 1840 年在武昌丧命的法国遣使会士董文学为圣人，此举被中国政府认为极不友善。

次年 1 月 14 日，台湾"副总统""行政院院长"连战访问梵蒂冈，并会见教宗和教廷国务卿苏达诺枢机，尽管梵蒂冈官员公开表示连战的访问属私人性质，但是却被台湾媒体大肆渲染，更被中国政府认为是一种外交示威。针对梵台间的外交狂欢，中国政府进行了及时反击，外交部发言人沈国放直言"中国根据国情管理自己的宗教事务"，警告梵蒂冈不要干预中国宗教事务，并称委任主教是中国的权利，并重申中梵关系正常化的两个前提。①

1997 年 10 月 16 日，中国国务院新闻局颁布《中国境内宗教信仰自由白皮书》。该《白皮书》被某些海外中国教会观察家认为其中论及宗教、尤其是传教士的部分充满攻击性口吻，且不符合史实。②

就在中梵双方在 1996—1998 年的新一轮对抗气氛下频放冷箭之时，1999 年初，访欧归来的江泽民总书记似乎听从了意大利政治领导人的劝告，决意恢复与梵蒂冈的正常关系。稍后，各省及地方宗教局开始招集基层教会的神职人员开会，说明与梵蒂冈关系正常化对中国有益。1999 年 9 月，连罗马教廷方面也已做好准备工作，坚信中梵双方将在数月内建立正常关系。不过，这一突如其来的第二轮"蜜月之旅"，却被 2000 年的主显节祝圣事件蒙上了阴影。2000 年 1 月 6 日主显节，中国政府在北京公开祝圣了 5 位主教，此举被罗马教廷认为有损教宗首席权而难以接受。时梵蒂冈发言人纳瓦洛深表遗憾地说：1 月 6 日的事件给期待已久的突破"增添了一个新的障碍"。③

不过，此次的"主显节事件"只不过拉开了双方"春梦"骤消之后新一轮紧张关系的序幕。2000 年 10 月 1 日，教宗若望·保禄二世在中国的国庆日于罗马圣伯多禄大堂广场高调为 120 位在华殉道者宣圣，参与盛会的包括来自全球的 10 万名天主教徒和 4000 名中国人。此次宣圣遭到了中国上至政府，下至学者、宗教界齐声谴责。中梵双方的对话之旅跌至中国改革开放以来的最低谷。

中国政府坚持教宗应该为宣圣事件道歉。次年 10 月 24 日，教宗若望·保禄二世坦承，天主教传教士在中国的福传工作并非没有过错，并"对那些可能因天主教友的行为而受伤害的人请求宽恕与谅解"。教宗这一充满勇气的认错态度令很多人印象深刻，但是，中国政府并没有对此给予积极的回应和表态。随后，双方的对话与交流进入绝对的冰冻期。

2004 年，双方重新开始了某种羞羞答答的接触，并在 2005 年的头几个月，也就是教宗若望·保禄二世的生命临近终点之时得到了加强。这位

---

① 1994—1997 年间中梵之间的交往事实，参见任延黎、王美秀《中梵关系研究》（内部报告），中国社会科学院世界宗教研究所，1988 年 4 月，第 163—170、310 页。

② 韩德力：《中国与梵蒂冈在过去五十年中的关系》，收入南怀仁协会编：《韩德力神父文选：永远的中华朝圣者》，光启文化事业出版社 2007 年版，第 272 页。

③ 同上书，第 273—274 页。

教宗在弥留之际为中梵建交所付出的艰辛的尝试和真挚之情为双方创造了一种新的气氛。在其死后短短数小时内，中国外交部公开表示哀悼，承认已故教宗同殖民主义一贯保持距离，在不干涉中华人民共和国主权和独立的情况下，寻求同中国天主教徒建立精神纽带。这或许是对这位教宗对中国和中国信徒日趋成熟的工作最具说服力的证明。①

　　3. 2005 年至今：教宗本笃十六世时期中梵关系的新变化

　　先教宗若望·保禄二世临终前为中梵双方赢得的互信局面对于新继任的教宗本笃十六世来说可谓受益匪浅，这位曾经的信理部部长若瑟·拉辛格（Joseph Cardinal Ratzinger）枢机，在继任伊始接见来自 174 个国家及地区的外交使节时，表示他正想起"许多国家与圣座没有完全的外交关系"。有些人把这段话理解为呼吁与中国建交。报章和互联网都流传着双方很快建交的猜测。而中国外交部也罕见地祝贺新教宗本笃十六世的当选，但重申要求梵蒂冈与台湾断交。②

　　但是，新教宗的秉政所带来的令人向往的喜庆局面没有持续多久，形势就开始重新变得紧张起来。先是 2006 年 3 月，一向对中国政府的宗教政策大肆挞伐的香港主教陈日君被新教宗擢升为枢机主教，这一任命令中国政府颇感震惊。接着，2006 年 4 月底 5 月初，两位中国年轻主教——昆明教区主教马英林和安徽教区刘新红主教的祝圣典礼相继举行，二者均没有得到罗马教廷的正式任命，虽然早在几个月之前，有关两位主教候选人的资料已被送交罗马方面。③ 上述两位主教的祝圣在随后的 5 月 4 日受到罗马教廷的强烈谴责。同年 12 月 2 日，教廷再度发表声明，谴责 11 月 30 日在江苏省徐州教区发生的另一宗非法祝圣事件。

　　虽然中梵双方因为 2006 年的任命主教问题重开战阵，但是，梵蒂冈对中国政府的基调："与中国当局进行尊重和有建设性的对话的意愿，以便超越过去的了解"似乎并没有发生动摇。2006 年 6 月 25 日至 7 月 1 日，以宗座遗产管理委员会秘书长切利总主教（Claudio Celli）为首的梵蒂冈代表团在京与中国政府的相关代表成功实现了第三个千年以来的首轮

①　Agostino Giovagnoli, Giovanni Paolo II e la Cina, unpublished。
②　参见《2005—2006 年中国天主教大事回顾》，载《鼎》2006 年秋季号。
③　韩德力：《对抗而非对话引发了新一波的中梵冲突》，收入南怀仁协会编：《韩德力神父文选：永远的中华朝圣者》，光启文化事业出版社 2007 年版，第 345—350 页。

正式谈判。①

对于此次谈判，陈日君枢机在答复《南华早报》记者时是如此评价的：谈判双方从一开始就表现出异乎寻常的保守态度，但谈判本身却意味着一大进步。②

出于对中梵关系的高度重视和决心在任内解决中梵建交以及中国天主教的合一共融问题，2007 年 1 月 19—20 日，教宗本笃十六世在梵蒂冈召开了有关中国天主教会的特别会议，此次会议爆出两大猛料：一是教宗本笃十六世公开表示将撰写牧函给中国大陆教会；二是将成立"教廷中国问题研究委员会"，该委员会将与教廷相关部门，尤其是国务院和万民福传部加强合作，研究与中国教会至为密切的信理和牧灵问题，该委员会预计于 2008 年 3 月起正式成立。

2007 年 6 月 30 日，教宗本笃十六世终于发表了被外界揣测良久的《致中国大陆天主教徒》牧函。长期以来，教宗针对某一地方教会的天主子民发表特别牧函非常鲜见，这显示出教宗认为中国教会已处于非常重要的历史时刻。《牧函》指出了中国天主教徒在处理与政府及内部的关系时所面临的困难，但同时也鼓励"地下"和"公开"教会团体之间的修和共融，如提醒"神职人员必须隶属一个地方教会或者一个修会团体，并须在与其教区主教共融中执行其职务"。同时，教宗也在牧函中宣布撤销以往鉴于艰难时期牧灵的特殊需要而赋予大陆教会的特权及牧灵指南。③

《牧函》发表一年后，各方反应不一，但是持肯定态度的仍占大多数。牧函很重要的一点，是澄清和终结了因 1988 年《八点指示》的颁布而导致的"地下教会"信徒拒绝与"公开教会"合一、同领圣体的长久分歧，并开创了中国天主教会"后八点指示"的新阶段。例如，苏州教区主教徐宏根评论说，其所管辖的教区在《牧函》发表后，与当地两位低级神父对话，后者同意公开工作，当地政府官员也予以认可。中国天主教爱国会副主席刘柏年则认为，教宗的牧函提高了中国教友的灵修。

位于香港的中国神学协会曾撰文认为，教宗牧函传达了三个向度的内

①　Gianni Cardinale, All'appello non manca solo Pechino, in 30 Giorni, n. 06, 2006.

②　参见 zenit 网站的相关报道：http：//www. zenit. org/article – 2385？l = italian.

③　韩德力：《大陆教会期待教宗的牧函》，资料来源：http：//hi. baidu. com/% B8% D0% B6% F7% B5% C4% E7% D1/blog/item/ecd0c02467da82004d088d42. html.

容：①表达了对中国的善意及追求合作与双赢的诚意；②认真回应了中国政府的顾虑；③未隐瞒对关键问题的立场，并予以诚恳解释。①

不过，《牧函》虽然对解决中国天主教会的内部分歧与争执、中国天主教会正确处理政教关系具有一定的指导意义，但是，其对解决上述问题的效果却并不明显，许多基层教会在"地下教会"与"公开教会"的修和共融中，仍然表现出某种明显的惯性和顽固性。例如，许多地下天主教徒仍然拒绝加入"公开教会"，理由是后者受制于政府认可的天主教爱国会。

在天津教区，由于中国天主教会主教位置一直悬空，因此，大部分神父都向当地地下主教李思德表示共融，而李主教也允准这些神父继续掌管原有教区。

在辽宁教区，已正式退休的金沛献主教不无担忧地说：如果地下教友仍然歧视公开教会的同胞，双方就很难达到共融。他还指出，《牧函》发表一年来，中国教会没有很大改变，因为《牧函》难以落实。

《牧函》除了对中国天主教会一些棘手的牧灵问题发表指导性意见之外，还发起了号召普世教会为中国教会祈祷，支持在中国的天主教徒的信仰的"中国教会祈祷日"与佘山圣母朝圣活动，此举意在强化中国教会与普世教会在灵性上的联系及共融。在《牧函》中，教宗本笃十六世提到上海佘山圣母大殿，并建议将每年的5月24日定为"为中国教会祈祷日"。教宗指出：5月24日为敬礼童贞圣母玛利亚"进教之佑"的礼仪日。

2008年，随着5月24日首个"为中国教会祈祷日"的临近，中国大陆天主教徒和海外华人天主教徒以及部分外国传教士均渴望和表示要前往"佘山朝圣"。为了妥善安排此次"佘山朝圣"活动，2008年4月3日，中国天主教"一会一团"发出《关于善度圣母月的通知》，内容共包括五项，要求所有教区的"朝圣活动以在当地进行为主"，并"确保朝圣活动安全、稳妥地进行"。

中国天主教会对教宗所发出的"佘山圣母朝圣活动"呼吁的变通，某些海外华人教会人士表现出不满的态度，如香港地区的中梵关系观察家管平雄就认为，2008年5月24日首次全世界教友"为中国教会祈祷日"，

---

① 参见《公教报》2007年9月2日版。

无论是对梵蒂冈还是对中国政府来说，都是一次失败。他认为，梵蒂冈或许希望利用这次机会团结教友，但中国政府却限制人们到佘山朝圣，而且，这一限制也对政府与大陆神职人员的和谐关系，带来负面影响。①

不过，随着 2008 年北京奥运会的日渐临近，中国政府和教宗本笃十六世治下的罗马教廷之间开始表现出日益强烈的缓和与示好迹象。5 月 7 日，中国爱乐乐团及上海歌剧院合唱团联袂在梵蒂冈保罗六世音乐大厅举行专场演出，中国驻意大利大使孙玉玺、罗马教皇本笃十六世、在意华人华侨以及梵、意各界近 6000 人观看了音乐会。此次活动乃中国第一个官方文艺团体在梵蒂冈城亮相，也是教宗第一次在梵蒂冈城观看中国艺术家的表演，因此，其象征意义大于实际效果，被看作中梵之间一次罕见的"文化破冰之旅"。

出于对中国政府示好的回敬，8 月 3 日，临近奥运会前夕，教宗本笃十六世公开向中国人民及所有参与 8 月 8 日开幕的北京奥运会的人士表达良好祝愿。8 月 5 日，教宗本笃十六世更特意前往意大利北部米洛蒂山区的瓦尔巴迪亚镇（Val Badia），拜访圣福若瑟神父（Josef Freinademetz）故居，并发表讲话说："中国在政治经济和思想生活方面变得愈来愈重要之际，他期望中国向福音开放"，并说，福若瑟神父是未来教会的标记，是"最切合今天的圣人"。福若瑟神父不单想生为中国人，死为中国魂，甚至想在天堂继续做中国人，他以这种方式与中国人民完全同化，从而确保他们对基督信仰开放。福若瑟神父 1852 年出生于奥地利，曾在山东传教达 27 年，并于 1908 年病逝于山东，2003 年被前教宗若望·保禄二世列为圣品。②

不过，2008 年中梵之间因为北京奥运会这一特殊的历史盛会而盛开的友好之葩昙花一现。随着 2010 年 11 月 20 日承德教区郭金才祝圣活动的展开③，以及同年 12 月 7—9 日中国天主教第八届代表会议在北京的召开，中梵之间开始了新教宗即位以来最为激烈的冲突和相互指责。

---

① 《公教报》2008 年 8 月 17 日第 20 版。

② 《公教报》2008 年 8 月 17 日第 1 版。

③ 木海：《承德教区祝圣郭金才神父为主教》，载《中国天主教》2010 年第 6 期，第 29 页。

事实上，郭金才神父之被祝圣为主教，只是该年度全部 11 位主教祝圣活动中的一幕。截至 2009 年年底，中国全部 97 个教区当中，有近 50 个教区主教出缺，① 因此，大规模祝圣新主教势在必行。但是，唯独郭金才神父的任命与祝圣却遭到了梵蒂冈方面的激烈指责。2010 年 11 月 18 日，梵蒂冈新闻办公室发表《中国若非法祝圣主教将严重侵犯宗教与良知自由》的声明，该声明称"郭金才神父并没有获得教宗批准祝圣为主教"。11 月 24 日，梵蒂冈新闻办公室二度发表公报：《承德主教祝圣（中国大陆河北省）》（Ordinazione Episcopale A Chengde provincia di Hebei, Cina Continentale），内中声称"在承德举行的主教祝圣并没有得到教宗的任命，因而伤害了教会内的共融……且严重违反了天主教的纪律"。

可见，与 2010 年度其他 10 位被祝圣的主教不同，郭金才神父的任命与祝圣显然未得到教宗的允准。有关主教任命权之争向来是中梵之争最核心的命题，也凸显出梵蒂冈方面对中国教会提交的主教候选人并非照单全收，而是有所取舍，以体现教宗对《天主教法典》第 377 条第 1 款"教宗得自由任命主教，或批准依法选出的主教"和第 1382 条"主教无教宗任命祝圣别人为主教，及被其祝圣为主教者，均处保留于宗座的自科绝罚"的誓死捍卫。

不过，对于梵蒂冈方面的指责和自我申诉，中国政府方面也表现出与以往截然有别的崭新态度。中国外交部发言人洪磊 11 月 26 日表示："中国天主教会……以独立自主的原则推荐主教，选举和祝圣工作，是宗教信仰自由的表现……任何指责和干涉的行为，都是限制自由和不宽容的表现。"② 12 月 9 日，中国外交部另一发言人姜瑜也表示：希望梵方能够正视中国实行宗教信仰自由政策、中国天主教得到发展的事实，以实际行动为中梵关系的发展创造有利条件。

如果我们回顾以往中国政府的表态，则会发现上述两位发言人的表态完全突破了以往在处理中梵关系是所反复强调的两大原则：①梵蒂冈必须断绝与台湾的外交关系；②不得干涉中国内政，或不以宗教事务干涉中国

---

① 王美秀：《2010 年中国天主教观察与分析》，见《宗教蓝皮书·中国宗教报告（2011）》，社会科学文献出版社 2011 年版，第 106 页。

② 资料来源：http：//www. zaobao. com/wencui/2010/11/hongkong101126f. shtml。

内政。而 2010 年年底的发言则显示中国政府旨在以务实态度面对中梵关系可能的、既有的变化和可能的突破，以及愿意在此方面探索可能的合作方式。

与郭金才神父之被祝圣为主教引起的轩然大波相比，梵蒂冈方面对中国天主教会第八届代表会议的召开同样变现出咄咄逼人的谴责态度。12月 17 日，中国天主教第八届代表会议甫一结束，梵蒂冈新闻办公室便发表了题为"中国天主教第八届代表会议（北京，2010 年 12 月 7—9 日）"（Ottava Assemblea dei Rappresentanti Cattolici Cinesi（Pechino，7 – 9 Dicembre 2010））的公报。

公报共包含八点内容，其要点如下：

（1）此次代表会议是强加给众多主教、神父、修士和平信徒的会议，其展开的方式和程序反映出中国政府在执行宗教信仰自由时的压制性态度；

（2）圣座已多次向全体司铎和教友申明，不得参加此次代表会议；

（3）多名主教和神父被迫参加此次会议，圣座强烈谴责这一严重违背人权的行为，及其对良心和宗教信仰自由的侵犯；

（4）圣座请求与会主教与司铎保持其对信仰的忠贞和坚韧；

（5）中国天主教主教团和爱国会，以及中国天主教代表会议本身包含有与天主教教义不相协调之处；

（6）中国尽管在宪法中声称尊重宗教信仰自由，但在实际执行层面，要实现真正的宗教信仰自由还面临很多困难。

（7）中国天主教第八届代表会议的召开和最近一次未经教宗任命的主教祝圣事件单方面破坏了圣座与中华人民共和国之间的对话和互信气氛；

（8）鉴于以上事实，圣座曾于 12 月 1 日邀请全世界的天主教徒为目前尚处于困境中的中国教会祈祷。①

该公报对中国宗教政策及中国天主教会独立自主自办原则的公开抨击和谴责，可谓自 1980 年中国天主教第三届代表会议以来之前所未有，而且其程度之激烈，涉及领域之广泛也向所未闻。

_____

① 参见梵蒂冈新闻服务社的相关报道：http://visnews-ita. blogspot. com/2010/12/santa-sede-lamenta-celebrazione. html。

鉴于梵蒂冈 12 月 17 日新闻公报中所表现出的批评之声和强硬姿态，12 月 22 日，国家宗教事务局发言人也针锋相对地发表谈话。①

发言人说：梵蒂冈新闻室 12 月 17 日的声明指责前不久召开的中国天主教第八次代表会议，攻击中国宗教信仰自由政策，"这一行为不仅非常冒失，而且十分无理"。

随后，发言人对中国天主教代表会议制度、中国天主教主教团和爱国会两大群众组织和中国的宗教信仰自由政策进行了系统辩护，并将近两三年来，梵蒂冈通过各种方式对中国天主教第八届代表会议召开之阻挠，与 20 世纪 50 年代梵蒂冈驻华代表要求中国天主教拒绝与新生政权合作一事相提并论，强调"时代毕竟进步了，固守旧思维已经办不成什么事情了"。

发言人还补充说，近年来，为了改善中梵关系，中方曾以极大诚意与梵方进行坦诚和具有建设性的对话，寻求改善关系的途径和方式。但梵蒂冈方面却总有一些人阻挠双方改善关系的进程，此次破坏中国天主教代表会议，就是最新的典型例子；梵蒂冈还在接触商谈的同时，以公开和秘密方式干涉中国天主教内部事务，试图重新控制中国天主教会；并将中梵目前出现的紧张局势归咎于梵蒂冈方面。

最后，发言人总结说，中国政府改善中梵关系的原则向来是明确和真诚的，并在最近几年为改善关系作出了一系列努力，包括言论的克制。发言人表示中国政府的"克制不等于可以放弃原则和底线"，并希望梵蒂冈在言语和行动上进行"自我约束，不要再恶化双方关系，回到对话的正确轨道上来"。

从发生在 2010 年年底的中梵关系紧张局势来看，双方虽然在主教任命及教会组织建设，甚至包括中国长期的宗教政策进行了针锋相对的辩论和较量，但是，无论是梵蒂冈还是中国方面，均没有贸然关上对话之门，而是非常明智地为双方进一步的交往和协商留有余地，这一点也体现出教宗本笃十六世与教宗若望·保禄二世时期不同的思路，与后者相比，前者似乎不再将对中国天主教会的关注重心放在中梵关系的突破上，虽然其从即位伊始一度表现出积极的态度，而是试图通过各种渠道日渐干预中国天主教会的信理与牧灵事务，如"教廷中国问题研究委员会"的成立、《牧

---

① 参见新华网的相关报道：http://news.xinhuanet.com/2010－12/22/c_ 13660046.htm。

函》的发表、"为中国教会祈祷日"活动的发起、对中国天主教代表会议制度的抨击等，均体现出这一日益明显的、具有某种持续性的战略性思路。

无论中梵双方未来的走势如何，纵观过去 30 年间的中梵关系，乃至建国以来的种种冲突与纷争、对话与交流，双方始终难以在最主要的分歧上达成和解之道，这恐怕要归结于双方截然不同的政治、宗教特性及其对宗教信仰问题的立场。从梵蒂冈方面来讲，罗马教廷多次以坚定的立场表示，中国大陆天主教会必须借着宗座才能与普世教会合一，因为教宗对普世教会享有《天主教法典》赋予的精神领导权，包括中国这一地方教会在内。此乃最基本的天主教信理，举凡天主教徒和各地教会均须遵守。而在其他的问题上的争端，在罗马教廷看来，则可从长计议，以相互容忍妥协的态度寻求解决。①

从中国方面来讲，1949 年之前中国的政教关系表现为历代政权的领袖往往为某一宗教的信奉者，或有其偏好的宗教信仰与情怀，而 1949 年之后，作为执政党的中国共产党坚持的是唯物主义和无神论的意识形态。于是，其政教关系以类型来说虽可归入"政教分离"之列，但却与欧美各国的"政教分离"体制有着巨大差异，因此，有学者将这一政教关系描述为独特的"政主教从"模式，即执政者在政治上起主导作用，而宗教则从属于国家，必须服从执政者的管理，且没有资格向执政者"要求"任何行政权力。这一特殊的政教关系既有主导政权的执政方对宗教的管理与"掌控"，也有对宗教的支持与"照顾"。就具体情况而言，中国当前以国家权威、行政干预及监督等方式来参与挑选、决定或任命教宗高层领导人之举，实乃中国历史上以往政权与宗教之关系的管理和延续，而由国家出钱来资助或帮助宗教团体解决其生存及发展问题除了是针对"文化大革命"给宗教界所造成的损失补偿外，也是这一传统的体现和继续。②

从以上对于天主教信理和中国政教关系的分析不难看出，何以中梵双方对于主教任命权问题紧抓不放，无从妥协，这既是中国历史上"礼仪之争"的延续，也是今日双方建交问题的死结。也难怪中国天主教的海

---

① 梁洁芬：《中共与梵蒂冈关系》，台湾辅仁大学出版社 1995 年版，第 412 页。

② 卓新平：《"全球化"的宗教与当代中国》，社会科学文献出版社 2008 年版，第 29—30页。

外观察家感慨地说，中梵双方的冲突始于意识形态，而终于主教任命权，并往往演变成政治事件和社会事件。[①]

　　不管中梵双方的关系如何，就长远而言，中国政府不可能漠视梵蒂冈这一西方宗教精神枢纽的存在，也无法忽视天主教作为宗教形态的特殊性；此外，为了国内信教群众的福祉，顺利推进构建"和谐社会"的现实决策和大同理想，中梵之间的双赢互动对于正确解决国内的天主教问题，树立中国在国际上的大国地位和积极形象，营造良性生长空间，均将关系深远，不可小觑。

十二　中国天主教的自我定位

（一）中国天主教会的发展原则与管理模式

　　自新中国成立以来，独立自主自办便逐渐成为中国天主教会的发展原则与方针，而民主办教则是中国天主教会的实现自我管理的方式，同时也是实现独立自主自办的制度保证。

　　1. 独立自主自办教会原则

　　（1）独立自主自办的法理依据

　　坚持独立自主自办是中国天主教会的发展原则，这一原则不仅适用于天主教，也适用于其他五大合法宗教，其法理基础来自 1982 年 12 月 4 日中华人民共和国第五届全国人民代表大会第五次会议通过的《中华人民共和国宪法》。宪法第三十六条明确规定：中华人民共和国公民有宗教信仰自由。任何国家机关、社会团体和个人不得强制公民信仰宗教或者不信仰宗教，不得歧视信仰宗教的公民和不信仰宗教的公民。国家保护正常的宗教活动。任何人不得利用宗教进行破坏社会秩序、损害公民身体健康、妨碍国家教育制度的活动。宗教团体和宗教事务不受外国势力的支配。

　　上述宪法为 1949 年建国以后颁布的第四部宪法，也是我国的现行宪法，该宪法先后经过 4 次修订，但上述有关宗教信仰自由和坚持独立自主自办的宗教发展原则不变。宪法作为我国的根本大法乃是一切法律的基础，代表着最根本的上位法，因此，上述关于宗教问题的规定便成为我国

---

　　① 梁洁芬：《中共与梵蒂冈关系》，台湾辅仁大学出版社 1995 年版，第 414 页。

处理宗教问题的最高法律依据和标准。①

不过，由于宪法条文作为原则规定有其抽象性和不能直接实用性，因此，在司法实践中不能进入庭审或作为具体判案的直接依据。有鉴于此，我国有必要制订专门的宗教法来依法管理宗教，以响应我国"依法治国"的国策。

在专门的宗教法尚付诸阙如的情况下，目前我国主要依据主管宗教的行政部门——国家宗教事务局颁布的行政法规和执政党中央委员会印发的一系列文件来作为当前我国管理宗教问题的管理细则和直接依据。

从行政法规的角度看，坚持独立自主自办的宗教原则体现在 2004 年 11 月 30 日颁布、2005 年 1 月 1 日正式实施的《宗教事务条例》第四条和 1994 年 1 月 31 日公布的国务院《关于中华人民共和国境内外国人宗教活动管理规定》（国务院 144 号令）第八条当中。

《宗教事务条例》第四条规定：各宗教坚持独立自主自办的原则，宗教团体、宗教活动场所和宗教事务不受外国势力的支配。宗教团体、宗教活动场所、宗教教职人员在友好、平等的基础上开展对外交往；其他组织或者个人在对外经济、文化等合作、交流活动中不得接受附加的宗教条件。

《关于中华人民共和国境内外国人宗教活动管理规定》第八条则明确规定：外国人在中国境内进行宗教活动，应当遵守中国法律、法规，不得在中国境内成立宗教组织、设立宗教办事机构、建立寺观教堂或者开办宗教院校，不得在中国公民中发展教徒、委任宗教教职人员和进行其他传教活动。

从党的宗教政策来看，自十一届三中全会以来，中共中央共发出了 3 个全国性的天主教有关的宗教工作文件，其中均明确规定了党的现行宗教政策的基调为"宗教信仰自由"和"独立自主自办教会"。这 3 个文件分别是 1982 年 3 月 31 日印发的《关于我国社会主义时期宗教问题的基本观点和基本政策》（第 19 号文件）、1989 年 5 月 9 日印发的《〈关于在新形势下加强天主教工作的报告〉的通知》（3 号文件）以及 1991 年 2 月 5 日印发的《〈关于进一步做好宗教工作若干问题〉的通知》（6 号文件），上

---

① 卓新平：《"全球化"的宗教与当代中国》，社会科学文献出版社 2008 年版，第 162—163 页。

述 3 个文件体现出我党宗教政策的连续性和稳定性，其中，尤以第 19 号文件为我党指导宗教工作的重要文件。

（2）独立自主自办的教义基础

除法理层面之外，中国天主教会独立自主自办的发展原则也符合教会教义的规定。

第一，从教会的性质来讲，"梵二"会议颁布的《教会教义宪章》第二章第 9 条规定：教会是"天主的子民"，是"基督所救赎，为圣神所充满，并以适当方式组织起来的团体"；第二章第 13 条规定："教会就在每一个合法存在的地方教会中。"可见，从教会的性质来讲，地方教会本身与普世教会一样，都是以宗徒集体继位人为"中心和基础"的。因此，从教会的大公和神圣的性质来讲，以主教为首的地方教会本身就有其自身的管理权。

第二，从地方教会主管人主教职务的性质来看，地方教会也应有其自治的权利。

第三，就主教权力的来源来讲，主教所领导的地方教会也应有自治权力。

第四，从天主教本身的普世大公性来讲，地方教会也应当有其自治权力。①

（3）独立自主自办的历史合理性

除法理依据、教会教义支持之外，独立自主自办也具有其历史合理性。

鸦片战争之后，中国天主教会依附外国教会，受外国教会的控制并常常成为帝国主义侵略中国、干涉中国事务的工具，同时，也成为控制和压迫中国天主教徒的精神工具。因此，早在 20 世纪 20 年代，在华天主教会就已开展了有限的"本地化"运动，但是，由于历史的局限，这一革新愿望并未得到实现。1949 年中华人民共和国成立之后，国家赢得了独立，民族得以解放，中国天主教开展了"三自"革新运动和反帝爱国运动，明确割断同外国教会的依附关系，从此，宗教事务不再受外国势力的支配，教会的领导权掌握在中国教会自己手中。这便是独

---

① 涂世华主教：《漫谈我国教会独立自主自办》，载《中国天主教》2000 年第 4 期，第 22—23 页。

立自主自办原则的历史由来。①

（4）独立自主自办的正确含义

独立自主自办教会是指在政治、经济和教会内部事务管理方面而言，由中国信徒独立自主自办，不受外国势力的利用和支配，而不是指当信当行的教义教规。②

为了消除部分神职人员和信徒对独立自主自办教会原则的误解，驳斥境外势力的诬蔑和攻击，团结教育广大神长教友更好地理解和坚持独立自主自办原则，2010 年中国天主教第八届全国代表大会通过了修订后的《中国天主教爱国会章程》和《中国天主教主教团章程》。其中，修订后的《中国天主教爱国会章程》第三条规定："本会宗旨为：……在政治、经济和教会事务上坚持独立自主自办原则，维护国家主权和教会事务自主权，与社会主义社会相适应……"。而修订后的《中国天主教主教团章程》第三条也规定："本团宗旨为：以圣经和圣传为依据，本着至一、至圣、至公，从宗徒传下来的圣而公教会的传统和梵二大公会议精神……在政治、经济和教会事务上坚持独立自主自办原则，维护国家主权和教会事务自主权，与社会主义社会相适应……"。第九条规定："本团在信仰及福传事业上，依据主耶稣基督对宗徒们的派遣和圣神赋予宗徒们的权力，履行牧职使命，在当信当行的教义教规上，与宗徒之长伯多禄的继承人保持共融；在社团组织上向中国天主教代表会议负责……"。③

根据两个《章程》的规定，独立自主自办教会显然专指政治、经济和教会内部事务管理层面，并不妨碍各教区主教"在当信当行的教义教规上，与宗徒之长伯多禄的继承人保持共融"。因此，来自梵蒂冈的指责显然有片面之嫌。现任教宗曾在 2007 年 6 月 30 日致中国天主教徒的牧函中指责"独立自主自办教会和民主办教原则"与天主教教会教义无法调和。

---

① 陈红星：《独立自主自办原则的由来和基本内容》，载《中国宗教》2003 年第 2 期，第 32 页。

② 中国天主教爱国会、中国天主教主教团编：《中国天主教独立自主自办教会教育教材》（试用本），宗教文化出版社 2003 年版，第 134—135 页。

③ 参见最新修订的《中国天主教爱国会章程》和《中国天主教主教团章程》，载《中国天主教》2011 年第 2 期，第 7、10—11 页。

2. 民主办教的教会管理模式

民主办教是中国天主教会历经半个世纪而摸索出来的一条既适合中国国情，又有利于推进教会福传事业的教会管理模式。其实现的渠道和方式是中国天主教的各级代表会议制度，这一制度可分为全国和地方两级结构，即全国性的中国天主教代表会议和各省、自治区、直辖市的地方性天主教代表会议。前者以中国天主教爱国会和中国天主教主教团为实体，就全国性重大教务问题进行共同协商，后者以地方"两会"（天主教爱国会和天主教教务委员会）和教区三个法人团体构成一个完整、和谐的领导集体，就各基层教会相关教会事宜进行集体领导、民主参与、相互协商，从而实现共同决策的良好机制。①

民主办教有助于更广泛地动员和组织中国广大神职人员和教徒参与教会的管理和实践，并依靠自己的力量，根据中国的国情和教情，通过民主协商来决定中国教会内部的事情，从而推进教会各项事业的健康发展。

此外，从管理模式上讲，民主办教是当今世界社会管理发展的总趋势，是逐步完善的中国社会主义法制社会对一切社会团体的共同要求；从教义上讲，也完全符合天主教教会是"天主子民"，所有的基督徒都负有传播福音使命的精神。民主办教不仅可以使教会管理和决策更加科学化，减少人为的失误，更重要的是可以倾听不同的声音，特别是来自社会各方面的声音，反映社会和时代的真实要求。

回顾中国天主教会在过去 30 年的发展，可以说，中国天主教会正处于历史上最好的发展时期，但是，与基督新教和佛教的发展相比，天主教的福传事业和自身发展无疑是缓慢的。因此，教会若想取得进一步的发展与进步，就必须调整内部机制，充分落实民主办教的精神，有条件、有系统、逐步科学地实施先进的管理模式。根据某些教区领导人的反思，民主办教务要想有进一步的突破，教会就必须在如下几个方面加大革新力度。

（1）建立、完善规章制度：各教区和堂区应切实加强制度建设，在办公、财务、安全等方面建立完善的规章制度，对各项教务工作进行规范化和责任化管理。

（2）完善组织机构，吸收人才：现代社会分工日益呈现专业化、规

---

① 中国天主教爱国会、中国天主教主教团编：《中国天主教独立自主自办教会教育教材》（试用本），宗教文化出版社 2003 年版，第 219 页。

范化、系统化、模式化的特点，因此，作为一个小型的社会，教会也必须建立健全其各个工作部门，吸纳具有能力，受过一定专业培训的平信徒参与教会的工作，使神职人员能够解脱出来，全身心地投入到福传事业当中。

（3）明确职务分工：目前，各基层教会的工作过于集中在主教和神父们的身上，而缺乏平信徒的参与和分担，因此，主教、神职人员和平信徒要分工明确，各尽所长，推动教会各项事业均衡发展。

（4）教会管理的权力来自于天主而非个人：神职人员和平信徒在教会内从事的各项工作，要体现出"服务"而非"管理"的特征。[①]

（二）与社会主义社会相适应

社会主义制度代表了包括中国天主教神长教友在内的全国最广大人民的利益，与社会主义社会相适应是中国天主教发展的必由之路。

"宗教与社会主义社会相适应"是20世纪80年代率先由学术界提出来的宗教发展命题，后来被以江泽民为核心的我国第三代领导集体所肯定，并成为中国政府宗教工作的重要指导思想。甚至有学者认为，"宗教与社会主义社会相适应"是中国共产党自十一届三中全会以来对马克思主义宗教理论的新发展，也是我国在宗教理论方面所取得的最富创造性和时代特征的理论成果。[②]

从历史上看，"适应化"向来是天主教福传的一大宗旨。早在教会初创时期，宗徒保禄就提出"同犹太人，我就作犹太人"、"同软弱人，我就做个软弱人"（哥1：20—22）。"梵二"会议也提倡教会应"跟上时代"，适应社会发展潮流，同各个宗教和无神论者展开对话，体现出天主教长盛不衰的自我调试能力。

天主教传入中国以后，也曾在不同阶段采取过程度各异的"适应化"传教策略。早在明末清初时期，开明的耶稣会士利玛窦等人就主张采取"补儒易佛""合儒"的传教方式，从而成功地吸引大批上层社会的精英

---

① 裴军民：《关于民主办教的思考》，载《中国天主教会》2011年第1期，第20—22页。

② 李建生：《积极引导宗教与社会主义社会相适应理论初探——党自十一届三中全会以来对马克思主义宗教理论的新发展》，载《新疆师范大学学报》（哲学社会科学版）1999年第1期，第9页。

人士入教。可惜，利玛窦等人开创的大好局面，不久便因"礼仪之争"而前功尽弃。

20 世纪 20 年代，随着宗座代表刚恒毅总主教的来华，天主教在培养地方神职人员，建立地方教会方面，进行过一系列大胆的"适应化"调整，可惜，由于抗日战争的爆发，也终至功亏一篑。

1949 年之后，中国进入社会主义建设的历史时期，海外敌对势力并没有因为人民的胜利、新政权的建立、自己的惨败而停止过攻击和破坏，反而更加露骨地对天主教的爱国运动和爱国力量恨之入骨。但是，中国天主教和爱国的神长教友经住了这场挑战，勇敢地掀起反帝爱国运动，加快了中国天主教由帝国主义势力为政治背景和以西方文化取代中国传统的"洋教"一变而为中国人自办的宗教事业的步伐，并取得了决定性的胜利。[①]

回顾历史的发展，天主教作为一种可以与当地文化相适应的宗教，唯有在社会主义中国做到了真正的适应，自觉推进中国天主教与社会主义社会相适应，不仅是中国共产党和人民对天主教的要求，也是天主教求生存与发展的内在要求。

（1）坚持"四个维护"是中国天主教与社会主义社会相适应的政治基础

李瑞环同志曾在 1996 年 2 月 14 日对"积极引导宗教与社会主义社会相适应"进行过精辟的解释，他说：我们所讲的"相适应"，从根本上说，就是任何宗教都要"维护法律尊严，维护人民利益，维护民族团结，维护国家统一"。[②] 这是对我党宗教工作理论的一大发展。

坚持上述"四个维护"，不仅有利于政府全面贯彻宗教政策和依法对宗教事务的管理，也有利于维护宗教界的合法权益、地位和尊严，有利于宗教活动的正常开展，有利于天主教把自己办成与国家形象相称的教会。坚持"四个维护"，就是当前中国天主教与社会主义社会相适应的政治基础。

原国务院宗教局局长叶小文也曾撰文，强调"四个维护"中的维护

---

　　① 刘明廉：《宗教与社会主义相适应是中国天主教求生存与发展的内在要求》，载《中国天主教》1997 年第 2 期，第 38 页。

　　② 参见《人民日报》1996 年 2 月 14 日第 1 版。

法律尊严对于"引导宗教与社会主义社会相适应"至关重要，他指出，"引导宗教与社会主义社会相适应，最基本的要求是要把宗教活动纳入宪法和法律的范围，这既关系到宗教能否与社会和睦相处，也关系到宗教能否如他们自己所希望的那样'有益社会，奉献人群'"。①

（2）动员广大信徒投身两个文明建设事业，是天主教与社会主义社会相适应的具体表现。

（3）提高教会管理能力，建立健全符合国情教情的教会管理体系，不断提高信徒素质，把中国天主教会办成富有基督精神和灵性生命的教会，是天主教与社会主义社会相适应的内部条件。

（4）坚持独立自主自办教会的原则，在平等友好的基础上继续开展与国际天主教界的交往，与此同时，警觉、抵制境外敌对势力对我们的西化、分化，渗透和破坏活动，是我国宗教与社会主义社会相适应的根本原则。②

---

① 叶小文：《世纪之交宗教工作的回顾与思考》，载《光明日报》2000 年 5 月 17 日。
② 以上 4 点参见刘明廉《宗教与社会主义相适应是中国天主教求存与发展的内在要求》，载《中国天主教》1997 年第 2 期，第 38—39 页。

第五章　改革开放以来的中国基督教

唐晓峰

　　无论是 20 世纪初那场高举"民主"与"科学"旗帜的新文化运动，还是 20 世纪 20 年代那次历时多年的"非基运动"，抑或中华人民共和国成立伊始直至 70 年代末的历次政治运动，基督教屡屡成为中国民众民族主义情绪宣泄及各种自主政治文化运动的冲击对象，这种冲击背后所隐含的矛盾因素并非仅仅来源于文化上的异质对立，亦非中国人无信仰上之追求，基督教的这种"宿命"主要根源于基督教步入中国之初及之后的传播，因一些西方传教士有意无意间将其与西方强权以及文化中心主义相结合，而有意无意间又成为帝国主义或强权主义手里加以利用的政治、文化殖民工具。这种情况在当今世界，或聚焦到当今的中外关系上，仍得以某种程度的延续，从其"工具性"而论，基督教信仰实在是"无辜"的，这种"无辜"在新中国成立后的历次"左"倾政治运动中，更多地表现为一种"活该如此"状态，基督教信仰本身作为一种"牛鬼蛇神"或封建迷信因素，与其帝国主义、洋化外貌一起都是与当时的意识形态不共戴天的，而不论新中国成立初期及之前中国基督教在一些有抱负、有远见的基督徒知识分子带领下，所做出的摆脱西方殖民及文化色彩的种种努力。这种局面在改革开放后有了根本改观，这种改观得益于 20 世纪 70 年代后期中国整个政治形势的转变及随之而来的经济体制改革，也得益于中国民众思想上的解放。

　　这些改变体现于以下一系列涉及宗教事务的文件的发布及对宪法的修改中。1978 年 12 月召开的十一届三中全会对新中国成立以来，中国共产党在之前各方面的工作进行了客观总结，并对 20 世纪 50 年代以来，党和国家的一些"左"倾做法进行了反思，这为各种宗教信仰恢复在中国社

会中的生存及发展提供了契机。同月，在北京召开的第八次全国宗教工作
会议要求各级党委积极贯彻执行党的宗教政策，将宗教工作列入党委的议
事日程。1980 年 6 月，十一届六中全会通过的《关于建国以来党的若干
历史问题的决议》中明确指出，"要继续贯彻执行宗教信仰自由的政策，
坚持四项基本原则，并不要求宗教信徒放弃他们的宗教信仰，只是要求他
们不得进行反对马列主义、毛泽东思想的宣传，要求宗教不得干预政治和
教育"。与此同时，《人民日报》《光明日报》发表一系列文章来阐明宗教
信仰自由政策的合理性及必要性。1982 年 3 月 31 日，中共中央颁布了
《关于我国社会主义时期宗教问题的基本观点和基本政策》（即 "19 号文
件"），一方面对过去三十多年来的宗教工作作出总结，同时亦阐明了宗
教现象存在的长期性，指出在新的历史时期，党和政府宗教工作的基本任
务就是 "要坚定地贯彻执行宗教信仰自由的政策，巩固和扩大各民族宗
教界的爱国政治联盟，加强对他们的爱国主义和社会主义教育，调动他们
的积极因素，为建设现代化的社会主义强国，为完成祖国统一大业，为反
对霸权主义，维护世界和平而共同奋斗"。"19 号文件" 发布不到一个月
的时间，全国第五届人大常委会通过了《中华人民共和国宪法修改草
案》，对于宗教信仰自由政策进行了界定，其第三十五条规定："中华人
民共和国公民，有宗教信仰的自由。任何国家机关、社会团体和个人，不
得强制公民信仰宗教或者不信仰宗教，不得歧视信仰宗教和不信仰宗教的
公民。国家保护正常的宗教活动。任何人不得利用宗教进行反革命活动，
或者进行破坏秩序、损害公民身体健康、妨碍国家教育制度的活动。宗教
不受外国的支配。"

　　无疑，上述会议的召开、文件的发布及修宪过程为中国基督教团体的
恢复、建立及信徒个人的信仰生活创造了良好的政治、社会及思想氛围，
而与此同时，以联产承包责任制为导向的农村经济体制改革以及以实行政
企分开、经济 "责任制" 为原则的城市经济改革，也让人民有了较大的
生产自主权、创造积极性，有了属于自己自由支配的时间。到 1982 年底，
全国已经有 90% 以上的生产队实行了联产承包责任制。与此同时，全国
工商企业中，实行经济 "责任制" 的达到 80% 以上，除全民所有和集体
所有制经济形式外，个体经济及其他经济形式也相继出现。经济改革序幕
的拉开，为基督教信仰在中国社会的复苏，甚至某种程度上的反弹提供了
物质及间接的思想条件。

宽松的政治、经济氛围及思想的自主性孕育了中国基督教的新生，一些针对基督教人士的冤假错案也得到平反，各级三自爱国运动组织得以重组。1980 年 2 月，中国基督教三自爱国运动委员会在上海举行了 1961 年以来的首次常委会扩大会议，来自全国 16 个省、直辖市、自治区的 37 位代表出席了此次会议，会议肯定了三自爱国运动的价值及其延续的必要性，并就重新印刷出版圣经、编印赞美诗与属灵书籍、恢复出版《天风》、重开南京金陵协和神学院，训练神职人员等问题进行了讨论。1980 年 10 月 6—13 日，中国基督教第三届全国会议在上海召开，来自 25 个省、直辖市、自治区的 176 位代表参加了此次会议，会议制定了三自重建后的各项任务，包括建立各地的三自组织，协助重开教堂，出版圣经及书刊、培训传道人、协助政府落实宗教信仰自由政策，及协助解决各地教会的各项问题等。会上丁光训主教作了题为"回顾与展望"的报告，肯定了"三自"既往的成绩，同时指出中国基督教要走出一条适合中国的、前人没有走过的道路，这条道路既服从神在圣经中的启示，又吸取教会历史的优良传统和严重教训，要建立一个"治得很好、养得很好、传得很好的教会"。会议决定成立中国基督教的教务机构——"中国基督教协会"，它和"中国基督教三自爱国运动委员会"并行，统称称全国"两会"。此次会议后，截至 1982 年底，全国共有 24 个省、市、自治区召开了省基督教代表会议，成立了省基督教协会或教务委员会。

"两会"建立及其工作的开展，加之宽松的政治氛围、经济环境、宗教政策，使中国基督教在之后的 30 多年的发展中，呈现快速增长态势。有署名"马可"的信徒曾对中国基督教在这 30 年中的发展进行过如下对比。

从 1979 年 4 月 8 日浙江宁波的百年堂在"文革"后重新开放，到今天遍布于大江南北的五万多座教堂/聚会点；从三十年前的百余万信徒到今天的四千多万信徒；① 从三十年前的几百位教牧同工到今

① 这一数字非全国"两会"及中国政府相关部门的统计数字，而是对于在已登记信仰活动场所进行活动的基督徒和在尚未登记信仰活动场所进行活动的基督徒总和的一种民间估计和猜测。事实上，根据中国社会科学院世界宗教研究所 2010 年公布的调查统计数字，基督徒在全国的人数应为 2305 万人。参见金泽、邱永辉主编《中国宗教报告（2010）》，社会科学文献出版社 2010 年版，第 191 页。

天的近九千位专职牧师/传道人；从三十年前的一所基督教学府到今天的十八所神学教育机构；从三十年前找不到一本圣经作为样本印刷，到今天累计印刷圣经五千万本；从三十年前请军队印刷厂帮助用铅字印刷圣经，到如今自己拥有全世界最大的圣经印刷有限公司和最先进的激光排版技术；从三十年前教会领导层平均年龄近七十岁到今天的五十岁上下……①

从这种对比中，我们可以看到中国基督教在过去 30 年中，无论从聚会场所、信徒数量、神学院校及社会慈善事业等社会实体层面，还是就其神学发展、信徒素质、文字出版等文化现象来看，都有着令人瞩目的发展。对于这种发展的梳理是我们分析中国基督教在中国社会发展及文化战略中应该具有何种作用以及如何发挥这种作用的前提和基础。以下笔者将从基督教会实体层面及依托于其上的文化主体性的发展来展现改革开放以来中国基督教的发展历程。

一　教会实体的发展

（一）教堂及聚会场所的发展

2009 年 4 月 8 日，浙江省宁波市基督教百年堂举行了一场特殊的感恩庆典，因为在 30 年前的同一天，被迫关闭 13 年的百年堂重新对外开放，成为首间在"文化大革命"后恢复公开活动的教堂。来自各省（直辖市、自治区）和港台地区的教牧人员及宁波市各地教会的信徒近 2000人参加了百年堂复堂感恩庆典。与 30 年前，200 名信徒心有余悸步入圣堂的景象不同，此时，信徒的心中充满自信、自豪及感恩。"文化大革命"期间，类似百年堂遭遇的聚会场所用"比比皆是"来形容非但"不过"，而且"不及"，当时所有教堂均遭破坏、关闭或占用，几无幸免者。公开的礼拜活动没有可能性，尚存的基督教信仰多藏于信徒心底，少数"大胆"信徒在家中或村中组织秘密聚会。1979 年，随着宗教信仰自由政策的恢复和落实，少数教堂得以重新开放，与百年堂对外开放相隔不久，

---

① 马可：《三十年历程，三个发展时期》，载香港福音证主协会刊物《展望中华》第 59期，http：//www.ccchina.org/reading.asp？id = 1113。

只允许外国使馆人员、留学生等外籍人士使用的北京米市大街教堂也允许
中国民众参加聚会；同年9月，上海开放了沐恩堂、清心堂等三座教堂供
信徒公开聚会，因为聚会人数众多，沐恩堂很快将自己的主日礼拜次数增
加到3场。随后，广州、福州、厦门、杭州、重庆、天津、沈阳等大城市
先后重开教堂，恢复主日礼拜。到1980年中国基督教第三届全国会议召
开时，全国重开的教堂达到50多所。

随着中国基督教第三届全国会议的召开，各级"两会"积极着手进
行复堂、建堂工作，各地的教堂数量剧增，到了1982年1月，教堂数目
增至250所；时隔半年，重开的教堂数已经超过600座；1984年4月，全
国有1600座教堂；1986年底，全国共有礼拜堂4044座，其中1067座是
新建的，各类聚会点16868个；1988年底，礼拜堂增至6357所，其中
2683所新建，聚会点20602个，其中15855个同各级"两会"有联系。
在整个20世纪80年代，教堂属于恢复和重建期，此时，《天风》杂志的
新闻栏目经常有类似如下的报道：

......

1988年1月—5月，又有一些市、县、镇的教会修缮或新建的礼
拜堂开始了礼拜，它们是：广东省高州县、兴宁县水口镇；山东省平
度县、郯城县；河北省唐山市；福建省莆田县江口镇；浙江省武义县
桃溪滩镇；河南省商水县姚集乡邓楼；辽宁省兴城市；云南省昆明市
西山区教会。①

......

由于"文化大革命"时期长期压抑的信仰得以井喷式地普遍释放，
对于聚会场所的需求成为宗教工作者及各级"两会"组织面临的首要问
题。为了满足信徒的信仰需要，教堂得以大量恢复和重建，虽然从增长的
绝对数量来说，10年间增长6000余所教堂并不比之后的10年为多，但
从增长的趋势来说，这30年却是最为迅猛的。

到了20世纪90年代，聚会场所的数量持续稳步增长，时任中国基督
教三自爱国运动委员会主席罗冠宗和中国基督教协会会长韩文藻在1997

---

① 参见《天风》1988年第7期，第29页。

年 6 月，接受《中国宗教》杂志社记者访谈时，谈到"全国开放的礼拜堂已有 1.2 万余所，另外还有 2.5 万个聚会点；信徒人数达 1000 万左右"①。礼拜堂的数量比起十年前增长了近 90%；在这 12000 座教堂中，其中新建教堂占 64.3%，约占 2/3，平均每两天重开或新建 3 座以上的教堂。而聚会点多分布于农村地区，这是因为很多农村都没有教堂，聚会点成为信徒们聚会的唯一选择。

截至目前，这些统计数字有了进一步的变化，据三自负责人介绍，中国目前共有经登记注册的基督教活动堂点 55000 余处，70% 以上为 1979 年以后新建，其中既有容纳几十人的聚会点，也有能容纳 8000 人的大规模的教堂。全国信徒总数截至 2008 年共 2000 余万人。② 这些数字并不包括为数众多的未登记聚会场所及在其中进行正常信仰活动的信徒的数量。

（二）信徒的发展

改革开放初期，随着国内宗教信仰环境的日益宽松，一些在"文化大革命"中放弃基督教信仰，或将信仰潜埋心底的信徒首先恢复了公开的信仰活动。在他们的信教活动影响下，加之部分民众压抑多年的信仰需求得以释放，基督徒的人数出现了持续多年的反弹现象，为了满足和适应剧增的信徒信仰生活的需求，如上所述，一些教堂和聚会场所得以重新开放，而开放的基督教信仰活动场所又吸引更多人步入教堂，在这种信仰互动模式下，促成了改革开放初期，中国基督徒数量的快速增长，这种剧增趋势一直延续到 20 世纪 90 年代中期。丁光训主教于 1984 年 4 月 10 日在香港的记者招待会上提到，内地当时的信徒人数有 300 万人。粗略估算这个数字是新中国成立初期 70 余万信徒的近 4 倍，是"文化大革命"前夕中国基督徒的 3 倍。根据全国"两会"在 1987 年和 1989 年的统计，1986 年底登记信徒数量为 338 万余人，1988 年底这一数字增至 455 万余人，1991 年时，"两会"的文件提到中国已有信徒 550 万，1992 年，有文件显示中国教会已受洗的信徒和慕道者的总数为 650 万，而到了 90 年代中

---

① 《坚持三自原则，办好中国教会——中国基督教三自爱国运动委员会主席罗冠宗、中国基督教协会会长韩文藻访谈录》，载《中国宗教》1997 年第 2 期。

② 参见傅先伟 2008 年 10 月 22 日，在香港尖沙咀基督教浸信会作的题为"中国教会发展的机遇与挑战"的演讲。另见 "The New Leadership of the TSPM/CCC Visiting Hong Kong: Caring of Non-Registered Churches" in *Christian Times*, October22, 2008。

期，这一数字增长到近千万。通观这些数字，我们不得不惊叹，西方传教机构在过去百余年间在华投入了大量人力、物力、财力，却远没有达到中国改革开放后基督徒人数甚至在一年内的发展数量。

相关研究显示，20 世纪 80 年代乃至 90 年代上半叶，中国基督徒的增长主要体现于县城及广大村镇代表的农村地区。有香港学者曾经这样论断：

> 在这个经济相对落后、文化与教育水平低下，受西化的影响最少的地区，源自西方的基督教竟然有最蓬勃的发展，这可以说是上述不寻常现象中一个更不可思议的现象。农村基督徒占全国基督徒人口八成以上，他们不折不扣地代表着中国基督教的主流。[1]

根据这位学者引用的相关统计，"1994 年河南省有基督教徒约 120 万人，这是解放初期 12 万人的 10 倍多，是"文化大革命"前 7.8 万人的近 16 倍，其中有九成是在 1985—1994 年这 10 年间信教的，他们主要集中在农村地区。而山东省在解放前只有 7 万基督徒，1992 年增至 43 万，这些信徒也主要集中在鲁南与鲁西经济较落后的农村地区。吉林省长春市农村在 1993 年约有基督教徒 19013 人，比 1990 年政府宗教处调查统计的 7752 人增加了 11261 人，增长 145% 以上。另据该市双阳区有关部门对信教的 3511 人调查分析，农民占 93.5%，城镇居民占 5.4%"。[2] 以上情况在中国社会科学院世界宗教研究所当代宗教研究课题组于 1989 年对河南省及南阳地区的基督教现状进行的社会学考察结果中亦得到证实：课题组在当地农村共发放 600 份问卷，回收 600 份。调查结果显示，约有一半信徒是在 1980—1989 年间开始信教的。其中在此期间受洗的有 54%。之所以在这段时期中国农村地区普遍出现基督教热的现象，课题组同样进行了分析，调研报告认为，受调查信徒中有 1/3 是为了解决精神上的烦闷而信教的，有 1/5 是为了解决生活中遇到的困难；而有 1/5 是在教徒的劝说下随便听听而信教的；有 54.3% 人的信徒是为了自己得救，死后入天堂；有 1/5 的信徒是为了传教，改变社会风气。上述原因总结起来不过是精神

---

[1]　梁家麟：《改革开放以来的中国农村教会》，建道神学院（香港），1999 年，第 20 页。

[2]　同上书，第 110 页。

困惑、生理疾病、社会环境等几个方面的原因，至于基督教在当地快速传播的深层社会原因的挖掘，报告首先将这归之于 1982 年以来宗教信仰的自由环境为过去"左"的错误引发的反弹效应创造了条件。因为很多老信徒并未放弃信仰，只是表面上被强行退教而已。其次，市场经济带来的社会压力造成人们社会心理及行为趋向发生变化，为了谋求心理平衡和慰藉，进而受洗入教。另外，基督教强调属灵而非仪式的简单宗教形式及农村文化生活的匮乏局面也是造成基督教在此快速传播的原因。[①] 当然，农村基督徒在 20 世纪 80 年代至 90 年代中期的快速增长的原因还远不止于此，农村地区传教模式的平民化、传教组织的多样化、传播内容的通俗化等因素无疑为基督教的快速传播提供了条件。

进入 20 世纪 90 年代中期之后，农村信徒的数量虽然仍呈增长趋势，但节奏明显放缓，趋势稳定，江西省都昌县的基督徒人数在 1987 年时为 617 人，1989 年为 1360 人，1991 年 3100 人，1994 年 4530 人，1996 年 6787 人。10 年间增长了 10 倍。但据该地政府官员在 1997 年透露，虽然基督徒的数量仍按农村总人口 1.7% 以上的速度递增，农村基督教信徒人数发展高峰期在 90 年代初，现在高峰期已过，发展速度正在逐渐降低。[②] 2008 年底笔者调研过程中，云南省宣威市城区教堂的负责人透露，自 2000 年之后，宣威的信徒呈下降趋势，原来有一万余人，而如今不足 7 千；浙江省苍南县钱库镇 XJ 村，教会负责人同样向笔者提到这种趋势。分析原因，笔者认为这可能和以下因素有关：①农村信徒外出打工人数较多；②受当地社会、文化因素影响，农村信徒人数发展趋于饱和；③邪教影响，很多人被邪教拉走；④城市化的过程中，农村人口本身便呈下降趋势。但不可否认，农村基督教发展的上述趋势并不代表全部，比如在个别基督教刚刚传入的农村地区，信徒的增长趋势仍很明显。

20 世纪 90 年代后期，基督徒增长的潮流似乎又流入城市之中，各种因素都与"流"字相关，首先是人口流动，随着中国城市化步伐的加快，很多农村信徒入城居住，将信仰带入城市，同时务工潮流的兴起，让大量

---

① 李亮：《关于中国基督教现状的考察与研究——河南南阳地区基督教现状的社会学分析》，载《当代宗教研究》1994 年第 1 期。

② 刘铨玉、徐贵水：《从都昌基督现状看农村基督教发展趋势》，载《世界宗教文化》1997 年 4 期，第 20 页。

劳动力流入城市的同时，也将信仰的种子带入城市。但应该说因为文化的差异、社会阶层的差别，使这种福音在城市中的传播阻力重重，城市中基督教的快速发展，更重要的原因还在于西方文化随着改革开放的浪潮流入中国社会，在此过程中，对于基督宗教思想的关注及其热潮始于90年代。而在这股对于西方文化及基督宗教进行关注的热潮中，影响最为明显的当属知识分子群体。国内的很多城市及大学校园在90年代都拥有了基督教青年团契及大学生团契。1997年6—9月，由上海市政协宗教委员会、市宗教局、市基督教"两会"、上海社科院宗教研究所、上海市宗教学会等单位组成联合调查组，对上海基督教的发展及信教群众的信仰情况进行了调查研究。这次调查采用了发放问卷和定点专访相结合的方法。问卷发放的范围涉及市区和郊县17个教堂，其中市区11个，郊区6个，每堂发放问卷50份，共发放问卷850份，回收814份。调研结果显示，青年（18～39岁）信徒占30.3%，而且青年信徒中90年代受洗的人数要超过80年代受洗人数的3倍多，从中可见上海市基督徒的日益年轻化趋势。在814名被调查者中，已受洗的为682人，占85%。其中1949年以前受洗的57人，占8.2%，1949—1966年受洗的55人，占7.9%，"文化大革命"中受洗的仅5人，占0.7%，80年代受洗的194人，占28%，90年代受洗的341人，占49.2%。而对于信教原因的分析，报告认为主要有三个：①家庭中的基督教传统，有29.1%的信徒选择了"受家庭影响，从小信教"；②社会与个人生活出现错位，包括久病不愈、老年人面临死亡的现实威胁、生活遭遇挫折等；有27%的信徒选择了因追求灵魂归宿，死后上天堂而信教，有20.4%的信徒选择了"生活中常有挫折，为求平安"而信教；③追求基督教真谛，选择这一选项的信徒占26.8%。以上三个方面的原因并不排斥，往往是兼而有之。同时，相对而言，知识分子更加注重信仰的精神内涵，比如被调查的159名大学以上文化程度的信徒中，选择③者比例达到42.2%。而基督教在上海90年代之后快速发展的外在原因主要有：教义简单、教规易行、宗教负担轻、见效快、传教传统、宗教信仰自由政策的贯彻、社会转型期矛盾突出等。①

　　同样，在北京等大城市，基督教信仰同样在90年代后期，出现过一

---

① 参见刘建、罗伟虹、晏可佳《基督教徒的信仰与行为——"上海基督教信徒情况调查"问卷分析》，载《当代宗教研究》1999年第3期。

段时期的快速增长趋势，中国社会科学院世界宗教研究所高师宁研究员曾经就北京地区基督徒的受洗时间在信徒中进行过问卷调查，在 456 份有效问卷中，信徒的受洗时间分布如下图所示（笔者根据高师宁研究员的调研数据绘制），从中我们可以清晰地看出北京市基督徒的增长趋势，在 90 年代中后期要明显高于之前阶段。

　　但无论是在农村还是在城市，基督教在中国的发展在 21 世纪之后都呈现出一种稳定的发展态势。虽然，信徒数量仍在整体上呈现增长趋势，但这与信徒基数较大有关，其相对增长数量已经明显放缓，甚至在有些地区，尤其是农村地区还出现信徒下降的趋势。而且，随着 21 世纪的到来，城市基督教随着其理性化的发展趋势及农村日益城市化的过程，而成为中国基督教发展的主流（见图 5—1）。

（人）

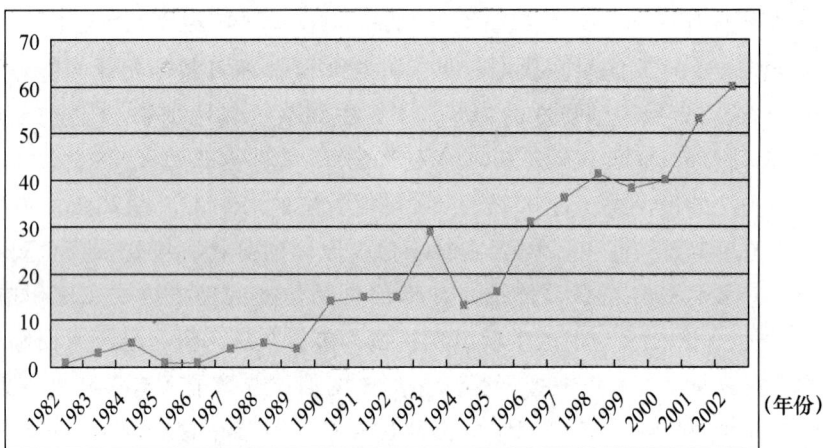

图 5—1

　　目前，随着社会学、人类学等学科方法在宗教学研究领域的应用及家庭教会问题步入学者视野。关于中国基督徒人数的调研及预测成为近几年的热门话题，2008 年 10 月，在北京大学举办的"中国宗教与社会高峰论坛"上，零点研究咨询集团总裁袁岳公布了该公司在 2007 年 5 月进行的"中国居民精神文化生活调查研究项目"中有关中国社会民众信仰状况的众多数据，其中便涉及基督教信仰人数问题。① 这一数据是以随机抽样的

----

① 因成果尚未公开发表，这里不便公布具体数字。

方式，在全国20个城市、16个小城镇、20个农村，对7021名16—75岁的常住居民进行入户访问获得的。事实上，早在2005年，华东师范大学教授童世骏和刘仲宇便在4500名16岁以上的中国普通群众中进行过有关中国民众宗教信仰方面的调查。该调查显示，有31.4%的中国民众宣称自己具有宗教信仰，这至少说明在中国社会中有3亿多各种宗教信徒。其中，佛教、道教、民间宗教的追随者大概有2亿人，基督徒的数量在4000万左右。这一抽样结果以"宗教信徒超过估计三倍"Religious believers thrice the estimate""为题发表在2007年2月7日的《中国日报（*China Daily*）》上，并在海内外引起较大反响。与中国社会科学院农村发展研究所于建嵘研究员的研究结果相比，这些数字明显偏低。在2008年10月及12月，于建嵘研究员在北京大学进行的两次讲座中，均提及目前"'三自'教会人数在1800万至3000万，家庭教会人数在4500万至6000万之间，两者加起来可能是六七千万人"[①]。虽然这个数字来源于估算，但据作者称这是他两年来走遍全国多个省市，并在详尽调研的基础上分析出来的。与以上结果对比起来，目前中国政府认可的1600万基督徒及中国基督教三自爱国运动委员会主席傅先伟长老提及的2000余万信徒这些数字[②]，均显低估。[③]

有关中国基督徒数量的真实情况到底如何？2008—2009年间，中国社会科学院世界宗教研究所课题组，在全国31个省、自治区、直辖市就我国基督教信教人数和信仰状况进行了大规模的全国性的抽样调查，调查共发放问卷63680份，回收率达100%，根据调查结果推算，我国现有基督徒占全国人口总数的1.8%，总体估值为2305万人，其中女性占69.9%，男性占30.1%。[④] 无论基督徒的数字到底为多少，他们的分布地区始终是稳定的，主要集中在华中及华东地区，河南省、安徽省、浙江省、江苏省信徒的数量占全国信徒总数的一半以上，而山东、云南、福建、黑龙江等省的基督徒人数均在50万人以上，相对来说，西北地区的

---

① 引自于建嵘2008年12月11日在北京大学的演讲。

② "The New Leadership of the TSPM/CCC Visiting Hong Kong: Caring of Non-Registered Churches" in *Christian Times*, October 22, 2008.

③ 同上。

④ 详见中国社会科学院世界宗教研究所课题组《中国基督教入户问卷调查报告》，载金泽、邱永辉主编《中国宗教报告（2010）》，社会科学文献出版社2010年版，第190—212页。

基督徒人数较少，但最近几年，信徒也有增多趋势，比如甘肃省的基督徒就达到 10 万人以上。以上对于中国信徒分布的概况只是一个宏观的说法，事实上基督教在每个省份内，甚至在每个乡镇的分布都是不均衡的，比如在《县乡基督教发展的量化分析和功能考察》一文中，作者认为江苏省盐城市基督教的发展在南北地区就呈不平衡状。"基督教人数的 85.8% 分布在盐城市北部的响水、滨海、阜宁和射阳四个县。尽管这一分布与 1995 年相比，地区的不平衡程度下降了近 10 个百分点，但是盐城市的宗教分布所形成南尊释迦、北信耶稣的格局没有改变。这一宗教格局也恰好与江苏省基督教以及基督教与佛教的南北分布态势相当。在江苏省目前官方统计的 110 万基督徒中，大约 90% 分布在苏北徐、连、宿、淮、盐五市。"①

（三）社会服务公益事业

改革开放初期，随着宗教信仰自由政策的恢复，中国教会的社会服务工作也重新迈开步伐，基督徒参与社会工作、服务社会的热情有所提高，在《天风》杂志中，记载了很多基督徒投身本职工作、热心社会服务的典型人物和事例，比如河南柘城县 21 位基督徒组成了一支特殊的建筑队，为农户盖房时，一不吃饭，二不喝酒，三不受礼，解决了当地农户因传统旧习盖房难的问题。福建省连江县川石岛村 8 位女青年基督徒，号称八姐妹，除经常为本村孤寡老人送煤、挑水、洗衣被外，长年为驻军拆洗、缝补被子、垫被、蚊帐、衣裤、鞋袜等，七年间累计缝制 21000 余件，多次受到各级党团组织的表扬。1988 年夏，浙江宁波地区遭强台风及洪水袭击，灾情严重，宁波、绍兴、衢州、德清等地基督教会捐赠了 28000 元，粮票近 20000 斤。②

20 世纪 80 年代，停止工作多年的基督教团体，也逐步恢复了活动，以女青年会为例，③ 中华基督教女青年会全国协会和北京、上海、天津、

---

① 参见薛恒《县乡基督教发展的量化分析和功能考察——以盐城市为样本和例证》，载《世界宗教研究》2003 年第 2 期。

② 参见《天风》1985 年第 10 期、1986 年第 1 期、1988 年第 12 期等。

③ 基督教女青年会（简称"女青年会"），英文名称为 Young Women's Christian Association（简称 YWCA），是基督教新教的社会活动组织，也是历史悠久的非政府组织，最早于 1855 年出现于英国伦敦，初期的宗旨是：组织青年妇女参加宗教活动，帮助离家自立的妇女解决生活上的一些问题，例如住宿、救济和贫困等。

南京、杭州、西安、武汉、成都、广州和厦门 10 个城市女青年会陆续复会。复会后的女青年会的主要工作之一便是开展"填空补缺"的社会服务，摸索新时期女青年会社会服务的道路。30 年间，她们组织各种妇女论坛，共同探讨政治、经济、社会、妇女等问题；开展以老年福利及青少年发展为主要内容的农村社区服务工作；帮助下岗妇女解决困难，为她们开设职业培训班；关心弱势群体，开设儿童疗育院，为智障儿童组织募捐和郊游活动；开办护工培训班；组织义工为中老年妇女服务；创办社区服务项目；资助中国边远贫困地区兴建小学或维修校舍；开展赈灾济贫活动，受到广泛的社会赞誉。[①] 目前在中国教会中，开展社会服务的有影响力的组织还有爱德基金会（The Amity Foundation）、中华基督教青年会等机构。爱德基金会成立于 1985 年 4 月，是一个由我国基督徒发起、社会各界人士参加的民间团体，目前其开展的项目涉及教育、社会福利、基础医疗与公共卫生、环境保护、农村社区发展、教会社会服务等多个领域，其项目遍及全国 31 个省市自治区。迄今为止，爱德募集资金超过 10 亿元，惠及 1 亿多人口。中华基督教青年会全国协会于 1912 年成立，总部设在上海，当时城市青年会有 25 处，学校青年会有 105 处。中华基督教青年会全国协会自 1949 年中华全国青年联合会成立时便成为它的四个团体会员之一。自 20 世纪 80 年代复会至今，全国已经恢复了北京、天津、南京、上海、杭州等城市青年会，协会的主要工作是指导、协调和服务各市会的工作，整合海内外各种资源，积极服务社会民众。此外，在有些地区的教会或两会团体亦成立有各种形势的社会服务的组织及基金会。

在 20 世纪 80 至 90 年代，由于国内大部分教会和信徒将主要精力投于恢复教产、修建教堂、传播教义等方面的工作，同时教会在自养方面尚存困难，加之许多信徒对于个人属灵的强调重于其社会责任，所以，基督教的社会工作及公益事业并没有得到有序、系统开展，基督教社会服务工作、社会公益事业的开展只是信徒个人或个别教会的行为。针对这种情况，2003 年初，基督教全国"两会"成立了社会服务部，它根据自身条件，以"拾遗补缺，雪中送炭"为原则，除自身做力所能及的社会服务

---

① 参见左芙蓉《非政府组织与社会服务——以中国基督教女青年会为例》，载《华中理工大学学报》（社会科学版）2006 年第 3 期，第 18—23 页。

工作外，还对中国教会整体的社会服务工作加以统一协调、指导、促进。自从基督教全国"两会"社会服务部在 2003 年 3 月 12 日筹到第一笔奉献款以来，迄今共筹集到人民币 3000 余万元，它所开展的项目领域从扶贫救灾逐渐扩展到老人院和居家老人的亲情服务、自闭症儿童疗育中心、孤儿院等十多种，范围遍及西南、西北、东北等 20 个省市。从 2003—2007年，在社会服务部的倡导和赞助下，各地教会举办的老人院、老人终极关怀等老人的服务机构达到 370 多家。该部还参与自闭症儿童疗育中心的创建工作。山东青岛举办的以琳自闭症疗育中心就是一个范例。目前，全国各地 7 个教会开办自闭症儿童疗育中心。社会服务部还鼓励基层教会利用信徒中退、离休的医师和医疗工作者，创办乡村教会诊所，为村民和特困患者提供医疗服务，组织医疗小分队，成立"农村巡回医疗义诊车"为边远山区和农村服务，同时参与到艾滋病预防知识培训和孤儿救助的项目中。另外，社会服务部还在救灾抗灾工作、资助危校重建和救助失学儿童、资助孤儿院、赠送免费轮椅、对神学院毕业困难传道人生活补助、对贫困地区教会建堂资助和资助各省（市）扩建神学院校及基督教两会培训中心的建设方面，作出了众多贡献。迄今为止，基督教全国"两会"共筹集到国内外信徒捐献开展社会服务的专项资金 3565 万元，帮助了 20多个省、自治区和直辖市的十几类 700 多个项目，受惠人数达数十万人。

历经多年发展，中国基督教界在社会服务事工方面有了很多全国知名的社会服务项目，比如湖南省两会艾滋病预防知识培训、陕西省两会扶贫救灾事工、安徽省"两会"芜湖教会的爱国诊所、杭州市"两会"亲情老人服务中心、浙江温岭松门教会"光盐团契"、上海市基督教"两会"的老人院事工、上海基督教青年会罗山会馆、河北省基督教"两会"的赵县希望儿童之家、青岛市基督教"两会"以琳自闭症儿童疗育中心、四川省泸州教会的社会服务等项目，这些社会服务工作为探索中国教会社会服务事工提供了极为有益的实践经验，现已成为中国教会的一项重要事工。[①] 在一些地区，尤其是那些具有基督教文化传统地区，许多教会的社会服务工作已经得到了广泛而深入的开展，比如在福建省闽南地区，一些教会便成立有各种扶贫帮困的基金会及义诊组，在厦门的竹树教会便拥有

---

① 参阅《"作一个服务人群而不厌倦的仆人"——"中国基督教两会社会服务事工分享会"在沪举行》，载《天风》2005 年第 7 期。

"福音基金会""主爱基金会""施与受基金会"三个基金会；在泉州市的泉南堂会，1996 年便有部分医务人员和教牧人员发起组织义诊组，现在这个义诊组有队员 78 人（在职 18 人），最高年龄 88 岁。当中主任医师10 人，副主任医师 17 人，是一支科室较齐全、设备相对完善、高水平的老年义诊队。截至 2008 年 12 月 31 日，义诊队到过 112 处老、少、边地区和灾区，行程（单程）14340 公里，共开展 270 次义诊，诊治病人69880 人次。笔者最近几年在浙江、内蒙古、云南、河南、福建等省区进行的基督教国情调研项目显示，这些省区中较大的基督教会都曾在国内外重大自然灾害过程中，捐款捐物，成为我国社会公益事业中一支不可忽视的社会力量。[①]

　　应该说，以上我们介绍的基督教团体为国民的福祉、为社会建设作出的这些贡献，为其融入中国社会起到了一定的引荐作用，但它们所开展的工作还没有在更大范围内产生影响。这一方面和我们现行的宗教政策、法规有很大关系，另一方面也与基督教团体开展社会工作的被动性、无组织性不无关联。这在各基层教会的社会服务工作中表现得更为突出。总体来说，人们并没有见到其社会服务工作与其信徒人数增加成比例的增多，而且这些社会工作被动性明显，多是为了响应政府倡议而进行的；同时，基层教会内部也很少有专门的社会事工部门进行管理，社会服务工作体现出一定的无计划性和随意性。[②] 在日常的教会工作中，其社会关怀事工几乎是不被考虑的。以下是云南宣威城区教堂 2007 年 11 月至 2008 年 7 月财务报告表（见表 5-1），从中可以看到虽然信徒们有为灾区捐款，但似乎与省"两会"及民政部门的组织有关。

---

　　① 2007 年 3 月，笔者在浙江省温州市钱库镇调研时得知，镇上的福音堂及临近的黄判桥村的天主教总堂都曾在国内的抗洪、救灾中捐助了一定的财物，并受到了当地政府的表彰。另据有关资料记载，1998 年我国长江流域及东北地区遭受了罕见洪灾，北京市基督教会及各教堂通过不同渠道，共捐助被服 10000 余件，捐款 28 万余元。2003 年，北京市基督教会为抗击"非典"奉献 13 余万元。截至 2003 年 5 月，北京市基督教会在不同时期捐资助学、扶贫救助及灾区等项目捐款已达 110 余万元。而在"5·12"地震之后，国内各教会组织也积极组织捐款活动，笔者最近所调研的云南曲靖基督教会信徒当天就为灾区奉献 5 万多元，而经济情况稍差的宣威基督教城区教会也为灾区捐款 18200 元。
　　② 李峰：《乡村基督教的组织特征及其社会结构性位秩——华南 Y 县 X 镇基督教教会组织研究》，第 171 页。

表 5 - 1　　　　　　云南宣威城区教堂 2007. 11—2008. 7 财务报表

	收入	支出	
2007 年 11 月	6205 元	教会购买音响视频等已付 64000 元（尚欠 15600 元）	
12 月	14919 元	五旬节、复活节、圣诞节伙食开支 4698 元	
2008 年 1 月	3074 元	为四川地震灾区捐款（送民政局 12200 元）	
2 月	10896 元	为四川地震灾区捐款（送省"两会"6000 元）	
3 月	35925. 50 元	教堂装修讲台费	7232 元
4 月	4989. 70 元	提交基督教协会（2007 年度）	13136 元
5 月	16613. 50 元	支付某人生活补助费	7200 元
6 月	12779 元	支付某人值夜班费	1800 元
7 月	9344 元	教堂打苍蝇药水	380 元
另有上届财务转交	20000 元	制作教堂水牌《圣经》经句	550 元
节假日奉献	8870 元	教堂圣经周转资金	2000 元
利息收入	69. 23 元	教堂贴三层楼面所有费用	3889 元
		教堂测绘费	800 元
		支付协会作建堂专用基金	7744 元
		教堂渗水维修	8460 元
		花山开堂奉献	500 元
		水电费	1203. 03 元
		车费	105 元
		其他维修费用（水管、锁等）255. 40 元	

收入合计：143684. 93 元　　　　　　　　　支出合计：142152. 43 元

结存现金：1532. 50 元（欠款 15600 元）

　　若没有遇到突发性的灾难事件，在教会的预算中，往往并没有社会服务方面的支出，表 5 - 2 是华南某省 D 教会一年的收支简表，从中我们可以看出其用于教会外的社会工作方面的支出几乎是没有的，而这种状况在国内的基督教会较具有普遍性。

　　对于基督教的社会服务工作，中国社会科学院卓新平研究员曾多次强调其在基督教中国化过程中的重要性。他结合中国历史、文化及社会现实，认为基督教在中国应该创立一种以爱为基础的神学，而这种神学更类似于一种基督教社会关怀神学："为了赢得中国社会的理解和中国民众的信赖，基督宗教就必须将其'爱的精神'落实在'仆人精神'上，以其社会行动、社会关爱来'感动中国'、建立其在中国社会中的信心与信任。由于政治发展的复杂和以往历史积淀的负担，'爱的神学'所追求的

表 5 - 2　　　　　　　D 教会 2001 年 9 月至 2002 年 9 月收支简表①　　　（单位：元）

	银行现金存款	211476.24
	固定资产	15800
收入	奉献收入	25715.5
	感恩奉献	20707
	专项奉献	26320
	其他收入	3599.96
	小计	76342.46
支出	聚会费用	1750.2
	购置及修理	2700
	帮补	500
	生产支出	1389.5
	管理费用	4059
	上交牧区款	19085.62
	青年培训班支出	10581.4
	伙食招待	2983.5
	建堂送礼	800
	小计	43849.22
	本年度余额	32493.24

乃是一种超越和超脱，为此基督宗教有必要'淡'出'政治'，摆脱其以往历史的是非恩怨，从而以一身轻装进入中国当今'社会'领域，主要以社会服务、社会关怀来参与中国目前和谐社会的构建，并在这种社会建设中体现其'天佑中华'的信仰主旨和'神爱世人'的宗教信念"。他进而认为，基督教的这种社会参与不但是其"爱的神学"的表现，同时还具有处境的必要性，在当前中国社会转型和发展中，通过这种具有宗教境界、神学意蕴的社会参与行动和社会慈善事业，中国社会自然会使其对基督教的情感冷漠或认识坚冰被"爱"融化、消解。这样，信心则可以建立，信任亦能够共构。这种真诚信赖的关系，则是基督信仰在华的理想生

---

① 李峰：《乡村基督教的组织特征及其社会结构性位秩——华南 Y 县 X 镇基督教教会组织研究》，第 194 页。

存处境，并可能让其在"中国化"的过程中成为真正的中国宗教。①

　　目前，社会服务事工对于中国教会发展的重要性在教会界也有了基本共识，中国教会的社会服务事工虽处在初级发展过程中，但很多教会人士认识到该社会服务是处于对"上帝爱的经历，也是上帝爱的延续，爱的意思是起来行动，任何理由都不能成为拒绝帮助人的借口"②。2008年召开的中国基督教第八次全国代表大会上通过了《中国基督徒为经济社会发展作贡献的倡议》，其中第二条指出基督徒要"弘扬以爱为核心的基督教道德，做光做盐，荣神益人。遵行'彼此相爱'、'尽力与众人和睦'的教导，努力促进宗教和睦、社会和谐"。第三条认为："基督徒应该遵行'施比受更为有福'的经训，关爱需要帮助的人，积极开展社会服务事工，努力参与社会公益活动。"中国基督教三自爱国运动委员会主席傅先伟长老在上海宗教学会的年会上曾经发言认为"基督教的社会地位决定于基督教自身是否有所作为。在城市化进程中，城市教会已经具备了一定的自养基础和经济实力，应当有计划有步骤地参与社会服务项目，既是实践圣经的教导，也是借此提升教会自身社会形象、实现教会自身价值的重要途径"③。这些倡议及远见必将指导中国基督教社会服务工作健康有序地开展。

（四）组织机构发展

1. 基督教全国"两会"组织

　　1950年，中国基督教界40余位领袖联名发表了《中国基督教在新中国建设过程中努力的途径》这一宣言，重申了"自治、自养、自传"三自原则，并在全国发起了一场三自革新宣言签名运动，截至1954年，共有41万余人在宣言上签字。1954年5月，三自革新运动委员会筹委会在上海举行第二次全体委员会议，决定成立全国性的领导机构，1954年7月，在北京召开的第一届中国基督教全国会议上，正式成立了中国基督教三自爱国运动委员会，其基本宗旨是团结和引导全国广大基督徒，热爱祖

---

　　①　参见卓新平：《中国基督教"爱的神学"及其社会关怀》，载中国共产党新闻网，http://theory. people. com. cn/GB/49157/49165/8518691. html。

　　②　《"做一个服务人群而不厌倦的仆人"——"中国基督教两会社会服务事工分享会"在沪举行》，载《天风》2005年第7期。

　　③　傅先伟：《关于城市化与教会发展的思考》，载《天风》2010年第2期，第6页。

国，遵纪守法，积极拥护和参加社会主义建设，坚持独立自主，努力办好中国基督教会。之后，在"文化大革命"期间对于宗教全面抨击的政治浪潮中，三自爱国运动委员会的工作不得不停止。1979 年 6 月开始，各地三自爱国运动委员会陆续恢复工作，1980 年 2 月 25 日至 3 月 1 日，三自爱国运动委员会常委扩大会议在上海召开，来自 16 个省的 37 位代表出席会议，这是三自爱国运动委员会在 1961 年之后的首次全国性会议。会上除决定保留并恢复各地三自组织之外，还决定成立一个专门的教务机关，处理教牧事宜。1980 年 10 月，中国基督教第三次全国会议于南京召开，中国基督教协会在此次会上正式成立，它主要负责全国性的基督教教务工作，其宗旨为按照圣经教导，团结全国基督徒，根据自治、自养、自传原则，积极开展教务活动，努力办好中国基督教会。中国基督教协会的最高机构为中国基督教全国会议，代表由各省、直辖市、自治区协商产生，每 5 年由该会同中国基督教三自爱国运动委员会联合召开。全国会议协商选举中国基督教全国委员会，全国委员会选举产生会长、副会长、总干事及常委委员，任期为 5 年，会址设在上海，中国基督教三自爱国运动委员会主席丁光训主教当选首任会长。

为了完善、细化"两会"的工作，1992 年初中国基督教第五届全国会议后，"两会"成立了八个专门委员会对各项工作进行分工，该八个委员会包括：教会治理、农村工作、海外关系、文字出版、圣经出版、圣乐、神学教育和《天风》编辑委员会。之后一年，在全国两会常委会第二次和第三次会议上，又分别成立了民族教会工作委员会及妇女工作委员会。目前，全国"两会"拥有教会治理、神学教育、圣经事工、传媒事工、《天风》编辑、圣乐事工、妇女和青年事工、农村教会事工、海外联络、民族事工、社会服务事工、资产管理这 12 个委员会，负责筹划和推进中国教会的各项建设事工。在中国基督教第七次全国会议之后，基督教全国"两会"为了加强自身建设，根据需要调整部门结构，还成立了社会服务部、培训部和海外联络部。

从基督教全国"两会"在改革开放初期开展工作至今，其章程亦根据时代需要历经多次修订。1986 年 8 月 16—23 日，中国基督教第四届全国会议对全国"两会"的章程作了相应修改。例如，将三自爱国运动委员会章程第二条原有的"中国基督教的反帝爱国组织"改为"中国基督徒的爱国爱教组织"；用"开展国际友好工作"替换原有的"促进台湾回归祖国"和"反对霸权主义"等表述。在基督教协会章程的第二条中，指出该会要团结全国所有基督徒，在原"办好我国自治自养自传的教会"中，加上"独立自主"几个字。协会的任务改为"促进中国教会的神学教育与文字出版工作"、"促进各地教会事工的交流"、"介绍各地教会在制度化方面的经验"、"开展与各国教会的友好往来"等。在此次会议上决定，基督教全国会议由每四年改为每五年召开一次，全体委员会会议由每年改为每两年召开一次，常务委员会会议由每半年改为每年召开一次。全国"两会"委员会任期均规定到下一届全国会议为止。1997 年 1 月 2 日，中国基督教第六次全国会议上通过了再次修订后的《中国基督教三自爱国运动委员会章程》《中国基督教协会章程》，这次修订对于三自的宗旨和任务分别加以阐述，对基督教协会中容易遭到误解的语言表述加以修改。比如在三自或基协这个大机构内部有不同的组织层次，这些不同的组织层次各自如何产生、负何职责，在新的章程中都作出明确交代；再比如对于全国两会与地方两会的关系，保留原来的"沟通""交流"，将"协调"改为"协商"，突出双向的、多向的关系。① 2008 年，全国"两会"对其规章作了进一步修订，这次修改将规章中原有的条目改为章与条，增加了与社会主义社会相适应的内容及与政府相关管理部门的行政与法律责任关系，增加了积极推进神学思想建设的任务和要求。另外，对"两会"负责人的任期和年龄作了明确规定。

2. 教会规章制度

随着全国"两会"的恢复和创建及各地两会的成立，改革开放初期的中国教会形成了初步的组织建制。拨乱反正后，各地教会及地方"两会"，由于忙于收回教产、开放教堂、发展信徒，很少将精力放在教会规章制度的订立上。虽然，中国基督教"两会"均有各自的章程，但对于教会的具体工作只有宏观的指导意义，并没有一个明确的操作细则。1984 年开始，有个别省、市"两会"先后订立符合当地教会情况的规章制度或单行条例，到 1987 年 8 月，全国有 13 个省、直辖市、自治区订立了规章制度。但各省试行的规章由于缺乏统一的指导思想，良莠不齐在所难免，中国教会作为一个整体不能无章可循。为了推动与协助各地基督教教务机构制订或完善教会规章制度，1987 年，在成都全国基督教两会常务

① 王菊珍：《关于修改章程的说明》，载《天风》1997 年第 2 期，第 25 页。

委员会联席会议上，通过了《关于推进自治，制定教会规章制度的决议》，并成立了"教会规章制度委员会"。1991 年 12 月 30 日，全国基督教两会常务委员会联席会议又通过了示范性的《中国基督教各地教会试行规章制度》，作为各地教会共同参照的准则。

虽然教会界领导层面始终致力于各种规章的制定中，但直到 90 年代初期，各基层"两会"组织的主要工作仍以发展信徒、建设教堂、传播福音为主。随着基督教各项事业进入稳步发展阶段，基督教会自身组织体制的建设和完善工作必须提上议事日程，这种回溯亦与在此过程中，中国基督教遇到的各种难题及积累的经验教训有关，因为自改革开放初期直到 20 世纪 90 年代，在管理体制上，除各级"两会"外，中国教会并未出现较为完备的运行机制，各级"两会"组织的人选产生问题、教会内部的管理问题均存在若干混乱现象，用金陵协和神学院教授汪维藩当时的话来说：

> 各地教会有无腐败、专横、任人唯亲、以公肥私等现象，就当前中国教会来说，仅取决于教牧或负责人个人的灵性与品德，却没有一个有效的管理体制来制约、预防、克服并消除这侵蚀基督身体的种种腐恶。①

另外，各级"三自"和"基协"代表在多大程度上能够代表平信徒的民意，如何让"两会"班子充分调动并发挥信徒爱教会的积极性，这些问题均依赖于"两会"组织制度的完善及教会管理工作的提升。

前面提到的《中国基督教各地教会试行规章制度》在之后的 5 年实践中，得以不断完善、补充，最终定名为《中国基督教教会规章》，于 1996 年 12 月 28 日的中国基督教两会常务委员会上通过。② 它的出台在一定程度上有针对性地解决了上述问题。例如，按照规章教会要成立自己的管理机构——堂管会或堂务委员会，这个组织由平信徒选举产生，在一定程度上克服了个别教会负责人武断及腐败现象。在这一规章的指导下，各省教会根据自己的实际需要，加快了制度化建设的步伐，比如江苏省制定

---

① 汪维藩：《试谈中国教会治好之路》，载《天风》1994 年第 7 期，第 26 页。
② 参见《天风》1997 年第 2 期，第 30 页。

的制度包括：《江苏省各地教会规章制度》《教牧人员守则》、《各级两会组织条例》《关于财务管理制度的意见》等 21 条规章，其中甚至包括《省两会驻会人员分工》及《用车管理规定》等具体规定，基本涵盖了教会工作和生活的各个方面。①

2008 年 1 月 8 日，修订后的《中国基督教教会规章》（以下简称《规章》）在中国基督教三自爱国运动委员会第七届常务委员会、中国基督教协会第五届常务委员会第六次（联席）会议上通过，这是自 1996 年《规章》实行以来，第一次对其进行较大程度的修订，增加了规章中信仰和神学方面的内容及依据，信仰一章中内容不长，但包含了系统神学中的三一论、创造论、圣灵论、教会论、圣经观、人论、终极论、基督徒的伦理责任等八个方面。同时，新的规章中，还增加了加强基层教会建设方面的内容。

3. 其他规章制度的制定

各宗派作为独立的教会体系虽然已经不复存在了，但是各宗派的礼仪和圣职从来就没有废止过，所以，本着信仰彼此尊重的原则和教会的传统习惯，1987 年 12 月，在上海市基督教教务委员会全体会议上一致通过了《关于授受教会圣职的暂行条例》。在这个条例中，规定设立主教、牧师、长老、传道和执事等各种教会圣职与职务。中国教会在 1955 年之后，就没有祝圣过主教，1988 年 6 月 26 日，这一祝圣主教的仪式在 30 多年之后得以重新开启。上海教会祝圣孙彦理、沈以藩为主教，按照《条例》，中国的主教制不再是行政式的职务，没有教区，而是教会在灵性上的领袖。"主教是牧中之牧，也是众仆之仆。从这个意义上说，这次祝圣主教也可以说是中国教会有史以来的第一次。"②

此外，为进一步规范宗教教职人员的认定，与国务院《宗教事务条例》下发的《宗教教职人员备案办法》相衔接，2005 年 7 月 14 日，中国基督教三自爱国运动委员会第七届、中国基督教协会第五届第四次常委会议讨论通过了《中国基督教教职人员认定办法》，使教会教牧人员的认定有了制度上的依据。

上述举措使基督教"两会"在制度建设上，逐步得到补充和完善。

---

① 季剑虹：《制度建设是教会建设的基础》，载《天风》1998 年第 12 期，第 40 页。

② 尹襄：《在建设教会的道路上迈出新的一步》，载《天风》1988 年第 9 期，第 2 页。

各地教会在规章制度的完善上也有许多新的探索，有的建立起了基层教会同工的生活保障制度和退休制度，有的对教会的一些岗位同工实行聘任制等。

目前，各级"两会"的组织体制及教会的管理机制虽日趋完善，但在中国教会的运作过程中，仍存在若干亟待解决的问题，有些问题是由于既往的规章制度贯彻不力，有的是由中国教会自身发展的种种困境造成，比如，按照《规章》的规定，各级教会之间应维持一种平等而非从属的关系。他们之间的关系更多的是信仰或教义上的指导和服务，但在实际的运作过程中，因为上级"两会"组织在某种程度上对教牧人员的审批权而成为各教会的领导者。当然，其中有些问题也与这些新的组织体制对于传统管理机制的挑战有关，比如堂管会与宗教领袖、堂管会与各级"两会"组织之间的关系问题。

（五）经济状况

改革开放以来，中国教会的经济状况整体呈日益改善状态，但目前仍具有地区间经济状况不均衡、经济来源单一、教会财务制度有待于进一步完善等方面的问题。

中国教会经济状况的改善，一方面来自于信徒生活水平的提高，毕竟目前中国教会的经济从整体上有赖于信徒的奉献收入，另一方面亦得益于教产收入在中国教会经济中所占的比重逐年上升。早在改革开放之初，甘肃兰州教会、山东潍坊等地就开始兴建青年服务部、三自商店，经营日用杂品、出售日用百货等，以解决教会的自养问题；有的地方"两会"甚至开办了茶庄、面条加工门市、福利服务中心、托婴所等，其中具影响力的有广州基督教"两会"发起的"广州仁爱社会服务中心"，浙江温岭县甸支村基督徒建立的残疾人福利工厂等。①

教会经济状况的改变亦与海外教会机构对于中国基督教会的捐赠有关，虽然作用不大，但并不能否认。虽然早在"文化大革命"之前，中国政府对于海外资金的利用基本持抵制和禁止的立场，但在改革开放之初，这些立场有所改变，教会负责人在一些场合主张在不影响教会独立自

---

① 参见赵天恩、庄婉芳《当代中国基督教发展史》，中福出版社1997年版，第435—436页。

主、自办原则的情况下，可按相关规定，合理利用海外捐款。例如，1984年底，全国"两会"发表声明，中国教会虽在福传事工上不依赖于海外的经济力量，但对此并不排斥，只是要求海外信徒对教会工作的大笔捐赠要事先同中国基督教协会或省一级基督教协会进行协商。对此，丁光训主教在全国两会常委会第六次会议上指出在教会自养问题上，要做到合情合理，既避免生硬的、伤害海外信徒对我友好情意的做法，又坚持原则，不损害我国教会事工由我国信徒自主经营的形象和实际。

虽然，中国教会的经济状况整体上呈现改善趋势，但这其中不排除地区间发展的差距，尤其是在城乡间的差距。例如，在温州地区，有些教会拥有雄厚的资产、宏伟的教堂、丰富的教产，这源于该地区信徒的富裕及教产的经营。浙江大学陈村富教授最早将这些经济富裕的信徒称为"老板基督徒"，他在美国《宗教研究评论》（*Review of Religious Researh*）杂志上发表的《一个新型基督徒群体正在中国兴起》（*The Emergence of A New Type of Christian in China Today*）① 一文中指出"以个体经营和民营经济为基础的商人、企业主、经理、董事和有股份的职工教徒，俗称'老板基督徒'"这一群体正在崛起。② "老板基督徒"群体是中国经济体制改革及社会转型期出现的一个特殊群体，他们主要兴起于沿海经济发达地区，以温州地区教会最为典型。2007 年初，笔者赴温州苍南县进行调研过程中，处处可见雄伟的教堂，造价均在几百万元人民币，甚至村子里的教堂也毫不逊色。有的教堂甚至就是几个信徒捐款修建的，教堂中有先进的扩音及录像设备，甚至有的教堂还安装有中央空调。在与教会信徒座谈时，牧师或长老往往会请几位教会中见多识广的基督徒企业家一起参与。温州地区老板基督徒的能量从下面这个事例中可见一斑：温州地区萧江水井头教会建于萧江镇中心，是当年内地会传教士所建，但有一批经商的信徒认为这个地方难以发展，建议搬迁新址，但遭到反对，于是有 18 人（其中 3 人为企业家）另觅新址建堂，这个堂就是今天的锡安堂，锡安堂高四层，附有三层楼千余平方米的辅助房，其中一层为停车场，其气派冠全县，在温州地区也小有名气。锡安堂的一位长老不无得意地说："我敢

---

① 该文的中英文版本均收录在陈村富《转型期的中国基督教——浙江基督教个案研究》（东方出版社 2005 年版）一书中。

② 陈村富：《转型期的中国基督教》，第 73 页。

保证 20 年内我们不用愁教堂不够用。"① 其实，温州一代教会的富有早在
20 世纪 80 年代便已远近闻名，1988 年第五期的《天风》杂志上便有一
篇题为"龙港的'富人教会'"的文章提到那些贴着"以马内利，一路平
安"八个大字的豪华旅游大客车，是龙港信徒办的"中国华达旅游公司"
直达南京的旅游车。"这个公司，在主面前立了愿：不但按规定向国家缴
纳税款，而且将利润的 1/10 作为奉献款，向教会、社会，广行善事。
1987 年圣诞节，该公司为教会办齐了新式的椅子，并奉献感恩款 5000
元。"② 但同样在温州下属的村镇的一些教会，教会的自养问题尚存在较
大的困难，比如在笔者所走访的苍南县 XJ 村的一个教会，每位信徒的奉
献每月也只有几元钱，而这些钱还要用来进行慰问生病信徒、教会的日常
开支等，他们的教堂是从一户搬走的村民那里购买的破旧民宅。

笔者于 2009 年初曾经在福建厦门的竹树堂教会、河南永城 ZZ 村教会
及内蒙古赤峰市 SS 教会进行调研，三地的对比可让人对于中国教会的经
济状况有一粗略了解。福建厦门的竹树堂历史悠久，教会规模庞大，信徒
众多，如前所述，它成立有"福音基金会""主爱基金会""施与受基金
会"进行扶贫帮困工作，这些工作的开展虽很大程度上囿于信徒群体内
部，但其惠及面因信徒众多同样较广泛，而这一切工作的背后是有一定的
经济条件加以维持。与具有悠久历史、经济实力雄厚的厦门竹树堂教会比
起来，内蒙古赤峰 SS 教会像个蹒跚学步的婴儿，该教会仅有三十几平方
米的活动场所，租用一间底商，左边为一中国移动通信专营店，右边为一
茶社，SS 教会的牌匾与周边其他店铺牌匾规格一致，并不显眼。就是这
样的聚会场所也不稳定，前不久教会负责人来信告诉笔者，因为房主将店
面转卖给他人，SS 教会又不得不另觅新址，SS 教会唯一的收入便是信徒
的奉献。河南的 ZZ 教会位于永城市条河乡，是典型的内地乡村教会，信
徒主要由附近各村信徒组成，教会离条河乡政府约有 2 里路，规模不是很
大，是附近村中信徒自筹经费在 1992 年左右建造的一层建筑，最多能容
纳 200 人同时聚会，但平常教会并没有这么多信徒参加活动，只有农闲
时，人数才稍多一些。因为教堂的经济较为困难，教堂很少开展社会活

---

① 参见陈桂照、姚民权《"温州经济模式"中的当地基督教初探》，载《当代宗教研究》
（上海社会科学院内刊）2008 年第 4 期，第 33 页。

② 倪光道：《龙港的"富人教会"》，1988 年第 5 期，第 24 页。

动，甚至对于生病的信徒也较少有看望活动，他们一般过圣诞节和春节两个节日，教会的所有经济来源来自信徒的奉献。以上三个教堂一个位于沿海经济发达城市、一个处在东北的工业城市、一为华中的农村教会，它们之间经济状况的对比，很容易让中国教会经济状况多样性凸显出来。

（六）国际交往

改革开放后，中国基督教"两会"的国际交往活动也得以恢复和开展。1980 年 10 月 20 日，亚洲基督教会议总干事叶金豪会督来访，而在近半年后的 1981 年 3 月 22 日，中国基督教代表团 8 人首次出访，参加香港举行的"中国基督教咨询会议"。同年 10 月 2—10 日，"两会"代表团 7 人参加了加拿大蒙特利尔举行的国际基督教研讨会。从 1980 年基督教第三次全国会议召开到 1984 年 10 月，本着"互相尊重、平等交往"的原则，中国教会共接待海外基督教会的多个代表团的来访，这其中包括加拿大基督教会联合会代表团、香港基督教代表团、美国基督教会联合会代表团、英国基督教联合会访问团、英国坎特伯雷大主教伦西（Ramsey）、澳洲基督教会联合会代表团、亚洲教会领袖代表团、日本基督教协进会代表团、德国基督教界人士、瑞典基督教大主教奥拉夫·森贝、世界基督教联合会总干事飞利浦·泡特等①，在这些交往活动中，中国教会在向外界展现自身宗教形象、宣扬教会制度的同时，也拓展了国际联系，在此期间"两会"也派代表参加在非洲肯尼亚举行的世界宗教和平会议，访问欧洲、美国、加拿大、中国香港、澳大利亚及新西兰、日本等地教会。

随着中国教会在国际舞台上影响力的扩大，1985 年 7 月 14—27 日，

---

① 1981—1985 年，中国基督教"两会"接待的海外基督教人士和代表团主要有：1981 年 1 月 2 日，圣公会港澳教区白约翰主教；1981 年 6 月 18 日，加拿大基督教会联合会代表团，17 人；1981 年 9 月 12 日，香港基督教代表团，18 人；1981 年 11 月 14 日，美国基督教会联合会代表团，18 人；1981 年 12 月 8 日，英国基督教联合会访问团，3 人；1982 年 1 月 8 日，英国坎特伯雷大主教伦西（Ramsey）；1982 年 4 月 21 日，澳洲基督教会联合会代表团；1983 年 6 月 1—14 日，亚洲教会领袖代表团，6 人；1983 年 10 月 21—29 日，日本基督教协进会，11 人；1983 年 12 月 3—17 日，英国大主教伦西及英国基督教联合会代表团，20 人；1984 年 3—4 月，德国基督教人士；1984 年 4 月 26—5 月 12 日，瑞典基督教大主教奥拉夫·森贝；1984 年 10 月 16—28 日，世界基督教联合会总干事菲利浦·泡特；1985 年 2 月 2—14 日，西德基督教代表团，17 人；1985 年 5 月 5 日，朝鲜基督徒联盟代表团，3 人；1985 年 10 月 5—17 日，匈牙利基督教代表团，4 人；1985 年 11 月 8—22 日，东德福音教会联盟代表团，3 人。

金陵协和神学院与中美教育基金会、全球教育促进会在南京共同主办题为
"在中国为基督作见证"的国际研讨会，这次会议是解放后首次在中国举
办的基督教国际会议，当时的出席者达到二百人的规模。这次会议的成功
举办为海外教会消除误解，理解中国基督教会的信仰立场及中国的宗教信
仰自由政策创造了条件，增加了西方教会对中国教会的接纳程度。例如，
1986 年由葛培理布道会主办的巡回布道者国际会议执行干事百克林
（Werner Burklin）及国际青年归主协会名誉总裁吾尔基穆（Sam Wolge-
muth）草拟了一份十一点文告，呼吁海外基督徒不要批评中国教会，要
求福音派与"两会"合作。美国福音派的代表性杂志《今日基督教》
（Christianity Today）甚至为此作了专文报导，标题是"访客目睹中国强有
力的福音派信仰"（*Visitors See Signs of Strong Evangelical Faith in China*）。
此文章无形中转变了一些美国福音派人士对"两会"的立场。① 1987 年 9
月下旬，世界基督教会联合会在美国举行的执委会议，通过的决议内容包
括：世基联有关中国的一切举动必须显示承认"两会"为中国教会的代
表；爱德基金会是世基联对华分享资源的首要伙伴；世基联有关中国的任
何行动其邀请必须由中国基协提出，或为中国基协所认可等。世基联的决
定明显标志着中国基督教"两会"的身份及工作正式得到了国际社会的
认可。1988 年 4 月 13—28 日，美国著名布道家葛培理一行应中国基督教
协会和中国人民对外友好协会的邀请来华访问，这是全国"两会"与海
外福音派之间友好关系确立的重要标志。葛培理一行先后访问了北京、淮
阴、南京、上海、广州等地，当时的国务院总理李鹏接见了葛培理。回国
后，在谈到对中国教会的观感时，他说到："以后如果有人向我问起中国
教会的情况，我要叫他们亲自来看看，来直接地感受和了解中国教会。"②
在中国教会及广大信徒的努力之下，1991 年，中国基督教协会正式被接
纳为世界基督教教会联合会会员。

　　虽然中国教会在 20 世纪 80 年代的国际交往活动，使其在世界基督教
舞台上得以立足，并受到肯定，但当时中国教会的实际条件不允许这种交
往活动得以深入、广泛开展，对此教会负责人曾在当时全国"两会"会
务会议上指出，"在目前中国教会人力与财力有限的情况下，只能有限度

---

① 参见赵天恩、庄婉芳《当代中国基督教发展史》，第 445 页。
② 《葛培理访问我国》，载《天风》1988 年第 7 期，第 13 页。

地进行外事。今后中国教会的外事要注意专业化的趋势，所谓专业化即不是一般地、泛泛地交流交流教会的开堂数、信徒数等浮面的情况，要深一层地交流神学思想或专门交流某一方面的事工等"①。

　　进入 20 世纪 90 年代，随着中国教会国际活动的广泛开展，交流的内容也逐步增多，国际团体对中国的访问并不仅仅是参观各基督教堂点、团体，有些团体和人士还被邀请到神学院校讲课，甚至到一些教会进行讲道，同时，有更多的国外神学家到大陆进行神学及学术上的交流。另外，中国基督教"两会"将国际交往的范围扩大到周边国家和地区，并加强同海外福音派华人教会团体的交往。例如，在 1994 年 4 月中旬，来自北美和中国香港教会的牧师、长老，神学院的院长、教师和文字出版机构的人士共 16 人与中国教会八省一市教会的牧师二十余人，参加了全国基协在杭州主办的"一九九四年华人事工研讨会"。1993 年 9 月，全国两会第一次有两位同工访问中国台湾教会。随着香港"九七"回归的临近，中国教会与香港地区教会的往来也有所增加。与此同时，各省"两会"组织也有计划地开展与海外教会交往活动。仅以福建省"两会"为例，1995 年 1 月该省"两会"不仅应邀组团访台，而且自 20 世纪 90 年代以来，该省先后接待了来自美国、英国、日本、中国台湾、中国香港等地 20 多个国家和地区教会团体及个人 200 多批，计 3000 多人次，组团出访 10 多个国家和地区。

　　从 20 世纪 90 年代初到 1996 年底，中国基督教"两会"共接待来访团体 203 批，派出访问团体 108 批。这其中有英国坎特伯雷大主教乔治·凯瑞和前任大主教伦西，世界基督教联合会总干事康拉德·雷泽尔，福音派著名神学家约翰·斯托特，美国基督教教会联合会总干事坎布尔以及信义宗世界联盟、归正宗世界联盟等国际组织的负责人。曾派出代表团访问亚洲地区的印尼、日本、韩国、菲律宾等国的教会，还加强了与美国、新加坡、马来西亚、印尼等国的华人教会的联系。② 中国基督教海外联络委员会在 1998 年 4 月 14—16 日召开的扩大工作会议上指出，全国"两会"自改革开放之后共组织上百个代表团，共 500 多人

---

① 彤人：《全国两会第三次会务会议在沪召开》，载《天风》1988 年第 11 期，第 4 页。

② 韩文藻：《全国三自第五届全国基协第三届常务委员会工作报告——同心协力建立基督的身体，按三自原则把教会办得更好》，1996 年 12 月 29 日。

次，出访了 30 多个国家和地区，接待了 30 多个国家和地区的教会组织及跨地区世界性教会团体，访问团共计 400 个，约 4000 人次。从这一数字可以看出，20 世纪 90 年代前半期中国教会的国际交往活动较整个 20 世纪 80 年代更为频繁。

另据全国"两会"的统计，从 1997—2001 年底，全国"两会"共接待不同国家和地区的教会和个人来访 261 批，3301 人次；同时也派代表团出访计 112 批，295 人次。在这五年中，国际形势发生很多变化，中国基督教全国"两会"注重从国家利益出发，伸张正义、呼唤和平，积极介绍中国基督徒享受宗教信仰自由的状况。例如，2000 年，韩文藻会长和曹圣洁副会长代表中国基督教参加中国宗教领袖代表团，出席纽约联合国总部召开的"宗教与精神领袖世界和平千年大会"。

进入 21 世纪，中国教会的对外活动更加深入，以 2003 年为例，4 月 21 日至 5 月 8 日中国基督教三自爱国运动委员会主席季剑虹长老、中国基督教协会会长曹圣洁牧师率领的中国基督教代表团访问了德国、瑞士、英国教会，同年 10 月 4—27 日，两人又率中国基督教代表团访问美国及加拿大教会。中国教会在强调国际交往重要性的同时，对于外事活动的纪律及对外交往过程中，中国教会神学的宣讲工作亦有所强调。2001 年 12 月 17—18 日，在哈尔滨召开的中国基督教海外联络委员会（扩大）会议上强调："外事无小事无私事，必须严格遵守外事纪律。同时还强调必须拒绝任何附带条件的捐赠，抵御一切形式的渗透；外事工作人员必须主动投入神学思想建设，以便在外事活动中客观地向海外朋友介绍神学思想建设的情况，消除误会，增进理解。"① 进入新世纪，国际友好人士及教会团体在与全国"两会"建立良好关系的同时，与地方"两会"团体间亦开展了各种友好交往活动。例如，2002 年，挪威首相邦德维克访华，于 2002 月 19—20 日对陕西进行友好访问，并在 20 日参加了西安南新街基督教堂的主日崇拜。2002 年 4 月 11—22 日，美国旧金山市华人宣道会黄家麟牧师和潘士瑞牧师 12 人访问重庆市基督教教会。值得一提的是，从 2004 年 8 月以来，全国"两会"先后在我国香港特区、美国的洛杉矶、亚特兰大和纽约，德国的科隆和巴伐利亚州举办了"中国教会圣经事工展"。这些巡展为消除境外教会、组织、个人对中国基督教的状况及对中

---

① 参见《天风》2002 年第 1 期，第 34 页。

国的宗教政策的成见提供了有力回击。圣经事工展通过对中国圣经工作的介绍和展示，让海外平民和教会组织有机会近距离地了解中国教会的状况，了解中国教会所做的工作。

2008 年，中国基督教第八次代表大会对中国教会的国际交往活动进行了总结，指出，在过去的五年多里，中国教会的对外交往活动不断取得突破。接待境外基督教团体 270 个，年均接待 659 人次，累计接待 3296 人次，累计安排 127 批次 521 人次的基督教代表团和个人到 20 多个国家和地区访问。中国教会的国际交往活动日益频繁，并在国际舞台上发挥着越来越重要的作用。

二　文化主体性发展

如果将教会实体的发展比作"硬件"的话，那么"硬件"的驱动必须得益于"软件"的开发、完善及更新，对于中国教会而言，这种"软件"在于其文化主体性，这包括神学建设、信徒素质、出版印刷、宗教自我定位等多个方面。

（一）神学建设及信仰的诠释、理解

新中国成立后，三自爱国运动组织提倡"自传"，自传要求的不仅仅是中国基督徒自己传教，还必须要考虑到传什么，如果传的仅仅是西方的神学思想和理念，那么这种自传也就失去了其本质意义，中国的神学还必须在新社会背景中加以发展。20 世纪 50 年代，以《天风》杂志为阵地，针对"信与不信"的对立以及参加社会主义建设是否违反信仰等问题，曾经展开过群众性的讨论，这场神学大辩论，教内称之为中国基督教的"神学再思"。这次"神学再思"形成了以下几点共识。

①人类社会中尽管有罪恶的污染，但它的主宰与管理之权仍在圣善之上帝手中，在某一历史时期中罪恶可能成为人类社会的主要方面，但在另一历史时期中，如建国以后的新社会，美与善可能成为人类社会的主导方面；②人类是按上帝的形象被造的，亚当犯罪之后给人类带来了罪的本性和犯罪的倾向，但人类并没有完全丧失上帝圣善仁义的形象，基督教之外仍然有来自上帝的真、善、美，这就是建国

以后新人新事产生的原由和根源；③历史在上帝的主宰与运筹之中，上帝圣善的意旨和计划，有时是藉非信徒来实现和完成的，建设新中国这样一个带有道德内涵的事业，基督徒理应肯定、参与；④基督徒的信仰和他的道德实践是统一的，因而他对人对民族和祖国有不可推卸的道德责任。①

后来因为极"左"思潮的影响，这场讨论未能继续下去。"文化大革命"期间，连信徒的信仰生活都无法得到保证，更不用说建设神学思想了。改革开放落实宗教政策后，基督教界把主要精力放在恢复教产，开放活动场点、发展信徒以及配合政府落实宗教政策上，根本无暇顾及神学思想方面的建设。一些与当时社会发展不相协调的神学思想在信徒群体中有所回潮，重新回到教会中的教牧人员、神学教师及广大信徒，大多持有的还是新中国成立前传教士们传入进来的神学理念，这些神学思想多为保守的、不利于教界团结，也不利于信徒与非信徒团结的神学主张。这些问题在教会组织体制逐渐建立起来之后，更加凸显，也越来越引起教会内部人士的关注。虽然未形成教会工作的主流，但其中不乏一些较深入的见地。对此，汪维藩等人曾经总结到：

> 中国基督教在 80 年代进行的神学思考，仍然带有二、三十年代的那种中国特色，并把五十年代的"神学再思"提到了基督论的高度：①表现于基督的"道成肉身"，即永恒的道显现于肉身，显现于人性之中。这不仅肯定了物质世界和人性的积极意义；并使基督徒的宗教生活、灵性生活及内心的敬虔和上帝的爱，力求表现于伦理道德的追求，爱人与服事人的努力，乃至人性的升华与净化之中；②表现于基督的"非以役人，乃役于人"，追求一种舍己为人，为人民鞠躬尽瘁的人生，追求一种以自我的付出与耗尽换取他人幸福与温暖的人生，追求一种谦卑、默默无闻、甘为人仆的人生；③表现于基督为"大祭司"的经历，与自己的人民和民族认同，有份于人民的疾苦与欢乐，肩负人类的错失与惶惑，面对上帝为之代求，却又将上帝的恩惠、平安与安慰，带给人类；④表现于基督的受死与复活。追求一种

---

① 汪维藩、季风文：《中国基督教四十年》，载《世界宗教研究》1990 年第 4 期。

以人类忧患为忧患，以一己之牺牲换取人类平安与医治的大人类精神
和泛爱情怀；以二十年来中国基督教和中华民族死而复苏的历史经历
直面人生，直面未来。所有这些神学思考均集中于神——耶稣基督，
而不同于西方的神学框架；渊源于中国基督教的历史社会实践，而不
同于一般神学研究之从理论到理论；带有浓厚的中国人文主义精神而
又有所补充和注入；带有中国人的实践精神而又有所提升与升华。①

毋庸讳言，虽然此时中国教会的神学思想讨论有了上述提升与升华，
但这只是停留于个别教会上层知识分子的认识领域，在广大的中国基督徒
群体中，对于神学问题的思考还没有任何开展。根据金陵协和神学院陈泽
民教授的分析，20 世纪 50 年前的神学思想在这个时候仍是信徒信仰生活
的主要态度。他在 1992 年的一次研讨会上，提出了神学建设问题，他首
先针对中国教会的神学传统提出了三点看法。

> 第一，大多数传教人员墨守教会传统的"正统教义"（主要是西
> 方最早的教义，内容保守或属基要主义的，在形式和风格上有奋兴派
> 和卡理斯玛的倾向）。他们把现代化与处境化（文化适应或"中国
> 化"）视为非正统的、危险的、或异端的，因而对为现代化和处境化
> 所作的一切改革尝试，持一种冷漠的、怀疑的、甚至是敌视的态度。
> 第二，有些神职人员倾向于采纳得到普遍接受的观点，即现代化意味
> 着西方化，并把现代神学仅仅等同于西方现代神学。他们对本土化或
> "中国化"不感兴趣。第三，也有这样一些人，他们仅从历史和传统
> 的角度来思考处境化（例如把儒家和新儒家都视为本土化必不可少
> 的因素）。②

他认为，正是由于这些片面的孤立的看法，把所有"非信仰者"排
除在福音之外，并最终导致自我的疏离，使基督教会与广大的群众疏离，
使教会处于一种文化飞地之中。相反，中国的信徒应该找到一种神学：它

---

① 汪维藩、季风文：《中国基督教四十年》，载《世界宗教研究》1990 年第 4 期。
② 陈泽民：《中国基督教（新教）面对现代化的挑战》，1992 年 4 月在北京举行的"基督
教文化与现代化"国际学术研讨会上的发言。

既是基督教的，但同时又能吸引现代中国人的思想。

　　针对合乎中国国情的神学思想建设，沈以藩主教在 1993 年 6 月 19 日在香港进行公开神学讲座时讲到：首先，中国的福音既是对传统文化的沟通，又具有挑战。这沟通不是盲目地复古，是要批判地继承我国的文化，要保存中国文化中优秀的部分，比如传统文化当中对伦理道德的重视、对人性的尊重等，这些都有助于消除文化障碍，使基督教进一步中国化。另外，福音对中国文化还是有其挑战的一面的。"福音是对中国传统的思想中对人性过于乐观的挑战，对超越境界及其价值缺乏追求的挑战，对于通过道德修养可以超凡入圣，通过冥思苦索可以达到天人合一的挑战"；其次，福音应超越个人福音与社会福音的对立，上帝的大爱不但临到一切蒙受救恩的人，而且也施与一切的人。对所有上帝所爱的人，我们不应该抱有成见。基督拯救灵魂进入永生的同时，也关注我们现实生活的苦乐。信徒应该在此世界上遵行上帝的旨意，要尽力在世界上事主爱人，在生活当中为福音作美好的见证。而那些曾经重视提高品德、改良社会，认为就能使天国早日降临的人，逐渐改变了自己肤浅的见解。在社会的巨大变迁中，他们当中不少人仍感到心灵深处的需要。再次，福音应该从人生的边缘回到人生的中心。中国所传的福音，决不能只限于解救人们脱离生活中的困境，更需要把被人接受于人生边缘的基督，引到人生的中心，使信徒真正尊耶稣基督为他们生命的主，为众人的主。为此，今天中国教会不能仅仅满足于信徒人数的增加，更需要提高信徒对信仰的认识，提高他们信仰的素质，即对福音真理全面的认识与服膺。最后，沈主教认为，在中国应该传"信行合一"的信仰。要依靠信仰改变信徒的整个人生，同时在信徒的生活中处处彰显上帝的大爱。真正的信心必定是信心与行为相结合的。另外，他对于中国福音事工的普世性与地方性也提出了自己的看法。虽然《圣经》教导人们要"去使万民作我的门徒"，但传播信仰的同时，还应该注重地方的特点。①

　　在面对快速增长的信徒人数和日益增多的教会工作时，中国教会必须加强自身的神学思想建设，让这些教会事务纳入到神学思想的指导之下，提高信徒的神学信仰，给其正确的上帝观、基督论、圣经观及由此而来的人生价值观。同时，神学思想建设工作能够让教会界在神学思想上及对某

---

① 沈以藩：《中国教会的福音事工——1993 年 6 月 19 日在香港主领公开神学讲座的讲稿》。

些神学问题的认识上达成共识，有利于实现中国教会的团结。经过教会上层的深入反思及多方倡导，1996 年 12 月召开的基督教第六届全国会议的工作报告中，首先提出了"加强神学思想建设"方面的内容。自此之后，加强教会的神学思想建设，成为中国教会界倡导的主要内容之一。1998年 11 月 19—23 日，中国基督教三自爱国运动委员会第六届暨中国基督教协会第四届第二次全体委员扩大会议在济南召开，会上，丁光训主教以"圣经中上帝的启示和人对上帝启示的认识"为题作了大会发言，阐明了圣经中上帝启示的渐进性以及人对上帝启示认识的渐进性，并指出了中国教会进行神学思想建设的重要性和必要性，会议通过了《关于加强神学思想建设的决议》，"济南会议"被视为"三自爱国运动发展的又一个里程碑"。自此，基督教全国两会把神学思想建设作为"重中之重"的工作任务来推进，并且很快得到了各地基督教两会的积极响应。

针对中国的神学思想建设运动，教会界人士纷纷提出了自己的主张，早在 1995 年，丁光训在三自爱国运动周年庆典的讲话中，就明确了神学思想建设的宗旨，就是建立属灵和属世相统一的神学思想，使教会和社会主义相协调。① 他还在很多场合谈到，中国的神学应该是"适应中国社会主义社会的"、"能帮助信徒树立比较和谐和言之成理的信仰和见证"的，只有这样的神学思想才能受到国人特别是知识界以及国际基督教界的重视和倾听。季剑虹认为，中国基督教两会为神学思想建设制定了如下几项重要原则。

　　①明确神学思想建设的主要任务和目的，是对原有的神学思想中具有不符合圣经明训，没有正确的阐述基本信仰，不能体现时代亮光的错误神学思想，进行必要的调整、修改。根据中国教会的在神面前 50 多年新的经历进行新的阐述，建立一个具有中国特色的神学思想体系，来引导中国教会建设和信徒灵命的追求，使我们在神面前的所有侍奉都能打中神的心意，蒙神完全悦纳，其结果必须与社会主义社会相适应。②进行神学思想建设的基本队伍，就是依靠所有的教牧人员，神学院校的师生以及具有一定文化水平、学术水平、圣经神学知识、灵性经历的义工和信徒。③在尊重圣经，本于圣经，不违背，不

---

① 《丁光训文集》，译林出版社 1998 年版，第 376 页。

改变基本信仰的前提下，提倡多样化、多元化，不搞一言堂，不搞定于一尊。④要绝对避免停留在原有神学流派之间的争论，不允许对某神学流派进行批判或推崇，反对以派划线，抓牢从实际问题出发入手。⑤尊重世界上历代神学研究硕果，要充分运用这一丰富历史资料，但不崇洋媚外，明确以我为主，洋为中用；以现代为主，古为今用。⑥坚持普及与提高相结合，群众性研讨和专业性写作相结合的方法。①

2008 年 11 月 11 日，中国基督教协会会长高峰在神学思想建设十周年纪念大会上，回顾这些原则时说，中国教会界的神学思想建设运动：

> 继承基督教一向重视神学反思的优良传统，立足于圣经的教导，坚持《使徒信经》和《尼西亚信经》所归纳的基本信仰，吸取中国优秀文化之养分，结合中国教会几十年来走三自爱国道路的重要历史经验，以处境化的神学视角来回应中国教会所面临的种种现实问题，消除一些阻碍中国教会健康成长的思想因素，逐步探索建立具有中国特色的基督教神学思想体系，其最终目的是帮助基督徒建立纯正的信仰、活泼的灵命和积极向上的人生态度，促进中国基督教更好地发展，并使中国基督教与社会主义社会相适应，并在构建社会主义和谐社会中作出美好的见证。

在此过程中，许多教会界人士纷纷针对中国教会神学思想建设的复杂性及困难性提出了自己的看法，并针对于此提出很多良好建议。例如，有人认为中国需要自己的神学家和教会领袖，但在今后的几十年中，这种人才短缺的现象将会长期存在。阚保平直言，中国教会神学研究的主要障碍来自于教会内部的官本位制度、对学术研究的淡漠以及研究力量缺乏整合。例如，现在的教会界基本上"以行政职位作为利益分配的标准而歧视其他方面，甚至连圣职这一最重要的方面也经常要在官职面前被迫退让。至于学历、神学院教师职位、职称、工龄等非行政职务因素，当然也

---

① 参见季剑虹《中国基督教神学思想建设》，载《中国宗教》2004 年第 2 期。

常常被轻视"，① 在这种情况下，神学研究根本排不上议事日程。另外，攻击学术的人往往以"属灵"自居，认为喜欢研究神学的人在信仰上是有问题的。而且，中国教会的学术力量基本上分布在各个神学院及全国和各省"两会"，但这些力量仍然处于"游击战"状态，并没有真正组织起来。甚至是相互隔绝，在孤立作战中自生自灭。那些上过神学研究科或工作多年的神学本科毕业生往往兼职太多，精力分散，穷于应付。结果，神学研究作为可有可无的项目，经常被砍掉。阚保平认为到目前，中国教会的神学思想一直未能为中国社会的发展和进步（包括经济发展和文化发展）提出有系统的伦理主张，原因在于有些人竭力用"抵抗世俗"来为自己因抵制传统文化而导致的文化边缘化状况提供依据，殊不知，这种抵抗世俗的方式恰恰使自己失去了发挥宗教的社会功能的能力并最终无法逃避世俗的控制。宗教社会功能的发挥必须在一种立基于传统文化之上的神学思想的指导下进行。他在《神学思想建设是中国教会的文化任务》一文中提到：

> 中国教会在中国社会中处于一种尴尬状况：一个历史悠久的宗教在中国有着不太悠久而且比较复杂的历史；处在一个悠久、丰富的文化环境中却没有有效地表达自己的方式。个中原因很多，但主要原因之一乃是因为中国基督教的神学思想并没有建立在中国文化的基础上，而是建立在某些西方文化的观念上。传教士们把他们在自己的文化和历史中对于信仰的认识和理解方式作为标准原封不动地带到了中国，他们很多人的最终目的有意无意的是要用西方文明来"拯救野蛮的中国"，而不是把基督教带入中国作为一种宗教认识的选择方式之一。……所以说，神学思想建设是今天中国教会的文化重建任务，因为我们直至今天仍然未能在中国社会中把中国教会的神学思想建立在中国社会中主流文化的基础上，因此我们仍然没有改变文化的边缘化状况。②

---

① 黄保罗：《浅析目前中国教会神学研究的主要障碍》，载《天风》2000 年第 3 期，第 20 页。

② 阚保平：《神学思想建设是中国教会的文化任务》，载《传教运动与中国教会》，宗教文化出版社 2007 年版，第 255 页。

苏德慈牧师认为，中国教会神学建设滞后的主要原因有：一是来中国的传教士，多为热心传播福音者，在神学上属基要、较保守；二是中国教会在第二次世界大战后，几乎闭塞30年，对于神学上的新领域和学科几乎一无所知；三是"左"的思想影响神学学术自由氛围；四是传统的神学教育不注重文史哲的教学；五是海外基督教内反华势力的影响；针对这些障碍，他提出如下几点建议：①神学思想的本质是属灵的，也具有学术的属性；②神学思想首先是属于个人的，每个研究者都可发表个人的见解；③神学研究是一项长期性的任务，该有计划、有步骤地推进；④神学建设也是自传工作的一个方面；⑤中国教会神学的建设关键在于神学人才的培养。[1] 金陵神学院王艾明教授在《论中国教会神学思想建设的性质和使命》中作出如下反省。

> 为什么中国教会始终要强调"爱国"？中国基督教史表明，中国的基督徒在中国人民的历史上从未真正主导性地承担苦难深重的同胞救亡图存的民族大业，或者说，中国教会在国破家亡的历史时刻从未发挥出应有的正义的作用和道德作用，因此，中国人民辉煌的救亡图存的解放史上没有中国基督徒的丰碑。此外，如同美国著名汉学家费正清教授主持的《剑桥中国晚清史》所言，西方传教士在中国布道是以劝中国人民放弃中国文化传统为特征的。因此，深受西方传教士讲章和灵修著述影响的中国教会，虽然在政治认同上割断了与西方传教士的联系，但是，在神学思想上从未真正地反省过自身的宣教理念。[2]

济南会议之后，为响应这次会议精神，基督教全国"两会"、各地基督教"两会"和神学院多次召开神学研讨会，1998年11月25日，中国基督教全国"两会"、全国政协民族和宗教委员会、译林出版社在全国政协礼堂举行《丁光训文集》出版座谈会；1999年11月9—11日，中国基督教农村教会工作委员会在南京召开了"中国基督教培训班教师神学思

---

① 苏德慈：《重视神学建设 加快人才培养》，载《天风》1999年第4期，第18—20页。

② 王艾明：《论中国教会神学思想建设的性质和使命》，载《天风》2000年第2期，第14页。

想研讨会",1999 年 12 月,在上海光大会展中心举行了"中国基督教三自爱国运动研讨会",会后,中国基督教全国"两会"成立了以丁光训为组长的"神学思想建设推进小组"。2000 年 8 月,在山东青岛举行了"中国基督教圣经观学术研讨会";2002 年 8 月 20—22 日,由中国基督教三自爱国运动委员会、中国基督教协会在南京组织召开了中国基督教神学院校、神学思想建设工作座谈会。此外,中国基督教界先后在上海、福州、哈尔滨等地召开了华东六省一市、南方五省区、北方五省区神学思想建设研讨会或交流会,研讨神学思想建设问题。各省市也纷纷举办神学思想建设学习活动,神学思想建设得到了一定程度的普及和深入,这可以 2001年 6—7 月间,《天风》报道的各地开展的神学思想建设活动为例:

> 北京市基督教两会以神学思想建设为主题组织了北京教会的"义工培训班",推动神学思想建设的活动深入到基层。
> 湖南省基督教两会于 6 月 18—21 日在省圣经学校召开首次"丁光训神学思想研讨会"。
> 浙江省义务市基督教两会于 7 月 10—12 日举行神学思想建设研讨会,80 余人参加。
> 江苏省盐城市基督教两会和建湖县基督教三自爱国会,于 7 月20 日在建湖教堂会议室联合举办了神学论文分享会。
> 四川省成都市基督教首届神学思想建设研讨会于 7 月 23—25 日举行,教会负责同工和神学毕业生共 31 人参加研讨会。①

　　截至 2008 年底,各省市均召开了多次形式多样的神学思想研讨会,比如重庆市基督教"两会"召开了八次神学思想建设研讨会;青岛市基督教举行了四次神学思想建设研讨会;浙江省基督教召开了十次神学思想建设研讨会。
　　经过几十年的积蓄和探索,中国基督教神学思想建设取得了一定进展,在神学思想建设过程中,中国的教会界主要形成了以下论点:整体的圣经观、启示的渐进性、上帝是爱、宇宙的基督、救恩的原恩论、持续的爱的创造论、创造与救赎的统一、半成品的人论等。在中国基督教神学思

---

① 参见《天风》2001 年第 9 期,第 55 页。

想建设 10 周年纪念会议上，中国基督教协会高峰会长曾作过如下总结。

首先，经过这次神学思想建设运动，教会界取得了推动神学思想建设重要性的共识。"经过这十年的努力，越来越多的教牧人员和同工认识到神学思想建设的重要性和必要性，认识到神学思想建设有助于我们更好地维护纯正的信仰有助于我们拓展信仰视野，全面诠释和理解圣经真理，有助于提高我们辨别是非的能力，消除一些片面、落后和狭隘的观点有助于我们与周围人群和谐相处。"

其次，神学思想建设活跃了教会的神学思考。"中国教会中也曾有过围绕诸如'复活''和好''道成肉身'等与当时教会现实处境有关的神学议题的一些思考。……但就总体而言，无论是参与的主动性、活跃性和广泛性都是不够的。……神学思想建设提出之后，教会的神学思考被推动和活跃起来了。广大教牧同工和神学院校师生认识到信仰不能脱离理性的思考，并就现实的一些问题进行了较深入的信仰反思。例如，一些同工从'上帝是爱'的神学视角，结合'和合共生'的中国传统文化来重新审视信徒中存在的'信与不信'对立的思想，有的同工从上帝创造和救赎的神学维度来检视基督徒在保护生态环境中应承担的责任，也有的同工从基督教伦理神学的角度来讨论爱国守法、敦睦邻里、和睦家庭、敬业爱岗等与基督徒生活息息相关的伦理道德命题。"

第三，此次神学思想建设深化了信徒对信仰的理解。"例如，对于教外是否存在真善美的问题，以往的不少信仰观点对此持否定态度，但随着对'宇宙的基督'等神学主题的思考、研讨，现在更多的人坚信一切美善的恩赐都是从众光之父那里来的，一切人类先进的文明成果，尽管有些不产生在教会之内，但它决不在基督之外。"此外，此次神学思想建设运动还丰富了教会的讲台信息。既让人听到基督救赎的福音，也让众人得到要"服事人"、"关怀社会"的提醒；弘扬了基督教的伦理道德；增强了基督徒的社会责任感和服务意识。

同时，高峰会长也提到，中国基督教神学思想建设过程中，仍存在诸多不足：

推进神学思想建设的方法和形式比较单一，广大教牧同工对神学思想建设的积极性未能充分调动，神学院校作为神学思想建设基地的作用发挥得还很不够，神学思想课题的理论研究还不很深入，神学思想建设中提出的有些讨论命题缺乏深入的调查和研究，导致在某些时候与教会现实有脱节现象，少数基督教两会对神学思想建设这一事工的重视力度还明显不够，导致神学思想建设进度很不平衡，神学思想建设成果转化比较滞缓，未能及时落实到办好教会的实践，等等。

他还进一步指出，推进神学思想建设要以中国优秀文化为沃土，要以实践信仰为要务。[①]

中国教会的神学思想建设也引起了学术界的广泛关注，中国社会科学院世界宗教研究所卓新平研究员不但倡导一种基于学术立场、客观公正地对于"神"学进行研究的"学术神学"，同时呼吁教会界应建立一种"爱的神学"，因为"爱"在中国的贡献既是出自基督宗教的思想资源，也是对中国文化传统美德的有机结合。在此，基督宗教的"爱人"与儒家传统的"仁爱"相互结合，共构了新时代中国社会宗教复兴中"爱"的精神。同时，中国基督教"爱的神学"的提出并不是要信徒走传统西方神学的习惯之路，而是构建一种提供给中国基督徒、帮助其在当代中国社会及文化处境中生存与发展的"实践神学""社会神学"[②]。

这里我们还不得不提及一点，中国教会界的神学思想建设运动虽然得到广泛开展，并对已登记教会内的部分信徒产生影响，但对于部分农村地区教会以及尚未登记教会，影响甚微。在很大程度上，在这些教会中，重个体的属灵倾向超过对于教会社会性参与的关注，重末世思想超过现世侍奉，重圣经的本本理解超过其理性解读。对此，香港建道神学院的梁家麟教授曾认为："中国农村基督教所出现的这些灵恩行为，有可能已超越了一般宗教礼仪的含义，进至巫术的地步。"因为巫术意在通过行为本身让参与巫术的人获得某些超自然的能力，而宗教祭礼意在表达人对膜拜对象

---

① 参见高峰《继续加强神学思想建设，努力办好中国教会——中国基督教开展神学思想建设十年总结》，载《天风》2008年第23期，第4—11页。

② 参见卓新平《中国基督教"爱的神学"及其社会关怀》，载中国共产党新闻网，http://theory.people.com.cn/GB/49157/49165/8518691.html。

的各种宗教感情，其神圣意义至多在于不因程序失误而构成对膜拜神明的冒犯，而非仪式本身具有法力。①

从基督教神学的观点来看，中国民众对于宗教的信仰与实践所持的态度简直不可思议。因为中国民众参加的许多宗教活动和对宗教义务的履行，多是为遵守传统习俗的规定和要求，受到世俗功利的心理和欲望的支配。大多数人参加宗教活动的动机往往不是出自对于宗教的真挚信奉，而是希望通过宗教仪式来获得个人幸福和某些社会效益。中国民众这样的宗教意识，并未因他们选择皈依基督教而有所改变，反倒他们是按着这样的宗教意识，本着传统的宗教期望而选择基督教的。

……

农村信徒将大泛灵主义的传统迷信观念与行为移进基督教，为其贴上基督教的标签。他们相信人间一切的遭遇，诸如家人多病，居家不安、事业不顺、迭遭变故，皆是因为有邪灵污鬼、游魂散魄之类在作祟，必须藉某种巫术法事才能克制或祛除。他们将这种宗教观念套入基督教里，于是祈祷唱诗便成了驱魔除妖的咒语，而《圣经》或其他圣物亦被祝作压鬼镇魂的神具。在农村，不少人因不识字的缘故，无法理解《圣经》的内容，但他们却将《圣经》用红布（红色有驱魔的作用）包好，放在箱内，或摆在枕前，作为驱鬼避邪的武器。对他们而言，《圣经》的法力乃在于书的本身，而非其内容。此外，亦有人将哈利路亚看成医病赶鬼时用的咒语，是克制魔鬼的急刹令。②

进而他认为：

这样的客观历史和现实的条件，决定了中国基督教只能依附于民间文化而保存发展。事实上，在与二千年的基督教传统割断以后，在没有《圣经》与神学知识以为诠释经验及规范经验的基准以后，基

---

① 梁家麟：《改革开放以来的中国农村教会》，香港建道神学院，1999 年，第 410—411 页。
② 同上书，第 412 页。

督教已不能再称为经典的宗教。基督徒所能吸取的宗教资源，除了个人的宗教经验外，便只是他们原本已拥有、且广泛渗透于生活各层面的民间信仰的知识。我们知道，个人的、片断的、事件性的宗教经验，总得利用某个固定的神学理论，才能给诠释及整理出来，以变成一个集体的、整合的、长期的宗教理念，这些平民基督徒由于缺乏一个基督教神学的诠释框架，他们的基督教宗教经验，便只能以传统的民间宗教的诠释框架来加以整理了，简单地说，农民只有民间宗教的概念和知识，他们对基督教的理解便不可能超越民间宗教的层次。这是前面我们提到基督教民间宗教化的主要原因。①

正是由于神学建设运动与部分信徒，尤其是农村信徒神学知识的脱节，对于神学思想的构建来说，具有一定的制约力，因为一种理论缜密、论证合理的神学体系固然重要，但其必须能指导大部分信徒的信仰生活，否则它必将造成进一步的分裂，神学建设运动也必将失去其自身的意义，对此，丁光训曾经说过："中国神学家在神学工作中没有努力去发表与众不同的或令人惊绝的言论。正是这样。我们认为，我们应当同广大信徒在一起，讲一些既能帮助他们，又能为他们所接受的话，并能解决他们所感到的问题。各搞各的，不顾教会信徒的需要，不顾对团结有无妨碍，这不是我们要鼓励的。"陈泽民教授对此也曾经有所说明：

> 我们的神学发展比较慢，也比较稳，其主要根源是照顾团结，照顾信徒的接受能力。在此，我愿举个例子：韩国有"民众神学"，金陵神学院的不少师生对此感兴趣。经过了解才知道，民众神学在韩国的群众基础很小，它是一批脱离信徒群众的专门的高层次神学家"研究"出来的。这批神学家会多种语言、满腹经纶。为阐明"民众神学"撰述了几种书，在国外得到好评，注重，但国内的信徒不理解，也不接受。……当海外友人问我们，中国为什么不整理一套三自神学或别的神学好在世界上引起大家的注意，好比韩国的"民众神

---

① 梁家麟：《改革开放以来的中国农村教会》，香港建道神学院，1999 年，第 428 页。

学"。我们的回答是不愿意脱离群众，神学是为了信徒。①

（二）中国教会出版物

恢复宗教政策之后，中国基督教界的出版发行工作也陆续步入正轨，1980年，中国基督教界出版首批圣经13.5万本。全国"两会"的刊物《天风》于1980年10月复刊，每期发行近四万册，1982年9月，"两会"出版了《回忆吴耀宗先生》纪念文集，《金陵协和神学志》也于1984年9月复刊。另外，一些基督教年历、月历、讲道集、赞美诗、培训材料、灵修读物等也陆续得到印发。

改革开放初，对于中国基督教界来说，最主要的出版工作莫过于《圣经》的发行。在中国基督教协会成立之前，照相版的《新约全书》已经印出，之后，在上海、福建、南京等地都开展过《圣经》的印刷工作，中国基督教协会成立以后开始主持《圣经》的印刷工作，到1987年爱德印刷厂投产，中国基督教界共印发《圣经》300万册。1987年底，在联合圣经公会的支持下，爱德印刷有限公司成立，到1997年3月下旬，该公司共印刷《圣经》1500万册，其中1994年220万册，1995年250万册，1996年印发了330万册，成为世界印刷《圣经》最多的国家。到2007年12月9日，爱德印刷厂共印刷《圣经》五千万册，为中国教会《印刷》圣经逾4400万册，除汉文版本外，还有朝鲜、苗、傈僳、景颇、拉祜、彝、佤等少数民族文字和中英文对照、盲文等版本。同时，爱德印刷有限公司还积极为海外教会提供《圣经》印刷服务，为世界60多个国家和地区的教会加工出口中外文《圣经》。2008年5月18日，爱德印刷有限公司位于南京市江宁经济开发区的新厂区竣工，其占地130亩，年印刷能力可达到1200万册。据统计，截至2008年底，爱德印刷厂共计印刷发行《圣经》全书和《新约》7000万余册，其中2008年一年就印刷圣经全书和新约超过1000万册，创造了历史新高。

与《圣经》一样，赞美诗也是改革开放初期中国教会急需的印刷品。全国"两会"于1982年成立"中国基督教圣诗委员会"及"《赞美诗（新编）》编辑委员会"，推行《赞美诗（新编）》的编辑工作，当时编辑

---

① 转引自梁家麟《改革开放以来的中国农村教会》，香港建道神学院，1999年，第370—372页。

部为了使《赞美诗（新编）》尽早出版，在金陵协和神学院和杭州思澄堂集中工作，该《新编》于1983年编辑完成，出版简谱版，1985年出版五线谱版本，1989年出版了中英双语版。该《新编》中400首赞美诗中有106首是中国基督徒自己的创作，其中如《基督永长久》、《与主同去》、《圣夜静》、《早起赞美》等诗歌还被外国教会所采用。应该说，这部赞美诗是普世教会的历史与中国教会独特经验的结合，在一定程度上满足了信徒在公共崇拜及个人信仰生活中的需求。截止1986年8月中国基督教第四届全国会议召开时，《赞美诗（新编）》已经发行70万册。到2008年底，已经印行超过1700万本。因为教会的发展，新的可供选用的赞美诗的出现，教会在2003年采用圣乐委员会的建议，决定编印新的赞美诗的诗本，后决定出版《赞美诗（新编）补充本》，在决定编补充本时，编委会曾经通过《天风》向全国信徒征稿，入选创作61首，约占全书200首的1/3，其中7首为旧有的中国基督徒的作品。

随着1981年金陵协和神学院复校，东北、华东、中南等大区神学院的陆续开办，对于神学院教材的编写也成为当务之急，1981年新成立的中国基督教协会承担了此项任务，它们在很短的时间内，组织人力编写教程；同时针对聚会点恢复而传道人未来得及得到培训的情况，基督教协会编写了一本内容明确扼要的《义工教材》，使各聚会点在教义的讲解上有所遵循。另外，在征询多位教会领袖建议的基础上，编写了《中国基督教要道问答》，以供教内外人士了解基督教的基本教义和基础知识之用，该书自1981年出版到2004年已发行上千万册，甚至被翻译成英文、德文等语种，是外国教会了解中国教会基本教义的重要材料。另外，中国基督教全国"两会"成立了文字出版委员会来推动中国教会的图书出版工作，其中包括灵修读物、讲道集等，自1992年—1996年10月，在文字出版工作委员会的安排下，基督教全国"两会"出版新书35种，书籍总发行量达283万册，其中灵修读物有陈崇桂著《默想主耶稣》、沈以藩主教文集《讲台侍奉》、黄广尧著《青草地》等；翻译作品有《荒漠甘泉》全译本，怀爱伦著《历代愿望》等；海外作者的著作有《寇世远研经集选编》（上、下册）、李志刚牧师讲章选编《丰盛的生命》等。[①] 另据统计，

----

① 韩文藻：《全国三自第五届全国基协第三届常务委员会工作报告——同心协力建立基督的身体，按三自原则把教会办得更好》，1996年12月29日，载《天风》1997年第2期，第10页。

全国"两会"至 2001 年底，共出版灵修、解经工具书等 55 个类别的图书，发行量达到 250 万册（其中新版 120 万册，再版 130 万册）。

另外，在 1998 年济南会议之后，神学思想建设方面著述的出版工作得到了中国基督教界的普遍重视，在全国两会的推动下，成立了基督教全国"两会"写作班子，出版了《神学思想建设丛书》以及将神学思想研讨会成果转换成讲章的讲道集《活水的江河》系列等。[①] 各省的文字出版工作也得到了有序的开展，以福建省为例，福建省基督教"两会"于 1982 年开始出版发行《基督教年历表》，1992 年 3 月，福建省基督教第五次代表大会正式成立文字出版工作委员会，先后出版《福建基督教论文集》、《与你分享》、《陈世义讲道集》、《马可福音（下）》和《天国的信息（上、下）》等灵修书籍、书刊共 5 种 3 万多册；编辑出版了农村教会刊物《溪水旁》共 12 期各 15000 册，各种资料性刊物，包括省基督教"两会"《会讯》45 期 20000 多册、《信息》50 期 5000 多份，这些文字的出版工作基本满足了福建基督徒信仰生活的需要。[②]

中国基督教界较有影响力的刊物有《天风》《金陵神学志》等，《天风》是中国基督教"两会"主办的专业期刊，于 1945 年在成都创刊，时名《天风周刊》，它在 1965 年出版完"文化大革命"前的最后一期后不得不停刊。1980 中国基督教第三次会议后复刊，初为季刊，1981 年改为双月刊，1985 年变为月刊，复刊后三年内《天风》的订户由 5 万份增长到 10 万份，1996 年订户达 12 万以上。刊物内容主要关注中国基督教会现状、热点问题；介绍中国基督教正在进行的神学思考及教会发展；宣传中国基督徒爱国爱教、服务社会的模范事迹，是中国基督教广泛联系基督徒及社会各界的纽带，为海内外基督教信徒及学者提供当代中国基督教的各种重要信息，目前该刊还入选全国中文类核心期刊。《金陵神学志》为金陵协和神学院主办，1953 年创刊，1957 年停刊，1984 年 9 月复刊，该刊除报导神学院的教学、研究和团契生活外，主要发表探讨神学及自传研究的论文。此外，国内各神学院及一些规模较大教会还分别办有自己的院刊或堂讯，比如燕京神学院的《燕京神学志》等刊物。

---

① 《中国基督教三自爱国运动委员会第七届、中国基督教协会第五届常务委员会工作报告》，载《天风》2008 年第 2 期。

② 参见《天风》2009 年第 10 期，第 11 页。

中国基督教的出版事业在最近几年取得了更为飞速的进展，文字出版和音像出版、网站等工作齐头并进。据初步统计，2002—2007年，基督教全国"两会"印刷《圣经》1610万本，出版发行《赞美诗（新编）》280.7万本，出版各种年历400多万张，月历、台历、挂历和《灵修记事本》570多万本，新出各种书籍78种，再版书籍95种。2003年1月，"中国基督教网站"正式开通。由罗冠宗主编的《前事不忘后事之师——帝国主义利用基督教侵略中国史实述评》（宗教文化出版社2003年版）和《中国基督教三自爱国运动文选》（第二卷），分别从帝国主义利用基督教侵略中国的史实和当代中国基督教发展的文献资料汇编两个方面，丰富了研究三自爱国运动的资料，成为按三自原则办好教会具有指导意义的重要文献。基督教全国"两会"还出版了在上海举行的"传教运动与中国教会"学术研讨会论文集《传教运动与中国教会》（宗教文化出版社2007年版）。同时，中国教会在出版方面的国际合作也得以展开，比如中国基督教"两会"与"库克传媒事工国际"已经合作出版了《圣经图画故事》，并且出版了丁光训文集的英文版《上帝就是爱》，类似的合作在中国基督教会的出版领域已经不是首例。

（三）宗教教育及信徒文化素质

随着中国教会各项事业在改革开放初期步入正轨，对新的教牧人员的需求及培养成为当务之急。1981年2月，直属于全国基督教"两会"的金陵协和神学院正式复课，它面向全国招生，设有本科、研究科课程，可授予学士、硕士学位。复课后，共有来自22个不同省市自治区的47名考生被录取。① 到1982年，金陵神学院共录取学生70名左右。另外，改革开放初期，虽未在各省开办正规神学院校，但"两会"在福建、浙江和河南等省举办了一些短期培训班或学习会，吸收未受过神学训练的聚会点负责人参加培训。随着信徒人数急剧增加，原有的教牧人员因数量少、老龄化严重而无法满足牧养信徒的需求，临时的神学培训班和全国仅有的一所神学院校及每年几十人的招生规模，已经远远不能满足中国教会的需要。增加各地神学院校数量，培养更多教牧人员的工作，成为中国教会面临的重要任务。1982年9月10日，国务院办公厅转发了经国务院批准的

---

① 参见《天风》1981年总第3期，第1—3页。

国务院宗教局《关于开办宗教院校的请示》，决定扩大原来全国性的宗教院校的招生名额，并开办各教的地方宗教院校。在此后三年中，沈阳、北京、天津、福州、成都、杭州、武汉、上海、合肥等地，分别成立区域性或省市性的神学院。截至到 1986 年 8 月中国基督教第四届全国会议召开时，全国恢复或组建神学院校 10 所，在校神学生近 500 人。到 1991 年 12 月中国基督教第五届全国会议召开，全国神学院校达到 13 所，毕业生近 1200 人。而据中国基督教"两会"负责人在 1996 年介绍，全国当时有神学院校 17 所，而且自 1992 年，共有 12 所神学院校新建、扩建或筹建校舍。自 20 世纪 80 年代以来，全国神学院校毕业生累计已近 2700 人，当时在校生已近 1000 人，在 1993—1996 年间，经过集中考试与选拔，共有 19 位神学毕业生被派往海外留学。同时，金陵、燕京、华东、中南等 4 个神学院有了自己的刊物。① 目前，全国基督教内已有分属各大区的、省级的神学院校 18 所。

在各神学院中，金陵协和神学院无论从历史传统、规模建制，还是从教育水平等方面始终走在前列，目前金陵协和神学院有本科生 146 名，研究生 15 名。自 1995 年开始试行学位制至 1996 年底一年间，已被授予神学硕士学位者 4 名，神学学士学位者 33 名。该院还设有三年制的圣经函授班，每年面向全国招生 1000 名，到 1996 年已有结业生 1750 名，在读生 3000 名。另外，在 2001 年 3 月，为培养有较高神学造诣和广泛学识的教会人才，经近半年的筹备，由全国"两会"举办的首届教牧研究生班在金陵协和神学院正式开学。该研究生班第一批录取 30 名学生，绝大部分为省级副总干事、副秘书长以上的中青年教牧人员。学员将在两个学年中，研修 20 多门专业及基础课程。该班课程共分三个学段，第一阶段为文史哲基础课，将讲授《西方哲学史》《伦理学概论》《宗教学概论》等 10 余门课；另外根据学员具体情况，强化英语口语教育；金陵教授及"两会"一些负责人教授专业课程，如《旧约释经》《基督教伦理学等》。

虽然众多神学院得以开办，但教牧人员数量短缺的局面并无法得以即时改观，于是各种形式的神学函授班、短期培训班、义工班如雨后春笋般

---

① 韩文藻：《全国三自第五届全国基协第三届常务委员会工作报告——同心协力建立基督的身体，按三自原则把教会办得更好》，1996 年 12 月 29 日，载《天风》1997 年第 2 期，第 8—9 页。

涌现，从 1981 年开始，福建、浙江和河南等省试行举办了一些短期培训班或学习会，吸收负责聚会点工作但未受过神学训练的信徒参加，课程一般有《圣经》、基本要道、三自爱国运动和宗教政策等。为了适应这种需要，金陵神学院函授科还出版《教材》，每期 33000 份，供各地教牧人员、信徒自学参考之用。经过几年的发展，中国教会的神学教育基本形成一定层阶体制，丁光训曾经在 1984 年谈及过国内的神学训练，将这些训练分为六个级别，分别为：①函授课程。《教材》内容包括圣经研究、讲章、和灵修材料，每年 4 期，每期 4 万份。这些《教材》针对不能离职读书、文化程度较低的教会义工和平信徒。②业余圣经学校。这些学校传授有关基督教的基本知识、基本信仰、教牧学、三自爱国教育等，这些业余圣经学校针对的是平信徒。③神学短期班。短期班通过 4～5 个月，针对教牧同工、聚会点负责人及教会义工进行集中培训。④神学专科。由两年制的神学学校开展教育。针对具有高中水平的青年信徒。⑤神学本科，需要四年的神学训练。⑥神学研究科，招收大学毕业和大学生，担任神学讲师和宗教研究人员。以上，丁光训对于中国基督教神学教育体制的概括至今仍然适用。

据全国"两会"统计，1986 年，各级"两会"开办培训班 401 次，参加者 14891 人。而到了 1988 年，各省、市级"两会"举办的短期培训班共 139 班，参加者有 2651 人，县级培训班 630 班，参加者有 33298 人。1988 年 3 月 8 日至 4 月 8 日期间，全国"两会"还派出五人组成的讲道团去河南的南阳和平顶山两地进行首次巡回讲道。经过以上努力，中国教会界教牧人员的数量明显增加，以下是全国"两会"在 1987 年和 1989 年的统计：1986 年底登记信徒 3386611，而当时的教牧人员人数为 4575 人，义工人数 26336 人。到了 1988 年，信徒人数增长到 4551981 人，增长了34.4%；而教牧人员增长到 12960 人，增长了 183.2%；义工人数为40108 人，增长了 52.3%；由上述数字可以看出，无论是教牧人员的数量，还是义工的数量都较信徒的增长快，这为提升信徒的素质提供了保障。目前，各地基督教"两会"的神学培训工作，仍在进行中，仅以 2008 年底的培训班为例，2008 年 10 月 13—17 日，福建省基督教"两会"举办了第三期主席、会长培训班，课程有《神学思想建设讨论》、《圣经研究与健康教会》、《做个有能力的牧者》等；2008 年 10 月 17—29 日，山西永济市举办第 24 届义工培训班；2008 年 12 月 19 日，湖北省基督教

举行第 15 期义工培训班结业典礼······

　　与基督教教牧人员素质逐年提升相应，教牧人员年轻化的趋向尤为突出，以各界"两会"委员的平均年龄为例，据统计，中国基督教第四届全国三自委员会自 1986 年产生以来，在 166 位委员中，至 1991 年去世的已有 13 人；而全国"两会"常委中，去世的已有 6 人。还有相当多的常委和委员，由于年老体衰，无法工作。[①] 针对这一状况，全国"两会"采取了一系列有效措施。例如，自 1992—1995 年，各省、自治区、直辖市共按立 45 岁以下的牧师 347 人，教师 272 人，分别占同期全国按立牧师总数的 41.6%，教师总数的 63.4%。全国"两会"于 1993 年、1994 年增补的 26 名委员中，20 名是中青年信徒。而且在各神学院校中，录用青年教师的比例也在增加。据 1995 年统计，在各神学院校任教的教师中，青年人已达 81 人，占宗教专业课教师的 61%。[②] 这些措施产生了一定效果，据 1996 年中国基督教第六次全国代表会议的统计，与会代表的平均年龄是 52.6 岁，比 1991 年全国会议时，平均年龄下降 6.4 岁；185 名委员平均年龄是 61.3 岁，比上一届委员平均年龄下降 7.8 岁；"两会"常委 84 人平均年龄是 61.4 岁，比上一届常委平均年龄降低 7.9 岁。而且，女性在数量上比过去有所增加，达到 26%。全国"两会"在 2002 年换届时提出 75 岁不留，70 岁不进的规定，有些省市"两会"还提出了 70 岁不留，65 岁不进的规定，这大大地加快了领导人年轻化的步伐。据 2008 年中国基督教第八次全国会议的统计，参加这次会议的代表有 299 位，其中正式代表 277 位。在正式代表中，女性代表 75 位，占正式代表总人数的 27%。正式代表平均年龄为 50 岁，其中，40 周岁以下含 40 岁 38 人，占 14%；41—60 周岁 196 人，占 70%；61—70 周岁占 27 人，占 10%；71 周岁以上 16 人，占 6%。这次代表会议选举产生了新一届基督教全国两会委员会。无论从代表的年龄构成，还是新一届委员的构成来说，其年轻化的趋势都很明显。[③]

　　随着教牧人员素质的提升，普通信徒的素质也有明显提高，这一方面

---

　　①　参见《全国会议前夕对丁主教的一次采访》，载《天风》1992 年总第 109 期。

　　②　韩文藻：《全国三自第五届全国基协第三届常务委员会工作报告——同心协力建立基督的身体，按三自原则把教会办得更好》，载《天风》1997 年第 2 期，第 9 页。

　　③　参见中国基督教协会会长高峰在中国基督教第八次代表大会上的闭幕词。

与教牧人员传递的教义教理、行为示范等因素密切相关，同时也与国民素质的普通提升不无关联。信徒素质的提升在城市教会中表现的尤为突出，在北京、上海等地教会中，年轻信徒所占比例逾半，以上海市为例，在20世纪80年代，经常参加礼拜的主要是文化程度较低的中老年妇女，据1980—1990年上海市区5个教堂信徒的统计，60岁以上占63％，文盲、小学文化程度占58％，女性占80％。① 1997年6—9月，由上海市政协宗教委员会、市宗教局、市基督教两会、上海社科院宗教研究所、上海市宗教学会等单位组成联合调查组，对上海基督教的发展及信教群众的信仰情况，进行了调查研究。结果显示，上海市信徒的男女比例大概是1∶2，在填写问卷的814位信徒中，男性信徒217人，占33.3％，女性543人，占66.7％；其中老、中、青三个年龄段各占1/3左右，调查显示，60岁以上的老年信徒占33.7％；中年（40—59岁）34.7％；青年（18—39岁）30.3％，而且青年信徒中90年代受洗的人数要超过80年代受洗人数的3倍多，从中可见上海市基督徒的日益年轻化趋势。同时，信徒中高学历者占很大比例，大学以上占19.5％，文盲62人，仅占7.6％，即使加上小学文化程度，也不过25.8％，这些信徒的职业以蓝领阶层居多，但职业分布较分散，其中工人和农民占22.7％，4.9％为商业职工，27.3％为无业或退休人员。从事脑力劳动的（机关干部、科教文卫工作者、管理人员等）占总数的30％。在814名被调查者中，已受洗的为682人，占85％。其中1949年以前受洗的57人，占8.2％，1949—1966年受洗的55人，占7.9％，"文化大革命"中受洗的仅5人，占0.7％，80年代受洗的194人，占28％，90年代受洗的341人，占49.2％，几乎占到半数。同时，大学校园也出现"基督教热"现象。众多数据显示，高校大学生群体中，基督教信仰者的比例要远远高出普通民众的信教比例。2008年初，一份在上海地区六所高校及研究机构进行的抽样调查报告显示，大学生中信仰基督教的人数为4.7％，远远高于上海市基督徒1.07％的比例。在北京地区高校中的情况同样如此，根据2004年左鹏发表于《青年研究》上的调研报告推测，在北京某大学中的基督徒学生数量占该校学生总数的1.8％，远远高出当时基督徒在北京市总人口中所占的0.23％的比例。

---

① 《上海宗教问题研究》，载《当代宗教研究》1996年第4期，第22页。

　　虽然，教牧人员与信徒素质在整体上有所提升，但教牧人员短缺、农村及部分城镇信徒信仰素质偏低等现象仍然十分严重。因为教牧人员的短缺，很多文化水平较低的传道人仅仅上过几天神学培训课程，便成为当地教会的负责人。神学的普及工作还无法贯彻到广大农村当中，尽管在过去几十年中教会的发展一直迅速，但信众的增长多集中在农村地区。在这些地区，大多数人是由于"廉价恩典"的说教被吸引加入基督教的，缺乏一定的基督教知识的教育和教牧方面的关怀，其结果常常是信仰与实践活动都近乎于封建迷信。[①] 例如，《天风》曾记载，在甘肃庆阳某些教会，一些信徒抢着吃、喝长老和传道人吃喝的东西，说是灵粮、灵水。有位信主50多年的老信徒端着一碗水去看望传道人，传道人没喝两口就被一些信徒抢去争着喝。有位传道人一个馒头刚啃了一口就被信徒抢去分着吃。还有一种邪说，叫"跑灵程，接灵线"。教会负责人要求每个信徒祷告前要先和他把"灵线"接上，否则上帝不听。凡在他的聚会点报名信主的都要接他的"灵线"，耳朵里听到电话铃的响声就算是接通了。[②]《天风》还曾记载，某些地区信徒以各种封建迷信为名，致人死亡的刑事案件。无疑，信徒素质过低这一现象对于维持基督教教义本真精理，最终对于中国基督教的整体发展是不利的。而且这种文化层次偏低的现象及与民间信仰的结合，必然为各种异端邪教创造条件。

　　另外，中国农村教会派别林立，虽然很多教会都加入了"两会"组织，但其宗派色彩仍然浓厚，同时不同的宗派倾向，总会产生一些不同的外在表现方式，而往往农村信徒不去追求这些不同方式背后的神学根据，而仅仅是固守不同的方式本身的履行。对此，有香港学者曾经评论道："教派在农民中间扩展，更加深了此种'非教义化''礼仪化'的倾向。因此，今天当我们研究本土宗派在农村传播的情况时，必须注意到它们所重视的不是'正确的信仰'，而是'正确的礼仪'，如是否蒙头、守安息日及'正确的感情表达'（如是否哭泣）。"[③] 这一点也无疑影响着农村信徒信仰素质的提升。同时，提高信徒的素质，不仅包括其信仰素质，还包

---

　　① 陈泽民：《中国基督教（新教）面对现代化的挑战》，1992年4月在北京举行的"基督教文化与现代化"国际学术研讨会上的发言。

　　② 李建国：《困扰农村教会的几个因素——访问甘肃庆阳地区教会有感》，载《天风》1996年第10期，第14页。

　　③ 梁家麟：《改革开放以来的中国农村教会》，香港建道神学院，1999年，第61页。

括其对于中国基督教历史的了解、中国宗教政策的了解。对此，汪维藩等人曾总结说："十年来，新入教的信徒很多，这些人一般不知道基督教传入中国的历史背景，帝国主义利用基督教侵略中国的事实，以及在当前改革开放形势下，反华势力对我们进行的渗透，这就需要帮助信徒了解中国基督教的历史，进行三自爱国教育；并运用典型事例对信徒进行反渗透的教育，提高信徒识别和抵制外来渗透的能力。"①

（四）基督教的自我定位

恢复宗教信仰自由政策之后，基督教组织开始开展其活动，对于自己的活动及其有效性的认定，即自我身份的认定，首先成为三自教会领袖所必须面临的问题。因为这种认定虽然在某些方面来自于政府的认可，来自于自己本身的信仰经验，但更在于广大信徒，尤其是具有各种宗派背景的信徒的认可，以及来自于改革开放后，不得不面对的境外宗教势力的审视。汪维藩等人曾描述当时的情况说："各地游离于三自之外的信徒的聚会活动都或多或少地存在着。……游离于三自的原因是多样的，至少包括对三自不了解，对当地三自机构乃至个别负责人的所作所为有意见，有看法，有些则认为参加三自并无必要，还有些则出于对党的宗教信仰自由政策有疑虑，从而把三自误认为是借以消灭宗教的工具。由此可见，游离于三自之外的，多数或绝大多数是属于认识问题，只要我们从团结的愿望出发，耐心、细致地进行艰苦的工作，而不是另眼相看，弃置不顾，这一部分人总是可以争取团结过来的。从一方面说，某些游离于三自之外的力量有可能成为反华势力在我国培植反对派的温床；但从另一方面说，如果我们不去耐心争取，甚而持鄙视、敌视态度，则无疑是把这些力量推到敌人一边去。"②

无疑，基督教在中国社会及文化中的自我定位首先涉及一个统一认识的问题。而这种认识所表现出来的最直接工作便是扩大中国基督教的团结面，在1980年的南京会议上，中国基督教三自爱国运动委员会呼吁所有信徒，不管是在教堂里抑或是在家里，都必须谋求在基督里的合一。这表

---

① 汪维藩、季风文：《中国基督教四十年》，参见《汪维藩的神学言说》，汪维藩个人博客。http://wangweifan.bokee.com/6821278.html，本文原载《世界宗教研究》1990年第4期。

② 同上。

明三自爱国运动组织努力改善与当时的家庭教会的关系，甚至在某种程度上肯定了家庭教会与公开教会享有同等的地位。1982 年 9 月 19—24 日，中国基督教三自爱国运动委员会和中国基督教协会在北京召开了"两会"委员会扩大会议。三自爱国运动委员会秘书长沈德溶代表"两会"所作的工作报告中对于"两会"当时的工作进行了反省，指出"两会"的再教育和扩大团结面的工作还不够、与各地委员联系不够、牧养信徒工作不平衡、在信仰、活动上出现混乱现象。1984 年 8 月初，全国"两会"常委会举行第五次联席会议，会议除决定扩大团结面外，也强调了教会向外开放的必要性。1986 年 1 月 14 日至 18 日，全国"两会"常委会在上海举行第六次联席（扩大）会议，丁光训在闭幕致词中就"两会"在团结信徒方面的工作不足作了反省，坦承有些地方"两会"缺乏尊重某些宗派在信仰、礼仪方面的特点，以致出现一种"离心倾向"。他提出"一定要重视爱教的同工同道，因为正是这些人联系着群众，能够帮助三自扩大团结面……不要因为他们'不听话'而厌恶疏远他们，以致我们自己越来越孤立"。针对扩大团结面这一点，丁光训曾经就"两会"工作的重点提出自己的看法，认为这些骨干应该"好好学习，好好追求，使自己成为满有爱心的、脚踏实地的教会建设专家"。要改变过去"斗争时代养成的一些老心理、老习惯、老态度"，"要教会化、教牧化，要像做牧养工作那样来处理一切问题"，"建立教会，提高教会质量，使教会为神所悦纳，为众民所喜爱，更为信徒所喜爱，这应当成为三自和基协的中心工作"[①]。

　　如前所述，在 20 世纪 80 年代，中国教会对外树立形象的工作取得了一定成效。这在之前我们谈到的此时中国教会所开展的一系列国际交往活动及国际社会对其的肯定中可窥一斑。而对内扩大团结面，联络众多家庭聚会成员的工作也由倡议落实到实践中，《天风》杂志曾发表邓福村的《故乡行——访问江西各地教会》一文，文章的论述在一定程度上反映了当时中国教会在此方面的努力及成效。

　　弋阳教会的兄弟姊妹 80% 是来自浙江的"移民"。由于历史的原

因，他们大多数与当地的三自爱国会少有联系。因此，我们在弋阳的
访问主要是他们的聚会点，我们给他们带去全国"两会"对他们的
问安；也邀请他们和我们一同交通。我们在主里面彼此用爱心说诚实
话。他们向我们坦率地说出了心里的疑问；我也诚恳地向他们讲述了
中国教会走'三自爱国'道路的重要性和必要性，并一一回答了他
们所提出的问题。虽然在开始时彼此显得有些拘谨，可是当分别时，
我们彼此的手却是握得更紧了。我们相信神必自己动工，兄弟姊妹彼
此之间人为的中间隔墙必定会被拆除，众肢体在主里面的合而为一必
定成全。①

中国教会经过 80 年代前期的发展，聚会场所、信徒人数、教牧人员
的数量均有明显增加，但也出现了若干亟待解决的问题，这其中最突出的
问题便是自身建设问题，这包括组织体制建设、规章制度制度、神学思想
发展等众多方面，而这些固本强身的工作能够有效树立自身形象，并进一
步扩大中国教会的团结面。对此，中国教会的领袖有着清醒的认识，丁光
训曾坦言：

> 建造教会的工作还远远没有完成，教会里还有许多不好的、不应
> 有的、叫信徒痛心的事。有了这些事，信徒在礼拜的时候心里不痛
> 快，不好受，像有块石头压在心头。……
> 在有些地方，牧师之间、同工之间关系不正常；
> 在有些地方，信教的同干部之间关系不正常；
> 在有些地方，灵性供应贫乏；
> 在有些地方，对处于少数地位的信徒在信仰上和礼仪上的尊重不
> 够，加重了离心倾向；
> 在有些地方，不重视救灵培灵的工作，却去做图名的事、赚钱
> 的事。
> 在有些地方，信徒在露天聚会，夏天冬天都一样，下雨下雪打伞
> 聚会。有人听到这种情况心里难受。有人说，他们活该，谁叫他们聚
> 会的！这是对人民、对教会两种相反的态度。

---

① 邓福村：《故乡行——访问江西各地教会》，载《天风》1988 年第 1 期。

以上种种都说明，办好教会千头万绪，难怪广大信徒暗暗流泪、着急。①

1988 年 12 月，在上海田林宾馆召开的"两会"第四届三次常委会联席会议上，丁光训曾就三自会与基督教协会的职能作了详细讨论。他认为三自运动的宗旨是在教会里提倡爱国，提倡教会自治、自养、自传，在新的历史时期，它应该凸显其教会团体形象，应该以"三好"补充三自。②③ 1991 年 12 月 31 日—1992 年 1 月 6 日，中国基督教第五届全国会议在北京市召开。本次会议的主题便为"办好教会"，会议讨论以整顿教会中混乱现象、完善教会规章、爱国爱教相统一等为主要内容，并针对农村教会工作这一重点，会议决定成立农村教会工作委员会。

办好教会本身便是中国基督教界的职责，但为什么会作为一个大会主题甚至一个工作目标明确提出呢？原因便在于中国教会在管理体制、基层教会发展等方面出现了诸多问题。1994 年，丁光训在全国"两会"第四次常务委员会联席会议的开幕词中指出："我们基层教会办得很好的不太多，办得很糟的相当不少。我们全国两会每天要收到很多各地来信。许多都是信徒向我们叫苦，说他们那边的牧师如何独断专横，不和别人商量，一人说了算，账目也不公开，捐的钱他可以大吃大喝，可以出去旅行，信徒没一点发言权，礼拜堂里的堂委从来不改选等。这样的信我们收到很多，使得我们不得不感到我们现在不少教会办得很糟……今天因为有些礼拜堂办得不好，不少信徒不到礼拜堂去聚会，而到别处去聚会。这是分裂教会，使教会的团结遭到破坏，是很严重的事。所以办好基层教会，可以巩固我们基层的团结，这不是小事。"④

最近一些年，随着中国教会体制的逐步完善，各类规章制度的日益健全，并在各基层堂点中得以贯彻，教会负责人除强调继续从制度、规章等

---

① 丁光训：《走出一条新路来——在上海祝圣主教典礼上的证道》，载《天风》1988 年第 9 期，第 4 页。

② 三好即治好、养好、传好。

③ 转引自梁家麟《改革开放以来的中国农村教会》，香港建道神学院，1999 年，第 388—389 页。

④ 1994 年 11 月，丁氏在全国两会第四次常务委员会联席会议的开幕词，转引自梁家麟《改革开放以来的中国农村教会》，香港建道神学院，1999 年，第 383—385 页。

外在层面办好教会外，还将注意力转移到神学思想建设等内在层面上来，并强调突出基督教的伦理道德主张及其社会工作，彰显基督教在中国社会中的地位。① 丁光训在中国基督教第六届全国会议上的讲话中，希望大会"能够在我们的基督教神学建设方面有些新的发展，能够恢复圣经所教导我们的，就是基督教应该是一个讲究伦理道德的宗教。……我不愿意看见一个不讲道德的中国基督教。……如果在我退休的时候，要我表示我的希望，对中国基督教的希望，那么我要说：一就是要团结，二就是要重视伦理道德"②。

2008 年，随着"两会"新一代负责人的上任，对于中国教会的社会定位、发展方向进行了进一步思考，"两会"负责人在当选初期曾经有过如下表态。

> 中国基督教置身于这样一个伟大的时代，应该充当什么样的角色呢？……这个问题，对我们基督教界来说振聋发聩。我们一定要很好地思考这个问题，很好地解答这个问题。如果这个问题解答得好，中国基督教就会继续沿着正确的方向发展前进；如果解答得不好，后果则令人堪忧。作为新一届全国"两会"的领导班子，我们应该在大的方针问题上很好地思考，努力按三自原则办好教会，不断带领全国基督教徒沿着正确的目标和方向发展。③

这种思考在最近两年的工作中已经初步付诸实践，在中国基督教第八次代表会议上，全体代表一致通过了《中国基督徒为经济社会发展作贡献的倡议书》。倡议书提出了基督教界为经济社会发展作贡献的五个具体途径。一是坚持爱国爱教原则，按照"一个基督徒应该是一个好公民"

---

① 例如 1997 年，时任中国基督教三自爱国运动委员会主席罗冠宗在谈到中国基督教第六届全国会议的意义时，便提到是次会议明确了按三自原则办好教会的主要内容是四个必须——独立自主、爱国爱教、增强团结和落实"三好"；明确了坚持三自原则就是为了办好教会，办好教会必须坚持三自原则；同时认识到充分发挥基督教伦理道德的重要性等。（参见《罗冠宗主席访谈录》，载《天风》1997 年第 3 期，第 10 页。）

② 丁光训：《在中国基督教第六届全国会议上的讲话》，载《天风》1997 年第 2 期，第 3 页。

③ 《访新当选的中国基督教三自爱国运动委员会主席傅先伟、中国基督教协会会长高峰》，载中国宗教网，http://www.chinareligion.cn/article/fangtan/2008 - 08 - 05/436.html.

的要求，为民祈福，为国增光，以国家和民族利益为重，促进民族团结、国家统一。二是弘扬以爱为核心的基督教道德，做光做盐，荣神益人。遵行"彼此相爱"、"尽力与众人和睦"（约 13：34；罗 12：18）的教导，努力促进宗教和睦、社会和谐。三是遵行"施比受更为有福"（徒 20：35）的经训，关爱需要帮助的人，积极开展社会服务事工，努力参与社会公益活动。四是鼓励创业，勤劳致富，树立正确的财富观、职业观，积极参与经济社会建设。五是维护上帝（神）的创造，保护生态环境，努力建设美好的家园。

以上，我们从中国教会政策层面分析了改革开放后，中国教会领导层对于自身社会定位及目标的认识，但往往这种认识与普通的平信徒，尤其是广大农村信徒的信仰生活和实践没有必然的直接联系。对于广大农村信徒来说，他们很难有一个客观的自我定位和认识，原因很简单：他们无意、也不屑于这样去做。因为在部分农村信徒眼里，他们的信仰是绝对的、独一的、至上的，他们的反省主要在于如何将这种具有独一真理性的信仰传播给更多的人，这种状态无疑将信徒群体置于社会的边缘化地位。这种自我边缘化又因为不友好的社会环境，而进一步突出了其主体排他的意识，基督徒个人及群体的身份得到了自我的高度认同，而这种高度的认同缺乏以社会实践层面而导致社会的不认同。所以基督徒自我对于自身状况的认知因为其强烈的排他主义信仰，而变得无所谓，或无法理解。这一过程至今仍在改善过程中，而且不时伴有保守思潮的回流。对此，"两会"的负责人曾经的表态仍有指导意义。

三 中国文化发展战略中的基督教

以上我们从基督教信仰实体及文化主体性两个层面总结了改革开放以来中国基督教的发展历程。从信徒个体层面来看，基督教是一种个体信仰体验；从社会角度来分析，其教会组织及团体亦构成一种社会实体；而从教义、教理、社会活动及其信仰表现论，基督教又不可避免地表现为一种文化现象。那么这种文化现象究竟在中国文化发展战略中有没有作用？如果有，又该如何更有效地发挥这种作用呢？

（一）基督教在中国文化发展战略中有一席之地吗

笔者认为，人们必须肯定基督教文化在中国文化建设中的地位和作用。因为这种认同首先来自于一种必然性，即基督教文化与中国文化相遇、相融的必然性。经济发展的世界一体、网络科技的寰宇交流、教育资源等因素的世界共享，让任何一种文明都有可能在世界文化潮流中激荡、回旋，哪怕它是5000年前曾经辉煌、如今却湮没在中美洲蓊郁丛林中的玛雅文明，哪怕它仅仅是流行于非洲坦桑尼亚的阿基耶部落文化……它们均无法摆脱全球化这一跨越时空的"魔爪"。具有悠久历史、影响广泛的中国传统文化及作为西方文化根基的基督教文明的相遇在全球化的潮流中自然不可避免，而文化上自我更新的需求、个体精神上的信仰需求及两种文化中所蕴含的积极向上的精神义理又让两者进一步的相知、相融成为必然。既然是不可避免的发展趋势，这种必然性让我们不得不承认并认真审视文化层面的基督教，在中国文化发展中的地位和作用，毕竟既往的闭关锁国、夜郎自大的文化保守策略无异于螳臂当车、故步自封。

如果说以上有关基督教在中国文化中的地位的认同分析有点被动、勉强，是"不得已而为之"的话，那么基督教文化中所蕴含的、在某些层面上可资中国文化借鉴、参考的精神义理却为这种认同平添了某些积极因素。从一个非信徒的角度看，基督教文化所内蕴的合理精神义理至少体现在以下几个方面。

1. 基督教文化所宣扬的圣爱精神

在笔者看来，基督教所启示给人们的最核心的精神便是来自超越维度的爱。在《马可福音》中，耶稣将"全心、全性、全意、全力，爱主你的神"及"爱人如己"[1] 作为基督教信仰中最大的诫命。爱上帝自不待言，无条件的对于上帝的爱，是每一位基督信徒应尽的本分，同时也是上帝之爱在信徒身上的直接表现。同样，由爱上帝引发的对于上帝创造物的爱也是基督教所强调的圣爱的核心内含。"爱人如己"不但包括爱自己的邻人，还要爱自己的仇敌，甚至要爱上帝所创造的一切"他者"。"基督教乃以希腊文 Agape 来表达其'神圣之爱'，突出其超然与人世之间的'神人关系'，由此与'世俗之爱'形成区别，即与'自爱'所表现的

---

① 《新约·马可福音》12：30—31。

'自我关系'、'情爱'所表现的'亲情关系'和'友爱'所表现的'社交关系'截然不同。"① 这种不同首先表现在不计任何回报地对于邻人的爱，尤其是对于弱者的爱上。不论人们是否用"别有用心"、"具有附加条件"来形容今天基督宗教在世界范围内所做的社会慈善及公益事业，从耶路撒冷教会的财产公用到4世纪大主教巴西尔创立宏大的慈善服务机构，朱蒂可斯（Zotikos）创立的君士坦丁堡孤儿院、到教皇英诺森三世在罗马建立的圣神（Santo Spirito）收养院，以及之后宗教改革时期，路德及加尔文倡导的旨在济贫的共同资金、社会福利机构改革，直至近现代基督宗教团体种种服务社会、服务大众的奉献行为，② 大量事实表明，基督宗教无论在历史上还是现实中确实在扶助弱势群体、救助苦难民众方面做出过、目前还正在做着令人瞩目甚至无人企及的成绩。虽然这些基督教慈善组织的爱心出自他们所谓的"上帝的爱"，但不可否认，这种爱是无私的、不偏袒的。无论这种"上帝的爱"在非信徒心目中是多么的虚无缥缈，但受助的人确实感受到了一种客观存在的呵护。我们有什么必要来追问这种爱是出自这些基督信徒还是他们的上帝呢？基督教对于弱势群体的帮助笔者将在本文的后面部分予以具体论述，这里我们将目光聚焦到"圣爱"的另一层面上：爱仇敌。

与孔子所主张的"以直报怨、以德报德"③ 不同，耶稣宣称："你们若单爱那爱你们的人，有什么可酬谢的呢？就是罪人也爱那爱他们的人。你们若善待那善待你们的人，有什么可酬谢的呢？就是罪人也是这样行。你们若借给人，指望从他收回，有什么可酬谢呢？就是罪人也借给罪人，要如数收回。"④ 追随耶稣的教导，基督信仰明确要求除了爱邻人外，人们还要爱仇敌，甚至他们要你的里衣，把外衣也拿给他们，打你的左脸，把右脸也转向他们。在《新约·路加福音》第10章第25—37节中，还记载了一个撒玛利亚人的例子：有一个人从耶路撒冷到耶利哥去，落在强盗手中，他们剥去他的衣裳，把他打个半死，然后丢下他走了。这期间，

① 卓新平：《基督教与中国文化的相遇、求同与存异》，崇基学院神学院，2007年，第66—67页。

② 王忠欣：《中国的社会问题与基督的社会关怀传统》，载王忠欣主编《多元化的中国与基督教》，加拿大恩福协会，2001年，第81—98页。

③ 《论语·宪问》。

④ 《新约·路加福音》6：32—34。

有一个祭司、一个利未人都经过这里但没有管他。只有一个撒玛利亚人，经过这里动了慈心，为他包扎伤口，并扶他骑上自己的牲口，然后带到店里去照应他。第二天又拿出二钱银子给店主让他帮助照应。耶稣告诉人们只有这个怜悯人的撒玛利亚人才是我们真正的邻居，即使撒玛利亚人是被犹太人视为不洁净因此断交的外邦人。在《圣经》中类似具代表性的表述还有："恨你们的，要待他们好，咒诅你们的要为他祝福，凌辱你们的要为他祷告"①，这一切皆因他们同是上帝的儿女，上帝平等地将阳光和雨露撒在好人，也撒在歹人的身上。不难看出，基督教所讲的爱仇敌的爱是一种超越的爱，不是对于所有有感知生命的同情心，也不是那种有等级的、有秩序的爱。同时，基督教信仰主张爱仇敌，并不代表其软弱无力，因为这种圣爱非出自一种超越的力量而无法达成。同时也只有这种圣爱能化解看似不可能解决的矛盾和对立，成为一种摧枯拉朽的革命力量。谁能否认耶稣的爱不是犹太社会乃至整个人类社会最彻底的一场精神革命呢？况且，爱罪人、仇敌，并不是爱他们所表现出来的罪恶，爱的只是人，不是罪，对于任何形式的罪，人们要加以纠正、铲除，而对于这个人需要的恰恰不是仇视，而是拯救、圣爱。这也是耶稣宣称"我来本不是召义人悔改，乃是召罪人悔改"②的主旨所在。

2. 基督教文化所体现的终极关怀意识

基督教强调上帝创造人类，而人类却悖逆上帝，进而拥有自身无法拯救的罪性，于是上帝遣其独生子耶稣基督道成肉身来到人间，借着这一人子与神子共构的形象启示给人得救之途，并自作赎价，代人在十字架上受罪，赎罪，并复活，升天，达到了相对与绝对，有限与无限的统一，并在此基础上，进一步拥有末日审判的主张："你们要谨慎，恐怕因贪食、醉酒，并今生的思虑累住你们的心，那日子就如同网罗忽然临到你们；因为那日子要这样临到全地上一切居住的人。你们要时时警醒，常常祈求，使你们能逃避这一切要来的事，得以站立在人子面前。"③到那时，"凡在坟墓里的，都要听见他的声音，就出来。行善的复活得生，作恶的复活定

---

① 《新约·路加福音》6：27—28。

② 《新约全书》的原文为："无病的人用不着医生，有病的人才用得着。我来本不是召义人悔改，乃是召罪人悔改。"（《新约路加福音》5：31—32）

③ 《新约路加福音》21：34—36。

罪"①。在复活、审判面前，有限的人生拥有了无限意义的遐想，世俗的世界拥有了神圣的纬度；人类历史也以上帝创世的历史作为参照。人生、世界、历史有了一种来自超越坐标中的定位，被置于一种终极意义之中加以思考、反省。信仰基督的人们以超越的、他世的诉求入世和行事，具备了超然的视角，脱俗的社会历史观。与宿命论相反，这种终极观反而为人类历史及社会的发展提供了动力和意义之源。这对于内讲修身，外求齐家、治国、平天下这种内在超越之途的儒家文化及优游自得的道教思想来说，完全是另外一套说教。

基督教的终极关怀意识对于西方的文学、艺术形式的发展也极具涵养之功，它作为西方文化的底蕴也是不用过多争辩的事实。正如克里斯托弗·道森（Christopher Dawson）所言，即使是人们所认为的"黑暗"的、文明停顿的中世纪，基督教这种文化的底蕴作用同样没有隐退；不但没有消失，正是在这个阶段，基督教的思想及改革对西方的政治制度、经济发展及文化复兴，均产生了重要且具创造性的影响，甚至这个时期的基督教发展还孕育了近代科学发展的精神及方法，可以说没有这个"黑暗的"中世纪，就没有西方文化的今日形态②。道森的研究也从某种层面说明：任何世俗社会发展的推动力并不一定来自于世俗领域本身，它可能来自于"彼岸世界"、来自于否定人类某些世俗价值的宗教信仰理念。这点可从西方艺术及文学的发展过程中窥得一斑。虔诚的基督徒认为，上帝是美之源泉，又是无限之圣在，人类只有通过有限的表征物才能表达对他存在及创造的描摹及膜拜。人类运用自己有限的创造及想象能力，通过所能认识到的艺术形式赞扬上帝的在与美。"上帝需要有个住所，而上帝的住所必须'优雅'；上帝需要有庄严肃穆的环境，因此又必须有'高贵、可爱、单纯'的圣乐；上帝周围不能没有信徒们的环境，这些信仰又需用赞美诗的形式表现自己的虔敬和虔诚。而这样，艺术便同时满足了人们自身的追求。"③ 于是乎，虔信者们建造了奠定拜占庭造型艺术的圣·索菲亚大教堂，米开朗基罗创造了气势磅礴的西斯廷天顶画，巴赫创作了千古绝伦

---

① 《新约约翰福音》5：28—29。

② 参见克里斯托弗·道森《宗教与西方文化的兴起》，长川谋译，四川人民出版社1989年版。

③ 阎国忠：《基督教与美学》，辽宁人民出版社1989年版，第155页。

的《圣马太受难曲》《圣约翰受难曲》。同样，基督教在世界文学方面的贡献也是有目共睹的，《圣经》本身以其博大精深、意涵深远，堪称举世罕有的文学巨作，而且更重要的是《圣经》本身便"是西方文学最伟大的源头，对文学的象征意义产生了重大影响"①。我们现在教堂通用的圣歌集便是其中世界各族人民文学创作的结晶，其中一些汉文圣歌的翻译，堪称其中的杰作，比如我国基督教思想家赵紫宸所译的阿迪生《晴空万里歌》（J. Addison：*The Spacious Firmament On High*）便被认为是中国圣歌翻译的典范。② 除圣歌外，以基督宗教为题材的抒情诗和散文更是动人心弦，雪莱的《阿多尼》（*Adonais*），赫伯特的《圣殿》（*The Temple*），华兹华斯（W. Wordsworth）的《永生颂》（*Intimations of Immortality*）都是这方面的代表作。另外，司各特（Walter Scott）、狄更斯（Charles Dickens）、巴尔扎克、托尔斯泰、陀思妥耶夫斯基等基督教文学家无疑也是世界文坛中家喻户晓的人物。人们甚至可以说，西方文学无论是批判也好，赞颂也好，在某种程度上就是一种基督教文学。这种影响在中国文学领域也是存在的，一些著名文学家，如老舍、冰心等人的基督教情怀都是学者们热衷讨论的话题，而以上这一切文化、艺术和文学的意源之深、表意之广与基督教所强调的他世、终极视域不无关联。

3. 基督教信仰的普世情怀

当耶稣对他的使徒们发出"你们要去使万民做我的门徒"③ 的号召后，基督信仰便不再限于犹太人，不再限于周边的撒玛利亚人，不再限于罗马人、欧洲人，而具有了普世的传播倾向。这种拯救与宣道的结合让传教士们不惜一切代价将基督教传遍世界每个角落。同时，普天之下同为上帝儿女的信念，也让基督教的信仰关怀延伸至它所能到达的每个人类同胞身上。基督徒们不但为民族服务、为国家祝福，更为全世界人类的福祉祈祷。1993 年 8 月，在美国芝加哥举行的"世界宗教议会"（The Parliament of the World's Religions）上，由天主教神学家汉思·昆（Hans Küng）起草的《走向全球伦理的宣言》（*Declaration towards a Global Eth-*

---

① 勒兰德·莱肯：《圣经与文学研究》，载《圣经文学研究》第一辑，人民文学出版社 2007 年版，第 12 页。

② 朱维之：《基督教与文学》，香港基督教文艺出版社 1981 年版，第 192—193 页。

③ 《新约·马太福音》28：19。

ics）同样体现了基督教的普世追求："我们呼吁：……除非个人的意识首先发生改变，否则地球不能变得更好。我们恳求人们通过训练我们的思想、通过默想、通过祈祷、通过积极的思考来增强这种认知。没有冒险和牺牲，我们的情况不可能从根本上发生改变。因此我们要为一个共同的全球伦理而努力，为相互间的理解而努力，为对社会有益的、铸造和平的、举世友好的生活方式而努力。我们邀请所有人，有宗教信仰的及没有宗教信仰的，大家一起来奋斗。"①

正是这份普世的情怀让基督教徒们关注世界上所有它认为的"不公、不平、不义"（虽然有时不免演化为意识形态上的强加），他们有着"主的灵在我身上，因为他用膏膏我，叫我传福音给贫苦的人；差遣我被掳的得释放，瞎眼的得看见，叫那受压制的得自由，报告人悦纳人的禧年"②的艰巨使命，有着"诸王都要叩拜他，万国都要事奉他。因为贫乏人呼求的时候，他要搭救，没有帮助的困苦人，他也要搭救"③的坚贞信念，有着"你当为哑巴开口，为一切孤独的申冤。你当开口按公义判断，为困苦和贫乏的辩屈"④的不屈勇气。正是这份普世情怀让基督教关注所有涉及全人类生存及发展的价值与意义问题，比如生态问题、生命伦理问题、女权问题、同性恋问题等，对人类胚胎干细胞复制的最大反对者不是来源于政府，而是教会，干细胞的复制被认为是新世纪的最严重的七宗罪之一，堕胎问题也一向是天主教会所反对的。"据《基督教世纪》（*Christian Century*）1996 年 1 月的报道，全美反堕胎者与支持妇女堕胎选择权者各占 20%……在反堕胎者中大部分是天主教徒及新教中保守的福音派人士。"⑤而对于同性恋问题，也是基督教信徒关心的话题，按照《圣经》的指导，性别是上帝创造亚当、夏娃的时候明确区分的，而对于淫乱之城所多玛、蛾摩拉的毁坏说明了上帝对同性恋行为的厌恶。按照《圣经》的观点，同性恋无疑破坏了神创造的秩序，是人类魔罪的表现。同时，基督教女性主义运动也是世界女权运动的先驱及主要倡导者，女性主义神学

---

① "*Towards A Global Ethic（An Initial Declaration）*", on 1993 Parliament of the World's Religions, see http：//www. interfaithstudies. org/ethics/declarationtext. html.

② 《新约·路加福音》4：18。

③ 《旧约·诗篇》72：11—12。

④ 《旧约·箴言》31：8—9。

⑤ 段琦：《当代西方社会与教会》，宗教文化出版社 2007 年版，第 264 页。

是基督教神学的一个重要派别。

总之，正是由于基督教之普世情怀，人们不再局限于以自我为中心，关注自己民族及国家的某些略显狭隘的利益，而从全球化、国际化的视角重新给自身以定位。"基督教普世观及其对上帝拯救之普遍存在的强调，给人们提供了新的思路和选择。其普世观揭示的人世存在的相对性和有限性，以及人们寻找、体悟真理之相似、相通和协调一致，乃为各种文化的定位提供了标准和基调。"①

4. 基督教本真的谦卑及牺牲精神

之所以用"本真"一词加以强调，原因在于基督教本来所具有的这种谦卑及牺牲精神时而被各种类型的文化中心主义及信仰偏执主义所掩盖，谦卑仅表现于在上帝面前的恭敬，而非对于不同信仰者的尊重，牺牲仅表现为鲁莽的对抗，而非无私、无我的奉献。按照基督教的教义，贵为上帝之子的基督以肉体之人的形象降临人世，没有显赫的出身，没有无上的权力，没有荣华富贵，有的只是自己独一无二的上帝为父的意识，他遍历人间苦难，扶弱救贫，最后仍然不为世人所接受，被钉十字架，完成了替人赎罪的神圣使命。这种自作赎价的牺牲精神及其甘为人子替人赎罪的谦卑态度与中国封建王朝"携天制人"以及往往自命不凡的圣人形象形成鲜明对比。同时，基督受难所揭示的人类根深蒂固的罪性亦给崇信"人定胜天"的中国人以人性论上的启迪与警醒。"虚心的人有福了"，"凡自己谦卑像小孩子的，他在天国里就是最大的"，这种"为卑""为小"的谦卑及自我牺牲精神激励着部分基督徒及团体为之效仿及实践。

上帝之子以自己的屈尊、虚己衬托了人类的傲慢、自大，因此，真正领悟这种精神的信徒及团体自然会对人的罪性加以深切的反省，并因为这种罪的意识而虚己待人，同时因为这种罪的意识而体悟到"非以役人，以役于人"的崇高境界。正是基于这种谦卑以及自我牺牲的精神，基督教团体积极投身于社会公益及慈善事业，发挥着在世的"光"与"盐"的作用，而基督徒个体亦会追随他们所信仰对象的脚步，以谦卑与牺牲为荣耀上帝的最直接的方式。中国社会科学院世界宗教研究所高师宁研究员在《当代北京的基督教与基督徒》一书中，记载了众多基督教信仰对个

---

① 卓新平：《基督教与中国文化的相遇、求同与存异》，崇基学院神学院，2007 年，第 64—65 页。

人谦卑及自我牺牲行为产生效力的实例。比如 W 女士、J 女士、H 先生如何由一位"女强人""内心矛盾的人""计较的人",在基督教信仰的影响下变成"谦卑的人""平和的人""不计较的人"的过程。① 在现实生活中,谦卑精神在某种程度上已经成为众多基督徒为人处世及反省自己行为的准则,有了这种谦卑的态度,人们才不会过多地计较现世的功利;有了这种谦卑的态度,人们才得以体会到卑下的人的悲惨境遇,有了这种谦卑的态度,为上帝创造物的福祉而作出自我牺牲才具备应有的前提。

以上,笔者从圣爱理念、终极关怀、普世情怀、谦卑与牺牲精神这四个方面谈论了基督教文化最具吸引力、并为之叹服的核心义理。相对于中国传统文化所凸显的血缘之爱、现世情怀、民族关注、自力成圣,这些义理均独特且具参考借鉴价值。当然,基督教的精神内涵远比这丰富得多,按照卓新平研究员的归纳,基督教在西方历史发展中表现出来的特色至少有以下十个方面:爱的精神、谦卑精神、全球视域、圣俗两分、外在超越、先知精神、拯救精神、禁欲精神、神秘精神、契约精神,这些精神在西方文化及社会发展中起到过决定性的影响。笔者之所以谈论以上四个方面的核心精神,一是从自己的体悟及理解的角度出发;二是,在笔者看来,基督教的众多精神都或多或少是以上这四个方面的派生物,而有些精神也并非基督教所独有。

同时值得一提的是,基督教的外在表显层面及基督信徒的行为举止并非始终围绕着以上我们所谈论的这些核心的精神因素。历史上及现实中有些"基督教"及"基督徒"的所作所为甚至与这些崇高精神背道而驰。在他们那里,基督教的圣爱理念往往只是停留于对于上帝的偏执的爱、对于独信行为的固执的爱,而忽略了对邻人的爱,更不用说对敌人的爱;谦卑及自我牺牲的态度,在很大程度上只是停留于基督信徒的个人生活领域,而没有上升到文化对话、群体沟通等宏观层面,进而导致了各种形式的信仰本位主义、教条主义;基督教也曾经因为其所宣扬的"终极性",压抑了世俗社会所应该享有的自主性,同时其普世情怀也往往演变成毫无节制和漫无理性地对世界范围内所有事务的涉足及干预,这种貌似虔诚地履行基督教信念的信仰和行为实质上是对基督精神的最大的背离。

① 高师宁:《当代北京的基督教与基督徒——宗教社会学个案研究》,道风书社 2005 年版,第 218—229 页。

（二）基督教文化如何在中国文化发展战略中发挥作用

　　基督教在中国历史上、在现实中，甚至在未来的发展中，由于文化张力、社会氛围等原因不可能在信徒数量上有着"中华归主"式的膨胀。基督信徒在可以预见的未来仍将是中国社会中的少数群体，但数量上的少和群体的边缘化之间并没有必然联系。就像很多人数较少的少数民族也都融于中华民族大家庭一样，我们不能说他们被边缘化，关键在于这少数的群体如何达到一种由外到内的认同，这种认同包括文化上的、思维方式上的、政治层面上的、社会层面的及个体身份的契合与共生。鉴于这种考虑，笔者认为，对于在中国社会中处于边缘化地位的基督教及其团体来说，要讨论其在文化发展战略中的地位和作用问题，首先要关注的是其身份确立问题，是其文化及社会融入问题；否则，其在中国文化发展战略中的地位和作用根本无从谈起。基督教在中国社会文化中的认同之路，既需要基督教的信仰者及团体从其自身多下工夫，同时需要我们在宗教政策的引导方面多加努力，对待外来宗教的态度方面多加改变，最终做到基督教在中国社会—文化脉络中，达到文化、思维、政治、社会、个体等诸多层面的认同，基督教才最终有希望合流于中国文化及社会的整体脉络。

　　1. 文化认同

　　在一份有关"是否接受中国传统风俗"的调查中，555 个受访基督徒中，回答"可以"的只占到 3.1%；而回答"不可以"的却占 83.4%，回答"视情况而定的"占 13.5%。① 这个问题表面上看起来关系到中国基督教信徒对教义的恪守程度。事实上，这从一个侧面揭示出基督教始终无法融入中国普通民众日常生活之主流，并处于文化边缘地位的成因。2008 年初，笔者在对东北 C 市 S 村村民进行访谈，谈到为什么他们不信仰耶稣的时候，几乎所有的村民都从信仰基督教便抛弃传统习俗，而这是他们无法接受的这一点加以回答。有的村民直言不讳："信耶稣的，家里不能有死人像，逢年过节不能上坟，家人去世也不能戴孝。我们不能接受，祖宗还是要的。"正如这位村民的表述所折射的，很多民俗文化是中国传统文化的组成部分，甚至在农村基层文化中处于核心地位，它们在某

---

　　① 高师宁：《当代北京的基督教与基督徒——宗教社会学个案研究》，道风书社 2005 年版，第 257 页。

种程度上体现了中华民族的主体性，对于民俗文化的抛弃，无异于要求抛弃其作为中华民族一员的身份特征。同样的问题也出现在浙江省 QK 地区 XJ 村，基督徒们在是否捐款建祠堂、修家谱等事宜上，同样持反对意见，即使是捐款的基督徒也只允许自己的名字出现在祠堂周围的桥墩上，而不愿被刻在祠堂墙壁上，因为他们能接受的说法是他的钱是用在修路建桥上了，而不是那座"涉嫌偶像崇拜"的祠堂。农村中的农民信徒如此，城市中的基督徒知识分子亦然，很多基督徒不允许在家中出现基督教信仰以外的任何"其他信仰元素"，甚至不愿以游客的身份进入寺庙、道观等教堂以外的其他宗教场所，即使是儒学、道教这些中国传统文化体系，在他们看来也只是需要用基督教教义加以改造、成全的对象。

对于民俗文化乃至整个处境中文化背景的抛弃并不能成为信徒信仰虔诚度的标准。相反这种做法有意无意间使基督教在传播过程中失去了文化上的载体，而使其自身处于孤立地位。我们暂且不用提基督教所受的希腊罗马文化的影响，以及基督教信仰所产生的犹太文化背景。就是我们现在所熟知、熟习的众多基督教礼仪亦是多来源于异教（pagan）文化，有的似乎和基督徒最为厌恶的"偶像崇拜"还有着密切关联。而这一切竟然被我们的基督徒视为不可否弃的当然。曾经作为罗马帝国刑具的十字架竟然成为基督教信仰的象征；早期基督教在河边、山角或在任何人家中进行的聚会如今却被移到一个有形的、华丽的神圣建筑中，而这种有形的祭坛和场所往往是异教徒礼拜中所使用的；在前康斯坦丁（Pre-Constantine）时代还穿着普通服装的基督教神职人员，不知什么时候却穿上了犹太教信仰中的各种法衣，并且成为身份的象征；而我们基督徒所热衷于庆祝的圣诞节本身也来自于罗马的农神节（Saturnalia）；就连小孩子们最喜欢的圣诞老人，也不是仅仅和圣尼古拉斯（Saint Nicholas）有关，它还和北欧的奥丁神（Odin）有很大的关联，圣诞老人的大肚子形象就是来自于奥丁神，类似的事实不一而足。

既然如此，在基督教信仰中，我们有什么理由来谴责一些文化因素的异端性呢？更何况有些文化因素，还是优秀的、有价值的人类文明的成果？在中国的文化—社会处境中，对于传统文化因素的运用无疑是基督教达致一种文化认同的关键因素。对于基督信徒来说，不是要消除中国文化和基督教之间的"异"，让中国文化完全基督教化，或让自身完全消融于中国文化体系之中，而应该"存异"，用中国文化的表现方式，用中国人熟悉的方式来彰显"异"的存在。本质上的"异"不是基督教与中国文化无法共存、交流的原因，表现方式的"异"才是两者隔阂的关键所在。这种表现方式是我们这里所论述的教义、仪式、建筑等外在的表现形式，同时还包括对于基督教信仰核心的诠释方式，基督教与社会主义国家之间的关系表达等，后面两个方面将在思维认同和政治认同部分予以说明。

正如卓新平研究员所说："基督教信仰所宣称的'普世性'与西方文化的'地域性'就构成了一种奇特的结合。当其信仰在外方宣道中寻求'融合'、以达其'普世'诉求时，其文化特质却与异域文化在相遇时出现'冲突'，其构成的张力则阻碍了这种'普世'诉求的实现。"① 基督教在中国文化处境中的传播的主要障碍之一便是其西方的"文化性"，对于中国的文化处境来说，其在教义、仪式、建筑、艺术等层面具有太多的异质色彩，而这些并不能因为西方文化的强势而被视为天经地义的存在，更不能简单地将基督教化理解为西方化，基督教在中国境域中的传播，并达到一种文化上的认同的过程正是其去西方化，而达到中国化的过程，对于其核心信仰的中国化诠解暂且不论，先谈一谈其外在的、中国化的表现方式，这里既包括静态的表征方式，比如教堂建筑、与基督教相关的绘画、雕刻艺术等；也包括动态的表现行为，比如信徒进行礼拜仪式、各种宗教活动，甚至包括牧师等神职人员的宣道方式。没有谁规定教堂必须建成哥特式、罗马式、文艺复兴式的建筑，也没有谁规定它不能建成中国传统建筑的样式，如山西太原中国宫殿式的七苦圣母堂，北京中国天主教神哲学院外观酷似天坛祈年殿的修道院小教堂便完全体现了中国建筑与基督宗教信仰的完美结合。谁也没有规定教堂中必须悬挂油画，而不能拥有中国的书法及绘画艺术，教堂中的中国绘画作品同样具有较强的艺术感染力。

这些静态的表征方式如此，对于动态的表现行为来说亦然，谁也没有规定教堂的诗班必须用美声的唱法，而不能融入中国古典音乐，与欧美风格的圣歌配乐比较起来，用二胡伴奏的《慈父上帝歌》更富有乡土气息、更加沁人心脾；在浙江温州江南垟地区圣诞节时用地方戏剧表演的圣经故事更受群众欢迎；同样，也没有谁规定圣餐必须用面包和葡

---

① 卓新平：《基督教与中国文化的相遇、求同与存异》，第3页。

萄酒，在云南怒江地区的圣餐仪式所用的物品就是粑粑和茶水。① 在这些表现方式的中国化方面，佛教为基督教作出了很好的示范，单从艺术的角度而言，佛教在中国的传播史和中国的佛教艺术史是紧密相连的，佛教的造型艺术从其入土中原的那一刻起就和中国的艺术形式很好地结合起来，到如今，佛教艺术已经成为中国古典文化的重要组成部分之一。它的建筑、雕像、绘画、法物、书法等造型艺术形式在人们日常生活中耳熟能详，甚至是熟视无睹地存在并继续发展着。除了佛教这些静态的造型艺术外，它的音乐、诵经、仪轨、威仪、舞蹈、戏曲等动态的表现艺术更是融入百姓日常的生活起居。② 无怪乎中国基督教思想家谢扶雅先生有几分武断地说：

> 佛教输入，更刺激了中国人的美感；我国的佛教，文字与美术，全涵濡浸润于美之中。佛教与其以"道"而"传"，毋宁说以美而传。③

与佛教的造型艺术广布于中国社会、佛教的表现艺术深化于群众的日常生活之中、对于佛教的研究之兴隆局面比起来，基督教在中国的艺术发展，更多的是停留于历史层面，所有的造型艺术似乎只是停留于博物馆，或者是常人很难理会的偏僻角落，而相对于佛教的表现艺术来说，中国的基督教艺术，还远没有和中国文化相互融合，还有一种文化上的隔阂，还具有洋的味道，本土化的艺术、中国化的唱诗班、中国化的礼拜仪式，似乎还停留于个别层面，未曾普及。艺术和宗教既然是相通的，艺术作为宗教的表现形式，甚至在一定程度上作为传播媒介，虽然没有像谢扶雅所说的那种决定作用，但确实应该值得基督教界同仁及宗教学者，加以注意及研究。

在中国，神圣因素早已深扎根于民众所进行的民间信仰实践中。基督教如若在中国，尤其是广大的农村地区扎根存在，它与民间信仰之间的接

---

① 韩学军：《怒江州基督教情况调查报告》，载杨学政、邢福增主编《云南基督教传播及现状调查研究》，香港建道神学院，第306页。

② 参见王志远《中国佛教表现艺术》，中国社会科学出版社2006年版。

③ 谢扶雅：《中华基督教神学的几个原则》，载《南华小住山房文集》（第四辑），香港南天书业公司1973年版，第245页。

触、融合便不可避免。这样做首先就要求基督徒抛弃一种文化中心主义的价值预设，更不能将这些民间信仰因素统统斥为迷信而予以抛弃，这种傲慢的态度必然导致其在民俗背景中的屡遭拒斥，因为"什么是人们常说的'信仰'，什么是'迷信'；什么是宗教上正确的、合法的、正统的，什么又是不合法的、异端的；什么是'正确的'宗教，什么是'错误的'宗教；这些都是定义问题，不同的历史时期、不同的条件下有不同的回答。答案一方面取决于大多数人信奉的、占统治地位的正统观念，另一方面取决于时间的更好的判断"①。之前我们有关基督教对于异教因素的改造和吸收的讨论已经充分说明了这一点。中国的民间信仰是中国传统文化的一部分，是经历几千年而流传下来的中国传统文化的主体性的表现，它虽然具有功利、巫术的一面，但同时也引导人为善，保护、尊重、完善着人的存在和生命。它的缺点当然需要我们加以反省，但其优点不能因为这些缺点而予以抹杀。事实上，无论基督教信徒如何否认民俗因素在其信仰中的地位，如何将它们与异端、偶像崇拜联系起来，这种民俗化的基督教信仰在中国社会中，尤其是农村社会中始终占据着很大的市场。与其片面地坚持对于合理民俗因素的抛弃、对于中国传统文化的贬斥，倒不如反省一下基督教在民俗化背景中有违基督精神的过分功利化、现世化的倾向及其排斥异质文化的偏执心理。

　　2. 思维认同

　　上面我们谈到了基督教外在层面的中国化在达致其文化认同方面的必要性。接下来我们再讨论一下对于基督教核心义理层面进行诠释过程中所同样应该遵循的处境化原则。不同的文化处境造就了人们在针对同一认识对象时不同的认识角度及理解方式，以及不同的表述方式，即不同的文化背景形成了人们不同的思维方式。对于基督教在中国的立足来说，其外在的表现方式固然重要，对其核心义理加以诠释同样需要以一种中国化的方式进行，这一点同样不能忽视。只有如此，国人在思考其精神义理时才能有一种思维方式上的认同。对于基督教核心义理的不同理解方式，不能固执地认为是对于信仰传统的背离，正如蒂利希所说，在整个基督教历史中，基督教面向其他宗教或类宗教的主流态度，不是简单的排拒或接受，

---

① 秦家懿、孔汉思：《中国宗教与基督教》，第41页。

而是排拒和接受的辩证联合。① 即使我们回到《圣经》传统本身，就如保罗所说，"向什么样的人，我就作什么样的人"一样②，我们很难得到一个统一的理解问题的方式，《新约》本身就隐含着众多的理解上的分歧，詹姆斯·G.库恩（James D. G. Kunn）曾指出犹太基督教、希腊化的基督教、启示的基督教以及早期的天主教传统同样包含于《新约》之中。就此，他表述道："在一世纪没有一种关于基督教的单一的、标准的形式。当我们寻找新约中的基督教时，我们要找的与其是一种单一的存在，不如说是我们遇到了基督教的各种不同的形式，每一种形式都认为其他形式在某些方面太过于保守，或受到反律法主义过多的影响，或持有诺斯替主义的思想和实践，或者太过于激进，抑或倾向于体制化。"③ 从《圣经》本身对基督教进行诠释尚且如此，更不用说基督教教义及其神学在诠释基督信仰时所具有的特定文化因素。如果我们不否认灵魂不灭、上帝的绝对论来自于希腊文化，不否认新柏拉图主义在奥古斯丁《上帝之城》中的影响，不否认亚里士多德哲学在托马斯·阿奎那《神学大全》中的地位，那么我们就不应该拒绝中国文化在诠解基督教时所具有的正当性，更何况这种正当性还辅以中国的处境所要求的这种诠解的"必要性"。当我们拥有这种意识的时候，就会发现耶稣的宗教和西方教会移植过来的具有西方文化特征的宗教是不同的，基督教需要去掉其浓重的"黄油味"。具体来说，这种思维的认同应该从以下几个方面做起。

首先，应该承认思维方式的认同是一种双向的互动，而非单方面的强加，与此相应，与其强调上帝反文化、反社会，不如强调上帝临在于人类的文化之中。正如《旧约·诗篇》所言：地，和其中所充满的，世界，和住在其间的，都属耶和华，他把地建立在海上，安定在大水之上。④ 基督信徒必须承认上帝所表现的独特启示，同样基督信徒也应该承认上帝的一般启示存在于中国伟大的文化和哲学传统及它们所强调的高尚的道德行

---

① 参见 Paul Tillich, *Christianity and the Encounter of the World Religions*, New York: Columbia University Press, 1963, pp. 27 - 51, esp. 29 - 30, 转引自欧大年、赖品超《中国宗教·基督教·拯救：中国宗教学家与基督教神学家的对话》，第12页。

② 《新约·哥林多前书》9：22。

③ James D. G. Kunn, *Unity and Diversity in the New Testament: An Inquiry into the Character of Earliest Christianity*, London: SCM Press, 1990, pp. 373 - 374.

④ 《旧约·诗篇》24：1—2。

为中。不然的话，连信徒本身的认信行为的根基都会受到质疑，因为正是通过儒家、道家和佛教的神圣经典，基督徒才获得了其信仰所需的灵性和宗教性情。如果有着虔诚信仰的基督信徒不想割裂他们所信仰的上帝的活动的话，如果他们不对上帝的活动和能力进行限制的话，那么基督徒也必须承认这位上帝的"灵"必然曾经、并正显现于中国的文化之中。正如加拿大汉学家欧大年教授所说："中国处境中的基督徒尤其应该留意和渴望寻求理解这点，并为上帝实际上'没有让自己缺了证据'和中国百姓一直归在他的仁爱之下而高兴。"① 相反，如果人们认为对于基督的信仰就是对于文化和社会的排斥，如果人们坚持少数人的救赎，而非普遍的救赎，进而强调"教会外无拯救"的话，这种理解问题的方式首先就和中国文化所讲求的海纳百川、有容乃大的精神以及"道并行而不悖"的理念相违背，无法被国人接受也在所难免。

与此对照，17、18 世纪法国来华的耶稣会传教士白晋（J. Bouvet）、付圣泽（J. F. Foucquet）、马若瑟（J. H. -M. De Prémare）、郭中传（J. A. De Gollet）等人所强调的中国古籍中已经拥有基督教的真理及弥赛亚的形象的考证似乎更让国人所理解。例如，白晋论证《易经》中所隐含的基督教思想、马若瑟对《诗经》中"姜"与"后稷"的关系和圣母与耶稣关系的考证等，其中虽有牵强之处，但不乏其虚心及象征意义。② 事实上，当今的天主教会和基督教会对这一点已经有了清晰的认识，比如天主教会一改 1442 年的佛罗伦萨普世基督教会议上的论断③，在第二次梵蒂冈公会议的《教会法》（1964）中宣布，依据上帝无所不在的意志和拯救计划，"那些不是因为自己的过错而不识基督福音或基督教会，但是依然以一颗诚挚的心，并受到恩典感动的人们，似乎通过自己的良心趋向认识了恩惠，在他们的行动中遵从了他的意志，这些人也可以得到永恒的拯救"（第 16 条）。与天主教会的这种表态相一致，丁光训主教曾经提出"宇宙的基督"这一概念，肯定教外真善美的存在，认为基督的关怀不仅

---

① 欧大年、赖品超：《中国宗教·基督教·拯救：中国宗教学家与基督教神学家的对话》，第 8 页。

② 卓新平：《基督教与中国文化的相遇、求同与存异》，第 38—42 页。

③ 这个论断的大概内容是："神圣罗马教会……坚定相信、承认、宣布：在天主教会之外，无论是异教徒还是犹太教徒，无论是非信徒还是脱离教会者，无一人可享永恒生命；如果他在死亡之前不加入'天主教'，他就要被判遭受给魔鬼及其天使准备的永恒火刑。"

局限于宗教、灵性、教会和信徒，还在于救赎全人类，人们不应光谈论"信"与"不信"，还应该强调因信而行出来的义是什么样子。在中国现实处境中，这种来自上层的表态不仅要形成于理论、表述于口头，而且还要落实到实践，被每一位信徒所理解、接受，并据此加以将基督宗教的精神义理行出来。

其次，有了这种对于普遍启示及救赎的认可，进一步可以本土文化因素对基督教加以处境化的诠释。这里值得注意的是，思维认同并不是让一方的思维附着于另一方，而是在某种程度上用接受信仰的人所熟悉或认可的思维途径、方法、惯性来处理基督宗教信仰。当然，其中的求同存异的努力必不可少。"人类不同民族、不同文化对人生一些基本问题、对人的形而上追求以及对人的社会道德伦理等方面，总有些相似或共同的地方。"① 而对于这种"同"的诠解，及对于"异"的介绍都是基督教在中国文化中得到认同的前提。就此，天主教神学家汉斯·昆曾经建议说，中国神学的几个要点应该集中在对神、对基督、对圣灵的中国化的解读上，比如对于神的称呼问题（是天、太极抑或太一），他讲到日本神学家竹中正夫所写的《上帝是米》的例子，来说明神的概念的处境化问题，因为米比面包更符合亚洲的风情，是更容易令人接受的宗教象征。在圣餐时，当然可以将米饼而不是面包分开，来代表耶稣的自我牺牲。这并非玩笑！在中国云南傈僳族中，圣餐就是以米饼进行的，而葡萄酒有时也用茶来代替。同样，对于耶稣的理解，更应该避免希腊和拉丁术语中那种概念化的理解方式，这是西方形而上学传统的主要危险，而应该将注意力放在历史上活生生的耶稣身上。在某种意义上，汉斯·昆认为耶稣可以和儒家学者方东美所提出的"天人"对比："'天人'完善了生活，他完备了自己的天性，同时也完备了他人和他物的本性。他以'天地'养息一代生灵并参与天地之间。"② 对于圣灵的诠释，汉斯·昆十分欣赏中国神学家张春申把圣灵解释为"气"的诠释方法，因为"气"指空气、呼吸、生气、一种内在能量、一种与气血相关的力等多重含义，它是一股充满活力的、能动的、原始的力，这股力充斥寰宇，浸润万物，导向万物一统，这个

① 卓新平：《基督教与中国文化的相遇、求同与存异》，第 31 页。
② 秦家懿、孔汉思：《中国宗教与基督教》，第 228 页。

"气"为什么不能理解为圣灵呢?①

历史上,菩萨形象和弥勒佛形象在中国处境中的转变其实还预示着一种中国人诠释佛教方式上的变化。这在某种程度上反映出佛教中国化最重要的方面,即从讲究他世,而转向世俗的关注,如弥勒佛是对"今世快乐和富足的肯定",甚至成为人们求子的对象。而对于菩萨的信仰更加突出了这种转变,因为菩萨指的是已经得道、本可以进入涅槃但留在人间拯救众生的人。"当菩萨成为佛教修行的目标时,涅槃的观念实际上已不复存在了。"② 同时由于禅宗讲究顿悟和禅定,在一定程度上贬低了佛经的地位,反而使信徒对于大师的生平言行及其中的"公案"更为关注。和佛教的这种诠释方式上的转变类似,基督教在中国的社会及文化处境中,其对于基督教义理的诠释角度也不得不有所调整。笔者曾经在《赵紫宸神学思想研究》(宗教文化出版社 2006 年版)和《谢扶雅的宗教思想》(宗教文化出版社 2007 年版)这两部著述中介绍了赵紫宸、谢扶雅两位中国基督教思想大师对于基督教中国化可行性的探讨,这里不再多谈,只举一个例子略为说明:对于耶稣,宣教者们总是将他的救主形象归于他担当了人们的罪,然后被钉十字架遇难,死后升天,而后复活,最终进行审判。耶稣替世人赎罪的行为固然是基督教的核心观念,但笔者认为在中国文化处境中,倒不必加以大力宣扬,因为替人赎罪这个概念本身,并非中国人所素习的。如果你要说,这恰恰是基督教在弥补中国文化的不足之处,笔者我认为与其让人们误解这个罪,倒不如强调耶稣圣洁的一生,即使没有耶稣十字架上舍己的遇难,仅仅是他大无畏的一生,为了整个犹太民族的利益,敢于同保守的法利赛人、妥协的萨都该人、激进的奋锐党人进行抗争,为了整个人类的灾难而牺牲,便足以让身处中国文化中的人敬佩并奉之为救主了。就像研究中国宗教的学者约翰·施赖奥克(John Shryock)看到的:或许没有一个国家对英雄的崇拜能像在中国这样得到充分地发展。……有些英雄被当作神灵崇拜,也有很多则没有神位,完全因为他们生前所建树的功绩而受到祭祀。……这种形式受到官方的鼓励,因为它为公众树立了足资效仿的好榜样,并通过纪念建立功勋者来鼓励民众践履美德。毫无疑问的,民众对于神化的人同样产生特殊情感,期待英

---

① 秦家懿、孔汉思:《中国宗教与基督教》,第 229 页。
② 同上书,第 182 页。

雄在另一个世界以更大的神力保佑自己。[1] 民族英雄岳飞、三国人物关羽、打击海盗的郑成功都受到人们如此的礼遇，更不用说这个号称全世界的救主耶稣了。

同样，这种诠释不仅局限于我们理解的角度上，还可以表现在一些词汇的采用上，比如利玛窦曾利用"上帝"作为"天主"的同义词，这两种翻译就比"图斯"这个音译的词在中国文化中更容易理解和接受。而在《新约圣经》中，用"道"来翻译"logos"这个词更为中外译者啧啧称道。这就引出了基督教经典的翻译和诠释问题，在某种角度说，这也是达到基督教信仰与中国文化思维认同的关键环节。基督教于 20 世纪初在云南怒江地区的成功立足就是一个很好的例子，因为它使用了傈僳文，因而在傈僳族和傈僳语流行的怒江地区得到快速传播，从而在较短时间就取代了天主教、佛教、道教、喇嘛教等传入此地区更早的宗教。[2] 而在拉祜族，传教士们将上帝与拉祜族传统信仰中的至上神——厄莎神等同起来，耶稣基督成为厄莎神的儿子，这种做法让基督教很快成为重构拉祜部落的重要因素。[3] 同样，中国的佛教在此方面有很多可令人借鉴的经验，在佛教传入的早期，流传于中国的佛经仅有《浮屠经》和《四十二章经》，但到东汉末年桓、灵二帝时，已经译出了大量介绍佛教各个流派基本教义和修行方法的佛经。根据梁僧祐《出三藏记集》所载经录及魏晋人撰写的僧传等资料，当时已经出现了安世高、安玄、竺佛朔、支娄迦谶、严佛调、吴支谦、康巨、康孟详等多位著名的译经家，甚至还出现了汉僧的佛教著作——《沙弥十慧章句》[4]。另据相关资料记载，东汉、三国、两晋、南北朝时期，中外僧人共翻译佛经八千多部，两万一千多卷。[5] 比起佛教的译经工作，比起佛教历史上鸠摩罗什、真谛、玄奘等若干翻译家，中国

---

① John Shryock, *The Temples of Anking and Their Cults*, Paris, 1931, p. 45. 转引自杨庆堃《中国社会中的宗教——宗教的现代社会功能与其历史因素之研究》，第 155 页。

② 韩学军：《怒江州基督教情况调查报告》，载杨学政、邢福增主编《云南基督教传播及现状调查研究》，第 300 页。

③ 苏翠薇：《澜沧县两个拉祜族村寨个案调查》，载杨学政、邢福增主编《云南基督教传播及现状调查研究》，第 382 页。

④ 严佛调著，是宣传大乘佛教基本教义和修行方法的"禅数"著作。

⑤ 根据任继愈主编《中国佛教史》（第一、二卷），中国社会科学出版社 1985 年版；任继愈主编：《中国佛教史》（第三卷），中国社会科学出版社 1988 年版。书后所列历代佛教经录所载译经卷数附录统计得来。

基督教界在这些方面的事业只能算刚刚起步。中国基督教思想家谢扶雅曾经对此作出过描述：唐代景教留下的汉译文字，仅《马太福音·登山宝训》片断——《世尊布施论》及宣教士自撰的几首赞歌及祷文；元代也里可温教似乎毫未留下译述事业；明代耶稣会士多从事于西文历数与地理著作的汉译；至于新、旧约圣经的首次全文汉译直到 19 世纪初才由第一位到中国大陆传教的新教马礼逊（Robert Morrison）完成。此后基督教在中国主办的出版机构广学会（Christian Literature Society）及中华基督教青年会全国协会书报部协会书局（Association Press）功绩卓著，影响深远。然而出版物中，多为介绍西方学术的作品，对神学著作，多为普及性的简介，没有像佛门鸠摩罗什、玄奘大师之类的译经高手，以至西方文化渊源深处的基督教神学精华，未见汉文译述，不为知识分子乃至中国人所知。① 谢扶雅以上言论仍让今天中国内地基督教界为之汗颜。

　　基督教核心理念的本土诠释是其进入任何异质文化过程中都无法摆脱的环节，这在中国如此，在亚洲的朝鲜半岛和日本亦然。天主教自从1784 年［李承薰（Yi Sŭnghun）在北京受洗，回国后传福音给他的朋友们］传到朝鲜（1895 年以后称韩国，第二次世界大战后南北分裂，分别称朝鲜和韩国）后，在头一百年里，同样没有取得多少进展，百年间信徒最多的时候也只不过两万多人。基督教初入朝鲜受到抵制是必然的，因为朝鲜同样是一个深受儒家义理影响的国家，而且视儒家礼仪为其立国根本，而基督徒竟然不履行儒家传统礼仪，甚至还烧毁祖宗的牌位，基督徒因此还招致了政府的多次迫害②，在 1866—1871 年的迫害中，有 9 位法国神职人员和 8000 位信徒被处决，这是当时朝鲜天主教徒的一半数量。迫害的原因一是不遵守传统的儒家礼仪，还有一个重要原因是朝鲜政府认为这些信徒给国家安全带来威胁。这一切随着 1886 年，法国强迫其政府签订允许基督宗教进行教育活动才得以终结。1884 年，新教也传入朝鲜。虽然之前的天主教在朝鲜发展缓慢，但朝鲜的基督新教在 19 世纪末—20世纪 40 年代这段时间取得了突飞猛进的发展，究其原因，主要在于新教采取了更适合于韩国民众的礼拜形式，比如对于上帝的称呼，天主教的

---

　　① 参阅谢扶雅《自辫子至电子——谢扶雅百年生平纪略》，基督教文艺出版社 1992 年版，第 81—83 页。

　　② 比如 Sinyu 迫害，ŭrhae 迫害，Chŏnghae 迫害，Kihae 迫害。

"Ch'ŏnju"是个外来词,而基督新教则采用了 Hananim 这个本地词语,同样它还采用了一些更有利于韩国民众忏悔的仪式,以及开办了众多公益事业,比如学校、医院等。① 而一向发展缓慢的天主教在 20 世纪 70 年代之后的韩国也有了显著的发展,从 1985—1995 这十年间,韩国天主教徒增长 58.2%,由 1865397 人发展到 2950730 人,而此阶段新教徒的增长只有35%,由 6489282 人发展到 8760336 人。究其原因,有的学者认为韩国天主教的本色化起到至关重要的作用,比如本土的神父在 70 年代超过外国神父的两倍,所有的主教区都归韩国人所有,礼拜开始采用韩语,而不是拉丁语,他们也开始用 Hanŭnim 称呼上帝。而且他们开始抛弃了旧的关于天主教徒远离世俗事务的教义,而开始参与社会服务工作。虽然,当前的韩国教会被批评拥有太多的不必要的西方文化因素,而缺乏一种本地的适应,但也不尽然,韩国的基督徒从开始就强调十诫的第五条,即孝敬父母;而且,从 19 世纪 90 年代开始,基督教化的祭祖仪式便被创立了。此外,韩国的民众神学(theology of the people)享誉世界。这种神学创始于 20 世纪 70 年代,强调神学如何给无依靠的人以出路,主张民众是历史的最适合的主体,理解历史就是理解上帝在克服人民的仇恨方面所作的工作,上帝的行为就是对大众苦难的直接回应。②

日本的基督教界也曾大力强调基督教本色化诠释的重要性,尽管对于基督教的信仰需要对于其他宗教传统的贬低和拒斥,但一些日本的基督教宗派,比如道会(Matsumura)和基督心宗教会(Kawai)认为大量的亚洲宗教文本同样是启示的源泉,基督心宗教会多次指出耶稣是来成全而不是破坏他先前的一切的,他高度评价了其他宗教的内涵,甚至称孔子是耶稣的先行者。③ 同时,日本的神学工作者们除了强调基督教神学要去除西方化外,连教会这种拥有组织和体制的存在形式也要去西方化,因为在这种教会中,圣灵很难开展工作。内村鉴三(Uchimura Kanzō)就曾在日本发起"无教会运动"(Mukyōkai)。他认为,基督教和教会就是以基督名

---

① Donald Baker, "Comparative Growth Rates of Catholic and Protestant Communities", in *Christianity in Korea*, Edited by Robert E. Buswell Jr. and Timothy s. Lee, pp. 289–296.

② James Huntley Grayson, A Quarter-Millennium of Christianity in Korea, in *Christianity in Korea*, Edited by Robert E. Buswell Jr. and Timothy s. Lee, p. 21.

③ *Handbook of Christianity in Japan*, Edit by Mark R. Mullins, Leiden · Boston: Brill, 2003, p. 155.

义为号召的精神性的存在，是围绕着教师形象的、以《圣经》为中心价值的存在。而另一位日本神学家北森和熊（Kitamori cazō）在其神学理论中融合了佛教的因素，他的神学以苦难为核心，并在一定程度上和日本人对苦难的理解联系起来。通常来说，日本的教会表现出情感化、虔诚化以及道德化的特征，同时强调圣灵的内在工作体验，而这一切和儒家的传统所教导的社会关系中的自律和忠诚有关。对此，西方学者也不得不承认，尽管日本许多本土化的基督教团体有着一些不寻常的洞见和主张，它们一方面建立在西方传教士所带来的说教、礼仪和组织形式的基础上，同时还包括一些本土的宗教传统，这些宗教传统主要来自于一些祭祖的信仰、神灵世界、佛教、神道教及儒家的思想。[①]

尽管如此，日本的基督教并没有取得太大的进展，仍处于文化边缘地位。学者们仍多从本土化的诠释方面寻求原因，将过错归于基督宗教本土化的不彻底，他们认为，基督宗教若要在日本很好的传播，必须了解日本过去和现在的深层的文化宗教理念。这个基础即"日本人不断变迁的宗教虔敬"（Transforming Japanese Religiosity）。而通常来讲，外国传教士带来的基督宗教往往抵制这种根基，而注重直觉的日本人并不爱听基督教的理性说教。于是在日本和基督宗教第一次接触的过程中，"作为一个整体的教会并没有与日本的宗教和文化概念合拍。传教士们所展现的基督教是对日本传统忠诚理念的挑战：在基督教看来，这种忠诚不是绝对的，是有条件的。因此基督教是对日本传统价值理念，包括宗教的基础层面在内的价值理念的一个威胁。这就是基督教在日本第一次传入以失败告终的根本原因"。而基督教到今天仍没有很好发展的原因，在于这种根本性的调和工作仍没有做好，基督教的西方色彩仍旧十分浓厚。它在让一个日本人变成基督徒的同时，也就是想让一个日本人变成一个西方人。"基督宗教不曾充分丰富和实现自己日本精神遗产，他没有提供一个适合于东方的普世的福音，而是一个拥有体制、神学，社会及政治观念和态度的西方基督宗教。"[②] 最终的结果是，日本的基督教徒在很大程度上只是一个城市的、

---

① *Handbook of Christianity in Japan*, Edit by Mark R. Mullins, Leiden·Boston：Brill, 2003，p. 155.

② E. Piryns, Cicm, "Japan and Christianity：Towards the overcoming of a dilemma", from *Oriens Studies*, No. 3，January，1974.

中产阶级知识分子的宗教。

汉斯·昆曾经针对中国未来的基督教神学走向提出过一些设想，这里不妨介绍一下，作为中国基督信徒们进一步工作的参考。首先汉思·昆认为神学和教会的本土化需要建基于以下四个诠释的前提：①复归原始的符合圣经的信仰，而不是那些几百年来在中国信徒中引发争议的忏悔式的、西方教会的教条。"源自犹太教的基督教教义不需要传统的希腊、罗马、德意志或盎格鲁-萨克逊的外衣，它能够也应该穿上中式服装。"②要基于当代人民生活经验和当代社会—政治环境对原始基督教信仰作兼收并蓄的重新阐述。做真正的中国人和真正的基督徒并不是互相排斥的。③要注重实际的例子，不要囿于教条式的刻板的正统。个人和教会团体的实际经验在今天世俗化了的中国社会有并且依然有特殊的意义，"在中国，注重人民福利而不是以个人为中心的教会团体可以成为社会进步的酵母"。④通过宗教复兴文化，中国化了的基督教自有其美学、道德和政治内涵，它可以为伦理、教育，为在民族和个人生存中发现并保持人的价值作出建设性的贡献。以上这四个诠释基督教神学的基础，应该说是汉斯·昆深入观察并总结西方教会在中国传播及发展的经验及教训之上的，对于中国基督教未来发展给出的高瞻远瞩的建议，虽然这是他十几年前的看法，但至今仍有理论上的价值和实践意义。他所提到的这几个方面不仅谈到了诠解方式的认同、文化的认同问题，也蕴含了笔者下文要讨论的政治上的认同、社会认同所要关注的内容。

3. 政治认同

思维文化上的冲突必然会导致政治上的对峙，在中国历史上，基督教一旦和中国文化发生冲突，经常会上升到"夺人国土，乱人学脉"、"惑世诬民、蠹坏国运"的政治高度。而一旦"百姓唯尔等之命是从"的政治威胁论徘徊于统治者脑海中，文化的冲突及宗教信仰本身的冲突都显得无足轻重。[①] 政治与基督教信仰之间的张力虽不是基督教无法达到彻底中国化的充分条件，但它的解决，进而达到一种政治上的认同亦绝对是基督教中国化的必要前提。

从基督教信仰的层面说，它要想取得政治认同，其教义神学、信仰实

[①]　卓新平：《基督教与中国文化的相遇、求同与存异》，崇基学院神学院，2007年，第20页。

践就必须维护祖国统一、维护国家稳定、社会和谐。从我们政府的角度来看，政治的认同非基督教信仰者及团体单方面的努力，政府本身也要给认同以条件，如同作用力与反作用力的原理，如果我们要让基督教组织及其信徒拥有一种向心力，我们必然要产生一种吸引力，而非压力，压力本身只会产生排斥力和外向的力量。具体来说，基督教要达到一种政治上的认同，它必须在以下5个方面做足功夫。

（1）爱国爱教

中国文化中自古就有"神道设教"的提法，它最早出自《易·观卦·象辞传》："大观在上，顺而巽，中正以观天下。观盥而不荐，有孚颙若，下观而化也。观天之神道，而四时不忒；圣人以神道设教，而天下服矣。""观盥而不荐，有孚颙若"是观卦的卦辞。盥是倾酒灌地的降神仪式，祭礼以此为盛大；荐则只是向神位献飨礼的小礼仪。按照《象辞》作者对"观卦"的理解，当百姓瞻仰了祭祀礼仪中刚开始的倾酒灌地的降神仪式，就可以不瞻仰后面的众多献飨礼的细节，因为此时心中已经充满了诚静肃穆的情感。圣人于是根据神道制立教法，使天下百姓服膺之，达到有序的教化。中国的儒家之所以为当权者所推崇，在某种意义上说，是因为它所主张的政治哲学和忠君伦理有利于当权者的统治，它所推崇的家族伦理有利于社会的安定。因此，面对封建王朝的强权统治及儒家的官方学说地位，外来宗教不得不作出相应的调整，佛教在中国的变通便是典型。

佛教界的道安法师有句名言："不依国主，法事难立。"这可能是佛教在中国社会立足与发展过程中总结出来的经验和教训。早期的佛教因其强调个人超脱、禁欲和剃发出家的小乘倾向，曾被指责忽视君臣、父子之间的尊卑关系，甚至受到"不忠不孝"的唾骂。但之后的佛教在发展过程中，为了适应中国社会，便把佛典中涵纳的社会伦理充分阐发出来，表明其与中国的纲常礼法及统治者的利益并无冲突，因为"如令一夫全德，则道洽六亲，泽流天下，虽不处王侯之位，固已协契皇极，大庇生民矣"[1]。隋朝的王通针对一些排佛的言论，曾经提出过儒释道"三教可一"的主张，这个主张的论据便是儒、释、道三家都对治理国家有益，认为要

———

[1] 慧远：《答桓太尉书》。

通其变，使三家彼此相互融通、取长补短。① 刘禹锡在为佛教在中国的立足做辩护时，也提出了佛教有益于教化这一点，认为佛教"革盗心于冥昧之间，泯爱缘于死生之际，阴助教化，总持人天"②。历史上，几次灭佛事件的发生，都始于佛教因为自身的壮大或对于统治者利益的损害，其中最显著的是公元446年、474年、845年、955年的（"三武一宗"）四次灭佛事件。

当然，新民主主义革命推翻了封建王权的统治，而社会主义国家的建立更是中国政治制度的一次根本性变革。以往的"神道设教"观念已经不适合现代社会的人们对于宗教现象的认识和理解，更不适合以此为依据来制定各种宗教政策、法规。但这并不意味着宗教与自己的国家及统治就必然处于疏远甚至对立的立场，更不意味着以宗教之名对于政治横加指责和评价，而不做建设性的、符合实际的思考。对于基督徒来说，爱国既是上帝创造的安排，也是基督徒爱的道德实践的必由之路。生为中国人是上帝的计划，民族国家的存在也是上帝的意志，因此，爱国就是对于上帝的爱，③ 爱国与爱教是无法隔离开的。虽然，基督教因为其主张的有神论，而与我们当前主流意识形态所坚持的无神论有所出入，但相异不等于冲突，而相反，相异正好为合和共生、和平共荣创造了条件和机遇。

（2）以提高国民福祉为首务

以上笔者所提的爱国爱教，并非是让基督教在中国社会中完全处于俯首听命的地位，而是让其自身拥有更好地彰显自己、发挥自身作用的氛围。与所谓的政治批判使命对比起来，基督教有更多的、更具紧迫性的、更有意义的工作需要完成，而所有这一切的开展都必须以政治认同作为前提条件，政治的认同并不涉及基督和恺撒谁大的问题，它是一个关乎基督教如何在一个新的境遇中健康发展的问题。无论是政治还是信仰，他们最终都是以个体的人为本位，均为了让国民、信徒过上一种更有意义、更能实现自己价值的生活。谁放弃了这个根本指标，谁就必然遭受人们的谴责、历史的抛弃。从整个中国的历史来看，宗教与政治之间大体上处于一种和谐的关系，而宗教整体上也发挥着为人类谋福祉的作用，它们不光为

① 王通：《中说·问易》。

② 刘禹锡：《袁州萍乡杨岐山故广禅师碑》。

③ 《新约·罗马书》13：1—7。

统治者祈福，也为平民百姓攘灾。基督教和当前政治要达到互为认同的局面，一方面要求来自于统治者在对待宗教问题上，尤其是外来宗教问题上，有一种传统观念和态度上的转变，在稍后部分我们将会谈到。而另一方面，从基督教方面来说，如何更好地为我们每个公民融入其中的中华民族服务，如何更好地襄助我们的国家进行经济及社会建设，这些问题才是基督徒彰显其信仰、教会得以立足的关键。基督教信仰应该以服务社会、服务人类为其表现，如果做到这一点，任何不满、任何抱怨也就迎刃而解了。

（3）非以役人，以役于人

具体来说，中国政治处境中的基督教首先要贯彻的应该是"非以役人，以役于人"的仆人精神、爱的精神，而非进行社会批判的先知精神、颠覆精神。一方面在于我们社会发展的阶段及"发展中"国家的限定，让我们不能以"发达"国家的各种所谓的成规框定我们目前的不足，而是要以理解、宽容乃至爱的胸怀完善各种现实中的缺陷，况且这其中处境的不同也让众多标准失去其应有的效力。另一方面，基督教在中国社会的边缘化地位决定了其作为先知进行批判的不现实性，及其身体力行、服务社会的必要性。先知的、批判的精神为基督教所拥有，同样爱的精神、仆人的精神对于中国现阶段的基督教发展来说似乎更为根本、更为必要。①

而且更为重要的是，社会批判一旦与基督教的组织性结合起来的话，其所谓的政治风险将显著增加。中国历史及现实中均存在着类似于基督教的制度性宗教，比如佛教和道教，但总体来说，除极少数的出家人外，信徒和寺、观之间并没有一种具有约束性的关系，偶然的烧香、拜佛行为并不会形成一种有组织的信徒团体，而所谓的佛教协会、道教协会，或者居士群体，也多是一种没有严格等级制度的自由人的联合体。基督教会的形成，无疑改变了这种体制性宗教的松散状况，教会是一种分工严密的组织，而且信徒群体具有一定的稳定性，正如社会学家杨庆堃所指出的，"一个组织良好的信徒团体，是欧洲和美国社会基督教教会的功能和结构地位一度强大的重要原因。如果将信徒团体还原为无组织的个体，基督教

①　参见卓新平《基督教与中国文化的相遇、求同与存异》。

会将很难发挥其对世俗社会制度的影响力"①。而教会组织在欧洲历史上恰恰形成了可以与政权相抗衡，甚至凌驾于政权之上的神权统治。因为按照基督宗教的传统，国王只不过是按照耶和华的意愿来统治、管理他所辖的领地，他的权利是神赋予他的，也必须在神的掌控之下，因此在某种程度上执行神意的祭祀和神职人员对于王权具有一定的约束力。在中国的政治及社会处境中，这种所谓的批判精神及对政治的束缚无论从历史，还是从文化、现实诸方面来看，都很不现实。正是清楚地认识到了这一点，天主教神学家汉斯·昆曾说："鉴于中华民族近几十年来的经历，与其把教会看作一个机构体制毋宁把它看作一个社会组合、教徒的社团。这样的教会不是传播福音的障碍（数百年来教会常常是个障碍），而在理论与实践上它都是福音的可靠见证。"② 这个社会组合和其他宗教团体共同努力，忠实地为社会服务，它既"面向人民"，又以"耶稣基督为中心"，这样的教会团体，我们的政治有何理由不接纳它呢？

（4）加强教牧人员自身队伍建设及基督教神学思想建设

要达到一种政治上的认同，培养有责任心、民族感、有才能、有知识、有道德，并具虔诚信仰的教牧人员至关重要，因为他们是教会的牧者，是灵魂人物，教牧人员的说教及行为直接影响到信徒的所思所想、所言所行，我们曾经在调研的村子中，听到村民讲起很多荒诞的教义，询问其来源时，总说是传道人告诉他们的。如果一个传道人具备良好的神学修养及道德水平，那么这个地区的信仰也会呈现出正规的发展走向，如果传道人是一个不学无术或别有用心之人，那么此地的教派也极容易走上邪路。而目前的事实是中国的教牧人员极其匮乏，很多乡镇的传教人员没有受过正规的神学教育，在模棱两可的教义中加入了许多自己的理解，而信徒间也以讹传讹，生病不吃药者有之，不种庄稼坐吃山空者有之，强拉入教者有之，这样的基督教何谈政治上的认同，连自身身份的认同都存在着困难。如果是这样的教牧人员为他的信仰团体提供精神导向，恐怕将会给社会造成诸多不安定的因素。

与教牧人员教育相关的问题是教会的神学思想建设问题。一个教牧人

① 杨庆堃：《中国社会中的宗教——宗教的现代社会功能与其历史因素之研究》，第298页。

② 秦家懿、孔汉思：《中国宗教与基督教》，第230页。

员接受的是哪种神学训练，基督信徒聆听及掌握的是何种神学主张，这对于基督教的健康发展是至关重要的。香港建道神学院院长梁家麟教授曾经认为："华人教会若无法摆脱复原主义与还原主义的神学模型，便无法找出制止异端邪说扩散的方法。单单宣示《圣经》权威是不管用的，在多数情况下，《圣经》的权威只会变成释经讲道者的权威，特别是造就某些宣称由圣灵直接带引进入《圣经》真理，又禁止信徒以理性质疑灵性的'神人'。此外，若无法确立一个整全的、历史性的教会观，便无法确立一个纵贯两千年的神学道统。"① 他进而认为，中国教会应该"与历史性和普世性教会全面接合，重新恢复以教义和神学传统为规范的'宗派'，借以取代以赤裸裸权利拱立的'教派'或'帮派'"②。中国的邪教是否与其还原主义的神学模式有必然的联系，是否恢复对于普世教会传统及神学道统的认同就可以解决中国基督教异端丛生的问题，笔者在这里不加评论。但无疑，异端的层出不穷与中国的基督教无任何教会传统及神学道统有很大关系。而这种教会传统和神学道统虽然无法完全摆脱西方的神学及宗教体制影响，但它应该是符合中国社会及文化处境的。

在教牧人员的培养及神学思想的建设过程中，强调教会传统及神学道统，并不是强求思想、观念完全一致。宗教的和谐并不在于它在教义、教派及神学思想上的相同。就像讲究和谐的佛教，同样出现了强调涅槃存于轮回、以《华严经》为核心经典的华严宗，强调佛祖义理次序的、以《法华经》为尊的天台宗，还出现了强调对佛的依靠、供奉和善行、以《净土经》为理论基础的净土宗，以及以顿悟达到极乐境界的禅宗，这只是佛教比较大的四个宗派，在每个宗派中还有众多分支，比如禅宗就有南禅和北禅的区分。所以，在基督宗教的信仰问题上，强求一致的做法并不符合目前及今后基督教在我国发展的实际，也不符合宗教及文化现象自身的发展规律。基督教的"和"是它众多"异"的"和"，而非表面的同一。

（5）国外基督宗教团体的谦卑态度

基督宗教在欧洲的历史中，曾经具有唯我独尊的荣耀。"在宗教改革导致宗派主义兴起之前，宗教控制了欧洲大陆，而世俗政府则被分割成若

---

① 梁家麟：《中国教会的今日和明天》，香港建道神学院 2006 年版，第 151 页。
② 同上书，第 168 页。

干个封建诸侯国，后来各自建成国家。基督教力量之强就强在对整个欧洲大陆的统一性，而世俗政府之弱则弱在它处于分崩离析的状态。在欧洲，国际教会甚至可以代表一国主权的对外象征，而那些世俗政府则往往被迫屈从于教会。"① 但在中国则不然，宗教的早期发展只是具有分散的形式，它依赖于与主要社会制度的结合，而没有发展成为一个独立的、拥有单独功能及结构的组织制度。当组织性的宗教出现时，它面临的是一套完整的政治制度，这一制度长期以来一直对宗教事务掌有支配权。② 于是，为了改变这种格局，早在清朝末年，西方国家采用武力强迫的方式，保护基督宗教在中国社会中的合法传播地位。而恰恰是这一傲慢的做法，让基督宗教与帝国主义侵略这个罪名永远联结在了一起，这个伤疤在当前国人的意识中仍隐隐作痛，这并不是避而不谈就能解决的问题，而是需要耐心、时间，同时更需要基督宗教及作为其载体的强权国家有一种虚怀若谷的姿态，而不是进一步的横加指责，或文化形式上的傲慢无礼——这无疑会进一步在这个伤疤上撒把盐，并无助于基督宗教在遥远的未来得到国人的认可。正如卓新平研究员所说："基督教与中国文化在相遇过程中打下的历史'死结'或陷入的僵局，在很大程度上是'政治性'的，因此，解开此'死结'、打破此'僵局'，也主要在于政治意义上的努力。"③ 而来自国外基督教团体的谦卑、忍让、牺牲、反省精神是这种努力的前导及表现。

如上所述，认同是相互行为，与基督教界的努力相应，我们的社会政策制定者、执行者或许可以为这种认同创造以下条件。

首先，需提高决策部门的公信度及对宗教团体的认可度。"爱国爱教"并不仅仅是对于基督教团体和信徒说的，对于非信徒，对于我们的社会政策的制定者和执行者来说，它同样重要。只有爱国，为了国家及国民的事业及福祉甘于奉献，政府的公信力才会得以提升，相反如果政府的工作者、社会政策的制定者只为了自身的利益着想，置国家利益于不顾，恐怕他会受到包括宗教团体在内的所有社会正义力量的批判。一个更加民

---

① 杨庆堃：《中国社会中的宗教——宗教的现代社会功能与其历史因素之研究》，第197页。

② 同上。

③ 卓新平：《基督教与中国文化的相遇、求同与存异》，第18页。

主、公平、发展、关心人民利益的政府才更符合广大人民的需求，同时，这与基督教福音的主张也颇一致，这样的决策者才能得到广大基督教信徒的认可。在中国的历史上，宗教与政权大体上处于一种和谐关系中，当然，白莲教和太平天国运动是例外，但仔细看来它们是在一个朝代出现了种种无法克服的困难，比如政治腐败、经济衰退、民不聊生的境况下，群众自发组织起来的反抗运动，其革命意义大于宗教性追求。而在和平稳定时期，宗教大多只会发挥其积极的作用，当然，被一些别有用心的人或组织控制的宗教信仰除外；而爱教同样是所有国人及政府部门的分内之事，它不仅源于我们的宗教信仰自由政策，也非完全出于我们统战方面的考虑，因为爱教更符合中国传统文化道并行而不悖的广博气概，因为"爱教"就是"爱民"，爱每一个中华人民共和国的公民。[①] 如果我们付出了这种爱，很多矛盾及误解自然消融，如果我们付出了这种爱，像关心每一位家人一样关心这些信徒，他们有什么理由不融入这个大家庭呢？

其次，支持基督教界合理的发展需求。如前所述，教牧人员的素质决定了中国基督教的未来发展及走向，而随着中国基督教信徒数量的增加，教牧人员的数量已经远远不能达到牧养教会的需求。这种情况在中国的农村地区尤为突出，在很多针对中国农村基督教的调研报告中均有反映，比如在一份关于湖北枣阳基督教的调研报告中，有如下记载："整个枣阳市的基督教自复堂开始到 2004 年间一直只有一位牧师曹振忠。2004 年曹牧师过世之后至今，整个枣阳市基督教没有一位正式的牧师，传道的责任则由'教师'和'传道人'来担当。"[②] 而在拥有近千名信徒的华南 X 村甚至没有一位初中及以上文凭的传道人，他们更没有接受过正规的神学训练。在云南第二大城市曲靖市到 2008 年为止，只有一位正式按立的外地牧师，而信徒却有万人以上；其下属宣威市有 5374 名基督徒，却没有一位牧师。教牧人员的缺乏同时造成农村自封传道人的现象十分普遍，这在一定程度上成为基督教异端邪说丛生的主要原因之一。一份关于华南 X 镇的调研报告指出由于信徒及传道人的文化程度低，这使得有些传道人在

---

① 2005 年正式实施的《宗教事务条例》第一条便明确指出："为了保障公民宗教信仰自由，维护宗教和睦与社会和谐，规范宗教事务管理，根据宪法和有关法律，制定本条例。"

② 王克琬：《枣阳市基督宗教情况初探》，载《基督教与中国》（第四辑），第 86—87 页。

讲道过程中仅凭个人的主观理解来阐释圣经。[1] 另一份针对苗族、彝族为主体的云南昭通地区的基督教的调研报告有如下分析：由于"长期缺少有水平的教牧人员的引导，当地的信徒也往往不能正确地认识基督教，这给一些别有用心的人以可乘之机，将他们引入邪道。近两年来，门徒会、呼喊派等邪教组织利用当地信教群众不谙基督教教义的弱点，大肆歪曲基督教《圣经》的原义，并断章取义地向信徒宣扬《圣经》中的一些思想，有的还打着基督教的旗号诈骗信教群众的财物，扰乱社会秩序，使邪教势力一度在这地区蔓延"[2]。而一份针对云南武定、禄劝县基督宗教的调研报告指出："曾在武定、禄劝县部分群众中盛行一时的'小众教'和'定时末日论'，与传教人员的言行有一定关系。教职人员出于私利或某种目的，不顾历史背景，对《圣经》断章取义，任意扭曲教义，势必对群众产生不良影响，因而危及正常的生产活动和社会秩序。"[3] 基督教甚至在有些地区顺应了当地的一些不良的风俗，比如有的地区信徒认为因为女性的祖先夏娃的罪过让女性犯罪，从而遭受月经和分娩之苦，至今他们还让分娩的妇女遵守专碗专凳的行为规范。[4] 而且礼拜天还有妇女的专场讨福会，来洗掉自己的罪恶，称为雅米波录（女性专场讨福）。

　　大力开展基督教界的教育事业除了能培养合格的教牧人员外，还有助于加强基督教神学思想建设。符合中国国情的基督教神学思想，加上充足的、具有良好神学素养的传道人，能够在一定程度上抑制异端邪教思想的产生。神学思想建设工作对于基督教的未来发展尤为重要。有学者曾就此点出过反面教材，认为中国当前的基督教之所以出现如此之多的邪教派别，与倪柝生等人的神学主张有很大的关系。倪柝生的三元人论思想，将魂与灵，即知识与灵性对立；生命树与知识善恶树对立，从而又将信仰非道德化；将《圣经》与解释《圣经》引入神秘主义并由个人垄断；极端

---

　　① 李峰：《乡村基督教的组织特征及其社会结构性位秩——华南 Y 县 X 镇基督教教会组织研究》，第 71 页。

　　② 萧耀辉：《昭通地区基督教调查》，载杨学政、邢福增主编《云南基督教传播及现状调查研究》，第 317—318 页。

　　③ 高力：《武定禄劝两县少数民族基督教现状调查》，载杨学政、邢福增主编《云南基督教传播及现状调查研究》，第 344 页。

　　④ 苏翠薇：《基督教与拉祜族社区发展——澜沧县两个拉祜族村寨个案调查》，载杨学政、邢福增主编《云南基督教传播及现状调查研究》，第 377 页。

排他主义的教会论；将教会领导人神化，都是产生异端的根基。李常受①的思想和教会运作模式，也容易造成分裂。那些教会实行寡头统治，领袖多以上帝直接带领而建立绝对权威，不容纳不同看法，因而造成分裂，出现另外的神人。这些教派事后多引倪柝声的思想作为自己的根基。

再次，需继续贯彻和完善宗教政策法规。关于宗教问题，我们的党和政府曾经出台了大量文件、法规和政策。其中比较重要的有"强调调动宗教徒的积极因素"的《关于我国社会主义时期宗教问题的基本观点和基本政策》（1982 年）、提出"宗教与社会主义社会相适应"的《关于加强统一战线的通知》（1990 年）、提出"调动信教群众和宗教界人士的积极因素"的《中共中央国务院关于进一步做好宗教工作若干问题的通知》（1991 年）、提出"积极引导宗教与社会主义社会相适应"的《全国统战工作会议上的讲话》（1993 年），1994 年国务院颁布的全国性的《宗教活动场所管理条例》和《中华人民共和国境内外国人宗教活动管理规定》，2004 年 11 月颁布的我国第一部宗教方面的综合性行政法规《宗教事务条例》。这些文件、政策、条例在某种程度上保障了公民的宗教信仰权利，同时明确了宗教团体应该承担的责任、义务，明确了政府部门及国家工作人员在宗教管理事务中的权利及职责。但毕竟这些宗教法规及部门规章不能等同于宗教基本法，依照条例和文件办事，总有行政干预之嫌，也很难杜绝在宗教管理过程中滥用职权现象之发生。而当宗教领域出现一些非常规法律所能解决的问题时，又出现无法可依的局面。因此，在宗教管理方面，迫切需要由"人治"向"法治"的转换。兼顾宗教信仰者"权利"和"义务"的法律，既有利于保障宗教信仰者的人权和信仰自由，同时也可以防止不法分子利用宗教和宗教活动制造的混乱和违法活动，可以有效抵制境外的渗透，进而让宗教活动纳入法治范畴，而不需冒干预宗教活动和宗教团体内部事务之嫌。同时，获得法律保障的基督教团体才真正具有一种以独立姿态步入社会的宗教组织形态，充分发挥其社会建构功能，表达其有助于和谐社会构建的公共价值观。

以上，我们一方面从基督教信徒及团体的角度，另一方面从非信徒以及社会政策的制定者的立场分别阐述了基督教在中国社会中达致政治认同所需要的种种努力。这里要重申的是，政治认同不一定等于文化认同，它

---

① "呼喊派"创始人。

不是基督教在中国传播的充分条件，而只是一个必要环节。前面我们所谈到的文化认同，及之后我们要论述的社会功能认同、个体认同亦是基督教融入中国社会至关重要的因素。

4. 社会认同

"仁"对于中国人来说，不仅局限于个人修身的层面，同时也扩展到社会秩序上；人不仅应该有仁慈的心肠，还应该有王者的博爱；不仅独善其身，还应该兼善天下，承担其相应的社会责任。将一己之"爱"变成惠及众生的"大爱"。这种文化传统的影响决定了国人对于宗教信仰功能的关注，无论是讲求"神道设教"的统治者，还是祈福禳灾的普通信众，他们大多是从宗教的社会功用角度来对待一种宗教或认同一种宗教的。这种关注自中国古代社会便已经开始。在目前出土的甲骨文上，记录了商朝用来占卜的文字，通过占卜公共事务得到指点，神圣意志变成了政治决策。而到了春秋战国时期，阴阳五行观念进一步将对天的崇拜和人类的行为联系起来。到了汉代这一结合达到顶峰，天甚至成为一个惩恶扬善的人格性的力量而存在。而在中国民间自古代传承下来的各种民间信仰形式的这种功能化特征更是显而易见，在中国的民间信仰中，很多行会对于祖师爷的崇拜，是为了对"诚信"这个伦理价值的尊敬，很多帮派崇拜关公是因为他象征着世俗价值中的忠义和公正。杨庆堃曾经在《中国社会中的宗教》一书中，统计了新中国成立前国内五个地区八个不同地方的寺庙功能模式，并对这些功能进行分类。最后得出结论说："读者应该意识到，寺庙崇拜功能的多样性反映着这个庞大的内陆国家不同地方地域性和民间文化的差异，这些地方共同的特征表现在普遍的功能模式上，而不是在具体的崇拜方面。"① 马克斯·韦伯也清楚地认识到了这一点，他认为中国宗教的特征就是"功能性神灵的大杂烩"。

既然主导民众宗教意识的是宗教的来自神圣维度的社会及道德功能，而不仅仅是它所能提供的令人向往的宗教境界，那么天堂、涅槃、极乐世界等他世观念以及种种宗教、祭祀、礼拜活动比起现世的福祉来说，在国人的心目中似乎始终处于从属地位。《大戴礼记》中有这样的描述："丧祭之礼，所以教仁爱也，致爱故能致丧祭，春秋祭祀之不绝，

---

① 杨庆堃：《中国社会中的宗教——宗教的现代社会功能与其历史因素之研究》，第26—27页。

致思慕之心也。夫祭祀，致馈养，况于生而存乎？故曰：丧祭之礼明，则民孝矣。"① 儒家对此有着最清醒的认识，曾子曾一言以名之："慎终，追远，民德归，厚矣。"这种对于宗教功能的强调，走到极端甚至出现如若某种宗教的神不能满足于政治、社会、民众的需要，它将遭到抛弃的结果，"当公共权威在执行正义或应对灾难方面表现得极其无能，而人们惯用的方法又不能缓和大众普遍的失望，那么作为政治伦理秩序一部分的神灵也要承担相应的责任。因此，当祭祀和祷告不能使长期的旱灾停止，地方官就会不时地鞭笞城隍的神像；或把他曝晒于烈日之下以求雨"②。

正是对于宗教功能的强调，才让中国的宗教信仰得以呈现出一种多元并包的特征。而在宗教的诸多功能中，无疑其社会服务功能是一个重要方面。社会性关注恰恰是基督宗教信仰所强调的。对于基督宗教来说，"神契"与"人役"是其信仰的两端，"神契"因"人役"而彰显，"人役"因"神契"而具意义。对于无法与神"契合"的人，"人役"或许更能让他们接触，并理解基督教的精神义理。在韩国，基督新教之所以在 20 世纪 50 年代有着显著的发展，在于韩国的教会在这段时间积极开展战后的救援工作，比如为难民提供住房、衣服和食物，同时为贫民、孤儿、妓女及劳工阶层的安置提供大量服务和工作。③ 前面我们提到在 20 世纪 70 年代，一度发展缓慢的韩国天主教之所以在群众中得以较快传播，原因不仅在于它本色化方面的努力，而且还在于它们开始抛弃了旧的关于天主教徒远离世俗事务的教义，而开始参与世俗事务及社会公益事业。同样，日本的基督教之所以在第二次世界大战后的一段时间得以发展，很大程度上正是由于它们在战后社会重建方面所起的作用，比如他们在战后的 1946 年，很快便成立了 Yokosuka 基督教服务中心（Yokosuka Christian Social Center），创立了社区工作的程序，利用西方成熟的社区工作技巧来开展社会服务工作。日本著名的基督教社会活动家 Abe Shirō 根据其多年的社会工作体验总结出了"基督教的社会公益事业必须与社会同行，作为先

---

① 《大戴礼记·盛德》。

② 杨庆堃：《中国社会中的宗教——宗教的现代社会功能与其历史因素之研究》，第 169 页。

③ James Huntley Grayson, "A Quarter-Millennium of Christianity in Korea" in *Christianity in Korea*, p. 17.

锋和前导而'先于社会一步'，同时通过团结、关心那些落后的群体而作
'后于社会一步'的服务"① 这种社会服务理念。在中国的社会及文化处
境中，彰显基督教"人役"方面的特征，无疑是基督教达到社会认同的
一条捷径。用香港某学者的话说，基督徒要开展的就是"以行动服务社
会"的宣教使命。它包括：①教会以非信徒或整个社会群体为对象的事
奉；②以非信徒或整个社会群体的需要或缺乏为导向的事奉；③运用教会
及社会资源使非信徒或整个社会群体得益而非教会本身得益为取向的事
奉；④非布道性的，也就是说并非宣讲或以言语来邀请非信徒悔改信主的
信奉。② 这种非布道性的宣教使命在香港社会中为基督宗教融入香港社
会，达到社会认同提供了有力的推动，同样它也必将在重实践、讲求社会
性、伦理性的中国社会发挥关键作用。

　　近年来中国的基督教团体也曾开展过大量的社会服务工作，基督徒为
国民的福祉、为社会建设作出的贡献为其融入中国社会起到了一定的引荐
作用，但它们所开展的工作还没有在更大范围内产生影响。这和我们的宗
教政策有很大关系，同时也与基督教团体开展社会工作的被动性、无组织
性不无关联。总体来说，人们并没有见到这些服务工作与信徒人数的增加
成相应比例，而且这些社会工作被动性明显，多是为了响应政府倡议而进
行的；同时基层教会也很少有专门的社会事工部门进行管理，社会服务工
作体现出一定的无计划性和随意性。③

　　与中国内地基督教的社会服务工作对比起来，香港教会的类似工作值
得我们借鉴。香港的基督教群体正是通过其非宣教性的社会服务工作而取
得了社会的认同。例如，基督教组织甚至比香港政府还提前6年在1948
年成立了香港房屋协会，对于改善香港居民的房屋问题作出了贡献；他们
在50年代开展关心劳工的工作，还针对香港1949年后快速膨胀的人口，
兴建了众多教育机构，在20世纪60、70年代，众多的翼锋教会（para-
church），比如香港基督徒学生福音团契、基督教工业委员会、工业福音

①　Abe Shirō, Fukushi jissen e no kakyō（Bridge-building for welfare practice），Tokyo：Kai-
seisha，1989，p.137.
②　卢龙光、杨国强：《香港基督教使命和身分寻索的历史回顾》，基督教与中国宗教文化研
究社2002年版，第19页。
③　李峰：《乡村基督教的组织特征及其社会结构性位秩——华南Y县X镇基督教教会组织
研究》，第171页。

团契、突破机构、互爱团契在回应社会问题，帮助学生团体、青年团体、劳工团体、弱势群体方面作出了积极贡献，进一步为基督宗教在香港社会中获得身份认同作出贡献，而在之后的十年，这些团体又都积极参与到社会建设当中，进一步巩固了这种确立起来的身份。在香港回归的过程中，香港基督教的主流派别及领袖也起到了积极的作用，他们从神学及道德的角度批判了反对回归者的做法，认为他们是既得利益者，持有难民和殖民地心态，并宣扬了基督徒的爱国情怀及民族身份认同的理念。总之，"当香港充满难民的时候，教会获得资源，可以参与救济工作，解决难民的燃眉之急；在社会逐渐发展时可以参与社会福利及教育工作，改善香港市民的生活素质；在香港社会渐渐成熟，变得富裕时，教会能够与社会中的基层大众透过社会行动去建立法制，塑造一个更公义、合理的社会，借着抗衡文化运动，参与文化的改造"①。在 1969 年，一份向全香港 120 个宗派的领袖进行的调查显示，101 位认为他们在香港的主要目标是宣教，而 19 位认为他们的宣教和服务同样重要。但就基督徒的增长率而言，这 109 个以宣讲福音为主的宗派并不比那 19 个宗派高，相反这些宗派并没有因为宣讲"服务"而影响其增长率。②

目前，香港基督教团体进行的社会事工已经成为香港社会发展的一个重要组成部分。它们在香港的社会公益事业的开展及国际影响方面都发挥着重要作用。这可以从以下几个例子中看出：香港特别行政区政府在 2007—2008 年度拨款 2.7234 亿港元用于香港以外发生灾害地方的灾民救援工作。而这批赈灾基金是通过七个救援机构进行的。这七个机构有四个是具有基督教背景的，它们分别是中国福音事工促进会有限公司、施达基金会、救世军和香港世界宣明会。另外，还批出 2.1 亿港元的拨款，用于内地三个省、市政府赈济雪灾灾民。据介绍，以上这些拨款分别用于：救援云南受地震影响的灾民；广西、贵州、湖南及江西受水灾影响的灾民；安徽、重庆及四川受水灾影响的灾民；孟加拉国、印度及尼泊尔受水灾影响的灾民；孟加拉国受风灾影响的灾民；内地受雪灾影响的灾民。2008 年上半年，笔者恰好在香港某研究机构做访问学者，交流期间，正值中国南方刚刚发生百年不遇的冰雪灾害，而 5 月 12 日又发生了令人痛心的汶

① 卢龙光、杨国强：《香港基督教使命和身分寻索的历史回顾》，第 37 页。
② 同上书，第 22 页。

川大地震，同时举国上下又在筹备北京奥运会这一百年盛事，这些事情同样牵动着每一位香港同胞的心，大家纷纷伸出援助之手，帮助灾区群众共渡难关，同时也为奥运会的成功举办出谋划策，这其中基督教慈善团体就起到非常重要的作用。香港宣明会（World Vision）在地震后仅几天就完成了地震灾害的评估工作，并在第一时间捐出 1730 吨粮食、33000 张棉被、600 个日用包、6000 套帐篷物料以及 1200 个帐篷及 200 个学校帐篷。另外，据宣明会的网站介绍，他们很快着手于筹备设立儿童中心，让儿童透过游戏、教育及心理辅导，舒缓他们的心灵创伤，并为灾民重建房屋、卫生院、学校及宿舍等，让他们尽快回复正常生活。宣明会在这次地震中的贡献只是它众多公益活动的一个。在香港各大学，基督徒团体也是最活跃的赈灾筹款组织之一。与此同时，在香港，奥运会同样成为基督徒关注的焦点话题，各教堂的讲道多有涉及奥运的内容。在 2008 年 3 月 11 日，奥运倒数 150 天的时候，香港 300 位教牧信徒和 30 多个基督教机构联合在香港明报上发表了"同一个天空·同一声祷告·香港基督徒为北京奥运的祝祷"的祷文，寄托了香港基督教界对北京奥运会的祝福及憧憬，这一祈祷文在香港多家教堂的醒目位置都有张贴。

　　与香港基督教团体及组织所进行的社会服务工作对比起来，内地基督教团体在这方面的工作颇显不足，这与我们政治、经济、社会背景有很大关系，当然亦不排除教会自身工作和服务方面的缺陷。对此，国内基督徒及团体也有着清晰的认识。一份针对基督徒所做的问卷调查显示，当被问道"你认为基督教应该根据社会的变化而改变自身吗？"时，481 个受访信徒中，有 25.6% 的人认为教义应该有较大改变或稍作改变，73.2% 的人认为不该改变；在教会人才培养方面，485 个受访者中，76.5% 的人认为应该改变；而关于社会工作方面，45.3% 的人认为应该做较大改变，33.5% 的人认为稍作改变。不作改变的只有 19.5%。[①] 就此，卓新平研究员曾提出："中国大陆教会目前更加行之有效、且普受欢迎的社会投入和实践，即以基督'非以役人，乃役于人，为人赎价'的精神而积极开展社会服务事业，而其努力及贡献亦已获得全社会的肯定和好评，由此使当代中国社会及其民众看到并亲身体会基督宗教在华存在与发展的积极意义

---

① 高师宁：《当代北京的基督教与基督徒——宗教社会学个案研究》，第 315 页。

和重要价值，这样遂有可能在未来达成其'仆人'与'先知'角色的互换。"①

5. 身份认同

虽然"二毛子""假洋鬼子"这些过去对于基督徒的称谓已经不复存在，但"多一个基督徒，少一个中国人"、最起码"少一个正常人"的意识无论人们是否承认，仍在一些人的头脑中作祟。在这个日益开放化、多元化的社会中，基督徒仍然没有被社会主流意识所接受，作为一位基督徒，尤其是城市中的基督徒，仍然意味着他要作出某种牺牲，意味着他将承受比别人更多的社会压力。之所以会出现这种情况，深层原因当然与以上我们所谈到的政治、文化因素有一定的关联，但就笔者看来，基督信徒要想达致其身份认同，从自身的思和行做起似乎更为直接。其中坚持两点至为重要：一为伦理关怀；二为服务社会。

之所以强调这两点，它们与中国文化传统及社会背景有很大的关联，中国传统文化的特征之一就是对人与人、人与自然、人与社会、人与天之间和谐关系的强调。这种和谐最终由抽象的"道"落实到具体的"伦"与"理"。梁漱溟在《中国文化要义》中精辟而透彻地指出："中国是伦理本位的社会，……必须用'伦理本位'这话，乃显示出中国社会间的关系而解答了重点问题。"② 对于伦理性的关注在儒家的思想中表现得尤为突出，无论从儒家内蕴的精神义理还是从其外在表现出来的仪礼规范，都充分显明伦理思想是其核心主张和基本内容。"从孔子提出'克己复礼为仁——非礼勿视，非礼勿听，非礼勿言，非礼勿动'（《论语·颜渊》），到孟子界定'圣人，人伦之至也'（《孟子·离娄上》），都显示了儒学的宗旨、内容是在召唤着人的一种伦理性的道德觉醒和道德实践，陶冶出一种伦理性的道德人格。换言之，是一种伦理性道德观念构成了儒家思想的基本特质或特色。"③ 重社会实践这一点，对于强调伦理的中华民族来说，并不难理解，无论是知先，还是行先，知行合一的问题，总是历代思想家们所强调的，内在的德性心灵总要"形于外"，表现在外在的行为上。与此对应，基督徒的伦理关怀和社会实践并不违背基督教信仰的本义，这不

---

① 卓新平：《基督教与中国文化的相遇、求同与存异》，第177页。
② 梁漱溟：《中国文化要义》，学林出版社1987年版，第77页。
③ 崔大华：《儒学引论》，人民出版社2001年版，第803页。

仅仅是因为保罗说过："向犹太人，我就作犹太人，为要得犹太人。向律法以下的人，我虽不在立法以下，还是作立法以下的人，为要得立法以下的人。向没有律法的人，我就作没有律法的人，为要得没有律法的人。……向软弱的人，我就作软弱的人，为要得软弱的人。向什么样的人，我就作什么样的人"① 这种处境化的考虑，而且因为伦理关怀及社会实践正是基督信仰所应该表现出来的内容及行为。基督信徒强调"因信称义"固然重要，但"信"不仅仅是认信行为本身，也不仅仅是信"耶稣"这一名号，还应该有他所行的一切，其中最大者莫过于爱，因此信也是对上帝之爱的信，信不能停留在理念中，还必须将它行出来，信徒在上帝恩典下的称义，并不能和爱的行为加以分裂，二者缺一不可。

　　前面我们已经讨论过以服务社会而宣教对于作为团体的基督教的重要性，事实上，它对于这个群体中的每个人来说，同样也是不容忽略的行事原则。毕竟信仰不是用律法条文执行的，也不是动动嘴皮子就能说出来的，更不是挖空心思想出来的，而是要透过生命活出来的，发自内心行出来的，依靠实践显出来的。在这些实践行为中，伦理上的关怀至为重要。我们不妨再以佛教东来作为例子，最早佛教传入中国社会时，是以强调个人救赎及神秘力量的小乘佛教（Hinayana Buddhism）为主，但这并不适合于以伦理为导向的中国传统文化的要求，因而佛教在中国的立足并不是以其小乘倾向为人信仰，而是其普度众生的大乘倾向为其拓展提供了机遇。"具有儒家背景的知识分子被其高度抽象的哲理、普世性救赎论以及众多与儒家思想一致的道德关怀所吸引。"② 虽然基督教与历史上佛教的传入有众多不同之处，但同样对于基督教而言，如果只强调单一的认信行为的教义似乎并不适合于中国的普通百姓，如果一个宣教师告诉一个慕道者，你信了耶稣，你便得救上了天堂，如果你不信，那么你罪孽深重，可能会下地狱。这个慕道者可能会离宣教师而去，而如果这个宣教师说，如果你行善积德，你就有可能上天堂，如果你作恶，那么有可能下地狱，而这个传道人也是这么想、这么行的，在这种情况下，或许这个慕道者还会

---

① 《新约·哥林多前书》9：20—22。

② 杨庆堃：《中国社会中的宗教——宗教的现代社会功能与其历史因素之研究》，第121页；另外，请参见秦家懿、孔汉思《中国宗教与基督教》，第171页。其中，秦家懿认为，中国人比较容易接受大乘佛教普度众生的道理，而对小乘佛教禁欲、苦行的做法不太欣赏，这可能和中国与印度等级森严的阶级结构不同有关，也与儒家追求的人人皆可为圣贤有很大关系。

饶有兴致地留下来倾听他应该如何跟随耶稣来行善、从而步入天堂的门槛。对于大部分慕道者来说，基督教对他的吸引力并不在于不信基督，会受到惩罚，而在于善的感染、福祉的恩赐。在一份关于北京市青年学生基督教信仰状况的调查中，82 个被调查者在谈到什么因素让其对基督教发生兴趣并成为慕道者时，所选选项最多的是身边基督徒的道德品质和精神面貌，选择这种因素的受访者占到 72%，而选择"受别人传播福音影响"而入教的只有 54.9%。① 同样，在高师宁研究员《当代北京的基督教与基督徒》这本著作中，也举过这样一个例子："有一位研究生，尽管她已经毕业，但是她却经常抽出时间去听有关宗教的课，事实上对她来讲，听课并不是目的，与其他听课者接触，了解他们关心的问题，才是她的主要想法。由于她非常关心别人，而且主动为需要帮助的人去做许多实际的事情，因此得到别人的信赖。"② 从以上引述我们不妨推断，作为一名平信徒，如果在中国的社会中来宣讲他的信仰，让别人认同他所说的一切，最可能发生作用的方式倒不是以不信便如何如何加以恐吓，信了便如何如何加以引诱，倒不如强调信仰对于人们善行、对于人们灵魂净化的作用，同时自己要将基督教的这种道德关注行出来，体现在帮助他人、服务社会、热心公益这些生活细节中，这样一个基督徒必然会得到周围人的认可。

当然除了做到以上伦理关怀、服务社会两点外，基督徒本人对于中国文化的认同及其政治认同感同样在其个体身份得到社会认同的过程中起到关键作用。就拿祭奉祖先这件事情来说，信徒的完全抵制态度，必然导致其与周围民众间的隔阂，而这种抵制往往出于对于某些教义和圣经的片面及偏执的理解。如笔者在文化认同部分所述，某农村非信徒群众对于信徒的做法并不接受，原因很简单因为他们不要祖宗，过年过节甚至都不去圆圆坟。事实上，在不违反圣经传统的基础上，对于这一问题，基督徒完全可以有多种折中的立场，毕竟祭祖的行为并不是完全意义上的偶像崇拜及灵魂信仰，更多的是出自一种缅怀先祖、整合族群的作用。对此，天主教神学家汉思·昆也曾肯定过中国传统文化中，祖先祭拜的价值，他认为："在一个成功地抑制了历史、苦难和死亡的社会，那里，一切都以技术上

① 左鹏：《象牙塔中的基督徒——北京市大学生基督教信仰状况调查》，载《青年研究》2004 年第 5 期，第 15 页。

② 高师宁：《当代北京的基督教与基督徒——宗教社会学个案研究》，第 175—176 页。

完美的方式运转直到死亡和埋葬的那一天：在这样的社会里，'纪念死者'就带有深刻的社会批评意义。确实，它具有赋予人性的功能和团结人的效应：如天主教神学家约翰·默茨（Johann Baptist Metzy）一再有力地强调的那样——和历史的受害者团结在一起。特别是中国的基督教，这意味着通过和中国的孝悌观对话赋予其安息礼以新的意义。这意味着在中国的社会环境里重新探讨生与死、苦难与罪孽这些重要的人生经验，并包括意义深远的个人的与社会的冲突。"[1] 对于中国文化的认同无疑是基督徒在中国社会中获得身份认同的必要环节。它是利玛窦等人被人誉为"立身谦逊，履道高明，杜物欲，薄名誉，澹世味，勤德业"之人，他们所传的教为"殚其底蕴，以事天地之主，以仁爱信望天主为宗，以广爱诲人为功用，以悔罪归诚为入门，以生死大事有备无患为究竟"的关键所在。[2] 同样，基督徒的爱国意识也是其达到个体身份认同的关键所在，韩国的基督教之所以成为亚洲基督教事业最为成熟的国家之一，这与其基督教信徒的爱国情怀以及为了国家而不畏牺牲的信念有着千丝万缕的联系。在日本占领期间，韩国的新教徒表现出了无比的爱国热诚，他们组织了刺杀日本统治者的行动，参与抗议日本统治的"三一事件"（March First Incident），参与此次事件的15000人中就有近3000名新教徒，其中很多人都是这次运动的发起者，而在当时的新教徒总数只有16000人。而且韩国的基督徒也是抵制日本奴化教育及其神道教仪式的主要力量，在日本统治时期，他们宁愿关闭自己的学校，也不和日本统治者合作。从1938—1945年间，共有2000多名新教徒被逮捕，有50多人在关押期间殉道。基督徒在这段时期表现出来的这种爱国主义情怀赢得了韩国人民的尊重及认同，带来了20世纪60年代及之后的信仰良性发展阶段。[3]

最后不得不说的是，基督徒无法获得在中国社会中的身份认同，还与广大民众的宗教意识有一定关系，比如，在2004年，《中国新闻周刊》与新闻网联合进行的调查显示，在8584人参与的投票中，有5979个人认

① 秦家懿、孔汉思：《中国宗教与基督教》，生活·读书·新知三联书店1997年版，第31页。

② 卓新平：《基督教与中国文化的相遇、求同与存异》，第11页。

③ Donald Baker, "Comparative Growth Rates of Catholic and Protestant Communities", in *Christianity in Korea*, Edited by Robert E. Buswell Jr. and Timothy s. Lee, Honolulu: University of Hawaii Press, 2006, pp. 289 - 296.

为信教是可以理解的，认为不可理解的有 30%①。但要注意理解不等于他们会接受宗教的行为。高师宁研究员在医院、银行和法院所做的调查显示，在 161 份问卷中，97.5% 的人接受宗教信徒，70.8% 的人允许自己身边的人是教徒，但对宗教行为的认同比例是比较低的。② 对于基督徒来说，宗教实践是其信仰不可或缺的组成部分。而民众对于宗教行为的不认同在很大程度上，并不在于信徒对于神圣事物的追求，对于他世的默认，更主要的原因在于这些行为的盲目性、迷信因素，而在中国的基督教信仰中，这些盲目性和迷信因素并不少见。许多信徒关注的是神奇力量的显现，关注的是祷告的灵验程度，关注的是传道人员的"法力"，关注的是信仰所带来的现实功利，甚至是直接的经济利益。而这些因素也恰恰是基督信徒无法融入主流社会的原因。难怪有些民众会带有嘲笑的口吻说："你走进一个村子转一圈，很容易就能看出哪家是信教的。那庄稼长得'乖'的（意为长势不好），那些房子比其他人家差的，十有八九是信教的。"③

结　语

基督教传入中国两百余年来，屡历艰险与磨难，其所经历的是一条满是荆棘与坎坷的道路。究其主因，自称为"基督徒"和"信仰基督教"的人士及团体与殖民主义相互勾结，对于中国社会、文化的侵略、诋毁、排斥等诸行为难逃其咎。这种殖民主义，如果说在解放前期表现为一种武力殖民为主体的话，那么在改革开放之后其主要表现为一种文化中心主义倾向，辅之以经济强势、军事强势、话语霸权，让素讲包容、多元的中国文化也不得不有所戒备。与之相比，基督教本身所表现出来的文化因素与中国文化之间的冲突与龃龉虽然存在，但并不构成中国政治、社会、民众对基督教"另眼相看"的主因。两种文化本身的冲突只是基督教到目前为止无法成功完成其本土化的次要方面。

---

① 《中国新闻周刊》200 期纪念特刊（2004 年 10 月 18 日），转引自高师宁《当代北京的基督教与基督徒——宗教社会学个案研究》，第 245 页。

② 高师宁：《当代北京的基督教与基督徒——宗教社会学个案研究》，第 245 页。

③ 王克琬：《枣阳市基督宗教情况初探》，载《基督教与中国》（第四辑），恩福基金会，2006 年，第 93 页。

虽然如本文开始所述，基督教在改革开放之后，无论从教会实体层面，还是从文化主体层面都取得了较大进展，但不争的事实是，基督徒及其组织在目前的中国社会中仍处于边缘化状态之中，而单独从基督教教义、教理所体现出来的文化因素来说，它目前在中国社会及民众心目中，乃至整个中国文化中也处于边缘地位。这其中，政治因素、文化冲突、大众心理、民族情绪、信徒表现均起到一定作用，而要改变或改善上述任何一个环节，都非朝夕之功，它需要教会信徒素质的提升、需要大众对于基督宗教的重新认识、需要国外政治团体及宗教团体的谦卑态度，更需要一种中国化的基督教表现方式，对于其合理的精神内核，比如其终极关怀意识、其谦卑的牺牲精神、其普世情怀、其圣爱精神进行一种适合国人文化传统的诠释、解读。

尽管基督教及其表征的文化在中国社会及文化整体中处于边缘化的地位，但并不代表其在中国文化发展战略中无任何地位和作用可言，从近代中国文化的走向及基督教文化的中国化趋向而言，其不但可以扩展中国文化的外延，最终成为中国文化的一部分，同时亦有深化中国文化意义之源的功用。但这种作用的发挥必须具备一定的前提，它需要广大非信徒、社会政策的制定者及执行者的理解和宽容、需要他们以仁者爱人的理念关心每一位信徒的切身需求和利益；也需要基督教的信仰者以虚怀若谷的情操对待中国社会及文化，以教主基督所表现的圣爱精神关爱每一位上帝的儿女。再没有任何形式的文化中心主义、再没有任何类别的信仰本位主义，有的只是对于人类福祉，对于所有有生命的存在的福祉的关心，这应该是任何政治势力、宗教团体、社会力量，任何个人所行所想的唯一、也是最终指归，有了这种认识，基督教在中国的存在与发展，其参与中国社会和谐之构建、参与中国文化之发展战略，才具备最基本的前提。

最后，不得不补充一句，即便基督教文化与中国文化有相遇并相融的必然性，即便其有多么玄妙、缜密、说服人的精神义理，其在中国文化中的作用的发挥始终应该局限在一定的范围之内，中国文化的"基督化"不可行，亦不可能。在中国的社会及文化处境中，基督教信仰要在中国文化的发展及更新中发挥其更加有效的启示及促进作用，必须加速其中国化的进程，而这既是时间问题，也是机遇问题，更是与其中参与者的代代努力分不开的。牟宗三在《中国文化大动脉中的终极关心问题》中曾经记载过一个有关甘地的故事，这里转述于此，权作结语：

　　当年甘地领导印度人向英国争取独立自由的非暴力方式获得举世赞美。一位基督教传教士告诉他:"你这种革命方式完全符合我们基督的精神。你为什么不信仰我们基督教呢?"甘地的回答很简单:"我既生为一个印度人便'应当'信仰我们的印度教;既然我可以根据我们的印度教的信仰决定我这种合乎你们基督精神的革命方式,那我又何必改信仰你们的基督教呢?"①

　　①　牟宗三:《中国文化大动脉中的终极关心问题》,载牟宗三《中国文化的省察——牟宗三讲演录》,第130—131页。

第 四 编

第六章　当代中国伊斯兰教的社会实体发展与文化主体性建设①

李维健

一　彰显文化主体性，走"中国"伊斯兰教之路

（一）教界的"神学建设"与学界的理论探索

改革开放 30 年来，中国伊斯兰教思想领域出现新气象。思想禁锢的解除，学界与教界理论探索的热情得以释放，教职人员在思考在新的社会环境下谋取伊斯兰教的新发展，研究者在探索伊斯兰教相关学术主题。在思想建设领域，宗教界以"伊斯兰教与社会主义相适应"为目标，将"解经"工作作为伊斯兰教神学建设的中心任务，以期使伊斯兰思想与中国当前的主流文化相协调、相嫁接，促进和谐社会建设；学术界也在充分研究与理解伊斯兰教历史、思想、制度、文化的基础之上，在诸如"伊斯兰教法""苏非主义研究""伊斯兰复兴主义"等伊斯兰研究领域的普遍性命题，以及"伊斯兰教中国化""中国伊斯兰教与民族""中国伊斯兰教派、门宦格局""伊斯兰教与社会主义社会相适应"等与中国伊斯兰教紧密相关的基本理论命题上取得重大学术成果。

1. "神学建设"

（1）"解经"是伊斯兰教的历史传统

任何宗教都要面对如何适应社会发展、时代进步的难题，求得生存的方法之一就是自身的神学思想建设。在宗教不占中国主导思想地位的社会

---

① 本文所涉及的中国伊斯兰教相关统计数字，仅限于中国大陆，不包括港、澳、台地区。

环境下，宗教更需谋求其思想与社会主流意识形态的靠拢，以便易于为国民了解，甚至接受，求得一席生存之地。中国伊斯兰教也在做同样的努力。中国伊斯兰教的神学建设称为"解经"，"解经"是伊斯兰教的历史传统。

《古兰经》是伊斯兰教的根本经典，穆斯林视之为神圣之书，安拉的语言。《古兰经》既是伊斯兰教立法创制和确立教义教理的首要根据，又是穆斯林生活和行为的基本准绳，在穆斯林宗教和日常生活中占有重要地位。当前社会的发展日新月异，各种新生事物和现象层出不穷，每当穆斯林不可避免地遇到这些新现象和新事物时，一般情况下就会到伊斯兰经典中寻找依据和解决办法。因此，如何依据《古兰经》的精神，为穆斯林在现实社会中所遇到的各种问题答疑解惑，这就是解经的目标所在。所谓"解经"，就是建立权威的教义解释组织，动员和组织国内高水平的伊斯兰教著名人士，结合中国实际情况对伊斯兰教经典进行深入研究，编写讲经（讲"卧尔兹"）范本，并在全国各族穆斯林中普遍推广，引导穆斯林按经典的思想生活和信仰，避免背离经典精神。

伊斯兰教在历史上的解经形成伊斯兰教中一门重要的学科——经注学。经注学是对"古兰经注释学"的简称，与圣训学、教法学等并列为伊斯兰教的传统学科。经注学早在伊斯兰教初创时期即已产生。由于《古兰经》经文比较简短，内容有限，"降示"的背景不同，需要加以扩展和解释。8世纪以后，随着教法学的产生，法学家们因社会立法的需要，更为重视以《古兰经》律例为立法和释法的依据，对经文的注释日益流行。因教派、学派、法理之争，对经文有不同的注释，形成各种流派的经注理论，内容极为繁杂。伊斯兰教神秘主义，比如伊斯玛仪派和苏非派，为给自己的学说在经典中寻找依据，对《古兰经》的某些经文作神秘主义的解释。因此，经注学的意义在于，不同的力量、学派、教派等出于各种目的，对伊斯兰教经典予以有利于自己的解释。

"教令"（法特瓦）的发布就是其中最为重要的一种间接解经方式。宗教法官（卡迪）或任何一个穆斯林在遇到有争议的宗教问题时，特别是重大问题，可以请求伊斯兰教法学权威，如穆夫提、总穆夫提、穆智台希德、阿亚图拉（什叶派）等，就有争议的问题发表权威性的正式见解。教令具有法律效力，可作为法庭的审判依据或者作为穆斯林个人行为举止的规范。最早的法特瓦只是教法权威以口头的形式发布，中世纪后期，逐渐将教令汇集成书，以便作为伊斯兰法庭的审判依据。事实上，所谓教令，就是伊斯兰教自我调整的手段之一，根据社会发展需要，对伊斯兰教法加以增补、修订，满足穆斯林当下的生活需要，从而使伊斯兰教跟上时代发展的步伐。发布教令虽然有时并不是直接解释伊斯兰教经典，但是《古兰经》、"圣训"作为伊斯兰教最重要的两个教法渊源，对教法的解释其实就是对伊斯兰经典的解释，因此发布教令其实是一种间接解经方式。

中国伊斯兰教的"解经"工作历史悠久，其中影响最为深远的当属明末清初的"以儒诠经"运动。当其时，穆斯林知识阶层发现伊斯兰教在中国社会中步入困境，是因为伊斯兰教在中国"水土不服"，必须进行自我变革，用中国主流思潮儒家思想解释伊斯兰教，拉近伊斯兰思想与中国传统思想的距离，以期伊斯兰教能够被中国士大夫阶层所理解与同情。"以儒诠经"就是中国伊斯兰教界的第一次大规模神学建设的探索，结果相当成功，扭转了伊斯兰教在中国的命运，开拓了新局面。

（2）现代"解经"——推进宗教与现代中国社会相适应

首先，"解经"是为了使伊斯兰教与社会发展相适应。中国不是伊斯兰国家，我国伊斯兰教界的"解经"与伊斯兰国家的"解经"不论是在诠释主体、解经目的、服务对象还是阐释手段都有一定的区别。中国伊斯兰教的"解经"工作是在国家宗教事物局的宏观指导下，在中国伊斯兰教协会的领导下，由中国伊斯兰教教务指导委员会具体执行；中国的"解经"只对我国穆斯林有指导意义，而不具有法律意义，不同于有些伊斯兰国家发布的教令甚至对他国的穆斯林也有法律效力；我国"解经"的目的在于使中国的伊斯兰教适应时代发展需要，更好更快地与社会主义相适应，满足中国广大穆斯林宗教生活的需要。

其次，"解经"是将新卧尔兹活动组织化、系统化、规范化的需要。"卧尔兹"是阿拉伯文的音译，是劝导的意思，是用《古兰经》和"圣训"的内容劝说穆斯林大众要做善事，不做坏事，也就是劝善戒恶之意。中国的阿訇在每周五的聚礼、每个伊斯兰教节日都要向穆斯林讲卧尔兹，进行劝导，让人行好事，不做恶事。因此，卧尔兹的内容，其质量的高下，事关中国穆斯林的道德教育、穆斯林社区的团结和谐，也事关民族宗教地区民族团结、社会进步，甚至事关国家的统一。卧尔兹是防止和打击少数分裂分子宣传错误思想的重要手段。

中国阿訇讲卧尔兹至少已有几百年历史。"原来的卧尔兹，内容陈旧、悲观厌世的比较多，引导穆斯林积极向上、参与社会建设的内容比较少"①。20世纪80年代以来，形势有所变化，新疆、甘肃、宁夏、内蒙古等地的伊斯兰教界人士，引用《古兰经》、"圣训"，依据伊斯兰教的经典教义，为解答穆斯林在现实社会生活中遇到的诸多问题，陆续编写了一批内容新颖、富有时代特点的新卧尔兹。20世纪90年代中期，中国伊协开始举办全国性的新卧尔兹演讲比赛，掀起了编写、宣讲新卧尔兹的活动。1999年由中国伊协编辑的《卧尔兹演讲集》问世。"2001年，中国伊斯兰教教务指导委员会应运而生，标志着我国伊斯兰教编写、宣讲新卧尔兹的工作，已经发展到由分散到集中、由地方到全国、由自发到自觉的新的历史阶段。"② 中国社会正飞速发展，卧尔兹也要反映这样的潮流，通过演讲比赛，选择那些内容积极向上，以伊斯兰两世观为指导，既符合教义、教规精神，又符合时代发展的卧尔兹向全国伊斯兰教推广，有效地推动了新卧尔兹活动组织化、系统化、规范化。

再次，"解经"工作是新疆反分裂政治斗争的要求。由于新疆特殊的地缘政治因素，一度是暴力恐怖主义、民族分裂主义、宗教极端主义"三股势力"的多发地，特别是与"东突"恐怖主义势力的斗争，关系到民族团结、社会稳定、国家统一，是一场严肃的政治斗争。新疆"三股势力"非常善于做"群众工作"，他们打着伊斯兰教的旗号，装扮成伊斯兰学者，利用新疆广大穆斯林群众信仰伊斯兰教的特点，占领清真寺讲坛，以讲经宣教的名义，对伊斯兰经典的原意任意歪曲，散布暴力恐怖主义、分裂主义、宗教极端主义思想，煽动、蒙骗穆斯林群众进行违法犯罪活动，破坏民族团结，危害社会政治稳定，最终实现把新疆从国家领土中分裂出去的目的。面对这种局面，正确解经，以理服人，对"三股势力"予以有力的回击成为摆在所有爱国爱教的阿訇、毛拉面前的当务之急。中国伊斯兰教界为配合新疆深入开展反分裂斗争，组成权威性的教义解释班子，正确阐释经典教义，批驳分裂分子，特别是宗教极端主义歪理邪说，用正确的伊斯兰教义引导广大穆斯林群众，十分重要。中央将这项工作定为"解经"工作。"解经"工作实质上是我们与分裂分子争夺阵地、争夺

① 　徐长安：《中国穆斯林的漫漫"解经"路——专访中国伊斯兰教教务指导委员会副主任马云福》，《中国穆斯林》2006年第4期。

② 　任继春：《从"解经"工作看"相适应"》，《中国宗教》2003年第8期。

群众和争夺人心的基础性工作，是新疆反分裂斗争深入开展的客观要求。

为了使中国伊斯兰教加强自身建设，与时俱进，求得健康发展，维护伊斯兰教信仰纯洁性，经过多年的筹划和准备，2001 年 4 月 23 日在北京成立了以陈广元为主任的 16 人教务指导委员会。教务指导委员会的成立，是新世纪中国伊斯兰教的一件大事，这对中国伊斯兰教事业的顺利、健康发展，引导我国伊斯兰教与社会主义社会相适应，维护祖国统一、民族团结和社会稳定，保证西部大开发战略的顺利实施和实现建设小康社会的伟大目标将产生积极的影响。

（3）当前"解经"工作进展情况

教务指导委员会成立后，即全力开展"解经"工作，引导伊斯兰教与社会主义社会相适应的工作大局服务。组织力量编写《新编卧尔兹演讲集》，对伊斯兰教教义作出符合社会进步要求的阐释，从伊斯兰教教义教规的角度，有针对性地对在新疆地区流传的歪理邪说进行批驳，旗帜鲜明地反对"三股势力"。

从 2001 年 9 月开始，教务指导委员会在新疆进行了数次调研。在调研中他们了解到宗教极端势力和民族分裂势力打着伊斯兰教的旗号，散布歪理邪说，如"虔诚的穆斯林不应该服从异教徒的政府"；"在政府的清真寺礼拜是哈拉目"，"跟领政府津贴的伊玛目礼拜无效"，"妇女工作是哈拉目"，鼓吹所谓的"圣战"，宣扬"杀死一个异教徒等于七次朝觐"，"领政府发的结婚证、身份证、驾驶执照、使用人民币都是哈拉目"等。目的是在穆斯林群众的信仰上引起混乱，煽动群众与政府对抗，为分裂活动创造群众基础。为此教务指导委员会有针对性地编写了"爱国是信仰的一部分"、"做一个虔诚敬畏的穆斯林"、"什么是'吉哈德'和如何正确认识'吉哈德'"、"穆斯林应与非穆斯林和睦相处"、"信仰自由，宽以待人"、"伊斯兰教的拜功"、"伊斯兰教朝觐功课"、"尊重妇女，保护妇女"等"卧尔兹"；根据在穆斯林地区存在的不重视文化教育，个别年轻人忤逆父母、吸毒贩毒及其他违法犯罪现象，还编写了"孝敬父母是穆斯林的天职"、"求知是每个穆斯林的天职"、"吸毒贩毒，祸国殃民；拒毒反毒，穆民职责"、"劝善戒恶，伸张正义"等"卧尔兹"。第一辑"卧尔兹"共计 12 篇。"经过向各方面征求意见和反复修改，教务指导委员会一届一次会议审定通过，用汉文、维吾尔文两种文字，以《新编卧尔兹演讲集》（第一辑）的形式出版，2001 年 8 月 14 日在乌鲁木齐举行了隆重的《新编卧尔兹演讲集》首发式，并向广大穆斯林地区发行。"①
《新编卧尔兹演讲集》（第一辑）发行后，群众反应非常好。有些省还专
门组织伊斯兰教界人士召开座谈会，传达了《新编卧尔兹演讲集》的主
要精神，统一认识，并提倡主麻日在各清真寺宣讲。

根据教务指导委员会的工作计划，《新编卧尔兹演讲集》（第一辑）
出版发行后，即着手第二辑的编写工作。从调研、确定选题、组织编写、
反复修改到翻译，直至第二辑的编写工作现已全部完成。第二辑共有11
篇，它们主要是："伊斯兰教要求我们谨守中道"；"穆斯林在信仰上不妄
断他人"；"正确认识哈拉里与哈拉目"；"做一个守正自洁、公道宽容的
穆斯林"；"穆斯林应该讲团结"；"穆斯林应同私欲作斗争"；"穆斯林应
该树立正确的两世观"；"穆斯林应当勤俭朴素，反对浪费"；"伊斯兰教
五功之一——斋戒"；"学习穆圣的高尚品德"；"过一个团结祥和的开斋
节"等。这些卧尔兹是分别针对当时许多错误宣传而有的放矢地编写的。
如许多极端主义的说法，随便把穆斯林断为"卡非尔"的现象，随心所
欲的判定"哈拉目"的现象，等等。第二辑讲稿分别寄到各地伊协征求
意见，并根据各方面的意见做了反复修改，提交2002年11月初召开的教
务指导委员会一届二次会议审议通过。2003年9月《新编卧尔兹演讲集》
（第二辑）正式出版，向全国发行。

《新编卧尔兹演讲集》已经出版了四辑，包括汉文和维文两种文本，
发送给了数十万穆斯林。2005年12月《新编卧尔兹演讲集》（第三辑）
试行本也出版发行。《新编卧尔兹演讲集》（第四辑）编辑、出版工作也
在进行中。

中国伊斯兰教务指导委员会除组织"解经"工作，编辑出版《新编
卧尔兹演讲集》外，还积极开展教法研究，对穆斯林群众的宗教生活进
行正确引导。了解和研究国际上"教令"（法特瓦）的发展趋势和最新成
果，根据伊斯兰教经典及其内涵，对当代中国穆斯林在宗教生活和社会生
活中遇到的新情况和新问题作出解释，消除群众中在宗教问题上的误解与
混乱，引导伊斯兰教健康、顺利地发展，是教务指导委员会的工作任务之
一。这其实也是一种间接的"解经"工作，是借鉴伊斯兰国家的教界的
工作方式，根据中国伊斯兰教的实际情况，为中国穆斯林服务。在2002

---

① 参见中国伊斯兰教协会网站《中国伊斯兰教务指导委员会及"解经"情况》。

年 11 月初召开的教务指导委员会一届二次会议上，根据经、训和其他有关经典，对"主麻"的拜数、"台拉威海"的拜数、开斋节"菲图尔"乜贴数量、银行利息、看月、非穆斯林的血液能不能输给穆斯林、非穆斯林的器官能否移植给穆斯林等问题进行讨论。虽然没能就此形成具体的意见，但通过讨论可以使不同的观点得到交流，开阔了眼界，提高了认识，促进了对伊斯兰教法的学习和研究，引导大家对某些新生事物中伊斯兰教教法的运用问题进行深入的思考。教务指导委员会计划等到条件成熟后，再将研究成熟的问题，正式作为新的"教令"向全国穆斯林发布。[①]

（4）"解经"工作的影响及作用

中国伊斯兰务指导委员会自成立以来，在国家宗教事务局的关心和指导下，作为中国伊协的专设委员会，在中国伊协的领导下，根据既定的工作宗旨和计划开展工作，取得了可喜的成绩。

《新编卧尔兹演讲集》的出版发行在教界、政界都引起了极大的反响。阿訇、毛拉们认为，在当前的新形势下，《新编卧尔兹演讲集》对于"卧尔兹"中讲什么内容，如何讲"卧尔兹"等问题有了新的认识，普遍认为《新编卧尔兹演讲集》为大家讲"卧尔兹"提供了重要的范本，使阿訇、毛拉主麻日的"卧尔兹"演讲有章可循。《新编卧尔兹演讲集》中正确运用教义、教规、宗教道德中的观点，使信教群众在思想上筑起反分裂、防渗透的防线，有效地抵制了分裂主义分子和极端势力利用宗教散布的异端邪说，起到了维护民族团结、社会稳定和祖国统一的效果，从根本上奠定了社会稳定的基础。穆斯林群众认为，《新编卧尔兹演讲集》中的有些内容是他们以前没有听过的，尤其是关于"吉哈德"等有关内容的"卧尔兹"，正本清源，讲出了伊斯兰教所主张的"吉哈德"的原有精神和本义，澄清了宗教极端分子的错误宣传。党政部门的干部也认为《新编卧尔兹演讲集》的出版发行为当地的"卧尔兹"演讲提供了可靠的范本，内容符合实际需要，对于抵制歪理邪说、暴力恐怖势力、宗教极端势力、民族分裂势力有非常重要的意义。"解经"工作也得到党中央、国务院的高度认同。2001 年 12 月 10 日至 12 日，党中央、国务院在北京召开了全国宗教工作会议，时任中共中央总书记江泽民在《论宗教问题》的讲话中专门提到并肯定了伊斯兰教的"解经"工作："我国基督教界开展

---

① 　参见中国伊斯兰教协会网站《中国伊斯兰教务指导委员会及"解经"情况》。

神学思想建设，藏传佛教界进行寺庙爱国主义教育，天主教界开展民主办教，伊斯兰教界进行解经工作，等等，这些努力对于我们的社会、对于宗教自身都有着重要意义。"① 2003 年 9 月 9 日，正在新疆进行宗教工作调研的中共中央政治局常委、全国政协主席贾庆林同志和全国政协副主席、中央统战部部长刘延东同志会见了与会代表，并发表了重要讲话，对"解经"工作和新编的"卧尔兹"给予了充分肯定。

"解经"工作产生了多方面的积极作用和社会影响。一是"解经"工作批驳了分裂分子的歪理邪说，团结、教育、争取了广大宗教界人士和信教群众，推动了新疆反分裂斗争的深入开展；二是"解经"工作有效地调动了爱国宗教人士正确阐释教规、教义的积极性，促进了各地清真寺教长经学水平的提高，规范了清真寺讲经内容；三是"解经"工作提高了各地伊斯兰教长的思想水平和经学水平，促进了我国伊斯兰教的思想建设和组织建设。"解经"工作所产生的积极作用和良好影响，它的理论意义和历史意义、生动的社会实践，从一个侧面证明了"相适应"理论的科学性；四是"解经"工作对最为前沿的一些问题迅速阐释，加快了伊斯兰教与社会主义相适应的步伐；五是现代社会需要现代宗教文化，"解经"工作就是对宗教传统进行现代解释，实质上是进行我国现代宗教文明建设的一部分，因此中国伊斯兰教协会的"解经"工作是一次创造性的工作，必将对我国伊斯兰教未来发展产生深远的影响，从而对我国的和谐社会建设产生非常积极的意义。

2. 学术界的理论探索

改革开放 30 多年来，中国学者在中国伊斯兰教研究领域大胆开拓，不再满足于仅仅探索研究中国伊斯兰教的历史及思想，而是以马克思主义的唯物史观为指导，在历史事实与宗教思想的基础上提出许多重要学术理论。这些理论探索总体上分为两类，一类为关于世界伊斯兰教的普遍性理论，一类为关于中国伊斯兰教研究领域的探索。在这里总结中国伊斯兰教理论探索，笔者以为作为研究中国伊斯兰教的理论基础，有必要简单总结一下关于伊斯兰教普遍性理论命题的状况。目前，许多相关研究结论已经在学界、教界与政界取得共识，或基本取得共识。鉴于理论本身的复杂性与丰富性，这里不可能全面评说，只能择要述之，难免挂一漏万。

---

① 《江泽民文选》，人民出版社 2006 年版，第 388 页。

（1）关于伊斯兰教普遍性理论命题的探索

30 多年来，中国学者在伊斯兰教的诸多研究领域取得重大突破和进展，诸如伊斯兰教历史、制度、哲学、政教关系等，下面就几个重要领域作一说明和总结。

关于"伊斯兰教法"的研究。伊斯兰教是"两世兼重"的宗教，宗教律法在伊斯兰教中占有核心地位，它规定着穆斯林的宗教生活与世俗生活。中国学术界对伊斯兰教法的系统研究，真正开始于改革开放以后。通过研究得出相应的学术结论，加深了中国学术界对伊斯兰教法和世界伊斯兰教的认识。关于伊斯兰教法研究的主要结论有：第一，何为伊斯兰教法？伊斯兰教法是在古阿拉伯部落习惯和倭玛亚王朝行政惯例基础上发展而成的一种以宗教教义为基础，集诸法于一体的法律学说和法律制度的统称；第二，伊斯兰教法的内容，伊斯兰教法是一部包罗万象的宗教法规汇编，不同法律部门之间未有严格的区别，内容主要有三大类，即宗教礼仪制度、民事、商事法规和刑法；第三，伊斯兰教法的性质，伊斯兰教法以宗教教义为基础，又是教义信仰的行为方式上的集中体现，基本上属于宗教伦理性质的道德规范；第四，近现代伊斯兰教法，由于伊斯兰教法属诸法的汇集，难以满足近现代以来社会发展的需要，被迫在法学理论、法律体系、司法制度等方面进行变革，以期延续生命，维持对伊斯兰社会的制约；第五，伊斯兰复兴运动与伊斯兰教法关系密切，复兴运动主要表现为对伊斯兰教法的强调、重视和恢复。①

关于"苏非主义及其运动"的研究。苏非主义是伊斯兰教的宗教神秘主义，在最近几十年才出现一些研究较为深入、综合性的学术著作。总体看，苏非主义研究在国际学术界尚属专家不多、学术专著少见的领域。在国内，近 20 年有一些著作陆续面世，按性质可分为三类：一是对苏非主义的历史和思想研究，最早见于金宜久主编的《伊斯兰教概论》；二是对西北门宦和新疆依禅派的调查研究，以 20 世纪 50—60 年代的资料为主；三是对阿拉伯、波斯文学中的神秘主义研究，包括苏非著作和诗歌的译介。但现有成果都还处于学术研究的起步阶段，尚须大力加强。目前学

① 关于"伊斯兰教法"研究方面的理论突破，请参见以下相关著作：《伊斯兰教法概略》（吴云贵，中国社会科学出版社 1993 年版），《真主的法度：伊斯兰教法》（吴云贵，中国社会科学出版社 1994 年版），《当代伊斯兰教法》（吴云贵，中国社会科学出版社 2003 年版）。

术界对苏非主义及其运动的理论认识主要如下：由于苏非主义的神秘功修完全以个人的宗教体验为基础，不同的人对于道的体验和理解不同，具体的解释和修持方法也各不相同；苏非由个人体验形成的种种学说，起初并不是一种智力进步，而是对教法和教义体系外在的理性化的反动，意在争得精神自由，使内在的宗教渴望和精神意识获得充分发展；安萨里将苏非主义纳入正统信仰后，苏非主义并未失去独立发展的势头。苏非主义在民间产生强大影响，逐渐成为大众的信仰。苏非主义仪式和活动的组织化发展迅速，形形色色的苏非教团在伊斯兰世界甚至边缘地区得到迅猛发展。苏非主义在伊斯兰教宗教生活中居统治地位达 5 个世纪之久，故有人称苏非派是伊斯兰教的"教中之教"；当代的伊斯兰教复兴运动，追溯其思想渊源，其中之一就是近代的新苏非主义。苏非教团在民间悄悄地复兴，是当代伊斯兰教研究中不容忽视的问题，因此苏非主义不仅曾为伊斯兰教的发展和传播注入过重要的精神活力，而且也对其内部近代以来的思潮和运动有着持久的影响力；苏非主义与伊斯兰教法一样，并列为伊斯兰教研究中两个最重要的基础课题。①

关于"伊斯兰复兴主义及其运动"研究。伊斯兰复兴主义，西方学者也称之为"政治伊斯兰教"，是近现代伊斯兰教中引人注目的思潮，并在复兴主义指引下掀起世界范围的伊斯兰复兴运动。因为伊斯兰复兴与伊斯兰政治的紧密关系，引起中国包括宗教研究及政治研究领域许多学者的关注，研究成果相当丰富。起初，学者们将伊斯兰复兴主义理解为伊斯兰复古主义的一种，它与泛伊斯兰主义、伊斯兰现代主义、伊斯兰社会主义等思潮并列为近现代伊斯兰社会的重要思潮，并在这些思潮的影响下，伴之以相应的社会运动，如瓦哈比运动、塞奴西运动、马赫迪运动、阿赫默底亚教派运动等。学者们强调第二次世界大战后伊斯兰复兴运动达到高潮，并发展为新泛伊斯兰主义。② 最近对伊斯兰复兴主义的研究又有新进展，有学者提出更为宽泛的伊斯兰复兴主义的概念，将近现代伊斯兰世界的主要思潮及运动都囊括进伊斯兰复兴主义之中。这种观点认为，若从伊

---

① 详细内容请参见周燮藩《苏非之道：伊斯兰教神秘主义》，《中国社会科学院院报》；金宜久：《伊斯兰教的苏非神秘主义》，中国社会科学出版社 1994 年版；金宜久主编：《伊斯兰教》，宗教文化出版社 1997 年版，第 261—287 页。

② 金宜久主编：《伊斯兰教》，宗教文化出版社 1997 年版，第 349—436 页。

斯兰复兴运动与伊斯兰教的关系而论，则可分为四种不同、甚至对立的倾向和思潮，即伊斯兰现代主义、传统伊斯兰教、伊斯兰主义和救世主义。[①]

（2）关于中国伊斯兰教的理论探索

关于"伊斯兰教中国化"理论。伊斯兰教是普世性的宗教，它特别强调统一，国际上某些穆斯林学者潜意识中对伊斯兰教文化的地方化与多样性持反对态度，拒绝承认伊斯兰教为适应不同的文化环境而进行的自我调适，如他们希望中国学者说"Islam in China"（伊斯兰教在中国），不喜欢听"Chinese Islam"（中国伊斯兰教）。世界性宗教的地方化不是以信仰者的宗教感情为转移的，而是客观存在，中国学者以历史事实为依据，论证伊斯兰教的中国化进程，直至最终形成中国伊斯兰教的历史过程。中国伊斯兰教是"流"不是"源"，它的根在国外，它盛开的却是中国伊斯兰之"花"，结的是中国伊斯兰之"果"。冯今源先生在《中国传统文化影响下的伊斯兰教》中说，"经过近十几年的学术争鸣与理论探索，越来越多的人认识到，中国的伊斯兰教不仅仅是一种信仰、一种世界观，而且是一定形态的文化体系、生活方式及由全体穆斯林组成的社会实体。伊斯兰教自传入中国始，就开始了漫长的中国化进程，最终形成了既区别于汉文化的伊斯兰文化，又区别于其他国家和地区伊斯兰文化的中国伊斯兰文化"[②]。并总结出中国伊斯兰文化两个明显的特色。一是体现了伊斯兰教的基本传统和原则，有鲜明的伊斯兰教文化特色。中国穆斯林坚信"六大信仰"，恪守"五项功课"，对于伊斯兰教的核心信仰"万物非主，唯有安拉；穆罕默德是主的使者"笃信不疑。二是借鉴、吸收以儒家为代表的中国传统文化，带有鲜明的中国文化的风格和特色。中国各族穆斯林，特别是回族穆斯林，长期以来接受汉文化的熏陶，吸收了大量以儒家为代表的中国传统文化，从而使自己的民族、宗教文化披上一袭中国文化艺术形式的外衣，打上了中国文化的印记。因此，一千多年来，"伊斯兰教在中国"已发展为"中国伊斯兰教"，中国伊斯兰文化已成为中国

---

① 周燮藩：《当代伊斯兰教浅析》，载于丁士仁主编的《伊斯兰文化》第二辑，2009年，第1—9页。

② 冯今源：《中国传统文化影响下的伊斯兰教》，载《中国贸易报·雅周末·东西文化》1995年9月23日第2版。

传统文化的一个有机组成部分。

在"伊斯兰教中国化"的主题下，学者们对众多次级主题展开深入研究，如中国伊斯兰历史、哲学、文化、经堂教育、汉文译著、《古兰经》译介等方面，成果丰硕。

关于"中国伊斯兰教与民族"的理论探索。在中国学术界，"宗教与民族""民族宗教"等词汇被经常提起。由于"宗教"与"民族"在我国各民族形成与民族文化中的紧密联系，并且在各民族文化交流与理解、共处中起重要作用，学者们对"宗教与民族"的理论探讨从未停止，形成民族学与宗教学相互交叉的局面。"伊斯兰教与民族"的关系更是学者们理论关注的焦点。30年来，学术界在"伊斯兰教与民族"的关系问题上，取得许多理论成果，大致总结如下：①伊斯兰教的地方化、民族化进程。伊斯兰教来到中国，经历漫长的地方化、民族化进程，明末清初中国西北伊斯兰教内部出现分化，甘、宁、青伊斯兰教的教派、门宦形成，新疆伊斯兰教依禅派出现，经堂教育在陕、鲁、滇等地普遍开展，使伊斯兰教在中国得以延续，汉文译著的出现沟通中—伊文化，伊斯兰教大量吸收中国传统文化而发展为中国伊斯兰教。伊斯兰教地方化民族化的进程也是中国十穆斯林民族形成的过程，并且因为伊斯兰宗教因素与人口迁徙、民族融合、民族文化交流等因素的共同作用，形成与民族文化密切相关性的内地伊斯兰教与新疆伊斯兰教两大系统，即内地回族、保安族、撒拉族、东乡族所信仰的伊斯兰教，新疆的维吾尔族、哈萨克族、柯尔克孜族、乌孜别克族、塔塔尔族、塔吉克族所信仰的伊斯兰教两大民族宗教系统。②关于"十个民族全民信教"的争论。传统上认为，我国有上述十个民族全民信仰伊斯兰教，有时称他们为穆斯林民族，但是随着中国宗教信仰自由政策的实施，各民族文化交流的深入，以及各种宗教的相互渗透与影响，原来全民族信仰伊斯兰教的十个民族的宗教信仰结构也出现变化，其中少数人不再信教或者改信其他宗教，呈现出更为复杂的信仰图景。有学者因此提出原来"十个民族全民信仰伊斯兰教"的结论不再适用，反对者的声音也随即响起。最终讨论的结果，"十个民族大多数信仰伊斯兰教"为学术界所接受。③关于"回族与伊斯兰教"。因回族是中国穆斯林人口最多的民族，在关于中国民族与伊斯兰教关系的讨论中，"回族与伊斯兰教"的论题最受关注。学者们就"伊斯兰教与回族"的诸方面展开全方位的研究，包括"伊斯兰教与回族历史""伊斯兰教与回族文化"

"回族与中国伊斯兰教派、门宦""回族历史人物研究""回族伊斯兰教与中国社会"等。目前就这一论题至少达成如下共识：伊斯兰教在回族的形成发展中至关重要，伊斯兰教的信仰与理念在塑造回族的民族精神和民族文化中起核心作用；④近年来，汉族信仰伊斯兰教的现象日益受到关注，"汉族伊斯兰教问题"也随即成为学术讨论的主题之一，学者将汉族人信仰伊斯兰教提升为伊斯兰教中国化的标志之一，甚至提出确立"汉族穆斯林"的概念呼吁。此外，还有"伊斯兰教与民族地区和谐社会建设"的讨论等。

关于"中国伊斯兰教派门宦格局"理论。中国伊斯兰教亦如国际伊斯兰教一样，依据思想与礼仪的微小差别而分为不同的派别，但长期以来学术界对中国伊斯兰教派别的研究关注不多，也无明晰的划分方法与理论。但教派研究实属中国伊斯兰教研究的基本理论问题，研究中国伊斯兰教无法绕开这个命题。西北民间原来就有伊斯兰教"三大教派、四大门宦"之说，但学者对中国伊斯兰派别的研究，从20世纪80年代开始，才真正进入一个较为活跃的时期，一些奠基性的著作于八九十年代问世，对中国的教派和门派进行了梳理和划归，为我国伊斯兰派别的研究奠定了基础。具有代表性的人物就是我国著名回族学者马通教授和他的《中国伊斯兰教派与门宦制度史略》，以及至今还活跃在学术领域的中老年学者。他们提出了中国"三大教派、四大苏非学派"之说，"三大教派"指格底目、伊赫瓦尼和西道堂；"四大苏非学派"指虎非耶、哲赫林耶、嘎迪忍耶和库布忍耶。"三大教派、四大苏非学派"之说延续了20多年，因为此说与中国伊斯兰教派别的规模对比格局并不完全匹配，加之学界对教派、学派、教团、门宦的概念意见不统一，其间不断遭到学术界的质疑，但并未见诸文字。最近终有年轻学者撰文对此说提出异议。《中国伊斯兰教门派划分的新视角》一文认为："二十世纪的中国穆斯林派别实难用原来的'三大教派、四大门宦'之说概括，而较为科学和严谨的说法应该是'三大教团、四大教派'。'三大教团'指目前存在的三个主要教团：奈格什班顶耶、嘎迪忍耶和库布忍耶；'四大教派'指格迪目、门宦、伊赫瓦尼和赛莱夫。"①"三大教团、四大教派"之说应该并非是关于中国伊斯兰教派别的最终结论，但它再一次揭开中国学术界对此命题的公开

---

① 丁士仁：《中国伊斯兰教门派划分的新视角》，载于伊斯兰之光网站。

讨论。

（二）30 年硕果累累：研究机构、学术会议与成果

1. 研究机构、学术队伍与学术刊物

学界公认，1978 年以来，中国迎来伊斯兰教学术研究的春天，对此有学者将 1978—2000 年间的学术研究的再起至繁荣阶段称为"重兴—繁荣"时期，将 2001—2008 年间的中国伊斯兰教研究称为"发展转型"时期。[①] 至此，中国学者对伊斯兰教的研究已形成磅礴之势，从研究对象看，横向来说，有中国伊斯兰教研究，有国际伊斯兰教研究、国外伊斯兰教的研究；纵向说，有伊斯兰历史研究、当代伊斯兰教研究；从研究主体看，有教外学者研究、教内学者的研究；等等。笔者在这里只想总结一下我国学者对中国伊斯兰教的研究。

学术研究亦如其他工作一样，机构的设立与队伍建设至关重要，即所谓"筑巢"与"引凤"的关系，只有两者兼备，才会为学术成果的生产奠定基础。就研究机构而言，我国研究机构及大学中陆续建立的从事中国伊斯兰教研究的相关研究单位，既有综合性的研究机构，即中国伊斯兰教研究只是其任务之一，也有主要从事中国伊斯兰教的研究机构。前者以中国社会科学院世界宗教研究所伊斯兰教研究室为代表，除从事国际伊斯兰教研究外，中国伊斯兰教研究也是其重要研究内容；后者有宁夏社会科学院的回族伊斯兰教研究所、西北民族大学的伊斯兰教研究所、新疆社会科学院宗教研究所等，主要从事中国伊斯兰教研究；此外，中央民族大学、北京大学、国务院发展研究中心民族发展研究所、兰州大学、宁夏大学、上海师范大学、甘肃省社会科学院、河南省社会科学院、北京联合大学、西北大学等高校及研究机构，均有学者从事中国伊斯兰教研究。这些研究机构和高校都设立了伊斯兰教研究的相关专业，培养专业研究后备力量。在中国伊斯兰教内部，中国伊斯兰教经学院也在中国伊斯兰教研究领域辛勤耕耘，民间也有一批穆斯林学者成立私立的伊斯兰教研究机构，在从事中国伊斯兰教研究。

以上述各类研究机构和教学机构为依托，聚集了一大批有志于中国伊斯兰教研究的学者。20 世纪 80 年代崛起的一批学术精英，为我国伊斯兰

---

① 卓新平主编：《中国宗教学 30 年》，中国社会科学出版社 2008 年版，第 337—338 页。

教研究作出杰出贡献，其中有些是中国伊斯兰教某些研究领域的开拓者和奠基人。现在这些老专家、老学者逐渐淡出学术舞台，光荣引退，同时一批中青年学者也日益成长起来，手握中国伊斯兰教研究的接力棒，继续奋力前进。

专业研究刊物方面，应该说目前还没有完全学术意义上的、专业服务与中国伊斯兰教研究的刊物。有的刊物虽为学术性，但并非专业中国伊斯兰教研究刊物；有的虽为专业中国伊斯兰教刊物，但学术性不足。尽管如此，目前我国相关研究刊物却已日益形成体系，成为承载中国伊斯兰教研究成果的"学术舰队"。这些刊物主要有：中国社会科学院世界宗教研究所主办的《世界宗教研究》和《世界宗教文化》、国家宗教局主办的《中国宗教》、宁夏社会科学院主办的《宁夏社会科学》与《回族研究》、西北民族大学主办的《西北民族研究》、甘肃民族研究所主办的《甘肃民族研究》、青海民族学院主办的《青海民族研究》、新疆社会科学院的《新疆社会科学》。各高等学校的学报中，也有一批以刊发中国伊斯兰教研究成果为特色的学报，如《中央民族大学学报》《西北民族大学学报》等。各个伊协的会刊也刊登一些中国伊斯兰教的研究文章，如中国伊协的《中国穆斯林》，以及省市伊协的《上海穆斯林》《陕西穆斯林》《甘肃穆斯林》《青海穆斯林》《湖南省回维族穆斯林》等。一些民间研究机构也主办了相关研究刊物，如云南的《高原》杂志、西安的《伊斯兰文化研究》等。此外，还有一些高校出版的以书代刊形式的学术集刊，如兰州大学的《伊斯兰文化》、西北民族大学的《中国回族研究》等。这些刊物都是中国伊斯兰教研究的学术阵地，有力地推动学术发展。

2. 学术会议与成果

（1）学术会议

研究机构的建立，学术队伍的集结，为开展学术交流活动准备好了条件。为了提高研究水平，交流彼此研究成果和研究心得，规划研究方向，学术界组织、召开了众多各种类型的以中国伊斯兰教研究为主题的学术研讨会。这些会议，从地域来说，有全国性的，也有地区性的；就会议主题来说，有的以中国伊斯兰教历史为主题，也有的以伊斯兰教与民族、伊斯兰教与和谐社会为主题，等等。

这里不可能将所有的学术会议都罗列出来，只能择要从之，记录下30年来影响最为深远的以中国伊斯兰教为主题的学术会议。

　　一是"西北五省区伊斯兰教学术讨论会"系列会议。该系列会议中国社会科学院世界宗教研究所与西北五省区（陕、甘、宁、青、新）相关机构共同召集，共召开五次，每次基本都以中国伊斯兰教研究为主题，代表了中国伊斯兰教研究的第一次高潮，目前被学术界视为定论的许多关于中国伊斯兰教的结论，都是这五次会议丰硕成果。这五次会议是：①1980 年 11 月召开的"银川会议"，由宁夏社会科学研究所主办，主题是"清代中国伊斯兰教"；②1981 年 10 月的"兰州会议"，由甘肃省民族研究所主办，主题为"伊斯兰教在中国传播、发展的特点及历史作用"。③1982 年 8 月的"西宁会议"，由青海省宗教局主办，会议围绕四个主题展开讨论，分别是"中国伊斯兰教的特点""伊斯兰教教派、门宦的演变、分化及其社会影响""历史上的民族教育""伊斯兰教与民族关系"；④1983 年 11 月召开的"西安会议"，由陕西省社会科学院主办，主题为"伊斯兰教研究与两个文明建设"；⑤1986 年 8 月召开的"乌鲁木齐会议"，主题为"伊斯兰教在中国的传播与发展史"。这五次会议，名为"西北五省区伊斯兰教学术研讨会"，实为全国性会议，"这几次会议的某些成果具有突破性，将彪炳史册，它们被视为中国伊斯兰教研究的里程碑……"①

　　二是"全国伊斯兰教学术讨论会"系列会议。世界宗教研究所为接续学术发展的势头，推动伊斯兰教研究的发展，从 1987—1990 年连续召开三届全国伊斯兰学术讨论会。该系列会议仍以中国伊斯兰教研究为主要议题。第一届于 1987 年 8 月在北京召开。会议有三个主题，其中两个主题，即"中国伊斯兰教史研究的学科化"、"中国伊斯兰教的教派问题"为关于中国伊斯兰教研究的内容。第二届以"中国伊斯兰教史研讨会"为主题，于 1990 年 9 月在北京召开，主要讨论了伊斯兰教入华后，如何丰富和发展了民族文化、如何接受中国各民族传统文化的影响等问题。同年 10 月，世界宗教研究所又和西亚非洲研究所在北京联合召开第三届全国伊斯兰讨论会。会议分为国际和国内伊斯兰研究两组，其中国内伊斯兰教小组专门讨论中国伊斯兰教研究的相关问题等。

　　以上述两个伊斯兰教研究的系列会议为开端，近年来，由全国各学术

---

①　任继愈主编：《20 世纪中国学术大典（宗教学卷）》，福建教育出版社 2002 年版，第 385 页。

机构组织召开的各种伊斯兰教专题会议如雨后春笋般涌现：①"伊斯兰教与社会"，此类会议主要有"伊斯兰教与中国西北地区现代化建设国际研讨会"，由西北大学于1991年10月在西安主办；"伊斯兰教与和谐社会研讨会"，由国务院发展研究中心民族发展研究所与兰州有关机构主办，2008年11月在兰州召开；"中国伊斯兰教与构建和谐社会研讨会"，2007年10月由中国伊协在北京组织召开；②"伊斯兰教与民族"，如全国回族学会组织的历届研讨会，中国伊斯兰教研究均为重要议题；③中国伊斯兰教与其他宗教的对话研讨会，如"南京大学·哈佛——燕京回儒对话会议"；④关于中国伊斯兰教本身相关议题的研讨会，如"伊斯兰教经堂教育研究会"等。此类专题型会议表明，我国学者对中国伊斯兰教研究的进一步深入，研究领域扩大，研究水平不断提高。

（2）学术成果

"中国伊斯兰教研究"是我国伊斯兰教研究领域30多年来发展最快，成果最多的领域。原因有二：一则该领域自20世纪20年代就有学者开始研究，有一定的学术积累，不似国际伊斯兰教研究领域直到20世纪80年代才有学者开始真正的学术研究；二则从事中国伊斯兰教研究的学者相对较多，不但有专业的中国伊斯兰教研究队伍，从事中国历史、文化、民族、经济学、人类学、语言学等诸领域研究的学者也"插足"到中国伊斯兰教研究的队伍中来。因此，正因为众多学者"清早船儿去撒网"，我们现在总结改革开放30年研究的时候，才可以怀着"晚上回来鱼满舱"的愉悦心情，梳理他们的丰硕成果了。

①中国伊斯兰教历史研究。该领域是基础性研究工作，主要成果有《中国伊斯兰教史》，李兴华、秦惠彬、冯今源、沙秋真合著；《中国的伊斯兰教》，冯今源著；《中国的伊斯兰教》《伊斯兰教志》，秦惠彬著；《伊斯兰教在中国》，周燮藩、沙秋真著；《中国伊斯兰教简史》，米寿江、尤佳著；《清真长明》，杨桂萍、马晓英著；《中国历代政权与伊斯兰教》，余振贵著；《中国清真女寺史》，水镜君、马利亚·雅绍克著。

②教派门宦研究。《中国伊斯兰教派与门宦制度史略》《中国伊斯兰教派门宦溯源》，马通著；《宁夏伊斯兰教派概要》《中国回族伊斯兰宗教制度概论》，勉维霖著。

③汉译著述与经堂教育研究。《中国伊斯兰探秘——刘智研究》，金宜久著；《王岱舆及其伊斯兰思想研究》，孙振玉著；《中国的天方学——

刘智哲学研究》，沙宗平著；《刘智及其伊斯兰思想研究》，梁向明著；《马德新思想研究》、杨桂萍著；《中国回族教育史论集》，山东省民族宗教事务委员会主编。

④民族地区伊斯兰教研究。《泉州伊斯兰教研究论文选》，泉州海外交通史博物馆与泉州历史研究会编；《西北伊斯兰教研究》，甘肃省民族研究所；《西域和卓家族》，刘正寅、魏良弢著；《新疆伊斯兰汗朝史略》《新疆地区伊斯兰教史》，李进新著；《南京回族伊斯兰教史稿》，南京伊斯兰教协会编；《中国南方回族历史人物资料选编》，白先经、翁乾麟主编；《伊斯兰与中国文化》，杨怀中著；《中国回回民族史》，白寿彝著。

⑤工具书、文献汇编、古籍整理。《中国伊斯兰百科全书》，中国伊斯兰百科全书编委会编，1994 年出第一版，2007 年出第二版；《清真大典》，属《中国宗教历史文献集成》之伊斯兰教部分，周燮藩主编；《中国伊斯兰教史参考资料 (1911—1949)》，李兴华、冯今源编；《中国伊斯兰文献著译提要》，余振贵、杨怀中编著；《经学系传谱》，杨永昌、马继祖标注；明清之际众多汉文著译作品，如《天方典礼》《清真指南》等相继标点出版，以及中国各地伊斯兰教史料、碑刻等相继整理面世。所有这些对中国伊斯兰教历史、文化、哲学等方面的研究都有巨大促进。

因篇幅所限，以上只是给出了关于中国伊斯兰教研究的部分专著，未能列出相关伊斯兰研究的论文。事实上，有时一篇论文的学术"含金量"不亚于一部专著，甚至超越一部专著。改革开放以来，中国学者发表的相关论文，可谓洋洋大观，据统计 1979—2004 年间仅在"回族研究"领域内以"伊斯兰教"为主题的论文就达 780 篇。① 在研究视角上，中国伊斯兰教研究已从整体研究转向专题研究，采用多学科、多手段的方式，对某专题进行条分缕析、抽丝剥茧式的研究，比以前更加深入；涉及的领域也更加宽广。可以说，目前中国伊斯兰教的各个研究领域，都有学者涉及。

(三) 宗教教育与中国穆斯林宗教素养的提升

1. 宗教信徒素养决定宗教的面貌

一种宗教是由四种元素构成的复杂的综合体，宗教信徒、宗教思想哲学、宗教仪式、宗教活动场所缺一不可。四种元素都是变动不居的，宗教

---

① 董知珍：《1979—2004 回族文化研究综述》，《甘肃民族研究》2006 年第 1 期。

信徒有数量、性别、年龄、地域之变，思想哲学有不断发展之变，宗教仪式有演变与繁简之变，宗教场所有大小、形式、地点之变，但四种元素之中，只有宗教信徒是"活"的因素，是推动其他三种因素"变量"的变量。宗教信徒创造了宗教本身，创造了宗教思想哲学，规定了宗教仪式，建设了宗教场所，可以说没有宗教信徒，就没有宗教信仰。

宗教信徒是宗教中唯一具有创造性与建设性的因素，它规定着其他因素的发展演变。一种宗教呈现何种面貌，它的历史曾是怎么样的，它的未来将如何发展，都最终取决于该宗教的信仰者。我们在世界宗教史上可以找到众多关于宗教信徒改变宗教历史方向、决定宗教思想面貌和文化取向的例子。欧洲中世纪的托马斯·阿奎那的经院哲学对当时基督教神学予以发展、完善，但当阿奎那被确立为教会哲学的最高权威时，他却又充当为教会扼杀进步思想的工具，直接对基督教思想的僵化与作为其反动力量的面貌出现负有责任。16世纪马丁·路德和约翰·加尔文的改革思想相继横空出世，打破了经院哲学的垄断，提出坚持《圣经》绝对权威，反对教皇权威，主张自由、平等、个人主义，将中世纪基督教导向了新教的发展路径。伊斯兰教中也不乏杰出穆斯林决定宗教发展方向的范例。8世纪，官方伊斯兰教陷入腐败难以自拔之际，以拉比阿的"神爱论"和哈拉智的"泛神论"为代表，开启了伊斯兰教苏非神秘主义的大幕，扭转了伊斯兰教官方信仰单线发展的格局，苏非主义与官方伊斯兰教并驾齐驱。11世纪，哲学家安萨里高瞻远瞩，将苏非主义纳入正统信仰，结束伊斯兰教内部斗争的局面，重新给伊斯兰教注入活力，使其再次呈现生机勃勃的面貌。近代，当伊斯兰教在西方力量的冲击下，内部也缺乏改革，又一次陷入危机，以哲马鲁丁·阿富汗尼为代表的伊斯兰现代主义力挽狂澜，希望给伊斯兰世界指出新的发展方向。宗教信徒，尤其是杰出的信徒，在其信仰面临危机之时，能够挺身而出，挽救并决定宗教的命运，反之，关键时刻无人担当重任，宗教必定走向殁落，则是宗教之不幸。因此，宗教信徒在决定宗教发展中之作用可见一斑，它从根本上决定宗教的方向与整体面貌。这就是世界上成千上万种宗教，只有少数宗教保留下来，并发展壮大成为世界性宗教的秘密所在。

那么，为什么有些宗教在关键时候有杰出信徒横空出世，力挽狂澜呢？这取决于宗教信徒的素质。与其说宗教信徒决定宗教发展方向，不如说宗教信徒的素质决定宗教发展方向，取决于关键时该有没有符合条件的信徒，取决于有没有如此知识、眼光、魄力与胆略的信徒，而具备了这样条件宗教信徒必定为宗教大家。宗教大家就是有很高宗教素质，或宗教素养的宗教学者。那么宗教信徒的素养或者素质的内涵是什么？这里有必要单独阐述一下。宗教信徒作为社会中的一分子，首先是以社会的个体——人而存在。谈宗教信徒的素养，首先就是像千千万万普通人一样的素养。社会成员素养的提升有赖于整个社会的教育水平，作为社会成员之一的宗教徒与所有社会成员的素质构成国民素质。国民素质是诸种素质的综合体，国民素质主要包括四个方面：一是文化知识素质；二是品德素质，品德，就是人品，包括道德素质和思想素质；三是心理素质。心理素质包括情感素质、智力素质、意志素质；四是身体素质。包括体质、体力、体能，身体素质在人的素质结构里的地位是前提性、基础性的东西。在实行宗教信仰自由的文明社会中，每位宗教信徒与非宗教信徒都有公平地接受国民教育，提高自身素质的权利，因此一般而言，国民素质的提升依赖国民教育，国民素质高，就意味着宗教信徒素质高，反之亦然。因此作为社会公民，宗教信徒的素质与国民素质有密切关系，二者是一致的。但是宗教信徒作为宗教信仰者，又与非信徒有不同之处，除国民素养外，应该具备作为宗教信徒独有的素质，即宗教素质。一般来说，宗教都是教人向善，劝歹止恶的。在日常生活中，我们说某某高僧大德、某某宗教长老、某某阿訇宗教素养高，无非是指其宗教知识丰富，品德高尚之类。至于宗教素养具体包括那些方面，还没有见到专门的论述，不过笔者以为至少包括以下诸方面：①关于本人所信仰的宗教知识素养，宗教信徒首先应该具备所信仰宗教的基本知识，了解其历史、思想、律法、现状等，否则为盲信；②关于其他宗教的知识素养，世界宗教多种多样，具备其他宗教知识，可以开阔视野，可以比较鉴别，利于坚定信仰，理性信仰；③关于宗教品德与宗教伦理素养，谨遵本宗教教导，尊重其他宗教信徒，向真向善向美；④关于宗教理性的素养，没有宗教理性，信徒可能会陷入狂热信仰。宗教素养是对宗教信徒特殊的素质要求。信徒素养是国民素养综合宗教素养的结果，这就是宗教信徒素养的内涵。一种宗教，其信徒素养越高，该宗教越有希望，而其中素养极高之信徒，如果本宗教机制健康，会逐步走向教会上层，成长为该宗教的领航者，即宗教领袖。

宗教信徒素养的提升，除有赖于信徒个人的主观努力外，也有赖于社会的国民教育的发达程度与宗教教育的提供。宗教信徒所处社会的国民教育发展程度，不完全受他们所操控，这是外部因素。但是宗教教育的提供则很大程度上取决于本宗教的主观努力和宗教教育机制及教育传统。提供良好的宗教教育，是提升信徒宗教素养，培养宗教职业人员，保证宗教延续发展，呈现健康宗教面貌的保障。明末清初，伊斯兰教在中国陷入困境，主要因为宗教教育跟不上，缺乏必要的宗教教育体制，于是经堂教育应运而生，伊斯兰教在中国才得以延续。提供何种宗教教育，对宗教的正常发展亦至关重要。不健康的宗教教育只能摧毁一种宗教。如果不是巴基斯坦西北边境的迪奥班德经学院给阿富汗的流亡学生提供极端主义的宗教教育，也不会有"塔利班"这个"怪胎"出现。因此，宗教本身应该具有一套完善而健康的教育体制和机制。另外，宗教素养的提升亦非一日之功，"冰冻三尺，非一日之寒"，宗教素养的提升是对宗教知识的学习与消化与应用的一个过程，须有长期的熏陶与锻炼。无论如何，一种宗教要有一套完善的宗教教育体制，能提供正当的宗教教育，是提高宗教信徒素养的必要条件。

各种宗教在文化人格上并无大小、高低之分，正如国家不分大小地位平等一样，但是宗教有真假、正邪、善恶之分，而一种有利于个人成长、有利社会发展的宗教的出现，则仰赖于其信徒素养的高低。宗教信徒的素养提升，等于是为宗教机体的健康发展注入新鲜血液，新兴宗教就会健康成长，古老的宗教也会"鹤发童颜"，青春再现，宗教面貌焕然一新。

以上关于宗教信徒素养的讨论，只是就所有宗教的泛泛而论，并非仅论及伊斯兰教，目的是为下面讨论伊斯兰教的相关问题作理论铺垫。

2. 中国伊斯兰教的宗教教育

宗教教育不同于面向大众的世俗教育，也不同于面向大众的宗教通识教育，宗教教育指以宗教教义、教规为主要内容，以向教徒传授宗教知识、培养宗教教职人员为目的而进行的教育。宗教教育也是宗教发展的根本，伊斯兰教的宗教教育是中国伊斯兰教发展的根本。伊斯兰宗教教育是为本宗教培养人才的关键，是塑造穆斯林宗教素质、宗教品德，推动伊斯兰教发展的主要手段。在我国，伊斯兰宗教教育也是引导伊斯兰教与社会主义社会相适应的重要环节，是伊斯兰教健康、良性发展的重要前提。

改革开放30年来，中国伊斯兰宗教教育，采取多种办学方式，利用各种力量，多方筹集资金，获得长足进步。目前，中国承担伊斯兰宗教教育的机构主要有两类，一是经堂教育模式，承担正规满拉教育，培养宗教职业人员的教育，还负责在穆斯林中普及宗教知识的任务，如开办成人扫盲教育、妇女扫盲教育等；二是现代学院模式，如半官方的经学院，民间举办的阿语学校等。

（1）伊斯兰教经堂教育向现代经堂教育转型

经堂教育，即中国伊斯兰教寺院教育，始于明末清初，为陕西关中伊斯兰教经师胡登洲所创。自此，经堂教育逐渐发展为我国伊斯兰宗教教育的民间办学形式，延续至今。经堂教育对中国伊斯兰教意义重大，它为伊斯兰教培养宗教人才，保留并发扬宗教文化，维持宗教传续。至今为止，中国伊斯兰教的著名经师，多由经堂教育培养，或有经堂教育经历。

但是，随着伊斯兰教在中国的不断发展，中国社会环境的演变，传统的经堂教育日益难以满足伊斯兰教育的需要，面临革新的问题。自 20 世纪初叶，某些感觉敏锐的伊斯兰经师已经意识到，经堂教育必须改革。这种改革的首位倡导者为王宽。王宽从中东考察归来后，主张改革经堂教育陈旧的内容和方法，倡导举办经学与汉学并举的新式学校。1907 年在北京牛街清真寺内创办新型的回文师范学堂，改良教学方法，修订课程内容，在经堂教学中兼授汉文及其他文化知识，以培养新式师资。1908 年，他为改变经堂教育"教学方法陈旧迂拙；事繁效鲜与学塾等"的状况，以普及新的宗教文化教育，提高经、汉知识水平为宗旨，同马邻翼等创办了京师清真两等（初等、高等）小学堂，并分设 4 所小学于城郊各处。此后王宽的经堂教育改革理念，也随着他在上海、南京、开封、呼和浩特等地任教长而得以向全国穆斯林社区展开，培养了诸如达浦生、马松亭、杨明远等一批伊斯兰教经师和学者。在王宽的影响下，全国各地，创办新式学堂，仅中等学校就有八九处；小学堂达六七百处。王宽将伊斯兰教寺院经堂教育发展为新式学校教育，是中国伊斯兰教教育史上的一次革新。

1978 年以后，新中国的宗教信仰自由政策逐步落实，"文化大革命"期间被中断的经堂教育得以恢复。民间传统的经堂教育继续存在并有所发展，同时原有的经堂教育承接王宽开拓的新式教育之路继续改进，发展为新式的经堂教育——伊斯兰经学院。

先谈清真寺传统的经堂教育。传统的经堂教育与历史上一样，分布在城乡穆斯林社区的各个清真寺，是伊斯兰教教职人员最基本的教育培训机构，穆斯林社区中的"大学"。改革开放 30 年来，中国穆斯林聚居地区经济快速发展，社会各个层面也发生变化，穆斯林群众的宗教意识上升，呼唤"宗教回归"，但是传统经堂教育那种古老的教学内容、呆板的教学方法、落后的教学理念、陈旧的教学设施，已经不能满足穆斯林群众宗教教育的需要。清真寺中的经堂教育要吸引年轻人，也必须改革。顺应这种时代潮流，经堂教育虽大多身居陋巷，却能以伊斯兰经学院和世俗学校的模式为参照，甚至借鉴国际伊斯兰教办学经验，迈开改革步伐。

传统经堂教育的改革，主要方向和核心目标未变，即培养伊斯兰教职业人员，向穆斯林传播宗教知识，传承伊斯兰文化，提高全社区穆斯林的宗教素质。围绕核心目标，经堂教育的改革涉及方方面面，许多方面的变革并非简单的"小手术"，而是伤筋动骨的"大手术"、"大手笔"。简单地说，可以将经堂教育的变革分为"软件"和"硬件"两个方面。

"软件"方面包括教育理念、教育内容、教育方法、教育制度诸方面，甚至教学目标（办学宗旨）也有微调。

理念指导行动，教育理念的改变首当其冲。从目前的发展现状来看，经堂教育的"操盘手"们心态更加开放，视野更加开阔，立足更加高远，没有沉溺于原来的半封闭式教育模式，而开门办学，向其他教育机构学习先进的办学经验和方法，采取"拿来主义"，只要能为我所用，毫不犹豫地采纳，对经堂教育进行全方位改革，决不拘泥于传统。例如，为了便于满拉学习，提高汉语水平，更加注重汉语教育；因为与阿拉伯世界交流日益增多，更加注重阿拉伯语教育，传统经堂教育中的波斯语教育则逐渐弱化，甚至开设英语教育课程。

教育内容的变化引人注目。传统的经堂教育教材及课程设置分两部分，小学部学习阿拉伯语和伊斯兰教基础知识，课程比较简单；大学部的课程较多，一般称为"十三本经"，分阿拉伯语和波斯语课程两部分，内容涉及语言、伊斯兰教史、教义、教法、经典等，总结起来不外乎语言与"经学"两项内容，学生毕业后即有资格任开学阿訇。现在的经堂教育课程已进行大量调整，比之以前要丰富得多，除了传统的"经学"（包括经堂语）课程外，加入许多现代教育的内容。语言教育方面，加强阿拉伯语、弱化波斯语教育，同时根据社会发展需要，增加或强化汉语教育。最近许多清真寺的经堂教育还增加了英语教育，以适应"满拉"学习计算机的需要和为将来出国留学奠定基础。语言课程也更加细化，模仿大学课程，开设阅读、写作、听力、对话等专门课程。增加中国伊斯兰教和民族历史方面的课程，开设《中国伊斯兰教史》《民族史》《回族史》等课程。许多课程采用国家正规教材。为适应信息社会的发展，开设计算机课，培养满拉使用电脑的技能。专门开设《道德修养》或《思想品德》课，此类课程并不仅限于宗教道德方面的教育，还涉及社会伦理道德更广泛的内容。开设体育课，有条件的清真寺还组织满拉军训。

教育制度变化更大，日益现代化。传统的经堂教育分小学部和大学部，小学对儿童进行宗教启蒙教育，学习基础宗教知识和阿拉伯语、波斯语及经堂语拼写。大学部系统学习"经学"和语言学，满拉毕业后可设帐讲学。当前的经堂教育有全面向现代教育体制看齐的趋势，不再分小学部和大学部，而以学年为单位，实行班级制，一般有四年制、五年制两种学制，以四年制居多。学生从入学经过四年的学习，不但完成传统的小学部与大学部的"经学"和外语方面的学习，还掌握一些现代知识与技能。个别清真寺的经堂教育还与当地的国家正规中专学校联合办学，力争与国家教育体制接轨，开设辅导课，参加国家统一考试，取得中专文凭，培养社会实用人才。教学管理机构也日趋细化，清真寺设置教务处、政教处、业务处、总务处等机构，并制定了各处室的职责。制定一系列健全的规章制度，如"经学教育课程大纲""课程设置""办学宗旨""管理制度""学校章程"一应俱全，相关教学管理机构遵照执行。

教育方式也更加灵活多样，现代教育的教学模式不断引入，如课时制、课堂制、班级制、现代语教学等，趣味性增强，教育手段日益现代化。最突出的表现是个别清真寺的经师已开始利用计算机软件授课，增加声音、图像等多媒体教学手段。

现代经堂教育的教育目标，比传统经堂教育更加扩大。传统经堂教育，目标单一，就是培养伊斯兰教宗教职业人员，即"经师""阿訇"或"伊玛目"，服务于穆斯林社区，满足信教群众的宗教生活需要。现代的经堂教育，除培养宗教职业人员外，还在一度程度上日益担负着为宗教社区之外的社会培养人才的职能。就目前的情况来看，经堂教育毕业的满拉很大一部分已不再从事宗教职业，而是到其他领域就业。目前，就业的领域主要有：担任译员，在非宗教学校做教师，到国内或国际的大学继续学习等。

经堂教育的"硬件"方面的改革与改变主要包括两方面：一是教学教育设施，二是师资力量。民族宗教地区经济的发展，使宗教捐献大幅增长，清真寺有更多的资金用于经堂教育，某些清真寺为满足教学需要，建设了专门的教学楼、宿舍楼、阅览室、电教室、语音室，经堂教育的教学设施得到前所未有的改善，购置了计算机、投影仪等现代教学设备。师资力量方面也一改此前由阿訇和"二阿訇"负责的状况。因为经堂教育中现代课程的增加，原来的传统经堂教育毕业的"经生"无力承担，清真寺开始从经堂教育圈子之外聘请专业教师，比如计算机教师、体育教师、汉语教师、宗教史教师、民族史教师、英语教师甚至阿拉伯语教师，都可以从非宗教教育的国家正规院校毕业生或者"海归"中挑选。因此，现代经堂教育的师资力量日益扩大，已经不再是单独由阿訇负责的时代了。

经堂教育的经费来源也趋于多样化，传统的经堂教育由清真寺积累的宗教捐献负担，现代经堂教育除部分由宗教捐献负担外，也适当收取学费，出现商业化的苗头。

以上阐述的只是多数人理解的狭义上的经堂教育，即培养伊斯兰教宗教职业人员的经堂教育。事实上清真寺的经堂教育还担负向穆斯林群众普及宗教知识，巩固伊斯兰信仰，进行宗教伦理道德教育的重任。这一层次人经堂教育通常被学者们所忽略，很少有人研究。如果将培养宗教职业人员为目标的经堂教育看作"精英式经堂教育"的话，那么向穆斯林群众普通宗教知识的经堂教育可称为"大众经堂教育"。传统的"大众经堂教育"主要通过到清真寺听阿訇讲"卧尔兹"来现实。改革开放以来，尤其近10年来，"大众经堂教育"亦呈现多样化，更趋"大众化"。许多清真寺举办"业余成年学习班""假期学生学习班""女校"（妇女班）"《古兰经》班""阿语初级班""毛录吉班""圣学班"等，还有各种与伊斯兰教相关的知识竞赛、阿语竞赛等群众性活动等。清真寺经堂教育举办业余学习班的目的主要是招收普通穆斯林群众掌握诵读《古兰经》的初步知识，学习宗教知识和文化知识，提高他们的宗教素养。清真寺有时还安排一些专题讲座，如宗教政策、禁毒宣传、宗教知识等，这也属于经堂教育的一部分。

对于经堂教育的转型，有学者认为20世纪主要有两次比较大的改革，且这两次改革都发生在当代经堂教育的中心甘肃省临夏市。其中第二次改革主要体现为四个方面：①部分地使用汉语作为教学语言；②教材选择上采用最适合中国清真寺、经堂教育和时代特点的版本；③开设伊斯兰教概论、历史和伦理学方面的内容。① 20 世纪 90 年代至今，可以清晰地看出，经堂教育沿着第二次改革的道路继续向前走，在各个层面的改革更为开明，总体趋势是，教育内容在保持经堂教育特色的基础上不断丰富，教育体制在向世俗的现代教育靠拢。

综上所述，分析传统经堂教育向现代经堂教育转型的过程，至少笔者可以总结出现代经堂教育的一些特征：正规化、现代化、专业化、制度化、社会化，精英化与大众化并驾、本土化与国际化齐驱。言其正规化、现代化、专业化、制度化，指经堂教育突破传统，以现代世俗教育为榜样；以正规的、专业的教育手段，制度化的管理方法，传授宗教知识，提高穆斯林宗教素养；培养宗教职业人员的经堂教育日益"精英化"，而向大众传授宗教知识的经堂教育则日益"大众化"；将汉语引入经堂教育，主张用白话讲"卧尔兹"，此为"本土化"，"海归"们加入经堂教育，将伊斯兰国家的教育理念与方法融入现代经堂教育之中，此为"国际化"。因此，传统经堂教育向现代经堂教育转型，实为中国伊斯兰宗教教育在向"素质教育"的路线靠拢，或者更进一步说，是中国伊斯兰教在向伊斯兰现代主义迈进的一种表现。

但是中国伊斯兰经堂教育仍然面临生源不足和质量差的问题，一些农村的经堂教育已停办。另外，农村经堂教育停办的同时，城市的经堂教育却日益繁荣，这至少说明，经堂教育的资源逐渐向城市集中。因为城市有更优质的教育设置，师资力量，这其实属于竞争和自然选择的结果，长期观之，未必不是一件好事。

甚至个别清真寺的经堂教育在向现代转型的过程中，有脱离清真寺独立办教育的趋势。独立的现代经堂教育意味着，不久的将来，可能会出现民间的"伊斯兰经学院"。

（2）伊斯兰经学院的伊斯兰教育

学术界对伊斯兰教育的研究呈现一个非常幽默的现象：热衷于经堂教育的调查研究，而忽略伊斯兰经学院。学者们一方面为经堂教育的改革和现代转型而欣喜非常，另一方面对经由老一辈伊斯兰教育家培育出来的现代化的经堂教育形式，即伊斯兰经学院教育，却表现出极大的学术冷漠。

---

① 丁士仁：《20 世纪河州经堂教育的两次重大突破》，参见马明良、丁俊主编《伊斯兰文化前沿研究论集》，中国社会科学出版社 2008 年版，第 581—593 页。

窃以为个中原因主要有二，一是传统的经堂教育为民间"私藏"，"原汁原味"，学术含金量巨大，一时间研究宗教学、民族学、人类学等学科的学者趋之若鹜；二是作为半官方的伊斯兰经学院，本身蕴含一定的政治性，学术界视之为"部分丧失了宗教教育的本色"，不能体现伊斯兰教宗教教育的特色和水平。

笔者认为，经堂教育只是清真寺功能的一部分，清真寺主要为穆斯林礼拜之所，最主要的建筑为礼拜大殿，宗教教育并非其主要功能。因此经堂教育只是附属于清真寺，它与伊斯兰经学院的侧重点不同，伊斯兰经学院主要以宗教教育为主要功能，礼拜殿为附属建筑，为方便在校学生礼拜之用。从这种"孰轻孰重"之中，可以看出从经堂教育向伊斯兰经堂教育转变的意义。因此，仅仅从这个角度而言，对从事当代中国伊斯兰教研究的学者而言，伊斯兰经学院仍有研究价值。伊斯兰经学院仍代表了中国当前伊斯兰宗教教育的最高水平。经学院在改革传统经堂教育的基础上，在教育内容、教育学方法、管理模式等方面都进行了改革，学生在经学院可以系统地学习宗教知识和阿拉伯语，三五年后即可成长为高素质的伊斯兰宗教人才。因此，伊斯兰经学院的教育模式目前仍可足以作为民间经堂教育的努力方向。

中国伊斯兰经学院自 1980 年恢复以来，中国伊斯兰教协会又在各地开设以 10 所地方伊斯兰经学院，加之各经学院开设的各类经学班、阿拉伯语进修班和阿拉伯语学校等，经学院教育已经实现系统化、规模化和制度化。伊斯兰经学院教育目前仍是中国伊斯兰教宗教教育的重要力量，为经堂教育毕业生继续深造的首选之地，并与经堂教育和国外的伊斯兰院校形成一定程度的竞争格局。

伊斯兰经学院仍站在时代前沿，探索新形势下中国伊斯兰教宗教教育的方式、模式与方向。经学院开设《中国革命史》《邓小平理论概论》《建设有中国特色社会主义理论》等课程，进行爱国主义教育，与其说将其看作"宗教教育的政治化"，不如理解为伊斯兰教教育彰显中国特色，延续伊斯兰教"两世兼重"和中国伊斯兰教"爱国爱教"的传统。

伊斯兰经学院对中国伊斯兰教有重要影响。经学院每年培养出许多高水平的毕业生，进入伊斯兰教教育领域、管理领域、研究领域，另有出国深造者，与国际伊斯兰教建立联系。因此，随着伊斯兰教界老一辈力量的逐渐隐退，经学院毕业生的影响，也就是经学院的影响必将日益显现。经学院学生会对当代中国伊斯兰教产生何种影响，这也是值得研究的一个课题。

但是，近年来经学院也面临一定的挑战。经学院毕业生就业日前多样化，除从事伊斯兰教相关的工作外，有不少学生选择非宗教性的工作，这与原本以宗教教育为中心，培育伊斯兰教专业人才为宗旨的经学院教育不相符合，这个问题如何解决？在经学院恢复招生近30年后，在民间经堂教育都已培养出一些受穆斯林群众爱戴、尊敬的阿訇的情况下，经学院毕业生能否真正走入民间，为普通穆斯林群众所接纳的问题仍悬而未决。因此，中国的伊斯兰经学院系统在取得成绩的同时，亦须反思问题，经学院改革的议题难免也应提上日程。

总之改革开放以来，国家实施九年义务教育，国民教育大发展，大繁荣，整个社会的教育水平提升，宗教信徒的整体文化素养也随之水涨船高，已今非昔比。中国宗教信仰自由政策的落实，经济的发展，也为伊斯兰教宗教教育的发展和穆斯林素质的提升奠定基础。民间的经堂教育、半官方的经学院教育，作为穆斯林宗教教育的两大支柱，前者在维持传统的基础上正在向现代宗教教育转型，正在探索新形势下中国民间伊斯兰教育的新模式、新方向，后者以高等级、宽视野，系统化的伊斯兰教育为己任，也呈现出一些新的发展苗头，走到面临改革的十字路口。

（四）中国伊斯兰教的自我定位

这里所论的"自我定位"，就是在整个社会综合体内的一种自我意识、自我评价和自我选择，对自己处境、位置、功能、影响等方面的一种自我感知和期望，通常也是对自身本质特征的一种总结。"自我定位"是个体行为的出发点，只有先摆正位置，才能有所作为。就像个人一样，自我认识准确，自我评价适当，那么以此为基础的个人行为将会得体而卓有成效，甚至事半功倍，从而也更能体现自我价值。宗教也一样，在现代的社会环境中，宗教的自我定位如何，事关宗教本身的命运，事关社会对宗教的态度和评价，也事关宗教所处的社会发展与进步。

宗教的自我定位，虽然本质上为一种自我看法和选择，但它仍然会受各种条件的制约和影响，很大程度上宗教的自我定位是在自我经历基础上的经验总结。比如说"他者"对某一宗教的看法，以及总结这种看法造成对自身的改变，往往会影响这一宗教的自我认识和定位。

这里讨论伊斯兰教的自我定位，旨在分析探讨伊斯兰教的自我认识及其历程，尤其是中国伊斯兰教的自我认识，探讨 30 年来，主要是当前社会环境下伊斯兰教如何"摆正位置"，在发展自身的同时也益于中国社会建设，提出笔者一些粗浅的看法。

1. 伊斯兰教的自我定位

伊斯兰教的先知穆罕默德于公元 7 世纪在阿拉伯半岛掀起宗教革命时，他不但将伊斯兰教作为一种信仰，更倾向于作为一种社会制度来看待。半岛地区的多神信仰向一神信仰的伊斯兰教过渡，不仅仅限于宗教形态和宗教制度的转变，社会制度的转变更居于核心地位。当时穆罕默德创立伊斯兰教其社会革命的意义大于宗教革命的意义。因为当时在中东一神教已经有相当长的历史，犹太教公元前 6 世纪就已出现，公元初基督教也从巴勒斯坦传向欧洲、非洲和中亚，一神观念已非新思想，而穆罕默德革命所带来的社会制度的转变，却是对阿拉伯社会部落制度改革，"乌玛"观念超越部落，成为阿拉伯社会的组织形式。相应的，伊斯兰教法作为规范"乌玛"秩序的法律，成为阿拉伯伊斯兰社会的核心制度，使未来的中东社会天翻地覆地改观，只不过社会制度以"真主法度"的宗教形式"降示"给世人而已。及至四大哈里发、倭玛亚王朝及阿拔斯王朝，阿拉伯社会的世俗性进一步提升，以至于有学者认为倭玛亚王朝和阿拔斯王朝并非宗教社会，而纯粹为世俗性质的封建王朝。因此，在穆罕默德、四大哈里发及倭玛亚王朝及阿拔斯王朝时期，伊斯兰教更多地体现为一种社会制度，而不是宗教。封建王朝的"政教合一"，先"政"而后"教"。作为阿拉伯社会的上层，哈里发们满足于这种"事实上的安排"，将伊斯兰教主要定位于社会制度，定位于政治。

但是随着专业的宗教学者阶层的出现，他们并不满足于这种单纯的政治"安排"和政治定位。"马德拉萨"和伊斯兰神学院的出现，麦加、麦地那、巴格达、开罗等伊斯兰教育中心的形成，伊斯兰宗教教育空前繁荣，大批杰出的宗教学者涌现。宗教学者们不断丰富和发展伊斯兰教的宗教哲学和教法，教义学、教法学等各分支学科日渐成熟，《古兰经》注释、《圣训》的收集整理出现集大成者，于是一个体态丰满、博大精深的伊斯兰教知识体系呈现在世人面前。宗教学者与政治家不同，他们更强调伊斯兰教的宗教本质，甚至因为坚持"宗教真理"而被统治者杀害。宗教学者在争取伊斯兰教的宗教意义指向，弘扬其宗教含义，期望不只强调伊斯兰教的政治功能，也应强调其宗教属性，亦即宗教定位。

苏非主义，作为对官方（正统）伊斯兰教的反动而兴起，表明伊斯兰教的宗教定位相较之前更清晰。正因为官方伊斯兰教过于强调宗教的政治属性，以宗教为政治统治的工具，由政治腐败而导致宗教信仰一落千丈，伊斯兰教的形象遭到损毁。一些对官方宗教不满的宗教人士只有另辟蹊径，与官方伊斯兰教的走向相反，转而向内心世界寻找宗教的真谛，希望通过个人修炼达到与真主对话及合一。于是，官方宗教走向民间，形成伊斯兰教正统宗教与民间宗教的二元格局，同时伊斯兰教也呈现出前所未有的形象，苏非主义政治参与减少，宗教神秘主义成分大量增加，伊斯兰教看起来更像现在的宗教。苏非主义的兴起，神秘主义色彩的增强，表明伊斯兰教总体上希望摆脱政治的自我定位，而倾向于宗教的自我定位。安萨里将官方伊斯兰教与苏非主义调和，终结了两者之间的紧张，也完成了伊斯兰教政治定位与宗教定位的调和，"政教合一"复归，"二世兼重"得到重申。但无论如何，苏非主义的出现，是对以前正统伊斯兰教过度强调政治定位的挑战，又在一定程度上化解原有的政治定位，将宗教定位明确带给伊斯兰教。

伊斯兰教进入近现代，伊斯兰复兴主义运动风起云涌。伊斯兰复兴表现为多种形式，有伊斯兰现代主义、政治伊斯兰教、传统伊斯兰教和马赫迪主义运动。伊斯兰复兴运动谋求的不仅仅是宗教复兴，更是政治上的复兴，希望重振历史上穆斯林政权的丰功伟业，改变被西方主宰的当代命运，因此，伊斯兰复兴运动把政治运动打扮成宗教运动的面貌，突出宗教性，以期唤起广大穆斯林的理解与支持。所以近代以来的伊斯兰复兴运动可以理解为政治家和宗教家将伊斯兰教的政治属性再次强调、放大，把伊斯兰教的政治功能寄托于其宗教的感召力上。具体而言，伊斯兰复兴思潮的四种形式，各自的政治定位和宗教定位在轻重缓急上稍有差别。政治伊斯兰教，顾名思义，就是彻头彻尾的政治运动；伊斯兰现代主义希望将伊斯兰教从传统向现代"转身"，改变伊斯兰世界的政治命运，属宗教—政治结合型；马赫迪主义也是用宗教思想和宗教形式作为动员与组织手段，发起政治运动；传统伊斯兰教相较于前三者，则更为平和，希望在传统的框架内，循序渐进地寻求伊斯兰教的出路，其宗教运动的属性大于政治属性。

除宗教定位与政治定位外，伊斯兰教还有其他性质的定位，如文化定位，即伊斯兰教是一种文化体系。因此关于伊斯兰教的定位，类型多而复杂，不同的人和集团对它的性质与定位并不完全相同。关于伊斯兰教的定位，最常见的基本表述有：①伊斯兰教是一种宗教、一种文化教育、一种生活方式、一种社会制度，是一种博大精深的综合体。在这里，宗教的定位、政治的定位、文化的定位，全部包括其中；②伊斯兰教是一种普世性的、世界性的宗教；③伊斯兰教兼具宗教与世俗的维度，是一种"两世兼重"的宗教；④伊斯兰教是绝对的一神教。

以上所论关于伊斯兰教宗教定位与政治定位的历史，仅是就伊斯兰世界的一般情况而言，伊斯兰世界的多样性决定了伊斯兰世界某个角落的伊斯兰教也许并不完全遵循这一路径，比如中国。因为伊斯兰教的自我定位取决于多种多样的因素。

2. 中国伊斯兰教的自我定位

中国伊斯兰教的自我定位，与国际伊斯兰教的定位一样，基本上分为宗教定位、政治定位、文化定位三类。但是中国伊斯兰教生长、发展于中国，它对自己的看法受中国政治、经济、文化环境的影响，有特殊的经历和感受，出发点和目标亦有所不同。同时，中国伊斯兰教作为世界伊斯兰教的一部分，它又深受国际伊斯兰教的影响，国外的伊斯兰思潮、运动都对中国伊斯兰教有或多或少的影响。因此，中国伊斯兰教的自我定位同时受国内大环境及国外伊斯兰教的影响。由于中国伊斯兰教强烈的民族属性，它又有比较鲜明的民族定位。这种定位在国外伊斯兰教居于宗教少数派的情况下也是类似的。

（1）宗教定位

在我国，伊斯兰教首先是一种宗教，它的其他属性都是基于宗教属性的派生，宗教定位是其基本定位。明清之际的汉文译著家常说伊斯兰教为"天方圣教"，如刘智称："婚姻为人道之大端，古今圣凡，皆不能越其礼而废其事也，废此则近异端矣。清真之礼，出自天方圣教，而儒家之礼，多相符合，虽风殊俗异，细微亦有不同，而大节则总相似也。"① 由于伊斯兰教主要是由中亚、西亚迁到玉门关以东的信仰伊斯兰的各族穆斯林传

---

① 刘智：《天方典礼》卷十九"婚姻篇"。

至中国，所以长期以来内地中国穆斯林又有称伊斯兰教为"西域古教"的说法；此外还有"清真教""回教"等诸多称呼。这说明，中国伊斯兰教自古就将自己定位于宗教。

中世纪，阿拉伯伊斯兰帝国在外交上采取"远交近攻"的战略，中国作为一个文明古国，当时以儒教治国，国运盛隆，深受西域穆斯林国家的景仰，也在帝国友好邦交国之列。西域穆斯林将伊斯兰教带到中土，虽然信仰不同，他们与中国人的交往并无大的障碍，可能是中国也是以"礼教治国"的东方大国，14 世纪也有穆斯林学者视中国人为"有经人"①，站在这一平台上，双方在宗教上可以实现沟通。到明末清初，汉文译著的穆斯林学者们正站在宗教交流的平台上，完全将中国人视为"有经人"，将中国宗教与伊斯兰教视为"教虽不同而天人之理无不同"②，于是才有了当时伊斯兰教在学理、精神、哲学层次上的深入交流。可见，伊斯兰教的宗教定位有利于古代中国和阿拉伯国家的文化交流。

目前，伊斯兰教为中国"五大宗教"之一，有全国性的伊斯兰教协会作为本宗教的自管组织，体现出当前中国伊斯兰教的明确宗教定位。在此基础上，中国伊斯兰教开展一系列多种多样的国内外宗教文化交流活动，发展伊斯兰宗教教育，推动伊斯兰教与中国社会主义社会相适应，建设和谐社会。

（2）政治定位

伊斯兰教自唐代入中国以至近代西北回民起义之前，内地伊斯兰教基本上是沿着"附儒以行"的路径走过来的，从未形成自己的政治意识，更谈不上政治力量。经堂教育兴起以前，中国穆斯林都是以儒生的身份参加科举考试，深受儒家文化熏陶。各教坊之间也很少有联系，没有形成组织化的机制。经堂教育兴起后，教坊之间互聘"经师""满拉"的游学活动日渐发展为传统，各教坊之间联系加强。在西北地区，随着伊斯兰教派、门宦制度产生，各教派、门宦之间不断发生"教争"。在这种宗教内部的斗争中，宗教上层认识到宗教组织化的巨大力量，认识到宗教是一种力量、一面旗帜。组织化是政治意识的前提，政治意识则推动组织化的发展。清末的回民起义，中国内地伊斯兰教第一次展示出巨大的凝聚力量，

---

① 周燮藩：《中国穆斯林看中国》，《世界宗教文化》2005 年第 1 期。
② 黑鸣凤：《天方性礼本经注释》。

在西北、西南地区形成多个回族军事集团，直至北洋军阀时期和民国时期的回族军阀集团。宗教上层事实上将伊斯兰教作为一种政治力量看待，作为唤醒民族意识的旗帜。在此过程中，伊斯兰教的巨大的号召力和凝聚力也逐渐为中国明代以后中央政权所感受、所认识。

这一阶段内地伊斯兰教政治化或者政治定位有自己的特点。首先，伊斯兰教组织化、政治化是西北回族社会发展与中央政府矛盾的产物，是二者斗争的必然结果，是"清代后半期到民国时期漫长历史的客观选择"。①其次，内地伊斯兰教的政治化，回族军阀割据现象，"它的主要倾向不是分裂，而是有力地促进了西北民族关系的融合，同时又增强了地方与中央之间的联系与统一性"②，更加促进了西北穆斯林与中央政府之间的政治认同，加强了穆斯林少数民族与中华民族的民族认同。西北穆斯林起义及其后来与中央政府的博弈，始终围绕争取民族权利和宗教权利，而非谋求民族独立，后来关于"争教不争国"论点的形成，与此都有或多或少的联系。

还在民主革命时期，中国共产党就在《回回民族问题》中认识到"伊斯兰教不只是一种宗教信仰"，而且"还包括着社会制度和风俗习惯"，认识到伊斯兰教的"两世兼重"的特点。在西北民族宗教地区的革命经历，对新中国宗教统战政策思想的确立有一定启发作用。1949年以后，伊斯兰教的政治定位最主要的推动力来自中国共产党的统一战线政策，政府是主动的一方，宗教一方很大程度上为被动的一方，是一种"被定位"。其间虽然经历"文化大革命"式的反复，1978年后，中国共产党的宗教政策仍将宗教视为一种政治和建设力量，视为统战的对象，给一些伊斯兰教的知名人物很高的政治安排。这种"统战定位"，实际上是给伊斯兰教的政治定位。政府给伊斯兰教的政治定位，对宗教人士的政治安排，一定程度上唤醒和强化了伊斯兰教原来并不强烈的政治意识，使其更加认识到自身所蕴藏的政治含义和政治功能，并逐渐接受这种政治定位，甚至享受这种政治安排，并有意争取这种安排。

（3）文化定位

神哲学家保罗·蒂里希有句名言："宗教是文化的实质，文化是宗教

---

① 霍维洮：《近代西北回族社会组织化进程研究》，宁夏人民出版社2000年版，第35页。

② 同上书，第223页。

的表现形式。"① 人类学家克利福德·格尔茨 1973 年出版《文化的诠释》一书，提出"文化阐释"理论。此后"宗教是文化"的观点日渐被学术界所接受和推崇。从文化的视角观察、理解、研究宗教，是方法论上的一次重大突破，相当于为宗教研究打开了另一扇窗口，眼前有豁然开朗之感。

"宗教文化论"提出并传到中国，适逢中国宗教研究大发展之际，立即受到中国研究伊斯兰教学者的热捧，将"文化"的特性参照到"宗教"身上，各种研究成果层出不穷。从"宗教文化论"的角度观察中国伊斯兰教，可以加深对以前既有结论的认识与理解，至少可以得出以下结论。

①中国伊斯兰教首先是一种宗教文化，它的各个构成要件，包括宗教思想、宗教礼仪、宗教建筑等都有强烈的文化意蕴和文化内涵，穆斯林个体也同样具有人文情怀和文化关切。按照英国人类学家爱德华·泰勒在他的《原始文化》一书中给文化下的定义，即文化是一个复杂的总体，包括知识、信仰、艺术、道德、法律、风俗，以及人类在社会里所得的一切能力与习惯，中国伊斯兰教作为宗教意义指向，只是其中属于"信仰"的一部分。但是在文化的其他构成要素中，哪一个又没有伊斯兰教的贡献呢？都可以从中国伊斯兰身上找到对应的部分。"知识"，中国伊斯兰教是人们探索知识、认识世界的一种方法，"回回历"丰富和发展了中国古代天文学；"艺术"，伊斯兰教色彩的阿拉伯书法艺术、宗教建筑艺术至今让教内教外人士赞叹不已；"道德"，中国伊斯兰伦理道德包含丰富的内容，"两世吉庆"、"人性品级"、"善恶报应"说等都属于宗教道德方面的思想；"法律"，体系庞大的伊斯兰教法统辖着中国穆斯林的宗教与部分世俗领域；"风俗"，中国伊斯兰教多种多样的风俗习惯足以令人眼花缭乱。因此，中国伊斯兰文化身上有深深的宗教烙印，是一种宗教文化。

②中国伊斯兰文化又不仅仅只是宗教文化，它也包括世俗文化的内容。伊斯兰教主张"两世兼重"，不能因为"伊斯兰"一词而将伊斯兰文化限定在宗教文化范围内。伊斯兰天文学与伊斯兰医学是伊斯兰文化对中国科学技术最重大的贡献，分别有《回回历法》与《回回药方》二本科

---

① [美] 蒂里希著，何光沪选编：《蒂里希选集》上卷，上海三联书店 1999 年版，第 412 页。

学著作传世。伊斯兰天文学与医学都是科学的内容，由中国穆斯林掌握并在华传播的世俗学问，丰富了我国的科学内容。

③中国伊斯兰教是伊斯兰文化与中国传统文化的交集，是二者1500多年来碰撞、交流、融合的成果。伊斯兰教为在中国求生存与发展，它一直在走本土化的道路。宗教思想上"以儒诠经"，穆斯林学者"学通四教"，用儒家的语言表述伊斯兰教。"二元忠诚"的理念也成为中国伊斯兰教的重要思想。建筑上亦走中伊结合的道路，在20世纪上半叶伊赫瓦尼派兴起之前，中国内地的伊斯兰建筑都是中国古典式的，彰显中国文化特色。伊斯兰教在向中国传统文化靠拢的同时，并未失去伊斯兰教的核心内容，"信主独一"、"穆圣是使者"、"两世吉庆"、"麦加是圣地"等信条及观念坚守至今，这是在彰显其伊斯兰文化的特色。

中国伊斯兰文化是中国传统文化的一部分。伊斯兰教在华15个世纪中，已与中国传统文化实现全方位的对接与融合，从思想内核到再现形式都已中国化，已成为中国传统文化的一个组成部分。伊斯兰文化事实上已发展为中华文化一部分，并不意味着主观上已被完全接受。长期以来，中国大部分主流知识分子和普通民众对伊斯兰文化仍缺乏了解，中国文化史、思想史、哲学史中仍缺少中国伊斯兰文化史、伊斯兰思想史和伊斯兰哲学史。一边是中国伊斯兰学者大声呼吁，希望被接纳，另一边则是中国主流学者的置若罔闻。中华文化"多元一体"格局的形成与发展，急需改变这种尴尬的状态。

④中国伊斯兰文化分内地回族等族伊斯兰文化和新疆维吾尔等族伊斯兰文化两个类型。内地伊斯兰文化受汉族文化影响较深，在许多方面表现出和中国儒家文化相结合的特点，民族性大于宗教性。新疆维吾尔等突厥语各民族本族文化色彩突出，受汉族文化影响较浅，宗教性大于民族性。只是新疆伊斯兰文化距中国主体文化稍远，这是由于地理因素与历史因素等造成的，对新疆伊斯兰文化进一步向中华文化迈进，仍需要长期的文化战略。

（4）民族定位

众所周知，中国有回族等十个少数民族主要以伊斯兰教为其信仰，人们有时以"穆斯林民族""伊斯兰民族"统称这十个民族，虽然严格说来这种称呼并不完全正确，却也在一定程度上表达了现实状况。前文已述及，这十个民族可分为两个类型：一是内地的回族、撒拉族、东乡族和保安族，民族形成的历史就是伊斯兰教的历史，视伊斯兰教的命运为民族的命运；二是新疆维吾尔族、哈萨克族、柯尔克孜族、乌孜别克族、塔塔尔族和塔吉克族的伊斯兰教，这六个民族的伊斯兰教深受中国西北边疆突厥文化影响，呈现出鲜明的地域特色，它们是先有民族，然后整个民族再接受伊斯兰教信仰，与内地回族等族"信仰伊斯兰教的过程就是民族形成的过程"截然不同。十个民族都是中国伊斯兰文化的共同创造者，都将伊斯兰教视为"民族信仰"，视为安身立命的宗教和民族灵魂。

由于这十个民族与伊斯兰教信仰、历史、文化上的紧密关系，他们与伊斯兰教有强烈的民族感情，以至于民族的诉求常常通过宗教的形式来表达。他们也倾向于将外界对伊斯兰教的看法、观点、批评和攻击都视为对民族的看法、观点、批评和攻击，并以民族为背景作出各式各样的集体反应。因此，在这十个少数民族身上，伊斯兰教与他们许多时候是一体，难分彼此，谈到中国伊斯兰教，就必然联系到这十个民族，谈到这十个民族也必然联系到中国伊斯兰教。于是，对这个十少数民族来说，许多情况下，民族感情就是宗教感情，民族尊严就是宗教尊严，民族文化就是宗教文化，民族历史就是宗教历史，民族发展就是宗教发展。正因为如此，不论是在十个少数民族内部，还是在中国其他民族当中，将伊斯兰教视为这十个民族的特色信仰，通常不自觉地给伊斯兰教以"民族定位"，似乎在中国伊斯兰教是这十个民族的专利（虽然事实并非如此）。

因此，就世界范围内而言，伊斯兰教通常有三种定位：宗教定位、政治定位和文化定位。伊斯兰教作为一种普世性的宗教，虽然它起源于中东的阿拉伯民族，却已发展为世界上众多民族的共同信仰，民族定位基本不成立。但中国伊斯兰教除了宗教定位、政治定位、文化定位之外，由于中国伊斯兰教与十个特定民族的特殊关联，在中国特定的民族、宗教环境下，民族定位是成立的，也具有现实意义。

3. 研究中国伊斯兰教自我定位的意义

研究中国伊斯兰教的自我定位，是认识它的一种方式和手段。中国伊斯兰教的自我定位，定位的主体是中国穆斯林，尤其是穆斯林知识分子阶层。他们身处其中，感同身受，对伊斯兰教的定位比较深刻、准确。他们对自己宗教信仰的定位，未必有意识地完整表述出来，通常可以表现为一种潜意识，只是自己的一种理解。对伊斯兰教的定位，本质是中国穆斯林对自己所信仰宗教的认识和理解，是对"中国伊斯兰教是什么？"这个问题的一种答案。对"中国伊斯兰教是什么"问题的回答，就要探索中国伊斯兰教的内涵、特点和属性。中国伊斯兰教的四种定位：宗教定位、政治定位、文化定位和民族定位，其实就分别对应着中国伊斯兰教的四个本质属性，即中国伊斯兰教的宗教属性、政治属性、文化属性和民族属性。因此，研究中国伊斯兰教的自我定位，实质是研究中国伊斯兰教的性质，增加对其理解的一种途径。

中国伊斯兰教的自我定位，是穆斯林自己长期以来对伊斯兰教历史经验的总结，不可能短期内得出结论。同时，自我定位，也有面向未来的含义，在总结经验的基础上，确立中国伊斯兰教在中国社会中的位置，以便"找准位置"后，从实际出发，脚踏实地，更好地谋求发展。

中国伊斯兰教的自我定位与平时所论的宗教的性质，即中国伊斯兰教的"五性"（群众性、民族性、国际性、复杂性、长期性）也有所区别。自我定位是中国穆斯林作出的自我认识，"五性"是教外人分析后得出的"他者"评价。但不管是自我定位还是"五性"，双方是可以互相借鉴的，都可以加深对中国伊斯兰教理解。

二　中国伊斯兰教 30 年发展：事实与数字①

1966 年开始的"文化大革命"，中国伊斯兰教的清真寺被关闭、拆除或改作他用，正常的宗教活动遭到禁止，各宗教组织的工作也不能正常开展。穆斯林的宗教生活彻底陷入无序和混乱状态，宗教活动被迫转入地下。

1978 年中共十一届三中全会以后，经过拨乱反正，落实宗教政策，伊斯兰教才逐渐恢复正常活动。伊斯兰教落实政策主要在以下工作中取得成果：①开放被关闭的清真寺，并逐步翻修老寺，建设新寺，满足信教群众生活需要；②纠正、平反伊斯兰教界人士的冤假错案，给予适当经济补偿，或者安排工作；③恢复中国伊斯兰教协会活动，成立地方各级伊斯兰教协会；④恢复开办中国伊斯兰教经学院，成立省级伊斯兰教经学院；⑤清理退还伊斯兰教房产，并给予适当补偿；⑥支持帮助中国伊斯兰教界与国际伊斯兰教的宗教、文化交流活动；⑦向全民宣传宗教信仰自由政策，

---

① 本文所涉及的中国伊斯兰教相关统计数字，仅限于中国大陆，不包括港、澳、台地区。

重视、尊重穆斯林群众的宗教信仰和风俗习惯。

自 1978 年以来，中国伊斯兰教整体面貌已今非昔比，各个层面都发生重大变化。宗教场所增加，宗教教育普及，职业人员增加且素质提升，宗教文化活动广泛开展，国际交流增多，穆斯林的宗教与风俗习惯普遍得到全社会的尊重。下面就笔者所能得到的资料，展示中国伊斯兰教改革开放 30 年中非同寻常的发展变化。

（一）宗教活动场所与仪式

1. 宗教活动场所

中国的伊斯兰教场所一般包括清真寺、拱北和麻扎。"拱北"一般指著名穆斯林的陵墓，通常是一套建筑，也附设有清真寺。"麻扎"其实就是新疆维吾尔人对拱北的称呼，与内地的拱北宗教功能基本相同，只不过建筑风格有很强烈的维吾尔色彩，更倾向于阿拉伯建筑。

由于"文化大革命"的干扰，伊斯兰宗教场所，包括清真寺、拱北等，大多被迫关闭，破烂不堪。通过落实政策，开放了被关闭的清真寺和拱北，同时在财力上大力支持，通过国家拨款、给付查抄财物赔偿款、各宗教团体自筹经费等多种形式，各宗教活动场所得到维修，这些开放的宗教活动场所基本上满足了信教群众过宗教生活的需要。

国家采取多种措施保护伊斯兰教宗教活动场所，其中对伊斯兰教的有历史意义和重要文物价值的活动场所列为文物保护单位，经常性地专门拨款修复，责任到人，专人保护，如 1999 年中央政府就拨款 760 万元人民币用于重修乌鲁木齐的洋行大寺、伊宁的拜图拉清真寺、和田的加麦大寺。喀什艾提尕尔清真寺、香妃墓（阿帕克和卓麻扎）和吐鲁番苏公塔，多次由政府拨款修缮。仅 2008 年国家就拨款 3300 万元，用于艾提尕尔清真寺和香妃墓的修缮。全国范围内，已经有大量清真寺列入省级、市级和县级重点文物保护单位。除福建省泉州市的清净寺为 1961 年 3 月国务院公布的第一批全国重点文物保护单位之外，其余伊斯兰教全国重点文物保护单位（主要是清真寺，有些伊斯兰墓葬建筑也与清真寺有关，一般附设有清真寺或礼拜殿）都是改革开放后公布的。此外，国家和地方还开展评选"模范清真寺活动"，成立清真寺管理委员会，规范清真寺财务、宗教活动等。

《国务院关于公布第三批全国重点文物保护单位的通知》（1988 年 1

月 13 日）包括：

牛街礼拜寺	明至清	北京市宣武区
西安清真寺	明至清	陕西省西安市
同心清真大寺	清	宁夏回族自治区同心县
伊斯兰教圣墓	元	福建省泉州市
阿巴和名麻札（墓）	清	新疆维吾尔自治区喀什市

《国务院关于公布第四批全国重点文物保护单位的通知》（1996 年 11 月 20 日）包括：

怀圣寺光塔	唐	广东省广州市

《国务院关于公布第五批全国重点文物保护单位和与现有全国重点文物保护单位合并项目的通知》（2001 年 6 月 25 日）包括：

吐虎鲁克·铁木尔汗麻札	元	新疆维吾尔自治区霍城县
泊头清真寺	明	河北省泊头市
凤凰寺	元至清	浙江省杭州市
艾提尕尔清真寺	明	新疆维吾尔自治区喀什市

《国务院关于核定并公布第六批全国重点文物保护单位的通知》（2006 年 5 月 25 日）包括：

麻赫穆德·喀什噶里墓	元	新疆维吾尔自治区疏附县
速檀·歪思汗麻札	明	新疆维吾尔自治区伊宁县
叶尔羌汗国王陵	明	新疆维吾尔自治区莎车县
艾比甫·艾洁木麻札	清	新疆维吾尔自治区阿图什市
哈密回王墓	清至民国	新疆维吾尔自治区哈密市
卜奎清真寺	清	黑龙江省齐齐哈尔市
沁阳北大寺	明至清	河南省沁阳市
朱仙镇清真寺	清	河南省开封县

开封东大寺	清	河南省开封市
后街清真寺	明至清	甘肃省天水市

改革开放以来，中国伊斯兰教活动场所的建设上也出现新的发展趋势，在建筑数量、质量、建设样式、建设规模都与往昔有所不同。整体上清真寺数量增长。经过 30 年发展，中国伊斯兰宗教活动场所在数量上与质量上都高速增长。除修缮、重建原有清真寺外，还大量新建宗教活动场所。据 1997 年 10 月国务院新闻办公室发布的《中国的宗教信仰自由状况》，截至 1997 年全国有清真寺 3 万余座，而到 2007 年，据《中国伊斯兰百科全书》载，中国有大小清真寺 3.7 万多座（由于国家对伊斯兰教宗教活动场所登记时，将伊斯兰教拱北也按清真寺登记，因此这个数字应该包括拱北建筑），以中国当时不足 2000 万的穆斯林人口，10 年间就增加了 7000 座清真寺，这是何等惊人的发展速度，在世界范围内都是绝无仅有的。目前，在我国所有的宗教中，伊斯兰教的宗教活动场所数量最多。

伊斯兰宗教活动场所建设规模更大，老寺扩建的同时，新寺也不断涌现，许多老寺和新寺的共同特点都是规模宏大，建筑面积呈现"你超我赶"的态势。位于临夏市的大夏河畔某座清真寺，1968 年被拆除，1980 年重建，由寺坊穆斯林集资修建。该寺占地面积 1740 平方米，建筑面积 1533 平方米，礼拜大殿分前殿和正殿两大部分，占地面积 552 平方米，前殿两侧有两座四层对称型钢混建造圆顶邦克楼。设有 2 层教学楼，并专设妇女经文学校，另设有大、小净室、住房及办公室等。临夏北山某拱北为新建宗教活动场所，位于临夏市穆斯林公墓区北山，建于 20 世纪 80 年代。拱北院依山而建，七层建筑，1、2、3 层为拱北客房，4 层为拱北主体建筑——拱北主人的墓庐，5、6、7 层为拱北主人前九辈先祖及家属等墓院。拱北还附设有清真寺。整个建筑虽为新建，并未全部完工，却已经显示出宏大、磅礴之势。兰州西关某清真寺 1983 年 4 月重建，新建寺为 4 层阿拉伯式建筑，面积 3000 平方米。底层为会客室、图书室、教室，其余 3 层均为礼拜殿，可容纳 3000 多人同时礼拜。并辟有一妇女礼拜殿，可容纳 120 人礼拜。

近来年，伊斯兰教宗教活动场所的建筑质量更高，图纸设计、施工质量日益专业化。建筑材料已由过去的砖木结构逐渐向混凝土结构转变，使建筑更加经久耐用，更加美观大方。特别是以前的清真寺多中国古典式建筑，廊柱为圆木，风吹日晒，多年后就会腐朽，现在改为混凝土立柱，样式未变，但更加抗腐蚀，经久耐用。礼拜大殿的地板也由过去的木地板改为瓷砖地板，更加漂亮，易于清扫。水房的供水也改为自来水，许多清真寺的锅炉也改为现代化的专用锅炉，既安全又卫生。

清真寺的建筑样式也有变化。改革开放前，我国的伊斯兰建筑分内地和新疆两个明显不同的区域，内地的建筑为中国古典样式，雕梁画栋，古色古香，新疆的伊斯兰建筑除部分中国古典建筑外，更多的为中亚式样，或阿拉伯式建筑，深受维吾尔建筑风格的影响。近年来，随着我国伊斯兰教与国际伊斯兰教联系的增多，中国的伊斯兰建筑受阿拉伯建筑的影响，越来越多的阿拉伯式新建筑耸立在穆斯林社区。近年来伊赫瓦尼派和塞莱非耶派的清真寺，几乎全部为阿拉伯式建筑；格底木派的新建清真寺，也由古典建筑风格向阿拉伯式建筑转变；甚至与中国传统文化结合最深的伊斯兰教门宦，也在争议中出现了阿拉伯式建筑。临夏市花寺拱北刚刚落成的礼拜大殿，即为一座气势恢弘阿拉伯式建筑，还有宁夏同心县的洪岗子拱北等也是阿拉伯式建筑。临夏著名伊斯兰建筑临夏大拱北和兰州五星坪的灵明堂，都是典型的中国古典式伊斯兰建筑，以混凝土为骨架，配上精美砖雕，雕花窗棂，精工细作，建筑质量堪称一流。所不同的是大拱北为老建筑重建，灵明堂为新建伊斯兰建筑。大拱北"文化大革命"中建筑被毁。1981 年再建。现大拱北建筑群包括拱北、礼拜殿、客厅、阿訇及学生住宅院落、后园等。拱北由八角形砖墙围砌，砖墙磨砖对缝，一片青灰色调。墙上连接三重八角形重檐，用红褐色油漆，与青砖形成对影色调。内部用露明的梁枋作花饰，玲珑华丽。照壁墙与拱北墙饰以砖雕，上有花卉、树木及四川、陕西等地亭、室及拱北的造型，精巧秀丽。客厅等设施均使用小木作门窗，做工精细，堪称艺术精品。整个建筑群幽雅华丽，颇具园林风韵。五星坪灵明堂拱北 1985 年在五星坪开工新建，占地10950 平方米，建筑面积 7100 平方米。里边的五朝门、礼拜大殿、东西四合院及厢房、三花门、抱厦、八卦亭后照壁等，均为典型的中国传统宫殿式古建筑。其中礼拜大殿高 30 米、长 50 米，雕有龙凤、松梅等。整个拱北殿宇高耸，雕梁画栋，廊柱环列，气势恢宏，是目前全国最壮观的拱北之一。这里还建有牡丹园、果园、菜园等，堂内外绿树成荫，又背靠南山，峰峦环绕，是一个展示中国传统建筑工艺的绝佳场所。阿拉伯式的伊斯兰教建筑则别有韵致，如宁夏银川市的南关清真寺、辽宁锦州市清真寺、北京中国伊斯兰教经学院，都是阿拉伯式的建筑。这些建筑不再使用大木脊的中国传统庙宇型制而是仿阿拉伯式样；平面布置上不再使用中国传统的四合院形式，而是采用集中式构图；殿堂一般都很淡雅、素洁，雕塑和彩画不多。宁夏南关清真大寺建筑风格独特，以伊斯兰所崇尚的绿色为主体，象征纯洁，典雅庄重，华美宏伟，别具一格，呈现出浓郁的伊斯兰建筑艺术风格。此外，还有一些伊斯兰宗教建筑兼具中阿两种风格。这类建筑外观仍基本保留阿拉伯形式，后殿用砖砌圆拱顶，吸取中国传统建筑的平面布局的木结构体系，是从阿拉伯式建筑向中国建筑的过渡形式或中西混合形式的清真寺。如浙江杭州凤凰寺、河北定县礼拜寺等。新疆地区的清真寺与内地又不同，一般风格简单明了，进入大门，迎面即是大殿；附属建筑很少。注重门楼的装饰，大量使用维吾尔装饰艺术，木雕、石膏浮雕、彩画等。新疆典型的伊斯兰宗教建筑有艾提尕尔清真大寺、加曼清真寺、小巷清真寺、麻札清真寺、耶提木寺等。

中国伊斯兰教活动场所的分布格局，在中国各地区有很大差别，总体趋势与中国穆斯林人口的分布格局相一致，呈现自西北向东南递减的趋势。就单位人口数量所拥有的清真寺数量来看，根据 2000 年全国人口普查数据，新疆每 5000 人有至少拥有 10 座清真寺，甘、宁、青地区每 5000 人有 5.5—9 座清真寺，华北、云贵、关中等地区有 1.3—5 座，其他地区不到 3.8 座。"如果以这种标准来衡量中国穆斯林的分布格局，那么可以说新疆地区为第一阶梯，甘宁青地区为第二个阶梯，第三个阶梯包括华北、云贵和关中等地区，其他地区可归入第四个阶梯。前两个阶梯，穆斯林的区域聚居现象较为突出，属于'面'式分布格局；后两个阶梯主要是非穆斯林的聚居区，穆斯林与非穆斯林之间杂居，属于'点'式分布格局。"① 根据目前收集到的资料，近年中国主要穆斯林聚居省、区的清真寺数量大致如下：1984 年新疆的清真寺有 9000 多座，1995 年以后，这个数字已大幅上升，目前已接近 25000 座。② 2009 年 9 月 21 日，国务院新闻办公室发布的《新疆的发展与进步》（白皮书）说，新疆伊斯兰教清

---

① 孟航：《中国穆斯林人口分布格局浅析》，《西北民族研究》2004 年第 4 期。

② 新华社北京 2009 年 7 月 16 日电文，《新疆清真寺数目增加 中国压制伊斯兰教纯属谣言》。

真寺由改革开放之初的 2000 多座发展到现在的约 2.43 万座。新中国成立初期，宁夏只有 1500 多座清真寺，至 1995 年底，宁夏有清真寺 2984 座，另根据新华网 2008 年 5 月 19 日电文，2008 年宁夏有清寺 3760 座，平均 577 人拥有一座清真寺。1995 年底甘肃有清真寺 2610 座，至 2005 年底，全省有清真寺 3698 座，拱北 163 处，道堂 5 处，活动点 116 处。① 至 1995 年底，云南有清真寺 817 座，根据 2005 年陈广元主编的《新时期阿訇实用手册》，云南省有清真寺 791 座。② 河南 728 座，山东 409 座，河北 397 座。③ 其他各省市、自治区清真寺的数量是：北京 70 座；天津 58 座；上海 7 座；重庆 8 座；河北 426 座；山西 106 座；湖北 58 座；湖南 60 座；江苏 48 座；安徽 161 座；江西 5 座；浙江 4 座；福建 5 座；广东 8 座；广西 21 座；陕西 105 座；新疆生产建设兵团 432 座；内蒙古 176 座；黑龙江 108 座；吉林 84 座；辽宁 118 座；四川 122 座；贵州 144 座；海南 6 座；西藏 4 座。④ 就全国范围内总数而言，根据 1997 年国务院新闻办公室发布的《中国的宗教信仰自由状况》（白皮书），以及中共中央统战部和中国国家宗教事务局网站上提供的官方统计数字，有清真寺 3 万余座。根据新出版的《中国伊斯兰百科全书》，2009 年中国共有清真寺 3.7 万座。⑤ 2009 年，中国的清真寺已达 4 万多座。⑥

总之，中国伊斯兰教宗教活动场所 30 年来数量增加，建筑质量提高，建筑风格上阿拉伯式的增多，分布上仍基本延续原来的格局。伊斯兰教宗教场所的上述变化，根本原因在于我国实施的改革开放政策和宗教信仰自由政策。改革开放，使穆斯林群众生活水平提高，经济收入的增加，宗教奉献也随之增加，才有经济实力建设清真寺。改革开放政策还使伊斯兰教界与国际伊斯兰教的联系增多，国外的宗教建筑样式和风格也传播到国内，阿拉伯式的清真寺建筑因而大行其道。实施宗教信仰自由政策后，原来被关闭的清真寺得以开放，新的清真寺开始建设，国家保障穆斯林群众

① 范鹏：《甘肃宗教》，甘肃民族出版社 2006 年版，第 115 页。

② 陈广元主编：《新时期阿訇实用手册》，东方出版社 2005 年版，内部发行，第 389 页。

③ 何光沪主编：《宗教与当代中国社会》，中国人民大学出版社 2006 年版，第 448 页。

④ 陈广元主编：《新时期阿訇实用手册》，东方出版社 2005 年版，内部发行，第 389 页。

⑤ 中国伊斯兰百科全书编委会：《中国伊斯兰百科全书》，"中国伊斯兰教"词条，四川出版集团 2007 年版，第 760 页。

⑥ 陈广元："世界瞩目宗教发展的东方模式"，《人民日报》2009 年 10 月 13 日。

在清真寺中正常进行宗教活动的权利。目前，我国清真寺的数量还在增加中。

2. 宗教仪式

伊斯兰教仪式在伊斯兰教中一般变化不大，即使有所变化，也需要长期的观察。通常，中国伊斯兰教的宗教仪式一旦有变化，就意味着宗教内部分门别派的开始。改革开放30年来，中国伊斯兰教内部未出现特别明显的仪式变化，偶尔有人提出一些仪式方面的改变，则导致教内有新派出现的迹象。但总体而言，30年间中国伊斯兰教内部的仪式方面总体上仍在延续传统。

中国伊斯兰教宗教仪式本身缺少变化，但是30年来，中国穆斯林在宗教功修的履行方面，以及对宗教仪式的态度有些微小的改变。

首先，改革开放初期，清真寺、拱北等宗教活动场所相继开放，长久以来中国穆斯林压抑的宗教感情得以释放，宗教热情高涨。表现在行动上，人们捐资建寺，积极参加宗教仪式，履行宗教功修。不但每日的礼拜去清真寺的宗教群众比较多，在一些重大伊斯兰教节日中，各界穆斯林参与者众多，场面宏大，甚至清真寺空间不足，占满大街。恢复实施宗教信仰自由政策的初期，穆斯林群众积极参与各种宗教仪式及活动。

但是，近年来除重大伊斯兰教节日中参与宗教仪式的人比较多外，平时履行宗教仪式者大幅减少，伊斯兰教的功修总体上有放松的趋势，年轻人在对待礼拜的观念上也有微小变化。伊斯兰教强调履行"五项功课"为每个有条件的穆斯林必尽的义务，尽管目前中国穆斯林的宗教奉献（天课）在增加，朝觐者在增加，然而平时去清真寺礼拜的人却急剧减少。不论是在我国东部还是西部，除周五聚礼外，平日的清真寺门庭冷落，来者寥寥。礼拜者当中，也几乎全为老年人，难以寻觅年轻人的身影。东部个别农村地区的清真寺，连阿訇都没有，终日"铁将军"把门。之所以出现这种现象，与近年来我国经济发展，日益现代化的生活方式有关。毋庸讳言，紧张的生活节奏，现代企业制度的实施，使一些"上班族"不可能一日五次礼拜，更谈不上去清真寺。即使在家的穆斯林群众，有些就在家礼拜，也未必去清真寺。行为的变化源自于生活方式的改变，天长日久必将导致观念的转变。现在有些年轻的穆斯林认为，伊斯兰教信仰不一定拘泥于形式，心中有真主最为重要。这意味着，在这些人的观念中，伊斯兰教仪式已经不再如以前那样重要。中国伊斯兰教门宦制度当中，嘎底林耶某些门宦有出家人和修道制度，这是中国伊斯兰教中就仪式而言最为严格的要求，但是近年来这种制度也在松动。在对出家人的修持的要求上，有进一步放松的趋势。有的出家人认为：现在因为社会的转型和其他的因素，我们拱北也不主张强行静修。静修是自己个人的事情，但是出家人必须按教义教规做好自己的事情。每天应该做好五次礼拜，其他的打坐之类的功修我们不极力主张。当然也不阻拦，它是一种副功，道乘修持是自己的事情。欲静修的话可静修，不静修也不强求。现在嘎底林耶拱北里的出家人很少有到山里去静修的现象。按有关拱北的清规戒律，没有特殊的情况，出家人一般不能出拱北，比如出门逛街，在外面饭馆里用餐等。现在这些事情亦有放开的趋势。

伊斯兰教的朝觐也应该属于宗教仪式的范畴，但因为伊斯兰教的圣地在麦加和麦地那，朝觐意味着出国，因此伊斯兰教的朝觐也有宗教国际交往的意味。不过，笔者在这里主要将朝觐归入宗教仪式，简述一下 30 年来我国穆斯林朝觐的状况。

自 1955 年起，我国就组织中国穆斯林朝觐团，任命专任团长带队，赴麦加朝觐，逐渐形成传统。由于"文化大革命"的干扰，自 1965—1978 年中断。"文化大革命"结束后，1979 年 10 月中国伊协开始恢复有组织的朝觐。在 1985 年之前，中国的朝觐团是官方性质的朝觐团，由各界伊斯兰教有身份的人士组成。随着中国穆斯林经济水平提高，收入改善，宗教生活水平也相应提升，重要表现之一就是要求朝觐的穆斯林群众越来越多，于是自 1985 年开始，中国伊协为满足民间朝觐的巨大需求，探索组织中国自费朝觐团的可能，并报经国务院批准。

中国伊协出面组织自费朝觐团，方便了穆斯林群众。朝觐过程涉及吃饭、住宿、交通、安全、出入境等一系列问题，对于每个穆斯林来讲，都会感到困难重重。通过伊协组织朝觐活动，组织报名，加强朝觐前的培训，统一租赁包机，给朝觐者提供国内、国外的细致的服务。组织自费朝觐团，可以有效防止零散朝觐时受骗等合法权利遭受侵害的现象，既能减轻朝觐者的经济负担，且安全省时，深受穆斯林欢迎，也便于沙特政府有序组织来自世界各地的朝觐者。因此，在总结经验的基础上，2005 年颁布的《宗教事务条例》第十一条规定："信仰伊斯兰教的中国公民前往国外朝觐，由伊斯兰教全国性宗教团体负责组织。"至此，有组织朝觐成为强制性的法规要求。现在，在中国穆斯林中间基本形成"有组织，有能力，有计划朝觐"的共识。①

关于自费朝觐团的收费，由中国伊协综合考虑当年的交通费、办证费、医药费、保险费等最后确定。例如，中国伊协 2004 年朝觐收费标准为：①包机费：人民币 12350 元；②综合服务费：人民币 750 元，包括国际机场费、服务费、制衣费、办理黄皮书费、医药费、行李托运费和去机场交通费、疾病死亡保险费（保额 30000 元人民币）等；③国外费用 880 美元，包括：沙特收取的朝觐服务费、在沙特长途汽车费、宰牲费，在麦加、麦地那住宿费和在米那、阿拉法的伙食费等。②

中国朝觐团的人数越来越多，规模越来越大，1985 年只有 25 人，2009 年猛增到 12700 人。下面是 1985—2009 年间中国自费朝觐团的人数：1985 年，25 人；1986 年，2025 人；1987 年，1566 人；1988 年，1158人；1989 年，912 人；1990 年，1468 人；1991 年，1507 人；1992 年，2088 人；1993 年，5423 人；1994 年，不详；1995 年，2400 人；1996 年，不详；1997 年，5800 人；1998 年，2000 人；1999 年，2084 人；2000 年，2215 人；2001 年，2311 人；2002 年，2241 人；2003 年，2635 人；2004年，4700 人；2005 年，5168 人；2006 年，9700 人；2007 年，10500 人；2008 年，11996 人；2009 年，12700 人。③

每年中国组织的穆斯林朝觐团参加朝觐，其成员来自我国 10 个以伊斯兰教为主要信仰的少数民族，既有知名的穆斯林学者，也有普通的穆斯林群众，是一次大规模的宗教活动，同时也是一次介绍中国改革开放，宣传我国民族宗教政策，增进与伊斯兰国家及全世界穆斯林相互了解和友谊的民间外交活动。

（二）中国伊斯兰教的组织团体、机构及其活动

宗教是多元一体的社会现象，宗教组织团体及活动是宗教对社会发挥作用的形式及方式。宗教组织可以促进宗教本身的发展，也可以向全社会展示自身的存在价值，扩大社会影响。伊斯兰教也同样设立各种团体，并

---

① 马劲：《多视角看伊斯兰教朝觐事务管理》，《中国宗教》2007 年第 11 期。

② 摘自《中国穆斯林》2003 年第 6 期，第 51 页。

③ 部分数字来源于陈广元主编《新时期阿訇实用手册》，东方出版社 2005 年版，内部发行，第 356—357 页。

有组织地开展各类社会性、宗教性活动。改革开放 30 年来，社会各界都公认伊斯兰教取得了长足发展，它的宗教组织团体也如雨后春笋般涌现，活动更多。虽然伊斯兰教的各种组织团体为宗教性质，但它们却不仅仅只开展宗教性的活动，而是具有更广泛的社会参与性。本节将展示及讨论 30 年来中国伊斯兰教组织团体的发展历程、活动及其社会影响。

1. 中国的伊斯兰教社团

目前，中国与伊斯兰教或穆斯林相关的组织团体类型较多，有宗教性的、文化性的、商业性的、学术性的、民族性的，还有的团体某种特性并不突出，却各种性质兼而有之。这些团体各有特色，各有功能，往都冠以"伊斯兰""穆斯林"之类的名称，有些却并非宗教性团体，比如在冠以"伊斯兰文化"为名的组织中，有些为文化性、学术性组织；而有些实为宗教性组织。这里所涉及的中国伊斯兰教的组织团体，只包括那些宗教性质的团体，或者以宗教性为主的团体，其他性质的组织暂不涉及。

中国穆斯林的自我组织意识非常强，组织能力也比较突出，自古以来就有自我组织的传统。中国伊斯兰教组织最为活跃的时期当数民国时期，当时的新文化运动与国家的内忧外患相重叠，再加上回族等穆斯林民族意识的觉醒，各种伊斯兰教文化团体、救国救亡团体、民族自卫团体纷纭成立。这些组织都带有或多或少的伊斯兰宗教色彩，且非常活跃。它们的活动遍及大江南北，长城内外，有的为中华民族的命运奔走呼号，有的为伊斯兰教的新式教育献计献策，有的为抗日大业出钱出力。当然，也有少数人在日伪政权下授意下成立的所谓"回教组织"，以及新疆地区个别图谋分裂中国的势力成立的所谓"伊斯兰组织"，这两种组织实为政治组织，不能代表中国伊斯兰教组织团体的主流。

与民国时期相比，当下中国伊斯兰教的组织团体特点表现为民间与官方结合，现代组织与传统组织互动，共同构成我国伊斯兰教组织特有的结构，呈现特有的形式，承担各自的功能。表面上中国伊斯兰教组织种类不多，亦不活跃，不似民国时期各种类型组织林立的情况，但实际上中国当前的伊斯兰教组织能以独特的方式各司其职，基本满足自我管理的需要。中国伊斯兰教的组织团体大致有如下几类：①总体上，中国伊斯兰教协会为全国性的伊斯兰教组织，毋庸讳言，它是半官方性质的宗教组织。另外还有各省、自治区、直辖市的省级伊斯兰教协会，以及各市、县级的伊斯兰教协会；②各清真寺、拱北的管理委员会；③中国伊斯兰教的各教派、门宦在作为教派存在的同时，实际上也承担了许多宗教社团的功能，也可以将其看作伊斯兰教组织团体的一部分；④民间或隐或现的伊斯兰教组织。将寺管会、教派、门宦定位为伊斯兰教社团，可以解释当前为何我国伊斯兰教社团数量少的现象，因为原有的寺管会、教派、门宦有宗教社团的功能，降低了成立新宗教社团的需要。这就是中国伊斯兰教的传统和特色之一。下面就这几种类型的组织分别阐述。

①中国伊斯兰教协会及各地各级伊斯兰教协会。中国伊协是中国各民族穆斯林的全国性爱国宗教团体，成立于 1952 年。会址设于北京。协会在中国政府和穆斯林之间发挥桥梁作用，促进伊斯兰教与当今社会制度和法制相适应、相协调，当前其宗旨为："协助政府宣传贯彻我国的宗教信仰自由政策；高举爱国主义旗帜，发扬伊斯兰教的基本精神和优良传统，代表各民族穆斯林的合法权益，独立自主自办教务；拥护中国共产党的领导和社会主义制度；在邓小平理论和'三个代表'重要相思指引下，坚持科学发展观，推动各民族穆斯林积极参加社会主义物质文明、政治文明和精神文明建设，为构建和谐社会和实现全面建设小康社会的奋斗而努力；促进祖国统一大业；发展和加强同各国穆斯林的友好联系和往来，维护世界和平。"① 协会最高机构是全国伊斯兰教代表大会，并设有常务委员会。"文化大革命"中协会工作停顿，1979 年恢复工作。目前协会的主要工作有：协助政府贯彻落实国家民族宗教政策，促进各教派、各民族的团结，办理教务，组织朝觐及其他宗教功课，出版发行经书典籍，发扬伊斯兰优良文化传统和道德传统，从事社会公益活动，举办伊斯兰教育；领导、协调全国各级伊斯兰教协会的工作；同国际伊斯兰教界开展各种形式的交流；主办《中国穆斯林》杂志；主持中国伊斯兰教经学院的工作。

中国伊斯兰教协会及各地各级协会，构成一个庞大的伊斯兰教自我管理体系。各地的伊斯兰教协会负责协调本地区内伊斯兰教事务，协调伊斯兰教与政府部门的工作。目前，中国各地已有县级以上伊斯兰教协会 430

---

① 中国伊斯兰百科全书编委会：《中国伊斯兰百科全书》，"中国伊斯兰教协会"词条，四川出版集团 2007 年版，第 767 页。

多个①，除浙江省、海南省和西藏自治区没有省级伊斯兰教协会外，其他各省、自治区、直辖市均已成立伊斯兰教协会。其中河南、新疆的地级及县级伊协最多，分别达近百个，最少的是海南省和西藏自治区，只分别设立了三亚市伊斯兰教协会和拉萨市伊斯兰教协会。根据中国伊协 2005 年的统计，各地伊协的具体数量如下：北京市伊斯兰教协会以及 10 个县区级伊斯兰教协会；天津市伊斯兰教协会以及 8 个县区级伊斯兰教协会；上海市伊斯兰教协会；重庆市伊斯兰教协会以及 1 个县区级伊斯兰教协会；河北省伊斯兰教协会以及 11 个地市级伊斯兰教协会和 7 个县区级伊斯兰教协会；河南省伊斯兰教协会以及 18 个地市级伊斯兰教协会和 70 个县区级伊斯兰教协会；山东省伊斯兰教协会以及 13 个地市级伊斯兰教协会和 24 个县区级伊斯兰教协会；山西省伊斯兰教协会以及 3 个地市级伊斯兰教协会和 9 个县区级伊斯兰教协会；湖北省伊斯兰教协会以及 2 个地市级伊斯兰教协会和 3 个县区级伊斯兰教协会；湖南省伊斯兰教协会以及 8 个地市级伊斯兰教协会和 9 个县区级伊斯兰教协会；江苏省伊斯兰教协会以及 10 个地市级伊斯兰教协会和 12 个县区级伊斯兰教协会；安徽省伊斯兰教协会以及 6 个地市级伊斯兰教协会和 4 个县区级伊斯兰教协会；江西省伊斯兰教协会以及 3 个地市级伊斯兰教协会；浙江省有 5 个地市级伊斯兰教协会；福建省伊斯兰教协会以及 3 个地市级伊斯兰教协会和 2 个县区级伊斯兰教协会；广东省伊斯兰教协会以及 4 个地市级伊斯兰教协会；广西伊斯兰教协会以及 3 个地市级伊斯兰教协会；陕西省伊斯兰教协会以及 5 个地市级伊斯兰教协会和 7 个县区级伊斯兰教协会；甘肃省伊斯兰教协会以及 6 个地市级伊斯兰教协会和 36 个县区级伊斯兰教协会；宁夏伊斯兰教协会以及 4 个地市级伊斯兰教协会和 11 个县区级伊斯兰教协会；青海省伊斯兰教协会以及 4 个地市级伊斯兰教协会和 7 县区级伊斯兰教协会；新疆伊斯兰教协会以及 14 个地市级伊斯兰教协会和 63 个县区级伊斯兰教协会；内蒙古伊斯兰教协会以及 5 个地市级伊斯兰教协会和 4 个县区级伊斯兰教协会；黑龙江省伊斯兰教协会以及 7 个地市级伊斯兰教协会和 2 个县区级伊斯兰教协会；吉林省伊斯兰教协会以及 6 个地市级伊斯兰教协会和 2 个县区级伊斯兰教协会；辽宁省伊斯兰教协会以及 13 地市级伊斯兰教协会；四川省伊斯兰教协会以及 8 个地市级伊斯兰教协会和 8 个县区级

---

① 陈广元：《世界瞩目宗教发展的东方模式》，《人民日报》2009 年 10 月 13 日。

伊斯兰教协会；云南省伊斯兰教协会以及 6 个地市级伊斯兰教协会和 16 个县区级伊斯兰教协会；贵州省伊斯兰教协会以及 2 个地市级伊斯兰教协会和 1 个县区级伊斯兰教协会；海南省三亚市伊斯兰教协会；西藏自治区拉萨市伊斯兰教协会。①

中国伊斯兰教协会及各地的省级伊斯兰教协会还开设了 11 所伊斯兰经学院，分别是：中国伊斯兰教经学院、北京伊斯兰教经学院、沈阳伊斯兰教经学院、新疆伊斯兰教经学院、宁夏伊斯兰教经学院、青海伊斯兰教经学院、河北伊斯兰教经学院、兰州伊斯兰教经学院，昆明伊斯兰教经学院、郑州伊斯兰教经学院等。中国伊斯兰经学院的宗旨是培养具有较高伊斯兰教学识和文化水平的伊斯兰教专业人才。学制五年，采用现代教育制度。学生毕业后主要担任各清真寺阿訇或从事伊斯兰教务及教学研究工作。其他 9 所经学院分别为各地培养高层次伊斯兰教宗教人才。

中国伊斯兰教协会是在新中国成立之初，由当时伊斯兰教界学识渊博、爱国爱教，在教内具有很高威望的穆斯林知名人士包尔汗·沙希迪、刘格平、赛福鼎·艾则兹、达浦生、马坚、庞士谦、杨静仁、马玉槐等人发起筹建的。该会成立后，成为中国伊斯兰教的领导组织，在各方面开展卓有成效的工作，博得全国穆斯林群众的爱戴，从此积累下巨大声望，目前仍为中国伊斯兰教界代表性最广、声望最高、影响最深、系统最大、功能最强的伊斯兰教团体。该协会通过多年来与国际伊斯兰教的交往和交流，促进中国伊斯兰教与国际伊斯兰教的联系和友谊，也积累下一定的国际声望。由于特殊的历史背景和经历，中国伊斯兰教协会具有半官方的背景，这种背景曾经给中国伊斯兰教协会的工作以巨大的推动，现在也仍然是。不过由于时代的转换，官方背景有时会给伊斯兰教协会带来一定的伤害，淡化其宗教自治组织的色彩，损伤其在中国穆斯林心目中的可信度，因此，如何协调官方背景与民间色彩之间的张力，可能是该组织以后面临的挑战。

②各清真寺、拱北的管理委员会。中国伊斯兰教历来有民主管理清真寺的传统，每个清真寺在经济上、教务管理上自成一体，一般互不隶属。直到近代教派、门宦的兴起，才有"热依斯"制和门宦"老人家"制度

---

① 陈广元主编：《新时期阿訇实用手册》，东方出版社 2005 年版，内部发行，第 374—391 页。

等的管理系统出现，同时格底木派的"单一教坊制"仍然存在。即使在教派的"稍麻寺"、门宦内部的下辖拱北或清真寺，也可实现与单一教坊制类似的一定程度的自治。各清真寺设"学董会""社头会""乡老会"，由本坊热心宗教事业的长者担任，负责管理寺务、财务，聘请阿訇等。

新中国成立后，各清真寺开始设立"清真寺民主管理委员会"（简称"寺管会"）探索。在有些地区还设立地、市、区的清真寺管理委员会，负责全地区清真寺民主管理。寺管会设主任一人、副主任及委员若干，任期三年，是对清真寺实行民主管理的群众性、宗教性组织。在各地实践的基础上，中国伊斯兰教协会制定了《清真寺民主管理试行办法》，并于1991年12月在该协会第五届第二次常务委员会会议上通过，在全国试行。该协会分别于2006年5月12日、2008年6月11日、2009年6月8日对《清真寺民主管理试行办法》进行修订，以《清真寺民主管理办法》之名正式颁布执行。中国伊斯兰教协会制定的关于全国清真寺实行民主管理的暂行规定。《办法》体现了清真寺作为穆斯林群众举行宗教活动的场所，所应享的合法权益和应尽的义务与职责。分《总则》《管理机构》《阿訇（毛拉）的聘任与职责》《宗教功课和宗教活动的安排与管理》《社会活动和接待工作》《经堂教育和教学研究》《清真寺自养事业和管理》等部分，对清真寺性质、清真寺管理、教务、寺务、社会交往、经济、宗教教育等方面进行详细规定。《清真寺民主管理办法》使寺管会在民主管理清真寺方面真正有章可循。《国务院宗教事务条例》也有对宗教场所专门的规定，其中第十七至十八条涉及宗教场所的民主管理："第十七条　宗教活动场所应当成立管理组织，实行民主管理。宗教活动场所管理组织的成员，经民主协商推选，并报该场所的登记管理机关备案。第十八条　宗教活动场所应当加强内部管理，依照有关法律、法规、规章的规定，建立健全人员、财务、会计、治安、消防、文物保护、卫生防疫等管理制度，接受当地人民政府有关部门的指导、监督、检查。"《国务院宗教事务条例》的相关规定使民主管理清真寺有法可依。

目前中国清真寺的管理，虽然有章可循，有法可依，但在实践中各伊斯兰教宗教活动场所仍有差别。一般来说，寺管会能否真正实现对宗教活动场所的管理，主要受传统因素的影响。长期以来清真寺一直存在民主管理的传统，从"学董会""乡老会""社头会"向"寺管会"转变，只不过使管理形式上更加现代，制度上更加健全而已，民主管理清真寺的理念是一贯的，不存在多少障碍。而同样作为清真寺在官方登记的门宦的拱北，其管理则与清真寺不同。拱北的管理历来由"老人家"一手掌握，寺务、财务、对外交往等全部由"老人家"决定。拱北事务若需其他人办理，则由"老人家"以"放口唤"的形式予以授权，方可执行。因此拱北的管理权传统上属"个人集权"类型，而非清真寺的"民主集中制"类型。尽管拱北也依照规定成立了寺管会，但是现实中很难发挥作用，很大程度上形同虚设，传统管理模式与现代管理模式存在一定的冲突。因此我们不得不承认，现在拱北的管理基本上还是沿袭传统的管理模式，由"老人家"说了算。

近年来，清真寺的民主管理委员会也出现新变化，有年轻化、知识化、民主化的趋势。一批学有所成的年轻穆斯林逐渐进入寺管会，给寺管会带来新气象，寺管会不再像以前全部由老年人组成的"乡老会"那样的"老人俱乐部"，而是成为一些年轻人发挥才干的地方。有些清真寺的管委会，已实现由全坊民众直接选举，这一行动可看作中国伊斯兰教历史上清真寺管理方面的重大突破。

③中国伊斯兰教的各教派、门宦在谈到中国伊斯兰教的宗教组织团体时，通常以现代宗教组织的标准来衡量，将中国回教俱进会、伊斯兰教协会、清真寺管理委员会等看作伊斯兰教的组织团体，而往往忽略中国伊斯兰教的各教派、门宦。笔者认为，中国伊斯兰教的各教派、门宦也属于伊斯兰教组织团体。例如，通常我们称西道堂为"当代穆斯林社团"或"当代伊斯兰社团"，就有这层含义。

中国伊斯兰教传统的教坊以清真寺为核心，清真寺就是教坊各种事务，包括宗教事务的"办公室"，本坊的重大事务都在这里讨论，寻求解决方式。对于这种功能，马松亭评价说："中国各处的清真寺，不像别国的一样，只是备人们做礼拜用的；而是一方穆斯林的中心机关。穆斯林对于清真寺的关系，恰似现代立宪国家的人民与国家的关系一般……中国的穆斯林是清真寺的主体而同时受清真寺的统治。"① 因此，每个教坊都是以清真寺为中心的组织，当然这种组织不仅仅只是宗教意义上的，历史上的清真寺承担更多的穆斯林社会功能。不过，随着现代社会的发展，清真

---

① 马松亭：《中国回教的现状》，《中国伊斯兰教史参考资料》上册，宁夏人民出版社 1985 年版，第 80—81 页。

寺的社会功能在逐渐弱化，宗教功能日益凸显出来，从这个意义上说，每个以清真寺为中心的教坊都是一个单一的宗教组织，实实在在地承担着管理、组织、协调等方面的宗教功能。只不过它的功能比较传统，所处理的宗教事务仅限于本社区，属社区性的宗教组织团体。

近代西北伊斯兰教内部出现教派、门宦分化以后，新的宗教制度随之出现，对清真寺宗教事务管理的权力也随之发生变化，出现系统化和组织化现象。有的教派实行"海乙制"，"稍麻寺"的教务权力向"海乙寺"集中。门宦内部的权力也向"教主"集中，"热依斯"的权力最终来源于门宦"教主"。于是分别以"海乙寺"和"教主"为中心，教派与门宦实际上也发展为规模比单一教坊制中清真寺更大的伊斯兰教组织团体。有学者在论述门宦在回族等族社会组织化层面的功能时说："门宦的产生标志着清末以来的西北回族社会组织化迈出了重要一步，回族及撒拉族、东乡族、保安族社会进入了一个新阶段……随着教主权威的确立，原来分散的教坊被联系了起来。以教坊为基层单位，一定数量的教坊构成一个教区，各教区归教主所在的道堂领导。这其中包含着组织和权力两方面的内容。"[1] 教派、门宦对西北回族等族的社会的组织化，首先是宗教上的组织化和系统化，且与单一教坊制中的清真寺一样，随着社会社会制度的确立，宗教的世俗化，教主的其他社会权力日益丧失，仅剩下宗教权力。换言之，传统的教派、门宦日益向纯宗教意义上的宗教组织团体过渡和转型，尽管不清楚这种过渡将经历多久。

④民间其他或隐或现的伊斯兰教组织。民间其他类型的伊斯兰教组织，源于近年来宗教自由信仰政策的落实更加到位，网络社会的兴起，信息交流日益便捷，中国穆斯林内部或与国际伊斯兰教交流、沟通、对话、表达的意愿被充分释放。他们希望被理解、被关注的要求日益强烈，还有些人希望伊斯兰教能够在中国继续发展壮大。另外，中国现有伊斯兰教组织在功能上的某种缺位，并不能完全反映一部分穆斯林的意愿和要求。于是，在中国穆斯林当中出现了在现有各伊斯兰教团体之外成立宗教组织的需求和冲动。例如，存在多年的西安伊斯兰中心，它的特色是传教，提出"向全体中华儿女传播伊斯兰教"的口号。此外，还有大学中和社会上的

---

[1]　霍维洸：《近代西北回族社会组织化进程研究》，宁夏人民出版社 2000 年版，第 11—21 页。

伊斯兰学习点或学习小组，如浙江义乌市的某些伊斯兰学习小组。一个值得关注的现象是，近年来伊斯兰教网络社会的发展相当迅速，崛起一批颇有影响的伊斯兰教相关网站，这些网站有的宗教倾向鲜明，内容比较单一，有的则为综合性网站，但也具有比较强烈的宗教色彩。伊斯兰网站可以理解为网络社会中的宗教团体，或者理解为现实社会中伊斯兰团体的网络化。由于社会中其他伊斯兰教团体对新生宗教团体的挤压，新生宗教团体只有在网上寻求发展空间。

当前，社会中新生伊斯兰教社团发展并不明确，大多数定位也有些模糊，形态也不稳定，生命也不长久，若想增加对它们的了解和理解还有一定的困难。穆斯林内部对其中的某些团体还有很大争论，来自教内教外的压力都存在。不过，它们基本的特点是：历史短、非常设、网络化、争议性、定位多样、机构不健全。

上述四类中国伊斯兰教组织团体，构成了中国目前独具特色的伊斯兰教社团体系。中国伊斯兰教协会系统统摄全局，其半官方的特色有利于代表中国伊斯兰教与官方沟通，互通信息，增进理解，代表中国伊斯兰教界与国际伊斯兰教界交流，树立中国宗教形象，但同时也因此丧失部分穆斯林群众的充分信任，在某些方面难以满足他们的宗教需要，使他们将目光转向其他宗教社团；各清真寺、拱北的管理委员会，具体承担单个宗教场所和本社会伊斯兰教事务的管理；伊斯兰教派、门宦的"教主"及其管理机构，管理范围则界于中国伊斯兰教协会与各清真寺、拱北的管理委员会之间，其功能日益从传统多种社会功能向单纯的宗教事务服务和管理功能转变；民间新兴的伊斯兰教社团，不但年轻，而且机构不健全，生命期长短不一，形态上变幻不居，也备受争议，向网络寻求发展，吸引了一批年轻人、知识分子，或求新求变的穆斯林的关注与参与。应该说，这四种伊斯兰教社团，在中国伊斯兰社会中各就其位、各司其职，彼此之间的功能上少有交叉，基本满足中国穆斯林宗教生活的需要，构成一幅特有的图景。

2. 中国伊斯兰教组织团体的活动

有社团就有活动，社团活动是社团的生命，社团成功与否的标志。中国伊斯兰教的上述四类社团，也举办各类活动，但正如前面所述，由于这类社团定位不同，功能亦有差别，表现在社团的活动上，理所当然有许多不同的地方。

　　以中国伊斯兰教协会为首的伊协系统，在各方面都比较活跃，活动类型多，既有宏观性的，亦有具体性的。以中国伊协为例，它所做的工作，按照伊协的自我陈述，主要包括以下各项：①在宪法、法律、法规和政策规定的范围内开展伊斯兰教务活动，如召开伊斯兰教代表大会及常务会议，讨论伊斯兰教整体教务，发起开展创建模范清真寺活动，组织朝觐等；②对穆斯林群众关心的宗教问题，依据经训精神作出符合社会发展要求的解释。如近年来开展的解经工作；③举办伊斯兰教教育，培养伊斯兰教教职人才，如领导、管理中国伊斯兰教经学院，培养大批宗教人，定期召开全国《古兰经》朗诵比赛和卧尔兹演讲比赛；④发掘、整理伊斯兰教的优良历史文化遗产，开展伊斯兰学术文化研究，编译、出版经籍书刊。如伊协编辑出版了大量伊斯兰教知识性的读物，编写全国经学院统编教材。"据统计，1978 年以来中国伊协先后印制出版了《古兰经》《古兰经注》《圣训珠玑》《伟嘎耶教法经解》《教典诠释》《呼图白集》和各种伊斯兰文化读物近百万册。参与编写《辞海》伊斯兰教词条《中国大百科全书·宗教卷》《中国伊斯兰百科全书》等。"① 此外出版了《伊斯兰六书》《布哈里圣训实录全集》《中国伊斯兰建筑艺术》等书籍；⑤建立、健全伊斯兰教内部的各项管理规章制度，如发布《清真寺民主管理办法》，修订伊协《章程》等；⑥指导各地伊斯兰教协会的教务工作，交流经验，如指导各地伊协的教务工作，与全国各省、市、自治区、自治州、县的伊斯兰教协会建立广泛的联系。协会经常派工作人员到各地了解情况，帮助他们解决一些与穆斯林宗教生活相关的问题；⑦促进各地伊斯兰教协会和清真寺兴办利国利民、服务社会的公益和自养事业；⑧开展同各国穆斯林和伊斯兰教组织的友好往来，增进交流与合作。推选优秀穆斯林参加在沙特、埃及、马来西亚等国举行的国际《古兰经》诵读比赛，推动了我国伊斯兰教务和文化事业的发展，加强了与世界各国穆斯林的文化交流。

　　各清真寺、拱北的管理委员会的工作则主要涉及本教坊内的各种社会事务，按照中国伊协发布的《清真寺民主管理办法》第八条的规定，寺管会的职责是：①负责教职人员的聘任，安排教务活动，处理日常事务；②组织培养经堂学员（海里凡、满拉）；③搞好民族团结和教派之间的团

_____

① 　陈广元主编：《新时期阿訇实用手册》，东方出版社 2005 年版，内部发行，第 131 页。

结，搞好同周围单位和居民的团结，维护社会稳定；④建立健全财务、会计制度，民主理财，健全账目，定期公布收支；⑤建立健全人员、治安、消防、文物保护、环境卫生等管理制度，接受当地人民政府有关部门的指导、监督、检查；⑥向本寺坊穆斯林群众宣传国家的法律、法规、规章和政策，协助政府贯彻好司法、教育、婚姻和计划生育等方面的法律、政策，引导、鼓励本寺坊穆斯林群众积极参加社会主义现代化建设，维护宗教和睦与社会和谐；⑦修缮和维护清真寺；⑧积极兴办以自养为目的的生产、服务和公益事业；⑨维护本寺坊穆斯林群众的合法权益，制止利用清真寺进行的非法、违法活动。可见，寺管会作为集体领导性质的群众性组织，管理的不只是宗教事务，还有其他社会事务，甚至有些事无巨细的味道，但是一个明显的趋势是，近年来社会事务逐渐减少，宗教事务日益突出，如经堂教育、聘任阿訇、本寺财务管理，以及本寺与其他教坊的教务上的联系等。

如前所述，笔者认为，中国伊斯兰教的各教派、门宦一方面作为教派存在，另一方面与清真寺管理委员会一样，也在向日益向区域性的纯宗教社团转变，承担了许多比寺管会范围更大的区域性教务组织管理的功能。寺管会承担本教坊内的部分社会事务及宗教事务，教派、门宦的"教主"及其身边人员则管理本教派、门宦内的部分社会事务及宗教事务。转变最明显的是伊斯兰教门宦。中国门宦属伊斯兰教苏非主义，通常闭门修道，闭门办教，传统上很少与外界接触。但是新的社会环境下，许多门宦已经实现"现代转身"，一改闭门办教的传统，转而积极参与社会，走"教派化"和宗教"社团化"的道路。相应的，其职能逐渐剔除社会性事务，宗教性事务、组织管理事务比重加大。

民间其他或隐或现的伊斯兰教组织由于其存在并不明朗，政府也未给予明确的合法性认可，一直处在政府管理中"模糊地带"，这类组织的活动范围也因此受到一定的制约。不过，这类组织与以上三种组织不同，类型多样，因此所从事的活动也多种多样，涉及多种领域，如宣教、宗教知识普及、伊斯兰文化研究、宗教公益活动等，常见的如开展学习伊斯兰教知识活动，组织一些宗教性的讲座，举办（网上）伊斯兰教知识竞赛等，吸引部分热心宗教的人士，特别是年轻人的参与。这类团体也很少参与教坊具体的宗教事务管理，与政府也保持一定的距离，更接近于独立的现代宗教"非政府组织"。该类组织活动的一个重要特点是宣教与护教色彩鲜明，宗教感情表露无遗，不折不扣，有时给外界一种咄咄逼人的感觉。

以上四种类型的伊斯兰教社团，其活动各有特点，对其他各社团的工作领域基本上"互不侵犯"，各司其职，各显其能。但是在参与社会公益事业方面，四种类型的社团却也很有"共同语言"。每种社团都积极参与各种社会公益活动，促进宗教与社会的和谐发展，以展示伊斯兰教的宗教与社会功能。这方面的例子不胜枚举，在此不再赘述。

（三）中国伊斯兰教的经济状况

伊斯兰经济制度是一种建立在"伊斯兰教法源"基础之上的独特的经济制度，其经济形态带有明显的宗教色彩，具有一定的宗教目的。"伊斯兰经济制度"的特殊性、财产权、生产与消费、企业组织、财政金融，特别是"伊斯兰银行业的原则与功能"等问题都在我国学者研究的范围之内。[①] 目前，伊斯兰经济制度在中东、北非、南亚，以及西非、东非和东南亚个别地区都正在实践当中，以期解决伊斯兰教传统经济制度与现代经济制度之间的张力，协调二者的关系。大范围实施伊斯兰经济制度，通常发生在实行伊斯兰教制度，或部分实行伊斯兰教制度的国家或地区，并在政府的认可、授意或指导下进行。

在我国，伊斯兰教只是少数人口的宗教信仰，中国是实行政教分离的世俗国家，不存在实行伊斯兰经济制度的社会环境，不存在大范围、大规模的伊斯兰经济。穆斯林从事的经济活动也并非一定属于伊斯兰经济，如果穆斯林从事的经济活动并不依照伊斯兰经济制度，而是依照现代商业规则进行，那么行为主体虽为穆斯林，并不能因此改变其所从事的经济活动的非宗教属性。例如，在浙江义乌有大量穆斯林在从事商贸活动，虽然这些商业活动会在一定程度上受伊斯兰思想的影响，并且有些穆斯林商人的经济利润的一部分会作为天课等宗教形式流入清真寺，但在本质上因为其遵循的仍是现代经济制度、市场经济规则，并不能认定某些经济活动的性质是伊斯兰经济。只有在这些流入伊斯兰教活动场所的经济利润，因与清真寺或拱北道堂及伊斯兰宗教活动联系在一起之后，所发生的经济行为才

[①]　这方面的研究专著有：刘天明：《伊斯兰经济思想》，宁夏人民出版社 2001 年版；王正伟：《伊斯兰经济制度论纲》，民族出版社 2004 年版，等等。还有数量不少的研究论文。

属于伊斯兰经济的范畴。因此，严格来说，在我国探讨伊斯兰经济仅是指伊斯兰教的寺院经济（本文所谓伊斯兰寺院经济包括伊斯兰教清真寺经济和拱北、道堂经济。拱北、道堂在法律意义上仍登记为清真寺），"即伊斯兰教教职人员出于宗教传播、延续的目的而利用宗教资本从事生产、流通经营的活动。它包括资金、物资等动产的流通和房屋土地等不动产的租借种种，以此增加收入扩大积累，维持清真寺宗教活动的支出需要"①。这里有三个关键因素：一是行为主体是"伊斯兰教教职人员"；二利用"宗教资本"；三是"出于宗教目的"。当然，清真寺纯宗教性的收入，属于教民纯宗教性质的宗教奉献，更应该列入寺院经济的范畴。平常我们谈到的"清真产业""清真经济"，只是带有伊斯兰特色的市场经济，不符合伊斯兰教寺院经济的定义，不是伊斯兰宗教性质的经济，故不在本文讨论之列。

1. 伊斯兰教寺院经济的收支状况

我国清真寺寺院经济的发展演变已有一千多年的历史，自唐代"蕃坊"建寺开始，就有穆斯林巨商富贾慷慨解囊的先例。明代回族的形成，清真寺有足够的财力供养专业教职人员，清真寺寺院经济才真正形成规模。改革开放以来虽经一定程度的发展演变，寺院经济的经济收入普遍比以前增加，经济状况好转，甚至有的伊斯兰教场所还有能力购买用于教务和寺务的汽车。但是清真寺在收支项目上变化不大，基本延续传统。不过宗教信仰自由政策实施 30 年来，伊斯兰教寺院（清真寺和拱北道堂）收支在延续传统的同时，也形成小股时代"潮流"，也有一些新的时代"浪花"。

目前为止，中国伊斯兰教寺院的收入结构大致分为如下三类。

（1）固定性宗教收入

所谓固定性宗教收入，是指依据伊斯兰宗教经济制度，清真寺和道堂所获得的制度性、固定性收入。由于这类收入是教法所规定，或为穆斯林社会约定俗成的宗教支出，在不同时期虽然数量上并不相同，但长久以来成为清真寺和道堂的经常性收入项目。这些项目通常包括天课、瓦克夫、斋月乜贴、海底也、宰牲费等。天课收入源于伊斯兰教"五项天命"中的天课制度，是清真寺和道堂主要传统的、固定性宗教收入，即穆斯林自

---

① 马平：《我国伊斯兰教清真寺寺院经济初探》，《中央民族学院学报》1989 年第 2 期。

觉受信仰约束，自觉将自己每年的资财做一次清算，除去正常开支所需外，其盈余的资财，包括动产和不动产，均按盈余资财的 1/40 的比例缴纳；瓦克夫制度的主要内容是财产的所有者以奉献安拉的名义永久性地冻结了所捐献财产的拥有权，一般来说是捐献他们的固定资产，如土地、房屋等，并把这些固定资产的收益用于伊斯兰教确认的宗教慈善目的，主要是救济贫困和资助社会公益事业；斋月乜贴收入就是穆斯林为集体开斋而出散的乜贴；开斋捐收入，就是除食不果腹、衣不蔽体的穷人外，每一个家庭按其成员计算，以每人一天的生活费为标准，舍散给清真寺，再由清真寺舍散给贫困者；海底也收入，又称"海提耶"，意为赠品、报酬，是原专指穆斯林给教长或阿訇念经后的酬劳，现在海底也同时也是一种随心乜贴和捐赠；"费底也"收入，指穆斯林举行葬礼时，丧主拿出钱或财物作为亡人生前罪过的赎金；宰牲费就是阿訇为教坊群众宰牲服务时所收取的费用。此外，还有学费收入、澡堂收入、特殊宗教节目收入等。

（2）宗教性经营收入

利用清真寺和道堂的资金及不动产等，出于为清真寺和道堂增收，减轻教众负担的目的，进行商业经营而所得的收益，为宗教性经营收入。1978 年以后，有的清真寺和道堂因部分寺产归还，以及原有的房产和新建房产，在满足宗教需要的基础上，以出租的形式，或者直接进行公益性、服务性的商业经营，取得一定收益。有的清真寺和道堂利用积累下来的宗教资金，进行各种形式的投资，也获得不少的收入。"清真寺的这部分收入，虽然目前只占清真寺总收入的一小部分，但是，为清真寺以后不断拓宽收入来源渠道，实现'以寺养寺'的目标指明了一条新的发展方向。可以预测，寺办服务性、公益性产业将会成为清真寺收入的一个新的经济增长点。"[1]

（3）宗教性捐赠收入

这方面的收入主要是指企业、社会团体，或者国际上的宗教基金、社会团体、个人等，出于宗教目的的捐赠，或者捐赠事实上被用于宗教目的，都属于宗教性捐赠收入。这类捐赠主体通常是一些穆斯林个人或团体

---

[1]　王希隆、喇延真、王平：《西北城市清真寺经济结构浅析》，《回族研究》2008 年第 4 期。

的企业，及穆斯林社会团体，为了表达对宗教事业的支持和为了提高自身在穆斯林中的公信力和影响力，会定期或不定期地为清真寺捐钱捐物。清真寺和拱北道堂这种收入的最大特点是稳定性差、偶然性强。通常宗教性捐赠在建设清真寺和道堂时，收入较多，其他时间一般较少，或者根本没有。

伊斯兰教寺院经济收入的多寡受多种因素的制约。根据改革开放以来对中国清真寺院经济的分析与研究，大致遵循以下规律。第一，清真寺和道堂收入与国家的经济大环境密切相关，与国家经济的整体发展程度，与民族宗教地区经济的发展水平都成正比关系。改革开放以来，清真寺和道堂的收入呈逐渐递增的趋势，市场经济的实施，西部大开发政策的落实，国家对民族宗教地区的政策倾斜等，都直接或间接影响到伊斯兰寺院经济的面貌。第二，清真寺和道堂的收入与该清真寺的地域分布有重大关系。一般来说，城镇的清真寺和道堂要比乡村的清真寺和道堂收入高，大城市的清真寺和道堂要比小城镇的清真寺和道堂收入高。这主要是因为城镇教坊的信教群众收入相对较高，宗教奉献高，商业环境也好，利于清真寺多余的房产开展商业经营。第三，清真寺的收入还与其所处教坊规模密切相关。如在河南某县，同样居于县城的两座清真寺，北关清真寺的教坊有信教群众 6000 人，西关清真寺的教坊只有 2000 人，北关清真寺的年宗教收入通常为西关清真寺的 3 倍。第四，与本教坊的开学阿訇及寺管会的工作能力及态度等相关。阿訇学识好、威望高，寺管会工作积极，与本坊教众关系融洽，深得群众信任，清真寺收入就高。此外，教坊的穆斯林群众的宗教意识高低也影响清真寺的收入。一般来说，中国西部地区宗教意识强于东部地区，同等条件下，西部的清真寺收入比东部高。

就清真寺和道堂的收入结构而言，一方面，收入结构仍延续传统，固定性宗教收入占较大比重，特别在经济落后的乡村地区更是如此。不过近年来，伊斯兰教寺院经济的收入结构已发生一些变化。某些地区寺院经济发展比较快，如西北、西南等城镇穆斯林聚居区中的极个别教坊，寺院经济日渐走向规模经营，宗教性经营收入增长较快。房租收入、寺院的商业收益，如清真寺投资的小规模服务型企业所得的收入，在收入结构中的比例日渐增大。偶然性的宗教捐赠也是一笔可观的收入。另一个值得重视的趋势是，不同清真寺之间的收入差距逐渐加大。受上述各种因素的影响，清真寺和道堂的营收能力各有千秋，一些清真寺可以"日进斗金"，而另一些清真寺则"入不敷出"，甚至"搬"不起阿訇。

清真寺和拱北道堂的支出项目主要有：清真寺和道堂的建设、维护费用、经堂教育支出、斋月及宗教节日支出、社会事务活动支出、寺院日常开支等。30多年来，穆斯林人口普遍增长，原来的礼拜殿已容纳不下前来参加礼拜的教民，或者有些清真寺和道堂由于年久失修，面临翻修，所以有些清真寺对原有的清真寺进行改建和扩建，清真寺和道堂建设、维护费用是近年来的最大支出项目。在开办经堂教育的清真寺和道堂，经堂教育的相关支出也是一笔不小的费用，不过一般是教坊规模较大、实力雄厚的清真寺和道堂才开办经堂教育，且主要为城镇中的清真寺和道堂，乡村的清真寺和道堂开办经堂教育的已逐渐减少。开斋节、圣纪节、阿舒拉日等伊斯兰教传统节日，穆斯林要到清真寺和道堂参加活动，相关支出必不可少。社会活动支出主要指教坊、清真寺和道堂之间的宗教性社会交往，如新聘阿訇的贺礼，以及清真寺和道堂作为捐赠主体的社会慈善活动等方面的支出。清真寺和道堂日常开支是指维护清真寺和道堂的正常运转而支出的一系列费用，如水费、电费、暖气费、煤炭费、燃气费、办公费、修理费、通信费、伙食费等，有车的清真寺和道堂还有燃油费、汽车养护费用等。

清真寺和道堂的支出项目也与收入一样，基本上在延续传统，变化不大。除去清真寺和道堂建设费用，一般而言同一地域的各清真寺和道堂的支出项目及金额差别不大。清真寺与拱北道堂在收支项目上的最大区别在于，拱北道堂有"尔麦里"的收支，清真寺没有。这种情况也在实际调研中得到证实："如果去除重建支出的因素，各清真寺主要支出项目结构及比例是差异不大，主要的支出项目都是工资、日常支出及办公费、社会事务支出、低值易耗品支出和其他支出，这些支出在总支出中的比例大小在各清真寺间也是相似的。"① 不过必须强调的是，由于收入水平提高，清真寺和道堂可支配收入大幅提高，与改革开放前的可支配资金已不可同日而语。另外，清真寺和道堂的支出水平与收入水平密切相关，因此不同的教坊之间、城乡之间的清真寺可支配收入差别巨大。

---

① 王希隆、喇延真、王平：《西北城市清真寺经济结构浅析》，《回族研究》2008年第4期。

中国《宗教事务条例》及中国伊斯兰教协会发布的《清真寺民主管理办法》都将清真寺和道堂财务管理作为重要的规范对象，在国家法规及协会内部规定的约束下，清真寺和道堂的财务制度较之以前更加规范，多数清真寺和道堂都制定了详细的财务管理办法，定期财务公开成为重要一环。因此，绝大多数清真寺和道堂能够"精打细算"，做到收支平衡或略有盈余，伊斯兰教寺院经济基本上进入良性循环轨道。

2. 教派、门宦背景下伊斯兰寺院经济的异同

伊斯兰教寺院经济分为两种形式，一为清真寺院经济，二为拱北道堂经济，两种宗教场所经济形式因为分别依托于中国伊斯兰教的教派与门宦两种不同的宗教制度之下，其经济形式的某些层面也因此呈现出一定的差异性。

就宗教组织、管理制度而言，中国伊斯兰教派有"单一教坊制"和"海乙制"两种形式。单一教坊制是指各教坊之间分别自主，互不隶属，大致上各寺处于平等地位。在中国格迪目派和伊赫瓦尼派中，都普遍实行这一制度。海乙制是指海乙寺（中心寺）和稍麻寺（非中心寺）之间存在着一种上下级的管理关系。一般是一个海乙寺要管辖十几个甚至几十个稍麻寺。各个稍麻寺在身份上、教务上、人事组织上、甚至部分寺务上从属于海乙寺。① 门宦制度是伊斯兰教苏非派制度的中国化，其组织管理也呈系统化和层级化，通过教权继承、"放口唤"、"放阿訇"等来体现"教主"权威。"热依斯"制类似于海乙制，它是门宦制度下的海乙制，对所属的清真寺或教区所实行分级管理的一种制度。1958 年，在青岛召开的"关于回族伊斯兰教问题座谈会"，提出进行伊斯兰教宗教制度的改革。通过这次改革，废除教派委派"伊玛目"、"热依斯"、阿訇的制度，废除门宦的"教主继承"、"放阿訇"、"放口唤"（"三废除"）制度；废除寺院的等级制度。通过这次改革，教派、门宦的制度得到削弱。但不可否认的是，在改革开放后，这些遭到废除的宗教制度不同程度地有所恢复。如门宦方面，"改革开放后各道堂、拱北和清真寺均成立民主管理委员会负责本道堂、拱北和清真寺事务，但道堂、拱北和各清真寺的教务、事务依然有密切联系。门宦所辖各清真寺与拱北或道堂的亲疏关系有所不同。西道堂在全国下辖 500 多个清真寺，道堂的中心寺即与道堂联系最密切的清

---

① 马景：《河湟地区伊斯兰教"海乙"制的历史变迁》，《世界宗教研究》2009 年第 1 期。

真寺有几十座,分布在市区、县城和重要的乡镇。这些清真寺所在地理位置重要,信教群众多,经济收入好,这些清真寺所聘请的阿訇,由门宦负责人认可或直接任免,有的门宦负责人亲自担任某一座或几座重要清真寺的开学阿訇"①。其他宗教制度也大致如此。因此,"单一教坊制""海乙制""门宦制""热依斯制"一定程度上的并存,这是中国伊斯兰教制度的现实。

在上述不同的宗教制度下,伊斯兰寺院经济在营收能力、资金额度、支出方式都体现出差异。由于实行单一教坊制的各清真寺互不隶属,经济上完全自主。实行海乙制的清真寺在教务方面听从大寺安排,在事务和财务方面享有自主性。"就教民的宗教奉献而言,在单一教坊制的回族社区,穆斯林一般只负担清真寺的开支,自愿向清真寺和阿訇捐赠乜贴。海乙制被称作'复合教坊制',穆斯林除了所属清真寺和阿訇的开支外,也要给稍麻寺(或海乙寺)一定的经济支持。"② 同样,门宦制度也有类似于海乙制的情况:"门宦权力关系呈最高领导层—管理层—普通信教群众这样一个等级化的、决策权力高度集中的、具有等级顺序的内部沟通网络和联络体系,有的门宦形成'老人家'—'热依斯'—'阿洪'—信教群众的等级制组织形式,目前这种传统型权力尚无向科层制转变的迹象。门宦教民除负担本坊清真寺和阿洪费用外,还向道堂、拱北和门宦'老人家'奉献乜贴。"③ 因此,门宦中的道堂,"海乙制度"下的"海乙寺",与教派相比,它们的经济整合功能与社会动员能力更强,"单一教坊制"下宗教组织的社会和经济资源的整合基本在社区范围内,或在社区的延伸范围内;"海乙制"和门宦对社会经济资源的整合则超越了社区的局限性,拥有更宽广的社会资源网络,它们的经济收入较一般"单一教坊制"下的清真寺收入要高很多。

在财务的管理与支出方面,清真寺实行寺管会领导下的民主管理,定期公布账目,比较规范。相比之下,由于事实上的教权制度存在,拱北、道堂的财权则相对集中在"教主"手中,不如清真寺的财务管理公开、

①　杨桂萍:《从西北地区的清真寺和道堂经济看伊斯兰教教派与门宦的组织模式》,《回族研究》2008 年第 4 期。

②　同上。

③　同上。

透明。

以上讨论不同宗教制度下的伊斯兰寺院经济的差异性，主要以宏观的视角观察所得出的结论；在微观视角的考察下，即从单个的宗教活动场所的财务收支与管理而言，不论清真寺或拱北道堂，都有诸多的相似性，在收入与支出项目上差别都不太大。门宦与教派收入项目的最大的差异在于拱北道堂有"尔麦里"收支，清真寺一般只有正常的伊斯兰公共节日的收支。

3. 伊斯兰寺院经济与"以寺养寺"思想

当今的伊斯兰教清真寺与拱北道堂，不仅是宗教活动场所，还是一种经济实体，承担着一定的经济职能，即首先它们应该管理好、使用好宗教资金，并在可能的情况下，进行适当的经营，赚取利润，实现"以寺养寺"。

从 20 世纪 70 年代末开始，在宗教信仰自由政策实施的背景下，伊斯兰教寺院经济也在一度销声匿迹后又重新恢复，宗教生活在封闭多年后恢复正常。"以寺养寺"思想的出发点，在于减轻信教群众负担，保障穆斯林群众的宗教信仰自由。"以寺养寺"并非强制性的制度规定，而只是提倡和建议，各宗教活动场所依据实际情况，量力而行；也不是期望寺院经济无限制扩张，回到历史上剥削经济的老路上去。

目前，中国伊斯兰教寺院并未普遍开展"以寺养寺"经营，大部分清真寺和拱北道堂仍沿袭传统的宗教生活方式，依靠固定性宗教收入维持宗教场所的正常运转。这主要是伊斯兰教寺院经济受制于各种因素，缺乏开展"以寺养寺"的条件。中国伊斯兰教的清真寺和拱北道堂，不似佛教寺院和道教宫观宗教收入高，也缺乏相应的旅游收入，绝大多数宗教性收入很低，缺乏富余资金开展"以寺养寺"。再者，本来寺管会的成员及宗教职业人员的特长在宗教知识和管理寺院，在于用宗教知识服务于信教群众，而非职业商人，即使他们有资金用于开展"以寺养寺"的商业活动，期望宗教职业人员在从事本职工作的同时，到云谲波诡的市场经济中打拼、赢利，无异于赶鸭子上架，肯定会水土不服，甚至血本无归。因此，在笔者看来，"以寺养寺"想法虽好，却很大程度上是个"镜中花，水中月"，具有太多的理想色彩。这也是伊斯兰教寺院经济中"以寺养寺"长期以来难以大面积推广的根本原因。最为现实的作法是，有条件的清真寺或道堂拱北，开展一些公益性、服务性的工作，如植树种草、绿化荒山、宗教用品生产和销售等，力所能及地开展"以寺养寺"工作，减轻群众负担。事实上这也是目前开展"以寺养寺"工作的清真寺或拱北的主要工作领域。

（四）中国穆斯林人口状况

1. 中国穆斯林人口数量及分布

在我国，伊斯兰教为回族、维吾尔族等 10 个少数民族中的大多数群众信仰。在我国其他民族中，穆斯林人口极少。因此，中国穆斯林人口约等于以伊斯兰教为主要信仰的 10 个少数民族人口。1964 年中国有穆斯林人口约 800 万人，1982 年约 1461 万人，[①] 1997 年 1800 万人，[②] 据中国国务院官方数字，中国穆斯林人口近年已达 2100 万人。其中，新疆穆斯林约 1100 万人。[③] 据中国伊斯兰教协会最新资料，2009 年中国穆斯林为 2300 万人。[④] 从 1964—2009 年，穆斯林人口增长率高于全国人口平均增长率，远高于汉族人口增长率。

从表 6-1 可以看出，中国穆斯林人口集中居住在西北的甘、青、宁、新四省区，这是中国穆斯林传统的聚居地。但是，改革开放以来，因市场经济的因素，中国穆斯林人口也如全国其他非穆斯林人口一样，出现大规模人口流动现象，流动人口总数达 300 万人。[⑤] 流动的大致规律是：由中国西北部穆斯林聚居区流向大中城市或者中东部经济发达地区；流动穆斯林中以回族穆斯林为主；流动穆斯林男女性别比相差较大，男多女少。[⑥] 穆斯林人口流动导致伊斯兰教在中国大地上的分布更宽、更广，一些原来并无穆斯林或只有很少穆斯林的地方也成为新的穆斯林聚居地，如广东深圳和浙江义乌。

---

① 这分别是我国第二、第三次全国人口普查中 10 个以伊斯兰教为主要信仰的少数民族人口数量。见张天路等著《中国穆斯林人口》，宁夏人民出版社 1991 年版，第 8 页。

② 国务院新闻办公室：《中国的宗教信仰自由状况》，1997 年 10 月 16 日。

③ 中国伊协陈广元会长与伊斯兰世界联盟秘书长图尔基博士会谈时的资料。见《中国穆斯林》2009 年第 1 期，第 9 页。

④ 陈广元："世界瞩目宗教发展的东方模式"，《人民日报》2009 年 10 月 13 日。

⑤ 王宇洁：《2008 年中国伊斯兰教概况及对中国穆斯林流动人口的分析》，《宗教蓝皮书：中国宗教报告（2008）》，社会科学文献出版社 2009 年版。

⑥ 同上。

表 6-1　中国信仰伊斯兰教的少数民族人口数量及色分布（2003 年）

（单位：人）

族别	人口（2003 年）	分布地区
回族	9816805	宁夏回族自治区、甘肃省、河南省、新疆维吾尔自治区、青海省、云南省、河北省、山东省、安徽省、辽宁省、天津市、陕西省等
维吾尔族	8399393	新疆维吾尔自治区、湖南省
哈萨克族	1250485	新疆维吾尔自治区伊犁哈萨克自治州
东乡族	513805	甘肃省东乡族自治县、新疆维吾尔自治区
柯尔克孜族	160823	新疆维吾尔自治区柯孜勒苏柯尔克孜自治州、黑龙江省
撒拉族	104503	青海省循化撒拉族自治县、甘肃省
塔吉克族	41028	新疆维吾尔自治区塔什库尔干塔吉克自治县
乌孜别克族	12370	新疆维吾尔自治区伊犁、塔城、喀什
保安族	16505	甘肃省积石山保安东乡撒拉族自治县
塔塔尔族	4890	新疆维吾尔自治区伊犁、塔城、乌鲁木齐市
合计	20320580	

数据来源：中国伊斯兰教协会。

中国穆斯林人口的整体素质也大幅度提高，文化素质、宗教素质、身体素质今非昔比。这方面的资料很多，在此不再赘述。

2. 中国伊斯兰教各教派、门宦人口

从逊尼派、什叶派的角度来说，长期以来中国伊斯兰教中绝大多数是逊尼派，什叶派很少，只有新疆的塔吉克族信仰什叶派中的伊斯玛仪派，这种逊尼派—什叶派格局至今未变。但是，自 20 世纪 30 年代塞莱非耶思想传入中国西北之后，50 年代以来，塞莱非耶在甘肃临夏传播较快，70 年代以后，逐渐向西北各地的穆斯林聚居区辐射，形成中国伊斯兰教的一派，估计已有 10 万人的规模，目前在青海，甘肃临夏、兰州、天水、张家川，陕西西安等地区已有许多信众和阿訇。塞莱非耶的兴起改变了中国伊斯兰教传统上"三大教派、四大门宦"的格局，事实上其人口上已远超西道堂。塞莱非耶派的兴起在中国伊斯兰教法学派格局的改变上也有重大意义，由于该派遵循罕伯里教法学派，这就意味着打破了原来中国伊斯兰教中哈奈菲教法学派一统天下的格局，而且是对一千多年来中国伊斯兰教教法学派格局的改变。就中国伊斯兰教各教派、门宦的角度来说，相对比较复杂。各教派、门宦人口从未见有精确统计数字。笔者在伊斯兰教的调研工作中，从不同信息来源得来的各教派、门宦人口数量参差不齐，感觉真假难辨，严重缺乏精确性。下面是笔者收集到的散见于各种资料中的各教派、门宦的统计数字，有的是全国范围的，有的是某个省区的，但相对比较可信。读者可以窥一斑而知全豹，推测全国范围内伊斯兰教各教派、门宦的人口规模的大致格局。

（1）教派

格底木派，据 2000 年的出版物估计全国约有 400 万人口；[①] 其中甘、宁、青约有 100 万人。[②]

伊赫瓦尼派，在甘、宁、青的约 454 万穆斯林人口中，约占 138 万人。

塞莱非耶派，甘、宁、青约 3.5 万人。

西道堂，全国约数千人。

（2）门宦

虎非耶，据 2000 年的出版物估计全国有 50 多万人；[③] 其中甘、宁、青约 85 万人。

哲赫林耶，甘、宁、青约 85 万人。

嘎德林耶，甘、宁、青约 25 万人。

库布林耶，甘、宁、青约 10 万人。

再提供宁夏和青海的相关资料：宁夏穆斯林中，伊赫瓦尼有约 37 万人，格底木约 44 万人，虎非耶约 31 万人。哲赫林耶约 41 万人，在宁夏主要有沙沟（约 34 万人）、板桥（约 7 万人）等支派。嘎德林耶约 8 万人，分大拱北等十几个支派。库布林耶不详，赛莱非耶约 1 万人。[④]

根据 1996 年统计，青海的穆斯林人口 78.4 万人。伊斯兰教教派主要有：伊赫瓦尼约 52.44 万人，占穆斯林总人口的 66.9%；格底木约 9.8 万人，占青海穆斯林总人口的 12.5%；塞莱非耶可忽略不计。四大门宦：

---

①　马通：《中国伊斯兰教门宦制度史略》，宁夏人民出版社 2000 年版，第 89 页。

②　马宗保：《伊斯兰教在西海固》，宁夏人民出版社 2004 年版，第 1 页。

③　马通：《中国伊斯兰教门宦制度史略》，宁夏人民出版社 2000 年版，第 153 页。

④　马宗保：《伊斯兰教在西海固》，宁夏人民出版社 2004 年版，第 1 页。

哲赫林耶 8400 人；嘎德林耶信徒 4.59 万人，占全省穆斯林总人口的
5.86%；虎非耶有信徒 9.92 万人，占穆斯林总人口的 12.66%；库布林
耶 2700 人。[①]

　　新疆伊斯兰教中除前述的少数塔吉克族信仰伊斯玛仪派外，还有依禅
派，即新疆的苏非派，传播比较广泛。改革开放以来，瓦哈比派在新疆也
有发展。不过，具体人口不详。

　　虽然具体数字并不太清楚，但是 30 年间，中国伊斯兰教各教派、门
宦仍处在不断的演化之中，有的教派规模在减少，至少是相对减少，如格
底木派；有的教派在增长，如伊赫瓦尼派；新教派是不是也在萌芽？门宦
也是如此，你增我减的变化，新门宦的产生，无时无刻不在进行中。宗教
分门别派实属宗教发展客观规律，不以人的意志为转移，当然无须大惊小
怪，关键是如何对待。中国伊斯兰教派、门宦的未来，可能还有许多篇章
可以续写。

　　3. 伊斯兰教宗教职业人员

　　改革开放以来，中国伊斯兰教宗教教育发展迅速，经堂教育系统和伊
斯兰教经学院系统分别培养出大批宗教职业人员，充实到伊斯兰教的各宗
教活动场所，为穆斯林的宗教生活提供服务，传承伊斯兰文化，同时也改
变了改革开放初期伊斯兰教教职人员青黄不接的局面，建立了合理的宗教
职业人才队伍。这些宗教职业人员多为热爱祖国、拥护社会主义制度、了
解中国民族宗教政策、具有较高伊斯兰教学识和阿拉伯语、汉语文化水平
的伊斯兰教专业人才。

　　目前，中国伊斯兰教的教职人员数量不但能满足实际需要，甚至宗教
人才略有剩余。全国范围内，仅 1997 年经政府注册的伊玛目、阿訇 4 万
余名，其中新疆伊玛目和阿訇有 2.8 万余名。[②] 下面是中国伊斯兰教协会
统计的 2005 年在寺阿訇人数和在寺海里凡（阿拉伯语音译，原意为"代
理人"或"继位人"）人数：北京分别是 140 人和 20 人；天津 110 人、
128 人；上海 16 人、20 人；重庆 6 人、20 人；河北 618 人、662 人；河
南 1017 人、1600 人；山东 760 人、543 人；山西 513 人、562 人；湖北
70 人、5 人；湖南 46 人、93 人；江苏 67 人、5 人；安徽 187 人、70 人；

---

① 　中国人权网资料，http：//www. humanrights. cn/cn/。
② 　国务院新闻办公室：《中国的宗教信仰自由状况》，1997 年 10 月 16 日。

江西 4 人、3 人；浙江 7 人、8 人；福建 6 人、1 人；广东 8 人、4 人；广西 28 人、50 人；陕西 105 人、220 人；甘肃 3853 人、9166 人；宁夏 5328 人、8000 人；青海 2280 人、3500 人；新疆（包括新疆生产建设兵团）29450 人、1307 人；内蒙古 271 人、339 人；黑龙江 116 人、37 人；吉林 98 人、57 人；辽宁 120 人、160 人；四川 200 人、60 人；云南 2000 余人、5000 余人；贵州 608 人、620 人；海南 30 人、0 人；西藏 6 人、0 人。① 2009 年，中国伊斯兰教已有 5 万多位阿訇和教职人员。②

新疆伊斯兰教 30 年间教职人员的变化更大，"教职人员由 3000 多人增加到 2.8 万多人。新疆伊斯兰教经学院成立以来，使用维吾尔语等少数民族语言授课，为全疆各地培养了 489 名伊玛目、哈提甫或宗教学校教师，现有在校生 161 人。2001—2008 年，新疆伊斯兰教经文学校培训宗教教职人员达 2 万多人次。由各地（州、市）伊斯兰教协会举办的经文学校、经文班和宗教人士带培的塔里甫有 3133 名，毕业塔里甫 1518 名，已有 803 名担任宗教教职。从 2001 年开始，为了培养高层次的伊斯兰教教职人员，新疆先后选派 47 人赴埃及、巴基斯坦等伊斯兰国家的伊斯兰教高等学府留学深造"③。

宗教人口是宗教最具能动性的元素。改革开放以来，综观中国穆斯林人口 30 年历程，最具冲击力的是一个"变"字。信教群众人口增长、素质提高；教派、门宦分化组合，新旧并存；教职人员也是数量增长，素质提升。因此从这个角度判断，中国伊斯兰教经历了变化的 30 年，发展的 30 年，并仍处在变化与发展中。

三　文化的共栖
——中国伊斯兰教的政治化困境与文化出路

伊斯兰教兴起的运动，并非纯粹的宗教运动，而是以一种社会革命的姿态呈现出来。早期麦加、麦地那的伊斯兰教运动，更可视为以伊斯兰教

---

① 陈广元主编：《新时期阿訇实用手册》，东方出版社 2005 年版，内部发行，第 374—391 页。

② 陈广元：《世界瞩目宗教发展的东方模式》，《人民日报》2009 年 10 月 13 日。

③ 国务院新闻办公室：《新疆的发展与进步》（白皮书），2009 年 9 月 21 日。

为载体的社会革命运动。伊斯兰教的宗教性内容是以后逐步丰富和发展的，包括宗教思想和宗教仪式等无不如此。穆罕默德革命的社会性先于宗教性，伊斯兰教在兴起之初就以社会性的革命为己任，自身负载着强烈的政治性，宗教性的表象下涵盖众多世俗性的内容。伊斯兰教自谓为"两世兼顾"的宗教，神圣与世俗的全部，它不但是宗教，还是无所不包的社会制度，政治制度也在其列。因此，伊斯兰教天然地含有丰富的政治内涵和强烈的政治参与性。一旦时机适当，伊斯兰教就会现身在政治舞台上。当代伊斯兰主义，或政治伊斯兰，主张以宗教为手段的政治诉求，旨在将社会各领域实现伊斯兰教法的统治，宗教阶层同时掌握教权和俗权。中国不存在当代意义的政治伊斯兰。不过，中国伊斯兰教历史上已经形成一定的政治参与的传统，即使在以世俗化与现代化为发展方向的当代中国，伊斯兰教也仍在极力延续其政治参与的传统，期望在政治领域展现宗教的力量，并为中国穆斯林群体争取相关利益。

（一）以史为鉴：宗教职业阶层是伊斯兰教政治力量的核心，宗教的组织化是伊斯兰政治力量的基础

中国伊斯兰教的政治史，内地伊斯兰教和新疆伊斯兰教截然不同。

除在西北特定的地域之外，内地的伊斯兰教从未独立地或与世俗力量长期联合掌权，并达到决定国家前途命运的程度，而历史上的新疆伊斯兰教，或独立地、或与世俗力量联合地掌握过新疆地方政权，决定着地方政治的走向。之所以出现这种区别，并非历史上内地伊斯兰教和新疆伊斯兰教在政治观念或权力追求上有根本区别，而是内地与新疆不同的政治、宗教环境造成的结果。

伊斯兰教传入中国及发展之时，中国内地封建文化与封建王权都非常发达。面对泱泱华夏的繁荣与强大，且与伊斯兰帝国相距遥远，仅凭少数外来的穆斯林力量不可能像在新疆那样期望染指政权。况且早期到达中国的穆斯林多为普通士兵、商人和工匠，少有宗教人士。没有宗教阶层谋划、参与的政治，仅是普通穆斯林信众参与的政治活动，也不属于政治伊斯兰。缺乏宗教人士，伊斯兰教的政治功能无从发挥。当时，中国穆斯林人口规模太小，不足以形成、孕育、供养有一定规模的宗教—政治人士。政治是力量的展示，缺少群众基础，伊斯兰教难以影响政治。当时的穆斯林参与政治，唯一的途径是通过科举制度入仕，但这种"儒化"了的穆

斯林，已与伊斯兰教拉开了距离，他们不是以宗教人士的身份参与政治，而是以普通儒生的身份参与封建政权，这些人的政治活动不能定义为政治伊斯兰或伊斯兰主义。此时，伊斯兰政治仍没有能力在内地的政治舞台上展示。

唐、宋、元三朝，中国穆斯林的经济地位与政治地位都比较高。或凭借善于征战、或凭借善于经商、或凭借观察天象之技，穆斯林或为军户、或为将军、或为富商、或司天监之职，其地位让其他普通中国民众难以望其项背。蒙元一朝，朝廷规定穆斯林归于色目人一列，整体地位高于汉人。穆斯林较高的社会地位并非通过伊斯兰教获得。如果政治活动是争取权利的活动，穆斯林社会地位相对优越，经济条件尚好，也使这一群体缺乏参与政治的动力，政治伊斯兰更无从谈起。

元、明时期，穆斯林群体在各个方面都发生巨变。首先是这个群体的人口规模越来越大，也意味着力量越来越大，一旦现实需要，有足够的力量参与和影响政治。其次，穆斯林的整体社会地位也一落千丈，汉人掌握政权，取消了蒙古人给予的特殊社会地位。除少数人挤入上层社会外，大部分穆斯林社会地位低下。生活在明朝强大的中央集权的压迫、剥削之下，穆斯林群体与大部分中国普通人一样，经济困顿，步履维艰。穆斯林群体一如其他中国人一样，具有强烈的革命需求。第三，伊斯兰教的中国化进程，在元、明时期大踏步前进，穆斯林使用汉语，用汉姓，服装、习俗等都大量借鉴汉人的文化。思想哲学领域，明末开始的以儒诠经运动，将伊斯兰教的中国化推至高潮。元明时期，伊斯兰教的中国化，一方面使穆斯林的宗教失去了部分外来宗教的特征，另一方面又未完全形成中国伊斯兰教的特色。过渡时期的穆斯林群体还没有找到自己政治诉求的表达方式和实现途径。由于中国伊斯兰教与中东伊斯兰教隔绝太久，中国伊斯兰教"经文匮乏，学人寥落"，宗教阶层几近消失。没有了宗教人士（阿訇、经师），伊斯兰教政治便没有领导力量，政治诉求也就无从表达，政治力量无法展示。

明代以前，中央政权也从未把穆斯林看作一支政治力量，也不认为有任何政治上的利用价值。因此，封建政权也从未对伊斯兰教进行过任何政治上的利用或操作。这种外部环境也限制了伊斯兰宗教政治的生成与壮大。

明清之际，中国伊斯兰教又一次发生巨变。主要表现在两个方面。一是宗教阶层的日益形成与壮大。明末胡登洲开创的经堂教育，在陕西、山东、江浙一带和云南等穆斯林聚居地迅速发展，开始系统地、大量地培养中国本土的阿訇。经堂教育培养的阿訇，改变了之前由国外宗教学者主导中国伊斯兰教育的局面。这个新生群体更了解中国和中国伊斯兰教，更易于与穆斯林群众沟通，并且规模更为庞大。二是中国伊斯兰教首次出现了系统化和组织化。苏非主义和伊赫瓦尼派的传入，在西北甘青宁地区形成中国化的门宦和新的教派，门宦和伊赫瓦尼派都是系统化的宗教组织，门宦"老人家"和伊赫瓦尼派的教长在通常情况下，既是阿訇又是门宦和教派组织的领袖。这样，阿訇阶层的发展壮大和伊斯兰教组织化的出现，既使中国伊斯兰教拥有了宗教领导力量，又使其具有动员、积聚力量的组织架构。如果宗教阶层故意涉足宗教之外的世俗政治，那么就可以在短时间内调动大量的人力、物力参与政治。

清代，阶级矛盾和民族矛盾日益尖锐，在这种条件下，由伊斯兰宗教领袖牵头，利用中国伊斯兰教新生的组织架构，领导了规模巨大的反清运动，同时也为民族隔阂埋下了最初的根基。通过反清运动，内地伊斯兰教展示出强大的政治动员与组织能力。起义者在大获全胜时选择投降，说明内地伊斯兰教缺乏政治伊斯兰的意识。

新疆伊斯兰教与内地伊斯兰教的发展路径不同。新疆邻近较早伊斯兰化的中亚，直接面临伊斯兰文化与政治的强劲冲击。来自伊斯兰核心地区的宗教人员很容易到达新疆。宗教上层人士与新疆各地方政权结合，共同推进了新疆的伊斯兰化进程。公元10世纪喀喇汗王朝的伊斯兰化及其对佛教的于阗国征服战争，都是在伊斯兰教的旗帜下进行的。喀喇汗朝的王室贵族宣布对于阗的佛教进行圣战，还很少见到专业的宗教人员参与其中。近代历史上白山派和黑山派的形成及政治化，则证明新疆伊斯兰教中的宗教阶层已经规模化。新疆伊斯兰教中，宗教阶层总是处于被世俗统治者利用的地位，从未能独立掌握政权，实现伊斯兰教法的统治。目前，新疆伊斯兰教中仍存在大量的宗教职业人员，随着伊斯兰改革思想的传入，部分人受政治伊斯兰的影响，但缺乏实现的途径。

宗教职业阶层是伊斯兰教的学者、教长或宗教领袖，其根本定位应是宗教性的，伊斯兰教的发展离不开宗教职业者；伊斯兰教的组织化和系统化是宗教发展到特定阶段形成的，代表着宗教资源的自我组织和管理，其组织化的初衷也是出于宗教目的。但是我们从中国伊斯兰教的历史上可以看出，宗教职业阶层和宗教的组织化却不仅仅限于宗教的功能和目的，必要的时候会成为政治的力量。从宗教政治的角度看，不论是内地还是新疆伊斯兰教，宗教职业阶层都是伊斯兰教参与政治的领导中枢。伊斯兰教宗教职业阶层的形成与发展，形成了中国伊斯兰政治的领导核心；伊斯兰教系统化与组织化后的宗教性组织架构，则随时可能转化为政治组织形式，凝聚强大的政治力量。这两种因素也是目前中国伊斯兰教参与政治并展示力量的基础。

（二）当代中国伊斯兰教的政治维度及其困境

实施改革开放政策后，政府对宗教职业人员的正常宗教活动给予保护，"放阿訇"、"放口唤"和教主继承活动事实上也已经公开化，伊斯兰教的组织体系处于发展演变的新阶段。因此，目前伊斯兰教的宗教职业阶层和组织架构不但得以恢复，而且还有所发展，这保证了当前中国伊斯兰教发展所需要的基本推动力量。

伊斯兰教从阿拉伯半岛向世界各地传播的过程中，难以避免地走本土化的趋势。在本土化的过程中，自称代表伊斯兰教正统的力量总是极力抗拒本土化。抗拒的方式至少有两种：一是宗教职业阶层掀起的周而复始的伊斯兰运动对信仰的不断更新和强化。以麦加、麦地那两圣地为核心的正统伊斯兰教，以及诞生在两圣地的伊斯兰新思潮，通过源源不断的朝觐人流，向伊斯兰世界各地传布。某些朝觐或学习归来的学者呼吁对家乡本土化了的伊斯兰教进行改革，剔除异教的成分。这种改革经常采取规模宏大的宗教运动的形式进行，推动地方化的伊斯兰教向所谓的正统派靠拢。二是穆斯林学者借助伊斯兰宗教教育体系进行的宗教教育活动。整个伊斯兰教的教育体系，通过向穆斯林传授宗教知识和文化传统，培养信仰意识和宗教感情，强化宗教信仰，有效地抵御和迟滞了伊斯兰教的本土化进程。纵观整个伊斯兰教历史，除了被迫退出的伊比利亚半岛之外，在伊斯兰世界外围的其他地区，伊斯兰教正是通过上述两个过程，在长达千年的历史跨度中，总是趋向于穆斯林人口不断膨胀，宗教信仰不断强化的目标。即使在当前世俗化潮流大行其道之时，仍看不出这一过程有明显改变的趋势。

中国伊斯兰教似乎也并非特例，也一直在经历这样的过程。当前的中国伊斯兰教就是本土化与抗拒本土化二种力量博弈后的结果。宗教职业阶

层当中主张本土化和抗拒本土化的力量是这种博弈的主角。中国传统文化
宽大的胸怀、强大的融合能力，使除新疆之外的中国伊斯兰教呈现出浓烈
的中国特色。

中国穆斯林在人口规模增大，宗教信仰本土化面临挑战的同时，宗教
政治的维度逐渐膨胀。宗教职业阶层的政治化现象日益凸显，出现了一批
善于跟政府打交道的"政治阿訇"。伊斯兰教不断加强自身的调整，力求
在政治上"合格"，以迎合当前的政治需要，其最终目标是为伊斯兰教的
生存与发展争取空间，为穆斯林群众争取现实利益。在宗教组织架构方
面，政府不但日益放松对伊斯兰教中传统民间组织架构的限制，还成立了
系统性的各种伊斯兰教协会。宗教职业阶层的壮大，宗教组织系统的发
展，在促进伊斯兰教发展的同时，也为伊斯兰教政治性的发展提供了可
能。于是，我们看到当前伊斯兰教中有许多政治和宗教互为掩护的事件发
生。不论是若隐若现的"宗教—政治"事件，还是模糊不清的"政治—
宗教"行为，都是穆斯林群体利用宗教及其政治性为自身争取现实利益
的行为。穆斯林群体以"宗教政治"的形式争取自身利益时，却在无意
间认识到伊斯兰教的政治价值，从而增强了宗教的凝聚力，强化了伊斯兰
信仰。

当代中国是世俗国家，政教分离是基本的立国原则之一。但现实中，
政府对宗教又有政治方面的考虑，宗教又在一定程度上为政府服务，帮助
政府联系信教群众，调解与部分宗教相关的事件，承担中国宗教对国际宗
教界的政治宣传、联系与交往等。宗教人士因此从政府得到相应的政治和
经济利益，在政协、人大取得相应的职位，部分宗教协会得到政府财政资
助等。伊斯兰教也是如此。伊斯兰教协会在处理宗教性突发事件中通常起
到关键作用。在中国，伊斯兰教对政治的敏感度超过其他宗教，这不仅因
为它是一种外来宗教，外来宗教还有基督教、佛教，也不是因为它的本土
化不如佛教彻底，基督教的本土化还不如伊斯兰教，而是因为与伊斯兰教
息息相关的政治因素太多，如民族因素、边疆因素、统战因素、国际因素
等。历史经验表明，伊斯兰教必须在面临每一次政治因素的考验时选择正
确的立场，否则都会对自身带来不利影响。这种历史经验与危机意识培育
了伊斯兰教的政治意识。而这种历史形成的政治意识与伊斯兰教固有的政
治性相结合，造就了当前中国伊斯兰教强烈的政治意识与政治敏感。

中国的民族区域自治制度，也为伊斯兰教的政治参与留下了空间。在

民族区域自治政府的人士安排中，民族身份是重要的影响因子，民族区域自治政府中应保证一定比例的少数民族干部。民族与宗教的复杂关系也会反映在这种特殊的人事制度中。在中国的伊斯兰教中，宗教与民族的联系比较紧密，在中国，伊斯兰教已由普世性宗教在一定程度上演变为十个少数民族的民族性宗教。彰显民族身份通常要通过强调宗教信仰事实现，伊斯兰教很大程度上已被定位为民族特征，因此许多情况下在穆斯林聚居地区"民族"与"宗教"已成为紧密联系的概念。没有民族性，就没有"民族干部"，而"民族干部"出于政治考虑，会天然地延续和强调宗教性，虽然在世俗主义的政治文化中不能明确地表达和实践宗教性。在这里，宗教是保持和强调民族身份的一种工具。而民族性的延续与强调通常也需要借助伊斯兰教，伊斯兰教的存在与发展成为"民族干部"的政治需要。因此，民族区域自治制度既可以间接地为伊斯兰教的存在和发展提供政治推动力，也可以曲折地为伊斯兰教的政治参与提供可能和便利。

政府出于统战的考虑，对伊斯兰教宗教人士给予的政治安排，比民族区域自治制度更能直接地推动宗教的发展。这些宗教职业人士，通过政治安排而拥有了一定的官方身份，这种官方身份往往会转化为宗教人士的宗教号召力，给其宗教活动增添政治合法性和宗教正当性，从而吸引更多的信教群众。国际上有类似的例子。殖民时期，作为天主教徒的法国人采取各种手段限制伊斯兰教在法属西非的发展，但是法国人利用伊斯兰宗教人士（苏非长老、阿訇）为殖民统治服务，在地方政府中给宗教人士安排职务，代表法国人实施某些政策，并笼络穆斯林群众支持殖民政府。结果事与愿违。殖民时代末期，伊斯兰教迅速发展，天主教则止步不前。法国人总结经验时，痛苦地认识到，在世俗性的殖民政府中安排穆斯林宗教人士，无疑增加了其宗教性光环，给其宗教活动增加了合法性，也就促进了伊斯兰教的发展。中国当前伊斯兰教领域的统战政策也有类似的功能，群众形象地称之为"举着'红旗'反'红旗'"。我们发现在中国伊斯兰教中，凡是受到政府重视，给予一定政治安排的宗教人士所领导的宗教组织，都发展得相对较快，呈现一片繁荣景象。再者，宗教人士的政治地位，来源于他们的宗教地位，宗教地位越高，政治安排也越高，二者是相互促进的。在这种情况下，宗教人士更加认识到宗教地位的重要性。而宗教地位则又来源于宗教吸引力，来源于所能调动的宗教资源，即宗教人士所管理的宗教组织的规模等。于是，发展宗教、扩大影响成为宗教人士的必然选择。当然这种具有政治身份的宗教人士的宣教行为通常要以政府能够接受的方式和程度来进行。

伊斯兰教协会定位于中国伊斯兰教的民间组织，但中国伊斯兰教协会、各省、市、自治区的伊斯兰教协会，以及部分民族宗教地区的市、县伊斯兰教协会，却又得到政府的财政资助，群众称这种民间组织的人员为"吃财政饭的公家人"，与政府人员无异。吊诡的是，这种受政府资助的伊斯兰教协会已经演变为政府机构的延伸，成为人浮于事的官方机构，唯独缺少宗教民间组织的功能，已经失去信教群众的信任。更吊诡的是，各种伊斯兰教宗教人士却仍希望担任这种已经失去群众信任的各级伊斯兰教协会的委员。原因在于，在这些宗教人士看来，伊斯兰教协会虽然不是宗教资源，却与政协、人大中的职位一样，是一种政治资源，仍有利用的价值。拥有含有一定政治意蕴的伊协委员的名分，就可以利用它来巩固和加强自己的宗教地位，从而间接促进其所在的社区的伊斯兰教的发展。于是，官方资助的伊斯兰教协会也成为一种促进宗教发展的机构。

民族、宗教事务复杂，且牵涉面广，政府历来重视民族、宗教事务的管理。多年来，我们反复强调"民族、宗教无小事"，以期引起各方面对民族、宗教工作的重视。应该说，"民族、宗教无小事"的命题并无不当，但是近年来在实践中出现一些偏差，围绕"民族、宗教无小事"这一原则出现了一种不正常的趋势：故意将性质上并非民族、宗教的事件转化为民族、宗教事件，以期得到有利于自己的处理结果。就伊斯兰教而言，有些发生在穆斯林群众与非穆斯林群众之间（偶尔也有包括穆斯林内部）的纠纷，本来纯属经济的、法律的纠纷，与宗教无涉，仅仅因为政府贯彻"民族、宗教无小事"的原则，通常对这类纠纷更加重视，在处理时照会顾穆斯林的传统与信仰，予以迅速处理，并且在处理结果上更倾向于有利于穆斯林群众一方。于是，穆斯林群众故意将非宗教性事件转化宗教性事件，以期获得利己的处理。这种现象近几年频繁出现，事件背后通常有伊斯兰教职业人员参与其中，出谋划策，值得深入思考。穆斯林群众通过这种事件发现，伊斯兰教也可以作为争取利益的工具，使其对宗教有新的认识。这种事件的一种结果是，可以强化涉事信教群众的宗教信仰。就非穆斯林一方来说，则会对伊斯兰教和穆斯林形成一种负面认识，影响族群间和宗教间的关系。不仅如此，应该从更高的层次上审视"转化事件"。总体来看，这类事件本质上属于现代社会条件下宗教干涉世俗事务的行为，与政教分离的现代趋势背道而驰。

当前"政主教从"的基本政教格局和定位，将伊斯兰教首先定性为宗教，其次定性为政治，认为伊斯兰教是一种潜在的政治力量，并希望它发挥积极的政治作用。这给伊斯兰宗教人士利用宗教资源，尤其是利用组织化系统化之后庞大的宗教资源，参与政治留下了一定的空间。在现代社会的大环境下，尽管伊斯兰教的政治参与的力度与广度都非常有限，且多为曲折的或隐性的方式，不走政治伊斯兰的路线，但是这种有限的政治参与及所取得的相应的利益，足以让穆斯林认识到伊斯兰教的力量与政治价值，并且最终促使他们重新审视伊斯兰教，增强宗教归属感，强化其宗教信仰。伊斯兰教的政治参与，会造成穆斯林不同信仰群体之间的分离与对抗，不论是历史或现在，国内或国际，长期来看都不利于政治建设，也不利于伊斯兰教本身。

（三）伊斯兰教在中国落地生根，是通过文化的交流和融合，而非宗教手段和政治途径

新疆伊斯兰教的历史证明，伊斯兰教与政治结合不可避免地酿成重大的悲剧。西亚和中亚的伊斯兰教带有强烈的政教合一色彩，当中亚的伊斯兰教传入新疆时，就立即依附于世俗政权作为传教的手段。从10—16世纪，伊斯兰教宗教神职人员通过与喀喇汗王朝和东察合台汗国政权结合，战胜了新疆的佛教，终于成为新疆居于主导地位的宗教。伊斯兰教的胜利却是以新疆人民生灵涂炭为代价的。大规模的宗教"圣战"，让宗教上层和封建王权得到实惠，却让天山南北遍燃烽火。而后，伊斯兰教内部白山派和黑山派的斗争，又被叶尔羌汗国政权所利用，宗教斗争与政治斗争绞合在一起，给新疆制造了长期的战争灾难。结果这次宗教内部斗争不但导致叶尔羌政权的灭亡，宗教上层也名声扫地，白山派和黑山派都落得众叛亲离，被信教群众所抛弃。其后新疆又经历长达百余年之久的和卓后裔分裂祖国的叛乱活动，严重危害了国家统一、民族团结和社会发展，也使伊斯兰教发展遭遇重大挫折。

内地的伊斯兰教的发展路径与新疆伊斯兰教有很大的不同，走的是一条文化交流的和平路线。伊斯兰教自与唐朝的和平交往开始，以商业交流和文化交流为主线，伊斯兰文明和中华文明在这种交流中互相学习、彼此借鉴、互相融合、相得益彰。穆斯林在维持宗教忠诚的同时，政治上忠于

封建朝廷，但内地伊斯兰教并不谋求依附封建政权寻求宗教扩张，而是进行宗教对话，力求被汉文化所理解，从而在中华大地求得一席生存之地。穆斯林参与封建政权从来都不强调宗教身份，而是以封建士大夫的形象和功能出现庙堂之上，为朝廷服务。穆斯林参与政治不等于伊斯兰教参与政治。穆斯林学者带来伊斯兰文化中的天文历算技术、阿拉伯医药学和造炮术，丰富和发展了中华民族的科技文化。在清朝中后期引入西方天文学之前，伊斯兰天文历算技术一直被封建王朝所重用。伊斯兰教的和平策略收效显著，伊斯兰教在中华大地落地生根，元朝时已形成"回回遍天下"的局面。明朝时，由于回族官僚与汉族官僚争权，参与了一些宫廷政变，招致封建官员对回族官僚的排挤，这是因政治上的争权夺利进而延伸到对穆斯林和伊斯兰教的歧视。因此，明清之际，伊斯兰教日渐遭受封建政权的歧视甚至打击，固然有多方面的原因，却也与穆斯林官员参与政治斗争而殃及伊斯兰教不无关系。尽管这还只是穆斯林参与政治而非伊斯兰教干预政治，但也足以说明，伊斯兰教政治化不利于它在中国的生存与发展。

正是因为走的是文化交流和文化融合的道路，在长达 15 个世纪的漫漫路途中，除清代的个别时期外，内地伊斯兰教脚踏实地、步履稳健地一直走到现在。伊斯兰教从未谋求与主流文化对抗，而是从中国传统文化中挖掘大量的思想资料，建立独具特色的中国伊斯兰教思想文化体系。凡是伊斯兰教在中国本土化大踏步前进的时期，都是伊斯兰教迅速发展、教内关系和教外关系和谐的时期。反之，凡是伊斯兰教引进国外复古宗教思想以对抗本土化的时期，都是伊斯兰教内乱频仍，并与其他宗教文化发生冲突的时期。伊斯兰文化与中国传统文化的交流，固然是穆斯林大众与非穆斯林大众在日常交往与实践中实现的，其中承担核心功能的则是以宗教学者为主的伊斯兰教宗教职业阶层。宗教学者对两种文化体系的沟通与融会，则是从更深层的文化、哲学、理论层面的解说、论证、界定、宣示与推广。刘智言："虽载在天方之书，而不异乎儒者之典，遵习天方之礼，即犹遵循先圣先王之教也。圣人之教，东西同，今古一。"智者的话语，如指路的明灯，引领文化交流与融会的潮流。文化的融会表现在实践层面上，则体现为宗教组织形式上一定程度的中国化。由苏非教长而至"老人家"，由苏非教团而至中国门宦，完成了伊斯兰苏非教团的中国化转身。

因此，穆斯林在中国的被接受而立足，伊斯兰教在中国的落地生根，不是通过宗教的和政治的途径，也不是通过对抗的方式，而是通过对话的和平方式，通过文化交流和融合的方式逐步实现的。

（四）文化的路径：实现伊斯兰教与中国主流文化的共栖

伊斯兰教作为外来文化，安身立命的前提之一是要被中国的本土文化所认识和理解。认识和理解是文化认同的基础。不论是伊斯兰教出于被同化的担忧而自我隔离，还是被中国主流文化所隔离，都会造成文化交流的障碍。历史上伊斯兰文化与中国本土文化的沟通与交流曾存在着这样或那样的障碍。所幸的是，现在的交流环境已经今非昔比。中国文化是多样性的统一体，统一性寓于多样性之中，这已成为当前的共识。伊斯兰文化也应是中国传统文化的一部分。季羡林先生生前认为，国学不是"汉学"、"儒学"等狭隘的国学，而是集全中国56个民族文化财富于一身的"大国学"。地域文化和民族文化虽有不同的表现形式，但其为中国文化不可或缺的构成要素。因此，五术六艺诸子百家之学，东西南北凡吾国域内之学，都可称为"国学"。"大国学"概念的建立及其实践，在考验包括伊斯兰教、儒教、佛教、基督教等在内的中国各文化体系的心态与智慧。那么，伊斯兰教如何能够成为"大国学"中被各方承认的一员呢？

文化共栖是比较现实的路径。共栖者，和谐共生也。各文化实体都是中华文化的一分子，共居于中华文化这棵参天大树之上。文化共栖的基础是文化理解、文化融会和文化认同。外来文化与本土文化，可以有主客之分，根据其文化辐射范围的大小，也可以有主次之分，但在文化尊严上是平等的。实现成功本土化的外来文化也可以反客为主，充分融合发展后的亚文化亦可以荣登主流文化之列，如中国化的佛教。这关键要看本文化的意愿与努力。只有各文化和平共处，积极交流、沟通，实现一定程度上的融合，中华文化之树才能枝繁叶茂，永葆生机。

伊斯兰教首先应实现与中国传统文化的共栖。要达至共栖的目标，伊斯兰文化与中国传统文化都有责任。现在是总结经验、展望未来、寻求途径、共同努力的时刻。

虽经1500多年的艰难历程，伊斯兰教与中国传统并未实现完美对接，文化的隔阂仍然存在。双方已有一定的文化理解和政治认同，但远未达到文化认同，未能实现理想的共栖状态。现实中的政治表态不等于文化认同。缺乏文化认同的政治认同是不可靠的，文化认同基础上的政治认同是国家长治久安的前提之一。在中国伊斯兰教中，政治认同已经基本形成，文化认同尚有距离，当前伊斯兰激进思想也在干扰着文化认识的形成。伊斯兰教与儒教在哲学层次上沟通，已于明清之际实现。双方的融合与共栖在思想领域已不存在根本的障碍。但是，由于历史上伊斯兰复兴运动的强化，宗教哲学上的认同也有反复。在现实中，伊斯兰教对中国传统文化的认同也出现认识上的分歧，部分宗教职业人士并不认同中国传统文化。不过，大部分体制内的穆斯林学者（科研机构、大学、政府机构的穆斯林学者）则认同中国传统，继承"教虽不同而天人之理无不同"的认识，承认中国伊斯兰教是中华文化之中的一个亚文化，积极与主流文化沟通，向主流文化靠拢。在主流文化内部，儒释道及当前的中国现代世俗文明能否真诚地敞开胸襟，接纳伊斯兰文化，给其提供一个对话、交流、融会的时间和空间，仍然不能确定。阻碍伊斯兰文化与主流文化交流的"文明断裂线"，除了"信仰线"之外，还有"民族线""风俗线""语言线""政治线"等多种障碍，多种"断裂线"叠加在一起，共同编织成阻碍文化交流的"钢丝网"。

　　当前实现伊斯兰文化与中国传统文化的共栖，最大的困难还不是障碍的"钢丝网"，而是"我们的传统文化是什么"这个问题模糊不清。"五四"以来，中国传统文化被以革命和改革的名义反复绞杀，目前只剩下一些文明的"碎片"了。伊斯兰教连对话的对象都找不到，何来交流？何来共栖？

　　中国当前的主流文化显然不只是中国传统文化，而是社会主义的新文化。从文化的视角观察伊斯兰教与社会主义的交流，可以部分地避免"有神"与"无神"的冲突与尴尬。"适应论"的提出，为伊斯兰文化与社会主义文化的共栖开拓了一片新天地。但是，"适应论"逐渐显现出理论局限。文化的交流与共栖首先应该是彼此的文化适应、平等的交流，宗教单方面地适应社会主义，暗含着一种强人所难、盛气凌人的文化霸权。不平等的交流不能实现和谐的共栖，所以适应是双向的行为。除了文化的彼此适应，还需要彼此的改变。从历史到现在，我们发现伊斯兰教不但可以改变，并且我们已大体清楚可以有多大程度的改变。而社会主义文化的改变，不但其深度和广度仍旧存疑，根据历史经验，会不会对伊斯兰教反戈一击尚且不能确定。这也是伊斯兰文化与中国主流文化交流与融会当中"踟蹰不敢前"的历史与现实原因。

　　因此，伊斯兰文化与传统文化沟通的局面"喜忧参半"，仍有巨大障碍，需要双方去克服。

　　文化要交往才有生命力，交往和融合就是吐故纳新。中国伊斯兰文化不但要保留伊斯兰教的根本内容，同时必须敢于摒弃不适合时代和中国主流文化所不接受的成分，容纳时代内容和地方特色。历史的路是这样走过来的，还要这样走下去。在这个过程中，伊斯兰教宗教职业阶层与宗教教育体系仍是两个不可或缺的重要角色。宗教职业者与体制内的穆斯林学者不同，他们直面穆斯林群众，通过系统的宗教教育机构向信众传播宗教知识和信仰观念，影响大、接触面广。宗教职业者也是伊斯兰教组织化的组织者、推动者和领导者，伊斯兰教的组织化与现代化仍主要靠他们。因此，宗教职业阶层是文化交流的主力，宗教组织是文化交流的主要形式，二者都应该是文化对话的主要参与者。

　　文化的交流与融汇同样离不开政府的推动。当前，政府应该根据文明对话的发展需要，摒弃仅仅将伊斯兰教定位于信仰、政治、民族之上的传统思维模式，还应该真正建立"宗教是文化"的新观念，将伊斯兰教参与经济发展、社会建设置于宏大的文化交流的背景之上，将伊斯兰教视为当前中国新文化建构的一种力量。文化的建设是一种缓慢的、彼此交流借鉴的过程，通常的行政手段不适用于对伊斯兰文化的管理，应该探索新措施。

（五）实现文化共栖的途径

　　中国当前的文化是受中国传统文化影响下的、现代的、社会主义的文化，实现伊斯兰文化与中国主流文化的和谐共栖，首先应该解决好以下三种关系：中国政府与伊斯兰教的关系，伊斯兰传统与中国传统的关系，伊斯兰教传统与现代的关系。

1. 政教关系

　　中国的政教关系中，宗教从属于国家，服从政权的管理，即所谓"政主教从"的关系。这种"政主教从"的理论与实践关系，既有国家政权对宗教的"掌控"，也有政权对宗教的"照顾"，本质上是一种权力主导型的政教关系及其管理方法。作为中国传统政教关系的当代延续，"政主教从"面临着现代的困境：有违于政教平等和政教分离的现代共识。宗教不得干预政治的前提是，政治也不能干预在宪法和法律框架下活动的宗教。政治的适当"淡出",宗教的进一步独立是未来中国政教关系调整的方向。

2. 伊斯兰传统与中国传统

目前伊斯兰文化与中国传统文化交流中的最大困境就是缺乏交流对象,找不到一个可以代表儒家传统的组织或机构。因此,首先应该建立儒教的文化实体,或者更广泛的中国传统文化的代表实体,这既是发扬传统文化的需要,也是中国各宗教间,包括伊斯兰教在内,进行文化交流的前提。

其次,充分发挥门宦的文化功能。门宦是伊斯兰教中最中国化的部分,应放松对门宦宗教传统的限制,如"放阿訇"、"放口唤"、教主继承等。作为门宦文化传承的方式,"放阿訇"、"放口唤"、教主继承等属于宗教信仰自由的范畴,政府不应干预。当代的门宦教主虽然对教众仍有很大的影响或一定程度上的控制,但是原来封建性的宗法控制已经或者正在消失,现代观念对门宦的冲击不可低估。门宦不可能完全回复到宗法性的时代,也不大可能作为民族冲突的力量或政府的对立面。相反,门宦作为伊斯兰教与中国传统完美融会的文化符号则更加鲜明,更具有导向意义。因此,应该充分挖掘门宦在伊斯兰传统与中国传统交流中的作用。

最后,突破中国伊斯兰教"自我隔离"和"被隔离"的困境。明清以来中国穆斯林与非穆斯林各民族之间的冲突与斗争所形成的融阂和"心理创伤",至今仍未痊愈。为了减少误会和冲突,伊斯兰教形成一种教内交往的传统,穆斯林也不太期望非穆斯林了解自己的文化与传统。凡是能在穆斯林社会内部解决的问题通常不会延伸到教外解决,久而久之发展为一种"自我隔离"的传统。"被隔离"局面则源于非穆斯林文化(主要是汉文化)长期以来对伊斯兰教外来文化的一种歧视心态,不愿主动去了解、去交流,从而使伊斯兰文化"被隔离"起来。不论是"自我隔离"还是"被隔离",都不利于伊斯兰文化与中国传统文化的交流和融会,破除这种双重隔离是当务之急。

3. 伊斯兰传统与现代

中国正在走现代化之路,中国文化是现代文化,而伊斯兰教作为一种未彻底完成现代化转身的文化传统,仍面临着传统与现代协调的任务。因此,传统与现代的协调也是中国当前伊斯兰教实现与中国文化共栖的主题之一。

　　首先，传统与现代的协调与沟通，仍要依赖伊斯兰教的传统宗教人士和宗教教育的功能。传统宗教人士和宗教教育体系是伊斯兰文化的载体和传承的途径，伊斯兰教的现代化离不开传统宗教人士和宗教教育的现代化。可喜的是，传统宗教人士和宗教教育的现代化都在大踏步地前进。根据我们的调研，宗教人士的传统观念在改变，宗教教育的传统内容和手段都在改革。政府和社会都应该鼓励这种改变，给他们提供宽松的文化环境。

　　其次，应培育非宗教职业人士的穆斯林意见领袖，给他们创造良好的成长环境。除了传统的穆斯林宗教人士继续发挥作用外，现代社会需要现代的意见领袖。非宗教职业的穆斯林意见领袖，如大学和科研机构的穆斯林学者、民间的穆斯林学者等，他们既有一定的宗教文化背景，又直面现代的社会和文化，可以作为教内外文化沟通的重要渠道，在文化交流中发挥独特的作用。目前，民间的非宗教职业的穆斯林意见领袖的生存环境堪忧，教内受传统人士的排挤，教外受体制内学者的歧视，社会应该给这部分人的成长提供良好而宽容的社会文化环境，以便于他们充分发挥文化桥梁的功能。

第七章　当代中国民间宗教[①]

李志鸿

中国民间宗教是不同于正统佛教、道教等宗教形态的另一种宗教形式。民间宗教在中华文化中有特定的位置，在长期的流传中，民间宗教俨然成为民众信仰世界的重要领域，不仅构成了千千万万底层群众的笃诚信仰，而且也深刻地影响着各个地区的民风、民俗，下层民众的思维方式、生活方式。从历时性的角度来看，民间宗教对中华民族性格的形成起过不可忽视的作用，对中世纪的宗教生活、政治生活发挥过重大影响。从共时性的层面来说，作为民众文化之一种的民间宗教，是高雅文化、正统神学的孕育之母。马西沙先生以为，民间宗教与正统宗教虽然存在质的不同，但差异更多地表现在政治范畴，而不是宗教本身。前者不为统治秩序所承认，被污为邪教、匪类，屡遭取缔镇压，往往只能在下层潜行默运；后者从整体上属于统治阶层的意识形态，受到尊崇、信仰和保护。就宗教意义而言，民间宗教与正统宗教之间没有隔着不可逾越的壕沟。世界上著名的宗教在初起时无一不在底层社会流传，属于民间教派。由于逐渐适应社会的普遍需求，并在不断地抗争中，以自己的实力走向正统地位甚至统治地位；而后起的一些民间教派又往往是正统宗教的流衍或异端，由于宗教或世俗的原因被排斥在外，遂自成体系，发展成独立教团，并被迫走向下层社会。显而易见，这两者在历史的长流中不停地演进、转化中，不仅在教

---

① 本报告在撰写过程中，参考了导师马西沙先生关于中国民间宗教体系性的研究成果；以及董晓萍先生关于华北民间宗教与秧歌戏、说书会之关系的研究成果；濮文起先生关于华北天地门（一炷香）、弘阳教、东大乘教等的研究成果；林国平先生关于福建三一教等的研究成果；尹虎彬先生关于河北后土信仰与民间宝卷之关系的研究成果；陈松青、俞黎媛先生关于福建金幢教、民间信仰的研究成果，特此注明。

义、组织、仪式、教规、戒律、修持等方面有着千丝万缕的联系，而且存在着对抗、改革与创新。

改革开放 30 年以来，宗教信仰自由政策得以落实，民众的经济生活也得到极大的改观，中国民间宗教在广大乡村社会再次盛行。从历史的角度来看，当代民间宗教是对传统民间教派的继承。从现实的角度来看，庙宇的兴修，经卷的刊印、讲唱，斋醮仪式的展演，力争本教门的合法化，这些都是当代民间宗教复活的不同侧面。对改革开放 30 年以来民间宗教的新趋向进行总结，不仅有着重要的学术意义，而且对于我国宗教政策的制定，文化战略的全盘把握，都是不无裨益的。

一 "民间宗教"概念的界定：民间宗教、民间秘密宗教、教门、民间教派

对中国的民间宗教进行研究，首先遇到的第一个问题就是对"民间宗教"这一概念的界定。中国的传统宗教具有复杂性与多样性。目前的学术界基于西方宗教学理论的考量尚未在"民间宗教"的概念上有统一的界说。

对于民间宗教概念的界说反映的是学者的研究立场、方法的差异。由于中国传统宗教的复杂性与多样性，对中国传统宗教的区分与界定殊为不易，这一点在对中国的"民间信仰"（Folk Belief）或曰"民间宗教"的概念的确定上体现得尤其明显。应该指出的是，真正意义上的宗教学诞生于西方，它所确立的一系列理论，是我们全方位审视宗教，分析宗教的极其有益的依托。然而，正因为其诞生于西方这样一个与东方不同的文化背景之下，对中国传统宗教的研究，还有赖于西方宗教学理论的本土化。也就是说，要建立合理的中国传统宗教研究理论，就必须要通过西方宗教学理论与中国宗教实态的有效结合来实现。

中国的正统宗教、民间宗教、民间信仰相互联系，而又互有区别。荷兰的汉学家格鲁特（De Groot. J. J.）在《中国的教派宗教与宗教迫害》（*Sectarianism and religious persecution in China*）一书中，将民间宗教称为"教派"（Sectarianism）。杨庆堃将中国宗教区分为"制度化宗教"（Institutional Religion）与"普化宗教"（Diffused Religion）两种。在他看来，前者有明显的组织、经典、教义，后者指没有明显的组织、经典、教义等

的宗教信仰形态，它的宗教成分渗透于社会生活的各个方面，成为民众日常生活的一个部分。杨庆堃的制度化宗教也涵括了格鲁特所指的民间教派（Sectarianism）。①

在社会、文化人类学者看来，"民间信仰"与"民间宗教"同义，也可以称之"民俗宗教"或"普化宗教"。而在历史学家和汉学家的眼中，"民间宗教"这一概念则包括民间信仰和民间教派两个不同的类型。加拿大学者欧大年认为，"中国民间教派在结构上类似于欧洲中世纪异端宗教结社"，具有世俗的、异端的、调和各种信仰的特征。在他那里，民间宗教有了"教派的民间宗教"和"非教派的民间宗教"之区分。②

在西方人类学家那里，所谓的"民间宗教"、"民俗宗教"、"普化宗教"意指"民间信仰"；而"民间宗教"或"民间秘密宗教"应该属于"制度化宗教"的范畴。这种区分，在概念的提法上不乏新颖之处，但并不能从发生学的角度，很好地把握作为民间宗教、正统宗教存在之共同基盘的民间信仰与民间宗教、正统宗教的相互关联。

在《民间宗教志》中，马西沙先生也明确地指出，"所谓民间宗教，是指流行于社会中下层、未经当局认可的多种宗教的统称"，民间宗教这一概念比秘密宗教、秘密社会或民间秘密结社"更具有包容性和普遍性"③。"民间宗教与正统宗教虽然存在质的不同，但差异更多地表现在政治领域，而不是宗教本身。……就宗教意义而言，民间宗教与正统宗教之间没有隔着不可逾越的壕沟。"④ 在马先生那里，道、释等正统宗教及儒学在民间的散布形态理所当然地属于民间教派或民间宗教。他甚至还有如下观点："在未来的社会，所谓民间宗教，所谓正统宗教的概念都会消失，将代之以传统宗教、新兴宗教的概念。"⑤

事实上，在中国历史上，民间信仰、民间宗教与正统宗教之间，历来都处于一种良性的互动关系。而且，所谓的"民间与官方"、"小传统与

---

① Y. C. K, *Religion in Chinese Sosciety*: *A Study of Contemporary Social Functions of Religion of Some of Their Historical Factors.* Berkeley, 1961, pp. 294 – 295.

② 欧大年：《中国民间宗教教派研究》，刘心勇、严耀中等译，上海古籍出版社 1993 年版，第 2 页。

③ 马西沙：《民间宗教志》，上海人民出版社 1998 年版，第 1 页。

④ 马西沙、韩秉方：《中国民间宗教史》，上海人民出版社 1992 年版，第 2 页。

⑤ 马西沙：《中国民间宗教简史》，上海人民出版社 2005 年版，第 436 页。

大传统"、"俗文化与雅文化"等二元对立的概念，就恰恰无视不同类型的文化之间的互动与交织。显然，正统宗教与地方信仰，即所谓"民间"与"正统"，这些约定俗成的称谓，并非截然的壁垒森严，它们之间往往是互动的。正统可以认同民间，民间也可以有正统的在场，二者同是传统文化的一分子。①

也就是说，只有将民间宗教、正统宗教与民间信仰置于相互关联的网络中进行考察，才能更准确地把握中国传统宗教的实态。

显然，由于中国宗教体系的复杂性，对民间宗教进行分析时，比较科学的理应是将民间宗教放在一个与其他不同的宗教类型相互关联的，互动的场景中来加以把握。金泽先生从发生学的角度，将宗教划分为"原生性宗教"和"创生性宗教"。他认为，中国的宗法性传统宗教和民间信仰属于原生性宗教，而五大宗教及民间教派、新兴宗教等属于创生性宗教。更为关键的是，金先生很好地把握了民间宗教、民间信仰与正统宗教的关联，在更为广阔的纬度向我们展示了中国传统宗教的多样性。可以说，民间宗教是扎根于民间的另一种宗教形态，它与民间信仰相比较，有着比较"坚硬"的组织外壳。现今世界上的几大宗教，最初都是由民间教团发展起来的。民间宗教的社会地位可能会因天时地利人和的因素而有上升的变迁，但有些曾经是占统治地位的宗教也可能因为种种因缘际会而下降或分解为民间信仰。并非所有的民间宗教都能够进入主流宗教的行列，像明清之际的罗教、斋教、黄大教、弘阳教、八卦教等，虽然在民间曾有过相当的发展，但始终没有成为正统宗教。②

由于民间宗教在中国历史上大都秘密流传，因此国内还有些学者将中国民间宗教称为"秘密宗教""民间秘密宗教""民间秘密宗教结社"。③然而，并非所有的民间宗教在任何时代都遭受取缔，某些教派传教曾有相当的公开性，如元代初、中叶的白莲教，明代中叶的无为教、三一教等。因此，"不能以秘密宗教加以概括，民间宗教这一概念，更具有包容性和

---

① 学者康豹（Paul R. Katz）通过对温元帅的个案研究，对道教与地方信仰之间相互塑造、彼此依赖的程度进行了研究。（康豹（Paul R. Katz）：《道教与地方信仰——以温元帅信仰为个例》，《台湾宗教研究通讯》第4期，第1—31页，台湾兰台出版社2002年版）。

② 相关论述可参见金泽先生2001年由宗教文化出版社出版的《宗教人类学导论》一书。另可参见相关论文《民间信仰的聚散现象初探》，载《西北民族研究》2002年第2期。

③ 濮文起：《秘密教门：中国民间秘密宗教溯源》，江苏人民出版社2000年版。

普遍性"①。欧大年也指出，在研究中国民间宗教时，不能将民间宗教与一些自愿结社如秘密会社以及不时爆发的农民起义混为一谈。应该对中国民间各种结社进行更为准确的分类，不仅要注意其政治功能，而且应该重视其内部的历史和宗旨，进而根据源流、教义和实践把各种不同的宗教运动形式区分开来。②

在当今中国宗教史的研究中，学界又往往将"教门"一词指称明清之际的民间宗教教派。马西沙先生认为，所谓教门是指下层民众以信仰为纽带的结社组织。溯其渊流，东汉末年的太平道、五斗米道；南北朝佛教异端派生出的大乘教、弥勒教；南北朝时期从西域传入中原的摩尼教；隋唐时代摩尼教与弥勒教的融合；北宋的妖教；南宋初在江南问世的白莲教白云宗；金元时代在北方出现的被耶律楚材称为"老氏之邪"的全真道、混元道、太一道、真大道等新"新道教"③；元代白莲教及弥勒教与摩尼教的混合教派即"香会"；其初始都是民众以信仰为纽带的结社组织，即教门无疑。进而，马先生认为就宗教本质而言，明清民间教门与正统宗教之间并无本质不同。④ 路遥先生亦以"教门"指称明清民间宗教教派。但是在路遥先生那里，"教门"是一中性的语汇，并不带有思维判断。⑤ 当然，国内还有一些学者将"教门"作贬义解，指出："把秘密教门归入宗教信仰，从而否定它是民间秘密结社，也是值得商榷"⑥，这无疑是认为明清民间"教门"并非宗教。

事实上，"教门"一词的使用并非始于明清之际的民间宗教，更不是明清民间宗教的专称。"教门"一词乃是中国历史上多种宗教的称谓，尤以传统的释、儒、道三教为多。宋元之际的何梦桂在其文集中既已指出：

---

①　马西沙：《中国民间宗教简史》之《绪言》，上海人民出版社 2005 年版。

②　欧大年：《中国民间宗教教派研究》，刘心勇、严耀中等译，上海古籍出版社 1993 年版。

③　马西沙先生认为，全真道兴起于民间，乃是典型的民间宗教，其一反北宋道教的作为，明显带有宗教改革的性质。关于全真道的民间性请参见马西沙《论全真道的民间性》，以及李刚《全真道何以能成立》，载于《全真道传承与开创国际学术研讨会 2003 年论文集》，第 91—96 页、第 56—66 页。

④　马西沙、韩秉方：《中国民间宗教史》，中国社会科学出版社 2004 年版；马西沙：《中国民间宗教简史》，上海人民出版社 2005 年版。

⑤　路遥：《山东民间秘密教门》，当代中国出版社 2000 年版。

⑥　秦宝琦：《中国地下社会》，学苑出版社 1993 年版，第 6 页。

"古今言教门者有三，曰儒，曰释，曰道。"① 在姚秦鸠摩罗什译《法华经·譬喻品》中已经出现"教门"一词。唐末五代道教学者杜光庭也以"教门"指称道教。在中国宗教史上，不仅佛教、道教以"教门"自称，伊斯兰教也被称为"教门"。我们发现，就某一宗教具体的发展史而言，"教门"这一语汇的使用更与宗教教派的兴盛密切相关。"教门"这一词汇也不仅指称合法的宗教教派，而且还成为诸多宗教异端、邪法的称呼。如佛教中的三阶教，被正统宗教诬为"邪伪之门"的南宋道教新符箓派东华派等即属此列。明清两朝，民间宗教蓬勃发展，成为中国民众信仰世界的重要内容。明中末叶，"教门"一词出现在宝卷之中。② 清初，官方也开始使用这一称谓。③ 可见，我们可以说，"教门"一词并非始于明清之际的民间宗教，更不是明清民间宗教的专有名词。"教门"一词乃是中国历史上多种宗教的称谓。顺此思路，明清的民间宗教（民间教门、秘密教门）当为宗教无疑。④

　　显然，当今学界是从政治学层面对民间宗教进行定义的。这种定义方式虽然能比较确切地反映明清民间宗教与农民运动的紧密联系，但隐含有先入为主的价值判断。在这种定义下的民间宗教本质上是一种对抗正统政权的政治势力，而宗教只是一种形式而已。⑤ 综观历史上出现的宗教异端，都与政权以及代表官方意志的正统宗教的打压有着密切关系。佛教中的三阶教即属此例。三阶教，又名第三阶宗、三阶宗、普法宗，是兴起于隋代的一个被视为"异端"的佛教宗派。三阶教为隋朝魏郡信行禅师所创，其教虽兴盛于隋代，然而三阶教教义中，对末法时代来临的宣传，提倡施与，立无尽藏等都可以追溯至北朝流行的信仰。⑥ 信行创教之后，三

---

　　① 何梦桂：《潜斋集》卷八《南山天宁禅寺山门记》，《景印文渊阁四库全书》第1188册，上海古籍出版社1989年版，第474—475页。

　　② 明万历间问世的弘阳教经典《弘阳苦功悟道经》第十品出现"元皇母，立教门，也度儿女"内容。崇祯间刊行的《销释悟明祖贯行觉宝卷》十七品等品有"吾教门，渡男女，不论贫富"，"众领袖，找卷宗，整理教门"，"报护法，监坛将，护持教门"等。

　　③ 顺治三年（1646）六月十一日，史科给事中林起龙奏称："如遇各色教门，即行严捕、处以重罪。"参见《清实录》第三册《世祖章皇帝实录》卷二六，中华书局1985年版，第223页。

　　④ 参见李志鸿《"教门"考》，2007年未刊论文。

　　⑤ 王庆德：《中国民间宗教史研究百年回顾》，《文史哲》2001年第1期。

　　⑥ 汤用彤：《汉魏两晋南北朝佛教史》，北京大学出版社1997年版，第589—592页。

阶教曾多次遭受当朝政权的重大打击。开皇二十年（600），隋文帝下令，禁断三阶教。① 唐武则天证圣元年（695），将三阶教著述定为伪经，武周时明佺等僧编定于天册万岁元年（695）的《大周刊定众经目录》卷十五收录三阶教典籍目录二十二部二十九卷，将之目为"伪经目录"。② 圣历二年（699），武则天再下敕令，严禁三阶教。③ 不仅当朝者禁断三阶教，代表官方意志的一些高层僧侣，也激烈反对之，以三阶教为佛教之异端。唐代智升以为三阶教"即以信行为教主，别行异法，似同天授（即提婆达多），立邪三宝"④，又认为"信行所撰，虽引经文，皆党其偏见，妄生穿凿，既乖反宗旨，复冒真宗"。⑤ 智升在详载历代对三阶教之禁断情形时，再次指出："前件教门既违背佛意，别称异端，即是伪杂符录之限"⑥。显然，无论是官方，还是佛教界都有将三阶教定为邪伪"教门"者，其实质即将三阶教视为佛教的一异端教派。会昌法难以后，三阶教亦日渐湮灭。当权者将三阶教判定为"异端"，源于三阶教对末法时代来临的宣传，但是三阶教的宗教教派属性确实不可磨灭的。

宋元时期，道教也涌现出了诸多的新道派。这些道派所实践的一些道法也曾经被正统的道派目之为"异端""邪法"。这一时期，道教对正与邪，真与伪的高扬，在南宋高道金允中对新出灵宝大法的批评上体现得尤为明显。两宋之际出现的天心正法派、神霄派、净明派、清微派等新符箓派，促进了道教斋醮科仪的符咒化，变革了传统的灵宝斋法。新符箓派对斋醮科仪的创新，遭到了灵宝派中以维护经典与"古科"为己任者的批判。金允中在其著述中以"中原旧派"、灵宝正宗自居，认为天心正法、神霄雷法、净明道法行灵宝斋法是"越阶行事"，是对"法职当存箓阶"原则及"三洞"经教体系的背离，这些新兴灵宝派都是"教门之罪人"。⑦

---

① 《开元释教录》卷十八。
② 《大周刊定众经目录》卷十五之"伪经目录"。
③ 《大周刊定众经目录》卷十五之"伪经目录"。
④ 《开元释教录》卷十八。
⑤ 《开元释教录》卷十八。
⑥ 《开元释教录》卷十八。
⑦ 《上清灵宝大法》卷之十《箓阶法职品》之"论法职当存箓阶，次补本法之职，不宜僭妄"。

　　道教史上，自六朝时代，"三洞"学说即已兴起，这充分显示了道教自身力图从汉魏以来教派分立散乱的局面，而走向以经典传授为核心的具有统一性的教会道教的努力。"三洞"学说不仅是中古道教文献的一种分类方法，而且也是中古道教自我整合意识的哲学基础与宗教神学依据。"三洞"学说也是早期的灵宝派具有强烈的包罗众经，整合道教各派，建立统一的道教经教体系意识的体现。① 两宋时期，道派林立，道法峰出，灵宝派统合各道派的意识依然强烈。以金允中为代表的维护经典的灵宝派，仍然坚守自六朝以来形成的"三洞"经教体系，而对于"三洞"经教体系的坚守又集中体现在对"法职当存箓阶"的遵从。

　　根据金允中的描述，我们可以发现，当时的道士行灵宝法者着实颇夥。属于洞神部正一法的天心正法、神霄雷法，属于洞玄部灵宝法的天台东华派都广泛地参与到了道教的斋醮仪式中。在行文之中，金允中对天心正法、神霄雷法越阶行事之举也仅仅是作"不便"和"未当"的评价。而作为新出的灵宝派，天台东华派则被金允中认为是"用诈妄法衔，杂伪印箓"，可以说是灵宝派的异端与"邪伪之门"。② 金允中对于东华派的种种讥评，乃在于从宗派正统性的角度否定天台行灵宝法的合理性。面对"三洞"各部新出道法对斋醮仪式的深刻影响，金允中进而高扬"法职当存箓阶"的原则。③ 虽然符法不一，众出纷纭，但是由于有了固定的受箓机制，道法成了"正法"，反之则就是"邪法"。在这里，受箓与行法的一致性成了判定法术、教派的正与邪、真与伪的不二准则。金允中通过对行法与受箓一致性的强调，维护了自身"教门"的纯正，指出了天心正法派、灵宝东华派等新兴"教门"的"邪"与"伪"，否定了其合法性。这是道教内部对"教门"正、邪之判释。

　　与道教的正统派类似，宋政权亦以官方意志维护对道教"正教门"的权益。南宋理宗绍定三年（1230）张可大接任第三十五代天师，宝祐

---

　　①　关于"三洞"学说与灵宝派的关系，可参见王承文先生《敦煌古灵宝经与晋唐道教》中之第三章、第五章相关部分的研究（王承文：《敦煌古灵宝经与晋唐道教》，中华书局2002年版）。

　　②　金允中：《上清灵宝大法·总序》云："幸免陷身于邪伪之门"，所谓的"邪伪之门"即指天台东华派，即"天台四十九品"。

　　③　金允中：《上清灵宝大法》卷之十《箓阶法职品》之"论法职当存箓阶，次补本法之职，不宜僭妄"。

二年（1254）宋理宗敕封张可大"提举三山符箓兼御前诸宫观教门公事"①。此时，官方已经视张天师为合法的道教"教门"领袖，并且保障天师对于符箓的专卖权。② 张希说虽然是张可大之叔父，是天师的族属，具有尊贵的地位，但是却不具有出卖符箓的权利。官方为保障"嗣教"天师这一"正教门"的合法地位，将参与私印符箓出卖的"印匠"断治，并将印造符箓所用的雕版一律劈毁。可见，符箓不仅是判断道法真与伪的准则，也是判断道教"教门"正与邪的标尺。

可见，所谓"异端"是历代统治阶级、宗教界对一些新兴教派的指称，其本质是基于政治上的一种判定。然而，就宗教本质而言，正统宗教与民间宗教之间没有隔着不可逾越的鸿沟，二者的差别更多地表现在政治范畴而不是宗教层面。顺此思路，我们以为，中国民间宗教是中华民族漫长而纷繁复杂的文化体系的有机组成部分，是中国宗教信仰领域有机的组成部分。活泼泼的民间宗教主要不是活在国家政治里，而是活在民众的民俗文化中。③ 随着时代的发展，今后所谓正统宗教、民间宗教、民间秘密宗教、教门、民间教派等概念都将代之以传统宗教和新兴宗教。

二　当代民间宗教的历史渊源及其复兴

（一）民间宗教的历史渊源

中国民间宗教，溯其渊流，则有东汉末年的太平道、五斗米道等；南北朝佛教异端派生出的大乘教、弥勒教；南北朝时期从中亚传入西域，后又传入中原的摩尼教；隋唐时代摩尼教与弥勒教渐次融合，两宋时摩尼教则有明教、香会等称谓。北宋同时有妖教存在；南宋初白莲教白云宗在江南问世。金元时代北方则出现了全真道、混元道、太一道、真大道教，现代历史学家陈垣命其名"新道教"，其初始则是民众以信仰为纽带的结社组织，即民间宗教无疑，故耶律楚材称上述宗派为"老氏之邪"。此后全真道等发生转型，成为正统道教教派。元代主要民间宗教有白莲教及弥勒

---

① 赵道一：《历世真仙体道通鉴》卷十九《张可大》。关于张可大的研究可参见王见川《张天师之研究：以龙虎山一系为考察中心》，台北：中正大学历史研究所博士学位论文 2003 年 1 月，第 50—54 页。

② 《名公书判清明集》卷之十一《僧道》之"非嗣教天师虽尊属亦不当擅越出给符箓"。

③ 董晓萍：《田野民俗志》，北京师范大学出版社 2003 年版，第 578 页。

教与摩尼教的混合教派即"香会"，香会成为元末大起义的发其端者及主要信仰和组织形式。

明清两朝，是中国封建社会最后阶段。五百年间，佛教、道教衰败。表现为两教制度的僵化，完整的和受官方控制的寺院制度限制了宗教大规模的发展。两教失去了创造力。其间没有出现过大宗教家，成体系的宗教理论和新的有影响力的宗派。佛教、道教的衰败与民间宗教的兴起发生在同一时代。它不仅说明了信仰领域信仰格局的深刻变化，也预示了封建传统的失秩。民间宗教一步步成为正统宗教的替代物，成为民众的主要信仰。

明中末叶，民间宗教表现出三大特点。第一，创造力很强的宗教家、预言家成批涌现，其中部分人成为新教门的创宗人物。第二，宗教家撰写经卷成为风潮，作为教义的经卷大多冠以"宝卷"名目。经卷印制精美，多为大折装本，锦缎装饰，与正统佛经无异。有所谓"每立一会，必刻一经"之说。其实每创一新教门，必刻多部经卷。第三，连跨数省，影响巨大的新教门不断出现。它们从传播的教义到组织形式既有别于隋唐、宋、元的摩尼教、弥勒教，也与传统的白莲教大相径庭。其中较著名者有罗教、黄天教、西大乘教、东大乘教（闻香教）、弘阳教、圆顿教、龙天门教等。举明中末叶，民间共创大教门十八支。明嘉靖、万历间闽中则出现了由知识分子学术团社转化成民间教门的"三一教"。三一教与清代出现于川西之刘门教及苏、鲁之黄崖教，同属一类，则有别于罗教、黄天教之属。

明清两朝，首屈一指的大教门当属罗教。罗教，本名无为教，创成于明成化至正德间。创教人罗梦鸿，生于明正统七年（1442），死于嘉靖六年（1527），享年85岁。罗氏祖籍山东即墨，青年时赴北直隶密云卫从军，充任漕运军人。成化六年，开始参师访友的宗教生涯。其后在密云雾灵山修行13年，明心见性，创立无为教。口授经卷《苦功悟道卷》《叹世无为卷》等五部共六册。无为教的教义比单纯倡导明王出世，弥勒下生的明教教义深刻得多，也比一味信仰西方彼岸世界的白莲教教义更吸引人。罗梦鸿在阐发的五部经典中，对佛教禅宗思想大胆发挥，驰骋想象，以大刀阔斧的气势提出对宇宙万物人生的看法，提出解决生与死、善与恶、有与无、邪与正、虚与实、源与流、功利与幻灭、天堂与地狱等一系列宗教命题。其本质是心性即本体的禅净相参，并与道教无为观念结合的驳杂的教义体系，丰富而动人心弦。正因为如此，问世不过数十年，已在华北地区深入人心，广为流传，且引起当地名僧云栖袾宏、紫柏真可、憨山德清、密藏道开等的口诛笔伐。

应该说，罗教的出现，是新型民间宗教开始影响民间宗教信仰世界的标志。自此之后，中国民间宗教世界发生了一次深刻的变革。这支教派对禅宗思想大胆发挥，提出了对宇宙、万物、人生的看法，提出并力图解决一系列宗教命题。罗教的思想体系对明、清时代民间宗教的影响巨大。罗教支派及再生教派遍布中国底层社会。这些教派有的是无为教正宗流脉，有些是罗教与道教内丹派，或弥勒信仰、白莲教信仰、摩尼教信仰融汇合流的产物。这种发展造成了一种蔚为壮观、流脉纷呈、复杂多变的民间宗教信仰世界。明末，罗教南传至浙江处州、杭州，清初后则遍传东西两浙、八闽及江西、湖广，流传愈广支派愈多。罗教正宗是罗氏家族法派流传的无为教、大乘教。罗氏一族传世九代，至清嘉庆间，尚有族人存世。罗梦鸿嫡传异姓弟子相传七代，并相继撰《三乘语录》《佛说大方广圆觉修多罗了义宝卷》等多部经典。

明中末叶，与罗教渊源关系很深的有东大乘教即闻香教。此教名目繁多，如大乘弘通教、弘封教、大成教、善友会。清代改为清净门、清茶门教。明嘉靖间，罗教又沿运河传至浙江。其中一支传至处州，有处州人殷继南传播罗教，建立教团，法号普能。殷氏传徒姚文宇。姚文宇以血缘关系为纽带，将传播罗教作为世业。浙江处州这支罗教以罗姓为初祖，殷姓姚姓分别为二、三祖。教内传有《三祖行脚因由宝卷》并宗奉罗教《五部六册》宝卷为经典。清代官方发现此教名称为老官斋教、一字教，俗称斋教，官方时称斋匪。至清乾嘉时，此教派分多支，已遍布两湖以东江南广大地域，并播及台湾。明末，浙江杭州也出现了罗教教团，此即近代青帮之远源。

在罗梦鸿创无为教后半个世纪，北直隶桑干河两岸，一支与无为教即罗教迥异的教门黄天道问世。创教人李宾，北直隶怀安人，生年不详，青年时务农，后从军。明嘉靖间创教，道号普明。因在野狐岭充任守备军人，在战争中失一目，故又号虎眼禅师。普明卒于嘉靖四十一年（1562）。普明创立黄天道后，以万全卫膳房堡的碧天寺为传教中心，在北直隶、山西北部及京畿一带传教，设立了24支教团。黄天道在明末清初大兴。黄天道以家族世袭传承教权。普明死后由其妻普光接续教权。李宾夫妇无子，普光故后由两个女儿普净、普照掌管教业，其后又由普照之女普贤接续教权。这五人号称五祖。明代黄天道与政权未发生任何冲突，黄天道亦尊重皇权和传统秩序。清初顺、康、雍三朝，当局也曾数次发现该教活动，皆从轻处置。乾隆年间，黄天道受创教二百年来之重创，至光绪年间再度大兴，多座黄天道庙宇拔地而起。

黄天道是一支相当平和的民间宗教。外崇佛而内倡道，佛道相混，以道为尊，是典型的民间道教教派。黄天道以人体为鼎炉，主张炼精化气，炼气化神，炼神还虚。平日茹斋念经，以为修行善事。明末清初黄天道一支传至浙江，后又在江苏一带传播，形成江浙一带的长生教，又名子孙教。教内传有《众喜粗言宝卷》等经卷。

黄天道倡教后半个世纪，在北直隶又一支著名教门弘阳教问世。弘阳教又称洪阳教、宏阳教、混元门、混元教。清代乾隆时避弘历讳，改称红阳教。清代弘阳教徒在华北地区，特别是直隶、京畿一带教势较盛，但大都由信教人各自传教，组织分散，有所谓九杆十八支的组织系统。至乾隆间，东北地区亦出现信仰者。弘阳教的特点是渗透到民间社会，与传播地区的民风民俗民众的生活方式融为一体。成为民俗道教的一种。弘阳教自己有一套斋醮法会的经忏仪轨。

明中末叶除上述诸大教门外，尚有西大乘教，创教人吕菩萨；龙天教又名龙天门教，创教人米菩萨；南无教，创教人孙真空；以及净空教、悟明教、金山教、顿悟教、还源教、收源教等。

清代民间宗教史表现出如下特点。

第一，明代产生的多数教门，如罗教、闻香教、黄天道、弘阳教等在华北地区仍传教不辍；一些教门发生转型，如罗教南传为斋教，发展重心已经南移至江、浙、闽诸省，分支教名则变化多端以避祸，闻香教更名为清茶门教，弘阳教因避弘历讳改为红阳教。

第二，明代启运的宗教运动，在清代得到持续、全面发展。明代教门发展重要地域仅限于华北。在清代，除华北外，江南、华中、西南、乃至西北部分地域，都渐次成为教门重要传播地域。而东北、两广、乃至台湾、澎湖，除了西藏以外，整个宇内，形成了无处无之的局面。至于教势连亘数省的大教派，亦为数不少。如清初肇始于山东境内的一炷香教、八卦教。特别是八卦教，成为影响清史的举足轻重的大教门。

在长江以南，变易影响最大者是大乘教。清康熙初年，直隶罗姓传大乘教于江西南昌，其教后辗转入黔、滇、川、鄂等地，易名为青莲教。青莲教在道、咸间分分合合，如长江九脉，变动不拘。影响所及不下江南十余省，亦不仅限于清代。大乘青莲教系演化多种大教门。如乾、嘉、道、咸间鄂、川、黔之灯花教；咸、同、光间两湖灯花教、金丹教，其后向北方山西、山东发展，于道、咸、同形成一贯道，教势弥漫华北。清末四川出现了同善社，成为江南、西南首屈一指的大教门，在清末民初，与九宫道、一贯道成为中华大地上鼎足而立的三大教门。凡此，传承、流脉皆清晰可寻。至今东南亚之德教、台湾之天帝教，皆其余韵光大者。

第三，清代有部分教门已比明代更为成熟。其标志是教门组织日益严整。表现为教权承袭制度日益完善，内部组织构成各具特色。教阶制度分工有序，传教敛钱制度严密，而师徒授受、修炼仪式以及斋醮仪轨、宗教节日，都从整体上比明代完整。正是组织体系的成熟，导致宗教发展井然有序，固定教区、教徒，世代相传。

第四，清当局对民间教门的政策，远比明代严峻、残酷，而且因时势不同变化很大。入关前，后金当局，在政权草创之际，政策实用。对投靠的教门上层宗教领袖，多方拉拢、重用。而对关外，不服管教之教徒则杀伐囚禁，不假颜色。康熙时代，与民休息，政策温和。雍正时代，政策具体、细微，宽严兼济。乾隆时代政策陡变，以严酷为主调，以血腥杀戮为能事。结果，激化矛盾，适得其反，导致政局大变。造成嘉庆一朝想用缓和的宽严相济之策而不成，只能延续乾隆政策而下滑。进入近代，国势大衰，内外交困，已无力大举镇压教门的发展。两者关系缓和。而教门与西洋传教士因争夺信仰者及寺庙诸问题，矛盾激化，转向清政府，求其为奥援。在义和团运动中"扶清灭洋"，成为主调。

第五，清政权对民间教门政策严酷，因有其以民为敌的心理作祟，亦存有情势使然成分。清入主中原，以少数民族统治汉民族，导致明末清初半个世纪的反抗斗争。在这场波澜壮阔的运动中，教门亦与焉。恰其时，宗教教义出现了明代宝卷所未有的新成份。反抗当局的"扫胡""灭胡"成分大增。如八卦教创始人刘姓，以正统的汉主自居。教内经卷公然出现反清内容。在民间教门世界，广泛流传着各种图谶。认为代表宋代的赵姓（走肖），代表大唐的十八子（李），卯、金、刀则代表治世四百年的汉代的刘姓，而"十字合同"则隐含周朝的周字。认为这几个家族必然取代古月（胡）。在清中叶，川陕楚教门起义，八牛之谶更是朱明王朝取代清政权的最重要的宗教预言。与"平胡"的宗教语言同时存在的是成体系的劫变观念和救劫观念。信仰者认为世界分为三个阶段：青阳期、红阳期、白阳期，分别由燃灯佛、释迦佛、弥勒佛治理世界。在三佛之上则有最高女神"无生老母"，她才是世界的主宰和救世主。当人类最大劫难白阳劫到来时，无生老母派弥勒佛下生救世，解人类厄运于最终的劫期。在清代，华北大平原上，成千上万的八卦教徒默念着"真空家乡，无生父母，现在如来，弥勒我祖"的咒语，呼唤着"我祖速至"。在这里，一种宗教观念，已经演化成"改天换地"的政治观念。这种思想一旦掌握了群众，就可能演化成改朝换代的军事行动。

第六，与明代不同，清代教门运动在很大程度上已经演化为政治运动和持续的、大规模的军事运动。造成这种状况原因复杂。首先，清入关后两百多年间，除少数阶段外，对民间教门采取一以贯之的镇压、杀戮政策。特别在乾、嘉、道、咸百余年间，不遗余力地血腥杀戮，换来了人民剧烈的、持续的反抗。其次，由于基本上实行的镇压政策，导致本应平和传教的宗教运动中的教义包含了一以贯之的反满兴汉意识。这种意识又完全笼罩着神秘主义色彩和宿命论之中。再次，由于多种因素，清代民间社会，特别是农村社会处于凋敝、衰败之中，而且每况愈下。整体下层人民群众处于绝望之中，不能不企望救世主下凡。凡此，皆造成教门运动愈演愈烈。而与当权者的抗争，成为清中期百余年间的主旋律。

乾隆一朝，教门起事，旋踵而至。乾隆一朝与"邪教"的纠缠，在乾隆皇帝晚年，达到高潮。民间教门在清王朝的大变局中际会风云，真正显示了民众创造历史的伟力。当此之时的一代雄主的乾隆，已变得苍白无力，黯然退出历史舞台，清政权从此如江河日下，再也没有回转的机运。中国进入近代后，太平天国运动爆发，也没有掩盖民间宗教军事运动的影响。咸、同年间青莲教骨干颈袖刘仪顺率徒众从鄂入黔，在旧有教军基础上，以灯花教为组织和教义，在贵州省坚持起义达14年之久。而北方捻军，特别在直、豫诸省的捻军与八卦教教军相结合，在离卦部姓及离卦黑旗军宋景师领导下，与清当局抗争周旋。

综观清代民间宗教史，是在一种远比明代复杂多变的格局中演变，发展的。多种教门在不同的地域和时间段中显现了不同的特色。但总体看来是沿着两种道路：多数教门依然走的是传教、授徒，从事正常宗教活动的路数；少数教门，有些是影响举足轻重的大教门，始终处于与清政权激烈抗争的局势中。这种抗争深刻地反映了整个清代阶级矛盾与民族矛盾的日益激化。

近代，随着封建政权的灭亡，政府禁令的松弛，社会的急剧变化和动荡不安等客观条件的变化，民间宗教得到迅速发展，民间宗教与秘密会道门也经常混合流传。1912 年中华民国的诞生，结束了两千多年的封建帝制，政府于 1928 年内政部颁布《神祠存废标准》，不但把本土宗教的众多神灵列入封建迷信和巫术予以取缔，对制度化的民间宗教也进行清理和打击。然而，民国时期民间秘密宗教赖以生存的社会土壤并未铲除。民间秘密宗教趁着军阀割据的混乱时代，以空前的规模发展起来，在全国掀起了一场新的民间秘密宗教信仰狂潮，对民国时期的政治、经济、思想文化及社会生活产生了巨大影响。

这一时期，一些传统的民间宗教教派迅速流传起来。如产生于明代中、末叶的无为教、黄天道、大乘教、红阳教、龙华会、长生教、龙天道、三一教等；出现于清初或清中叶的天地门教、在理教、先天道、收圆教、青莲教、太上门教、义和拳教等；兴起于清末的真空道、皈一道、普渡道、圣贤道、一贯道、九宫道、同善社等。一些新的教派则以会、社的形式陆续登场。如一心天道龙华圣教会、红形字会、红枪会、悟善社、广善社、万国道德社等。

其中，无为教主要流行于华北地区、运河两岸及福建沿海与台湾地区；黄天道、红阳教、大乘教也以华北为根据地，只有少量分支在江南活动；天地门教与八卦教的活动中心在华北，先天道的布道范围在江南，而在理教在天津一带和直隶、山东等地拥有信徒。民国时期的民间宗教打破了地域上的界限，无论是传统教派，还是新兴会、社，都以全国为布道区域，一些依靠军阀政府和日本帝国主义的教派，凭借政治靠山把自己的教势扩展到全国乃至海外。如先天道、一贯道、真空道、同善社等均是教徒遍及全国的大教门，而红形字会更成为国际性的宗教集团。

（二）民间宗教在当代的复兴

新中国成立初期，人民政府鉴于民间宗教成员混杂，有反对共产党的政治倾向，为了尽快稳定社会秩序，便把绝大多数民间宗教归入"反动会道门"，予以取缔。对于少数民族地区的民间宗教，曾一度允许其存在，但不久便定性为"封建迷信"予以破除。① 民间宗教再次被排除在官方认可的宗教范畴之外，与五大宗教严格区别开来，被严厉禁止。在当时特定的历史条件下，取缔"反动会道门"也许有其历史的必然性和合理性，但不加区别地全面禁止，显然过于偏激，且此政策一直延续至今，对民间宗教的打击甚为严重，一部分民间宗教因此消亡了。然而，民间宗教是一种草根文化，具有超乎寻常的顽强的生命力，有的民间宗教依附于道教、佛教求生存，有的民间宗教屈尊为"民间信仰"求生存，有的则潜伏民间并不失时机寻求复兴机会。总之，民间宗教并没有完全退出历史舞台。

改革开放以后，中国大陆实行改革开放的政策，并取得巨大的成就，社会发生了翻天覆地的变化。在宗教信仰方面，虽然宗教信仰自由政策的落实仅仅限于官方认可的五大宗教，但总体说来，宗教信仰的政治环境比较宽松，也为民间宗教复兴提供了有利的条件。另外，伴随着改革开放出现的一系列社会问题，以及社会从一元向多元转变，亦为宗教信仰包括民间宗教的兴起奠定了基础。诸如福建莆田的三一教、金幢教，闽西的罗教，闽北的真空教、江南斋教，河北的天地门教、弘阳教，天津的西大乘教，广西的普渡道、魔公教等民间宗教均在民间复活，有的出现复兴的景象。② 可以说，"20 世纪 80 年代以来，随着中国社会经济的转型，以及由此引起的中国政治文化的动荡，反映在信仰领域的一个突出表现，就是在广大乡村乃至许多城镇出现了民间宗教复兴的态势。据有关部门统计和学者田野调查，除西藏等少数地区外，某些曾在历史上产生和活动的民间宗教教派，或以'气功'、或以'武术'、或以'花会'、或以'民间音乐会'、或以'民间信仰'等形式，乃至打着佛教、道教旗号，重新活跃于大庭广众之中，展现在众目睽睽之下，对当代中国社会的民众精神生活发

---

① 牟钟鉴：《对中国民间宗教要有一个新的认识》，《中国民族报》2008 年 11 月 11 日。

② 参见濮文起《当代中国社会的民间宗教问题及其对策研究——以河北省天地门教、弘阳教为例》，《当代宗教研究》2005 年第 2 期；濮文起：《民间宗教的活化石——活跃当代中国某些乡村社会的天地门教》，《天津社会科学》2006 年第 3 期；濮文起：《民间宗教的又一块活化石——活跃在当今天津市西青区杨柳青镇的明代西大乘教》，《当代宗教研究》2006 年第 3 期；王熙远：《桂西民间秘密宗教》，广西师范大学出版社 1994 年版；王宏刚：《上海农村城市化过程中的宗教问题研究》，《世界宗教研究》2005 年第 4 期；王宏刚：《上海农村城市化过程中的宗教及民间信仰问题研究》，《宗教与世界》2005 年第 11 期。

生了重要影响，并由此产生了一些社会问题"①。

20 世纪 80 年代以来，民间宗教重新在乡村社会活跃起来。民间宗教现实活动呈现出如下特点：一是公开建造庙宇、佛堂等宗教活动场所；二是部分教派信仰人数增长迅速；三是各教派开始着手整理本门的经卷，以作传播教理教义之用；四是当代民间宗教与民众的民俗生活结合得越发紧密。

自 80 年代始，在全国大兴修复和重建宗教场所的浪潮中，自明末清初以来一直在河北、天津流传的弘阳教、西大乘教、大乘天真圆顿教、天地门教等教派信众，也乘机重建或修造自己的庙宇或殿堂，作为举办宗教活动的场所。

当代民间宗教的人数也处于上升的趋势。福建的金幢教，由于各个佛堂的具体情况差异较大，并且大多数佛堂在吸收新信徒时没有把他们的相关信息登记在案，所以无法准确统计出现有信徒的人数。但是如果保守一些估计，每个佛堂 20 名信徒的话，那么莆田的 150 个佛堂就有信徒 3000 多人。如果把信仰金幢教但未皈依的香客都算进来的话，那么莆田地区信仰金幢教的就有近万人。② 中华人民共和国成立后，福建三一教虽然没有被列入会道门，但被停止公开宗教活动。经过"文化大革命"等政治运动，一些三一教祠堂被占用，大多数三一教祠堂因长年失修或人为的破坏而破烂不堪甚至倒塌，但仍在莆田、仙游民间秘密流传。1978 年以来，随着宗教信仰自由政策的落实，三一教在福建的莆田、仙游、惠安、福清、平潭、福州等地重新流行开来，许多三一教祠堂被陆续修复，同时也新建了许多新的三一教祠堂。影响相当大，现有三一教堂 1400 余座。与此同时，三一教信徒的人数不断增多，特别是 1985 年以后信徒增长的速度十分惊人，现有入教信徒 10 万人左右，至于未入教而又经常到三一教祠堂中烧香礼拜的善男信女更是不计其数，三一教已经在福建莆田、仙游、惠安等地也形成了一股不可忽视的社会力量。③

---

① 濮文起：《当代中国社会的民间宗教问题及其对策研究——以河北省天地门教、弘阳教为例》，《当代宗教研究》2005 年第 2 期。

② 关于福建金幢教研究参见陈松青硕士学位论文《福建金幢教研究》。

③ 林国平：《民间宗教的复兴与当代中国社会——以福建为研究中心》，2009 年未刊论文。

三 当代民间宗教庙宇的兴建与庙会活动

庙宇、佛堂等活动场所的兴建是当代民间宗教复兴的首要特点。改革开放以来，伴随着全国性的修复与重建宗教场所浪潮，一些传统的民间教派也着手修造自己的庙宇、佛堂。这些教派不仅有自明清以来就兴盛于华北大地的弘阳教、天地门教、园顿教、西大乘教，还包括流行于福建一带的罗祖教、金幢教、三一教等。当代民间宗教多样化的神灵崇拜、汇合儒释道的教义教理无不体现出三教思想的融合。民间宗教的复兴又与农村宗族、宗教、戏乐、互助组织的恢复同步。改革开放以来，乡村生活中，依托于民众的自我组织能力，香会、民间音乐会、花会以及传统的民间教派死灰复燃。在日益兴盛的民间活动中，祭祀民间教派创教祖师的各式庙宇纷纷出现，以此为中心的庙会构建了信徒和广大乡民的信仰空间、娱乐空间，成为常民生活不可分割的一部分。

（一）庙宇的兴建与修复

历史上，华北地区民间宗教系统主要有黄天道、红阳教（弘阳教）、一炷香教、八卦教，南方一带则主要有罗祖教的分支龙华、金幢、先天等教派。这些教派皆以修炼内丹或行道教斋醮法会为宗旨。改革开放以来，各地兴建的各类祖师庙宇成为诸教派的宗教圣地。

河北民众的"韩祖"信仰与"韩祖庙"。弘阳教创教人韩太湖，祖籍直隶广平府曲周县，生于明隆庆庚午（1570），卒于万历二十六年（1598），生年28岁。韩太湖早岁读书，19岁出家，在临城太虎山修道，时年22岁。他26岁去北京传教，写出《混元弘阳苦功悟道经》等五部真经。该教经卷印制精美，与佛经无异。韩太湖到北京后，以太监集团为其奥援。弘阳教因之大兴。弘阳教经卷在皇家内经厂印制刊行，影响巨大。弘阳教成为明末著名十八支民间教门中的一支，皆因韩太湖的宣教能力及弘阳教经卷的影响。举明清之世，经卷印制之多，之精美，弘阳教首屈一指，今存世者亦有数十种。韩太湖到北京传教，不过三载，便撒手人寰。后世教徒称其为韩祖或飘高老祖。

河北省定州市东亭镇北齐村的韩祖庙，供奉弘阳教创教祖师韩太湖。韩祖庙始建于明朝万历年间，20世纪50年代被拆毁，重建于20世纪90

年代初期。重建后的庙宇韩祖庙共有主殿五座，分别为：山门、韩祖宫、三教殿、三清胜宫、玉皇大殿。韩祖宫对面有戏台一座，为木质仿古建筑，上书"北齐剧场"。如今的韩祖庙可以说是弘阳教的圣地，是河北、河南为主的弘阳教教徒活动的地理中心。该庙宇占地 10 亩左右，坐南朝北，为中轴对称。

天地门教重建的祖师庙。一炷香教，又称天门教、天地门、一炷香五荤教、如意教、好话教等。目前，该教在河北省沧州市郊县和天津市郊县等地影响不小。天地门教为清初新创教门。创教人董吉升（董计陛），字四海，道号明扬，山东省商河县董家林人，生于明万历四十七年（1619）正月初一日，死于清康熙二十九年（1690）四月初四日，享年 72 岁。董四海故后，信者日众，皆尊其为董神仙，或董老师傅。从董吉升倡教即传于子孙及外姓门徒，至清道光间，当局已知该教"世慝七代，派分八支"。吉升五世孙董志道于乾隆五十二年（1787）"习教被获究办"，其七世孙董坦（董坛）于道光十六年（1836）亦因传教为当局拿解审讯，旋即监毙。董坦弟子供出"董四海兴教二百余年"，董氏宗族"世代蹑习"①。

董四海传外姓弟子，"派分八支"。道光间教内传有《排头记》载：有山东老师傅董吉升，生于前明，传徒李秀真、刘绪武、张锡玉、黄少业、杨念斋、刘还新、石泷池、马开山等。② 可知董氏曾依八卦九宫序列安排宗教体系。董氏家教充任总教首，门徒依八卦方位分列周围，清康熙间问世的八卦教组织体系与之相类。一炷香教内流传另一经本《心经》亦有"真香一炷，奥妙无穷，八大圣师，各将船撑"的记载。不过《心经》与《排头记》所录八人不尽相同，《心经》"八大圣师"是：李修真、张希玉、马魁天、马开山、刘绪武、杨年斋、石龙池、黄少业。八人各掌不同卦位，在不同地域开荒倡教。

一炷香教传播方式有两种：一种是以道观为活动中心，有固定的宗教活动场所。部分游离于道观之外的云游道士也起到传播宗教的核心作用。另外一批一炷香教的信仰者是世俗百姓。他们家居火宅，但传播一炷香教的形式与一炷香教道士雷同。董计升去世后，一炷香教信徒盛行

---

① 清《宣宗实录》卷二十九第 5—6 页。
② 《朱批奏折》，道光十六年二月十六日直隶总督琦善奏折。

朝拜圣地礼俗。董计升生前主要的活动地点以及其家乡董家林，都成为历代教徒顶礼膜拜的圣地。解放后虽然屡遭焚毁，但是董四海以及天地门各支系传人的墓地都成为信徒们朝拜的场所。包括：董四海墓地的原址，安葬马开山的天津南郊"马师傅坟"，在沧州市与黄外市交界处的"郝二师傅坟"。马开山于清初按照董计升所授乾卦方位，前往山东章邱县传教，在自隶沧州、静海、天津三地招收弟子。约康熙、雍正年间，马开山在传教过程中，死于天津南郊，被其弟子就地安葬。郝二师傅为马开山八位弟子之一的李海山之妻。郝二师傅生于顺治元年（1644），卒于乾隆三年（1738），享年94。清初，李海山夫妇领师命在沧州东南部传教。生前，郝二师傅经常为民治病消灾。死后，当地农民为她修坟造墓，祭祀频繁。

以上诸墓，以"郝二师傅坟"最为雄伟。该墓位于沧州东南部，为当地天地门教信徒在20世纪80至90年代通过捐款形式建成。该殿堂长30米，宽10米，高5米，为仿清砖石建筑，坐落在一个占地50余亩、由围墙围成的大院内。殿堂名为"慈善堂"，殿内正中安奉"郝二师傅"塑像。殿堂后面为"师傅林"，包括：新修的郝二师傅坟墓，高3米，周长约10米；牌楼一座。这些天地门传人的墓地是当代信徒焚香祭拜、祈求福报的新圣地。①

天津市西青区杨柳青镇西大乘教的普亮塔是为纪念天津地区该教传人于成功而重建。据《普亮宝塔碑文》记载，该塔始建于清嘉庆九年（1804），解放后，列为文物保护单位。1986年，在区文化局的支持下，杨柳青镇一带的西大乘教信徒自发捐款重修。普亮塔是当地西大乘教的圣地。2004年，涿鹿县矾山镇柳树庄村的大乘天真圆顿教传人经过5年的努力，建成一座弥勒殿。该座殿堂由三阳殿、弥勒殿、三佛殿、龙王殿和娘娘庙、观音庙、胡仙庙等建筑组成，供奉大量的民间信仰神灵。②

金幢教，清档案云金童教。莆田教内自称金堂教、经堂教、金童教。

---

① 濮文起：《民间宗教的活化石——活跃在当代中国某些乡村社会的天地门教》，《天津社会科学》2006年第3期。

② 濮文起：《当代中国民间宗教活动的某些特点——以河北、天津民间宗教现实活动为例》，《理论与现代化》2009年第2期。

据称，此派传于明代永平府顺圣川石佛口王佐塘。经考王佐塘之生年及行迹多与王森雷同。金幢教二代教首董应亮，清档案记载为董一亮，明末人，闻香教异名同教衣法教掌门人。福建莆田人蔡文举承董氏衣钵回闽传播此教，为南方第一代。据台湾志书载：台湾金幢教，自雍正十三年（1735）由此教第四代传人蔡德州"来台湾地方传教"。乾隆十三年（1748）奏折载：兴化府属莆田、仙游二县则有金童教供奉观音大仕，"男妇聚会吃斋"。台湾志书又载：道光初年，蔡文举派下蔡权到台传教，在台南创建慎德堂及慎斋堂。另外翁文峰派下在蔡权之后亦到台南传教，建西华堂。金幢教在闽兴化府教法传承如下：第一代蔡文举，第二代蔡立斋，第三代蔡见海，第四代蔡德州，第五代蔡庆声，第六代蔡世添，第七代蔡乐国，第八代蔡宗芳，第九代蔡荣达，第十代蔡文祥。[①]

金幢教教内有九等教阶：上恩、叔公、管前、本管、首领、船头、会首、护法、众生。初入门者称众生，上恩即总会首。该教定期召开三乘九品法会。信众聚集斋堂，曰"办供"。斋堂，前堂奉祀观世音菩萨，长案奉祀三官大帝。下桌烛台一对，香炉一个，后堂称家乡。奉祀教主绘像。门徒礼拜合掌左拇指与右拇指，左善右恶，善指压恶指，行跪拜礼，五体投地，鼻对双履掌中间，称青龙投玉井，八卦护金刚。朝夕礼拜奉香茶，诵茶忏，求忏悔。初入门皈依戒后，由师传授内经三十六字持诵。

金幢教与北方闻香教、清茶门教已大相径庭，但经卷中仍保留着《九莲经》《钥匙经》，教阶中仍有船头（传头）、会首名目。上供供清茶及吃斋，皆能见传承遗迹。[②] 现今莆田的金幢教佛堂大概有 150 个，分布在莆田的数十个乡村。其中主要的佛堂有 30 个左右，其具体情形如下（见表 7-1）：

---

① 马西沙、韩秉方：《中国民间宗教史》，上海人民出版社 1992 年版，第 634—641 页。
② 同上。

表 7 - 1 福建金幢教主要佛堂变迁表①

佛堂名称	建筑年代	重修年代
城厢区树德堂	清乾嘉时期	于 1998 年、2003 年、2006 年重修
城厢区道南祠	清乾嘉时期	于 1902 年、2000 年重修
涵江区见源祠	明代	清代和民国时期曾多次重修，1986 年由陈直斋后裔重建
涵江区立本祖祠	明末	1873 年重建，2003 年重修
荔城区大本祠	不详	1997 年重修
涵江区树德祖祠	明末	清代和民国多次重修，1988 年再次重修
涵江区树德堂	不详	2000 年重修
荔城区忠本堂	1868 年	1985 年重修
荔城区德本堂	不详	2003 年重修
荔城区怡德堂	1998 年	无
荔城区根本堂	明末	1996 年重建
荔城区永源堂	明末清初	20 世纪 70 年代
荔城区兴源堂	明末	20 世纪 90 年代重修
东峤镇至诚堂	清甲戌年，具体年份不详	于 1933 年、1984 年重修
荔城区明城堂	明末	20 世纪 90 年代初
荔城区新义堂	不详	于 1995 年、1996 年重修
荔城区香本堂	清末	无
荔城区宗本堂	不详	1996 年重修
荔城区开源堂	不详	1987 年重修
涵江区盛德堂	1897 年	无
荔城区明德堂	不详	1941 年重修
荔城区广源堂	1995 年	无
荔城区敦庆堂	不详	不详
荔城区存庆堂	不详	不详
荔城区清镜堂	不详	2001 年重修
荔城区喜心堂	清代	2001 年重建
荔城区聚源堂	清代	1992 年重建

---

① 本表根据陈松青《福建金幢教研究》制成。

续表

佛堂名称	建筑年代	重修年代
荔城区一本堂	清末	1974 年重建
秀屿区一德堂	1859 年	近几年有重修
合德堂	1858 年	曾一度被用作校舍，1985 年重新恢复佛堂

显而易见，上述佛堂一部分兴建于明清时期，一部分则兴建于当代，但在改革开放后都得到了不同程度的重修。

（二）当代民间宗教庙宇的神灵崇拜

韩祖宫东西两面墙壁上画有彩绘，壁画的内容涉及天地创教神话、韩太湖降临人世、无字真经的来历、韩祖庙的建立过程等主题。对弘阳教五部经的图说，以及韩太湖的神格化过程是该壁画的独特之处。壁画与弘阳教的经卷有深刻的关联，壁画是宝卷的延伸与图像化表现，是弘阳教教徒对教理的一种理解方式。

无论是建筑还是壁画，都鲜明地体现出了弘阳教信仰的多样化。韩太湖所创立的弘阳教，有着典型的外佛内道的多神崇拜的倾向。粗略统计一下弘阳教经典的神祇就有：三千诸佛、九十八位老祖、三十八位如来、四十八位菩萨、七十七位观音。而《销释混元无上普化慈悲真经》中竟罗列了："南无二百五十菩萨、一千二百菩萨、万二千俱菩萨、十万八千菩萨、百万亿诸菩萨、过去未来现在菩萨、普光如来无数菩萨、无量恒河沙诸菩萨。"在众多的神祇中，弘阳教最崇拜的有三位尊神：混元老祖、无生老母、飘高祖师。混元老祖，又称南无太上混元老祖、混元至真老祖、南无最上乘至真老祖、混元至上真空老祖等。在弘阳教中混元老祖是唯一至上神、世界的创造者。① 混元老祖不仅是道的化身，天地的创造者，东土众生的祖根，而且是天宫众神、地狱阎罗的主宰者。不仅如此，他还能派遣临凡东土，下世救度众生的使者。下世救度众生的飘高老祖既是他的使者，又是他在人间世的化身。位于弘阳教中的第二尊神是无生老母。无生老母，在罗教创成以前早就出现了，到明代中叶后则为多种民间教派所

---

① 《混元弘阳飘高祖临凡经》第一品，〔日〕泽田瑞穗：《增补宝卷的研究》，第384—385页。

崇拜，盛极一时。在弘阳教中，无生老母虽然崇高，但仍处于混元老祖之下，类似妻室服从的地位。在弘阳教中，教徒们通过"明心见性"的修持，"返本还源"，"认母归家"。把回归天宫见到无生老母作为一种最高的追求。在弘阳教经卷中，信教群众与无生老母的关系被比喻成婴儿和慈母的关系，教徒如游子一般回归家乡，归根见母。而归根见母的过程，就是信教修持，达到明心见性，灵魂归真的过程。[1] 弘阳教崇拜的第三尊神祇——飘高老祖。飘高老祖即韩太湖。在韩太湖学道传教成为教主之后，从凡人走向神坛，成为弘阳教崇礼的偶像。在弘阳教经典中，飘高老祖是混元老祖和无生老母派到尘世的使者。在教徒的眼中，末劫将至，大灾大难即将临头，他们企盼着救世主的降临，济普众生回归彼岸。而飘高祖师恰其时转生广平府曲周县。据《销释混元无上拔罪救苦真经》记载，飘高老祖受混元老祖与无生老母之命，托到尘世韩门，带着圣光，参寻能得正果的尘世之人，点传他们弘阳法，使他们脱离苦海，显现真性，回归家乡。在有些经卷中，飘高老祖被描写成无生老母的小儿子，是孔子、老子、真武大帝的小弟弟，在有些经卷又被赋予"混元玉皇飘高祖"的名号。如今北齐村韩祖庙所供奉的神灵亦十分繁复，包括：混元古佛，无生老母，旃檀佛，燃灯佛，冲天佛，释迦佛，哼哈二将；十殿阎王，韩太湖，历代名医，孙悟空，孔子，释迦牟尼，老子，观世音菩萨，善财，龙女，轩辕，伏羲，神农，三皇姑（妙善公主），云霄，琼霄，碧霄三宫娘娘，普贤母，三圣母，金花母，文殊母，玉皇大帝等天庭诸神。

　　在民众现实的信仰世界中，韩太湖是弘阳教的创教祖师，享受后世教徒的顶礼膜拜。韩太湖生前是名医，尝以闻名于宫廷和民间，所以现在供奉于韩祖宫的韩祖像被视为是具有高超医术，能治愈信众疾病的乡土神。此外在韩太湖的家乡河北省曲周县第二町村也有韩祖宫，供奉韩祖。该庙于1996年由村民集资重建，由一位道士守庙。与北齐村的韩祖庙相比，规模较小，也没有固定的祭祀礼仪和庙会活动。庙中悬挂"飘高祖师韩太湖圣迹"。第二町村的村民将韩太湖视为自己的先祖。该村虽然没有弘阳教徒，但是村民们已经开始从定州等地收集弘阳教的五部经书，准备挖

---

① 《销释归依弘阳觉愿真经》。

掘祖先的经卷信仰。①

（三）民间宗教的朝圣习俗与庙会活动

民间庙会是重要的民俗活动。庙会可以分为以下三种：第一种是宗教活动与庙市相结合的庙会。第二种是以商业活动为主的庙会，也可以称为物资交流大会，或农贸市场，明清以后，我国各地的庙会活动繁盛，其中有很多是以商业活动为主的类型。第三种是行业庙会。当代民间宗教与民众的民俗生活息息相关，民间宗教的朝圣习俗同时也是当地民众的庙会活动。以社会政治为背景来分析民间宗教活动，往往以为宋元以来的华北民间宗教活动大都是短命的。在华北社会内部动荡的时期，华北民间宗教活动出现了流浪性、残疾性，这源于国家政权为了控制民众的思想，经常性的与民间宗教发生严重的对立和冲突。探讨民间宗教应该充分关注民众自身的观点，"生性活泼的民间宗教，主要不是活在国家政治里，而是活在民众的民俗文化中"。华北社会是一个具有相当长的民俗文化历史的区域群体，在长期的民俗文化传承中，民间宗教应该是由道教、佛教、和儒家思想等更多的因素结合而成的。华北民众对各种政治、文化和宗教意识的吸纳能力是很强的。这在宋元以后流行于华北的民间道教、佛教派别、民间教门来说，尤其如此。宋元以后，这些派别表面上看来是消失了，实际上是被民俗给融合了。进入民俗生活的民间宗教其所具有的融合性，成为民间宗教深入民间信仰世界的有效方式。这种融合性体现在两点：将儒、释、道三教的思想融合一体；与基层社会组织结合。②

河北省定州北齐村的韩祖庙是河北秧歌戏的中心点。以韩祖庙为中心，周围的蠡县、博野、清苑、望都、深泽、无极、饶阳、安平、曲阳、安国 10 个县的农民都信奉韩祖。400 年来，这里一直是民间朝圣的中心。定县周围十县的民间韩祖信仰一直在稳定的传承。1992 年后，10 县朝圣进献的村落分布资料被民间推举的韩祖庙会委员会搜集保存。众多信仰者涌入定县拜神、看戏和购买农具物资的群体活动的范围也可以从这些资料

---

① 李浩栽：《弘阳教研究》，中国社会科学院研究生院宗教系博士学位论文未刊稿，2005 年 5 月。

② 董晓萍：《田野民俗志》，北京师范大学出版社 2003 年版，第 578 页。

中看出（见表7－2）。①

表7－2　　　　　　　河北定县韩祖庙部分朝圣人员地域分布表②

县名	部分村名					
定县	师村	大辛庄村	燕三路	东北齐	西南合	史村
	西市邑	东王里	南齐村	药刘庄	东尤村	大辛村
	北旺村	清风店	北支合	席家左	留早村	肖家左村
	南角羊村	大鹿庄	寨里村	吴村	小寨屯	西关南村
	南王里	伯堡村	大三路村	大张村	只东	白家庄村
里县	事林村	兴仁村	北关	东河	大百尺村	南许村
	握纽村	辛兴村	赵段庄	梁家庄	刘庄	北大留
	大庄头	林堡村				
博野县	八里庄	城东村	大齐	北视	东去营	四合庄
	南邑	陈庄	小店	谭庄	南田	曹庄
安国县	西长市	张家营	马庄村	黄台村	药市	杨寨
	马庄尔	射庄				
望都县	沈家村	三民村	王庄	东屯河	小西堤	固唐店
	龟庄	田庄村	梁家村	高岭村	建安村	北贾村
清苑县	大李各庄	武安村	付庄	大柳树村	南河庄	李庄
	曹县	阳城村				
唐县	南京村	西安岳	王京村	唐县城		
其他省市	北京西梯胡同	北京房山吴庄村	北京潘家园市场	北京酒仙桥	保定南市区	河北省华北油田水电厂
	山东胜利油田	内蒙古包头	天津财经学院	云南东川市	黑龙江呼兰县	湖南长沙

河北省定州北齐村的韩祖庙平时宗教活动很少，每月的初一、十五则有部分的香客来上香。每年公历的3月和11月举行的韩祖庙庙会却吸引

---

　　①　董晓萍、〔美〕欧达伟（R. David Arkush）：《乡村戏曲表演与中国现代民众》，北京师范大学出版社2000年版。

　　②　本表依据董晓萍、〔美〕欧达伟（R. David Arkush）所著《乡村戏曲表演与中国现代民众》一书所记载材料简省制成。

了数十万的信众。韩祖庙庙会是一个由宗教活动、经济活动、文娱活动相交织的大规模聚会。庙会前的一天，信众住进韩祖庙办公室为他们准备的临时宿舍，每一个宿舍门前都打出自己门派的标志旗。一些信徒则会在韩祖宫内守夜。信徒以女性为主，她们大都带着平时念的经卷，以备庙会期间念诵之用。这些经文与韩太湖创教时的五部经已经不太相同，多为手抄本或是复印本，大多标以"诗曰"来表明是教主的遗著，其中《千佛歌》是教徒们最为经常念诵的经典。"祈祷""念经""坐庙"是庙会期间教徒的主要活动。晚上，信徒们都会到弘阳教的传人家里去吃饭。村里文化程度较高的人在韩祖宫替不识字的信众书写上供用的字符。字符有"混元门"等字眼，以及信徒的姓名、住址、愿望。庙会期间，韩祖庙周边往往有买卖交易。商贩向当地的政府交付数十元到数百元的租金即可租用摊位，韩祖宫对面的摊位作为抢手。庙会开始前三天，摊位即已开始摆设，将维持五六天，直至庙会结束。韩祖宫对面的戏台则会邀请剧团演戏，担当了娱乐的功能，每天晚上都会上演传统剧目，观众常常爆满。此后，年年不断增修，其资金完全靠信众提供，至今已花费 100 多万元。每年农历三月二十一，是韩祖宫最热闹的日子，来自四面八方的信众，齐集韩祖宫焚香礼拜，虔诚供养，一天下来，可以收获七八万元香火钱。韩祖宫两侧则摆摊设点，买卖交易，一派乡村庙会景象。平常日子，香客很少，只是农历每月初一、十五有一些香客，供养百十元左右。①

天地门教举办的圣会有两种，一是报恩圣会，于每年农历四月初四董计升忌日举办；二是阖会大众圣会，于每年农历十月十五日地藏诞辰和正月元宵节举办，尤以元宵节圣会场最为热闹。改革开放后，沧州东南部的"郝二师傅坟"每月初一、十五，都有天地门教信众前来焚香祭拜。三月十三至十七则是最为隆重的"天地圣会"。"天地圣会"是宗教活动与庙市相结合的庙会，吸引了大量的信徒、商人、戏班。以普亮塔为中心的西大乘教信仰活动，只有在每月初一、十五举行。普亮塔位于"中国魅力文化传承名镇"的杨柳青镇，每当旅游旺季，亦吸引了不少中国香港和日本、韩国等地的游客前来祭拜。涿鹿县圆顿教的弥勒殿，则在正月十五、五月初九、九月初九有众多的信徒前来参拜焚香。香客以河北省居

---

① 李浩栽：《弘阳教研究》，中国社会科学院研究生院宗教系博士学位论文未刊稿，2005年 5 月。

多，包括保定、廊坊、沧州、石家庄、承德、张家口六市，又以怀安、万全、宣化、赤城、蔚县、阳原、崇礼这些张家口市属地区为最。此外，在北京、天津、内蒙古、黑龙江、山东、江西、福建、贵州、甘肃等省区市也有不少信徒前来参加活动。[①]

四　当代民间宗教宝卷的整理与流传

中国民间宗教研究所涉及的史料众多，但凡历代官书、笔记、杂录、档案、宝卷皆在其列。其中，以清代档案和教派宝卷尤为重要。20世纪80年代开始，马西沙先生通过对大量清代档案的爬梳，为世人呈现了一个鲜为人知的民间宗教王国，这是档案在民间宗教研究中的成功运用。相对于档案而言，宝卷是研究民间宗教的另一重要文献群。据统计，国内外公私收藏的宝卷计有1500余种，5000余种版本。作为尚未被充分发掘、整理、研究的民间文献，宝卷与宋元以来的中国民间宗教有着重要的关联。宝卷，也称卷，事实上宝卷还有着多样的名称。其中渊源于佛、道教，用于道场仪式的宝卷往往称为"科仪""宝忏""科"。与此类科仪文书类似的是在仪式上使用的以"偈""偈文"为名的宝卷。另一类宝卷承袭了佛道的经典传统，径直将宝卷名为"经""真经""妙经""宝经"。用于神道人物传说或是记载教派祖师传记类的宝卷，则称作"宝传""传"。近代江浙一带的宣卷活动中使用的宝卷往往称为"古典""故典""古迹""妙典"。[②]

（一）历史上的宝卷与民间宗教

20世纪二三十年代，顾颉刚、郑振铎、向达等学者开始搜集、研究宝卷。此时的研究主要是将宝卷作为民间俗文学来看待的。早期对宝卷的研究主要是进行文献学上的编目。1927年，郑振铎在《中国文学研究》上发表《佛曲叙录》。40年代，恽楚材先后发表《宝卷续录》《宝卷续志》。此后，傅惜华的《宝卷总目》，胡士莹的《弹词宝卷目》，李世瑜的

① 濮文起：《当代中国民间宗教活动的某些特点——以河北、天津民间宗教现实活动为例》，《理论与现代化》2009年第2期。

② 车锡伦：《中国宝卷总目》，北京燕山出版社2000年版，第7—8页。

《宝卷综录》也相继问世。李世瑜的《宝卷综录》著录国内公私 19 家收藏宝卷 618 种，共计 1487 种版本，还收藏有见诸文献著录不见传本的宝卷 35 种。日本学者泽田瑞穗著《增补宝卷的研究》，共收入作者以及日本公私收藏宝卷 209 种，是海外汉学界收集最丰者。综观学者对宝卷的整理，可以分为"叙录"和"编目"两类。在宝卷目录研究上，车锡伦堪称集大成者，其著《中国宝卷总目》共收入海内外公私 104 家收藏的宝卷 1585 种，5000 余种版本，是目前收入最全的宝卷目录。

如前所述，中国的宝卷数量巨大，可以说是独立于佛经、道藏外的另一中国传统宗教的经典。这些为数不少的宝卷，包括了相当种类的劝善书，但作为民间宗教教义的宝卷亦有二三百种。

宝卷的体裁与渊源。1925 年顾颉刚在北京大学《歌谣周刊》上刊登《孟姜女宝卷》，并对之进行了考证研究。1934 年在《歌谣周刊》上发表《苏州近代乐歌》，指出宝卷是宣扬佛法的歌曲。郑振铎则以"佛曲"来称宝卷，指出宝卷是变文的嫡派子孙。泽田瑞穗则指出，南宋和尚编写的《销释金刚科仪》是更早的宝卷类型的经文，据此，泽田以为：宝卷直接继承忏法，模拟了唐宋以来传承的科仪。李世瑜在《宝卷新研》一文中，以为：唐五代俗讲"讲唱经文"以及演佛经故事的"变文"到了宋代成为"说经"，杂糅宋、金、元、明各代的鼓子词、诸宫调、散曲以及其他戏曲等形式，明正德年间出现了宝卷。车锡伦认为，宝卷这种演唱形式形成于南宋时期。宝卷的形成继承了佛教俗讲的传统，又受到佛教忏法演唱仪式化的影响。马西沙先生则指出，宝卷之始，主要是由唐、五代变文以及讲经文孕育产生的一种传播宗教思想的艺术形式。它多由韵文、散文相间组成，有些卷子可讲可唱，引人视听。最初的宝卷是佛教向世人说法的通俗经文或带有浓厚宗教色彩的世俗故事的蓝本。僧侣借这类宝卷，宣扬因果轮回，以弘扬佛法。元版《佛说杨氏鬼绣红罗化仙哥宝卷》及郑振铎藏书《目莲宝卷》的发现是个证明，宝卷形成过程中，还受到道教的影响，宋理宗为指陈善恶之报，"扶助正道，启发良心"，广泛推广劝善书《太上感应篇》，为以后《阴骘文》《功过格》的大力普及及宝卷类劝善书的兴起，开了先河。

现有大量的宝卷中，有二三百种是明清民间宗教的相关经典、科仪。马西沙先生认为，至少到了明初，宝卷已开始为民间宗教利用，作为教义的载体形式。明代中末叶，是民间宗教兴起的时期，也是宝卷大量撰写刊行的时期。作为弥陀净土宗和天台宗影响下产生的白莲教，已不占据统治地位，而禅宗和道教内丹派影响的新型民间宗教大批涌现，成为那一时代民间宗教的特点。而几乎所有有实力的民间教派都以宝卷为名，撰写刊刻自己的经书。清代黄育楩说："每立一会，必刊一经。"① 其实每立一会，便会刊印多种经卷。少则数部，多则数十部。现在能见到的明刊本民间宗教宝卷不下百部，多为大字折装本，印制精美，"经皮卷套，锦缎装饰"，与正统佛经无异②。这些无疑都说明了宝卷对于民间宗教研究的重要性。

宝卷包容的思想极为庞杂，兼杂儒、释、道等传统文化，又有历代积淀的各类民间宗教的思想资料，乃至民间神话、风俗、礼仪、道德规范等内容。就道教而言，影响也是多方面的。道教的哲学、炼养、斋醮、神话传说都深深渗透到多种宝卷之中，其中道教的内丹术及斋醮仪范对宝卷的影响最大。目前学界对道教的内丹、仪式与宝卷关系的研究尚属少见。只有马西沙先生对此进行了开拓性的研究。马西沙先生在《宝卷与道教的炼养思想》一文中指出，道教的内丹术对明清时期的民间宗教教派的宗教修持影响巨大。

马先生指出，形成于明初的《佛说皇极结果宝卷》，是现存最早的民间宗教经卷。虽然该经卷内容多晦涩难解，名词术语与道教颇有不同，但修炼内容明显受着内丹道的启示。此外，黄天道的经典也渗透着内丹的修持理念。黄天道流传有"九经八书"，现存中国、日本、俄罗斯共计6部，内含忏仪经文1部。除忏仪1部外，5部宝卷都以修炼内丹为宗旨，创教经典《普明如来无为了义宝卷》开宗明义，告诫信徒要"性命兼修"、"昼夜功行"，借此结丹③。在黄天道看来，兼修性命是逆生命之旅行进的一个过程，是对衰老、死亡的一种抗争，是对生命本源——天真之性的不懈追求，这种追求的结果是结金丹。

《普静如来钥匙宝卷》告诫修行人要保持12个时辰的常清净。甚至认为人体这只鼎炉要以日月星三光之精气为药物："采取日精月华，天地真宝"，"昼夜家，采取它，诸般精气。原不离，日月光，诸佛之根"④，

---

① 黄育楩：《破邪详辩》卷一。
② 黄育楩：《破邪详辩·序》。
③ 《普明如来无为了义宝卷》第一分、第二分。
④ 《普明如来无为了义宝卷》第十九分。

"采先天混源一气，炼三光玄妙消息"①。清初问世的《太阳开天立极亿化诸神宝卷》把上述内容更加夸张，认为"太阳乃天之阳魂，太阴乃地之阴魂也。天地为鸡卵，乾坤日月乃玄黄大道"。太阳、太阴"乃为灵父圣母，产群星如蛾布子"。"人自生之前，原来佛性，始乃太阳真火。"因此凡夫俗子欲成大道，需要"投圣接引太阳光中，才得长生"。黄天教内由是奉普明为太阳，其妻普光为太阴，普明夫妇死后葬地立塔13层，号日月塔或明光塔。随着日久年深，一种修炼的内容，逐渐演化成修炼兼崇拜教主的仪式。据颜元讲，从明代起黄天道就"唤日光叫爷爷，月亮叫奶奶"，"每日三次参拜"②。到清中叶，直隶总督史贻直的奏折中记载，黄天道"以每日三次朝日叩头，名三时香；又越五日，将行道之事默祷天地，谓之五后愿"③。八卦教的创教经书有《五圣传道》，从现存中、日两国不同版本的《五圣传道》可知，这是一部修炼内丹，追求长生不死的经书。经书中将观音、普贤、白衣、鱼蓝、文殊五位菩萨幻化成农村织布的妇女，并借用织布的道理，说出一番道教内丹派的玄妙道理来。

当然，民间宗教的内丹术与道教的内丹术是有区别的。首先，民间宗教中出现炼养思想，是内丹道成为道教主流以后的事。其次，宝卷的炼养思想庞杂、丰富，既有合于道教炼养真精神者，也因鱼龙混杂，导致怪弊丛生的现象。道家与某些民间宗教家在炼养上的根本不同之处在于：一个把落脚点放在贵清虚无为的自然之道上，一个则充满世俗欲望和追求。其三，在哲学观念上，宝卷与道教分殊异同，亦不可概论。道教合哲学，炼养于一炉，逆则归元，既体现出了人本身逆死求生的过程，其哲学的依据亦不出老子从人道向常道的复归。体现了人类、社会、自然的和谐，体现了从本体走向多元，再由多元归于本体的过程，部分民间宗教家及其撰写的宝卷，即循此思路。

但还有一部分民间宗教，有一种自成体系的天道观，这种天道观又与内丹炼养之术汇于一体，则演化成一种极有吸引力的社会政治观点、一种反传统的思潮，这就是"三教应劫"思想。三教应劫思想渊源于《弥勒下生经》等佛教经典，时在两晋、南北朝时代。后则有佛道交相影响，

---

① 《普明如来无为了义宝卷》第十八分。
② 颜元：《四存编·存人编》卷二。
③ 《军机处录副奏折》，乾隆八年四月初九日署直隶总督史贻直奏折。

由民间宗教混而成之。但就现在资料来看，到了明代这种天道观才和民间宗教的炼养思想发生融合。三教应劫救世思想，就是如此与民间宗教修炼内丹之术结合起来了。这种教义成为黄天教、闻香教、八卦教、一贯道等多类教门的基本教理，对下层受苦受难者无疑颇具吸引力，成为部分民间宗教反传统思想的核心内容，也是与道教天人合一思想最具分歧之处。

　　宝卷的调查与研究。20 世纪 50 年代开始，已经有学者开始对宝卷演唱活动的调查。这一时期，学者在对江苏南部戏曲调查中获得了一些宝卷曲目。① 1957 年张颔《山西民间流传的宝卷抄本》载于《火花》第 3 期。80 年代之后，宝卷的田野调查卓有成绩。1991 年，《酒泉宝卷》由甘肃人民出版社出版。江浙的宝卷调查也有成果问世。1992 年，段平《河西宝卷的调查研究》、方步和《河西宝卷真本校注研究》先后在兰州大学出版社出版。随着宝卷调查研究的深入，学者也对宝卷研究进行了反思，② 对"宝卷学"③ 也进行了阐述。

　　改革开放以来，随着民间宗教在乡村社会的复活，一些教派开始整理、印制自己的经卷，作为教内信众修习教义思想的读物。

（二）各教派传统经卷的整理与重新流传

　　在民间宗教历史上，罗祖教的五部六册宝卷对后世有着重大的影响。罗梦鸿于成化十八年（1482），得成道果。此后，在密云卫、古北口、司马台、江茅峪等地倡教。并在司马台外建造讲台，吐经五部：《苦功悟道卷》、《叹世无为卷》、《破邪显正钥匙卷》（上下）、《正信除疑无修证自在宝卷》、《巍巍不动泰山根深结果宝卷》，共五部六册④，世称五部六册宝卷。罗氏经典在明正德四年（1509）已刊行于世，生前死后风行大江南北，刊行多版。现今流行于福建闽西地区的罗祖教，仍然大量刊印罗祖五部经典，并以一套 300～400 元的价格出售给当地从事念经活动的罗祖教信徒。

---

① 《江苏南部民间戏曲说唱音乐集》，音乐出版社 1955 年版。

② 车锡伦：《中国宝卷研究的世纪回顾》，《东南大学学报》（哲学社会科学版）2001 年第 3 期。

③ 濮文起：《宝卷学发凡》，《天津社会科学》1999 年第 2 期。

④ 参见［日］泽田瑞穗《罗祖的无为教》，载《增补宝卷的研究》，国书刊行会 1975 年版，第 309—342 页。

　　黄天教内传有"九经八书"之说，现存或存目经典如下：《普明如来无为了义宝卷》、《普静如来钥匙宝卷》、《太阴生光普照了义宝卷》、《太阳开天立极亿化诸神宝卷》、《普静如来钥匙宝忏》、《佛说利生了义宝卷》、《普静如来检教宝卷》、《虎眼禅师遗留唱经》、《寇天宝书》、《普明古佛遗留归家宝偈》、《普明古佛以留末后一着文华手卷》、《佛说扣天真宝》、《佛说辖天宝诀文法》、《朝阳三佛脚册通诰唱经》、《朝阳遗留排天论宝卷》、《朝阳天盘赞》、《大圣弥勒化度宝卷》、《皇极开玄出谷西林宝卷》（长生教）、《众喜粗言宝卷》（长生教）。① 在现今河北易县一带，皇天教的《太阴生光普照了义宝卷》、《太阳开天立极亿化诸神宝卷》仍然是民间音乐社的艺人们讲唱的文本，与《后土宝卷》一同流传。

　　弘阳教经典和忏文之多，居明清诸民间教门之首。其中，《混元弘阳飘高临凡经》、《混元弘阳叹世真经》、《混元弘阳苦功悟道经》、《混阳弘阳显性结果经》、《混元弘阳悟道明心经》号称韩太湖亲自撰写的五部经，为弘阳教经典之最重要者。此外，现已知的经典还有：《太上全真清净礼斗科仪》、《太上三元赐福赦罪解厄消灾延生保命妙经》、《高上玉皇经本行集经》、《混阳弘阳明心宝忏》、《混元弘阳血湖宝忏》、《销释混元无上大道元妙真经》、《销释混元无上普化慈悲真经》、《销释混元无上拔罪救苦真经》、《销释混元拔罪地狱宝忏》、《销释混元救苦升天宝忏》、《混元弘阳中华宝忏》、《销释混元大法祖明经》、《销释归依弘阳觉愿真经》、《九天应元雷声普化天尊玉枢宝经》、《太上玄灵北斗本命延生真经》、《观世音菩萨普门品经》、《元始天尊北方真武妙经》、《太阳真经报太看照之恩》、《太上说消禳火灾经》、《元始天尊说济渡血湖真经》、《关圣帝君济世忠义经》、《清微红范功课经》。② 又有：《混元弘阳飘高老祖经》、《弘阳结果二品上经》抄本一本、《混元弘阳请祖母报恩觉愿》、《起香赞》、《积善求儿红罗宝卷》、《销释归依觉愿妙道真经》、《佛说白衣菩萨送子宝卷》、《普贤菩萨度华亭宝卷》、《佛说土地正神宝卷》。③ 又有：《混元门元沌教弘阳法》、《弘阳秘妙显性结果经》、《混元弘阳心心宝忏》、《弘阳

---

　　① 马西沙：《中国民间宗教简史》，上海人民出版社2005年版，第262页。

　　② 《军机处录副奏折》，嘉庆二十二年十二月十九日直隶总督方受畴奏折，附录经卷字迹单。

　　③ 《军机处录副奏折》，嘉庆二十二年十二月二十一日直隶总督方受畴奏折，附经卷字迹单一。

宝忏》、《弘阳后续燃灯天华宝卷》。① 这些弘阳教的传统经典在当代华北的弘阳教道场中时常出现，成为该教派传播教义、教理，为民众提供仪式服务的重要文本支持。

流传于福建西部地区的归根道（或称儒门），改革开放以来也得到了复兴。当代福建西部的归根道是由归根道十八祖陈精一的弟子唐清源，于民国初年间由滇南传入。曾在该地区衍化出三十多个堂口。20 世纪 50 年代，当地政府以"反动会道门"为名将归根道取缔。近年以来，该教教徒创新整理、刊印了不少经卷，包括：《敬神礼本》、《祀佛表文》（另名《庆祝表文》）、《科仪杂表》、《儒门钟鼓二文》、《笾豆全礼》、《精一瑶函》、《归家锦囊》、《表文》、《文疏表章》（又名《诸神佛圣诞日表文》）、《大乘作用科文》、《三教合宗》、《二十四诸天经宝忏》（又称《诸天菩萨宝忏经》）、《儒门赈济全科》、《超度经忏》、《大乘施食科文》（又名《焰口赈济课》）、《劝灵化库祝文》、《唵字真经》及其他、《秘传文笔录》、《醒迷录》、《玉佛新演消灾免难解厄延生心经》（简称《玉佛心经》）、《归空要信锦囊开展》、《大收圆书》（卷九）、《观音本行莲花经》（又叫《观音本行真经》、《观音王佛本行集经》）、《观音本行宝忏》、《雷祖宝训》、《无极大道词卖琴歌》、《无极生天论娘娘鸡母鹧鸪天》、《三天世界来历》、《观音救劫真经》（又叫《慈航普渡观音救劫真经》）、《会元宝卷》、《弥勒救苦太平风轮宝经》（也称《弥勒风轮经》）、《王母消劫救世真经》、《达摩宝卷》、《达摩祖师度人戒牒》（一名《归家路引》）、《文帝救劫葆生经、武帝救劫永命经合编》、《定光经》（又叫《定光古佛救劫醒世经》）、《弥勒古佛、慈航古佛救劫经》、《大圣末劫经》、《观音佛母救劫真经》、《马天君救劫真经》（也叫《天君救劫宝经》）、《王天君飞鸾显化劫谕文》、《观音经宝卷》、《吕祖度世救生船》、《三会掌教》、《辟开混沌》。②

流传于当今河北、天津地区的天地门教，也整理出不少的本教经典。天地门教经卷在形式上有经、佛、赞、咒、曲五种，如《大经》《双心经》、《双根本经》、《了愿经》、《天地经》、《大清十字佛》、《大赞》、

<hr />

① ［日］泽田瑞穗：《增补宝卷的研究》，国书刊行会 1975 年版，第 380—382 页。

② 陈进国：《外儒内佛——新发现的皈根道（儒门）经卷及救劫劝善书概述》，《圆光佛学学报》第十期，2006 年 4 月。

《小赞》、《往生咒》等。经、佛的内容偏重于宣讲道统、教义，供教徒修持时吟诵，赞、咒主要用于举办各种道场，曲则是劝化世人为善除恶时念唱。当代的天地门经卷或为手工誊写，或为电脑排印。其中，《董祖立道根源》、《根源记》、《老祖经》讲述天地门教组织源流；《佛表天盘》、《圣会偈》则作举办道场仪式之用；《杓峪问答》、《圣意之数》讲述天地门教修炼内丹方法；《八德词》、《批苦记》、《道偈》、《唱词》、《十样好》宣扬劝善行慈；还有长期秘不示人的《十字真言》等。①

在当代河北农村重新流行的大乘天真圆顿教，其传人于 1992 年，将民国时期一位名叫张树松的大乘天真圆顿教信徒假托大乘天真圆顿教创始人弓长名号编写的《弓长出世招贤真经》重新印制，广为散发。这部写于民国时期的经卷，包括《弓长度世宝卷》、《弓长化世三阳宝卷》、《弓长挽世自由宝卷》、《弓长救世除魔宝卷》、《弓长立世一字真经》、《万教归一》、《真空宝卷》、《弓长办道十愁诗》、《弓长赞叹》、《十字救劫真经》、《十方利益》、《醒世慈航》等内容，演述的内容虽是大乘天真圆顿教的传统教义，但也揭露了民国社会的混乱状况，并透露出企图以传统的大乘天真圆顿教拯世度人的教义思想。②

在历史上，福建与台湾的金幢教经典有：《钥匙经》六卷，《多罗经》九卷，《九莲经》四卷，《十五件法宝》一卷，《五十四派法宝》二卷，《五空还源》二卷，《皇极收员》三卷，《圆满宝忏》八卷，《西来集》（一名《悬华宝忏》）三卷，《证明来路》（一名《皈依文》），《收殡经》一卷，《九关经》一卷，《览心镜》一卷，《机理真言》一卷，《阐道真机》一卷，《无极圣祖事迹》一卷，《萧赐福氏手抄》一卷。此外还有《开金堂教叙》，《古佛宗派》，《蔡公出世》、《三极根源行脚事迹集》，《续三极根源事迹集》，《住世老爷降凡家谱》，《树德堂堂谱》，《台南慎德堂金幢派之流源》，《慈悲悬华宝忏注解》、《本明指明来踪去路性命了达宝卷》、《劝茶真经》、《佛说开天地度化金经》、《古佛上天梯经》、《皈依注解提圣根基》、《礼佛杂经》等。③ 这些经卷在当代福建、台湾地区通

---

① 濮文起：《当代中国民间宗教活动的某些特点——以河北、天津民间宗教现实活动为例》，《理论与现代化》2009 年第 2 期。

② 同上。

③ 陈松青：《福建金幢教研究》，福建师范大学硕士学位论文，2006 年未刊稿。

过广大信徒的不断刊印、抄写得到了广泛的流传。

（三）各教派所编写的新经卷

特别值得一提的是，弘阳教、金幢教、天地门教、大乘天真圆顿教中的当家师傅还编写了一批新经卷。如天地门教传人编写了《菩提道》、《做人之道》、《杂谈说道》、《歌词讲日集》等。新流行于当代河北农村的大乘天真圆顿教传人编写了一套《探索人生系列丛书》。该丛书由《觉之路》、《爱之源》、《行之道》、《梵之音》、《悟之谛》组成，成为该教宣讲教义、教理的重要媒介。涿鹿县矾山镇柳树庄村的大乘天真圆顿教传人编写了《弥勒佛天文诗》、《弥勒历史天诗文》、《弥勒佛龙华语》、《佛出世》、《共产主义真经卷》、《弥勒佛亿海经卷》、《弥勒掌教天诗语》、《弥勒真经卷》等经典，广为流传。以上经卷通俗易懂，为民众所喜闻乐见。[①]

除了重新刊印传统的教门经卷外，在当代俨然活跃于民间的弘阳教徒还经常念诵《千佛歌》以及《人性图》。《千佛歌》是在韩祖庙庙会上信徒念诵得最多的经典，是弘阳教的教理总集，综合了五部经的基本内容，其念诵有一定的仪式。《人性图》则为弘阳教传法者代代相续的秘典，载有教内内丹修炼所需的方寸位置，不轻易示人。[②]

现在莆田民间的金幢教除了流传《九莲经》、《西来集》（又名《慈悲悬华宝忏法卷》）、《证明来路》（又名《皈依文》）、《收殡经》、《开金堂教叙》、《古佛宗派》、《蔡公出世》、《三极根源行脚事迹集》、《续三极根源事迹集》、《住世老爷降凡家谱》等历史上已见记载的文献外，亦传行一些新的经典：《宝忏一藏白话问》、《大忏解》、《各种忏文》、《皈依解》、《指三会》、《目连经》、《南斗经》、《北斗经》、《各种文和帖》、《礼义廉耻》、《禳制手册》、《地母真经》、《解三玄》、《满桌·四十八愿·忏文》、《三官经》、《蔡阿公后代部分家谱录》、《佛说救苦观世经》、《观世音真经》、《帖谱》、《谢天恩》、《佛门联·喜、丧什底薄》、《对

---

① 濮文起：《当代中国民间宗教活动的某些特点——以河北、天津民间宗教现实活动为例》，《理论与现代化》2009 年第 2 期。

② 李浩栽：《弘阳教研究》，中国社会科学院研究生院宗教系博士学位论文未刊稿，2005年 5 月。

联·帖文·立旌·赦枷·开满》、《佛诞帖谱》、《大乘佛祖家谱流传》。①
这些经卷不仅叙述了金幢教的本门发展史，而且是该教门为广大民众提供
仪式服务的重要典籍。正因为仪式生活的鲜活性，大量教门的新科仪本也
正在不断的创造中。此堪为当代民间宗教复兴的一重要特征。

五　当代民间宗教的宝卷讲唱与斋醮仪式

民间宗教与社会信众的关系主要体现在对待生、老、病、死的宗教
祈祷及相关解灾、超度等仪式活动上，而斋醮的大型仪式又是相关的宗
教节日。斋醮活动既有个体家庭的，也有整个社会的。许多民间教派在
民间社会中实际充任的角色是僧人、道士的角色，如红阳教、黄天道都
对普通百姓的病、死诸事行斋醮活动。故民间称之为红阳道士、黄天道
人。至今在河北某些地区，红阳道士与庙会活动仍互相配合。而黄天教
更是每年四时八节作会。黄天教有四卷本的为操办大型斋醮仪式的《普
净如来钥匙宝忏》。刘门教在四川成都等地区每年有五次大的宗教节日：
上元会、中元会、下元会、九皇会、佛祖会。小会四次。参加者成千累
万。而刘门教内红衣道士的高功，带着普通道士及信仰者，在刘姓教主
的指挥下做大型斋醮仪式，或祈祷世运，或祈祷人民平安。当代活跃于
民间社会的民间教派，更是通过斋醮、礼仪、宗教节日、慈善活动等方
面，展现出了民间宗教与社会和谐的一面，以及在稳定社会秩序的
一面。

（一）历史上民间宗教的宝卷宣讲与斋醮仪式

弘阳教自己有一套斋醮法会的经忏仪式，这些仪式来自道教，但又比
寺观中之道教仪式来得简易，方便群众之用，民间偶有丧葬之家，无力延
请僧道者，大都延请红阳道人，以其收资较少的缘故。在正统僧、道势力
无法渗入的民间，非正统的红阳道人或其他民间宗教，作为一种信仰的补
充物、替代物及时地渗入了真空地带，适应了一种社会的需求。

该教经忏，从经忏名目可知，多有与道教相合者。清代弘阳道士不仅
诵弘阳经，也诵正统道经。在弘阳教经卷中忏的比重最大，其主要内容来

---

① 陈松青：《福建金幢教研究》，福建师范大学硕士学位论文，2006 年未刊稿。

自《正统道藏》威仪类内容。同时掺杂了民间道场仪式规范的影响，内容丰富。在弘阳忏中多处皆为筑坛、设道场或启建弘阳道场的具体内容或宣扬道场法会之作用。据《混元弘阳明心宝忏》所载，启建弘阳圣会，或一日、二日、三日，需要命请弘阳道众，讲演五部尊经，礼拜明心宝忏。而诵经拜忏有解释千愆，蠲除灾难，福降祸散，百祥来臻，寿命延长，免诸瘟疫，形神俱妙，与圣合真的功效。只要精心礼忏，就能出离凡圣。弘阳教的经忏活动上至帝王官僚，下至人民居士长者，只要是有诸灾难，疾病缠身，均可以建启弘阳道场，燃灯烧香，虔诚礼拜。

弘阳教固定的宗教节日是在每年飘高老祖的生辰（五月十六日）和忌日（十一月十六日），以及朔望之日，念经作会，焚香祭拜。在弘阳教徒聚居的村落，都有一批教徒专习弘阳教法事，念经作忏仪轨、运作成熟，或为贫民丧葬之时发送亡灵，念"师父经"，或为人设坛筑道场。每次作会念经当然要敛钱，买香烛果品，供献功德，而余钱则为弘阳道人分用。弘阳道人以此为生计以糊口。

弘阳教忏仪、筑坛等道场法会包括如下内容：祈运、解厄消灾、祛病去邪、驱鬼赶妖、保命延生、拔罪救苦等。与道教的道场法会之作用大同小异，只不过没有道教法会的庄严、肃穆、严整。规模则更小。

在黄天教内，符箓道场的作用更主要在扩大本教影响。道场法会以诵念本教的经忏为主。明万历间，黄天教有一部宝忏问世，即《普静如来钥匙真经宝忏》，全书四卷，洋洋大观。从这部宝忏，可知当年黄天教道场的宏大规模，黄天教的道场大概分两类，一类做于宗教节目，一类是有钱人家在丧葬时请忏。据清档案载，这个教门，"一年四时八节作会"，是时"奉其教者，犹千里拜坟，多金舍寺"。黄天教圣地碧天寺，历来为李氏家族把持，但到了清代，李氏家族并不亲自管理寺庙，而是聘请道士住持。道士李继印于乾隆二年（1737）在万全县华山庙出家。乾隆七年（1742）黄天教首李昌年叫李继印及其师父李怀雨到碧天寺做住持，乾隆十七年（1752）李怀雨死去，由李继印住持。而在李怀雨之前尚有道士倪子玉、王玉成住持。这些道士既信仰正统道教，也是黄天教教徒，既诵寻常道经，也诵普明等人经典。住持碧天寺的道士们与教首李氏家族互相配合，每年作会12次。教首主持作会，道士主持道场，念经诵忏。在每年四时八节作会之外，遇有丧葬等事，亦有人请黄天教徒做道场，"超拔亡魂"，在这门宗教中不仅有以斋醮为终生职业者，还有以打造道场乐器为职业者。可见在直隶、山西北部等教业兴盛之地，黄天教道场规模相当不小，有广泛的群众基础。黄天教内还盛行"请经"风习，每次向教首人等借阅经忏，都要缴纳白银若干两，以示虔诚。从黄天教留下的一部部精美的宝卷、宝忏，可以看出这个教门曾有相当雄厚的实力。[①]

黄天道道场兴旺发达，皆因华北地区，风沙碱旱之灾频繁，祈雨成为重大的社会活动。例如清光绪间"旱魃为灾，乡民祷于普明坟墓，由然作云，沛然下雨，则苗勃然兴之"。丁是倡兴黄天教之风更盛。在信徒眼中道场是神灵所降之地，百姓的尊崇是不言而喻的。不仅尊崇，且有奉献"多金舍寺"。这是黄天教发展的经济基础。每年四时八节作会，往往又和农村的集贸市场所谓庙会相结合，形成一种年深日久，成为定例的文化、经济活动。

（二）当代福建金幢教的经忏仪式[②]

福建金幢教的仪式较丰富，主要有五种，其一为皈依，该仪式主要是为了吸收新的信徒；其二为早晚供茶，指的是福建金幢教佛堂首领每天清晨和黄昏必须进行的向无生老母等神灵献茶的仪式；其三为拜忏，是为信徒们谢恩、求安、求忏悔等而设的仪式，规模较大，过程较复杂；其四为办供，也是为信徒们谢恩、求安、求忏悔而设的仪式，不过规模比拜忏小得多，过程较简单；其五为满桌，这是金幢教的最高仪式，也可以说是大型的佛会。

1. 皈依

皈依仪式是金幢教吸收信徒、发展自身力量的重要仪式，可以单独择吉日举行，也可以在拜忏或满桌仪式后举行。若想皈依金幢教，则必须有一名引化师（或称引进师）介绍，经过叔公同意后，新众（那个想皈依的人）就跪于三官厅中，由叔公（首领或护法亦可）诵念《皈依帖式》、《皈依忏文》和《皈依文》，首领或护法在一旁捧烛看火。新众要报法语三遍，一遍讨超生，二遍讨金丹妙诀，三遍讨"家乡"有份。在诵念完《皈依帖式》、《皈依忏文》和《皈依文》之后，将皈依帖送入"家乡"

---

① 马西沙：《中国民间宗教简史》，上海人民出版社 2005 年版，第 268—272 页。

② 本部分主要参考陈松青《福建金幢教研究》，福建师范大学硕士学位论文，2006 年未刊稿。

内焚化，皈依仪式就完成了。皈依仪式不要求新众缴纳任何费用，不过新众可以自愿捐献香火钱，以资助佛堂的日常开支和修缮。一般来说，叔公（或者首领、护法）会在皈依仪式后对新众交代一些金幢教的禁忌，特别是强调吃斋的重要性以及每年至少一至两次来佛堂拜佛的义务。金幢教还承诺：信徒只要真心修行，死后都能回到"家乡"，与无生老母相伴，不生不灭。金幢教这种简便易行且无须太多附加条件的皈依仪式是吸引群众入教的一种重要手段。

2. 早晚供茶

这是金幢教的佛堂首领们每天都要做的仪式，分别在早上太阳出来之前和傍晚太阳下山之后举行。具体过程是：清晨，在太阳出来以前，在"家乡"内的无生老母像前供一杯茶，拜四拜，然后念《晚早文》，念完后再到三官厅，在三官老爷神像前供一杯茶，拜四拜。有的佛堂还会在观音神像前供一杯茶。傍晚，在太阳下山以后，重复早上的供茶步骤。当然，如果佛堂的首领有事不在，可叫护法代替。

3. 拜忏

拜忏仪式是金幢教的重要仪式，也是最经常举行的仪式。该仪式是不定期举行的，可以是单独择吉日拜忏，也可以在教门拜佛时拜忏。单独拜忏的费用一般为一忏六七百元甚至更多，而在教门拜佛时拜忏，一忏一般为100元到150元不等。这些钱用于购买拜忏所需的供品以及支付叔公、首领、护法的报酬。一般来说，叔公做一忏的报酬是6元，首领4元，护法2元。另外，必须注意的是，为拜忏而挑选的吉日，要与事主的生肖不相冲才行。佛堂里一般都有择日的书，现在莆田各佛堂通用的是星华堂特制的《董珍辉通书》。该书每年更新一次，除了有一年十二个月的通书外，还有介绍算命、养生的方法等，内容较丰富。做忏的步骤如下：

①请神（其实是做八卦）。做忏的第一步为请神。叔公和八位师父（即八个佛堂首领）围坐在一张桌子前，叔公在上座，八位师父分两列坐于两旁，据说他们是代表各自佛堂的佛祖。②点准。即由叔公审阅即将拜忏的帖文，如果没有问题，就在帖文中"准"字的头上点一点。③开忏。点准过后就要开始在"家乡"内诵念《慈悲悬华宝忏》了。严格来说，真正意义上的拜忏这才开始。当然，在这之前，"家乡"内已经摆好了所需的供品。只有"三九"齐全，才可以开始拜忏。所谓的"三九"即九斋、九品莲花以及九种物品（家乡烛二，光烛二，护烛二，香一，花一，

宝忏一，合起来有九种）。九斋为九种斋菜，其中香菇要摆放在最中间（因为香菇代表"土"，而金幢教认为"土"可以生万物），木耳摆在最左边，金针摆在最右边，这种位置是固定的，其他六种斋菜的摆放没有固定位置。组成九品莲花的斋品中有五种必备的饼类，即寸金、亮诸、麻馅、方糕、四角小饼。其他的四中斋品可在花生、橘子、苹果、红枣、桂圆干、橄榄中做选择。分为上品上生、上品中生、上品下生、中品上生、中品中生、中品下生、下品上生、下品中生、下品下生。一切准备就绪后，先打开"家乡"的龙门（左边门）和虎门（右边门），叔公及两位护忏师父由龙门进入"家乡"，然后再打开中门，待叔公及两位师父跪好后，便开始宣帖念忏了。

具体步骤如下：

叔公唱：师父慈悲，禀师父上供。

众首领和：禀老爷老娘娘上供。

叔公诵念《慈悲悬华宝忏》上卷（一遍），宣帖（一遍），念忏文第一章，再宣帖，念忏文第二章，再宣帖，念忏文第三章，然后由一位首领从三官厅端一杯新茶进"家乡"，换掉原先的那杯问圣茶。

叔公诵念《慈悲悬华宝忏》中卷（一遍），宣帖（一遍），念忏文第一章，再宣帖，念忏文第二章，再宣帖，念忏文第三章，然后再换一杯问圣茶。

叔公诵念《慈悲悬华宝忏》下卷（一遍），宣帖（一遍），念忏文第一章，再宣帖，念忏文第二章，再宣帖，念忏文第三章。

叔公唱：南无阿弥陀佛……

众首领和：禀老爷老娘娘撤供。

叔公和两位护法由虎门出"家乡"，随后"家乡"的门立即关上，这样就完成了拜忏（做一忏）的仪式。

但是，比较经常的情况是，拜忏那天所做的忏往往有十几忏甚至更多，其步骤与上述相同。值得注意的是，做完一忏之后，"家乡"内的供品（九斋、九品莲花，九种物品等）必须全部换成新的才能开始下一次做忏。

④吃斋饭。一天所有的忏都完成后，就是吃斋饭的时间了。这也是整个拜忏仪式的结束阶段，而且是不可或缺的阶段。各个佛堂的首领和信徒们聚在一起，一边用斋饭，一边互相交流，探讨教内的事务或聊一聊身边

发生的事情。

4. 办供

办供也是不定期的仪式，也必须择吉日举行，但过程相对简单。各个佛堂的首领自己一个人便能举行办供仪式，无须邀请叔公和其他佛堂的首领。与拜忏相比，办供的规模较小、等级较低，费用也比较低（通常做一供只需 30～40 元），但因其简便易行，所以也深受信徒的欢迎。办供的目的一般都是谢恩或祈求家人平安之类的。办供前，要在"家乡"内摆七样供品，称为"七品莲花"；以及九种斋品，称为"九斋"，再加上一碗饭、一杯茶、一碗面。

另外，在三官厅的供桌上也必须放一杯茶，名曰"问圣茶"。此外，在办供前，还要写好帖文。办供的帖文与拜忏有所不同，拜忏是写"开悬华宝忏一藏"，而办供则写"虔设清供一筵"。

具体的仪式步骤如下：

（1）信徒虔诚地跪在三官厅中。首领接过写好的帖文，审阅一遍，确认无误后，在帖文左下角的"准"字头上点一点（注意：写帖时"准"字头上的那一点先不要写）。

（2）首领唱："师父慈悲，禀师父上供"，进入"家乡"内，跪于无生老母像前。

（3）宣帖，念供文第一章；再宣帖，念供文第二章；再宣帖，念供文第三章。

（4）供文和帖文全部念完后，首领将帖文焚化，走出"家乡"，整个仪式完成。

5. 满桌

满桌是金幢教的最高仪式，这种仪式是不定期举行的（必须选在黄道吉日）。由于满桌的花费较大，一般来说，一个佛堂一年能举办一次就算不错了，有些佛堂好几年才举办一次。满桌的举行有两个原因：一是某个佛堂的首领"开四十八愿"，祈求众生平安；二是某位信徒为了谢恩还愿而委托佛堂首领举行。

满桌仪式必须邀请五十三个佛堂的首领，称为"五十三参"。对联有云："五十三参，参参见圣；四十八愿，愿愿开恩。"此外，由于满桌相当于大型的佛会，所以附近的信徒甚至较远的信徒都会赶来参加，甚是热闹。

为了方便对仪式的过程展开叙述，姑且把仪式的过程分为准备阶段、进行阶段、结尾阶段等三个阶段。

准备阶段：①把桌子摆成九宫八卦的形状，在每一卦（除中宫外）的供桌上按天干地支的顺序来排列供品，安排邀请来的 53 位首领入座。桌子的摆法如下图，桌子的名称和各个桌子的入座人数见下表；②在"家乡"内摆放"九品莲花"、九斋等供品，与拜忏时摆的一样，具体的摆法参见前文拜忏仪式的相关部分；③写帖文。满桌的时候可以拜忏，也可以办供，而且事主的目的也多是谢恩和求安，所以帖文的写法也和拜忏或办供时相同。具体写法参见前文拜忏和办供仪式的帖文格式部分；④悬挂六面灯、贴门联等。

进行阶段：①请神。其步骤与拜忏时的请神步骤一样，请神时桌上的供品排列也相同，只不过入座的人数不一样，茶杯和碗筷也据此相应改变。值得注意的是，请神后桌上供品的排列发生了明显的变化，与拜忏仪式请神后的供品排列完全不同。另外，中宫——太微宫桌上的供品排列具有自己的特点，而且在请神前后的摆放始终没有变化。②点准。由叔公审阅拜忏或办供的帖文，确认无误后，在帖文左下角的"准"字头上点一点（与拜忏和办供时相同）。③叔公和两位护忏师父进入"家乡"，接下来就依照拜忏或办供的步骤，为事主做忏或做供。满桌时前来拜忏和做供的人往往相当多，有时一天可以做几十供、几十忏甚至上百忏。

结束阶段：满桌仪式结束后，撤去摆在"家乡"中的"九品莲花"、九斋等供品，并且撤去排列成九宫八卦的桌子，使厅堂恢复整洁。最后，叔公、各堂首领和信徒们聚在一起吃斋饭，互相交流教内事务，联络感情。

（三）闽西罗祖教的念经仪式与客家人的念佛习俗

在历史上，赣南、闽西各地盛行罗祖教，或称罗祖大乘教。改革开放以后，罗祖教在这些地区重新活跃起来。在闽西 NH 城乡，罗祖教教徒以为人念诵大乘经——即罗祖教的《五部六册》经典为业，同时，也为广大信众举行一般的念佛、拜忏、祈福、超度亡魂等仪式（见图 7—1、7—2）。当代闽西罗祖教的念经仪式与闽西客家人的念佛习俗互为表里，成为民众信仰世界的重要内容。

NH 城乡皆有念佛的民俗。据《NH 文史资料》记载：NH 有名为

图 7—1　当代闽西 NH 县重新刊
　　　　刻的罗祖教《五部六册》

图 7—2　当代闽西 NH 县罗祖教念经
　　　　仪式使用的罗祖图像

"莲社"的组织，其主要成员为信奉佛教的老年男女。佛教净土宗提倡"一心专念南无阿弥陀佛，始终不息，临命终时，就可以往生阿弥陀佛极乐净土"。自宋代以来，念佛民俗盛行，NH "莲社"遍及城乡各地，参加的人都是晚年有感于"妻财子禄"不如意者。这些人又往往都曾经在家吃长斋，或者长期吃花斋，有的曾经拜和尚、尼姑为师。"莲社"规定每月轮流在社友家集会念佛一次，每次一天，由轮值社友供应素餐招待。集体念佛时，社友有的穿道袍，有的披袈裟。他们手捻佛珠，先在佛像前团拜，坐念佛号，拜佛。然后，领头的两个人，一手持引进子，一手拿小木鱼，敲击着引导全体社友依次循序在佛堂上回环缓步行动，口诵"南无阿弥陀佛"，分前后两段，前面念一句，后面接一句，一起一落，生气和谐，很有节奏，号为"转佛"。持续一段时间后，各复其位，稍作休息。在佛像前陈列供品，口诵佛号，名曰"贡佛"。午饭后，照常进行，至当天黄昏时才终止。平时，遇社友家办丧事，也通知全体社友到其家中念佛。做喜事时为"祈福"，做丧事为"超度"。每逢社友临终与坐化时，全体社友都前往参拜，念佛送往西天。"莲社"在 1958 年遭到政府的取缔。改革开放后，宗教政策得到落实，"莲社"又在城乡各地恢复。当代闽西 NH 县的祈福仪式，多由罗祖教大乘门弟子主持。这些祈福仪式往往又称"念观音经"（见图 7—3、7—4）。

闽西 CT 县的归根道也盛行诵念罗祖大乘经的仪式，为广大信众念诵"阖家经"是每年春节初一至初九之际各大庙宇的重大佛事活动。在仪式展开时，寺庙门口往往需要张贴各种文疏，名曰"祈福文疏"（见图 7—5）：

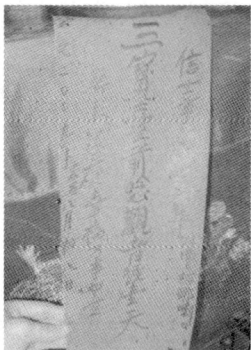

图7—3 闽西 NH 县某庙中
罗祖教祈福仪式

图7—4 闽西 NH 县某庙中罗祖教
祈福仪式

祈福延寿   功德文疏

奉行

三教戊己归根昭明敕令，兹有主奏 唐清源 诚惶诚恐，稽首顿
首，伏俯奉表启奏

大中华人民共和国福建省汀州府长汀县   镇（乡）   街（村）
号居住

沐恩信士   以及阖家人等，奉

圣焚香秉烛，敬为诵经求福寿，祈保积福消灾免难以及阖家
（众）平安事 伏以

上帝好心悯人，生之锢蔽，群真挽劫，悲运数之摧残，民等午夜
思维凤世之愆尤难赫壹衷，惕厉千古

之奇缘堪钦是以延伏

戊己归根素士诵经生众等   人在于

设坛诵经，叩诵

罗祖大乘   宝卷以及   诸品真经，礼拜诸天宝忏，于   年
古历月日至

月 日   永日圆成，虔具疏文 上呈

经筵会上圣佛仙真无边列圣大天尊圣前，伏愿

精灵默鉴，惠泽洪施，过不究夫既望，祥冀降于将来，俾罪灭灾

消，为善无颠连之阻，灾非消灭，

祸害不降，百厄消除，灾劫无漫，除无妄之灾，解有仇之您，花园端正，桥道光明，善根增长

孽障无生，诸神有感，圣贤扶持，官非消散，口舌埋藏，男增百福，女纳千祥，五谷丰登，六畜兴

旺，千合万合，诸事荣昌，望消九横之灾，赐来平安之福，上言风调雨顺，永求国泰民康，合（各）家

清吉，事（百）业兴旺，保佑善信（合众）弟子阖家安泰，随在设施，实现履之祥，生等曷胜铭恩不忘之至

　　　　谨疏以

闻

天运一九九八年岁次　　古历　月　日至　月　日沐恩信士　以及阖家人等

　　　　　　　　　　　　　　　　　敬叩拜呈

每年春节之际，CT 县各大庙宇争先念诵以罗祖教大乘经为主的《阖家经》，堪为闽西民间信仰世界的一大盛事。

图 7—5　闽西 CT 县念诵罗祖教大乘经的"祈福文疏"

NH 县各地还盛行一种称为"接珠"的念佛仪式。普通人家（信仰基督教、天主教的除外）年纪超过 50 岁以上，到了更年期的妇女，多数信佛。家庭经济比较优越的，当有案道的那一年，要拜尼姑或者佛头妈妈为师，择日举行"接珠"礼仪。该仪式多为罗祖教信徒或为普庵教道士主持。是日，大办宴会，所有亲朋都送贺礼，内亲的礼物尤其丰厚：有糖糕、素菜（包括香菇或者红菇、面、豆腐皮或者地瓜粉皮、豆腐干等）衣料、鞋、被单、佛珠袋、花烛、喜炮，还有结缘果品，所费颇巨。她本

人则头戴订有银饰佛像或佛字的头巾（俗称额子），身穿蓝衫，腰系白裙，脚穿白袜，套绿色绣花的布鞋，打扮得极其雍容。仪式开始时，老妇女跪在佛像前的蒲团上，接受其师傅给予的"佛珠"，口念早已经熟记于心的《弥陀经》《心经》《花园童子经》《往生咒》《大悲咒》《八十八佛》等经文。所有亲眷中念过佛的妇女，也都陪同念佛，热闹非常。中午设素餐招待来宾，当上菜时，本人携同自家眷属到每桌宾客席上敬茶道谢，并分赠糖糕、饼、果、花生、豆子，表示"未成佛道，广结善缘"。下午拜佛楼。其仪式为：将佛楼放置于屋子前的空地上，佛楼是事先雇人用竹篾扎纸糊好的，佛楼前摆好供品，燃烛焚香，由师傅带领本人跪在佛楼前的蒲团上祈祷，礼毕，起身围绕佛楼念佛。所有亲眷跟着围绕，每行到佛楼四角，都要下拜，名曰"拜佛楼角"。拜完后才将佛楼焚化。凡是参加拜佛楼角的人，都要给红包，红包轻重不一，大人的较重，小孩的较轻，但是同等亲戚皆要保持一致，不能有轻重之别，否则会遭人闲话。这一天，对所有出力办事的人，都要奉赠红包，以表示不敢空费他人劳力。从此以后，她就成为念佛妈妈，每逢每月朔望，或者佛生日，都得跟随佛友到庵庙点烛烧香，礼拜念佛。一年后，即是念佛"周年"，要念"回佛"。即聚集全村的念佛妈妈、念佛公公，念一天佛，亲朋好友一样要送礼，仪式没有"接珠"那样隆重。经济条件好的，隔几年就要念佛一次，祈祷全家平安，本人身体健康。这种习俗遍及城乡，在西乡一带，老年男人也照样一起参加念佛，名曰"念佛公公"。

民国初年，NH还盛行"拜诸天"的民俗，其组织为"诸天篷"。仅城关就有同庆社、福庆社、翠华社、永善堂、福荫堂等七篷分布各坊。泉上、湖村、安远、石壁、淮土、方田等乡镇，也有"诸天篷"的组织。他们不是纯粹的信佛，而是寓乐于佛。参加者多系中老年没有职业的男人，青年人介入的极少，互称"诸天友"。每篷三四十人，主持人称"道事"，保管器物的称"管箱"。每篷都置有佛像、佛牌、经本、桌围、烛台、香炉、长短幡幢、僧帽、道袍、袈裟、僧鞋、如意、佛珠、蒲团以及全堂法器等，一应俱全。这些器物都由诸天友自行捐助购买。"诸天篷"规定每月农历二十四日为"二十四诸天菩萨生日"，次日由诸天友选一人承案，轮流进行。仪式举行前一天，备宴邀请能来参加拜佛的诸天友到案首（即主持者）家中聚餐，曰"封斋"。参加聚餐者，第二天都必须到案首家拜佛。一切仪式都仿照僧人的规矩办。除每月二十四日的拜诸天仪式外，"诸天篷"在每年释迦牟尼、观世音菩萨生日之际，都会由轮值案首请诸天友到寺庙菩萨前拜佛。七月十五中元节（俗称地官赦罪或鬼节），从七月十五到七月三十日（此日为地藏王菩萨生日）这十五天内，全城的诸天友都要到城关东岳庙的各殿中拜佛礼忏。有的连夜在西溪撑船搭台作普渡、焰口、放河灯、超度孤魂溺鬼。东岳庙里人山人海，锣鼓、鞭炮声不绝于耳。腊月二十四日为诸天菩萨回天之日，诸天篷作满山（散），即举行会餐、封箱、分糖糕等活动。首事请本年参加拜佛的诸天友聚餐，每人交餐费银币一元（禁银币时，按当时比值折算成通用货币）。未参加聚餐的诸天友，也同样分一斤糖糕。餐后封箱。每年农历正月才继续活动。到第一次国内革命战争期间，政府厉行破除迷信，城关各诸天篷停止活动。此后，各乡在一些人的积极提倡下，又见活动。新中国成立前夕"诸天篷"停止。改革开放后，该民俗活动复兴。在当代 NH 县的拜诸天仪式又称为"拜万佛"，主要由念"大乘经"的罗祖教弟子主持。该仪式共需要念经九天，前两天拜《万佛宝忏》，后七天拜《梁皇宝忏》，由九位师傅主持仪式，共需 5000 多元酬劳（见图 7—6、7—7、7—8）。

图7—6　NH 县某庙罗祖教　　图7—7　NH 县某庙罗祖教　　图7—8　NH 县某庙罗祖教
　　的"拜万佛"仪式　　　　　　　的"拜万佛"仪式　　　　　　　的"拜万佛"仪式

　　NH 城乡各地还盛行超度亡魂活动。从城关到乡下，普通人家死了成年男女，必须请僧尼、罗祖教教徒到家中超度亡魂。未入殓前，要点铁树灯，盖棺后在七期内，要请僧尼到家中放焰口，拜水忏，设施食，念往生咒（女人则要加念《血盆经》），祈灵，还寿算钱，烧纸屋等佛事。死后六十日为孝孙剃孝发，百日为孝子剃孝发。周年为孝孙除孝服，三年为孝子除孝服，以及除灵上祖堂一切佛事活动。大户人家，除了七个七期每期请僧尼到家举行追荐亡魂超度外，还有拜千佛、拜万佛、拜梁皇等。花销颇巨。穷人也得随俗在七期中请僧尼到家中作一次超度亡魂的佛事，以了

心愿。新中国成立后此类习俗一度被废除。改革开放后，宗教政策得到落实，人们的生活也得到好转，子女出于对父母的孝心，超度亡魂活动再次盛行（见图7—9、7—10、7—11）。

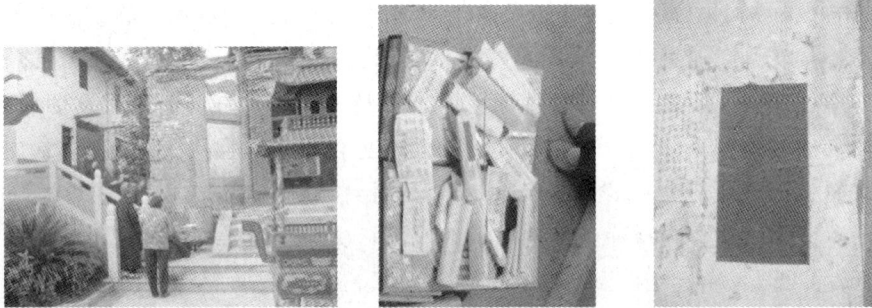

图7—9　NH县某庙罗祖教　　图7—9　NH县某庙罗祖教　　图7—9　NH县某庙罗祖教
的超度仪式　　　　　　　　　的超度仪式　　　　　　　　　的超度仪式

（四）当代华北天地门（一炷香）教的斋醮仪式

在历史与现实中，一炷香教都讲究存神养气，性命双修。几乎每一教派者讲求跪一炷香，对患病之人，要求其跪一炷香，又初入教者要求跪一炷香，长期信仰者更是如此，或云烧一炷香治病，或云烧一炷香消灾。而不在教的百姓也有不少人前往一炷香教传教者处治病，颇为灵验。跪一炷香，是修炼一种静功。一炷香从点燃到烧毕，为时不短，祈祷者在香烟缭绕之中，入于沉静之地，全神贯注于对天地的默祷之中，杂念顿离，欲望皆消，从而达到一种恬淡虚无之境。这种境界对长期忧思劳苦者是一种最好的松弛，对欲望强烈者是一种控制。如果每天跪上一炷香，久而久之，患者体魄自健，病痛全消；而疾苦困顿者，则身心达到调节，弱而复壮；多贪多欲者，压抑了放纵的情欲，平和了内心的矛盾冲突与不平。"静功"是修炼内丹功夫的第一步，又叫筑基功夫，内丹家认为要想修炼内丹，先要入静即存神以养元气。不能控制住七情六欲，元阳难聚，则如水中捞月，皆成虚幻。所以长期跪一炷香，就是在进行筑基。一炷香教是流行于底层的宗教，信仰者大多文化层次较低，但他们的修行与内丹家所云性命双修亦出一途。

当代流传于河北省沧州市郊县和天津市郊县的一炷香教教团除了跪一

炷香，传习静功，或坐功运气，追求金丹之道外，也为人斋醮做道场，主要是为先人超度亡魂、相看阴阳宅地、为死者念经发送等。历史上，在以寺庙为基地的一炷香教团中，在寺宇内，多装饰有天地台，一方面以备教徒祈祷之用，另一方面则是做道场之所。道士或世俗教徒，是时为求助者建醮，围坐天地台下，相与击打乐器，齐唱道歌，或为超拔亡魂，或为驱鬼赶妖，以扫污秽，这类道场往往要钱不多，或仅纳香资。对求斋醮者来说比请正统道士要省钱得多。还有相当多的教团，其成员多为庄户人家，每于闲暇之机，一月或做道场两三次，其成员来自不同村落。他们往往有特定乐谱，如《五方元音》之类。乐器则是鼓板、木鱼、剪板之类简单道家乐器，同时带有香筒以备焚香之用。这类道场仪式极为简单，教徒或因有事，来去自便，不但没有正规场的森严肃穆气氛，与一炷香教中以寺院为基地的教团所行道场也不相同。所歌唱的内容太多为《父母恩理应赞念》之类世俗化味道极浓的歌词。在木鱼、鼓板的击打声中，和而歌之，气氛轻松和谐。显然，这类道场，更带有抒发宗教感情，调解紧张生活，以及会同教友的目的，它完全与农村社会那种恬淡生活色调合拍。它之所以流行关键在于它较少的束缚人的身心，而适应了下层民众的生活方式，文化层次以及心理要求，它的出现填补了部分缺少寺宇的村落和乡镇宗教生活的需求。

如今，每当传统节日，天地门教都要作供，供奉"三代宗亲之灵位"，为乡邻超度先人亡魂，借以慎终追远，福荫子孙，借以宣扬孝道。天地门教内还有一些相看风水的堪舆师傅，乡邻盖房，请他们相看地脉，乡邻死人，也请他们选择理想阴宅，使生者与死者都得到安宁，满足了乡村农民的精神需要。乡邻办理丧事，天地门教便前往帮助料理，主持丧葬仪式，念经发送，入土为安。天地门教做的这些工作，分文不取，带有一宗教福利性质，扩大了其在乡村社会的影响。天地门教规定信徒每日要烧香磕头，名叫"功夫"，认为只有一这样，才能了三灾（水、火、风），除五魔（狐狸、黄鼬、刺猬、长虫、老鼠），"幸赴龙华三会"。否则，就会死掉，堕入轮回。烧香磕头一般在室内进行，中堂案上供奉"天地君亲师"或"天地晋师"牌位，通常是信徒上香后，跪自双乎合十，点头为磕，但虔诚的信徒要在地上磕。天地门教内有一个规矩，即有病少吃药，烧香上供，念经派功，求"天地君亲师"保佑，特别是求老师傅保佑。该教不但给教内人看病，还给教外人看病，主要由当家师傅担任。当家师傅在给人看病时，首先问病人做了什么错事没有，告诉病人，只要烧香服理，知错改错，过后无错，同时信受教理教规，就会灾消病除；然后，上供烧香，念诵《良本经》《心经》等经卷，求老师傅保佑；最后是派功夫，即磕头。当家师傅为人治病从不收钱，但要吃供，倘有一灵验，主家还要宴请当家师傅举办一次还愿会。①

六　当代民间宗教与民间文艺

从民俗的角度来研究民间宗教，有助于我们对民间宗教的特殊性进行重新认识。以政治为背景来看待民间宗教的发展，往往认为遭受官方严厉打击的民间宗教消失了。然而，在民众的民俗生活中，民间宗教在转化之后，却得到了延续。华北的民间宗教在华北民众的群体实践中，被捏合，被"全体性"化，被转化成了口头讲唱经卷的形式，几百年以来一直在流传，从未消失。"可以说，对华北的民间宗教，从社会政治上看，是不稳定的；但从民俗上看，却是稳定的。"从清朝末年到民国初年，民间宗教的经卷文艺活动经常被记载于地方志的"民俗"部分。正是通过民俗活动的展演，民间宗教得以代代相续。在当代民间社会，秧歌戏、书会、音乐社等一些生命力很强的民间文艺通常具有民间宗教经卷的性质。它们的流传，受到了基层社会组织的保护，它们的讲唱，核心是劝善，已成为农民自我教育的历史方式。华北历史上的说唱经卷以农民意识改造农民，老百姓容易接受，上层阶级也不反对，已形成一套自成体系的文艺形态。

经卷文艺所反映的民间道教、佛教和儒家思想有差异但不矛盾，其原因在于三者没有根本的利益冲突。在民众的日常生活中，这种差异不仅是被允许的，而且是可以被再生产的。"差异可以面对社会差异的现实；差异也可以激励不同的宗教派别的发展，但不妨碍他们的彼此融合。"② 此外，华北的讲唱经卷具有流浪性，以口头文本为主，但是，从民俗来看，经卷的讲唱与一定的基层社会组织黏合在一起，附会了岁时风俗和民间纪

① 濮文起：《民间宗教的活化石——活跃当代中国某些乡村社会的天地门教》，《天津社会科学》2006 年第 3 期。

② 董晓萍：《田野民俗志》，北京师范大学出版社 2003 年版，第 578 页。

念日等活动，全方位地融入了地方社会。① 我们从民间叙事的角度去关注民间宗教教派与地方民俗的关系，不难发现讲唱经卷成为了民众自我教育的方式，从文本主题的角度来看，定县秧歌和民间宝卷具有互为文本的意义。② 此外，地方性的宝卷和民间叙事传统是在本地的信仰传统中发展起来的。宝卷的演唱是包括在民间神灵与祭祀的现场活动中，神灵与祭祀是民间叙事传统的原动力。③

（一）当代华北民间经卷文艺的多样化

弘阳教、黄天道的经卷与华北的秧歌戏。华北的秧歌与民间宗教宝卷相互借鉴，成为民众自娱与娱神的重要方式。秧歌与弘阳教《弘阳中华宝经》《佛词本》等民间宗教宝卷同时出现在民众的文化生活中。20世纪初期，在定县秧歌兴盛之前，当地已经是华北民间宗教的朝圣地之一。此后，由于政治运动的清扫，宝卷被秘密收藏，秧歌却仍然公开传播。民间宝卷的一些内容，被转移到秧歌戏中，将民间宗教"人心均平、无有差别"的历史号召，通过摆脱家长制权威和贫苦生活的戏曲故事体现出来，服务于人们的新生活观念。民间宗教这种适应民众生活史的灵活变动，带有革命性质。与此同时，乡村戏曲从历史上的娱神和自娱，转向采用民间宝卷，歌唱人性自由。不仅如此，秧歌戏在汲取宝卷提供的思想资源，从受苦至死——到佛道普度——到历劫生还的途径，类似寻找亲人的旅途，直到盼来建设幸福家园的希望。戏曲的情节模式发展，相当于宝卷探究生死之谜和人生真谛的主题。故事既诉说贫苦愚昧，又嘲笑贫苦愚昧，崇尚丰衣足食和受教育的美好生活，秧歌戏因而具有新的思想深度。而且，这比辛亥革命前的那些宗教和戏曲往往只依靠弥勒应劫的截语篇言、或男欢女爱的插科打诨，去号召群众，要丰富动人得多。它填补了广大下层民众渴望符合其口味的文化经典的欲求。④

河南马街书会的经卷说唱。马街位于河南省宝丰县，距省会郑州143公里。马街书会的历史，可追溯至元代延祐年间（1314年），距今已近

---

① 董晓萍：《田野民俗志》，北京师范大学出版社2003年版，第578页。
② 董晓萍、欧达伟：《乡村戏曲表演与中国现代民众》，北京师范大学出版社2000年版。
③ 尹虎彬：《河北民间后土信仰与口头叙事传统》，北京师范大学2003年6月博士学位论文。
④ 董晓萍、欧达伟：《乡村戏曲表演与中国现代民众》，北京师范大学出版社2000年版。

700 年。每年农历正月十三,从华北各省和陕西、安徽、四川、湖北、广东等地的大量说唱艺人都会来到这里,参加书会。从元代至今,这一盛事历时七百余年而不衰。在马街书会的说唱经卷民俗中,以道教的内容为主,同时也包含有佛教的内容。几百年来,不同派别、不同观点的民间宗教都能在马街共存共生,有条不紊地开展活动。它们之间有差异,但不矛盾,因为没有根本利益的冲突。相反,在民众的日常生活中,这种差异是被允许的,而且是被再生产的,典型地体现出了民俗的特质。"民俗差异可以面对社会差异的现实,民俗差异也可以激励不同宗教派别的发展,但不妨碍它们彼此融合。"进入民俗世界的经卷说唱,虽然也讲宗教,讲信仰,但是不神秘,不主张恐怖的地狱惩罚。这种说唱形式呈现出乐观的态度,有自成系统的观念,其主旨乃在于为民众的日常生活鼓劲。①

河北的后土宝卷与民间叙事传统。河北易县盛行讲唱《后土宝卷》的民俗。易县《后土宝卷》的流布与当地的后土祭祀有关。在河北以洪崖山后土皇帝庙为中心的方圆数百里范围内,后土为民间崇拜的主神。后山庙自清代以来香火很盛,历史上经历过 1938 年抗战,1949 年、1958年、"文化大革命",以及 1984 年的恢复等历史变迁。三月十五后土庙会,其组织很严密,仪式活动有统一指挥,是按照顺序进行的,是附近各县各乡民间会统联合组织的后土普祭活动。在当代民间社会中,宝卷不仅仅是书写文本,不仅仅是供阅读的,它还是表演的底本。宝卷的生命是表演,真实的表演,这种表演的音乐形式其初始存在于宗教寺庙,而后从寺庙走入民间,成为民众仪式生活的一部分,为人们的信仰行为和传统的乡村生活服务。

(二)当代华北民间文艺与民间宗教宝卷的相互借鉴

当代华北民间文艺的许多主题都与民间宗教宝卷的主题相互借鉴。华北地区的秧歌戏鲜明的体现了这一特色。民间流行的秧歌戏《杨二舍化缘》,戏曲安排杨二舍叙述自己的投亲活动,刻意模仿当地宗教宝卷《弘阳中华宝经》中逃脱生死、孤苦参悟、经历艰难曲折的思想历程。杨二

---

① 董晓萍:《河南宝丰县书会调查》,载氏著:《田野民俗志》,北京师范大学出版社 2003年版,第 578—611 页;董晓萍:《华北说唱经卷研究》,载《北京师范大学学报》2000 年第 6期。

舍更替俗相，换取僧服，逃离苦海的这一段戏曲情节，也可以在宝卷的经词中找到。定县秧歌概括了普通观众和地方信徒在本世纪初以来对老母的理解。在一切新思想和新学说未能奏效的领域，习惯上认为全能的无生老母，仍占据着救世的地位。无生老母，是当地弘阳教的最高神祇。定县当地尚在流传的《弘阳中华宝经》对"老母"的称呼仍然不变，其余宝卷的手抄本，各持不同说法。宝卷《佛词本》中，老母被尊称位"西天佛祖""观音""王母""弥勒""太阳""菩萨"等，汇集了历史上华北民间宗教各派"弥勒下世"的说法，把无生老母再造成拯救所有社会苦难的救世主。以上宝卷中的老母形象是秧歌戏改写"老母"称谓的底本。定县秧歌的时代，老母已经演化成外道内佛的形象，我们从戏曲里称她"南海老母""观音老母""王母娘娘""老母奶奶"的混乱叫法中，可以看到，民间将老母奉为全神。①

定县的秧歌戏吸收民间宗教的思想而更具深刻性。秧歌戏《杨文讨饭》借鉴当地宝卷之主题，将奔向好日子称为"赶太阳"。该戏讲一对乞丐夫妻，想象过上不愁吃不愁穿的好日子。从《太阳经》中可见"赶太阳"一语的来历。在明清民间宗教中，罗教、白阳教、混元教诸教派都传有《太阳经》。定县混元教崇拜太阳，称之为"佛太阳"，原型还是无生老母，不过又罩上了弥勒再现的新装而已。值得注意的是，它强化了混元教早期关于农业救灾的宣传，使无生老母上升为高挂天空的太阳。它化育五谷，普照万民，如经文所唱："地下无佛不收成。"在宝卷中，太阳变成了救星，改变了中国古代文学中太阳是灾星的观念。民众接受了这种宗教太阳观，信守追随，高唱"走的慢来不从容"，"走的紧了催人老"，"太阳出来满天红"。在这里，后世的太阳，已有了伟人出世、扭转乾坤的新寓意。历史上的口头文学对太阳的诅咒，转变为对太阳满怀希望。戏曲讲他们夫妻二人"赶太阳"的心理，也表述得很明确，要解决吃饱饭的问题，即民间宗教感召信徒的题旨。它取自农民的生产经验，又迎合了农民抵御自然灾害和挣脱饥饿感的现世要求。从《太阳经》的角度看，《杨文讨饭》的唱词，又暗合"明王出世"的宗教谶语，使这类乡村戏曲的内容，偏离了一般的民间神话传说的本文。②

---

① 董晓萍、欧达伟：《乡村戏曲表演与中国现代民众》，北京师范大学出版社 2000 年版。

② 同上。

秧歌戏《郭巨埋子》《刘玉兰上庙》《金牛寺》《杨二舍化缘》《百草坡》等保存了大量的民间宗教结社的资料。以上秧歌戏所渲染的教缘结社的主题，往往称为"老母会""老母圣会""烧香会"。《金牛寺》中的刘光棍之妻就是老母佛会的会头，《小姑贤》中的婆婆王林妈是老母圣会的会员，《双锁柜》中的巫医康二姨则属于烧香会。从秧歌戏的演唱，我们还可以发现民间宗教结社往往有固定的地点与日期。《金牛寺》中的老母佛会，其活动日期是农历四月二十八；《小姑贤》中的老母圣会活动日期是农历二月十九；且以上两会都在庙里活动。秧歌戏表明，中国下层社会群众所关心的根本问题，是如何才能改变贫穷粗俗的阶级形象，争取自由平等的社会地位。清末民初中国历史急剧转折，在民间戏曲与民间宗教之间，尽管产生了新的思想联系，但民间戏曲已经不受民间宝卷的规范。民间宗教喻示人们悟道明心，成佛成祖，乡村戏曲也用宗教解释苦难，但背离宗教虔诚苦修的忍耐精神，呼吁人们变革现实，采取叛逆的行动去结束苦难。特别是当戏曲把爱情痛苦与底层社会一切人的痛苦联系起来思考时，夫妻对话的家庭舞台，无形中扩大为社会舞台，故能发表民众的新颖见解，戏曲因此被打上革命狂潮的鲜明印记。民间宝卷也吸收民间戏曲素材。《十朵莲花》宝卷，采用了小戏"报花名"的技巧，将秧歌戏《郭巨埋子》作为第六朵莲花。《刘公打雁》宝卷，则照搬秧歌戏《双红大上坟》中刘鹿景还乡打乌鸦的段子。①

从马街艺人的讲唱经卷历来在地方社会中的传播分布状况看，它们可分成三类：即开封类、周口类和河北顺天类。开封类有：①观音老母劝世谕。叙述全真道祖师王重阳的创教经历和全真道的消劫、善存、孝顺、道德、清净、卫生、是非的学说。②道教全神经。有《全神经》等五十余种。③八仙戏。分三种本子：一是八仙戏，有《韩湘子出家》《韩湘子度文公》等10余种；二是神话戏，有《姜子牙收余化》《佛祖收吾兰》等；三是忠孝戏，有《丁兰刻木》《郭巨埋儿》等，共三十余种。④经师劝善。主要有《罗成算卦》《观音母度人》《神仙经》《心经》《神圣经》《十劝善经》《人物经》《祖师省经》《七仙女经》《发财经》《龙三姐上寿》《拉荆笆》《朝廷段》《穆桂英挂帅》《劈山救母》《磕头经》《老婆难》《龙花经》《十不足》。周口类有：①灶王经。又称《灶君经》。②十

---

① 董晓萍、欧达伟：《乡村戏曲表演与中国现代民众》，北京师范大学出版社 2000 年版。

个弥陀经。③灯经。是灯节期间由"灯心"唱诵的唱白。内容有两种，一种是谐谑的，劝人行善；一种是严肃的，祭神敬祖。④上香经。主要有《十上香》。⑤交九经。⑥豆芽经。讲善人身后享福。当地的道教经词大多不讲地狱惩罚，不讲生死轮回，与佛教不同。⑦祈雨经。在当地中老年妇女中普遍流传。⑧挑经担。河北顺天类有：《武圣帝君救世血心经》；《佛说大圣末劫真经》。①

马街书会的诸多经卷借鉴了民间宗教宝卷的许多主题。周口类的《灶王经》开头唱："灶王爷，本姓陈"，"灶君本是女人身"，"老母修成多是火，身坐石头是火精"。信仰者把灶神、火神和老母人祖神（一说女娲）合并成一个灶王神供奉的。《灶君经》稍有不同，口口称佛，又把祭祀仪式拐到了燃灯上，把"火"、"灯"和"灶"的信仰连在一起。《十个弥陀经》讲诵弥陀下世，时来运转。从一数到十，歌颂弥陀是救星。在经卷中，多次提到"一盏灯""放光明"，这类词汇在周口地区的使用频率比较高。《交九经》经文把"观音"祖师、无生老母和人祖娘娘合称"观音老母"，赞颂她送来了日月光明。河北顺天类《武圣帝君救世血心经》经词中显示，在马街书会史上，还有明清罗教的踪迹。经卷以通俗的语言，历数罗教的五部经典，讲创教说、最高神、人生的归宿、戒规和悟道明心；《佛说大圣末劫真经》，其经词涉及黄天道的来历和走势，但也吸收了本地《灶王经》的一些成分，融合了火神信仰。②

在历史上，河北易县《后土宝卷》的流布曾经与民间秘密宗教有关。如今，当地《后土宝卷》的讲唱者还藏有弘阳教、黄天道的经卷。民间会统后土祭祀活动直接促进了易县、涞水跨村落的宝卷传播。最早的后土宝卷是《承天效法后土皇帝道源度生宝卷》，这是易州韩家庄善会刊刻的。易县各村落曾经流传其他宝卷，所以韩家庄本后土卷与秘密宗教的传播有关。易县流井乡马头村后山庙，不仅有《后土宝卷》，还有不少秘密宗教宝卷。从这些黄天教经卷的流传，我们可以断定秘密宗教在后山一带的传播。涞水县高洛村明末清初建庙。康熙末至乾隆初年高洛村已有神

---

①　董晓萍：《河南宝丰县书会调查》，载氏著：《田野民俗志》，北京师范大学出版社 2003 年版，第 578—611 页；董晓萍：《华北说唱经卷研究》，载《北京师范大学学报》2000 年第 6 期。

②　同上。

社，有香头，而且有宝卷。所以，这一带康熙年间民间宗教活动很活跃。数个会统之间的经卷传播是通过"请经"和"馈赠"来完成的。后土宝卷的主题继承了明清民间宗教的无生老母信仰。传统的教派宝卷主题包括：传授经卷的教主的自传性陈述，对这些神谕经卷的自悟，列举教派名称及会众，创世、普度、末世神话，禅定（内参），仪式，道德说教，地狱描绘，社会观念。宝卷主题范围是介于俗信和经典佛教之间的中间地带。宝卷具有强烈之神话意识，讲述创世或诸神之故事，神明以梦的形式脱离神形变化为凡人。宝卷号召人们脱凡入圣。当然，宝卷中也渗透了道德伦理观念，包括儒家之伦理，为中下层民众所信仰。早期的后土宝卷，它的主题是宣扬秘密宗教的。如无生老母、八卦教教义。①

《后土宝卷》的流传有着独特的文化语境。地方性知识就是宝卷的文化语境。这一文化语境包括小范围的观察，如仪式行为、民俗事象，包括神话、宗教，地方社会、信仰群体、仪式生活、口头传统。宝卷不仅是字传的、语言层面的篇章，也是心理的、行为的、仪式的传承文本。在宝卷文本的主题、结构上，《后土宝卷》与河北当地的民间叙事文本相互借鉴。河北易县涞水民间《后土宝卷》，其主题遗留了上述一些内容。明代的无为教把无生老母信仰具体化、定型化，塑造出无生老母这位最高女神的形象，出现了老母化为沿街乞讨的贫穷老婆婆的形象。涞水民间《后土宝卷》的"归圣"主题，讲述后土老母在丹霞洞修炼32载之后，真灵性升天界。后土老母化为善门，苦海撑船，度化婴儿和姹女。"化愚度贤"主题讲述后土老母脱化一贫婆下凡，这一伪装及其自述身世的故事，在宝卷中已成为独立的叙事成分，它反复出现。伪装和自述身世故事为一特定主题，这也出现在希腊史诗之中。这些主题具有普遍性。我们可以发现，宝卷是在传统诗学的框架之内被编织出来的，造卷的人按照传统的范例对《后土宝卷》进行编制，在编制宝卷的过程中，编制人创造性的利用了传统给定的形式，借助宝卷向民众灌输教派思想或民间信仰。②

从文本的层面来说，宝卷和民间叙事文本，两者之间是互为文本的，两者存在着借用、传递、标准化、地方化的动态影响过程。后土宝卷、后

---

① 尹虎彬：《河北民间后土信仰与口头叙事传统》，北京师范大学博士学位论文，2003 年 6 月。

② 同上。

土灵验叙事、刘秀传说、河北洪崖山神话传说群，它们属于不同的民俗学题材样式，但是，它们互为文本，具有共享意义范围和共同的历史根源。它们都以地方性的民间叙事为文本特征，以后土崇拜为核心内容，以传统的神话为范例。地方性的宝卷和民间叙事传统，它们都是由本地的后土信仰中发展起来的。在历史上，作为国家正祀的后土信仰被民间化，又被地方化，成为本地的村姑，由村姑再变而为神。在民间的万神殿内，后土处于中心的位置，在宝卷或后地灵验故事中，她通常要化为道婆下到凡间，神灵开始解决一些当地人的困难，这一媒介的效力和真实性吸引了广大的人群，后土神殿成为民间信仰世界重要的仪式场所，人们在那里吟诵后土的颂歌。对于宝卷的实际表演而言，核心的信仰表现为讲述后土神的故事，把她作为一位神来召唤，她的力量便可以显现，以庇护共同体的人们。后土在宝卷里是汉张姑，她在后山修炼多年，她的死亡赋予其最终的力量：死亡就是坐化，真性离开凡体，这件事的作用在当地来说就是故事的"生发点"。它导致了神格化，导致了膜拜，导致了祭奠，最终导致了叙事，这种叙事在宝卷来说是伴随仪式而演唱的，以请神降临。神灵与祭祀是民间叙事传统的原动力。我们不难发现，关于后土信仰的民间叙事文本有着很深的地方传统。这个地方传统文本是在一个较为广泛的社会历史背景下实现的。①

（三）当代华北民间文艺组织的民间宗教化

在华北民间文艺的发展史中，民间宗教扮演了重要的角色。河北定县秧歌戏的戏班，马街的书会，易县的音乐会、佛事会，虽然都是民间文艺表演的组织形式，但是在实际的发展与运作中，这些民间组织受到了民间宗教的影响，具有典型的民间宗教化倾向。

定县秧歌戏的戏班将老母奶奶认定为他们的戏神。所谓老母奶奶，其原形是流行于华北的民间宗教所崇拜的无生老母。老母奶奶又称为"嘟当神"。她是本地神，法力很大，内佛外道，主管地方神坛上整个神灵家族，不止管戏曲文艺的一行。许多秧歌艺人本身就信仰民间宗教，早晚三炷香，信仰十分虔诚。由于民间宗教的影响，定县北齐村的韩祖庙成为华

---

① 尹虎彬：《河北民间后土信仰与口头叙事传统》，北京师范大学博士学位论文，2003 年 6 月。

北秧歌戏文化范围的第二个中心点。定县秧歌在韩祖庙唱戏，要面临治病、求子、祈雨、显灵、免灾等一系列家庭、人生和社会的问题。秧歌戏在民间结社的戏曲模式中说，定县人为此成立了兄弟会、摇会、老母佛会、老母圣会、乞丐会、说书会等组织。对他们来说，开会唱戏，具有严肃的意义，而不是娱乐。①

在马街书会外部人的眼中，宣讲经卷是宗教，民间说唱和民间小戏是民俗。马街书会艺人的讲唱经卷把两者紧密地结合在一起，使书会活动的表演性很强，具有相当的艺术魅力。但在马街，文艺表演始终是外壳，讲经明理始终是内核，两者的位置从不颠倒。马街的村民自治组织一直把请戏班子当作服务性的工作，用于烘托、陪衬艺人的说书讲唱。马街的"写书人"和数万听众则把参与书会的传承，看作是加入一种"真理性"的文化，是相信说书中的"理"，对戏文本身的情节叙述，反而不大热心。马街艺人更不是剧场舞台上的戏曲演员，他们穿着朴素，食宿简陋，一把琴、一个行李卷，说来就来，说走就走，从不讲排场，但能让人感到他们有一种特殊的精神。对民间宗教来讲，马街书会的民间文艺表演是一种功能性的教具。作为民间文艺表演的马街书会，其功能一是把民间宗教的传承民俗化，二是以好看易懂的表演方式，把民间宗教的思想观念传送到老百姓的心里去。开封类经卷的讲唱者为说书艺人、经师、皮影艺人和一般信众。在马街书会上，经师唱得最卖力，讲唱人面朝火神庙唱经，信众一边听经，一边随声附和，一边许愿、还愿。周口类经卷的讲唱者为说书艺人，有的是能唱能舞的"灯心"（唱经的人）。也有一般信众，如"香客""斋公"。这类经卷的讲唱都有道具，如灶台、经棍、扁担、伞灯和简板乐器。表演时，道具就成了一种神话装置。它能使持有道具的人，如"灯心"和"斋公"等，占据民俗环境的中心位置，由他们指挥、掌握、协调整个表演场地的气氛。随着表演的进行，经词的神性似乎被转移到了道具上，信众认为神灵就附在那里，而道具的形制、声音、节奏和被敲打的力度等都会被看成是神灵发出的信号，可以控制人们的呼吸和神经。它等于"开口说话"的经词。②

---

① 董晓萍、欧达伟：《乡村戏曲表演与中国现代民众》，北京师范大学出版社 2000 年版。

② 董晓萍：《河南宝丰县书会调查》，载氏著：《田野民俗志》，北京师范大学出版社 2003 年版；董晓萍：《华北说唱经卷研究》，载《北京师范大学学报》2000 年第 6 期。

马街人的自我意识很强。他们把马街当作全国文化的中心，对来自各地的艺人加以地域区分。对他们来说，区分的地域越多，就越荣耀，所以年年要区分，在以地域划类上成为习惯。在这种中心意识的支配下，近年来，马街人还加强了对书会讲唱现场的修缮，重盖了在文化大革命中被推倒的火神庙，扩划出广严禅寺被占用的殿堂，由村民自愿捐资恢复了香山寺院的建筑。由于马街书会与全真道关系深厚，艺人和信众还把所有的经卷都说成是一个祖师所传，敬奉一位叫"三皇爷"的新造神。这样就可以免去书会祖师姓"马"、还是姓"张"、还是姓"阚伯"的矛盾，把马街唱经收拢为一个体系严密的整体。马街书会的基层社会组织是流浪走唱民俗得以实现的重要保证。马街能形成盛大的书会，与当地基层社会组织的管理有关。在当地基层社会中，管理马街书会，是一种民间的文化权力。这个管理组织的构成有三个层次。第一层是书会组织——三皇会，是马街村民自治组织。第二层是马街村周围的宋元寺庙会社，如火神社、广严寺香会等。它们以书会活动为主，吸收宝丰、汝州和鲁山县一带的男女信众参加。第三层是香山寺及其信众组织。主张恐怖的地狱惩罚，态度很乐观，替老百姓鼓劲，它的观念是自成系统的。能维系这个几百年书会的核心力量，主要是以全真道为主的民间道教，此外还有其他佛、道教因素。全真道是宋代在陕豫鲁地区流传的一种民间道教，元代中叶失势后，流入马街，与民俗融合，成为书会说唱的主体部分。这种民俗唱经分为以下几种情况：①讲述创教起源说；②说书班社的字辈谱；③书会的祭祖师仪式"望空"。在经卷宣唱中，说唱艺人把最高统治者叫"上皇"，把王重阳叫"观音"。马丹阳是王重阳的大弟子，传说一直称他做"马祖师"。张三丰在马街书会的朝圣地香山寺传过道，也被当地奉送"祖师"之称。新中国成立年以前，马街书会的说书艺人清一色是男性。说书艺人通过这个字辈谱，彼此确认是全真道门里的人。在字辈谱中，把王重阳称为"龙门"派，把马丹阳称为龙门派的二世祖，把邱处机称为"龙门"派以下的"高门"派。整个全真道一共排了100辈：赵德通玄静，真常守太清；一阳来复本，合教永圆明；至礼宗信诚，崇高嗣法兴；世景唯荣懋，希徽衍自宁；未修正仁义，超升云会登；大妙中黄贵，圣体全用功；虚空乾坤秀，金木情根逢；山海龙虎交，连开献宝新；行端舟书诏，月盈祥光生；万古续仙号，三界都是亲。据艺人们说，马街书会吸引众信徒的重要原因，是曾在当地传业的马丹阳辈分高，因而追随者众，内部也很抱团，如字辈谱所说："虚空乾坤秀。"①

　　说书艺人主要是要依靠字辈谱获取全真道嫡传弟子的资格，然后才能摆地说书。艺人自己把所得到的"字辈"称作"法号"，100 代的字辈谱加起来就是一个"法号"系统。它的功能是建构一个准血缘家谱，把流散各地的说书艺人联结成一个道仙世家。连他们的子孙也必须投师学艺，在血缘家族之外，再续一个仙界的准血缘家谱，以争取两界人的资格。有了仙号的艺人谓之"腿长"，在说书业内吃得开。没有仙号的谓之"腿短"，低人一等，如被发现擅自听师傅说书或在外说书，会被同业人带到邱祖庙接受神判，或被当场砸毁弦子，永不准从艺说书，招致严厉的惩罚。说书业通过严格的字辈谱管理，维持了全真道传承的连续性；全真道依托说书业，也成了一种生存方式。但字辈谱的管理基础又是民俗的，对老百姓来说，它好像家常便饭，很容易被接受。入了这个字辈谱，还会被认为列入仙班，在精神上高人一头，说书人对此很看重。所以，在民俗调查中，问起全真道，他们并不讳言。另外，从前继承字辈谱的都是男艺人，其中还有大量的盲人。他们年复一年地从华北各地赶到马街书会，过去全靠步行，一路流浪，一路讲唱，风餐露宿，形同乞丐，历尽千辛万苦，最后结聚为一个庞大的讲唱群体，见面三天后，再流浪远走，却不以为苦。这成了说书业的规矩。这一男性流浪式的宗教活动方式，正是历史上全真道之所为。王重阳就主张门人四处游走，传道念经；居简陋的茅庵，不慕富贵；先择人为伴，不可先为伴而后择人。在全真道受到官方打击的情况下，盲人云游，隐蔽性更大。这正是成千上万的说书人，包括盲艺人，一定都要流浪到马街来，而且时间固定、地点固定，数百年不变的真正原因。马街书会艺人还在正月十一、十二日提前赶到马街，在师傅的带领下，举行"望空"仪式。仪式的过程是祭拜祖师，祭奠历代艺人亡灵，同业互拜和认徒规约，然后才能亮书说唱。"望空"的"空"字是道家术语，其他信徒是无法了解"望空"的内幕的。20 世纪 70 年代以后，老师傅相继去世，举行这个仪式的人少了，现已蜕变为师徒结社的民俗，但它能说明，在传统的民间宗教活动中，讲唱民间文艺，是信众在过另一

---

　　① 董晓萍：《河南宝丰县书会调查》，载氏著：《田野民俗志》，北京师范大学出版社 2003 年版；董晓萍：《华北说唱经卷研究》，载《北京师范大学学报》2000 年第 6 期。

种严肃的精神生活，不是娱乐。[①]

河北易县后土崇拜仪式与仪式表演是由神社来承担的。宝卷讲唱是一个活形态的民间传统，宝卷的被表演和传递与民间音乐会、佛事会等民间组织有关。音乐会、佛事会等民间组织不仅训练艺人，而且组织宝卷的讲唱，是经卷文艺的传承者。在河北音乐会和佛事会等民间会统，他们拥有成套乐器和经卷，固定的演练场所，依托于村里寺庙做仪式活动。当一村有数个会统之时，各个会有各自外围组织和空间管辖范围。音乐会为神社，其中有相当部分与祭祀典礼仪式有关，音乐在其中起到沟通人神的作用。乐社的核心职能是为民间宗教信仰服务的。礼制、礼祭、礼教带有宗教性、等级性和伦理主义。它的活动，诸如娱鬼、游庙、拜庙、丧事坐棚、求雨，都与祭祀相关。其社会职能是敬神礼佛祭天地，且为村民超度亡灵、净宅。民间乐社设立神堂，拥有神像、经卷、乐器，演奏音乐以娱神灵，逢年节举行踩街拜庙等仪式活动。[②]

神社的血缘根基与传承模式适应了儒家式社会的特点。河北民间会统，分布密集，有几代以上传人。它们之间具有共同的行为模式、组织制度，具有同宗村社的文化背景。中国传统文化的血缘根基，决定了中国的宗教传承机制："既无另设宗教组织的必要，也就没有入教的手续以及教徒非教徒之分，宗法等级组织下的成员都是传统宗教的信徒。"传统的礼教把祭礼当作教化的手段，强化宗法制度中的"敬天法祖"的价值取向。民间信仰以这种血缘根基的宗法制度为基础，属于多神信仰；以天地崇拜为中心的自然崇拜，都将祖先崇拜为核心内容。可以说，民间信仰借以表达的文本、神灵及其偶像、对偶像的膜拜，这些信仰的行为都与祖先崇拜不直接关联；它的性质关乎神圣世界的。在这种神圣崇拜的背后，它的动机却是实用的、世俗的、具体的，那就是敬祖追远。中国人对于天堂和地狱、三世轮回的信仰，不如对祖先诚笃，不如对后代更为用心。敬奉祖先、繁衍子孙，是为了自己也被后人奉为祖先。[③]

后土宝卷的流布是与后土庙的分布以及后土祭祀圈相互重合的。一部

---

① 董晓萍：《河南宝丰县书会调查》，载氏著：《田野民俗志》，北京师范大学出版社 2003 年版；董晓萍：《华北说唱经卷研究》，载《北京师范大学学报》2000 年第 6 期。

② 尹虎彬：《河北民间后土信仰与口头叙事传统》，北京师范大学博士学位论文，2003 年 6 月。

③ 同上。

宝卷由本地向次级区域的传播，是由祭祀推动的，在那里一个大的节日每年都要在固定的一个寺庙里举行。河北后土宝卷的传递呈现出一种可见的流布过程。后土祭祀圈以洪崖山为中心点，它聚集了附近村落群体，又向四周扩散更为统一的传统，即后土信仰的传统。宝卷演唱有仪式般的保护和拯救的功能。宝卷的演唱倾向于具有表演的背景，此背景的导向一是仪式的，二是娱乐的。这两者在表演背景中共存，仪式和娱乐互相并不排斥。可以概括地说，河北民间的后山老奶奶的叙事传统，其功能便直接地表现为仪式和神话的作用。后山庙附近的民间佛事会和音乐会也藏有《后土宝卷》，它们大多数是 1990 年以后，为适应后山庙会或后土祭祀活动的恢复而重新抄录的。①

七　当代民间宗教管理与福建三一教的合法化进程

在中国民间宗教史上，存在着民间宗教与农民运动相结合的现象。在一定历史条件下的民间宗教运动，在一定程度上冲击了历代王朝的统治秩序。中国民间宗教与政治反抗运动有密切的关系。整个清王朝的军事行动包括两类，一为清朝初年远征边疆同非汉族作战，一为在王朝晚期镇压宗教起义。这显示出宗教力量和社会运动间的密切关系。清王朝时期的宗教反抗运动都具有程度不同的政治性质。宗教反抗有着深刻的社会背景，是某个群体积怨的集体性爆发，目的在于通过和平或者非和平的手段，促使现存社会和政治秩序作某种变革。当已经确立的社会和政治秩序无法提供危机的解决方案，而人们又困惑于何去何从时，教派运动站出来允诺给人们救世的答案，这导致了与政府紧张局面的产生。② 将清朝民间宗教运动与西方基督教的异端信仰相比较，八卦教起义不是一场简单的农民起义，而是一场千年王国运动。民间宗教运动不是清代本身的社会危机引发的。民间宗教教派对千年王国的信仰，及其组织内部所具有的动力成为这次起

---

①　尹虎彬：《河北民间后土信仰与口头叙事传统》，北京师范大学博士学位论文，2003 年 6 月。

②　Y. C. K, *Religion in Chinese Sosciety: A Study of Contemporary Social Functions of Religion of Some of Their Historical Factors*, Berkeley, 1961. 又见［美］杨庆堃：《中国社会中的宗教：宗教的现代社会功能与其历史因素之研究》，范丽珠等译，世纪出版集团、上海人民出版社 2007 年 6 月版，第 204、208、209 页。

义的内在动因。民间宗教信仰、宗教异端对王朝现行秩序具有离心力，能给反抗王朝运动提供动力。[①]

将民间宗教教派与一些自愿结社如秘密会社以及不时爆发的农民起义等混为一谈，是不客观的。应该对中国民间各种结社进行更为准确的分类，不仅要注意其政治功能，而且应该重视其内部的历史和宗旨。以此为基础还应该根据各民间宗教教派的源流、教义和实践把各种不同的宗教运动形式区分开来。[②]

新中国成立后，中国学界对民间宗教的关注实际上即源于对农民战争的研究。改革开放后，对于民间宗教与社会运动的研究仍然是学界热烈讨论的一个话题。民间宗教运动在特定的一些历史条件下，与农民革命运动相契合，遂从一种宗教力量转化成政治力量、军事力量，形成极大的反抗现行秩序的潮流。特别是近千年来，这种不断涌起的大潮，冲击着宋、元、明、清几个大帝国的根基。这是中国封建专制统治造就的特殊的反作用力。宗教迷信加上巫术符咒、五行八卦、气功武术等"文化因素"，为农民转变为叛乱者提供了桥梁，也使叛乱者在叛乱过程中迸发出巨大的勇气和力量。这种思路，是有其内在逻辑的。应该说叛乱与文化关系很大，但仅是其中一个因素，且决不是根本因素。也与造反有理还是无理没有必然联系，具体的造反具体分析，陈胜、吴广的篝火孤鸣与王伦造反的劫变不可同日而语。没有草根文化就没有轴心文化，没有民间文化就没有儒、释、道。

改革开放之前，民间宗教秘密流传，外人很难窥视其教内秘密，因此社会上有不少揣测和误解。改革开放初期，民间宗教处于半公开状态，教内秘密也不对外公开。20 世纪 90 年代以来，随着中国社会的进一步开放，政治环境进一步宽松，有些民间宗教开始公开传播，并采取对外开放的姿态，主动融入主流社会，宗教仪式欢迎学者和社会各界观摩和研究，经卷允许复印或拍照，一些教内秘密也逐步公开，甚至举办学术研讨会，邀请专家学者讨论相关问题。

---

① 刘广京：《从档案材料看 1776 年省白莲教起义的宗教因素》，《明清档案与历史研究》，中华书局 1988 年版；*Heterodoxy in the Late Imperial China*, Edited by Kwang-Ching Liu and Richard Shek, Honolulu: University of Hawaii press, 2004, pp. 172 - 208。

② 欧大年：《中国民间宗教教派研究》，刘心勇、严耀中等译，上海古籍出版社 1993 年版。

（一）改革开放后三一教积极争取合法地位

改革开放后三一教发展迅速，1985 年和 1989 年，莆田东岩山祖祠对省内三一教祠堂的数量和分布情况作了两次调查，第一次调查结果是全省共有三一教祠堂 754 座，第二次是 1044 座。至 2000 年，全省共有三一教祠堂 1285 座。2007 年尚未完全结束的普查表明，全省三一教祠堂的数量可能超过 1400 座。在这样的情势下，其要求合法地位的呼声亦日渐高涨。①

在改革开放之前，民间宗教的流传形式是秘密的、边缘的，与主流社会有着一定的距离，"甚至远离主流社会，民间宗教与政府的关系基本上是对立的"。新中国成立以来，特别是自 1978 年改革开放以来，"社会的突飞猛进使民间宗教领袖们深受教育，体会到社会主义制度的优越性。同时，国家的强盛也使民间宗教信众感到自豪，没有理由也没有必要与政府抗争，因此，多数民间宗教都能遵守国家法律法规，信徒能安分守己，甚至制定教规，要求信徒积极与社会主义社会相适应"。如福建莆田三一教东岩山祖祠于 1989 年 6 月 26 日发布了《夏教规章戒律》，第一条就是"夏教门人必须服从党和政府领导，遵守国家的政策法令，开展正常的宗教活动"。1998 年 5 月 22 日成立的莆田市涵江区三一教协会，要求 105 座会员祠堂和信徒"必须服从党的领导，必须为无产阶级政治服务，为无产阶级经济服务，坚持宗教信仰，要和社会主义社会相适应的方针，发扬龙江精神，爱国爱民，多做社会公益事业，赈民救灾"②。2006 年成立的莆田市三一教协会章程提出该协会的宗旨是："遵守宪法、法律、法规和国家政策，遵守社会道德风尚。目的是根据《宗教事务条例》保障公民宗教信仰自由，维护宗教和睦与社会和谐。""引导三一教门人和信教群众积极为社会主义两个文明建设服务，支持、参与社会公益事业，造福社会，利益人群。""开展同港、澳、台及海外夏教门人的友好往来和文化交流，促进祖国统一，维护世界和平。"③《2006 年枫亭镇三一教年终总

---

① 三一教的迅速发展是与福建民间信仰的发展同步的。据 2002 年福建省民宗委的统计，全省大大小小不算面积的民间信仰活动场所则在 10 万座以上，建筑面积在 10 平方米以上的则有 19386 座。至 2006 年，福建省有人管理的民间信仰活动场所就已达 16565 座。

② 莆田市涵江区三一教协会《莆田市涵江区三一教协会工作汇报》，2005 年 11 月。

③ 林国平：《民间宗教的复兴与当代中国社会——以福建为研究中心》，2009 年未刊论文。

结》以及《2007 年枫亭镇三一教工作意见》都将"加强法制教育，提高门人法律意识"置于首要的位置（见图 7—12、7—13）①。

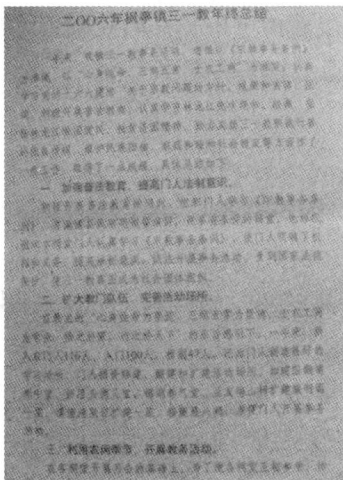

图 7—12 《2006 年枫亭镇三一教
年终总结》

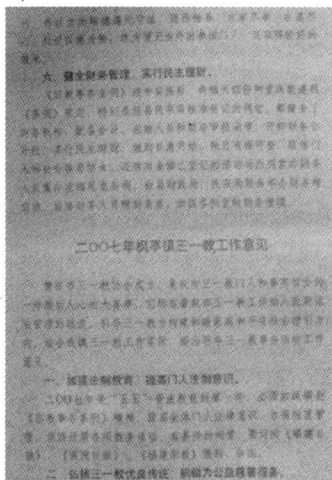

图 7—13 《2007 年枫亭镇三一教
工作意见》

在传统社会，民间宗教长期处于非法的地位，受到强大政治力量的压制，正常的发展根本无法实现。"历史上，民间宗教的领袖们深感政治对他们的不公，进行不懈的抗争，但均无功而返，甚至陷入更悲惨的境地。""改革开放以来，随着百姓法律观念的不断增强，有些民间宗教的领袖开始关注本教门的法律地位，并为争取本教门的合法权益而努力。"以三一教为例，虽然改革开放以来，三一教可以公开传播，三一教祠堂数量和信徒人数剧增，发展很快，影响也不断扩大，但未能得到政府的承认，从法律的层面上说，三一教仍然是非法宗教组织，这成为三一教上层人士无法消除的一大心病。"另外，三一教是民间宗教，还是民间信仰，抑或是封建迷信？学术界也有不同看法。这些看上去是学术问题，实际上关乎三一教的前途和命运。"三一教上层人士通过召开学术研讨会、通过政协提案、通过书面报告、通过不同渠道不断地向上级有关部门和领导反映，反复强调三一教不同于其他民间信仰，更不是封建迷信，而是地地道

① 此图为俞黎媛提供，特此致谢！——作者

道的民间宗教，具备宗教的一切要素，强烈要求与佛教、道教、伊斯兰教、基督教、天主教一样得到法律保护，承认其合法地位。经过二十多年不懈的努力，2006 年 12 月 8 日，经过莆田市民政局的批准和市宗教局同意，"莆田市三一教协会"正式成立，这标志着莆田市三一教"纳入政府依法管理的轨道"，三一教信徒梦寐以求的愿望得以实现了。①

（二）福建莆田三一教协会的社会参与

当代福建的民间宗教，无不以政府予以的承认和认可为殊荣，均能够遵守国家的政策法规，服从党和政府的领导。三一教以积极主动、正面的姿态融入国家政治意识形态之中，对国家各种政策法规的遵守、宣传和配合。三一教在宣讲教义、举行仪式等活动拥护中国共产党的领导和社会主义制度，并能将它们的教义思想与传统的民间习俗、现代社会生活巧妙地结合起来，注重发挥道德约束、幸福追求和终极关怀的社会功能。仙游枫亭五星堂播音中，以"八荣八耻改变人生观"为主题，对"八荣八耻"进行通俗化、贴近生活化的解释。仙游赖店罗山书院管委会还于 2006 年 3 月专门组织门人信士学习"八荣八耻"，树立社会主义荣辱观，引导信教群众与社会主义相适应，遵守社会制度，做一个名符其实的三一教门人。② 三一教亦提倡传统美德，扮演了道德学校的角色。三一教的宗教理论脱胎于儒学的纲常礼教，带有浓厚的伦理色彩。其教义、教理除了要求门人以实际行动践行三一教爱国爱民、济世利民的宗旨外，还非常注重提升门人的思想道德水平以及对整个社会风气的熏陶和净化。随着时代的发展，三一教门人对教义、教理进行了与时俱进的阐述和理解，并积极作出调整以适应社会发展。从修身—齐家—治国—平天下的传统模式出发，务实地倡导门人、民众从最基本的修身做起，再齐家，最后达到家国天下，注重从个体家庭的和睦到整个社会的和谐。同时告诫老人，教育子孙后代不能一味溺爱，也不能以棍棒教育取代言语情理教育，遗百万家财于子孙不如留精神财富于后代。由此，不少信徒认为三一教是一所道德学校。仙游枫亭的五星堂重建于 2001 年创办播音室，每月于农历的初一、初五、

---

① 林国平：《民间宗教的复兴与当代中国社会——以福建为研究中心》，2009 年未刊论文。

② 俞黎媛、谢金森：《论福建民间宗教信仰与和谐社会之构建》，《莆田学院学报》第 15 卷第 6 期，2008 年 12 月。

初十、十五、二十、二十五、三十日对村民进行义务播音，主要内容是宣传社会道德教育和政府法律法规、宗教有关政策、时事新闻、宣传三一教的教义教理、表扬好人好事，介绍养生保健知识，并结合镇农科站对季节的田间管理和农田病虫害的防治工作，及时向广大群众通知，其中最重要的部分是对传统伦理道德的推介和宣传。地方民众都说这些播音对于本社区的社会风气的改善和家庭矛盾、社会矛盾的缓解有一定的积极作用，对于和谐社会的构建、农村新风貌的形成大有裨益。民间宗教信仰的伦理道德教化固然无法与社会主义的荣辱观相比，但也有不少相通或相似的地方，可以在构建社会主义和谐社会，特别是建设社会主义新农村中发挥积极作用。①

三一教参与社会慈善救助的传统由来已久。明代，三一教教主林兆恩（林龙江）在世时曾毁家纾难，将巨万家产用于抗倭赈民和其他慈善事业。后世三一教教徒继承了这一传统，热心于慈善事业，直到民国时期莆田城厢函三堂和涵江善德堂还分别设立赈济会，施药、施米、施棺，赈济贫苦群众。据不完全统计，2007 年莆田市三一教堂祠开展扶贫济困、施医赠药、修桥铺路的资金在一千多万元。仅莆田东山祖祠在 2007 年 11 月 30 日至 12 月 2 日举行的"纪念林龙江先生抗倭救难 450 周年暨阴阳慈善施济大法会"上对莆仙两地的困难户和贫弱家庭进行大规模施济，将 2000 条棉被、23 万斤大米、1 万斤米粉在各个县区分开施济发放，全部施济资金超过 89 万元。②

经过筹备，"莆田市三一教慈善协会"于 2008 年 4 月 23 日成立，依据该协会规定，其慈善业务的范围是：建立、筹募和管理慈善基金及各项基金；组织多种形式的募捐活动，弘扬林龙江慈善文化，接受三一教徒及其他组织的捐赠；组织各种社会活动，扶助困难群体，开展扶贫救济，抚恤工作；协助政府开展赈灾工作；参与推动文化、教育、卫生等各种慈善救助公益工作；总结工作经验，展示工作成就，加强与其他慈善公益机构的联系、工作。同时，该协会还制定了"莆田市三一教慈善协会章程

① 俞黎媛、谢金森：《论福建民间宗教信仰与和谐社会之构建》，《莆田学院学报》第 15 卷第 6 期，2008 年 12 月。

② 参见林国明 2008 年 4 月 23 日在"莆田市三一教慈善协会成立大会暨三一教协会理事会扩大会议"上的报告，以及俞黎媛、谢金森：《论福建民间宗教信仰与和谐社会之构建》，《莆田学院学报》第 15 卷第 6 期，2008 年 12 月。

（草案）"（见图 7—14、7—15①）。

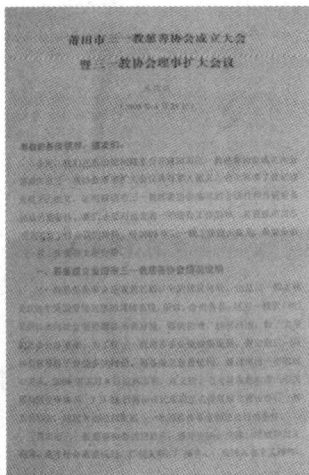

图 7—14 莆田市三一教慈善协会
成立大会报告

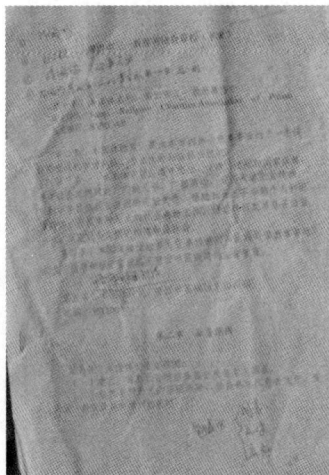

图 7—15 莆田市三一教慈善协会
章程（草案）

汶川大地震后，广大三一教信徒迅速行动起来，在第一时间为灾区募捐了 130 多万元善款。为了让受灾群众安全过冬，三一教慈善协会积极响应党中央国务院的号召，林国明会长和毛元林等负责人于 2008 年 11 月底，亲自将 1000 双运动鞋、500 床棉被和毛衣等大约 30 万的救灾物资运赴灾区，并一一发放到灾民手中，获得当地政府和民众的一致好评。1994 年，仙游三一教门人和热心信士在马来西亚侨胞的赞助下，起建龙江慈善医疗所，对贫孤老弱者，就诊不收药费，还送给往返车费。倡行医疗救济最典型者当推泉州花桥慈济宫。该宫从南宋开始就施棺舍药、恤孤扶贫，做了大量救死扶伤、济困救灾的公益善举；后以赠药义诊为主，兼办施棺、送寒衣、平粜米、赈灾度岁等慈善事业。清光绪四年（1878），慈济宫成立"泉郡施药局"，开始接受献药乐捐和制药，赠药给无钱医治的患者。至抗日期间又设义诊，迄今 130 年，为中国慈善事业的典范。据该宫董事会公布的数据，1998 年至 2006 年，义诊、赠药 129233 人次，其中施医 46118 人次，施药 83115 人次。这些医疗救济措施对减轻贫困百姓的

---

① 该图片由俞黎媛提供，特此致谢。——作者

痛苦和负担，无异于雪中送炭，其作用值得大力肯定。①

　　此外，三一教协会还积极参与乡村公共交通、学校的建设。2005 年、2006 年仙游枫亭镇 62 座三一教祠堂在修桥铺路等社会公益方面就捐资 120 多万元。枫亭镇 62 个三一教祠堂在 2005—2006 年间也以其微薄之力捐资助学 69000 元。目前，相当一部分三一教祠堂承担民间信仰的职能，甚至取代"社""境主庙"职能，三一教渗透到百姓的日常生活中，诸如祈子、儿童过关、读书、就业、婚丧喜庆等，几乎事无巨细，都要到三一教祠堂祈祷礼拜。多数三一教祠堂内备有签谱、杯筊，供百姓占卜吉凶；不少三一教祠堂还建有戏台，与民间信仰一样，经常演习酬神；还有一些三一教祠堂举行扶乩活动，吸引群众参加。多数三一教信徒与一般的善男信女没有太大的区别，自己也说不清自己信仰三一教与信仰妈祖等诸如此类的民间信仰有什么不同。一般的百姓视三一教为民间信仰，对三一教信徒的看法也仅仅局限于他们有练习"功法"、道德修养要求较高的层面上。②

（三）当代三一教管理存在的问题

　　中华人民共和国成立后，民间宗教长期被禁止，很少吸收新教徒。原有的信徒，年事已高，或相继去世，或健康状况不佳，信徒的年龄结构严重老化。改革开放后，虽然吸收一些新信徒，但并没有从根本上改变年龄结构老化的状况，即使发展状况最好的福建三一教，信徒的年龄结构也严重老化。1988 年林国平先生对三一教信徒的年龄结构进行抽样调查，发现 40 岁以下的约占 15.1%，40—60 岁占 37.4%，60 岁以上占 47.5%。2000 年有关部门曾经对三一教信徒的年龄结构进行调查，55 岁以下约占 32.32%，55 岁以上约占 67.18%。2008 年林国平先生曾经对仙游县某个乡镇的 3739 名三一教徒的年龄结构进行调查，其中 55 岁以下约占 24.4%，55 岁以上约占 75.6%（40 岁以下只有 430 人，占 11.5%），年龄老化不但没有改善，反而更加严重了。出现这种状况，显然与城镇化进程加快和农村青壮年纷纷到外地打工有密切关系。其次，由于民间宗教主

　　①　俞黎媛、谢金森：《论福建民间宗教信仰与和谐社会之构建》，《莆田学院学报》第 15 卷第 6 期，2008 年 12 月。

　　②　林国平：《福建三一教现状的再调查》，2009 年未刊稿。

要在农村流传，其信徒的整体文化素质相对低下，特别是妇女受教育的程度、职业等均不如男性，而近年来妇女加入民间宗教的人数又急剧增加，因此，也必然对信徒的整体文化素质产生影响。我们仍然以三一教为例。2000 年的调查数据显示，农民的比例约占 94.4%。在性别上，1988 年的抽样调查结果是男教徒约占 63.5%，女教徒约占 36.5%；2000 年调查数据显示，女信徒上升为 57.88%。2008 年对仙游县某个乡镇的 4148 名三一教徒的性别进行调查，男信徒 898 人，约占 21.6%；女信徒 3250 人，约占 78.4%，女信徒的增长速度不能说不快。在文化程度上，2000 年的调查数据表明，文盲由 1988 年的 26.7% 增加到 43.31%，小学以上文化程度的门人比例也相应降低，说明由于农村女性信徒的剧增，导致三一教徒的文化素质继续降低。①

民间宗教长期处于被禁止的状态，在管理制度方面出现一系列问题，诸如缺乏有威望的领导人、缺乏统一的管理机制，相关管理制度也不完善，教职人员的素质也不高，这些均制约民间宗教的发展。相对于其他民间宗教，三一教做得比较好，但也不尽如人意。改革开放以来，面对着犹如一盘散沙的三一教，三一教上层人士依托东山祖祠的特殊地位，发号施令，尝试对福建三一教进行管理，发布一些规章制度，虽然也取得一些成效，但积重难返，不少地方的三一教堂祠并不承认东山祖祠的领导地位，自己另搞一套。有的三一教堂祠虽然在墙壁上张贴东山祖祠所发布的各种规章制度，但形同虚设，并没有认真执行。2006 年成立的莆田市三一教协会，从严格意义上说，只是民间社团组织，并非三一教的最高领导机构，在成立之后的二年左右的时间里，虽然做了大量工作，得到政府有关部门的充分肯定，也得到一些信徒的拥护，但是否能最终确立其领导地位，尚待时间的检验。不过，有一点是可以肯定的，福清、泉港、惠安等地的三一教不归莆田市三一教协会管辖，福建三一教的统一管理恐怕遥遥无期。②

---

① 林国平：《民间宗教的复兴与当代中国社会——以福建为研究中心》，2009 年未刊论文。
② 同上。

第八章 "儒教"问题及儒教的存在

张宏斌

一 历史上的儒教问题之源起

三十年来，关于儒教问题的争论一直尘埃未定，任继愈先生肇其端，众人蹈其绪，各种辩难、论证不一而足。由此上溯到1890年，从康有为"始言孔子创教①"，到建议国会将孔教定作国教，并积极倡言将各地的孔庙建为宗教礼仪和祭祀周期的场所，且矢志不渝地将"以孔教为大教"为己任，四处奔走呼号，摇旗呐喊，寻求在新的历史格局和新的时代形式下的"孔教"对于世道人心、社会发展、政治变革的契合点和适应性；再上溯到1582年，从利玛窦来华伊始以"西僧"之饰见人到着"儒服"之饰宣教，斟定儒家不是宗教，而只是"为了恰当的治理国家和国家的普遍利益而组织起来的""学术团体②"；几百年以来有关儒教的是非论辩纠结交缠，貌似判然有别，泾渭分明，价值诉求和理论依托仁智互见，但究其实"所谓的儒教是或不是 religion 的问题是人们自觉或不自觉地从西方文化感受和西方学术分类对儒家思想进行身份或性质判定的时候才在历史上发生的③"。究其竟这种话语的陈述和方式表达是把儒（家、学、教）放在西方基督教的参照系下去诉说或者其背景下去定义的。

这种以西方的观念和方法对儒（学、家、教），乃至中国文化进行的

---

① 陆宝千：《民国初年康有为之孔教运动》，《中央研究院近代史研究所集刊》第八辑，台北，1983年。

② 利玛窦·金尼阁：《利玛窦中国札记》，何高济、王遵仲、李申译，中华书局1983年版，第105页。

③ 陈明：《儒者之维》，北京大学出版社2004年版，第220页。

化约和阐释，斫伤了其完整性，遮蔽了其主题性。为了呈现中国儒（学、家、教）的真实面貌和中国文化的深实意蕴，我们完全有必要对其脉络进行重新的梳理，对其历史过程进行必要的分析，对其性质进行合适的界定。

（一）"道原于一"和"神道设教"

"古之所谓道术者，果恶乎在？曰：无乎不在。曰：神何由降？明何由出？圣有所生，王有所成，皆原于一。"庄子所谓"一"者即是"道"，大道圆满、虚通，弥散充斥天地之间。"神""明""圣""王"都是导源于一的，皆是道的明显和发达。所谓"上古三皇所行道术，随物任化，淳朴无为"。① 天人二道浑然不分。人明天道而行人道，二道若合符契，不思而中，不勉而得。所谓"不离于宗，谓之天人。不离于精，谓之神人。不离于真，谓之至人。以天为宗，以德为本，以道为门，兆于变化，谓之圣人。以仁为恩，以义为理，以礼为行，以乐为和，熏然慈仁，谓之君子。以法为分，以名为表，以参为验，以稽为决，其数一二三四是也，百官以此相齿"。民之理的"百官以此相齿。以事为常，以衣食为主，蕃息蓄藏，老弱孤寡为意，皆有以养"皆是道原则的体达和道精神的自明。这是"天人之学"的表述和诠释，是"天人合一"思想的体现和注脚。

"天人合一"的思想主题可以说是中国传统文化体系的皇建之极，其传统源远流长，可达于三代，溯及上古。其本意是指天道与人道、人性，天理和人事是处在一个统一体之中的，二者相离相即，互相影响和反映。天道或天理是极，是人事、人道的依据和准则，人事、人道是循天道而为而成，不能背离，违逆天道。所谓"有人，天也；有天，亦天也。""天地与我并生，万物与我为一"。"一"者，道也。源始的"道"是天人未裂变前的一个圆，人天之道浑然一体。所谓"古之人其备乎！配神明，醇天地，育万物，和天下，泽及百姓，明于本数，系于末度，六通四辟，小大精粗，其运无乎不在。"中国传统礼乐文明对这种圆满和理想的状态表达的相当充分。所谓"由三代而上，治出于一，而礼乐达于天下"。

上古三代的社会在人事的政教、法令、习风方面可以说是一个和谐有序的有机整体。民习于日常生活，百用数度之间，不离于道；法令，礼乐

---

① 郭庆藩：《庄子集释》，中华书局 2004 年版，第 1056 页。

寓于淳风善俗之间，相得益彰于道。有所谓"古者，宫室车舆以为居，衣裳冕弁以为服，尊爵俎豆以为器，金石丝竹以为乐，以适郊庙，以临朝廷，以事神而治民。其岁时聚会以为朝觐、聘问，欢欣交接以为射乡、食飨，合众兴事以为师田、学校，下至里闾田亩，吉凶哀乐，凡民之事，莫不一出于礼。由之以教其民为孝慈、友悌、忠信、仁义者，常不出于居处、动作、衣服、饮食之间。盖其朝夕从事者，无非乎此也。此所谓治出于一，而礼乐达天下，使天下安习而行之，不知所以迁善远罪而成俗也"。此有一关于"天文"例子，可为佐证，清初的学者顾炎武说：三代以上，人人皆知天文。"七月流火"，农夫之辞也。"三星在户"，妇人之语也。"月离于毕"，戍卒之作也。"龙尾伏辰"，儿童之谣也。[1] 顾炎武所谓三代以上皆知天文之语，恰表现了人天大道是一个圆满的状态，民俗与礼乐涵摄交织，浑然容融的大治景象。

　　礼乐制度或者说礼乐文明对天人和洽景象有如此充分的表征和显现是由于礼乐本不违人性，所谓"夫礼，先王以承天道，以治人之情"[2]。"礼义文化之所以浑然一体，天道、神道与人道之所以融融而一致，并非因为思想模糊，缺乏逻辑思维以致不能分门别类，而是因为她站在文化整体大全的高度去凸显人道或者人文精神的价值，人道不但是礼义文化之本位，而且是礼义文化之目的。"[3] 这种礼乐制度或者说文化布于社会日常生活的方方面面，渗于人们的生活方式和社会关系。以婚礼为例，其程序大致如下：①纳采；②问名；③纳吉；④纳征；⑤请期；⑥醮子亲迎；⑦主人筵几庙迎⑧揖让奠雁；⑨妇至成礼；⑩合卺；⑪妇见舅姑；⑫舅姑醴妇；⑬妇馈舅姑；⑭舅姑献礼奠酬。[4] 可以看出，从头至尾，婚礼之仪始终是在礼的指导和参与下进行的，礼乐制度的运行和具体操作成为人们日常生活的一部分，或者说其本身就是生活方式。那么所谓的敬天、法祖、丧葬以及其进行的礼仪也不过是平时生活方式的一种形式而已。表达的不外乎人情，所谓"缘人情而制礼，依人性而作仪"[5]；体达不外乎天道，所谓

---

① 《日知录卷三十》"天文"条。

② 《礼记·礼运》。

③ 卢国龙：《道教哲学》，华夏出版社 2007 年版，第 26 页。

④ 《礼记·昏义》。

⑤ 《史记·礼书》。

"礼必本于天，殽于地，列于鬼神"①。圣人体天道以立礼，顺人情以立教。这个源起于天道，缘植于人道文化之上的"教"，强为之名曰"儒教"。儒教无论是在国家的政治制度层面和民众的生活、精神信仰方面，也无论是在雅，还是在野都起到了一种沟通、链接、整合的作用，成为公共价值表达的常态。

一个和洽、圆满的有序状态被打破的时候，就是人天之道分崩离析的开始。庄子所谓"天下大乱，贤圣不明，道德不一，天下多得一察焉以自好。譬如耳目鼻口，皆有所明，不能相通。犹百家众技也，皆有所长，时有所用。虽然，不该不遍，一曲之士也。判天地之美，析万物之理，察古人之全，寡能备于天地之美，称神明之容。是故内圣外王之道，暗而不明，郁而不发，天下之人各为其所欲焉以自为方。悲夫，百家往而不反，必不合矣！后世之学者，不幸不见天地之纯，古人之大体，道术将为天下裂"。

道术既已为天下裂，进而就是礼乐文明开始坍塌了，欧阳修所谓"由三代而下，治出于二，而礼乐为虚名"，"及三代已亡，遭秦变古，后之有天下者，自天子百官名号位序、国家制度、宫车服器一切用秦，其间虽有欲治之主，思所改作，不能超然远复三代之上，而牵其时俗，稍即以损益，大抵安于苟简而已。其朝夕从事，则以簿书、狱讼、兵食为急，曰：'此为政也，所以治民。'至于三代礼乐，具其名物而藏于有司，时出而用之郊庙、朝廷，曰：'此为礼也，所以教民。'……史官所记事物名数、降登揖让、拜俯伏兴之节，皆有司之事尔，所谓礼之末节也。然用之郊庙、朝廷，自缙绅、大夫从事其间者，皆莫能晓习，而天下之人至于老死未尝见也"。

天、人之道各行其是，礼乐之基轰然倒塌。人们"习其器而不知其意，忘其本而存其末"，进入到了另一个充满对立、分离的不和谐世界。但是不是这种"天人之学"已经消亡，埋没无迹了呢？答案是否定的，"其明而在数度者，旧法世传之史尚多有之。其在于《诗》《书》《礼》《乐》者，邹鲁之士搢绅先生多能明之。——《诗》以道志，《书》以道事，《礼》以道行，《乐》以道和，《易》以道阴阳，《春秋》以道名分。——其数散于天下而设于中国者，百家之学时或称而道之"。天人之

---

①　《礼记·礼运》。

学还残存或者说保留在传世的典籍和"数度"之中，百家诸子还"或称而道之"。《诗》《书》《礼》《乐》《易》《春秋》也还都是阐发、扬释天人大道的参照。

这种"往而不反"的趋势，似无法逆转，覆水难收，破镜难圆。是不是到了无法收拾的地步？是不是无法复归"元道"？再也回不到天人一"圆"了呢？答案同样也是否定的。因为天人裂变，大圆解体后社会开始长期的分裂和混乱，人们期待道的复归，憧憬圆的复合。重新建立一个和谐有序的世界成为人们内心的渴望和现实的自觉追求。所以秩序社会的重塑和礼乐文明的再现成为人们心仪的一条重新回到"天人合一"状态的坦途。

那么基于"数度"和典籍的依据对制度及文明的恢复和重建是什么样的呢？是怎样具体运作的呢？孔子有云："述而不作，信而好古，窃比于我老彭。"《诗经》亦云："不愆不忘，率由旧章"，《中庸》载："仲尼祖述尧舜，宪章文武"。无论是"述而不作"、"率由旧章"，还是"祖述尧舜，宪章文武"，看起来都是对原典范规章的复述和摹写，是完全的复古和倒归。其实不然，史传的典章旧籍尽管还保留有天人之学，但是"夫六经，先王之陈迹也，岂其所以迹哉？"① 礼已崩乐亦坏，"大道暗而不明，郁而不发"，已不见"天地之纯，古人之大体"；且时过境迁，"古今异俗，新故异备"，所以圣人是"乘时以制宜，因时以立法"②。《论语·为政》说："殷因于夏礼，所损益，可知也；周因于殷礼，所损益，可知也；其或继周者，虽百世可知也。""太过则当损，或不足则当益，益之损之与时宜之。"③ 所以圣人是探其"所以迹"，"法其所以为法"④。

"所以迹"，"所以为法"之"迹"和"法"也就是天道和人情之本，是其"迹"的、"法"的内在机制和一贯之性。孔子曰："大道之行也，与三代之英，丘之未逮也，而有志焉。"⑤ 因"有志焉"，遂缘其"所以迹"，"法其所以为法"而对礼乐文明进行的第二次的创制乃至整个文化整体性的构筑。也可以说就是向天人合一大道的归达。此归达从两个方面

① 《庄子·天运》。
② 《韩非子·五蠹》。
③ 《四书集注》。
④ 《淮南子·齐俗训》。
⑤ 《礼记·礼运》。

进行，一是形式上的复归——礼乐制度的重建；一是内涵上的重塑——人的精神信仰的依归。前者侧重于政治体制层面进行仪制、规章的建设，后者着重从信仰领域方面进行神道设教。

"神道设教"语出《周易》的观卦象辞：《象》曰：大观在上，顺而巽，中正以观天下。"观，盥而不荐，有孚颙若"，下观而化也。观天之神道而四时不忒，圣人以神道设教，而天下服矣。观卦讲的就是宗庙祭祀的典仪祀礼，所谓"王道之可观者，莫盛乎宗庙"；"盥者，进爵灌地以降神也"①，所谓"宗庙之可观者，莫盛于盥也"。"荐者，谓既灌之后陈荐笾豆是也"②，"荐"只是大礼之后的小礼，所谓"至荐简略，不足复观，"孔子曰：禘自既灌而往者，吾不欲观之矣。"颙"是严正貌，"孚，信也，但下观此盛礼，莫不皆化，悉有孚信而颙然，故云有孚颙若"③。《诗》云："维天之命，于穆不已"，"文王在上，于昭于天"。宗庙里所进行的祭天祀祖的典仪是天道的体现，那么据此而进行"设教"也就是理所当然的。既然神道设教是在礼乐制度基础上进行的，并且是以礼仪为方式进行表达的，那么说神道设教只是神事或仅是人事就过于简单化了，而不能把握神道设教的本意和深意。本意上讲"神道设教"可从两个方面进行阐释：一是志思，追慕之情，所谓"祭者，志意思慕之情也"④。一是信仰表达、精神寄宿之意，所谓"小民有情而不得伸，有冤而不得理，于是不得不愬之于神，而诅盟之事起矣"⑤。深意上讲：一是理国为政、教化天下之需，所谓"因物之精，制为之极，明命鬼神，以为黔首则。百众以畏，万民以服"⑥，"慎终追远，民德归厚矣"⑦。一是信仰整合、人文化成之要。所谓"以民间原有信息之或足以佐其为治也，因而损益依傍，俗成约定，俾用之倘有效者，而言之差成理，所谓文之也"⑧。

关于"本意"中的精神信仰的意思和"深意"中整合信仰的意蕴有

---

① 《周易集解》。
② 《周易正义》。
③ 同上。
④ 《荀子·礼论》。
⑤ 《日知录·卷二》。
⑥ 《礼记·祭义》。
⑦ 《论语·学而》。
⑧ 钱锺书：《管锥编》卷一，中华书局1979年版，第20页。"文之也"语出《荀子·天论》"卜筮然后决大事，非以为得求也，以文之也。故君子以为文，而百姓以为神"。

必要做一个探讨和界定。诚如前文所言,三代以上治出于一,政教俗习,礼乐民情圆融洽一。精神信仰的诉求和诉诸都日常生活化了,举行的祭典祀礼中即可完达了信仰的内容和要求。但三代以下治出于二,礼乐为虚名了。礼乐制度分崩离析,信仰载体即已冰释,信仰表达游离而外陷入了混乱驳杂的局面,即是地域性的神道信仰不能统合成一个能序能列的整体;并且由于政治的等级制度导致的等级信仰分殊使信仰权力不平等,孕于此内部的要求信仰平等的原始冲动力剧烈地爆发。① 那么筑基于礼乐文明之上的"设教"的深层意蕴就开始彰显了。这种设教是形式上的"仍旧贯",内涵上的"维新"。这是由于中国文化的特殊性质和发展轨迹决定的,中华文化是一个连续性的形态,从未间断,是在一个整体性的框架里面创造出来的。② 以氏族血缘为主要形式组织起来的国家形成了森严的宗法等级制度,尽管"政治上的君主专制制度虽然有自己的以地域划为系统的行政官僚体制,却仍然以家族宗法制为基石"③。既然身份、地位没有实质性的变动,其观念信仰必然与过去发生着千丝万缕的联系,过去的巫史传统和敬天法祖的祭祀崇拜当然也是一脉相承,殊途同归。

礼乐制度的崩解使人们精神信仰骀荡无依,神鬼卜筮渐离于人事,野淫之弊渐现。有鉴于此,重拾人文精神,对信仰进行必要的整合是儒家在设教上的主要着力点。"圣人作法通乎后世以为防,苟其德未足以臻乎不言之信,则援神明以佐其不逮,以杜天下诞诈之风。"④ 首先是载体——礼乐制度的恢复和重建,"礼,虽先王之未有,可以义起也"。《正义》曰:"起,作也。礼既与义合,若应行礼,而先王未有旧礼之制,则便可以义作之。"所"义"者何?无非人情人心也,"人情者,圣王之田也","人者,天地之心也,五行之端也"。以世道人心,天理人情为依据和准则,"裁断合宜"⑤ 即可也。其次,就是致力于信仰本身的陶铸了。血缘的宗法等级制度下是"神不歆非类,民不祀非祖"⑥,是什么人就祭什么神,所谓"天子祭天地,祭四方,祭山川,祭五祀,岁遍。诸侯方祀,

---

① 参见卢国龙《道教哲学》,华夏出版社 2007 年版,第 40 页。

② 参见张光直《中国青铜时代》,三联书店 1999 年版。

③ 牟钟鉴:《宗教·文艺·民俗》,中国社会科学出版社 2005 年版,第 9 页。

④ 《文渊阁四库全书·周礼注疏删翼》,卷十五。

⑤ 《礼记正义》。

⑥ 《左传·僖公十年》。

祭山川，祭五祀，岁遍。大夫祭五祀，岁遍。士祭其先"①，"天子祭天
地，诸侯祭社稷，大夫祭五祀。天子祭天下名山大川：五岳视三公，四渎
视诸侯。诸侯祭名山大川之在其地者。天子诸侯祭因国之在其地而无主后
者"②。一以贯之精神下的有所损益的策略使儒家以"设教"的姿态和整
合信仰的差异性，使天、祖信仰和祭祀开始合二为一。《史记·礼书》
载："上事天，下事地，尊祖先而隆君师"；并且融容了更多个人需要表
达的东西，以达到天下理治，人文大化。所谓"人道亲亲也。亲亲故尊
祖，尊祖故敬宗，敬宗故收族，收族故宗庙严，宗庙严故重社稷，重社稷
故爱百姓，爱百姓故刑罚中，刑罚中故庶民安，庶民安故财用足，财用足
故百志成，百志成故礼俗刑，礼俗刑然后乐"③。

综上所述，从事于政治层面构建使礼乐制度在原有一贯性的基础上开
始上升为国家的意识形态；致力于精神信仰陶铸使朝和野处在了一个互动
的机制之中，使整合官方和民间的信仰表达永远处在一个未完成时态。无
论是前者还是后者都是儒教的应有之义。特别是"神道设教"对雅、野
的信仰进行的调剂和整合是在礼仪制度的基础上，礼乐文明的框构下进行
的，本身脱不了人情之宜和人文精神，可以说其本身就是文化整合形式之
一种。

我们说，在儒教这个信仰体系下，不管是谁，每个人都是"教民"，
概莫能外。

（二）利玛窦时期的"儒教"

1582年，饱含宗教热情和承载巨大宗教使命的意大利人利玛窦远道
而来，尽管先前也有早于利玛窦的西方人进入到中国传教，诸如，耶稣会
士弗朗西斯·沙勿略在1552年的初尝试；1578年作为耶稣会远东教务视
察员的范礼安到达澳门。据西方学者的不完全统计，1552—l583年前来中
国，试图打开中国大门的进行宣教的西方传教士计有50人（包括25名耶
稣会士、22名方济各会士、2名奥古斯丁会士和1名多明我会士），他们

---

① 《礼记·曲礼下》。
② 《礼记·王制》。
③ 《礼记·大传》。

尝试的次数达 59 次之多。① 无一例外,要么无疾而终,要么惨淡经营。所以会有范礼安望洋之叹:"磐石,磐石,你何时才能裂开?②"

从唐朝的景教到元朝的也里可温教,西方传教的思潮绵绵不绝,随着新航路的开辟,葡萄牙、西班牙触角探及世界各地。1517 年马丁·路德的宗教改革,强烈地冲击了天主教的传统神学理论,分离出来的信徒致力于内部的革新整顿和积极开拓外部的传教活动,在这一背景下,产生出来的耶稣会抱着极大的宗教热忱执着于布道,与其他教派抢夺信徒和地盘,各方的传教方式也是层出不穷。沙勿略在日本传教时,认识到中国是日本文化和思想的发源地,就想以使节觐见中国皇帝的方式,以求在中国居住传教,进而主张以学术研究,以高深文化影响中国文化来进行传教。范礼安踵其华,认为"惟有在尊重中华文明和精通中国语言文字的基础上,通过学术交流和道德规范的相互效仿,通过基督教帮助中华文明使之更加完善的实际成效,才能最终达到皈依中国的目的"③,而且强调"必须面觐皇帝,得其准许,传扬天主教"④。

1553 年,伴随着澳门成为葡萄牙的据点,利玛窦的到来使西方基督教的传布开始具有了实质上的意义。至 1608 年,在利玛窦的传布下,中国天主教徒已经发展到 2000 多人⑤。较于前者的失利和失败,利玛窦可以说是取得了极大的成功。首先是源于其策略和方式的转变。利玛窦认为"我们有必要表面上顺应中国人的习惯和看问题的方式,为此衣着鞋履悉如中国人"⑥,所以其便以着儒服的姿态见人;认为"传教必须先获华人之尊重,最善之法莫如以学术招揽人心,人心既附,则信仰必定随之"⑦,所以精习汉字和文化典籍。此外为了更好地传播教义,使更多中国士大夫受众能够接受基督教理,利玛窦还儒化基督教的教义。将基督教里的"God"译成"上帝""天主"来和儒家的"天""上帝"比附。他说:

① 万明:《明代后期西方传教士来华尝试及其成败述论》,载《北京大学学报》(社会科学版) 1993 年第 5 期。

② [韩] 李宽淑《中国基督教史略》,社会科学文献出版社 1998 年版,第 39 页。

③ 沈定平:《明清之际中西文化交流史——明代:调适与会通》,商务印书馆 2001 年版。

④ 《利玛窦全集》3《利玛窦书信集》下,罗渔译,台湾光启出版社 1986 年版,第 433 页。

⑤ 沈德符《万历野获编》卷三十,中华书局 1980 年版,第 784 页。

⑥ 卓新平、许志伟:《基督教研究》第二辑,《试论利玛窦的汉化倾向》,社会科学出版社 2003 年版。

⑦ [法] 费赖之:《入华耶稣会士列传》,冯承钧译,商务印书馆 1938 年版。

"吾天主乃古经书所称上帝也。《中庸》引孔子曰：'郊社之礼，所以事上帝也。'……《周颂》曰：'执竞武王，无竞维烈，不显成康，上帝是皇。'又曰：'于皇来牟，将受厥明，明昭上帝。'《商颂》曰：'圣敬日跻，昭假迟迟，上帝是祗。'《雅》云：'维此文王，小心翼翼，昭事上帝。'《易》曰：'帝出乎震。'夫帝也者，非天之谓，苍天者抱八方，何能出于一乎？……历观古书，而知上帝与天主，特异以名也。"他还将基督之爱与儒教仁者爱人相比附，等等。这种适应策略很大程度上促进了天主教的传播和影响。

　　但最重要的或者说实质上利玛窦的宣教布道策略是在对儒教或者说中国文化的重新诠释下展开的。这种诠释可以说是围绕着中国文化以及文化主体——儒教来展开的，是其对儒教的重新定义。首先，利玛窦认为儒教不是宗教，只是一个学术团体，"儒教不承认自己是一个宗教派别，只声称它是一个阶层或团体，是为正统政府和国家普遍利益建立起来的一个学派"①。或者说春秋以前的儒学是宗教，两汉以后的儒学不是宗教。② 然后从下面几点进行了论证和发阐：①儒教不具有一般宗教的基本属性，没有宗教必须要有的教戒、教规、经典、入教和礼拜仪式、礼拜场所和神职人员③，"虽然这些被称为儒家的人的确有一位最高的神祗，他们却不建造崇奉他的圣殿。没有专门用来崇拜这位神的地方，因此也没有僧侣或祭司来主持祭祀。我们没有发现大家都必须遵守的任何特殊礼仪，或必须遵循的戒律，或任何最高的权威来解释或颁布教规以及惩罚破坏有关至高存在者的教规的人。也没有任何念或唱的公众或私人的祷词或颂歌用来崇拜这位最高的神祗。祭祀这位最高神和奉献牺牲是皇帝陛下的专职"④；②儒教没有偶像崇拜："他们不相信偶像崇拜。事实上，他们并没有偶像……他们也承认别的鬼神，但这些鬼神的统治权要有限得多，所受到的尊敬也差得多。"⑤ 孔子只是博学的哲学家，只是所谓的圣人，对其祭拜只是对

---

　　① 转引自林金水《儒教不是宗教——试论利玛窦对儒教的看法》，载《福建师范大学》（哲学社会科学版）1983 年第 3 期。

　　② 孙尚扬：《基督教与明末儒学》上篇第二章，东方出版社 1994 年版。

　　③ 见林金水《儒教不是宗教——试论利玛窦对儒教的看法》，载《福建师范大学》（哲学社会科学版）1983 年第 3 期。

　　④ 利玛窦、金尼阁：《利玛窦中国札记》，何高济等译，中华书局 1983 年版，第 102 页。

　　⑤ 同上书，第 101 页。

尊敬的使者表示敬意的一种礼节，"他（孔子）没有像神那样受到崇敬式的崇拜。他们（中国人）感激地承认他们都受益于他遗留下来的学术"①。

其次对中国的敬天、法祖的仪式和传统进行了辩证，他说："信奉儒教的人，上至皇帝下至最低阶层，最普遍举行的是我们所描述过的每年祭祀亡灵的仪式。据他们自己说，他们认为这种仪式是向已故的祖先表示崇敬，正如在祖先生前要受崇敬一样。……他们这样做是希望孩子们以及没有读过书的成年人，看到受过教育的名流对于死去的父母都如此崇敬，就能学会也尊敬和供养自己在世的父母。"② "这种仪式是向已故的祖先表示崇敬，正如在祖先生前要受崇敬一样。他们并不真正相信死者确实需要摆在他们墓前的供品，但是他们说他们之所以遵守这个习俗，是因为这似乎是向他们已故的亲人表示自己深情的最好方法。的确，许多人断言这种礼仪最初创立，与其说是为了死者，倒不如说是为了生者的好处。他们这样做，是希望孩子们以及没有读过书的成年人，看到受过教育的名流对死者父母如此尊敬，就能学会也尊敬和供养他们在世的父母。这种在死者墓前上供的作法，似乎不能指为渎神，而且并不存在有迷信色彩。因为他们在任何方面不把自己的祖先当作神，也不向祖先乞求什么或希望得到什么。"③

无论利玛窦怎样进行阐释和论辩，其根本就是要说中国的儒教不是宗教，这首先是由于其特殊的基督徒身份决定的，他不能承认儒教是宗教，因为基督教是极端排外的，绝对不允许另一种宗教的存在而与其抗衡。作为耶稣会士他的言行必须符合其身份，必须得到教廷的许允。如果先承认儒教是宗教，那么他的适应策略以及对儒教典籍和教理的重新阐释就是等于接受了另一个宗教的思想，就是违犯了教会的规定了，犯有叛教之罪，是应受到处罚的，是绝对不会被接受的。④

如果说身份和使命决定了利玛窦不得如此说，那么中国士大夫一定程度上对利玛窦的迎合，以及对后来引起礼仪之争的辩解多少有点让我们诧异了。贡生出身且受天主教洗礼的严谟在礼仪之争论辩时，写过《祭

---

① 利玛窦、金尼阁：《利玛窦中国札记》，何高济等译，中华书局1983年版，第103页。
② 同上。
③ 同上。
④ 参见唐耕省《利玛窦否认儒家为宗教》，孔子2000网站。

祖考》《木主考》《辨祭》等十篇文章对争论的焦点"祭祖"、"祭天"、"祭孔"详细进行了考证和辩理。他认为，"祭祖先之原意，不过曰祭者所以追养继孝而已。欲使人勿倍而已，非有见其享，表孝子之心而已"，"礼祭祖宗止是思念死者之意，非有求福也"；"祭天"主要强调的是"报答之情"，不是"恐惧"和"企求"，"止是沿袭古礼，敬思亲之心耳，非有魔鬼之说行之，无碍于圣教信德之事"；"祭孔""只是尊行古制常礼，醇厚风励之美意，以为不忘本始之本而已，历代帝王举行祝文具在，只是尊师重道之词。进学中式一拜，只是为读其书，蒙其泽，国家使我一敬礼之而已"①。是什么原因促使中国的士大夫阶层站在利玛窦的立场上进行辩说的？或者说他们接受基督教的初衷是什么呢？

以儒为主，道佛佐释的三家思想融合和整合的主体性文化一直是主宰着中国传统社会的组织形式和思维方式，特别宋明以来的理学蓬勃发展，渗入到社会方面的各个角落，一直维系着整个社会的有序运转。进于明末，主流王学渐趋于疏阔、迂远，士人流于清谈、默坐体认，不事务作，"平时袖手谈心性，临危一死报君王"。许多有识之士试图打破这种窒息的学术氛围和社会状态，积极昌发经世致用之学。"利玛窦及其某些教友们的部分布教活动属于当时被称为经世致用的实用范畴。欧洲最早算学、天文学、地理学以及后来的机械学、水利学和铸炮技术等概念的传入又加强了这些学科支持者的潮流，它们被认为有利于帝国的防务和繁荣。"②一定程度上可以说利玛窦的到来契合了这一思潮，另外利玛窦的适应策略也起到了很大的功效。

但更重要的是，中国这个士大夫阶层认为基督教能够拯救政弊、挽救危机，基督徒的儒者徐光启在《辨学章疏》中说："佛教东来千八年来，世道人心未能改易，则其言似是而非也。……必欲使人尽为善，则西洋诸陪臣所传事天之学，真可以补益文化，左右儒术，救正佛法者也。"因为"彼西洋邻近三十余国，奉行此教千数百年，以至于今，大小相恤，上下相安，路不拾遗，夜不闭关，其久安长治如此。"在徐氏看来重归于淳风

① 钟鸣旦、杜鼎克编：《耶稣会罗马档案馆明清天主教文献之李师条问》，台北利氏学社 2002 年版，第 115—219 页。

② ［法］安田朴等《明清间入华耶稣会士和中西文化交流》，巴蜀书社 1993 年版，第 101 页。

善俗、天下理治的局面，基督教是有很大作用的。并对儒家文化中的不足可以有所补益，对文化建设有所启迪，朱嘉德在序艾儒略《西方问答》中说："天学一教入中国，于吾儒互有同异，然认主归宗，与吾儒知天、事天，若合符节，至于读理折教，究极精微，则真有前圣所未知而若可知，前圣所未能而若可能者矣"张星曜在《天儒同异考弁言》中说："天壤间是有真理，儒教已备，而犹有未尽晰者，非得天主教以益之不可"。

既然施者方式适当、路线可取、策略正确，而且受者亦有所需，和者甚众，"当时看来，或者可以说是一种基督教和儒教的混合体，很有希望在不久以后成为中国的宗教[1]"。但为何后来导致了教士被驱逐，传教被禁止的最终失败呢？西人以悲观哀婉之调说："不管怎样，中国人的智能传统、思维模式和世界观都显然不同于欧洲人。这些差异结合中国社会组织和政治传统，对基督教文化构成了不可逾越的障碍。"[2] 笔者以为原因是多方面的，比如说后来利玛窦的接替者龙华民对其策略的摒弃，教令全面禁止中华的礼仪"等于是废除他们（儒家士大夫）的传统身份，使他们的精神信仰和社会角色发生了冲突，使他们非常尴尬"[3]，以及教廷傲慢的霸权态度触怒了中国的统治者等。但最重要的笔者以为还是基督教触及了儒教的底线，妄图挑战中华文化主体性，反而促使了其主体性的强烈迸发。

从一开始，即使是作为纯正基督徒的徐光启也只是认为基督教"补益王化，左右儒术，救正佛法"而已，显然并没有将其作为儒教的替代品和中华文化的主体基础。它只能是对儒教和中华文化的补充，儒教是其好坏是非的标准，"诸陪臣之言，与儒家相合，与释老相左，僧道之流咸共愤嫉，是以谤害中伤，风闻流播，必须定其是非。乞命诸陪臣与有名僧道互相辩驳，推堪穷尽，务求归一。仍令儒学之臣，共论定之"[4]。

传统的中华文明中心观一直是历代士大夫的底线和守护，其他的文明和文化只是流而不能是源，对其他文化的采补也只是"礼失而求诸野"的注解。康熙下令编写的《数理精蕴》中有一段关于"西学中源"的御

---

① C. H. Robinson, *History of Christian Mission*, New York 1915, p. 176.

② 谢和耐：《中国文化与基督教的冲撞》，辽宁人民出版社 1989 年版，第 299 页。

③ 李天纲：《中国礼仪之争：历史、文献和意义》，上海古籍出版社 1998 年版，第 164 页。

④ 王重民辑：《徐光启集》，上海古籍出版社 1986 年版，第 434 页。

制理论:"我朝定鼎以来,远人慕化,至者渐多,有汤若望、南怀仁、安多、阁明我,相继治理历法,间明数学,而度数之理渐加详备,然询其所自,皆云本中土所流传。粤稽古圣,尧之钦明,舜之睿哲,历象授时,闰余定岁,璇玑玉衡,以齐七政,推步之学,孰大于是?至于三代盛时,声教四讫,重译向风,则书籍流传于海外者殆不一矣?周末畴人子弟失官分散,肆经秦火,中原之典章既多缺失,而海外之支流反得真传,此西学之所以有本也。"① 所以面对不远万里来到中国的利玛窦,徐光启也只是认为他是向往中华文明之盛之伟大才"览我德辉"②。

前文提及利玛窦为传教的方便,采取对中国儒教的典籍和基本概念重新诠释,诸如对"天""性""孝"的基督教解释,也导致了文人士大夫的强烈反对,认为"其标大题,僭大号,不唯呵佛骂老,且凌驾于五帝、三王、周孔之上……至于孔子太极之训、春秋之作、孟氏仁义之对、无后不孝之言,皆见指摘"③;"其旨与吾儒大相刺谬……似与吾儒尧舜周孔之学无差讹,实阴肆其教、排佛、斥老、抑儒,驾其说于周孔之上……窃吾道而叛"④。这样无论是传统的文人士大夫还是基督徒的儒者都认为:"他实际就是在攻击整个儒教和他的精髓"⑤,显然是断断不能接受的。毕竟"儒学、政治和传统伦理在大多数士大夫心中所占的比重,常常超乎宗教之上,此一情形即使对许多奉教人士亦然……于是当临天主教和儒学之间的重大矛盾时,这些奉天主教的士大夫往往很痛苦地有选择回归中国的文化传统"⑥。

综上所述,西方传教士为传教的便宜而对儒教和中华文化进行的定义和疏解,使得儒教第一次被放在了基督教的背景下去考察,但这种考察只是对象性的衡量。尽管诸如利玛窦之流采取了本土化的政策和策略,认为儒教是完全符合良心的光明与基督教的真理⑦,但是这种承认和适应也是

① 刘纯:《从"老子化胡"到"西学中源"——"夷夏之辨"背景下外来文化在中国的奇特经历》,《法国汉学》第6辑。

② 李之藻编:《天学初函》,学生书局(台湾)1989年影印版,第329页。

③ 邹维琏:《辟邪管见录》,见徐昌治《破邪解》卷六。

④ 黄问道:《辟邪解》,见徐昌治《破邪解》卷五。

⑤ 谢和耐:《中国文化与基督教的冲撞》,辽宁教育出版社1989年版,第55页。

⑥ 见黄一农《忠孝牌坊与十字架》,载《新史学》第8卷第3期,第84页。

⑦ 利玛窦、金尼阁:《利玛窦中国札记》,何高济等译,广西师范大学出版社2001年版,第72页。

在基督教的论域和控域内发生的。处在另一方的儒教徒完全是被动接受，尽管当时的士大夫一定程度上有感于中国文化的滞顿而有所希求，出于改革的愿望而有所迎合。这种被动性的主动只是犹如条件反射式的，是面对外来的刺激的必然反应。而当触碰到思想文化根本问题时这种参与性和主动性则完全转移到了另一面——成为儒教和中华文明的卫道士和守护者。

（三）康有为的"孔教"

如果说，利玛窦时期的中国士大夫知识分子是在外来力量要触动民族文化根基甚至取代儒教的时候才变被动为主动，那么在康有为时期，这种文化主体性的迸发了则是更多来自内在的自觉。礼仪之争余音犹绕，鸦片战争炮声轰隆，无论是从思想层面还是从现实层面，许多人开始认真地思索：富国强兵，挽救危亡，济民安世的道路到底去哪里找寻？洋务维新的失败促使士人思索是不是传统文化——儒学的问题？要不要对儒学作出适时的改革？康有为的方案是儒学的宗教化——孔教。

康有为昌立孔教的活动，是与其生命体验确切地说是与其宗教体验密不可分的。梁启超说："先生于佛教，尤为受用者也。先生由阳明学以入佛学，故最得力于禅宗，而以华严宗为归宿焉……日以救国救民为事，以为舍此外更无佛法。然其所以立于五浊扰扰之界而不为所动者，有一术焉，曰常惺惺，曰不昧因果。故每遇横逆困苦之境，辄自提醒曰，吾发愿固当如是，吾本弃乐而就苦，本舍净土而住地狱，本为众生迷惑烦恼故入此世以拯之，吾但当愍众生之未觉，吾但当求法之精进，吾何为瞑恚？吾何为退转？以此自课，神明俱泰，勇猛益加，先生之修养，实在于是，先生之受用，实在于是。"[1]

康南海的宗教体验促使他采用宗教的理路建构儒学，但是中国经验又没有现成的程式可资运用，当时师夷长技以制夷的风气盛行，其浸染很深，并且"先生于耶教，亦独有所见，"那么参以西方基督教的模式就成了构建孔教的不二选择了。"逮康有为当海禁大开之时，见欧洲各国尊崇教皇，执持国政，以为外国强盛之故实由于此，而中国自周秦以来政教分途，虽以贤于尧舜、生民未有之孔子，而道不行当时，泽不被于后世，君

---

[1] 梁启超：《南海康先生传》，载夏晓虹编《追忆康有为》，中国广播电视出版社 1997 年版，第 15 页。

相尊而师儒贱，威力盛而道教衰，是以国异政、家殊俗，士懦民愚。虽以嬴政、杨广之暴戾，可以无道行之，而孔子之教，散漫无纪，以视欧洲教皇之权力，其徒所至，皆足以持其国权者不可同语。是以愤懑郁积，援素王之号，执以统天之说，推崇孔子以为教主，欲与天主耶苏比权量力，以开民智，行其政教。"① "康氏虽然反对耶教，另方面却以耶教为孔教更革的蓝图，其运思模式并不脱'思夷之长技以制夷'的窠臼。"②

为了构建孔教，理论上进行的对孔教的论证和阐释是《新学伪经考》和《孔子改制考》。《新学伪经考》，"'伪经'者，谓'周礼'、'逸礼'、'左传'及'诗'之'毛传'，凡西汉末刘歆所力争立博士者。'新学'者，谓新莽之学，时清儒诵法许郑者，自号曰'汉学'，有为以为此新代之学，非汉代之学，故更其名焉。《新学伪经考》之要点：一、西汉经学，并无所谓古文者，凡古文皆刘歆伪作；二、秦焚书，并未厄及六经，汉十四博士所传，皆孔门足本，并无残缺；三、孔子时所用字，即秦汉间篆书，即以'文'论，亦绝无今古之目；四，刘歆欲弥缝其作伪之迹，故校中秘书时，于一切古书多所窜乱；五，刘歆所以作伪经之故，因欲佐莽篡汉，先谋湮乱孔子之微言大义"③。指斥古文经学不是孔子的"真传"，"即宋人所尊述之经，乃多伪经，非孔子之经也"④。其实是为了扫除变革的压力，目的是把孔子塑造成万世的立法者。《孔子改制考》主要是为了说明孔子是托古改制的"素王"，"为苍帝之精"创立了儒教，"为神明为圣王，为万民作传，为大地教主"。

在具体实践上，南海以及弟子进行了大量的活动积极开始筹建孔教。"光绪十四年（1889），长素至京师，上书请变法，格不达。次年会里，始言孔子创教。"⑤ 1895年，康氏在《上清帝第二书》中说："近日风俗人心之坏，更宜讲求挽救之方。盖风俗弊坏，由于无教。士人不励廉耻，

① 陈宝箴：《奏釐正学术造就人才折（光绪二十四年五月）》，载翦伯赞等编《戊戌变法》，神州国光社1953年版，第358页。

② 黄进兴：《圣贤与圣徒》，允晨文化实业有限公司（台北）2001年版，第51—52页。

③ 梁启超：《清代学术概论》，中华书局1954年版，第56页。

④ 康有为：《新学伪经考序》，见汤志钧编《康有为政论集》上卷，中华书局1981年版，第93页。

⑤ 陆宝千：《民国初年康有为之孔教运动》，《中央研究院近代史研究所集刊》第八辑，台北，1983年6月。

而欺诈巧滑之风成；大臣托于畏谨，而苟且废弛之弊作。而'六经'为有用之书，孔子为经世之学，鲜有负荷宣扬，于是外夷邪教，得起而煽惑吾民。直省之间，拜堂棋布，而吾每县仅有孔子一庙，岂不可痛哉！今宜亟立道学一科。"① 1897 年，康有为在广西桂林"与唐薇卿、岑云阶议开圣学会"②。1898 年 6 月 19 日，康有为上书"陈请废八股及开孔教会，以衍圣公为会长，听天下人入会，令天主、耶稣教各立会长与议定教律。凡有教案，归教会中按照议定之教律商办，国家不与闻"，并"请听沿边口岸准用孔子纪年"③，然后在北京建立保国会。戊戌之后，康有为流亡海外，1899 年，在加拿大成立保皇会，同时兴办义学，"怀故国，思孔教"，"明保种保教之大义"④。康的弟子陈焕章则"于光绪己亥（1899）在高要洲倡立昌教会，于光绪丁未（1907）在美国纽约亦创立昌教会"⑤。

如果说，康有为的孔教设想在辛亥革命前的努力犹有政治合法性的支撑，其得以进行构建活动犹有的依附载体的话，那么随着中华民国的建立使得一切依据和依托都成了泡影。如果说，革命前康南海对儒家的重新诠释和孔教活动是趋向于政治的革新和精神信仰的守持的话，那么后期康有为及其弟子则是重点投身于合法性载体的重建——与政治的媾和，和信仰表达的安放——孔教制度化的完善。

从社会母体中游离出来的传统儒学变成了"游魂（余英时语）"，"皮之不存毛将焉附"？致力于为"毛"寻皮的康有为选择了与政治的博弈和合作。1912 年，康有为说"自吾中国以来，未危变若今之甚者也。虽然，时变之大者，必有夫巨子出济艰难而救之，今其时也。吾欲复立孔教会以振之"。目的则是"及遍国会，成则国会议员十九吾党，至是时而兼操政党内阁之势，以之救国，庶几全权，又谁与我争乎？⑥" 1912 年的孔子诞日，陈焕章在上海组织孔教会，有"将来或迁于首都"⑦ 的设想。此后，

---

① 康有为：《上清帝第二书》，载谢遐龄编选《变法以致太平：康有为文选》，上海远东出版社 1997 年版，第 283 页。

② 康有为著，罗岗、陈春艳编：《我史》，江苏人民出版社 1999 年版，第 31 页。

③ 同上书，第 41 页。

④ 汤志钧编：《康有为政论集》，中华书局 1981 年版，第 401 页。

⑤ 《孔教会纪事·澳门支会》，《经世报》第一卷第一号。

⑥ 上海市文物保管委员会编：《康有为与保皇会》，上海人民出版社 1982 年版，第 369—370 页。

⑦ 《公牍·孔教会开办简章》，《孔教会杂志》第一卷第一号。

以严复领衔成立了北京的孔教公会，紧接着 1913 年夏，陈焕章入京，活动重心开始移到政治中心。随后"由陈君及严复、夏曾佑、梁启超、王式通诸君，为本会全体代表，上请愿书于参众两院请定国教"① 各地函电交驰，不同的社会力量纷纷请愿或反对在宪法中规定孔教为国教。经过激烈的论争，国会在 1913 年 10 月 31 日通过的《天坛宪法草案》的第十九条第二项中有了"国民教育以孔子之道为修身之大本"的条文②。1913 年第一届全国孔教大会在曲阜召开，决定"将上海暂设之总会迁入北京③"。其间，陈焕章成为袁世凯的总统府顾问。袁项城垮台之后，康有为在 1916 年上书北京要求"以孔子为大教，编入宪法，复祀孔子之拜跪明令，保守府县学宫及祭田，皆置奉祀官"④。1917 年张勋复辟，康有为积极参与其中。"五四"以后活动式微，其屈指可数只有在北洋政府的支持下开办的孔教大学，以及陈焕章南下香港创办的孔教学院等余事了。

列文森说："康有为比那些仅仅只注意到儒教与中国之间的政治和历史关系的人，更深刻地意识到了二者之间的这种思想和文化的关系。由于他相信法律和哲学不足以约束那些任性的民众，因此，他真正的希望通过定国教来增进人们的美德。"⑤ 所以在积极寻求合法性的重建和载体的重构时，需要为信仰的表达和安顿建立一个现实意义上的制度化宗教——孔教。康有为从一开始就有这种念想，在《上清帝第二书》中就说"并令乡落淫祠，悉改为孔子庙，其各善堂、会馆俱令独祀孔子，庶以化导愚民，扶圣教而塞异端。其道学科有高才硕学，欲传孔子之道于外国者，明诏奖励，赏给国子监、翰林院官衔，助以经费，令所在使臣领事保护，予以凭照，令资游历。若在外国建有学堂，聚徒千人，确有明效，给以世爵。余皆投牒学政，以通语言、文字、测绘、算法为及格，悉给前例"等。陈焕章忠实执行其师的构想，以西方基督教的程式为模板开始了制度化的建构。

"中国政界固当革命，而教界亦当革命也……此间实有不能不言教之势。一则愤于吾国人之无耻而自贱，二则愤于外人之肆口讥评，三则遇外

---

① 《本会纪事·总会》，《孔教会杂志》第一卷第六号。

② 张颂之：《孔教会始末汇考》，载《文史哲》2008 年第 1 期。此处引文多转至此文。

③ 《孔教会纪事·北京总会》，《经世报》第一卷第一号。

④ 康有为：《致北京书》，《康有为政论集》，第 957 页。

⑤ 列文森：《儒教中国的现代命运》，中国社会科学出版社 2000 年版，第 162、163 页。

人之细心考问，不能不答之，四则寻常论辩之中，已亦不自安缄默，故不揣冒昧，发起一昌教会。"① 1912 年，陈焕章在上海成立孔教会时说其"以讲习学问为体，以救济社会为用。……宗祀孔子以配上帝，诵读经传以学圣人"②。嗣后，孔教会总会又从北京迁往曲阜，并在北京、上海各设一个总事务所。并准备在国内各县设立支会，在重要地点设立联络部，内部机构则分为讲习部和推广行部。讲习部又分为经学、理学、政学、文学。推行部包括敷教（讲道化民）、养正（拜圣读经）、执礼（考礼正俗）、济众（仁民爱物）③。陈焕章还制定了教规④，崇祀的对象⑤，修行证道方式⑥，并积极以比附基督教的方式演说，孔教就是宗教⑦，想方设法不遗余力地进行宣教和布道等⑧。

然而无论康南海及弟子的愿望有多美好，努力有多么尽心，他们所倡导的孔教的一系列的活动终究是失败了。"先生所以效力于国民者，以宗教事业为最伟；其所以得谤于天下者，亦以宗教事业为最多。"⑨ 可以说从一开始，康有为的孔教运动就不是一帆风顺，来源于各个方面的压力和

---

① 陈焕章：《致饮冰学长书》，《梁启超年谱长编》，上海人民出版社 1983 年版，第 388—389 页。

② 康有为：《孔教会序》，载柯璜编《孔教十年大事记》，金册 4 页。1924 年。

③ 参见干春松《从康有为到陈焕章——从孔教会看儒教在近代中国的发展之第二部分：后合法性时代的儒家制度化重建——民国后的康有为与孔教会》载于孔子 2000 网站。此处引文多转自此。

④ 分别是一曰：祀天、祀圣、祀祖，以崇三本；二曰：念圣、念经、以敛五福；三曰：致中、致和、以立一贯；四曰：出货（理财）、出力、以行大同；五曰：养名、养魂，以至极寿。中国社会科学院近代史研究所编：《孔教会资料》，中华书局 1974 年版，第 18 页。

⑤ 即"凡孔教之教堂，及孔教中人所管理之宫室，皆当供奉昊天上帝、至圣先师孔子两神位。若在家中，则添奉祖先之神位。"中国社会科学院近代史研究所编：《孔教会资料》，中华书局 1974 年版，第 19 页。

⑥ 即"为笃信孔教者立一最简易之法曰：常念'大成至圣先师'六字以为念圣。……至于念经之事，则无论何经，均可随意念之，或全部，或全篇，或断章取义，皆可陶养性灵，增益智能。若定为常课，持以恒心，则必能正心修身，集福免祸，此无可疑者也"。中国社会科学院近代史研究所编：《孔教会资料》，中华书局 1974 年版，第 19 页。

⑦ 参见陈焕章《论孔教是一宗教》，载陈焕章《孔教论》，上海商务印书馆 1912 年版。

⑧ 诸如："遍立孔教会"，"孔子纪年"，"徧祀上帝而以孔子配也"，"学校皆祀孔子也"，"学校讲经也"，来复日集众讲教也"，"以教会主吉兄之礼"。陈焕章：《论中国今日当昌明孔教》，载陈焕章《孔教论》，上海商务印书馆 1912 年版。

⑨ 梁启超：《康南海先生传》，载夏晓虹编《追忆康有为》，中国广播电视出版社 1997 年版，第 15—16 页。

批评从来就未断绝。在传统知识分子当中，叶德辉说："康有为隐以改复原教之路德自命，欲删定六经，而先作《伪经考》，欲搅乱朝政，而又作《改制考》。其貌则孔也，其心则夷也。"① 曾廉说："康有为尝主泰西民权平等之说，意将以孔子为摩西，而己为耶稣；大有教皇中国之意，而特假孔子大圣借宾定主，以风示天下。……康有为之书，亦咸同后经生著作之体例，前列经史子旧说，而后附以己意。盖浅陋迂谬之经生，而出之以诡诞，加之以悖逆，浸假而大其权位，则邪说狂煽，必率天下而为无父无君之行②"。即是当初摇旗的大弟子梁启超后来也是"已绝口不谈'伪经'，亦不甚谈'改制'，而其师康有为大倡孔教会、定国教、祀天、配孔诸义，国中附和不乏，启超亦不谓然，屡起而驳之。"③

　　进到"五四"以后，新知识分子认为儒家、教是反动落后的代表，是"德先生"和"赛先生"的对立面，必须把它打倒。陈独秀认为："其根本的伦理道德，适与欧化背道而驰，势难并行不悖。吾人倘以新输入之欧化为是，则不得不以新输入之欧化为非。新旧之间，绝无调和两存之余地。"④ 所以，"要拥护那德先生，便不得不反对孔教、礼法、贞节、旧伦理、旧政治。要拥护那赛先生，便不得不反对旧艺术，旧宗教。要拥护德先生又要拥护赛先生，便不德不反对国粹和旧文学"⑤。甚者，周作人说："我觉得要一新中国的人心，基督教实在是很适宜的……我想最好便是以能容受科学的一神教把中国现在的野蛮残忍的多神（其实是拜物）教打倒，民智的发达才有点希望。不过这新宗教的神，切不可与旧的神的观点同化，以至变成一个穿西装的玉皇大帝。"⑥ 梁启超说："现在弥漫中国的下等宗教……邪教，什么同善社咧、悟善社咧、五教道院咧……实在没有

　　① 《叶吏部与刘先端黄郁文两生书》，载苏舆编《翼教丛编》，上海书店出版社2002年版，第165页。

　　② 曾廉：《应诏上封事（光绪二十四年六月）》，翦伯赞等编《戊戌变法》，神州国光社1953年版，第492页。

　　③ 《清代学术概论》，《饮冰室合集·饮冰室文集之三十四》，中华书局1989年版，第63、85—86页。

　　④ 陈独秀：《答佩剑青年》，《陈独秀文章选编》，生活·读书·新知三联书店1984年版，第186页。

　　⑤ 陈独秀：《本志罪案之答辩书》，《陈独秀文章选编》，生活·读书·新知三联书店1984年版，第317页。

　　⑥ 周作人：《我对于基督教的感想》，原载《生命》1922年第二卷。

颜面和基督徒争是非。"①

　　综上所述，也许一开始康有为的努力就是脱不了政治的干系，毕竟传统儒教知识分子是以积极入世，匡国济民为己任的。"改制考"、"伪经考"的提法本来就是要从底层掀翻旧的理论支撑，而予以新的论释，为改革铺开进路的。旧式士大夫认为他将儒学宗教化的企图是对政治权威的冲击，所以有人批判"其浸假而大其权位，则邪说狂煽，必率天下而为无父无君之行，臣不知其置于皇上于何地也？②"但是康氏压根也没想过要把儒教的载体全然消解掉，可是历史偏偏和他开了个玩笑，真的把儒学存在的社会结构全然掀翻了。这种情况下，失去依附体的儒学成了孤独的游魂，康有为不得不为其找另一个栖宿的所在。从袁世凯的称帝到张勋的复辟再到段祺瑞的独裁，无一不见康南海及其弟子的身影。一方面，走这种上层路线的确扩大了儒学的声势和影响；但另一方面由于政治上合作伙伴也是在利用儒家的伦理纲常为其独裁和专制的合法性作支撑，"使他的形象与帝制认同，因而被许多人视为民国之敌。同时，他首倡儒教运动无意间使儒术复与王政结合，而有碍于此一运动，因此在主张共和者的眼里，儒学的信誉全失③；但更重要的是其走上层——政治化的路线，使孔夫子被"一直抬到吓人的高度……一副寂寞冷落的样子，一般的庶民，是决不去参拜的，要去，则是佛寺，或者是神庙……孔夫子之在中国，是权势者们捧起来的，是那些权势者或者想做权势者们的圣人，和一般的民众并无什么关系"。所以，随着依附政治体的倒台和失去民众的支持和认同使得康及弟子的努力再次的化为泡影。康有为也许一直认为依托和依附于制度才是儒学得以发展和发达的基础，教会化或者制度化的孔教形态为这一想法提供了式样。但是实践和实际上这条路更加的趋于坎坷，以至于很快就湮没消亡了。儒家的历史终结了，制度化的尝试又失败了，莫非只剩下采取更为超越的形式——以纯思想的形式延续的宗教超越意识？④ 历

---

　　① 梁启超：《评非宗教同盟》（1922年4月16日），《梁启超选集》，上海人民出版社1984年版，第790页。

　　② 曾廉：《应诏上封事（光绪二十四年六月）》，翦伯赞等编《戊戌变法》，神州国光社1953年版，第492页。

　　③ 萧公权：《近代中国与新世界——康有为变法与大同思想研究》，江苏人民出版社1997年版，第108—109页。

　　④ 郑家栋：《断裂中的传统》，中国社会科学出版社2001年版，第39页。

史充满了吊诡。梁启超说："以先生之多识淹博，非不能曲学阿世，以博欢迎于一时，但以为不抉开此自由思想之藩篱，则中国终不可得救，所以毅然与二千年之学者，四万万之时流，挑战决斗也。呜呼，此先生所谓为先生欤？①"康有为提供的视角和视界值得我们思索。

二　当代争论中的儒教问题之展开

（一）"儒教是宗教"之辨

1. 儒教说的提出

任继愈先生在 1978 年底南京中国无神论学会上抛出"儒教是宗教"，嗣后集 1979 年太原中哲史年会和 1980 年中日"儒家与宗教"研讨的两次讲话在 1980 年第一期的《中国社会科学》上正式发表《论儒教的形成》一文。质言之，文中作者无非是定义儒教和梳理历史渊源。

"封建社会的历史特点和历史过程，造成了以儒教为中心的封建意识形态，这种同封建宗法制度和君主专制的统一政权相适应的意识形态，对劳动人民起着极大的麻醉欺骗作用，因而它有效地稳定着封建社会秩序。为了使儒家更好地发挥稳固封建经济和政治制度的作用，历代封建统治者及其思想家们不断地对它进行加工改造，逐渐使它完备精密，并在一个很长的时间内，进行了儒学的造神活动：把孔子偶像化，把儒家经典神圣化，又吸收佛教、道教的思想，把儒家搞成了神学。这种神学化了的儒家，把政治、哲学和伦理三者融为一体，形成了一个庞大的儒教体系，一直在意识形态领域占据着正统地位，对于巩固封建制度和延长其寿命。起了十分巨大的作用。"显然任继愈把儒教放在了封建意识形态的境域内了，在其眼中儒教就是儒家的神学化和统治阶级造神活动的结果。那么在任看来，从儒学到儒教的具体演进过程是怎么样的呢？

"先秦它（儒家学说）还不是宗教，只是作为一种政治伦理学说与其他各家进行争鸣。由儒学发展为儒教是伴随着封建统一大帝国的建立和巩固逐渐进行的，曾经历了千余年的过程。孔子的学说共经历了两次大的改造。第一次改造在汉代，它是由汉武帝支持，由董仲舒推行的，这就是中

---

① 梁启超：《康南海先生传》，载夏晓虹编《追忆康有为》，中国广播电视出版社 1997 年版，第 15—16 页。

国历史上所谓'罢黜百家,独尊儒术'的措施。汉代大一统的中央集权封建宗法专制国家需要一套在意识形态上和它紧密配合的宗教、哲学体系。孔子被推到了前台,董仲舒、《白虎通》借孔子的口,宣传适合汉代统治者要求的宗教思想。第二次改造在宋代,宋统治者集团利用机会从唐末五代分散割据的混乱局面中捞到了政权。他们鉴于前朝覆亡的教训,把政治、军事、财政、用人的权力全部集中在中央。宋朝对外宁可退让,对内则强化中央集权的封建宗法专制制度;思想文化领域里也要有与它相适应的意识形态相配合。汉唐与宋明都是中央集权的封建宗法专制制度的国家,但中央权力却是越来越集中,思想文化方面的统治方法也越来越周密。为了适应宋朝统治者的需要,产生了宋明理学,即儒教。儒家的第二次改造,虽说完成于宋代,追溯上去,可以上溯到唐代。韩愈推崇《大学》,用儒家的道统对抗佛教的法统。李翱用《中庸》来对抗佛教的宗教神秘主义。到宋代朱熹则把《论语》《孟子》《大学》《中庸》定为'四书',用一生精力为它作注解。朱熹的《四书集注》被宋以后的历代封建统治者,定为全国通用的教科书。'四书'从十三经中突出出来,受到特殊的重视。"

在任继愈看来,这种演进或者说儒教完成的过程是在两方面力量的推进和推动下得以完成的。一是内部的承接,即儒家学说本身的性质使然:"春秋时期孔子创立的儒家学说本来就是直接继承了殷周奴隶制时期的天命神学和祖宗崇拜的宗教思想发展而来的,这种学说的核心就是强调尊尊、亲亲,维护君父的绝对统治地位,巩固专制宗法的等级制度。所以这种学说稍加改造就可以适应封建统治者的需要,本身就具有再进一步发展成为宗教的可能。"二是外部的推动,即统治者为需要而进行的改造:"统一的封建帝国需要这样一种思想体系:它能够用统一的神权来维护至上的君权,它能够用祖先崇拜来巩固宗法等级制度,它又能够用仁义道德的说教来掩饰统治者对劳动人民的压迫和剥削。为了寻求合适的思想体系,西汉王朝探索了六七十年之久,终于选中儒家,出现了儒家的代表人物董仲舒。董仲舒为了巩固政治的统一,主张思想统一,提出'罢黜百家,独尊儒术'。"

撇开作者对儒家学术史的梳理和对儒教是宗教的论证是否正确和准确的讨论,我们来究索一下任继愈的儒教立论的根据和提出学说的背景。任先生认为是由于中国社会历史的性质决定了中国哲学史的面貌和性质,中国哲学史的发展是在中国封建社会的历史时期进行的。同理儒教也是在这个根基上得以进行转化和演进的。中国封建社会的特点是："①中国封建社会维持的时间长久而稳定；②封建宗法制度发展得比较完备；③中央集权下的多民族的大一统国家结构形成得早，分裂不能持久；④农民起义次数多，规模大；⑤在中国的封建制度下，资本主义没有得到很好的发展。"如果说前半部分是正确的话，那么后半部分对儒教进行立论的基础和前提即封建社会的特点就值得商榷了，先不说对社会特点的描述是否准确，单是这种对时代的区分就是赤裸裸的西方话语的移植了。① 在另一篇文章中任说，"儒教限制了新思想的萌芽，限制了中国的生产技术、科学发明。明以后中国科技成就在世界行列中开始从先进趋于落后。造成这种落后，主要原因在于中国的资本主义没有得到发展的机会，而儒教体系的完善和它对人们探索精神的窒息，也使得科学的步伐迟滞"。这种认为封建主义到资本主义的过渡以及对明末社会科技、经济的状况的解读显然是几十年来官方主流话语的延续，究其竟也就是西方中心主义范畴的嫁接。

如果说任继愈只是在"封建社会"、"资本主义"等遣词用语上着有西方话语印迹的话，那么其对儒教的性质和组织式样的描述则全是以西方基督教的模板为参照系了。"儒教的教主是孔子，其教义和崇奉的对象为'天地君亲师'，其经典为儒家六经，教派及传法世系即儒家的道统论，有所谓十六字真传。儒教虽然缺少一般宗教的外在特征，却具有宗教的一切本质属性。僧侣主义、禁欲主义、'原罪'观念、蒙昧主义、偶像崇拜，注重心内反省的宗教修养方法，敌视科学、轻视生产，这些中世纪经院哲学所具备的落后宗教内容，儒教应有尽有。"

任继愈对儒教的定义明显脱不了时代的烙印，其理论的背景是当时的时代和理论境域。"人们记忆犹新的十年动乱期间的造神运动所以得逞，千百万群众如醉如狂的心态，他的宗教根源不是佛教、不是道教，而是中国儒教的幽灵在游荡，只不过它是以无神论的面貌呈现在人们面前的。"② 尽管任氏是从消极的方面进行儒教的诠释的，但是其所要突出的是那个时代的问题，现实的感受显然是促使其思考中国传统文化的引点，也可以说任氏认为儒教是宗教是从其反思中国文化中得来的，所谓"研究的动力

---

① 　参见陈明《儒者之维》，北京大学出版社 2004 年版，第 234 页。

② 　任继愈：《具有中国民族形式的宗教——儒教》，载《儒教问题争论集》，第 175 页。

必定不是来自各种哲学，而是来自实事与问题"①。20 世纪 80 年代的文化讨论，开始突破僵硬意识形态的羁绊，重新审视一直受批判的儒家以及重新理解传统文化，发掘其对中国现在化建设的作用，任显然认为儒教是阻碍现代化建设的，"儒教带给我们的是灾难、是桎梏、是毒瘤，而不是优良传统。它是封建宗法专制主义的精神支柱，它是使中国人民长期愚昧落后、思想僵化的总根源。有了儒教的地位，就没有现代化的地位。为了中华民族的生存，就要让儒教早日消亡"。提出儒教是宗教说其初衷就是要完全清理儒教的封建意识形态的残余。

综上所述，任继愈认为儒教是宗教，是封建社会的意识形态，其目的显然是要证明儒教是阻碍时代进步的，是时代进步必须要抛弃的，意图非常之明显，冠之以名，坐之以实，而后掀翻之。帽之以"儒教是宗教"的真正目的是在文尾的点睛，"我们只能沿着五四时代早已提出的科学与民主的道路，向更高的目标——社会主义前进，更不能退回到'五四'以前老路上去。倒退是没有出路的"，目的一目了然，就是五四时期关于科学与民主这些国家现代性的讨论的继续和深化。这其实一点也不奇怪，对于儒学进行儒教的定义本身就是现代学科分化意义上的，毕竟传统历史上的"儒学"本身就是一个整全的结构，在那里宗教的、哲学的、伦理的、史学的、科学的、社会礼法的乃至文学艺术的，都是统合在一起的，构成一个有机的整体②，而且熔融在百姓日用人伦之间，是一套生活的伦理结构和生活方式。以儒教的概念定义传统"儒学"本身就是西方的话语和权力边界。在任继愈接过"五四"的话头进行再次的论证时，只不过是添加了一些时代的色素而已。

任何事情都有其两个方面，撇开任继愈儒教是教说的西方语境移植的鄙陋以及对历史上儒教一叶障目的偏驳，诸如"儒教给中国历史带来了具有中国封建宗法社会的特点的宗教神权统治的灾难"等。还可以说任继愈的儒教说背后也具有的强烈的现实关怀和价值诉求，即在经历"文化大革命"等政治纷乱之后，国家文化主体性失落和社会规则失范，精神空虚的时代如何重新建筑一个共同的信仰共同体和社会价值、道德规范，若不如是，任继愈也不会不厌其烦地对儒教身后的历史源流

① ［德］胡塞尔：《哲学作为严格的科学》，倪梁康译，商务印书馆 1999 年版，第 69 页。
② 参见郑家栋《断裂中传统》，中国社会科学出版社 2001 年版，第 233 页。

和深厚的文化底蕴进行梳理分界，尽管这种"漫长的历史回溯"与儒教必然关联性相对模糊①。此外，任继愈的儒教说一定程度上也起了"开风气"的效用，促进了知识界对儒学以及中国传统文化的另一个角度审视和思考，"文化生命之基本动力当在宗教。了解西方文化之基本动力——基督教。了解中国文化要通过作为中国文化之动力之儒教来了解"②。任继愈命题恰恰为从文化整体性和历史社会角度全新审视历史上的大儒学开了一扇窗，也为广大学者始以儒教的范域来研究儒学和中国文化的提供了动力。马克思在论述英国对印度的殖民时，认为英国的入侵一定程度上促使了印度的民族意识的觉醒并使之发生了社会的革命，"是充当了历史的不自觉的工具"③。可以说，任继愈儒教说的作用与此异曲同工。

2. 儒教是宗教吗

《论儒教的形成》之后，任继愈相继抛出《儒家与儒教》、《儒教的再评价》和《朱熹与宗教》等文，反复论证和阐发"儒教是宗教"的思想。任先生对于传统文化和儒家学说的儒教解释学，显然会激起学界讨论的热潮，一时之间先后有李国权、何克让的《儒教质疑》，张岱年的《论宋明理学的基本性质》，冯友兰的《略论道学的特点、名称和性质》，崔大华的《"儒教"辨》，林金水的《儒教不是宗教》，李锦全的《是吸收宗教的哲理，还是儒学的宗教化?》等文章对其提出质疑和反驳。分开来看，这些对任继愈儒教说的回应和论辩基本上可以从两个方面来考察：一是学理方面的，首先是关于宋明理学的问题，任继愈先生在《论儒教的形成》《儒家与儒教》《儒教的再评价》三篇文章中提到孔子学说被改造的两次，一次是汉代的"罢黜百家独尊儒术"，另外一次也就是最重要一次是宋代宋明理学的建立，即认为"宋明理学体系的建立，也就是中国的儒教的完成"。针对任继愈对宋明理学性质的定义，张岱年在其《论宋明理学的基本性质》④一文中对其进行了疏证和分析。

张岱年认为，理学当分为三派，"一是张载的'气'一元论，后来到

---

① 参见陈明《儒者之维》，北京大学出版社 2004 年版，第 235 页。
② 牟宗三：《中国哲学的特质·第十二讲·作为宗教的儒学》。
③ 马克思：《不列颠在印度的统治》，载《马克思恩格斯选集》第 1 卷，第 762 页。
④ 任继愈：《儒教问题争论集》，宗教文化出版社 2000 年版，第 50—62 页。

明代的王廷相才得到进一步的发展。二是程颐、朱熹的'理'一元论，后来成为南宋中期至清代中期的官方哲学。三是陆九渊的'心'一元论，到明代的王守仁得到了充分的发展"。并且认为"理学有广狭二义。广义的理学包括'气'一元论、'理'一元论、'心'一元论三派。狭义的理学专指程朱学说"。并概括理学三特点："①理学为先秦儒家孔丘、孟轲的伦理道德学说提供了本体论的基础。②理学把封建地主阶级的道德原则看作永恒的绝对的最高原则，这样来为封建等级秩序提供理论辩护。③理学认为在现实生活中提高一定觉悟即可达到崇高的精神境界，而不需要承认灵魂不死，不需要承认有意志的上帝。"然后其得出结论："理学强调在'人伦日用'中体现'至理'，在平时'履践'中'尽性至命'。所谓'日用'即日常生活，所谓'履践'即实际活动。所谓'尽性至命'即实现最高理想。理学不信仰有意志的上帝，不肯定有不灭的灵魂，反对'三世轮回'之说，主张在现实生活中达到崇高的精神境界。"所以"理学不信仰有意志的上帝，不信灵魂不死，不信三世报应，没有宗教仪式，更不作祈祷，所以理学不是宗教"，"只是哲学"。

　　不仅张岱年如此，冯友兰在《略论道学的特点、名称和性质》① 一文中也对宋明理学的性质进行了论辩：冯氏认为"道学是中国哲学中的一个最大的派别。它的特点是什么？这是本文所要讨论的第一个问题。它的名称是什么，应该是'道学'还是'理学'？这是本文所要讨论的第二个问题。它的性质是什么？是哲学还是宗教？这是本文所要讨论的第三个问题"。以三个问题进行的层级阐释，结论就分别是：一是"道学是关于人的学问，它所要讲的是人在宇宙中的地位，人和自然的关系，个人和社会的关系，个人发展的前途和目的"；二是"用道学这个名称比较合适。这也就是'名从主人'。而且用理学这个名称还使人误以为就是与心学相对的那种理学，引起混乱，不容易分别道学中的程朱和陆王两派的同异。只有用道学才能概括理学和心学"；三是"道学不承认孔子是一个具有半人半神地位的教主，也不承认有一个存在于人的这个世界以外的、或是将要存在于未来的极乐世界。道学，反对这些宗教的特点，也就是不要这些特点"，"不能因此就说道学是宗教"。

　　其次是关于儒学是否是宗教的问题争辩，事实上冯友兰在其文中已正

---

　　①　任继愈：《儒教问题争论集》，宗教文化出版社 2000 年版，第 75—92 页。

面回应了儒教是否是宗教的说法，诸如"如果说道学是宗教，那就是一无崇拜的神，二无教主，三无圣经的宗教，能有这样的宗教吗？"的反问。但是正面回应"宗教问题"的是李国权、何克让、崔大华、林金水、李锦全等人。李、何《儒教质疑》① 一文着手于三点对任继愈进行批驳：一是任的儒教成型的内部继承关系是从殷周奴隶制时期的天命神学发和祖宗崇拜的宗教思想发展而来（见前文），他们认为"孔子的'天'不是上帝的天，不是虚幻的精神世界"和"孔子十分强调人的主观努力"，所以"儒家的'天命观'，是对殷周的祖宗崇拜、天命神学的怀疑和否定"。二是任继愈儒教定型过程的外力的作用导致的两次改造（见前文），他们认为儒家学说在汉代受到重视原因"与其说是封建统治者的主观愿望，不如说是历史的客观要求"，而且"汉代承认儒家学说在学术上的正统地位，还有一个因素，那就是汉初学派间的冲突"；在宋代理学只是关于"气"、"理"的探讨，是在哲学范畴进行的，尽管吸收了禅学思想，"但对生死问题，在说经时依然保持'未知生，焉知死'或神灭论的儒家面目，所以儒学始终不曾宗教化"。三是任继愈类比西方的宗教组织、结构和功能，他们蹈任的范式，通过对比西方宗教，得出"宗教教徒都有比较严格的入教方式，宗教都有准确的教徒数字，宗教都有一定的神职人员管理教务。而'儒教'则根本没有什么'入教手续'或'仪式'，上下几千年读儒家著作的人无法统计，儒家学派更无什么组织形式，那就谈不上豢养着一批什么'神职人员'。一句话，因为儒家不是'儒教'（宗教）"。

崔大华的《"儒教"辨》② 一文是在李、何二人的基础上进行的，本身可以完全再次归辙于李、何的一、二、三。可圈之处在于对"一"即儒家学说的思想承接问题和"教"义的历史梳理和逻辑诠释。后者参看其文章前半部分，关于后者他认为"儒家学说不是从殷周宗教思想发展而来，而是从西周的伦理道德思想发展而来"，"孔子所创立的儒家学说，就进一步固定了殷周之际已开始形成的那个中国古代文化的发展方向，即伦理的而非宗教的方向"。

---

① 任继愈：《儒教问题争论集》，宗教文化出版社 2000 年版，第 35—49 页。
② 同上书，第 112—131 页。

林金水《儒教不是宗教》① 一文切题驳辩儒教不是宗教：背景则是利玛窦在明末传教的时代，林借利玛窦之口说，第一，"儒教不是一个宗教派别，而是一个学派"，即"是为正统政府和国家普遍利益建立起来的一个学派"；第二，"儒教不具有一般宗教的基本属性"，即儒教没有"作为宗教必须要有教规、教诫、经典、入教和礼拜仪式、礼拜场所和神职人员等等"；第三，"儒教没有偶像崇拜"，即"儒教除了崇拜最高神之外，也崇拜其他神祇"。

李锦全《是吸收宗教的哲理，还是儒学的宗教化？》② 一文，可以说是顺着任继愈的文章逻辑张开的，首先是论证中国特色的社会历史形态给中国宗教带来的情况，结论是"中国特殊的社会历史条件，长期推行专制主义中央集权的封建宗法制度，是不允许产生具有独立权力的宗教的，即使是外来的宗教，也要按照中国的国情来加以改造"。其次对于儒家在历史中的改造，李认为，从先秦到汉唐，儒学曾一度有被神学化的倾向，"主要表现在谶纬神学中"，但是"作为儒学一度宗教化标志的谶纬神学，两汉以后是每况愈下，在隋代被焚毁了一次，到了宋代绝大部分都丧失了"。至于儒学宋时的理学化，李认为"理学确实糅合了不少佛、道德东西，但……主要是吸收其哲学思辨的一面，而排斥其宗教神秘性的一面"，理学家特别是朱熹"不是把儒学引向宗教化，而是把曾经谶纬神学化的儒家教义导向了哲理化"。归结为"儒家虽然主张神道设教，但它本身只讲道德伦理的教化作用，并没有形成宗教信仰"。

二是价值判断的方面，也就是论辩双方的论理背景和价值诉求。李国权、何克让、张岱年、冯友兰、李锦全、林金水和崔大华诸人几乎众口一词地认为儒教不是宗教，当然每个人都从学理方面对自己的论点进行了论证和诠释。然而这种共识的背后却有着更深层的不一致，也就是每个人对儒家的价值判断和现实诉求的差异。如果说，林金水从历史方面的考查结论实证地认为儒教不是宗教是情有可原的话，毕竟林不是研究儒学方面的专家，对儒家学说的价值缺乏尺度的把捉；那么李国权、何克让、崔大华以及李锦全的论点则全是围着任继愈语境范围内的圈子打转，既循规着任继愈的立论基础，也蹈矩着其理论的逻辑理路，对任继愈先生的价值诉求

---

① 任继愈：《儒教问题争论集》，宗教文化出版社 2000 年版，第 163—170 页。
② 同上书，第 132—152 页。

和现实关怀一窍不通，双方立论南辕北辙，风马牛不相及。

　　张岱年对于儒教是否宗教的态度可以说是前后矛盾又模棱两可，首先表现在对任继愈的回应上，其文通篇没有正式评论和反击的迹象，只是一幅摆事实讲道理的面孔，对宋明理学不厌其烦地进行梳理、考证和纵横向的比较，得出宋明理学是哲学而非宗教。其实这是根本没有必要的，任继愈作为哲学大家莫非对这点常识性的东西还不了解吗？其次在儒教是不是宗教的判定上，张后来认为"根据对于宗教的一种理解，可以说儒学不是宗教；根据对宗教的另一种理解，也可以说儒学也是宗教"①，其背后的渊源不过是唯物唯心、辩证法形而上学之分之争的余绪。从张的用语色彩就可以看出，称孔子为孔丘，孟子为孟轲，若"理学家中，张载学说基本上是唯物主义，程朱学说是客观唯心主义，陆王学说是主观唯心主义"等。其目的更为明确"批判理学与清除封建影响"，"唯有对于宋明理学作出科学的分析，然后对于宋明理学的批判才能够显得深刻而有力"。这本是基于意识形态需要的论断，其思维方式就是简单的方法论原则，为政治的需要而粗浅地把儒家思想降到工具论的态度。尽管其和任继愈都是站在否定和批判儒学的立场上进行的，但是其对任先生重新评估儒家学说价值背后的现实关怀和价值诉求漠然无知，可以说两者是同途殊归。

　　冯友兰对于任继愈的回应可以说是两条路线的争论。儒家凭附的传统制度轰然倒塌以及"五四"以来西方理念的输入使得传统儒家思想不得不回应现代性的问题。"政统"的不在，作为强名之曰新儒家的冯氏自然要以接续"道统"的身份出现了，尽管冯氏自认为是"标新统"，但事实上这种"新"只是学理上的"新"，价值判定和问题意识并没有太大变化。所以在行文中，冯氏一再辨析理学和道学的分殊，结论是"用道学这个名称比较合适"，"只有用道学才能概括理学和心学"。

　　"宗教"一词本就是舶来品，将儒教定义为宗教在冯氏看来就是儒家思想直面现代性问题的被动后果。而所谓的宗教问题诸如身心安顿、信仰表达、终极关怀等等在任氏看来完全可以用哲学来替代，"解决这些大问题，本来是哲学家的责任。哲学家们忘记了哲学的责任，把本来

---

　　①　任继愈：《儒教问题争论集》，宗教文化出版社 2000 年版，第 412 页。

是哲学应该解决的问题，都推给宗教了"①，所以他认为"哲学为人类提供了获得更高价值的途径——一条比宗教提供的途径更为直接的途径"②。尽管在批判儒学的时候冯和任有共同点，诸如儒学"是为统治阶级服务的"等，但这也只是"意识形态批判"余烬未了，过去的话语影响自觉不自觉地发生作用的结果，确切点说是冯与政治的博弈过程中迎合和屈从，根本不是任继愈所谓冯是纯粹的马克思主义者的论断。③ 总之，如果说"道统"接续者的身份使得冯友兰对任继愈将宋代理学视为儒教的完成时的结论产生了分离，那么同样思考现代性问题的背后的现实关注和价值诉求则是两者的交集，可以说冯友兰和任继愈二先生殊途同归。

（二）儒教是什么性质的宗教

1. 儒教与"儒教"

如果说任继愈儒教说的提出以及冯、张、何、林诸先生对其进行的驳辩只是对于儒教定性和其性质的肤浅粗略的理解的话，那么下面的论辩和探讨则是深入到了儒教研究的内部和中国传统文化价值的核心部分。

综合任继愈对于儒教的定义和定性的论述，不难看出早期其对儒教这种比附和参照的诠释只是表面的浮光掠影，但是任先生也曾深入到儒教的发生机制以及内部的性质，只不过是欲言又止、未曾张开：诸如他认为"春秋时期孔子创立的儒家学说本来就是直接继承了殷周奴隶制时期的天命神学和祖宗崇拜的宗教思想发展而来的，这种学说的核心就是强调尊尊、亲亲，维护君父的绝对统治地位，巩固专制宗法的等级制度"。李锦全、崔大华站在质疑的立场从这个方面进行了论难，这可以说是对儒教真正深入研究和探讨的初步。嗣后，任继愈再接再厉地在儒教是教说的这条路上继续"立说"。任先生收录入《儒教问题争论集》的自己的几篇文章显然是其自认为能够推动对这个问题的认识和深化论释，分别是1987年

---

① 冯友兰：《三松堂自序》，生活·读书·新知三联书店1984年版，第260页。

② 冯友兰：《中国哲学简史》，北京大学出版社1985年版，第9页。

③ 任氏曾说冯"比一些口头上曾念诵马克思主义词句的人更坚决相信马克思主义要在中国生根，就要中国化。光有马克思主义在中国，并不能保证马克思主义在中国生根、发展，只有建成中国的马克思主义，才能使中国走向现代化"。参见任继愈《冯友兰先生在中国哲学史领域里的贡献》，载《冯友兰先生纪念文集》，北京大学出版社1993年版，第96页。

的《论朱熹的〈四书集注〉》、1988 年的《具有中国民族形式的宗教——儒教》和 1991 年的《论白鹿洞书院学规》。

其《论朱熹的〈四书集注〉》① 一文是对宋明理学问题的具体考微，即对所谓儒教经典的历史考镜和作为经典的《四书集注》的性质的发阐，关于前者他说："秦汉时……'五经'成为国家规定的教材"，"汉以后，社会政治不断变化，为不同时代的政府服务的经学也跟着变化，因而经学具有时代特征"，"唐初编定《五经正义》融南方经学与北方经学为一体"，进到宋代，"尹川程颐开创洛学……以《大学》《中庸》《论语》《孟子》为基本教材教育门徒，这四部书成为儒教系列丛书"，朱熹穷其毕生精力，"尽量博采众长"注解《四书》，《四书集注》体现了朱熹的全部哲学体系，它"特别强调了心、性，宗教内心修养中的忏悔、禁欲、反省、自责的思想感情训练"，"被指定为国家教科书"，这一时代的经学即是"儒教经学"。关于后者任先生认为"《四书集注》强调为人处世的道理，主要教人如何修身养性、涵养性情，正心诚意。在家为孝子，做官为忠臣，成圣成贤不离于人伦日用之间"。"是一部强化内心修养，涤除心灵杂念的儒教经典。把'正心诚意'、'主敬'、'格物致知'、'存诚'作为人生修养内容，最终目的在于教人成圣贤，使人们在社会生活，人伦日用之中得到精神解脱。""达到了当时可能达到的理论高度，建立了完整的儒教体系。"

其他几篇文章继续了这一思路，只是纠缠于细枝末节，整体上看来，理论深化不够，论据不足，说服力不强。如果说其有所突破以及对学界论辩有所推进的话则是其《论白鹿洞书院学规》② 一文。尽管任继愈还是没有突破西方的模说范式，诸如"政教合一是中世纪封建社会的共同现象，不是西方专有，但各地区的政教合一，各有自己的特点"等一系列的类比，但是还是遵循了其所说的"我们还是从实际出发，先不用一种固定的模式来判断活生生的历史"。首先，任先生认为白鹿洞书院的学规"实际意义远远超出了教育范围……应当看作朱熹的哲学世界观的纲领"，"它还有更深一层的社会含义……与其说它是朱熹的办学方针，不如说它是朱熹的施政方针；与其说它是朱熹的哲学思想，不如说它是朱熹的宗教

---

① 　任继愈：《儒教问题争论集》，宗教文化出版社 2000 年版，第 153—162 页。

② 　同上书，第 278—283 页。

思想；与其说它是朱熹的政治学的大纲，不如说它是朱熹的政教合一的体现"。此处点出"政教合一"是其亮点，接着他认为政教合一不是西方专有，在中国不但存在而且有其特点："王权为主，神权为辅，神权为王权效劳"，"中国的政教合一，继承中国传统宗教信仰（可以上溯到西周），敬天法祖、王权神授（王者天命所归，受命于天）……儒教的专职传播者儒者（士大夫）形成了一个特殊的阶层，他们以道自重，为王者师……宗教与教育相结合，制定教育制度，用科举制度培养儒教的接班人，不断向中央输送后备力量，加强中央集权。以经典指导政法措施，用经典解释法律条文，引经决狱。经典解释权归儒者专享。从中央到地方设有儒教组织系统，中央有太学，地方有府学、县学。……从中央到地方有一系列组织保证"。这个政教合一的体系"代表着宋、元、明、清长达八百年的政治体制"。

某种程度上可以说任继愈拈出的"政教合一"是以西方作标尺框架内将儒教问题的深化，但是显然没有何光沪的论说得心应手和来得深刻。如果说任继愈一直是以西方基督教的视角来看待儒教问题的话，那么可以说作为研究西方基督教出身的何光沪先生是在更宽阔的西方基督教的视阈内进行研思儒教问题的。

何光沪《论中国历史上的政教合一》先是对"政教合一"的定义："广义的'政教关系'应指一般的宗教（包括体制化的与非体制化的、正统的与异端的宗教）与一般的政治（包括统治阶级的与被统治阶级的、在朝的与在野的政治）之间的关系。"并且视这种结合的紧密程度分为三类："'神权政治'，即宗教与政治、教会与国家、神权与政权的完全结合"；和"'国教统治'，即被抬高到统治地位的宗教在思想领域内的控制"；以及"'温和的政教合一'，即介乎最严格的神权政治与最松弛的国教统治之间"。然后，何光沪通过对典籍的核考，诸如"有夏服天命"，夏禹"致孝乎鬼神"以及戎与祀的占卜的记载得出"夏商周时代的中国宗教和统治阶级的政治理论和政治实践都无不具备"。紧接着，何定义和论证了"国教统治"，认为"殷商以来的祖先崇拜和上帝崇拜，汉代以后的儒教，实质上就是我国古代的国教"。那么中国历史上的政教合一就是"温和的政教合一形式"，"主要表现宗教作为政治上层建筑的职能"，何光沪还从五个方面进行了详细考察："政治指导思想，统治集团构成，教育制度，法律制度，基层统治。"不止于这样的大视野的呈现，何先生还关照了儒学到儒教演进的历史过程的特写："儒家学派创立之初，只是诸子百家之一，并非宗教。但它在宗教方面并不否认天命，在政治伦理方面鼓吹孝弟仁义，维护周礼和宗法制，并把两方面结合起来，主张由矢志'克己复礼'而又'知天命'的'君子'来治理天下。这种宗教方面的态度为它以后的宗教化提供了内在根据，而其政治主张又为它以后的国教化预备了条件。""后世的儒学既继续了中国古代传统宗教的祭天祭祖内容，又阐扬了以宗法制度为基础的礼制，再加上一套作为自身特征的仁义孝悌伦理说教，所以非凡适合于上借神权，下靠父权，骨子里集权专制，外表上仁义道德的统治者的需要。它在汉武帝以后演变为专制国家的实质上的国教。"

在何光沪看来，"不论是根据理论进行分析，还是根据事实进行归纳，不论是从正面，即从政教合一的三种形式来观察，还是从侧面，即从儒释道三教的政治关系来观察，甚至从反面，即从宗教与被统治阶级政治的关系来观察，都可以得出这样的结论：在中国历史上，政教合一的确是存在的；在中国封建社会的大部分时间里，这种政教合一，就是儒教与封建专制政治的结合"。可以说其整篇文章是在以西方基督教的背景做的宗教比较学的考查，从对国教定义的三分，政教合一概念的两开，政教合一现象的五论以及宗教改革的辩证无一例外。形式上看去，这和任继愈先生的思路和模式是同一个调子，但是内容上说，何不仅论证得更为全面和深刻，而且其实质也是迥异于任继愈的。

首先是对儒教的价值判定上，前文曾考量了任继愈提出儒教说的背景和对儒教价值的定性，撇开其"不自觉的历史工具作用"，任继愈基本上认为儒教是个反面教材，是阻碍历史进步和现代化建设的，是必须要清算和清除的。何光沪尽管立论上与任继愈一样都承认儒教是宗教，但其并不否认儒教是有正面价值的。何认为"人类超越自身、超越自然、趋向永恒趋向无限的倾向，集中反映为关于神或上帝的观念和信仰，所以这种观念和信仰的体系即宗教"，"文化的诸形态（如哲学、科学、美术、诗歌、音乐、舞蹈、戏剧甚至政治、伦理等）在其发生时期都带有浓厚的宗教性质，甚至孕育于宗教母体之中"①。显然作为中国国教的儒教是中华文

---

① 何光沪：《中国文化的根与花——谈儒学的返本与开新》，载《儒教问题争论集》，宗教文化出版社 2000 年版，第 309—310 页。

化的根，是中国"创造了奔流不息的文化长河"的源泉。

何光沪对儒教价值的判定之所以不同于任继愈，抛开何氏基督教的情感因素以及其作为宗教学者的客观态度，导源于其对"儒教"定义和理解是和任继愈相异的。在何氏看来，儒学和儒教并不是直接可以画等号的，两者是有分殊的，其《中国文化的根与花——谈儒学的返本与开新》一文对此问题做了细致深入的探讨。首先是"儒教"名称的辨析：何认为，"所谓儒教，非反映儒学或儒家之整体，而是指殷周以来绵延三千年的中国原生宗教，即以天帝信仰为核心，包括'上帝'观念、'天命'体验、祭祀活动和相应制度，以儒生为社会中坚，以儒学中相关内容为理论表现的那么一种宗教体系"。"'儒教'之名是在历史上形成并长期习惯的，对它的解释虽不完全切合于它的原意，但在对之作了明确定义之后，是完全可以用作这种中国宗教的名称的。"它"是在历史中形成并通用的俗名，而不是研究者描述其特征而创造的专名"，儒教与儒学的关系是"儒教是源，儒学是流；儒教是根，儒学是花；儒教的理论在儒学，儒学的精神在儒教"。其次则是"儒教"源流的考辨，何光沪认为，儒教的本在于"天帝"观念，"'天帝'观念是有文字记载的最早的中国宗教的观念，是中国古人超越意识的最高表现。从甲骨文到《书经》《诗经》，这个观念曾以不同的名称和概念来予以表达"，也就是说"在中国文化的成形时期，已经形成了集中体现中国人超越意识的比较完备的上帝观念或天帝信仰"。人们通常意义上的儒学的"天理"、"天道"观念只是后期才发展而来的，"是中国文化以后的发展特别是在精英文化中占主流地位的儒学的发展，却逐渐淡化了这种超越意识，疏远原初的宗教精神"的结果，即"实际上儒学的'天理'、'天道'学说，就是天帝观的哲学发展"。

这样一来何光沪就把儒学和儒教分开来看了，而不是延续任继愈简单地化约儒学为儒教的做法。不仅如此，何光沪还把捉住了儒教与传统巫、史、卜、祝的关系，诸如"'儒'本来就指从巫、史、祝、卜中分化出来的有具体宗教功能的人"；以及中华传统文化从礼乐文明的整体性崩解而导致"礼失"的局面和雅野两条互补路线的复杂历史①，只不过何是从宗教的角度进行的疏解，诸如"被统治阶级把持的儒教或被当权者看中的儒学往往已变成权威性甚至宰制性的道德和社会教条……发源于上古时

---

① 参见本章"一"。

期、植根于民众的意识之中的超越性宗教情绪，必然发展出中国第四大宗教，也可以说是中国第二大宗教——民间宗教"。可以说，何光沪的儒教定义以及对中国社会上政教合一的考量，不仅超越了任继愈先生对儒教评鉴的偏见，而且其将这种讨论置放在宗教大视野之下的做法使得儒教的问题得到了现代意义和价值上的凸显，更重要的是何光沪对儒教的探讨触及了儒教之基——中华文化之主体。

对"儒教"定义和理解与任继愈相比是异途，且在儒教的价值判断上承认儒有其正面价值的，并详细疏解儒教与儒学等的历史脉络和关联性，作为宗教学者，何光沪显然是一种持中的态度，但是究其基督徒的身份后，我们不难发现他真正的目的何在。如果说，任继愈定义儒教的目的在于冠之以名而后除而快之的话，那么可以说何光沪对儒教之论述，其目的正在于坐之以实而取而代之。何认为儒教是源，是中华文明主体根底之所在，但其并不是要将礼乐文化主体重新加以时代的诠释，而是转从基督教的角度将文明主体化约为宗教的内涵和外延，其目的在于表明时移世易，礼乐文化主体的社会基础都已变化，儒教的合理质素在新时代须以一种宗教的面目才可焕发，实质在于将儒教界定为和基督教同一层面的制式宗教，旨在表明基督教才是主流，才是未来。

2. 儒教与宗法性宗教

任继愈先生独唱儒教之时和者甚寡，其踽踽独行之时，高足李申站出来为其护法。早在 1995 年李申就撰写了《关于儒教的几个问题》一文，代其师就学术界对儒教问题的评议作出了回应。文中李就"孔子与鬼神""儒教的上帝和神灵""儒教的彼岸世界""儒教的组织和祭仪"等问题分别作出了梳辨，结论分别是："孔子不是不信鬼神，而是虔诚地相信天命鬼神，并且为维护传统的宗教礼仪制度，进行了顽强的努力"、"儒者承认上帝的存在，并对上帝的作用作出了阐释"和"上帝主宰一切、全知全能、赏善罚恶的思想，到董仲舒发展为完备的神学体系"、"儒者虽然没有放弃'治国平天下'、'克相上帝、宠绥四方'的现实理想，同时也在自己心里，为自己保存了一个上帝、一方净土、一个天国、一个彼岸世界"、"儒教没有在政权组织以外建立自己的组织，政权组织，同时也就是儒教的宗教组织。在这个组织中任职的官员，同时也是一种教职，执行宗教的职能"。

嗣后，李申又先后撰写了《儒教是宗教》《儒教、儒学和儒者》《朱熹的儒教新纲领》《儒教研究史料补》等数篇文章为其师的儒教说作注作疏。其着力最久最可圈点的则是洋洋洒洒 150 万字的《中国儒教史》，《后记》中李申说："人们常说，'著书立说'。其实，著书者往往未必立说，所以古今中外，情况相仿，都是著书者多，立说者少。就这部书而言，虽然著者是我，但建立'儒教是教说'的则是任继愈先生……今天有人著文说坚持儒教是教说的，已经形成一个学派，我就是这个学派的成员之一。这部著作，就是我对这个学派所作的贡献。"不仅这样说，李申也真是这么做的，上下两册、13 章、150 万字的著作，事无巨细地从"儒教前史"到"儒教正史"再到"儒教余波"进行了一次系统的历史的梳理。逻辑理路如其所说："以儒教是教立论……依传统见解，儒家重人事；本书则要说明，儒家之所以重人事，乃是要履行辅相上帝的义务。依传统见解，儒家是讲伦理道德的；本书则要说明，在儒者们看来，他们所讲的仁义礼智，三纲五常，正是天、上帝的意志。传统认为，儒家是反对鬼神信仰的；本书则要说明，儒者们可以反对礼制以外的淫祀，可以反对神人同形，但是不反对鬼神的存在，特别是不反对上帝的存在和它对世界的主宰、对人的赏善罚恶。依传统结论，天人感应之学是汉代经学的外道；本书将要说明，天人感应之学正是汉代经学的主导。传统认为，魏晋玄学讲天道自然，否定上帝；本书将要说明，天道自然并没有否定上帝的存在，更没有取消对上帝的信仰，不过他们认为的上帝是个清静无为的上帝，不是一个事事干涉的上帝罢了，就像他们希望人世的君主是个清静无为的君主，而不是一个多欲的君主一样。"

李申"以儒教是教立论"，不言而喻，其目的就是要为任继愈的儒家是教说提供论据，并进行论证的。但事实上，李申不仅随其师步亦步趋亦趋，而且在其基础上可谓更上一层楼，也即是他儒教说的立论实质上就是把整个中华文化全部化约为宗教，认为儒教的全部内容都是在神的名义下进行的，是"'把儒教是教说'发展成为'中国文化宗教论'"。有着同样的理路却走了另外一条道路的是牟钟鉴和张践的"宗法传统性宗教"，即他们"认为中国古代，在佛道二教之外，还存在着一个'正宗大教'"①。

----

① 李申：《儒教、儒学和儒者》，载《儒教问题争论集》，宗教文化出版社 2000 年版，第 386 页。

　　牟钟鉴的《中国宗法性传统宗教试探》和张践的《儒学与宗法性传统宗教》以及两人合著的《中国宗教通史》相继论述论证了所谓的"中国宗法性传统宗教"。牟文认为中国历史上的确有一个为社会上下接受并绵延数千年而不绝的正统宗教，但不是儒教而是"宗法性传统宗教"。"中国宗法性传统宗教以天神崇拜和祖先崇拜为核心，以社稷、日月、山川等自然崇拜为羽翼，以其他多种鬼神崇拜为补充，形成相对稳固的郊社制度、宗庙制度以及其他祭祀制度，成为中国宗法等级社会礼俗的重要组成部分，是维系社会秩序和家族体系的精神力量，是慰藉中国人心灵的精神源泉。"

　　那么"儒学算不算宗教呢？儒学在中国中世纪思想文化中占主导地位，佛、道为之辅翼，其他宗教的影响更无法与它相比。假如儒学是宗教，它便是中国历史上最大的宗教。史家习称'儒、释、道三教'，然而这里的'教'乃是教化之义，非宗教之称。宗教的基本特性是出世性，构造出一个虚幻的世界，认为它能拯救人间的苦难，使人得到解脱。儒家的天命鬼神思想确实包含着某种宗教性，但其基本倾向是入世的，以修身为出发点，以平治天下为最后归宿，所以它不是宗教"。那么两者关系如何呢？"宗法性传统宗教与儒学确有交渗的地方，例如儒家经学中的礼学，有很大一部分就是研究祭礼和丧礼的，它是传统宗教的理论基础；一批儒家学者热心于宗教祭祀，不同程度地参与了祭丧之礼的修订和实行；儒学中的天命论和鬼神思想是传统宗教神学的重要内容。但儒学不等于宗教：儒学只是有一定的宗教性，但又有更多的非宗教性，它的轴心不在宗教祭祀，而在修身治国，所以主流派重人事轻鬼神，出现过一批主张无神论的儒者。传统宗教有确定的典章制度，有独立的前后相继的历史传统，为官方所掌握，基本上不受儒学学派分化和儒学思潮起伏的影响。也就是说，儒学有自己的学统，宗教有自己的教统，彼此影响但保持着相对独立的地位。"

　　如果说牟文是重在对宗法性传统宗教下定义的话，那么张文是在其基础上进一步对儒学与宗法性传统宗教关系的厘定。张践认为三代的国家正统宗教系统就是宗法性传统宗教，导源于：①"对以天神为首的超自然神灵的崇拜"（中国古代宗教与世界其他宗教的共性）；②"依宗法血缘的亲疏等级来规定祭祀仪式"（中国古代宗教的特性）。以春秋战国为界分为两个阶段："前一阶段有教亦有学，具有比较完整的宗教形态，处于社会思想文化的核心问题。春秋以后，诸子百家纷纷从古代宗教的母体中挣脱出来。但是宗法宗教本身却没有消亡，而是同世界上大多数宗教一样，进入世俗化的阶段。即逐步从包含着哲学信念、道德伦理、行为规范、治国方略的意识形态统一体，转化成一种纯粹的宗教礼俗。人们更多地关注宗教活动的礼仪和形式方面，对宗教理论和信仰的探讨反倒被忽略了，学教分离，有教而无学。"孔子儒家学派的宗教观是对古代宗教遗产的继承和转化，其宗教观"服务于他'治国平天下'、'老安少怀'的政治理想，并决定了儒学与宗法性宗教在中世纪各自的发展方向"，"后世儒家既不反对宗法性宗教，又与其保持了相当的距离，走上了一条独立发展的学术文化道路"。两者的关联和影响是"儒学与宗法性宗教都根植于宗法血缘制度这块土壤上。从某种意义上讲，儒学本身就是从宗法宗教中脱胎而来，'敬天法祖'是两者共同的价值取向。不过宗法宗教是用信仰和仪轨的形式来表达它，儒学是用理论的形态来表达它，手段不同，但功能互补；共同达到神化王权，巩固封建统治的作用"；"宗法宗教为儒学稳定价值"以及"经典相互交叉，人员错综复杂"等。

综上所述，接着其师"儒教说"说的李申可谓是蹈师绪而踵其华，墨守师训却并不拘泥于师规，很多地方且有发明，比如对于任继愈定义宋明理学是儒教的完成时并不苟同，而认为"独尊儒术政策的确立，就是儒教的始点"[1] 等。撇开其"忽略哲学、历史等学理角度，而只运用一元宗教的框架阐释复杂而又生动的儒家文化，很容易将两千多年的中华民族的精神历程，轧平为一部上帝鬼神的解说史以及在上帝意志支配下的社会行为史，从而遮掩了中华民族的文化个性和特征"[2] 的偏蔽。李申的"接着说"在两个方面还是有所推进的：一是对于宗教也就是 religion 的定义的疏解，引述何光沪的《多元化的上帝观》观点，religion（宗教）一词源于拉丁文 religare 或 religio，前者义为"联结"，指人与神的联结；后者义为"敬重"，指人对神的敬重。而认为"所谓宗教，乃是人与神的关系。在儒教中，人与神的关系，集中表现为天人关系，即上帝与人的关系"。进而他说，"认为有一个天，或者称为上帝，存在着，并且要用某

---

[1] 李申：《中国儒教史》上卷，上海人民出版社 1999 年版，第 216 页。
[2] 见王健《人文学术研究应有严谨的学理基础——由〈中国儒教史〉想到的》，载孔子2000 网站。

种方式加以事奉，仅这一点，就足以说明儒教是一个和其他宗教性质完全一样的宗教"①。这是一项从根底上重新筑基的工程，使儒教不再只是西方标尺式的定性和形式、组织、结构等相似性的类比，是把儒教和其他宗教放在了一个平面上的开始，是突破西方基督教话语范畴的开始。二是在于李申先生自觉不自觉地把对儒教和中国传统文化的价值的"任氏判定"做了转换。在《中国儒教史自序》中李氏说"中国古代文化的各个方面，乃是一个相互关联的整体。这个整体，有统有宗，儒教，就是整个中国古代文化的统和宗。儒教，不仅总统着一切方面，而且把它的精神贯彻到这各个方面之中，构成了中国古代文化的大背景，其他一切文化建树，都须以儒教精神为出发点，也以儒教精神为归宿。儒教，就像一棵大树的主干，其他方面就像是枝叶花果。儒教主干一面生长着自己，一面也把营养汁液输送给枝叶花果；自然，一面也从枝叶花果那里接受滋养。……只有弄清了儒教问题，当我们在研究枝叶花果的时候，才好弄清其中所贯彻的精神，也才能正确确定儒教在中国古代文化这棵大树上的地位，从而更加深刻地理解中国传统文化"②。"儒教是宗教并不会贬低中国传统文化的品味，也不会影响我们的民族自豪感。"③

　　作为研究宗教学出身的学者，牟、张两先生对中国宗教的分解和历史文化的厘定相当的清楚。牟先生拈出的宗法性传统宗教的定义以及其"来源的古老性"、"发展的连续性"、"仪规的宗法性"、"功用的教化性"、"神界的农业性"特征和"对以天神为首的超自然神灵的崇拜是中国古代宗教与世界其他宗教的共性，而依宗法血缘的亲疏等级来规定祭祀仪式的则是中国古代宗教的特性"的结论可以说一定程度上还原了中国国家宗教的貌态。张先生对宗法性传统宗教在春秋战国时代由于"礼崩乐坏"而导致的阶段两分以及"两阶段的分野是由于儒学的产生及独立发展造成的"的见解也可以说是抓住了中华文化历史发展的整体脉络。特别是两人还关照了传统宗教和礼俗的关系问题："传统宗教和传统礼俗融为一体"，春秋后期宗教本身世俗化的阶段而导致"人们更多地关注宗教活动的礼仪和形式方面"、"宗教性常被世俗礼教的形式

---

① 李申：《中国儒教论导论》，载孔子 2000 网站。
② 李申：《中国儒教史自序》，上海人民出版社 1999 年版。
③ 见《儒教问题争论集》，第 384 页。

所淹没"。

　　然而诚如鲁迅所说，"文明无不根旧迹而演来，亦以矫往事而生偏至"，观点学说亦如是，显然牟、张二先生也矫枉过正了。首先，二人将宗法性传统宗教和儒教两分的做法完全是自己逻辑上的界定，姑且不论这种两分法本身就已成问题，单是实际情况就与历史上现实不符。按其所表，将三代的国家宗教命名"宗法性传统宗教"，然进到春秋战国时候由于"政教合一的一体化意识形态解体"就两分了，随之宗法性传统宗教和儒学在历史进程中就是各自独立发展了，"国家民族宗教有教而无学，儒家哲学有学而无教，两者并行不悖，又相互补充，携手共进，共同维系着中国人最正宗的信仰"①。但如其所言，这本就是一个体系的宗教系统——"儒家的天命鬼神思想和关于吉礼凶礼的论述正是传统宗教的神学理论"，那么于日常现实中的表现是断断不会分为两截的，实际上在民众的日用之间这种宗教是没有区分的，它就是"国家宗教"的当下形态。

　　其次，是对于所谓中国正宗大教的命名问题，"宗法性传统宗教"的名称"确实描述了这种宗教的某些特性。但是，第一，这种宗教完全可能还有其他特性，第二，其他宗教完全可能具有这些特性，所以，若以特性描述作为宗教名称，那么一种宗教就会具有太多的名称，而且一个名称就可以指称太多的宗教。因此，这类'名称'可以用于学术讨论，却无法成为一种实存宗教的指代性名称……第三，'儒教'之名是在历史上形成并长期习惯的"②。实质上，按其最初的目的去寻绎的话，即在建立一个国家宗教的形态来统合整个文明整体的范域，以显达整个社会共同的信仰规范。那么这种强定性的国家宗教，即"宗法性传统宗教"只表露了其一，而忽略了另外一半，只知其一不知其二了。早期中国社会自然是如西方一样，宗教与社会浑然一体，交织互应，是典型的原生原配的关系。寻其源起义，"社"之本义即是土神，也就是举行敬神仪式的场合，"稷"之原意是谷神，社稷信仰仪式是群体性的，"社"之大小与社会组织结构相对应，反映出社会的基本结构，合二者引申之意即是社会，那么中国之社会，本就是群体性的宗教信仰和仪式活动。

---

　　①　牟钟鉴、张践：《中国宗教通史》，社会科学文献出版社 2000 年版，第 1211 页。

　　②　何光沪：《中国文化的根与花——谈儒学的返本与开新》，载《儒教问题争论集》。

邦国之政权要有序合理有效的运转，自然需要调整两方面的关系，一是血缘亲族关系，一是维护好除此之外的，社会其他血缘和组织的关系。前者就是宗法，后者就是社稷，宗法表达的是宗族内部的血缘情感，而社稷所表达的是国民的共同信仰，两者同是封邦建国的制度基础①。以此，二位先生的所提取出的"宗法性传统宗教"的表述是不完整的。

　　另外，在论述传统宗教和传统礼俗的关系时，牟先生认为，"宗教性常被世俗礼教的形式所淹没，从礼与俗的关系上说，上层贵族的宗教礼仪，逐渐影响到下层民间风俗，如祭祖、祭社、蜡祭等；而有些民间宗教习俗也被贵族所吸收，变成国家的正式祭典，如祭灶、祭户、祭关帝等形成上下交流，使得传统国家宗教具有民间风俗的社会基础因而能够盛行不衰"。这种对于礼与俗关系互动的诠释是真知灼见，但决不是其所谓宗法性传统宗教流行不衰的注脚，因为这种上下礼俗和雅野的互动是中国传统文化和儒家思想本来就有的一种文化发展模式和整合机制，夫子所谓"礼失而求诸野"②。"礼仪规范既因应于民间礼俗之固然，民间礼俗又程度不同地受到礼仪规范之陶铸"③，两者的相对关系和内在联系是中国古代礼乐文明历史性运动发展的动力，而不是所谓的"宗法性传统宗教"的范域。

　　概言之，如果说李申的儒教论调是在其师基础上的推进，范式还是化约整个儒学和中华文化为一宗教，只是价值判断有所转向的话，那么可以说同样理路的牟、张两先生则是克服了李、任两位先生简单化和武断化的倾向，相对更好地把捉了中国传统文化和儒学的逻辑以及历史脉络，"超越了对儒教理解表达的机械生硬"④。如果说李申的"中国文化宗教论""正似用管窥天，一直便见，道他不是不得，只是却不见全体"⑤ 的话，那么可以说牟钟鉴、张践二位先生对于中国传统文化宗教化的疏解和以宗法性传统宗教替代儒教的做法不是"一叶障目"就是"过犹不及"了。

---

①　详见卢国龙《隆礼以率教，邦国之大务》。

②　详见本章一。

③　卢国龙：《道教哲学》，华夏出版社 2007 年版，第 19 页。

④　陈明：《儒者之维》，北京大学出版社 2004 年版，第 243 页。

⑤　《二程集》，中华书局 1981 年版，第 375 页。

（三）儒教问题的再讨论——复兴和重建

一般认为，对儒教性质的认定主要有三种观点，"儒教是教"、"儒教非教"和"儒教具有宗教性"。至于"儒教具有宗教性"这一非常模糊的说法，其立论前提为"儒教不是宗教"，所以亦为"儒教非教"说之一种。[1]关于"儒教是教"说，邢东田综纳众人论说理由如下：①儒者相信鬼神；②"天"是人格神；③孔子是人也是神；④"君亲师"是神；⑤儒经传达天意；⑥儒学是儒教的灵魂；⑦儒教有自己的组织；⑧儒教的"教化"即宗教的"教化"；⑨儒教是"入世"的宗教；⑩"儒教"名称的合理性[2]。至于"儒教非教"说基本上可以看作是这些论证的反论证。总体上看来，这些关于儒教问题的争论和探讨主要是围绕"儒教是不是宗教"以及"儒教是什么性质的宗教"来展开的，争论的双方各执一词，各以其所是非其所非，很难谈拢甚相背离。但是如果抛开意气之争和前期意识形态话语的羁绊，可以说双方立论背后的价值诉求和现实关怀是一样或一致的。那么这种一致的内在深意也就促使了双方开始站在不再是解构儒教和中国传统文化的立场上，而是开始思索中国传统文化和儒教如何适应和应用于当下的建构立场。诚如韩星所言"现在急需的是全面反思，综合研究，在传统承续中创造出新的能使中国走向世界，并获得世界理解、认可的思想文化体系，为我们自己寻找出路，也是为人类规划未来。我们无论从那些方面做，都可以抱定此一信念，来进行大综合、大创新，以求殊途同归，而不是殊途异归"[3]。

李申的《中国儒教史》第十二章中提及，儒教的信仰虽已解体，但是儒教中的文化创造是民族的宝贵财富，这些财富是新文化的母体，也是我们新文化的资源。虽然表面说是新文化创造，言下之意不过是儒教复兴的另一种途径和形式。此外在众人你来我往，针锋相对争论、演说儒教的过程中使得建构儒教的问题得以凸显，这期间关于儒教与儒学宗教性的论辩是建构儒教的引线。尽管提儒学的宗教性是在很大程度上否认儒教是宗

---

[1] 参见邢东田《1978—2000 年中国的儒教研究：学术回顾与思考》，载《学术界》（双月刊）总第 99 期，2003 年第 2 期。

[2] 邢东田：《"儒教是教说"的十个理由》，载孔子 2000 网站。

[3] 韩星：《对儒学是否是宗教争论的几点看法和反思》，载孔子 2000 网站。

教的，但是这种宗教性为深刻理解重建儒教的超越性别开了洞天。"儒学是否是宗教或是否具有宗教性的问题，不仅涉及对'宗教'的界定和对宗教的价值评价，而且涉及对中国传统人文精神的界定与评价"，郭齐勇先生认为新儒家唐君毅、牟宗三、杜维明、刘述先等先生对儒学宗教性的思考和论述给了"中国精神之继承与创新的多重启示"。诸如刘述先认为，"新时代的宗教需要寻找新的方式来传达'超越'的信息"，"宗教传统必须与时推移作出相应的变化，才能打动现代人的心弦，解决现代人的问题，既落实在人间，又保住超越的层面，使人们保持内心的宗教信仰与终极关怀"。但是他们"主要关心的是心性之学和知识精英士大夫的信仰，而礼乐伦教是传统社会的制度性生活，对儒教设施、组织、祭祀活动、政教关系，特别是历史上民间社会、民心深处的宗教性问题却疏于探讨"，所以郭提出"儒教之精义能否或在什么意义、什么层次上重返现实社会，并为当代人安身立命的现实可能性的问题，还需要从理论与实践的结合上作出探讨"①。此外，郑家栋诠释新儒家时在突出强调了新儒家在儒学形而上学重构的贡献，也即是儒学超越性的架构。同时认为"当代儒学必须真正面对已经大大改变了的社会历史环境，面对当下生活中的诸种矛盾和问题，在与种种现代思潮的相互影响、相互作用中，积极地谋求自我调整、转化和充实，并进而寻求切入实际生活的现实途径。就是说，当代儒学的发展不能只是分析的，而必须同时是综合的；不能够只是儒家思想中某些本质观念的自我延伸，而必须同时是在面对新时代、新问题和吸收新思想、新观念基础上的综合创造"②。

溯及儒教重建这种思路的正式源头可以说是何光沪《中国文化的根与花》一文，"本文的宗旨，借用这个比喻（根与花）来说，是要就中国文化之树上的一朵花——儒学，与中国文化之树的古老的根——'天帝'观念的关系，来谈谈现代儒学'返本'应取的路向"。何氏在分别诠释了儒学和儒教之后，认为儒学复兴和重建的关键是复归它的宗教性也即是超越性，因为超越性"构成了不同文化之树的共同根基"，是"创造了奔流不息的文化长河"的动力。怎么"返本"和"开新"呢？"儒学何处'返本'？一向上，返归春秋以前的天帝观或天道观；二向

---

① 郭齐勇：《当代新儒家对儒学宗教性的反思》，载《中国哲学史》1999 年第 1 期。
② 郑家栋：《儒家传统与现代生活》，载《哲学动态》1996 年第 6 期。

下，返归民心深处的宗教性或超越性。儒学如何'开新'？一对外，对基督教神学和西方传统思想开放；二对内，对民众心智和社会生活开放"。不仅如此何氏还在另外一篇文章《中国宗教改革论纲》①也提到了"儒教"的改革，何氏认为"中国宗教的必要性在于，乃出于其自身复兴和整顿的需要，而复兴和整顿的需要，乃出于衰落和混乱的事实。就外部而言，中国宗教改革的必要性，乃出于社会文化精神化和有序化的需要，而精神化和有序化的需要，乃出于世俗化和无序化的事实"。儒教改革的可能性在于儒教三大因素——敬天、祭祖、祭拜某些时间人物和自然事物的此消彼长。②改革趋势"就儒教言，是要借改革而复兴"，方向体现在三个方面：思想方面，"敬天而不祭祖拜物"；组织制度方面，"鉴于其与官方权威的长期关联，又鉴于其本来具有的学术性质和入世性质，故重点应在民间化即非官方化"；与其他宗教关系方面，"'三教合一'过程应该继续下去……以达致为中国人民的精神幸福而通力协作的境界"。

上文已述及何光沪之于儒教的诸多论述，并已究明其目的在于坐之以实而取代之。那么其关于复兴儒教的诸多论释，诸如"返本"，一向上，二向下；"开新"，一对外，二对内等也只是对于其基督教情怀的一种注脚而已。但是客观上而言，置何光沪之目的旨趣何在不论，何之"复归宗教性"以及实施复兴的可行性计划的论证，确是开了复兴儒教的滥觞，后继之者，如被冠以大陆新儒家的蒋庆、康晓光、陈明诸先生关于重建儒教的构想，则进一步掘其深致。2005 年中国社会科学院世界宗教研究所

---

① 见《东方》1994 年第 4 期。

② 意即：三大因素的影响力已有了不同程度的消长变化。真正具有超越性和终极性的"天"的观念，作为本原性的集体无意识，仍然留存在中国人的内心深处，体现在中国人的日常语言和道德行为中；不具有真正超越性的祖先观念，在现代自然科学和社会科学观念普及之后，已逐渐失掉了神秘性、神圣性和终极性的假面，还原为一种自然感情的凝结；同样不具有真正超越性的自然事物（日月山川）和世间人物（先贤圣哲），在自然科学和社会科学常识影响之下，也已经丧失了神秘性、神圣性和终极性的外壳，除了在对日月山川有特殊感情的少数诗人和对先贤圣哲有特殊敬仰的哲人那里，已经丧失了所有的宗教内涵。祖神和百神（包括人物和事物之神化）意识的衰落，在各阶层各地区的人群中虽然程度不一，但是现代中国普遍存在的事实。在现代中国，儒教的思想观念，如现代儒家的理论所反映的，已基本上扫除了祖先崇拜和百神崇拜的因素，在所有的城市和很大一部分乡村地区，已基本上看不到这类祭祀或崇拜活动。

儒教研究中心成立后，编辑出版了《中国儒教研究通讯》的内部刊物。
在第一期上刊载了蒋庆《关于重建中国儒教的构想》一文，蒋氏认为
"面对今天西方文明的全方位挑战，必须全方位地复兴儒教，以儒教文明
回应西方文明，才能完成中国文化的全面复兴"。"要重建儒教，首先必
须走儒教形成的'上行路线'……就是'儒化'当代中国的政治秩序"；
"还必须辅之以'下行路线'……就是在民间社会中建立儒教社团法人，
成立类似于中国佛教协会的'中国儒教协会'，以儒教协会的组织形式来
从事儒教复兴的事业"。同样的，康晓光也提出了自己复兴儒教的构想，
他在《文化民族主义论纲》① 一文中认为，"重提'文化民族主义'……
要发动一场广泛而持久的社会活动。……这一活动的核心目标是，把儒学
重塑为与现代社会生活相适应的、遍及全球的现代宗教"。方案：首先要
整理国故，根据时代精神重新阐释儒家经典；其次要进行广泛、深入的社
会动员，在国内外推广儒家文化；第三，要在全球范围内建立制度化的文
化传播体系，即一个准宗教体系。为了实现上述三大任务，应该采取四项
必要措施：第一，儒学教育要进入正式学校教育体系；第二，国家要支持
儒教，将儒教定为国教；第三，儒教要进入日常百姓生活，要成为全民性
宗教；第四，通过非政府组织向海外传播儒教。

　　陈明提出"公民宗教说"。在他看来，"它是一种低调的论述，是从
社会而不是内部、从功能而不是本质进行讨论"，"既是一种描述，也是
一个目标"②。"具体说来，就是希望通过对已往儒教在公共领域发挥出的
历史价值的承认和肯定，过渡到对其在当代公共领域同类功能的承认和肯
定；通过对其在当代公共领域同类功能的承认和肯定，过渡到对其功能承
担、发挥的社会自组织系统的价值正当性、发展必要性及其法律地位的承
认和肯定。以功能带出结构，以价值和意识激活民间的信仰和组织，公民
宗教或许就此渐渐发育成为'一个宗教'。"③ "从公民宗教角度讨论儒教
问题，在方法上是把儒教置于其与社会政治的关系中，考察儒教诸元素在
实践中的实际状况和功用。……公民宗教不仅是儒学实现复兴的重要标

---

① 载《战略与管理》杂志 2003 年第 2 期。
② 陈明：《即用见体说儒教》，载《中国儒教研究通讯》第二期。
③ 陈明：《儒教研究新思考》，载原道网站。

志，也是其实现复兴的重要途径。"① 此外，彭永捷在 2004 年的 "儒教与东亚的近代国际学术研讨会" 上的提交的《论儒教的体制化和儒教的改新》一文中也认为儒教要进行改新：首先是儒教仪式的革新与创制；其次是儒教教义的研究和变革；最后，他呼吁推动儒教的重新体制化与改新，并争取使儒教与基督教、佛教、伊斯兰教一样，成为一个公认的世界性的宗教。

总之，儒教从合法身份听证会式的审查到大家都普遍接受的一种 "中国历史上实际存在的代表华夏民族文化之主体意识、发挥着整合民族文化之作用、凝聚华夏民族根本理念和信仰的'儒教'"②，已经进到学界开始探索重新建构儒教方式的阶段了。无论是站在重建还复兴儒教立场，无论是蒋庆的原教旨主义、陈明的实用主义，还是康晓光的理想主义，都是建筑在对儒教乃至中国传统文化的某种认同上，都是立足于时代的节奏和民族本根的特色来建构儒教的。

三 儒教研究问题的理论转向——重建儒教

（一）重建儒教的必要与可能

个人基于自己的立场和生活、生命的体验得出建构儒教的策略和方式会有所不同，但是异口同声 "儒教" 的共识使得 "儒教问题" 理论上转向了建构儒教的阶段。这种一致性的背后都源于共同的问题意识或者说要面临解决的共同问题。

首先是文化认同问题。如果说，从 19 世纪末期的诸如龚自珍、魏源等人 "睁开看世界" 进而译介西方的典籍、习熟西方的先进技艺到洋务派 "师夷长技以制夷" 的 "中体西用" 只是从形而下的方面进行追求现代化的话，那么可以说，从辛亥革命使得传统儒家依附体的制度消解到新文化运动中的 "德先生" 和 "赛先生" 进入人们的视野以及后来唯物主义的全面胜利则是中国人从 "形而上" 方面的完全 "西化"。所谓 "中国从前清末叶到现在，中间经历了许多惊涛骇浪，帝国统治、辛亥革命、洪宪窃国、军阀混战、国民党统治、抗日战争、解放战争，一直到中华人民

---

① 陈明：《儒教之公民宗教说》，《原道》第十四辑，首都师范大学出版社 2007 年版。

② 卢国龙：《致李申教授的公开信》，载孔子 2000 网站。

共和国建立后的社会主义初级阶段，我们西化的程度日趋深入。到了今天，我们的衣、食、住、行，从头到脚，从里到外，试问哪一件能离开西方现代的东西？我们中国固有的东西究竟还留下了多少？"① "文化是一种过程，凭借这一过程，人可以真正成为人，最充分地实现他自己，并且，正是这种实现才是最完美的自由。"② 然而，我们在追求现代化，追求自由，实现自己的过程中不但没有护持住自己的文化，反而渐渐丢失了自己的文化。这样，交错于西方和东方的文化混乱现实导致了人们在逻辑的文化上无所适从，文化认同出现了危机。就内部而言：中华民族几千年来作为一个统一体，不仅是政治意义上的一体，更是文化上的概念。在当下我们定义为"多元一体"，但是"多元"只是强调了中国民族的多元性，而"一体"很大程度上只是一个政治范域的概念，偷换逻辑和概念的技法固然高明，但是族群整合的问题却是很大的现实。中国民族的多样性使得各个族群的生活方式和信仰有着很大的不同，政治或者经济和军事上的强制性固然使得一时平静，但是从根本上整合为一个中华民族的途径只能是文化上的认同。所谓"民族认同所内含的文化认同感比政治认同感对国家的合法性来得更重要。民族身份不是姓氏名谁，不涉及职业、性别、种族，更重要的是文化含义。文化认同常常和宗教信仰或意识形态联系在一起，比如天主教、基督教、佛教、伊斯兰教，同时也包括政治思想方面的信仰，如三民主义、共产主义、自由主义等。如果一个民族的信仰受到挑战或者质疑则民族认同的范畴就会出现危机。由于文化危机所带来的迷茫和消沉而失去认同，不仅是一个民族衰微败落的征兆，而且孕育着国家危机。当民族认同不再是一个国家整合社会的力量源泉，可能就会有新的社会力量兴起，经过社会运动，或改良，或革命，以国家的方式建立新的认同"③。

就外部而言："由于现代化的激励，全球政治正沿着文化的界线重构……重新划定的政治界线越来越与种族、宗教、文明等文化界线趋于一

---

① 季羡林：《从宏观上看中国文化》，载《中华文化的过去现在和未来——中华书局成立八十周年纪念论文集》，中华书局1992年版，第2页。

② 埃里·凯杜里：《民族主义》，张明明译，中央编译出版社2002年版，第31页。

③ 徐迅：《民族、民族国家和民族主义》，载《知识分子立场——民族主义与转型期中国的命运》，时代文艺出版社2000年版，第28页。

致，文化共同体正在取代冷战阵营，文明间的断层线正在成为全球政治冲突的中心界线"①，当下处在世界现代化和西方化大潮中的中国，不得不应战西方强势话语的挑战，军事、政治、经济上自不待言，更重要的是"一个民族国家需要有统一的民族身份独立地面对其他民族国家"②。但是现实中作为标签和身份证的民族的共同的文化支离破碎，因为"近代以来，在西方列强的经济、军事、文化冲击下，中国文化走上一条持续衰落的道路。从'天不变，道亦不变'到'中体西用'再到'全盘西化'，中国人的文化自信心已经丧失殆尽。及至 20 世纪 60 年代，传统文化在大陆几乎灭绝"③。这种收拾不住的局面断然无法形成真正的共同文化的认同。

面对文化的流离和内外文化认同危机，显然有识之士认为"中国文化要找到一个方向"④。新儒家"对民族历史文化强烈的危机意识和接续斯文、广大道统的使命感"⑤，使其"切志中国问题之解决，从而追根到历史文化"⑥。"新儒家确实试图复兴儒学并试图开出儒学的新境界。但是，今天看来，从五四以来的现代新儒家大都没有走出从汉代至清代两千年间传统儒学的圈套。"⑦"他们讲的恰恰是心性，像熊十力、牟宗三，包括冯友兰，都是讲的宋明理学，都是心性论，现代宋明理学在理论上并没有超过宋明理学，不过是受了西方哲学的教育，用了些新名词来解释宋明理学的一些东西，在根本理论上并没有超过宋明理学多少，而在社会现实层面上根本没起任何作用，没任何影响。"⑧

显然，这样围着逻辑打转、在老路上徘徊并且只是精英阶层"形而

---

① 亨廷顿：《文明的冲突与世界秩序的重建》，新华出版社 1999 年版，第 129 页。
② 徐迅：《民族、民族国家和民族主义》，载《知识分子立场——民族主义与转型期中国的命运》，时代文艺出版社 2002 年版，第 26 页。
③ 康晓光：《文化民族主义论纲》，载《战略与管理》2003 年第 2 期。
④ 王邦雄：《从中国现代化过程中看当代新儒家的精神开展》，载《鹅湖月刊》，总第 100 期，1983 年 10 月。
⑤ 郑家栋：《断裂中的传统》，中国社会科学出版社 2001 年版，第 4 页。
⑥ 梁漱溟：《中国文化要义自序》，上海人民出版社 2005 年版。
⑦ 田童心：《论儒家神学的二次重建》，载《中国儒教研究通讯》第一辑。
⑧ 见《李泽厚先生访谈录》（1998 年 9 月）。

上"的论证不能令人满意①，儒学"只有成为一种深入大多数华人日常生活的宗教，儒学才能实现真正的复兴"②。文化认同和民族认同的正路只能是儒教。毕竟"儒学是中国文化的正统代表……这是中国几千年来长时间形成的一个历史实事，也是历代中国人长期形成的一个思想共识"，"对中华民族来说，以儒学为代表的传统文化是中华民族之成为中华民族的本质特征，是中华民族或者说中国人区别于其他民族或其他国家人民如美国人、英国人的文化身份标志"③。"儒教在形式上已经若存若亡了，但它的文化理念却弥漫在我们的生活方式之中，诸如家庭观念、伦理意识、国家认同等。以儒教的文化属性来理解当代中国人的公私两方面生活，局部扞格固然是有的，但整体上相去不远。"④"在这样的情势下，儒者必重建自己的团体，而且是以适应并同时改造现实的方式来重建，不然绝不足以挽回败局。"⑤

其次是现代的社会、政治问题，也就是自由、民主等现代性的问题。重建儒教，并以其作文化认同和民族认同的根据，"不仅仅是出于民族感

---

① 蒋庆在《政治儒学》中批评新儒家有四个方面的局限：第一，极端个人化倾向。"使新儒学的立论始终不能离开生命与心性的领域，而是把个人的生命与心性化约为一切万有的本源与基础，看作是世间最真实的存在。由于新儒学的这一极端个人化倾向，新儒学不关心社会关系，不从社会关系的角度来立论，更不考虑通过改变社会关系来改变人（孔子的礼乐正是通过改变社会关系来改变人），因而未能继承孔子的礼乐精神，完全忽视孔子的经学，忘掉了儒学通经致用的伟大抱负，抛弃了儒者治国平天下的政治理想，使国人把当代儒者看作只是追求个人完善的自我与建构自己思想体系的哲学家。"第二，极端形上化倾向。"抛弃了儒学关于实践的根本教义，而在概念的体系中流连忘返，致使新儒学未能去从事任何基于儒学理想的政治实践，而甘心沦落为一个哲学上的小流派，偏安于学院之中，只想争得一个学术上的合法地位而已。"第三，极端内在化倾向。"在这种极端内在化倾向的影响下，新儒学看不到外在事物的客观实在性与独立存在的价值，更看不到文物典章制度在儒学中所占的位置和所具有的意义，而是用内在的生命与心性去涵盖所有的外在事物，简单地认为只要内在的生命问题与心性问题得到了解决，外在的社会政治问题就会自然而然地得到解决。"第四，极端超越化倾向。"这样，新儒学既缺乏直接的社会现实感，又缺乏紧迫的历史时间感，好像是生活在永恒宁静的生命心性中，只是通过概念来同现实的世界与历史发生联系。新儒学这种极端超越化的倾向毫无疑问违背了孔子学说的精神，因为孔子并不是从认识的角度用抽象的概念来看待生命与心性，而是从特定的社会关系与历史条件中来看待生命与心性，把人看作是特定社会关系（礼与名分）和现实历史中的存在。"

② 康晓光：《文化民族主义论纲》，载《战略与管理》2003 年第 2 期。

③ 《晶报·蒋庆访谈》2008 年 11 月 27 日。

④ 卢国龙：《礼失而求诸野义疏》，载《世界宗教研究》2009 年第 1 期。

⑤ 张祥龙：《重建儒教的危险、必要及其中行路线》，载《现代哲学》2007 年第 1 期。其文一节论述了重建儒教的必要性，可参考。

情和文化自信，更重要的是，对现代性本身的理性思考，对西方现代性负面效应的认识"①。现代性的问题无法规避：西风东渐以来，中国社会一直处在西方强势话语的境域之中，政治制度、科学技术以至于知识的分类、学科的分科等无一不着有西方的痕迹。无论是如胡适的西化派认为"我们样样不如人"②，还是文化保守派所谓的"吾家自有"等，都无法逃脱西化的影响，区别也仅在于主动的归化或是被动的适应。现代性的问题怎样面对：西方的文明成果的代表不外乎自由民主的政治制度和先进的科学技术，执政者也说"民主是个好东西"，"科学技术是第一生产力"，似乎历史的逻辑无法止步，"新时代"的趋势无法逆转。有见于此，早期新儒家的几位代表人物各自努力进行了回应。诸如梁漱溟是企图修补和拯救那个已经处于消解中的传统社会及其文化，并与之一起进入这个时代；熊十力试图运用传统的慧识来回应人们在科技时代所遭遇的问题；牟宗三不仅了解现代的问题，而且了解现代社会和现代精神，在理性的层面进入了现代等③。

这样的应对显然忽略了现代性的弊病和负面影响，并且陷入了完全西化和现代性的泥淖，良知的"自我坎陷"开出民主与科学也好，道德主体转出知性主体和政治主体开出"新外王"也罢，概莫能外。重建儒教就是要维护自己的个性，给自己和自己的前途定位，为民族的发展方向和生活原则提供合法性依据。④ 但这并"不等于要回到过去，而是要探索一个更符合人性的未来"⑤。这首先源于儒教的内核并不反现代性，可以容纳现代性。关于民主："天视自我民视，天听自我民听"、"民者，神之主也"，天、神作为超越性的存在，犹是以民为"主"的；遑论"民为贵，社稷次之，君为轻"、"民，水也；君，舟也。水能载舟，亦能覆舟"的具体社会政治的运作了。关于自由：西方的自由无外乎两义，一是实现自

---

① 康晓光：《文化民族主义论纲》，载《战略与管理》2003 年第 2 期。

② 见《胡适论学近著·介绍我自己的思想》，"我们自己百事不如人，不但物质机械上不如人，不但政治制度不如人，并且道德不如人，知识不如人，文学不如人，音乐不如人，艺术不如人，身体不如人"。见欧阳哲生主编《胡适文集（5）》，北京大学出版社 199 年版。

③ 郑家栋：《牟宗三》，台北东大图书公司 2000 年版，第 58 页。

④ 张汝伦：《现代中国思想研究》，上海人民出版社 2001 年版，第 180 页。

⑤ 康晓光：《文化民族主义论纲》，载《战略与管理》2003 年第 2 期。

己，二是不妨碍别人的实现①。"己所不欲勿施于人"、"己立立人"、"兼善天下"、"开物成务"、"利用厚生"本就是儒教的本质目的和内在要求。② 其次是儒教可以超越西方现代民主政治的弊端并为中国现代化的政治制度提供合法性的依据和可资的源泉。蒋庆先生认为，"民主政治，完全以人为中心，排斥超越神圣的价值，出现了极端世俗化、人欲化的倾向"。"'民意合法性一重独大'不仅决定民主政治在政治权威产生过程中无道德，还决定民主政治在运作过程中无理想。"只有立足于本民族的儒家的"王道政治"才是最完美的政治制度，它"以'天下归往的为民思想'来确立政治秩序合法性的民意基础、以'法天而王的天人思想'来确立政治秩序合法性的超越基础、以'大一统的尊王思想'来确立政治秩序合法性的文化基础"③。三者相互并存、相互制衡来决定中国政治制度的合理性与合法性。陈明认为，以儒家思想礼治思想为补充的宪政主义可以超越对于民主政治的制度模式的机械理解、最大限度地避免社会转型导致的社会震荡以及兼容文化认同诸问题，对中国目标来说是一种积极的助缘。④

此外，重建儒教也是为了在新时代更好地完成转身。现代性的理念冲击了传统儒教的精神，现代性的政治建构荡涤了儒教的制度基础。但也可以说现代性一定程度上也为儒教的重建提供了可能和基础：失去依附的社会制度和退出公共生活领域"客观上为儒教走向独立、摆脱被政治利用的命运提供了可能。儒教借此可以顺利地完成自身的制度更新，一改以往长期对世俗政治的制度依赖，建构自身独立的制度传统"⑤，即融合现代性的因子和现实性的需要，重建儒教自己的组织制度来承载中国传统文化的资源和精神，保持历史和文化的"共同记忆"的活性；"有信仰自由的

① 参见穆勒《群己权界论》，刘梦溪主编《中国现代学术经典·严复卷》，河北教育出版社 1996 年版，第 490 页。

② 唐文明认为儒教精神与现代社会政治理念并非格格不入，但也决非全然一致，而是存在着某种张力。参见其《历史的任务与儒教的自我主张》，载《浙江学刊》2005 年第 1 期。

③ 蒋庆：《政治儒学：当代儒学的转向、特质与发展》，生活·读书·新知三联书店 2003 年版，第 210 页。

④ 陈明：《儒教思想与宪政主义试说》，载《原道》十五辑，首都师范大学出版社 2008 年版。

⑤ 唐文明：《历史的任务与儒教的自我主张》，载《浙江学刊》2005 年第 1 期。

现代政治理念为儒教的信仰和精神实践保驾护航"①，即现代政治理念有保障公民结社自由、信仰自由权利的内核，一定程度上为儒教作为人们精神信仰提供了合法合理的基础。

再次是公民的身心安顿问题。中国人的身心安顿问题来源于原有社会组织制度的解体。经济大潮撕裂了以宗法血缘为主组织起来的熟人社会，注重人伦道德的儒家伦理传统被经济关系和利益原则取代，推重才能与德性的治理原则被庸俗的政治方式替代。以乡村为例，"20世纪初年起，中国的乡土社会即已开始动摇，其根本原因是乡村经济受到资本主义的排挤致使民生凋敝，科举制的废止断了乡土儒学资源的根脉，而激烈反传统的'新文化运动'也使乡土儒学面临深重的合法性危机，乡土儒学原有的规范举止、维系社会、提升生活的功能渐趋丧失"。80年代开启的"市场化"实质是主政者以政治动员的方式号召全民逐利而放弃了社会治理的职责，而由此造成的社会无序和道德低落②。这样就使得"中国的乡土社会中本来包含着赖以维持其健全性的习惯、制度、道德、人才，但在过去百年中不断受到冲洗，结果只剩下贫穷、疾病、压迫和痛苦"③。

中国人的身心安顿问题来源于世俗化的冲击和神圣性的缺失。"上帝死了"，世俗化的历史趋势不可阻挡，世俗化的进程可以说也就是现代化的进程④。以"理性为基础的人本主义精神与科学精神"的现代化必然也导致宗教信仰层面的世俗化。"我们这个时代，因为它所独有的理性化和理智化，最主要的是因为世界已被祛魅，它的命运便是，那终极的、最高的价值，已从公共生活中销声匿迹，它们或者遁入神秘的超验领域，或者走入了个人之间的私人交往的友爱之中。"⑤ 理性的膨胀导致神性的退缩，生活开始了平庸化和流俗化。中国的情况有过之而无不及，儒教作为中国人的一种生活方式和道德的信仰，在自辛亥革命后被现代化驱逐出生活和

① 唐文明：《历史的任务与儒教的自我主张》，载《浙江学刊》2005年第1期。
② 引文见吴重庆《乡土儒学资源的再生》，载"三农中国"，http：//www.snzg.cn。
③ 费孝通：《乡土重建》见《费孝通文集》卷四，群言出版社1999年版。
④ 唐文明认为实际上，"西化"、"现代化"与"世俗化"的课题多有重叠。比如说，这三个术语中所包含的精神内核基本上是一致的，概括而言就是以理性为基础的人本主义精神与科学精神。见其《中国语境中的儒教与世俗化问题》，载《原道》第十四辑，首都师范大学出版社2007年版。
⑤ 见马克斯·韦伯《学术与政治》，冯克利译，生活·读书·新知三联书店1998年版，第48页。

生命的领域之后，一直是处在现代理性的掌控之中。"尤其是上世纪 90
年代以来，国家的主导政策是以经济建设为中心，与此同时国家并没有有
意识地推动社会的自主化与民主化，反而是出于统治的惯性加强了对于社
会、文化乃至精神领域的控制。这种状况只能助长、甚至鼓励人的精神的
粗俗化，而国家为此也不得不承受沉重的伦理负担乃至信仰负担。"① 神
性不可取代，工具理性不能解决人生和社会的意义问题，世俗的政治话语
更是无法收拾关于超越性和神圣性的问题。面对这种失范的境域，明显需
要一种神圣的方式来进行秩序化人类的活动。②

　　中国人的身心安顿问题来源于新旧道德、信仰理念的断层。"抛弃一
种传统并不能保证它可以被取代，它可能会由某种更加糟糕的行为或信仰
规范所代替。"③ 甚者，在儒教被排开在人们的生活和生命之外时，没有
一种更合适的规范来替代，而导致了人们的信仰真空。科学主义和意识形
态都曾试图占领这个领域，但是其本身世俗性的内核决定了这种试图只能
是徒劳无果。早期新儒家的努力，诸如梁漱溟的"以家庭伦理生活来填
补它"④；冯友兰的"以哲学代宗教"⑤ 以及港台牟宗三等人试图通过形
而上的伦理来复兴儒家的价值系统等，尽管回答了信仰需要重新补充、建
构的问题，但是规避了载体选择的必然性问题⑥。

　　"儒家的经世不仅是政治管理，也是教化，通过身心灵神各层次的陶
养把人从生物实体转化为伦理和美学的存在"⑦；"它不只提供了生命学理
的思考，更提供了对人生命深处的情志的慰藉"⑧。重建儒教就是要为现
代社会的道德教化和个人的心灵安顿提供一套解决方案。"通过教化，通
过德治，进而养成良好的社会道德风尚，建立良好的社会秩序，从而使人

---

　　① 唐文明：《中国语境中的儒教与世俗化问题》，载《原道》第十四辑，首都师范大学出
版社 2007 年版。

　　② 彼得·贝格尔：《神圣的帷幕·序言》，高师宁译，上海人民出版社 1991 年版。

　　③ 席尔斯：《论传统》，傅铿、吕乐译，上海人民出版社 1991 年版，第 439 页。

　　④ 见《梁漱溟全集》第三卷，山东人民出版社 1990 年版，第 88 页。

　　⑤ 冯友兰：《中国哲学简史》，北京大学出版社 1985 年版，第 9 页。

　　⑥ 陈勇：《关于把儒家定义为"宗教"的现实意义》载原道联合论坛：http：//www. yuan-
dao. com/dispbbs. asp？boardID = 5&ID = 20781&page = 2。

　　⑦ 杜维明：《儒学创新的宗教反思》，载《社会科学报》，2006 年 1 月 26 日（第 6 版）。

　　⑧ 蒋庆：《关于汶川抗震救灾的思考——中国需要儒教》，《原道》第十五辑，首都师范大
学出版社 2008 年版。

人有安身立命之处。"①

重建儒教以其来安顿人们的身心问题也是为了抵御西方基督教的强势入侵。作为主流和强势的基督教在中国人的信仰处于真空的状态时，试图迅速有效地来填充这块空白。客观来看，基督教一定程度上也取得了很大的成功，在信仰自由的口号下，全国发展的教徒不下 7000 万。尽管"基督教为个体身心安顿提供解决方案功德无量，但对民族文化的稳定与维持却是一种干扰和消解性因素"，毕竟当"信仰基督教的个体数目在达到一定域值的时候，它必然因'溢出效应'而不再仅仅只是个体的信仰问题，而同时成为社会的文化认同问题，进而由文化认同的问题波及国家认同的问题"②。蒋庆认为："基督教信仰与中国文化相遇时表现为一种民族精神（西方民族精神），就必然会同代表中国文化的民族精神处于紧张冲突状态，具体来说就会同儒家信仰处于紧张状态。这种紧张冲突不只是两种生命信仰的紧张冲突，同时也是两种民族精神的紧张冲突。生命信仰的紧张冲突可以通过个人的改宗而得到化解，而民族精神的紧张冲突则不能通过民族的改宗而得到化解。这是因为民族精神是民族的灵魂，是民族存在的根本标志，通过民族的改宗消灭了民族精神就意味着消灭了民族。"③ 所以"信仰自由是一回事，这是不能干涉的，然而生而为中国人，要自觉地去作一个中国人，存在地去作一个中国人，这则属自己抉择的问题，而不是信仰自由的问题。从自己抉择的立场看，我们即应念兹在兹，护持住儒家为中国文化的主流"④。

（二）重建儒教的方案思考

立足于现实问题的思考、出于对本根文化的担待，重建儒教以其为生民立命、为社会立极、为国家立政以及为文化立根是许多学者的共识，但是每个人思索重建的模式和达成的途径确是有区别的。

蒋庆重建儒教的构想在其《关于重建中国儒教的构想》一文中得以

---

① 汤恩佳：《儒教在当代社会的伟大价值》，载《激辩儒教——首届全国儒教学术研讨会》论文集。

② 陈明：《儒耶对话以何为本？——兼议利玛窦、何光沪关于儒教的若干论述》，载《四川大学学报》（哲学社会科学版）2008 年第 3 期。

③ 蒋庆：《政治儒学》，生活·读书·新知三联书店 2003 年版，第 428 页。

④ 牟宗三：《时代与感受》，台北鹅湖出版社 1984 年版，第 328 页。

全面发挥。具体来说重建儒教的两条路线：一是"上行路线"，"具体来说，就是'儒化'当代中国的政治秩序（此即汉代董仲舒'复古更化'之现代形态）"。二是"下行路线"，即"因应时代开辟出另外一条民间社会重建儒教的道路……就是在民间社会中建立儒教社团法人，成立类似于中国佛教协会的'中国儒教协会'，以儒教协会的组织形式来从事儒教复兴的事业……'中国儒教协会'既是复兴儒教的宗教组织形式，又是作为宗教的儒教本身"。

康晓光的重建儒教的构想是与其对未来蓝图的描绘紧密相关的，其把"关于未来的通盘构想称之为'儒教国'"。何为"儒教国"？用其话来说，"这个蓝图里有很多新东西，如仁政、儒教、法团主义、福利国家，还有新闻自由和结社自由。有些新东西是中国本土的，如仁政、儒教，有些新东西来自西方，如法团主义、福利国家，新闻自由、结社自由也可以算作是西方的东西"，也保留了很多现存的东西"如权威主义政治、市场经济体制，甚至对精英联盟也不是完全摒弃"。但是"必须'中学为体，西学为用'"①。康认为"建立儒教国的过程就是'儒化'"，儒化是实现"仁政"、"福利国家"、"法团主义"等的基础和途径。儒化的原则和策略："'双管齐下'，在上层，儒化共产党，在基层，儒化社会"。"首先是儒化中共。用孔孟之道来替代马列主义。党校还要保留，但教学内容要改变，把《四书五经》列为必修课……儒学取代了马列主义，共产党变成了儒士共同体，仁政也就实现了"。其次，"儒化社会。短期来看，最关键的是把儒学纳入国民教育体系。从小学到大学都要设立国学课。……长期来看，最关键的是把儒教确立为国教"。

与蒋、康二先生的自说自话不同，陈明是站在试图超越二者之上的层面上来进行儒教重建的思考，他认为牟宗三那种"由历史文化之夷夏之辨最易转至民族国家之自觉建立"的认知只是简单的思辨，不仅太过简单也太过乐观了，显然是没有区分开民族的政治认同和国家的文化认同之间的内在紧张和冲突。而蒋庆、康晓光两位以国教为诉求的儒教复兴方案则极有可能会把牟宗三那个理论上的小陷阱转化成现实中的大麻烦。② 自

---

① 康晓光：《关于中国未来政治发展的保守主义思考》，载中国儒教网站：http：//www. zgrj. cn/dispbbs. asp？ boardID＝4&ID＝91&page＝1.

② 陈明：《儒教研究新思考——公民宗教与中华民族意识建构》，载原道网站。

己的"公民宗教"的提法就是要从另外一条进路来进行儒教的重建。他认为，公民宗教都是一个比较合适的框架。所谓公民宗教就是"对基于某种神圣性话语的观念、价值和仪式在公共领域尤其是对政治制度及其运作、评价发挥承担着的某种基础性、形式性或目标性功能与作用的概括和称呼"①。中国社会历史、文化传统的特点契合于公民宗教的基本叙事架构。"公民宗教成立的前提是公共领域或公共性与宗教或神圣性。公共性意味着政治的合作性、协商性（而不是斗争性、暴力性）"：中国由氏族而联盟而封建的历史本就是基于合作论的，当今时代公平、法治以及和谐代替阶级斗争明显也是契合于公民宗教的公共领域的价值趋向。"宗教性则是指某种宗教或某种神圣性话语在公共领域里作为某种元素的功能发挥或承担"："《中庸》和《大学》深层的宗教气质如天的义理性和德的神秘性、神圣性众所周知，其作为政治生活评估尺度和追求目标的现实性同样毋庸置疑。"②

四　儒教的问题的再探讨

（一）儒教重建之民间向路——礼失而求诸野

1. "礼失而求诸野"义疏

不可否认，儒教重建的理路超越了儒教"是"、"非"的学理论辩，诸家重建策略和方案亦各有所本且言之有理，持之有故。但是，整体上看去，这些也均是所谓知识精英的理论上的探讨和尝试，作为"实践性"的方面做得还远远不足。也即是说，他们还只是在学理和学术的层面对儒教思想进行研究和发掘，不过是"一种把历史文化问题完全归结到思想观念的层面加以回应和处理的方式"的变体③。"旧式的儒家实践，无论是礼仪方面的还是身体践行层面的，事实上都转变成了某种抽象的诉求，变成一种可有可无的东西，人们仅在口头上认为它很重要，可究其实而

---

① 陈明：《对话或独白：儒教之公民宗教说随札》，《原道》第十四辑，首都师范大学出版社 2007 年版。

② 同上。

③ 郑家栋：《牟宗三》，东大图书公司（台北）2000 年版。

言，它却成了某种次要角色，几乎无关紧要。"① 我们不禁要问，当"古老的实践从当代中国知识分子的日常视域中消失了，或者至少说是离他们远去了"；当作为一套社会伦理的形式，作为一种生活方式的儒家传统被驱逐出人们的心灵和生活，逐渐退出历史舞台成为只是知识研究的对象时；这还是儒教吗？这还是我们曾经支撑我们的存在和生命，价值诉求和精神归宿的儒教吗？

也许这样的疑问应促使我们要恢复或者重建儒教的时候，该换一种思路了：那就是走到乡土民间去寻找真正重建儒教的资源和模式，梁漱溟曾说："如果中国在不久的将来要创造一种新文化，那么这种新文化的嫩芽绝不会凭空萌生，它离不开那些虽已衰老却还蕴含生机的老根——乡村。"真正的希望还是在民间，我们应在人伦物用，习以为常的乡村生活之中去找寻和发掘，正所谓"礼失而求诸野"。

"礼失而求诸野"首出《汉书·艺文志》："诸子十家，其可观者九家而已。皆起于王道既微，诸侯力政，时君世主，好恶殊方，是以九家之术蜂出并作，各引一端，崇其所善，以此驰说，取合诸侯。其言虽殊，辟犹水火，相灭亦相生也。仁之与义，敬之与和，相反而皆相成也。《易》曰：'天下同归而殊涂，一致而百虑。'今异家者各推所长，穷知究虑，以明其指，虽有蔽短，合其要归，亦《六经》之支与流裔。使其人遭明王圣主，得其所折中，皆股肱之材已。仲尼有言：'礼失而求诸野。'方今去圣久远，道术缺废，无所更索，彼九家者，不犹愈于野乎？若能修六艺之术，而观此九家之言，舍短取长，则可以通万方之略矣。"② 班固引言自刘歆之《诸子略》。此著录于各家书目之后，是对诸子之学的总评，意即：其一、各家学说起于诸侯为政之需要；其二、诸子之学相反相成，殊途同归；其三、诸家学说各有所长，各有所短。就其长说，诸家之说皆《六经》之支流，各有其功用，不可废除；其四、诸子之学可以补经学之不足。当今之世，去圣久远，道术缺废，六经不全，应该"礼失而求诸野"，取百家之所长，以补经学之不足③。"礼失而求诸野"之蕴含此处关

---

① 杜瑞乐：《儒家经验与哲学话语》，载刘东编《中国学术》第十四辑，商务印书馆 2003 年版，第 5 页。

② 班固：《汉书艺文志》，中华书局 1962 年版，第 1746 页。

③ 郑万耕：《刘向刘歆父子的学术史观》，载《史学史研究》2003 年第 1 期。

注两点，一是有"本"之谓，若刘歆之意，十家之说皆六经之"支与流裔"，六经为"本"。引为"礼"为本；二是"补益"之功，若刘歆之意，对于九家之说，采长补短可以"通万方之略"。引为"野"为辅助、补益。

"礼"之谓何？"夫礼之初，始诸饮食，其燔黍捭豚，污尊而抔饮，蒉桴而土鼓，犹若可以致其敬于鬼神。"其质为"序"："夫礼者所以定亲疏，决嫌疑，别同异，明是非也"；其蕴为"养"："人生有欲，欲而不得则不能无忿，忿而无度量则争，争则乱。先王恶其乱，故制礼义以养人之欲，给人之求，使欲不穷于物，物不屈于欲，二者相待而长，是礼之所起也"。其用为"治"，"道德仁义，非礼不成，教训正俗，非礼不备。分争辨讼，非礼不决。君臣上下父子兄弟，非礼不定。宦学事师，非礼不亲。班朝治军，莅官行法，非礼威严不行。祷祠祭祀，供给鬼神，非礼不诚不庄"。

"野"之谓何？"野"之初意对"国"而起。《诗·鲁颂·駉》："駉駉牧马，在坰之野。"毛亨《传》曰："坰，远野也。邑外曰郊，郊外曰野，野外曰林，林外曰坰。"《尔雅·释地》："邑外谓之郊，郊外谓之牧，牧外谓之野，野外谓之林，林外谓之坰。"郭璞注："邑，国都也"。《说文解字·口部》："国，邦也。"《尔雅·里部》："野，郊外也。"《尔雅·邑部》："邑，国都也"，"邦，国也"。不难看出，"国"与"野"只是地理区域的分划，国即是地处城邦、都城之地，其地并不大。《孟子·公孙丑上》："王不待大。汤以七十里，文王以百里。"《孟子·告子下》："周公之封于鲁为方百里也……太公之封于齐也，亦为方百里也。"《史记·十二诸侯年表序》也谓："齐、晋、秦、楚，其在成周甚微，封或百里，或五十里。"野即是处在郊外，远疏之地。除邦、国之外的地方均可谓之"野"，其地可谓之方千百里。其文化先进落后之意，原本无有，孟子有所谓"舜为东夷之人，文王为西夷之人。"

"野"之文化相对落后、蛮狄荒夷之地，粗鄙之意为后出。《礼记·仲尼燕居》曰："敬而不中礼谓之野"，《荀子·修身》曰："不由礼则夷固僻违庸众而野。"《后汉书·朱浮传》载：（朱）上书曰："语曰：中国失礼，求之于野。"同书卷七十五《东夷列传》载：所谓中国失礼，求之四夷者也。《三国志·魏书·乌丸鲜卑东夷传》载：虽夷狄之邦，而俎豆之象存。中国失礼，求之四夷，犹信。《南齐书·王僧虔传》载：僧虔与兄子俭书曰："古语云'中国失礼，问之四夷'。"以"野""夷"对待而言之，视四夷为"野"，种族、文化之意凸显。但是整体上看去"野"之意味还是指在于区分于精英文化的、有别于精致雕饰的大众文化、质朴纯然的民俗乡土文化。有《论语·雍也》所谓"子曰：'质胜文则野，文胜质则史。文质彬彬，然后君子'"；《论语·先进》"子曰：'先进于礼乐，野人也；后进于礼乐，君子也。如用之，则吾从先进'"。

礼与野的关系如何呢？"礼，始诸饮食"，饮食者，人之习惯、生活也，《周易·序卦传》："物畜然后有礼"，可谓礼本于俗，俗先于礼。《周礼·天官·冢宰》："礼俗以驭其民。"《周官·新义》解："礼则上之所以制民也，俗则上之所以因乎民也。因乎民也无所制乎民，则政废而家殊俗，无所因乎民，则民偷而礼不行也。故驭民当以礼俗，而民之所履，唯礼俗之从而已。若夫人自为礼，莫之统一，家自为俗，无所视效，则非所以驭其民也。"礼俗治世功能相辅相成，互为补佑，不可偏废。所谓："先王修礼以节其性，因之以达其志，通其欲为之节文，道之使成俗也。以是驭之故无殊俗，离而二之则非矣"①。

礼形成后作为相对凝固的制度典章，取为国家组织和社会治理的模式，以此来调校正社会秩序和规范，会对俗进行教化和整合。所谓："以礼化俗。"子曰："安上治民，莫善于礼；移风易俗，莫善于乐"，《晋书·文苑》："移风俗于王化，崇孝敬于人伦。"《旧唐书·宋兴贵传》："弘长名教，敦励风俗。"但这种"化"取"宜"为本，《礼记·王制》："修其教，不易其俗；齐其政，不易其宜。"《礼记·曲礼下》："君子行礼，不求变俗。"如《唐律疏义》："'化外人'谓蕃夷之国，别立君长者，各有风俗，制法不同。其有同类自相犯者，须问本国之制，依其俗法断之。"

就礼对俗的整合和约化而言，俗经过"礼化俗"的机制的完善和上升为"正礼"，诚如陈来所言："礼的原始意涵中本来包含有礼俗之意，即风俗习惯的意义，以后转变成为一套规范体系、准则体系和礼仪体系。"② 礼并不是稳固不变的，由于社会动乱、王朝更替等原因而导致礼崩乐坏的局面自古已存。这也就是所谓的"礼失"，它是一种常态，子

---

① 王志长：《周礼注疏删翼》，《四库全书》经部十九·礼类一。
② 陈来：《儒家"礼"的观念与现代世界》，《孔子研究》2001 年第 1 期。

曰："礼云礼云！玉帛云乎哉！乐云乐云！钟鼓云乎哉！""克己复礼为仁。一日克己复礼，天下归仁焉。"欧阳修："由三代而下，治出于二，而礼乐为虚名。"章炳麟："中唐以来，礼崩乐坏，狂狡有作，自己制则，而事不稽古。"礼由于社会、文化的发展在庙堂失去了、不存在了，而民间、乡野却保有原生的状态，"礼失而求诸野"即是以"野"来补正"礼"的缺失。有其例可证："有司请造乐县，询于旧工，皆莫知其制度。修奉乐县使宰相张浚悉集太常乐胥详酌，竟不得其法。时太常博士殷盈孙深于典故，乃案《周官·考工记》之文……遣金工依法铸之，凡二百四十口。铸成，张浚求知声者处士萧承训、梨园乐工陈敬言与太乐令李从周，令先校定石磬，合而击拊之，八音克谐，观者耸听。"① 注：处士者，乡野人也。此其第一义也。

就礼本于俗、源于野而言，"礼"其实是一个动态的过程，是处在进行时态的。俗者，《说文解字》训为："习也。"《周礼·大司徒》："以俗教民"，郑玄注："俗，谓土地所生习也。"显然俗具有动态性，自发性，不僵固性，而本诸人情、习俗的礼也是与时偕进的。子曰："殷因于夏礼，所损益可知也；周因于殷礼，所损益可知也。"那么，"礼失而求诸野"的蕴义则是以"野""俗"来完善、增益"礼"、甚至制作"礼"。东坡谓："夫礼之初，始诸人情，因其所安者，而为之节文，凡人情之所安而有节者，举皆礼也，则是礼未始有定论也。然而不可以出于人情之所不安，则亦未始无定论也。执其无定以为定论，则涂之人皆可以为礼。"②《史记·礼书》载："采风俗，定制作。"例如诗，李梦阳在《李空同文集·诗集自序》里说："夫诗者，天地自然之音也。今途咢而巷讴，劳呻而康吟，一唱而群和者，其真也，斯之谓风也。孔子曰礼失而求诸野，真诗乃在民间。"

"仲尼有言"，可知"礼失而求诸野"之谓可以上溯到孔子时代，《春秋左氏传》昭公十七年载"（仲尼）告人曰：吾闻之：'天子失官，官学在四夷'，犹信③。"吾闻之"似可溯之更久远。在历史、文化的发展过程当中，"礼失而求诸野"作为一种文化整合的机制，其运用和适用的范

---

① 刘昫：《旧唐书·志第九》，岳麓书社 2007 年版，第 676 页。

② 苏轼：《礼以养人为本论》，《苏轼全集中》，上海古籍出版社 2000 年版，第 675 页。

③ 参见杨伯峻《春秋左传注》，中华书局 1990 年版，第 1389 页。

围是很广泛的，在思想学术方面，例如刘歆在《移太常博士》中认为"古文不犹愈于野乎？"，应该列《左氏春秋》《古文尚书》等于学官，以求与今文经学砥砺互进。在史志方面例如许多野史作家认为笔记等野史可以"补史氏之缺"，与正史"参稽互质"。在音乐方面，例如明朱载堉认为"礼失而求诸野，乐失亦然"，民间音乐可以解决许多雅乐演奏的刻板和呆滞①。甚至在近代，洋务派、维新派认为西方之技艺之器物也是野，同样可以以"礼失而求诸野"的模式来进行吸收和整合，左宗棠："至以中国仿制轮船，或疑失礼，则尤不然。无论礼失而求诸野，自古已然②"。盛宣怀："学校之制，转与吾三代以前施教之法相暗合，今日礼失而求诸野，讲西学，延西师"③，等等。

　　2. 民间儒教信仰的生态

　　以"礼失而求诸野"的机制和进路重建儒教也有些许共识，陈明早言要走出书斋去研究儒教的问题④，并且认为"在现代性扩展之后，民间信仰岌岌可危——最后的希望或生长点也只能到这里找寻"⑤，任继愈也说："关于儒教的争论，既然不能从儒教本身的解释去争是非，那就不妨暂时离开'四书'，试从更广泛的范围，如社会学、经济学、宗教学、人类学多方考察，把它放在更广阔的视野里来观察，可能对问题解决有所裨益。"⑥卢国龙在《礼失而求诸野义疏》一文中更是详梳了"礼失而求诸野"的文化机制，认为儒教既"产生于'礼失而求诸野'的文化机制，就必然具有整合礼与野的功能特性，自身的文化形态必然介于礼与野之间……研究儒教，应该针对其自身的这一特性，从'礼失而求诸野'的文化机制入手"⑦。从这种机制入手，首先要求摸清民间今天的儒教信仰呈现出什么样的生态。这必然要求深入实地进行乡野调查，把握第一手的材料和实际的真实状态。兹以实际的掌握材料作一些点的客观描述和直观

---

① 以上例证详参卢国龙《礼失而求诸野义疏》，载《世界宗教研究》2009 年第 1 期。

② 陈景磐、陈学询主编：《清代后期教育论著选》，人民教育出版社 1997 年版，第 102 页。

③ 陈学询：《中国近代教育文选》，北京大学出版社 1984 年版，第 76 页。

④ 参见《关于儒家与宗教的讨论》，载《中国哲学史》2002 年第 2 期。

⑤ 陈明：《儒教之公民宗教说》，《原道》第十四辑，首都师范大学出版社 2007 年版。

⑥ 任继愈：《把儒教放到更广阔的视野里来考察——序李申著〈中国儒教论〉》，载《云梦学刊》2005 年第 3 期。

⑦ 卢国龙：《礼失而求诸野义疏》，载《世界宗教研究》2009 年第 1 期。

呈现。

首先是江苏乡村的丧葬仪式的考察。朱集村位于江苏省睢宁县桃源镇，睢宁县位于江苏省西北部，是徐州市下属的一个县城。在徐州市的东南部，汉族人口占绝大多数，数量很少的少数民族人口，如回族、满族、苗族等也是和汉族杂居在一起的，没有专门的聚居区。因此这里介绍的朱集村的丧葬风俗指的是汉族丧葬风俗，而无涉其他民族的；这里要介绍的乡村的丧葬风俗也仅仅指老人去世的丧葬风俗，而不是指其他类型，也就是指睢宁人常说的"送老殡"。采朱集村为点，其丧葬礼俗可以略分三个阶段：殡前、殡时、殡后。

殡前。殡前就是指老人还没有去世之前，朱集村的殡前准备又分为两种情况：一是殡前的长期准备，另一个是老人即将去世时的临殡打算。

1. 殡前的长期准备

殡前的长期准备主要指老人还没有去世，但是年事已高，身体不太好，这时候子孙如果孝顺，就要考虑老人的后事问题。这时主要考虑两个问题，一个是选择木材准备做棺材，一个是选择坟地。

（1）选择木材做棺材，朱集村人避讳，往往称为老人"买木材盖屋"，朱集村和中国大多数农村一样，传统上是直接土葬的，但是经历20世纪中期的改革，大多数朱集村的人知道应该火化，但是火化以后村民仍然坚持骨灰盒要安放在棺材中重新土葬。所以，较早为老人选择木材或者棺材在朱集村往往是孝顺的表现，为邻里称道。至于说木材的质量或者棺材的价格，那根据家庭经济条件而定，但往往有个大概的标准，因为质量太差容易遭村里人"戳脊梁骨"骂的，而且老人的"娘家人"如果知晓绝对不会轻易同意的。

（2）选择坟地。同睢宁的其他乡村一样，朱集村也有一块长期形成的较大面积的公共坟地，每一家都有祖坟，老人去世后往往就葬在祖坟中。但是近些年来随着农村经济水平的提高，也有请风水先生看风水的，把老人葬在自家的田地里面的。长期准备是儿孙孝顺的表现，绝对不是盼望老人早死，这在睢宁乡村是普遍得以接受的。长期准备有时也具有不确定性，比如临近的彭艾村，一位老人70岁，儿孙就为老人准备了棺材，但是老人八十多岁还没有去世，没有想到其大儿子不到60岁突然去世，结果为老人准备的棺材先给其大儿子用上了。

2. 临殡准备

当家人估计老人就要不行了，这时候做的安排叫临殡准备。临殡准备的事情比较多，主要有以下几项。

（1）找"大支"。朱集村所谓的"大支"就是能够主持葬礼的司仪。村人对于完整的丧礼、丧服等制度的并没有完全的通晓，对于载在《仪礼》《礼记》等书中的程式也不尽知。甚至朱集村大多数人并不懂得这些礼仪制度，也不会严格按照这些礼仪制度去做的，但是村上往往有那么一两个或者几个老人对当地丧葬习俗较为了解。这几个固定的老人经常性的主持各村的送殡仪式，形成乡村的权威。一旦某有老人去世或者快要去世，就要请一位"大支"，询问丧葬礼仪，请其安排各种事情。

（2）通知家人和亲属。朱集村人认为，老人病重期间，外地儿女一定要回来陪护身边，否则为不孝。亲戚一定要携礼物看望，否则若病人死后无法面对死者及其家属。重要的亲戚应当多次探望病人。

（3）准备寿衣、孝服、哀棍、摆灵堂的用具。朱集村的风俗往往是棺材准备得较早，寿衣准备的较晚。寿衣要备衣、裤（裙）、鞋、袜、帽，衣裤应有棉有单，寿衣颜色多为红、蓝，忌黑、忌花。那些没有长期准备的家庭，这时候还要考虑棺材问题。要为死者的儿孙准备孝服以及为来吊唁的人准备大量的孝帽，这些都是用粗白布制造。哀棍就是柳树棍，但是上面缠绕着剪好的白纸。

（4）吹喇叭。在睢宁乡村，一个乡镇往往存在一两个特定的村较多人会吹唢呐，丧事礼仪用唢呐班奏乐是非常普遍的现象，睢宁乡村把这个称为"吹喇叭"。在传统道德观念的影响下，老人去世子女往往都会请上唢呐班奏乐以表孝心。在老人即将不行的时候要提前给唢呐班打好招呼，因为乡村的唢呐班往往不是非常专业的，是不脱离生产劳动。

殡时

这里的殡时还要分两个部分，一个部分就是老人去世之后但是还没有送殡的礼仪；另一部分就是送殡的当日礼仪。

（1）老人去世到送殡之前：①哭亲与换衣。村中老人去世时，无论白天还是晚上。老人的儿孙，特别是女性晚辈当时要大哭亲人。村里本家或者近房的人听到了，就知道老人去世了，要过来吊唁。同时，开始更换衣服，儿子要披麻衣，腰系麻绳，戴孝帽，手执哀棍。儿媳披发，顶褡头，束腰绳。女儿戴孝同儿媳。侄辈戴平角孝帽，孙辈戴的孝帽上面有红布一块。老人在没有火化之前，原地不动，要盖上白布，有的还在老人嘴里放一个铜钱，睢宁人称为"洋钱"。老人一旦去世，家人立刻去找已经打好招呼的"大支"，请其安排丧葬事情。

（2）报丧。家人要立即把老人逝世的消息告诉亲友和村人，早期一般派人当面通知，近些年来有的直接打电话说明的。报丧主要有两件事情要说明，一是告知亲友老人去世了，村人避讳去世，往往说"老了"或者"不行了"；二是在此之前要确定好送殡的日期，送殡的日期一般定在火化后的第三天，通知亲友送殡的日期。与老人关系紧密的家庭，要在送殡之前就要来吊唁，送殡之日也要过来吊唁；关系一般的，仅仅送殡当日来吊唁。

（3）火化。一般由"大支"挑选一个吉利的日子（也可以是家人自选的），由家人护送（主要是男性）开着拖拉机送到睢宁火葬场火化。经济条件宽裕的人家，这时候就可以请唢呐班过来演奏哀悼老人。在送老人火化的时候，家人要搭灵棚。火化结束回家后，把小的骨灰盒放置于大的棺材中，然后停放在灵屋中。

（4）守灵。老人从去世到火化，一直到送殡之前，都需要守灵。传统上，老人的儿孙及侄子们等都要在灵屋睡，与亡者共眠，以免亡者寂寞。但是近些年来，如果老人儿孙多，往往是轮流守灵。

2. 送殡当日

在送殡的前一天，家里要准备好。白纸贴上，孝服穿上，送葬的纸人、车马等都要准备好。送殡的当日早上，唢呐班早就吹起唢呐哀悼老人；家里的妇辈，睢宁称为"妇道人家"早早就开始哭悼老人。

（1）灵棚整体布局。一般入口朝南，最里面停放棺材，棺材前面要有个大方桌，上面放着各种食品供奉老人，方桌前面有火盆供悼客烧纸用，火盆前面铺着是大块布或者袋子，村人称为"口袋"，供亲邻磕头用。

（2）早晨孝子迎亲。一般亲人和邻居早晨直接过来悼念老人，在灵棚磕头烧纸。但是一些至亲早晨过来，必须孝子去村口迎接。如果多位至亲恰巧一起到村口，孝子只要迎接一次就行了；如果多位至亲不是一起到村口，孝子必须反复迎接。

整个过程中，唢呐班必须不停地奏乐。

（3）中午白事宴。丧葬，朱集村又称"白喜事"。老人如果年龄在七十岁以上去世，基本上都称为"白喜事"，需要敲锣打鼓、吹唢呐。白喜事的宴会时间不能太长，不超过两个小时。但是红喜事的宴会时间很长，一般要超过两个小时。

（4）黄昏下葬。朱集村现在仍然实施棺材土葬，村人把下葬称为"下地"。在中午白事宴结束以后，"大支"会安排去世老人本家的几个青壮年劳动力到预先选定好的坟地去挖坟坑。到了黄昏，开始下葬，妇女的哭声和唢呐的奏乐声达到最高峰。

棺材下葬以后，老人生前的衣物、用品也随之埋葬。埋葬好以后，还要"圆坟"，亲戚邻里都动手，往坟上添土，最后把坟建成一个圆锥形，顶上最后要放一个大的完整的土块。纸葬品，如花圈、纸人、纸马等当时烧掉。埋葬好以后，老人的儿孙子女，从孝子开始依次磕头。

殡后

老人下地以后，家人还有一些礼仪必须遵守，朱集村主要有以下四个方面必须遵守的，否则会遭邻里骂"不孝"、"不知自己是哪里来的东西"：

（1）戴孝布。老人去世后，儿孙就要在胳膊上戴黑孝布。早期朱集村的规矩严格，要戴满三年；现在许多家庭往往戴满一年就可以不戴了。

（2）"烧七"与"百天"。老人去世后，老人的子女每隔七天就要去烧一次纸，一共烧七次，共四十九天。老人去世后的第一百天，老人的子女要回家祭祀，朱集村人称为"百天"。这时候，经济条件好的，仍然可以请唢呐班来演奏。以后，每逢清明都要去烧纸祭祀。

（3）对联。老人去世后的第一年，子女家春联必须是白纸，第二年为紫黑纸，第三年为黄纸；第四年才能是红纸。和老人属于本家、近房的邻居，第一年是紫黑纸，第二年为黄纸，第三年才能是红纸。

（4）结婚。此后，老人的子孙如果结婚，特指娶媳妇，在结婚的那天早晨新郎必须由家族长辈带领，同时挑选一个本家的，但是比新郎年龄小的男孩，睢宁人称为"小哥"陪同，去给老人磕头、"烧"纸钱，"告诉"老人，家有喜事。

杨庆堃先生曾说，宗教能够在经济结构中扮演重要的角色，在于宗教仪式的力量可以吸引社区的民众，人群一旦聚集起来，自然就为贸易和其他社会活动提供了机会①。

伏羲在官籍正典中的记载多是作为圣王形象出现："画八卦，造书契"。《易·系辞下》："古者庖牺氏之王天下也，仰则观象于天，俯则观法于地，观鸟兽之文与地之宜，近取诸身，远取诸物，于是始作八卦，以通神明之德，以类万物之情。"《论衡·齐世篇》："至庖牺时，人民颇文，知欲诈愚，勇欲恐怯，强欲凌弱，众欲暴寡，故庖牺作八卦以制之。"《汉书·律历志》载："自伏羲通八卦，收数起，至黄帝、尧舜两大备。"萧绮《拾遗记序》："文起羲农。"成玄英《南华真经疏·缮性》说："伏羲画八卦以制文字。""正姓氏，制嫁娶。"《白虎通·德论》也曰："古之时，未有三纲六纪，民人但知其母，不知其父。于是伏羲因夫妇之道，正五行，始定人道，以民始知父子之亲，夫妇之道，长幼之序。"谯周《古史考》："伏羲制嫁娶，以俪皮为礼。"准生产，定制度。《抱朴子·对俗》："太昊师也蜘蛛而结网。"《古史考》："伏羲氏作网。"《广博物志》卷五十引《皇图要览》："伏羲化蚕，西陵氏始养蚕"，"太古太昊伏羲氏化蚕桑为锦帛"。《论语摘辅象》载："伏牺有六佐。"司马贞《三皇本纪》载：太昊伏羲氏"有龙瑞，以龙纪官，号曰龙师"。

对于伏羲的祀拜，自然强调的是伦理教化之效和文明肇基之功。通过在官方的祭文不难看出，一篇是明太祖朱元璋御制的祀先祝文："维年月朔日，孝孙某，阖门眷属告于高祖考妣之灵：昔日相继鞠育子孙，怀抱提携，劬劳万状。每逢四时，交代随其寒暖增减衣服，撙节饮食。或忧近于水火，或恐伤于蚊虫，或惧罹于疾病，百计调护，惟恐不安。此心悬悬，未尝安息。使子孙成立至有今日者，皆吾祖宗考妣劬劳之恩也。虽欲报之，莫知所以为报。兹者，节届春夏秋冬，天气将温热凉寒，追感昔时，不胜永慕。谨备酒肴、羹饭，率阖门眷属以献，尚享！"另一篇是明朝礼部所颁太昊庙祭文："维年月日，秦州某官某，钦奉上命，致祭于太昊伏羲氏。于维圣皇，继天立极，功在万世，道启百王。顾兹成纪之乡，实惟毓圣之地。爰承明命，建此新祠。用妥（按：疑应为"安"）在天之灵，并慰斯灵之望。时惟仲（春、秋），祀事陈式。神之格思，永言无斁。"

而民间大众对于伏羲的祭拜，其意蕴更为复杂。仅以此庙会的求子风俗作一个视角的描述。在神话传说中伏羲和女娲是兄妹，在经历了大洪水

---

① 参见杨庆堃《中国社会中的宗教》，上海人民出版社 2007 年版，第 87 页。

之后，人类灭绝，兄妹二人向上天占卜请求结合以繁衍人类。天意成美，二人就结婚繁衍了人类，被尊称为"人祖爷"和"人祖奶奶"。人们于此庙会上对其进行的祭拜也多是祈求子孙兴旺。

这种求子的第一道程序是拴娃娃。拴娃娃之习俗起源于古庙会上，一些赶会的人特别是老年人，买一些泥质玩具回家，在路上分发给索要的小孩，以求得小孩子的祝福"给个泥泥人，明年添个孙儿"。

第二道程序是摸子孙窑。求子者在拴过娃娃之后，一般都会去摸一摸子孙窑。子孙窑是一个位于太昊陵显仁殿基石上的一个孔，直径约 25 厘米，深度有一指左右。"洞"、"窑"之类的实物显然是女性生殖器的象征，是生殖崇拜的文化印记。每年二月会期间，有求子愿望的香客（多为女性，而且多为育龄妇女），把手指放进窑洞里，进进出出。其寓意是两性的结合，以祈求子成功，人丁兴旺。据说，抠摸的次数不一样，所生孩子的性别也不一样。

第三道程序是"请"泥泥狗和布老虎。求子者，为确保求子愿望的万无一失，往往在拴娃娃、摸子孙窑之后，一般都会在午朝门外的集市上花钱"请"一些泥泥狗和布老虎。泥狗又叫"陵狗"或"灵狗"，是庙上各种泥玩具的总称，其主题主要取材于各种动物以及葫芦。在各类动物造型身上都能找到一到两个代表女阴符号的图案。比如从人祖猴的泥塑，整体上看去是男性生殖器官的象征，腹部的女阴图案则是女性生殖器官的再现。泥泥狗中还有许多连体类形状的，如双头狗、双头猴等，寓意显然是对性结合的生殖崇拜。布老虎种类繁多，有单头虎、双头虎、枕头虎等等，形态大小不一。虎视镇宅、驱邪、禳灾以及生育的保护神，"请"布老虎就是希望小孩子免受邪恶侵犯，也寓像老虎那样虎头虎脑地茁壮成长。

最后的程序是在喜得贵子愿望达成之后的还愿仪式。此方式有两种仪式来表达，一是树旗杆。献旗杆是仅用于求子生男孩成功的还愿仪式。保佑孩子长大成人。所谓的旗杆，就是用一个粗壮的柳木或椿木，把顶端削成男性生殖器的形状，然后将木棍穿过一个上小封顶的方斗形木盒制成。旗杆大的高两米左右，小的一米左右，均涂成红色，象征女性孕育胎儿的经血。旗杆象征男根，木盒寓意女阴。木盒底部一定要空，只有这样才能保证子孙绵绵不断，也象征男根的木棍正好从木盒中间穿过，寓男女交媾状。所献的旗杆，都要在人祖坟前烧掉。也有一些求子者也可不等旗杆烧完去"抢旗杆"，献旗杆者也不介意。

另外一种就是"担经挑"或称"担花篮"，又称"履迹舞"。源于"华胥履大人迹而生伏羲"的故事。表演者一般为中老年妇女，在担经挑表演中，其基本舞步与戏剧动作中的"碎步"相仿，并且要沿履而舞，以此再现华胥氏履迹得子。有三种基本的舞姿：剪子股、铁锁链、拧麻花。据说此舞传女不传男，但演的是伏羲与女娲。舞者全身服饰多是黑色的，头缠一条近两米长的黑纱包头，黑纱下缀有长穗儿，象征龙尾。舞到兴处，舞者背靠背，互相摩擦，象征伏羲、女娲交尾之状。人们认为相类似的东西或行为可以产生相类似的结果，有助于促进人类的繁衍。求子者也可以在歌舞狂欢的气氛中感染到这种生殖力，从而有助于妇女生育。

伏羲庙会不同的参加者其目的和动机不一样，对伏羲形象的看法和祈愿也迥异，即使是从事同样仪式的香客也有诸多的争议。官方的祭祀倾向于祖先崇拜——伏羲是人类共同的始祖和圣贤崇拜——有功烈于民者，目的在于维持有效稳定的统治和鼓励民众践履美德，而民间的祀拜更趋向于神仙崇拜——灵验和神通，目的在于得到护佑和达成心愿。但是，围绕伏羲庙会的一些活动无形中形成了一种群体的凝聚力，使得参与的成员在共同的信仰下有一种活力。十里八乡的人们云集于进行的不止是宗教活动，还有大量的经济活动以及娱乐项目。"宗教信仰、经济事务和娱乐活动交织在一起，它提供了一个把个人带出以家庭为中心的日常活动范围，亲朋好友能够相聚并扩大社会交往圈子的场合；还打破了日复一日简单重复的单调生活。……最重要的是，这样汇集了无数个体的社会集会……反映了群众性社区活动的地域范围之广大，同时参与的人数众多，让每一个亲临其境的人深深地感到：自己生活的乡村虽然狭小，但是社会与经济组织之外还有更大的社区社会组织存在。"①

3. 民间之儒教状态对于重建儒教的启示

列文森说，当儒教最终成为历史时，这是因为历史已超越了儒教……儒教变成了理性研究的对象（而不是理性研究的条件），而没有成为情感

---

① 　杨庆堃：《中国社会中的宗教》，上海人民出版社2007年版，第91页。

维系的对象，成为一块引起人们对过去之虔诚的历史纪念碑。① 通过各地一系列民间儒教状况的考查和直观的呈现，我们发现儒教并不是如列文森所言的那样只是死物，而是在民间保存有活生生的儒教形态。"古代中国的宗教并不属于要有的过去，它存活到今天，离我们很近，特别是在民间宗教的奇特的世界里②"，这样不是传统原本意义上的儒教"活体"给我们重建儒教带来什么样的思考呢？

先来看江苏乡村丧葬仪式的问题。本文通过实地调查而呈现出的江苏省睢宁县乡村的丧葬仪式并不是传统意义上儒教形态，它与正典史籍多有出入。众所周知，儒家一直很重视丧葬的礼义和礼仪，有所谓"事死如事生，事亡如事存"③，"养生者不足以当大事，惟送死可以当大事"④，"君子不以天下俭其亲"等论述⑤，其原初的礼制和礼仪是很完备的。

"上世尝有不葬其亲者。其亲死，则举而委之于壑。他日过之，狐狸食之，蝇蚋姑嘬之。其颡有泚，睨而不视。夫泚也，非为人泚，中心达于面目。盖归反虆梩而掩之。掩之诚是也，则孝子仁人之掩其亲，亦必有道矣。"⑥ "此葬埋之礼所由起也"⑦，"丧礼之礼节，皆整顿于周。由贵贱亲疏，而有种种差别……周公立制，节目详备"⑧。据《仪礼》所记载，大概程序：①"始死，迁尸于床，帾用敛衾，去死衣"；②"复"；③使人赴君，君使人吊襚；④沐浴饭含，"袭"事；⑤"为铭"、"设重"；⑥小敛；⑦大殓；⑧成服；⑨朝夕哭；⑩筮宅兆、卜葬日；⑪请启期，启殡；⑫迁柩朝祖；⑬载柩饰柩；⑭"陈器"；⑮祖奠、大遣奠；⑯发引、窆棺、藏器；⑰反哭；⑱虞奠。

其次是丧葬的规制和节文方面的分殊，关于贵贱上下之别：若"君

---

① ［美］列文森：《儒教中国及其现代命运》，郑大华、任菁译，广西师范大学出版社 2009 年版，第 341 页。

② ［加拿大］秦家懿、［德］孔汉思：《中国宗教与基督教》，吴华译，生活·读书·新知三联书店 2003 年版，第 2 页。

③ 《荀子·礼论》。

④ 《孟子·离娄下》。

⑤ 《孟子·公孙丑下》。

⑥ 《孟子·滕文公上》。

⑦ 《四书章句集注》。

⑧ 张亮采：《中国风俗史》，团结出版社 2005 年版。

之丧三日，子、夫人杖，五日既殡，授大夫世妇杖……大夫之丧，三日之朝既殡，主人主妇室老皆杖……士之丧，二日而殡，三日而朝，主人杖，妇人皆杖"；关于亲疏男女之分：若男女哭尸时，"朝夕哭……妇人即位于堂，南上，哭。丈夫即位于门外，西面北上"等①。通过简单对比，不难看出现在的丧礼已经和传统上的有很大的区别，比如说火化制度的引入，随份子的人情以及加入佛教因素的"七"礼仪等。其实历史上的丧葬礼仪本来也一直发生着变化，比如西汉少行三年之丧，王莽复制，后汉畅发；比如"寒食上坟，礼经无文，唐世相传，浸以成俗"；比如"丧葬瘗钱，本始于汉时，至唐王玙以纸易之，名曰纸钱，迄今不替"；比如宋代士大夫居丧饮酒食肉；僧道诵经设斋作醮作佛事等。所谓礼俗日化，"多非古意，即以今俗言之，各地多已不同"②。这是礼乐制度内在机制决定的，"五帝殊时，不相沿乐；三王异世，不相袭礼"③，"礼，时为大"，④ 时代在变，礼仪制度必然也会与时迁移，孔子说，殷因于夏礼，周因于殷礼，有所损益，并且有"周监于二代，郁郁乎文哉"之语。这更是礼乐的内在精神的体现，所谓"夫礼，先王以承天道，以治人之情"⑤，"缘人情而制礼，依人性而作仪"，⑥ 礼的制作和改变本就是顺应人情，从民所需的。

在今天重建儒教的过程中，完善诸如丧葬礼仪等儒教制度的时候就要本着礼乐制度的内在精神和内在机制入手，既要满足需求也要体现精神。从立场上讲，不要以精英的视角考量问题，要弯下腰去，真正做一个知行合一的实践者。从态度上讲，要抛开自以为真理在手、文典在胸的傲慢，

---

① 张亮采在《中国风俗史》中对此进行了概括："父母之丧，看斩衰之服二十五月，谓之三年之丧。其次祖父母伯叔父母兄弟之丧，著齐衰之服十三月，谓之丧期。又次为从父昆弟之丧，著大功之服九月。又次为再从昆弟外祖父母之丧，著小功之服五月。又次为三从昆弟之丧，著缌丧之服三月。王崩，群臣诸侯皆居丧三年，嗣王不亲政，谓之谅暗。百官皆听于冢宰。诸侯亦如之，葬式之差别，天子七日而殡，七月而葬，诸侯五日殡，五月葬，大夫士三日殡，三月或逾月葬。而天子葬同轨毕至，诸侯葬同盟至，大夫士葬同位至，庶人葬族党相会。棺椁衣衾，自天子至于庶人，务尽其美。棺厚五寸椁称之。而其作法，天子重，诸侯四重，皆用松。大夫二重用柏，庶人一重用杂木。"

② 文藻：《中国丧礼沿革》，载《新东方》第二卷第四期，1941年。

③ 见《礼记·乐记》。

④ 见《礼记·礼器》。

⑤ 见《礼记·礼运》。

⑥ 见《史记·礼书》。

去真实地感受和体验儒教在民间的活泼生机。民间存在"野"的礼，正典载有"雅"礼，"礼失而求诸野"的机制要求在今天重建儒教的时候，既要以"野""俗"来完善、增益"礼"，更要顺应时代所需对俗、野进行适当的整合和约化，使之上升为"正礼"、制作新礼。

再来看庙会问题。庙会源起于何时，无确切考证，前文述及到有"庙"之会和社祭的娱乐。其实把庙会在放在儒教的层面上更容易理解。《诗·大雅·思齐》："雍雍在宫，肃肃在庙。"《周颂·清庙序》："清庙，祀文王也。"《释名·释宫室》："庙，貌也，先祖形貌所在也。"郑玄笺："庙之言貌也。死者精神不可得而见，但以生时之居立宫室、像貌为之耳。"《说文解字·广部》："庙，尊先祖完也。"段玉裁释："古者庙以祀先祖，凡神不为庙也，为神立庙者，始三代以后。"《康熙字典》："《古今注》亦云：庙者，貌也，所以仿佛先人之形容也。《释名》：先祖形貌所在也。《玉篇》：宗庙也。"庙，祭祀祖先之场所也，非寺庙之意。《礼记·王制》："天子七庙，三昭三穆，与太祖之庙而七。诸侯五庙，二昭二穆，与太祖之庙而五。大夫三庙，一昭一穆，与太祖之庙而三。士一庙，庶人祭于寝。""会"者谓何？《周礼·春官·大宗伯》："时见曰会，殷见曰同。"郑玄注："时见者，言无常期，殷，犹众也。"《诗·小雅·车攻》："赤芾金舄，会同有绎。"《毛传》："时见曰会，殷见曰同。绎，陈也。"会也就是指天子与诸侯或诸侯之间的一种定期会见。《左传·昭公三年》载："诸侯三岁而聘，五岁而朝，有事而会，不协而盟。"这种会一般是在天子或盟主的宗庙中进行，通过对先王的祭祀而完成。可以看出在庙和会的原始意义上讲，祭祀祖先的宗庙活动是主义的。伏羲被称人文始祖，其庙会称为朝祖大会，即使拜谒进香求子的生殖崇拜模式也不外是祖先崇拜的形式。可以说伏羲庙会就是以儒教的祖先崇拜式样为主集合起来的信仰表达形式。

对自己祖先的崇拜可以说是中国民众宗教意识和社会生活的核心[①]，民众在亲情中将孝悌等伦理道德规范与外化的对祖先的祭祀活动融为一体，使人们的人性意识、血缘感情、宗教心理有机地结合在一起，无须任何玄奥信仰体系，便得到了理性的与神秘性的双重满足。而且"管摄天

---

① 侯杰、范丽珠：《世俗与神圣》，天津人民出版社 2001 年版，第 226 页。

下人心，收宗族，厚风俗，使人不忘本"①。这是儒教信仰的应有之意，也可以说是信仰认同最普通最基础的模式。传统儒教信仰认同模式以家国天下的层架铺开，以血缘亲子为基础的信仰认同模式放大到同根同祖，家国一体，天下一家。从伏羲庙会的祖先崇拜可以看出，以伏羲作为共同始祖的祀拜，显然是此种模式的延伸。"种族不始于黄帝，而黄帝实可为种族代笔，宗教不始于孔子，而孔子实可为宗教之代表。彼二圣者，皆处吾国自古迄今至尊无上之位，为吾全历史之关键，又人心中所同有者，以为之国魂，不亦宜乎？"②

承认庙会本质上是一种儒教意义上的宗教现象，并不否认现今庙会也糅合了游艺、商贸等一系列的活动，变成了融宗教文化与商业贸易为一体的大型综合性民间活动；并不否认原初宗庙的含义在今天也包容了释道的成分，突出了精神信仰表达的意蕴。甘满堂通过调查过当代福建农村的村庙，曾指出庙会具有宗教的心理慰藉功能、道德教化功能、娱乐功能、经济功能，对传统民间文化的传承功能，对社区公益事业的支持功能，社区整合功能等"正功能"③，显然，伏羲庙会同样具有这些功能。这就说明伏羲在人们心中是祖先崇拜和神灵信仰的结合体，具有道德教化和心灵慰藉的双重作用。毕竟，"仅仅依靠儒家理性主义的思想是难以成功地迎接来自巨大的、不可知世界的挑战，难以令人信服地解释社会和自然的各种非常态现象，处理包括死亡在内的生活悲剧带来的失望和恐怖，提高人的精神境界，使之脱离凡俗世界的自私和功利，给人以更高的目标，使之与周围的人团结并和谐相处，或者调节道德秩序历久的正当性以面对纯道德难以解释的成功与失败"④。

"礼失而求诸野"，"野"的庙会的繁荣景象表明民间还存在着祖先崇拜和圣贤崇拜的式样，保存有儒教的现实形态，这为重建儒教提供了现实参照，而不只是从典籍中去爬梳整理。"野"的庙会在儒家理性传统基础上糅合非理性主义的成分，补充完善了信仰的层面，这就要求重建儒教时要以宽容的心态整合接纳诸如佛道的因素，以务实的态度积极完善和满足

---

① 《张子全书》卷四。

② 干春松：《制度儒学》，上海人民出版社 2006 年版，第 138 页。

③ 甘满堂：《村庙与社区公共生活》第 8 章 "村庙信仰的功能分析"，社会科学文献出版社 2007 年版。

④ 杨庆堃：《中国社会中的宗教》，上海人民出版社 2007 年版，第 34 页。

此方面的需求。庙会活动的大众性、广泛性和集体参与性超越了阶层、立场、利益的分化，整合了分歧，增强了社区、组织活动的凝聚力，取向于共同信仰一定程度上为儒教重建培育了公民社会的基础。

合而言之，"无论是从脱离了儒学的官僚政治看，还是从离开了官僚政治的儒学来分析，儒学的理论内容都会发生深刻的变化。君主制为儒学官僚政治提供了适宜的土壤，19世纪君主制受到冲击，并最终在1912年被推翻，它本身也就成了一个历史遗留的概念。民国下的儒学也随之变成了历史的陈迹。在以往的许多世纪和朝代中，君主制和儒学相伴而生，结为一体，互相利用，现在又互相牵连，双双衰落。当儒学失去了它的体制依附时，它的理论体系也难以为继"①，理论上失去载体的儒教变为了孤独的"游魂"，但是，"从积极方面说，儒学能够从特定的历史时空和社会形态中'游离'（超脱）出来，适足以表明其生命力之所在——儒学并没有如某些人所说只是一种封建的社会意识，它没有也不会随着旧的社会体制的瓦解而消亡"②。毕竟"这一套文化思想，已经无孔不入地渗透在广大人们的观念、行为、习俗思维方式、感情状态之中，自觉地或不自觉地成为人们处理各种事物、关系和生活的指导原则和基本方针，亦即构成了这个民族的某种共同的心理状态和性格特征……积淀和转化为一种文化——心理结构"具有相对独立性和自身发展的规律能够适应不同阶级和历史阶段需求，而不完全不直接服从、依赖于经济、政治变革③。事实上，民间的"小传统"不但适应了时代的变化，而且在一定程度上护持了儒家的传统、保持了儒家精神。这是因为一方面广大的农村处于现代生活的边缘地带，无论是从地缘上还是从政治文化上看都还相对的封闭，乡村的血缘共同体未完全瓦解，熟人社会的形态未完全消解，儒家伦理的根基还残存，儒家的思想还影响着日常生活。另一方面在砸烂旧社会，创造新社会的运动中，一切"四旧"都灰飞烟灭了，生活和生命的方方面面充斥都是政治意识形态，但是当意识形态的话语被经济的浪潮所淹没的时候，伦理道德和信仰领域不可避免地处于真空的状态，儒教满足了这种心

---

① ［美］列文森：《儒教中国及其现代命运》，郑大华、任菁译，广西师范大学出版社2009年版，第259页。

② 郑家栋：《断裂中的传统》，中国社会科学出版社2001年版，第46页。

③ 李泽厚：《中国古代思想史论》，人民出版社1985年版，第34页。

理诉求。

礼失而求诸野，民间的儒教形态为今天的儒教重建提供了一定的参考价值和模式参照。江苏乡村的丧葬礼仪要求我们要参与到当今礼仪制度的制作中去，使之取得相对规范化的程式，既适应现实所需又体达儒教精神；而民间糅合各种因素具有多种功能的庙会促使我们要努力提升群体组织的凝聚力，发掘其社会功能，为儒教培育其公民社会基础。"礼失而求诸野"，"野"并不是一个完成完美的时态，不是一个拿来即可用，用之即有效的现成器具。毕竟中国千千万万的乡村处于现代经济浪潮的洗礼中，传统习俗、乡土特征正在受到前所未有的荡涤；所谓儒教的宗法血缘根基，小农自然经济的载体业已动摇和支离；家国天下的理念和祖辈生活的经验也渐失去了效力，现代性的价值理念深入人心，儒教早已不是传统意义上的儒教形态和状态。所以，"礼失而求诸野"实质上更是一个重新建构的过程。投入到儒教的建构过程中，以民间为入手处，"纵不能行之天下，犹可验之一乡"①。

（二）儒教重建之文化向路——立法以垂教

儒教真实的历史面相究竟是如何呢？它在当今继续存在的理由是什么？前者意在于标明儒教在中国历史上曾经真正的价值以及地位、作用。后者在意在说明曾经的儒教在当代国家、社会、历史文化状况已经昨非的状况下何以能够与时代相适应，并发挥其应有的功效。前者的真实表述和合理定位决定了后者得以继续存在的理由以及后者在新时代下寻找发挥效用的真实切入点。

儒教的历史真实是什么？首先在于还原儒教的原貌。《论语·卫灵公》："斯民也，三代之所以直道而行也"，夫子亦曰："周监于三代，郁郁乎文哉，吾从周"，"由三代以上，治出于一"，《象山先生全集》有语云"今之天下所谓古者，有尧舜，有三代"，三代之治，三代之史，大都合而言之，其意在于标明三代是一个一以贯之的文明连续体。张光直先生在《中国青铜时代》中言道，夏商周三代在政治上代表相对立的政治集团，但是在文化上是一系的，虽彼此之间有地域的差异，亦都是中国文

---

① 吕大临：《横渠先生行状》，《张载集》附录。

化①。那么，不妨截断众流，以姬周为典型来考查之，之所以选择周朝正在于夫子所谓"周监于三代，郁郁乎文哉"，损益之又集大成者自然最具典型。

作为一个共同文化连续体的点断，周朝所表现或者说体现连续文化体的面相一方面在于保持文化主体性格不变，另一方面则在于因时就势而损益之。而周朝向来是以礼乐文明之繁盛而溢美，那么可以说其时代的主题——礼乐文明可以兼达这两个方面。换句话说，礼乐文明体系作为损益前代文明而来，自然保持了文化主体性的一以贯之精神，而所损益的现实自然也就体达了时代的精神。

周朝的礼乐文明是一个庞大的体系，覆盖国家社会的方方面面，典籍记载，仪礼则有冠、昏、丧、祭、燕、射、朝、聘等，曲礼则有事亲、事长、起居、饮食、容貌、辞气之法，制器、备物、宗庙、宫室、衣冠、车旗之等。政治制度、经济、军事、宗教、文化、教育、社会风俗习惯乃至饮食、洒扫、应对、进退等无不概括。《礼记·坊记》曰："礼者，因人之情而为之节文。"《礼记正义》曰："夫礼者，经天纬地，本之则太一之初。原始要终，体之乃人情之欲。"《礼记·曲礼上》曰："夫礼者，所以定亲疏、决嫌疑、别异同、明是非是也。"《左传·隐公十一年》曰："礼，经国家，定社稷，序民人，利后嗣者也"。古人之言表明了"礼"经国、济民的原则、标准以及基本的社会功能。

"治出于一，而礼乐达于天下"，撷取礼乐在国家政治宗教制度方面的表现做一个细致考查。周朝立国，封建为体，《左传·昭公二十六年》曰："昔武王克殷，成王靖四方，康王息民，并建母弟，以蕃屏周"，《左传·僖公二十四年》曰："昔周公吊二叔之不咸，故封建亲戚以蕃屏周"。而封建的基石在于两个方面，一是以宗法为核心，其得以凝聚的形式是宗庙。《诗经·大雅·板》曰："大宗维翰……宗子维城。"《传》曰："王者天下之大宗。"《诗经·公刘》曰："君之宗之。"《传》曰："为之君，为之大宗也。"诸侯同姓之国，称周为宗周，即是诸侯之宗天子。异姓诸侯之外，同样也受宗法制度的规定，不仅与姬姜以婚姻的方式联系起来形成姻娅关系，而且其氏族自身的系统亦以宗法来作为调整原则。关于宗庙，钱穆先生曾言，同族的人，不但是同姓，而且由于他们供奉祭祀同一

---

① 张光直：《中国青铜时代》，生活·读书·新知三联书店1983年版，第28页。

祖先，也就是同宗。同宗是指同一庙宇同一神，"宗"字就是一个庙和一个神，同族是指同一队伍作战，"族"字就是一面旗与一支箭。临祭同一庙宇的同宗常是出征同一旗帜的同族。宗庙里面敬奉着其始迁祖，以对此始祖血统上的亲疏，而定政治上地位之高低，及应得的经济权益的多少。[①] 宗庙是一切活动的中心，诸如君主的即位之典、告朔视朝、立储君以及昏冠等典礼等。显然，宗庙是血缘亲团凝聚为统一整体的主要中介。

其次则是社稷，形式是似于整合和链接相同姓族及同姓诸侯之间的宗庙祭祀模式的"社"祭。《尚书·尧典》云："克明俊德，以亲九族。九族既睦，平章百姓"，"平章百姓"之有效原则以及制度操作就是要以社稷之信仰共同体作为中介。《逸周书·作雒》曰："周公敬念于后曰：予畏周室不延，俾中天下。及将致政，乃作大邑成周于土中。……乃设丘兆于南郊，以祀上帝，配以后稷，日月星辰先王皆与食。封人社壝，诸侯受命于周，乃建大社与国中。"即"乃设丘兆于南郊，以祀上帝"，即是受天承命的面相。那么"社"之作用更大程度上作为对于异姓的一种政治联合和信仰的连体[②]，放大意义上说，它更体现信仰的"公"的一面。

无论是"私"的宗庙还是"公"的社稷，均是作为一个信仰的共同体存在的，与政治是一个相合而不可分割的整体。政治信仰的共同体不过是体现了礼乐文明的一个面向，即"治出于一"。关于他者的表现，欧阳修《新唐书》揭著为："古者，宫室车舆以为居，衣裳冕弁以为服，尊爵俎豆以为器，金石丝竹以为乐，以适郊庙，以临朝廷，以事神而治民。其岁时聚会以为朝觐、聘问，欢欣交接以为射乡、食飨，合众兴事以为师田、学校，下至里闾田亩，吉凶哀乐，凡民之事，莫不一出于礼。由之以教其民为孝慈、友悌、忠信、仁义者，常不出于居处、动作、衣服、饮食之间。盖其朝夕从事者，无非乎此也。此所谓治出于一，而礼乐达天下，使天下安习而行之，不知所以迁善远罪而成俗也。"雅野、风俗、朝觐、聘问、宫室、郊庙、衣服、饮食无不在"礼乐文明"的涵盖之下。礼乐文明作为中华民族主体意识的代表，凝聚了人们的共同信仰，成为普通民众日常生活价值原则，形成了一种自然的生活常态和精神积淀，冠之以名的话，称之为"儒教"。

---

① 钱穆：《中国文化史导论》，商务印书馆 1994 年版，第 58 页。
② 详参张宏斌《姓氏与社稷关系考辨》。

　　儒教能够适应时代，满足人们日常生产、生活所需，体达了时代精神，也保持一以贯之的主体精神。但是历史总是变化的，三代以下，周道凌迟，春秋战国风云百态，周秦之剧变，秦汉之分隔，当时之情态欧阳修所谓"治出于二，礼乐为虚名"。政治上在纷乱的战国争雄之后由秦完成了统一，而文教秩序则是无法顺利达成。尽管秦王以吏为师，焚书坑儒以图达到文化与政治秩序的合一。但是秦朝的施政以及方式则完全是不能让人接受，"利禄官爵，专出于兵"，一切都成为军事的附属，"燔诗书而明法令，别黑白而定于一尊"，以权力为中心而强力推行政令，"无书简之文，以法为教；无先王之语，以吏为师"，事事不法古，而取"政"出一切。不止于此，秦朝的文化与政治合一的暴力强制与一以贯之礼乐文明主体精神背道而驰，李斯所言"五帝不相复，三代不相袭，各以治。非其相反，时变异也"，诚然是不错，然而其精神与秦则是截然相悖。秦朝施政之目的在于"恣睢其志，祭使其民"，以民为虏，而礼乐精神之真谛在于"民为邦本"，"天之生民，非为君也；天之立君，以为民也"。任何的政治制度和治术都要以此为归旨，背离其宗旨的秦朝成短命鬼也在情理之中。

　　汉朝重塑的儒教文明大系，形式与传统三代的礼乐文明或有抵牾，毕竟不是治出于一的原始状态，政治系统与文化系统呈若即若离的两分情态，但在实质精神上是一以贯之的，与时俱进，在某个时间段内自足且能自我更新和调整。当时生死问题的凸显以神仙信仰的泛滥为著，齐国威王、宣王，燕昭王使人入海求蓬莱、方丈、瀛洲求仙，秦皇时遣徐福东渡求不死仙药，"不问苍生问鬼神"的汉文帝，甚者，汉武重用方术之士，在长安造"蜚廉桂观"，甘泉造"益延寿观"，"通天台"以迎仙，更有"光照竹宫劳夜拜，露溥金掌费朝餐"之行等。神仙、飞升信仰多以黄帝、老子为依托，开后世五斗米道等道教之滥觞。以儒教为信仰核心的礼乐文明体系，自然调整国家、政治、社会、文化的各个方面，使之整个社会制度在常态下正常运转，满足人们日常生活之需，那么何以社会上会出现的另一种信仰呢？毋庸讳言，这从侧面暴露了儒教文明体系并不是一个完全圆满的系统。但这并不是本文要究索的重点，重点在于核心的儒教文明能够对各种信仰自我作出调整，以"统合"的手段将各种信仰整合到礼乐文明的主体中来，

　　显然，神仙、道教等信仰并没有改变礼乐文明的中华主体，这一方面

是由于道教神仙等信仰本就是传统礼乐文明崩解后，从中流变出来的，另一方面在于儒教的礼乐文明体系本身的自我更新和调适功能，能够化解各种异流冲击、同化各种资源，并将其导入礼乐文明的大系中来。

然而，当原本就不是礼乐文明系统的同质的外来文化进入中国时，情况又是这样的呢。它能否破坏礼乐文明的主体性，或者说礼乐文明的主体怎样自我调适呢？前者之间在于强调外来文化之于礼乐文明的异质性，后者之间在于表明礼乐文明体系之主体性的何以保持。而能回答两者之间的典型莫过于佛教在中国的历史境遇了。

据汤用彤先生之考证，确凿无疑之佛教最早传入中土的时间在西汉末年[1]，东汉明帝时期楚王刘英"为浮屠斋戒祭祀"，桓帝时"又修华盖之饰"，襄楷上书亦言"闻宫中立黄老浮屠之祠"[2]。其传播轨迹为先经西域传入，而汉魏时东京洛阳为主要译经之所在。嗣后进于西晋时代情况则是佛教开始在中高层士大夫间传播，南迁后的东晋，转移到长江中下游地区生根[3]。

此处可关注点有五。

（1）佛教的传入与中国传统文化的危机或者说当时动荡的社会变革时代相一致。于西汉完成的儒教体系[4]，进于东汉末年则随着社会的不断发展变化日渐流弊。作为官方的政治哲学，它日渐成为一套烦琐的道德说教和礼仪规范，白虎观神学会议之后，权威、正统的解释权收归了官方，儒家经典被诠释为万世不易的经典，官方学者的解释为阴阳五行的宇宙观所支配，导致了数目惊人的庞大分类系统和所有现象之间的相互关系[5]，成为僵化、琐屑的政治神学。这种官方主宰的学说，很难满足人们日常之需，甚至渐渐成为牵绊。而汉朝帝国的崩溃，使之官方儒学失去了赖以的支柱，反之，儒学没能力挽狂澜，使之国家万世不易的理想流于破产，其效用性的失去也伴随了威望的流散。有识之士或从体制内反省，重新为儒教理论作出新的时代诠释，此以今文、古文经学之争为滥觞；或是开始另

---

① 汤用彤：《汉魏两晋南北朝佛教史》，中华书局1983年版，第36页。

② 见《后汉书》，转引自汤用彤《汉魏两晋南北朝佛教史》，中华书局1983年版，第40页。

③ 许理和：《佛教征服中国》，江苏人民出版社2003年版，第40—59页。

④ 王健文：《奉天承运》，东大图书股份有限公司（台湾）1995年版，第273页。

⑤ 许理和：《佛教征服中国》，江苏人民出版社2003年版，第47页。

寻它途以济世，而佛教作为一种异质文化的进入，其新鲜的理论被中土关注自属情理之中。

（2）佛教之初入的切入点或者说其被接受的面向是神仙方术，这与礼乐文明崩解以后，诸家学说四散分离，各自为政而流变出来的仙道信仰相契合。生死问题在汉朝礼乐文明重新建立之后，并没有得到完全的解决，而且有愈演愈烈之势，上文已经提及汉武的神仙追求和荒诞行径，但背后的问题实质在于儒教本身没有解决生死的方案，或者说此方面太单薄，如不问生死，或者是太高，生无所息。一脉承之的仙道信仰并西汉始终，至于东汉的道教发生也于此无补的。异质的佛教以仙道面目示人，或者说被人理解为神道之流，固然是误解，但是深层的原因正在于它提供人们某方面之需，如生死、因果等，补助了礼乐文明的不足、浅薄处。

（3）佛教的传入中土后，最受感应的两个阶层了正是高层统治者和底层贫困者。高层如汉明帝、楚王英；而"大多数有教养的僧人来自社会底层"①。传播面相更相对狭窄，高层与底层的接受度仅限于神仙方术，而在思想层面的流布和影响微乎其微。在译经的主要场所洛阳居然没有证据表明洛阳僧团和有文化的上层阶级之间有什么联系，留下来的译著也没有受到中国文学传统影响的痕迹，此外，魏国的诗人、词赋作家的著作中也无见一处提到佛教的存在②。这从侧面说明了佛教的译经以及初期传播时期，完全是以自己的话语系统来进行的，没有与中国传统的文化阶层进行对接，或许是语言上的困难，但是实质在于异质文化的异质属性在不放弃或者说不改弦更辙的情况下是很难被本土主流的文化者所接受，更难融入中华本土文化的长流，流布的受众自然趋微。嗣后，佛教理论者参与玄学的论辩，正式开始了与文化阶层的对话以及与本土文化的交融，佛教成为显学以及遍布天下的态势。

（4）佛教传播者和理论家所秉持的方便法门，初始以神仙方术来嫁接，《高僧传·昙柯迦罗传》载："风云星宿，图谶运变，莫不该宗"。《牟子理惑论》云："锐志于佛道，兼研老子五千文，玩五经为琴簧"，开始调和儒佛。魏晋玄学宗风大畅，般若学盛，佛教理论者如支道林等加入其中，申辩有无，而后东晋后期慧远大和尚提出"佛儒合明论"，强调

---

① 许理和：《佛教征服中国》，江苏人民出版社 2003 年版，第 9 页。

② 同上书，第 56 页。

"内外之道，可合而明"①。以上可见，佛教的传布和理论阐释显著的调适性，对于中国文化的主体刻意避之或理论转化之。而这种种做法的背后在于，尽管礼乐文明遭遇了某种程度上的困境，但强大的生命力并没有失去，不止于官方统治者的支持和扶植，更在于广大深厚的社会文化基础。换言之，佛教的自我调试以及深入播布没有触动礼乐文明的主体。

（5）东汉进于魏晋的时段，时分时合，作为礼乐文明主体的儒教也随着时代不断变化着。东汉烦琐的政治神学化的儒教的僵化，导致了内部的古文、今文经学之争，这种内部的自我更新结果最后是古文经学胜出，今文经学式微。当换代的统治者再次将儒学作为一套政治化的社会和思想体系时候，社会生活的离乱、动荡，统治者的言行不一以及说教与现实的方凿圆枘，使得"名教"与"自然"的论辩跃然而出。名教者，"乃是因名立教，其中包括政治制度。人才配合以及礼乐教化等②"，自然者，王弼注《老子》"人法地，地法天，天法道，道法自然"曰："道不违自然，乃得其性。法自然者，在方而法方，在圆而法圆，于自然无所违也。自然者，无称之言，穷极之辞也。"名教与自然之辨，或许与当时被数次战争撕裂为碎片的社会中，传统价值秩序崩解，个人无所适从，开始追求自由、向往洒脱之意蕴，但归根结底不过是天人之学的时代问题。自然即天道，是外在于人的不依人的意志而转移的必然之理，名教即人道，是内在于人的受人的意志所支配的应然之理。自其异者而观之，天与人分而为二，自然秩序与社会秩序属于两个不同的领域；自其同者而观之，天与人又合二而一，人作为宇宙之一物，首先是一个自然的存在，然后才是一个社会的存在，人既有自然本性，又有社会本性，既受必然之理支配，又受应然之理支配，二者密不可分，结为一体，内在地统一于人性本质之中。这就使得天人之间同异分合的关系成了一个无法找到确解的永恒难题③。玄学之起与论证是这个主题在时代的展开，适应汉朝一统需要所建立的一套经学理论模式，随着帝国的崩解而失去了依附体，作为传统文化和传统价值的经学虽不受王朝更替的影响，但是作为历史进程的一部分，也造成

---

① 参见方立天《略论中国佛教的特质》，收录于《佛教与中国文化》，中华书局1988年版，第37—46页。

② 唐长孺：《魏晋玄学之形成及其发展》。

③ 余敦康：《魏晋玄学史》，北京大学出版社2004年版，第2—3页。

了古文经学与今文经学之争胜，古文经学的胜出在很大程度上是一场学术层面的探讨，它缺乏理论的深度，不能在更高层次的哲学层面回答时代的课题，如为社会秩序本身作出理论的解释，为人们提供一种指导思想和行动的世界观等①。当于此时，对问题有着洞见以及社会担待的思想者开始从传统典籍之外寻绎解答问题的线索，而道家之思想首当其冲。何晏、王弼《老子注》，向秀、郭象《庄子注》等开源畅流。名教与自然之主题论辩，学者之别，汤用彤先生定义为"温和派"和"激烈派"，"温和派"如何晏、王弼等虽不看重名教，但也不主张尽弃"礼法"，"激烈派"如阮籍、嵇康彻底反对名教，完全表现为《庄子》精神，以至于胡毋辅之、乐澄"皆以任放为达，或至裸体者"，至于向、郭则主张"名教"与"自然"不是冲突或对立的，从很本上去调和孔老（儒道）两家的冲突，即取消"自然"与"名教"的对立，"以儒道为一"②。很明显，作为玄学之论题的"自然"与"名教"之辩有着其自身内在的逻辑线索，时段的发展是其自身固有学术的演进。它的产生于佛学无关，是中华文化一以贯之精神的自然表达和时代发散，与佛学在理论上没有必然的联系，佛学不仅非玄学生长之因，且先接受了玄学的洗礼，才被中国士人书所接受，在这个时代也可以说是玄学，佛学只是对玄学产生了推波助澜的作用③。

　　以上，异质文化的佛教能够在中国落地、生根、发扬光大的例子带来的思考，要言之，不外是中国礼乐文化传统具有一以贯之的主体精神，时代尽管损益，但是生命力不息；中国传统礼乐文明体系具有兼容并包的胸襟以及导流入源的气势，能够从异质文化中汲取资源，不断的自我更新和创造；他来的文化要融入中华礼乐文明的大系中，要进行中国化的改弦更辙，顺势就里才能稳定根基以发达；外来文化的传入对于中国本土文化是一种冲击也是机遇，于促进方面上说去，它只是助因，而不能从根本上左右中国本土文明的自然演进，或日积月深终成为礼乐文明的一部分，但无碍主体精神。

　　时至今日，在世界全球化、一体化以及文明彼此碰撞、交融的潮流中，外来文化以及宗教的传入比史上有过之而无不及，要保持自己文明的

---

　　①　余敦康：《魏晋玄学史》，北京大学出版社 2004 年版，第 29 页。
　　②　汤用彤：《魏晋玄学论稿》，生活·读书·新知三联书店 2009 年版，第 130—131 页。
　　③　同上书，第 133 页。

主体性以及与时俱进、体达时代精神，征诸史实以鉴之，东汉佛教的例子虽久远过时，但是其理虽不中亦不远矣。取古之道，鉴于今日，必须标明两个前提：一是当今还存在着儒教。儒教的今天或者说今天的儒教面相如何，是否还存在着历史上的儒教，怕是众说纷纭。为了一窥真实，不妨从两方面入手去审视，一是从当今人们日常生活百态去看。旁观者如杜瑞乐先生，以为旧式的儒家实践，无论是礼仪方面的还是身体践行层面的，事实上都转变成了某种抽象的诉求，变成一种可有可无的东西，人们仅在口头上认为它很重要，可究其实而言，它却成了某种次要角色，几乎无关紧要①。体践者如余英时先生以为，曾经支配着日常的社会生活；一切人伦关系的儒家规范，1949 年之后被改变了，不仅如此，即使在台湾地区，书本上的儒学也远远超过生活经验中的儒家价值。事实或许诚然如是，实践的层面日渐暗淡，儒教几成"游魂"②。然而，即使全盘西化论者，胡适之先生也不得不承认中国人属性的难以磨灭性。唐德刚先生回忆与其的一次谈话中问道，若真如先生所言，都全盘西化了，那中国人还是中国人吗？适之先生言道，无论怎么变，到了他也是个中国人。③ 中国人的属性不会改变，背后的深层原因不外是其内在的文化因子。前述"礼失而求诸野"篇所展示的活生生的儒教形态显示儒教并不属于过去，它存活到今天，的确离我们很近，特别是在民间宗教的奇特的世界里，更无疑印证了这一点。消失的儒教实践，无法抹去的文化属性，若有若无的两面情态，貌似矛盾却又一致的关怀，卢国龙先生以为，这是"吾丧我"的状态，"丧我"的显著标志，是从我们最日常的生活方式、最基本的社会结构，到国家的政治体制，都不是根基于单一的传统文化资源，历史的经历和经验，不再是定义当代中国文化的充分条件。但另一方面，"我是一个中国人"，"我们中国人有自己的文化"，依然是普遍存在的文化意识，在中国人甚至世界各地的华人中，文化主体意识始终是延续的，非如所谓"沉沦""废坠"云云④。笔者以为这种付之于主体层面的追问，不仅点出了症结之所在，而且正中问题之鹄的。儒教原始形态瓦解，失去传统体

---

① 参见杜瑞乐《儒家经验与哲学话语》，第 5 页，载刘东编《中国学术》第十四辑，商务印书馆 2003 年版。

② 余英时：《现代儒学论·序言》，上海人民出版社 2010 年版。

③ 参见唐德刚《胡适杂忆》，广西师范大学出版社 2003 年版。

④ 参见卢国龙《文化主体性断想》。

制的依附，主体性不明朗之"吾丧我"状态在某种程度上是不争的现实，但是民间的传统不仅在一定程度上护持了儒家的传统，而且儒教作为一套文化思想，已经无孔不入地渗透在广大人们的观念、行为、习俗思维方式、感情状态之中，自觉地或不自觉地成为人们处理各种事物、关系和生活的指导原则和基本方针，亦即构成了这个民族的某种共同的心理状态和性格特征。① 显然它是存在着的。

退一步说，即使传统儒教在今天土崩瓦解了，中华民族最终也要回到礼乐文明大传统上来。由颛顼"绝地天通"确立天神和祖先神崇拜，到尧舜确立九族、百姓、万邦所组成的井然有序的社会组织系统，从天神崇拜中发掘出天道自然的秩序原则，从祖先崇拜中发掘出社会人伦的秩序原则作为全社会普遍认同的文化价值观念，以进于三代损益成为整个华夏民族的共同生活方式的常态。② 以统一的天神信仰为源头组建起来的社会政治秩序是天下的秩序，天命神学信仰为滥觞所沉淀、凝结的秩序原则和价值理想是全民族对共同文化价值的认同，是对合理的社会政治秩序的认同，是对人们所向往追求的世俗幸福生活方式的认同。周朝封建制度下所形成的礼乐文明的主体，一方面很好地凸显了整个华夏民族的价值诉求和精神追求，另一方面礼乐文明的时代损益也重塑了文化信仰共同体的内容和精神，后者使之民族的文化精神更加丰润，而前者的繁盛以及以其为主体的周朝巨大的历史成就使得天下秩序的观念更加深入人心，使之成为永持的价值追求和秩序准则。显然，如果一个国家要长治久安、政权要持续稳固，都要服从于这个大局，而不是以暴力强权征服或者以意识形态取代之，否则秦朝的短命即是殷鉴。

二是儒教是中华文明的主体，是礼乐文明精神的核心，能够代表或者作为全民族的精神信仰和价值依归。周朝礼乐制度崩解，现实离乱、秩序失范，"道术将为天下裂"，诸子蜂起，开始思索新秩序、制度的重建，儒家祖述尧舜宪章文武以接续历史文化传统，损益三代文明以承道统精神之所在。秦汉得以重新统一天下，建立有序国家政治、文化秩序的理据正来源于以六经典籍为代表的三代损益的历史文化所传承的精神和信念。现实政权合法性以及政治运作模式的有效性、合理性落于此层面之下。汉朝

① 见李泽厚：《中国古代思想史论》，人民出版社 1985 年版，第 34 页。
② 见余敦康：《宗教·哲学·伦理》，中国社会科学出版社 2005 年版。

重新建构的儒教体系一方面为现实统一作出了理论奠基，为统治者所接受，并大力广之，反促进了这种文化的承传；另一方面，以三代损益一以贯之的"道"灌注自己的理想王道，既规束了统治者，又为自己的理据树立了标杆权威。在理想与现实之间布满了张力，为合理的理想的政治文化秩序点出了通途，开辟了政治与文化，国家与社会之间如何合理运作和平衡的蹊径。可以说，儒家承载和传承了以六经为主体的历史文化传统和国家民族精神，是天下国家观念和社会有序秩序建构的源泉。如果说，三代积淀，中华文化必然产生了儒家，那么可以说，而后的中国却是由儒家产生的。

以上，承载了中国文化传统的儒教，是千百年来所自然形成的一种文化文明体系，是人们习以为常的生活常态，它代表了一个国家和民族的文化主体精神和民众的心理精神积淀。早已熔铸在人民、民族、国家的方方面面以及心理、习俗之中。"旧时王谢堂前燕，飞入寻常百姓家"，政权朝代的更迭不过是过眼烟云，留下的不过是一抔黄土，儒教一以贯之的主体精神却不变。它不只是安足于人们精神层面乃至生死的终极追问。时移世易，适应时代的变化，自然需要适当汲取外来的资源来满足国家社会民众之所需，但是损益、超越不会也不可能动摇儒教的文化核心，东汉末年的佛教传入是一个很好的参考，尽管激水过山，终将万川归海。当今宗教百态，需要一个整合的东西，儒教自然当仁不让。